供电服务知识

与技能题解

主　编　刘铜锁
副主编　李孝斌　张广山　张　鸿　孙向群
梁志刚　包锡波　李普查

内 容 提 要

为了提高电力营销服务人员的服务理念和业务技能，落实好国家电网公司通用制度，规范营销服务人员的职业行为，特编写此书。

本书采取填空题、单选题、多选题、判断题、简答题、计算题、绘图题、论述题的形式，全面涉及供电服务各知识点及相应的业务技能，内容包括客户服务、95598业务、业扩报装、用电检查、电能计量、抄表核算收费、营销稽查、需求侧管理、智能用电、供电所管理、农配网技能、综合业务。

本书结构清晰，内容完整，实用易懂，是广大电力营销服务人员日常工作、参加各类技能比武、普调考和技能鉴定等培训的有益助手，同时还可以作为广大电力客户了解供电企业、普及电力知识、办理用电业务的宣传指南。

图书在版编目(CIP)数据

供电服务知识与技能题解/刘铜锁主编．—北京：中国电力出版社，2016.1(2018.8重印)

ISBN 978-7-5123-8431-6

Ⅰ.①供… Ⅱ.①刘… Ⅲ.①供电-工业企业-商业服务-中国-题解 Ⅳ.①F426.61-44

中国版本图书馆CIP数据核字(2015)第243251号

中国电力出版社出版、发行

(北京市东城区北京站西街19号 100005 http://www.cepp.sgcc.com.cn)

北京雁林吉兆印刷有限公司印刷

各地新华书店经售

*

2016年1月第一版 2018年8月北京第四次印刷

787毫米×1092毫米 16开本 45印张 1056千字

印数7501—9000册 定价**120.00**元

编委会

前 言

随着我国经济体制改革的深化，服务经济时代已全面到来，服务因素已经开始取代产品和价格，成为市场关注的新焦点。国家电网公司只有牢牢把握住“优质服务是国家电网生命线”的主题，才能使供电企业在市场经济的竞争浪潮中永远立于不败之地。优质服务战略的最终执行者是供电企业广大员工，他们的服务理念和技能对服务品质、企业形象有着直接而至关重要的影响。为了切实提高供电企业营销服务人员的服务理念和技能，我们编写了《供电服务知识与技能题解》。

本书依据国家有关电力法律法规、行业标准及规程、国家电网公司通用制度（供电服务类、营销业务类）等规章编写。主要内容包括客户服务、95598 业务、业扩报装、用电检查、电能计量、抄表核算收费、营销稽查、需求侧管理、智能用电、供电所管理、农配网技能、综合业务共十二章。全书从供电服务各类业务展开，紧密结合基层服务人员工作实际，以实现服务规范化、程序化和标准化为目标。在编写过程中，紧扣时代步伐，秉承创新性、前瞻性、实用性于一体，突出对以信息化、自动化和互动化为特征的智能电网以及互联网经济发展的适应性，创新供电服务模式，重点提升服务人员相应的业务技能。本书具有理论表述完整、经验实例浅显易懂、操作程序可循的特点，对各级服务人员掌握业务要点，减少服务漏洞，提高服务质量具有十分有益的作用。该书是广大电力营销服务人员日常工作、参加各类技能比武、普调考和技能鉴定等培训的有益助手，同时还可以作为广大电力客户了解供电企业、普及电力知识、办理用电业务的宣传指南。

由于供电服务涉及的专业多、范围广、政策性强，虽然编写人员认真查阅了大量的制度和规范，但是仍可能存在疏漏，恳请读者提出宝贵意见，以利于今后改进和完善。

编　者

2015 年 10 月

目 录

第一章 客户服务

第一节 填空题

1.《供电服务规范》规定，应公布（**服务承诺**）、服务项目、服务范围、服务程序、收费标准和收费依据，接受社会与客户的监督。

2.《供电服务规范》规定，为坚持“人民电业为人民”的服务宗旨，认真贯彻“（**优质**）、（**方便**）、（**规范**）、（**真诚**）”的供电服务方针，特制订《国家电网公司供电服务规范》。

3.《供电服务规范》规定，对客户的咨询、投诉等（**不推诿**），（**不拒绝**），（**不搪塞**），及时、耐心、准确地给予解答。

4.《供电服务规范》规定，工作期间使用规范化文明用语，提倡使用（**普通话**）。

5.《供电服务规范》规定，应从方便客户出发，合理设置（**供电服务营业网点**）或满足基本业务需要的代办点，并保证（**服务质量**）。

6.《供电服务规范》规定，应根据国家有关法律法规，本着（**平等**）、（**自愿**）、（**诚实信用**）的原则，以合同形式明确供电企业与客户双方的权利和义务。

7.《供电服务规范》规定，“95598”客户服务热线受理内容包括：（**停电信息公告**）、（**电力故障报修**）、（**服务质量投诉**）、用电信息查询、咨询、业务受理等。

8.《供电服务规范》规定，严格执行国家规定的（**电费电价政策**）及（**业务收费标准**）。

9.《供电服务规范》规定，严禁利用各种方式和手段变相扩大（**收费范围**）或提高（**收费标准**）。

10.《供电服务规范》规定，供电公司应聘请（**供电服务质量监督员**），定期召开客户座谈会并走访客户，听取客户意见，改进供电服务工作。

11.《供电服务规范》规定，供电设施因计划检修需要停电时，应提前7天将（**停电区域**）、（**线路**）、（**停电时间**）和（**恢复供电的时间**）进行公告，并通知重要客户。

12.《供电服务规范》规定，供电设备计划检修时，对35kV及以上电压等级供电的客户的停电次数，每年不应超过（**1**）次；对10kV电压等级供电的客户，每年不应超过（**3**）次。

13.《供电服务规范》规定，根据国家有关法律法规，明确供电企业与客户双方的（**权利**）和（**义务**），明确产权责任分界点，维护双方的合法权益。

14. 根据《国家电网公司员工奖惩规定》中规定，发生特别重大供电服务质量事件，对责任单位主要负责人、有关分管负责人予以（**警告**）至［降级（**降职**）］处分；

予以（**诚勉谈话**）、（**通报批评**）、（**调整岗位**）或（**待岗**）处理。

15. 根据《国家电网公司员工奖惩规定》中规定，发生重大供电服务质量事件，对责任单位主要负责人、有关分管负责人予以（**警告**）至（**记大过**）处分；予以（**通报批评**）、（**调整岗位**）或（**待岗**）处理。

16. 根据《国家电网公司员工奖惩规定》中规定，各级单位供电服务奖惩工作小组应及时上报供电服务质量事件发生的时间、地点、范围、对用电客户的影响和已经采取的措施等信息，并于（**4h 内**）报送至（**公司供电服务奖惩工作小组**）。

17. 根据《国家电网公司员工奖惩规定》中规定，供电服务奖惩坚持（**管专业必须管服务**）、（**奖惩并举**）和（**专业管理与分级负责相结合**）的原则。

18. 根据《国家电网公司员工奖惩规定》中规定，国家电网公司供电服务奖惩工作小组负责组织相关部门开展（**特别重大**）、（**重大供电服务质量**）事件调查等工作。

19. 根据《国家电网公司员工奖惩规定》中规定，给客户或企业造成（**20**）万元及以上（**50**）万元以下直接经济损失，属于重大供电服务质量事件。

20. 根据《国家电网公司员工奖惩规定》中规定，发生重大供电服务质量事件，对上述责任人予以（**3000～20 000**）元的经济处罚。

21. 《国家电网公司员工奖惩规定》所称供电服务，是指（**遵循行业标准**）或（**按照合同约定**），提供合格的电能产品和规范的服务，实现客户用电需求的过程。

22. 根据《国家电网公司员工奖惩规定》中规定，供电服务先进个人授予（**十佳服务之星**）、（**优秀服务之星**）、（**服务之星**）荣誉称号。

23. 根据《国家电网公司员工奖惩规定》中规定，供电服务先进单位授予（**供电服务明星单位**）荣誉称号。

24. 根据《国家电网公司员工奖惩规定》中规定，供电服务过程中发现涉嫌违法犯罪情节的，将移交（**司法机关**）处理。

25. 根据《国家电网公司员工奖惩规定》中规定，对受到表彰的先进单位，原则上不进行物质奖励，只颁发（**奖牌**）、（**奖状**）或（**锦旗**）等。

26. 根据《国家电网公司员工奖惩规定》中规定，“三指定”行为是指为客户直接、间接或变相指定（**设计**）、（**施工**）、（**供货**）单位。

27. 根据《国家电网公司员工奖惩规定》中规定，同一供电服务过程中涉及多项供电服务过错的，按所适用的（**最高**）供电服务过错等级标准惩处。

28. 根据《国家电网公司员工奖惩规定》中规定，发生供电服务过错，惩处可采取（**经济处罚**）或者（**组织处理**）。

29. 根据《国家电网公司员工奖惩规定》中规定，供电服务过错根据问题性质和影响程度分为（**一类过错**）、（**二类过错**）和（**三类过错**）。

30. 根据《国家电网公司员工奖惩规定》中规定，发生供电服务质量事件，对各级单位责任人予以（**纪律处分**）、（**经济处罚**）和（**组织处理**），这三种惩处方式可以单独运用，也可以同时运用。

31. 根据《国家电网公司员工奖惩规定》中规定，供电服务质量事件根据（**危害程度**）和（**影响范围**）分为四级。

32. 根据《国家电网公司员工奖惩规定》中规定，（**供电服务质量事件**），是指供电服务过程中，未遵守有关规定、规范及技术、服务标准，给客户、企业造成重大损失，损害公司品牌形象，造成不良影响的事件。

33. 根据《国家电网公司员工奖惩规定》中规定，表彰奖励重点向服务责任大、风险高、业绩突出的单位、部门及供电服务一线人员倾斜，供电服务一线人员表彰奖励名额所占比例一般不少于（**75%**）。

34.《国家电网公司供电客户服务提供标准》编制坚持（**客户需求**）、（**普遍适用**）、（**统一实效**）、（**继承发展**）的原则。

35. 根据《国家电网公司供电客户服务提供标准》，代办机构的服务功能主要包括：（**电费收取**）、（**欠费查询**）。

36. 根据《国家电网公司供电服务质量标准》，在电力系统正常状况下，电网装机容量在（**300 万 kW 及以上**）的，供电频率的允许偏差为±0.2Hz；电网装机容量在（**300 万 kW 以下**）的，供电频率的允许偏差为±0.5Hz。

37. 根据《国家电网公司供电客户服务提供标准》，95598 的服务方式有（**客户自助**）、（**人工通话**）、（**传真**）、（**短信**）、（**录音留言**）。

38. 根据《国家电网公司供电服务质量标准》，在电力系统非正常状况下，供电频率允许偏差不应超过（**±1.0**）Hz。

39. 根据《国家电网公司供电服务质量标准》，在电力系统正常状况下，供电企业供到用户受电端的供电电压允许偏差为：35kV 及以上电压供电的，电压正、负偏差的绝对值之和不超过标称电压的（**10%**）。

40. 根据《国家电网公司供电服务质量标准》，供电方案答复期限：居民客户不超过（**3**）个工作日，其他低压电力客户不超过（**7**）个工作日。

41. 根据《国家电网公司供电客户服务提供标准》，（**供电客户服务渠道**）是供电企业与客户进行交互、提供服务的具体途径。

42. 根据《国家电网公司供电客户服务提供标准》，供电营业厅是供电企业为客户办理（**用电业务**）需要而设置的（**固定或流动**）的服务场所。

43. 根据《国家电网公司供电客户服务提供标准》，（**95598**）供电服务热线是供电企业为电力客户提供的 7×24h 电话服务热线。

44. 根据《国家电网公司供电服务质量标准》，向高压客户提交拟签订的供用电合同文本（**包括电费结算协议、调度协议、并网协议**）期限：自受电工程设计文件和有关资料审核通过后，不超过（**7**）个工作日。

45. 根据《国家电网公司供电服务质量标准》，对高压业扩工程，送电后应由 95598 客服代表（**100%**）回访客户。

46. 根据《国家电网公司供电服务质量标准》，客户要求订阅电费信息的，应至少在交费截止日前（**5**）天提供。

47.《电力服务事件处置应急预案》中规定，根据服务事件发生的性质、可能造成的危害和影响范围，服务事件预警级别分为一级、二级、三级和四级，其中一级为最高级别，依次用（**红色**）、（**橙色**）、（**黄色**）和（**蓝色**）表示。

48.《电力服务事件处置应急预案》中规定，根据电力服务事件的危害程度和影响范围，将电力服务事件分为四级：（**特别重大**）、（**重大**）、（**较大**）、（**一般**）服务事件。

49. 重要、一般投诉证据保存年限为（**3**）年，特殊、重大投诉证据保存年限为（**5**）年，超过保存年限的投诉证据按照保密材料销毁要求执行。

50. 投诉证据包括书面证据、视听资料、媒体公告、短信等，原则上每件投诉证据材料合计存储容量不超过（**5**）MB。

51. 根据（**是否供电企业责任**），95598 客户投诉分为属实投诉和不属实投诉两类。

52. 95598 业务支撑应遵循（**统一管理**）、（**分级负责**）、（**真实准确**）、（**及时发布**）的原则。

53. 对于特殊、重大投诉，由于客户原因导致回访不成功的，国网客服中心回访工作应满足：不少于（**5**）天，每天不少于（**3**）次，每次回访时间间隔不小于（**2**）h。

54. 供电质量和电网建设类投诉，客户针对同一事件在首次投诉办结后，连续（**6**）个月内投诉（**3**）次及以上且属实的，由上一级单位介入调查处理。

55. 工单反馈内容应（**真实**）、（**准确**）、（**全面**），符合法律法规、行业规范、规章制度等相关要求。

56. 如遇特殊情况，投诉处理时限按（**上级部门**）要求的时限办理。

57. 各省客服中心，地市、县供电企业营销部接收客户投诉工单后，应分别在：（**2个工作小时**）内完成接单转派或退单。

58. 对于重要投诉工单，国网客服中心在派发工单后（**30**）min 内通过电话、邮件、短信等方式告知所属单位省客服中心，并跟踪各省公司的处理进度。

59. 对于特殊、重大投诉工单，国网客服中心即时通过（**电话**）、（**邮件**）、（**短信**）等方式报告国网营销部。

60. （**一般投诉**）是指影响程度低于特殊、重大、重要投诉的其他投诉。

61. 根据客户投诉的重要程度及可能造成的影响，客户投诉等级分为（**特殊**）、（**重大**）、（**重要**）、（**一般**）。

62. 通过 95598 电话、网站等渠道受理的客户投诉，按照（**95598 客户投诉处理流程**）和（**投诉分级原则**），分别由相关部门处理。

63. 按照客户投诉受理渠道，可将客户投诉分为（**95598 客户投诉**）和（**非 95598 客户投诉**）。

64. 电网建设投诉指供电企业在电网建设（**含施工行为**）过程中引发的客户投诉，主要包括（**供电设施安全**）、（**电力施工行为**）等方面。

第二节 单选题

1. 供电服务包括供电产品提供和（ C ）。

A. 供电产品服务　B. 客户产品服务　C. 供电客户服务　D. 供电客户提供

2. 供电客户服务是指（ B ）过程中，企业为满足客户获得和使用电力产品的各种相关需求的一系列活动的总称。

A. 产品供应　B. 电力供应　C. 电力使用　D. 产品使用

3. 供电客户（ B ）是指供电企业与客户进行交互、提供服务的具体途径。

A. 服务项目　B. 服务渠道　C. 电力服务　D. 产品提供

4. 供电服务人员应树立“亲切、敬业、专业、(C)”的服务形象。

A. 公正　B. 廉洁　C. 自律　D. 自强

5. 营业场所服务内容包括：受理电力客户新装或增加用电容量、变更用电、业务咨询与查询、交纳电费、报修、(D) 等。

A. 换表　B. 举报　C. 核算　D. 投诉

6. C 级营业厅：营业厅主管，(C)，收费员。

A. 保安员　B. 保洁员　C. 业务受理员　D. 引导员

7. 供电营业厅的服务方式包括面对面、电话、书面留言、(D)、客户自助。

A. 微信　B. 扫描　C. 预约　D. 传真

8. A 级营业厅为地区中心营业厅，兼本地区供电营业厅服务人员的实训基地，设置于地级及以上城市，每个地区范围内最多只能设置（ B ）个。

A. 2　B. 1　C. 3　D. 5

9. 营业厅收费区提供电费及各类营业费用的收取和（C），以及充值卡销售、表卡售换等。

A. 兑现服务　B. 赊欠服务　C. 账单服务　D. 垫付服务

10. 大客户来访时，营业厅引导员应及时引导至（ C ），并安排专人“一对一”服务。

A. 等待区　B. 业务办理区　C. 洽谈区　D. 收费区

11. 必须保持手部洁净，指甲不得长于（ A ）。女士可适当涂无色指甲油，不可涂有色指甲油，不可佩戴款式夸张的饰品。

A. 2mm　B. 3mm　C. 4mm　D. 5mm

12. 领带长度宜长于皮带扣（ A ）为宜，领带夹不外露，应夹在（ A ）衬衫纽扣的地方，忌领带歪斜松弛。衬衫袖口的长度应超出西装袖口（ A ）为宜，袖口需系上，衬衫下摆均匀束在裤内，忌袖口挽起或磨损。

A. 1.5～2cm、第四颗、1～1.5cm　B. 1.5～2.5cm、第三颗、1.5～2cm

C. 1.5～2cm、第三颗、1～1.5cm　D. 1.5～2cm、第四颗、1.5～2cm

13. 穿裙装时，必须穿连裤丝袜或长筒袜，颜色以与裙装搭配协调，高度以不露腿为宜。裙子以不短于（ A ），不长至脚面。

A. 膝上 3cm　B. 膝上 4cm　C. 膝下 3cm　D. 膝下 4cm

14. 坐在椅子上，应坐满椅子的（ D ），宽座沙发则坐满（ D ）。落座后至少（ D ）min 左右时间不要靠椅背，时间久了，可轻靠椅背。

A. 1/3、1/2、10　B. 1/3、1/2、5

C. 2/3、1/2、5　D. 2/3、1/2、10

15. 在通常情况下，男性的步度是（ B ）cm，女性的步度大约为（ B ）cm。

A. 30、20　B. 25、20　C. 30、25　D. 20、15

16. 女士行姿，通常以直线条为主的服装，特点是（ B ）。

A. 活泼动感、飘逸优雅　B. 庄重大方、舒展矫健

C. 柔美妩媚、飘逸优雅　　　　　　　D. 柔美妩媚、舒展矫健

17. 当与客人交错而过时，应面带笑容，可行（C）度的鞠躬礼，以表示对顾客的礼貌及打招呼；当迎接或相送顾客时，可行（C）度的鞠躬礼；当感谢顾客或初次见到顾客时，可行（C）度的鞠躬礼以表示礼貌。

A. 30、15、45　B. 45、30、15　C. 15、30、45　D. 15、45、30

18. 递接文件时，应使文件（C）朝着对方。递接笔、剪刀之类的尖利物品时，需将尖头朝向（C），不要指向对方。

A. 正面、对方　B. 背面、对方　C. 正面、自己　D. 背面、自己

19. 如果客户对电能表检定结果有疑问，可向（B）申请仲裁检定。

A. 区政府　　　　　　　　　　B. 上级计量检定机构

C. 市政府　　　　　　　　　　D. 法院

20. 接到客户故障报修电话后，95598 客服专员应根据客户提供地理位置区域，若辨别为国家电网公司所属客户，按（B）方式受理。

A. 咨询　B. 报修　C. 意见　D. 其他

21. 下列属于居民内部故障的选项是（A）。

A. 家中插座短路　B. 电能表烧坏　C. 表前线路断线　D. 一栋楼停电

22. 当客户提出多项报修诉求时，业务受理环节应采用条目式表述形式，根据（A）、诉求问题分别进行描述。

A. 紧急程度　B. 客户要求　C. 时间　D. 日期

23. 当客户反映情况属紧急缺陷或危急现场时，可直接向客户询问（C）等，便于抢修人员迅速到达故障地点，开展抢修工作。

A. 故障情况　B. 发生时间　C. 杆塔编号　D. 区域

24.《国家电网公司供电服务质量标准》中城市客户年平均停电时间不超过（D）h（对应供电可靠率不低于 99.6%）。

A. 10　B. 15.5　C. 35.5　D. 37.5

25.《国家电网公司供电服务质量标准》中供电设备计划检修时，对 35kV 及以上电压供电的客户，每年停电不应超过（A）次。

A. 一　B. 三　C. 五　D. 七

26.《国家电网公司供电服务质量标准》中供电设备计划检修时，对 10kV 供电的客户，每年停电不应超过（B）次。

A. 一　B. 三　C. 五　D. 七

27.《国家电网公司供电服务质量标准》中规定居民客户收费办理时间一般每件不超过（C）min。

A. 1　B. 3　C. 5　D. 7

28.《国家电网公司供电服务质量标准》中规定用电业务办理时间一般每件不超过（C）min。

A. 5　B. 10　C. 20　D. 25

29.《国家电网公司供电服务质量标准》中规定 95598 客服代表应在振铃（B）声内接听，使用标准欢迎语。

A. 5　　B. 3　　C. 1　　D. 2

30.《国家电网公司供电服务质量标准》中规定电子渠道应 **24h** 受理客户需求，如需人工确认的，电子客服代表在(C)个工作日内与客户确认。

A. 5　　B. 3　　C. 1　　D. 2

31.《国家电网公司供电服务质量标准》中规定在电力系统正常状况下，电网装机容量在 **300** 万 **kW** 及以上的，供电频率的允许偏差为± （ C ） Hz。

A. 0.1　　B. 0.5　　C. 0.2　　D. 0.3

32.《国家电网公司供电服务质量标准》中规定电网装机容量在 **300** 万 **kW** 以下的，供电频率的允许偏差为± （ B ） Hz。

A. 0.1　　B. 0.5　　C. 0.2　　D. 0.3

33.《国家电网公司供电服务质量标准》中规定在电力系统非正常状况下，供电频率允许偏差不应超过± （ B ） Hz。

A. 5　　B. 1　　C. 3　　D. 2

34.《国家电网公司供电服务质量标准》中规定电网正常运行时，电力系统公共连接点负序电压不平衡度允许值为 （ B ）%，短时不得超过 **4%**。

A. 3　　B. 2　　C. 5　　D. 1

35.《国家电网公司供电服务质量标准》中规定客户送审的受电工程设计文件和有关资料答复期限：自受理之日起，高压供电的不超过 （ C ） 个工作日。

A. 30　　B. 10　　C. 20　　D. 15

36.《国家电网公司供电服务质量标准》中规定客户送审的受电工程设计文件和有关资料答复期限：自受理之日起，低压供电的不超过 （ C ） 个工作日。

A. 6　　B. 1　　C. 8　　D. 15

37.《国家电网公司供电服务质量标准》中规定向高压客户提交拟签订的供用电合同文本（包括电费结算协议、调度协议、并网协议）期限：自受电工程设计文件和有关资料审核通过后，不超过 （ C ） 个工作日。

A. 3　　B. 10　　C. 7　　D. 14

38.《国家电网公司供电服务质量标准》中规定高压业扩工程，送电后应由 **95598** 客服代表 （ C ） 回访客户。

A. 当日　　B. 定期　　C. 100%　　D. 预约

39.《国家电网公司供电服务质量标准》中规定受理客户咨询时，对不能当即答复的，应说明原因，并在 （ A ） 个工作日内答复客户。

A. 5　　B. 10　　C. 30　　D. 3

40.《国家电网公司供电服务质量标准》中规定客户交费日期、地点、银行账号等信息发生变更时，应至少在变更前 （ C ） 个工作日告知客户。

A. 5　　B. 10　　C. 3　　D. 7

41.《国家电网公司供电服务质量标准》中规定客户要求订阅电费信息的，应至少在交费截止日前 （ A ） 天提供。

A. 5　　B. 10　　C. 3　　D. 7

42. 电力监管机构投诉举报热线的电话号码是 （ C ）。

A. 12580　　B. 95598　　C. 12398　　D. 12306

43. 国家电网公司供电服务“十项承诺”规定城市地区：供电可靠率不低于(**D**)%。

A. 97　　B. 96.5　　C. 96　　D. 99.9

44. 国家电网公司供电服务“十项承诺”规定居民客户端电压合格率（ **B**)%。

A. 95　　B. 96　　C. 99　　D. 98

45. 国家电网公司供电服务“十项承诺”规定提供 24h 电力故障报修服务，供电抢修人员到达现场的时间：城区范围（ **D** ）min。

A. 55　　B. 25　　C. 30　　D. 45

46. 国家电网公司供电服务“十项承诺”规定提供 24h 电力故障报修服务，供电抢修人员到达现场的时间：农村地区（ **D** ）min。

A. 95　　B. 35　　C. 45　　D. 90

47. 国家电网公司供电服务“十项承诺”规定提供 24h 电力故障报修服务，供电抢修人员到达现场的时间：特殊边远地区（ **D** ）h。

A. 5　　B. 1　　C. 3　　D. 2

48. 国家电网公司供电服务“十项承诺”规定供电设施计划检修停电，提前（ **C** ）天向社会公告。

A. 5　　B. 10　　C. 7　　D. 3

49. 国家电网公司供电服务“十项承诺”规定对欠电费客户依法采取停电措施，提前（ **A** ）天送达停电通知书。

A. 7　　B. 6　　C. 6　　D. 3

50. 国家电网公司供电服务“十项承诺”规定欠电费客户费用结清后（ **C** ）h 内恢复供电。

A. 2　　B. 10　　C. 24　　D. 12

51. 国家电网公司供电服务“十项承诺”规定供电方案答复期限：居民客户不超过（ **D** ）个工作日。

A. 5　　B. 10　　C. 20　　D. 3

52. 国家电网公司供电服务“十项承诺”规定供电方案答复期限：低压电力客户不超过（ **D** ）个工作日。

A. 5　　B. 10　　C. 15　　D. 7

53. 国家电网公司供电服务“十项承诺”规定供电方案答复期限：高压单电源客户不超过（ **C** ）个工作日。

A. 5　　B. 10　　C. 15　　D. 2

54. 国家电网公司供电服务“十项承诺”规定供电方案答复期限：高压双电源客户不超过（ **C** ）个工作日。

A. 15　　B. 10　　C. 30　　D. 20

55. 国家电网公司供电服务“十项承诺”规定装表接电期限：受电工程检验合格并办结相关手续后，居民客户（ **C** ）个工作日内送电。

A. 5　　B. 10　　C. 3　　D. 7

56. 国家电网公司供电服务“十项承诺”规定装表接电期限：受电工程检验合格并办结相关手续后，非居民客户（ A ）个工作日内送电。

A. 5　　B. 7　　C. 15　　D. 10

57. 国家电网公司供电服务“十项承诺”规定受理客户计费电能表校验申请后，(C)个工作日内出具检测结果。

A. 3　　B. 1　　C. 5　　D. 7

58. 国家电网公司供电服务“十项承诺”规定客户提出抄表数据异常后，（ B ）个工作日内核实并答复。

A. 5　　B. 7　　C. 3　　D. 10

59. 国家电网公司供电服务“十项承诺”规定受理客户投诉后，（ B ）个工作日内联系客户。

A. 5　　B. 1　　C. 3　　D. 2

60. 国家电网公司供电服务“十项承诺”规定受理客户投诉后，（ C ）个工作日内答复处理意见。

A. 5　　B. 1　　C. 7　　D. 2

61. 下列说法错误的是（ D ）。

A. 故障抢修类催办业务，客服代表应做好解释工作，并根据客户诉求派发催办工单

B. 客户催办时除客户提出新的诉求外，不应派发新的工单

C. 省公司，地市、县供电企业对派发区域、客户联系方式等信息错误、缺失或无客户有效信息的工单，填写退单原因后将工单回退至国网客服中心

D. 国网客服中心在回复（回访）过程中，对工单填写存在不规范、回复结果未对客户诉求逐一答复、回复结果违反有关政策法规、工单填写内容与回复（回访）客户结果不一致，填写退单原因后将工单回退至工单提交部门

62. 工单回复审核时发现工单回复内容存在以下哪种情况，无需将工单回退（ C ）。

A. 回复工单中未对客户投诉的问题进行答复或答复不全面的

B. 除保密、匿名工单外，未向客户反馈调查结果的

C. 提供相关 95598 客户投诉处理依据的

D. 承办部门回复内容明显违背公司相关规定或表述不清、逻辑混乱的

63. 关于回访，下列描述错误的是（ C ）。

A. 国网客服中心统一对通过审核的 95598 客户投诉开展回访工作

B. 除客户明确提出不需回访的工单外，国网客服中心应在接收到工单处理反馈结果后 1 个工作日内完成回访工作（除保密、匿名投诉工单外），并如实记录客户意见和满意度评价情况

C. 如果确因客户原因回访不成功的，无需在“回访内容”中写明失败原因，经国网客服中心业务处理部门批准后办结工单

D. 客服代表在回访客户前应熟悉工单回复内容，将工单回复的核心内容回访客户，不得以阅读工单的方式回访客户，遇客户不便接受回访时应与客户约定下次回访时间

64. 下列哪种情形为属实投诉（ A ）。

A. 供电企业未按相关政策法规、制度、标准及服务承诺执行的

B. 客户反映问题无相关政策法规规定的

C. 客户反映问题与实际情况不符的

D. 客户提供的线索不全，无法进行追溯或调查核实的

65. 下列哪一种情况，无需工单接收单位将工单回退至派发单位（A）。

A. 本单位供电区域内的

B. 国网客服中心记录的客户信息有误，接单部门无法处理的

C. 国网客服中心记录的核心内容缺失，接单部门无法处理的

D. 国网客服中心记录的客户信息有误或核心内容缺失，接单部门无法处理的

66. 关于投诉处理部门，下列描述错误的是（D）。

A. 特殊投诉由公司总部有关部门按业务管理范围归口处理

B. 重大投诉由省公司本部有关部门按业务管理范围归口处理

C. 重要投诉由地市供电企业本部有关部门按业务管理范围归口处理

D. 一般投诉由地市供电企业本部有关部门按业务管理范围归口处理

67. 省公司，地市、县供电企业相关业务部门应在国网客服中心受理客户投诉诉求后（B）个工作日内联系客户，（B）个工作日内处理、答复客户并审核、反馈处理意见，国网客服中心应在接到回复工单后（B）个工作日内回访客户。

A. 1，5，1　　B. 1，6，1　　C. 2，7，1　　D. 1，8，2

68. 下列哪种情形的客户投诉，不属于特殊投诉（D）。

A. 国家党政机关、电力管理部门转办的集体客户投诉事件

B. 省级及以上政府部门或社会团体督办的客户投诉事件

C. 中央或全国性媒体关注或介入的客户投诉事件

D.《国家电网公司质量事件调查处理暂行办法》规定的质量事件中的四级质量事件

69. 下列哪种情形的客户投诉，不属于重大投诉（D）。

A. 国家党政机关、电力管理部门、省级政府部门转办的客户投诉事件

B. 地市级政府部门或社会团体督办的客户投诉事件

C. 省级或副省级媒体关注或介入的客户投诉事件

D.《国家电网公司质量事件调查处理暂行办法》规定的质量事件中的五级质量事件

70. 下列哪种情形的客户投诉，不属于重要投诉（A）。

A. 地方级政府部门或社会团体督办的客户投诉事件

B. 省会城市、副省级城市外的地市媒体关注或介入的客户投诉事件

C. 客户表示将向政府部门、电力管理部门、新闻媒体、消费者权益保护协会等反映，可能造成不良影响的客户投诉事件

D.《国家电网公司质量事件调查处理暂行办法》规定的质量事件中的七级和八级质量事件

71. 重大服务事件应坚持即时上报原则，不包括（C）。

A. 电网大面积停电造成的客户停电事件

B. 涉及高危、重要电力客户的停电事件

C. 新闻媒体曝光并产生重大影响的停电事件或供电服务事件

D. 其他需要报告的重大服务事件

72. 省公司，地市、县供电企业应做好本单位营销业务应用系统中（ C ）等信息更新和维护。

A. 客户档案、业务流程、计量、用电检查

B. 客户档案、电量电费、计量、用电检查

C. 客户档案、业务流程、电量电费、计量、用电检查

D. 客户档案、业扩流程、电量电费、计量、用电检查

73. 客户回复（回访）本着（ A ）的原则，各单位不得层层回复（回访）客户。

A. 谁受理，谁回复（回访）

B. 谁处理，谁回复（回访）

C. 安排谁，谁回复（回访）

D. 谁知情，谁回复（回访）

74. 原则上（ C ）期间不得开展客户回复（回访）工作。

A. 每日 20：00 至次日 8：00

B. 每日 21：00 至次日 7：00

C. 每日 21：00 至次日 8：00

D. 每日 20：00 至次日 9：00

75. 省公司，地市、县供电企业应在国网客服中心受理客户举报、建议、意见诉求后（ A ）个工作日内处理、答复客户并审核、反馈处理意见，举报工单国网客服中心应在接到回复工单后（ A ）个工作日内回访客户，建议、意见工单国网客服中心应在接到回复工单后（ A ）个工作日内回复客户。

A. 9，1，1　　B. 10，1，1　　C. 5，1，1　　D. 20，1，1

76. 95598 客户服务流程各环节工作人员应准确选择（ C ）。

A. 业务分类　　B. 派发单位

C. 业务分类和派发单位　　D. 业务分类和供电单位

77. 投诉、举报、意见、建议、表扬、咨询、服务申请类催办业务，（ C ）的工单由国网客服中心向客户解释。

A. 在途未超时限　　B. 办理周期未过半

C. 在途未超时限且办理周期未过半　　D. 办理周期过半

78. 95598 业务包括信息查询、业务咨询、故障报修、投诉、举报、建议、意见、表扬、服务申请等，除（ A ）业务外，各项业务流程实行闭环管理。

A. 表扬　　B. 举报　　C. 建议　　D. 业务咨询

79. 省公司，地市、县供电企业应在国网客服中心受理客户咨询诉求后（ B ）个工作日内进行业务处理、审核并反馈结果，国网客服中心应在接到回复工单后（ B ）个工作日内回复客户。

A. 2，1　　B. 4，1　　C. 1，1　　D. 4，2

80. 国网客服中心受理客户故障报修诉求后，根据报修客户重要程度、停电影响范

围、故障危害程度等，按照紧急、一般确定故障报修等级，（ B ）min 内派发工单。

A. 1　　B. 2　　C. 3　　D. 4

81. 各级单位提供（ D ）h 电力故障抢修服务，抢修到达现场时间应满足公司对外的承诺要求。

A. 8　　B. 12　　C. 16　　D. 24

82. 国网客服中心受理客户服务申请诉求后，（ D ）min 内派发工单。

A. 5　　B. 10　　C. 15　　D. 20

83. 省公司，地市、县供电企业应在国网客服中心受理客户诉求后在规定的时限内处理、答复客户并审核、反馈处理意见，国网客服中心应在接到回复工单后（ A ）个工作日内回访客户。

A. 1　　B. 2　　C. 3　　D. 5

84. 服务申请各子类业务处理时限要求：欠费复电登记业务（ D ）h 内现场恢复送电，（ D ）个工作日内回复工单。

A. 12，1　　B. 24，2　　C. 12，2　　D. 24，1

85. 服务申请各子类业务处理时限要求：电器损坏核损业务（ D ）h 内到达现场，业务处理完毕后（ D ）个工作日内回复工单。

A. 12，1　　B. 24，2　　C. 12，2　　D. 24，1

86. 服务申请各子类业务处理时限要求：电能表异常业务（ A ）个工作日内处理并回复工单。

A. 4　　B. 3　　C. 2　　D. 1

87. 服务申请各子类业务处理时限要求：抄表数据异常业务（ C ）个工作日内核实并回复工单。

A. 1　　B. 3　　C. 6　　D. 9

88. 服务申请各子类业务处理时限要求：居民客户业扩报装业务（ C ）个工作日内向客户答复供电方案并回复工单。

A. 1　　B. 2　　C. 3　　D. 5

89. 服务申请各子类业务处理时限要求：其他服务申请类业务（ D ）个工作日内处理完毕并回复工单。

A. 1　　B. 2　　C. 3　　D. 5

90. 国网客服中心受理客户诉求时，应引导客户提供（ B ）。

A. 用户表号　　B. 用户编号

C. 身份证号　　D. 缴费发票

91. 根据《国家电网公司 95598 业务管理暂行办法》规定，处理部门回复工单时，应做到（ A ）。

A. 规范、全面、真实　　B. 规范、全面、及时

C. 及时、全面、真实　　D. 规范、及时、真实

92. 国网客服中心应（ D ）地填写客户回复（回访）意见。

A. 准确、翔实　　B. 完整、详细

C. 准确、详细　　D. 准确、完整

93. 对于重大服务事件、重大投诉事件，各单位可通过（ A ）方式传递信息，及时处置，最大限度降低服务风险，事后应按照要求完善相关流程。

A. 电话、短信　　B. 电话、邮件

C. 传真、短信　　D. 传真、邮件

94. 除（ B ）工单外其他工单不允许合并。

A. 业务咨询　　B. 故障报修　　C. 表扬　　D. 建议

95. 合并后的工单处理完毕后（ A ）。

A. 仅需回复（回访）主工单，客户提出回复（回访）诉求的工单除外

B. 所有工单均需回复（回访）

C. 客户提出回复（回访）诉求的工单均需回复（回访）

D. 所有工单均无需回复（回访）

96. 对于客户诉求短期内无法彻底解决、无法制订解决方案的工单，征求客户意见后可以申请工单挂起。（ B ）工单不允许申请工单挂起。

A. 业务咨询　　B. 故障报修　　C. 表扬　　D. 建议

97. 国网客服中心受理客户催办诉求后应关联被催办工单，（ D ）min 内派发至省客服中心，省客服中心在接到工单后（ D ）min 内派单至地市、县供电企业。

A. 10，20　　B. 15，20　　C. 10，15　　D. 10，10

98. 投诉、举报、意见、建议、表扬、咨询、服务申请类催办业务，同一事件催办次数原则上不超过（ B ）次。

A. 1　　B. 2　　C. 3　　D. 4

99. 一张工单对一个业务类型的申诉只允许提交（ A ）次，不同业务类型的申诉应单独发起申请。

A. 1　　B. 2　　C. 3　　D. 4

100. 申诉工单应包括（ A ）等信息。

A. 工单编号、业务类型、申诉原因及目的、申诉依据和申诉人

B. 工单编号、申诉原因及目的、申诉依据和申诉人

C. 工单编号、业务类型、申诉依据和申诉人

D. 业务类型、申诉原因及目的、申诉依据和申诉人

101. 省公司和地市供电企业对工单接派单、工单处理、停送电信息报送、知识库信息报送、（ B ）、城乡标志、客户评价等工单处理情况有异议时可提出申诉。

A. 工单业务项　　B. 工单业务类型

C. 工单受理内容　　D. 工单处理时间

102. 地市供电企业相关部门根据（ D ）分别提出申诉申请。

A. 部门管理职责　　B. 专业分工职责

C. 专业管理不同　　D. 专业管理职责

103. 申诉工单经省客服中心审核后提交国网客服中心，省客服中心对初次申诉结果有异议的，可由省公司营销部向国网营销部提出（ A ）。

A. 最终申诉　　B. 再次申诉

C. 二次申诉　　D. 多次申诉

104. 供电设施计划检修停电应提前（ D ）天，临时性日前停电应提前（ D ）h，其他临时停电应提前（ D ）h 完成停送电信息报送工作。

A. 7，24，1　　B. 8，24，2　　C. 7，24，2　　D. 8，24，1

105. 配电自动化系统覆盖的设备跳闸停电后，营配信息融合完成的单位，地市、县供电企业调控中心应在（ C ）min 内向国网客服中心报送停电信息。

A. 5　　B. 10　　C. 15　　D. 20

106. 营配信息融合未完成的单位，各部门按照专业管理职责（ B ）min 内编译停电信息报地市、县供电企业调控中心，调控中心应在收到各部门报送的停电信息后（ B ）min 内汇总报国网客服中心。

A. 5，10　　B. 10，10　　C. 10，15　　D. 15，20

107. 配电自动化系统未覆盖的设备跳闸停电后，应在抢修人员到达现场确认故障点后，各部门按照专业管理职责（ B ）min 内编译停电信息报地市、县供电企业调控中心，调控中心应在收到各部门报送的停电信息后（ B ）min 内汇总报国网客服中心。

A. 5，10　　B. 10，10　　C. 10，15　　D. 15，20

108. 超电网供电能力需停电时原则上应提前报送停限电范围及停送电时间，无法预判的停电拉路应在执行后（ C ）min 内报送停限电范围及停送电时间。

A. 5　　B. 10　　C. 15　　D. 20

109. 超电网供电能力需停电时原则上应提前报送停限电范围及停送电时间，现场送电后，应在（ B ）min 内填写送电时间。

A. 5　　B. 10　　C. 15　　D. 20

110. 停送电信息内容发生变化后（ C ）min 内更新系统信息，并记录变更类型、变更说明、变更停送电时间等，以便及时答复客户。

A. 2　　B. 5　　C. 10　　D. 20

111. 对客户因窃电、违约用电、欠费等原因实施的停电，应及时在营销业务应用系统中维护（ A ）。

A. 停电标志　　B. 窃电标志　　C. 违窃用电　　D. 欠费标志

112. 省公司按照省级政府电力运行主管部门的指令启动有序用电方案，提前（ A ）天向有关用户发送有序用电指令。

A. 1　　B. 3　　C. 5　　D. 7

113. 以（ D ）为单位将有序用电执行计划（包括执行的时间、地区、调控负荷等）报送国网客服中心。

A. 地方公司　　B. 县公司　　C. 市公司　　D. 省公司

114. 知识管理工作内容不包括（ D ）。

A. 知识采集发布　　B. 知识下线

C. 知识分析与完善　　D. 知识编写

115. 省公司，地市、县供电企业应做好本单位（ D ）的更新和维护。

A. 生产信息　　B. 用电负荷信息

C. 业务信息、用电负荷信息　　D. 生产信息、用电负荷信息

116. 省公司，地市、县供电企业应按国网客服中心的要求提供（ C ）等相关部门

和人员通信信息，并做好更新和维护。

A. 营销　B. 生产　C. 生产、营销　D. 生产、运检

117. 各省公司、国网客服中心应建立重大服务事件的（A）机制，制订应急预案，协同联动，跟踪督办事件处理进度。

A. 快速反应　B. 迅速反应　C. 及时反应　D. 沟通协调

118. 在重大服务事件发生后（A）h 内，将事件的详细处理情况以（A）形式上报。

A. 24，书面　B. 24，口头　C. 12，书面　D. 12，口头

119.《国家电网公司 95598 业务管理暂行办法》自（D）起实施。

A. 2014 年 4 月 1 日　B. 2014 年 5 月 1 日

C. 2014 年 6 月 1 日　D. 2014 年 7 月 1 日

120. 供电服务投诉是指公司经营区域内（含控股、代管营业区）的电力客户，在（D）等方面，对由于供电企业责任导致其权益受损表达不满，要求维护其权益而提出的诉求业务。

A. 供电服务、营业业务、停送电、供电业务、电网建设

B. 供电业务、营业业务、停送电、供电质量、电网建设

C. 供电服务、营业业务、停送电、供电质量、农网建设

D. 供电服务、营业业务、停送电、供电质量、电网建设

121. 客户投诉包括（D）类。

A. 两　B. 三　C. 四　D. 五

122. 下列客户投诉分类正确的是（D）。

A. 服务投诉、营业投诉、停送电投诉、电网建设投诉

B. 服务投诉、停送电投诉、供电质量投诉、电网建设投诉

C. 服务投诉、营业投诉、供电质量投诉、电网建设投诉

D. 服务投诉、营业投诉、停送电投诉、供电质量投诉、电网建设投诉

123. 电网建设投诉指供电企业在电网建设（含施工行为）过程中引发的客户投诉，主要包括（B）等方面。

A. 供电设备安全、电力施工行为

B. 供电设施安全、电力施工行为

C. 供电设施安全、供电施工行为

D. 供电设施安全、设备施工行为

124. 按照（D），可将客户投诉分为 95598 客户投诉和非 95598 客户投诉。

A. 客户投诉受理途径　B. 客户投诉受理单位

C. 客户投诉受理方式　D. 客户投诉受理渠道

125. 通过（A）等渠道受理的客户投诉，按照 95598 客户投诉处理流程和投诉分级原则，分别由相关部门处理。

A. 95598 电话、网站　B. 信函、营业厅

C. 邮件、95598 电话　D. 网站、营业厅

126. 通过信函、营业厅等非 95598 渠道受理的投诉，由受理部门按照（B）原则，

逐级向投诉归口管理部门上报，并由相关部门按投诉分级的原则处理。

A. 投诉分类　　B. 投诉分级

C. 投诉类型　　D. 投诉分管

127. 根据客户投诉的重要程度及可能造成的影响，将客户投诉分为（C）个等级。

A. 两　　B. 三　　C. 四　　D. 五

128. 客户投诉等级分为（D）。

A. 特殊、重大、重要　　B. 特殊、重大、一般

C. 特殊、重要、一般　　D. 特殊、重大、重要、一般

129. 一般投诉：影响程度低于（D）投诉的其他投诉。

A. 特殊、重大　　B. 特殊、重要

C. 重大、重要　　D. 特殊、重大、重要

130. 对于特殊、重大投诉工单，（A）即时通过电话、邮件、短信等方式报告(A)。

A. 国网客服中心 、国网营销部　　B. 省公司本部 、国网营销部

C. 省公司本部 、国网客服中心　　D. 地市供电企业本部、国网营销部

131. 如遇特殊情况，投诉处理时限按（B）要求的时限办理。

A. 国网客服中心　　B. 上级部门

C. 省公司　　D. 地市公司

132. 工单反馈内容应真实、准确、全面，符合（D）等相关要求。

A. 法律法规、行业规范　　B. 法律法规、规章制度

C. 行业规范、规章制度　　D. 法律法规、行业规范、规章制度

133. 重大、重要投诉，承办部门按照优先处理的原则开展调查、落实，每（B）向上级主管部门汇报一次工作进度。

A. 小时　　B. 日　　C. 半天　　D. 两天

134. 根据（B），95598 客户投诉分为属实投诉和不属实投诉两类。

A. 是否客户责任　　B. 是否供电企业责任

C. 是否损害公共利益　　D. 是否供电部门责任

135. 服务类、营业类、停送电类投诉，客户针对同一事件在首次投诉办结后，连续（A）个月内投诉（A）次及以上且属实的，由上一级单位介入调查处理。

A. 2，3　　B. 2，4　　C. 3，3　　D. 3，5

136. 供电质量和电网建设类投诉，客户针对同一事件在首次投诉办结后，连续（D）个月内投诉（D）次及以上且属实的，由上一级单位介入调查处理。

A. 2，3　　B. 3，4　　C. 4，5　　D. 6，3

137. 投诉证据包括书面证据、视听资料、媒体公告、短信等，原则上每件投诉证据材料合计存储容量不超过（C）MB。

A. 3　　B. 4　　C. 5　　D. 6

138. 重要、一般投诉证据保存年限为（D）年，特殊、重大投诉证据保存年限为（D）年，超过保存年限的投诉证据按照保密材料销毁要求执行。

A. 3，4　　B. 2，3　　C. 4，5　　D. 3，5

139. 根据客户报修故障的重要程度、停电影响范围、危害程度等将故障报修业务分为（ A ）两个等级。

A. 紧急、一般　　B. 特急、一般　　C. 特急、普通　　D. 紧急、普通

140. 95598 业务支撑应遵循（ D ）的原则。

A. 统一支撑、分级负责、真实准确、及时发布

B. 统一支撑、分级管理、真实准确、及时发布

C. 统一管理、分级负责、真实迅速、准确发布

D. 统一管理、分级负责、真实准确、及时发布

141. 对于特殊、重大投诉，由于客户原因导致回访不成功的，国网客服中心回访工作应满足：不少于（ A ）天，每天不少于（ A ）次，每次回访时间间隔不小于（ A ）小时。

A. 5，3，2　　B. 5，3，1　　C. 3，3，2　　D. 3，3，1

142. 根据《国家电网公司供电服务规范》规定，供电设施因计划检修需要停电时，应提前 7 天将（ D ）进行公告，并通知重要客户。

A. 停电区域、停电时间和恢复供电的时间

B. 停电区域、停电线路和恢复供电的时间

C. 停电区域、线路、停电时间

D. 停电区域、线路、停电时间和恢复供电的时间

143. 实行限时办结制。办理居民客户收费业务的时间一般每件不超过（ C ）min，办理客户用电业务的时间一般每件不超过（ C ）min。

A. 15，30　　B. 10，20　　C. 5，20　　D. 10，15

144. 根据《国家电网公司供电服务规范》规定，供电企业应公布（ A ），服务项目、服务范围、服务程序、收费标准和收费依据，接受社会与客户的监督。

A. 服务承诺　　B. 服务细则　　C. 服务规范　　D. 服务准则

145. 供电设备计划检修时，对（ B ）kV 及以上电压等级供电的客户的停电次数，每年不应超过 1 次；对（ B ）kV 电压等级供电的客户，每年不应超过 3 次。

A. 35，20　　B. 35，10　　C. 110，35　　D. 110，10

146. 根据《国家电网公司供电服务规范》规定，“95598”客户服务热线：停电信息公告、电力故障报修、（ C ）、用电信息查询、咨询、业务受理等。

A. 服务规范投诉　　B. 服务态度投诉

C. 服务质量投诉　　D. 服务流程投诉

147. 《国家电网公司供电服务规范》是坚持“（ A ）”的服务宗旨，认真贯彻“优质、方便、规范、真诚”的供电服务方针制订的。

A. 人民电业为人民　　B. 人民电力为人民

C. 人民供电为人民　　D. 人民电气为人民

148. 根据《国家电网公司供电服务规范》规定，供电公司工作人员对客户的咨询、投诉等不推诿，不拒绝，不搪塞，（ B ）地给予解答。

A. 随时、耐心、准确　　B. 及时、耐心、准确

C. 随时、诚心、准确　　D. 及时、诚心、准确

149. 根据《国家电网公司供电服务规范》规定，供电公司工作人员在工作期间使用规范化文明用语，提倡使用(C)。

A. 专业术语　B. 方言　C. 普通话　D. 口语化语言

150. 根据《国家电网公司供电服务规范》规定，供电公司应从(C)出发，合理设置供电服务营业网点或满足基本业务需要的代办点，并保证服务质量。

A. 优质服务　B. 便民服务　C. 方便客户　D. 供电企业

151. 根据《国家电网公司供电服务规范》规定，供电公司应根据国家有关法律法规，本着平等、自愿、诚实信用的原则，以(A)形式明确供电企业与客户双方的权利和义务。

A. 合同　B. 口头约定　C. 书面　D. 法律

152. 根据《国家电网公司供电服务规范》规定，供电公司应根据国家有关法律法规，明确供电企业与客户双方的权利和义务，明确(A)，维护双方的合法权益。

A. 产权责任分界点　B. 双方责任
C. 供电公司责任　D. 客户责任

153. 根据《国家电网公司供电服务规范》规定，供电公司应严格执行(D)规定的电费电价政策及业务收费标准。

A. 财管单位　B. 物价部门　C. 供电企业　D. 国家

154. 根据《国家电网公司供电服务规范》规定，供电公司应严禁利用各种方式和手段变相(B)收费范围或(B)收费标准。

A. 扩大，降低　B. 扩大，提高　C. 缩小，提高　D. 缩小，降低

155. 根据《国家电网公司供电服务规范》规定，供电公司应聘请供电服务质量监督员，(B)召开客户座谈会并走访客户，听取客户意见，改进供电服务工作。

A. 随时　B. 定期　C. 不定期　D. 约时

156. 根据《国家电网公司供电服务规范》规定，在电力系统正常状况下，客户受电端的供电电压允许偏差为：220V 单相供电的，为额定值的(D)。

A. +10%，−7%　B. +10%，−10%　C. +7%，−7%　D. +7%，−10%

157. 根据《国家电网公司供电服务规范》规定，城市居民客户端电压合格率不低于(A)，农网居民客户端电压合格率不低于(A)。

A. 95%，90%　B. 90%，85%　C. 85%，80%　D. 80%，75%

158. 根据《国家电网公司供电服务规范》规定，供电公司受理居民客户申请用电后，(C)个工作日内送电；其他客户在受电装置验收合格并签订供用电合同后，(C)个工作日内送电。

A. 5，7　B. 3，5　C. 5，5　D. 3，7

159. 根据《国家电网公司供电服务规范》规定，供电公司接到报修电话后，故障抢修人员到达故障现场的时限：城区(A)min、农村(A)min、边远地区 2h，特殊边远地区根据实际情况合理确定。

A. 45，90　B. 40，60　C. 40，90　D. 45，60

160. 根据《国家电网公司供电服务规范》规定，供电公司接到客户投诉或举报时，应向客户致谢，详细记录具体情况后，立即转递相关部门或领导处理。投诉在(D)天

内、举报在(D)天内答复。

A. 5，7　　B. 7，10　　C. 10，10　　D. 5，10

161. 发生重大供电服务质量事件后，下面哪项不属于对责任人的处理规定(C)。

A. 对责任单位上级单位主要领导、有关分管领导予以警告处分；予以通报批评处理

B. 对责任单位上级有关部门负责人予以警告至记过处分；予以通报批评或调整岗位处理

C. 对部门、班组级负责人予以警告至撤职处分；予以待岗、停职（检查）或责令辞职处理

D. 对上述责任人予以 3000～20000 元的经济处罚

162. 下面哪一项不属于 95598 供电服务热线供电服务质量事件及供电服务过错(D)。

A. 未按规定时限与客户联系或处理工单

B. 未按规定核实处理投诉、举报等诉求，弄虚作假、刻意隐瞒违规服务行为

C. 知识库供电服务信息维护不及时、不准确

D. 客户交费后未按规定向客户提供有效交费凭证

163. 下面哪一项不属于供电能力类供电服务质量事件及供电服务过错(A)。

A. 未按规定时限与客户联系或处理工单

B. 未按要求报送计划停电、临时停电及其他影响 95598 对客户答复的停送电信息

C. 未按公告的停电计划实施停电，变更停电计划未履行手续，提前或延迟停送电

D. 未严格执行政府批复的有序用电方案，或未及时向社会公告限电序位表

164. 各级单位供电服务奖惩工作小组应及时上报供电服务质量事件发生的(A)等信息，并于 4h 内报送至公司供电服务奖惩工作小组。

A. 时间、地点、范围、对用电客户的影响和已经采取的措施

B. 时间、地点、范围和已经采取的措施

C. 时间、地点、范围和对用电客户的影响

D. 时间、地点、对用电客户的影响和已经采取的措施

165. 公司供电服务奖惩工作小组负责组织相关部门开展(C)等工作；向公司员工奖惩工作领导小组提交奖惩建议。

A. 重大供电服务质量事件调查

B. 特别重大供电服务质量事件调查

C. 特别重大、重大供电服务质量事件调查

D. 特别重大、重大供电服务问题事件调查

166. 以下哪种情况不属于重大供电服务质量事件(D)。

A. 省级政府有关部门（单位）查实属供电部门主观责任，并被省级政府有关部门（单位）行政处罚的供电服务质量事件

B. 省级新闻媒体等曝光属供电部门主观责任并产生重大负面影响的供电服务质量事件

C. 给客户或企业造成 20 万元及以上 50 万元以下直接经济损失

D. 省公司认定的其他重大供电服务质量事件

167. 以下哪种情况不属于特别重大供电服务质量事件(C)。

A. 国家部委有关部门（单位）查实属供电部门主观责任，并被国家部委有关部门（单位）行政处罚的供电服务质量事件

B. 中央或全国性新闻媒体、主要门户网站等曝光属供电部门主观责任并产生重大负面影响的供电服务质量事件

C. 给客户或企业造成30万元及以上直接经济损失

D. 公司认定的其他重大供电服务质量事件

168. 发生特别重大供电服务质量事件，对主要责任人予以记大过至解除劳动合同处分；予以(A)处理。

A. 待岗、停职（检查）或责令辞职

B. 通报批评或调整岗位

C. 诫勉谈话、通报批评、调整岗位或待岗

D. 通报批评、调整岗位、待岗或停职（检查）

169. 发生特别重大供电服务质量事件，对上述责任人予以(C)元的经济处罚。

A. 5000～10 000 B. 5000～20 000 C. 5000～30 000 D. 5000～40 000

170. 《国家电网公司员工奖惩规定》所称供电服务，是指（ D ），提供合格的电能产品和规范的服务，实现客户用电需求的过程。

A. 遵循行业标准 B. 按照合同约定

C. 遵循合同约定 D. 遵循行业标准或按照合同约定

171. 表彰奖励重点向服务责任大、风险高、业绩突出的单位、部门及供电服务一线人员倾斜，供电服务一线人员表彰奖励名额所占比例一般不少于（ A ）。

A. 75% B. 80% C. 85% D. 90%

172. 供电服务质量事件，是指供电服务过程中，未遵守有关规定、规范及技术、(B)，给客户、企业造成重大损失，损害公司品牌形象，造成不良影响的事件。

A. 服务质量 B. 服务标准 C. 服务流程 D. 服务方式

173. 根据《国家电网公司供电服务奖惩规定》，供电服务质量事件根据危害程度和影响范围分为(C)级。

A. 二 B. 三 C. 四 D. 五

174. 根据《国家电网公司供电服务奖惩规定》，供电服务质量事件根据危害程度和影响范围分为(A)。

A. 特别重大、重大、较大和一般供电服务质量事件

B. 特别重大、重大和较大供电服务质量事件

C. 特别重大、较大和一般供电服务质量事件

D. 特别重要、较大和一般供电服务质量事件

175. 给客户或企业造成(B)万元及以上(B)万元以下直接经济损失属于一般供电服务质量事件。

A. 1，10 B. 5，10 C. 5，15 D. 10，20

176. (C)级政府有关部门（单位）查实属供电部门主观责任，并被(C)级政府有

关部门（单位）行政处罚的供电服务质量事件属于较大供电服务质量事件。

A. 地方，省　B. 省，省　C. 地市，地市　D. 县，地方

177. 发生供电服务质量事件，对各级单位责任人予以（ D ），这几种惩处方式可以单独运用，也可以同时运用。

A. 纪律处分、经济处罚　B. 纪律处分、组织处理

C. 行政处分、经济处罚和组织处理　D. 纪律处分、经济处罚和组织处理

178. 根据《国家电网公司供电服务奖惩规定》，特别重大、重大供电服务质量事件由（ B ）供电服务奖惩工作小组认定，并提出惩处建议；较大、一般供电服务质量事件由（ B ）供电服务奖惩工作小组认定，并提出惩处建议。

A. 公司，公司　B. 公司，省公司级单位

C. 省公司级单位，地方公司级单位　D. 地方公司级单位，县公司级单位

179. 根据《国家电网公司供电服务奖惩规定》，供电服务过错根据问题性质和影响程度分为（ B ）。

A. 一类过错、二类过错、三类过错和四类过错

B. 一类过错、二类过错和三类过错

C. 特大过错、重大过错、较大过错和一般过错

D. 重大过错、较大过错和一般过错

180. 根据《国家电网公司供电服务奖惩规定》，一类过错是指情节严重，长期存在，给客户造成（ D ）万元及以上（ D ）万元以下直接经济损失，或给企业形象造成较大影响的供电服务过错。

A. 1，10　B. 5，10　C. 5，15　D. 1，5

181. 根据《国家电网公司供电服务奖惩规定》，发生供电服务过错，惩处可采取（ A ）。

A. 经济处罚或者组织处理　B. 纪律处分或者组织处理

C. 经济处罚或者纪律处分　D. 行政处罚或者组织处分

182. 根据《国家电网公司供电服务奖惩规定》，以下哪项不属于对二类过错责任人的规定处理（ D ）。

A. 对主要责任人予以通报批评、调整岗位或待岗

B. 对次要责任人予以通报批评或调整岗位

C. 对主要责任人和次要责任人予以 100～2000 元经济处罚

D. 对主要责任人和次要责任人予以 500～3000 元经济处罚

183. 根据《国家电网公司供电服务奖惩规定》，同一供电服务过程中涉及多项供电服务过错的，按所适用的（ B ）供电服务过错等级标准惩处。

A. 最低　B. 最高　C. 平均　D. 一般

184. 《国家电网公司员工奖惩规定》自（ A ）起施行。

A. 2014 年 10 月 1 日　B. 2014 年 11 月 1 日

C. 2014 年 12 月 1 日　D. 2015 年 3 月 1 日

185. 根据《国家电网公司供电服务奖惩规定》，以下哪项不属于对三类过错责任人的规定处理（ D ）。

A. 对主要责任人予以通报批评或调整岗位

B. 对次要责任人予以通报批评

C. 对上述责任人予以 1000 元以下经济处罚

D. 对上述责任人予以 500 元以下经济处罚

186. 根据《国家电网公司供电服务奖惩规定》，二类过错是指情节较重，频繁发生，给客户造成(A)万元以下直接经济损失，或在一定范围内给企业形象造成不良影响的供电服务过错。

A. 1　　B. 2　　C. 3　　D. 4

187. 根据《国家电网公司供电服务奖惩规定》，三类过错是指情节较轻，偶尔发生，(D)的供电服务过错。

A. 给客户造成 1 万元及以下直接经济损失的

B. 给客户造成 2 万元及以下直接经济损失的

C. 给客户造成 3 万元及以下直接经济损失的

D. 未造成不良影响

188. 以下哪项不属于发生一类过错对责任人的处理规定(D)。

A. 对责任单位上级有关部门负责人予以通报批评

B. 对责任单位主要负责人、有关分管负责人予以通报批评

C. 对部门、班组级负责人予以通报批评、调整岗位或待岗

D. 对上述责任人予以 200～3000 元经济处罚

189.《国家电网公司供电客户服务提供标准》编制坚持(B)原则。

A. 客户需求、普遍适用、统一实用、继承发展

B. 客户需求、普遍适用、统一实效、持续发展

C. 客户需求、普遍适用、统一实效、继承发展

D. 客户需求、普遍适合、统一实效、继承发展

190. “三指定”行为是指为客户(D)指定设计、施工、供货单位。

A. 直接或间接　　B. 间接或变相

C. 直接或变相　　D. 直接、间接或变相

191. 电子渠道应(A)h 受理客户需求，如需人工确认的，电子客服代表在(A)个工作日内与客户确认。

A. 24，1　　B. 24，2　　C. 8，1　　D. 8，2

192. 供电方案答复期限：高压单电源客户不超过(C)个工作日，高压双电源客户不超过(C)个工作日。

A. 10，30　　B. 10，15　　C. 15，30　　D. 15，15

193. 根据《国家电网公司供电服务质量标准》中规定，受理客户服务申请后：电器损坏核损业务(B)h 内到达现场；电能表异常业务(B)个工作日内处理。

A. 24，7　　B. 24，5　　C. 48，7　　D. 48，5

194. (C)是供电企业与客户进行交互、提供服务的具体途径。

A. 供电客户服务途径　　B. 服务渠道

C. 供电客户服务渠道　　D. 服务途径

195. (A)是供电企业为客户办理用电业务需要而设置的固定或流动的服务场所。

A. 供电营业厅　　B. 供电场所
C. 服务渠道　　D. 营业场所

196. 95598 供电服务热线是供电企业为电力客户提供的(C)h 电话服务热线。

A. 5×24　　B. 5×12　　C. 7×24　　D. 7×12

197. 代办机构营业网点应具有电力企业委托的经营权，并在营业窗口悬挂“(D)”标志牌。

A. 供电企业授权　　B. 供电企业委托
C. 供电企业委托受理　　D. 供电企业委托授权

198. 供电企业咨询服务的服务人员包括(D)。

A. 95598 客服代表、业务受理员、电子客服代表
B. 95598 客服代表、电子客服代表、业务处理人员
C. 95598 客服代表、电子客服代表、业务处理人员
D. 95598 客服代表、业务受理员、电子客服代表、业务处理人员

第三节 多 选 题

1. 供电营业职工基本道德是：严格遵守国家法律、法规，诚实守信、恪守承诺、(ABCD)。

A. 爱岗敬业　　B. 乐于奉献　　C. 廉洁自律　　D. 秉公办事

2. 供电服务的方针是（ ABCD ）。

A. 优质　　B. 方便　　C. 规范　　D. 真诚

3. 供电服务场所应公布：（ ABCDE ）和收费依据，接受社会与客户的监督。

A. 服务承诺　　B. 服务项目　　C. 服务范围
D. 服务程序　　E. 收费标准

4.《供电服务规范》规定供电营业职工对客户的咨询、投诉等（ ABC ），及时、耐心、准确地给予解答。

A. 不推诿　　B. 不拒绝　　C. 不搪塞　　D. 不接受

5.《国家电网公司供电客户服务提供标准》中规定供电服务包括(B)和(C)。

A. 供电产品生产　　B. 供电产品提供
C. 供电客户服务　　D. 供电客户投诉

6.《国家电网供电客户服务提供标准》中规定要求供电营业厅的服务功能包括：(ABCD)、洽谈。

A. 业务办理　　B. 收费　　C. 告示　　D. 引导

7.《国家电网供电客户服务提供标准》中规定供电营业厅的服务方式包括：(ABC)、传真、(D)。

A. 面对面　　B. 电话　　C. 书面留言　　D. 客户自助

8.《国家电网供电客户服务提供标准》中规定供电营业厅的服务人员包括：

（ACD）、引导员、保安员、保洁员。

A. 营业厅主管　　B. 抢修人员　　C. 业务受理员　　D. 收费员

9.《国家电网供电客户服务提供标准》中规定C级营业厅应具备（ A ）、业务受理员、（ CD ）。

A. 营业厅主管　　B. 抢修人员　　C. 保安员　　D. 收费员

10. D级营业厅应具备（ D ）和（ C ）。

A. 营业厅主管　　B. 抢修人员　　C. 保安员　　D. 收费员

11.《国家电网供电客户服务提供标准》中规定供电营业厅的功能分区应包括（ A ）；收费区；（ C ）；展示区；洽谈区；（ D ）；客户自助区。

A. 业务办理区　　B. 吸烟区　　C. 业务待办区　　D. 引导区

12.《国家电网供电客户服务提供标准》中规定供电营业厅"业务办理"包括客户新装、增容及变更用电申请，故障报修，校表，信息订阅，（ ABD ）和建议，客户信息更新等。

A. 咨询　　B. 投诉　　C. 缴费　　D. 举报

13.《国家电网供电客户服务提供标准》中规定供电营业厅的"收费"指提供电费及各类营业费用的收取和（ B ），以及充值卡销售、（ D ）等。

A. 咨询服务　　B. 账单服务　　C. 抢修服务　　D. 表卡售换

14.《国家电网供电客户服务提供标准》中规定供电营业厅的"告示"指提供（ABCD）、95598供电服务热线等各种服务信息公示。

A. 电价标准及依据　B. 用电业务流程　C. 收费标准及依据　D. 服务项目

15.《国家电网供电客户服务提供标准》中"95598供电服务热线"服务方式包括（ AD ），短信，录音留言，（ C ）。

A. 客户自助　　B. 预约服务　　C. 传真　　D. 人工通话

16.《国家电网供电客户服务提供标准》中网上营业厅服务方式包括（ ACD ）。

A. 客户自助　　B. 服务预约　　C. 在线人工　　D. 留言

17.《国家电网供电客户服务提供标准》中网上营业厅的服务功能包括会员注册或服务开通，（ AB ），信息查询，充值交费和账单服务，（ C ），新型业务，（ D ）。

A. 宣传展现　　B. 信息公告　　C. 业务受理　　D. 服务监督

18.《国家电网供电客户服务提供标准》中投诉、举报、意见和建议受理的服务渠道有（ ACD ）、社区及其他渠道、客户现场。

A. 95598供电服务热线　　B. 政府部门

C. 供电营业厅　　D. 电子渠道

19.《国家电网供电客户服务提供标准》中服务渠道的提供要素有服务网络布设、（ABCD）、服务设施及用品。

A. 服务功能　　B. 服务方式　　C. 服务人员　　D. 服务环境

20. 下列关于供电营业厅A、B、C、D四级设置要求正确的有（ AD ）。

A. A级厅为地区中心营业厅，兼本地区供电营业厅服务人员的实训基地，设置于地级及以上城市，每个地区范围内最多只能设置1个

B. C级厅为区县中心营业厅，设置于县级及以上城市，每个区县范围内最多只能

设置1个

C. B级厅为区县的非中心营业厅，可视当地服务需求，设置于城市区域、郊区，乡镇

D. D级厅为单一功能收费厅或者自助营业厅，可视当地服务需求，设置于城市区域、郊区，乡镇

21. 供电营业厅应整洁明亮、布局合理、舒适安全，做到“四净四无”，下列哪些选项属于“四净”（ ABD ）。

A. 地面净 B. 桌面净 C. 柜面净 D. 门面净

22. 供电营业厅应整洁明亮、布局合理、舒适安全，做到“四净四无”，下列哪些选项属于“四无”（ BCD ）。

A. 无垃圾 B. 无灰尘 C. 无纸屑 D. 无异味

23. 电子渠道的服务方式包括（ BCD ）。

A. 录音播报 B. 客户自助 C. 留言 D. 在线人工

24. 现场服务的方式包括（ ABD ）。

A. 面对面 B. 电话 C. 传真 D. 短信

25. 电子渠道具体指供电企业通过网络与客户进行交互、提供服务的途径，包括（ABCD ）。

A. 95598智能互动网站 B. 数字电视媒体

C. 供电服务微信公众号 D. APP（移动客户端）

26. 根据《国家电网公司供电服务质量标准》，供电营业厅应准确公示（ABCD ）。

A. 服务承诺 B. 服务项目 C. 业务办理流程 D. 投诉监督电话

27. 根据《国家电网公司供电服务质量标准》，外呼时应（ABCD ）。

A. 首先问候客户 B. 进行自我介绍

C. 确认客户身份 D. 结束通话使用标准结束语

28. 客户体验轨迹指的是客户在一个服务渠道中所感知的被服务的有序过程的总称。该轨迹包括（ABCD ）这些阶段。

A. 未入渠道 B. 进入渠道 C. 等待服务 D. 接受服务

29. 根据《国家电网公司供电服务质量标准》，供电企业实现客户服务的过程中，向客户提供的各项服务资源的基本配置要求，包括（ABCD ），简称“客户服务提供标准”。

A. 服务功能 B. 服务环境 C. 服务方式 D. 服务流程

30. 根据《国家电网公司供电服务质量标准》以客户为中心，按照（ABCD ）的原则，在充分总结客户服务工作现状和以往制定并广泛执行的供电服务规范基础上，将服务过程中可量化的服务质量要求，转化为定量指标，按供电产品、服务渠道和服务项目分类整理。

A. 通用性 B. 科学性 C. 可操作性 D. 可持续性

31. 根据《国家电网公司供电客户服务提供标准》，供电营业厅的服务功能包括（ABCD ）。

A. 业务办理 B. 收费 C. 告示 D. 洽谈

32. 根据《国家电网公司供电客户服务提供标准》，供电营业厅的服务方式包括（ABCD）。

A. 面对面　　B. 电话　　C. 书面留言　　D. 客户自助

33. 根据《国家电网公司供电客户服务提供标准》，供电营业厅的服务人员包括（ABCD）。

A. 营业厅主管　　B. 收费员　　C. 引导员　　D. 保洁员

34. 根据《国家电网公司供电客户服务提供标准》，95598 的服务方式包括（ABCD)。

A. 客户自助　　B. 人工通话　　C. 录音留言　　D. 传真

35. 根据《国家电网公司供电客户服务提供标准》，电子渠道的服务功能包括（ABCD）。

A. 会员注册或服务开通　　B. 宣传展现

C. 充值交费和账单服务　　D. 新型业务

36. 根据《国家电网公司供电客户服务提供标准》，服务渠道包括（ABC）。

A. 供电营业厅　　B. 95598 供电服务热线

C. 客户现场　　D. 供电所

37. 根据《国家电网公司供电客户服务提供标准》，销户的流程包括（ABCD）。

A. 现场勘察　　B. 拆表停电

C. 缴纳并结清相关费用　　D. 客户资料归档

38. 根据《国家电网公司供电客户服务提供标准》，走收的流程为：由生成并领取走收电费票据开始，经过供电企业服务人员到收费地点（ABCD）流程环节，服务结束。

A. 收取费用　　B. 交付收费凭证

C. 票据交接　　D. 银行交款与销账

39.《国网公司营销安全风险防范与管理规范（试行)》中根据营销业务特点，将营销安全风险分为（ABCD）和营销自动化系统安全风险。

A. 供用电安全风险　　B. 电费安全风险

C. 现场作业安全风险　　D. 供电服务安全风险

40.《国网公司营销安全风险防范与管理规范（试行)》中供用电安全风险分为（AD）重要客户安全风险和法律风险。

A. 业扩管理风险　　B. 供电服务安全风险

C. 现场作业安全风险　　D. 安全用电服务风险

41.《国网公司营销安全风险防范与管理规范（试行)》中电费安全风险分为（AB）、抄表风险、核算风险、发票风险、（CD）和合作单位风险。

A. 欠费风险　　B. 管理风险　　C. 收费风险　　D. 法律风险

42.《国网公司营销安全风险防范与管理规范（试行)》中电费安全风险的抄表风险是指因抄表数据差错、漏户等原因，引起的（ABC）等风险。

A. 客户拒缴电费　　B. 电费纠纷　　C. 电费差错　　D. 电费私藏

43.《国网公司营销安全风险防范与管理规范（试行)》中客户服务安全风险分为（ABCD）。

A. 服务意识风险　　B. 服务质量风险

C. 服务法律风险　　D. 应急处置风险

44.《国网公司营销安全风险防范与管理规范（试行）》中客户服务安全风险的服务意识风险指因服务人员意识不强、服务技能欠缺、违反员工“十个不准”等原因，引起的（ ABC ）等风险。

A. 客户不满　　B. 客户投诉　　C. 影响公司形象　　D. 客户举报

45.《国家电网公司营销安全风险防范工作手册（试行）》中提到客户服务过程中未实行“一口对外”，会造成（ ABD ）。

A. 客户多部门办理业务　　B. 后台部门直接面对客户

C. 客户暂停办理业务　　D. 客户重复办理业务

46.《国家电网公司营销安全风险防范工作手册（试行）》中提到客户服务过程中“停限电公告不及时”，会造成（ ABC ）监管机构查处通报，行政处罚。

A. 客户生产生活安排不便　　B. 客户经济损失

C. 客户安全风险　　D. 客户进行投诉

47.《国家电网公司 95598 业务管理暂行办法》中涉及的 95598 停送电信息指影响客户供电的停送电信息，分为生产类停送电信息和营销类停送电信息。营销类停送电信息包括（ CD ）。

A. 临时停电　　B. 超电网供电能力停限电

C. 客户窃电　　D. 有序用电

48. 以下说法正确的有（ AD ）。

A. 各级单位提供 24h 电力故障抢修服务，抢修到达现场时间应满足公司对外的承诺要求

B. 具备条件的单位，抢修人员到达故障现场后 5min 内将到达现场时间录入系统，抢修完毕后 10min 内抢修人员填单向本单位调控中心反馈结果，调控中心 30min 内完成工单审核、回复工作

C. 不具备条件的单位，抢修人员到达故障现场后 5min 内向本单位调控中心反馈，暂由调控中心在 10min 内将到达现场时间录入系统，抢修完毕后 10min 内抢修人员向本单位调控中心反馈结果，暂由调控中心在 30min 内完成填单、回复工作

D. 国网客服中心应在接到回复工单后 24h 内回访客户

49. 关于工单挂起，以下说法错误的有（ ABD ）。

A. 对于客户诉求短期内无法彻底解决、无法制订解决方案的工单，征求客户意见后可以申请工单挂起。报修工单不允许申请工单挂起

B. 工单挂起必须履行审批手续，由地市、县供电企业发起，省客服中心和国网客服中心分别在 1 个工作日内完成逐级审核后，由国网客服中心办理挂起手续。同一张工单只允许挂起 1 次。

C. 工单挂起时限由工单处理部门在申请时明确，挂起时限必须真实可信，如遇特殊情况，可以无限期挂起工单

D. 在挂起时限到期后工单手动唤醒，工单处理部门及时录入处理意见，回复工单。在挂起时限到期前已有处理意见的工单，工单处理部门可申请提前唤醒工单，录入处理

意见

50. 国网客服中心受理客户诉求后，后面的流程操作正确的有（ ACD ）。

A. 应落实“首问负责制”

B. 可立即办结的业务应直接答复客户并做工单进行下发

C. 不能立即办结的业务，派发至责任单位处理

D. 各单位处理完毕后将工单反馈至国网客服中心，由国网客服中心回复（回访）客户

51. 国网客服中心应按照规定的流程及时限要求派发工单，对于（ AB ）即时报告国网营销部并通知责任单位。

A. 重大服务事件　　B. 重大及以上投诉事件

C. 一般投诉事件　　D. 三级投诉事件

52. 营销服务类信息报送合格率指标定义：在规定的时间内营销服务类报告、报表信息报送的（ AC ）信息数量，占应报送信息总数的比例。

A. 合格　　B. 规范　　C. 准确　　D. 及时

53. 客户催办即国网客服中心应客户要求，对正在处理中的业务工单进行催办。以下说法正确的有（ BCD ）。

A. 同一事件催办次数原则上不超过 3 次

B. 在途未超时限工单，办理周期未过半的工单由国网客服中心向客户解释，办理周期过半的工单由国网客服中心向各省客服中心派发催办工单

C. 国网客服中心受理客户催办诉求后应关联被催办工单，10min 内派发至省客服中心，省客服中心在 10min 内派单至业务处理部门

D. 催办工单除客户提出新的诉求外，不应重新派发新的工单

54. 符合下列情形之一的客户投诉，界定为重大投诉（ ABC ）。

A. 国家党政机关、电力管理部门、省级政府部门转办的客户投诉事件

B. 地市级政府部门或社会团体督办的客户投诉事件

C. 省级或副省级媒体关注或介入的客户投诉事件

D.《国家电网公司质量事件调查处理暂行办法》规定的质量事件中的五级质量事件

55. 符合下列情形之一的客户投诉，界定为重要投诉（ BC ）。

A.《国家电网公司质量事件调查处理暂行办法》规定的质量事件中的六级质量事件

B. 县级政府部门或社会团体督办的客户投诉事件

C. 客户表示将向政府部门、电力管理部门、新闻媒体、消费者权益保护协会等反映，可能造成不良影响的客户投诉事件

D. 中央或全国性媒体关注或介入的客户投诉事件

56. 以下服务申请各子类业务处理时限要求说法错误的有（ AC ）。

A. 欠费复电登记业务 24h 内现场恢复送电，1 天内回复工单

B. 电器损坏核损业务 24h 内到达现场，业务处理完毕后 1 个工作日内回复工单

C. 居民客户业扩报装业务 5 个工作日内向客户答复供电方案并回复工单

D. 其他服务申请类业务 5 个工作日内处理完毕并回复工单

57. 关于举报、建议、意见，以下说法错误的有（ BD ）。

A. 国网客服中心受理客户举报、建议、意见业务诉求后，20min 内派发工单

B. 省公司，地市、县供电企业应在国网客服中心受理客户诉求后 10 个工作日内处理、答复客户并审核、反馈处理意见

C. 举报工单国网客服中心应在接到回复工单后 1 个工作日内回访客户

D. 建议、意见工单国网客服中心应在接到回复工单后 1 天内回复客户

58.《国家电网公司 95598 业务管理暂行办法》中涉及的 95598 停送电信息指影响客户供电的停送电信息，分为生产类停送电信息和营销类停送电信息。生产类停送电信息包括（ AD ）。

A. 电网故障停限电　B. 违约用电　C. 欠费　D. 计划停电

59. 各省公司在接到或发起知识采集任务后 4 个工作日内在知识库系统中完成知识（AD）工作。

A. 审核　B. 汇总　C. 采集　D 编辑

60. 省（自治区、直辖市）电力公司运维检修部（以下简称“省公司运检部”）负责本省故障抢修工作质量的（ BCD ），定期开展故障抢修分析。

A. 评价　B. 监督　C. 检查　D. 考核

61. 下列说法正确的有（ AD ）。

A. 配电自动化系统覆盖的设备跳闸停电后，营配信息融合完成的单位，地市、县供电企业调控中心应在 15min 内向国网客服中心报送停电信息

B. 营配信息融合未完成的单位，各部门按照专业管理职责 30min 内编译停电信息报地市、县供电企业调控中心

C. 调控中心应在收到各部门报送的停电信息后 15min 内汇总报国网客服中心

D. 配电自动化系统未覆盖的设备跳闸停电后，应在抢修人员到达现场确认故障点后，各部门按照专业管理职责 10min 内编译停电信息报地市、县供电企业调控中心

62. 窃电的方式包含（ ABC ）。

A. 擅自接线　B. 绕越计量装置

C. 故意损坏计量装置　D. 擅自引入或供出电源

63. 关于工单受理及填写要求，下列说法正确的有（ ABD ）。

A. 国网客服中心受理客户诉求时，应了解客户拨打 95598 电话的原因，当遇到情绪比较激动的客户时，应尽量缓和、疏导、安抚客户情绪，做好相关解释工作

B. 95598 客户服务流程各环节工作人员应准确选择业务分类和派发单位

C. 处理部门回复工单时，应做到规范、片面、真实

D. 国网客服中心应准确、完整地填写客户回复（回访）意见

64. 关于催办，下列说法正确的有（ ABC ）。

A. 投诉、举报、意见、建议、表扬、咨询、服务申请类催办业务，在途未超时限且办理周期未过半的工单由国网客服中心向客户解释

B. 办理周期过半的工单由国网客服中心向各省客服中心派发催办工单

C. 同一事件催办次数原则上不超过 2 次

D. 客户催办时，任何情况下都不应派发新的工单

65. 对客户因（ BCD ）原因实施的停电，应及时在营销业务应用系统中维护停电标志。

A. 故障　　B. 窃电　　C. 违约用电　　D. 欠费

66. 业务处理部门在国网客服中心受理客户一般诉求（客户挂断电话）后，应在如下时限内按照相关要求开展调查处理，并完成工单反馈。（ BCD ）工单 9 个工作日。

A. 咨询　　B. 举报　　C. 建议　　D. 意见

67. 关于生产类信息，（ BCD ）应做好本单位生产信息、用电负荷信息的更新和维护。

A. 国网客服中心　　B. 省公司

C. 地市供电企业　　D. 县供电企业

68. 关于以下停送电信息报送，说法正确的有（ ACD ）。

A. 供电设施计划检修停电应提前 8 天

B. 供电设施计划检修停电应提前 7 天

C. 临时性日前停电应提前 24h

D. 其他临时停电应提前 1h

69.（ ABC ）类投诉，客户针对同一事件在首次投诉办结后，连续 2 个月内投诉 3 次及以上且属实的，由上一级单位介入调查处理。

A. 服务　　B. 营业　　C. 停送电　　D. 供电质量

70.（ CD ）类投诉，客户针对同一事件在首次投诉办结后，连续 6 个月内投诉 3 次及以上且属实的，由上一级单位介入调查处理。

A. 服务　　B. 停送电　　C. 电网建设　　D. 供电质量

71. 根据客户报修故障的（ ABD ）将故障报修业务分为紧急、一般两个等级。

A. 重要程度　　B. 停电影响范围

C. 危害时间　　D. 危害程度

72. 国网客服中心受理客户投诉诉求后，根据投诉客户重要程度及可能造成的影响等，按照（AC）确定事件的投诉等级，20min 内派发工单。

A. 特殊　　B. 一级　　C. 重要　　D. 二级

73. 国网客服中心在回复（回访）过程中，对（ ABC ）填写退单原因后将工单回退至工单提交部门。

A. 工单填写存在不规范

B. 回复结果未对客户诉求逐一答复

C. 回复结果违反有关政策法规

D. 工单填写内容与回复（回访）客户结果不一致

74. 客户投诉包括（ ABD ）。

A. 服务投诉　　B. 营业投诉

C. 催缴费投诉　　D. 电网建设投诉

75. 有关证据保存，以下说法正确的有（ ABC ）。

A. 合同、业务受理申请单等与客户营业档案相关的书面证据按营业档案资料存档

的要求执行

B. 客户信函原件按照档案管理的相关规定执行

C. 其他与 95598 客户投诉相关的证据材料，形成电子文档后，作为 95598 客户投诉工单附件

D. 重要、一般投诉证据保存年限为 5 年，特殊、重大投诉证据保存年限为 10 年，超过保存年限的投诉证据按照保密材料销毁要求执行

76. 以下说法正确的有（ BCD ）。

A. 省公司，地市、县供电企业相关业务部门应在国网客服中心受理客户诉求后 1 个工作日内联系客户，7 个工作日内处理、答复客户并审核、反馈处理意见，国网客服中心应在接到回复工单后 1 个工作日内回访客户

B. 重大投诉业务处理意见需省公司相关部门审核后反馈国网营销部和国网客服中心

C. 对于行风类投诉，国网客服中心派发工单后及时报告国网监察局

D. 省公司，地市、县供电企业根据投诉等级，按照相关要求处理投诉业务

77. 重大投诉业务处理意见需省公司相关部门审核后反馈（ CD ）。

A. 国网运检部　　B. 国网监察局

C. 国网营销部　　D. 国网客服中心

78. 国网客服中心受理客户咨询诉求后，后面的流程操作正确的有（ ABD ）。

A. 未办结业务 20min 内派发工单

B. 省公司，地市、县供电企业应在国网客服中心受理客户诉求后 4 个工作日内进行业务处理、审核并反馈结果

C. 省公司，地市、县供电企业应在国网客服中心受理客户诉求后 5 个工作日内进行业务处理、审核并反馈结果

D. 国网客服中心应在接到回复工单后 1 个工作日内回复客户

79. 根据知识来源，国网客服中心范围的知识包括：国网客服中心制定的（ ABD ）。

A. 服务规范　　B. 作业指导书　　C. 营销服务　　D. 操作手册

80.《电力服务事件处置应急预案》中规定，下面哪项属于一级重要电力客户（ ABCD ）。

A. 直接引发人身伤亡的　　B. 造成严重环境污染的

C. 发生中毒、爆炸或火灾的　　D. 造成重大政治影响的

81. 95598 所有业务流程中，实行闭环管理的业务有（ ABD ）。

A. 投诉　　B. 举报　　C. 表扬　　D. 建议

82. 意见业务中的供电服务里面包括（ BC ）。

A. 抄表收费　　B. 停电问题　　C. 故障处理　　D. 电能计量

83. 投诉业务中的营业投诉里面包括（ BCD ）。

A. 抄表收费　　B. 业扩报装　　C. 电价电费　　D. 业务收费

84.《国家电网公司 95598 业务管理暂行办法》中涉及的 95598 业务支撑包括（ BCD ）。

A. 95598 业务运营管理　　B. 95598 信息支持

C. 95598 知识管理　　D. 95598 停送电信息报送管理

85.《国家电网公司 95598 业务管理暂行办法》涉及的部门或单位有(ABCD)。

A. 国网营销部　　B. 国调中心

C. 省公司营销部　　D. 国网客服中心

86. 地市（区、州）供电公司、县（市、区）供电公司营销部（客服中心）负责接收上级转办的非抢修类 95598 工单，组织开展（ABCD)反馈处理意见等工作。

A. 调查　　B. 核实　　C. 督办　　D. 整改

87. 根据《国家电网公司 95598 业务管理暂行办法》，地市（区、州）供电公司运维检修部（检修分公司)、县（市、区）供电公司运维检修部［检修（建设）工区］(以下简称“地市、县供电企业运检部”) 是本单位故障抢修业务及其专业管理范围内 95598 业务的处理部门，负责(ABCD)。

A. 组织开展具体故障抢修工作

B. 协助舆情管理部门处理因供电企业产权设备故障引发的舆情事件

C. 做好本专业管理范围内故障抢修信息及生产类停送电信息编译工作

D. 配合本单位营销部做好 95598 业务运营的相关支撑工作

88. 95598 业务包括(ABCD)。

A. 信息查询、业务咨询　　B. 故障报修、投诉

C. 举报、建议、意见　　D. 表扬、服务申请

89. 以下属于服务申请子类业务的有(ABCD)。

A. 欠费复电登记　　B. 电能表异常

C. 抄表数据异常　　D. 电器损坏核损

90. 处理部门回复工单时，应做到(ABC)。

A. 规范　　B. 全面　　C. 真实　　D. 合理

91. 对于重大服务事件、重大投诉事件，各单位可通过（ AC ）方式传递信息，及时处置，最大限度降低服务风险，事后应按照要求完善相关流程。

A. 电话　　B. 邮件　　C. 短信　　D. 传真

92. 根据《国家电网公司 95598 业务管理暂行办法》，以下(ACD)工单不允许合并。

A. 咨询　　B. 故障报修　　C. 举报　　D. 表扬

93. 省公司，地市、县供电企业对(ABCD)的工单，填写退单原因后将工单回退至国网客服中心。

A. 地址信息缺失　　B. 派发区域信息错误

C. 无客户有效信息　　D. 客户联系方式错误

94. 客户回复（回访）本着“谁受理，谁回复（回访)”的原则，各单位不得层层回复（回访）客户，其中(ACD)工单应实现百分百回复（回访)。

A. 投诉　　B. 表扬　　C. 建议　　D. 举报

95. 如果确因客户原因回复（回访）不成功的，应在“回复（回访）内容”中写明失败原因，并办结工单。其中（ ABCD ）属于因客户原因引起的回复（回访）不成功。

A. 无人接听　　B. 空号　　C. 停机　　D. 不在服务区

96. 省公司和地市供电企业对(ABCD)工单处理情况有异议时可提出申诉。

A. 工单接派单　　B. 知识库信息报送

C. 工单业务类型　　D. 城乡标志

97. 地市供电企业相关部门根据专业管理职责分别提出申诉申请，经省客服中心审核后提交国网客服中心，省客服中心对初次申诉结果有异议的，可由省公司营销部向国网营销部提出最终申诉。申诉工单应包括(ABCD)信息。

A. 工单编号　　B. 申诉原因及目的

C. 业务类型　　D. 申诉依据和申诉人

98. 涉及国网直属单位或500kV及以上的95598工单，由国网客服中心南、北分中心接单，通过(ABCD)方式转相关部门处理，各部门办理完毕后，由国网客服中心南、北分中心归单办结。

A. 电话　　B. 工单　　C. 邮件　　D. 传真

99. 计划停电、临时停电、电网故障停限电、超电网供电能力停限电信息报送内容包括(ABCD)。

A. 停电类型　　B. 供电设施名称及编号

C. 停电范围　　D. 停送电时间和停电原因

100. 停送电信息内容发生变化后10min内更新系统信息，并记录（ABD)，以便及时答复客户。

A. 变更类型　　B. 变更说明

C. 前期信息　　D. 变更停送电时间

101. 知识管理工作内容主要包括(ABCD)。

A. 知识采集发布　　B. 知识下线

C. 知识分析　　D. 知识完善

102. 关于营销类信息，省公司，地市、县供电企业应做好本单位营销业务应用系统中(ABCD)信息更新和维护。

A. 客户档案　　B. 业务流程

C. 电量电费　　D. 用电检查

103. 重大服务事件应坚持即时上报原则，主要包括(ABCD)。

A. 电网大面积停电造成的客户停电事件

B. 涉及高危、重要电力客户的停电事件

C. 新闻媒体曝光并产生重大影响的停电事件或供电服务事件

D. 其他需要报告的重大服务事件

104. 省公司，地市、县供电企业在重大服务事件发生后第一时间将事件发生的(ABCD)及时上报。

A. 时间　　B. 地点　　C. 初步原因　　D. 可能造成的影响

105. 在重大服务事件发生后24h内，将事件的详细处理情况以书面形式上报；在事件妥善处理之后，重大服务事件报告经省公司相关管理部门审核后再次以书面形式上报（ CD)。

A. 国网运检部　　B. 国网监察局
C. 国网营销部　　D. 国网客服中心

106. 服务投诉指供电企业员工服务行为不规范，公司服务渠道不畅通、不便捷等引发的客户投诉，主要包括(ABCD)方面。

A. 员工服务态度　　B. 服务行为规范
C. 窗口营业时间　　D. 服务设施

107. 营业投诉指供电企业在处理具体营业业务过程中存在工作超时限、疏忽、差错等引发的客户投诉，主要包括(ABCD)方面。

A. 业扩报装　　B. 用电变更　　C. 电费电价　　D. 电能计量

108. 停送电投诉指供电企业在停送电管理、现场抢修服务等过程中发生服务差错引发的客户投诉，主要包括(ABCD)方面。

A. 停送电信息公告　　B. 停电计划执行
C. 抢修质量（含抢修行为）　　D. 增值服务

109. 供电质量投诉指供电企业向客户输送的电能存在(ABCD)供电质量问题引发的客户投诉，主要包括电压质量、供电频率供电可靠性等方面。

A. 电压偏差　　B. 频率偏差
C. 电压不平衡　　D. 电压波动或闪变

110. 按照客户投诉受理渠道，可将客户投诉分为 95598 客户投诉和非 95598 客户投诉。以下属于 95598 客户投诉的有（ CD)。

A. 信函　　B. 营业厅　　C. 95598 电话　　D. 95598 网站

111. 根据客户投诉的重要程度及可能造成的影响，将客户投诉分为(ABCD)四个等级。

A. 特殊　　B. 重大　　C. 重要　　D. 一般

112. 符合下列情形之一的客户投诉，界定为特殊投诉(ABCD)。

A. 国家党政机关、电力管理部门转办的集体客户投诉事件
B. 省级及以上政府部门或社会团体督办的客户投诉事件
C. 中央或全国性媒体关注或介入的客户投诉事件
D.《国家电网公司质量事件调查处理暂行办法》规定的质量事件中的五级质量事件

113. 一般投诉：影响程度低于(ABC)投诉的其他投诉。

A. 特殊　　B. 重大　　C. 重要　　D. 不紧急

114. 工单回复审核时发现工单回复内容存在以下问题，应将工单回退(ABCD)。

A. 回复工单中未对客户投诉的问题进行答复或答复不全面的
B. 除保密、匿名工单外，未向客户反馈调查结果的
C. 应提供而未提供相关 95598 客户投诉处理依据的
D. 承办部门回复内容明显违背公司相关规定或表述不清、逻辑混乱的

115. 符合下列情形之一的，为紧急故障报修(ABCD)。

A. 已经或可能引发人身伤亡的电力设施安全隐患或故障
B. 已经或可能引发人员密集公共场所秩序混乱的电力设施安全隐患或故障

C. 已经或可能对高危及重要客户造成重大损失或影响安全、可靠供电的电力设施安全隐患或故障

D. 已经或可能在经济上造成较大损失的电力设施安全隐患或故障

116. 举报业务主要包括（ABCD）。

A. 行风廉政　　B. 违章窃电

C. 违约用电　　D. 破坏和盗窃电力设施

117. 建议指客户对供电企业在电网建设、供电服务、服务质量等方面提出（ACD）供电企业自身发展的诉求业务。

A. 积极的　　B. 负面的　　C. 正面的　　D. 有利于

118. 服务申请是客户向供电企业提出（ABD）开展现场服务的诉求业务。

A. 协助　　B. 配合　　C. 投诉　　D. 需要

119. 一般诉求业务办理应遵循“（ABCD）”的原则，实现业务工单的全过程管理。

A. 答复规范　　B. 处理及时　　C. 限期办结　　D. 优质高效

120. 现场送电类型包括（ABC）。

A. 全部送电　　B. 部分送电　　C. 未送电　　D. 其他

121. 有序用电类停送电信息应包含（ABCD）信息。

A. 计划错避峰时段　　B. 供电电源

C. 错避峰负荷　　D. 客户编号

122. 客户回复（回访）本着（CD）的原则，各单位不得层层回复（回访）客户。除表扬工单外，其他派发的工单应实现百分百回复（回访）。

A. 谁处理　　B. 谁提出　　C. 谁受理　　D. 谁回复（回访）

123. 投诉业务中的二级分类“供电设施”下包括（ABC）。

A. 农网改造　　B. 输电设施　　C. 供电能力　　D. 有偿服务

124. 投诉业务中的三级分类“未按停电计划停送电”反映未按公告的停电计划实施，变更停电计划未履行手续的，出现（ABCD）问题，应派发投诉工单。

A. 提前送电　　B. 提前停电　　C. 延迟送电　　D. 延迟停电

125. 投诉业务中的三级分类“用电检查人员服务态度”反映用电检查人员存有以下行为的服务态度问题：（ABCD）应派发投诉工单。

A. 威胁客户　　B. 与客户发生争吵

C. 对客户态度差　　D. 对客户态度冷漠

126. 以下说法正确的有（ABCD）。

A. 各单位发现问题工单后应及时发起申诉，省公司营销部、省客服中心在接到地市供电企业申诉申请后 2 个工作日内完成审核工作

B. 申诉工单答复内容包括申诉认定结果、申诉认定依据及相关说明

C. 申诉流程一般不超过 7 个工作日，已办结工单超过 1 个日历月未提出申诉的，视为放弃申诉

D. 同一张工单对同一类型的申诉只允许提交 1 次，不同类型的申诉应单独发起申诉工单

127. 省公司，地市、县供电企业按照规定的流程和要求传递、处理工单，跟踪处

理进度并将（AB）确认后的处理意见反馈国网客服中心。

A. 督办　　B. 审核　　C. 评价　　D. 监察

128. 对于重大服务事件、重大投诉事件，各单位可通过（**AB**）方式传递信息，及时处置，最大限度降低服务风险，事后应按照要求完善相关流程。

A. 电话　　B. 短信　　C. 邮件　　D. 传真

129. 根据《国家电网公司供电服务规范》，营业场所内应张贴“优质、方便、规范、真诚”的服务标语。公布（**ABCD**）。

A. 供电服务项目　　B. 业务办理程序

C. 收费标准　　D. 收费项目

130. 根据《国家电网公司供电服务规范》，“**95598**”客户服务网页（网站）可以受理的业务有（**BCD**）。

A. 电力故障报修　　B. 用电信息查询　　C. 服务质量投诉　　D. 停电信息公告

131. 根据《国家电网公司供电服务规范》，“**95598**”客户服务热线服务规范中，接听电话时，应做到（**ABC**）。

A. 语言亲切、语气诚恳　　B. 语音清晰

C. 语速适中、语调平和　　D. 言调平和

132. 根据《国家电网公司供电服务规范》，现场服务内容包括（**ABCD**）。

A. 客户侧计费电能表电量抄见

B. 故障抢修

C. 客户侧计费电能表现场安装、校验

D. 客户侧用电报装工程的设施安装、验收、接电前检查及设备接电

133. 根据《国家电网公司供电服务规范》，现场服务纪律规定：对客户的受电工程不指定（**ABD**）。

A. 设计单位　　B. 施工队伍

C. 中间检查　　D. 设备材料采购

134. 根据《国家电网公司供电服务规范》，对客户受电工程的中间检查和竣工检验，应以有关的（**ABCD**）为依据，不得提出不合理要求。

A. 法律法规　　B. 技术规范　　C. 技术标准　　D. 施工设计

135. 根据《国家电网公司供电服务规范》，明确规范投诉举报处理程序，建立严格的供电服务投诉举报管理制度，通过以下（**ABCD**）方式接受客户的投诉和举报。

A. “95598”供电客户服务热线或专设的投诉举报电话

B. 营业场所设置意见箱或意见簿

C. “95598”供电客户服务网页（网站）

D. 领导对外接待日

136.（**ABC**）曝光属供电部门主观责任并产生重大负面影响的供电服务质量事件，属于特别重大供电服务质量事件。

A. 中央性新闻媒体　　B. 主要门户网站

C. 全国性新闻媒体　　D. 省级新闻媒体

137. 以下属于一般供电服务质量事件的有（**BCD**）。

A. 给客户或企业造成 5 万元及以上 15 万元以下直接经济损失

B. 县级政府有关部门（单位）查实属供电部门主观责任，并被县级政府有关部门（单位）行政处罚的供电服务质量事件

C. 地市级新闻媒体等曝光属供电部门主观责任并产生一定负面影响的供电服务质量事件

D. 公司认定的其他一般供电服务质量事件

138. 发生供电服务质量事件，对各级单位责任人予以（ ACD ），这些惩处方式可以单独运用，也可以同时运用。

A. 纪律处分　B. 行政处分　C. 经济处罚　D. 组织处理

139. 发生重大供电服务质量事件，对责任人按以下规定处理（ ABCD ）。

A. 对责任单位上级单位主要领导、有关分管领导予以警告处分；予以通报批评处理

B. 对责任单位上级有关部门负责人予以警告至记过处分；予以通报批评或调整岗位处理

C. 对责任单位主要负责人、有关分管负责人予以警告至记大过处分；予以通报批评、调整岗位或待岗处理

D. 对部门、班组级负责人予以警告至撤职处分；予以通报批评、调整岗位、待岗或停职（检查）处理

140. （ AD ）供电服务质量事件由国家电网公司供电服务奖惩工作小组认定，并提出惩处建议。

A. 特别重大　B. 一般　C. 较大　D. 重大

141. （ BC ）供电服务质量事件由省公司级单位供电服务奖惩工作小组认定，并提出惩处建议。

A. 特别重大　B. 一般　C. 较大　D. 重大

142. 国网公司供电服务奖惩工作小组成员由（ ABCD ）有关部门负责人组成。

A. 国网办公厅　B. 国网营销部　C. 国网人资部　D. 国调中心

143. 国网公司供电服务奖惩工作小组负责（ ABCD ）。

A. 制定公司供电服务奖惩管理制度

B. 组织开展供电服务表彰奖励工作

C. 组织相关部门开展特别重大供电服务质量事件调查等工作

D. 向公司员工奖惩工作领导小组提交奖惩建议

144. 公司、各省电力公司、国网客服中心每两年组织开展一次供电服务评选表彰奖励活动，表彰奖励在供电服务中做出突出贡献的（ AB ）。

A. 先进单位　B. 先进个人　C. 优秀班组　D. 先进集体

145. 对受到表彰的先进单位，原则上不进行物质奖励，只颁发（ ACD ）。

A. 奖牌　B. 证书　C. 奖状　D. 锦旗

146. 《国家电网公司供电服务奖惩规定》所称供电服务质量事件，是指供电服务过程中，未遵守（ ABC ），给客户、企业造成重大损失，损害公司品牌形象，造成不良影响的事件。

A. 规范　　　　B. 技术、服务标准　C. 有关规定　　　D. 服务约定

147. 发生一般供电服务质量事件，对主要责任人予以(ABCD)。

A. 通报批评　　　　　　　　　　　B. 警告至降级（降职）处分

C. 调整岗位　　　　　　　　　　　D. 待岗处理

148. 各级单位供电服务奖惩工作小组应及时上报(ABCD)信息，并于4h内报送至公司供电服务奖惩工作小组。

A. 供电服务质量事件发生的时间、地点

B. 供电服务质量事件发生的范围

C. 对用电客户的影响

D. 已经采取的措施

149. 供电服务过错根据问题性质和影响程度分为(ABC)。

A. 一类过错　　　B. 二类过错　　　C. 三类过错　　　D. 四类过错

150. 根据《国家电网公司供电服务奖惩规定》，以下哪些选项属于一类过错(ABCD)。

A. 情节严重

B. 长期存在

C. 给客户造成1万元及以上5万元以下直接经济损失

D. 给企业形象造成较大影响的供电服务过错

151. 根据《国家电网公司供电服务奖惩规定》，以下哪些选项属于二类过错(BCD)。

A. 情节较轻

B. 频繁发生

C. 给客户造成1万元以下直接经济损失

D. 在一定范围内给企业形象造成不良影响的供电服务过错

152. 根据《国家电网公司供电服务奖惩规定》，发生二类过错，对责任人按以下规定处理(ACD)。

A. 对主要责任人予以通报批评、调整岗位或待岗

B. 对主要责任人、次要责任人予以1000元以下经济处罚

C. 对次要责任人予以通报批评或调整岗位

D. 对主要责任人、次要责任人予以100～2000元经济处罚

153. 根据《国家电网公司供电服务奖惩规定》，供电服务奖惩坚持(ACD)的原则。

A. 管专业必须管服务　　　　　　　B. 奖惩分明

C. 奖惩并举　　　　　　　　　　　D. 专业管理与分级负责相结合

154. 《国家电网公司供电服务奖惩规定》中，以下哪种事件属于特别重大供电服务质量事件 (ABD)。

A. 国家部委有关部门（单位）查实属供电部门主观责任，并被国家部委有关部门（单位）行政处罚的供电服务质量事件

B. 中央或全国性新闻媒体、主要门户网站等曝光属供电部门主观责任并产生重大负面影响的供电服务质量事件

C. 给客户或企业造成 20 万元及以上 50 万元以下直接经济损失

D. 公司认定的其他特别重大供电服务质量事件

155.《国家电网公司供电服务奖惩规定》中，以下哪种事件属于重大供电服务质量事件(ABCD)。

A. 省级新闻媒体等曝光属供电部门主观责任并产生重大负面影响的供电服务质量事件

B. 省级政府有关部门（单位）查实属供电部门主观责任，并被省级政府有关部门（单位）行政处罚的供电服务质量事件

C. 给客户或企业造成 20 万元及以上 50 万元以下直接经济损失

D. 公司认定的其他重大供电服务质量事件

156. 根据《国家电网公司供电服务奖惩规定》规定，对发生供电服务质量事件和供电服务过错的(ABCD)予以惩处。

A. 责任单位　　B. 部门　　C. 班组　　D. 责任人

157. 根据《国家电网公司供电服务质量标准》受理客户服务申请后，以下说法错误的有（ AD ）。

A. 电器损坏核损业务 36h 内到达现场

B. 电能表异常业务 5 个工作日内处理

C. 抄表数据异常业务 7 个工作日内核实

D. 其他服务申请类业务 7 个工作日内处理完毕

第四节　判　断　题

1.《国家电网公司 95598 业务管理暂行办法》规定国网营销部是公司 95598 业务的归口管理部门，主要负责对各省公司的 95598 工单进行 100%检查、跟踪和督办，定期分析、发布 95598 客户服务情况，并对相关单位提出管理和考核意见。(×)

2.《国家电网公司 95598 业务管理暂行办法》规定国网客服中心是公司 95598 业务的执行单位，是 95598 客户服务管理的支撑机构，主要负责收集、征询、审核和发布 95598 知识，及时维护更新 95598 互动服务网站。(√)

3.《国家电网公司 95598 业务管理暂行办法》规定省（自治区、直辖市）电力公司营销部，是本省 95598 业务管理及业务支撑工作的归口管理部门，主要负责定期分析、发布本省 95598 业务运营情况，并对相关单位提出管理和考核意见。(√)

4.《国家电网公司 95598 业务管理暂行办法》规定地市（区、州）供电公司、县（市、区）供电公司营销部（客服中心）是本单位 95598 业务管理及业务支撑的归口管理部门，主要负责监督和考核本单位 95598 客户服务工作质量和 95598 业务支撑工作质量。(√)

5.《国家电网公司 95598 业务管理暂行办法》规定地市（区、州）供电公司运维检修部（检修分公司）、县（市、区）供电公司运维检修部［检修（建设）工区］是本单位故障抢修业务及其专业管理范围内 95598 业务的处理部门，不负责组织开展具体故障

抢修工作。(×)

6.《国家电网公司 95598 业务管理暂行办法》规定地市（区、州）供电公司、县（市、区）供电公司电力调度控制中心是本单位故障抢修指挥的归口管理部门。负责故障报修工单接收、分析研判、派单指挥、跟踪、监督和工单回复工作。(×)

7. 各级单位提供 24h 电力故障抢修服务，抢修到达现场时间应满足公司对外的承诺要求。具备条件的单位，抢修人员到达故障现场后 5min 内将到达现场时间录入系统，抢修完毕后 5min 内抢修人员填单向本单位调控中心反馈结果，调控中心 30min 内完成工单审核、回复工作。(√)

8. 配电自动化系统覆盖的设备跳闸停电后，营配信息融合完成的单位，地市、县供电企业调控中心应在 10min 内向国网客服中心报送停电信息。(×)

9. 业务咨询指客户对各类供电服务信息、业务办理情况、电力常识等问题的业务询问。咨询内容主要包括电价电费、停送电信息、供电服务信息、用电业务、业务收费、客户资料、计量装置、法律法规、服务规范、电动汽车、能效服务、用电技术及常识等。(√)

10. 抢修人员预计当日不能修复完毕的紧急故障，应及时向本单位调控中心报告；抢修时间超过 4h 的，每小时向本单位调控中心报告故障处理进展情况；其余的短时故障抢修，抢修人员汇报预计恢复时间。(×)

11. 抢修人员到达故障现场后 15min 内将到达现场时间录入系统，抢修完毕后 15min 内抢修人员填单向本单位调控中心反馈结果，调控中心 30min 内完成工单审核、回复工作。(×)

12. 一般故障报修包括已经或可能引发严重环境污染的电力设施安全隐患或故障。(×)

13. 不属实投诉包括供电企业已按相关政策法规、制度、标准及服务承诺执行的；客户反映问题无相关政策法规规定的；客户反映问题与实际情况不符等情形。(×)

14. 对于特殊、重大投诉，由于客户原因导致回访不成功的，国网客服中心回访工作应满足：不少于 5 天，每天不少于 3 次，每次回访时间间隔不小于 2h。(√)

15. 国网客服中心、省客服中心，地市、县供电企业营销部逐级对回单质量进行审核，对回单内容或处理意见不符合要求的，应注明原因后将工单回退至投诉处理部门再次处理。(√)

16. 95598 业务包括信息查询、业务咨询、故障报修、投诉、举报、建议、意见、表扬、服务申请等，各项业务流程均实行闭环管理。(×)

17. 国网客服中心受理客户诉求后，应落实“首问负责制”，可立即办结的业务应直接答复客户并办结工单；不能立即办结的业务，派发至责任单位处理，各单位处理完毕后将工单反馈至各省客服中心，由各省客服中心回复（回访）客户。(×)

18. 省公司，地市、县供电企业相关业务部门应在国网客服中心受理客户投诉诉求后 1 个工作日内联系客户，6 个工作日内处理、答复客户并审核、反馈处理意见，国网客服中心应在接到回复工单后 1 个工作日内回访客户。(√)

19. 国网客服中心受理客户举报、建议、意见业务诉求后，20min 内派发工单。省公司，地市、县供电企业应在国网客服中心受理客户诉求后 9 个工作日内处理、答复客

户并审核、反馈处理意见。(√)

20. 对于重大服务事件，各单位可通过短信方式传递信息，及时处置，最大限度降低服务风险，事后应按照要求完善相关流程。(×)

21. 省公司，地市、县供电企业在重大服务事件发生后 24h 内，将事件的详细处理情况以书面形式上报。(√)

22. 特殊投诉包括国家党政机关、电力管理部门转办的集体客户投诉事件。(√)

23. 由于客户原因导致回复（回访）不成功的，国网客服中心应安排不少于 3 次回复（回访），每次回复（回访）时间间隔不小于 1h。(×)

24. 国网客服中心受理举报业务时，应在客户挂断电话后 20min 内完成工单审核，并派发至各省客服中心。(√)

25. 国网客服中心、各省客服中心受理客户的业务咨询诉求后，不能直接答复的，填写处理意见后，准确选择咨询类型与处理单位，生成业务咨询工单，客户挂断电话后 20min 内派发至各省客服中心。(√)

26. 举报业务主要包括行风廉政、违章窃电、违约用电、破坏和偷盗电力设施等。(√)

27. 抢修人员接到地市、县供电企业调控中心派单后，对于非本部门职责范围或信息不全影响抢修工作的工单应及时反馈地市、县供电企业调控中心，地市、县供电企业调控中心在 5min 内将工单回退至派发单位并详细注明退单原因。(×)

28. 95598 客户投诉承办部门对业务分类、退单、超时、回访满意度、属实性存在异议时，由各地市供电企业发起，以省公司为单位向国网客服中心提出初次申诉。省公司与国网客服中心初次申诉结果不一致时，由省公司营销部向国网营销部提出最终申诉，国网营销部做出最终认定。(√)

29. 承办部门从国网客服中心受理客户投诉（客户挂断电话）后 1 个工作日内联系客户（包括保密、匿名投诉工单），6 个工作日内按照有关法律法规、公司相关要求进行调查、处理，答复客户，并反馈国网客服中心。如遇特殊情况，投诉处理时限按上级部门要求的时限办理。(×)

30. 工单挂起时限由工单处理部门在申请时明确，挂起时限必须真实可信，不得无限期挂起工单。在挂起时限到期后工单自动唤醒，工单处理部门及时录入处理意见，回复工单。在挂起时限到期前已有处理意见的工单，工单处理部门可申请提前唤醒工单，录入处理意见。(√)

31. 工单挂起必须履行审批手续，由地市、县供电企业发起，省客服中心和国网客服中心分别在 1 个工作日内完成逐级审核后，由国网客服中心办理挂起手续。同一张工单允许挂起多次。(×)

32. 国网客服中心在回复（回访）过程中，对工单填写存在不规范、回复结果未对客户诉求逐一答复、回复结果违反有关政策法规、工单填写内容与回复（回访）客户结果不一致，且基层单位未提供有效证明材料或客户对基层单位提供证明材料有异议的，客户要求合理的，填写退单原因后将工单回退至工单提交部门。(√)

33. 国网客服中心在接到各省公司回复确认的工单后，除客户明确要求不需回复（回访）和约时回复（回访）的工单外，应按规定及时完成客户回复（回访）工作，并如实记录客户意见和满意度评价情况。原则上每日 22：00 至次日 9：00 期间不得开展

客户回复（回访）工作。（×）

34. 投诉、举报、意见、建议、表扬、咨询、服务申请类催办业务，在途未超时限且办理周期未过半的工单由国网客服中心向客户解释；办理周期过半的工单由国网客服中心向各省客服中心派发催办工单。同一事件催办次数原则上不超过3次。（×）

35. 地市供电企业相关部门根据专业管理职责分别提出申诉申请，经省客服中心审核后提交国网客服中心，省客服中心对初次申诉结果有异议的，可由省公司营销部向国网营销部提出最终申诉。申诉工单应包括工单编号、业务类型、申诉原因及目的、申诉依据和申诉人等信息。（√）

36. 国网客服中心定期收集、维护各单位95598业务处理人员联系方式，省公司，地市、县供电企业应按国网客服中心的要求提供生产、营销等相关部门和人员通信信息，并做好更新和维护。（√）

37. 重大服务事件应坚持即时上报原则，主要包括：电网大面积停电造成的客户停电事件；涉及高危、重要电力客户的停电事件；新闻媒体曝光并产生重大影响的停电事件或供电服务事件；其他需要报告的重大服务事件。（√）

38. 涉及国网直属单位或350V及以上的95598工单，由国网客服中心南、北分中心接单，通过电话、工单、邮件、短信、传真等方式转相关部门处理，各部门办理完毕后，由国网客服中心南、北分中心归单办结。（×）

39. 涉及省直属单位或500kV的95598工单，由各省客服中心接单，通过电话、工单、邮件、短信、传真等方式转相关部门处理，各部门办理完毕后，由各省客服中心归单办结。（×）

40. 超电网供电能力需停电时原则上应提前报送停限电范围及停送电时间，无法预判的停电拉路应在执行后20min内报送停限电范围及停送电时间。现场送电后，应在10min内填写送电时间。（×）

41. 省公司按照省级政府电力运行主管部门的指令启动有序用电方案，提前1周向有关用户发送有序用电指令。同时，以省公司为单位将有序用电执行计划（包括执行的时间、地区、调控负荷等）报送国网客服中心。（×）

42. 国网客服中心对受理的重大服务事件实行报告通知制度，即时通过电话、短信、传真、邮件等形式报告国网营销部，并通知到责任单位，同时实时跟踪事件处理进度，并报告国网营销部。（√）

43. 国网营销部组织建立95598服务质量评价体系，通过召开95598业务专题会议、抽查95598工单、明察暗访等方式，对各单位95598供电服务质量、95598运营管理质量和95598业务支撑工作质量进行监督与评价，并纳入年度指标考核体系。（√）

44. 客户投诉符合《国家电网公司质量事件调查处理暂行办法》规定的质量事件中的七级和八级质量事件界定为重要投诉。（√）

45. 供电质量投诉指供电企业向客户输送的电能存在电压偏差、频率偏差、电压不平衡、电压波动或闪变等供电质量问题引发的客户投诉，主要包括电压质量、供电频率供电可靠性等方面。（√）

46. 客户投诉符合《国家电网公司质量事件调查处理暂行办法》规定的质量事件中的六级质量事件界定为重大投诉。（√）

47. 重要投诉由地市供电企业本部有关部门按业务管理范围归口处理。(√)

48. 国网客服中心受理客户投诉时，根据客户反映的内容判断投诉级别，并尊重和满足投诉人匿名和保密要求。(√)

49.《国家电网公司95598业务管理暂行办法》规定国网运检部是公司故障抢修业务的归口管理部门。(√)

50.《国家电网公司95598业务管理暂行办法》规定国调中心是公司配网故障抢修指挥的归口管理部门。(√)

51.《国家电网公司95598业务管理暂行办法》规定公司总部有关部门负责各自专业管理范围内95598投诉、举报等客户诉求业务的协调处理和整改工作。(√)

52.《国家电网公司95598业务管理暂行办法》规定省（自治区、直辖市）电力公司运维检修部是本省故障抢修业务的归口管理部门。(√)

53.《国家电网公司95598业务管理暂行办法》规定省（自治区、直辖市）电力公司电力调度控制中心是本省故障抢修指挥归口管理部门。(×)

54.《国家电网公司95598业务管理暂行办法》规定省(自治区、直辖市)电力公司客户服务中心是本省95598业务的执行单位，是95598客户服务管理的支撑机构。(√)

55.《国家电网公司95598业务管理暂行办法》规定省公司有关部门负责各自专业管理范围内95598投诉、举报等客户诉求业务的协调处理和整改工作。(√)

56.《国家电网公司95598业务管理暂行办法》规定地市、县供电企业有关部门负责全部95598投诉、举报等客户诉求业务的协调处理和整改工作。(×)

57. 国网客服中心通过95598电话自助语音、95598互动服务网站等自助查询方式向客户提供信息查询服务。(√)

58. 国网客服中心受理客户咨询诉求后，未办结业务20min内派发工单，省公司，地市、县供电企业应在国网客服中心受理客户诉求后5个工作日内进行业务处理、审核并反馈结果，国网客服中心应在接到回复工单后1个工作日内回复客户。(×)

59. 国网客服中心受理客户故障报修诉求后，根据报修客户重要程度、停电影响范围、故障危害程度等，按照紧急、一般确定故障报修等级，5min内派发工单。(×)

60. 国网客服中心根据停电影响程度及时维护、发布相关紧急播报信息。(×)

61. 国网客服中心受理客户投诉诉求后，根据投诉客户重要程度及可能造成的影响等，按照特殊、重大、重要、一般确定事件的投诉等级，20min内派发工单。(√)

62. 重大投诉业务处理意见需省公司相关部门审核后反馈国网营销部和国网客服中心。(√)

63. 对于行风类投诉，国网客服中心派发工单后及时报告国网监察局。(√)

64. 行风类及其他非营销类举报、建议、意见业务由各单位营销部及时转交相关管理部门办理，承办部门要按照对外服务的承诺时限要求，提前2个工作日反馈本单位营销部，由营销部回复工单。(×)

65. 对于行风类举报，国网客服中心派发工单后及时报告国网监察局。(√)

66. 国网客服中心受理客户表扬诉求后，未办结业务10min内派发工单，处理部门应根据工单内容核实表扬。(×)

67. 国网客服中心受理客户服务申请诉求后，30min内派发工单。(×)

68. 国网客服中心受理客户诉求时，应了解客户拨打 95598 电话的原因，当遇到情绪比较激动的客户时，应尽量缓和、疏导、安抚客户情绪，做好相关解释工作。(√)

69. 国网客服中心受理客户诉求时，应引导客户提供用户编号，准确记录客户的姓名、地址、联系方式、回访要求、业务描述等信息，详细记录客户诉求，做到语句通顺、表达清晰、内容准确、完整。(√)

70. 95598 客户服务流程各环节工作人员应准确选择业务分类和派发单位。(√)

71. 处理部门回复工单时，应做到规范、有效、真实。(×)

72. 国网客服中心应真实、完整地填写客户回复（回访）意见。(×)

73. 国网客服中心应按照规定的流程及时限要求派发工单，对于重大服务事件、重大及以上投诉事件即时报告国网营销部并通知责任单位。对于重大服务事件、重大及以上投诉事件以外的紧急服务事件需即时处理。(√)

74. 除故障报修工单外其他工单不允许合并。(√)

75. 工单流转各环节均可以对工单进行合并，在对工单进行合并操作时，要经过核实，不得随意合并。(√)

76. 合并后的工单处理完毕后，仅需回复（回访）主工单，客户提出回复（回访）诉求的工单除外。(√)

77. 对于客户诉求短期内无法彻底解决、无法制订解决方案的工单，征求客户意见后可以申请工单挂起。所有工单均允许申请工单挂起。(×)

78. 工单挂起原则上不超过 10 个工作日，涉及电网建设改造的工单原则上不超过 30 个工作日。(×)

79. 省公司，地市、县供电企业应每月梳理挂起工单，跟踪客户诉求处理进度，省客服中心负责将挂起工单的处理情况报国网营销部和国网客服中心，国网营销部将会同国网客服中心定期进行核查。(√)

80. 省公司，地市、县供电企业对派发区域、客户联系方式等信息错误、缺失或无客户有效信息的工单，填写退单原因后将工单回退至国网客服中心。(√)

81. 国网客服中心受理客户催办诉求后应关联被催办工单，20min 内派发至省客服中心，省客服中心在接到工单后 20min 内派单至地市、县供电企业。(×)

82. 故障抢修类催办业务，客服代表应做好解释工作，并根据客户诉求派发催办工单。(√)

83. 客户催办时客户提出新的诉求，不应派发新的工单。(×)

84. 客户回复（回访）本着“谁受理，谁回复（回访）”的原则，各单位不得层层回复（回访）客户。全部工单应实现百分百回复（回访）。(×)

85. 客服代表在回访客户前应熟悉工单的回复内容，将核心业务内容回访客户，不得通过阅读基层单位工单“回复内容”的方式回访客户，遇客户不方便接受回访时应与客户沟通，约定下次回访时间。(√)

86. 国网客服中心在回复（回访）客户过程中，当客户提出新的诉求时应派发新的工单，应回退工单。(×)

87. 省公司和地市供电企业对工单接派单、工单处理、停送电信息报送、知识库信息报送、工单业务类型、城乡标志、客户评价等工单处理情况有异议时可提出申诉。(√)

88. 一张工单对一个业务类型的申诉可提交 2 次，不同业务类型的申诉应单独发起申请。(×)

89. 针对各级客服代表的投诉工单，先由所在部门处理，再流转至各单位 95598 管理考评部门处理。(×)

90. 针对国网客服中心的客户诉求，严格按照本办法业务管理的相关规定要求，设立专门业务项，按规范流程和处理时限进行派发、处理、反馈。(√)

91. 计划停电、临时停电、电网故障停限电、超电网供电能力停限电信息报送内容包括停电类型、所属供电单位、停电范围、供电设施名称及编号、停送电时间和停电原因等。(√)

92. 供电设施计划检修停电应提前 7 天，临时性日前停电应提前 24h，其他临时停电应提前 1h 完成停送电信息报送工作。(×)

93. 停送电信息内容发生变化后 20min 内更新系统信息，并记录变更类型、变更说明、变更停送电时间等，以便及时答复客户。(×)

94. 对客户因窃电、违约用电、欠费等原因实施的停电，应及时在营销业务应用系统中维护停电标志。(√)

95. 知识管理工作内容主要包括：知识采集发布、知识下线、分析与完善等工作。(√)

96. 国网客服中心及各省客服中心应按照知识管理的有关规定，做好知识的采集、审核、提交。(√)

97. 国网客服中心每年组织开展知识应用情况调查，向网站客户、国网营销部和各省公司知识管理人员、客服代表等相关人员收集评价意见，形成调查报告，经国网营销部审定后，制订改进计划。(√)

98. 国网客服中心实时收集知识使用人员对于知识范围和知识内容准确性方面的改进需求，分析评估后向各省公司发起知识采集任务。(√)

99. 国家相关法规、公司相关知识，由国网客服中心负责采集，经公司总部有关部门审核后发布。(√)

100. 省公司知识，由省公司营销部组织采集、审核，并提交国网客服中心；各省公司在接到或发起知识采集任务后 5 个工作日内在知识库系统中完成知识编辑、审核工作。(×)

101. 紧急知识采集按照知识采集发起单位要求办理。(√)

102. 各省公司营销部每两年组织一次对知识库的全面审核，确保内容完整、准确、适用，满足客户化需求。(√)

103. 省公司，地市、县供电企业应做好本单位生产信息、用电负荷信息的更新和维护。(√)

104. 省公司，地市、县供电企业应做好本单位营销业务应用系统中客户档案、业务流程、电量电费、计量、用电检查等信息更新和维护。(√)

105. 各省公司、国网客服中心应建立重大服务事件的快速反应机制，制订应急预案，协同联动，跟踪督办事件处理进度。(√)

106. 国网客服中心通过对 95598 业务流转的全过程管控，编制发布公司 95598 运营

分析报告及运营数据，提出 95598 运营质量和信息支撑工作的评价意见及改进建议。(√)

107. 各省公司营销部依据本办法对本省 95598 供电服务工作质量开展考核工作，每月 26 日前向国网营销部报备。(×)

108. 供电服务投诉是指公司经营区域内（含控股、代管营业区）的电力客户，在供电服务、营业业务、停送电、供电质量、电网建设等方面，对由于供电企业责任导致其权益受损表达不满，要求维护其权益而提出的诉求业务。(√)

109. 客户投诉包括服务投诉、营业投诉、停送电投诉、供电质量投诉、电网建设投诉五类。(√)

110. 服务投诉指供电企业员工服务行为不规范，公司服务渠道不畅通、不便捷等引发的客户投诉，主要包括员工服务态度、服务行为规范（不含抢修、施工行为）、窗口营业时间、服务项目、服务设施、公司网站管理等方面。(√)

111. 营业投诉指供电企业在处理具体营业业务过程中存在工作超时限、疏忽、差错等引发的客户投诉，主要包括业扩报装、用电变更、抄表催费、电费电价、电能计量、业务收费等方面。(√)

112. 停送电投诉指供电企业在停送电管理、现场抢修服务等过程中发生服务差错引发的客户投诉，主要包括停送电信息公告、停电计划执行、抢修质量（含抢修行为）、增值服务等方面。(√)

113. 电网建设投诉指供电企业在电网建设（含施工行为）过程中引发的客户投诉，主要包括供电设施安全、电力施工行为等方面。(√)

114. 按照客户投诉受理渠道，可将客户投诉分为 95598 客户投诉和非 95598 客户投诉。(√)

115. 通过 95598 电话、网站等渠道受理的客户投诉，按照 95598 客户投诉处理流程和投诉分级原则，分别由相关部门处理。(√)

116. 通过信函、营业厅等非 95598 渠道受理的投诉，由受理部门按照投诉分级原则，逐级向投诉归口管理部门上报，并由相关部门按投诉分级的原则处理。(√)

117. 根据客户投诉的重要程度及可能造成的影响，将客户投诉分为特殊、特大、重大、重要、一般五个等级。(×)

118. 一般投诉：影响程度低于特殊、重大、重要投诉的其他投诉。(√)

119. 国网客服中心应在客户挂断电话后 30min 内完成工单填写、审核、派单。被各单位退回的工单，国网客服中心重新核对受理信息，45min 内重新处理或派发。(×)

120. 对于特殊、重大投诉工单，国网客服中心即时通过电话、邮件、短信等方式报告国网营销部。(√)

121. 对于重要投诉工单，国网客服中心在派发工单后 45min 内通过电话、邮件、短信等方式告知所属单位省客服中心，并跟踪各省公司的处理进度。(×)

122. 客户通过其他方式向国网客服中心进行投诉的，国网客服中心应及时派发，相关要求参照 95598 电话受理要求办理。(√)

123. 各省客服中心，地市、县供电企业营销部接收客户投诉工单后，应分别在 1 个工作小时内完成接单转派或退单，如可直接处理，按照业务处理时限要求完成工单回复工作。(×)

124. 投诉工单反馈内容应真实、准确、全面，符合法律法规、行业规范、规章制度等相关要求。(√)

125. 重大、重要投诉，承办部门按照优先处理的原则开展调查、落实，每日向上级主管部门汇报一次工作进度。(√)

126. 国网客服中心统一对通过审核的 95598 客户投诉开展回访工作。(√)

127. 除客户明确提出不需回访的工单外，国网客服中心应在接收到投诉工单处理反馈结果后 2 个工作日内完成回访工作（除保密、匿名投诉工单外），并如实记录客户意见和满意度评价情况。(×)

128. 客服代表在回访客户前应熟悉投诉工单回复内容，将工单回复的核心内容回访客户，不得以阅读工单的方式回访客户，遇客户不便接受回访时应与客户约定下次回访时间。(√)

129. 投诉工单回访时存在以下问题的，应将工单回退：客户表述内容与承办部门回复内容不一致，且未提供支撑说明的；承办部门对 95598 客户投诉属实性认定错误或强迫客户撤诉的。(√)

130. 95598 客户投诉的属实性由承办部门根据处理情况如实填报。(√)

131. 根据是否供电企业责任，95598 客户投诉分为属实投诉和不属实投诉两类。(√)

132. 服务类、营业类、停送电类投诉，客户针对同一事件在首次投诉办结后，连续 1 个月内投诉 3 次及以上且属实的，由上一级单位介入调查处理。(×)

133. 供电质量和电网建设类投诉，客户针对同一事件在首次投诉办结后，连续 3 个月内投诉 1 次及以上且属实的，由上一级单位介入调查处理。(×)

134. 投诉证据包括书面证据、视听资料、媒体公告、短信等，原则上每件投诉证据材料合计存储容量不超过 10MB。(×)

135. 投诉书面证据指与 95598 客户投诉相关的以文字、符号、图形所记载或表示的材料。如：信函、合同、申请单、通知单、整改通知书、相关文件等。(√)

136. 投诉视听资料指利用录音、录像等技术手段反映的声音、图像以及电子计算机储存的数据等资料，包括电话录音、现场录音、录像、照片等。(√)

137. 95598 客户投诉处理承办部门在投诉处理全过程中应注重取证及证据的收集与保存，特别要注重第一时间的证据收集工作。(√)

138. 按照投诉分级、分类原则由各承办部门存档投诉调查材料，并将调查材料录入营销业务应用系统（SG186）。(√)

139. 重要、一般投诉证据保存年限为 2 年，特殊、重大投诉证据保存年限为 5 年，超过保存年限的投诉证据按照保密材料销毁要求执行。(×)

140. 故障报修业务是指国网客服中心或各省客服中心通过 95598 电话、网站等渠道受理的故障停电、电能质量或存在安全隐患须紧急处理的电力设施故障诉求业务。(√)

141. 故障报修类型分为高压故障、低压故障、电能质量故障、客户内部故障四类。(√)

142. 高压故障是指电力系统中高压电气设备（电压等级在 1kV 及以上者）的故障，主要包括高压计量设备、高压线路、高压变电设备故障等。(√)

143. 低压故障是指电力系统中低压电气设备（电压等级在 1kV 以下者）的故障，主要包括低压线路、进户装置、低压公共设备、低压计量设备故障等。(√)

144. 电能质量故障是指由于供电电压、频率等方面问题导致用电设备故障或无法正常工作，主要包括供电电压、频率存在偏差或波动、谐波等。(√)

145. 客户内部故障指产权分界点客户侧的电力设施故障。(√)

146. 根据客户报修故障的重要程度、停电影响范围、危害程度等将故障报修业务分为紧急、一般两个等级。(√)

147. 国网客服中心受理客户故障报修业务，在受理客户诉求时应详细记录客户故障报修的用电地址、用电区域、客户姓名、客户户号、联系方式、故障现象、客户感知等信息。(√)

148. 报修业务在客户挂断电话后 3min 内，客服代表应准确选择处理单位，派发至下一级接收单位。对回退的工单，派发单位应在回退后 5min 内重新核对受理信息并再次派发。(×)

149. 省客服中心应在国网客服中心下派报修工单后 3min 内完成接单或退单，对故障报修工单进行故障研判和抢修派单。(×)

150. 地市、县供电企业调控中心应在国网客服中心或省客服中心下派报修工单后 2min 内完成接单或退单，对故障报修工单进行故障研判和抢修派单。(×)

151. 抢修人员在处理客户故障报修业务时，到达现场后应及时联系客户，并做好现场与客户的沟通解释工作。(√)

152. 抢修人员在到达故障现场确认故障点后 30min 内向本单位调控中心报告预计修复送电时间。故障未修复（除客户产权外）的工单不得回单。(×)

153. 计量装置类故障（窃电、违约用电等除外），由抢修人员先行换表复电，营销人员事后进行计量加封及电费追补等后续工作。(√)

154. 35kV 及以上电压等级故障，按照职责分工转相关单位处理，由抢修单位完成抢修工作，由本单位调控中心完成工单回复工作。(√)

155. 地市、县供电企业调控中心对现场故障抢修工作处理完毕后还需开展后续工作的应正常回单，并及时联系有关部门开展后续处理工作。(√)

156. 故障工单回访时，遇客户反馈情况与抢修处理部门反馈结果不符，且抢修处理部门未提供有力证据、实际未恢复送电、工单填写不规范等情况时，应将工单回退，回退时应注明退单原因。(√)

157. 由于客户原因导致故障工单回访不成功的，国网客服中心或省客服中心回访工作应满足：不少于 2 次回访，每次回访时间间隔不小于 2h。回访失败应在“回访内容”中如实记录失败原因。(×)

158. 客服代表受理客户故障报修诉求后，应详细询问故障情况，若能判断是客户内部故障，建议客户联系产权单位、物业或有资质的施工单位处理。(√)

159. 一般诉求业务是指：国网客服中心通过电话、网站等多种渠道受理的客户业务咨询、举报、建议、意见、表扬、服务申请等诉求业务。(√)

160. 建议指客户对供电企业在电网建设、供电服务、服务质量等方面提出积极的、正面的、有利于供电企业自身发展的诉求业务。(√)

161. 意见是指客户对供电企业在供电服务、供电业务等方面存在不满而提出的诉求业务。(√)

162. 表扬是客户对供电企业在优质服务、行风建设等方面提出的表扬请求业务。(√)

163. 服务申请是客户向供电企业提出协助、配合或需要开展现场服务的诉求业务。(√)

164.《供电服务规范》规定，行为举止应做到自然、文雅、端庄、大方。站立时，抬头、挺胸、收腹，双手下垂置于身体两侧或双手交叠自然下垂，双脚并拢，脚跟相靠，脚尖微开，不得双手抱胸、叉腰。(√)

165.《供电服务规范》规定，减少因供电设备计划检修和电力系统事故对客户的停电次数及每次停电的持续时间。供电设备计划检修时，对35kV及以上电压等级供电的客户的停电次数，每年不应超过2次；对10kV电压等级供电的客户，每年不应超过5次。(×)

166.《供电服务规范》规定，为客户提供服务时，应礼貌、谦和、热情。接待客户时，应面带微笑，目光专注，做到来有迎声、去有送声。与客户会话时，应亲切，诚恳，有问必答。工作发生差错时，应及时更正并向客户道歉。(√)

167.《供电服务规范》规定，根据国家有关法律法规，本着平等、自愿、诚实信用的原则，以合同形式明确供电企业与客户双方的权利和义务，明确产权责任分界点，维护双方的合法权益。(√)

168.《供电服务规范》规定，供电设施因计划检修需要停电时，应提前3～7天将停电区域、线路、停电时间和恢复供电的时间进行公告，并通知重要客户。(×)

169.《供电服务规范》规定，“95598”客户服务热线的服务内容包括停电信息公告、电力故障报修、服务质量投诉、用电信息查询、咨询、业务受理等。(√)

170.《供电服务规范》规定，坚持“人民电业为人民”的服务宗旨，认真贯彻“优质、方便、规范、真诚”的供电服务方针。(√)

171.《供电服务规范》规定，对客户送审的受电工程设计文件和有关资料答复时限：高压供电的最长不超过3个月；低压供电的最长不超过15天。(×)

172.《供电服务规范》规定，严格遵守国家法律、法规，诚实守信、恪守承诺。爱岗敬业，乐于奉献，廉洁自律，秉公办事。(√)

173.《供电服务规范》规定，真心实意为客户着想，尽量满足客户的合理要求。对客户的咨询、投诉等不推诿，不拒绝，不搪塞，及时、耐心、准确地给予解答。(√)

174.《供电服务规范》规定，工作期间精神饱满，注意力集中。使用规范化文明用语，可以不使用普通话。(×)

175.《供电服务规范》规定，遇到客户提出不合理要求时，应直接拒绝客户。(×)

176.《供电服务规范》规定，为行动不便的客户提供服务时，应主动给予特别照顾和帮助。对听力不好的客户，应适当提高语音，放慢语速。(√)

177.《供电服务规范》规定，与客户交接钱物时，应唱收唱付，轻拿轻放，不抛不丢。(√)

178.《供电服务规范》规定，供电服务人员上岗必须统一着装，不用佩戴工号牌。(×)

179.《供电服务规范》规定，保持仪容仪表美观大方，不得浓妆艳抹，不得敞怀、将长裤卷起，不得戴墨镜。(√)

180.《供电服务规范》规定，在电力系统非正常状况下，客户受电端的电压最大允许偏差不应超过额定值的±7%。(×)

181.《供电服务规范》规定，城市居民客户端电压合格率不低于90%，农网居民客户端电压合格率不低于95%。(×)

182.《供电服务规范》规定，城市地区供电可靠率不低于99.89%，农网供电可靠率不低于99%。(√)

183.《供电服务规范》规定，已受理的用电报装，供电方案答复时限：低压电力客户最长不超过15天；高压单电源客户最长不超过2个月；高压双电源客户最长不超过3个月。(×)

184.《供电服务规范》规定，受理居民客户申请用电后，5个工作日内送电；其他客户在受电装置验收合格并签订供用电合同后，10个工作日内送电。(×)

185.《供电服务规范》规定，供电企业应在规定的日期准确抄录计费电能表读数。因客户的原因不能如期抄录计费电能表读数时，可通知客户待期补抄或暂按前次用电量计收电费，待下一次抄表时并结清。(√)

186.《供电服务规范》规定，接到报修电话后，故障抢修人员到达故障现场的时限：城区45min、农村90min、边远地区2h，特殊边远地区根据实际情况合理确定。(√)

187.《供电服务规范》规定，供电企业应按规程规定的周期检验或检定、轮换计费电能表，并对电能计量装置进行不定期检查。发现计量装置失常时，应及时查明原因并按规定处理。(√)

188.《供电服务规范》规定，领导对外接待日是接受客户的投诉和举报的方式之一。(√)

189. 依据《国家电网公司供电服务奖惩规定》，公司和各级单位成立供电服务奖惩工作小组，在本单位员工奖惩领导小组的领导下开展工作。日常管理工作由总部营销部牵头负责。(×)

190. 依据《国家电网公司供电服务奖惩规定》，特别重大供电服务质量事件是指给客户或企业造成30万元及以上直接经济损失的供电服务质量事件。(×)

191. 发生较大供电服务质量事件，对责任单位主要负责人、有关分管负责人予以警告至记大过处分；予以通报批评并调整岗位处理。(×)

192. 地市级政府有关部门（单位）查实属供电部门主观责任，并被地市级政府有关部门（单位）行政处罚的供电服务质量事件属重大供电服务事件。(×)

193. 依据《国家电网公司供电服务奖惩规定》，表彰奖励包括授予荣誉称号和物质奖励。对受到表彰的先进单位，进行物质奖励，颁发奖牌、奖状或锦旗等。(×)

194. 依据《国家电网公司供电服务奖惩规定》，表彰奖励重点向服务责任大、风险高、业绩突出的单位、部门及供电服务一线人员倾斜，供电服务一线人员表彰奖励名额所占比例一般不少于65%。(×)

195. 依据《国家电网公司供电服务奖惩规定》，发生供电服务质量事件，对各级单位责任人予以纪律处分、经济处罚和组织处理，三种惩处方式可以单独运用，不可以同时运用。(×)

196. 依据《国家电网公司供电服务奖惩规定》，发生较大供电服务质量事件，对责任人予以通报批评、调整岗位或待岗处理。对上述责任人予以2000～10 000元的经济处

罚。(×)

197. 依据《国家电网公司供电服务奖惩规定》，发生供电服务过错，惩处可采取经济处罚或者组织处理。(√)

198. 因电网、设备事故（事件）引发停电的非供电服务质量事件，按照《国家电网公司安全事故调查规程》和《国家电网公司质量事件调查处理暂行办法》进行事故等级认定，并依据《国家电网公司安全工作奖惩规定》予以惩处。(√)

199. 一类过错是指情节严重，长期存在，给客户造成 1 万元及以上 3 万元以下直接经济损失，或给企业形象造成较大影响的供电服务过错。(×)

200. 依据《国家电网公司供电服务奖惩规定》，供电服务是指遵循行业标准或按照合同约定，提供合格的电能产品和规范的服务，实现客户用电需求的过程。(√)

201. 依据《国家电网公司供电服务奖惩规定》，供电服务奖惩坚持管专业必须管服务、奖惩并举和专业管理与分级负责相结合的原则。(√)

202. 依据《国家电网公司供电服务奖惩规定》，公司供电服务奖惩工作小组成员由国网办公厅、发展部、安质部、运检部、营销部、信通部、外联部、法律部、人事部、人资部、监察局、工会、国调中心、交易中心等有关部门负责人组成。(√)

203. 依据《国家电网公司供电服务奖惩规定》，公司、各省电力公司、国网客服中心每三年组织开展一次供电服务评选表彰奖励活动，表彰奖励在供电服务中做出突出贡献的先进单位和先进个人。(×)

204. 依据《国家电网公司供电服务奖惩规定》，供电服务纳入各级单位全员绩效考核，并按照责任大小、贡献高低等因素，在绩效考核中给予加分奖励，兑现绩效奖金。(√)

205. 依据《国家电网公司供电服务奖惩规定》，供电服务质量事件是指供电服务过程中，未遵守有关规定、规范及技术、服务标准，给客户、企业造成一定损失，损害公司品牌形象，造成不良影响的事件。(×)

206. 依据《国家电网公司供电服务奖惩规定》，发生特别重大供电服务质量事件，对主要责任人予以记大过至解除劳动合同处分；予以待岗、停职（检查）或责令辞职处理。(√)

207. 依据《国家电网公司供电服务奖惩规定》，各级单位供电服务奖惩工作小组应及时上报供电服务质量事件发生的时间、地点、范围、对用电客户的影响和已经采取的措施等信息，并于 1h 内报送至公司供电服务奖惩工作小组。(×)

208. 依据《国家电网公司供电服务奖惩规定》，对供电服务质量事件隐瞒不报、善后处置不当，造成事件升级的责任单位和相关人员，按照本规定相关条款上限从重惩处，对导致事件升级的单位（部门）主要负责人按事件主要责任人予以惩处。(√)

209. 依据《国家电网公司供电服务奖惩规定》，供电服务过错是指经查实因员工未履行岗位职责或履职不当，造成客户利益受损或不良感知，但未构成供电服务质量事件的供电服务行为。(√)

210. 依据《国家电网公司供电服务奖惩规定》，同一供电服务过程中涉及多项供电服务过错的，按所适用的最低供电服务过错等级标准惩处。(×)

211.《国家电网公司供电服务奖惩规定》所称供电服务，是指遵循国家标准或按照合同约定，提供合格的电能产品和规范的服务，实现客户用电需求的过程。(×)

212.《国家电网公司供电服务奖惩规定》规定：公司供电服务奖惩工作小组负责制定公司供电服务奖惩管理制度；组织开展供电服务表彰奖励工作；组织相关部门开展特别重大、重大供电服务质量事件调查等工作。(√)

213.《国家电网公司供电服务奖惩规定》规定：给客户或企业造成10万元及以上20万元以下直接经济损失，属于较大供电服务质量事件。(√)

214.《国家电网公司供电服务奖惩规定》规定：给客户或企业造成50万元及以上间接经济损失，属于特别重大供电服务质量事件。(×)

215.《国家电网公司供电服务奖惩规定》规定：特别重大、重大供电服务质量事件由省公司级单位供电服务奖惩工作小组认定，并提出惩处建议。国家电网公司供电服务奖惩工作小组对省公司级单位认定结果存在异议的，可根据实际重新认定。(×)

216.《国家电网公司供电服务奖惩规定》中，被省级新闻媒体等曝光并产生重大负面影响的供电服务质量事件属于重大供电服务质量事件。(×)

217.《国家电网公司供电服务奖惩规定》仅适用于公司所属各级单位供电服务管理工作。(×)

218. 公司监察局负责供电服务质量事件调查并提出惩处建议。(×)

219.《国家电网公司供电服务奖惩规定》中，表彰奖励评选程序执行《国家电网公司优质服务奖励工作管理办法》。(×)

220. 表彰奖励重点向服务责任大、风险高、业绩突出的单位、部门及供电服务管理人员倾斜，供电服务管理人员表彰奖励名额所占比例一般不少于75%。(×)

221. 供电服务过程中发现涉嫌违法犯罪情节的，将移交司法机关处理。(√)

222. 地市级新闻媒体等曝光属供电部门主观责任并产生影响的供电服务质量事件属较大供电服务事件。(×)

223. 较大、一般供电服务质量事件由省公司级单位供电服务奖惩工作小组认定，并提出惩处建议。(√)

224. 供电服务过错根据问题性质和影响程度分为三类：一类过错、二类过错、三类过错和四类过错。(×)

第五节 简 答 题

1.《国家电网公司供电客户服务提供标准》对“95598供电服务热线”的定义是什么?

答： 95598供电服务热线是供电企业为电力客户提供的7×24h电话服务热线。

2.《国家电网公司供电客户服务提供标准》对“客户满意度”的定义是什么?

答： 客户满意度是指客户在接受某一服务时，实际感知的服务与预期得到的服务的差值。

3.《国家电网公司供电客户服务提供标准》对“供电客户服务”的定义是什么?

答： 供电客户服务是指电力供应过程中，企业为满足客户获得和使用电力产品的各种相关需求的一系列活动的总称。简称“客户服务”。

4.《国家电网公司供电客户服务提供标准》对“供电客户服务渠道”的定义是什么?

答: 供电客户服务渠道是指供电企业与客户进行交互、提供服务的具体途径。简称“服务渠道”。

5.《国家电网公司供电客户服务提供标准》对“供电客户服务项目”的定义是什么?

答: 供电客户服务项目是指供电企业针对明确的服务对象，由服务提供者通过具体的服务渠道，在一定周期内按照规范的服务流程和内容提供的一系列服务活动。简称“服务项目”。

6.《国家电网公司供电服务质量标准》中对专线计划停电的办理有何规定?

答: 对专线进行计划停电，应与客户进行协商，并按协商结果执行。

7.《国家电网供电客户服务提供标准》中对供电营业厅服务功能的设置标准有何规定?

答:（1）A、B、C级营业厅应具备业务办理、收费、告示、引导、洽谈5种服务功能；D级营业厅应具备：电费收取，发票打印，以及服务信息公示等服务功能。

（2）各级供电营业厅要求的营业时间如下。

1）A、B级营业厅实行无周休、无午休。

2）C级营业厅、D级营业厅（单一功能收费厅）可结合服务半径、营业户数、日均业务量等实际情况实行无周休制，如果周末遇当地赶集日、缴费高峰期应安排营业。

3）除自助营业厅外，其他各等级营业厅实行法定节假日不营业，但应至少提前5个工作日在营业厅公示法定节假日休息信息，并做好缴费提示，同步向95598报备。

8.《国家电网供电客户服务提供标准》中对供电营业厅业务办理区和收费区的服务环境设置标准有何规定?

答: ①业务办理区：一般设置在面向大厅主要入口的位置，其受理台应为半开放式；②收费区：一般与业务办理区相邻，应采取相应的保安措施。收费区地面应有一米线，遇客流量大时应设置引导护栏，合理疏导人流。

9.《国家电网供电客户服务提供标准》中“95598供电服务热线”的服务功能有哪些?

答: 服务功能：95598供电服务热线应通过语音导航，向客户提供故障报修、咨询、投诉、举报、意见、建议和服务申请受理，停电信息公告，客户信息更新，信息订阅，并具备外呼功能。

10.《国家电网供电客户服务提供标准》中对95598客服代表有何规定?

答: ①95598客服代表包括：普通话客服代表、英语客服代表，并应根据客户需求设置民族语言客服代表。②95598客服代表应具备大专及以上学历，普通话达到普通话水平测试三级及以上水平，语言表达准确清晰，岗前培训合格。

11.《国家电网供电客户服务提供标准》中对网上营业厅服务网络布设有何规定?

答: 95598智能互动网站由国网公司统一布设，APP（移动客户端）由国网公司统一规划设计，各省（自治区、直辖市）公司独立布设，供电服务微信公众号等渠道由国网客户服务中心和各省（自治区、直辖市）公司独立布设。电子渠道应为客户提供7×

24h 不间断自助服务。

12.《国家电网供电客户服务提供标准》中对网上营业厅的服务环境有何规定？

答：①95598 智能互动网站、APP（移动客户终端）的界面应符合《国家电网公司标识应用管理办法》《国家电网公司标识应用手册》的要求。②95598 智能互动网站服务功能区域划分应科学合理、简洁明了、富人性化。页面制作要求直观，色彩明快，各服务功能分区要有明显色系区分。

13.《国家电网供电客户服务提供标准》中咨询的服务内容有哪些？

答：供电企业为客户提供电价电费、停送电信息、供电服务信息、用电业务、业务收费、客户资料、计量装置、法律法规、服务规范、电动汽车、能效服务、用电技术及常识等内容的咨询服务。

14.《国家电网公司供电服务规范》中现场服务包括哪些内容？

答：①客户侧计费电能表电量抄见；②故障抢修；③客户侧停电、复电；④客户侧用电情况的巡查；⑤客户侧用电报装工程的设施安装、验收、接电前检查及设备接电；⑥客户侧计费电能表现场安装、校验。

15.《国家电网公司供电服务规范》中对“有偿服务”作了哪些规定？

答：①对产权不属于供电企业的电力设施进行维护和抢修实行有偿服务的原则。②应客户要求进行有偿服务的，电力修复或更换电气材料的费用，执行省（自治区、直辖市）物价管理部门核定的收费标准。③进行有偿服务工作时，应向客户逐一列出修复项目、收费标准、消耗材料、单价等清单，并经客户确认、签字。付费后，应开具正式发票。④有偿服务工作完毕后，应留下联系电话，并主动回访客户，征求意见。

16.《国家电网公司供电服务规范》中客户投诉和举报的方式有哪些？

答：①“95598”供电服务热线或专设的投诉举报电话；②营业场所设置意见箱或意见簿；③信函；④“95598”供电客户服务网页（网站）；⑤领导对外接待日；⑥其他渠道。

17.《国家电网公司供电服务规范》中停、复电服务规范是什么？

答：停、复电服务规范是：①因故对客户实施停电时，应严格按照《供电营业规则》规定的程序办理；②引起停电的原因消除后应及时恢复供电，不能及时恢复供电的，应向客户说明原因。

18.《国家电网公司供电服务规范》中服务仪容仪表规范是什么？

答：仪容仪表规范是：①供电服务人员上岗必须统一着装，并佩戴工号牌；②保持仪容仪表美观大方，不得浓妆艳抹，不得敞怀、将长裤卷起，不得戴墨镜。

19.《国家电网公司供电服务规范》中对“首问负责制”作了哪些规定？

答：无论办理业务是否对口，接待人员都要认真倾听，热心引导，快速衔接，并为客户提供准确的联系人、联系电话和地址。

20.《国家电网公司供电服务规范》中受理用电业务时应主动向客户说明哪些信息？

答：受理用电业务时，应主动向客户说明该项业务需客户提供的相关资料、办理的基本流程、相关的收费项目和标准，并提供业务咨询和投诉电话号码。

21.《国家电网公司供电服务规范》中规定在为客户办理业务时计算机系统出现故障应如何处理？

答：因计算机系统出现故障而影响业务办理时，若短时间内可以恢复，应请客户稍候并致歉；若需较长时间才能恢复，除向客户说明情况并道歉外，应请客户留下联系电话，以便另约服务时间。

22.《国家电网公司供电服务规范》中95598客户服务网页（网站）的服务规范是什么？

答：①网页制作应直观，色彩明快。首页应有明显的“供电客户服务”字样。为方便客户使用，应设有导航服务系统。②网页内容应及时更新。③网上开通业务受理项目的，应提供方便客户填写的表格以及办理各项业务的说明资料。④网上应设立咨询台、留言簿，管理员应及时对客户的意见和建议进行回复。

23.《国家电网公司电力服务事件处置应急预案》中电力服务事件应急处置的基本原则是什么？

答：电力服务事件应急处置的基本原则是：以人为本，减少危害；居安思危、预防为主；统一领导、分级负责；考虑全局、突出重点；快速反应、协同应对；依靠科技，提高素质。

24.《国家电网公司电力服务事件处置应急预案》中规定风险监测方法和信息收集渠道主要有哪些？

答：①国家发布的自然灾害或出现夏季高温、冬季低温预警、事故灾难预警、社会安全事件预警等预警信息；②上级单位、公司应急领导小组发布的预警信息；③政府部门、监管机构、社会团体、新闻媒体对某些涉及供电服务相关事项进行的重点关注；④通过技术或其他手段监测到的大面积停电风险；⑤重要电力客户停电监测；⑥95598、营业厅等服务渠道发现的异常情况；⑦其他异常情况。

25.《国家电网公司电力服务事件处置应急预案》中规定出现哪些情况为服务事件一级预警？

答：①可能对直辖市、省会城市和自治区首府30%以上用电客户，副省级城市、计划单列市40%以上用电客户的正常用电造成影响；②可能造成特级重要电力客户停电并产生重大影响的停电事件；③可能引起中央或全国性新闻媒体关注，并有可能造成重大影响的停电或供电服务事件；④客户有可能向国家有关管理部门直接反映的集体投诉服务事件；⑤公司应急领导小组确定为一级预警者。

26.《国家电网公司电力服务事件处置应急预案》中规定出现哪些情况为服务事件二级预警？

答：①可能对直辖市、省会城市和自治区首府20%以上用电客户，副省级城市、计划单列市30%以上用电客户的正常用电造成影响；②可能造成一级重要电力客户停电并产生重大影响的停电事件；③可能引起省级新闻媒体关注，并有可能造成重大影响的停电或供电服务事件；④客户有可能向省级有关部门反映的集体投诉服务事件；⑤公司应急领导小组确定为二级预警者。

27.《国家电网公司电力服务事件处置应急预案》中规定出现哪些情况为服务事件三级预警？

答：①可能对直辖市、省会城市和自治区首府10%以上用电客户，副省级城市、计划单列市20%以上用电客户，地级城市30%以上用电客户的正常用电造成影响；

②可能造成二级重要电力客户和临时重要电力客户停电并产生重大影响的停电事件；③可能引起省会城市、副省级城市媒体关注，并有可能产生较大影响的停电或供电服务事件；④客户有可能向市级政府有关部门反映的集体投诉服务事件；⑤公司应急领导小组确定为三级预警者。

28.《国家电网公司电力服务事件处置应急预案》中规定出现哪些情况为服务事件四级预警？

答：①可能对直辖市、省会城市和自治区首府5%以上用电客户，副省级城市、计划单列市10%以上用电客户，地级城市20%以上用电客户的正常用电造成影响；②可能引起地市级新闻媒体关注，并有可能产生一定影响的停电或供电服务事件；③客户有可能向县级政府反映的集体投诉服务事件；④公司应急领导小组确定为四级预警者。

29《供电企业信息公开实施办法》中要求供电企业应主动公开哪些信息？

答：供电企业应主动公开的信息包括：①企业基本情况；②办理用电业务的程序及时限；③执行的电价和收费标准；④供电质量和"两率"情况；⑤停限电有关信息；⑥供电服务所执行的法律法规以及供电企业制定的涉及用户利益的有关规定；⑦供电服务承诺以及投诉电话；⑧其他需要主动公开的信息。

30. 国家电网公司员工"十个不准"包含哪些内容？

答：①不准违规停电、无故拖延送电；②不准违反政府部门批准的收费项目和标准向客户收费；③不准为客户指定设计、施工、供货单位；④不准违反业务办理告知要求，造成客户重复往返；⑤不准违反首问负责制，推诿、搪塞、怠慢客户；⑥不准对外泄露客户个人信息及商业秘密；⑦不准工作时间饮酒及酒后上岗；⑧不准营业窗口擅自离岗或做与工作无关的事；⑨不准接受客户吃请和收受客户礼品、礼金、有价证券等；⑩不准利用岗位与工作之便谋取不正当利益。

31.《国网公司营销安全风险防范与管理规范》中供用电安全风险是指什么？

答：供用电安全风险是指在电力供应与使用过程中，因业扩报装管理不规范、客户电气设备带缺陷运行、重要客户安全隐患未及时有效治理、未依法签订并履行供用电合同等原因，引起的客户设备损坏、人身伤亡、异常停电等安全用电事故风险。

32.《国网公司营销安全风险防范与管理规范》中供用电安全风险的业扩管理风险是指什么？

答：因用电项目审核不严、客户重要负荷识别不准确、供电方案制订不合理、受电工程设计审核不到位、中间检查和竣工检验不规范等原因，引起的重要客户供电方式不符合安全可靠性要求、客户受电装置带隐患接入电网等风险。

33.《国网公司营销安全风险防范与管理规范》中供用电安全风险的安全用电服务风险是指什么？

答：因未履行用电检查责任、客户拒绝整改安全隐患、保供电方案不完善等原因，引起的客户受电装置带隐患运行、保供电任务不能圆满完成等风险。

34.《国网公司营销安全风险防范与管理规范》中供用电安全风险的重要客户安全风险是指什么？

答：因重要客户备用电源和自备应急电源配置不到位、非电性质保安措施不完备、隐患排查和治理不彻底等原因，引起的重要客户供电中断、突发停电不能有序应对等风险。

35.《国网公司营销安全风险防范与管理规范》中供用电安全风险的法律风险是指什么？

答：因供用电合同条款不完备、产权归属与运行维护责任不清晰、合同未签或过期、停限电操作不规范等原因，引起的客户安全用电事故由供电企业承担相应的法律责任等风险。

36.《国网公司营销安全风险防范与管理规范》中电费安全风险是指什么？

答：电费安全风险是指在电费管理过程中，因国内外经济形势变化、抄核收管理不规范、电价政策执行错误、社会代理收费机构拒收客户现金缴纳电费等原因，引起的电费纠纷、电费差错、电费欠收等风险。

37.《国网公司营销安全风险防范与管理规范》中电费安全风险的欠费风险是指什么？

答：因用电企业关停、破产、重组、转制，客户经营状况不良，客户流动资金紧缺，客户转租，政府拆迁，社会稳定等原因，引起的电费不能及时回收等风险。

38.《国网公司营销安全风险防范与管理规范》中电费安全风险的发票风险是指什么？

答：因电费发票管理不规范，存根、收据、银行回单等未按规定处理等原因，引起的发票丢失、发票虚开等风险。

39.《国网公司营销安全风险防范与管理规范》中电费安全风险的收费风险是指什么？

答：因走收安全防范措施不到位、欠费催缴不力、收费管理不规范等原因，引起的电费不能及时足额回收、形成呆坏账或呆坏账非法核销、电费损失、人身安全等风险。

40.《国网公司营销安全风险防范与管理规范》中电费安全风险的法律风险是指什么？

答：因电价政策执行错误、供用电合同中电费结算及缴纳条款不规范等原因，引起的被行政处罚乱收费、媒体曝光等风险。

41.《国网公司营销安全风险防范与管理规范》中电费安全风险的合作单位风险的法律风险是指什么？

答：因社会代理收费机构拒收客户现金缴纳电费等原因，引起客户缴费难造成的欠费、客户投诉等风险。

42.《国网公司营销安全风险防范与管理规范》中现场作业安全风险是指什么？

答：现场作业安全风险指在装表接电、用电检查、计量装置现场检验或故障处理等现场作业过程中，因管理措施不到位、违反现场安全操作规定、错接线等原因，引起的人身伤害、设备损坏、计量差错等风险。

43.《国网公司营销安全风险防范与管理规范》中客户服务安全风险是指什么？

答：客户服务安全风险指由于供电服务人员服务及法律意识淡薄、供电服务不到位、突发服务事件处理不当等原因引起的客户投诉、新闻媒体曝光、群体性上访事件等风险。

44.《国网公司营销安全风险防范与管理规范》中客户服务安全风险的服务质量风

险指什么？

答：因信息披露不及时、客户受电工程“三指定”、客户服务推诿、擅自增加收费项目或提高收费标准、业务办理超过规定的时限、停电公告不及时等原因，引起的客户投诉风险。

45. 《国网公司营销安全风险防范与管理规范》中客户服务安全风险的服务法律风险指什么？

答：因在延伸服务或有偿服务中缺乏有效法律支撑等原因，引起客户投诉、法律诉讼等风险。

46. 《国网公司营销安全风险防范与管理规范》中客户服务安全风险的应急处置风险指什么？

答：因对客户投诉举报处理不当、负面事件化解不力、新闻舆论负面报道应对不及时等原因，引起的事态扩大等风险。

47. 《国网公司营销安全风险防范与管理规范》中营销自动化系统安全风险是指什么？

答：营销自动化系统安全风险指系统运行管理过程中，因硬件设备损坏、网络中断、操作系统崩溃、数据库故障、应用程序失效、安全措施不完善等原因，引起的营销业务数据丢失、数据泄密、系统停运等风险。

48. 《国家电网公司营销安全风险防范工作手册》的应用要点是什么？

答：①提高认识，培养营销人员综合业务素质；②建立制度，细化完善工作标准与规范；③强化执行，抓实风险防范措施的落实；④持续改进，不断探索完善风险防范的内容与方法。

49. 《国家电网公司营销安全风险防范工作手册》中提到客户服务过程中“信息披露不透明”，会带来怎样的风险影响？

答：①造成客户业务办理不便；②造成供电服务监管机构通报；③造成客户不满抱怨投诉。

50. 《国家电网公司营销安全风险防范工作手册》中要求对“信息披露不透明”风险点，应采用哪些防范措施？

答：①按《供电服务监管办法》要求，在营业场所显著位置公示用电业务的办理流程、电价和收费标准；②通过有效途径、方式，对外披露停电、限电和事故抢修处理等信息；③确保系统内各类信息及时准确共享，为答复客户的业务咨询提供保证。

51. 《城市供电营业规范化服务窗口标准》中对便民服务有何规定？

答：①为客户提供用电申请办理进程、电费账单等用电信息的查询服务；②为客户提供电力法规、供用电业务等方面的政策及技术咨询服务；③实行“一口对外”的首问负责制；④向客户提供不少于两种可供选择的缴纳电费的方式。

52. 客户可以通过何种渠道下载安装“掌上电力”客户端？

答：目前“掌上电力”客户端支持 Android、IOS 两种主流手机操作系统，客户可通过 App Store（IOS 版）、豌豆荚、91 助手、360 助手、应用汇等应用商店（Android 版）下载使用。

53. 客户注册账户前可使用什么服务内容？

答：账户注册前可使用的服务内容：网点导航、停电公告、用电知识。

54. “网点导航”服务介绍什么？

答：客户可快速查询最近的电力营业厅、社会化缴费点、自助缴费点，以及驾车、公交、步行等路线，以便前往办理各类业务。

55. “停电公告”服务介绍什么？

答：客户可及时获知近一周内所在区（县）的计划停电信息，提前做好生产和生活用电安排。

56. “用电知识”服务介绍什么？

答：客户可通过掌上电力进行服务指南、资费标准、服务承诺、用电常识、电力法律法规、常见问题等各类用电常识查阅，深入了解各种用电知识。

57. 客户注册账户后增加了哪些服务内容？

答：账户注册后增加的服务内容：用电查询、缴费购电、信息订阅、在线客服。

58. 账户如何注册和登录？

答：在用户注册界面，您输入用户名（账号）、登录密码、手机号码以及通过手机获取的6位数字验证码等信息，保存成功后即可完成注册。注册成功后，输入登录账号或手机号均可登录掌上电力。

59. 如何修改登录密码？

答：登录密码是注册掌上电力账户时输入的密码，通过掌上电力“个人设置”菜单中的“登录密码修改”功能，输入旧密码和新密码，完成相应密码修改。

60. 如何找回登录密码？

答：当您忘记账户的登录密码时，可在登录页面点击“找回密码”选项，您可通过手机号和客户编号两种方式找回密码。您可点击“通过手机号”，在弹出的页面中输入您的手机号码获取验证码，并将该验证码正确输入，重新设置登录密码并保存。您也可点击“通过客户编号”，在弹出的页面中输入要找回密码的账号、客户编号、查询密码，重新设置登录密码并保存。成功后，您即可使用新密码登录掌上电力账户。

61. 账户注册后如何获取增加的服务内容？

答：在掌上电力应用中进行账户注册后，先将注册账户与“客户编号”进行关系绑定开通用电服务后，即可获取该“客户编号”对应的增加的服务内容。开通用电服务时需正确输入您的客户编号和用电查询密码。一个“注册账户”可绑定冀北地区多处用电的多个“客户编号”（最多可绑定五个），但一个“客户编号”只能与一个“注册账户”进行绑定。

62. 如何查询电量电费信息？

答：通过掌上电力“我的用电”菜单中的“用电查询”子菜单中的“电量电费”功能，您可以查看近三年的年度总电量电费、月度电量电费。若您是阶梯电价用电客户，还可以查看您用电所处的阶梯档。

63. 如何查询缴费购电记录？

答：通过掌上电力“我的用电”菜单中的“用电查询”子菜单中的“缴费购电记录”功能，您可查询最近三个月或指定时间段的缴费购电记录。

64. 如何查询电费余额?

答: 通过掌上电力“我的用电”菜单中的“用电查询”子菜单中的“电费余额”功能，客户可查询账户余额情况，智能表用户显示截止到某一时间的电费余额。例如，截止到2014年10月31日00：00：00您电表余额300.00元。非智能表用户显示应交电费、应交违约金、预交余额、应交金额四项。

65. 如何进行网点查询?

答: 通过掌上电力“我的用电”菜单中的“网点导航”功能，可查询周边的各类电力服务网点，也可定制搜索相应的电力服务网点。针对地图显示的具体网点，您可点击该网点查看网点详细信息，在详细信息页面，您还可选择自驾车、公交车、步行等前往方式，点击详细信息页面右上角的右箭头指引图标获取到达该服务网点的具体线路。

目前“网点导航”功能仍在完善过程中，所以导航可能偏差，部分网点信息不十分准确。话术：十分抱歉给您带来不便！如您希望查询某个营业网点地址，我可以帮您查询。

66. 如何进行缴费购电?

答: 通过掌上电力“我的用电”菜单中的“支付购电”功能，您按如下提示进行缴费购电。

第一步：指定缴费购电客户。可为已开通用电服务客户缴费购电，也可为他人代缴电费。

第二步：确定缴费购电金额，选择支付方式。查询欠费及余额情况，输入缴费购电金额和支付方式，确定缴费购电金额。

第三步：进行支付操作。进入支付宝平台，按照支付步骤，输入支付宝支付密码，完成支付操作。

67. 如何进行信息订阅?

答: 通过掌上电力“我的用电”菜单中的“服务定制”子菜单中的“信息订阅”功能，您可进行APP消息订阅。订阅时，选择订阅内容并将其设置为开通状态即服务内容被订阅。短信订阅将订阅内容直接发送到注册时填写的手机中，电子邮件订阅将订阅内容直接发送到注册时填写的邮箱中，若需要修改接收订阅内容的手机或邮箱，请在“个人设置”菜单中的“账户信息维护”中修改完善。如果您需要取消订阅内容，直接将该订阅内容设置为关闭状态即可。

68. 如何查询停电公告?

答: 通过掌上电力“95598服务”菜单中的“停电公告”功能，您可查询已开通用电服务的默认客户用电地址所在地区未来一周内的计划停电公告信息，同时，您也可输入查询条件查询其他地区的计划停电公告信息。

69. 如何使用“在线客服”功能?

答: 通过掌上电力“95598服务”菜单中的“在线客服”功能，您可点击“自助客服”，在弹出的页面中输入该页面提供的服务编码，自助获取账户余额、最新电量电费、阶梯可用电量、阶梯电量标准、最新缴费购电记录等内容。您也可点击“热线直拨”，通过掌上电力直接连通95598人工客服热线。

70. 如何查阅用电知识？

答：通过掌上电力“95598服务”菜单中的“用电知识”功能，您可输入关键字查阅相关的内容，也可选择进入服务指南、资费标准、服务承诺、用电常识、电力法律法规、常见问题等专栏查阅相关内容。

71. 如何切换用电客户？

答：通过切换用电客户，实现您绑定的其他客户的各种用电信息查询。通过掌上电力“个人设置”菜单中的“切换用电客户”功能，点击您要切换的客户，即可切换成功。

72. 客户已注册账户能否取消绑定的客户编号？

答：通过掌上电力“个人设置”菜单中的“开通服务”，点击用电服务，然后点击你想要删除的用户即可进行删除。

73. “掌上电力”显示客户余额是否为实时信息？

答：显示的是客户上一个结算时间的剩余金额，如客户缴费成功后，显示的是当前最新余额。

74. 掌上电力注册后是否能注销？

答：目前暂不支持。

75. 如何反馈意见？

答：通过掌上电力“个人设置”菜单中的“关于我们”功能，您可将您在使用过程中遇到的问题或意见发送到我们的邮箱。

76. 通过掌上电力购电客户如何打印购电发票？

答：客户可凭用户编号到就近电力公司营业网点打印某次购电的购电发票。

77. 是否可以使用外省的借记卡进行购电？

答：省外借记卡成功绑定支付宝后，外省的借记卡也可以进行购电。

78. “掌上电力”是否支持信用卡缴费？

答：目前公司“掌上电力”暂不支持直接信用卡缴费业务，可将信用卡与支付宝进行绑定后进行缴费。

79. 客户咨询“掌上电力”其他相关问题，如何处理？

答：可派发非抢修类工单。

话术：您反映的问题我们将尽快提交给技术人员进行处理，给您带来不便请谅解。

第六节　论　述　题

1.《国家电网供电客户服务提供标准》中对供电营业厅的服务网络布设有何规定？

答：（1）供电营业厅的服务网络应覆盖公司的供电区域，其布设应综合考虑所服务的客户类型、客户数量、服务半径，以及当地客户的消费习惯，合理设置。

（2）供电营业厅按A、B、C、D四级设置，其要求如下：A级厅为地区中心营业厅，兼本地区供电营业厅服务人员的实训基地，设置于地级及以上城市，每个地区范围内最多只能设置1个；B级厅为区县中心营业厅，设置于县级及以上城市，每个区县范围内最多只能设置 1 个；C 级厅为区县的非中心营业厅，可视当地服务需求，设置于城市区域、郊区，乡镇；D 级厅为单一功能收费厅或者自助营业厅，可视当地服务需求，设置于城市区域、郊区，乡镇。

（3）供电营业厅应设置在交通方便、容易辨识的地方。

2.《国家电网供电客户服务提供标准》中对各等级供电营业厅设置有何规定？

答：供电营业厅按 A、B、C、D 四级设置，其要求如下：

（1）A 级厅为地区中心营业厅，兼本地区供电营业厅服务人员的实训基地，设置于地级及以上城市，每个地区范围内最多只能设置 1 个。

（2）B 级厅为区县中心营业厅，设置于县级及以上城市，每个区县范围内最多只能设置 1 个。

（3）C 级厅为区县的非中心营业厅，可视当地服务需求，设置于城市区域、郊区，乡镇。

（4）D 级厅为单一功能收费厅或者自助营业厅，可视当地服务需求，设置于城市区域、郊区，乡镇。

3.《国家电网公司供电服务规范》中对客户现场服务纪律有何规定？

答：（1）对客户的受电工程不指定设计单位，不指定施工队伍，不指定设备材料采购。

（2）到客户现场服务前，有必要且有条件的，应与客户预约时间，讲明工作内容和工作地点，请客户予以配合。

（3）进入客户现场时，应主动出示工作证件，并进行自我介绍；进入居民室内时，应先按门铃或轻轻敲门，主动出示工作证件，征得同意后，穿上鞋套，方可入内。

（4）到客户现场工作时，应遵守客户内部有关规章制度，尊重客户的风俗习惯。

（5）到客户现场工作时，应携带必备的工具和材料；工具、材料应摆放有序，严禁乱堆乱放；如需借用客户物品，应征得客户同意，用完后先清洁再轻轻放回原处，并向客户致谢。

（6）如在工作中损坏了客户原有设施，应尽量恢复原状或等价赔偿。

（7）在公共场所施工，应有安全措施，悬挂施工单位标志、安全标志，并配有礼貌用语；在道路两旁施工时，应在恰当位置摆放醒目的告示牌。

（8）现场工作结束后，应立即清扫，不能留有废料和污迹，做到设备、场地清洁。同时应向客户交代有关注意事项，并主动征求客户意见；电力电缆沟道等作业完成后，应立即盖好所有盖板，确保行人、车辆通行。

（9）原则上不在客户处住宿、就餐，如因特殊情况确需在客户处住宿、就餐的，应按价付费。

4.《国家电网公司供电服务规范》中装表、接电及现场检查服务规范是什么？

答：（1）供电企业在新装、换装及现场校验后应对电能计量装置加封，并请客户在工作凭证上签章。如居民客户不在家，应以其他方式通知其电能表底数。拆回的电能计量装置应在表库至少存放 1 个月，以便客户提出异议时进行复核。

（2）对客户受电工程的中间检查和竣工检验，应以有关的法律法规、技术规范、技术标准、施工设计为依据，不得提出不合理要求；对检查或检验不合格的，应向客户耐心说明，并留下书面整改意见；客户改正后予以再次检验，直至合格。

（3）用电检查人员依法到客户用电现场执行用电检查任务时，必须按照《用电检查管理办法》的规定，主动向被检查客户出示《用电检查证》，并按“用电检查工作单”确定的项目和内容进行检查。

（4）用电检查人员不得在检查现场替代客户进行电工作业。

（5）供电企业应按规程规定的周期检验或检定、轮换计费电能表，并对电能计量装置进行不定期检查；发现计量装置失常时，应及时查明原因并按规定处理。

（6）发现因客户责任引起的电能计量装置损坏，应礼貌地与客户分析损坏原因，由客户确认，并在工作单上签字。

（7）客户对计费电能表的准确性提出异议，并要求进行校验的，经有资质的电能计量技术检定机构检定，在允许误差范围内的，校验费由客户承担；超出允许误差范围的，校验费由供电企业承担，并按规定向客户退补相应电量的电费。

5.《国家电网公司营销安全风险防范工作手册》中要求对“停限电公告不及时”风险点，应采用哪些防范措施？

答：（1）严格执行《供电服务监管办法》，加强停限电管理，在规定时限内向客户公告停电原因，停电时间，停电范围。

（2）建立重要客户清单，并按要求通知到位。

（3）在各级政府领导下，积极参与有序用电管理，配合编制限电序位表，并严格执行政府批准的限电序位表。

（4）严格按照法定程序执行客户欠费停电措施，提前 7 天送达欠费停电通知书。

（5）建立客户清欠后限时恢复供电制度，落实人员 24h 内恢复供电。

6.《城市供电营业规范化服务窗口标准》中对服务环境有何规定？

答：（1）营业窗口外设置国家电网公司规定的统一 VI 标识和营业时间牌。

（2）城市营业窗口内外环境整洁，室内布局合理，舒适安全。设有客户等候休息处，备有饮用水；配置客户书写台、书写工具、老花眼镜、登记表书写示范样本等；放置免费赠送的宣传资料；墙面应挂有时钟、日历牌；有明显的禁烟标志。

（3）营业窗口内应张贴“优质、方便、规范、真诚”的服务标语。公布服务项目、业务办理程序、电价表、收费项目、收费标准、收费依据。公布岗位纪律、服务承诺、服务及投诉电话。设置意见箱或意见簿。

（4）营业窗口应设置醒目的业务受理标识。必要时，应设有中英文对照标识，少数民族地区应设有汉文和民族文字对应标识。

（5）具备可供客户查询相关资料的手段。有条件的营业窗口，应设置客户自助查询的计算机终端。

7.《城市供电营业规范化服务窗口标准》中对建立服务监督体系有何规定？

答：（1）营业窗口内设置意见箱和意见簿，广泛征集和认真听取客户意见。

（2）聘请社会行风监督员，定期召开座谈会，走访客户，听取对供电营业服务方面的意见和建议。

（3）实行领导接待日制度。

（4）建立客户回访制度。对客户投诉在5天内、举报在10天内答复；对故障报修，必要时在修复后要及时回访，听取意见和建议。

（5）建立供电服务承诺制度。将服务质量、服务标准、服务时限等向社会承诺，定期向社会公布承诺兑现率。

（6）实行电价政策、业扩报装流程及收费标准、用电指标分配、有序用电方案、停电计划公开制度。

第二章 95598 业务

第一节 填 空 题

1. 根据《95598 业务处理“最终答复”使用规范》，“最终答复”工单由地市公司（**责任部门分管副主任或以上领导**）审核签字、加盖部门（单位）公章后，提交省公司责任部门分管副主任或以上领导审核签字、加盖部门（单位）公章。

2. 根据《95598 业务处理“最终答复”使用规范》，省客服中心在工单回单确认环节应严格审核“最终答复”工单，若“最终答复”内容不满足使用条件，应回退至（**属地单位**）重新调查处理。

3. 根据《95598 业务处理“最终答复”使用规范》，国网客服中心应在回访（**回复**）客户时要求回访人员，灵活运用话术，注意语气语态，适当答复处理结果，避免（**激化客户情绪**），造成事态扩大。

4. 根据《95598 业务处理“最终答复”使用规范》，国网客服中心应在回访（**回复**）客户时，要求回访人员回访（**回复**）后直接办结工单，但对存在（**服务风险**）的事件，应做好上报、处理工作。

5. 根据《95598 业务处理“最终答复”使用规范》，对以“最终答复”办结的工单，客户再次来电反映同一诉求时，客服代表应做好解释并以咨询工单办结，不得再以（**其他业务类别工单**）派至属地单位。

6. 根据《95598 业务处理“最终答复”使用规范》，各省公司应在“最终答复”工单回访办结后，通过（**95598 业务申诉流程**）进行相关考核指标核减工作。

7. 95598 业务申诉是指基层单位因上级单位工单流转错误、（**业务分类错误**）、（**城乡标志错误**）、（**业务属实性认定错误**）、系统原因、不可抗力、非供电企业责任或工单信息填写不全影响工单处理等造成基层单位 95598 业务处理不及时或差错，影响基层单位相关数据指标，由基层单位对上一级单位提出的诉求业务。

8. 申诉工单内容应包括（**申诉类别**）、（**工单编号**）、（**业务类型**）、申诉人、申诉原因、申诉目的和申诉依据等信息。

9. 申诉业务全流程在（**95598 业务支持系统**）中实现，系统功能完善前实行线下流转。

10. 申诉分为（**初次**）申诉和（**最终**）申诉。

11. 初次申诉由省客服中心向国网客服中心提出，国网客服中心审核通过后，提交（**国网营销部**）审核归档。

12. 初次申诉，若审核未通过，注明原因后将工单退回省公司，省公司根据（**审核**

结果）决定是否向国网营销部提出最终申诉。

13. 最终申诉提供的依据必须与初次申诉的依据（**一致**）。

14. 申诉业务增加“批量”处理功能，以便快速处理因台风、暴雨等恶劣天气及（**不可抗力**）造成的大批量工单申诉需求。

15. 批量申诉只适用于同一供电单位、（**同一问题**）、同一工单类型、（**同一申诉原因**）的95598业务工单的申诉。

16. 申诉业务增加（**地市公司部门主任审核**）功能，经相关部门审核后方可提交上级单位。

17. 凡涉及处理时长申诉成功的工单，不参加工单（**平均处理**）时长的计算。

18. 系统报表增加一列，备注申诉成功后的数据，不需修改系统报表（**原始数据**）。

19. 客户反映营业厅人员服务态度存在问题的诉求，应列为（**投诉**），不应派发其他工单。

20. 营业厅工作人员的定义范畴参照《国家电网公司供电客户服务提供标准Q/GDW-581-2011》，包括：（**营业厅主管**）、（**业务受理员**）、收费员、引导员、保安员、保洁员。

21. 在供电营业厅内为客户提供服务的其他人员，包括（**银行**）、（**保险**）、邮政派遣的工作人员，发生上述行为应派发投诉类工单。

22. 邮政电费代收网点人员在办理业务时与客户发生争吵、对客户态度差、冷漠，派发（ **意见** ）工单。

23. 依据《国家电网公司95598投诉分类细则》相关规定，客户反映抄表员存在错抄行为，派发（**投诉**）工单。

24. 营业厅人员服务行为规范涉及违反《国家电网公司供电服务规范》的，营业厅人员未唱收唱付，未正确引导客户办理相关业务，未履行一次告知制和首问负责制，工作期间聊天、打私人电话、玩手机等干与工作无关的事，应派发（**营业厅人员服务规范**）投诉。

25. 依据《国家电网公司95598投诉分类细则》相关规定，客户来电反映，公示某营业厅可以互联网查询业务，但营业厅无连接互联网的电脑，无法提供此类服务，应派发（**营业厅服务**）投诉。

26. 营业厅服务类投诉，主要反映营业厅提供的服务项目和营业时间与公示内容（**不一致**）的情况。

27. 业扩报装超时限投诉，反映在供电方案答复、设计审查、中间检查、竣工验收、装表接电等超过（**承诺**）时限的问题。

28. 抄表催费过程中错发催费通知单应派发（**投诉**）工单。

29. 欠费停复电投诉是指客户反映（**欠费停错电**）、未按规定停电、缴费后未按规定及时复电等违反业务处理规定的问题。

30. 频繁停电投诉反映频繁停电或（**长期未得到改善**）、处理不彻底等问题。

31. 依据《国家电网公司95598投诉分类细则》相关规定，用户申请新装用电，已递交申请1个月之久，至今无人与其联系，派发投诉—营业投诉—业扩报装—（**业扩报装超时限**）工单。

32. 服务热线人员与客户电话沟通时，表现不耐烦，对客户诉求不回应、不搭理，对客户冷言冷语，使用不礼貌、不文明用语回复客户，服务中存在搪塞、推诿行为，威胁、侮辱客户，与客户争吵、谩骂，应归为（**服务热线人员服务态度**）类投诉。

33. 用电检查人员属于外勤人员，主要从事（**客户端安全设备检查**）、查处窃电及违约用电、追补电费、安全保供电等工作。

第二节　单　选　题

1. 申诉分为(B)申诉和最终申诉。

A. 一次　　B. 初次　　C. 原始　　D. 最初

2. 最终申诉提供的依据必须与初次申诉的依据(A)。

A. 一致　　B. 相似　　C. 相反　　D. 不同

3. 初次申诉由(B)向国网客服中心提出，国网客服中心审核通过后，提交国网营销部审核归档。

A. 地市客服中心　　B. 省客服中心

C. 被投诉人　　D. 国网营销部

4. 初次申诉审核未通过，注明原因后将工单退回省公司，省公司根据审核结果决定是否向(C)提出最终申诉。

A. 省客服中心　　B. 国网客服中心

C. 国网营销部　　D. 国网客服中心和国网营销部

5. 依据《国家电网公司 95598 投诉分类细则》相关规定，客户来电反映 2014 年 12 月 2 日到福建省漳州市供电营业厅申请变压器销户，申请递交后至今（2015 年 2 月 3 日）没有工作人员到现场查看，用户表示不满，请电力公司相关部门尽快答复用户，应派发(C)业务。

A. 投诉—营业投诉—业扩报装—业扩报装超时限

B. 投诉—营业投诉—业扩报装—环节处理不当

C. 投诉—营业投诉—用电变更—业务办理超时限

D. 投诉—营业投诉—用电变更—环节处理问题

6. 依据《国家电网公司 95598 投诉分类细则》相关规定，客户来电反映，因邻居家盖房向当地电力公司申请移表，工作人员将其电能表移到马路旁边，仅用一根木棍支撑电能表，风大时电能表有掉下的危险，影响其安全用电，要求电力公司尽快整改并给其答复，应派发(A)业务。

A. 投诉—营业投诉—用电变更—环节处理问题

B. 投诉—营业投诉—业扩报装—环节处理不当

C. 投诉—营业投诉—用电变更—业务办理超时限

D. 意见—供电业务—业务变更—环节处理问题

7. 依据《国家电网公司 95598 投诉分类细则》相关规定，客户来电反映办理增容

业务后，工作人员存在查勘不到位情况，应派发（ B ）业务。

A. 举报—行风廉政—服务行为

B. 投诉—营业投诉—业扩报装—环节处理不当

C. 投诉—营业投诉—变更用电—环节处理问题

D. 建议—营业业务—业扩报装

8. 依据《国家电网公司 95598 投诉分类细则》相关规定，客户来电反映办理小区配套新装业务后，工作人员存在不按验收标准验收工程的行为，应派发（ B ）业务。

A. 举报—行风廉政—服务行为

B. 投诉—营业投诉—业扩报装—环节处理不当

C. 投诉—营业投诉—变更用电—环节处理问题

D. 建议—营业业务—业扩报装

9. 依据《国家电网公司 95598 投诉分类细则》相关规定，客户在申请用电过程中，对供用电合同中规定的与供电公司的资产归属问题不认可，导致其迟迟没有新装送电，应派发（ B ）业务。

A. 投诉—营业投诉—业扩报装—环节处理不当

B. 意见—供电业务—业扩报装—环节处理问题

C. 投诉—营业投诉—业扩报装—业扩报装超时限

D. 意见—供电业务—业务变更—环节处理问题

10. 依据《国家电网公司 95598 投诉分类细则》相关规定，客户来电反映在业扩报装业务受理、方案查勘、方案答复、设计审核、中间检查、业务收费、竣工验收、装表接电、合同签订环节，对供电企业业务规定有异议，需要协调解决的情况，应派发（ C ）业务。

A. 投诉—营业投诉—业扩报装—环节处理不当

B. 举报—违约用电—擅自引入或供出电源

C. 意见—供电业务—业扩报装—环节处理问题

D. 建议—营业业务—业扩报装

11. 依据《国家电网公司 95598 投诉分类细则》相关规定，客户来电对供电企业用电暂换业务提出的改进建议，应派发（ D ）受理。

A. 投诉—营业投诉—用电变更—环节处理问题

B. 建议—营业业务—业扩报装

C. 意见—供电业务—业务变更—环节处理问题

D. 建议—营业业务—用电变更

12. 依据《国家电网公司 95598 投诉分类细则》相关规定，用户反映一个月前在营业厅办理完一户一表新装手续，由于没有电能表至今未给其装表送电，应派发（ D ）业务。

A. 投诉—营业投诉—业扩报装—环节处理不当

B. 意见—供电业务—业扩报装—环节处理问题

C. 意见—供电业务—业务变更—环节处理问题

D. 投诉—营业投诉—业扩报装—业扩报装超时限

13. 依据《国家电网公司 95598 投诉分类细则》相关规定，户表轮换、户表改造工作中供电企业补漏户，未按承诺解决表计轮换问题，应派发(B)业务。

A. 意见—供电业务—电能计量—轮换、户表改造

B. 投诉—营业投诉—电能计量—轮换、户表改造

C. 投诉—营业投诉—用电变更—环节处理问题

D. 意见—供电业务—业扩报装—环节处理问题

14. 依据《国家电网公司 95598 投诉分类细则》相关规定，客户来电反映在用电变更业务受理、方案查勘、方案答复、设计审核、中间检查、业务收费、竣工验收、装表接电、合同签订环节，对供电企业业务规定有异议，需要协调解决的情况，应派发(A)业务。

A. 意见—供电业务—业务变更—环节处理问题

B. 举报—违约用电—擅自引入或供出电源

C. 投诉—营业投诉—用电变更—环节处理问题

D. 建议—营业业务—用电变更

15. 依据《国家电网公司 95598 投诉分类细则》相关规定，客户反映 2 月 28 日报修电压低，抢修人员现场抢修后离开，低电压现象仍然存在，应派发(A)业务。

A. 投诉—停送电投诉—抢修服务—抢修质量

B. 意见—供电服务—故障处理—处理不完善

C. 意见—供电服务—故障处理—处理时间长

D. 投诉—服务投诉—服务行为—其他人员服务态度

16. 依据《国家电网公司 95598 投诉分类细则》相关规定，客户反映当日拨打 95598 热线报修单户停电后，抢修人员到其家中，检查后告知客户使用电器不当造成停电，不在维护范围，后客户找到本村电工，因检查线路费用问题，该电工与客户争吵起来，应派发(D)业务。

A. 投诉—服务投诉—服务行为—服务热线人员服务规范

B. 投诉—停送电投诉—抢修服务—抢修人员服务态度

C. 投诉—停送电投诉—抢修服务—抢修人员服务规范

D. 咨询办结

17. 依据《国家电网公司 95598 投诉分类细则》相关规定，客户 12：00 来电反映其 11：30 时致电 95598 报修家中停电，抢修人员于 11：50 打电话告知因在抢修其他线路，故约 12：20 时会到，请尽快处理，应派发(D)业务。

A. 投诉—停送电投诉—抢修服务—超时限

B. 投诉—服务投诉—服务行为—其他人员服务行为

C. 投诉—停送电投诉—抢修服务—抢修人员服务规范

D. 催办工单

18. 依据《国家电网公司 95598 投诉分类细则》相关规定，客户反映供电公司于 2 月 13 日发布计划停电信息，公布 2 月 17 日 12：00—14：00 停电，应派发(A)业务。

A. 投诉—停送电投诉—停送电信息公告—停送电信息报送及时性

B. 投诉—停送电投诉—停电问题—未按停电计划停送电

C. 意见—供电服务—停电问题—停电安排

D. 意见—供电服务—停电问题—停电信息发布渠道

19. 依据《国家电网公司 95598 投诉分类细则》相关规定，客户反映发布计划停电时间是 8：00—15：00，但是实际停电时间早于 8：00，客户表示不满，应派发(B)业务。

A. 投诉—停送电投诉—停送电信息公告—停送电信息报送及时性

B. 投诉—停送电投诉—停电问题—未按停电计划停送电

C. 意见—供电服务—停电问题—停电安排

D. 意见—供电服务—停电问题—停电时间长

20. 依据《国家电网公司 95598 投诉分类细则》相关规定，客户反映故障处理现场存有安全隐患或未彻底根治故障，但不影响客户用电的情况，应派发(C)业务。

A. 投诉—停送电投诉—抢修服务—抢修质量

B. 意见—供电服务—故障处理—处理时间长

C. 意见—供电服务—故障处理—处理不完善

D. 建议—服务质量—故障抢修

21. 依据《国家电网公司 95598 投诉分类细则》相关规定，客户反映 11：20 时就已经报修，现在 13：10 时抢修人员还在抢修中，对处理时间长、效率低不满意，应派发(C)业务。

A. 投诉—停送电投诉—抢修服务—抢修质量

B. 投诉—停送电投诉—抢修服务—抢修人员服务规范

C. 意见—供电服务—故障处理—处理时间长

D. 意见—供电服务—故障处理—处理不完善

22. 依据《国家电网公司 95598 投诉分类细则》相关规定，客户反映在请供电公司工作人员帮忙进行更换家中线路时，线材费用未按照物价部门标准收取，应派发(B)业务。

A. 投诉—停送电投诉—抢修服务—抢修人员服务规范

B. 投诉—停送电投诉—增值服务—有偿服务

C. 投诉—停送电投诉—抢修服务—抢修人员服务态度

D. 举报—行风廉政—以电谋私

23. 依据《国家电网公司 95598 投诉分类细则》相关规定，客户反映在 2014 年 6 月村中进行农网改造，工作人员向每户收取 200 元表计费用，应派发(A)业务。

A. 投诉—电网建设—供电设施—农网改造

B. 投诉—电网建设—电力施工—施工人员服务规范

C. 投诉—停送电投诉—增值服务—有偿服务

D. 投诉—停送电投诉—抢修服务—抢修人员服务规范

24. 依据《国家电网公司 95598 投诉分类细则》相关规定，客户反映抢修人员维修线路时，未经客户同意进入客户厂院中攀爬扶梯维护客户厂院上方的线路，应派发(D)业务。

A. 投诉—服务投诉—服务行为—其他人员服务规范

B. 投诉—服务投诉—服务行为—其他人员服务态度

C. 投诉—停送电投诉—抢修服务—抢修人员服务态度

D. 投诉—停送电投诉—抢修服务—抢修人员服务规范

25. 依据《国家电网公司 95598 投诉分类细则》相关规定，客户实际应交纳电费为 100 元，但是因为各种原因工作人员实际计算出来的金额不是 100 元，且未及时弥补，应派发(C)业务。

A. 意见—供电业务—抄表收费—催收电费

B. 意见—供电业务—抄表收费—电费退补

C. 投诉—营业投诉—电价电费—电费

D. 投诉—营业投诉—抄表催费—催缴费

26. 依据《国家电网公司 95598 投诉分类细则》相关规定，有客户 A，办理用电业务实际应交纳业务费合计为 100 元，但是因为各种原因工作人员实际计算出来的金额不是 100 元，且未及时弥补，应派发(C)业务。

A. 意见—供电业务意见—抄表收费—催收电费

B. 意见—供电业务意见—抄表收费—电费退补

C. 投诉—营业投诉—业务收费—收费标准

D. 投诉—营业投诉—抄表催费—催缴费

27. 依据《国家电网公司 95598 投诉分类细则》相关规定，有客户 A 与 B，A 欠费，但供电公司在停电时错将客户 B 停电，应派发(A)业务。

A. 投诉—营业投诉—抄表催费—欠费停复电

B. 意见—供电业务—抄表收费—催缴费

C. 服务申请—抄表数据异常

D. 建议—营业业务—电价电费

28. 依据《国家电网公司 95598 投诉分类细则》相关规定，客户反映供电公司在安装、置换、轮换表计及配套计量互感器等设备时，电能表接线错误，且影响计费准确性，应派发(C)业务。

A. 投诉—营业投诉—电能计量—计量装置

B. 服务申请—电能表异常

C. 投诉—营业投诉—电能计量—表计线路接错

D. 建议—营业业务—电能计量

29. 依据《国家电网公司 95598 投诉分类细则》相关规定，有客户 A 与 B 同时来交业务费，工作人员因各种原因，收费时错将 A、B 收错，且未及时弥补，应派发(D)业务。

A. 意见—供电业务—抄表收费—电费退补

B. 服务申请—定量定比调整

C. 投诉—服务投诉—服务行为—营业厅人员服务规范

D. 投诉—营业投诉—业务收费—收费标准

30. 依据《国家电网公司 95598 投诉分类细则》相关规定，客户是农业灌溉用电，

但是供电公司给其错误执行一般工商业电价（且未及时更正），应派发（ A ）业务。

A. 投诉—营业投诉—电价电费—电价

B. 建议—营业业务—电价电费

C. 投诉—营业投诉—电价电费—电费

D. 意见—供电业务—抄表收费—电费发票

31. 依据《国家电网公司 95598 投诉分类细则》相关规定，客户交纳电费后供电企业未向客户提供正规完整票据，应派发（ C ）业务。

A. 投诉—营业投诉—电价电费—电价

B. 建议—营业业务—电价电费

C. 投诉—营业投诉—电价电费—电费

D. 意见—供电业务—抄表收费—电费发票

32. 依据《国家电网公司 95598 投诉分类细则》相关规定，客户缴纳电费时，营业厅收费人员拒收现金，应派发（ D ）业务。

A. 意见—供电业务—抄表收费—电费退补

B. 服务申请—定量定比调整

C. 投诉—服务投诉—服务行为—营业厅人员服务规范

D. 投诉—营业投诉—电价电费—电费

33. 依据《国家电网公司 95598 投诉分类细则》相关规定，有客户 A 与 B，A 欠费，但抄表人员却将催费通知单送给客户 B，应派发（ C ）业务。

A. 投诉—营业投诉—电价电费—电价

B. 投诉—营业投诉—抄表催费—欠费停复电

C. 投诉—营业投诉—抄表催费—催缴费

D. 意见—供电业务—抄表收费—电费发票

34. 依据《国家电网公司 95598 投诉分类细则》相关规定，有客户 A，办理用电报装业务，按照当地物价部门批复的文件应该收取 3 笔业务费用，但是当地供电企业收取了 4 笔业务费用，自立收费项目向客户收取费用，应派发（ C ）业务。

A. 意见—供电业务意见—抄表收费—催收电费

B. 意见—供电业务意见—抄表收费—电费退补

C. 投诉—营业投诉—业务收费—收费项目

D. 投诉—营业投诉—抄表催费—催缴费

35. 依据《国家电网公司 95598 投诉分类细则》相关规定，客户反映自己居住的地点经常出现电灯忽明忽暗的情况，已经 2 个月了，并且多次拨打 95598 反映此问题，始终没有解决，应派发（ D ）业务。

A. 故障报修—电能质量—电压

B. 投诉—供电质量—供电可靠性—供电频率长时间异常

C. 投诉—供电质量—供电可靠性—频繁停电

D. 投诉—供电质量—电压质量—电压质量长时间异常

36. 依据《国家电网公司 95598 投诉分类细则》相关规定，客户反映自己的工厂的供电频率超标，不是 50Hz，并且多次拨打 95598 反映此问题，始终没有解决，应派发

(C) 业务。

A. 投诉—电网建设—供电设施—农网改造

B. 故障报修—电能质量—频率

C. 投诉—供电质量—供电频率—供电频率长时间异常

D. 投诉—供电质量—电压质量—电压质量长时间异常

37. 依据《国家电网公司 95598 投诉分类细则》相关规定，客户反映半年内故障停电 10 次，认为维修不彻底的问题，应派发(D)业务。

A. 投诉—停送电投诉—抢修质量—抢修质量

B. 投诉—停送电投诉—抢修质量—抢修人员服务规范

C. 投诉—供电服务—故障处理—处理不完善

D. 投诉—供电质量—供电可靠性—频繁停电

38. 依据《国家电网公司 95598 投诉分类细则》相关规定，用户来电反映高压线通过其家房顶，表示高压线路具体是多少伏的不清楚，只看到有 7～8 片的绝缘子，此高压线在雷雨天气有放电现象，但反映后一直未给其解决，现用户要求供电公司相关单位尽快核实解决并予其答复，应派发(B)业务。

A. 意见—电网建设—电网建设—设备安全距离不足

B. 投诉—电网建设—供电设施—输电设施

C. 其他—供电企业供电设施消缺

D. 咨询办结

39. 依据《国家电网公司 95598 投诉分类细则》相关规定，客户反映该地点 1 台架空式变压器存在安全隐患，用户称每个月都反映过此问题，一直没有得到解决。用户要求供电公司相关部门尽快调查核实并彻底解决，应派发(C)业务。

A. 意见—电网建设—供电设施—供电设备位置

B. 服务申请—供电企业供电设施消缺

C. 投诉—电网建设—供电设施—配电设施

D. 电网建设—供电设施—设备安全距离不足

40. 依据《国家电网公司 95598 投诉分类细则》相关规定，客户申请农业生产用电，供电企业因线路离用电点较远不能为客户提供供电电源，客户表示不满，应派发(A)业务。

A. 投诉—电网建设—供电设施—供电能力

B. 投诉—营业投诉—业扩报装—业扩报装超时限

C. 投诉—营业投诉—业扩报装—环节处理不当

D. 咨询办结

41. 依据《国家电网公司 95598 投诉分类细则》相关规定，客户反映该地点在进行农网改造时，存在缺相的问题，改造质量差，并且客户表示改造线都是旧线，要求彻底解决此问题，应派发(A)业务。

A. 投诉—电网建设—供电设施—农网改造

B. 建议—营业业务—电能计量—计量装置

C. 投诉—供电质量—供电频率—供电频率长时间异常

D. 投诉—供电质量—电压质量—电压质量长时间异常

42. 依据《国家电网公司 95598 投诉分类细则》相关规定，客户反映该地点贴通知停电时间从 5：00—19：00，到 21：00 一直没有恢复用电，用户到施工地点问工作人员，施工人员对其语气生硬，态度恶劣，对用户说“我不知道，别问我”。客户要求反映此问题，应派发（ B ）业务。

A. 投诉—服务投诉—服务行为—施工人员服务规范

B. 投诉—电网建设—电力施工—施工人员服务态度

C. 投诉—服务投诉—服务行为—勘测人员服务态度

D. 建议—服务质量—服务规范

43. 依据《国家电网公司 95598 投诉分类细则》相关规定，客户反映该地点居民小区附近有供电公司施工人员在现场施工时，未在恰当位置摆放醒目的告示牌。客户要求反映此问题，应派发（ D ）业务。

A. 建议—服务质量—服务规范

B. 投诉—服务投诉—服务行为—勘测人员服务规范

C. 投诉—电网建设—电力施工—施工人员服务态度

D. 投诉—电网建设—电力施工—施工人员服务规范

44. 依据《国家电网公司 95598 投诉分类细则》相关规定，客户反映电力施工后，因电力企业未及时清理废弃物，导致居民出门时把脚扭伤去医院看病，应派发（ D ）业务。

A. 服务申请—电力施工后废弃物清理及路面恢复

B. 意见—电网建设—供电设施—废弃物清理

C. 意见—电网建设—供电设施—民事赔偿

D. 投诉—电网建设—电力施工—施工现场恢复

45. 依据《国家电网公司 95598 投诉分类细则》相关规定，客户反映营业厅人员服务态度存在问题的诉求，应列为（ D ）不应派发其他工单。

A. 意见 B. 建议 C. 举报 D. 投诉

46. 依据《国家电网公司 95598 投诉分类细则》相关规定，客户反映营业厅人员服务规范存在问题的诉求，应列为（ B ）不应派发其他工单。

A. 意见 B. 投诉 C. 举报 D. 咨询办结

47. 依据《国家电网公司 95598 投诉分类细则》相关规定，客户来电反映抄催人员涉及违反《国家电网公司供电服务规范》的行为，应归为（ C ）。

A. 投诉—服务投诉—服务行为—其他人员服务规范

B. 投诉—服务投诉—服务行为—抄催人员服务态度

C. 投诉—服务投诉—服务行为—抄催人员服务规范

D. 举报—行风廉政—服务行为

48. 依据《国家电网公司 95598 投诉分类细则》相关规定，客户来电反映从事电力抄表业务的人员在抄催工作中存在威胁、侮辱客户的行为，应归为（ B ）。

A. 投诉—服务投诉—服务行为—其他人员服务规范

B. 投诉—服务投诉—服务行为—抄催人员服务态度

C. 投诉—服务投诉—服务行为—抄催人员服务规范

D. 咨询办结

49. 依据《国家电网公司 95598 投诉分类细则》相关规定，客户来电反映用电检查人员在工作中存在使用不礼貌、不文明用语回复客户，与客户争吵、谩骂等，应归为(C)。

A. 投诉—服务投诉—服务行为—其他人员服务态度

B. 投诉—服务投诉—服务行为—抄催人员服务态度

C. 投诉—服务投诉—服务行为—用电检查人员服务态度

D. 投诉—服务投诉—服务行为—用电检查人员服务规范

50. 依据《国家电网公司 95598 投诉分类细则》相关规定，客户来电反映社会上电工、物业管理人员、有资质的电气设计安装人员（非供电企业员工）在服务中存在搪塞、推诿行为，应归为(D)。

A. 投诉—服务投诉—服务行为—其他人员服务态度

B. 投诉—服务投诉—服务行为—其他人员服务规范

C. 投诉—服务投诉—服务行为—用电检查人员服务态度

D. 咨询办结

51. 依据《国家电网公司 95598 投诉分类细则》相关规定，客户反映营业厅业务受理人员与其电话联系，但在通话过程中与客户发生争执并辱骂客户，应派发(C)业务。

A. 投诉—服务投诉—服务行为—服务热线人员服务规范

B. 投诉—服务投诉—服务行为—服务热线人员服务态度

C. 投诉—服务投诉—服务行为—营业厅人员服务态度

D. 投诉—服务投诉—服务行为—其他人员服务态度

52. 依据《国家电网公司 95598 投诉分类细则》相关规定，服务热线人员服务规范是指与客户电话沟通时，表现为（ A ）应归为此类投诉。

A. 催挂电话、违规强挂电话

B. 不耐烦，对客户诉求不回应、不搭理

C. 对客户冷言冷语，使用不礼貌、不文明用语回复客户

D. 搪塞、推诿行为，威胁、侮辱客户，与客户争吵、谩骂客户

53. 依据《国家电网公司 95598 投诉分类细则》相关规定，客户来电反映打电话给抄表人员，该工作人员表现不耐烦，对客户冷言冷语，应派发(B)业务。

A. 投诉—服务投诉—服务行为—其他人员服务规范

B. 投诉—服务投诉—服务行为—抄催人员服务态度

C. 投诉—服务投诉—服务行为—服务热线人员服务规范

D. 投诉—营业投诉—抄表催费—催缴费

54. 依据《国家电网公司 95598 投诉分类细则》相关规定，客户来电反映国网客服中心客服专员在通话过程中存在搪塞、推诿行为现象，应派发(C)业务。

A. 投诉—服务投诉—服务行为—其他人员服务规范

B. 投诉—服务投诉—服务行为—服务热线人员服务规范

C. 投诉—服务投诉—服务行为—服务热线人员服务态度

D. 投诉—服务投诉—服务行为—其他人员服务态度

55. 依据《国家电网公司 95598 投诉分类细则》相关规定，客户反映家电损坏问题，供电企业未在受理家用电器损坏核损业务后 24h 内派员到现场勘查，下发何种工单。(A)

A. 投诉—服务投诉—服务行为—其他人员服务规范

B. 投诉—服务投诉—服务行为—其他人员服务态度

C. 意见—供电服务—电器赔偿—家用电器损坏

D. 服务申请—服务申请业务—电器损坏核损

56. 依据《国家电网公司 95598 投诉分类细则》相关规定，客户对供电企业出具用电检查结果有异议，下发何种工单。(C)

A. 投诉业务—服务投诉—服务行为—用电检查人员服务态度

B. 投诉业务—服务投诉—服务行为—用电检查人员服务规范

C. 意见—供电业务—用电检查—客户安全用电

D. 投诉—服务投诉—服务行为—其他人员服务规范

57. 依据《国家电网公司 95598 投诉分类细则》相关规定，装表人员在装表接电工作中存在对客户诉求表现不耐烦，对客户诉求不回应、不搭理，对客户冷言冷语等行为，下发何种工单。(B)

A. 投诉—服务投诉—服务行为—装表人员服务规范

B. 投诉—服务投诉—服务行为—装表人员服务态度

C. 投诉—服务投诉—服务行为—用电检查人员服务态度

D. 投诉—服务投诉—服务行为—用电检查人员服务规范

58. 依据《国家电网公司 95598 投诉分类细则》相关规定，客户反映电能表更换前未与其联系进行表底确认，下发何种工单。(A)

A. 投诉—营业投诉—电能计量—计量装置

B. 投诉—营业投诉—电能计量—轮换、户表改造

C. 投诉—服务投诉—服务行为—装表人员服务规范

D. 投诉—服务投诉—服务行为—装表人员服务态度

59. 依据《国家电网公司 95598 投诉分类细则》相关规定，客户反映业扩勘测人员服务中存在搪塞、推诿行为，威胁、侮辱客户，与客户争吵、谩骂，下发何种工单。(B)

A. 投诉—服务投诉—服务行为—勘测人员服务规范

B. 投诉—服务投诉—服务行为—勘测人员服务态度

C. 投诉—服务投诉—服务行为—用电检查人员服务态度

D. 投诉—服务投诉—服务行为—用电检查人员服务规范

60. 依据《国家电网公司 95598 投诉分类细则》相关规定，客户反映，用电检查人员进行客户端安全设备检查工作，但进入客户厂区未出示相关证件，下发何种工单。(D)

A. 意见—供电业务—用电检查—客户安全用电

B. 投诉—服务投诉—服务行为—其他人员服务规范

C. 投诉—服务投诉—服务行为—用电检查人员服务态度

D. 投诉—服务投诉—服务行为—用电检查人员服务规范

61. 依据《国家电网公司 95598 投诉分类细则》相关规定，客户反映办理居民新装业务后，装表人员按时限到达现场，但是拒绝给用户安装电能表，并且装表人员无法提供不能安装电能表的理由，应派发(D)业务。

A. 意见—供电业务—业扩报装—环节处理问题

B. 投诉—营业投诉—业扩报装—环节处理不当

C. 投诉—服务投诉—服务行为—装表人员服务规范

D. 投诉—服务投诉—服务行为—装表人员服务态度

62. 依据《国家电网公司 95598 投诉分类细则》相关规定，客户反映已拨打 95598 投诉营业厅工作人员态度冷漠的问题，但是在 1 个工作日内并没有工作人员与其联系，应派发(C)业务。

A. 投诉—服务投诉—服务行为—营业厅人员服务规范

B. 投诉—服务投诉—服务行为—营业厅人员服务态度

C. 投诉—服务投诉—服务行为—其他人员服务规范

D. 投诉—服务投诉—服务行为—其他人员服务态度

63. 依据《国家电网公司 95598 投诉分类细则》相关规定，客户来电反映用电检查人员违反业务处理规定或提出的安全隐患或整改建议不符合国家相关规定等情况，应派发(C)业务。

A. 投诉—服务投诉—服务行为—用电检查人员服务规范

B. 举报—行风廉政—以电谋私

C. 意见—供电业务—用电检查—客户安全用电

D. 建议—服务质量—服务规范

64. 依据《国家电网公司 95598 投诉分类细则》相关规定，客户反映供电公司将其电费通知单发送到邻居家，导致其无法正常缴费，应派发(C)业务。

A. 意见—供电业务—抄表收费—催收电费

B. 投诉—营业投诉—抄表催费—欠费停复电

C. 投诉—营业投诉—抄表催费—催缴费

D. 投诉—停送电投诉—停电问题—无故停电

65. 依据《国家电网公司 95598 投诉分类细则》相关规定，客户反映电费通知单与其家电能表指数错抄，应派发(C)业务。

A. 服务申请—抄表数据异常

B. 意见—供电业务—抄表收费—催收电费

C. 投诉—营业投诉—抄表催费—抄表

D. 投诉—营业投诉—抄表催费—催缴费

66. 依据《国家电网公司 95598 投诉分类细则》相关规定，客户反映抄表数据异常，抄催人员与客户核对示数发现 95598 系统抄表示数大于电能表实际示数，应派发(D)业务。

A. 投诉—服务投诉—服务行为—抄催人员服务规范

B. 投诉—营业投诉—抄表催费—催缴费

C. 意见—供电业务—抄表收费—催收电费

D. 投诉—营业投诉—抄表催费—抄表

67. 依据《国家电网公司 95598 投诉分类细则》相关规定，客户来电反映在业扩报装业务受理、方案查勘、方案答复、设计审核、中间检查、业务收费、竣工验收、装表接电、合同签订环节，对供电企业业务规定有异议，需要协调解决的情况，应派发(C)业务。

A. 投诉—营业投诉—业扩报装—环节处理不当

B. 举报—违约用电—擅自引入或供出电源

C. 意见—供电业务—业扩报装—环节处理问题

D. 建议—营业业务—业扩报装

68. 依据《国家电网公司 95598 投诉分类细则》相关规定，客户来电反映办理增容业务后，工作人员未按规定装表，装表位置不当的问题，应派发(B)业务。

A. 举报—行风廉政—服务行为

B. 投诉—营业投诉—业扩报装—环节处理不当

C. 意见—供电业务—业扩报装—环节处理问题

D. 建议—营业业务—业扩报装

69. 依据《国家电网公司 95598 投诉分类细则》相关规定，客户来电反映办理增容业务后，工作人员存在查勘不到位情况，应派发(B)业务。

A. 举报—行风廉政—服务行为

B. 投诉—营业投诉—用电变更—环节处理不当

C. 意见—供电业务—业扩报装—环节处理问题

D. 建议—营业业务—业扩报装

70. 依据《国家电网公司 95598 投诉分类细则》相关规定，客户来电反映办理小区配套新装业务后，工作人员存在不按验收标准验收工程的行为，应派发(B)业务。

A. 举报—行风廉政—服务行为

B. 投诉—营业投诉—业扩报装—环节处理不当

C. 意见—供电业务—业扩报装—环节处理问题

D. 建议—营业业务—业扩报装

71. 依据《国家电网公司 95598 投诉分类细则》相关规定，客户反映当地供电公司工作执行规范与网站或微信等其他电子渠道公布的标准存在明显差异，应派发(D)业务。

A. 投诉—服务投诉—服务行为—营业厅人员服务规范

B. 投诉—服务投诉—服务行为—营业厅人员服务态度

C. 投诉—服务投诉—服务渠道—营业厅服务

D. 投诉—服务投诉—服务渠道—网站服务

72. 依据《国家电网公司 95598 投诉分类细则》相关规定，公示某营业厅可以互联网查询业务，但营业厅无连接互联网的电脑，无法提供此类服务，应派发(B)业务。

A. 投诉—服务投诉—服务渠道—网站服务

B. 投诉—服务投诉—服务渠道—营业厅服务

C. 意见—供电服务—服务渠道—营业厅服务

D. 意见—供电服务—服务渠道—网站服务

73. 依据《国家电网公司 95598 投诉分类细则》相关规定，客户申请减容业务，已递交申请两个月之久，至今无人与其联系，应派发(B)业务。

A. 举报—行风廉政—服务行为

B. 投诉—营业投诉—用电变更—业务办理超时限

C. 意见—供电业务—业扩报装—环节处理问题

D. 投诉—营业投诉—业扩报装—业扩报装超时限

74. 依据《国家电网公司 95598 投诉分类细则》相关规定，客户申请增容业务，已递交申请两个月之久，至今无人与其联系，应派发(D)业务。

A. 举报—行风廉政—服务行为

B. 投诉—营业投诉—用电变更—业务办理超时限

C. 意见—供电业务—业扩报装—环节处理问题

D. 投诉—营业投诉—业扩报装—业扩报装超时限

75. 依据《国家电网公司 95598 投诉分类细则》相关规定，用户为 10kV 单电源用户，提交用电方案 3 周后，供电公司仍然没有就供电方案给其答复，应派发(C)业务。

A. 营业投诉—业扩报装—环节处理不当

B. 供电业务—业扩报装—环节处理问题

C. 营业投诉—业扩报装—业扩报装超时限

D. 供电业务—业务变更—环节处理问题

76. 依据《国家电网公司 95598 投诉分类细则》相关规定，客户办理暂停业务，已递交申请三个月了，至今无人与其联系，应派发(B)业务。

A. 举报—行风廉政—服务行为

B. 投诉—营业投诉—用电变更—业务办理超时限

C. 意见—供电业务—业扩报装—环节处理问题

D. 投诉—营业投诉—业扩报装—业扩报装超时限

77. 依据《国家电网公司 95598 投诉分类细则》相关规定，客户来电反映 2 个月前申请高压线电杆迁移业务，现手续已齐全但至今尚未有人与其联系并办理此业务，客户对此表示不满，请电力公司相关部门尽快核实并与其联系，应派发(C)业务。

A. 投诉—营业投诉—业扩报装—业扩报装超时限

B. 投诉—营业投诉—业扩报装—环节处理不当

C. 投诉—营业投诉—用电变更—业务办理超时限

D. 投诉—营业投诉—用电变更—环节处理问题

78. 依据《国家电网公司 95598 投诉分类细则》相关规定，客户来电反映××供电公司营业厅收费员××驾驶电力抢修车办理私事，请电力公司相关部门尽快核实并处理，应派发(B)业务。

A. 投诉—营业投诉—业扩报装—业扩报装超时限

B. 举报—行风廉政—公车私用

C. 投诉—服务投诉—服务行为—营业厅人员服务规范

D. 投诉—服务投诉—服务行为—营业厅人员服务态度

79. 依据《国家电网公司 95598 投诉分类细则》相关规定，客户反映 2 个月内停电次数 3 次以下，现不影响客户用电，且客户未强烈要求投诉的，应派发(A)业务。

A. 意见—供电服务—故障处理—处理不完善

B. 故障报修

C. 投诉—供电质量—供电频率—供电频率长时间异常

D. 投诉—供电质量—供电可靠性—频繁停电

80. 依据《国家电网公司 95598 投诉分类细则》相关规定，客户反映供电公司发布计划停电信息为 2 月 13 日 8：00—17：00，但 2 月 13 日实际停电时间为 9：00—17：00，应派发(B)业务。

A. 投诉—停送电投诉—停送电信息公告—停送电信息报送及时性

B. 投诉—停送电投诉—停电问题—未按停电计划停送电

C. 意见—供电服务—停电问题—停电安排

D. 意见—供电服务—停电问题—停电信息发布渠道

81. 依据《国家电网公司 95598 投诉分类细则》相关规定，客户反映供电公司发布计划停电信息为 2 月 13 日 8：00—17：00，但 2 月 13 日实际停电时间为 8：00—14：00，应派发(B)业务。

A. 投诉—停送电投诉—停送电信息公告—停送电信息报送及时性

B. 投诉—停送电投诉—停电问题—未按停电计划停送电

C. 意见—供电服务—停电问题—停电安排

D. 意见—供电服务—停电问题—停电信息发布渠道

82. 依据《国家电网公司 95598 投诉分类细则》相关规定，客户反映对催费或欠费通知单张贴在客户家门上表示不满，应派发(C)业务。

A. 投诉—营业投诉—抄表催费—催缴费

B. 投诉—营业投诉—抄表催费—欠费停复电

C. 意见—供电业务—抄表收费—催收电费

D. 建议—营业业务—抄表催费

83. 依据《国家电网公司 95598 投诉分类细则》相关规定，客户反映供电公司公示营业时间是 8：30—17：00，实行无午休制度，但是中午营业厅无人值班，应派发(C)业务。

A. 投诉—服务投诉—服务行为—营业厅人员服务规范

B. 意见—供电服务—服务渠道—营业厅服务

C. 投诉—服务投诉—服务渠道—营业厅服务

D. 举报—行风廉政—服务行为

84. 国网客服中心是 95598 业务的(D)，是 95598 客户服务管理的支撑机构。

A. 管理单位　　　　B. 支撑单位

C. 业务管理单位　　　　D. 执行单位

85. 别人向自己提出意见或进行批评的过程中，正确的做法是（D)。

A. 反驳　　B. 解释、说明

C. 不予理会　　D. 耐心倾听

86. 电力体制改革的不断深化，要求我们增强危机意识，珍爱自己的(D)，认真负责地干好每件工作。

A. 工资待遇　　B. 工资环境

C. 发展前途　　D. 职业和工作机会

87. 管理序列岗位包括：综合事务主管、现场运营主管、现场业务主管、首席客服经理、(A)等。

A. 班长　　B. 质检员

C. 知识采编员　　D. 内训师

88. 生产序列以星级为职级标准，主要分为(C)个等级。

A. 4　　B. 5　　C. 6　　D. 7

89. 岗位职级是根据岗位序列，结合岗位技能要求、工作责任、任职时间等要素，由低到高依次设置(D)个等级。

A. 3　　B. 6　　C. 9　　D. 11

90. 支撑序列岗位职级评级标准中，评定二级内训师的工作年限要求为(C)。

A. 3 年　　B. 4 年　　C. 5 年　　D. 6 年

91. 支撑序列岗位职级评级标准中，评定三级知识采编的工作年限为(C)。

A. 3 年　　B. 4 年　　C. 5 年　　D. 6 年

92. 支撑序列岗位职级评级标准中，评定三级质检员的工作年限为(B)。

A. 3 年　　B. 4 年　　C. 5 年　　D. 6 年

93. 生产序列岗位职级评级标准中，评定三星级的人员数量要求为 (B)。

A. 1 年　　B. 1.5 年　　C. 2 年　　D. 2.5 年

94. 生产序列岗位职级评级标准中，评定三星级的工作年限要求为 (C)。

A. ≤10%　　B. ≤15%　　C. ≤20%　　D. ≤30%

95. 支撑序列岗位职级评级标准中，评定一级内训师的工作年限要求为(B)。

A. 3 年　　B. 4 年　　C. 5 年　　D. 6 年

96. 支撑序列岗位职级评级标准中，评定二级知识采编的工作年限为(B)。

A. 3 年　　B. 4 年　　C. 5 年　　D. 6 年

97. 沟通的模式分为(D)和肢体语言沟通两种。

A. 口头语言沟通　　B. 书面语言沟通

C. 图片或者图形　　D. 语言沟通

98. 沟通的三大要素不包括(D)。

A. 明确的目标　　B. 信息、思想和情感

C. 达成共同协议　　D. 感情共鸣

99. 倾听的三大要素不包括(C)。

A. 听　　B. 倾听本身　　C. 赞同　　D. 交互

100. 一个完整的沟通过程包括(C)。

A. 信息发送、接收　　B. 信息发送、反馈

C. 信息发送、接收、反馈　　D. 信息接收、反馈

101. 以下哪一个属于开放式问题（ A ）。

A. 您能说说当时的具体情况吗？

B. 您希望在电费不足时，我们能用电话的方式通知到您，对吗？

C. 您看还有什么需要我为您做的吗？

D. 请问，最近是否有用电检查人员到你们饭店检查过用电情况呢？

102. 电话铃响(B)声内接听，超过(B)声应道歉；应答时要首先问候。

A. 2　　B. 3　　C. 4　　D. 5

103. 需要客户持线等候时，应先征得客户同意后，方可让客户持线等候，等候时长不超过(B)s，在客户等待结束后向客户致谢。

A. 30　　B. 60　　C. 90　　D. 120

104. 电话服务中，语速一般每分钟保持在(C)字左右，当需要重点强调或客户听不明白时，可适当调整语速。

A. 100～150　　B. 150～200　　C. 200～300　　D. 300～400

105. 必须保持手部洁净，指甲不得长于(A)。女士可适当涂无色指甲油，不可涂有色指甲油，不可佩戴款式夸张的饰品。

A. 2mm　　B. 3mm　　C. 4mm　　D. 5mm

106. 领带长度宜长于皮带扣(A)为宜，领带夹不外露，应夹在(A)衬衫纽扣的地方，忌领带歪斜松弛。衬衫袖口的长度应超出西装袖口(A)为宜，袖口需系上，衬衫下摆均匀束在裤内，忌袖口挽起或磨损。

A. 1. 5～2cm、第四颗、1～1. 5cm　　B. 1. 5～2. 5cm、第三颗、1. 5～2cm

C. 1. 5～2cm、第三颗、1～1. 5cm　　D. 1. 5～2cm、第四颗、1. 5～2cm

107. 穿裙装时，必须穿连裤丝袜或长筒袜，颜色以与裙装搭配协调，高度以不露腿为宜。裙子以不短于(A)，不长至脚面。

A. 膝上 3cm　　B. 膝上 4cm　　C. 膝下 3cm　　D. 膝下 4cm

108. 坐在椅子上，应坐满椅子的(D)，宽座沙发则坐满(D)。落座后至少(D) min 左右时间不要靠椅背，时间久了，可轻靠椅背。

A. 1/3、1/2、10　　B. 1/3、1/2、5

C. 2/3、1/2、5　　D. 2/3、1/2、10

109. 在通常情况下，男性的步度是(B)cm，女性的步度大约为(B)cm。

A. 30、20　　B. 25、20　　C. 30、25　　D. 20、15

110. 女士行姿，通常以直线条为主的服装，特点是(B)。

A. 活泼动感、飘逸优雅　　B. 庄重大方、舒展矫健

C. 柔美妩媚、飘逸优雅　　D. 柔美妩媚、舒展矫健

111. 女士行姿，以曲线为主的服装，特点是(D)。

A. 庄重大方、飘逸优雅　　B. 活泼动感、舒展矫健

C. 庄重大方、舒展矫健　　D. 柔美妩媚、飘逸优雅

112. 当与客人交错而过时，应面带笑容，可行(C)的鞠躬礼，以表示对顾客的礼貌及打招呼；当迎接或相送顾客时，可行(C)的鞠躬礼；当感谢顾客或初次见到顾客

时，可行(C)的鞠躬礼以表示礼貌。

A. 30°、15°、45° B. 45°、30°、15° C. 15°、30°、45° D. 15°、45°、30°

113. 递接文件时，应使文件(C)朝着对方。递接笔、剪刀之类的尖利物品时，需将尖头朝向(C)，不要指向对方。

A. 正面、对方 B. 背面、对方

C. 正面、自己 D. 背面、自己

114. 接听客户来电时，应使用标准(C)。

A. 方言 B. 英语 C. 普通话 D. 其他语种的语言

115. 客户所陈述的问题涉及困难处境时，座席代表不应使用的服务用语是(C)。

A. 您不要着急，慢慢讲

B. 我很理解您的心情

C. 您所反映的问题我没法解决

D. 您的心情我十分理解，这种情况我也曾经历过

116. 应答时要首先问候，然后报出(A)和工号。

A. 单位名称 B. 部门名称

C. 班组名称 D. 客服姓名

117. 电力供应与使用双方应当根据(A)的原则，按照国务院规定的《电力供应与使用办法》签订供用电合同，确定双方的权利与义务。

A. 平等自愿、协商一致 B. 自愿、公平、公正

C. 自愿、公平、互利 D. 平等自愿、合理合法

118. 从家用电器损坏之日起（B）日内，受害居民用户未向供电企业投诉并提出索赔要求的，即视为受害者已主动放弃索赔权。

A. 5 B. 7 C. 3 D. 8

119. 客户应当安装用电计量装置。客户使用的电力、电量，以计量检定机构依法认可的用电计量装置的记录为准。用电计量装置，应当安装在（D）。

A. 客户处 B. 供电点

C. 受电处 D. 供电设施与受电设施的产权分界处

120.《中华人民共和国电力法》保障和促进电力事业的发展，维护(A)的合法权益，保障电力安全运行。

A. 电力投资者、经营者和使用者 B. 电力投资者

C. 经营者和使用者 D. 经营者

121. 供电企业在接到居民用户家用电器损坏投诉后，应在（B）h内派员赴现场进行调查、核实。

A. 12 B. 24 C. 36 D. 48

122. 供用电合同的内容包括供电方式、供电质量、供电时间、用电容量、用电地址、用电性质、计量方式、电费电价结算方式、供用电设施维护责任的划分、（ C)、违约责任、双方共同认为应当约定的其他条款。

A. 人员名单 B. 人员分工

C. 合同有效期 D. 供用电设施维护人员

123. 对不可修复的家用电器，其购买时间在（ **B** ）及以内的，按原购物发票价，供电企业全额予以赔偿。

A. 3个月　　B. 6个月　　C. 10个月　　D. 1年

124. 采用电缆供电的，本着便于维护的原则，产权由（ **C** ）确定。

A. 法院　　B. 电力主管部门

C. 供用电双方协商　　D. 供电企业

125. 根据相关法律法规和平等协商原则，(**C**)前，应与客户签订供用电合同及相关协议，合同文本应统一使用省公司下发的《供用电合同》。

A. 竣工验收　　B. 装表　　C. 正式接电　　D. 资料归档

126. 供用电合同按其用途可分为(**D**)种。

A. 3　　B. 4　　C. 5　　D. 6

127. 产权属于供电企业的计费电能表，因(**B**)发生故障，应由供电企业负责。

A. 不可抗力　　B. 计数器卡字

C. 过负荷烧坏　　D. 保管不善丢失

128. 居民用户家用电器损坏处理办法中规定，家用电器的平均使用寿命为 **10** 年的是(**A**)。

A. 电视机　　B. 电冰箱　　C. 白炽灯　　D. 洗衣机

129. 电荷的基本单位是(**C**)。

A. 安秒　　B. 安培　　C. 库仑　　D. 千克

130. 额定电压 **220V** 的灯泡接在 **110V** 电源上，灯泡功率是原来的（**D**）。

A. 2　　B. 4　　C. 1/2　　D. 1/4

131. 电阻的两端分别接在一起，每个电阻两端承受同一电压，这种电阻连接方法称为电阻的（ **B** ）。

A. 串联　　B. 并联　　C. 混联　　D. 级联

132. 我国交流电的频率为 **50Hz**，其周期为(**B**)**s**。

A. 0.01　　B. 0.02　　C. 0.1　　D. 0.2

133. 在变电站三相母线应分别涂以(**B**)色，以示正相序。

A. 红、黄、绿　　B. 黄、绿、红

C. 绿、黄、红　　D. 红、绿、黄

134. "千瓦·小时"是(**D**)的计量单位。

A. 有功功率　　B. 无功功率

C. 视在功率　　D. 电能

135. 有两只或两只以上电阻，将每只电阻的一端依次与另一只电阻的一端连接后接入电路，各电阻流过同一电流。这种电阻的连接方式称为电阻(**B**)。

A. 混联　　B. 串联　　C. 并联　　D. 级联

136. 交流电气设备铭牌标明的额定电压和额定电流指的是它们的(**C**)。

A. 瞬时值　　B. 平均值　　C. 有效值　　D. 最大值

137. 功率因数用 **cosφ** 表示，其公式为(**D**)。

A. $\cos\varphi = P/Q$　　B. $\cos\varphi = Q/P$　　C. $\cos\varphi = Q/S$　　D. $\cos\varphi = P/S$

138. 我们使用的照明电压为 220V，这个值是交流电的（ A ）。

A. 有效值　　B. 最大值　　C. 恒定值　　D. 瞬时值

139. 交流电路中，某元件电流的（ C ）值是随时间不断变化的量。

A. 有效　　B. 平均　　C. 瞬时　　D. 最大

140. 方向、大小随时间改变的电流为（ B ）。

A. 直流电　　B. 交流电　　C. 恒定电流　　D. 额定电流

141. 若正弦交流电压的有效值是 220V，则它的最大值是（ B ）。

A. 380V　　B. 311V　　C. 440V　　D. 242V

142. 有功电流与（ A ）产生的功率称为有功功率。

A. 电压　　B. 电量　　C. 电阻　　D. 电功率

143. 在并联电路中每一个电阻上都承受同一（ B ）。

A. 电流　　B. 电压　　C. 电量　　D. 功率

144. 下面不符合国家规定的电压等级系列的是（ B ）。

A. 10kV　　B. 22kV　　C. 220kV　　D. 500kV

145. 我国交流电的频率为 50Hz，其周期为（ B ）s。

A. 0.01　　B. 0.02　　C. 0.1　　D. 0.2

146. 由一次能源加工、转化而成的能源称为二次能源，下列属于二次能源的是（ C ）。

A. 太阳能　　B. 潮汐能　　C. 电能　　D. 水能

147. 核裂变所用原料铀 1g 就可释放相当于（ B ）煤的能量。

A. 20t　　B. 30t　　C. 40t　　D. 50t

148. 风能是大气流动的动能，是来源于（ B ）的可再生能源。

A. 热能　　B. 太阳能　　C. 月亮潮汐能　　D. 海洋能

149. 利用水能发电的关键是（ D ）。

A. 河的宽度　　B. 河的位置

C. 水的流量　　D. 水流量和水位落差

150. 与火力发电相比较，水力发电的缺点是（ D ）。

A. 发电成本不好控制　　B. 效率低

C. 环境污染大　　D. 投资大

151. 原子能发电与火力发电相比有许多优越性，其中（ A ）是其主要优势。

A. 运行费用低　　B. 基建投资少　　C. 服务年数长　　D. 节省劳动力

152. 下列（ C ）设备是火力发电厂的主要设备。

A. 水泵　　B. 除氧器　　C. 汽轮机　　D. 凝汽器

153. 直接生产、输送、分配、使用电能的设备称为（ C ）。

A. 高压设备　　B. 低压设备　　C. 一次设备　　D. 二次设备

154. 下列属于二次设备的是（ D ）。

A. 母线　　B. 断路器　　C. 电流互感器　　D. 继电器

155. 目前，我们国家根据电压等级将 1000kV 交流线路和±800kV 直流线路称为（ D ）输电线路。

A. 高压　B. 超高压　C. 超超高压　D. 特高压

156. 断路器之所以具有灭弧能力，主要是因为它具有（ A ）。

A. 灭弧室　B. 绝缘油　C. 快速机构　D. 并联电容器

157. 隔离开关因没有专门的（ B ）装置，故不能用来接通负荷电流和切断短路电流。

A. 快速机构　B. 灭弧　C. 封闭　D. 绝缘

158. 变压器额定容量是指变压器在额定工作条件下，输出功率的保证值，单位为（ A ）。

A. kVA　B. kvar　C. kW　D. kV

159. 在低压配电线路或中心点接地的三相四线制电网中一般的电线杆一般有（ C ）电线。

A. 2 根　B. 3 根　C. 4 根　D. 6 根

160. 在架空线路组成构件中起到支撑导线和避雷线，使其对大地、树木、建筑物以及被跨越的电力线路、通信线路等保持足够的安全距离要求的构件是（ A ）。

A. 杆塔　B. 绝缘子　C. 金具　D. 基础

161. 在城市中、低压配电线路上，近年来开始大量推广采用绝缘导线，其导线芯线基本是铜线或铝合金线，外包绝缘多用（ D ）。

A. 油纸绝缘　B. 聚乙烯绝缘　C. 橡胶绝缘　D. 交联聚乙烯绝缘

162. 拉线的作用是（ A ）。

A. 加强电杆的强度和稳定性，平衡电杆各方向受到的作用力

B. 支撑或悬吊导线

C. 支撑导线和避雷线

D. 将杆塔固定在地下，以保证杆塔不发生倾斜或倒塌的设施

163. 档距是指相邻两基杆塔间的（ A ）。

A. 水平距离　B. 垂直距离　C. 直线距离　D. 亘长距离

164. 对人体伤害最严重的电流途径是（ B ）。

A. 从右手到左脚　B. 从左手到右脚

C. 从左手到右手　D. 从左脚到右脚

165. 室外高压设备发生接地故障，人员不得接近故障点（ C ）以内。

A. 10m　B. 1m　C. 8m　D. 5m

166. 电气设备的外壳接地，属于（ A ）。

A. 保护接地类型　B. 防雷接地类型　C. 工作接地类型　D. 安全类型

167. 反映抢修服务人员行为、规范及态度方面的电话应归至（ C ）业务。

A. 举报　B. 意见　C. 投诉　D. 咨询

168. 反映第三方电费代收网点、各类电费充值卡代售网点等人员服务不规范、质量差问题，应归至（ A ）业务。

A. 意见　B. 投诉　C. 举报　D. 咨询

169. 反映除抢修人员、第三方服务人员以外的供电企业工作人员服务态度差/服务不规范问题，应归至（ C ）业务。

A. 意见　　B. 投诉　　C. 举报　　D. 咨询

170. 反映供电营业厅未按公告营业时间提供服务、未按“十项承诺”公告公示相关内容，应归至（ B ）业务。

A. 意见　　B. 投诉　　C. 举报　　D. 咨询

171. 反映网站无法登录、访问速度慢、运行不稳定，或自助缴费终端系统不稳定、频繁故障等情况，应归至（ B ）业务。

A. 举报　　B. 意见　　C. 投诉　　D. 咨询

172. 反映业扩报装或用电变更办理过程中业务环节处理时限超出“十项承诺”或《供电营业规则》规定，应归至（ D ）业务。

A. 意见　　B. 故障　　C. 举报　　D. 投诉

173. 反映对未有明确时限规定的用电业务或环节长期未响应（如开通分时电价、更名过户等业务处理时间长），应归至（ B ）业务。

A. 意见　　B. 投诉　　C. 举报　　D. 咨询

174. 反映抄表示数异常，首先引导客户现场核实计费电能表指示数，并经 95598 业务支持系统查询核对，初步确定抄表示数比客户反映的计费电能表显示大的，应归至（ B ）业务。

A. 意见　　B. 投诉　　C. 举报　　D. 其他

175. 反映抄表示数突然异常、电量突增（突减）、怀疑电费计算存在问题等情况，需现场核实，应归至（ A ）业务。

A. 其他　　B. 故障　　C. 举报　　D. 投诉

176. 反映供电企业对电费计算差错超过两个抄表周期未给予退补电费处理，应归至（ B ）业务。

A. 意见　　B. 投诉　　C. 举报　　D. 咨询

177. 反映结清欠费后供电企业未告知客户复电流程，应归至（ A ）业务。

A. 意见　　B. 投诉　　C. 举报　　D. 咨询

178. 反映供电企业未能提供电费明细，应归至（ A ）业务。

A. 意见　　B. 投诉　　C. 举报　　D. 咨询

179. 反映户表轮换、户表改造工作中供电企业漏户未按承诺解决表计轮换问题，应归至（ B ）业务，反映对户表改造（含农网改造中户表改造）的改造质量、改造方式存有异议，应归至（ A ）业务。

A. 意见　　B. 投诉　　C. 举报　　D. 咨询

180. 反映初步确定为表计线路接错，要求纠正，应归至（ B ）业务，反映怀疑存在表计线路接错，需要现场核实，应归至（ D ）业务，反映低压计量箱柜破损存在安全隐患、涉及人身安全需紧急处理的情况，应归至（ A ）业务。

A. 故障报修　　B. 投诉　　C. 举报　　D. 其他

181. 反映因供电企业电力施工引发的电力器材、设备乱堆乱放等现象，导致客户利益受损或引发不便，应归至（ B ）业务。

A. 故障报修　　B. 投诉　　C. 举报　　D. 其他

182. 计量装置类业务咨询包括（ D ）。

A. 计量装置异常、故障、计量纠纷处理程序

B. 补铅封

C. 电能计量装置知识（如定期轮换期限等）

D. 以上全选

183. 对确属紧急的客户催办，应详细记录（ D ）等，并关联被催办工单，客户挂断电话后 10min 内将工单派发至省客户服务中心。

A. 客户信息　B. 催办事项　C. 联系方式　D. 以上全选

184. 客户咨询本月电费突增，客服专员应派发（ B ）类咨询工单。

A. 收费标准　B. 电价电费　C. 用电常识　D. 用电业务

185. 客户咨询《家用电器损坏处理办法》相关规定，客服专员应派发（ B ）类咨询工单。

A. 用电业务　B. 法律法规　C. 计量装置　D. 用电常识

186. 客户咨询电压低问题，客服专员应派发（ A ）类咨询工单。

A. 用电技术　B. 计量装置　C. 电价电费　D. 收费标准

187. 客户再次来电对相关工单进行的催办，客服专员应派发（ D ）类咨询工单。

A. 用电业务　B. 其他咨询　C. 服务规范　D. 客户催办

188. 客户来电咨询销售电价，客服专员应派发（ B ）类咨询工单。

A. 收费标准　B. 电价电费　C. 其他咨询　D. 服务规范

189. 客户来电咨询供电企业营业厅地址、电话等信息，客服专员应派发（ C ）类咨询工单。

A. 市场咨询　B. 专业咨询　C. 其他咨询　D. 服务规范

190. 客户来电咨询高压线（设备）对人体的影响、安全距离等方面信息，客服专员应派发（ C ）类咨询工单。

A. 市场咨询　B. 其他咨询　C. 专业咨询　D. 用电技术

191. 受理故障报修时，故障电压类别分类有（ A ）故障。

A. 高压和低压　B. 10kV　C. 380V　D. 220V

192. 核对客户资料时（姓名、地址等），对于多音字应选择中性词或褒义词，避免使用（ C ）词或反面人物名字。

A. 负面　B. 中性　C. 贬义　D. 斥责

193. 因输配电设备事故、检修引起停电，客户询问时，应告知客户停电原因，并主动（ C ）。

A. 感谢　B. 表扬　C. 致歉　D. 责问

194. 当客户提出多项报修诉求时，业务受理环节应采用条目式表述形式，根据（ A ）、诉求问题分别进行描述。

A. 紧急程度　B. 客户要求　C. 时间　D. 日期

195. 报修工单填写项目应尽可能完整，（ B ）为必填项。

A. 所有项　B. 带有红色星号的　C. 没有特殊标识的　D. 回复时间

196. 对于报修工单填写时的非必填项，本着便于责任单位处理的原则，根据客户提供信息，（ D ）。

A. 全部填写　　B. 随意填写　　C. 不用填写　　D. 尽量填写

197. 当客户反映情况属紧急缺陷或危及现场时，可直接向客户询问（ C ）等，便于抢修人员迅速到达故障地点，开展抢修工作。

A. 故障情况　　B. 发生时间　　C. 杆塔编号　　D. 区域

198. 客户反映停电，下列（ D ）情况可建故障工单下发。

A. 违约用电　　B. 限电

C. 非供电公司产权故障　　D. 单元停电

199. 客户来电反映家中停电，且最近两个月停电 3 次以上，除可建故障工单外，还可建（ D ）工单。

A. 咨询　　B. 意见　　C. 建议　　D. 投诉

200. 客户来电称家中停电，且家中部分家用电器损坏，除可建故障工单外，还可建（ C ）工单。

A. 咨询　　B. 意见　　C. 建议　　D. 投诉

201. 客户反映线路上有异物，应建（ C ）工单。

A. 咨询　　B. 意见　　C. 建议　　D. 投诉

202. 客户反映家中停电，经查为农网用户，工作人员应在（ C ）min 内到达现场。

A. 60　　B. 80　　C. 90　　D. 45

203. 国网客服中心在接到省公司回复确认的工单后，除客户明确要求不需回访的工单外，应在（ B ）内完成客户回复（回访）工作，并如实记录客户意见和满意度评价情况。

A. 12h　　B. 1 个工作日　　C. 2 个工作日　　D. 24h

204. 原则上（ D ）期间不得开展客户回复（回访）工作，中西部地区可依据当地情况适当调整回复（回访）时间段。

A. 每日 12：00—14：00　　B. 每日 22：00 至次日 7：00

C. 每日 0：00—8：00　　D. 每日 21：00 至次日 8：00

205. 95598 客户投诉回访工作由（ B ）统一开展。

A. 各省客服中心　　B. 国网客服中心

C. 国网客服中心南、北方分中心　　D. 各地市公司客户服务中心

206. 95598 业务回访是指对通过 95598 客服电话、95598 智能互动网站等服务渠道受理的（ D ）回访。

A. 业务咨询、投诉、举报、意见　　B. 投诉、举报、意见、故障报修

C. 投诉、举报、建议、故障报修　　D. 投诉、举报、建议、意见

207. 95598 业务回复是指对通过 95598 客服电话、95598 智能互动网站等服务渠道受理的（ C ）回复。

A. 业务咨询、意见　　B. 建议、故障报修

C. 业务咨询、故障报修　　D. 投诉、意见

208. 接到客户故障报修电话后，95598 客服专员应根据客户提供地理位置区域，若辨别为国家电网公司所属客户，按（ B ）方式受理。

A. 咨询　　B. 报修　　C. 意见　　D. 其他

209. 高压故障类型的电压等级是指（ A ）。

A. 1kV 及以上者　B. 1kV 以上者　C. 1kV 以下者　D. 1kV 及以下者

210. 低压故障类型的电压等级是指（ C ）。

A. 1kV 及以上者　B. 1kV 以上者　C. 1kV 以下者　D. 1kV 及以下者

211. 接户线断线属于（ B ）故障类型。

A. 高压故障　B. 低压故障　C. 电能质量问题　D. 客户内部故障

212. 表后线烧断属于（ D ）故障类型。

A. 高压故障　B. 低压故障　C. 电能质量问题　D. 客户内部故障

213. 电力井盖丢失或者损坏，应立即下传故障报修工单，此故障属于（ A ）等级。

A. 紧急　B. 一般　C. 两者都不是

214. 10kV 电缆—电缆经断路器 T 接公用架空线：电缆 T 接点靠负荷侧出线 20cm 处为分界点，断路器属（ A ）。

A. 供电企业　B. 客户　C. 两者都不是

215. 可能引发服务舆情风险的电力设施故障属于（ C ）等级。

A. 两者都不是　B. 一般　C. 紧急

216. 下列属于居民内部故障的选项是（ A ）。

A. 家中插座短路　B. 电能表烧坏　C. 表前线路断线　D. 一栋楼停电

217. 下列不需要供电公司抢修的停电情况是（ C ）。

A. 变压器烧坏　B. 爆一相跌落式熔断器

C. 避峰限电　D. 架空线路断线

218. 高压输电线路的故障，绝大部分是（ A ）故障。

A. 单相接地　B. 两相接地短路　C. 三相短路　D. 两相短路

219. 输配电线路可分为电缆和（ B ）。

A. 变电设备　B. 架空线　C. 计量装置　D. 进户装置

220. 从低压配电线路引至建筑物墙外第一支持物的这段线路，称（ D ）。

A. 电缆　B. 架空线　C. 进户线　D. 接户线

221. 关于抢修责任分界点规定：公用低压线路供电的以供电接户线用户端的（ B ）为分界点，（ B ）属供电企业。

A. 第一支持物　B. 最后支持物　C. 熔断器　D. 断路器

222. 不属于农网常见故障的是（ D ）。

A. 电压低　B. 频繁跳闸　C. 漏电保护器坏　D. 电能表空走

223. 不属于农网线路频繁跳闸的原因是（ A ）。

A. 增加用电设备

B. 家中线路老化，梅雨期间空气潮湿易引发保护开关跳闸

C. 树线矛盾引发跳闸

D. 水泵或其电源线绝缘破损漏电

224. 10kV 及以下的公用高压线路供电的，以用户厂界或配电室前的第一断路器或第一支持物为分界点，第一断路器或第一支持物属于（ B ）。

A. 客户　B. 供电企业　C. 第三方　D. 公共资产

225. 对低压照明用户供电电压允许偏差值是（ C ）。

A. ±10%　　B. ±5.5%　　C. +7%，−10%　　D. +10%，−7%

第三节 多 选 题

1.（ AB ）是电网企业优质服务工作的深化和具体化，同时为内外部监督提供了标准和条件，对于促进优质服务工作很有意义。

A. 员工服务“十个不准”　　B. 供电服务“十项承诺”

C. “三公”调度“十项措施”　　D. 三个十条

2. 供电服务热线“95598”24h 受理（ ABCD ）和电力故障报修。

A. 业务咨询　　B. 信息查询　　C. 服务投诉　　D. 用电申请

3. 当电力供应不足，不能保证连续供电时，严格按照政府批准的有序用电方案实施（ AB ）。

A. 错避峰　　B. 停限电　　C. 直接拉闸　　D. 峰谷电价

4. 严格执行价格主管部门制定的电价和收费政策，及时在供电营业场所和网站公开（ ACD ）。

A. 电价　　**B.** 电量　　**C.** 收费标准　　**D.** 服务程序

5. 某供电所所长李某的朋友来到供电所办理变压器增容手续，李某指使工作人员少收 200 元增容费。为表示感谢，当日中午，其友邀请李某到饭店饮酒。李某的行为违反了国家电网公司员工服务“十个不准”中（ AB ）的规定。

A. 不准违反政府部门批准的收费项目和标准向客户收费

B. 不准工作时间饮酒及酒后上岗

C. 不准对客户言辞粗鲁

D. 不准否认客户对我们服务好坏进行评判

6. 坚强智能电网的特征是（ ABC ）。

A. 信息化　　B. 自动化　　C. 互动化　　D. 智能化

7. 统一企业标准就是要在公司各层级、各业务领域实行统一的（ ABC ），做到凡事都有章可循、有标准可依。

A. 管理标准　　B. 技术标准　　C. 工作标准　　D. 收费标准

8. 举报指客户对供电部门内部存在的徇私舞弊、吃拿卡要等行为或外部人员存在的（ AB ）等违法行为进行检举的诉求业务。

A. 窃电　　B. 破坏和偷窃电力设施

C. 故障停电　　D. 电能质量

9. 供电服务投诉是指公司经营区域内（含控股、代管营业区）的电力客户，在（ ABCDE ）等方面，对由于供电企业责任导致其权益受损表达不满，明确要求维护其权益而提出的诉求业务。

A. 供电服务　　B. 营业业务　　C. 停送电　　D. 供电质量

E. 电网建设

10. 客服专员岗位序列按工作性质分为（ ACD ）类。

A. 生产　B. 技能　C. 支撑　D. 管理

11. 支撑序列岗位主要分为（ ABD ）。

A. 质检员　B. 知识采编员　C. 班长　D. 内训师

12. 生产序列岗位职级调整以评级考核成绩为依据，评级考核成绩由（ BCD ）加权确定。

A. 系统操作成绩　B. 评级考试成绩

C. 绩效成绩　D. 平时表现评价成绩

13. 支撑序列岗位职级评级标准中，工作年限要求为 4 年的职级包括（ ABC ）。

A. 一级内训师　B. 二级知识采编　C. 三级质检员　D. 三级知识采编

14. 电话服务中聆听的技巧有哪些？（ ABCDE ）

A. 抓住重点，留心细节　B. 让对方感到您在用心听他讲话

C. 重要内容要复述得到确认　D. 不要随意打断对方的说话

E. 有目的地将你感兴趣的话题引向深入

15. 沟通有几种形式？（ ABC ）

A. 直面沟通形式　B. 电话沟通形式　C. 书面沟通形式

16. 与客户沟通的基本原则有哪些？（ ABCDE ）

A. 积极倾听，适当反馈　B. 不随便打断对方讲话

C. 不直接纠正和否定对方的观点　D. 保持同理心

E. 注意身体语言、表情语言等非语言信息在沟通中的作用

17. 客户在抱怨时想得到哪些对待？（ ABCDE ）

A. 希望得到认真的对待　B. 希望有人聆听

C. 希望有反应，有行动　D. 希望得到补偿

E. 希望被认同被尊重

18. 语言表达能力具体表现在哪些方面？（ ABCDEF ）

A. 说明能力　B. 吸引能力

C. 说服能力　D. 感人能力

E. 创造能力　F. 控制能力

19. 语言表达能力的培养方法有哪些？（ ABCDE ）

A. 练声法　B. 速读法

C. 模仿法　D. 复述法

E. 描述法

20. 服务语言的表达技巧有哪些？（ AB ）

A. 服务口头语言　B. 服务肢体语言

21. 客服专员常见的声音问题主要有（ ABCD ）。

A. 声音无修饰　B. 节奏控制不当

C. 语气语调运用不当　D. 声音无热情

22. 倾听的回应方式有几种？（ ABC ）

A. 被动式回应　B. 复述重点式回应　C. 认同式回应

23. 沟通的禁忌有哪些？（ ABCDF ）

A. 挖苦对方　　B. 教训对方
C. 质疑对方　　D. 质问对方
E. 纠正对方　　F. 敷衍对方

24. 严格遵守国家法律、法规，（ ACEF ）廉洁自律、秉公办事。

A. 诚实守信　　B. 团结友善
C. 恪守承诺　　D. 服务群众
E. 爱岗敬业　　F. 乐于奉献

25. 严格遵守公司各项规章制度，（ A ）、不早退，工作时间不打私人电话，不擅自（ B ）、不聊天，不做与工作无关的事情。

A. 不迟到　　B. 离岗　　C. 加班　　D. 串岗

26. 为客户提供服务时，应（ ADE ）。

A. 礼貌　　B. 亲切
C. 微笑　　D. 谦和
E. 热情

27. 通话时应做到（ ABCDE ）言简意赅。

A. 语气诚恳　　B. 语言亲切
C. 语音清晰　　D. 语速适中
E. 语调平和

28. 在工作和交际场合中，一个人的（ ABCD ）等，构成了其整体形象。

A. 仪容　　B. 仪表　　C. 举止　　D. 服饰

29. 真心实意为客户着想，尽量满足客户的合理要求。对客户的咨询、投诉等（ BCD ），及时、耐心、准确地给予解答。

A. 不怠慢　　B. 不推诿　　C. 不拒绝　　D. 不搪塞

30. 行为举止应做到（ ACD ）。

A. 自然　　B. 朴素　　C. 端庄　　D. 大方

31. 客服专员在电话服务中通常使用的语气为（ AC ）。

A. 陈述　　B. 祈使　　C. 疑问　　D. 感叹

32. 通话中的积极用语有（ ABD ）。

A. 谢谢　　B. 好的　　C. 你　　D. 不客气

33. 男士工作时间必须身着统一制服。春、秋、冬季着西装打领带；夏季穿衬衫打领带。服装及领带要熨烫（ ABD ）。

A. 平整　　B. 干净　　C. 时尚　　D. 无破损

34. 着黑色皮鞋，皮鞋要保持光亮、清洁。穿（ ACE ）袜子。

A. 黑色　　B. 花色
C. 深灰色　　D. 浅色
E. 深蓝色　　F. 白色

35. 站立时不要（ A ）或者（ B ），也不要（ C ）地将身体倚在其他物体上，双手不要插在裤袋里或叉在腰间，也不要（ D ）。

A. 弓腰驼背　　B. 挺肚后仰
C. 东倒西歪　　D. 抱臂于胸前

36. 下列哪些用语属于客服专员服务中的禁忌用语？（ ACDEF ）

A. 您怎么就是不明白呢？　　B. 请问您记录好了吗？
C. 您必须这样做！　　D. 我也没办法！
E. 我刚才不是和你说了？　　F. 随便你！

37. 受理客户咨询时的服务规范包括（ ABCD ）。

A. 详细了解客户咨询的内容
B. 将客户的咨询内容完整、准确地记录在电子工单中
C. 准确解答客户问题
D. 不随意打断客户的话语

38. 女士入座时有（ ACD ）坐法。

A. 前伸式　　B. 敞开式　　C. 屈直式　　D. 交叠式

39.《民法通则》第一百五十三条，不可抗力是指（ ABC ）的客观情况。

A. 不能预见　　B. 不能避免　　C. 不能克服　　D. 不能预报

40. 解决供用电合同纠纷的方式有（ ACD ）。

A. 协商　　B. 中止供电
C. 仲裁　　D. 诉讼
E. 单方解除

41. 电力供应与使用条例第二十七条，用户应当按照国家批准的电价，并按照规定的（ AB ）或者合同约定的方法，交付电费。

A. 期限　　B. 方式　　C. 电价　　D. 合同

42. 电力法律体系分为以下几个层次：（ ABCD ）。

A.《电力法》　　B. 电力行政法规　　C. 电力地方性法规　　D. 电力行政规章

43. 供用电合同包括的种类有（ ABCDEF ）。

A. 高压供用电合同　　B. 低压供用电合同
C. 临时供用电合同　　D. 趸购电合同
E. 委托转供电合同　　F. 居民供用电合同

44. 电力线路保护区分为（ AB ）。

A. 架空电力线路　　B. 电力电缆线路　　C. 电力设施　　D. 变电设施

45. 供电企业如能提供证明，居民用户家用电器的损坏是下列（ ABCD ）原因引起的，并经县级以上电力管理部门核实无误，供电企业不承担赔偿责任。

A. 不可抗力　　B. 第三人责任
C. 受害者　　D. 自身过错或产品质量事故等

46. 在电缆保护区内不得从事（ ABCD ）行为。

A. 兴建建筑物　　B. 兴建构筑物　　C. 种植树木　　D. 种植竹子

47. 供用电合同的主要条款有（ ABCDE ）。

A. 明确供用电合同的履行地点　　B. 供电的方式、质量和时间
C. 用电容量、地址和性质　　D. 计量方式和电价、电费的结算方式

E. 供用电设施的维护责任

48.（ABC）是架空电力电缆线路的保护范围。

A. 电缆隧道　　B. 电缆井　　C. 电缆桥　　D. 避雷器

49. 电力管理部门主要是指电力行业的监督管理部门，其主要职责有（ABCDEF）。

A. 协调决定并网协议的签订　　B. 审查批准供电营业许可

C. 裁决供电人与用电人的停电纠纷　　D. 安排用电指标

E. 批准进入电力设施保护区作业　　F. 对供电人与用电人进行监督检查

50. 供电企业承担损坏家用电器元件的修复责任时，修复所发生的元件（ABC）费用均由供电企业负担。

A. 购置费　　B. 检测费

C. 修理费　　D. 客户要求对未损坏元件的购置费

51. 供用电合同的法律特征是（ABCD）。

A. 合同标的是电力。其产生、供应和使用都是同时进行，形成一个统一的不可分割的过程

B. 供用电合同是双务诺成合同

C. 供用电合同多是格式合同

D. 供用电合同是一种具有相对长期、稳定的合同

52. 正常情况下，设备对地电压（AB）V 是安全电压。

A. 36　　B. 24　　C. 220　　D. 380

E. 500

53. 并联电路的特点包括（ABC）。

A. 各支路两端的电压相等

B. 总电流等于各支路电流之和

C. 总电阻的倒数等于各支路电阻的倒数之和

D. 流过各支路的电流与支路电阻的大小成正比

54. 欧姆定律是用来说明在一个闭合电路中（ABC）之间基本关系的定律。

A. 电压　　B. 电流　　C. 电阻　　D. 电容　　E. 电感

55. 对称三相正弦交流电动势的特点有（ACD）。

A. 频率相同　　B. 相位相同　　C. 幅值相等　　D. 相位互差 120°

56. 火力发电厂的主要设备一般是指（BCD）。

A. 凝汽器　　B. 汽轮机　　C. 锅炉　　D. 发电机

57. 火力发电厂可以使用的燃料有（ABCD）。

A. 速生林木柴　　B. 煤　　C. 石油　　D. 天然气

58. 绝缘子按照材质分为（ABC）。

A. 瓷绝缘子　　B. 玻璃绝缘子　　C. 合成绝缘子　　D. 悬式绝缘子

59. 架空输电线路的特点包括（AC）。

A. 投资少、维护检修方便

B. 占地少、不受外界干扰

C. 易遭受风雪、雷击等自然灾害影响，因此发生事故的机会多

D. 造价高，事故检查和处理比较困难

60. 按照变电站在电力系统中的地位和作用，变电站可划分为（ ACDE ）。

A. 枢纽变电站　B. 升压变电站　C. 中间变电站　D. 地区变电站

E. 企业变电站

61. 架空线路主要由（ ABCDE ）等元件组成。

A. 杆塔　B. 绝缘子　C. 金具　D. 导线（避雷线）

E. 基础

62. 电能是发电厂的产品，通常以（ ABC ）技术指标来衡量电能的质量。

A. 电压　B. 频率　C. 波形　D. 供电可靠性

63. 对配电网的基本要求主要有（ ACD ）。

A. 连续可靠性　B. 安全性　C. 合格的电能质量　D. 运行的经济性

64. 35kV 及以上电压供电的，电压允许偏差为额定电压的（ B ），如果供电电压上下偏差同号（均为正或负），按较大的偏差绝对值作为衡量依据；10kV 及以下三相供电电压允许偏差为标称电压的（ C ）；220V 单相供电电压允许偏差为标称电压的（ D ）。

A. ±10%　B. ±5%　C. 7%～10%　D. ±7%

65. 按照变电站安装位置，变电站可划分为（ ABCDE ）。

A. 室外变电站　B. 地下变电站　C. 移动变电站　D. 箱式变电站

E. 室内变电站

66. 电力设施保护区包括（ ABCDE ）。

A. 架空电力线路保护区　B. 电力电缆保护区

C. 电力线路上使用的有关设施保护区　D. 电力调度通信设施保护区

E. 发电设施附属管线保护区

67. 任何单位或个人从事的下列哪些行为属危害电力线路设施的行为？（ ABC ）

A. 在电力线路下钓鱼

B. 在架空电力线路导线两侧各 300m 的区域内放风筝

C. 在架空电力线路保护内建房

68. 以下哪些属于法律法规类业务咨询。（ ABCD ）

A.《供电营业规则》《电力供应与使用条例》

B.《居民用户家用电器损坏处理办法》《用电检查管理办法》

C.《中华人民共和国电力法》《电力监管条例》

D.《供电监管办法》

69. 业务咨询工单必填项包括（ ABD ）。

A. 供电单位、派发单位　B. 受理内容、咨询类型

C. 受理意见、关联工单　D. 客户信息

70. 催办工单必填项包括（ AC ）。

A. 供电单位、催办单位　B. 催办原因

C. 受理内容、申请编号　D. 催办内容

71. 省、市、县公司相关业务部门应在国网客服中心受理客户投诉业务诉求后

(B)内联系客户，(D) 内处理、答复客户并审核、反馈结果。

A. 1 天　B. 1 个工作日　C. 6 天　D. 6 个工作日

72. 回访不成功的主要原因有（ ABCD ）。

A. 占线、不在服务区、关机、无人接听、欠费停机、空号、拒接电话等客户原因

B. 客户表示不方便接听

C. 客户表示不需要回复（回访）

D. 客户表示来电错误

73. 回访工单的必填项有（ ABCDE ）。

A. 回访方式、电话号码　B. 回访期限、成功标志

C. 失败原因、失败次数　D. 处理满意度、客户意见

E. 是否退单、回访人员

74. 电网建设投诉指供电企业在电网建设过程中引发的客户投诉，主要包括(ABCD)等方面。

A. 供电设施安全　B. 民事赔偿　C. 电磁辐射　D. 噪声污染

75. 供电质量投诉包括客户关于（ ABD ）方面的投诉。

A. 电压质量　B. 供电频率　C. 电能质量　D. 供电可靠性

76. 凡是通过 95598 供电服务热线或网站、政府机关、消费者组织、各级媒体等监督机构反映的涉及（ ABCD ）方面存在的问题，可判定为投诉。

A. 供电服务　B. 业务办理　C. 供电质量　D. 电网建设

77. 客户对公司内部员工或部门存在（ ABCD ）等徇私舞弊行为的检举，可派发举报类工单。

A. 吃拿卡要　B. 以电谋私　C. 里勾外联　D. 三指定

78. 故障报修业务处理应遵循“（ ABCD ）”的原则。

A. 快速响应　B. 分级处理　C. 及时排除　D. 服务高效

79. 作为 95598 客服专员，需要对故障报修基础知识进行学习，以便 95598 客服专员（ BD ）地受理客户故障报修，快速解决客户用电问题。

A. 快速　B. 准确　C. 及时　D. 高效

80. 高压故障是指电力系统中高压电气设备（电压等级在 1kV 及以上者）的故障，主要包括（ ABC ）故障。

A. 高压计量设备　B. 高压线路　C. 高压变电设备故障

81. 低压故障是指电力系统中低压电气设备（电压等级在 1kV 以下者）的故障，主要包括（ ABCD ）故障。

A. 低压线　B. 进户装置　C. 低压公共设备　D. 低压计量设备

82. 故障报修业务是指国家电网公司客户服务中心通过（ ABCDE ）、信函等多种渠道受理的故障停电或存在的安全隐患须紧急处理的电力设施故障诉求业务。

A. 电话　B. 网站　C. 微博　D. 传真

E. 短信

83. 故障报修类型可分为（ ABCD ）。

A. 高压故障　B. 低压故障　C. 电能质量故障　D. 客户内部故障

E. 电能表箱故障

84. 下列哪些故障现象属于电压异常？(ABDE)

A. 电灯不亮，出现红丝　　B. 电脑无法正常开机

C. 电时有时无　　D. 电器损坏

E. 电饭煲煮饭米饭长时间煮不熟　　F. 表前线冒火花

85. 掌握故障的判断方法将有助于（ ABCDEF ）。

A. 正确地掌握产权分界　　B. 正确地描述故障现象

C. 正确地派送工作单　　D. 提高维修人员的维修有效性

E. 缩短维修人员的维修时间　　F. 减少对供电公司的负面影响

86. 变压器有哪些异常情况时，应立即停运。(ABCD)

A. 变压器声响明显增大，很不正常，内部有爆裂声

B. 严重漏油或喷油，使油面下降低于油位计的指示限度

C. 套管有严重的破损和放电现象

D. 变压器有冒烟着火

87. 大面积停电事件应急预案工作原则包括（ ABCD ）。

A. 预防为主　　B. 统一指挥　　C. 分工负责　　D. 保证重点

88. 有关供电设施运行维护责任分界点的规定，以下论述正确的有（ BDE ）。

A. 公用低压线路供电的，以供电进户线用户端最后支持物为分界点，支持物属供电企业

B. 10kV 及以下公用高压线路供电的，以用户厂界外或配电室前的第一断路器或第一个支持物为分界点，第一断路器或第一支持物属供电企业

C. 35kV 及以上公用高压线路供电的，以用户厂界外或用户变电站外的第一个断路器为分界点，第一断路器属供电企业

D. 采用电缆供电的，本着便于管理维护的原则，分界点由供电企业与用户协商确定

E. 产权属于用户且由用户运行维护的线路，以公用线路分支杆或专用线路接引的公用变电站外第一基电杆为分界点，专用线路第一基电杆属用户，在电气上的具体分界点，由供用双方协商确定

第四节　判　断　题

1.《国家电网公司员工守则》是全体员工共同遵守的基本行为准则。(√)

2. 国家电网公司已成为世界上电压等级最高、系统规模最大、资源配置最强的交直流混合电网。(√)

3. 爱岗敬业是遵章守纪的表现，遵章守纪的人必然敬业爱岗。(×)

4. 国家电网公司的服务宗旨是“四个服务”，服务党和国家工作大局、服务电力客户、服务发电企业、服务经济社会发展。(×)

5.“国家电网”品牌不是一般意义上的产品品牌和服务品牌，而是企业品牌。(√)

6. 电网企业关系国计民生，联系千家万户，公司员工要把优质服务放到首位，落

到实处。(√)

7. 对供电质量的要求，一般客户只有供电可靠率一项。(×)

8. 国家电力公司在2002年向信息产业部申请，以“95598”作为国家电力公司开展供电服务使用的统一电话号码。(×)

9. 95598基本功能可简单划分为业务功能和平台功能。(√)

10. 不同种类业务均有标准化处理流程和办理时限进行约束。(√)

11. 省级客户服务中心负责收集、征询、审核和发布公司95598知识，及时维护更新95598互动服务网站。(×)

12. 国网客户服务中心负责开展公司系统95598客户服务满意度调查工作。(√)

13. 呼叫中心起源于美国的民航业，其最初目的是能更方便地向乘客提供咨询服务和有效地处理乘客投诉。(√)

14. 国家电网公司的95598呼叫中心不是目前全国公共服务行业唯一进行全国集中的企业。(×)

15. 只有国网客户服务中心才能受理故障报修。(×)

16. 95598的设立真正实现了供电企业的“一口对外”服务。(√)

17. 省客户服务中心是本省95598客户服务的业务管理部门。(×)

18. 95598业务包括信息查询、业务咨询、故障报修、投诉、举报、建议、意见、表扬等，部分业务流程实行闭环管理。(×)

19. 意见指客户对供电部门在电网建设、供电服务、服务质量等方面提出积极的、正面的、有利于供电企业自身发展的诉求业务。(×)

20. 省客户服务中心负责本省95598业务的日常运营管理，接受国网客服中心的95598运营业务的指导和监督。(√)

21. 四星级及以上职级调整，按岗位职数空缺，依据评级成绩排名择优晋级，排名后5%的下降一级，其余维持原职级不变。(√)

22. 客服专员职业发展路径分为纵向和横向两个方向，横向发展是鼓励专精所长，为不同类型客服专员提供平等晋升机会，给予充分职业发展空间。(×)

23. 客服专员职业发展路径分为纵向和横向两个方向，横向发展为从事不同岗位序列工作的客服专员提供跨序列发展的路径，鼓励一专多能。(√)

24. 知识采编岗位在待岗期间也可以评级。(×)

25. 支撑序列岗位职级调整标准中，一级晋升二级时，评定周期内绩效平均成绩排名前30%可晋升，排名后5%淘汰出支撑序列，另行安排岗位。(√)

26. 支撑序列岗位职级调整标准中，二级晋升三级，按岗位职数空缺，依据评级成绩排名择优晋级，排名后30%的下降一级，其余维持原职级不变。(×)

27. 语音服务的基本要求：咬字要清晰、音量要恰当、音色要甜美、语调要柔和、语速要适中、用语要规范、感情要亲切、心境要平和。(√)

28. 吸气要领：吸到肺底—两肋打开—腹壁站定。(√)

29. 三种常见的呼吸方式：胸式呼吸、腹式呼吸、胸腹式联合呼吸。(√)

30. 电话沟通是指通过电话进行人际交谈、分享信息、思想和情感的过程。(√)

31. 沟通中重要的是“听”和“表达”，要明确客户意图，以达成共识。(√)

32. 说比听更重要，说是更重要的沟通技巧。(×)

33. 真心实意为客户着想，尽量满足客户的合理要求。对客户的咨询、投诉等不推诿、不拒绝、不搪塞，及时、耐心、准确地给予解答。(√)

34. 男客服专员修饰得当，不戴夸张饰物。头发梳理整齐，长不覆额、侧不掩耳、后可触领。(×)

35. 如接到无声电话或客户声音无法听清时，应立刻挂机。(×)

36. 通话过程中突然中断时，应及时回拨，并向客户致歉。(√)

37. 外拨电话时：应先确认客户身份，再自我介绍，并告知致电原因。(×)

38. 结束通话时：应确认客户没有其他服务需求后，方可结束通话。若客户还有其他问题，应认真倾听，耐心解释，按照规范进行受理。(√)

39. 客户咨询或投诉叙述不清时，应用客气周到的语言引导或提示客户，不随意打断客户的话语。(√)

40. 接待客户时，应面带微笑，目光专注，做到来有迎声、去有送声。与客户会话时，应亲切、诚恳，有问必答。工作发生差错时，应尽快改正。(×)

41. 要求电力客服人员遵守国家的保密原则，尊重客户的保密要求，如需查询客户可向供电企业申请。(×)

42. 受理客户咨询时，应耐心、细致，应使用专业术语规范服务，以免影响与客户的交流效果。(×)

43. 当客户的要求与政策、法律、法规及本企业制度相悖时，应向客户耐心解释，争取客户理解，做到有理有节。遇有客户提出不合理要求时，应据理力争。(×)

44. 通话过程中突然中断时，可等用户再次致电。(×)

45. 当遇到难缠客户时，可直接让值班长接听电话。(×)

46. 遇到客户问题已记录，仍不肯结束通话时，表示我们将会尽快处理问题并答复，并引导客户结束通话，客户争议大时，转班长处理。(√)

47. 电话接通后客户只顾与其他人说话，不理会客服专员时，可以直接挂机。(×)

48. 无法当场答复客户时，可以自己先回答，事后咨询到正确答案再回复。(×)

49. 社会场合，一般以右为大、为尊，以左为小、为次，进门上车，应让尊者先行，一切服务均从尊者开始。(√)

50. 拨出电话前，应打好腹稿，表达准确、简明扼要。(√)

51. 客户等待太久责备时，应感谢客户，并解释、致歉。(√)

52. 女性行走时，一般走平行线；男性行走时，一般走一字线。(×)

53. 在用电地址、用电容量、用电类别不变的条件下，即使原电费未结清，一般也允许客户办理更名过户业务。(×)

54. 客户送电前，供用电双方应签订《供用电合同》及其附属协议，明确双方的安全责任分界点。(√)

55. 变更用电是指客户在不增加用电容量和供电回路的情况下向供电企业申请改变其用电性质等事宜的业务。(√)

56.《供电营业规则》适用于在电力供应与使用活动中的供电企业和用户。(√)

57. 在架空电力线路保护区内进行农田水利基本建设不受限制。(×)

58. 电力企业对危害电力设施安全的行为，应采取罚款措施。(×)

59. 由于电力企业原因造成客户已经使用 15 年的电冰箱烧损，供电企业只负责维修，不予以赔偿。(×)

60. 第三人责任致使居民用户家用电器损坏的，供电企业可不负任何责任，没有任何义务。(×)

61. 制定《供电营业规则》是为了加强营业管理，建立正常的供电营业秩序，保障电力投资者、经营者及使用者的合法权益。(√)

62. 在用电地址、用电容量、用电类别不变条件下，允许办理更名。(√)

63. 供用电双方协商同意，且不损害国家利益和扰乱供用电秩序，可能变更或解除合同。(√)

64. 因电力运行事故造成居民家用电器损害时，对不可修复的家用电器，折旧后的差额低于原价 10%的，供电企业不予以赔偿。(×)

65.《电力法》于 1995 年 12 月 28 日第八届全国人民代表大会常务委员会第十七次会议通过，由江泽民主席签署中华人民共和国主席令第 60 号公布，自 1996 年 4 月 1 日起施行。(√)

66. 两个同频率正弦量相等的条件是最大值相等。(×)

67. 视在功率就是有功功率加上无功功率。(×)

68. 三相电动势达到最大值的先后次序叫相序。(√)

69. 在欧姆定律中，导体的电阻与两端的电压成正比，与通过其中的电流强度成反比。(√)

70. 交流电的周期和频率互为倒数。(√)

71. 三相电源中，任意两根相线间的电压为线电压。(√)

72. 在直流电源中，把电流输出的一端称为电源的正极。(√)

73. 所谓正弦量的三要素即为最大值、平均值和有效值。(×)

74. 甲、乙两电炉额定电压都是 220V，甲的功率是 1000W，乙的功率是 2000W，则乙炉的电阻较大。(×)

75. 把电容器串联起来，电路两端的电压等于各电容器两端的电压之和。(√)

76. 设备的额定电压是指正常工作电压。(√)

77. 交流装置中 A 相为黄色，B 相为绿色，C 相为红色。(√)

78. 电路开路时，开路两端的电压一定为零。(×)

79. 正常情况下我国实际使用的安全电压是 220V。(×)

80. 在三相四线制的供电系统中，可以得到线电压和相电压两种电压。(√)

81. 电源是输出电能的设备，负载是消耗电能的设备。(√)

82. 若流过几个不同电阻值的电流相等，这几个电阻一定串联。(√)

83. 电压单位 V 的中文符号是伏。(√)

84. 在 100Ω 的电阻器中通以 5A 电流，则该电阻器消耗功率为 500W。(×)

85. 在串联电路中流过各电阻的电流都不相等。(×)

86. 电流的符号为 A，电流的单位为 I。(×)

87. 对一次设备和系统的运行状况进行测量、控制、保护和监察的设备统称为二次

设备。(√)

88. 火力发电的优势是：煤、油、气等能源丰富，储存量多，发电量稳定，一年四季均匀生产。(×)

89. 电缆线路经济、供电可靠，安全性高；运行简单方便，维护费用低，但不能适用于水底。(×)

90. 架空线路造价高，便于施工和维修。(×)

91. 目前国内输电线路的电压等级有：35kV，66kV，110kV，(154kV)，220kV，330kV，500kV，750kV，±800kV，1000kV。(√)

92. 直接用于生产、输送、分配和使用电能的设备称为二次设备。(×)

93. 发电设施是指将煤、水、核能、风力等一次能源或二次能源转变为电能的设施及有关辅助设施。(√)

94. 风电的优点是：环保，缺点是：占地面积大，发电不稳定，不能建大中型发电厂。(√)

95. 电力系统运行的首要任务是对用户保证安全可靠的连续供电。(√)

96. 电能的生产、输送、分配和使用，不是在同一时刻完成的。(×)

97. 瓷绝缘子具有产品尺寸小、质量轻、机电强度高、电容大、热稳定性好、老化较慢、寿命长、“零值自破”、维护方便等特点。(×)

98. 防护类金具具有防护导线及绝缘体，主要有防震锤、护线条、间隔棒、屏蔽环、均压环等。(√)

99. 架空线路较电缆线路建设成本低。(√)

100. 电缆线路不易受到外界天气因素的影响。(√)

101. 我国规定额定频率采用50Hz。(√)

102. 在耐张杆上用的线夹称为直角线夹。(×)

103. 漏电保护器是一种用来防止因电气设备漏电、发生电击事故的安全保护电器。(√)

104. 负荷密度高的市中心不适用电缆线路的地区。(×)

105. 安装在专用计量小室、配电所时，可采用明装方式。安装高度为电能计量箱下沿距楼面（地面）大于0.5m。(×)

106. 低压电气设备：电压等级在1000V以下者。(√)

107. 在我国，输变电设备的频率为50Hz，工频即为50Hz。(√)

108. 供电线路建设在先，根据《供电营业规则》第50条的规定，应告知客户前往营业厅办理杆线移线手续。(√)

109. 客户建筑物建设在先，客户专员应请客户提供建筑物及供电线路建设的时间、电力线路名称及杆（塔）编号，或电线杆具体的地理位置等信息，派发抢修类工单。(×)

110. 反映供电企业电力设备摆放位置不合理，存在安全隐患、影响出行、有碍观瞻等问题，应归至投诉业务。(×)

111. 反映农网改造过程中收费问题、改造质量差、长期（超过一个月）得不到解决的问题，如乱收费、个别户未进行改造、改造后供电质量未改善等，应归至投诉业务。(√)

112. 两次及以上反映供电企业输、配电设施存在安全隐患未解决，应归至投诉业务，归至“电网建设（一级分类）→供电设施（二级分类）→农网改造（三级分类）”。(×)

113. 国家党政机关、电力管理部门、省级政府部门转办的客户投诉事件界定为特殊投诉。(×)

114. 客户表示将向政府部门、电力管理部门、新闻媒体、消费者权益保护协会等反映，可能造成不良影响的客户投诉事件，界定为重要投诉。(√)

115. 国网客服中心接到95598客户投诉时，应初步了解客户进行投诉的原因，尽量缓和、化解矛盾，安抚客户，做好解释工作。(√)

116. 对重大、重要投诉的工单，国网客服中心在派发工单后30min内通过电话、邮件、短信等方式通报所属单位省客户服务中心，并跟踪各省公司的处理进度。(√)

117. 投诉类工单除客户明确要求不回访外，必须100%回访。(√)

118. 反映供电企业员工非工作时间或工作场所外的违法违纪行为，如供电公司员工下班赌博、打架斗殴，应归至投诉业务。(×)

119. 反映供电企业公用车违章乱停情况，如95598电力故障抢修车乱停乱放、闯红灯、影响他人出行，应归至投诉业务。(×)

120. 国网客服中心接到客户咨询，无论能不能直接答复，都应填写处理意见，准确选择咨询类型与处理单位，生成业务咨询工单，客户挂断电话后20min内派发至各省客户服务中心。(×)

121. 咨询工单类型应根据客户咨询问题正确选择。(√)

122. 咨询业务工单必填项包括供电单位、派发单位、受理内容、咨询类型、客户信息等。(√)

123. 对不能直接答复的咨询工单，应正确选择派发单位。派发单位为各地市远程工作站。(×)

124. 用电变更类业务咨询，应派发用电业务咨询工单。(√)

125. 客户欠费停电，且费用已交清要求恢复供电的，客服专员应派发停电信息类咨询工单。(√)

126. 客户来电反映电表箱破损掉落，客服专员应派发计量装置类咨询工单。(√)

127. 催办原因、催办内容属于客户催办工单必填项。(×)

128. 高压故障是指电力系统中高压电气设备（电压等级在1kV及以上者）存在的故障，主要包括高压计量设备、高压线路、高压变电设备故障。(√)

129. 低压故障是指电力系统中低压电气设备（电压等级在1kV以下者）存在的故障，主要包括低压线路、进户装置、低压公共设备、低压计量设备故障。(√)

130. 电能质量问题是指由于供电电压、频率等方面存在问题导致用电设备故障或不能正常工作，主要包括供电电压、频率存在偏差及波动，谐波异常等问题。(√)

131. 客户服务专员在对故障报修工单进行合并操作时，不需要经过核实、查证，可以随意合并故障报修工单。(×)

132. 在客户识别区根据主叫号码，通过系统自动获取客户编号、客户名称、用电地址和重要客户星级等信息，并自动导入到业务受理界面的客户信息内容。未能自动获取客户信息的可以不用填写。(×)

133. 根据故障地址判断电网归属，如属于农村地区，应选择为“用电”，如属于城市地区，应选择为“农网”。(×)

134. 受理客户报修时，如故障区域属于供电交叉点，应尽可能要求客户提供户号，便于归属单位及时处理。(√)

135. 客户产权设备故障，客服专员不允许电话引导客户排查故障。(×)

136. 计划停电、临时停电、违约用电属生产类停电信息。(×)

137. 营销类停送电信息包括：客户窃电、违约用电、欠费等原因的停电和超电网供电能力停限电。(√)

138. 国网运维检修部是公司故障抢修业务的归口管理部门。(√)

139. 国网营销部负责公司 95598 业务日常运营管理。(×)

140. 国网客服中心负责受理客户的服务诉求并进行相应的业务处理，及时向国网营销部报送受理的重大服务事件。(√)

141. 国网营销部负责开展公司系统 95598 客户服务满意度调查工作。(×)

142. 国网客服中心负责各省公司 95598 业务初次申诉的受理及初步认定。(√)

143. 国网客服中心受理客户诉求后，不能立即办结的业务，应以工单形式派发至省公司处理，由各省公司处理后回复客户。(×)

144. 国网客服中心通过 95598 电话自助语音、95598 智能互动网站等自助查询系统向客户提供信息查询服务。(√)

145. 供电设施计划检修停电应提前 7 天、临时停电应提前 24h 完成停电信息报送工作。(√)

146. 95598 业务回访是指通过 95598 客服电话、95598 智能互动网站等服务渠道受理的投诉、建议、意见、故障报修的回访。(×)

147. 投诉业务回访客户不满意原因合理，客服代表应在做好与客户沟通工作的同时，应在退单原因栏内详细记录客户不满意原因，可将工单“不满意”办结。(×)

148. 故障报修回访客户不满意原因合理，客服代表应在做好与客户沟通工作的同时，应在“客户意见”栏如实填写客户不满意的原因。如属于一般渠道反映的业务，经值班经理同意后，“不满意”办结工单；如属于新闻媒体、12398、政府相关部门等渠道反映的业务，经分中心领导批准后，“不满意”办结工单。(√)

149. 对于政府相关部门、12398、新闻媒体等渠道反映的咨询、举报、建议、意见工单，由于客户原因导致回复（回访）不成功的，国网客服中心应安排不少于 3 天，每天不少于 3 次回复（回访），每次回复（回访）时间间隔 30min 及以上。如果确因客户原因回复（回访）不成功的，应在“回复（回访）内容”中写明失败原因，经国网客服中心管理人员批准后，办结工单。(√)

150. 客服代表在回复（回访）客户时应通过阅读基层单位工单回复内容的方式回复（回访）客户，在客户表示不耐烦或不方便接受回复（回访）时应与客户沟通，约定下次回复（回访）时间。(×)

151. 回访及时率指标的计算方法为回访及时率＝回访的工单数量/应回访总数×100%。(×)

152. 客户反映《国家电网公司质量事件调查处理暂行办法》规定的质量事件中的

六级质量事件的投诉可界定为特殊投诉。(×)

153. 一般投诉是指影响程度低于特殊、重大、重要投诉的其他投诉。(√)

154. 国网客服中心接到95598客户投诉时，只需初步了解客户进行投诉的原因，不需要尽量缓和、化解矛盾，安抚客户，也无需做好解释工作。(×)

155. 对各单位退回的投诉类工单，国网客服中心应重新核对受理信息，30min内重新处理或派发。(√)

156. 受理举报业务应根据客户意愿选择是否匿名。对于举报人特别强调不提供个人信息的，"是否匿名"选择"是"，需向客户说明匿名后不能进行回访，则国网客服中心、省客户服务中心及市、县公司业务处理部门均不会看到客户信息。(√)

157. 在受理意见业务时，如属供电服务类意见，应详细记录客户对供电服务行为、服务渠道、行风问题等方面的意见，并详细描述引发客户意见的原因。(√)

158. 受理意见业务时可不询问客户是否需要回访，也无需根据客户意愿选择对应选项。(×)

159. 反映供电营业厅未按公告营业时间提供服务、未按"十项承诺"公告公示相关内容，应属意见业务，归至"供电服务（一级分类）→服务渠道（二级分类）→营业厅服务（三级分类）。(×)

160. 客户内部故障指客户产权的电力设施故障。(√)

161. 供电设施的运行维护管理范围，都不按产权归属确定。(×)

162. 客户致电95598告知一栋楼电压突然很低，家电不能正常使用，应下传业务咨询工单。(×)

163. 公用低压线路供电的，以供电接户线用户端最后支持物为分界点，支持物属供电企业。(√)

164. 10kV及以下公用高压线路供电的，以用户厂界外或配电室前的第一断路器或第一支持物为分界点，第一断路器或第一支持物属供电企业。(√)

165. 一居民客户致电95598告知电压低，只有200V，客服专员应马上下传故障报修核实处理。(×)

166. 低压故障是指电力系统中低压电气设备（电压等级在1kV以下者）存在的故障，主要包括低压线路、进户装置、低压公共设备、低压计量设备故障。(√)

167. 公用低压线路供电的，以供电接户线用户端最后支持物为分界点，支持物均不属于供电企业。(×)

168. 客户反映片区停电，客服专员不用进行任何判断或查询，直接派发故障报修工单。(×)

169. 客户内部故障指产权分界点客户侧的电力设施故障。(√)

170. 接到客户报修时，应详细询问故障情况，如判断属客户内部故障，应立即通知抢修部门前去处理。(×)

171. 电卡表余额为零、负控电量为负值导致的停电都需要派报修单。(×)

172. 因自然灾害等原因断电，供电方应当按照国家有关规定及时抢修。未及时抢修，造成用电人损失的，应当承担损害赔偿责任。(√)

173. 客户来电反映停电，查询不在计划停电范围，就可以下报修工单。(×)

174. 如果都没有查询到相关停电信息，就询问客户电费缴纳在什么地方，主要是确认是否属供电方直供户，如果确认属供电方直供户，就立即做故障报修单。(√)

175. 设备维护管理按设备产权划分的原则，由归属方负责设备维护管理。(√)

176. 从客户室外第一支持物至客户计量装置的一段线路为接户线。(×)

177. 供电设施的运行维护管理范围，按产权归属确定。(√)

178. 在供电设施上发生事故引起的法律责任，按供电设施产权归属确定。(√)

179. 反映供电质量的主要指标有频率、电压和供电可靠性。(√)

180. 在220/380V公用供电线路上发生零线断线引起家用电器损坏，供电企业应承担赔偿责任。(√)

第五节 简答题

1. 供电服务“三个十条”的名称是什么？

答：《供电服务“十项承诺”》《员工服务“十个不准”》《调度交易服务“十项措施”》。

2. 《供电服务“十项承诺”》的内容是什么？

答：（1）城市地区：供电可靠率不低于99.90%，居民客户端电压合格率不低于96%；农村地区：供电可靠率和居民客户端电压合格率，经国家电网公司核定后，由各省（自治区、直辖市）电力公司公布承诺指标。

（2）提供24h电力故障报修服务，供电抢修人员到达现场的时间一般不超过：城区范围45min；农村地区90min；特殊边远地区2h。

（3）供电设施计划检修停电，提前7天向社会公告。对欠费客户依法采取停电措施，提前7天送达停电通知书。

（4）严格执行价格主管部门制定的电价和收费政策，及时在供电营业场所和网站公开电价、收费标准和服务程序。

（5）供电方案答复期限：居民客户不超过3个工作日，低压电力客户不超过7个工作日，高压单电源客户不超过15个工作日，高压双电源客户不超过30个工作日。

（6）装表接电期限：受电工程检验合格并办结相关手续后，居民客户3个工作日内送电，非居民客户5个工作日内送电。

（7）受理客户计费电能表校验申请后，5个工作日内出具检测结果。客户提出抄表数据异常后，7个工作日内核实并答复。

（8）当电力供应不足，不能保证连续供电时，严格按照政府批准的有序用电方案实施错避峰、停限电。

（9）供电服务热线“95598”24h受理业务咨询、信息查询、服务投诉和电力故障报修。

（10）受理客户投诉后，1个工作日内联系客户，7个工作日内答复处理意见。

3. 《员工服务“十个不准”》的内容是什么？

答：①不准违反规定停电、无故拖延送电；②不准自立收费项目、擅自更改收费标

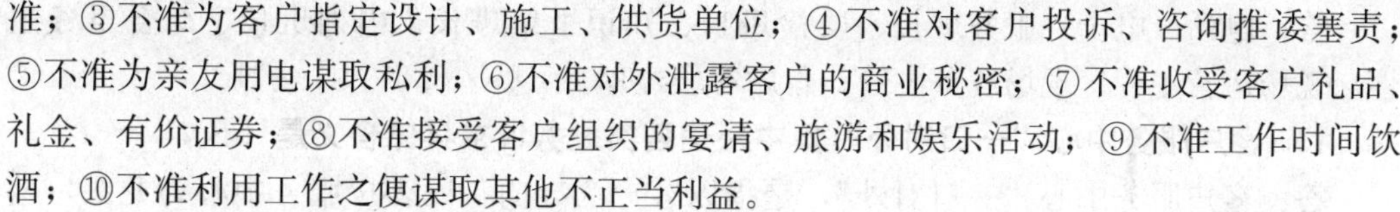

准；③不准为客户指定设计、施工、供货单位；④不准对客户投诉、咨询推诿塞责；⑤不准为亲友用电谋取私利；⑥不准对外泄露客户的商业秘密；⑦不准收受客户礼品、礼金、有价证券；⑧不准接受客户组织的宴请、旅游和娱乐活动；⑨不准工作时间饮酒；⑩不准利用工作之便谋取其他不正当利益。

4. 公司统一的行为规范有哪些?

答: 全面落实公司员工守则、基本礼仪规范和“三个十条”等规章制度，培养良好的职业道德和行为习惯，做到遵纪守法、言行一致，自觉维护国家利益和企业利益。

5. 95598服务热线设立的意义?

答: ①突破了时间、空间限制，方便了客户办理用电业务；②实现了服务闭环管理，有效保障了服务质量；③及时掌握客户心声，为供电企业生产经营提供了第一手辅助决策资料。

6. 95598业务定义是什么?

答: 95598业务包括信息查询、业务咨询、故障报修、投诉、举报、建议、意见、表扬等，各项业务流程实行闭环管理。

7. 95598基本概念是什么?

答: 95598供电服务热线是集计算机网络技术、自动呼叫分配（ACD）技术、计算机电话集成（CTI）技术、交互式语音应答（IVR）技术以及数据库技术等于一体的网络化综合业务服务平台。利用国家电网公司统一的供电服务电话号码“95598”，通过电话、客户服务网站、短信、传真、电子邮件、VOIP等方式，为客户提供7×24h远程咨询查询、故障报修、投诉举报与建议、营销业务受理、信息发布、主动服务等服务项目，通过流程将客户需求传递到各技术支持系统和供电服务部门进行处理，并负责调度、监督、催办、回访、统计、分析和考核，实现客户服务的闭环管理。

8. 业务咨询的定义是什么?

答: 业务咨询指客户对各类供电服务信息、业务办理情况、电力常识等问题的业务询问。

9. 国家电网公司客户服务中心的目标是什么?

答: 中心以为客户和公司创造价值为导向，优化整合服务资源，大力拓展服务内容，打造“全业务、全天候，服务专业化、管理精益化、发展多元化”的供电服务平台，中心力争在“十二五”期间打造成世界规模最大、功能最全、效率最高的国际一流公共服务中心。

10. 国家电网公司客户服务中心积极打造的“两全三化”供电服务平台指的是什么?

答: “全业务、全天候，服务专业化、管理精益化、发展多元化”“两全三化”供电服务平台。

11. 什么是举报?

答: 举报指客户对供电部门内部存在的徇私舞弊、吃拿卡要等行为或外部人员存在的窃电、破坏和偷窃电力设施等违法行为进行检举的诉求业务，主要包括行风廉政、违章窃电、违约用电、破坏和偷盗电力设施等。

12. 管理序列以岗位定职级，主要分为哪些?

答：电话（电子）服务班长、质检班长、知识采编班长、内训班长、综合事务主管、现场运营主管、现场业务主管、首席客服经理。

13. 客户服务中心“一口对外”集中受理各类业务诉求具体含义是什么？

答：客户服务中心“一口对外”，是指以客户为导向，以客户服务中心为龙头，遵循内转外不转的原则，整合营销、调度、生产、计划等服务资源，集咨询查询、故障抢修、投诉举报等于一体的方便、快捷、优质的客户服务体系，统一受理、答复客户各项用电诉求，提供“一站式”服务，确保客户服务工作规范高效。

14. 什么是沟通？

答：（1）沟通是指人与周围环境进行信息互换的一个多元化的过程，是人、群体或组织之间传达思想、交换情报和交流信息的过程。具体是指人们进行思想、认识、经验等交流达成一致，建立良好和谐的人际关系。

（2）电话沟通是指通过电话进行人际交谈、分享信息、思想和情感的过程。

（3）客户服务电话沟通是指企业指定客户服务专员与客户之间通过专门的呼叫进行交流。

15. 沟通中提问的8种方式是什么？

答：①开放式提问；②了解性提问；③针对性提问；④选择性提问；⑤澄清性提问；⑥关闭式提问；⑦征询性提问；⑧服务性提问。

16. 在沟通过程中提问的作用是什么？

答：在沟通过程中巧妙地提问，可以尽快找到客户想要的答案，了解客户的真正需求和想法；并理清自己的思路；让愤怒的客户逐渐变得理智起来。

17. 什么是同理心？

答：同理心就是将心比心，站在当事人的角度和位置上，客观地理解当事人的内心感受及内心世界，并同时把这种理解传达给当事人。

18. 什么是情绪？

答：简单地说，情绪是一个人对所接触到的世界和人的态度及相应的行为反应，就是快乐、生气、悲伤等心情。

19. 语言的控制能力指的是什么？它主要表现在哪些方面？

答：控制能力是指控制自己语言所能引起的后果的能力。它主要表现在：①准确把握说话分寸的能力；②针对不同的听话人和不同的情况，准确预测和有效控制听话人对自己语言所能做出反应的能力；③在说话过程中已经出现的问题的情况下，改用恰当的语言进行补救的能力。

20. 95598客服专员怎样与客户沟通？

答：①应耐心听取客户的意见，虚心接受批评，诚恳感谢客户提出的建议，做到有则改之，无则加勉；②如果属于自身工作失误，应立即向客户赔礼道歉；③如果受了委屈，应冷静处理，不感情用事，不顶撞和训斥客户，更不能与客户发生争执；④拿不准的问题，不回避、不否定、不急于下结论，应及时向领导汇报后再答复客户。

21. 什么是压力？

答：压力是心理压力源和心理压力反应共同构成的一种认知和行为体验过程，认为某种情况超出个人能力所能应付的范围。压力主要来源于工作、生活、心理、身体、金钱、人际等方面。

22. 压力的类型有哪些？

答：①按事件分类，可分为长期压力和短期压力；②按性质分类，可分为建设性压力和破坏性压力；③按大小分类，可分为严重压力和平常压力。

23. 客户投诉的目的是什么？

答：客户投诉的目的是：①希望他们的问题能够得到重视；②希望能得到相关人员的热情对待；③希望获得优质的服务，最终能使他们遇到的问题得到圆满解决。

24. 因供电公司原因导致供电客户抱怨和投诉的因素有哪些？

答：因供电公司导致供电客户抱怨和投诉的因素有：①提供的电能品质不良；②提供的服务欠佳；③服务效率低；④工作质量差；⑤客服专员缺乏语言技巧。

25. 因客户自身原因导致客户抱怨和投诉的因素有哪些？

答：因客户自身原因导致客户抱怨和投诉的因素有：①客户因社会环境影响导致心情不好，因而向客服专员抱怨，以寻找情感的宣泄；②客户通过投诉来寻求尊重、理解和重视；③客户自身的期望超过企业提供的服务能力。

26. 客户的需求有哪些？

答：客户的需求主要有：①受尊重的需求；②被欢迎的需求；③被信任的需求；④被理解的需求；⑤受重视的需求；⑥安全隐私的需求；⑦及时、有序服务的需求；⑧被帮助的需求；⑨被识别和记住的需求；⑩感觉舒适的需求。

27. 客户在抱怨时想得到什么？

答：①希望得到认真的对待；②希望有人聆听；③希望有反应、有行动；④希望得到补偿；⑤希望被认同、被尊重。

28. 对待客户抱怨应做好哪些心理准备？

答：①要有避免感情用事的心理；②要有自己是代表公司的心理；③要有随时化解压力的心理；④要有把客户抱怨当成磨炼的心理；⑤不要有害怕客户抱怨的心理；⑥不要有“客户的攻击是在针对我”的心理。

29. 处理客户抱怨的原则有哪些？

答：①先处理情感，后处理事件；②以诚相待，向客户表示同理心；③克制自己，避免感情用事，耐心地倾听客户的抱怨；④想方设法地平息客户的抱怨；⑤先接受客户抱怨；⑥澄清问题；⑦探讨解决方案，并迅速处理；⑧感谢客户。

30. 处理客户投诉的禁忌有哪些？

答：处理客户投诉的禁忌有：①争辩、争吵打断客户，质问客户；②教育、批评、讽刺客户；③非语言排斥或直接拒绝客户；④暗示客户有错误，把错误全部归咎到客户身上；⑤强调自己的正确方面，不承认错误；⑥认为投诉、抱怨是针对个人的；⑦以为客户容易打发，只有道歉没有进一步行动；⑧语言含糊打太极；⑨怀疑客户的诚实；⑩责备和批评自己的同事，表白自己的成绩；⑪为解决问题设置障碍；⑫假装关注（虽然言语体现关心，却忘记客户的关键需求）；⑬在事实澄清以前便承担责任；⑭忽视客户的情感需求。

31. 服务规范中对服务的仪容仪表有何规定？

答：仪容仪表规范是：①供电服务人员上岗必须统一着装，并佩戴工号牌；②保持仪容仪表美观大方，不得浓妆艳抹，不得敞怀、将长裤卷起，不得戴墨镜。

32. 服务规范中规定在为客户办理业务时计算机系统出现故障应如何处理?

答: 因计算机系统出现故障而影响业务办理时，若短时间内可以恢复，应请客户稍候并致歉；若需较长时间才能恢复，除向客户说明情况并道歉外，应请客户留下联系电话，以便另约服务时间。

33. 服务规范中对情绪激动的客户来电处理有何规定?

答: 客户来电话发泄怒气时，应仔细倾听并做记录，对客户讲话应有所反应，并表示体谅对方的情绪。如感到难以处理时，应适时地将电话转给值长、主管等，避免与客户发生正面冲突。

34. 服务规范中对95598 人员接听电话服务有何规定?

答: 接听电话时，应做到语言亲切、语气诚恳、语音清晰、语速适中、语调平和、言简意赅。应根据实际情况随时说“是”“对”等，以示在专心聆听，重要内容要注意重复、确认。通话结束，须等客户先挂断电话后再挂电话，不可强行挂断。

35. 服务规范中对客户打错电话时的95598 服务有何规定?

答: 客户打错电话时，应礼貌地说明情况。对带有主观恶意的骚扰电话，可用恰当的言语警告后先行挂断电话并向值长或主管汇报。

36. 服务规范中受理用电业务时应主动向客户说明哪些信息?

答: 受理用电业务时，应主动向客户说明该项业务需客户提供的相关资料、办理的基本流程、相关的收费项目和标准，并提供业务咨询和投诉电话号码。

37. 客户的要求与政策、法律、法规及本企业制度相悖时，作为座席代表应如何处理?

答: 当客户的要求与政策、法律、法规及本企业制度相悖时，应向客户耐心解释，争取客户理解，做到有理有节。遇有客户提出不合理要求时，应向客户委婉说明。不得与客户发生争吵。

38. 请简要阐述受理客户咨询的服务规范。

答: 受理客户咨询时，应耐心、细致，尽量少用生僻的电力专业术语，以免影响与客户的交流效果。如不能当即答复，应向客户致歉，并留下联系电话，经研究或请示领导后，尽快答复。客户咨询或投诉叙述不清时，应用客气周到的语言引导或提示客户，不随意打断客人的话语。

39. 请简要阐述受理客户报修的服务规范。

答: 接到客户报修时，应详细询问故障情况。如判断确属供电企业抢修范围内的故障或无法判断故障原因，应详细记录，立即通知抢修部门前去处理。如判断属客户内部故障，可电话引导客户排查故障，也可应客户要求提供抢修服务，但要事先向客户说明该项服务是有偿服务。

40. 遇到骚扰电话或客户持续使用脏话应如何处理?

答: 遇到骚扰电话或客户持续使用脏话，对客服代表和电力企业进行侮辱时，可对客户进行提醒，若客户不听劝阻，客服代表应及时向班长汇报，征得班长同意后方可挂机，并在电话挂断后由班长报业务现场主管备案。

41. 通话中需要客户较长等候时应如何应答?

答：应讲明原委并征询客户的意见："很抱歉，我帮您查询一下，稍后可能没有声音，请不要挂机！"等候时长不超过60s，在客户等待结束后向客户致谢。60s内不能解决的，应提请客户留下联系电话，并主动回电。

42. 在通话过程中客户挂断电话应如何处理？

答：在通话过程中如遇到突然掉线且客户与客服代表的沟通没有明确结束时，客服代表应主动回拨。避免客户在不明原因的情况下再次致电投诉。

43. 客户的要求超出客服专员的工作权限时应如何应答？

答：应向客户致歉并提供其他解决方法。如："××先生/女士，很抱歉，您的问题已经超出我的工作权限，我会帮您联系处理部门，尽快为您处理。"

44. 通话前需要准备什么？

答：①保持积极的心情状态，面带微笑，让对方在电话中感受到你的热情；②呼入电话时，应在电话响铃3声（12s）以内要接听电话；③拨出电话前，应打好腹稿，表达准确、简明扼要；④准备好笔和纸。

45. 电话服务规范中对于通话过程中有哪些要求？

答：通话过程中：应使用文明礼貌用语及服务用语，少用生僻的电力专业术语；通话时应做到语言亲切、语气诚恳、语音清晰、语速适中、语调平和、言简意赅。应根据实际情况的准确与否，随时说"是""对"等，以示在专心聆听，重要内容要注意重复、确认。

46. 如接到无声电话，按照规范用语客服专员应当如何处理？

答：不能立刻挂机，需多次确认。①隔2s，若无声："您好，请问有什么可以帮您？"②隔2s，若仍无声："您好，很高兴为您服务。"③隔2s，若仍无声："对不起，我无法听到您的声音，请您换一部电话，好吗？感谢您拨打95598，祝您愉快，再见！"④再稍停2s，挂机。

47. 居民客户家电损坏赔偿的适用范围是什么？

答：《供电营业规则》第99条规定：因电力运行事故引起城乡居民用户家用电器损坏的，供电企业应按《居民用户家用电器处理办法》进行处理。根据中华人民共和国电力工业部《居民用户家用电器损坏处理办法》第2条规定：适用于由供电企业以220/380V电压供电的居民用户，因发生电力运行事故导致电能质量劣化，引起居民用户家用电器损坏时的索赔处理。

48. 在什么情况下，供电企业不承担赔偿居民家用电器损坏的责任？

答：下列两种情况供电企业不承担赔偿居民家用电器损坏的责任：

（1）《居民用户家用电器损坏处理办法》第6条规定：供电企业如能提供证明，居民用户家用电器的损坏是不可抗力、第三人责任、受害者自身过错或产品质量事故等原因引起，并经县级以上电力管理部门核实无误，供电企业不承担赔偿责任。

（2）《供电营业规则》第7条规定：从家用电器损坏之日起7日内，受害居民用户未向供电企业投诉并提出索赔要求的，即视为受害者已自动放弃索赔权。超过7日的，供电企业不再负责其赔偿。

49. 不属于责任损坏或未损坏的元件，受害居民要求更换时，费用由谁承担？

答：根据《居民用户家用电器损坏处理办法》第9条规定：不属于责任损坏或未损

坏的元件，受害居民用户也要求更换时，所发生的元件购置费与修理费应由提出要求者负担。

50. 电力设施保护区内的林木被砍伐后，是否有补偿？

答：《电力设施保护条例实施细则》第 18 条规定：在依法划定的电力设施保护区内，任何单位或个人不得种植可能危及电力设施和供电安全的树木、竹子等高杆植物。电力企业对已划定的电力设施保护区域内新种植或自然生长的可能危及电力设施安全的树木、竹子，应当予以砍伐，并不予支付林木补偿费、林地补偿费、植被恢复费等任何费用。

51. 哪些情况属于电力运行事故？

答：《居民用户家用电器损坏处理办法》第 3 条规定：本办法所称的电力运行事故，是指在供电企业负责运行维护的 220/380V 供电线路或设备上因供电企业的责任发生的下列事件：①在 220/380V 供电线路上，发生相线与零线接错或三相相序接反；②在 220/380V 供电线路上，发生零线断线；③在 220/380V 供电线路上，发生相线与零线互碰；④同杆架设或交叉跨越时，供电企业的高电压线路导线掉落到 220/380V 线路上或供电企业高电压线路对 220/380V 线路放电。

52. 供用电合同包括哪些种类？

答：高压供用电合同，低压供用电合同，临时供用电合同，趸购电合同，委托转供电合同，居民供用电合同等。

53. 欠费停电的法律法规依据是什么？

答：（1）《合同法》的 182 条规定："供电方催告用电人在合理期限内仍不交付电费和违约金的，供电人可以按照国家规定的程序中止供电。"

（2）国家规定的中止供电的程序，应具体适用《电力供用与使用条例》第 39 条的规定，"自逾期之日起计算超过 30 日，经催交仍未交付电费的，供电企业可以按照国家规定的程序停止供电。"

54. 供用电合同内容包含哪些？

答：①供电方式、供电质量和供电时间；②用电容量和用电地址、用电性质；③计量方式和电价、电费结算交纳方式；④供用电设施维护责任的划分；⑤合同的有效期限；⑥违约责任；⑦双方约定的其他事项。

55. 供用电合同中订有运行事故责任条款的如何处理？

答：根据《供电营业规则》第 95 条规定：供用双方在合同中订有电力运行事故责任条款的，按下列规定办理：

（1）由于供电企业电力运行事故造成用户停电时，供电企业应按用户在停电时间内可能用电量的电度电费的 5 倍（单一制电价为 4 倍）给予赔偿。用户在停电时间内可能用电量，按照停电前用户正常用电月份或正常用电一定天数内的每小时平均用电量乘以停电小时求得。

（2）由于用户的责任造成供电企业对外停电，用户应按供电企业对外停电时间少供电量，乘以上月份供电企业平均售电单价给予赔偿。因用户过错造成其他用户损害的，受害用户要求赔偿时，该用户应当依法承担赔偿责任。虽因用户过错，但由于供电企业责任而使事故扩大造成其他用户损害的，该用户不承担事故扩大部分的赔偿责任。

（3）对停电责任的分析和停电时间及少供电量的计算，均按供电企业的事故记录及《电业生产事故调查规程》办理。停电时间不足 1h 按 1h 计算，超过 1h 按实际时间计算。

（4）本条所指的电度电费按国家规定的目录单价计算。

56. 对损坏的家用电器如何进行赔偿?

答：按照《居民用户家用电器损坏处理办法》第 9 条和第 10 条，对可修复的进行修复处理，对不可修复的进行赔偿。

（1）对可修复的家用电器：供电企业承担被损坏元件的修复责任。修复时应尽可能以原型号、规格的新元件修复；无原型号、规格的新元件可供修复时，可采用相同功能的新元件替代。修复所发生的元件购置费、检测费、修理费均由供电企业负担。

（2）对不可修复的家用电器：其购置时间在 6 个月及以内的，按原购货发票价，供电企业全额予以赔偿；购置时间在 6 个月以上的，按原购货发票价，并按本规定第 12 条规定的使用寿命折旧后的余额，予以赔偿。使用年限已超过本规定第 12 条规定仍在使用的，或者折旧后的差额低于原价 10%的，按原价的 10%予以赔偿。使用时间以发货票开具的日期为准开始计算。对无法提供购货发票的，应由受害居民用户负责举证，经供电企业核算无误后，以证明出具的购置日期时的国家定价为准，按前款规定清偿。以外币购置的家用电器，按购置时国家外汇牌价折人民币计算其购置价，以人民币进行清偿。清偿后，损坏的家用电器归属供电企业所有。

57. 电路由哪些部分组成，各部分的作用是什么?

答：电路由电源、负载和中间环节组成。电源：将机械能、化学能等其他形式的能转化为电能的装置。负载：将电能转化成其他形式的能的装置。中间环节：是指连接导线以及控制、保护和测量的电气设备和元件，它连接电源和负载，将电能安全地输送和分配到负载。

58. 试写出至少 5 种新能源发电的类型?

答：①太阳能发电；②风力发电；③生物质能发电；④海洋能发电；⑤核能发电；⑥地热能发电；⑦燃料电池发电。

59. 说明一次能源和二次能源。

答：（1）一次能源是指以原始状态存在于自然界中、不需要经过加工或转换过程就可直接提供使用能量的能源。

（2）二次能源是指由一次能源加工、转化而成的能源。

60. 简述电力系统的运行特点。

答：①电能不能大量储存；②暂态过程非常迅速；③电力生产和国民经济各部门之间的关系密切。

61. 简述动力系统、电力系统、电力网的概念与联系。

答：（1）动力系统：由发电厂的动力部分（如火力发电的锅炉、汽轮机，水力发电的水轮机和水库，核力发电的核反应堆和汽轮机等）以及发电、输电、变电、配电、用电组成的整体。

（2）电力系统：由发电、输电、变电、配电和用电组成的整体，它是动力系统的一部分。

（3）电力网：担负电力系统中输送、变换和分配电能的部分，它包括升、降压变压器和各种电压等级的输配电线路，它是电力系统的一部分。

62. 隔离开关的作用是什么？

答：隔离开关的作用是隔离电源，形成明显的断开点。

63. 变压器在电力系统中的作用是什么？

答：用变压器升高电压是为了远距离输电。

64. 常见的金具有哪些？

答：常见的金具有接续金具、连接金具、线夹、拉线金具。

65. 架空线路的基本作用是什么？

答：架空线路是用绝缘子以及其他金具将导线悬空架设在支持杆塔上，主要用于连接发电厂和变电站以及电力用户，是以实现输送电能为目的的电力设施。

66. 客户反映有人发生触电或者已经触电伤亡时，该如何处理？

答：客户专员应详细记录现场情况、时间、地点、联系人、联系方式等信息，发派工单并汇报值长处理。

67. 客户反映废弃的杆塔影响交通出行，要求迁走，如何处理？

答：客服专员应首先确认客户反映的杆（塔）是否为供电公司设备资产，可让客户提供杆（塔）上标注的线路名称、编号或特征（如电线的数目），以及杆（塔）所处的地理位置等信息。①属于供电公司资产或无法确认的派发非抢修类工单；②不属于供电公司资产的，礼貌告知客户找相关职能部门处理。

68. 客户反映墙体漏电，该如何处理？

答：由于埋设在墙体内的电线老化，绝缘层破损或是装修房屋时对电线造成了损伤，遇潮湿阴雨天气会有该现象发生。因墙体内的电线为客户内部资产，不在供电公司维修责任范围内。遇此问题，建议客户自行找有资质的电工或水电维修队处理，咨询单办结。

69. 投诉业务的判定原则是什么？

答：①指因公司人为原因而造成客户不满的诉求；②指因公司非人为因素造成客户不满或对外服务工作时限超出公司规定所承诺的时限而造成客户的不满，客户明确要求维护其权益的诉求；③指凡是通过 95598 供电服务热线或网站、政府机关、消费者组织、各级媒体等监督机构反映的涉及供电服务、业务办理、供电质量及电网建设方面存在的问题。

70. 供电质量投诉是指什么？主要包括哪些？

答：供电质量投诉指供电企业向客户输送的电能存在电压偏差、频率偏差、电压不平衡、电压波动或闪变等供电质量问题引发的客户投诉，主要包括电压质量、供电频率、供电可靠性等方面。

71. 意见业务的判定原则是什么？

答：①指客户对公司在供电服务、供电业务及电网建设等管理现状存有意见而提出的诉求业务；②指客户对国家政策、公司现行管理标准、工作规范存有意见而提出的诉求业务。

72. 投诉受理规范有哪些？

答：投诉受理规范有：

（1）国网客服中心接到 95598 客户投诉时，应初步了解客户进行投诉的原因，尽量缓和、化解矛盾，安抚客户，做好解释工作。如客户明确表示其权益受到损害，要详细记录客户所属区域、投诉人姓名、联系电话、投诉时间、客户投诉内容、是否要求回访等信息，根据客户反映的内容判断投诉级别，并尊重和满足投诉人匿名和保密要求。

（2）国网客服中心应在客户挂断电话后 20min 内完成工单填写、审核、派单至各省客户服务中心。对各单位退回的工单，国网客服中心重新核对受理信息，30min 内重新处理或派发。

（3）对于特殊、重要投诉的工单，国网客服中心即时通过电话、邮件、短信等方式报告国网营销部。

（4）对于重大、重要投诉的工单，国网客服中心在派发工单后 30min 内通过电话、邮件、短信等方式通报所属单位省客户服务中心，并跟踪各省公司的处理进度。

（5）客户通过网站及其他方式向国网客服中心进行投诉的，国网客服中心应及时派发，相关要求参照 95598 电话受理要求办理。

73. 投诉的定义是什么？

答：供电服务投诉是指公司经营区域内（含控股、代管营业区）的电力客户，在供电服务、营业业务、停送电、供电质量、电网建设等方面，对由于供电企业责任导致其权益受损表达不满，明确要求维护其权益而提出的诉求业务。

74. 业务咨询内容主要包括哪些？

答：业务咨询内容主要包括电价电费、停电信息、供电服务信息、用电业务、业务收费、用户资料、计量装置、法律法规、服务规范、电动汽车、能效服务、用电技术及常识等。

75. 用电业务内容主要包括哪些？

答：用电业务内容包括高压新装、增容，低压非居新装、增容，居民新装、增容，批量新装，用电变更［减容、暂停、暂换、迁址、移表、暂拆、更名（过户）、分户、并户、销户、改压、改类］，电能表校验等。

76. 客户来电反映单户或单位停电，哪些可以直接答复客户？

答：①客户反映单户或单位（小区）停电，经查询客户编号为欠费、违约用电、限电、计划/故障停电或产权属非供电公司产权、客户内部故障等，不需下派故障报修工单，应耐心与客户解释，如客户强烈要求反映可下派业务咨询工单；②如客户表示已自查内部设备，无故障，停电原因不明时，客服专员应及时记录相关信息，下派故障报修工单。

77. 故障报修工单合并条件有哪些？

答：①国网客服中心、省客服中心、各市、县调控中心和基层抢修班组，均可以对故障报修工单进行合并；②经确认，属同一客户反映同一故障点的报修工单可以合并；③在各基层单位能够提供有效、准确停电信息的情况下，客服代表经查证后可以对故障报修工单进行合并；④在各单位实现营配贯通，能准确定位客户地理位置信息的情况下，客服代表可对同一故障点附近不同客户的故障报修工单进行合并；⑤各单位在对故障报修工单进行合并操作时，一定要经过核实、查证，不得随意合并故障报修工单。

78. 95598 客户服务业务的定义是什么?

答：95598 客户服务业务是指国家电网公司客户服务中心通过电话、网站、微博、传真、短信、信函等多种渠道受理的各项客户诉求业务。

79. 95598 客户服务业务分类主要包括哪些?

答：95598 客户服务业务包括故障报修、投诉、信息查询、业务咨询、举报、建议、意见、表扬等。

80. 95598 业务支撑应遵循什么原则?

答：95598 业务支撑应遵循的原则是：统一管理、分级负责、真实准确、及时发布。

81. 95598 业务支撑主要内容有哪些?

答：95598 业务支撑主要内容包括：95598 停送电信息报送管理、95598 知识管理和 95598 信息支持三部分。

82. 客户回复（回访）的定义是什么?

答：客户回复（回访）是指客户服务中心根据各省、市（县）反馈的信息，主动联系客户，了解客户对服务诉求受理过程和处理结果的满意程度。

83. 客户回复（回访）的分类有哪些?

答：（1）95598 业务回复。指对通过 95598 客服电话、95598 智能互动网站等服务渠道受理的业务咨询、故障报修的回复。

（2）95598 业务回访。指对通过 95598 客服电话、95598 智能互动网站等服务渠道受理的投诉、举报、建议、意见的回访。

84. 由于客户原因导致回访不成功的投诉应如何处理?

答：对于重要、一般投诉，由于客户原因导致回访不成功的，国网客服中心应安排不少于 3 天，每天不少于 3 次回访，每次回访时间间隔 30min 及以上。如果确因客户原因回访不成功的，应在“回访内容”中写明失败原因，经国网客服中心管理人员批准后，办结工单。对于特殊、重大投诉，由于客户原因导致回访不成功的，国网客服中心应安排不少于 5 天，每天不少于 3 次回访，每次回访时间间隔 30min 及以上。如果确因客户原因回访不成功的，应在“回访内容”中写明失败原因，经国网客服中心管理部门领导批准后，办结工单。

85. “回访及时率”指标的指标定义及计算方法是什么?

答：指标定义：在规定时限内回访的工单数量，占应回访工单数量的比例。计算方法：回访及时率＝规定时限内回访的工单数量/应回访总数×100％。

86. 举报业务的判定原则包括哪些?

答：①指客户对公司内部员工或部门存在吃拿卡要、以电谋私、里勾外联、三指定等徇私舞弊行为的检举；②指客户对窃电、违约用电、破坏、盗窃电力设施行为的检举；③指客户对公司内部员工或部门违反国家及公司规定出现的违规违纪行为的检举。

87. 停送电投诉的判定标准有哪些方面?

答：（1）反映供电企业未按规定时限发布停电信息公告、停电公告信息不准确；没有明确原因或未提前通知就对客户实施中止供电的问题。

（2）反映因供电企业原因造成故障处理不及时、故障未修复、抢修不彻底、抢修人员服务态度差及不规范问题。

（3）反映工作人员提供的有偿服务不规范、对服务质量和服务态度表示不满意的问题。

88. 供电质量投诉的判定标准有哪些方面？

答：反映因供电质量差影响正常生产生活，或长期（超过一个月）未得到改善、处理不彻底等问题。

89. 电网建设投诉的判定标准有哪些？

答：（1）反映供电企业输配设施建设及安全隐患未得到有效解决的问题；因供电企业自身电网建设原因，未能为客户供电或在有能力供电的情况下拒绝为客户供电的问题。

（2）反映县级及以下农网改造中收费问题、电网改造差或改造后供电质量长期（超过一个月）得不到改善的问题。

（3）两次及以上反映供电企业电力设备或附属设施在运行过程中噪声长期存在；电力工程施工中存在噪声或工程结束后存在遗留问题，对客户造成影响。

90. 举报业务的判定标准有哪些？

答：①反映供电企业工作人员存在违反国家电网公司员工“十项不准”的行为或嫌疑；②反映供电企业工作人员存在公车私用、行贿受贿、截留挪用电费等违法违纪行为或嫌疑；③反映供电企业资产范围内存在窃电或违约用电行为或嫌疑；④反映存在破坏、盗窃供电企业电力设施的行为或嫌疑。

91. 哪些投诉可界定为特殊投诉？

答：①国家党政机关、电力管理部门转办的集体客户投诉事件；②省级及以上政府部门或社会团体督办的客户投诉事件；③中央或全国性媒体关注或介入的客户投诉事件；④《国家电网公司质量事件调查处理暂行办法》规定的质量事件中的五级质量事件。

92. 什么是电力故障报修？

答：电力故障报修是指通过95598电话、95598网站等方式、受理客户的故障报修请求，为客户提供产权维护范围内的高、低压故障，以及电能质量和其他电力故障的报修服务。当客户请求帮助排除内部故障时，供电企业应可能提供有偿服务。95598客服专员将抢修任务按流程传递到相关部门进行处理，并对整个处理过程进行跟踪、督办，故障处理完毕后及时回访客户，形成闭环管理。

93. 依据《国家电网公司供电服务“十项承诺”》，故障抢修人员到达现场的时限是如何规定的？

答：按国家电网公司承诺的时间到达故障现场，城区范围内60min，农村地区为90min，特殊边远地区为2h。

94. 95598客服专员接到客户的报修电话时应如何处理？

答：95598客服专员在接到用户的报修电话时，应详细询问故障情况。如判断确属供电企业抢修范围内的故障或无法判断故障原因，应详细记录，立即通知抢修部门前去处理。如判断属客户内部故障，可应客户要求提供抢修服务，但要事前说明该项服务是有偿的。

95. 哪些设备出现的故障属于供电企业负责维护管理的范围？

答：按照用电客户与供电企业签订的供用电合同规定，双方以产权分界点为界，原则上产权分界点电源侧的电气设备由供电企业负责维护管理，分界点负载侧的电气设备由客户负责维护管理。

96. 客户反映有人在表箱内私拉乱接，如何处理？

答：禁止窃电行为。窃电行为包括：在供电企业的供电设施上，擅自接线用电；绕越供电企业用电计量装置用电；伪造或者开启供电企业加封的用电计量装置封印用电；故意损坏供电企业用电计量装置；故意使供电企业用电计量装置不准或者失效等，供电企业对查获的窃电者，应予制止，并可当场中止供电。窃电者应按所窃电量补交电费，并承担补交电费三倍的违约使用电费；拒绝承担窃电责任的，供电企业应报请电力管理部门依法处理。窃电数额较大或情节严重的，供电企业应提请司法机关依法追究刑事责任。

97. 零线带电的原因有哪些？

答：零线带电可能有以下几种原因：

（1）零线断线，如是系统（公用）零线断，请报电力部门；如是客户家里零线断，请自己处理。

（2）采取长的电缆供电时，在用电设备未使用时的感应带电，当设备使用时，这种现象会自动消失。

（3）楼内零线直接接地，未接系统零线，请客户将接线调整为正确接法。

98. 什么情况可向供电部门报修？

答：①公用变压器高压侧或低压侧断线，架空线、接户线断线或冒火，其导线的支持物（绝缘子）损坏、断架脱落；②居民总电表（电业）进线桩头松动出火或烧坏；③其他电业设备的故障。

99. 客户停电报修时，客户代表应向客户了解哪些内容？

答：①报修人姓名、联系电话；②故障点的详细地址和附近的街区路名等参照地址；③停电范围：本户停电、单元停电或整座楼停电、几座楼停电或居民区一片楼停电；④有无明显的故障现象：如什么部位冒火、冒烟，什么地方断线或电杆被撞、导线烧断落地等。

100. 抢修过程中请客户理解的情况有哪些？

答：由于电业安全工作的特殊要求，在抢修过程中有严格的操作程序，如报修情况不明确或不详细，会造成供电部门在故障判断上的困难；抢修人员到现场后要根据实际落实抢修方案，有时要增加人员、设备和材料；有的停电地点与故障处理地点相距较远，赶赴故障现场需一定时间；有时故障情况较复杂，因气候、现场条件等客观原因，不能立即修复，以上这些都是为及时送电和保证电网安全所必需，希望广大客户予以谅解和支持。

101. 如何判断属供电方直供电客户？

答：①询问客户是否有户号；②询问客户的缴费单位或者是否有供电方电费发票。

102. 客户来电反映有树压线或树碰线时如何处理？

答：首先要问清以上现象的具体问题，以便确定此处的树与线路的产权单位。如均属房产单位，则应请客户向相关产权单位反映，以便及时处理；如线路是供电公司资产，则应立即通知相关公司抢修中心，以便配合并进行处理。

103. 路灯故障由谁来负责？

答：公用路灯、交通信号灯是公用设施，应由当地人民政府及有关管理部门投资建设，并负责维护管理和缴纳电费等事项。供电企业可接受地方有关部门的委托，代为设计、施工和维护管理公用路灯，并照章收取费用，具体事项由双方协商确定。

104. 电能计量装置损坏、遗失怎么办？

答：如果属于供电单位直接抄表收费的电能计量装置，发生损坏、遗失，客户应及时通知供电部门处理，如由于客户责任（如过载用电等原因）造成电能计量装置损坏的或者遗失的，由客户自行负担所需费用；如果属于雷击等自然灾害原因损坏的，由供电单位负责处理并更换。

105. 客户报修时为什么要区分楼房还是平房？

答：楼房有单元集中表箱、集抄器、采集器、合表等计量设施，出故障的环节多且复杂，必须逐步区分排查，便于抢修工作人员判断故障类型，缩短抢修时间，而平房故障点相对单一。

106. 变压器运行中发生哪些异常情况，应立即报修？

答：①变压器声响明显增大，很不正常，内部有爆裂声；②严重漏油或喷油，使油面降到低于油位计的指示限度；③变压器放电及冒烟着火。

107. 如何应答一片停电？

答：①了解停电现象；②判断是否为计划检修或临时检修停电；③查询该地区是否已有报修工单；④如果查询没有该地区的报修工单，即下发报修工单。

第三章 业扩报装

第一节 单选题

1. 装接容量80kVA的工业客户实行功率因数调整电费考核的标准是（D）。

A. 0.9　B. 0.85　C. 0.8　D. 不实行考核

2.（A）是电力生产的方针。

A. 安全第一　B. 生产第一　C. 效益第一　D. 管理第一

3. 单相插座的接法是（A）。

A. 左零线右相线　B. 右零线左相线　C. 左地线右相线　D. 左相线右地线

4. 对客户投诉，应100%跟踪投诉受理全过程，（B）内答复。

A. 3天　B. 5天　C. 7天　D. 10天

5. 电力系统高峰、低谷的负荷悬殊性是人们生产与生活用电（C）所决定的。

A. 时间　B. 范围　C. 规律　D. 制度

6. 开展营业（B）的目的是加强营业管理，堵漏增收，提高效益，促进发展。

A. 检查　B. 普查　C. 调查　D. 稽查

7. 电力监督检查的实施主体是（A）。

A. 电力管理部门　B. 供电企业　C. 技术监察部门　D. 物价部门

8. 用户减容须在（C）前向供电企业提出申请。

A. 10天　B. 7天　C. 5天　D. 3天

9.《供电营业规则》中指出：逾期未交付电费的，供电企业可以从逾期之日起每日按照电费总额的1‰～3‰加收违约金，自逾期之日计算超过（D）经催交仍未交付电费的，供电企业可以按照国家规定的程序停止供电。

A. 10天　B. 15天　C. 20天　D. 30天

10. 窃电时间无法查明时，窃电日数至少以（B）计算，每日窃电时间：电力用户按12h计算；照明用户按6h计算。

A. 360天　B. 180天　C. 100天　D. 60天

11. 100kVA及以上高压供电的客户，功率因数应达到（C）以上。

A. 0.80　B. 0.85　C. 0.90　D. 0.95

12. 对在建工地、农田水利、市政建设等非永久性用电，可供给（C）电源。

A. 备用　B. 常用　C. 临时　D. 保安

13. 因用户或者第三人的过错给供电企业或者其他用户造成损害的，该（D）应当依法承担赔偿责任。

A. 用户　　B. 第三人　　C. 供电企业　　D. 用户或者第三人

14. 供电企业需对用户停止供电时，在停电前（A）内，将停电通知书送达用户。

A. 3～7 天　　B. 2～5 天　　C. 1～3 天　　D. 1 天

15. 客户服务中心应（B）受理电业故障报修、电费查询、用电咨询、客户投诉等业务。

A. 12h　　B. 24h　　C. 16h　　D. 8h

16. 利用电力作为初始能源从事工业性产品（劳务）的生产经营活动的企业，运用物理、化学、生物等技术进行加工和维持功能性活动所需要的一切电力，属于（A）。

A. 工业用电　　B. 商业用电　　C. 住宅用电　　D. 非工作用电

17. 用户连续（A）不用电，也不办理暂停手续，供电公司即予以销户。

A. 半年　　B. 5 个月　　C. 4 个月　　D. 3 个月

18. 国家实行分类电价和分时电价，分类标准和分时办法由（D）确定。

A. 县人民政府　　B. 市人民政府　　C. 省人民政府　　D. 国务院

19. 在服务暗访检查中，柜台服务检查是指检查（D）。

A. 设施种类　　B. 环境卫生状况

C. 信息公示情况　　D. 工作人员的着装、仪态、工牌公示

20. 在服务暗访检查中，检查者正确的做法是（C）。

A. 暴露暗访检查工作　　B. 干预被检对象的正常工作

C. 对发现的问题不作个人表态　　D. 预告相关部门和人员

21. 非居民客户向供电企业申请用电，受电工程验收合格并办理相关手续后（A）内送电。

A. 5 个工作日　　B. 3 个工作日

C. 10 个工作日　　D. 15 个工作日

22. 供电企业在接到居民家用电器损坏投诉后，应在（A）内派人员赴现场进行调查核实。

A. 24h　　B. 36h　　C. 12h　　D. 18h

23. 供电企业需对客户非因故停业供电时，在停电前（B），将停电时间再通知客户 1 次，方可在通知规定时间实施停电。

A. 15min　　B. 30min　　C. 45min　　D. 60min

24. 因建设引起建筑物、构筑物与供电设施相互妨碍，需要迁移供电设施或采取防护措施时，应按（B）的原则，确定其担负的责任。

A. 谁投资谁负责　　B. 建设先后

C. 谁提出谁负责　　D. 供电企业负责

25. 在每一日历年内，客户可申请全部（含不通过受电变压器的高压电动机）或部分容量的暂时停止用电（B），每次暂停时间不得少于 15 天。

A. 1 次　　B. 2 次　　C. 3 次　　D. 多次

26. 在有（A）的情况下，供电企业的用电检查人员可不经批准即对客户中止供电，但事后应报告本单位负责人。

A. 不可抗力和紧急避险

B. 对危害供用电安全，扰乱供用电秩序，拒绝检查者

C. 受电装置经检查不合格，在指定期间未改善者

D. 客户欠费，在规定时间内未缴清者

27. 若用户擅自使用已报暂停的电气设备，称为（ C ）。

A. 恢复用电　　B. 临时用电　　C. 违约用电　　D. 增容

28. 对客户投诉，应 100%跟踪投诉受理全过程，（ B ）答复。

A. 1 天内　　B. 5 天内　　C. 10 天内　　D. 15 天内

29. （ B ）是指根据电网负荷特性，通过行政、技术、经济等手段将电网用电高峰时段的部分负荷转移到用电低谷时段，从而减少电网的峰谷负荷差。

A. 节约用电　　B. 错峰用电　　C. 科学用电　　D. 安全用电

30. 当电力线路、电气设备发生火灾时应立即断开（ C ）。

A. 电压　　B. 电流　　C. 电源　　D. 电阻

31. （ A ）是指通过采取有效的激励措施，引导电力用户改变用电方式，提高终端用电效率，优化资源配置，达到节约能源，缓解电力供需矛盾，改善和保护环境，实现低成本电力服务所进行的用电管理活动。

A. 电力需求侧管理　　B. 安全用电管理

C. 节约用电管理　　D. 科学用电管理

32. 营业窗口实行《限时办结制》，受理每件客户用电业务的时间一般不超过（ C ）。

A. 5min　　B. 10min　　C. 20min　　D. 30min

33. 基本电费的计收方式有（ B ）。

A. 1 种　　B. 2 种　　C. 3 种　　D. 4 种

34. 供电企业不受理（ C ）用电的变更用电事宜。

A. 正式　　B. 增容　　C. 临时　　D. 新装

35. 低压测电笔使用不正确的是（ A ）。

A. 用手接触前端金属

B. 用手接触后端金属

C. 只能测 500V 及以下电压

D. 测量时应先在带电体上试测一下，以确认其好坏

36. 在产品方面，客户产生不满的主要原因是（ A ）。

A. 质量差　　B. 客户服务人员态度不好

C. 客户对产品不了解　　D. 客户比较挑剔

37. 供电企业应在用电营业场所公告办理各项（ C ）的程序制度和收费标准。

A. 安装　　B. 合理施工　　C. 用电业务　　D. 竣工检验

38. 供电企业应在用电营业场所公告（ A ）。

A. 办理各项用电业务的程序制度和收费标准

B. 每月抄表时间

C. 计费周期

D. 各营业网点联系电话

39. 营业人员应遵循（ D ）的办理原则。

A. 领导优先　　B. 熟人优先

C. 先简后繁　　D. 先接先办、先外后内

40.（ C ）是电费管理工作的第一道工序，直接涉及计费电量和售电收入，工作性质十分重要。

A. 电费计算　　B. 电费复核　　C. 抄表　　C. 派单

41. 私自迁址用电的，一律按（ C ）用电办理。

A. 迁址销户　　B. 违章用电

C. 新装　　D. 超过部分按增容

42. 以变压器容量计算基本电费的用户，其备用变压器（含高压电动机）属冷备用状态并经供电企业加封的，可（ A ）基本电费。

A. 免收　　B. 按 1/2 收取　　C. 按 1/3 收取　　D. 按 2/3 收取

43. 一户一表是指供电企业对（ D ）用户按户装设计量电能表，用户按户对供电企业直接结算电费。

A. 非居民　　B. 小商店　　C. 手工业作坊　　D. 居民

44. 客户通过 95598 客服平台、电话、传真、信函、互联网、现场等多种渠道向（ A ）提出服务需求。

A. 呼叫中心（营业厅）　　B. 急修中心

C. 营业班　　D. 运行维护班

45. 95598 客服平台平均等待接通时限（ D ）。

A. ≤30s　　B. ≤25s　　C. ≤20s　　D. ≤15s

46. 抄表周期一般（ D ）一次。

A. 每季　　B. 半年　　C. 每年　　D. 每月

47. 呼叫中心对客户的答复率应达到（ D ）。

A. 70%　　B. 80%　　C. 90%　　D. 100%

48. 呼叫中心座席人员生成并传递任务单时限（ B ）。

A. ≤1min　　B. ≤5min　　C. ≤20min　　D. ≤30min

49. 处理故障报修业务时，呼叫中心客服代表询问基本情况，输入客户基本信息，对属于抢修范围内的故障停电，填写故障时间、故障地点、故障范围，进入故障抢修流程，将业务工作单传递给（ A ）。

A. 抢修部门　　B. 营业部　　C. 配电部　　C. 综合部

50. 某用户原报装非工业用电，现要求改为商业用电，该户应办理（ A ）。

A. 改类　　B. 改压　　C. 更名过户　　D. 消户

51. 2001 年 10 月 5 日，因供电方责任的电力运行事故使某居民户家用电视机损坏后，已不可修复。其出示的购货发票日期为 1991 年 10 月 1 日，金额为人民币 4000.00 元。供电企业应赔偿该居民户人民币（ A ）元。

A. 400　　B. 4000　　C. 2000　　D. 0

52. 电价是电力这个特殊商品在电力企业参加市场经济活动进行贸易结算的货币表现形式，是电力商品（ A ）的总称。

A. 价格　　B. 价值　　C. 资产　　D. 资本

53. 因供电设施临时检修需要停止供电时，供电企业应当提前（ C ）通知重要用户。

A. 8h　　B. 12h　　C. 24h　　D. 48h

54. 一般情况下选择供电电源应采取就近供电的办法为宜，因为供电距离近，对用户供电的（ C ）容易得到保证。

A. 接电　　B. 可靠性　　C. 电压质量　　D. 电力负荷

55. 某国有农场奶粉厂受电变压器容量315kVA，该奶粉厂应按（ C ）电价计费。

A. 农业生产　　B. 普通工业生产　　C. 大工业生产　　D. 非工业

56. 过户实际上涉及新旧用户之间用电权和经济责任与义务关系的（ B ）。

A. 继续　　B. 改变　　C. 维持　　D. 分开

57. 大工业电价适用范围是工业生产用户设备容量在（ D ）kVA及以上的用户。

A. 100　　B. 200　　C. 240　　D. 315

58. 电费储蓄是一种行之有效、全、可靠、简便的电费结算方式，又是一项利国（ C ）的工作。

A. 利人　　B. 利己　　C. 利民　　D. 利家

59. 计划用电的目的是使（ C ）得到优化、合理、有效的利用。

A. 供电线路　　B. 电力变压器　　C. 电力资源　　D. 供电网络

60. 对两部制电价用户，按替换前容量为315kVA，替换后的变压器容量为250kVA，替换后计收基本电费容量为（B）。

A. 不收　　B. 250kVA　　C. 315kVA　　D. 合计

61. 营业单位根据批复的供电方案按照统一的版本拟定“供用电方案协议”，协议中明确低压供电方案有效期为（ B ）。

A. 1个月　　B. 3个月　　C. 1年　　D 半年

62. 10kV客户用电业受理书受理主要内容不包括（ C ）。

A. 新装　　B. 减容、迁移　　C. 暂停、恢复暂停　　D. 增容

63. 315kVA及以上工程不少于（ B ）次中间查验。

A. 1　　B. 2　　C. 3　　D. 5

64. 报装所需资料需提供（ D ）和复印件，并须在复印件上面加盖公章（签名）以作确认。

A. 营业执照　　B. 产权证　　C. 身份证　　D. 原件

65. 窗口业务受理客户对工作人员的服务满意度要达到（ D ）。

A. 95%　　B. 98%　　C. 99.5%　　D. 100%

66. 更改账号流程正确的是（ B ）。

A. 营业受理改账号用电申请→业务归档

B. 营业受理改账号用电申请→业务审批→业务归档

C. 营业受理改账号用电申请→现场勘查→业务归档

67. 过户需要（ B ）签名盖章确认。

A. 新客户及新客户缴清电费　　B. 新旧客户双方

C. 旧客户签名　　D. 供电部门签名

68. 经办人身份证资料包括（ D ）。

A. 身份证　　B. 户口本　　C. 回乡证　　D. 以上都是

69. 临时用电报装需要：《土地证》、《建设工程规划许可证》、（ D ）、《建筑工程施工许可证》，简称四证。

A. 红线图　　B. 营业执照

C. 建设局证明　　D《建设用地规划许可证》

70. 临时用电时间最长不超（ D ），否则，所交纳的临时接电费用不退还。

A. 6 个月　　B. 3 个月　　C. 1 年　　D. 3 年

71. 销户是指供电双方解除（ D ），终止供电关系。

A. 供电义务　　B. 用电权利　　C. 欠费　　D. 供用电合同

72. 新装低压作业流程分别是：营业受理用电申请→业扩业务实施→用电检查查验→（ B ）→装表接电→业务归档。

A. 电能表计量协议书签订　　B. 供用电合同签订

C. 到营业厅缴交业扩报装费　　D. 到营业厅填写委托书

73. 营业单位要求客户提供施工单位资料：《营业执照》原件及复印件、《（ B ）电力设施许可证》原件及复印件、工程施工委托书或合同。

A. 承装安装　　B. 承装（修、试）

C. 承接安装电力工程　　D. 承装（建筑施工）

74. 营业单位要求客户提交设计单位资料：（ D ）。

A《营业执照》原件及复印件　　B.《工程设计资质证书》原件及复印件

C. 工程设计委托书或合同　　D. 以上都需要

75. 营业人员对提交齐全的报装表，要在受理表上（ B ）。

A. 补充内容　　B. 盖资料审查齐全，同意受理

C. 打独自标记　　D. 收齐原件一起慢慢审核

76. 营业员在电脑受理资料时，以下哪一项不是预防措施？（ C ）

A. 仔细核对申请用电类别，注意选择类别申请

B. 及时保存，防止因电脑故障等原因导致数据丢失

C. 进行多窗口转换，多任务同时操作

D. 录入数据后再次核对客户资料，确保数据录入正确

77. 营业员在营销系统中点击“确定受理”按钮后，并（ A ）。

A. 提交（传递）至下一环节　　B. 将资料退回给客户

C. 给客户讲再见，你的业务办好了　　D. 建议用户进行评价

78. 用电客户身份证明资料包括：《企业法人营业执照》、《工商营业执照》、《（ C ）》。

A. 地税证　　B. 国税证

C. 组织机构代码证　　D. 租赁合同书

79. 银行代收电费模式是（ B ）。

A. 银行代扣、银行转账、银行托收

B. 银行代扣、银行代缴、银行托收

C. 银行代扣、银行代缴、银行转账

D. 银行转账、银行代缴、银行托收

80. 对自助交费的基本方式描述错误的是（ D ）。

A. 可实现电话交费、网上交费、POS 机

B. 可实现电话交费、网上交费、银行自助查询终端交费

C. 可实现电话交费、银行自助查询终端交费、POS 机

D. 可实现电话交费、网上交费、银行窗口交费

81. 供用电设备计划检修，对 10kV 供电的客户停电次数每年不应超过（ C ）。

A. 1 次　　B. 2 次　　C. 3 次　　D. 4 次

82. 产权属电力企业的负荷控制装置在运行过程中，因值班电工操作不当造成客户损失的，由（ B ）承担赔偿责任。

A. 供电企业　　B. 值班电工　　C. 双方共同　　D. 双方均可

83. 供电企业采取停电催费措施前 3～7 天内，应将（ C ）送达客户，对重要客户的停电，还应报送同级电力管理部门。

A. 停电通知　　B. 催交通知书　　C. 停电通知书　　D. 停电决定书

84. 供电企业的客户受理员接受客户申请用电业务时，主动为客户做好参谋和咨询，属于（ A ）。

A. 售前服务　　B. 售中服务　　C. 售后服务　　D. 电力社区服务

85. 电力客户服务系统人工座席接通率要达到（ D ）。

A. 0.75　　B. 0.95　　C. 0.65　　D. 0.85

86. 减容必须是（ A ）变压器的停止或换小。

A. 整台或整组　　B. 部分　　C. 一台　　D. 不指定

87. 业扩工程设计施工应采取（ D ）。

A. 投标　　B. 招标

C. 议标　　D. 投标、招标或议标形式

88. 供电企业需对客户停止供电时，应将停电的客户、原因、（ C ）报本单位负责人批准。

A. 原因　　B. 欠费金额　　C. 时间　　D. 地点

89. 变压器容量计算基本电费的客户，其备用变压器属（ A ）状态并经供电企业加封的不计收基本电费。

A. 冷备用　　B. 热备用　　C. 暂停　　D. A. C 成立

90. 100kVA（kW）及以上的商业客户适用于功率因数标准值为（ B ）。

A. 0.9　　B. 0.85　　C. 0.8　　D. 0.75

91. 功率因数调整电费是根据客户功率因素水平的高低（ C ）的电费。

A. 减收　　B. 加收　　C. 减收或加收　　D. 不变

92. DT8 型电能表是（ C ）。

A. 单相有功电能表　　B. 三相三线有功电能表

C. 三相四线有功电能表　　D. 三相四线无功电能表

93. 减容客户从设备加封之日起，按原计费方式（ B ）其减容容量的基本电费。

A. 不扣减　　B. 减收　　C. 加收　　D. 不收

94. 客户电能表的计量方式以下不可能出现的是（ D ）。

A. 高供高计　　B. 高供低计　　C. 低供低计　　D. 低供高计

95. 增加合同约定的用电容量称为（ A ）。

A. 增容　　B. 改压　　C. 减容　　D. 改类

96. 客户改压引起的工程费用由（ A ）负担。

A. 客户　　B. 共同　　C. 供电企业　　D. 电力管理部门

97. 对擅自迁移、更动或操作电力负荷控制装置的客户，供电企业（ C ）。

A. 可立即停止供电

B. 对情节严重的可立即停止供电

C. 对情节严重的可按规定程序停止供电

D. 即使情节严重，也不能停止供电

98. 为保证提供质量合格的（ B ）Hz 电能，必须对电力系统中各种非线性用电设备注入电网的谐波电流加以限制。

A. 25　　B. 50　　C. 40　　D. 60

99. 下列关于“服务”的描述，（ C ）是错误的。

A. 服务是无形的

B. 服务是一种行为

C. 服务是标准的、稳定的

D. 服务是可以解决客户问题的一种或一系列行为

100. （ D ）不是电力客户服务的理念。

A. 制造能够销售出去的产品

B. 以客户为中心，提供优质、方便、规范、真诚的服务

C. 以市场为出发点来组织生产经营活动

D. 以电力企业需求为中心

101. 了解员工的服务技巧不包括（ A ）过程。

A. 了解客户　　B. 体验客户的感受

C. 了解员工的工作状态　　D. 给客户安排一个“角色”

102. 实行功率因数考核的客户应装设（ C ）电能表。

A. 最大需量　　B. 分时　　C. 无功　　D. 预付费

103. 因电能质量某项指标不合格而引起责任纠纷时，不合格的质量责任由（ D ）负责技术仲裁。

A. 国家技术监督局

B. 地方技术监督局

C. 电力企业

D. 电力管理部门认定的电能质量技术检测机构

104. 下面哪个不是一般行为规范中接待的基本要求？（ C ）

A. 微笑　　B. 热情　　C. 礼貌　　D. 真诚

105. 勤奋学习、精通业务是对客户服务人员（ D ）行为规范的要求。

A. 高级　　B. 形象　　C. 一般　　D. 基础

106. 在电力系统正常的情况下，供电企业向城市地区年供电可靠率不低于（ A ）。

A. 0.999　　B. 0.99　　C. 0.989　　D. 0.98

107. 在功率因数的补偿中，电容器组利用率最高的是（ C ）。

A. 就地个别补偿　　B. 分组补偿

C. 集中补偿　　D. 分片补偿

108. 最大需量是指用电户在全月中（ C ）内平均最大负荷值。

A. 5min　　B. 10min　　C. 15min　　D. 20min

109. 《供电营业规则》指出：用户用电设备容量在（ B ）及以下或需用变压器在 50kVA 及以下者，可采用低压 380V 供电。

A. 50kW　　B. 100kW　　C. 160kW　　D. 180kW

110. 减少用电容量的期限，应根据用户所提出的申请确定，但最短期限不得少于（ C ）。

A. 1 年　　B. 9 个月　　C. 6 个月　　D. 3 个月

111. （ C ）是一种无功功率源，所以其功率因数总是超前的。

A. 电阻器　　B. 电动机　　C. 电容器　　D. 感应灯

112. 受电设备容量为 800kVA、高压供电的某市人民医院，其调整电费的功率因数标准值应是（ B ）。

A. 0.90　　B. 0.85　　C. 0.80　　D. 0.95

113. 在公用供电设施尚未到达的地区，供电企业可委托有供电能力的直供户向（ A ）的用电户转供电力。

A. 其附近　　B. 效益好　　C. 校区　　D. 非居民

114. 江河堤坝防汛期间的照明用电（ C ）。

A. 按居民生活照明电价收费

B. 按非居民生活照明电价收费

C. 按农业生产电价收费

D. 不收电费

115. 凡实行功率因数调整电费的用户应装设带有防倒装置的或双向（ D ）。

A. 单相电能表　　B. 三相电能表　　C. 有功电能表　　D. 无功电能表

116. 用电计量装置原则上应当安装在（ C ）。

A. 受电设施产权处　　B. 供电设施产权处

C. 供电设施和受电设施产权分界处　　D. 进线开关处

117. 客户使用的电力电量，以（ C ）依法认可的用电计量装置的记录为准。

A. 电力管理部门　　B. 价格管理部门　　C. 计量检定机构　　D. 价格管理部门

118. 我们通常所说的一只 5A 单相电能表，这里的 5A 是指这只电能表的（ A ）。

A. 标定电流　　B. 额定电流　　C. 瞬时电流　　D. 最大额定电流

119. 带互感器的单相感应式电能表，如果电流进出线接反，则（ B ）。

A. 停转　　B. 反转　　C. 正常　　D. 烧表

120. 客户（A）不用电又不办理变更用电手续时，供电部门即作销户处理。

A. 连续6个月　　B. 连续3个月

C. 连续一年及以上　　D. 累计6个月

121. 对于单相供电的家庭照明用户，应该安装（A）。

A. 单相长寿命技术电能表　　B. 三相三线电能表

C. 三相四线电能表　　D. 三相复费率电能表

122. 用户单相用电设备总容量不足（C）kW的可采用低压220V供电。

A. 6　　B. 8　　C. 10　　D. 15

123. 客户需要安装自备发电机，应由客户向供电企业提出，并应符合（B）条件和技术条件，方可安装。

A. 安全　　B. 安装　　C. 可靠　　D. 节能

124. 减少用电容量的期限，应根据用户所提出的申请确定，但最短期限不得少于（B）个月，最长期限不得超过2年。

A. 3　　B. 6　　C. 10　　D. 12

125. 减容期满后的用户以及新装、增容用户，两年内不得申办减容或暂停。如确需继续办理减容或暂停的，减少或暂停部分容量的基本电费应按（A）计算收取。

A. 0.5　　B. 0.6　　C. 0.7　　D. 0.8

126. 用户在每一日历年内，可申请全部（含不通过受电变压器的高压电动机）或部分用电容量的暂时停止用电两次，每次不得少于（C）天，一年累计暂停时间不得超过6个月。

A. 5　　B. 10　　C. 15　　D. 20

127. 暂停期满或每一日历年内累计暂停用电时间超过（B）者，不论用户是否申请恢复用电，供电企业须从期满之日起，按合同约定的容量计收其基本电费。

A. 3个月　　B. 6个月　　C. 9个月　　D. 1年

128. 用户暂拆（因修缮房屋等原因需要暂时停止用电并拆表），应持有关证明向供电企业提出申请。暂拆时间最长不得超过（D）个月。暂拆期间，供电企业保留该用户原容量的使用权。超过暂拆规定时间要求复装接电者，按新装手续办理。

A. 1　　B. 2　　C. 3　　D. 6

129. 用户连续（C）不用电，也不申请办理暂停用电手续者，供电企业须以销户终止其用电。用户需再用电时，按新装用电办理。

A. 2个月　　B. 3个月　　C. 6个月　　D. 1年

130. 城乡建设与改造需迁移供电设施时，供电企业和用户都应积极配合，迁移所需的材料和费用，应（A）解决。

A. 在城乡建设与改造投资中　　B. 由产权所有者投资

C. 由市政费用中　　D. 供电企业

131. 给用户装表接电的期限，自受电装置检验合格并办结相关手续之日起，一般居民用户不超过（A）个工作日，低压电力用户不超过（A）个工作日，高压电力用户不超过（A）个工作日。

A. 3，5，7　　B. 3，7，10　　C. 10，15，20　　D. 3，7，15

132. 向用户提供供电方案的期限，自受理用户用电申请之日起，错误的是（ D ）。

A. 一般居民用户不超过 3 个工作日

B. 低压电力用户不超过 8 个工作日

C. 高压单电源用户不超过 20 个工作日

D. 高压双电源用户不超过 30 个工作日

133. 用户连续 6 个月不用电，也不申请办理暂停手续者，供电企业须以（ C ）终止其用电。

A. 暂停　B. 暂拆　C. 销户　D. 减容

134. 减容期满的用户以及新装、增容用户，（ C ）内不得申请减容或暂停。

A. 半年　B. 1 年　C. 2 年　D. 3 年

135. 非居民客户向供电企业申请用电，受电工程验收合格并办理相关手续后，（ B ）内送电。

A. 3 个工作日　B. 5 个工作日　C. 7 个工作日　D. 10 个工作日

136. 临时用电期限除经供电企业批准外，一般不准超过（ B ）个月。

A. 3　B. 6　C. 9　D. 12

137. 下面不符合国家规定的电压等级系列的是（ B ）。

A. 10kV　B. 22kV　C. 220kV　D. 500kV

138. 供电企业应在用户每一个受电点内按不同电价类别分别安装（ D ）。

A. 负荷装置　B. 考核装置　C. 受电装置　D. 电能计量装置

139. 供电企业与电力用户应签订“供用电合同”，明确双方的权利、义务和（ B ）。

A. 利益　B. 经济责任　C. 要求　D. 制度

140. “供用电合同”是供电企业与用户之间就电力供应与使用等问题经过协商建立供用电关系的一种（ A ）。

A. 法律文书　B. 方法　C. 责任　D. 内容

141. 无功补偿的基本原理是把容性负载与感性负载接在同一电路中，当容性负载（ A ）能量时，感性负载（ A ）能量。

A. 释放（吸收）　B. 释放（释放）　C. 吸收（吸收）　D. 吸收（释放）

142. 若电力用户超过报装容量私自增加电气容量，称为（ B ）。

A. 窃电　B. 违章用电　C. 非法用电　D. 计划外用电

143. 某大工业客户，有 315kVA 受电变压器一台，由于变压器故障，该客户要求临时换一台容量为 560kVA 变压器，使用 1 个月，供电部门应办理（ A ）用电手续。

A. 暂换　B. 减容　C. 暂停　D. 暂拆

144. 大工业用电客户是指受电变压器在（ C ）kVA 以上的工业性质生产用电客户。

A. 100　B. 250　C. 315　D. 630

145. 临时性客户是指需要用电时间短暂，一般不超过（ C ）个月的客户。

A. 1　B. 3　C. 6　D. 12

146. 供用电合同应采取（ B ）形式。

A. 口头 B. 书面 C. 口头或书面 D. 要约

147. 用户减容须在（ C ）前向供电企业提出申请。

A. 10天 B. 7天 C. 5天 D. 3天

148. 用户提出减少用电容量，供电部门应根据用户所提出的期限，使其保留期限最长不超过（ C ）。

A. 半年 B. 1年 C. 2年 D. 3年

149. 暂拆是指暂时停止用电，并（ C ）的简称。

A. 拆除房屋 B. 拆除配电柜 C. 拆除电能表 D. 拆销户名

150. 居民用户以外的其他用户私自移表，应承担（ B ）违约使用电费。

A. 正常月用电量3倍 B. 5000元

C. 500元 D. 50元

151. 因抢救救灾需要紧急供电时，供电企业必须尽速安排供电，所需供电工程费用和应付电费（ B ）。

A. 供电企业减免 B. 依照国家有关规定执行

C. 双方协商解决 D. 政府

152. 对于高压供电用户，一般应在（ A ）计量。

A. 高压侧 B. 低压侧 C. 任意一侧 D. 以上均不对

153. 客户需要改变用电类别的，选择使用（ A ）流程。

A. 改类 B. 改压 C. 新装 D. 减容

154. 客户申请改变供电电压等级的，选择使用（ B ）流程。

A. 改类 B. 改压 C. 新装 D. 减容

155. 凡在供电企业已办理撤表销户的客户，其客户档案（ C ）。

A. 可以立即销毁 B. 保管规定时限后，方可销毁

C. 另行保管，不得销毁 D. 在销户登记后方可销毁

156. 无偿服务和有偿服务的划分原则一般以（ D ）进行划分。

A. 电源点 B. 变电站

C. 计量点 D. 供电设施产权分界点

157. 用户电费违约金的计算：除居民外其他用户跨年度欠费部分每日按欠费总额的（ C ）计算。

A. 1‰ B. 2‰ C. 3‰ D. 4‰

158. 在暂停期限内，用户申请恢复暂停用电容量用电时，须在预定恢复日前5天向供电企业提出申请。暂停时间少于（ C ）天者，暂停期间基本电费照收。

A. 5 B. 10 C. 15 D. 20

159. 装有带负载调整电压装置的电力客户，对其执行的功率因数考核值为（ C ）。

A. 80 B. 85 C. 90 D. 不考核

160. 基本电费以月计算，但新装、增容、变更与终止用电当月的基本电费，可按实用天数（ C ）计算。事故停电、检修停电、计划限电不可减基本电费。

A. 1/20 B. 1/15 C. 1/30 D. 1/28

161. 《功率因数调整电费办法》可起到改善（ C ）、提高供电能力、节约电能的

作用。

A. 合理用电　　B. 生产成本　　C. 电压质量　　D. 经济效益

162. 因供电企业需要移表的，由（ C ）负担费用。

A. 客户　　B. 共同　　C. 供电企业　　D. 电力管理部门

163. 客户内部供电工程竣工检查的内容是（ D ）。

A. 电源进线部分

B. 高压开关柜部分

C. 变压器部分

D. 电源进线、高压开关柜、变压器等部分

164. 受理居民客户用电申请后，应在（ D ）工作日内送电。

A. 6个　　B. 5个　　C. 4个　　D. 3个

165. 客户受电工程设计审核的时间，分别为（ C ）。

A. 高压供电的客户最长不超过10天，低压供电的客户最长不超过5天

B. 高压供电的客户最长不超过20天，低压供电的客户最长不超过7天

C. 高压供电的客户最长不超过1个月，低压供电的客户最长不超过10天

D. 高压供电的客户最长不超过2个月，低压供电的客户最长不超过15天

166. 以架空线进线的低压用户的责任分界点是（ A ）。

A. 接户线末端　　B. 进户线末端　　C. 电能表进线端　　D. 电能表出线端

167. 低压三相用户，当用户最大负荷电流在（ D ）以上时应采用电流互感器。

A. 20A　　B. 25A　　C. 40A　　D. 80A

168. 跨越街道的低压接户线，在通车困难的街道、人行道和一般胡同至路面中心的垂直距离，不应小于（ C ）。

A. 2.5m　　B. 3.0m　　C. 3.5m　　D. 4.0m

169. 因供电企业需要移表的，由（ C ）负担费用。

A. 客户　　B. 共同　　C. 供电企业　　D. 电力管理部门

170. 10kV业扩工程竣工检查的内容是（ D ）。

A. 电源进线部分

B. 高压开关柜部分

C. 变压器部分

D. 电源进线、高压开关柜、变压器等部分

171. 对不同性质的客户，峰谷时段的划分是（ B ）。

A. 不同的　　B. 相同的　　C. 分别对待　　D. 以上都不成立

172. 需求侧管理的实施过程是以（ B ）为中心。

A. 电力生产　　B. 电力客户　　C. 电力需求　　D. 供电企业

173. 电力营销技术支持系统的核心是（ D ）。

A. 负荷管理系统　　B. 自动抄表系统

C. 客户服务系统　　D. 营销管理信息系统

174. 电费核算是电费管理的（ C ）环节，是为提高供电企业经济效益服务的。

A. 基础　　B. 目的　　C. 中枢　　D. 最终

175. 对高供低计方式的客户计算电费时，应加计（ C ）。

A. 线损　　B. 基本电费　　C. 变损　　D. 附加电费

176. 用户减容的期限最短不得超过 6 个月，最长不得超过（ B ）。

A. 1 年　　B. 2 年　　C. 3 年　　D. 4 年

177. 100kVA 及以上高压供电的用户功率因数应达到（ C ）以上。

A. 0.8　　B. 0.85　　C. 0.9　　D. 0.95

178. 在电力系统正常的情况下，城市居民用户受电端电压合格率不低于（ C ）。

A. 0.98　　B. 0.97　　C. 0.96　　D. 0.95

179. 两部制电价把电价分成两个部分：一是以用户用电容量或需量计算的基本电价；一是以用户耗用的电量计算的（ C ）。

A. 有功电价　　B. 无功电价　　C. 电度电价　　D. 调整电价

180. 供电企业用电检查人员实施现场检查时，用电检查人员的人数不得少于（ C ）人。

A. 3　　B. 4　　C. 2　　D. 1

181. 为规范电价管理，认真落实上级电费电价政策，凡涉及供电公司电价、收费的，必须依据（ C ）的文件执行。

A. 国家发改委　　B. 省物价局

C. 省电力公司和供电公司转发　　D. 市物价局

182. 当用电计量装置不安装在产权分界处时，线路和变压器损耗的（ C ）须由产权所有者负担。

A. 有功电量　　B. 无功电量

C. 有功电量和无功电量　　D. 可不加收

183. 除居民生活、商业用电以外的非工业用的电力、电热，其用电容量总容量不足 3kW，而又无其他非工业用电的，执行（ B ）电价。

A. 居民生活照明　　B. 非居民生活照明

C. 普非工业用电　　D. 商业用电

184. 对用电变压器容量超过 315kVA 的污水、垃圾处理用电执行（ A ）。

A. 大工业电价　　B. 普通工业电价

C. 非工业电价　　D. 非居民生活照明

第二节　判　断　题

1. 服务暗访检查的内容包括：网站客户服务质量检查、故障报修响应速度测试、营业厅服务环境检查、营业厅业务办理检查、95598 服务热线服务质量检查、客户访谈。(√)

2. 供电企业提供 24h 电力故障报修服务，供电抢修人员到达现场的时间一般为：城区范围 45min，农村地区 90min，特殊边远地区 2h。(√)

3. 残废人员及行动不便的客户来办理业务时，应上前搀扶，代办填表等事宜，并

请客户留下联系地址和电话以便上门服务。(√)

4. 在接听客户电话的过程中应专心致志地倾听，不得插话打断客户，要等客户讲完后方可提问或确认。(×)

5. 临时用电期限除经供电企业准许外，一般不得超过6个月，逾期不办理延期或永久性正式用电手续的，供电企业应终止供电。(√)

6. 暗访检查工作结束后需将获取的情况整理成相关的文字结果并在内部进行通报，责成存在问题的单位和个人进行整改。(√)

7. 任何单位不得超越电价管理权限制定电价。供电企业可以制定或变更电价。(√)

8. 以变压器容量计算基本电费的客户，其备用的变压器（含高压电动机），属于热备用状态的或未经加封的，不论使用与否都计收基本电费。(√)

9. 对农田水利、市政建设等非永久性用电可供给临时电源。临时用电期限除经供电企业准许外，一般不得超过6个月。(√)

10. 呼叫中心按要求进行电话回访，电话回访率达到：故障报修≥90%，用电业务达到100%，投诉举报达到100%。(√)

11. 用户减容期限内要求恢复用电时，应在5天前向供电企业办理恢复用电手续，基本电费从启封之日起计收。(√)

12. 因自然灾害等原因断电，供电人应当按照国家有关规定及时抢修。未及时抢修，造成用电人损失的，应当承担损害赔偿责任。(√)

13. 用户连续3个月不用电，也不申请办理暂停用电手续者，供电企业须以销户终止其用电。(×)

14. 对用户不同受电点和不同用电类别的用电应分别安装计费电能表。(√)

15. 因事故停电、检修停电、计划限电造成客户停电时，供电企业应扣减客户停电期间的基本电费。(×)

16. 客户通过电话、传真、互联网、留言等形式向呼叫中心咨询查询，座席人员录入客户信息。对于能够即时答复的直接答复客户。否则转业务部门处理。(√)

17. 在发生人身触电时，为了解救触电人，可以不经允许而断开有关设备电源。(√)

18. 专用变压器用户报装容量在315kVA以下者，可采用低压三相四线制计量方式。(√)

19. 居民用户的家用电器损坏后，超过7日后还没提出索赔要求的，供电企业不再负赔偿责任。(√)

20. 用户认为供电企业装设的计费电能表不准时，有权向供电企业提出校验申请，在用户交付验表费后，供电企业应在7天内检验，并将检验结果通知用户。(√)

21. 咨询查询，指电力用户通过电话拨打“95598”，向呼叫中心提出的供用电线路、设备故障报修等业务。(×)

22. 一般情况下选择供电电源应采取就近供电的办法为宜，因为供电距离近，对用户供电的电压质量容易得到保证。(√)

23. 用户向供电企业提出校验表申请，并交付验表费后，供电企业应在15天内校验，并把结果通知用户。(×)

24. 三相电能计量的接线方式中，A、B、C接线为正相序，那么C、B、A就为逆相序。(√)

25. 供电企业对检举、查获窃电或违约用电的有关部门人员应给予奖励。(√)

26. 以变压器容量计算基本电费的用户，属热备用状态的或未经加封的变压器，不论使用与否都计收基本电费。(√)

27. 当用电计量装置安装在产权分界处时，线路与变压器损耗的有功与无功电量均由产权所有者承担。(×)

28. 新增报装客户供电方案答复期限：一般居民客户不超过3个工作日，低压电力客户不超过7个工作日，高压单电源客户不超过15个工作日，高压双电源客户不超过30个工作日。(√)

29. 装表接电是业扩报装全过程的终结，是用户实际取得用电权的标志，也是电力销售计量的开始。(√)

30. 电力客户未申请办理过户手续而私自过户，新客户和原客户都应承担原客户所负债务。(×)

31. "95598"客户服务热线要求工作人员：在应答时要首先向客户报出单位名称和工号，然后问候。(×)

32. 电力有形产品是指营业大厅、营业人员等销售电能有关的物品，无形产品是指用电咨询、供电设备维修等。(√)

33. 电力客户服务系统人工座席接通率＝接通人工座席的客户电话数量/客户拨打电话并选择人工服务电话数量。(√)

34. 到用户现场带电检查时，检查人员应不得少于2人。(√)

35. 执行两部制电价客户专门为调整用电功率因数安装的设备，如电容器、调相机等，也需按容量计收基本电费。(×)

36. 用电检查人员应承担因用电设备不安全引起的任何直接损失和赔偿损失。(×)

37. 城市地区，居民客户端电压合格率不低于96%。(√)

38. 发现有人触电时，应立即将触电者拉开，然后进行急救。(×)

39. 根据沟通的渠道不同，沟通可以分为口头沟通、书面沟通、非语言沟通和电子媒介沟通等形式。(√)

40. 服务的形象，不仅会影响本企业的形象，而且会影响其他企业的形象乃至一个国家、民族的形象。(√)

41. 接到客户报修时，应详细询问故障情况，如判断属客户内部故障，应立即通知抢修部门前去处理。(×)

42. 某居民用电户本月电费为100元，交费时逾期5日，每日按欠费总额的1‰计算电费滞纳违约金，该用户应缴纳的电费违约金为100×(1/1000)×5＝0.5元。(×)

43. 供电企业因供电设施计划检修需要停电时，应当提前3天通知用户或者进行公告。(×)

44. 合理选择电气设备的容量并减少所取用的无功功率是改善功率因数的基本措施，又称为提高自然功率因数。(√)

45. 因用户过错，但由于供电企业责任而使事故扩大造成其他用户损害的，该用户

应承担事故扩大部分50%的赔偿责任。(×)

46. 低压供电业扩工作流程：用户申请→收取费用→调查线路、指定表位→立卡抄表收费。(×)

47. 在人身触电损害赔偿中，赔偿范围不包括精神损害赔偿。(√)

48. 提供24h电力故障报修服务，供电企业工作人员到达现场抢修的时限，自接到报修之时起，城区范围不超过45min，农村地区不超过90min，边远、交通不便地区不超过2h。因天气、交通等原因无法在规定时限内到达现场的，向客户进行解释。(√)

49. 服务需求包括：客户电费、用电业务、法律法规、供电质量、服务质量、停电（计划停电、错峰停电、故障停电、临时停电）、用电业务（抄核收、业扩报装等）、电价等方面的查询、建议和投诉。(√)

50. 供电企业在新装、换装及现场校验后应对用电计量装置加封，客户可以不在凭证上签章。(×)

51. 削峰填谷的目的是节约用电。(×)

52. 私自迁移、更改和擅自操作供电企业的电能计量装置按窃电行为处理。(×)

53. 客户办理迁址后，新址户名应与原址户名相同。(√)

54. 暂停时间少于15天者，暂停期间基本电费照收。(√)

55. 供电企业对欠费用户有催交权和收取违约金权。(√)

56. 供电企业应在用户每个受电点内按不同的电价类别分别装表计量。(√)

57. 电网电压的质量取决于电力系统的无功功率。(√)

58. 系统无功功率不足，电网频率就会降低。(×)

59. 供电企业对申请用电的用户提供的供电方式，应从计划、节约、安全的角度出发。(×)

60. 在电力客户服务中心系统中，自动服务不能满足客户的需要时，人工座席便会通过电话或网站与客户直接对话，来满足客户的需求。(√)

61. 因计算机系统出现故障而影响业务办理时，请客户留下联系电话，以便另约服务时间。(×)

62. 电费收取包括收款、缴款、达账三个环节。(√)

63. 预付费或分次付费的对象原则上是高压客户。(√)

64. 大工业用户电费由基本电费和电度电费两部分构成。(×)

65. 执行单一制电价及功率因数调整用户的电费计算：电费＝目录电度电费＋功率因数调整电费＋代收款及附加费。(√)

66. 峰谷浮动电价不仅对电度电价进行浮动，也对基本电费电价进行浮动。(×)

67. 月末应收电费余额是指按营销口径截止次月5日的电费欠费。(×)

68. 银行委托代扣交费的基本条件是在银行开设一个储蓄或信用卡账户，与银行或供电局签订代扣电费委托授权书，并且保证账户上有足够的资金。(√)

69. 供电方案的有效期是指从供电方案正式通知书发出之日起至受电工程完工之日止。(×)

70. 供用电合同是合同中的一种。(√)

71. 伪造或开启供电企业加封的用电计量装置封印用电，属于违约用电。(×)

72. 用户有权要求供电企业按《供用电合同》供电。同时应遵守《电力法》等法律法规的规定安全用电，有义务向供电企业按时缴付电费并履行《供用电合同》规定的各项义务。(√)

73. 供电企业行使不安抗辩权后，对户主提供适当担保的，供电人应恢复履行合同义务。(√)

74. 供电质量包括供电频率质量、电压质量和供电可靠性三方面。(√)

75. 任何能够提高客户满意程度的内容，均属于客户服务的范畴。(√)

76. “服务永无止境”是南方电网公司的服务理念。(√)

77. 电力客户的用电需求由电力企业说了算。(×)

78. 做好电力客户服务工作是电力企业生存和发展的客观需要。(√)

79. 95598 系统中，抢修销单时，可以根据情况进行销单处理、移交内联处理或移交新的班组处理。(√)

80. 故障处理后，在 95598 系统中，【移交内联部门】或【抢修销单】界面必须填写处理人员、处理内容、用料记录、到达现场时间和完工时间。(×)

81. 95598 系统中【抢修跟踪查询】和【抢修综合查询】只能查询所有的故障单、抢修派工单的处理情况。(×)

82. 电力 95598 客户服务中心不受理客户的用电业务预约业务。(×)

83. 知识库查询时，可以输入问题编号或问题关键字进行模糊查询，如不输入任何内容点击知识库查询则查不出任何内容。(×)

84. 在 95598 系统中，在对客户进行回访时，回访满意度分为非常满意、满意、不满意、无法回访几种。(√)

85. 在 95598 系统中，故障单内联后，在内联派工时，处理部门可以根据情况对内联单进行内联拒工、拒工移交或内联派工。(√)

86. 质量波动，是由人、机器、方法、环境和材料 5 方面的因素变化造成的。(√)

87. 客户接待人员与客户会话时，必须讲普通话。(×)

88. 国家电网公司规定：营业场所单位名称按规定使用统一、规范的国家电网公司标识，公布营业时间。(√)

89. 在接听客户电话的过程中应专心致志地倾听，不得插话打断客户，要等客户讲完后方可提问或确认。(√)

90. 残疾人及行动不便的客户来办理业务时，应上前搀扶，代办填表等事宜，并请客户留下联系地址和电话，以便上门服务。(√)

91. 向客户传递单据时，应该把有文字的一面向上，并使文字正面向着对方。(√)

92. 倒茶的次序是：应该先给客人上茶，再给自己倒茶。客人较多时，应先给主宾上茶，然后按照顺时针方向给其他客人倒茶。(√)

93. 迁移后的新址仍在原供电点，新址用电容量超过原址用电容量的，超过部分按增容办理。(√)

94. 移表是指客户用电计量装置在不同用电地址内的移动。(×)

95. 超过减容期限要求恢复用电的，办理相关手续就可恢复用电。(×)

96. 超过减容期限要求未恢复用电的，应按永久性减容办理。(√)

97. 临时用电结束后，原址用户的用电容量保留，并可办理更名或过户。(×)

98. 对已竣工验收合格具备供电条件的低压用户，送电时间不超过 5 天。(×)

99. 对已竣工验收合格具备条件的高压用户，送电时间不超过 10 天。(×)

100. 用户申请改压，由改压引起的工程费用由供电企业和用户各负担 50%。(×)

101. 用户迁址，迁移后的新址不论是否改变供电点，只收新址用电引起的工程费用。(×)

102. 目前，安装式电子电能表使用最多的有两种测量原理，即时分割乘法器和 MD 转换器。(×)

103. 利用单片机的程序对单片机内部或外部的定时中断（如晶振频率）进行计数，从而计算出实时时间的时钟电路，称为软时钟。(√)

104. 预付费电能表就是指必须先付费才能正确计量的电能表。(×)

105. 为了保证预付费电能表的可靠性及保密性，通常采用可储存密码于磁条中的磁卡。(×)

106. 分户的供电工程投资和材料费用，由供电企业负担。(×)

107. 暂换变压器的使用时间：10kV 及以下的不得超过两个月，35kV 及以上的不得超过 3 个月，逾期不办理手续的，供电企业可终止供电。(√)

108. 客户恢复暂停，对两部制电价客户供电企业应从启封之日起按恢复后的总容量计收基本电费。(√)

109. 因事故停电要扣减基本电费。(×)

110. 大工业客户减容或暂停后，变压器容量已不足实行两部制电价界限的，仍按两部制电价计算。(√)

111. 实行两部制大工业电价中的基本电费暂不执行峰谷电价。(√)

112. 以变压器容量计算基本电费的客户，其备用变压器属热备用状态的不计收基本电费。(×)

113. 计量装置不装在产权分界处时，对产权分界处至低计点之间的客户要加计线路损失。(√)

114. 商业客户的照明部分执行非居民照明电价，动力部分执行商业电价。(×)

115. 客户选用进口或新型设备时，其保护装置必须与供电企业电气设备保护装置配合，并经用电检查部门同意，方可投入运行。(√)

116. 用电检查人员对超过周期未进行试验的客户，未向客户发《用电检查结果通知书》而发生客户因电气设备自身而引发的事故的，视为检查不到位。(√)

117. 受电变压器容量是指投运变压器容量。(×)

118. 居民生活用电不执行功率因数调整电费。(√)

119. 计费电能表应装在产权分界处。如不装在产权分界处，变压器有功、无功损失和线损由产权所有者负担。(√)

120. 居民用户擅自向外转供电的，应承担转供电容量 500 元/kVA 的违约使用电费。(√)

121. 客户每次暂停用电的时间必须是连续的。(√)

122. 某客户申请的用电容量为 100kW，一般要求该客户上专变，采用 10kV 电压

供电。(√)

123. 某学校教学用电，安装 315kVA 变压器一台，该学校电费应按大工业电价计收。(×)

124. 农业育苗、育秧和提高地温等电热用电应执行非居民照明电价。(√)

125. 如果新用户的功率因数未达到规定，供电企业可以拒绝接电。(√)

126. 无偿服务和有偿服务的划分原则以电能表作为分界点进行划分。(×)

127. 在市场经济条件下，优质服务就是效益。(√)

128. 因系统出现故障而影响业务时，如短时间内可以恢复的，应请客户稍候；需较长时间才能恢复工作的，应留下客户的联系电话，再另行预约。(×)

129. 企业的回头客比率越高，市场营销费用就越低。(√)

130. 在顾客对企业服务的判断中起关键性作用的是顾客的期望。(√)

131. 被客户首先访问的工作人员，有责任引导客户办好各种手续，这叫作首问责任制。(√)

132. 承诺必须满足 3 个基本条件：客户需要、企业能力、社会利益。(√)

133. 承诺服务是兑现承诺的过程和具体的行为，是承诺人为了兑现承诺条款所进行的一系列实践活动，是一种动态的服务过程。(√)

134. 电力客户服务工作是社会效益和经济效益的有机统一。(√)

135. 服务性公关是通过提供各种优惠服务来树立良好的企业形象。(√)

136. 客户投诉等于是给企业一个改正的机会。(√)

137. 反映供电质量的主要指标有频率、电压和供电可靠性。(√)

138. 在传输的电功率一定的情况下，供电电压越高线损越小，供电电压越低线损越大。(√)

139. 负荷率是指在一段时间内平均负荷与最大负荷的比率。(√)

140. 供电系统电流和电压产生畸变的主要原因是电子整流换流设备单台容量越来越大，种类也越来越多。(√)

141. 合理地选择配电变压器安装位置和低压配电线路接线方式可降低线路损耗。(√)

142. 用户减容后容量已达不到实施两部制电价规定容量标准时，应改为单一制电价计费。(√)

143. 在供电设施上发生事故引起的法律责任，按供电设施产权归属确定。(√)

144. 制定电价必须以成本为最低界限，它是保证企业进行正常活动的必要条件。(√)

145. 凡不通过专用变压器接用的高压电动机，不应计收基本电费。(×)

146. 客户办理永久性减容的，其认可容量更改为客户申请后的容量。(√)

147. 客户办理暂拆时，应与供电企业结清所有电费。(√)

148. 临时用电的用户，可不安装用电计量装置，只根据用电容量计收电费。(×)

149. 两部制电价中按最大需量计算基本电价时，以用户在 15min 内的月平均最大负荷为依据。(√)

150. 按用户提出的电压、容量等要求提供电力是供电企业的法定义务。(×)

151. 供电企业在接到居民用户因供电线路事故致使家用电器损坏的投诉后，应在 3

日内派员赴现场进行调查、核实。(×)

152. 因用户过错，但由于供电企业责任而使事故扩大造成其他用户损害的，该用户应承担事故扩大部分50%的赔偿责任。(×)

153. 在电价低的供电线路上，擅自接用电价高的设备，除按实际追补差额电费外，还应承担3倍差额电费的违约使用电费。(×)

154. 供电企业必须配备用于临时供电的发电车，以加快故障抢修速度，缩短故障处理时间。(×)

155. 居民家用电器因电力运行事故造成损坏的，从损坏之日起15天内，向供电企业提出索赔要求，供电企业都应受理。(×)

156. 非居民客户向供电企业申请用电，受电装置检验合格并办理相关手续后，5个工作日内送电。(√)

157. 确认有窃电行为的，用电检查人员可以依法予以中止供电，事后向单位领导汇报。(√)

158. 客户由两条线路供电并分别安装最大需量表和按最大需量方式计收基本电费，基本电费按需量值最大的一条线路来计收。(×)

159. 对于总表和各分表及转供户峰谷电量的扣减，各供电公司应依据实际情况或按5∶3∶2的比例按总表和各分类电能表对应时段电量进行扣减。(×)

160. 对于一时难以安装分时段计量表的用电客户，可暂不执行丰枯浮动电价，待表计完善后才予以执行。(×)

161. 某10kV专用配电变压器供电客户，若执行低压电价标准应不再收取配电变压器损耗。(×)

162. 属自来水供应业的用电客户不应执行丰枯峰谷浮动电价。(×)

163. 根据国家规定，城市路灯广告灯箱应执行非居民照明电价。(×)

164.《电力法》指出，我国现行的电价管理政策是：“电价实行统一政策、统一定价原则，分级管理。”(√)

165. 客户认为供电企业装设的计费电能表不准时，有权向供电企业提出校验申请，在客户交付验表费后，供电企业应在7天内检验，并将检验结果通知客户。(√)

166. 电力监管机构可以根据监管工作的需要，在用户中开展供电服务情况调查并向社会公布调查结果。(√)

167.《功率因数调整电费办法》规定用户功率因数的计算中，感性无功和容性无功是绝对值相加的。(√)

168. 当客户逾期交费已超过30日，供电企业可采取停电措施进行催收。(×)

169. 当用电计量装置不安装在产权分界处时，线路与变压器损耗的有功与无功电量应由供电企业负担。(×)

170. 电力客户的用电需求由政府部门确定。(×)

171. 电力企业的销售收入主要是电费收入。(√)

172. 电气化铁道牵引变电站用电执行大工业电价。(√)

173. 对高压供电用户，应在高压侧计量，经双方协商同意，可在低压侧计量，但应加计变压器损耗。(√)

174. 非工业电价和普通工业电价相同，称为非、普工业电价。(√)

175. 改变用电类别简称改类，指客户在正式用电后，由于生产、经营情况及电力用途发生变化而引起用电电价类别的改变。(√)

176. 高供低计用户应按规定加收变压器损耗电量。(√)

177. 供电企业对欠费用户可以立即停止供电。(×)

178. 故意使供电企业用电计量装置不准或者失效的行为属窃电。(√)

179. 实行电力分时计费，可以平衡电网的用电负荷，最大限度地减少资源浪费。(√)

180. 实行峰谷电价的目的是改善电力系统负荷的峰谷差。(√)

181. 市场营销组合是指电力企业综合运用产品市场定位、价格手段、促销手段等适应各个细分市场的需要。(√)

182. 营销服务是涉及生产、计划、调度、配电等业务部门的系统工程，搞好服务工作，提高服务水平，需要各部门、各业务环节协调一致的配合和工作。(√)

183. 当环境温度高于40℃时，仍可按电器的额定电流来选择使用电器。(×)

184. 电力设施包括发电设施、变电设施、电力线路设施及其有关辅助设施。(√)

185. 电力系统中，用户功率因数的变化直接影响系统有功功率和无功功率的比例变化。(√)

186. 电流互感器接入电网时，按相电压来选择。(×)

187. 电流互感器一次侧反接，为确保极性正确，二次侧不能反接。(×)

188. 电路所消耗的谐波有功功率同基波有功功率一样，都是取自发电机。(×)

189. 电网无功功率不足，会造成用户电压偏高。(×)

190. 接到客户报修时，应详细询问故障情况，如判断属客户内部故障，应立即通知抢修部门前去处理。(×)

191. 供电企业受理客户用电申请的方式有：在营业网点的柜台受理、电话受理、网站受理。(√)

192. 满足客户的需求主要包括：①要满足客户对电力产品的全部需求；②要满足客户不断变化的需求；③要满足不同客户的需求。(√)

193. 某客户原报装动力用电，现改为居民生活用电，应为其受理改类申请。(√)

194. 在电能表错接线的情况下测得的电能量与负载实际消耗的电能量之差称为更正系数。(×)

195. 当电力供应不足，不能保证连续供电时，供电企业可自行制定限电序位。(×)

196. 电气设备着火时，可以使用二氧化碳灭火器灭火。(√)

197. 被客户首先访问的工作人员，有责任引导客户办好各种手续，这叫作分工责任制。(×)

第三节 简 答 题

1. 面对居民客户应如何进行“一次性告知”？

答：居民客户应告知：

（1）用户应提供的申请资料，并告知客户可以采用“一证受理”，即提供身份证明签订承诺书，现场勘查时查看房产证明。

（2）客户免填申请单，由受理人员机内完成，确认签字。

（3）用户办理时限（有电网配套工程和无电网配套工程）。

（4）用户办理流程。

（5）自行委托材料供应单位。

（6）客户经理电话。

（7）有偿服务说明［受用户委托，对产权属于用户（由用户投资）的用电设施提供检修、检验、迁移、维修等相关服务的费用等］。

2. 面对非居民客户应如何“一次性告知”？

答：非居民客户应告知：

（1）用户应提供的申请资料，并告知客户可以采用“一证受理”，即提供用电主体资格证明签署承诺书，现场勘查收资。增容客户已有资料或资质证件尚在有效期内，则无需再次提供。

（2）客户办理时限（有电网配套工程和无电网配套工程）。

（3）客户办理流程。

（4）客户可以自行委托有资质的施工单位进行施工，自行选择材料供应单位。

（5）业务费用收取情况（临时接电费收费标准）。

（6）客户经理电话。

（7）有偿服务说明［受用户委托，对产权属于用户（由用户投资）的用电设施提供检修、检验、迁移、维修等相关服务的费用］。

3. 面对高压普通客户应如何“一次性告知”？

答：高压普通客户应告知：

（1）客户应提供的申请资料，并告知客户可以采用“一证受理”，即提供用电主体资格证明签署承诺书，现场勘查收资以及按照承诺书上的时间节点将资料提供齐全。增容客户已有资料或资质证件尚在有效期内，则无需再次提供。

（2）客户办理时限（有电网配套工程和无电网配套工程）。

（3）客户办理流程。

（4）客户可以自行委托有相应等级的设计、施工资质的单位进行设计、施工，自行选择设备供应单位。

（5）业务费用收取情况（临时接电费收费标准）。

（6）竣工报验应提供的资料。

（7）客户经理电话。

（8）有偿服务说明［受用户委托，对产权属于用户（由用户投资）的用电设施提供检修、检验、迁移、维修等相关服务的费用］。

4. 面对高压重要客户应如何“一次性告知”？

答：高压重要客户应告知：

（1）用户应提供的申请资料，并告知客户可以采用“一证受理”，即提供用电主体资格证明签署承诺书，现场勘查收资以及按照承诺书上的时间节点将资料提供齐全；增容客户已有资料或资质证件尚在有效期内，则无需再次提供。

(2) 客户办理时限（有电网配套工程和无电网配套工程）。

(3) 客户办理流程。

(4) 客户可以自行委托有相应等级的设计、施工资质的单位进行设计、施工，自行选择设备供应单位。

(5) 业务费用收取情况（高可靠性供电费收费标准）。

(6) 设计审查需提供的资料。

(7) 竣工报验应提供的资料。

(8) 客户经理电话。

(9) 有偿服务说明［受用户委托，对产权属于用户（由用户投资）的用电设施提供检修、检验、迁移、维修等相关服务的费用］。

5. 居民客户应提交什么申请资料?

答: 需提交的申请资料：

(1) 客户有效身份证明（包括身份证、军人证、护照、户口簿或公安机关户籍证明）。

(2) 房屋产权证明（复印件）或其他证明文书（包括房管部门、村委会等有权部门出具的房屋所有权证明），若用电人委托他人办理业务，还需提供委托书和受托人的有效身份证明。

6. 非居民客户应提交什么申请资料?

答: 需提交的申请资料：

(1) 客户有效身份证明（包括身份证、军人证、护照、户口簿或公安机关户籍证明，若用电人委托他人办理业务，还需提供委托书和受托人的有效身份证明）。

(2) 客户用电主体证明（营业执照或组织机构代码证）。

(3) 房屋产权证明（复印件）或其他证明文书（包括房管部门、村委会等有权部门出具的房屋所有权证明）。

7. 高压普通客户应提交什么申请资料?

答: 需提交的申请资料：

(1) 客户的有效身份证明（包括身份证、军人证、护照、户口簿或公安机关户籍证明，若用电人委托他人办理业务，还需提供委托书和受托人的有效身份证明）。

(2) 客户用电主体证明（包括营业执照或组织机构代码证）。

(3) 主要电气设备清单。

(4) 政府职能部门有关本项目立项的批复、核准、备案文件。

(5) 房屋产权证明或土地权属证明文件。

8. 高压重要客户应提交什么申请资料?

答: 需提交的申请资料：

(1) 客户的有效身份证明（包括身份证、军人证、护照、户口簿或公安机关户籍证明，若用电人委托他人办理业务，还需提供委托书和受托人的有效身份证明）。

(2) 客户用电主体证明（包括营业执照或组织机构代码证）。

(3) 主要电气设备清单。

（4）政府职能部门有关本项目立项的批复、核准、备案文件。

（5）房屋产权证明或土地权属证明文件。

（6）对于煤矿非煤矿山客户需提供采矿许可证、安全生产许可证以及政府主管部门批准文件。

（7）“两高”及其他特殊客户，按照国家要求，加验环评报告等证照资料。

9. 什么是“一证受理”？

答：“一证受理”是将原有居民、非居民、高压客户申请资料必须提供齐全才可受理业务的做法全面简化，客户只需提供用电主体资格证明并签署“承诺书”后，就可以正式受理其用电业务，等到后期再收集资料。

若客户无法在报装时将资料提交齐全，①居民客户：只需提供身份证，并签署居民用电承诺书，现场勘查时查看房屋产权证明。②非居民客户：需提供主体资格证明（营业执照或组织机构代码证），并签署非居民用电承诺书，现场勘查时查看房屋产权证明。③高压客户：需提供主体资格证明（营业执照或组织机构代码证），并签署高压用电承诺书，承诺在××环节前将××资料提供齐全。

10. 什么是“免填单”？

答：“免填单”是前台业务受理人员对前来柜台办理业务的居民、非居民、高压客户实行的一种服务手段，即：无需客户提交用电申请，由柜台人员从系统中打印制式表单，将客户口述内容填入表单，然后打印出由客户签字确定。

11. 什么是“同城异地”受理？

答：“同城异地”受理是指所有营业厅对于前来办理业务的客户，不论办理低压或是高压以及不论是否本地业务，必须全部受理。若确实不在该营业厅办理，应先受理，然后再行转至相应的业务部门。

12. 对于低压客户，在优化流程方面有哪些要求？

答：低压客户实行勘查装表“一岗制”作业，具备直接装表条件的，勘查确定供电方案后当场装表接电；不具备直接装表条件的，现场勘查时答复供电方案，由勘查人员同步提供设计简图和施工要求，根据与客户约定时间或电网配套工程竣工当日装表接电。

13. 如何提高高压供电方案编审效率？

答：取消供电方案分级审批，实行直接开放、网上会签或集中会审，缩短方案答复周期。10kV及以下项目，原则上直接开放，由营销部（客户服务中心）编制供电方案，并经系统推送至发展、运检、调控部门备案；35kV项目，由营销部（客户服务中心）委托经研所编制供电方案，营销部（客户服务中心）组织相关部门进行网上会签或集中会审。110kV及以上项目，由客户委托具备资质的单位开展接入系统设计，发展部委托经研院所根据客户提交的接入系统设计编制供电方案，由发展部组织进行网上会签或集中会审。营销部（客户服务中心）负责统一答复客户供电方案。

14. 如何简化客户工程查验？

答：取消普通客户设计审查和中间检查，实行设计单位资质、施工图纸与竣工资料合并报验。简化重要或有特殊负荷客户的设计审查和中间检查内容，客户内部土建工程、非涉网设备等不作为审查内容；对于重要电力客户，重点查验供电电源配置、自备

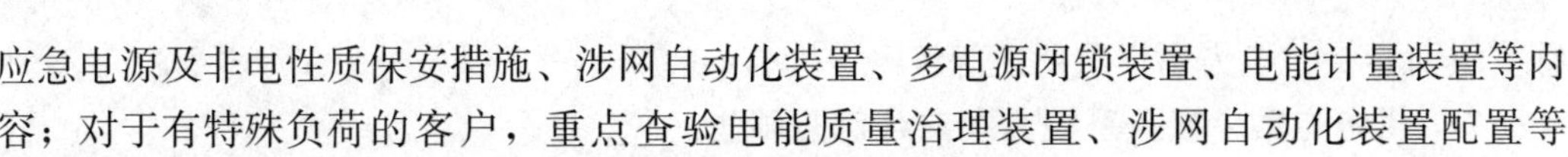

应急电源及非电性质保安措施、涉网自动化装置、多电源闭锁装置、电能计量装置等内容；对于有特殊负荷的客户，重点查验电能质量治理装置、涉网自动化装置配置等内容。

15. 如何优化配套工程建设？

答：低压业扩电网配套工程，按照抢修领料模式管理，年初由运检、营销部门预测全年低压业扩电网配套工程量，统筹列支电网配套工程建设资金。10kV 业扩电网配套工程，设立“业扩配套电网技改项目”和“业扩配套电网基建项目”两个项目包，纳入生产技改和电网基建年度计划，实行打捆管理，年初由省公司编入年度招标采购计划，所需物资纳入协议库存管理。35kV 及以上业扩电网配套工程，按照公司工程管理要求实施。

16. 如何简化竣工检验内容？

答：取消客户内部非涉网设备施工质量、运行规章制度、安全措施等竣工检验内容，优化客户报验资料，实行设计、竣工报验资料一次性提交。竣工检验分为资料审验和现场查验，其中资料审验主要审查设计、施工、试验单位资质，设备试验报告、保护定值调试报告和接地电阻测试报告；现场查验重点检查是否符合供电方案要求，以及影响电网安全运行的设备，包括与电网相连接的设备、自动化装置、电能计量装置、谐波治理装置和多电源闭锁装置等，重要电力客户还应检查自备应急电源配置情况，收集检查相关图影资料并归档。

17. 如何优化停（送）电计划安排？

答：35kV 及以上业扩项目实行月度计划，10kV 及以下业扩项目推广试行周计划管理。营销部（客户服务中心）在受理客户竣工报验申请时，负责与客户洽谈意向接电时间，并将意向接电时间安排送调控、运检部门。运检部门负责确定是否具备不停电作业条件并制订实施方案；调控中心负责组织相关部门协商确定停（送）电时间，并由营销部（客户服务中心）正式答复客户最终接电时间。对于已确定停（送）电时间，因客户原因未实施停（送）电的项目，营销部（客户服务中心）负责与客户确定接电时间调整安排，调控中心组织重新制订停（送）电计划。

18. 信息公开由哪些部门实施？

答：发展部负责电网规划信息；运检部负责变电站、线路负荷受限信息，变电站（开闭所、环网柜）可利用间隔、电缆管沟信息；在建电网配套工程信息由运检部、基建部负责；停（送）电计划由调控中心负责。电网资源信息发布必须符合公司保密要求。

营销部负责发布：各环节业务办理时限，当前业务办理环节及经办人员信息，电网配套工程建设进度，以及业扩项目停（送）电计划安排；高可靠性供电费、临时接电费及其他物价部门出台的业务收费标准和依据。

19. 供电方案主要内容包括哪些？

答：供电方案包括客户用电申请概况、接入系统方案、受电系统方案、计量计费方案、其他事项等 5 部分内容。

20. 供电方案中用电申请概况内容包括哪些？

答：用电申请概况包括户名、用电地址、用电容量、行业分类、负荷特性及分级、保安负荷容量、电力用户重要性等级。

21. 供电方案中接入系统方案内容包括哪些?

答：接入系统方案包括各路供电电源的接入点、供电电压、频率、供电容量、电源进线敷设方式、技术要求、投资界面及产权分界点、分界点开关等接入工程主要设施或装置的核心技术要求。

22. 供电方案中受电系统方案内容包括哪些?

答：受电系统方案包括用户电气主接线及运行方式，受电装置容量及电气参数配置要求；无功补偿配置、自备应急电源及非电性质保安措施配置要求；谐波治理、调度通信、继电保护及自动化装置要求；配电站房选址要求；变压器、进线柜、保护等一、二次主要设备或装置的核心技术要求。

23. 供电方案中计量计费方案内容包括哪些?

答：计量计费方案包括计量点的设置、计量方式、用电信息采集终端安装方案，计量柜（箱）等计量装置的核心技术要求；用电类别、电价说明、功率因数考核办法、线路或变压器损耗分摊办法。

24. 供电方案中“其他事项”内容包括哪些?

答：其他事项包括客户应按照规定交纳的业务费用及收费依据，供电方案有效期，供用电双方的责任和义务，特别是取消设计审查和中间检查后，用电人应履行的义务和承担的责任（包括自行组织设计、施工的注意事项，竣工验收的要求等内容），其他需说明的事宜及后续环节办理有关告知事项。

25. 设计审查重点内容包括?

答：（1）主要电气设备技术参数、主接线方式、运行方式、线缆规格应满足供电方案要求；通信、继电保护及自动化装置设置应符合有关规程；电能计量和用电信息采集装置的配置应符合《电能计量装置技术管理规程》（DL/T 448—2000）、国家电网公司智能电能表以及用电信息采集系统相关技术标准。

（2）对重要电力客户：供电电源配置、自备应急电源及非电性质保安措施等，应满足有关规程、规定的要求。

（3）对特殊负荷（高次谐波、冲击性负荷、波动负荷、非对称性负荷等）客户：电能质量治理装置及预留空间、电能质量监测装置，应满足有关规程、规定要求。

26. 中间检查重点内容包括哪些?

答：中间检查重点包括涉及电网安全的隐蔽工程施工工艺、计量相关设备选型等项目。

27. 竣工检验收资清单包括哪些?

答：（1）高压客户竣工报验申请表。

（2）设计、施工、试验单位资质证书复印件。

（3）工程竣工图及说明。

（4）电气试验及保护整定调试记录，主要设备的型式试验报告。

28. 竣工检验现场查验内容有哪些?

答：（1）电源接入方式、受电容量、电气主接线、运行方式、无功补偿、自备电源、计量配置、保护配置等是否符合供电方案。

（2）电气设备符合国家的政策法规，是否存在使用国家明令禁止的电气产品。

（3）试验项目齐全、结论合格。

（4）计量装置配置和接线符合计量规程要求。

（5）冲击负荷、非对称负荷及谐波源设备是否采取有效的治理措施。

（6）双（多）路电源闭锁装置可靠，自备电源管理完善、单独接地、投切装置符合要求。

（7）重要电力用户保安电源容量、切换时间满足保安负荷用电需求，非电保安措施及应急预案完整有效。

29. 公司关于业扩时限的要求是什么？

答：低压居民客户1个工作日内归档，完成整个流程；低压非居民客户2个工作日内归档，完成整个流程；高压客户供电方案答复不超过15个工作日，设计审核（重要用户）、中间检查（重要用户）、竣工检验、装表接电均不超过5个工作日。

30. 国家电网公司供电服务“十项承诺”中时限要求是什么？

答：供电方案答复期限为居民客户不超过3个工作日，低压电力客户不超过7个工作日，高压单电源客户不超过15个工作日，高压双电源客户不超过30个工作日；装表接电期限为受电工程检验合格并办结相关手续后，居民客户3个工作日内送电，非居民客户5个工作日内送电。

31. 供电企业对用户送审的受电工程设计文件和有关资料审核重点是什么？

答：（1）对低压供电的客户，电能计量和用电信息采集装置的配置应符合《电能计量装置技术管理规程》，国家电网公司智能电能表以及用电信息采集系统相关技术标准进户线缆截面、配电装置应满足电网安全及客户用电要求。

（2）对高压供电的客户，主要电气设备技术参数、主接线方式、运行方式、线缆规格应满足供电方案要求，继电保护、通信、自动装置、接地装置的设置应符合有关规程，进户线缆型号截面、总开关容量应满足电网安全及客户用电的要求，电能计量和用电信息采集装置的配置应符合《电能计量装置技术管理规程》，国家电网公司智能电能表以及用电信息采集系统相关技术标准。

（3）对重要电力客户，自备应急电源及非电性质保安措施还应满足有关规程、规定的要求。

（4）对有非线性阻抗用电设备（高次谐波、冲击性负荷、波动负荷、非对称性负荷等）的客户，还应审核谐波负序治理装置及预留空间、电能质量监测装置是否满足有关规程、规定要求。

32. 用户受电工程竣工报验时，需要向供电企业提供哪些资料？

答：（1）客户竣工验收申请书。

（2）工程竣工图及说明。

（3）变更设计说明。

（4）隐蔽工程的施工及试验记录。

（5）电气试验及保护整定调试报告。

（6）电气工程监理报告和质量监督报告。

（7）安全用具的试验报告。

（8）运行管理的有关规定和制度。

（9）值班人员名单及记录。

（10）其他。

33. 受电工程正式接电前必须具备哪些条件？

答：接电条件包括：启动送电方案已审定，新建的供电工程已验收合格，客户的受电工程已竣工检验合格，《供用电合同》及相关协议已签订，业务相关费用已结清，电能计量装置、用电信息采集终端已安装检验合格，客户电气人员已具备上岗资质，客户安全措施已齐备等。

34. 现场勘查的主要内容包括哪些？

答：现场勘查时，应重点核实客户负荷性质、用电容量、用电类别等信息，结合现场供电条件，初步确定电源、计量、计费方案。勘查的主要内容应包括以下几个方面。

（1）对新装、增容的居民客户，应核定用电容量，确认供电电压、计量装置位置和接户线的路径、长度。其中，新建居民小区客户应现场调查小区规划，初步确定供电电源、供电线路、配电变压器分布位置、低压线缆路径等。

（2）对申请新装、增容用电的非居民客户，应审核客户的用电需求，确定新增用电容量、用电性质及负荷特性，初步确定供电电源、供电电压、供电线路、计量方案、计费方案等。

（3）对拟定的重要电力客户，应根据《国家电监会关于加强重要电力用户供电电源及自备应急电源配置监督管理的意见》，审核客户行业范围和负荷特性，并根据客户供电可靠性的要求以及中断供电危害程度进行分级。

（4）对申请增容的客户，应核对客户名称、用电地址、电能表箱位、表位、表号、倍率等信息，检查电能计量装置和受电装置运行情况。

35. 竣工检验重点项目应包括哪些内容？

答：竣工检验重点项目应包括：线路架设或电缆敷设；高、低压盘（柜）及二次接线检验；继电保护装置及其定值；配电室建设及接地检验；变压器及开关试验；环网柜、电缆分支箱检验；中间检查记录；电力设备入网交接试验记录；运行规章制度及入网工作人员资质检验；安全措施检验等。

36. 业扩报装工作应按照什么原则开展工作？

答：按照“一口对外、便捷高效、三不指定、办事公开”的原则开展工作。

37. 供电企业应为客户提供哪些办理业扩报装业务的渠道？

答：供电企业应为客户提供供电营业厅、95598客户服务热线、网上营业厅等多种报装渠道。供电营业窗口或95598工作人员按照“首问负责制”服务要求指导客户办理用电申请业务，向客户宣传解释政策规定。

38. 电气化铁路牵引站供电方案受电工程设计审核内容主要包括哪些方面的内容？

答：电气化铁路牵引站供电方案受电工程设计审核内容主要包括以下几个方面。

（1）牵引站主设备选型及接线方式、谐波负序治理装置及预留空间、电能质量在线监测装置需符合《电铁牵引站接入系统设计报告》和《电铁牵引站电能质量治理技术方案设计报告》的要求。

（2）电能计量方式及装置配置需符合《电能计量装置技术管理规程》的要求。

（3）继电保护和自动装置的设置需符合《电力装置的继电保护和自动装置设计规范》《继电保护和安全自动装置技术规程》的要求。

（4）铁路方自备应急电源及非电性质应急措施的配置需符合《供电营业规则》《关于加强重要电力用户供电电源及自备应急电源配置监督管理的意见》的要求。

39. 对电气化铁路牵引站受电工程中间检查及竣工验收是如何规定的？

答：（1）在电铁牵引站受电工程施工期间，客户服务中心根据铁路建设单位提供的施工进度计划，依据审核同意的电气化铁路牵引站受电工程设计文件及有关施工标准，对受电工程中的隐蔽工程进行中间检查，并出具书面整改意见，督促其整改。

（2）受电工程竣工后，客户服务中心在受理铁路建设单位竣工报验申请时，应核查竣工报验材料的完整性，包括竣工验收申请报告、工程竣工图、变更设计说明、隐蔽工程的施工及试验记录、电气试验及保护整定调试报告、运行管理的有关规定制度等。

（3）在收到电气化铁路牵引站受电工程竣工检验申请后的5个工作日内，客户服务中心牵头组织相关部门，根据受电工程设计文件、铁路建设单位的竣工报验资料进行预验收。预验收的重点是电气化铁路牵引站主设备选型、进线继电保护和自动装置、谐波负序治理装置、调度通信装置是否与设计文件一致。

（4）预验收后的5个工作日内，网省公司营销部组织发策、生产、基建、调度等部门进行竣工检验，并出具检验报告。

（5）对未按设计进行施工或存在检验不合格项目的受电工程，由客户服务中心出具受电工程缺陷整改通知单，指导铁路建设责任单位整改，并在整改完成后重新检验。

（6）竣工检验合格后，客户服务中心应及时告知铁路建设责任单位竣工检验的结果及接电前的准备事项，并做好相关资料的归档工作。

40. 在受理电气化铁路业扩报装业务申请时，应认真审核哪些有关文件及用电资料？

答：（1）国家批准的电气化铁路立项文件。

（2）政府有关部门批准的电铁牵引站站址规划文件。

（3）网省公司协调机构、铁路建设单位联合审核通过的《电铁牵引站接入系统设计报告》及《电铁牵引站电能质量治理技术方案设计报告》。

（4）铁路建设单位提供的电气化铁路牵引站电气部分基础资料和用电需求文件。

（5）必要的其他材料。

41. 编制电气化铁路牵引站供电方案的原则和要求有哪些？

答：（1）电气化铁路牵引站供电方案应符合国家有关政策、地方经济和社会发展规划及电网建设发展规划，落实差异化设计和负序谐波同步控制原则，满足电气化铁路近期、远期对电力的需求，满足电气化铁路供电可靠性及电能质量的要求。

（2）网省公司营销部依据审核批准的《电气化铁路供电工程可行性研究报告》《电铁牵引站接入系统设计报告》《电铁牵引站电能质量治理技术方案设计报告》及审查意见等文件资料编制供电方案。

（3）网省公司协调机构负责召集相关部门、铁路建设单位对供电方案进行会审，形成《电铁牵引站供电方案意见书》。由客户服务中心以正式文件答复铁路建设单位，并取得其书面确认。

42. 电气化铁路牵引站供电方案包括哪些内容？

答：电气化铁路牵引站供电方案由接入系统方案、受电系统方案、计量方案、计费方案组成。

接入系统方案包括：供电电压等级、供电容量、供电电源位置、供电电源数（单电源或多电源）、供电回路数、路径、出线方式，供电线路敷设等。

受电系统方案包括：进线方式、受电装置容量、主接线、运行方式、继电保护方式、调度通信、保安措施、产权及维护责任分界点、主要电气设备技术参数、谐波负序治理技术要求等。

计量方案包括：计量点与采集点设置，电能计量装置配置类别及接线方式、安装位置、计量方式、用电信息采集终端安装方案等。

计费方案包括：用电类别、电价分类及功率因数执行标准、国家规定的代征基金及附加、线损、电气化铁路供电工程还本付息电价批复文件或测算方案等信息。

43.《国家电网公司业扩供电方案编制导则》规定，哪些用电可实施临时供电？

答：对基建施工、市政建设、抗旱打井、防汛排涝、抢险救灾、集会演出等非永久性用电，可实施临时供电。

44. 电能计量点应如何设置？

答：电能计量点原则上应设置在供电设施与受电设施的产权分界处。如产权分界处不适宜装表的，对专线供电的高压用户，可在供电变压器出口装表计量；对公用线路供电的高压用户，可在用户受电装置的低压侧计量。当用电计量装置不安装在产权分界处时，线路与变压器损耗的有功与无功电量均须由产权所有者负担。

45. 什么叫主供电源、备用电源、自备应急电源？

答：主供电源指能够正常有效且连续为全部用电负荷提供电力的电源。

备用电源指根据客户在安全、业务和生产上对供电可靠性的实际需求，在主供电源发生故障或断电时，能够有效且连续为全部或部分负荷提供电力的电源。

自备应急电源指由客户自行配备的，在正常供电电源全部发生中断的情况下，至少能够满足对客户保安负荷不间断供电的独立电源。

46. 什么是双电源？

答：双电源指由两个独立的供电线路向同一个用电负荷实施的供电。这两条供电线路是由两个电源供电，即由来自两个不同方向的变电站或来自具有两回及以上进线的同一变电站内两段不同母线分别提供的电源。

47. 简述确定供电方案的基本原则。

答：（1）应能满足供用电安全、可靠、经济、运行灵活、管理方便的要求，并留有发展余度。

（2）符合电网建设、改造和发展规划要求，满足客户近期、远期对电力的需求，具有最佳的综合经济效益。

（3）具有满足客户需求的供电可靠性及合格的电能质量。

（4）符合相关国家标准、电力行业技术标准和规程，以及技术装备先进要求，并应对多种供电方案进行技术经济比较，确定最佳方案。

48. 简述确定供电方案的基本要求。

答：（1）根据电网条件以及客户的用电容量、用电性质、用电时间、用电负荷重要程度等因素，确定供电方式和受电方式。

（2）根据重要客户的分级确定供电电源及数量、自备应急电源及非电性质的保安措施配置要求。

（3）根据确定的供电方式及国家电价政策确定电能计量方式、用电信息采集终端安装方案。

（4）根据客户的用电性质和国家电价政策确定计费方案。

（5）客户自备应急电源及非电性质保安措施的配置、谐波负序治理的措施应与受电工程同步设计、同步建设、同步验收、同步投运。

（6）对有受电工程的，应按照产权分界划分的原则，确定双方工程建设出资界面。

49. 重要电力客户是如何分级的？

答：根据对供电可靠性的要求以及中断供电危害程度，重要电力客户可以分为特级、一级、二级重要电力客户和临时性重要电力客户。

50. 什么是特级重要电力客户？

答：特级重要电力客户是指在管理国家事务中具有特别重要作用，中断供电将可能危害国家安全的电力客户。

51. 什么是一级重要电力客户？

答：一级重要电力客户，是指中断供电将可能产生下列后果之一的电力客户。

（1）直接引发人身伤亡的。

（2）造成严重环境污染的。

（3）发生中毒、爆炸或火灾的。

（4）造成重大政治影响的。

（5）造成重大经济损失的。

（6）造成较大范围社会公共秩序严重混乱的。

52. 什么是二级重要电力客户？

答：二级重要电力客户，是指中断供电将可能产生下列后果之一的电力客户。

（1）造成较大环境污染的。

（2）造成较大政治影响的。

（3）造成较大经济损失的。

（4）造成一定范围社会公共秩序严重混乱的。

53. 什么是临时重要电力客户？

答：临时重要电力客户，是指需要临时特殊供电保障的电力客户。

54. 客户设备投运的安全危险点有哪些？

答：（1）多单位工作协调配合不到位，缺乏统一组织。

（2）投运手续不完整，客户工程未竣工检验或检验不合格即送电。

（3）工作现场清理不到位、临时措施未解除，未达到投运标准。

(4) 双电源及自备应急电源与电网电源之间切换装置不可靠。

55. 确定供电电压等级的一般原则是什么?

答: (1) 客户的供电电压等级应根据当地电网条件、客户分级、用电最大需量或受电设备总容量，经过技术经济比较后确定。

(2) 具有冲击负荷、波动负荷、非对称负荷的客户，宜采用由系统变电站新建线路或提高电压等级供电的供电方式。

56. 什么情况宜采用 10kV 供电?

答: 客户受电变压器总容量在 50kVA~10MVA 时（含 10MVA），宜采用 10kV 供电。无 35kV 电压等级的地区，10kV 电压等级的供电容量可扩大到 15MVA。

57. 重要电力客户配置供电电源的一般原则是什么?

答: (1) 特级重要电力客户应具备三路及以上电源供电条件，其中的两路电源应来自两个不同的变电站，当任何两路电源发生故障时，第三路电源能保证独立正常供电。

(2) 一级重要电力客户应采用双电源供电，二级重要电力客户应采用双电源或双回路供电。

(3) 临时性重要电力客户按照用电负荷重要性，在条件允许情况下，可以通过临时架线等方式满足双电源或多电源供电要求。

58. 供电电源点确定的一般原则是什么?

答: (1) 电源点应具备足够的供电能力，能提供合格的电能质量，满足客户的用电需求，保证接电后电网安全运行和客户用电安全。

(2) 对多个可选的电源点，应进行技术经济比较后确定。

(3) 根据客户分级和用电需求，确定电源点的回路数和种类。

(4) 根据城市地形、地貌和城市道路规划要求，就近选择电源点。路径应短捷顺直，减少与道路交叉，避免近电远供、迂回供电。

59.《国家电网公司业扩供电方案编制导则》规定居住区住宅用电容量配置原则是什么?

答: 居住区住宅用电容量配置原则如下。

(1) 居住区住宅以及公共服务设施用电容量的确定应综合考虑所在城市的性质、社会经济、气候、民族、习俗及家庭能源使用的种类，同时满足应急照明和消防设施要求。

(2) 建筑面积在 $50m^2$ 及以下的住宅用电每户容量宜不小于 4kW，大于 $50m^2$ 的住宅用电每户容量宜不小于 8kW。

(3) 配电变压器容量的配置系数，应根据住宅面积和各地区用电水平，由各省（自治区、直辖市）电力公司确定。

60. 什么是自备应急电源?

答: 自备应急电源是指由客户自行配备的，在正常供电电源全部发生中断的情况下，能够至少满足对客户保安负荷不间断供电的独立电源。

61. 自备应急电源配置的一般原则是什么?

答: (1) 重要电力客户应配置自备应急电源及非电性质的保安措施，满足保安负荷应急供电需要。对临时性重要电力客户可以租用应急发电车（机）满足保安负荷供电要求。

(2) 自备应急电源配置容量应至少满足全部保安负荷正常供电的需要。有条件的可设置专用应急母线。

(3) 自备应急电源的切换时间、切换方式、允许停电持续时间和电能质量应满足客户安全要求。

(4) 自备应急电源与电网电源之间应装设可靠的电气或机械闭锁装置，防止倒送电。

(5) 对于环保、防火、防爆等有特殊要求的用电场所，应选用满足相应要求的自备应急电源。

62. 非电性质保安措施配置的一般原则有哪些?

答: 非电性质保安措施应符合客户的生产特点、负荷特性，满足无电情况下保证客户安全的需要。

63. 重要客户的运行方式有哪些?

答: (1) 特级重要客户可采用两路运行：一路热备用运行方式。

(2) 一级客户可采用以下运行方式。

1) 两回及以上进线同时运行互为备用。

2) 一回进线主供、另一回热备用。

(3) 二级客户可采用以下运行方式。

1) 两回及以上进线同时运行。

2) 一回进线主供、另一回冷备用。

(4) 不允许出现高压侧合环运行的方式。

64. 供电企业对申请临时用电的客户收取什么费用? 如何规定?

答: 供电企业对申请临时用电的客户收取临时接电费用。办理临时用电的电力客户应与供电企业以合同方式约定临时用电期限并预交相应容量的临时接电费用。临时用电期限一般不超过3年。在合同约定期限内结束临时用电的，预交的临时接电费用全部退还用户；确需超过合同约定期限的，由双方另行约定。

65. 《国家电网公司业扩供电方案编制导则》中对确定电能计量方式有何规定?

答: (1) 低压供电的客户，负荷电流为60A及以下时，电能计量装置接线宜采用直接接入式；负荷电流为60A以上时，宜采用经电流互感器接入式。

(2) 高压供电的客户，宜在高压侧计量；但对10kV供电且容量在315kVA及以下、35kV供电且容量在500kVA及以下的，高压侧计量确有困难时，可在低压侧计量，即采用高供低计方式。

(3) 有两条及以上线路分别来自不同电源点或有多个受电点的客户，应分别装设电能计量装置。

(4) 客户一个受电点内不同电价类别的用电，应分别装设电能计量装置。

(5) 有送、受电量的地方电网和有自备电厂的客户，应在并网点上装设送、受电电能计量装置。

66. 非线性负荷设备的主要种类有哪些?

答: (1) 换流和整流装置，包括电气化铁路、电车整流装置、动力蓄电池用的充电设备等。

（2）冶金部门的轧钢机、感应炉和电弧炉。

（3）电解槽和电解化工设备。

（4）大容量电弧焊机。

（5）大容量、高密度变频装置。

（6）其他大容量冲击设备的非线性负荷。

67. 依据《国家电网公司业扩供电方案编制导则》规定，100kVA 及以上高压供电的电力客户、其他电力客户和大、中型电力排灌站、趸购转售电企业和农业用电功率因数分别有什么要求？

答：电力客户功率因数要求：100kVA 及以上高压供电的电力客户，在高峰负荷时的功率因数不宜低于 0.95；其他电力客户和大、中型电力排灌站、趸购转售电企业，功率因数不宜低于 0.90；农业用电功率因数不宜低于 0.85。

68. 无功补偿装置的配置原则是什么？

答：无功电力应分层分区、就地平衡。客户应在提高自然功率因数的基础上，按有关标准设计并安装无功补偿设备。为提高客户电容器的投运率，并防止无功倒送，宜采用自动投切方式。

69. 无功补偿容量如何确定？

答：（1）电容器的安装容量，应根据客户的自然功率因数计算后确定。

（2）当不具备设计计算条件时，电容器安装容量的确定应符合下列规定。

1）35kV 及以上变电站可按变压器容量的 10%～30%确定。

2）10kV 变电站可按变压器容量的 20%～30%确定。

70. 继电保护设置的基本原则是什么？

答：（1）客户变电站中的电力设备和线路，应装设反映短路故障和异常运行的继电保护和安全自动装置，满足可靠性、选择性、灵敏性和速动性的要求。

（2）客户变电站中的电力设备和线路的继电保护应有主保护、后备保护和异常运行保护，必要时可增设辅助保护。

（3）10kV 及以上变电站宜采用数字式继电保护装置。

71. 哪些用户需要实行电力调度管理？

答：（1）受电电压在 10kV 及以上的专线供电客户。

（2）有多电源供电、受电装置的容量较大且内部接线复杂的客户。

（3）有两回路及以上线路供电，并有并路倒闸操作的客户。

（4）有自备电厂并网的客户。

（5）重要电力客户或对供电质量有特殊要求的客户等。

72. 对不同用户通信和自动化的要求有哪些？

答：（1）35kV 及以下供电、用电容量不足 8000kVA 且有调度关系的客户，可利用用电信息采集系统采集客户端的电流、电压及负荷等相关信息，配置专用通信市话与调度部门进行联络。

（2）35kV 供电、用电容量在 8000kVA 及以上或 110kV 及以上的客户宜采用专用光纤通道或其他通信方式，通过远动设备上传客户端的遥测、遥信信息，同时应配置专用通信市话或系统调度电话与调度部门进行联络。

(3) 其他客户应配置专用通信市话与当地供电公司进行联络。

73. 确定供电方案时，用电信息采集终端的配置是怎么要求的?

答: 所有电能计量点均应安装用电信息采集终端。根据应用场所的不同选配用电信息采集终端。对高压供电的客户配置专变采集终端，对低压供电的客户配置集中抄表终端，对有需要接入公共电网分布式能源系统的客户配置分布式能源监控终端。

74. 什么是应急供电系统（安全设施供电系统）?

答: 应急供电系统（安全设施供电系统）是用来维持电气设备和电气装置运行的供电系统，主要是为了人体和家畜的健康和安全，和（或）为避免对环境或其他设备造成损失以符合国家规范要求。

75. 什么是分布式电源?

答: 分布式电源主要是指布置在电力负荷附近，能源利用效率高并与环境兼容，可提供电、热（冷）的发电装置，如微型燃气轮机、太阳能光伏发电、燃料电池、风力发电和生物质能发电等。

76. 何谓一级、二级、三级用电负荷?

答: (1) 符合下列情况之一时，应视为一级负荷。

1) 中断供电将造成人身伤害时。

2) 中断供电将在经济上造成重大损失时。

3) 中断供电将影响重要用电单位的正常工作。

(2) 在一级负荷中，当中断供电将造成人员伤亡或重大设备损坏或发生中毒、爆炸和火灾等情况的负荷，以及特别重要场所的不允许中断供电的负荷，应视为一级负荷中特别重要的负荷。

(3) 符合下列情况之一时，应视为二级负荷。

1) 中断供电将在经济上造成较大损失时。

2) 中断供电将影响较重要用电单位的正常工作。

(4) 不属于一级和二级负荷者应为三级负荷。

77. 一级负荷中特别重要的负荷供电，应符合哪些要求?

答: 一级负荷中特别重要的负荷供电，应符合下列要求。

(1) 除应由双重电源供电外，尚应增设应急电源，并严禁将其他负荷接入应急供电系统。

(2) 设备的供电电源的切换时间，应满足设备允许中断供电的要求。

78. 哪些电源可作为应急电源?

答: 下列电源可作为应急电源。

(1) 独立于正常电源的发电机组。

(2) 供电网络中独立于正常电源的专用的馈电线路。

(3) 蓄电池。

(4) 干电池。

79. 根据允许中断供电的时间，用户应如何选择应急电源?

答: (1) 允许中断供电时间为15s以上的供电，可选用快速自启动的发电机组。

(2) 自投装置的动作时间能满足允许中断供电时间的，可选用带有自动投入装置的独立于正常电源的专用馈电线路。

(3) 允许中断供电时间为毫秒级的供电，可选用蓄电池静止型不间断供电装置、蓄电池机械贮能电机型不间断供电装置或柴油机不间断供电装置。

80. 符合哪些条件之一时，用户宜设置自备电源?

答: 符合下列条件之一时，用户宜设置自备电源。

(1) 需要设置自备电源作为一级负荷中的特别重要负荷的应急电源时或第二电源不能满足一级负荷的条件时。

(2) 设置自备电源比从电力系统取得第二电源经济合理时。

(3) 有常年稳定余热、压差、废弃物可供发电，技术可靠、经济合理时。

(4) 所在地区偏僻，远离电力系统，设置自备电源经济合理时。

(5) 有设置分布式电源的条件，能源利用效率高、经济合理时。

81. 在哪些情况下，变电站中的变压器应采用有载调压变压器?

答: 符合下列情况之一的变电站中的变压器，应采用有载调压变压器。

(1) 大于 35kV 电压的变电站中的降压变压器，直接向 35kV、10kV、6kV 电网送电时。

(2) 35kV 降压变电站的主变压器，在电压偏差不能满足要求时。

82. 为减小电压偏差，供配电系统的设计应符合哪些要求?

答: 为减小电压偏差，供配电系统的设计应符合下列要求。

(1) 应正确选择变压器的变压比和电压分接头。

(2) 应降低系统阻抗。

(3) 应采取补偿无功功率措施。

(4) 宜使三相负荷平衡。

83. 对波动负荷的供电，除电动机启动时允许的电压下降情况外，当需要降低波动负荷引起的电网电压波动和电压闪变时，宜采取哪些措施?

答: 对波动负荷的供电，除电动机启动时允许的电压下降情况外，当需要降低波动负荷引起的电网电压波动和电压闪变时，宜采取下列措施。

(1) 采用专线供电。

(2) 与其他负荷共用配电线路时，降低配电线路阻抗。

(3) 较大功率的波动负荷或波动负荷群与对电压波动、闪变敏感的负荷，分别由不同的变压器供电。

(4) 对于大功率电弧炉的炉用变压器，由短路容量较大的电网供电。

(5) 采用动态无功补偿装置或动态电压调节装置。

84. 控制各类非线性用电设备所产生的谐波引起的电网电压正弦波形畸变率，宜采取哪些措施?

答: 控制各类非线性用电设备所产生的谐波引起的电网电压正弦波形畸变率，宜采取下列措施。

(1) 各类大功率非线性用电设备变压器，由短路容量较大的电网供电。

(2) 对大功率静止整流器，采用增加整流变压器二次侧的相数和整流器的整流脉冲数，或采用多台相数相同的整流装置，并使整流变压器的二次侧有适当的相角差，或按谐波次数装设分流滤波器。

（3）选用D，yn11接线组别的三相配电变压器。

85. 设计低压配电系统时，宜采取哪些措施以降低三相低压配电系统的不对称度？

答：设计低压配电系统时，宜采取下列措施以降低三相低压配电系统的不对称度。

（1）220V或380V单相用电设备接入220V/380V三相系统时，宜使三相平衡。

（2）由地区公共低压电网供电的220V负荷，线路电流小于等于60A时，可采用220V单相供电；大于60A时，宜采用220V/380V三相四线制供电。

86. 采用并联电力容器作为无功补偿装置时，应符合哪些要求？

答：采用并联电力容器作为无功补偿装置时，宜就地平衡补偿，并符合下列要求。

（1）低压部分的无功功率，应由低压电容器补偿。

（2）高压部分的无功功率，宜由高压电容器补偿。

（3）容量较大，负荷平稳且经常使用的用电设备的无功功率，宜单独就地补偿。

（4）补偿基本无功功率的电容器组，应在配变电所内集中补偿。

（5）在环境正常的建筑物内，低压电容器宜分散设置。

87. 什么情况时宜采用手动投切的无功补偿装置？

答：无功补偿装置的投切方式，具有下列情况之一时，宜采用手动投切的无功补偿装置。

（1）补偿低压基本无功功率的电容器组。

（2）常年稳定的无功功率。

（3）经常投入运行的变压器或每天投切次数少于三次的高压电动机及高压电容器组。

88. 什么情况时宜装设无功自动补偿装置？

答：无功补偿装置的投切方式，具有下列情况之一时，宜装设无功自动补偿装置。

（1）避免过补偿，装设无功自动补偿装置在经济上合理时。

（2）避免在轻载时电压过高，造成某些用电设备损坏，而装设无功自动补偿装置在经济上合理时。

（3）只有装设无功自动补偿装置才能满足在各种运行负荷的情况下的电压偏差允许值时。

89. 如何确定无功自动补偿的调节方式？

答：无功自动补偿的调节方式，宜根据下列要求确定。

（1）以节能为主进行补偿时，宜采用无功功率参数调节；当三相负荷平衡时，也可采用功率因数参数调节。

（2）提供维持电网电压水平所必要的无功功率及以减少电压偏差为主进行补偿时，应按电压参数调节，但已采用变压器自动调节者除外。

（3）无功功率随时间稳定变化时，宜按时间参数调节。

90. 电容器分组时，应满足哪些要求？

答：电容器分组时，应满足下列要求。

（1）分组电容器投切时，不应产生谐振。

（2）应适当减少分组组数和加大分组容量。

（3）应与配套设备的技术参数相适应。

（4）应符合满足电压偏差的允许范围。

91. 重要电力用户的自备应急电源配置应符合哪些要求？

答：重要电力用户的自备应急电源配置应符合以下要求。

（1）自备应急电源配置容量标准应达到保安负荷的120%。

（2）自备应急电源启动时间应满足安全要求。

（3）自备应急电源与电网电源之间应装设可靠的电气或机械闭锁装置，防止倒送电。

（4）临时性重要电力用户可以通过租用应急发电车（机）等方式，配置自备应急电源。

92. 重要电力用户的自备应急电源在使用过程中应杜绝和防止哪些情况发生？

答：重要电力用户的自备应急电源在使用过程中应杜绝和防止以下情况发生。

（1）自行变更自备应急电源接线方式。

（2）自行拆除自备应急电源的闭锁装置或者使其失效。

（3）自备应急电源发生故障后长期不能修复并影响正常运行。

（4）擅自将自备应急电源引入，转供其他用户。

（5）其他可能发生自备应急电源向电网倒送电的。

93. 业扩受理的危险点有哪些？如何预控？

答：业扩受理的危险点有：客户申请资料不完整或与实际不符，致后续环节存在安全隐患。

预控措施：受理环节严格按照《业扩报装工作规范》，全面收集客户信息。对于资料欠缺或不完整的，应告知客户先行补充完整后再报装。

94. 业扩现场勘查危险点有哪些？如何预控？

答：危险点有：

（1）现场勘察工作，误碰带电设备造成人身伤亡。

（2）误入运行设备区域、客户生产危险区域。

（3）查看带电设备时，安全措施不到位，安全距离无法保证。

（4）现场通道照明不足，基建工地易发生高空落物，碰伤、扎伤、摔伤等意外情况。

预控措施：

（1）进入带电设备区现场勘查工作至少两人共同进行，实行现场监护。勘查人员应掌握带电设备的位置，与带电设备保持足够安全距离，注意不要误碰、误动、误登运行设备。

（2）工作班成员应在客户电气工作人员的带领下进入工作现场，并在规定的工作范围内工作，做到对现场危险点、安全措施等情况清楚了解。

（3）进入带电设备区设专人监护，严格监督带电设备与周围设备及工作人员的安全距离是否足够，不得操作客户设备。对客户设备状态不明时，均视为运行设备。

（4）进入客户设备运行区域，必须穿工作服、戴安全帽，携带必要照明器材。需攀登杆塔或梯子时，要落实防坠落措施，并在有效的监护下进行。不得在高空落物区通行或逗留。

95. 供电方案拟定与执行危险点有哪些？如何预控？

答：危险点有：

（1）供电方案制订中存在缺陷和安全隐患。

（2）擅自变更供电方案。

预控措施：

（1）提高业扩勘查质量，严格审核客户用电需求、负荷特性、负荷重要性、生产特性、用电设备类型等，掌握客户用电规划；严格执行《供电营业规则》《国家电网公司业扩供电方案编制导则》《关于加强重要电力客户供电电源及自备应急电源配置监督管理的意见》等规定；供电企业内部要建立供电方案审查的相关制度，规范供电方案的审查工作。

（2）供电方案出现变更。因客户原因造成变更的，应书面通知客户重新办理用电申请；因电网原因造成变更的，应与客户协商，重新确定供电方案后并书面答复客户。

96. 受电工程设计审查危险点有哪些？如何预控？

答：危险点有：

（1）客户提供的受电工程设计资料和其他相关资料不全，设计单位资质不合规定。

（2）供电企业审核人员审核错漏造成客户工程安全隐患。

（3）设计不符合规范要求，存在装置性安全隐患。

（4）电气设备防误操作措施缺失或不完整。

预控措施：

（1）严格审核设计单位资质，审核客户受电工程设计文件和有关资料的完整性、准确性。

（2）供电企业内部建立设计资料审核的相关制度，规范设计资料审核工作的内容。

（3）严格按照国家、行业电气设计规范（标准），审查客户设计资料，杜绝装置性隐患。

（4）客户电气主设备应具有完善的“五防”连锁功能，有效防止误操作，并配置带电或故障指示器。配电装置有倒送电源时，应装设有带电显示功能的强制闭锁。

97. 中间检查危险点有哪些？如何预控？

答：危险点有：

（1）误碰带电设备触电、误入运行设备区域触电、误入生产危险区域触电。

（2）现场通道照明不足，基建工地易发生高空落物，碰伤、扎伤、摔伤等意外。

（3）现场安装设备与审核合格的设计图纸不符，私自改变接线方式或运行方式。

预控措施：

（1）中间检查工作至少两人共同进行。要求客户方或施工方进行现场安全交底，做好相关安全技术措施，确认工作范围内的设备已停电、安全措施符合现场工作需要，明确设备带电与不带电部位、施工电源供电区域，不得随意触碰、操作现场设备，防止触电伤害。

（2）进入客户设备运行区域，必须穿工作服、戴安全帽，携带必要照明器材。需攀登杆塔或梯子时，要落实防坠落措施，并在有效的监护下进行。不得在高空落物区通行或逗留。

（3）客户工程中间检查的重点包括检查隐蔽工程质量，有无装置性违章问题，是否与审核合格的设计图纸相符，有无对电网安全影响的隐患。检查合格后才能进行后续工程施工。中间检查时发现的隐患，及时出具书面整改意见，督导客户落实整改措施，形成闭环管理。

98. 竣工检验危险点有哪些？如何预控？

答：危险点有：

（1）误碰带电设备触电、误入运行设备区域触电、误入生产危险区域触电。

（2）客户竣工报验资料和手续不全。

（3）多专业、多班组工作协调配合不到位出现组织措施、技术措施缺失或不完整。

（4）客户工程未竣工检验或检验不合格即送电。

（5）现场安装设备与审核合格的设计图纸不符，私自改变接线方式或运行方式。

（6）现场通道照明不足，基建工地易发生高空落物，碰伤、扎伤、摔伤等意外。

预控措施：

（1）竣工检验工作至少两人共同进行。要求客户方或施工方进行现场安全交底，做好相关安全技术措施，确认工作范围内的设备已停电、安全措施符合现场工作需要，明确设备带电与不带电部位、施工电源供电区域，竣工检验中工作人员不得擅自操作客户设备，确需操作的，也必须由客户专业人员进行。

（2）严把报验资料关，报验资料不完整、施工单位资质不符要求等情况，不安排竣工检验。

（3）涉及多专业、多班组参与的项目，由竣工检验现场负责人牵头（客服中心），由各相关专业技术人员参加，成立检验小组。现场负责人对工作现场进行统一安全交底，明确职责，各专业负责落实相关安全措施和责任。现场负责人应做好现场协调工作。工作必须由客户方或施工方熟悉环境和电气设备的人员配合进行。

（4）对未经检验或检验不合格已经接电的客户受电工程，必须立即采取停电措施，严肃处理有关责任人和责任单位，按照公司统一的业扩报装程序重新办理业扩报装竣工报验手续。

（5）严格按照电气装置安装工程设计、施工和验收标准与规范进行检验，竣工检验时发现的隐患，及时出具书面整改意见，督导客户落实整改措施，形成闭环管理。复验合格后，方可安排投运工作。

（6）在竣工检验工作中，必须穿工作服、戴安全帽、携带照明器材。需攀登杆塔或梯子时，要落实防坠落措施，并在有效的监护下进行。不得在高空落物区通行或逗留。

99. 供电企业在受理客户受电工程中间检查报验申请后，应如何开展中间检查？

答：供电企业在受理客户受电工程中间检查报验申请后，应及时组织开展中间检查。发现缺陷的，应一次性书面通知客户整改。复验合格后方可继续施工。

（1）现场检查前，应提前与客户预约时间，告知检查项目和应配合的工作。

（2）现场检查时，应查验施工企业、试验单位是否符合相关资质要求，检查施工工艺、建设用材、设备选型等项目，并记录检查情况。对检查中发现的问题，应以《受电工程缺陷整改通知单》的形式一次性通知客户整改。客户整改完成后，应报请供电企业复验。复验合格后方可继续施工。

（3）中间检查合格后，以《受电工程中间检查结果通知单》形式书面通知客户。

（4）对未实施中间检查的隐蔽工程，应书面向客户提出返工要求。

100. 高低压供电客户受电工程受理中间检查的期限如何规定？

答：受理客户受电工程中间检查的期限规定为，自接到客户申请之日起，低压供电客户不超过3个工作日，高压供电客户不超过5个工作日。

101. 受理客户用电申请时，营业受理人员应告知客户哪些内容？

答：主动向客户提供《客户业扩报装办理告知书》，告知办理用电需提供的资料、办理的基本流程、相关的收费项目和标准。

102. 什么是冷备用，热备用？

答：热备用指设备（不包括带串补装置的线路和串补装置）开关断开，而刀闸仍在合闸位置。

冷备用指线路、母线等电气设备的开关断开，其两侧刀闸和相关接地刀闸处于断开位置。

103. 在受理高耗能、高排放行业用电申请时需要客户提供哪些政府许可文件？

答：政府主管部门立项或批复文件，环境评估报告、土地预审批文等。

104. 简述供用电安全风险的主要内容。

答：供用电安全风险是指在电力供应与使用过程中，由于业扩报装管理不规范、客户电气设备带缺陷运行、重要客户安全隐患未及时有效治理、未依法签订并履行供用电合同等原因，引起的客户设备损坏、人身伤亡、异常停电等安全用电事故风险。

105. 具体阐述业扩管理风险的主要内容。

答：业扩管理风险主要有：因用电项目审核不严、客户重要负荷识别不准确、供电方案制订不合理、受电工程设计审核不到位、中间检查和竣工检验不规范等原因，引起的重要客户供电方式不符合安全可靠性要求、客户受电装置带隐患接入电网等风险。

106. 对高压供电客户受电工程设计文件审核的重点有哪些？

答：对高压供电客户受电工程设计文件审核的重点包括：主要电气设备技术参数、主接线方式、运行方式、线缆规格应满足供电方案要求；继电保护、通信、自动装置、接地装置的设置应符合有关规程；进户线缆型号截面、总开关容量应满足电网安全及客户用电的要求；电能计量和用电信息采集装置的配置应符合《电能计量装置技术管理规程》、国家电网公司智能电能表以及用电信息采集系统相关技术标准。

107. 试述供用电法律风险的主要内容。

答：法律风险：因供用电合同条款不完备、产权归属与运行维护责任不清晰、合同未签或过期、停限电操作不规范等原因，引起的客户安全用电事故由供电企业承担相应的法律责任等风险。

108. 什么是受电点？

答：受电点即用电人受电装置所处的位置。为接受供电网供给的电力，并能对电力进行有效变换、分配和控制的电气设备，如高压用户的一次变电站（所）或变压器台、开关站，低压用户的配电室、配电屏等，都可称为用电人的受电装置。

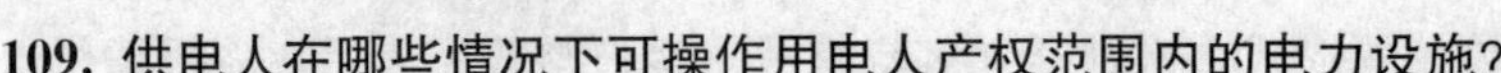

109. 供电人在哪些情况下可操作用电人产权范围内的电力设施？

答：供电人不得擅自操作用电人产权范围内的电力设施，但下列情况除外。

（1）可能危及电网和用电安全。

（2）可能造成人身伤亡或重大设备损坏。

（3）供电人依法或依合同约定实施停电。

供电人实施前款行为时，应遵循合理、善意的原则，并及时告知用电人，最大限度减少损失发生。

110. 有哪些事项发生，用电人应及时通知供电人？

答：如有以下事项发生，用电人应及时通知供电人。

（1）用电人发生重大用电安全事故及人身触电事故。

（2）电能质量存在异常。

（3）电能计量装置计量异常、失压断流记录装置的记录结果发生改变、用电信息采集装置运行异常。

（4）用电人拟对受电装置进行改造或扩建、用电负荷发生重大变化、重要受电设施检修安排以及受电设施运行异常。

（5）用电人拟作资产抵押、重组、转让、经营方式调整、名称变化、发生重大诉讼、仲裁等，可能对本合同履行产生重大影响的。

（6）用电人其他可能对本合同履行产生重大影响的情况。

111. 供用电合同包括哪些？

答：供用电合同包括：高压供用电合同，低压供用电合同，临时供用电合同，趸购电合同，委托转供电合同，居民供用电合同等。

112. 承揽受电工程施工的单位应具备哪些资质？

答：应具备政府有权部门颁发的承装（修、试）电力设施许可证、建筑业企业资质证书、安全生产许可证。

113. 供电企业对申请新装及增加用电容量的两路及以上多回路供电客户收取什么费用？如何计收？

答：供电企业对申请新装及增加用电容量的两路及以上多回路供电客户收取高可靠性供电费用。对申请新装及增加用电容量的两路及以上多回路供电（含备用电源、保安电源）用电户，在国家没有统一出台高可靠性电价政策前，除供电容量最大的供电回路外，对其余供电回路可适当收取高可靠性供电费用。

114. 什么是分布式电源？

答：国家电网所称分布式光伏发电是指：

第一类：10kV 及以下电压等级接入，且单个并网点总装机容量不超过 6MW 的分布式电源。

第二类：35kV 电压等级接入，年自发自用电量大于 50%的分布式电源；或 10kV 电压等级接入且单个并网点总装机容量超过 6MW，年自发自用电量大于 50%的分布式电源。

包括太阳能、天然气、生物质能、风能、地热能、海洋能、资源综合利用发电等类型。

115. 什么情况下选择分布式电源发电的电能消纳方式？

答：可将分布式电源项目分为全部上网、全部自用、自发自用余电上网三种。接入用户内部电网的分布式电源项目可自行选择电能消纳方式，用户不足电量由电网提供。各级供电公司均应按国家规定的电价标准全额收购上网电量，为享受国家电价补贴的分布式电源项目提供补贴计量和结算服务。

116. 分布式电源并网服务工作的一般原则是什么？

答：（1）国家电网公司积极为分布式电源项目接入电网提供便利条件，为接入系统工程建设开辟绿色通道，简化程序，并保证物资供应、工程进度、工程质量，确保分布式电源发电项目安全、可靠、及时接入电网。

（2）接入公共电网的分布式电源项目，其接入系统工程（含通信专网）以及接入引起的公共电网改造部分由公司投资建设。接入用户侧的分布式电源项目，其接入系统工程由项目业主投资建设，接入引起的公共电网改造部分由公司投资建设。供电公司投资建设的接入工程及接入引起的公共电网改造部分工程，建设和管理责任单位为地市公司。

（3）用户投资建设的接入工程，承揽接入工程施工单位应具备政府主管部门颁发的承装（修、试）电力设施许可证、建筑业企业资质证书、安全生产许可证。设备选型应符合国家安全、节能、环保要求。并网点的电能质量应满足国家和行业相关标准。

（4）建于用户内部场所的分布式电源项目，发电量可以全部上网、全部自用或自发自用剩余电量上网，由用户自行选择，用户不足电量由电网提供。上、下网电量分开结算，电价执行国家相关政策。公司免费提供关口计量表和发电量计量用电能表。

（5）分布式光伏发电、风电项目不收取系统备用容量费，其他分布式电源项目执行国家有关政策。

（6）公司为享受国家电价补助的分布式电源项目提供补助计量和结算服务，公司收到财政部门拨付补助资金后，及时支付项目业主。

117. 分布式电源发电并网业务咨询服务主要内容有哪些？

答：分布式电源发电并网业务咨询服务主要内容包括分布式电源相关的政策法规、并网服务流程、接入系统方案制订、工程建设、合同签订、费用收取、并网验收、并网运行等。

118. 分布式电源发电项目并网申请需要递交的相关材料？

答：（1）居民：本人身份证、户口本、房产证原件以及复印件等证件（农村的业主，由于各种原因没有房产证的，需提供土地证、宅基地证明，或者乡政府的土地租赁证明等）；如居民业主的项目占据的是小区公共空间，还需要提供申请人及其所在单元所有住户的书面签字证明（包括所有参与人的签名、电话、身份证号）以及所在小区物业、业主委员会同意的证明，并由其所在社区居委会盖章。发电项目的技术方案、发电项目主要设备的认证证书或产品检测报告及并网所需的其他相关资料。

（2）非居民：

1）法人代表身份证（或法人委托书）。

2）企业法人营业执照、税务登记证、组织机构代码证。

3）土地证。

4）房产证。

5）发电项目的技术方案、发电项目主要设备的认证证书或产品检测报告及并网所需的其他相关资料。

119. 分布式电源接入系统的一般原则是什么？

答：分布式电源并网电压等级可根据装机容量进行初步选择，参考标准如下：

8kW 及以下可接入 220V；

8～400kW 可接入 380V；

400～6000kW 可接入 10kV；

5000～30 000kW 以上可接入 35kV。

最终并网电压等级应根据电网条件，通过技术经济比选论证确定。若高低两级电压均具备接入条件，优先采用低电压等级接入。

120. 分布式光伏发电项目补助标准是什么？

答：“自发自用，余电上网”分布式光伏发电项目实行全电量补贴政策，电价补贴标准为每千瓦时 0.42 元（含税，下同），通过可再生能源发展基金予以支付，由电网企业转付；分布式光伏发电系统自用有余上网的电量，由电网企业按照当地燃煤机组标杆上网电价（含脱硫脱硝除尘，含税，下同）收购。“全额上网”分布式光伏发电项目补助标准参照光伏电站相关政策规定执行。

121. 分布式光伏发电项目结算流程是什么？

答：项目所在地电网企业营销部门（客户服务中心）负责按合同约定的结算周期抄录分布式光伏发电项目上网电量和发电量；计算应付上网电费和补助资金，与分布式光伏发电项目业主确认；收取增值税发票或代开普通发票后，及时将项目补助电量、上网电量、补助资金、上网电费和发票等信息报送给财务部门。财务部门负责汇总审核项目收款人信息、发票金额，核对一致后，进行会计处理，并按照合同约定的收款单位账户信息（为方便在线支付，原则上同一市县公司应在同一银行开具分布式光伏发电项目结算账户）及时通过转账方式支付上网电费和补助资金，并将上网电费和补助资金支付情况及时反馈营销部门。

122. 充换电设施用电报装业务分类？

答：第一类：居民客户在自有产权或拥有使用权的停车位（库）建设的充电设施。

第二类：其他非居民客户（包括高压客户）在政府机关、公用机构、大型商业区、居民社区等公共区域建设的充换电设施。

123. 分散式充电桩用电报装需要注意哪些事项？

答：要加装逆功率保护，不允许倒送电；充换电站如需通过利用储能电池向电网送电，必须按照公司分布式电源要求办理相关手续，并采取专用开关、反孤岛装置等措施。

124. 充换电设施配套接网工程建设投资界面包括哪些内容？

答：（1）低压供电客户，以电能表为分界点，电能表（含表箱、表前开关等）及以上部分由供电公司投资建设；电能表出线（含表后开关）及以下部分由客户投资建设。

（2）高压架空线路供电客户，以客户围墙或变电站外第一基杆塔为分界点，杆塔（含柱上开关、熔断器等开断设备及其他附属设备）及以上部分由供电公司投资建设；开断设备出线及以下部分由客户投资建设。

（3）高压电缆供电客户，以客户围墙或变电站外第一配电设施（环网柜、开闭所等）为分界点，第一配电设施由供电公司投资建设，配电设施出线及以下部分由客户投资建设。

（4）因充换电设施接入引起的公共电网改造工程由供电公司投资建设。

（5）用电计量点设在双方产权分界处。

125. 充换电设施报装客户需要提交哪些申请资料？

答：（1）低压客户提交的申请资料：

1）客户有效身份证明；

2）固定车位产权证明或产权单位许可证明；

3）物业出具同意使用充换电设施的证明材料。

（2）高压客户提交的申请资料：

1）报装申请单；

2）客户有效身份证明（包括营业执照或组织机构代码证）；

3）固定车位产权证明或产权单位许可证明。

第四节　计　算　题

1. 某厂有一台 S315kVA 的三相变压器，原有负荷 P_1 为 210kW，平均功率因数 $\cos\varphi_1$ 为 0.8，现在生产发展，负荷 P_2 增加到 260kW，试问是否需要增加变压器容量？可采取什么办法？

解：已知 $S=315\text{kVA}$，$P_1=210\text{kW}$，$\cos\varphi_1=0.8$，$P_2=260\text{kW}$，

当负荷增加到 260kW 时

$$S'=\frac{P_2}{\cos\varphi_1}=\frac{260}{0.8}=325(\text{kVA})>315\text{kVA}$$

当功率因数为 0.8 时，原变压器不能满足正常供电需要。若采取措施将 $\cos\varphi_1$ 从 0.8 提高到 $\cos\varphi_2$ 为 0.9，则

$$S''=\frac{P_2}{\cos\varphi_2}=\frac{260}{0.9}=289(\text{kVA})$$

当功率因数提高到 0.9 时，变压器能够满足要求，不必增加容量。若不增加变压器容量，需加装并联电容器，容量为

$$\Delta Q=P_2(\tan\varphi_1-\tan\varphi_2)=260\times(0.75-0.48)=70.2(\text{kvar})$$

答：负荷增加到 260kW，在功率因数为 0.8 的情况下，该变压器不能满足供电需要，可加装 70.2kvar 的并联电容器，将平均功率因数提高到 0.9，可以满足供电需要。

2. 某普通工业客户用电容量 S 为 160kVA，其用电设备有功功率 P 为 100kW。某月，该客户使用有功电量 W_P 为 5 万 kWh，无功电量 W_Q 为 5 万 kvarh。试求该客户本月的平均功率因数为多少？功率因数要提高到 0.9，应至少安装容量为 10kvar 的电容器组多少组？

解：该客户本月的平均功率因数为

$$\cos\varphi=\frac{P}{S}=\frac{W_P}{\sqrt{W_P^2+W_Q^2}}=\frac{5}{\sqrt{5^2+5^2}}=0.707$$

功率因数要提高到 0.9，应加装无功补偿装置容量为

$$Q=P\times\left(\sqrt{\frac{1}{\cos^2\varphi_1}-1}-\sqrt{\frac{1}{\cos^2\varphi_2}-1}\right)$$

$$=100\times\left(\sqrt{\frac{1}{0.707^2}-1}-\sqrt{\frac{1}{0.9^2}-1}\right)$$

$$=51.6(\text{kvar})$$

应至少安装 10kvar 的电容器组 6 组。

答：该客户本月的功率因数为 0.707，功率因数要提高到 0.9，应至少安装容量为 10kvar 的电容组 6 组。

3. 有一台额定容量 S_n 为 1000kVA 的变压器，24h 的有功用电量 W_P 为15 360kWh，功率因数 $\cos\varphi=0.85$，求该变压器 24h 的利用率。

解：已知变压器容量 $S_n=1000$kVA，24h 的用电量 W_P 为15 360kWh，$\cos\varphi=0.85$。由此可求出：

变压器 24h 的平均负载为

$$P=\frac{W_P}{t}=\frac{15\ 360}{24}=640(\text{kW})$$

平均使用视在容量 S 为

$$S=\frac{P}{\cos\varphi}=\frac{640}{0.85}=753(\text{kVA})$$

所以，变压器 24h 的利用率为

$$\eta=\frac{S}{S_n}\times100\%=\frac{753}{1000}\times100\%=75.3\%$$

答：变压器 24h 的利用率为 75.3%。

4. 某 10kV 供电的重要客户，受电设备容量为 3000kVA，为确保供电可靠性，供电企业提供 1 条线路作为主供电源、2 条线路作为备用电源，其中 2 条备用线路的容量分别为 1000kVA 和 800kVA，试问客户应缴纳多少高可靠性供电费用？（10kV 高可靠性供电费用收费标准为 220 元/ kVA）

解：根据题意，两条线路的备用容量分别为 1000kVA 和 800kVA，所以客户应缴纳的高可靠性供电费用为

$$(1000+800)\times220=396\ 000(\text{元})$$

答：该客户应缴纳高可靠供电费用为 396 000 元。

5. 某 10kV 客户办理 500 kVA 用电容量临时新装业务，试问客户应缴纳多少临时接电费用？（10kV 临时接电费收费标准为 110 元/kVA）

解：客户应缴纳临时接电费用为

$$500\times110=55\ 000(\text{元})$$

答：客户应缴纳临时接电费用为 55 000 元。

6. 某客户月有功电量 W_P 为 500 000kWh，无功电量 W_Q 为 400 000kvarh，月利用小时为 500h，问月平均功率因数 $\cos\varphi_1$ 为多少？若将功率因数提高到 $\cos\varphi_2=0.9$ 时，需

补偿多少无功功率 Q_C？

解：补偿前月平均功率因数

$$\cos\varphi_1 = \frac{W_P}{\sqrt{W_P^2 + W_Q^2}} = \frac{500\ 000}{\sqrt{500\ 000^2 + 400\ 000^2}} = 0.78$$

若将该客户的月平均功率因数提高到 0.9，需补偿的无功功率 Q_C 为

$$\begin{aligned} Q_C &= P(\tan\varphi_1 - \tan\varphi_2) \\ &= \frac{500\ 000}{500} \times (0.802 - 0.484) \\ &= 318(\text{kvar}) \end{aligned}$$

答：该客户的月平均功率因数为 0.78，若将该客户的月平均功率因数提高到 0.9，需补偿的无功功率为 318kvar。

7. 某 10kV 供电的大工业客户，受电设备总容量为 1000kVA，最大负荷为 700kW，请问该用户的基本电费结算方式选用哪一种更经济？［按容量计算基本电费标准为 30 元/(kVA·月)，按最大需量计算基本电费标准为 40 元/(kW·月)］

解：按容量计算时，该客户每月应缴纳的基本电费为

$$30 \times 1000 = 30\ 000\ (\text{元})$$

按最大需量计算时，该客户每月应缴纳的基本电费为

$$40 \times 700 = 28\ 000\ (\text{元})$$

答：该客户基本电费的结算方式选择按最大需量计算更为经济。

8. 某 10kV 供电的商业客户，受电容量为 200kVA，由两台 10kV 同系列 100kVA 节能变压器组成，其单台变压器损耗 P_{Fe}＝0.25kW，P_{Cu}＝1.15kW，并列运行。某月，因负荷变化，两台变压器负荷率都只有 40%，问其是否有必要向供电企业申请暂停一台受电变压器？

解：两台变压器并列运行时，其损耗为

$$P_{Fe} = 2 \times 0.25 = 0.500(\text{kW})$$

$$P_{Cu} = 2 \times 1.15 \times \left(\frac{40}{100}\right)^2 = 0.368(\text{kW})$$

$$P_\Sigma = P_{Fe} + P_{Cu} = 0.500 + 0.368 = 0.868(\text{kW})$$

若暂停 1 台变压器，其损耗为

$$P'_{Fe} = 0.25(\text{kW})$$

$$P'_{Cu} = 1.15 \times \left(\frac{80}{100}\right)^2 = 0.736(\text{kW})$$

$$P'_\Sigma = P'_{Fe} + P'_{Cu} = 0.250 + 0.736 = 0.986(\text{kW})$$

因为 $P'_\Sigma > P_\Sigma$，该客户执行单一制电价，不存在基本电费支出，若停用 1 台受电变压器后，变压器损耗电量反而增大，故不宜申请办理暂停。

答：没有必要暂停 1 台受电变电器。

9. 某 10kV 供电的一级重要用户，电气主接线如图 3-1 所示，其中供电电源主供 1 和主供 2 分别来自两个不同方向的变电站，运行方式为两路进线

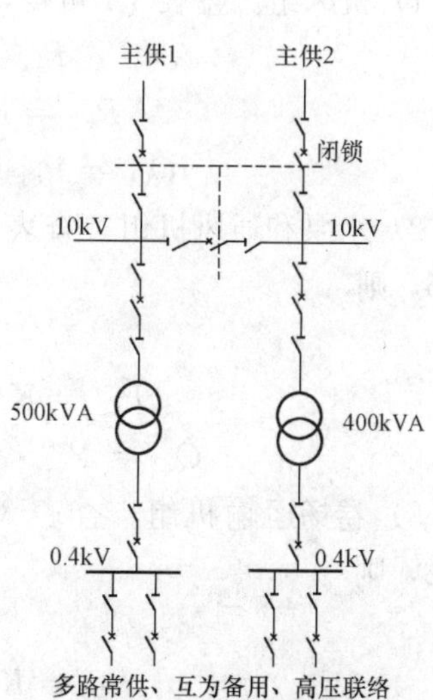

图 3-1　电气主接线

同时运行互为备用（全容量备用），高压侧联络，受电变压器参数如图 3-1 所示，请问该客户应缴纳多少高可靠性供电费用？（10kV 高可靠性供电费用收费标准为 220 元/kVA）

解：根据题意，主供 1 的备用容量为 500kVA，主供 2 的备用容量为 400kVA，所以该客户总的备用容量为 900kVA，该客户应缴纳的高可靠性供电费用为

$$220\times(400+500)=198\ 000(\text{元})$$

答：该客户应缴纳的高可靠性供电费为198 000元。

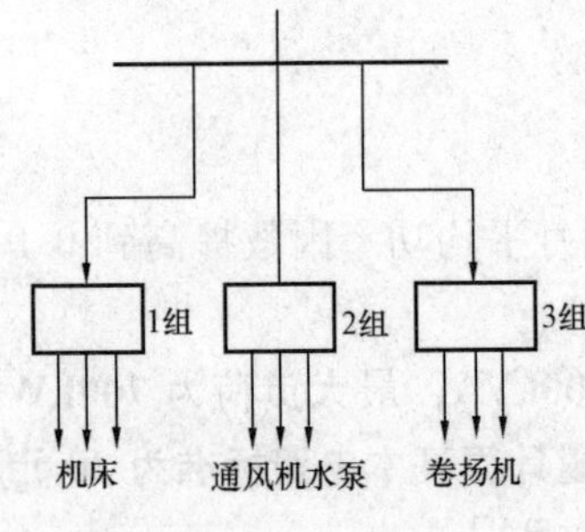

图 3-2 三组负载供电

10. 某厂机修车间配电装置对机床、长时间工作制的水泵和通风机以及卷扬机运输机组等 3 组负荷供电，如图 3-2 所示。已知机床组（热加工车间）有 5kW 电动机 4 台，10kW 电动机 3 台；水泵和通风机（生产用）组有 10kW 电动机 5 台；卷扬运输机组（非连锁）有 7kW 电动机 4 台。请采用需要系数法计算各负荷组的计算负荷，然后在考虑同时使用系数的情况下确定整个机修车间的计算负荷（各用电设备组的需要系数及功率因数见表 3-1，各用电设备组之间的同时使用系数取 0.9）。

表 3-1　用电设备组需要系数 K_r 及功率因数

用电设备组名称		K_r	$\cos\varphi$	$\tan\varphi$
机床组	热加工车间	0.2	0.6	1.33
水泵和通风机组	生产用	0.75	0.8	0.75
卷扬运输机组	非连锁的	0.6	0.75	0.88

解：(1) 先分别求各组计算负荷。

1) 机床组。查表 3-1 可得，需要系数 $K_{r1}=0.2$，$\cos\varphi_1=0.6$，$\tan\varphi_1=1.33$，则

$$P_{n1}=5\times4+10\times3=50(\text{kW})$$

$$P_{C1}=K_{r1}\cdot P_{n1}=0.2\times50=10(\text{kW})$$

$$Q_{C1}=P_{C1}\cdot\tan\varphi_1=10\times1.33=13.3(\text{kvar})$$

2) 水泵和通风机组。查表 3-1 可得，需要系数 $K_{r2}=0.75$，$\cos\varphi_2=0.8$，$\tan\varphi_2=0.75$，则

$$P_{n2}=10\times5=50(\text{kW})$$

$$P_{C2}=K_{r2}\cdot P_{n2}=0.75\times50=37.5(\text{kW})$$

$$Q_{C2}=P_{C2}\cdot\tan\varphi_2=37.5\times0.75=28.13(\text{kvar})$$

3) 卷扬运输机组。查表 3-1 可得，需要系数 $K_{r3}=0.6$，$\cos\varphi_3=0.75$，$\tan\varphi_3=0.88$，则

$$P_{n3}=7\times4=28(\text{kW})$$

$$P_{C3}=K_{r3}\cdot P_{n3}=0.6\times28=16.8(\text{kW})$$

$$Q_{C3}=P_{C3}\cdot\tan\varphi_3=16.8\times0.88=14.8(\text{kvar})$$

(2) 确定机修车间计算负载。

有功计算负载为

$$P_C = K_{sp}\sum_{i=1}^{3}(P_C)_i = 0.9\times(10+37.5+16.8) = 57.87(\text{kW})$$

无功计算负荷为

$$Q_C = K_{sq}\sum_{i=1}^{3}(P_C\tan\varphi)_i = 0.9\times(13.3+28.13+14.8) = 50.61(\text{kvar})$$

视在计算负荷为

$$S_C = \sqrt{P_C^2+Q_C^2} = \sqrt{57.87^2+50.61^2} = 76.88(\text{kVA})$$

计算电流为

$$I_C = \frac{S_C}{\sqrt{3}U_n} = \frac{76.88}{1.73\times 0.38} = 116.95(\text{A})$$

11. 某 10kV 用户，变压器总容量为 3250kVA，请问当高峰负荷功率 P 为 3000kW，$\cos\varphi$=0.8 时，该变压器是否过载？

解：已知 P=3000kW，$\cos\varphi$=0.8 时，变压器实际负荷

$$S = P/\cos\varphi = 3000/0.8 = 3750(\text{kVA})$$

由于 3750kVA＞3250kVA，因此变压器将过载。

答：变压器将过载。

12. 某化工厂，申请新装容量 400kVA，负荷性质为一级负荷，高峰负荷为 390kW，功率因数 $\cos\varphi$ 为 0.95，其中重要负荷（保安）P_1' 为 230kW，业扩初步设计方案如图3-3 所示。请核算变压器容量及用户自备发电机功率是否正确，应如何选取？

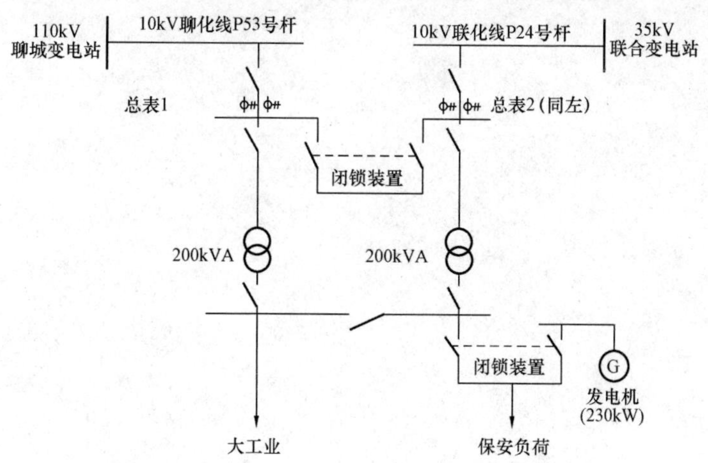

图 3-3　业扩初步设计方案

解：(1) 设需用变压器总容量为 S'

$$S'=\frac{P}{\cos\varphi}=\frac{390}{0.95}=411\ (\text{kVA})>400\text{kVA}$$

据规定，单台变压器容量（S_1'）不得小于重要负荷（保安），且当任一台变压器检修和故障时，运行的变压器（S_2'）仍能带全部或不小于 60%的负荷。

$$S'_1 \geqslant \frac{P'_1}{\cos\varphi} = \frac{230}{0.95} = 242\ (\text{kVA})$$

$$S'_2 \geqslant \frac{P'_2}{\cos\varphi} = \frac{390 \times 60\%}{0.95} = 246\ (\text{kVA})$$

单台变压器容量（S）应为

$$S > S'_1 且 S > S'_2，即 S \geqslant 246\text{kVA}$$

（2）按照国家电监会《关于加强重要电力用户供电电源及自备应急电源配置监督管理的意见》要求，自备应急电源的容量配置标准应达到保安负荷的120%，所以自备发电机功率（P_F）为

$$P_F \geqslant 230 \times 120\% = 276\ (\text{kW})$$

答：由以上计算知，应选用2台250kVA容量的变压器，不小于276kW功率的发电机。

第四章 用电检查

第一节 单选题

1. 我国通常采用的交流电的波形是正弦波，其频率是（ C ）Hz。

A. 60　　B. 55　　C. 50　　D. 45

2. 导线切割磁力线运动时，导线中会产生（ A ）。

A. 感应电动势　　B. 感应电流　　C. 磁力线　　D. 感应磁场

3. 判断载流导线周围磁场的方向用（ C ）定则。

A. 左手　　B. 右手　　C. 右手螺旋　　D. 左手螺旋

4. 正弦交流电的三要素是（ B ）。

A. 电压、电势、电位　　B. 最大值、频率、初相角

C. 容抗、感抗、阻抗　　D. 电压、电流、频率

5. 交流电路的（ C ），随着频率的增加而减少。

A. 阻抗　　B. 电抗　　C. 容抗　　D. 感抗

6. 根据欧姆定律，导体中电流 I 的大小（ C ）。

A. 与加在导体两端的电压 U 成反比，与导体的电阻 R 成反比

B. 与加在导体两端的电压 U 成正比，与导体的电阻 R 成正比

C. 与加在导体两端的电压 U 成正比，与导体的电阻 R 成反比

D. 与加在导体两端的电压 U 成反比，与导体的电阻 R 成正比

7. 用右手定则判断感应电动势的方向时，应（ A ）。

A. 使手心迎着磁力线的方向　　B. 使四根手指指向磁力线的方向

C. 使大拇指指向磁力线的方向　　D. 使四根手指指向导体的运动方向

8. 导体中不会产生感应电动势的是（ C ）。

A. 导体对磁场做相对运动而切割磁力线时

B. 当与回路交链的磁通发生变化时

C. 当导体沿磁通方向做径向运动时

D. 导体对磁场不发生相对运动时

9. 表示保护中性线的字符是（ C ）。

A. PN－C　　B. PE　　C. PEN　　D. PNC

10. 由于导体本身的（ D ）发生变化而产生的电磁感应现象叫作自感现象。

A. 磁场　　B. 电流　　C. 电阻　　D. 电量

11. 变压器呼吸器中的硅胶，正常未吸潮时颜色应为（ A ）。

A. 蓝色　　B. 黄色　　C. 红色　　D. 白色

12. 交流电动机在空载运行时，功率因数很（ B ）。

A. 高　　B. 低　　C. 先高后低　　D. 先低后高

13. 变压器铁芯采用相互绝缘的薄硅钢片制造主要目的是为了降低（ C ）。

A. 杂散损耗　　B. 铜耗　　C. 涡流损耗　　D. 磁滞损耗

14. 在变压器铁芯中，产生铁损的原因是（ D ）。

A. 磁滞现象　　B. 涡流现象

C. 磁阻的存在　　D. 磁滞现象和涡流现象

15. 用手触摸变压器的外壳时，如有麻电感，可能是（ C ）。

A. 线路接地引起　　B. 过负荷引起

C. 外壳接地不良引起　　D. 过电压引起

16. 变压器油在变压器内主要起（ B ）作用。

A. 绝缘　　B. 冷却和绝缘　　C. 消弧　　D. 润滑

17. 变压器是（ B ）电能的设备。

A. 生产　　B. 传递　　C. 使用　　D. 既生产又传递

18. 220kV 架空线路导线与建筑物最小垂直距离为（ D ）。

A. 3. 0m　　B. 4. 0m　　C. 5. 0m　　D. 6. 0m

19. 低压架空线路裸导线对步行可达到的山坡（垂直）地面最小垂直距离为（ C ）。

A. 5. 0m　　B. 4. 0m　　C. 3. 0m　　D. 2. 0m

20. 电力线路的作用是（ C ），并把发电厂、变电站和用户连接起来，是电力系统不可缺少的环节。

A. 输送电压　　B. 分配电流　　C. 输配电力　　D. 供应电力

21. 在正常工作条件下能够承受线路导线的垂直和水平荷载，但不能承受线路方向导线张力的电杆叫作（ B ）杆。

A. 耐张　　B. 直线　　C. 转角　　D. 分支

22. 在配电线路中最上层横担的中心距杆顶部距离与导线排列方式有关，当水平排列时采用（ B ）m。

A. 0. 2　　B. 0. 3　　C. 0. 4　　D. 0. 6

23. 配电线路一般采用（ C ）。

A. 钢绞线　　B. 铜绞线　　C. 铝绞线　　D. 镀锌钢绞线

24. 低压架空配电线路的导线宜采用铜芯绝缘线，主干线截面不宜小于（ C ）。

A. 185mm^2　　B. 150mm^2　　C. 120mm^2　　D. 90mm^2

25. 装有差动、气体和过电流保护的电力变压器，其主保护是（ D ）。

A. 过电流和气体保护　　B. 过电流和差动保护

C. 差动、过电流和气体保护　　D. 差动和气体保护

26. 配电变压器低压中性点接地属（ C ）

A. 保护接地　　B. 防雷接地　　C. 工作接地　　D. 过电压保护接地

27. 一台公用配电变压器供电的电气设备接地应采用（ B ）。

A. 保护接零　　B. 保护接地

C. 直接接地　　D. 接地线接地

28. 总容量为100kVA以上的变压器，其接地装置的接地电阻不应大于（ B ）Ω，每个重复接地装置的接地电阻不应大于10Ω。

A. 3　　B. 4　　C. 5　　D. 6

29. 三相四线制线路中，某设备若将不带电的金属外壳与中性线和大地做电气连接，这种接法为（ D ）。

A. 工作接地　　B. 保护接零

C. 重复接地　　D. 保护接零和重复接地

30. 居民使用的单相电能表的工作电压是（ A ）。

A. 220V　　B. 380V　　C. 100V　　D. 36V

31. 某一单相用户使用电流为5A，若将单相两根导线均放入钳形电流表表钳之内，则读数为（ D ）。

A. 5A　　B. 10A　　C. 5　　D. 0A

32. 电压互感器二次回路连接导线截面积（ C ）。

A. 不少于4mm²　　B. 不少于2mm²

C. 不少于2.5mm²　　D. 不少于6mm²

33. 关于电流互感器下列说法正确的是（ B ）。

A. 二次绕组可以开路　　B. 二次绕组可以短路

C. 二次绕组不能接地　　D. 二次绕组不能短路

34. 计量二次回路可以采用的线型是（ A ）。

A. 单股铜芯绝缘线　　B. 多股铜芯绝缘软线

C. 单股铝芯绝缘线　　D. 多股铝芯绝缘线

35. 最大需量表说法正确的是（ B ）。

A. 最大需量表只用于大工业用户

B. 最大需量表用于两部制电价用户

C. 最大需量表按其结构分为区间式和滑差式

D. 最大需量表计算的单位为kWh

36. 电能表安装场所及要求不对的是（ A ）。

A. 电能表安装在开关柜上时，高度为0.4～0.7m

B. 电能表安装垂直，倾斜度不超过1°

C. 不允许安装在有磁场影响及多灰尘的场所

D. 装表地点与加热孔距离不得少于0.5m

37. 一般对新装或改装、重接二次回路后的电能计量装置都必须先进行（ B ）。

A. 带电接线检查　　B. 停电接线检查

C. 现场试运行　　D. 基本误差测试验

38. 最大需量表测得的最大值是指电力用户在某一段时间内负荷功率的（ C ）。

A. 最大值

B. 平均值

C. 按规定时限平均功率的最大值

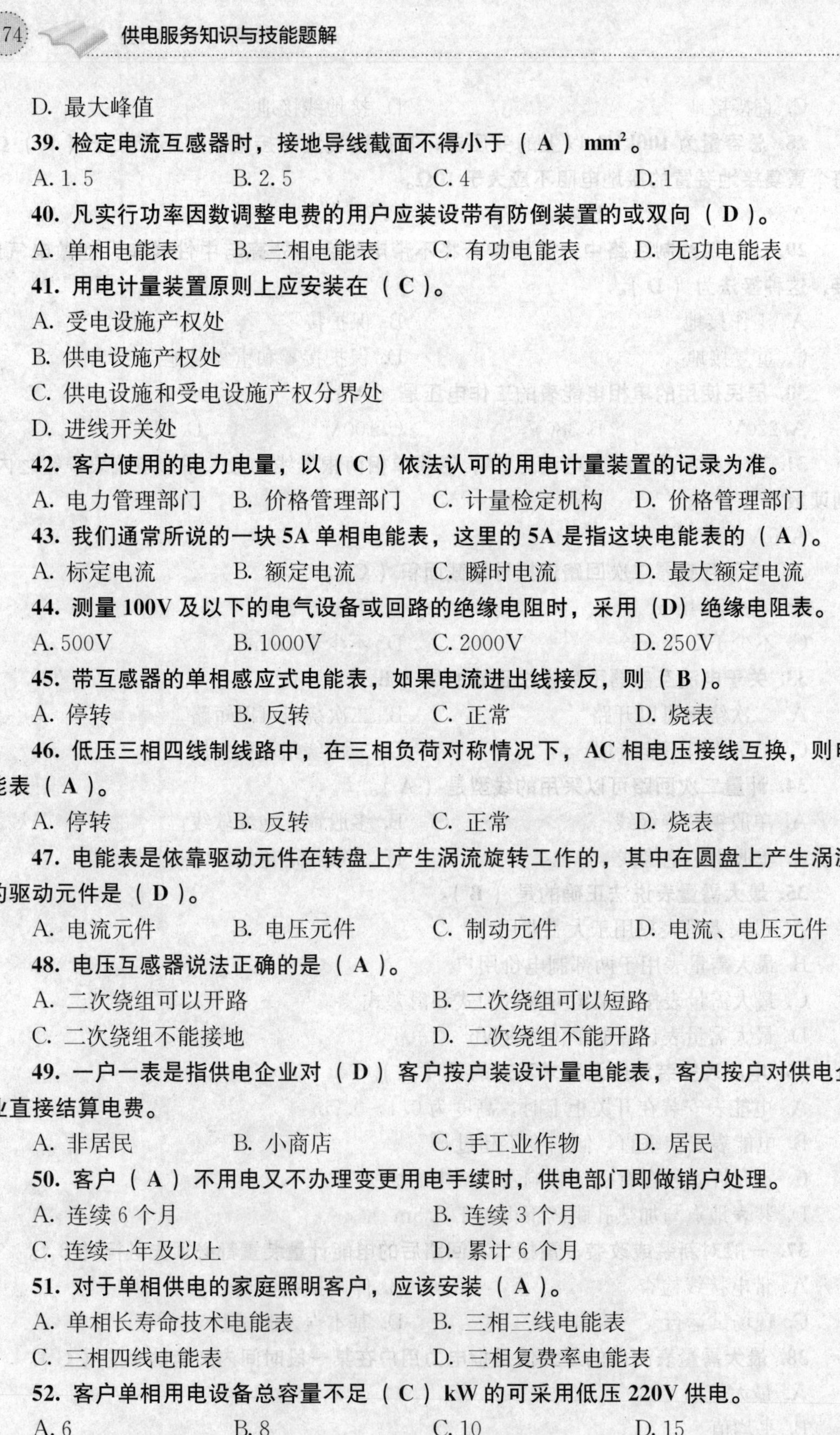

D. 最大峰值

39. 检定电流互感器时，接地导线截面不得小于（ A ）mm^2。

A. 1.5　　B. 2.5　　C. 4　　D. 1

40. 凡实行功率因数调整电费的用户应装设带有防倒装置的或双向（ D ）。

A. 单相电能表　　B. 三相电能表　　C. 有功电能表　　D. 无功电能表

41. 用电计量装置原则上应安装在（ C ）。

A. 受电设施产权处

B. 供电设施产权处

C. 供电设施和受电设施产权分界处

D. 进线开关处

42. 客户使用的电力电量，以（ C ）依法认可的用电计量装置的记录为准。

A. 电力管理部门　　B. 价格管理部门　　C. 计量检定机构　　D. 价格管理部门

43. 我们通常所说的一块 5A 单相电能表，这里的 5A 是指这块电能表的（ A ）。

A. 标定电流　　B. 额定电流　　C. 瞬时电流　　D. 最大额定电流

44. 测量 100V 及以下的电气设备或回路的绝缘电阻时，采用（D）绝缘电阻表。

A. 500V　　B. 1000V　　C. 2000V　　D. 250V

45. 带互感器的单相感应式电能表，如果电流进出线接反，则（ B ）。

A. 停转　　B. 反转　　C. 正常　　D. 烧表

46. 低压三相四线制线路中，在三相负荷对称情况下，AC 相电压接线互换，则电能表（ A ）。

A. 停转　　B. 反转　　C. 正常　　D. 烧表

47. 电能表是依靠驱动元件在转盘上产生涡流旋转工作的，其中在圆盘上产生涡流的驱动元件是（ D ）。

A. 电流元件　　B. 电压元件　　C. 制动元件　　D. 电流、电压元件

48. 电压互感器说法正确的是（ A ）。

A. 二次绕组可以开路　　B. 二次绕组可以短路

C. 二次绕组不能接地　　D. 二次绕组不能开路

49. 一户一表是指供电企业对（ D ）客户按户装设计量电能表，客户按户对供电企业直接结算电费。

A. 非居民　　B. 小商店　　C. 手工业作物　　D. 居民

50. 客户（ A ）不用电又不办理变更用电手续时，供电部门即做销户处理。

A. 连续 6 个月　　B. 连续 3 个月

C. 连续一年及以上　　D. 累计 6 个月

51. 对于单相供电的家庭照明客户，应该安装（ A ）。

A. 单相长寿命技术电能表　　B. 三相三线电能表

C. 三相四线电能表　　D. 三相复费率电能表

52. 客户单相用电设备总容量不足（ C ）kW 的可采用低压 220V 供电。

A. 6　　B. 8　　C. 10　　D. 15

53. 客户需要安装自备发电机，应由客户向供电企业提出，并应符合（ B ）条件和

技术条件，方可安装。

A. 安全　　B. 安装　　C. 可靠　　D. 节能

54. 减少用电容量的期限，应根据客户所提出的申请确定，但最短期限不得少于（ B ）个月，最长期限不得超过两年。

A. 3　　B. 6　　C. 10　　D. 12

55. 减容期满后的客户以及新装、增容用户，两年内不得申办减容或暂停。如确需继续办理减容或暂停的，减少或暂停部分容量的基本电费应按（ A ）倍计算收取。

A. 0.5　　B. 0.6　　C. 0.7　　D. 0.8

56. 客户在每一日历年内，可申请全部（含不通过受电变压器的高压电动机）或部分用电容量的暂时停止用电两次，每次不得少于（ C ）天，一年累计暂停时间不得超过 6 个月。

A. 5　　B. 10　　C. 15　　D. 20

57. 暂停期满或每一日历年内累计暂停用电时间超过（ B ）者，不论客户是否申请恢复用电，供电企业须从期满之日起，按合同约定的容量计收其基本电费。

A. 3 个月　　B. 6 个月　　C. 9 个月　　D. 1 年

58. 下列都属于一次设备的是（ A ）。

A. 电压互感器、电流互感器、断路器、隔离开关

B. 测量仪表、隔离开关、遥测装置

C. 断路器、继电器、遥信装置

D. 自动空气断路器、交流接触器、热继电器、控制按钮

59. 接入中性点绝缘系统的电压互感器，35kV 以下的宜采用（ B ）方式接线。

A. Yy　　B. Vv　　C. Y0y0　　D. Yy0

60. 在正常运行情况下，中性点不接地系统的中性点位移电压不得超过额定电压的（ A ）倍。

A. 0.15　　B. 0.1　　C. 0.075　　D. 0.05

61. 电压互感器在正常运行时二次回路的电压是（ B ）。

A. 57.7V　　B. 100V　　C. 173V　　D. 不能确定

62. 影响绝缘油的绝缘强度的主要因素是（ A ）。

A. 油中含杂质或水分　　B. 油中含酸值偏高

C. 油中氢气偏高　　D. 油中含氮或氢气高

63. 运行中的变压器具有（ C ）两部分损耗。

A. 铜损耗和线损耗　　B. 铁损耗和线损耗

C. 铜损耗和铁损耗　　D. 线损耗和网损耗

64. 电网运行中的变压器高压侧额定电压不可能为（ B ）。

A. 110kV　　B. 123kV　　C. 10kV　　D. 35kV

65. 变压器分为电力变压器和（ D ）变压器两大类。

A. 油浸式　　B. 干式　　C. 配电　　D. 特种

66. 变压器的铁芯一般用导磁性能很好的（ B ）制成。

A. 锡钢片　　B. 硅钢片　　C. 铜片　　D. 铸铁

67. 有绕组的电气设备在运行中所允许的最高温度是由（ C ）性能决定的。

A. 设备保护装置　B. 设备的机械　C. 绕组的绝缘　D. 设备材料

68. 异步电动机最好不要空载或轻载运行，因为（ B ）。

A. 定子电流较大　B. 功率因数较低

C. 转速太高有危险　D. 转子电流过小

69. 配电变压器的绝缘油在变压器内的作用是（ B ）。

A. 绝缘、灭弧　B. 绝缘、冷却　C. 绝缘　D. 灭弧

70. 变压器内部发出"咕嘟"声，可以判断为（ C ）。

A. 过负荷　B. 缺相运行

C. 绕组层间或匝间短路　D. 穿芯螺杆松动

71. 绝缘导线的安全载流量是指（ B ）。

A. 不超过导线容许工作温度的瞬时允许载流量

B. 不超过导线容许工作温度的连续允许载流量

C. 不超过导线熔断电流的瞬时允许载流量

D. 不超过导线熔断电流的连续允许载流量

72. 电力变压器的中性点接地属于（ C ）。

A. 保护接地　B. 防雷接地　C. 工作接地　D. 工作接零

73. 电器设备的金属外壳接地属于（ A ）。

A. 保护接地　B. 防雷接地　C. 工作接地　D. 工作接零

74. 交流接触器的选用主要是（ C ）。

A. 型式、控制电路参数和辅助参数的确定

B. 型式、主电路参数、控制电路参数和辅助参数的确定

C. 型式、主电路参数、控制电路参数、辅助参数的确定、寿命和使用类别

D. 型式、电路参数、寿命、使用场合

75. 对农用排灌和农村照明装表计费的要求是（ A ）。

A. 分别装表计费　B. 可同用一块表

C. 因是农业用电可不严格规定　D. 现场确定

76. 单相电能表的电压线圈断线，电能表转盘（ B ）。

A. 转速减慢　B. 停转　C. 反转　D. 转速正常

77. 有一块内阻为 0.1Ω、量程为 10A 的电流表，当它测得电流是 8A 时，在电流表两端的电压降是（ C ）V。

A. 1　B. 0.1　C. 0.8　D. 1.6

78. 低压用户若需要装设备用电源，可（ A ）。

A. 另设一个进户点

B. 共用一个进户点

C. 选择几个备用点

D. 另设一个进户点、共用一个进户点、选择几个备用点

79. 三相额定容量不超过 100kVA 的变压器，可以进行负载率不超过（ B ）的超载运行。

A. 1.2 倍　　B. 1.3 倍　　C. 1.5 倍　　D. 1.1 倍

80. 一电流互感器，其变比 $k=100$，二次侧电流表示数为 4.5A，则被测电路的一次侧电流为（ C ）。

A. 4.5A　　B. 45A　　C. 450A　　D. 0.45A

81. 对人体伤害最轻的电流途径是（ D ）。

A. 从右手到左脚　　B. 从左手到右脚　　C. 从左手到右手　　D. 从左脚到右脚

82. 隔离开关能进行切断励磁电流不超过（ B ）的空载变压器的操作。

A. 1A　　B. 2A　　C. 3A　　D. 5A

83. 我国工频交流电的周期是（ D ）。

A. 0.1s　　B. 0.2s　　C. 0.3s　　D. 0.02s

84. 在一般的电流互感器中产生误差的主要原因是存在着（ C ）。

A. 容性泄漏电流　　B. 负荷电流

C. 励磁电流　　D. 容性泄漏电流和励磁电流

85. 发现电流互感器有异常音响，二次回路有放电声且电流表指示较低或到零，可判断为（ A ）。

A. 二次回路断线　　B. 二次回路短路

C. 电流互感器绝缘损坏　　D. 电流互感器内部故障

86. 在三相对称故障时，电流互感器的二次计算负荷，三角形接线比星形接线大（ D ）。

A. 1/2 倍　　B. 1 倍　　C. 2 倍　　D. 3 倍

87. 离地面（ A ）以上的工作均属高空作业。

A. 2m　　B. 5m　　C. 3m　　D. 4m

88. 在三相四线制电路中，中性线的电流（ C ）。

A. 一定等于零　　B. 一定不等于零　　C. 不一定等于零　　D. 无法确定

89. 客户办理用电业务的等候时间不超过（ C ）min。

A. 5　　B. 10　　C. 20　　D. 30

90. 独立避雷针（线）的接地网与电气设备接地网的距离不应小于（ C ）。

A. 1m　　B. 2m　　C. 3m　　D. 5m

91. 隔离开关的导电部分的接触好坏，可用 0.05mm×10mm 的塞尺检查，对接触面宽度为 50mm 及以下时，其塞入深度不应超过（ B ）。

A. 2mm　　B. 4mm　　C. 6mm　　D. 8mm

92. 6～10kV 配电线路允许的电压损失值为（ A ）。

A. 5%　　B. 6%　　C. 7%　　D. 10%

93. 10kV 配电线路中，直线杆应选用（ B ）。

A. 悬式绝缘子　　B. 针式绝缘子　　C. 蝶式绝缘子　　D. 合成绝缘子

94. 立杆后应把卡盘固定在电杆根部离地面（ C ）处。

A. 300mm　　B. 400mm　　C. 500mm　　D. 600mm

95. 拉紧绝缘子的装设位置应使拉线沿电杆下垂时，绝缘子离地高度应在（ D ）。

A. 1m 以上　　B. 1.5m 以上　　C. 2m 以上　　D. 2.5m 以上

96. 电杆连接时，当采用钢圈连接的钢筋混凝土杆时宜采用（ C ）连接法。

A. 法兰盘螺栓　B. 插入式　C. 电弧焊接　D. 气焊焊接

97. 导线接头最容易发生故障的是（ B ）连接形式。

A. 铜—铜　B. 铜—铝　C. 铝—铝　D. 铜—铁

98. 规程规定浇制混凝土基础时，距坑面边沿（ B ）之内不得堆放物件。

A. 0.5m　B. 0.8m　C. 1.0m　D. ≤1.5m

99. 属于无间隙的避雷器是（ D ）。

A. 阀型避雷器　B. 放电间隙　C. 管型避雷器　D. 氧化锌避雷器

100. 配电变压器吸了潮后硅胶呈（ C ）。

A. 蓝色　B. 白色　C. 淡红色　D. 红色

101. 为了防止加工好的接触面再次氧化形成新的氧化膜，可按照（ D ）的施工工艺除去接触面的氧化膜。

A. 涂中性凡士林　B. 涂黄油　C. 涂导电胶　D. 涂电力复合脂

102. 如听到运行中的变压器发生均匀的“嗡嗡”声则说明（ A ）。

A. 变压器正常　B. 绕组有缺陷　C. 铁心有缺陷　D. 负载电流过大

103. 设备的（ A ）是对设备进行全面检查、维护、处理缺陷和改进等综合工作。

A. 大修　B. 小修　C. 临时检修　D. 定期检查

104. 由变压器电抗的计算公式可知：变压器电抗 *X* 与频率 *f* 成正比。当 50Hz 的变压器接到 60Hz 电源上时，其电抗 *X* 为原来的（ D ）倍。

A. 2.1　B. 1.8　C. 1.5　D. 1.2

105. 6～10kV 绝缘拉棒的试验周期每年一次，交流耐压为（ D ）kV，时间为 5min。

A. 11　B. 22　C. 33　D. 44

106. 金属氧化物避雷器又称无间隙避雷器，其阀片以氧化（ A ）为主，并掺以锑、铋、锰等金属氧化物，粉碎混合均匀后，经高温烧结而成。

A. 锌　B. 铁　C. 铬　D. 钴

107. 导线避雷线在放线过程中，出现灯笼状的直径超过导线直径的（ A ）而又无法修复时，应锯断重接。

A. 1.5 倍　B. 1.6 倍　C. 1.8 倍　D. 2.0 倍

108. 10kV 配电线路，为提高线路的耐雷水平，加强绝缘，如果用铁横担时，宜采用（ C ）型绝缘子。

A. P—6　B. P—10　C. P—15　D. P—35

109. 线路绝缘子上刷硅油或防尘剂是为了（ C ）。

A. 增加强度　B. 延长使用寿命

C. 防止绝缘子闪络　D. 防止绝缘子破裂

110. 110kV 的电缆进线段，要求在电缆与架空线的连接处装设（ C ）。

A. 放电间隙　B. 管型避雷器　C. 阀型避雷器　D. 管型或阀型避雷器

111. 充油电缆安装在支架上时，支架点的水平距离为（ B ）。

A. 2.0m　B. 1.5m　C. 1.0m　D. 0.5m

112. 电缆铅包腐蚀生成，如为豆状及带淡黄或淡粉的白色，一般可判定为（ B ）。

A. 石英　B. 白灰　C. 白垩　D. 石膏

113. 接电缆的入井位置的距离，应根据电缆施工时的（ B ）可按电缆的长度和现场位置而定，一般不宜大于 200m。

A. 电缆型号　B. 允许拉力　C. 管道拉力　D. 施工便利

114. （ D ）是每一种形式的电缆中间头或终端头均需有的一份标准装置的设计总图。

A. 电缆线路图　B. 电缆网络图　C. 电缆截面图　D. 电缆头装配图

115. 当高落差充油电缆发生漏油时，可采用（ C ）对电缆进行漏油处理。

A. 油压法　B. 油流法　C. 冷冻法　D. 差动压力法

116. XLPE 电缆金属屏蔽允许的短路电流与短路时间和（ B ）有关。

A. 导体标称面积　B. 屏蔽标称面积　C. 导体短路电流　D. 短路前电缆温度

117. 380/220V 的三相四线制供电系统，变压器中性点接地电阻为 3.4Ω，系统中用电设备均采用接地保护，其中一台电动机熔断器额定电流为 80A，当发生一相碰壳时，熔断器将（ A ）。

A. 不能熔断　B. 立即熔断　C. 可能会熔断　D. 以上均不对

118. 电流互感器文字符号用（ C ）标志。

A. PA　B. PV　C. TA　D. TV

119. 叠加原理可用于线性电路中（ A ）的计算。

A. 电流、电压　B. 电流、功率　C. 电压、功率　D. 电流、电压、功率

120. 并联谐振又称为（ B ）谐振。

A. 电阻　B. 电流　C. 电压　D. 电抗

121. 当三相短路电流流过垂直排列的母线时，母线承受的电动力（ B ）。

A. 上边相最大　B. 中间相最大　C. 下边相最大　D. 三相一样大

122. 三相不对称电路最高电压出现在（ B ）。

A. 最大负荷相　B. 最小负荷相

C. 介于最大负荷相之间　D. 短路情况下

123. 用于确定导线在磁场中切割磁力线运动产生的感应电动势方向的法则是(B)。

A. 左手定则　B. 右手定则

C. 左手螺旋定则　D. 右手螺旋定则

124. 用于确定载流导体在磁场中所受磁场力（电磁力）方向的法则是（ A ）。

A. 左手定则　B. 右手定则　C. 左手螺旋定则　D. 右手螺旋定则

125. 电容器充电后，它所储存的能量为（ A ）。

A. 电场能　B. 磁场能　C. 热能　D. 电能

126. 在三相三线制电路中，$I_A+I_B+I_C$（ A ）。

A. 等于 0　B. 大于 0　C. 小于 0　D. 不等于 0

127. 半导体屏蔽纸除了均匀电场作用外，也可以起（ D ）的作用。

A. 改善老化　B. 改善绝缘

C. 改善温度　D. 改善老化和绝缘性能

128. 跌落式熔断器控制的变压器，在停电时应（A）。

A. 通知用户将负荷切除　　B. 先拉开隔离开关

C. 先断开跌落式熔断器　　D. 先拉开低压总开关

129. 杆上隔离开关安装要求刀刃合闸后接角紧密，分闸后应有不小于（D）mm的空气隙。

A. 140　　B. 160　　C. 180　　D. 200

130. 对于开关柜等较重的配电屏，一般可采用焊接方式固定。焊缝不宜过长，开关柜一般为（C）。

A. 10～20mm　　B. 20～30mm　　C. 20～40mm　　D. 30～40mm

131. 配电变压器高压侧装设防雷装置和铁落式熔断器，当容量在（D）以上者，应增设负荷开关。

A. 30kVA　　B. 50kVA　　C. 100kVA　　D. 315kVA

132. 有电动跳、合闸装置的低压空气断路器（B）。

A. 不允许使用在冲击电流大的电路中

B. 不允许作为频繁操作的控制电器

C. 可以作为频繁操作的控制电器

D. 不允许使用在感性负荷的电路中

133. 交流电动机和变压器等设备，选用硅钢做铁芯材料，目的是（B）。

A. 减少涡流　　B. 减少磁滞损耗

C. 减少涡流和磁滞损耗　　D. 增加设备绝缘性能

134. 假定电气设备的绕组绝缘等级是A级，那么它的耐热温度是（C）。

A. 120℃　　B. 110℃　　C. 105℃　　D. 100℃

135. 低油压充油电缆的长期允许油压为（A）kPa。

A. 0.5～3　　B. 1～4　　C. 2～5　　D. 2.5～4

136. 水底电缆尽可能埋设在河床下至少（A）深。

A. 0.5m　　B. 0.4m　　C. 0.3m　　D. 0.2m

137. 低压用户接户线自电网电杆至用户第一个支持物最大允许档距为（A）。

A. 25m　　B. 50m　　C. 65m　　D. 80m

138. 接户线跨越阳台、平台时，其最小距离为（D）。

A. 5.5m　　B. 4.5m　　C. 3.5m　　D. 2.5m

139. 跨越街道的低压接户线，在通车困难的街道、人行道和一般胡同至路面中心的垂直距离，不应小于（C）。

A. 2.5m　　B. 3.0m　　C. 3.5m　　D. 4.0m

140. 手拉葫芦在使用中，当重物离开地面约（B）左右时，停留一段时间，确认各部件受力正常后，再继续起吊。

A. 0.1m　　B. 0.2m　　C. 0.3m　　D. 0.4m

141. 钢丝绳是由19、37、61根钢丝捻成股线，再由（D）线及中间加浸油的麻绳芯合成的。

A. 3股　　B. 4股　　C. 5股　　D. 6股

142. 在 10kV 及以下的带电杆塔上进行工作，工作人员距最下层高压带电导线垂直距离不得小于（ D ）。

A. 1. 5m　　B. 1. 1m　　C. 0. 9m　　D. 0. 7m

143. 配电线路立杆时用的叉杆，是由细长圆杆组成，其梢径不小于 80mm，根径应不小于（ C ）。

A. 800mm　　B. 100mm　　C. 120mm　　D. 140mm

144. 拉线采用钢绞线和镀锌铁线制作时，规程规定其截面要求为：钢绞线 25mm² 以上、镀锌铁线（ D ）以上。

A. 9mm×3. 2mm　　B. 7mm×2. 6mm　　C. 5mm×3. 2mm　　D. 3mm×4. 0mm

145. 带电线路导线对地的垂直距离，采用（ C ）或在地面抛挂绝缘绳的方法测量。

A. 皮尺　　B. 钢卷尺　　C. 测量仪　　D. 目测

146. 裂纹和硬伤面积超过（ A ）以上的绝缘子用在线路上，在阴雨天气的运行中，易发生击穿和闪络故障。

A. 100mm²　　B. 80mm²　　C. 60mm²　　D. 40mm²

147. 线路检修挂接地线时，应先接（ A ）。

A. 接地端　　B. A 相　　C. B 相　　D. C 相

148. 新建电力线路电杆的编号（ B ）。

A. 分支杆允许有重号　　B. 不允许有跳号

C. 有少数脱号也可以　　D. 耐张杆允许有重号

149. 绝缘导线连接后，必须用绝缘带进行绝缘恢复，方法是从完整的绝缘层开始，从左边到右边重叠斜向进行，每圈压叠（ D ）mm 带宽。

A. 0. 2　　B. 0. 25　　C. 0. 3　　D. 0. 5

150. 架空配电线路的导线在针式绝缘子上固定时，常采用绑线缠绑，采用铝绑线的直径在（ B ）范围内。

A. 1. 5～2. 5mm　　B. 2. 5～3. 0mm　　C. 3. 0～3. 5mm　　D. 2. 0～2. 5mm

151. 基坑施工前的定位应符合以下规定：10kV 及以下架空电力线路直线杆横线路方向的位移不应超过（ D ）mm。

A. 20　　B. 30　　C. 40　　D. 50

152. 10kV 及以下架空电力线路基坑每回填土达（ D ）时，应夯实一次。

A. 200mm　　B. 300mm　　C. 400mm　　D. 500mm

153. 拉线安装后对地平面夹角与设计值允许误差：当为 10kV 及以下架空电力线路时不应大于（ A ）。

A. 3°　　B. 5°　　C. 7°　　D. 10°

154. 拉线盘的埋深和方向，应符合设计要求。拉线棒与拉线盘应垂直，拉线棒外露地面部分的长度为（ D ）。

A. 200～300mm　　B. 300～400mm　　C. 400～500mm　　D. 500～700mm

155. 瓷横担绝缘子安装，当直立安装时，顶端顺线路歪斜不应大于（ A ）mm。

A. 10　　B. 15　　C. 20　　D. 30

156. 单金属导线在同一处损伤的面积占总面积的 7%以上，但不超过（ A ）倍时，

以补修管进行补修处理。

A. 0.17 B. 0.15 C. 0.13 D. 0.11

157. 10kV 及以下架空电力线路的导线紧好后，弧垂的误差不应超过设计弧垂的(**B**)。

A. ±7% B. ±5% C. ±3% D. ±4%

158. 10kV 及以下架空电力线路紧线时，同档内各相导线弧垂宜一致，水平排列时的导线弧垂相差不应大于（ **A** ）mm。

A. 50 B. 40 C. 30 D. 20

159. 线路的导线与拉线、电杆或构架之间安装后的净空距离，**1～10kV** 时，不应小于（ **C** ）mm。

A. 400 B. 300 C. 200 D. 100

160. 1～10kV 线路每相引流线、引下线与邻相的引流线、引下线或导线之间，安装后的净空距离不应小于（ **C** ）mm。

A. 500 B. 400 C. 300 D. 200

161. 10～35kV 架空电力线路的引流线当采用并沟线夹连接时，线夹数量不应小于(**B**)。

A. 1 个 B. 2 个 C. 3 个 D. 4 个

162. 10kV 及以下电力接户线固定端当采用绑扎固定时，其绑扎长度应满足：当导线为 **25～50mm²** 时，应绑扎长度（ **C** ）。

A. ≥50mm B. ≥80mm C. 等于 120mm D. 等于 200mm

163. 配电线路的通道宽度应为线路宽度外加（ **D** ）m。

A. 5 B. 8 C. 9 D. 10

164. 对于各种类型的绝缘导线，其允许工作温度为（ **C** ）。

A. 45℃ B. 55℃ C. 65℃ D. 75℃

165. 标号为 **250** 号的混凝土，其抗压强度为（ **C** ）。

A. 150kg/cm² B. 200kg/cm² C. 250kg/cm² D. 300kg/cm²

166. 规程规定：低压临时线路，当使用裸线时，对地距离不得（ **A** ）。

A. 低于 5m B. 高于 5m C. 高于 6m D. 低于 6m

167. 铝绞线、钢芯线在正常运行时，表面最高温升不应超过（ **B** ）。

A. 30℃ B. 40℃ C. 50℃ D. 60℃

168. 导线与接续管进行钳压时，压接后的接续管弯曲度不应大于管长的（ **D** ）倍，有明显弯曲时应校直。

A. 0.08 B. 0.06 C. 0.04 D. 0.02

169. 线路施工时，耐张绝缘子串的销子一律（ **D** ）穿。

A. 向右（面向受电侧） B. 向左（面向受电侧）

C. 向上 D. 向下

170. 10kV 供电线路可输送电能的距离为（ **D** ）。

A. 20～50km B. 6～20km C. 1～5km D. 4～15km

171. 电缆事故报告中，事故中止的时间指（ **A** ）时间。

A. 汇报　　B. 接头完毕　　C. 试验完毕　　D. 施工完毕

172. 电缆线路的正常工作电压一般不应超过电缆额定电压的（ C ）倍。

A. 0.05　　B. 0.1　　C. 0.15　　D. 0.2

173. 在三相系统中，（ A ）将三芯电缆中的一芯接地运行。

A. 不得　　B. 可以　　C. 短时间允许　　D. 间断性允许

174. 瓷绝缘子表面做成波纹形，主要作用是（ A ）。

A. 增加电弧爬距　　B. 提高耐压强度

C. 防止尘埃落在瓷绝缘子上　　D. 增加抗弯强度

175. 导线振动造成的断股、断线故障主要发生在（ A ）线路上。

A. 大档距　　B. 小档距　　C. 孤立档　　D. 交叉跨越档

176. 绝缘子发生闪络的原因是（ D ）。

A. 表面光滑　　B. 表面毛糙　　C. 表面潮湿　　D. 表面污湿

177. 瓷质绝缘子表面滑闪放电也叫作（ B ）。

A. 局部放电　　B. 沿面放电　　C. 电弧放电　　D. 空气中的击穿放电

178. 线路导线的电阻与温度的关系是（ A ）。

A. 温度升高，电阻增大　　B. 温度升高，电阻变小

C. 温度降低，电阻不变　　D. 温度降低，电阻增大

179. 电气试验中的间隙性击穿故障和封闭性故障都属（ C ）性故障。

A. 断线　　B. 接地　　C. 闪络　　D. 混合

180. 校验熔断器的最大开断电流能力应用（ C ）进行校验。

A. 最大负荷电流　　B. 冲击短路电流的峰值

C. 冲击短路电流的有效值　　D. 额定电流

181. 对电压等级为 10kV 的电压互感器进行交接及大修时的工频耐压试验，其试验电压应为（ C ）。

A. 32kV　　B. 36kV　　C. 38kV　　D. 42kV

182. 二次回路接线工作完成后，要进行交流耐压试验，试验电压为（ C ），持续 1min。

A. 220V　　B. 500V　　C. 1000V　　D. 2500V

183. 10kV 线路首端发生短路时，（ B ）保护动作，断路器跳闸。

A. 过电流　　B. 速断　　C. 低频减载　　D. 过载

184. 下列对高压设备的试验中，属于破坏性试验的是（ B ）。

A. 绝缘电阻和泄漏电流测试　　B. 直流耐压和交流耐压试验

C. 介质损失角正切值测试　　D. 变比试验

185. 变电站的母线上装设避雷器是为了（ C ）。

A. 防止直击雷　　B. 防止操作过电压

C. 防止雷电进行波　　D. 以上都成立

186. 雷电引起的过电压称为（C）。

A. 内部过电压　　B. 工频过电压　　C. 大气过电压　　D. 冲击过电压

187. 接地体当采用搭接焊连接时，要求扁钢的搭接长度应为其宽度的（ B ）倍，

四面施焊。

A. 1　　B. 2　　C. 3　　D. 4

188. 小接地短路电流系统的接地电阻应（ C ）。

A. ≤0.5Ω　　B. ≤4Ω　　C. ≤10Ω　　D. ≤30Ω

189. 计费电能表配备的电压互感器，其准确度等级至少为（ B ）。

A. 1.0 级　　B. 0.5 级　　C. 0.2 级　　D. 0.1 级

190. 用户申请办理 30kW 的三相电，应配置电能表的容量为（ C ）。

A. 3×1.5（6）A　　B. 3×5（20）A　　C. 3×15（60）A　　D. 3×20（80）A

191. 用户申请办理 60kW 的三相电，应配置电能表的容量为 3×1.5（6）A，应配置 TA 变比为（ A ）。

A. 150/5　　B. 200/5　　C. 250/5　　D. 300/5

192. 安装在配电盘、控制盘上的电能表外壳（ A ）。

A. 无需接地　　B. 必须接地　　C. 可接可不接　　D. 必须多点接地

193. 供电企业应对新装、换表及现场校验后的用电计量装置加封，并请用户在（ C ）上签章。

A. 工作手册　　B. 派工单　　C. 工作单　　D. 工作报告

194. 高压 10kV 供电，电能表配置 50/5A 的高压电流互感器，其电能表的倍率应为（ B ）。

A. 500 倍　　B. 1000 倍　　C. 1500 倍　　D. 2000 倍

195. 当单相电能表相线和中性线互换接线，用户采用一相一地的方法用电时，电能表将（ D ）。

A. 正确计量　　B. 少计电量　　C. 多计电量　　D. 不计电量

第二节　多 选 题

1. 在低压配电设计规范中，隔离电器可采用（ ABD ）。

A. 单级或多级隔离开关、隔离插头　　B. 连接片

C. 负荷开关及断路器　　D. 熔断器

2. 影响变压器油温的因素有（ ABC ）。

A. 负荷的变化　　B. 环境温度

C. 冷却装置运行状况　　D. 油标管堵塞

3. 低压 TN 系统的接地方式有（ ABC ）。

A. TN-S 系统　　B. TN-C-S 系统　　C. TN-C 系统　　D. IT 系统

4. 为减少电能计量的综合误差，常采用的措施有（ ABC ）。

A. 根据互感器的误差合理组合配对

B. 加大二次导线的截面，缩短二次导线的长度

C. 选择电能表考虑互感器的合成误差

D. 二次加装补偿仪

5. 对于有（ ABC ）等非线性负荷的客户，计量装置应装设在客户受电变压器的一次侧。

A. 冲击负荷 B. 不对称负荷 C. 谐波负荷 D. 对称负荷

6. 用电计量装置包括（ ABCD ）。

A. 计费电能表 B. 电压、电流互感器

C. 二次连接线 D. 计量箱（柜）

7. 临时供电是非永久性用电，因此（ AD ）。

A. 期限一般不超过 6 个月 B. 期限一般不超过 9 个月

C. 可以转让给其他客户 D. 不可以向外转供电

8. 变更用电的内容包括（ ABCD ）。

A. 临时更换变压器 B. 分户

C. 改变用电类别 D. 迁移受电装置

9. 供电方案主要依据（ ABCD ）来确定。

A. 用电要求 B. 用电性质

C. 现场调查的信息 D. 电网的结构及运行情况

10. 在办理客户用电申请时，应了解的客户信息情况包括（ ABCD ）。

A. 用电地点 B. 电力用途 C. 用电性质 D. 用电设备

11. 制订供电方案应遵循的原则有（ ABCD ）。

A. 在满足客户供电质量的前提下，方案经济合理

B. 施工建设和将来运行、维护的可能和方便

C. 特殊客户用电后对电网和其他客户的影响

D. 考虑客户的发展前景

12. 客户分户，应持有关证明向供电企业提出申请。供电企业应按（ BC ）规定办理。

A. 在用电地址、供电点，用电容量不变

B. 在原客户与供电企业结清债务的情况下，再办理分户手续

C. 分立后的新用户应与供电企业重新建立供用电关系

D. 需要增容者，分户后另行向供电企业办理增容手续

13. 客户更名或过户（依法变更客户名称或居民客户房屋变更户主），应持有关证明向用电企业提出申请。供电企业应符合（ ABCD ）要求。

A. 用电地址不变 B. 用电容量不变

C. 用电类别不变 D. 原客户应与供电企业结清债务

14. 供电企业对于暂停用电不足 15 天的大工业电力客户，在计算其基本电费时，（ ACD ）基本电费均是错误的。

A. 不计收 B. 不扣减 C. 按 10 天计收 D. 按实际天数扣减

15. 供电企业应退补相应电量的电费有（ BCD ）。

A. 互感器电能表有误差 B. 计量装置接线错误

C. 倍率不符 D. 计量电压互感器熔断器熔断

16. 电费计算正确与否，直接关系到（ CD ）的经济效益。

A. 电厂建设　B. 电网建设　C. 电力企业　D. 电力客户

17. 为保障用电安全，便于管理，客户应将与非重要负荷、（ BD ）与生活区用电分开配电。

A. 保安负荷　B. 重要负荷　C. 备用负荷　D. 生产用电

18. 在电力系统中限制短路电流的方法有（ ABD ）。

A. 合理选择电气主接线形式和运行方式

B. 加装限流电抗器

C. 加装阻波器

D. 采用分裂低压绕组变压器

19. 关于有功功率和无功功率，（ BCD ）是正确的。

A. 无功功率就是无用的功率

B. 无功功率有正有负

C. 在 RLC 电路中，有功功率就是在电阻上消耗的功率

D. 在纯电感单相电路中，无功功率的最大值等于电路电压和电流的乘积

20. 当窃电时间无法查明时，按每日窃电时间（ AC ）计算。

A. 电力客户 12h　B. 电力客户 16h　C. 照明客户 6h　D. 照明客户 8h

21. 用电检查工作的目的是（ BCD ）。

A. 监督客户用电　B. 维护供电企业合法权利

C. 为客户用电服务　D. 开拓电力市场

22. 对查获的窃电案件的处理手段包括（ CD ）。

A. 不能对窃电者终止供电

B. 可对窃电者进行罚款

C. 对窃电数额巨大的，应报公安机关处理还需追补电量、电费

D. 应予以制止，并当场终止供电

23. 窃电行为包括（ ACD ）。

A. 在供电企业的供电设施上，擅自接线用电

B. 在计量装置下方自行安装分表

C. 绕越供电企业用电计量装置用电，故意损坏供电企业用电计量装置

D. 伪造或者开启供电企业加封的用电计量装置封印用电，故意使供电企业用电计量装置不准或失效

24. 有（ AC ）情形之一的，供电企业相关工作人员不经批准即可中止供电，但事后应报告本单位负责人。

A. 不可抗力和紧急避险　B. 拖欠电费经通知催缴仍不交者

C. 确有窃电行为　D. 拒不在限期内拆除私增用电容量者

25. 对申请移表的客户，在其（ ABCD ）不变的条件下，允许办理。

A. 用电地址　B. 供电点　C. 用电类别　D. 用电容量

26. 变压器中的绝缘油，作为使用条件，（ ABD ）项目是正确的。

A. 绝缘强度高　B. 化学稳定性好　C. 黏度大　D. 闪点高

27. 变压器的电能损耗包括（ ABCD ）。

A. 磁滞损耗　　　　　　　　　　　B. 涡流损耗
C. 电流流过一次绕组产生的损耗　　D. 电流流过二次绕组产生的损耗

28. 配电装置的布置和导体、电器、架构的选择，应满足在当地环境条件下（ABCD）的要求。

A. 正常运行　　B. 短路　　C. 安装维修　　D. 过电压状态

29. 合同法所指的合同有（AB）。

A. 买卖合同　　B. 供用电合同　　C. 婚姻合同　　D. 监护合同

30. 属于借供用电合同中供电方式的内容有（ACD）。

A. 供电电压　　B. 供电容量　　C. 供电频率　　D. 电源的供出

31. 供用电合同中，供电质量条款对用电人的要求有（ABD）。

A. 功率因数　　　　　　　　B. 注入电网的谐波电流
C. 电压波动　　　　　　　　D. 冲击负荷

32. 根据各责任人间的共同关系可将共同责任分为（BCD）。

A. 相关责任　　B. 按份责任　　C. 连带责任　　D. 补充责任

33. 电力管理部门作为执法主体享有的处罚权包括（ABCD）。

A. 责令停止违法行为　　　　B. 追缴电费
C. 罚款　　　　　　　　　　D. 责令赔偿损失

34.（AB）属于电力系统中中性点接地方式。

A. 中性点大电流接地方式　　B. 中性点小电流接地方式
C. 中性点直接接地系统　　　D. 中性点经消弧线圈接地

35. 用电检查工作的售后服务包括（ABD）。

A. 变更用电检查　　B. 事故处理　　C. 中间检查　　D. 客户投诉处理

36. 聘任为用电检查职务的人员应具备的条件有（ACD）。

A. 作风正派，办事公道，廉洁奉公
B. 已取得用户进网作业电工的资格
C. 已取得相应的用电检查资格
D. 熟悉与供用电业务有关的法律、法规以及供电管理规则制度

37. 客户需办理减容时应按（ABCD）规定办理。

A. 必须是整台或整组变压器的停止或更换小容量变压器用电
B. 办理最短期限不得少于 6 个月，最长期限不得超过 2 年
C. 在减容期限内，供电企业应保留客户减少容量的使用权
D. 减容期满后的用户 2 年内不得申办减容或暂停

38. 现行销售电价的计价方式包括（BD）。

A. 电度电价　　B. 单一电价　　C. 基本电价　　D. 两部制电价

39. 客户满意度评价体系核心内容包括（BCD）。

A. 客户年用电量　　　　　　B. 供电质量
C. 电力客户服务　　　　　　D. 服务规范与标准

40. 电力商品是一种特殊商品，电力市场是一个特殊的市场，电力营销也是（ABC）。

A. 服务性很强的业务　　　　B. 整体性很强的业务

C. 技术性很强的业务　　　　　　D. 政策性很强的业务

41.（ ACD ）不是传统用电营业组织机构的弊端。

A. 管理成本低　B. 管理成本高　C. 管理效率较低　D. 集约和扁平相结合

42.（ ABD ）属于服务主体。

A. 直供客户　B. 趸售客户　C. 客户代表　D. 临时客户

43.（ ABC ）属于服务客体。

A. 抄表员　B. 校表员　C. 客户代表　D. 城市居民

44. 业务扩充工作的主要内容包括（ ABCD ）。

A. 客户新装、增容的用电业务受理

B. 制订供电方案

C. 组织客户工程的设计、施工和验收

D. 签订《供用电合同》

45. 为了电网的安全经济运行，客户受电工程的设计（ AB ）。

A. 需由供电企业依照批复的供电方案和有关设计规程进行审查

B. 具备相应资质的设计单位不可以修改供电方案

C. 具备相应资质的设计单位可以修改供电方案的非关键地方

D. 需由供电企业按照稍做修改的供电方案进行审查，只要不影响安全运行

46. 对于新装的电能计量装置，在安装现场对计量装置进行检查的项目有（ ABCD ）。

A. 检查计量方式的正确性

B. 检查一次与二次接线的正确性

C. 核对倍率

D. 核对电能表校验合格证

47. 电能计量工作的内容有（ ABCD ）。

A. 确定电能计量点和电能计量方式

B. 选型、购置和安装电能计量装置

C. 运行、维护和检测电能计量装置

D. 开展电能计量装置的各类检定和检验工作

48. 变更用电业务的内容包括（ BCD ）。

A. 增加合同约定的用电容量

B. 减少合同约定的用电容量

C. 迁移受电装置用电地址

D. 暂时停止全部或部分受电设备的用电

49. 供电企业向客户收取的费用有（ ABCD ）。

A. 电费和随电费收取的其他费用

B. 电费违约金、违约使用电费

C. 客户受电工程的设计、施工费

D. 电力设施受损坏的赔偿费用

50. 现行电价按生产流通环节分类主要有（ ABD ）。

A. 上网电价　B. 网间互供电价　C. 农村电价　D. 销售电价

51. 用电人（ABC）下，供用人可以对其销户。

A. 依法破产

B. 连续 6 个月不用电

C. 向供电企业申请销户，并缴清电费及其他欠缴费用

D. 有窃电行为

52.（ABC）受电变压器容量在 100kVA（kW）及以上的客户执行功率因数调整电费。

A. 农业用电　　B. 商业用电　　C. 趸售用电　　D. 非居民生活用电

53. 抄表员在抄表时应注意客户（ABCD）。

A. 表计是否正常　　B. 有无违章用电行为

C. 电量变化情况　　D. 生产经营状况

54. 目前我国对电价管理总的原则是（BC）。

A. 由市场调节　　B. 统一领导　　C. 分级管理　　D. 由电力部门控制

55. 客户依据设计方案安排施工时，工程验收有（ACD）。

A. 土建完毕后的土建验收

B. 电器设备安装时贯穿全过程的中间检查

C. 电器设备安装 2/3 时开始的中间检查

D. 全部工程施工完毕后的竣工送电前检查

56. 触电的正确急救方法是（ACD）。

A. 心肺复苏法　　B. 打强心针　　C. 仰卧压胸法　　D. 举臂压胸法

57. 传统的电力工业通常是按地区建立起来的发电、输电、配电和售电垂直一体化管理体系，并具有以下特点（ABCDE）。

A. 资产、人员垂直一体化管理

B. 政企不分，电力公司具有政府管理行业职能

C. 资本性质单一，完全属于国家所有

D. 电力商品交易仅出现在终端销售环节

E. 销售价格严格受国家监控，基本没有市场竞争

58. 电力市场营销组合手段归纳为 4 个因素，即（ACDE）。

A. 产品　　B. 需求区别

C. 分销地点　　D. 促销

E. 价格

59. 制定目标市场涵盖战略时，可供选择的几种主要战略为（ACD）。

A. 集中市场营销　　B. 单一产品市场营销

C. 无差异市场营销　　D. 差异市场营销

60. 宏观电力市场的营销环境要素有政治法律环境、经济环境及（CDEF）。

A. 竞争环境　　B. 营销中介环境

C. 自然环境　　D. 科学技术环境

E. 社会文化环境　　F. 人口环境

61. 企业选择市场竞争战略所经历的三个代表性的时期依次为（ABC）。

A. 目标营销时期　　B. 大量销售时期
C. 产品多样化时期　　D. 成长期

62. 确定目标市场涵盖战略时，可供选择的几种主要战略为（ CD ）。

A. 集中市场营销　　B. 单一产品市场营销
C. 无差异市场营销　　D. 差异市场营销

63. 市场营销就是强调市场经营策略和手段的（ AB ）。

A. 综合性　　B. 整体性　　C. 协同性　　D. 互补性

64. 微观电力市场的营销环境要素有（ ABDEF ）。

A. 电力市场（顾客）　　B. 竞争者
C. 自然环境和资源状况　　D. 供电企业
E. 营销中介　　F. 社会公众

65. 细分消费者市场的方法通常有（ ABC ）。

A. 单一因素法　　B. 综合因素法　　C. 系列因素法　　D. 相关因素法

66. 现代市场营销观念的特点有（ ABDE ）。

A. 市场导向（或顾客导向）　　B. 整体营销
C. 讲究时效　　D. 利益远景
E. 目标市场　　F. 利润最大化

67. 在顾客让渡价值理论中，顾客总价值包括（ ACDE ）。

A. 产品价值　　B. 品牌价值
C. 服务价值　　D. 人员价值
E. 形象价值

68. （ ABC ）是电力客户服务理念。

A. 制造能够销售出去的产品
B. 以客户为中心，提供优质、方便、规范、真诚的服务
C. 以市场为出发点来组织生产经营活动
D. 以电力企业需求为中心

69. （ BCD ）是第三阶段（始于 20 世纪末）电力客户服务工作的特征。

A. 推出服务承诺，加强行风建设
B. 开展“电力市场整顿和优质服务年”活动
C. 实行规范服务，提高整体供电服务品质
D. 推动城乡电网一体化管理，促进经济建设快速发展

70. （ ACD ）特性是电力客户服务的特性。

A. 无形性　　B. 可分性　　C. 广泛性　　D. 易变性

71. （ ABD ）是有效的市场组织应具备的主要特征。

A. 适应市场变化，有自我完善能力
B. 联系各部门并使之密切合作的系统化能力
C. 具有随时贯彻领导意图的能力
D. 具有迅速、准确、全面地传递信息的能力

72. 制定电力市场营销战略的步骤包括（ ABCD ）。

A. 确定长远目标　　B. 作企业的弱点分析

C. 确立目标市场　　D. 市场营销组合

73. 电力市场促销的原则有（ ABCD ）。

A. 转变观念，面向市场

B. 面向消费者，满足客户需要

C. 与相关的行业企业建立广泛的协作

D. 制定有效的鼓励用电的政策

74. 促进电力销售的主要措施有（ ABCDE ）。

A. 发现、培育电力新的增长点

B. 通过电价优惠，进行电力促销

C. 把工作延伸到客户和生产用电电器的厂家

D. 发展有市场的高能耗企业

E. 通过承诺服务，促进电力销售

75. 电力营销组合手段的关键因素有（ BC ）。

A. 产品　　B. 价格　　C. 分销　　D. 促销

76. 《供电监管办法》中规定：给用户装表接电的期限，自受电装置检验合格并办结相关手续之日起，一般居民用户（ A ），低压电力用户（ B ），高压电力用户（ C ）。

A. 不超过 3 个工作日　　B. 不超过 5 个工作日

C. 不超过 7 个工作日　　D. 不超过 10 个工作日

77. 供电企业应当按照电力监管机构的要求，披露（ ABC ）等信息。

A. 停电　　B. 限电　　C. 事故抢修处理　　D. 优质服务情况

78. 供电企业应当按照法律、行政法规和规章的规定，向用户提供（ ACD ）的供电服务，并接受电力监管机构的监管。

A. 质量合格　　B. 方便快捷　　C. 价格合理　　D. 行为规范

79. 供电企业应当按照国家规定履行电力（ BD ）义务，保障任何人能够以价格获得最基本的供电服务。

A. 优质服务　　B. 社会普遍服务　　C. 合理公道的　　D. 普遍可以接受的

80. 供电企业应当在营业场所显著位置公示（ BD ）。

A. 供用电法律法规　　B. 用电业务的办理程序

C. 供电营业和服务指标　　D. 电价和收费标准

81. 客户正式用电后，因某种原因，需将原用电的受电装置迁移他处时，（ ACD ）。

A. 新址用电引起的工程费用由客户承担

B. 新址用电容量不得超过原址容量

C. 在同一供电点的，所迁新址用电无需按新装用电办理

D. 新址用电可优先办理

82. 私自迁移、更动和擅自操作供电企业的用电计量装置、电力负荷管理装置、供电设施以及由供电企业调度的客户受电设备者，（ BD ）。

A. 居民客户，承担每次 300 元违约使用电费

B. 居民客户，承担每次 500 元违约使用电费

C. 其他客户，承担每次 3000 元违约使用电费

D. 其他客户，承担每次 5000 元违约使用电费

83. 违约形态包括（ ABC ）。

A. 预期违约　　B. 迟延履行　　C. 不完全履行　　D. 行使抗辩权

84. 有（ AC ）情形之一的，供电企业相关工作人员不经批准即可中止供电，但事后应报告本单位负责人。

A. 不可抗力和紧急避险

B. 拖欠电费经通知催交仍不交者

C. 确有窃电行为

D. 拒不在限期内拆除私增用电容量者

85. 供电企业在受理之日后，根据用户申请减容的日期对设备进行加封。从加封之日起，按（ AB ）减收其相应容量的基本电费。但用户申明为永久性减容的或从加封之日起期满 2 年又不办理恢复用电手续的，其减容后的容量已达不到实施两部制电价规定容量标准时，应改为电价计费。

A. 原计费方式　　B. 单一制电价　　C. 两部制电价　　D. 特殊电价

86. 订立供用电合同的原则包括（ ABCDE ）。

A. 合法原则　　B. 平等互利原则

C. 协商一致原则　　D. 等价有偿原则

E. 必须根据用电人的用电需要和电网可供能力签订供用电合同

87. 供用电合同的有效条件包括（ ABCD ）。

A. 供用电合同内容必须合法

B. 当事人的意思必须真实

C. 法定代表人或委托代理人没有超越自己的权限

D. 符合国家利益和社会公共利益

88. 因供电设施计划检修需要停电的，供电企业应提前 7 日公告（ BCD ），并通知重要客户。

A. 停电范围　　B. 停电区域　　C. 停电线路　　D. 停电时间

第三节　判　断　题

1. 串联电抗器宜装设于电容器组的中性点侧。当装设于电容器组的电源侧时，应校验动稳定电流和热稳定电流。(√)

2. 相对称电路中，功率因数角是指线电压与线电流之间的夹角。(×)

3. 电能单位的中文名称为千瓦特小时，国际符号为 kWh。(×)

4. 力的大小、方向、作用点合称为力的三要素。(√)

5. 当低压电路发生过载、短路和欠电压等不正常情况时，低压断路器能自动开断电路。(√)

6. 低压电容器组接在谐波分量较大的线路上时宜串联电抗器。(√)

7. 低压电容器装置，可设置在低压配电室内，当电容器容量较大时，宜设置在单独房间。(√)

8. 采用的设备及器材均应符合电力行业现行标准的规定，并应有合格证。设备应有铭牌。(√)

9. 避雷器组装时，其各节位置可以随意调整。(×)

10. 电力客户向供电企业提出校验表计申请，电能表经过校验后，不论表计误差是否在允许范围内，验表费都不予退还。(×)

11. 110kV及以上电压等级的少油断路器，断口加均压电容是为了防护操作过电压。(√)

12. 低压受电装置安装要符合国家有关工艺、验收规范和当地供电企业相关规程。(√)

13. 低压配电装置的长度大于6m时，其柜后通道应设两个出口，而两个出口之间的距离超过15m，还应增加出口。(√)

14. 带可燃性油的高压配电装置，宜装设在单独的高压配电室内。当高压开关柜数量为6台及以下时，可与低压配电屏放置在同一房间内。(√)

15. 并联电容器在电力系统中有改善功率因数的作用，从而减少了电网线损和电压损失。(√)

16. 表用互感器是一种变换交流电压或电流使之便于测量的设备。(√)

17. 变压器线圈的绝缘称为纵绝缘。(√)

18. 35kV新变压器投运前，变压器油的击穿电压值不应低于35kV。(√)

19. 110kV降压变电站的主变压器，在电压变化超出允许范围时，应采用有载调压变压器。(√)

20. 接于中性点接地系统的变压器，在进行冲击合闸时，其中性点不必接地。(×)

21. Dy11接线的变压器采用差动保护时，电流互感器也应按Dy11接线。(×)

22. 电动机在额定容量的75%～100%下运行，有利于提高用户自然功率因数。(√)

23. 当同一变压器室安装多台10kV干式变压器时，变压器之间净距不应小于1.0m。(√)

24. 变压器着火时，可采用泡沫灭火剂灭火。(×)

25. 变压器的负荷最高时，也是损耗最小时，才处于经济运行方式。(√)

26. 三相四线制系统可以采用三芯电缆另加一根单芯电缆或导线、电缆金属护套作中性线。(×)

27. 不同长度、型号、规格的电缆可以并联使用。(×)

28. 电缆在室内、电缆沟、电缆隧道和竖井内明敷时，不应采用黄麻或其他易燃的外保护层。(√)

29. 电缆与树木主干的距离一般不宜小于0.7m。(√)

30. 电缆竖井应与电梯、其他管道间用竖井分开。(√)

31. 低压进户线与通信线必须分开进户。(√)

32. 车间内低压裸导体与需要经常维护的管道同侧敷设时，裸导体应敷设在管道的上面并保持必需的安全距离。(√)

33. 配电线路上对横担厚度的要求是不应小于4mm。(×)

34. 电缆线路在敷设的过程中，运行部门应经常监督及分段验收。(√)

35. 电力设备预防性试验规程不适用高压直流输电设备。(√)

36. 电动机的短路保护一般采用熔断器或自动开关来实现。(√)

37. 测量变压器绕组的直流电阻，是为了检查变压器的分接开关和绕组是否有异常情况。(√)

38. 电动机、变压器等的金属底座和外壳不应接地或接零。(×)

39. 接地电阻就是接地体的对地电阻。(×)

40. 配电系统电源中性点接地电阻一般应小于 4Ω。但配电变压器容量不大于 100kVA 时，接地电阻可不大于 10Ω。(√)

41. 接地电阻就是接地体的对地电阻。(×)

42. 低压电能计量装置应符合相关要求：容量较大和使用配电柜时，应使用计量柜；容量小于 100kW 时，应使用计量箱。(√)

43. 互感器电流二次回路应采用铜芯线，其截面积至少应不小于 $2.5mm^2$。(×)

44. 接入中性点非有效接地高压线路的计量装置，宜采用三相四线有功、无功电能表。(×)

45. 在正常情况下，电压互感器误差受二次负荷影响，误差随着负荷增大而减小。(×)

46. 电能表的准确度等级为 2.0，即其基本误差不小于±2.0%。(×)

47. 电压互感器到电能表的二次电压回路的电压降不得超过 2%。(×)

48. 电流互感器二次导线截面积不大于 $2.5mm^2$。(×)

49. 三相两元件电能表，只能对完全对称的负载进行正确测量。(×)

50. 电能表修调前检验应拆除制造厂封印和原检定封印。(×)

51. 电能计量专用电压、电流互感器或专用二次绕组及其一次回路不得接入与电能计量无关的设备。(×)

52. 电能计量装置包括各种类型的电能表，计量用电压互感器（TV）、电流互感器（TA）、电能计量柜（箱）等。(×)

53. 电能表电流线圈串接在零线上可能产生漏计现象。(√)

54. 电能表的驱动元件由电压元件和电流元件组成。(√)

55. 电流互感器通过 kl 接到电能表接线盒电流、电压共用端钮上时，互感器二次侧不能再接地。(√)

56. 电能计量的二次回路可以与继电保护的二次回路共用。(×)

57. 供电企业在新装、换装及现场校验后应对用电计量装置加封，客户可以不在凭证上签章。(×)

58. 单相感应型电能表的电流线圈串接在相线中，电压线圈并接在相线和零线上。(√)

59. 测量绝缘电阻时，10 000V 以下至 3000V 的电气设备或回路，应采用 2500V 绝缘电阻表。(√)

60. 工作许可人不得签发工作票，也不许担任工作负责人。(×)

61. 由机械能转变为直流电能的电动机称为直流电动机。(×)

62. 变压器的油可用于断路器，但断路器的油不能用于变压器。(√)

63. 功率因数下降不会降低发电机和变压器的额定功率。(×)

64. 配电变压器铁芯进行干燥处理时，器身温度不得超过100℃。(×)

65. 变压器的低压绕组布置在高压绕组的里面。(√)

66. 磁场强度的大小与介质的性质无关。(√)

67. 两只电容器不论在什么条件下，电容量大的所储存的电荷量也一定大。(×)

68. 220V、60W灯泡的电阻要大于220V、25W灯泡的电阻。(×)

69. 额定电流为0.9A，电阻值为50Ω的电阻元件，可以接在220V的交流电源上。(×)

70. 在同样的环境条件下，不论怎样改变一个导体的形状，它的阻值始终不变。(×)

71. 只要有电流存在，其周围必然有磁场。(√)

72. 磁极不能单独存在，任何磁体都是同时具有N级和S极。(√)

73. 自由电子在磁场力的作用下，产生定向的运动，就形成电流。(×)

74. 用楞次定律可判定感应电动势的大小和方向。(×)

75. 在纯电容电路中，电流相位超前电压相位90°。(√)

76. 阻值随外加电压或流过的电流而改变的电阻叫作线性电阻。(×)

77. 日光灯并联电容器的目的是改善电流。(×)

78. 感应电流产生的磁场总是阻碍原磁场的变化。(√)

79. 感应电动势的大小与线圈电感量和电流变化率成正比。(√)

80. 并联电阻电路的等效电阻的倒数等于各并联电阻值的倒数之和。(√)

81. 电容器在直流电路中相当于开路，电感相当于短路。(√)

82. 保安电源就是备用电源。(×)

83. 电力系统中的各类发电厂是电网的能源，按所用一次能源的不同可分为火电、水电、核电等。(√)

84. 有重要负荷的用户在已取得供电企业供给的保安电源后，无需采取其他应急措施。(×)

85. 工作线路的断路器同继电保护装置动作跳闸后，备用电源自动投入装置应将备用线路投入，以保证供电的连续性。(×)

86. 将各种电气设备按一、二次接线的要求组装在一起，称为成套配电装置。(√)

87. 配电电压高、低压的确定取决于厂区范围，用电负荷以及用电设备的电压。(√)

88. 电力系统的技术资料是分析处理电气故障和事故的依据之一。(√)

89. 电气设备从开箱验收开始，即应建立技术档案及维护记录，并进行登记编号。(√)

90. 自第一支持物至电能表的一段线路称为表外线，表外线的产权属供电局。(×)

91. 电力系统运行的设备进行检修，工作之前要履行申报和批准制度，企业领导批准后，才可付诸实施。(√)

92. 真空断路器的真空的净化处理是在高温下用烘烤的方法进行的。(√)

93. 配电网的降损途径之一是选择能耗低的S9系列变压器。(√)

94. 电气设备铭牌上规定的额定值是保证设备安全、经济运行的数值。(√)

95. 10kV及以下三相供电电压允许偏差为额定电压的±8%。(×)

96. 电能无声、无味、无形，不占空间体积，它使用方便，可根据人们的需要转变为光能、机械能、热能、化学能、声能、电磁能等多种形式的能量。(√)

97. 导线传输的功率不变，则电流越大，电压也越高。(×)

98. 为了保证电能质量，保证用电设备安全运行，可不对电力系统中的谐波加以限制。(×)

99. 有功功率小于零，说明电源从负载吸收能量。(√)

100. 电路发生谐振时，电路呈现电容性。(×)

101. 短接电流互感器二次绕组时，不允许使用熔丝或短路线。(√)

102. 在三相四线制的供电系统中，可以得到线电压和相电压两种电压。(√)

103. 在配电装置中，铜与铝相接时，可直接连接。(×)

104. 通过提高需求方终端利用效率而节约的资源同样可以作为供应方最合适的替代资源。(√)

105. 削峰填谷的目的是节约用电。(×)

106. 表示设备断开、运行的信号装置和仪表的指示不可作为设备有无电的依据。(√)

107. 对同一电网内、同一电压等级、同一用电类别的用户，执行相同的电价标准。(√)

108. 用电检查人员不应承担因用电设备不安全引起的任何直接损失和赔偿损失。(√)

109. 对采用变压器供电低压计量的农业用电户，免收变压器损失电量电费。(×)

110. 分时电价的时段是由每昼夜中按用电负荷高峰、非峰谷、低谷三时段组成。(√)

111. 用电客户对计量装置有异议时，可以拒缴电费。(×)

112. 低压供用电合同适用于供电电压为380V的低压电力客户。(×)

113. 私自迁移、更改和擅自操作供电企业的电能计量装置按窃电行为处理。(×)

114. 可以用自行车、摩托车运输已经检定合格的电能表。(×)

115. 临时用电期限除经供电企业准许外，一般不得超过6个月，逾期不办理延期或永久性正式用电手续的，供电企业应终止供电。(√)

116. 客户申请暂换（因受电变压器故障且无相同变压器替代，临时更换大容量变压器）经批准后，允许的使用时间为：10kV及以下的不超过3个月。(×)

117. 供用电合同的有效期限为1～3年。(√)

118. 客户欠电费需依法采取停电措施的，提前7天送达停电通知书。(√)

119. 电力客户连续6个月不用电，也不申请办理停电手续者，供电企业予以销户终止其用电。客户需在用电时按新装用电办理。(√)

120. 用户擅自在低电价的供电线路上接用高电价的用电设备，如起讫日期不明，则按6个月计算。(×)

121. 提高功率因数可以使发电、供电、用电等部门均得到明显的效益。(√)

122. 用于三相四线回路及中性点接地系统的电路叫作星形接线。(√)

123. 有功功率大于零，说明负载从电源吸收能量。(√)

124. 在电力系统非正常状况下，供电频率允许偏差不应超过±0.5Hz。(×)

125. 在交流电路中，电流滞后电压90°，是纯电容电路。(×)

126. 交流电的频率越高，电感线圈的感抗越大。(√)

127. 电网电压的质量取决于电力系统的无功功率。(√)

128. 系统无功功率不足，电网频率就会降低。(×)

129. 在星形连接的电路中，线电压等于相电压。(×)

130. 冲击性负荷可造成电压骤降。(√)

131. 电流互感器并联在被测电路中，电压互感器串联在被测电路中。(×)

132. 电流互感器的负荷与其所接一次线路上的负荷大小有关。(×)

133. 电压互感器的变比和匝数比完全相等。(×)

134. 电压互感器的二次侧额定电压是50V。(×)

135. 电压互感器的用途是把一次大电流按一定比例变小，用于测量等。(×)

136. 交流电流过零点是交流电弧最为有利的灭弧时期。(√)

137. 某一个电源对同一负荷供电，当负荷接成三角形或星形时负荷所耗功率相同。(×)

138. 三相电压不平衡度是由于系统发生了单相或两相断线、单相接地等故障所引起的。(×)

139. 客户销户时，必须停止全部用电容量、结清电费、保证计量装置的完好、并拆除接户线和计量装置。(√)

140. 运行中的电流互感器二次回路不允许开路。(√)

141. 在配电装置中，铜与铝相连时，可直接连接。(×)

142. 合理选择电气设备的容量并减少所取用的无功功率是改善功率因数的基本措施，又称为提高自然功率因数。(√)

143. 10kV屋内高压配电装置的带电部分至栅栏的最小安全净距是100mm。(×)

144. 电压互感器用的高压熔断器和变压器的高压熔断器能相互代用。(×)

145. 电压互感器在运行中其二次侧不允许开路。(×)

146. 短路电流互感器二次绕组时，允许使用熔丝做短路线。(×)

147. 隔离开关的主要作用是隔离电源具有明显的断开点。(√)

148. 跨越配电屏前通道的裸体部分离地不应低于2.2m。(×)

149. 变压器的铁损和铜损随负荷变化而变化。(×)

150. 变压器的油可用于断路器，断路器的油也可用于变压器。(×)

151. 变压器接地保护只用来反映变压器内部的接地故障。(×)

152. 变压器匝数与电流的关系，用公式表示为$W_1/W_2=I_1/I_2$。(×)

153. 变压器中的有功功率损耗应包括空载损耗和短路损耗。(√)

154. 导线传输的功率不变，则电流越小，电压也越低。(×)

155. 低压带电上电杆接线时，应先搭相线，再搭零线。(×)

156. 低压接户线与窗户或阳台的水平距离不应小于0.75m。(√)

157. 低压接户线与下方窗户的垂直距离不应小于0.3m。(√)

158. 电缆线路故障性质区分为：接地故障、短路故障、断路故障、闪络性故障、混合故障。(√)

159. 为了提高可靠性，配网的中性线允许重复接地。(√)

160. 单相电弧接地引起过电压只发生在中性点不接地的系统中。(√)

161. 接地线可作为工作零线。(×)

162. 三相四线有功电能表，某相电压断开后，必定少计电能。(√)

163. 一户一表用封钳、封印、封丝，应为专用，不得混用。(√)

164. 对用户不同受电点和不同用电类别的用电应分别安装计费电能表。(√)

165. 在测量电流时，应将电流表同被测电路并联。(×)

166. 电流互感器额定一次电流的确定，必须满足其正常运行中的实际负荷电流达到额定值 60%，至少不小于 30%，否则不予验收投运。(×)

167. 安装式多功能电能表，其每天的日计时误差不应超过 0.5s，时段投切误差就不大于 5min。(√)

168. 3×5A，3×100V 三相三线有功电能表，经 200/5A 电流互感器和 10 000/100V 的电压互感器计量，则其实用倍率为 4000。(√)

169. 当电能表运行在额定最大电流时，误差一般都不能满足准确度的要求。(×)

170. 低压供电，负荷电流为 50A 及以上时，宜采用电能表直接接入方式。(×)

171. 低压供电线路的负荷电流为 50A 及以下时，宜选用额定最大电流大于 60A 的直接接入式电能表。(×)

172. 电能表运行的外界条件与检定条件不同而引起的电能表误差改变量，称为电能表的附加误差。(√)

173. 电能计量的二次回路中，电压回路的导线截面不应低于 1.5mm^2。(√)

174. 电能计量装置的综合误差是恒定不变的数值。(×)

175. 电压相序接反，有功电能表将反转。(×)

176. 计算电量的倍率或铭牌倍率与实际不符的，以铭牌倍率为基准，退补电量。(×)

177. 任何一个仪表在测量时都有误差，根据引起误差原因的不同，可将误差分为两种：基本误差和附加误差。(√)

178. 三相电能计量的接线方式中，A、B、C 接线为正相序，那么 C、A、B 就为逆相序。(×)

179. 三相三线无功电能表在运行中产生反转的重要原因是，三相电压进线相序接反或容性负荷所致。(√)

180. 供电企业对申请用电的客户提供的供电方式，应从计划、节约、安全的角度出发。(×)

181. 供电企业受理客户用电申请的方式有：在营业网点的柜台受理、电话受理、网站受理。(√)

182. 满足客户的需求主要包括：①要满足客户对电力产品的全部需求；②要满足客户不断变化的需求；③要满足不同客户的需求。(√)

183. 某客户原报装动力用电，现改为居民生活用电，应为其受理改类申请。(√)

184. 在电能表错接线的情况下测得的电能量与负载实际消耗的电能量之差称为更正系数。(×)

185. 用电检查就是对客户的违章用电、窃电行为进行检查的活动。(×)

186. 用电检查人员应承担因用电设备不安全引起的任何直接损失和赔偿损失。(×)

187. 在低压线路上工作断开导线时，应先断零线，后断相线。(×)

188. 当电力供应不足，不能保证连续供电时，供电企业可自行制定限电序位。(×)

189. 在发生人身触电时，为了解救触电人，可以不经允许而断开有关设备电源。(√)

190. 电气设备着火时，可以使用二氧化碳灭火器灭火。(√)

191. 工作人员在电压为60～110kV现场工作时，正常活动范围与带电设备的安全距离为0.5m。(×)

192. 三相四线制中性线不得加装熔断器。(×)

193. 实行电力分时计费，可以平衡电网的用电负荷，最大限度地减少资源浪费。(√)

194. 实行峰谷电价的目的是改善电力系统负荷的峰谷差。(√)

195. 市场营销组合是指电力企业综合运用产品市场定位、价格手段、促销手段等适应各个细分市场的需要。(√)

196. 营销服务是涉及生产、计划、调度、配电等业务部门的系统工程，搞好服务工作，提高服务水平，需要各部门、各业务环节协调一致的配合和工作。(√)

197. 当环境温度高于40℃时，仍可按电器的额定电流来选择使用电器。(×)

198. 用电检查人员应承担因用电设备不安全引起的任何直接损失和赔偿损失。(×)

第四节 简 答 题

1. 钳形电流表在使用时应注意哪些事项？

答： 使用钳形电流表时应注意以下几个方面：①正确选择表计的种类，根据被测对象的不同，选择不同形式的钳形电流表或将转换开关拨到需要的位置；②正确选择表的量程，由大到小，转换到合适的挡位，转换量程挡位时应在不带电的情况下进行；③测量交流时，使被测导线位于钳口中部，并且使钳口紧密闭合；④每次测量后，要把调节开关放在最大电流量程的位置上，以免下次使用时，因未经选择量程而造成仪表损坏；⑤测量小于5A以下电流时，若条件允许，可把导线多绕几圈放进钳口进行测量，其实际电流值应为仪表读数除以放进钳口内的导线圈线；⑥进行测量时，应注意操作人员对带电部分的安全距离，以免发生触电危险。

2. 《电力法》中提到的罚款，《供电营业规则》中提到了电费违约金、违约使用电费，请问这三者的概念是什么？

答：（1）罚款。《电力法》中提到的罚款是电力管理部门对供用电各方违反《电力法》等相关法律法规的规定而给予的行政处罚。

（2）电费违约金。电费违约金是用户未能履行《供用电合同》，在合同约定的期限内未交清电费，而应承担的电费滞纳违约责任。

（3）违约使用电费。违约使用电费是用户未能履行《供用电合同》，构成违约用电应承担的违约责任。

3. 依据《国家电网公司安全用电服务若干规定》，用电安全检查分为几类，各自有什么特点？

答： 用电安全检查分为定期检查、专项检查和特殊检查三大类。定期检查可以和专项检查相结合。

定期检查是指根据规定的检查周期和客户实际用电情况，制订检查计划，并按照计划开展的检查工作。

专项检查是指每年的春季、秋季安全检查以及根据工作需要安排的专业性检查，检查重点是客户受电装置的防雷情况、电气设备试验情况、继电保护和安全自动装置等情况。

特殊检查是指因重要保电任务或其他需要而开展的用电安全检查。

4. 依据《国家电网公司安全用电服务若干规定》，用电安全检查的主要内容有哪些？

答：（1）自备保安电源的配置与维护是否符合安全要求。

（2）闭锁装置的可靠性和安全性是否符合技术要求。

（3）受电装置及电气设备安全运行状态及缺陷处理情况。

（4）是否按规定的周期进行电气试验，试验项目是否齐全，试验结果是否合格，试验单位是否符合要求。

（5）电能计量装置、负荷管理装置、继电保护和自动装置、调度通信等安全运行情况。

（6）并网电源、自备电源并网安全状况。

（7）安全用电防护措施及反事故措施。

5.《国家电网公司安全用电服务若干规定》中，对客户的继电保护和自动装置整定和检验有哪些规定？

答：（1）与电网连接的客户进线继电保护和安全自动装置的服务是客户安全用电的重要服务内容，由客户服务中心统一组织实施。

（2）调度部门负责对客户进线继电保护和安全自动装置的定值计算，生产部门负责现场整定和定期检验，用电检查人员负责现场检查，并向客户服务中心报告现场检查的异常情况，客户服务中心统一组织对异常清理的整改处理。服务管理流程如下。

1）客户提供定值计算所需要的基础资料。

2）调度部门进行定值计算，并按有关规定履行定值单执行程序。

3）生产部门负责现场检验，并将检验报告提交客户服务中心。

4）客户服务中心向客户移交定值检验报告。

（3）调度部门负责审核客户内部继电保护方式与客户进线保护方式的相互配合，防止因保护定值配合不当，客户内部保护不正确动作而引发电网越级跳闸事故。

6. 什么是谐波源？请列出几种常见的产生谐波的电气设备。

答：谐波源是指向公用电网注入谐波电流或在公用电网中产生谐波电压的电气设备。如：电气机车、电弧炉、整流器、逆变器、变频器、相控的调速和调压装置、弧焊机、感应加热设备、气体放电灯以及有磁饱和现象的机电设备。

7. 在变电站电气设备上工作，保证安全的技术措施有哪些？

答：停电、验电、接地、悬挂标示牌和装设遮栏（围栏）。

8. 什么是运行中的电气设备？

答：运行中的电气设备是指全部带有电压、一部分带有电压或一经操作即带有电压的电气设备。

9. 巡视检查 SF_6 电气装置的安全注意事项有哪些？

答：巡视检查 SF_6 电气装置有以下安全注意事项。

(1) 装有 SF_6 设备的配电装置室和 SF_6 气体实验室，必须装设强力通风装置，风口应设置在室内底部。

(2) 工作人员进入 SF_6 配电装置室，必须先通风 15min，并用检漏仪测量 SF_6 气体含量，尽量避免 1 人进入 SF_6 配电装置室进行巡视，不准 1 人进入从事检修任务。

(3) 工作人员不准在 SF_6 设备防爆膜附近停留，若在巡视中发现异常情况，应立即报告，查明原因，采取有效措施进行处理。

(4) 进入 SF_6 配电室低位区或电缆沟进行工作应先测含氧量（不得低于 18%）和 SF_6 气体含量是否合格。

(5) 发生紧急事故应立即开启全部通风系统进行通风。发生防爆膜破裂事故时，应停电处理，并用汽油或丙酮擦拭干净。

10. 电力电缆在投入运行前应做哪些试验?

答: 投入运行前的电缆应做以下项目的试验。

(1) 测量绝缘电阻。

(2) 直流耐压试验及泄漏电流测量。

(3) 交流耐压试验。

(4) 测量金属屏蔽层电阻和导体电阻比。

(5) 检查电缆线路两端的相位。

(6) 充油电缆的绝缘油试验。

(7) 交叉互联系统试验。

11. 运行中的变压器一般有哪些异常情况时应退出运行?

答: 运行中的变压器发生如下一些情况时应退出运行。

(1) 变压器内部音响很大，有严重的放电声。

(2) 在正常冷却条件下，变压器温度不正常或不断上升。

(3) 防爆管爆破或储油柜冒油。

(4) 油色变化过甚，油内出现炭质。

(5) 套管有严重的破裂和放电现象。

(6) 出现接头过热、喷油、冒烟。

12. 双电源客户，其电源管理有哪些要求?

答: 主要要求如下。

(1) 电源进线开关必须装设可靠的连锁装置，防止向电网反送电。

(2) 双电源的切换方式应满足客户的需求，如用自投，应取得供电企业同意。

(3) 双电源客户必须制定安全运行制度和操作程序，并有专人管理。

(4) 应与供电企业签订调度协议。

(5) 应明确主电源与备用电源，正常情况下应使用主电源。

13. 变压器并列运行应满足哪些条件?

答: 变压器并列运行必须满足以下条件。

(1) 接线组别相同。

(2) 变比差值不得超过±0.5%。

(3) 短路电压值不得超过 10%。

（4）两台并列变压器容量比不宜超过3：1。

14. 变压器运行时电压过高有何影响？

答：在加入变压器的电压过高高于额定电压时，铁芯的饱和程度增加，会使电压和磁通的波形发生严重畸变，变压器空载电流增大，铁芯饱和后电压波形中的高次谐波值大大增加，这时的影响如下。

（1）引起用户电流波形畸变，增加电动机和线路上的附加损耗。

（2）可能在系统中造成谐波共振现象，并导致过电压，使绝缘损坏。

（3）线路中电流的高次谐波会对通信线路产生影响，干扰通信正常进行。

15. 对继电保护装置有哪些基本要求？

答：基本要求如下。

（1）选择性：能在规定的范围内切除故障电流。

（2）快速性：能快速切除故障点，以缩小事故范围。

（3）灵敏性：对不正常的运行有足够的反应能力。

（4）可靠性：保护装置应经常处于准备动作状态，在发生事故时不应拒动，同时也不应误动作。

16. 变压器在投入前为什么要做冲击合闸试验？

答：为了检验变压器绝缘强度能否承受额定电压或运行中操作过电压，需要在变压器投入运行时进行数次冲击合闸试验。此外空载变压器投入电网时，会产生励磁涌流，其值一般可达6～8倍额定电流，经0.5～1s后即减到0.25～0.5倍的额定电流。由于励磁涌流会产生很大电动力，所以冲击合闸试验是为了考验变压器的机械强度和继电保护动作的可靠性程度。

17. 高压开关柜应具有“五防”功能，“五防”包括哪些内容？

答：五防功能是指保证人身安全和防止误操作的重要措施，它包括以下内容。

（1）防止带负荷拉、合隔离开关。

（2）防止误跳、合断路器。

（3）防止带电挂接地线。

（4）防止带地线合隔离开关。

（5）防止误入带电间隔。

18. 新装电容器投入运行前应做哪些检查？

答：新装电容器投入运行前应做如下检查。

（1）电气试验应符合标准，外观完好。

（2）各部件连接可靠。

（3）放电装置是否可靠合格。

（4）保护与监视回路完整。

（5）电容器的开关符合要求。

19.《国家电网公司客户安全用电服务若干规定》中规定，中间检查的主要内容有哪些？

答：用电检查人员应根据审核同意的设计文件和有关施工及技术标准等，对隐蔽工程进行中间检查及施工质量抽检，包括电缆沟和隧道，电缆直埋敷设工程，接地装置工

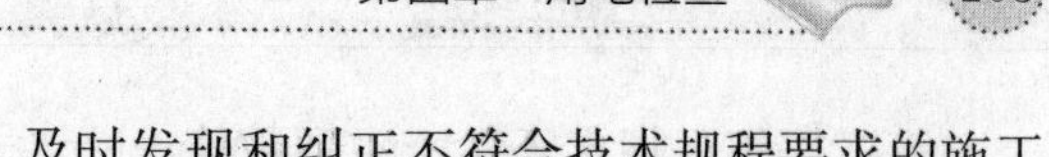

程，变压器、断路器等电气设备特性试验，及时发现和纠正不符合技术规程要求的施工工艺及质量问题，并以书面形式向客户提出消除安全隐患的指导意见，提高受电工程的施工质量。

20. 在电气设备上工作，保证安全的组织措施有哪些？

答：在电气设备上工作，保证安全的组织措施有以下几个方面。

（1）工作票制度。

（2）工作许可制度。

（3）工作监护制度。

（4）工作间断、转移和终结制度。

21. 自动重合闸应符合哪些基本要求？

答：对自动重合闸的基本要求如下。

（1）动作时间应短，但不能过短，其动作时间应大于介质去游离时间，既要使故障点的绝缘强度来得及恢复，又要使断路器的传动机构来得及恢复，一般重合闸动作时间取1～3s。

（2）重合闸的重合次数应保证可靠，即一次重合闸只重合一次，二次重合闸只重合两次。

（3）手动投入断路器，当线路上有故障时，继电保护跳开断路器后，应保证不进行重合。

（4）手动切除断路器，重合闸不应重合。

22. 新装隔离开关、负荷开关及高压熔断器的试验项目有哪几项？

答：

（1）绝缘电阻。

（2）高压限流熔丝管熔丝的直流电阻。

（3）负荷开关的导电回路电阻。

（4）交流耐压。

（5）操动机构线圈最低动作电压。

（6）操动机构试验。

23. 电力系统为何需要投入电容？

答：电力系统中的负载大部分是感性的，依靠磁场传送能量，因此这些设备在运行过程中不仅消耗有功功率，而且需一定量的无功功率。这些无功功率如由发电机供给，将影响发电机的有功额定功率，对电力系统也造成电能损失和电压损失，设备利用率也相应降低。因此要采取措施提高电力系统功率因数，补偿无功损耗，这就需要投入电容。

24. 什么叫变压器的不平衡电流？有何影响？

答：变压器不平衡电流是由单相负载造成的，三相分配不均匀常数使三相负载不对称，使三相电流不对称，影响三相阻抗压降不对称，二次侧三相电压也不对称。这对变压器和电气设备均为不利，更重要的是Yyn0接线变压器，零线将出现电流，使中性点产生位移，其中电流大的一相，电压下降，其他两相电压上升，严重时会烧坏设备。

25. 各种防雷接地装置的工频接地电阻最大值是多少？

答：按规程规定不大于下列数值。

(1) 变电站独立避雷针为10Ω。

(2) 变电站进线架上避雷针为10Ω。

(3) 变电站架空线路上所装管型避雷器为10Ω。

(4) 与母线连接但与旋转电动机有关的避雷器为5Ω。

(5) 20kV以上电压等级的架空线路交叉杆上的管形避雷器及35～110kV架空线路及木杆上的管形避雷器为15Ω。

(6) 上述处所装设的放电间隙为25Ω。

26. 变配电室有哪些基本要求?

答：一般有以下基本要求。

(1) 耐火等级不应低于一级。

(2) 应采用砖结构，钢筋混凝土平顶屋面，并有倾斜坡度和排水设施，且有隔热层。

(3) 变压器室门采用铁门，配电室长度大于7m时应两端开门，其宽度和长度应方便设备出入。

(4) 变压器室不应有窗，通风口采用金属百叶窗，其内侧加金属网，网孔不大于10mm×10mm。配电室的窗在开关柜的后方底部，采用不开启式，外侧加护网。

27. 变压器差动保护的基本原理是什么?

答：变压器的差动保护是由变压器的一次和二次电流的数值和相位进行比较而构成的保护装置。

它由变压器两侧的电流互感器和差动继电器组成。在正常情况下，保护区外侧短路时，一次和二次电流数值和相位均相同，保护不动作而当保护区内发生故障时，一次和二次电流及相位产生差值，这时有电流流过差动继电器，继电器动作而跳开断路器，起到保护作用。

28. 对变压器做短路试验的目的是什么?

答：对变压器做短路试验的目的是测量变压器的铜损耗。

29. 中性点非直接接地系统中，电压互感器二次绕组三角开口处并接一个电阻的作用是什么?

答：电磁式电压互感器接在非直接接地系统中，由于某种原因可能造成系统中感抗等于容抗，使系统发生铁磁谐振，将危及系统安全。在其绕组三角开口处并接一个电阻是限制铁磁谐振的有效措施，因为谐振的电流幅值大小与谐振回路中负荷的有功分量有关，当有功分量一定时，就可起到阻尼作用，有效地限制了谐振，所以规定在开口三角处并接一个电阻。

30. 电力系统中限制短路电流的方法和措施有哪些?

答：一般用以下方法和措施。

(1) 合理选择主接线和运行方式，以增大系统中阻抗，减小短路电流。

(2) 加装限流电抗器限制短路电流。

(3) 采用分裂低压绕组变压器，由于分裂低压绕组变压器在正常工作和低压侧短路时，电抗值不同，从而限制短路电流。

31. 电源缺相时对电动机的启动和运行有何危害？

答：三相异步电动机断一相电源时，将无法启动。转子左右摆动有强烈的“嗡嗡”声，若在运行中缺相时，虽电动机仍能继续转动，但额定功率大大降低。这时定子磁场变了，其中正向旋转磁场继续旋转，但转矩降低了而反向旋转磁场产生了反向制动转矩，它抵消了部分正向旋转，故又使电磁转矩降低许多，这时引起电动机过热等，甚至烧坏。

32. 避雷器是如何工作的？

答：避雷器通常接在导线和地之间，与被保护设备并联。当被保护设备在正常工作电压下运行时，避雷器不动作，即对地视为断路。一旦出现过电压，且危及被保护设备绝缘时，避雷器立即动作，将高电压冲击电流导向大地，从而限制电压幅值，保护电气设备绝缘。当过电压消失后，避雷器迅速恢复原状，使系统能够正常供电。

33. 选择高压电气设备应满足哪些基本条件？

答：选择高压电气设备应满足以下基本条件。

（1）绝缘安全可靠：既要长期承受工频最高工作电压，又能承受内部过电压和外部过电压。

（2）在额定电流下长期工作，其温升应符合标准，且有一定的短时过载能力。

（3）能承受短路电流的热效应和电动力而不致损坏。

（4）开关电器设备，应能安全可靠地关、合规定电流。

（5）户外设备应能承受自然条件的作用而不致受损。

34. 变压器的温度计是监视哪部分温度的？监视这个温度有何意义？

答：变压器的温度计是直接监视变压器上层油温的。因为上层油温比中下层油温高。所以通过监视上层油温来控制变压器绕组的最高温度。因而保证变压器绕组温度不超过允许值，也就保证了变压器的使用寿命和安全运行。

35. 低压空气断路器在故障跳闸后应如何处理？

答：断路器故障跳闸后，首先检查分析故障原因，并检查外观有否喷出金属细粒，灭弧罩是否烧坏。如有上述现象，则应拆下灭弧罩进行触头检查，检修或更换清扫灭弧罩。如故障不严重，则在允许送电情况下继续合闸运行，不必立即检修。

36. 架空线路定期巡视的内容有哪些？

答：有如下内容。

（1）查明沿线有否可能影响线路安全运行的各种状况。

（2）巡查杆塔有无异常。

（3）巡查导线和避雷线有无断股、锈蚀、过热等。

（4）巡查绝缘子有无异常状况。

（5）巡查拉线是否断股、锈蚀。

（6）防雷设施有无异状。

37. 10kV 配电变压器的安装有哪些基本要求？

答：其基本要求如下。

（1）安装位置应首先考虑运行、检修方便。

（2）变压器外壳与门、壁的净距：10kV 及以下距门不小于 1m，距壁不小于

0.8m，在装有开关时，其操作方向应留有1.2m宽度。

（3）安装在室内的变压器，宽面推进时低压侧向外，窄面推进时储油柜向外。

（4）变压器基础铁轨应水平，800kVA及以上油浸变压器，应使其顶盖沿气体继电器的方向有1%～1.5%的升高坡度。

（5）变压器一、二次引线，不应使变压器套管承受外加应力。

38. 运行中的配电变压器的正常巡查有哪些项目？

答：其巡查项目如下。

（1）音响应正常。

（2）油位应在油位线上，外壳清洁、无渗漏现象。

（3）油温应正常，不应超过85℃。

（4）负荷正常。

（5）引线不应过松、过紧，应接触良好。

（6）有气体继电器时，查其油位是否正常。

39. 变压器绕组绝缘损坏的原因有哪些？

答：通常损坏的原因有以下几个方面。

（1）线路的短路故障和负荷的急剧多变，使变压器电流超过额定电流的几倍或几十倍，这时绕组受到很大的电磁力矩的作用而发生位移或变形。另外，由于电流急增，使绕组温度迅速增高，而使绝缘损坏。

（2）变压器长时间过负荷运行，绕组产生高温损坏绝缘，造成匝间、层间短路。

（3）绕组绝缘受潮，将造成匝间短路。

（4）绕组接头和分接开关接触不良，会引起发热，损坏局部绝缘，造成匝间、层间短路或接头断路。

（5）变压器的停送电和雷击波使绝缘因过电压而损坏。

40. 对运行中10kV避雷器巡视有哪些内容？

答：对运行中10kV避雷器巡视有以下内容。

（1）瓷套管是否完整。

（2）导线和引下线有无烧伤痕迹和断股现象。

（3）避雷器上帽引线处密封是否严密。

（4）瓷套管表面有无严重污秽。

41. 三绕组变压器倒一次侧分接开关与倒二次侧分接开关的作用和区别是什么？

答：改变一次侧分接开关位置，能改变二、三次侧的电压。改变二次侧分接开关的位置，只能改变二次侧电压。如果只是低压侧需要调整电压，而中压侧仍需维持原来的电压，这时除改变一次侧分接开关位置外，还需改变中压侧分接开关位置。

42. 变压器安装有载调压开关有何意义？

答：这种变压器用于电压质量要求较严的处所，还可加装自动调整、检测控制部分，它可随时保证电压质量合格。

它的意义在于能带负荷调整电压，调整范围大，可减少电压的波动，减少高峰低谷的电压差，如安装有电容器时，还可充分发挥电容器的作用。

43. 季节性反事故措施有哪些内容？

答：季节性反事故措施有如下内容。

（1）冬春严寒季节：以防冻、防小动物及砍青扫障为主要内容的大检查、大清扫。对室内外注油设备查看是否渗漏、缺油及清洁状况；对室内门窗、电缆沟查看是否完好、密封；对所有瓷绝缘子进行一次清扫。

（2）雷雨夏秋季节：防雷防漏和迎高峰的设备大检查。对防雷和接地装置进行检查、试验；对高压设备的绝缘状况进行分析，是否按周期试验，对设备缺陷是否处理完毕。

44. 电压互感器投入运行前应检查哪些项目？

答：应按有关规程的交接试验项目进行试验并合格。其检查项目如下。

（1）充油互感器外观应清洁、油位正确、无渗漏现象。

（2）瓷套管或其他绝缘介质无裂纹破损。

（3）一次侧引线及二次侧回路各连接部分螺钉紧固，接触良好。

（4）外壳及二次回路一点接地应良好。

45. 如何根据声音判断变压器的运行情况？

答：正常运行时，变压器发出轻微有规律的嗡嗡声。而异常声音有如下几种。

（1）当发出嗡嗡声有变化时，这时负荷可能有很大变化。

（2）当发出哇哇声时，可能有大设备启动或高次谐波分量大。

（3）当发出沉重的嗡嗡声时，可能是过负荷。

（4）当发出很大噪声时，可能是变压器通过很大的短路电流。

（5）当发出异常音或很强的噪声，可能是铁芯夹紧螺钉松动或铁芯松动。

（6）发出放电声，可能是内部接触不良或有绝缘击穿现象。

46. 高压真空断路器有何优缺点？

答：高压真空断路器的缺点是一次性投资较高，维护费用也高。而它的优点有以下几点。

（1）熄弧能力强，燃弧时间短，全分断时间也短。

（2）触头开距小，机械寿命较长。

（3）适合于频繁操作和快速切断，特别适合切断容性负载电路。

（4）体积小，质量轻，维护工作量小，真空灭弧室与触头不需要检修。

（5）没有易燃、易爆介质，无爆炸和火灾危险。

47. 装、拆接地线有哪些要求？

答：装、拆接地线必须由两人进行。装设接地线时，必须先接接地端，后接导体端，且必须接触良好；拆接地线的顺序与装时相反。装、拆接地线，均应使用绝缘棒和戴绝缘手套。

接地线应用多股铜线，其截面积应符合短路电流的要求，但不小于25mm^2。在装设前应经过详细检查是否损坏和合格。

接地线必须使用专用线夹固定在导体上，严禁用缠绕的方法进行接地。

48. 工作票签发人的安全责任是什么？

答：其安全责任如下。

（1）工作的必要性。

(2) 工作是否安全。

(3) 工作票上所填安全措施是否正确完备。

(4) 所派工作负责人和工作班人员是否适当和足够，精神状态是否良好。

49. 无功补偿的方式有几种？其优缺点是什么？

答：无功补偿有集中补偿和分散补偿，其中分散补偿分为个别补偿和分组补偿两种形式。

集中补偿的优点是利用率高，能减少该变电站系统的无功损耗；缺点是不能减少出线的无功负荷。

个别补偿：用于和用电设备并联。其优点是补偿彻底、减少干线和分支线的无功负荷；缺点是利用率低、投资大些。

分组补偿：装在车间配电所母线上。其优点是利用率高、能减少线路和变压器的无功负荷，并根据负荷投入和切除；缺点是不能减少支线的无功负荷。

50. 什么叫反击过电压？有何危害？如何防止？

答：接地导体由于接地电阻过大，通过雷电流时，地电位可升高很多，反过来向带电导体放电，而使避雷针附近的电气设备过电压，叫作反击过电压。这过高的电位，作用在线路或设备上可使绝缘击穿。

为了限制接地导体电位升高，避雷针必须接地良好，接地电阻合格，并与设备保持一定距离：避雷针与变配电设备空间距离不得小于5m，避雷针的接地网之间的地中距离应大于3m。

51. 产生铁磁谐振过电压的原因是什么？

答：由于铁磁元件的磁路饱和，从而造成非线性励磁特性而引起铁磁谐振过电压。通常，系统中铁磁元件处于额定电压下，其铁芯中磁通处于未饱和状态，励磁电感是线性的。由于电压的作用，使铁磁元件上的电压大大升高，这时通过铁磁元件线圈的电流远超过额定值，铁芯达到饱和而呈非线性。因此在一定条件下，它与系统电容组成振荡回路，就可能激发起持续时间的铁磁谐振，引起过电压。

52. 在什么情况下采用三相差动保护？什么情况下采用两相差动保护？

答：

(1) 对于所有升压变压器及15 000kVA以上降压变压器一律采用三相三继电器差动保护。

(2) 10 000kVA以下降压变压器，采用两相三继电器接线，但对其中Yd11接线的双绕组变压器，如灵敏度足够，可采用两相两继电器差动保护。

对单台运行的7500kVA以上降压变压器，若无备用电源时，采用三相三继电器差动保护。

53. 高次谐波对并联电容器有什么影响？

答：高次谐波电压叠加在基波电压上，不仅使电容器的运行电压有效值增大，而且使其峰值电压增加更多，致使电容器因过负荷而发热，导致电容器过热损坏，同时电容器对高次谐波电流有放大作用，可将5～7次谐波放大2～5倍，有时甚至高达10～20倍，因此，不仅要考虑谐波对电容器的影响，还需考虑被电容器放大的谐波，会影响电网安全。

54. Dy11 接线的变压器采用差动保护时，电流互感器二次侧应为何接线？为什么？

答：Dy11 接线的变压器采用差动保护时，应该是高压侧电流互感器二次侧是星形接线，低压侧电流互感器二次侧是三角形接线。

因为 Dy11 接线的变压器，其两侧电流间有 30°的相位差，如不用以上接线方法，差动回路中将出现不平衡电流。为了消除这种不平衡电流，高压侧接成星形，低压侧接成三角形，这样可以把电流互感器二次侧电流相位校正过来，这就保证了差动保护的灵敏度和选择性。

55. 简述电力系统过电压的类型及产生原因。

答：电力系统中主要有两种类型的过电压：一种是外部过电压，称大气过电压，它是由雷云放电产生的；另一种是内部过电压，是由电力系统内部的能量转换或传递过程产生的。

56. 配电变压器一次侧跌落式熔断器的熔丝熔断后怎样处理？

答：配电变压器一次侧熔丝熔断后，应先停二次负荷，以防止带负荷操作断路器；然后，拉开未熔断相的一次侧熔断器，取下熔断相的熔断管，检查熔丝；待故障排除后，按操作顺序合上熔断器，给变压器送电；送电后，检查变压器无异常现象，给变压器二次侧断路器送电。

57. 简述变压器差动保护动作的原因。

答：差动保护动作的可能原因如下。

（1）变压器及其套管引出线故障。

（2）保护的二次线故障。

（3）电流互感器开路或短路。

（4）变压器内部故障。

58. 为什么高压负荷开关要与熔断器配合使用？

答：高压负荷开关在 10kV 系统和简易的配电室中被广泛采用。它虽有灭弧装置，但灭弧能力较小，因此高压负荷开关只能用来切断或接通正常的负荷电流，不能用来切断故障电流。为了保证设备和系统的安全运行，高压负荷开关应与熔断器配合使用，由熔断器起过载和短路保护作用。

通常高压熔断器装在高压负荷开关后面，这样当更换高压熔断器时，只拉开负荷开关，停电后再进行更换是比较安全的。

59. 为什么 110kV 及以上电压互感器一次侧不装熔断器？

答：110kV 及以上电压互感器采用单相串级绝缘，裕度大，110kV 引线是硬连接，相间距离较大，引起相间故障的可能性小，再加上 110kV 系统为中性点直接接地系统，每相电压互感器不可能长期承受线电压运行，因此 110kV 及以上的电压互感器一次侧不装设熔断器。

60. 停电时，先拉开断路器哪一侧的隔离开关？为什么？

答：停电时，断开断路器后，应先拉负荷侧的隔离开关。

这是因为在拉开隔离开关的过程中，可能出现两种错误操作：一种是断路器实际尚未断开，而造成先拉隔离开关；另一种是断路器虽然已断开，但当操作隔离开关时，因走错间隔而错拉未停电设备的隔离开关。不论是上述哪种情况，都将造成带负荷拉隔离开关，其后果是严重的，可能造成弧光短路事故。

如果先拉电源侧隔离开关则弧光短路点在断路器的电源侧，将造成电源侧短路，使上一级断路器跳闸，扩大了事故停电范围。如先拉负荷侧隔离开关，则弧光短路点在断路器的负荷侧，保护装置动作断路器跳闸，其他设备可照常供电。这样，即使出现上述两种错误操作，也能尽量缩小事故范围。

61. 什么样的用户应负担线路与变压器的损耗电量？为什么？

答：如专线或专用变压器属用户财产，若计量点不设在变电站内或变压器一次侧，则应负担线路与变压器损耗电量。

用电计量装置原则上应装在供电设施的产权分界处。如产权分界处不适宜装表的，对专线供电的高压用户，可在供电变压器出口装表计量；对公用线路供电的高压用户，可在用户受电装置的低压侧计量。当用电计量装置不安装在产权分界处时，线路与变压器损耗的有功与无功电量均需由产权所有者负担。在计算用户基本电费、电量电费及功率因数调整电费时，应将上述损耗电量计算在内。

62. 什么叫工作接地？其作用是什么？

答：工作接地是指电力系统中某些设备因运行的需要，直接或通过消弧线圈、电抗器、电阻等与大地金属连接。其作用如下。

（1）保证某些设备正常运行。例如，避雷针、避雷线、避雷器等的接地。

（2）可以使接地故障迅速切断。在中性点非直接接地系统中，当一相接地时接地电流很小，因此保护设备不能迅速动作将接地断开，故障将长期持续下去。在中性点直接接地系统中就不同了，当一相接地时，单相接地短路电流很大，保护设备能准确而迅速地动作切断故障线路。

（3）可以降低电气设备和电力线路的设计绝缘水平。在中性点非直接接地系统中，当发生一相接地时，未接地的两相对地电压升高，最高升为线电压，因此所有的电气设备及线路的绝缘都应按线电压设计，使电气设备及线路的造价增大。如果在中性点直接接地系统中发生一相接地时，其他两相对地电压不会升高到线电压，而是近似于或等于相电压。所以，在中性点直接接地系统中，电气设备和线路在设计时，其绝缘水平只按相电压考虑，故可降低建设费用，节约投资。

63. 用电检查人员赴现场检查，确认有窃电行为时，应如何处理？

答：现场检查确认有窃电行为的，用电检查人员应当场予以中止供电，制止其侵害，并按规定追补电费和加收电费。拒绝接受处理的，应报请电力管理部门依法给予行政处罚；情节严重，违反治安管理处罚规定的，由公安机关依法予以治安处罚；构成犯罪的，由司法机关依法追究刑事责任。

64. 造成设备绝缘损坏的主要原因有哪些？

答：（1）过电压击穿。

（2）运行中因气候、环境等因素的影响。

（3）自然老化。

（4）长期过负荷运行。

65. 何种容量油浸式变压器需配置瓦斯保护？其作用是什么？

答：800kVA及以上的油浸式变压器和400kVA及以上的车间内油浸式变压器，均应装设瓦斯保护。当油箱内故障产生轻微瓦斯或油面下降时，应瞬时动作于信号；当产生大量瓦斯时，应同时断开变压器两侧断路器。

66. 变压器在进行冲击合闸试验时，应进行几次，每次间隔时间怎样规定？

答：在额定电压下对变压器的冲击合闸试验，应进行 5 次，每次间隔时间宜为 5min，无异常现象。

67. 有载调压与无载调压有何区别？

答：无载调压需要停电才能进行，且调压范围小，还减少了送电时间，对特殊用电满足不了要求。

有载调压能自动根据电网电压变化而自动调整电压，不需停电进行调压，适合特殊用户的用电需求。

68. 何谓定时限过电流保护和反时限过电流保护？

答：为实现过电流保护的动作选择性，各保护的动作时间一般按阶梯原则进行整定，即相邻保护的动作时间，自负荷向电源方向逐级增大，且每套保护的动作时间是恒定不变的，与短路电流的大小无关。具有这种动作时限特性的电流保护称为定时限电流保护。

反时限过电流保护是指动作时间随短路电流的增大而自动减小的保护，用于输电线路首端出现的故障。

69. 何谓电流速断保护？有何特点？

答：按躲过被保护元件外部短路时流过本保护的最大短路电流进行整定，以保证有选择性地动作的无时限电流保护，称为电流速断保护。

它的特点是：接线简单，动作可靠，切除故障快，但不能保护线路全长。保护范围受系统运行方式变化的影响较大。

70. 干式变压器有何特点？

答：铁心和绕组都不浸在任何绝缘液体中，它的冷却介质为空气，所用的绝缘材料不燃烧，不污染使用环境，运行维护工作量小，等等。

71. 高压设备的电气试验有哪几种？

答：（1）型式试验。

（2）出厂试验。

（3）交接试验。

（4）预防性试验。

（5）检修试验。

72. 试述绝缘垫的作用。

答：绝缘垫的作用是使人体与地面绝缘。它一般铺在配电装置室的地面上，以便带电操作开关时，增强操作人员的对地绝缘，避免或减轻接触电压与跨步电压对人体的伤害。在低压配电室地面上铺绝缘垫，可代替绝缘鞋。

73. 依法处理窃电行为的法律法规依据是什么？

答：对窃电行为进行检查和处理，是依照《中华人民共和国刑法》《中华人民共和国电力法》《中华人民共和国合同法》《电力供应与使用条例》《供用电营业规则》等法律法规的规定依法开展的。

74. 欠电压法窃电通常有哪几种方法?

答: ①使电压回路开路。如断开一相或多相接入电能表的电压线。②造成电压回路接触不良故障。③串入电阻降压。如在电能计量电压回路加入阻抗，使接入电能表的电压达不到规定的值。④改变电路接法。如改变电压互感器的接线方法，使接入电能表的电压值达不到额定值。

75. 欠电流法窃电通常有哪几种方法?

答: ①使电流回路开路。如断开一相或多相接入电能表的电流线。②短接电流回路。如短接一相或多相接入电能表的电流线。③改变电流互感器的变比。如更换大变比电流互感器、增加或减少电流的绕组。④改变电路接法。如将电流互感器二次的一相、多相反接或串接。

76. 在查处窃电过程中应避免哪些行为?

答: 未经审核批准或未按规定填写《用电检查工作单》；实施现场检查的人员少于2人；不向被检查客户出示《用电检查证》；未经现场检查确认有窃电行为就当场予以中止供电；不按规定向客户开具《窃电通知书》；不按国家规定追补电费和违约金；窃电事实消除、客户承担了相应的违约责任后，未能按规定及时恢复供电，也不向客户说明原因等。

77. 盗窃电能以何种罪判处何期限的徒刑?

答:《刑法》第263条规定:“以暴力、威胁或者其他方法抢劫公私财物的，处以3年以上10年以下有期徒刑，并处罚金。”《刑法》第264条规定:“盗窃公私财物，数额较大或者多次盗窃的，处3年以下有期徒刑、拘役或者管制，并处或者单处罚金；数额巨大或者有其他严重情节的，处3年以上10年以下有期徒刑，并处罚金；数额特别巨大或者有其他特别严重情节的处10年以上有期徒刑或者无期徒刑，并处罚金或者没收财产。”

《刑法》第269条规定:“犯盗窃、诈骗、抢夺罪，为窝藏赃物、抗拒抓捕或者毁灭罪证而当场用暴力或者以暴力相威胁的，依照本法第263条的规定定罪处罚。”

78. 在停电的高压设备上工作时，为什么要挂接地线?

答:(1)悬挂接地线是为了放尽高压设备上的剩余电荷。

(2)防止高压设备的工作地点突然来电时，保护工作人员的安全。

(3)防止平行或邻近带电设备导致检修设备产生感应电压。

79. 工作期间，工作负责人离开工作现场时，《安规》是如何规定的?

答: 工作期间，工作负责人若因故暂时离开工作现场时，应指定能胜任的人员临时代替，离开前应将工作现场交代清楚，并告知工作班成员。原工作负责人返回工作现场时，也应履行同样的交接手续。

若工作负责人必须长时间离开工作现场时，应由原工作票签发人变更工作负责人，履行变更手续，并告知全体工作人员及工作许可人。原、现工作负责人应做好必要的交接手续。

80. 作业人员的基本条件有哪些?

答:(1)经医师鉴定，无妨碍工作的病症(体格检查每两年至少一次)。

(2)具备必要的电气知识和业务技能，且按工作性质，熟悉本规程的相关部分，并经考试合格。

（3）具备必要的安全生产知识，学会紧急救护法，特别要学会触电急救。

81. 低压回路停电的安全措施有哪些？

答：将检修设备的各方面电源断开取下熔断器，在开关或刀闸操作把手上挂“禁止合闸，有人工作！”的标示牌。工作前应验电。根据需要采取其他安全措施。

82. 用绝缘电阻表摇测电缆或电容器绝缘电阻时应注意哪些事项？为什么？

答：摇测绝缘前要先将被测件放电，以防通过绝缘电阻表放电及接线时可能被电击，摇动速度开始要慢一些，以防过大的充电电流通过绝缘电阻表。读数后一定要先断开接线后方能停止摇动绝缘电阻表，否则电容电流通过表的线圈放电而损坏表计。

83. 用万用表测电阻时应注意些什么？

答：用万用表测电阻时应注意以下事项。

（1）不可带电测试。

（2）测前在Ω挡将表笔短接，用“Ω调零器”调整零位，如调不到零位则可能要换电池。

（3）眼睛正视表盘读数以减少视差。

84. 具体阐述安全用电服务风险的主要内容。

答：安全用电服务风险主要有：因未履行用电检查责任、客户拒绝整改安全隐患、保供电方案不完善等原因，引起的客户受电装置带隐患运行、保供电任务不能圆满完成等风险。

85. 变压器温度表所指示的温度是变压器什么部位的温度？运行中有哪些规定？温度与温升有什么区别？

答：温度表所指示的是变压器上层油温，规定不得超过95℃。

运行中的油温监视定为85℃。温升是指变压器上层油温减去环境温度。运行中的变压器在环境温度为40℃时，其温升不得超过55℃，运行中要以上层油温为准，温升是参考数字。上层油温如果超过95℃，其内部绕组温度就要超过绕组绝缘物允许的耐热强度。为使绝缘不致迅速老化，规定了85℃的上层油温监视界限。

86. 如何做好用户的无功管理工作？

答：无功电力应就地平衡。用户应在提高用电自然功率因数的基础上，按有关标准设计和安装无功补偿设备，并做到随其负荷和电压变动及时投入或切除，防止无功功率倒送。除电网有特殊要求的用户外，用户的功率因数应达到《供电营业规则》的有关规定：用户无功补偿设备应符合国家标准，安装质量应符合规程要求，无功补偿设备容量与用电设备装机容量配置比例必须合理。督促用户及时更换故障电容器，凡功率因数不符合《供电营业规则》规定的新用户，可拒绝接电；对已送电的用户，应督促和帮助用户采取措施，提高功率因数；在规定期限内仍未采取措施达到要求的用户，可中止或限制供电。

87. 用户用电安全事故调查的主要内容是什么？

答：（1）设备事故发生前设备和系统的运行情况，人身事故发生前受害人和肇事者的健康情况，过去的事故记录、工作内容、开始时间、许可时间、作业时的动作或位置，有关人员的违章违纪情况等。

（2）事故发生时的时间、地点、气象情况、事故经过、扩大及处理情况。

（3）仪表，自动装置，断路器，保护，故障录波器，调整装置动作情况。

（4）设备资料，设备损坏情况和损害原因。

（5）现场规程制度是否健全，规章制度本身及其执行中暴露的问题。

（6）企业管理、安全责任制和技术培训等方面存在的问题。

（7）规划、设计、制造、施工安装、调试、运行、检修等质量方面存在的问题。

（8）人身事故场所周围的环境、安全防护设施和个人防护用品情况。

88. 竣工检验重点项目应包括哪些内容？对检查中发现的问题应如何通知客户？

答：竣工检验重点项目应包括：线路架设或电缆敷设；高、低压盘（柜）及二次接线检验；继电保护装置及其定值；配电室建设及接地检验；变压器及开关试验；环网柜、电缆分支箱检验；中间检查记录；电力设备入网交接试验记录；运行规章制度及入网工作人员资质检验；安全措施检验等。

对检查中发现的问题，应以《受电工程缺陷整改通知单》书面通知客户整改。客户整改完成后，应报请供电企业复验。

89. 按照《用电检查管理办法》的规定，用电检查的主要范围是什么？在什么情况下可以延伸？

答：用电检查的主要范围是用户受电装置，但被检查的用户有下列情况之一者，检查的范围可延伸至相应目标所在处。

（1）有多类电价的。

（2）有自备电源设备（包括自备发电厂）的。

（3）有二次变压配电的。

（4）有违章现象需延伸检查的。

（5）有影响电能质量的用电设备。

（6）发生影响电力系统事故需做调查的。

（7）用户要求帮助检查的。

（8）法律规定的其他用电检查。

90. 按《用电检查管理办法》的规定，用电检查人员现场检查应遵守的纪律是什么？

答：（1）用电检查人员应认真履行用电检查职责，赴用户执行用电检查任务时，应随身携带《用电检查证》，并按《用电检查工作》规定的项目和内容进行检查。

（2）用电检查人员在执行用电检查任务时，应遵守用户的保卫保密规定，不得在检查现场替代用户进行电工作业。

（3）用电检查人员必须遵纪守法，依法检查，廉洁奉公，不徇私舞弊，不以电谋私。

91. 用电检查资格分为哪几类？

答：用电检查资格分为一级用电检查资格、二级用电检查资格、三级用电检查资格三类。

92. 各级用电检查人员的工作范围是如何规定的？

答：三级用电检查员仅能担任0.4kV及以下电压受电用户的用电检查工作。二级用电检查员能担任10kV及以下电压供电用户的用电检查工作。一级用电检查员能担任220kV及以下电压供电用户的用电检查工作。

93.《用电检查管理办法》中规定，用电检查人员应具备什么条件？

答：聘任为用电检查职务的人员，应具备下列条件。

（1）作风正派、办事公道、廉洁奉公。

（2）已取得相应的用电检查资格。聘为一级用电检查员者，应具备一级用电检查资格；聘为二级用电检查员者，应具备二级及以上用电检查资格；聘为三级用电检查员者，应具备三级及以上用电检查资格。

（3）经过法律知识培训，熟悉与供用电业务有关的法律、法规、方针、政策、技术标准以及供用电管理规章制度。

94.《用电检查工作单》应包括哪些内容？

答：用户单位名称、用电检查人员姓名、检查项目及内容、检查日期、检查结果，以及用户代表签字等栏目。

95. 保护线（PE线）最小截面积应符合哪些规定？

答：保护线（PE线）最小截面积应符合表4-1规定。

表4-1　　保护线（PE线）最小截面积

装置的相线截面积 S/mm^2	相应保护线的最小截面积$/mm^2$
$S\leqslant 16$	S
$16<S\leqslant 35$	16
$S>35$	$S/2$

96. 在TT系统或TN-S系统中对N线上保护电器的设置有何要求？

答：当N线的截面与相线相同或虽小于相线但已能为相线上的保护电器所保护，则N线上可不装设保护；当N线上不能被相线保护电器所保护时，则N线上应另装设保护电器保护，将相应相线电路断开，但不必断开N线。

97. 哪些常用电气绝缘工具试验周期为一年？哪些绝缘工具为半年？

答：试验周期为一年的有：绝缘棒、绝缘挡板、绝缘罩、绝缘夹钳。试验周期为半年的有：验电笔、绝缘手套、橡胶绝缘靴、核相器电阻管、绝缘绳。

第五节　计　算　题

1. 某滚珠轴承有限公司，年用电量约为609.5万kWh，求该厂最大负荷约为多少？（最大负荷年利用小时数 $T_{max}=5300h$）

解：已知 $A=609.5\times10^4kWh$，$T_{max}=5300h$，则

$$P_{max}=A/T_{max}=6\,095\,000/5300=1150\text{（kW）}$$

答：该厂最大负荷约为1150kW。

2. 某公司380V三相供电，用电日平均有功负荷 P_{av} 为100kW，高峰负荷电流 I 为200A，功率因数为0.9。试问该公司的日负荷率 K_d 为多少？

解： 已知供电电压 $U=380V$，高峰电流 $I=200A$，$\cos\varphi=0.9$，日平均有功负荷 $P_{av}=100kW$。

则根据公式，日负荷率：

K_d＝日平均有功负荷 P_{av}/日最高有功负荷 $P_{max}\times100\%$

其中，日最高有功负荷

$$P_{max}=\sqrt{3}UI\cos\varphi=1.732\times0.38\times200\times0.9=118.47\ (kW)$$

则日负荷率

$$K_d=100/118.47\times100\%=84.4\%$$

答： 该厂的日负荷率为84.4%。

3. 有两台100kVA变压器并列运行，第一台变压器的短路电压 $U_{1k}\%$ 为4%，第二台变压器的短路电压 $U_{2k}\%$ 为5%。求两台变压器并列运行时负荷分配的情况。

解： 由题设可知

$$S_{1n}=S_{2n}=100kVA,\ U_{1k}\%=4\%,\ U_{2k}\%=5\%$$

第一台变压器分担的负荷

$$S_1=\frac{S_{1n}+S_{2n}}{\frac{S_{1n}}{U_{1k}\%}+\frac{S_{2n}}{U_{2k}\%}}\times\frac{S_{1n}}{U_{1k}\%}=\frac{200}{\frac{100}{4}+\frac{100}{5}}\times\frac{100}{4}=111.11(kVA)$$

第二台变压器分担的负荷

$$S_2=\frac{S_{1n}+S_{2n}}{\frac{S_{1n}}{U_{1k}\%}+\frac{S_{2n}}{U_{2k}\%}}\times\frac{S_{2n}}{U_{2k}\%}=\frac{200}{\frac{100}{4}+\frac{100}{5}}\times\frac{100}{5}=88.89(kVA)$$

答： 第一台变压器因短路电压小而过负荷，而第二台变压器则因短路电压大却负荷不足。

4. 某工厂有一台315kVA的三相变压器，原有负荷 P_1 为210kW，平均功率因数为0.7，试问该变压器能否满足供电需要？现在生产发展负荷 P_2 增到280kW，问是否要增加变压器容量？若不增加变压器容量，可采取什么办法？

解： 根据题意，视在功率

$$S_1=P_1/\cos\varphi=210/0.7=300(kVA)$$

此时变压器能够满足供电需要。

当负荷增到280kW时

$$S_2=P_2/\cos\varphi=280/0.7=400(kVA)>315kVA$$

则原变压器已不能满足正常供电需要。

若采取措施将平均功率因数由0.7提高到0.9，则

$$S=280/0.9=311\ (kVA)<315kVA$$

此时变压器可满足需要，不必加容量。

答： 原有负荷为210kW，功率因数为0.7时，S_1 为300kVA，变压器能满足要求；当负荷为280kW，功率因数仍为0.7时，S_2 为400kVA，变压器不能满足要求；当负荷仍为280kW，将功率因数提高为0.9时，变压器可不增加容量即可满足负荷要求。

5. 某电力用户受电电压 U 为 10kV，变压器容量为 3150kVA，而实际负荷 P 为 2000kW，功率因数为 0.9，试求 10kV 侧负荷电流为多少？

解：已知：$P=2000\text{kW}$，$U=10\text{kV}$，$\cos\varphi=0.9$

$$I=\frac{P}{\sqrt{3}U\cos\varphi}=\frac{2000}{\sqrt{3}\times10\times0.9}=128.3(\text{A})$$

答：10kV 侧负载电流为 128.3A。

6. 10/0.4kV，100kVA 的变压器两台，短路阻抗电压均为 5，其中一台为 Yyn0 接线，另一台为 Yd11 接线。试计算当两台变压器并列时，二次环流有多大？

解：已知　$U_1=10\text{kV}$，$U_2=0.4\text{kV}$，额定容量 $S_n=100\text{kVA}$，阻抗电压为 $U_k\%=5$。

因为两台变压器二次侧额定电流为

$$I_{2n}=\frac{S_n}{\sqrt{3}U_2}=\frac{100}{\sqrt{3}\times0.4}=145(\text{A})$$

因为二次侧星形接线与三角形接线，线电压相量相差 30°角，所以二次环流为

$$I_{2n}=\frac{2\sin\frac{\alpha}{2}}{\frac{2U_k\%}{I_{2n}\times100}}=\frac{2\sin\frac{30^\circ}{2}}{\frac{2\times5}{145\times100}}=\frac{2\times0.259}{0.000\,69}=751(\text{A})$$

答：两台变压器并列时，二次环流为 751A。

7. 已知一台直流电动机，其额定功率 $P_n=100\text{kW}$，额定电压 $U_n=220\text{V}$，额定转速 $n_n=1500\text{r/min}$。额定效率 $\eta_n=90\%$。求其额定运行时的输入功率 P_1 和额定电流 I_n。

解：额定运行时的输入功率为

$$P_1=P_n/\eta_n=100/0.9=111.1\ (\text{kW})$$

因为 $U_{nIn}=P_1$，则额定电流为

$$I_n=P_1/U_n=100/(0.9\times220)=50.5(\text{A})$$

答：额定运行时 P_1 为 111.1kW，额定电流 I_n 为 50.5A。

8. 已知某变压器铭牌参数为：S_n 为 50kVA，U_n 为 10±5%/0.4kV。当该变压器运行挡位为Ⅰ挡时，试求该变压器高低压侧额定电流 I_{n1}、I_{n2}（答案保留三位有效数字）？

解：由于该变压器运行挡位为Ⅰ挡，所以该变压器高压侧额定电压为 10.5kV。

高压侧额定电流为

$$I_{n1}=\frac{S_n}{\sqrt{3}\times U_n}=\frac{50}{\sqrt{3}\times10.5}=2.75(\text{A})$$

低压侧额定电流为

$$I_{n2}=2.75\times(10.5/0.4)=72.2(\text{A})$$

答：高压侧额定电流为 2.75A，低压侧额定电流为 72.2A。

9. 一客户电力变压器额定视在功率 $S_n=200\text{kVA}$，空载损耗 $P_0=0.4\text{kW}$，额定电流时的短路损耗 $P_k=2.2\text{kW}$，测得该变压器输出有功功率 $P_2=140\text{kW}$ 时，二次侧功率因数 $\cos\varphi_2=0.8$。求变压器此时的负载率 β 和工作效率 η。

解：因为 $P_2=\beta S_n\cos\varphi_2\times100\%$

$$\beta=[P_2/(S_n\cos\varphi_2)]\times100\%$$

$$= [140/(200 \times 0.8)] \times 100\% = 87.5\%$$

$$\eta = (P_2/P_1) \times 100\%$$

$$P_1 = P_2 + P_0 + \beta^2 P_k = 140 + 0.4 + (0.875)^2 \times 2.2 = 142.1(\text{kW})$$

所以 $\eta = (140/142.08) \times 100\% = 98.5\%$

答：此时变压器的负载率和工作效率分别是87.5%和98.5%。

10. 一台容量 S_n 为 1000kVA 的变压器，24h 的有功用电量 A 为 15 360kWh，$\cos\varphi$ 为 0.85。试求 24h 变压器利用率 η。

解：已知变压器容量 S_n=1000kVA，24h 的有功用电量 A=15 360kWh，$\cos\varphi$=0.85，由此可求出，变压器 24h 的平均负荷 P 为

$$P = \frac{A}{t} = \frac{15\,360}{24} = 640(\text{kW})$$

平均使用容量 S 为

$$S = \frac{P}{\cos\varphi} = \frac{640}{0.85} = 753(\text{kVA})$$

则变压器的利用率 η 为

$$\eta = \frac{S}{S_n} \times 100\% = \frac{753}{1000} \times 100\% = 75\%$$

答：变压器 24h 的利用率为 75%。

11. 一台 U_n10kV、S_n1800kVA 变压器，年负荷最大利用小时 T 为 5000h，按经济电流密度选用多大截面的铝芯电缆比较合适？（铝导线经济电流密度 J 为 1.54A/mm²）

解：已知 U_n=10kV，S_n=1800kVA，T=5000h，则变压器额定电流为

$$I_n = \frac{S_n}{\sqrt{3}U_n} = \frac{1800}{\sqrt{3} \times 10} = 104(\text{A})$$

导线截面为

$$S = \frac{I_n}{J} = \frac{104}{1.54} \approx 67.5(\text{mm}^2)$$

答：可选用 70mm² 的铝芯电缆。

12. 变压器额定容量 S_n 为 800kVA，电压比为 10/0.4kV，铁损耗 ΔP_{Fe} 为 1.67kW，铜损耗 ΔP_{Cu} 为 11.75kW，功率因数为 0.8，年平均负荷 P 为 480kW。求该变压器一年（8760h）的有功电能损耗为多少？

解：已知 P=480kW，$\cos\varphi$=0.8，ΔP_{Cu}=11.75kW，P_{Fe}=1.67kW，则其视在功率

$$S = \frac{P}{\cos\varphi} = \frac{480}{0.8} = 600(\text{kVA})$$

变压器的利用率

$$\eta = \frac{S}{S_T} \times 100\% = \frac{600}{800} \times 100\% = 75\%$$

600kVA 时的铜损耗

$$\Delta W_{Cu} = \Delta P_{Cu} \eta^2 t = 11.75 \times 0.75^2 \times 8760$$

$$= 57\ 898.13(\text{kWh})$$

空载损耗为

$$\Delta W_{\text{Fe}} = \Delta P_{\text{Fe}} t = 1.67 \times 8760 = 14\ 629.2(\text{kWh})$$

所以变压器的年有功电能损耗

$$\Delta W = \Delta W_{\text{Cu}} + \Delta W_{\text{Fe}} = 22\ 527.33\ (\text{kWh})$$

答：有功损耗为 22 327.33kWh

13. 某 10kV 供电电压电力用户，其配电变压器容量 S_n 为 315kVA，该变压器的铁损耗为 1.9kW，铜损耗为 6.2kW，空载电流 I_0%为 7%，短路电压 U_k%为 4.5%，已知变压器视在功率 S 为 256 kVA。求该配电变压器此时的有功功率损耗和无功功率损耗(保留两位小数)。

解：根据变压器有功功率计算公式

$$\Delta P_{\text{T}} = \Delta P_0 + \Delta P_{\text{k}} \left(\frac{S}{S_{\text{n}}}\right)^2$$

得有功功率损耗为

$$\Delta P_{\text{T}} = 1.9 + 6.2 \times \left(\frac{256}{315}\right)^2 = 5.99(\text{kW})$$

根据变压器无功功率计算公式

$$\Delta Q_{\text{T}} = I_0 \% S_{\text{n}} + U_{\text{k}} \% S_{\text{n}} \left(\frac{S}{S_{\text{n}}}\right)^2$$

得无功功率损耗为

$$\Delta Q_{\text{T}} = 7\% \times 315 + 4.5\% \times 315 \times \left(\frac{256}{315}\right)^2$$

$$= 31.4(\text{kvar})$$

答：该变压器的有功功率损耗为 5.99kW，无功功率损耗为 31.4kvar。

14. 某客户一班生产，10kV 受电，变压器容量 S_n 为 320kVA，二次侧计量。有功电量 A_P 为 18 400kWh，无功电量 A_Q 为 13 800kvarh，铁损耗 P_{Fe}为 1.9kW，铜损耗 P_{Cu} 为 6.2kW，空载电流 I_0%为 7%，短路电压 U_k%为 4.5%，求变压器有功、无功损失及功率因数？(通电时间 T 按 720h/月计算，一班制生产用电时间 t 按 200h/月计算)

解：(1) 有功损失电量 ΔA_P

$$\Delta A_P = P_{\text{Fe}} T + \frac{K P_{\text{k}}}{S_{\text{n}}^2 t} (A_P^2 + A_Q^2)$$

$$= 1.9 \times 720 + \frac{6.2}{320^2 \times 200} \times (18\ 400^2 + 13\ 800^2)$$

$$= 1528(\text{kWh})$$

(2) 无功损失电量 ΔA_Q

$$\Delta A_Q = I_0 S_{\text{n}} T \times 10^{-2} + \frac{K U_{\text{k}} \times 10^{-2}}{S_{\text{n}} t} (A_P^2 + A_Q^2)$$

$$= 7 \times 320 \times 720 \times 10^{-2} + \frac{4.5 \times 10^{-2}}{320 \times 200} \times (18\ 400^2 + 13\ 800^2)$$

$$= 16\ 500(\text{kvarh})$$

(3) 功率因数

总有功电量＝18 400＋1528＝19 928（kWh）

总无功电量＝13 800＋16 500＝30 300（kvarh）

$$\cos\varphi = \cos\arctan(P/Q) = \cos\arctan(19\,928/30\,300) = 0.55$$

答：变压器有功损失为1528kWh，无功损失为16 500kvarh，功率因数为0.55。

15. 某线路电压为380V，导线为LJ-120型，导线电阻为0.24Ω/km，电抗为0.4Ω/km，功率因数为0.88，输送平均功率为200kW，长度为150m。试求：(1) 线路电压损失率ΔU%；(2) 该线路电压是否合格？

解：(1) 150m导线总电阻和总电抗分别为

$$R = 0.24 \times 0.15 = 0.036(\Omega)$$

$$X = 0.4 \times 0.15 = 0.06(\Omega)$$

$$S = \frac{P}{\cos\varphi} = \frac{200}{0.88} = 227.27(\text{kVA})$$

$$Q = \sqrt{S^2 - P^2} = 107.94(\text{kvar})$$

导线上的电压损失

$$\Delta U = \frac{PR + QX}{U} = \frac{200 \times 0.036 + 107.94 \times 0.06}{0.38} = 35.99(\text{V})$$

线路上的电压损失率

$$\Delta U\% = \frac{\Delta U}{U} \times 100 = \frac{35.99}{380} \times 100 \approx 9.47\%$$

(2) 9.47%＞7%，供电电压不满足要求。

答：线路电压损失率9.47%，电压不合格。

16. 由供电公司以380/220V供电的居民张、王、李三用户，2000年5月20日，因公用变压器中性线断线导致张、王、李家电损坏。26日供电公司在收到张、王两家投诉后，分别进行了调查，发现在这起事故中，张、王、李分别损坏电视机、电冰箱、电热水器各一台，且均不可修复。用户出具的购货票表明：张家电视机原价3000元，已使用5年；王家电冰箱购价2500元，已使用6年；李家热水器购价2000元，已使用2年。供电局是否应向用户赔偿，如赔，怎样赔付？

解：根据《居民用户家用电器损坏处理办法》，三用户家用电器损坏为供电部门负责维护的供电设备故障引起，应按如下处理。

(1) 张家，及时投诉，应赔偿。赔偿人民币3000×(1－5/10)＝1500(元)。

(2) 王家，及时投诉，应赔偿。赔偿人民币2500×(1－6/12)＝1250(元)。

(3) 李家，因供电部门在事发7日内未收到李家投诉，视为其放弃索赔权，不予赔偿。

答：供电部门对张、王两家应分别赔偿1500元和1250元，而对李家则不予赔偿。

17. 某工业用户为单一制电价用户，并与供电企业在供用电合同中签订有电力运行事故责任条款，7月份由于供电企业运行事故造成该用户停电30h，已知该用户6月正常用电电量数为30 000kWh，电度电价为0.40元/kWh，试求供电企业应赔偿该用户多少元？

解：根据《供电营业规则》，对单一制电价用户停电企业应按用户在停电时间内可能用电量的电度电费的 4 倍进行赔偿。

$$\begin{aligned}赔偿金额 &= 可能用电时间 \times 每小时平均用电量 \times 电度电价 \times 4\\ &= 30 \times (30\,000 \div 30 \div 24) \times 0.40 \times 4\\ &= 2000(元)\end{aligned}$$

答：供电企业应赔偿该用户 2000 元。

18. 某厂有电容器 10 台，每台 10kvar，每台介质损耗为 0.004kW。试求在额定电压下运行 30 天的电能损失为多少？

解：已知每台电容器损耗功率 ΔP=0.004kW，电容器台数为 10 台，则 10 台电容器介质损耗的总损耗功率为

$$\Delta P_{\Sigma}=10\times \Delta P=0.04\ (\text{kW})$$

30 天的总电能损耗为

$$\Delta A=\Delta P_{\Sigma}\times 30\times 24=0.04\times 30\times 24=28.8\ (\text{kWh})$$

答：10 台电容器 30 天的电能损失为 28.8kWh。

19. 某供电公司用电检查人员在大工业用户某机械厂现场查实，该厂 2 个月前因生产需要自行将已办理暂停手续的一台 1000kVA 变压器启用。按《供电营业规则》规定计算，该厂应补缴多少电费和违约使用电费？(设基本电价为 20 元/kVA·月)

解：(1) 应补交基本电费=1000×20×2=40 000 (元)

(2) 违约使用电费=40 000×2=80 000 (元)

答：应补缴基本电费为 40 000 元，违约使用电费为 80 000 元。

20. 大工业用户某特种变压器厂，10kV 供电，高压计量。某电力公司用电检查人员某日查实，该厂为改善生产工艺，于 3 个月前自行增加了 1 台 500kVA 变压器供车间空调系统用电。按《供电营业规则》规定计算，该厂应补缴多少电费和违约使用电费？[设基本电价为 20 元/(kVA·月)]

解：(1) 应补交基本电费=500×20×3=30 000 (元)。

(2) 违约使用电费=30 000×3=90 000 (元)。

答：应补缴基本电费 30 000 元，违约使用电费 90 000 元。

21. 某电力公司用电检查人员根据群众举报查实，某机砖厂通过该厂宿舍区居民生活用电变压器供 3 号生产线用电，该生产线装见设备容量 80kW，每月用电量 36 000kWh，但起始时间无法查明。按《供电营业规则》规定计算，该厂应补缴多少差额电费和违约使用电费？(设一般工商业与居民生活电价差额为 0.20 元/kWh)

解：据题意，使用起止日期难以确定，实际使用日期按 3 个月计算。

(1) 应补交差额电费=36 000×0.20×3=21 600 (元)。

(2) 违约使用电费=21 600×2=43 200 (元)。

答：应补缴差额电费为 21 600 元，违约使用电费为 43 200 元。

22. 电力公司用电检查人员在某造船厂进行用电检查时查实，该厂私自向某玩具加工厂转供负荷 500kW。按《供电营业规则》规定计算，应补缴多少违约使用电费？

解：应补缴违约使用电费=500×500=250 000 (元)

答：某造船厂应补缴违约使用电费为 250 000 元。

23. 某低压动力用户，原使用 1 块三相四线有功电能表，其规格为 3×380/220V、

5A，3 台 150/5 电流互感器。因用户过负荷，使其中 U 相电流互感器烧毁。用户自己更换了 1 台 200/5 的电流互感器，极性接反。8 个月后被县供电公司检查用电时发现，此时表计显示其用电量 8 万 kWh。求：(1) 更正率。(2) 用户应追补电量。

解：(1) 更正率$=\frac{\text{正确电量}-\text{错误电量}}{\text{错误电量}}\times 100\%$

正确的电量$=1/3+1/3+1/3=1$

错误的电量$=1/3+1/3-1/3\times\frac{150/5}{200/5}$

$=2/3-1/4=5/12$

更正率$=\frac{1-5/12}{5/12}\times 100\%=140\%$

(2) 追补电量＝抄见电量×更正率

$=80\ 000\times 140\%=112\ 000$ (kWh)

答：更正率为 140%，应追补电量 112 000kWh。

24. 电力公司用电检查人员现场查实，某低压供电的服装厂采取短接三台单相电流互感器（变比 150/5）二次侧回路的方法进行窃电，其窃电时间为 3 个月。请按《供电营业规则》规定计算，该服装厂应补缴电费和违约使用电费多少元？（设一般工商业电价为 0.80 元/kWh）

解：(1) 应补缴电费＝涉窃电量×电价

$=\sqrt{3}\times 0.38\times 150\times 12\times 90\times 0.8=85\ 297.60$（元）

(2) 应补缴违约使用电费＝应补缴电费×3 倍

$85\ 297.60\times 3=255\ 892.80$（元）

合计：$85\ 297.60+255\ 892.80=341\ 190.40$（元）

答：服装厂应补缴电费和违约使用电费 341 190.40 元。

25. 某公司，10kV 供电，高供高量，受电容量 315kVA。2011 年 6 月，电力公司用电检查人员现场查实，该公司将变压器绕越计量装置用电，但接电日期无法查明。按《供电营业规则》规定计算，对该公司应补收多少电费和违约使用电费（设该公司执行电价为 0.60 元/kWh）？

解：(1) 应补收电量

$W=315\times 12\times 180=680\ 400$ (kWh)

(2) 应补收电费

$M_d=680\ 400\times 0.60=408\ 240$（元）

(3) 违约使用电费

$M_w=408\ 240\times 3=1\ 224\ 720$（元）

答：对该厂应补收电费 408 240 元，违约使用电费 1 224 720 元。

26. 电力公司用电检查人员现场查实，某路桥公司在进行道路维修时，擅自从道路两侧的低压供电设施上接线用电，装见设备容量 20kW，时间 15 天，每天 10h。请按《供电营业规则》规定计算，应补收多少电费和违约使用电费（设电价为 0.80 元/kWh）？

解：

（1）应补收电量

$$W=20kW\times 10h/天\times 15天=3000（kWh）$$

（2）应补收电费

$$M_d=3000kWh\times 0.80元/kWh=2400（元）$$

（3）违约使用电费

$$M_w=2400\times 3=7200（元）$$

答：应补收电费2400元，违约使用电费7200元。

27. 某水泥厂10kV供电，合同约定容量为1000kVA。供电公司6月份抄表时发现该客户在高压计量之后，接用10kV高压电动机一台，容量为100kW，实际用电容量为1100kVA。截至发现之日，其已使用3个月，供电部门应如何处理？（按容量计收基本电费标准为20元/月/kVA）

解：根据《供电营业规则》，该用户的行为属私自增容的违约用电行为，应做如下处理。

（1）补收3个月基本电费＝100×20×3＝6000（元）。

（2）加收违约使用电费＝6000×3＝18 000（元）。

（3）拆除私接的高压电动机，若用户要求继续使用，则按增容办理。

答：补收3个月基本电费6000元，加收违约使用费18 000元，拆除私接的高压电动机，若用户要求继续使用，则按增容办理。

28. 用电检查人员2009年8月1日进行用电检查时，发现某低压电力客户私自增加合同约定容量用电，经核查现场实际使用的设备为80kW，该客户原合同约定设备总容量为70kW，供电企业应收取多少违约使用电费？

解：违约使用电费＝(80－70)×50＝500(元)

答：供电企业应收取500元违约使用电费。

第五章 电 能 计 量

第一节 单 选 题

1.《中华人民共和国计量法》是在（C）第六届全国人民代表大会常务委员会第十二次会议通过的。

A. 1986 年 6 月 9 日　　B. 1985 年 6 月 9 日

C. 1985 年 9 月 6 日　　D. 1986 年 9 月 6 日

2. 某电阻经高等级标准检定，其实际值为 1000.06Ω，用普通电桥测量时，其测量结果为 1000.03Ω，测量误差为（ A ）。

A. −0.03Ω　　B. −0.03　　C. −0.03%　　D. ±3%

3. 有一功率表，电压量限为 300V，电流量限为 5A，满刻度 150 分格，当它测量某一负荷所消耗的功率时，指针偏转 70 分格，负载所消耗的功率为（ B ）。

A. 0.143W　　B. 700W　　C. 7W　　D. 175W

4. 有一台 0.5 级变比为 100/5 的 LDG-0.5 型电流互感器，其额定二次负载的容量为 10VA，二次负载的总阻抗为（ D ）。

A. 10Ω　　B. 0.2Ω　　C. 4Ω　　D. 0.4Ω

5. 一台电压互感器的额定一次电压 U_{1n}=10 000V，额定二次电压 U_{2n}=100V，如果一次绕组的内阻 R_1=0.484Ω，二次绕组的内阻 R_2=0.1Ω，折算到一次后电压互感器的内阻值为（ A ）Ω。

A. 1000.484　　B. 10.484　　C. 0.584　　D. 1000.1

6. 绝缘导线 BLVV 型是（ D ）。

A. 铜芯塑料绝缘线　　B. 铜芯塑料护套线

C. 铝芯橡皮绝缘线　　D. 铝芯塑料护套线

7. 在测量结果服从于正态分布时，随机误差绝对值大于标准误差的概率是(C)%。

A. 50　　B. 68.3　　C. 31.7　　D. 61.8

8. 将 78 449、0.0300 数修约成三位有效数字为（ A ）。

A. 78 449→7.84×10^4、0.0300→0.030 0

B. 78 449→7.85×10^4、0.0300→0.030 0

C. 78 449→7.84×10^4、0.0300→0.030

D. 78 449→7.85×10^4、0.0300→0.030

9. 将 2538、2075 数修约到百数位的 0.5 单位为（ B ）。

A. 254→2.55×10^3、2075→2.11×10^3

B. 2538→2.55×10^3、2075→2.10×10^3

C. 2538→2.50×10^3、2075→2.11×10^3

D. 2538→2.50×10^3、2075→2.10×10^3

10. 某一被测电流约为 70mA，现有两块表，一块为 0.1 级，量程范围为 0～300mA，另一块为 0.2 级，量程范围为 0～100mA。两块表的测量准确度为（ C ）。

A. ±0.429%、±0.28%　　B. ±0.43%、±0.286%

C. ±0.43%、±0.28%　　D. ±0.429%、±0.286%

11. 一台额定二次电流为 5A 的电流互感器，一次绕组为 5 匝，二次绕组为 150 匝，要将该互感器改为 50/5，其一次绕组要改为（ B ）匝。

A. 5　　B. 15　　C. 1　　D. 10

12. 一工厂低压计算负荷为 170kW，综合功率因数为 0.83，应装（ A ）。

A. 300/5A 电流互感器，3×380/220V、3×1.5（6）A 三相四线电能表

B. 600/5A 电流互感器，3×100V、3×1.5（6）A 三相四线电能表

C. 200/5A 电流互感器，3×380/220V、3×1.5（6）A 三相四线电能表

D. 400/5A 电流互感器，3×380/220V、3×1.5（6）A 三相四线电能表

13. 已知三相三线有功表接线错，其接线形式为：一元件 U_{wu}、$-I_u$，二元件 U_{vu}、$-I_w$，其更正系数为（ A ）。

A. $\dfrac{2}{1+\sqrt{3}\tan\varphi}$　　B. $\dfrac{1}{2+\sqrt{3}\tan\varphi}$　　C. $\dfrac{\sqrt{3}}{\sqrt{3}+\tan\varphi}$　　D. $\dfrac{\sqrt{3}}{1+2\tan\varphi}$

14. 相对误差是指测量的绝对误差与（ B ）之比。

A. 测量值　　B. 被测量真值　　C. 测量数据　　D. 测量准确值

15. 附加误差是计量器具在超出（ D ）条件时所增加的误差。

A. 环境　　B. 工作　　C. 使用　　D. 标准

16. 测量结果的复现性是指在（ C ）测量的条件下，同一被测量的测量结果之间的一致性。

A. 不变　　B. 统一　　C. 改变　　D. 标准

17. 测量结果的重复性是在（ B ）测量条件下，对同一被测量进行连续多次测量所得结果之间的一致性。

A. 不同　　B. 相同　　C. 标准　　D. 正常

18. 测量不确定度是指根据所用到的信息，表征赋予被测量量值（ B ）的非负参数。

A. 离散性　　B. 分散性　　C. 不确定性　　D. 非一致性

19. 标准不确定度是以（ A ）表示的测量不确定度。

A. 标准差　　B. 不确定性　　C. 测量平均值　　D. 相对误差

20. 扩展测量不确定度是指合成标准不确定度与一个不大于（ C ）的数字因子的乘积。

A. 0.5　　B. 1.5　　C. 1　　D. $\sqrt{3}$

21. 包含因子是指为获得扩展不确定度，对合成标准不确定度所乘的（ A ）1 的数。

A. 大于　　B. 小于　　C. 小于等于　　D. 大于等于

22. 某仪器测量工件尺寸的理论标准差为 0.004mm，如要求计量结果的总不确定度小于 0.005mm（置信概率 99.73%），至少需测（ D ）次。

A. 10　　B. 3　　C. 15　　D. 6

23. Ⅰ类电能计量装置：月平均用电量 500 万 kWh 及以上或变压器容量为（ B ）kVA 及以上的高压计费客户；200MW 及以上发电机（发电量）、跨省（市）高压电网经营企业之间的互馈电量交换点，省级电网经营与市（县）供电企业的供电关口计量点的电能计量装置。

A. 5000　　B. 10 000　　C. 20 000　　D. 15 000

24. Ⅱ类电能计量装置：月平均用电量（ D ）万 kWh 及以上或受电变压器容量为 2000kVA 及以上的高压计费客户，100MW 及以上发电机（发电量）供电企业之间的电量交换点的电能计量装置。

A. 500　　B. 315　　C. 10　　D. 100

25. Ⅰ、Ⅱ类用于贸易结算的电能计量装置中，电压互感器二次回路电压降应不大于其额定二次电压的（ A ）%。

A. 0.2　　B. 0.1　　C. 0.5　　D. 1.0

26. 除Ⅰ、Ⅱ类用于贸易结算的电能计量装置外，其他电能计量装置中，电压互感器二次回路电压降应不大于其额定二次电压的（ D ）%。

A. 0.1　　B. 1.0　　C. 0.2　　D. 0.5

27. 按《电能计量装置技术管理规程》的规定，新投运或改造后的Ⅰ、Ⅱ、Ⅲ、Ⅳ类高压电能计量装置应在（ B ）内进行首次现场检验。

A. 2 个月　　B. 1 个月　　C. 15 日　　D. 3 日

28. Ⅰ类电能表至少每（ A ）个月现场检验一次。

A. 3　　B. 6　　C. 12　　D. 1

29.（ D ）类电能表至少每年现场检验一次。

A. Ⅳ　　B. Ⅰ　　C. Ⅱ　　D. Ⅲ

30. 高压互感器每（ C ）年现场检验一次。

A. 9　　B. 5　　C. 10　　D. 3

31. 对 35kV 及以上电压互感器二次回路电压降，至少每（ A ）年检验一次。

A. 2　　B. 1　　C. 3　　D. 10

32. 对电流二次回路，连接导线截面积应按电流互感器的额定二次负荷计算确定，至少应不小于（ B ）mm^2。

A. 10　　B. 4　　C. 2.5　　D. 6

33. 对电压二次回路，连接导线截面积应按允许的电压降计算确定，至少应不小于（ A ）mm^2。

A. 2.5　　B. 4　　C. 6　　D. 10

34. 根据技术规范，智能电能表时钟电池在电能表寿命周期内无需更换，断电后可维持内部时钟正确工作时间累计不少于（ B ）年。

A. 8　　B. 5　　C. 10　　D. 9

35. 智能电能表时钟准确度在参比温度（23℃）及工作电压范围内，内部时钟准确度应优于（ C ）s/d。

A. 0.1　　B. 0.2　　C. 0.5　　D. 1

36. 智能电能表时钟准确度在工作温度范围（－25～＋60℃）内，在交流电源供电和直流电池供电条件下，时钟准确度（ D ）s/d。

A. ＜0.5　　B. ≤0.5　　C. ＜1.0　　D. ≤1

37. 智能电能表对误差变差的要求是：对同一被试样品相同的测试点，在负载电流为 I_b（I_n）、功率因数为 1.0 和 0.5（L）的负载点进行重复测试，相邻测试结果间的最大误差变化的绝对值不应超过（ A ）%。

A. 0.2　　B. 0.5　　C. 1.0　　D. 0.1

38. 为了防止恶意攻击，确保本地费控电能表卡片操作的安全性，要求购电卡仅进行购电操作时，插入电能表后（ C ）内，应完成相应的读写操作；其他类型的卡片插入电能表后 10s 内，应完成相应的读写操作。

A. 2s　　B. 1s　　C. 3s　　D. 5s

39. 智能电能表运行后应按照智能电能表供应商、类别和到货批次，分别在智能电能表运行后（ B ）开展定期抽样检验，抽样检验样本按照 Q/GDW 206—2008《电能表抽样技术规范》确定，试验项目及试验方法按公司技术标准执行。

A. 第 1 年、第 5 年、第 8 年、第 10 年　　B. 第 1 年、第 3 年、第 5 年、第 8 年
C. 第 1 年、第 3 年、第 6 年、第 9 年　　D. 第 1 年、第 5 年、第 8 年、第 12 年

40. 机电式交流电能表各电流线路无负载电流时，各电压线路加 80%～110%的参比电压，转盘转动应小于（ A ）r。

A. 1　　B. 2　　C. 0.5　　D. 3

41. 电子式电能表潜动试验中，电压回路加参比电压，电流回路中无电流时，安装式电能表在启动电流下产生一个脉冲的（ D ）倍时间内，测量输出应不多于 1 个脉冲。

A. 3　　B. 2　　C. 5　　D. 10

42. 智能电能表规范对潜动试验的要求是，电流回路中无电流，电压回路加（ A ）U_n 时，安装式电能表在启动电流下产生一个脉冲的 10 倍时间内，电能表输出应不多于 1 个脉冲。

A. 115%　　B. 110%　　C. 100%　　D. 80%

43. 机电式交流电能表启动电流值是在额定电压、额定频率，$\cos\varphi=1.0$ 的条件下，使电能表转盘开始连续转动的（ C ）电流值为启动电流值，其数值不应超过规程规定。

A. 标定　　B. 基本　　C. 最小　　D. 最大

44. 电子式电能表启动试验是在参比电压、参比频率及功率因数为（ B ）的条件下，在负载电流不超过规程规定值时，单相电能表应启动并累计计数，安装式电能表应有脉冲输出或代表电能输出的指示灯闪烁。

A. 0.5　　B. 1　　C. 0.5（L）　　D. 0.8（L）

45. 在对机电式交流电能表交流耐压试验中，电能表所有电压电流线路对地之间、工作中不相连接的所有电压与所有电流线路之间，应能承受住频率为 50Hz 或 60Hz 的实用正弦波交流电压（ B ）（有效值）历时 1min 的试验。

A. 1kV　　B. 2kV　　C. 4kV　　D. 500V

46. 在对机电式交流电能表交流耐压试验中，对Ⅱ类防护绝缘包封的电能表，其电压电流线路对地交流耐压（ **A** ）（有效值）。

A. 4kV　　B. 2kV　　C. 1.5kV　　D. 500V

47. 电子式标准电能表校验时，停止试验是在标准电能表启动并累计计数后，用控制脉冲或切断电压使它停止计数，显示数字应保持（ **C** ）不变化。

A. 0.5s　　B. 1s　　C. 3s　　D. 2s

48. 多功能安装式电能表（含复费率表），日计时误差应不超过（ **A** ）s/d。

A. 0.5　　B. 1　　C. 1.5　　D. 0.1

49. 多功能安装式电能表（含复费率表），时段投切误差应不大于（ **D** ）min。

A. 10　　B. 2　　C. 1　　D. 5

50. 电子式电能表的标准偏差测定，是在参比电压 U_n、参比频率 f_n 和 I_b 电流下，对功率因数为 1 和 0.5（L）两个负载点分别做不少于（ **C** ）次的相对误差测量，然后按公式计算标准偏差估计值 S（%）。

A. 15　　B. 3　　C. 5　　D. 10

51. 按国家检定规程要求，检定 1.0 级电子式电能表基本误差时，波形畸变系数不大于（ **B** ）%。

A. 1　　B. 3　　C. 5　　D. 0.5

52. 按国家检定规程要求，检定 2.0 级电子式电能表基本误差时，参比频率下的外部磁感应强度不大于（ **D** ）mT。

A. 0.03　　B. 0.015　　C. 0.02　　D. 0.025

53. 0.5 级电子式有功电能表的允许启动电流值为（ **A** ）。

A. $0.001I_b$　　B. $0.004I_b$　　C. $0.002I_b$　　D. $0.003I_b$

54. 互感器校验仪的谐波抑制要求，对于准确度等级为 1 级、2 级、3 级的校验仪，其三次以上谐波抑制比应分别大于（ **C** ）。

A. 35dB、30dB、25dB　　B. 40dB、30dB、25dB

C. 32dB、26dB、20dB　　D. 30dB、28dB、25dB

55. 互感器校验仪在连续两次检定中，其误差的变化不得大于基本误差限值的（ **D** ）。

A. 1/15　　B. 1/2　　C. 1/3　　D. 2/3

56. 根据互感器检定规程的要求，校验仪差值回路负荷产生的附加误差不大于被测互感器误差限值的（ **A** ）。

A. 1/20　　B. 1/15　　C. 1/3　　D. 1/10

57. 检定 1 级准确度的校验仪，应使用（ **B** ）级准确度的整体检定装置。

A. 0.1　　B. 0.2　　C. 0.3　　D. 0.05

58. JJG 313—2010《测量用电流互感器》规程要求，由误差测量装置所引起的测量误差，应不大于被检电流互感器误差限值的（ **C** ）。

A. 1/3　　B. 1/20　　C. 1/10　　D. 1/15

59. JJG 313—2010《测量用电流互感器》规程要求，由装置灵敏度引起的测量误差应不大于被检电流互感器误差限值的（ B ）。

A. 1/5 B. 1/20 C. 1/10 D. 1/15

60. JJG 313—2010《测量用电流互感器》规程要求，由最小分度值引起的测量误差应不大于被检电流互感器误差限值的（ D ）。

A. 1/5 B. 1/20 C. 1/10 D. 1/15

61. JJG 313—2010《测量用电流互感器》规程要求，由差流测量回路的附加二次负荷引起的测量误差应不大于被检电流互感器误差限值的（ B ）。

A. 1/5 B. 1/20 C. 1/10 D. 1/15

62. JJG 313—2010《测量用电流互感器》规程要求，电流负荷箱在电流百分数20%以下的附加误差限值为：电流百分数每变化5%，误差增加（ C ）%。

A. 0.2 B. 0.1 C. 1 D. 0.5

63. JJG 313—2010《测量用电流互感器》规程要求，若制造厂规定了退磁方法，应按照（ B ）进行退磁。

A. 开路退磁法

B. 标牌上的标注或技术文件的规定

C. 闭路退磁法

D. 以上都不对

64. 采用开路退磁法，在退磁过程中应监视接于匝数最多绕组两端的峰值电压表，当指示值达到（ D ）kV时，应在此电流值下退磁。

A. 1.5 B. 4 C. 2 D. 2.6

65. 采用闭路退磁法，在二次绕组上接一个相当于额定负荷10～20倍的电阻（考虑足够容量），对一次绕组通以工频电流，由零增至（ C ）倍的额定电流，然后均匀缓慢地降至零。

A. 1.1 B. 1.5 C. 1.2 D. 2

66. JJG 314—2010《测量用电压互感器》规程要求，对1kV及以下的电压互感器进行绝缘电阻测量时，使用（ A ）V绝缘电阻表。

A. 500 B. 2500 C. 1000 D. 2000

67. JJG 314—2010《测量用电压互感器》规程要求，对1kV以上的电压互感器进行绝缘电阻测量时，使用（ D ）V绝缘电阻表。

A. 2000 B. 500 C. 1000 D. 2500

68. JJG 314—2010《测量用电压互感器》规程要求，对电压互感器进行绝缘电阻测量时，二次绕组对接地端子之间以及二次绕组之间的绝缘电阻不小于（ B ）MΩ。

A. 20 B. 40 C. 100 D. 10

69. 在非工作状态下，互感器负载箱输出端子对机壳的金属部分在500V直流电压下的绝缘电阻值不小于（ C ）MΩ。

A. 100 B. 40 C. 20 D. 10

70. 交流电能表检定装置短期稳定性变差，应在装置基本误差符合规程规定的同时，在15min内的最大变化值不超过对应最大允许误差的（ C ）%。

A. 10 B. 15 C. 20 D. 5

71. 交流电能表检定装置测量重复性时，选择控制量限、最大负载，在功率因数（ **B** ）分别确定基本误差。

A. 1.0、0.8（L） B. 1.0、0.5（L）

C. 1.0、0.5（C） D. 1.0、0.8（C）

72. 交流电能表检定装置测量重复性时，**0.05** 级及以下和 **0.03** 级及以上装置分别进行不少于（ **A** ）次测量，每次测量必须从开机初始状态重新调整至测量状态。

A. 5 和 10 B. 3 和 5 C. 10 和 15 D. 5 和 15

73. 用电信息采集系统功能规范将电力用户分为（ **C** ）种类型。

A. 5 B. 4 C. 6 D. 7

74. 用电信息采集系统功能规范中的 **A** 类用户，是指用电容量在（ **D** ）**kVA** 及以上的专用变压器用户。

A. 1000 B. 50 C. 315 D. 100

75. 用电信息采集系统功能规范中的（ **B** ）用户，是指公用配电变压器考核计量点，即公用配电变压器上的用于内部考核的计量点。

A. C类 B. F类 C. E类 D. D类

76. "全采集"指采集系统实现公司生产、经营、管理业务所需要的电力用户和公用配电变压器考核计量点的全部（ **A** ）信息的采集。

A. 电气量 B. 电量 C. 电力 D. 现场

77. 互感器的角差即为相角误差，即指互感器的二次电流（电压）相量逆时针转（ **B** ）后与一次电流（电压）相量之间的相位差。

A. 90° B. 180° C. 120° D. 45°

78. 电能表的爬电距离是指两导体间沿绝缘表面测量的（ **A** ）距离。

A. 最短 B. 最长 C. 安全 D. 有效

79. 电压互感器极性是表明一次绕组和二次绕组在同一瞬间的感应电动势方向相同还是相反，相同者叫作（ **A** ）。

A. 减极性 B. 加极性 C. 正极性

80. S 级电流互感器在额定电流的（ **C** ）之间都能准确计量。

A. 0.1%～110% B. 0.5%～110%

C. 1%～120% D. 0.1%～100%

81. 在现场用标准电能表测定电能表误差时，标准电能表接入电路的通电预热时间，除在标准电能表的使用说明中另有明确规定者外，如无明确要求，通电时间不得少于（ **B** ）**min**。

A. 10 B. 15 C. 30 D. 20

82. 现场检验电能表时，负荷电流不低于被检电能表标定电流的（ **A** ），或功率因数低于 **0.5** 时，不宜进行误差测定。

A. 10%（S级电能表为 5%） B. 10%（S级电能表为 6%）

C. 15%（S级电能表为 6%） D. 15%（S级电能表为 5%）

83. 现场电压互感器应接在电流互感器的（ **D** ）侧。

A. 出线 B. 开关 C. 负荷 D. 电源

84. **根据规程要求，互感器实际二次负荷应在互感器（ C ）额定二次负荷范围内。**

A. 15%～100%　　B. 20%～120%

C. 25%～100%　　D. 25%～120%

85. **互感器负荷箱校准时，环境电磁干扰引起标准器误差的变化应小于被校互感器负荷箱最大允许误差的（ B ）。**

A. 1/15　　B. 1/10　　C. 1/20　　D. 1/5

86. **电流互感器的准确度等级有（ A ）级。**

A. 0.2S、0.2、0.5S、0.5、1　　B. 0.2S、0.2、0.5S、0.5、1.2

C. 0.1、0.2S、0.2、0.5S、0.5、3　　D. 0.2S、0.2、0.5S、0.5、1.3

87. **电压互感器的准确度等级有（ D ）级。**

A. 0.1、0.2S、0.5S、1　　B. 0.1、0.2、0.5、2

C. 0.2S、0.2、0.5、1　　D. 0.2、0.5

88. **国际单位制的基本单位有（ C ）个。**

A. 6　　B. 8　　C. 7　　D. 5

89. **我国电能表型号中的"F"代表（ C ）。**

A. 最大需量　　B. 预付费　　C. 复费率　　D. 脉冲

90. **我国规定计度器容量应不小于（ B ）h。**

A. 1000　　B. 1500　　C. 1800　　D. 1200

91. **按照《智能电能表功能规范》，失电流是指在三相供电系统中，三相电压大于电能表的临界电压，三相电流中任一相或两相小于启动电流，且其他相线负荷电流大于（ A ）%额定（基本）电流的工况。**

A. 5　　B. 10　　C. 1　　D. 2

92. **按照《智能电能表功能规范》，失电压是指在三相（或单相）供电系统中，某相负荷电流大于启动电流，但电压线路的电压低于电能表参比电压的（ C ）%时，且持续时间大于1min的工况。**

A. 50　　B. 80　　C. 78　　D. 57.7

93. **接入中性点绝缘系统的电能计量装置，应采用（ C ）。**

A. 单相有功电能表　　B. 三相四线有功、无功电能表

C. 三相三线有功、无功电能表　　D. 以上都不对

94. **接入非中性点绝缘系统的电能计量装置，应采用（ A ）。**

A. 三相四线有功、无功电能表　　B. 三相三线有功、无功电能表

C. 3只感应式止逆单相电能表　　D. 以上都不对

95. **低压电力线窄带载波通信频率范围为（ D ）Hz。**

A. 1k～500k　　B. 3k～512k　　C. 1k～512k　　D. 3k～500k

96. **电力线宽带载波通信频率范围为（ A ）Hz。**

A. 1M～50M　　B. 2M～12M　　C. 1M～512M　　D. 2M～1024M

97. **在标准的工作条件下，用一只测量上限为200V的0.5级电压表测量100V左右的电压时，绝对误差、相对测量误差的极限值分别是（ D ）。**

A. 1.0V、1%　　B. 1V、1%　　C. 1V、1.0%　　D. 1.0V、1.0%

第二节 多选题

1. 实行强制检定的对象有（ ABCD ）。

A. 社会公用计量标准器具

B. 部门和企业、事业单位使用的最高计量标准器具

C. 用于贸易结算的列入强制检定目录的工作计量器具

D. 用于安全防护、医疗卫生、环境监测方面的列入强制检定目录的工作计量器具

2. 计量检定人员以下行为属违法行为的有（ ACD ）。

A. 伪造检定数据者；出具错误数据，给送检一方造成损失的

B. 按照计量检定规程进行计量检定的

C. 使用未经考核合格的计量标准开展检定的

D. 未取得计量检定证件执行计量检定的

3. 强制检定和非强制检定的区别有（ BC ）。

A. 强制检定由政府计量行政部门实施监督管理；而非强制检定则由使用单位自行管理，政府计量行政部门无权干涉

B. 强制检定由政府计量行政部门指定法定或授权的计量检定机构执行，使用单位没有选择余地；而非强制检定则可由使用单位自己执行或送其他计量检定机构检定

C. 强制检定的检定周期由执行强制检定的检定机构根据检定规程并结合使用情况确定；而非强制检定的检定周期，可在检定规程允许的前提下，由使用单位自己根据实际需要确定

4. 取得计量检定员资格应具备的条件有（ ACDE ）。

A. 具备中专（含高中）或相当于中专（含高中）毕业以上文化程度

B. 连续从事计量专业技术工作满 6 个月，并具备 3 个月以上本项目工作经历

C. 具备相应的计量法律法规以及计量专业知识

D. 熟练掌握所从事项目的计量检定规程等有关知识和操作技能

E. 经有关组织机构依照计量检定员考核规则等要求考核合格

5. 计量检定印证包括（ ABCDE ）。

A. 检定证书　　B. 检定结果通知书

C. 检定合格印　　D. 检定合格证

E. 注销印

6. 获得 B 类标准不确定度的信息来源一般有（ ABCDE ）。

A. 以前的观测数据

B. 对有关技术资料和测量仪器特性的了解和经验

C. 生产部门提供的技术说明文件

D. 校准证书、检定证书或其他文件提供的数据、准确度的等级或级别，包括目前暂在使用的极限误差等

E. 手册或某些资料给出的参考数据及其不确定度；规定实验方法的国家标准或类

似技术文件中给出的重复性限 r 或复现性 R

7. 测量误差可分为（ ABC ）。

A. 系统误差　　B. 随机误差　　C. 粗大误差

8. 智能电能表是由测量单元、数据处理单元、通信单元等组成，具有（ ABCDE ）等功能的电能表。

A. 电能量计量　　B. 信息存储及处理

C. 实时监测　　D. 自动控制

E. 信息交互

9. 智能电能表到货后，按照 Q/GDW 206—2008 规定的抽样方案进行抽样，进行抽样验收试验，有（ ABC ）情形之一者则判定验收不合格。

A. 依据检测样品，未经招标方有效书面确认，出现元器件不符、工艺简化、软件改动等改动产品的情况

B. 依据本标准，样品中出现电磁兼容、功能、通信测试不通过

C. 依据本标准，试验检测结果不满足判定标准要求

D. 检测过程中发现有 1 只及以上样品存在因生产工艺、元器件等同一原因引起的质量隐患问题

10. 智能电能表全检验收过程中，有（ ABD ）情形之一者则判定验收不合格。

A. 全检验收合格率低于 98.5%

B. 检测过程中发现有 3 只及以上样品存在因生产工艺、元器件等同一原因引起的质量隐患问题

C. 全检验收合格率不能达到 100%

D. 检测过程中发现有 5 只及以上样品存在因生产工艺、元器件等同一原因引起的质量隐患问题

11. 机电式交流电能表首次检定包括（ ABCD ）。

A. 直观检查、交流耐压试验　　B. 潜动试验、启动试验

C. 测定基本误差　　D. 常数试验

E. 测定标准偏差

12. 安装式和电子式电能表检定项目包括（ ABCDE ）。

A. 工频耐压试验、直观检查和通电检查

B. 启动、潜动试验，校核计度器示数

C. 确定电能测量基本误差，确定电能测量标准偏差估计值

D. 确定需量误差，确定日计时误差和时段投切误差

E. 确定需量周期误差

13. 按国家检定规程要求，检定 0.5 级基本误差时，电子式电能表应满足的条件有（ ABEF ）。

A. 环境温度对标准值的偏差为±2℃　　B. 电压对额定值的偏差为±0.5%

C. 频率对额定值的偏差为±1%　　D. 波形畸变系数不大于 3%

E. 相对湿度在 60%±15%范围内　　F. $\cos\varphi$ 相对规定值的偏差为±0.01

14. 按国家检定规程要求，检定 0.2 级基本误差时，电子式电能表应满足的条件有

（ABF）。

A. 环境温度对标准值的偏差为±2℃

B. 电压对额定值的偏差为±0.5%

C. 频率对额定值的偏差为±0.5%

D. 波形畸变系数不大于 2%

E. 参比频率下的外部磁感强度不大于 0.03mT。

F. 相对湿度在 60%±15%范围内

15. 电子式电能表直观检查时，发现（ ABCD ）缺陷不予检定。

A. 标志不完整，字迹不清楚

B. 开关、旋钮、拨盘等换挡不正确，外部端钮损坏

C. 标准电能表不备有控制累计电能启动和停止的功能

D. 没有防止非授权人输入数据或开表操作的措施

E. 外壳有尘土

16. JJG 313—2010《测量用电流互感器》规程对电流互感器检定环境条件要求包括（ BC ）。

A. 环境温度 10～35℃，相对湿度不大于 90%

B. 用于检定的设备如升流器、调压器等在工作中产生的电磁干扰引入的测量误差不大于被检电流互感器误差限值的 1/10

C. 由外界电磁场引起的测量误差不大于被检电流互感器误差限值的 1/20

D. 环境温度对标准值的偏差为±2℃

17. JJG 313—2010《测量用电流互感器》规程对外直观检查，有（ ABCDEF ）缺陷之一的电流互感器，必须修复后再检定。

A. 无铭牌或铭牌中缺少必要的标志

B. 接线端子缺少、损坏或无标志

C. 有多个电流比的互感器没有标示出相应接线方式

D. 绝缘表面破损或受潮

E. 内部结构件松动

F. 其他严重影响检定工作进行的缺陷

18. 对交流电能表检定装置进行外观检查，装置的标志应符合国家相关技术文件的规定，同时应明示（ ABCD ）信息。

A. 制造计量器具许可证标志及编号

B. 产品名称、型号及出厂编号（或设备编号）

C. 制造厂商（或商标）、生产日期

D. 辅助电源的额定电压和额定频率，准确度等级及对应的测量范围（或量限）

E. 产品结构示意图

19. 交流电能表检定装置结构要求包括（ ABCD ）。

A. 装置应设有接地端钮，并标明接地符号

B. 装置的开关、端钮、按键、接口等控制和调节机构应有明确标志

C. 装置配套仪表的放置位置应固定，用于放置被检表的支（只）架应保证被检电

能表处于正常的工作位置，对连接线有特殊要求时应配置专用导线

D. 装置的结构应整齐合理、线路正确、连接可靠

20. 用电信息采集终端按应用场所区分，可包括（ ABCE ）等类型。

A. 专用变压器采集终端　　B. 集中器

C. 采集器　　D. 智能电能表

E. 分布式能源监控终端

21. 集中抄表终端是对低压用户用电信息进行采集的设备，包括（ BC ）。

A. 专用变压器采集终端　　B. 集中器

C. 采集器　　D. 低压智能电能表

E. 分布式能源监控终端

22. 用电信息采集系统主要功能有（ ABCE ）。

A. 数据采集及管理　　B. 控制、综合应用

C. 运行维护管理　　D. 电费核算

E. 系统接口

23. 用电信息采集系统采集的主要数据项包括（ ABCD ）。

A. 电能量数据、费控信息　　B. 交流模拟量、工况数据

C. 电能质量越限统计数据　　D. 事件记录数据

24. 用电信息采集系统采集的主要方式有（ ABD ）。

A. 定时自动采集　B. 主动上报　C. 不允许主动上报　D. 随机召测

25. 用电信息采集系统运行工况管理包括（ ABCD ）。

A. 专用中继站运行状况监测　　B. 操作监测

C. 主站运行状况监测　　D. 终端运行状况监测

26. 用电信息采集系统自动记录的重要操作包括（ ACD ）。

A. 增删终端、电能表　　B. 查询

C. 控制下发　　D. 参数下发

27. 智能电能表实现费控管理有（ ABC ）方式。

A. 终端实施费控　B. 主站实施费控　C. 电能表实施费控　D. 其他方式

28. 集中器采集电能表数据的方式有（ ABC ）。

A. 自动补抄　B. 定时自动采集　C. 实时采集　D. 其他方式

29. 用电信息采集总体建设目标是实现对国家电网公司经营区域内直供直管电力用户的（ ABC ）。

A. 全费控　B. 全采集　C. 全覆盖

30. 采集系统运行考核指标至少应包括（ ABCDE ）。

A. 采集系统可用率　　B. 采集系统故障率

C. 数据采集完整率　　D. 采集系统覆盖率

E. 采集成功率

31. 使用电能表检定装置的检定人员从事检定工作需要（ BCD ）。

A. 不持有计量检定人员证书

B. 熟悉装置的原理和性能，掌握装置的操作方法

C. 学习国家和行业的有关标准和规程

D. 掌握有关安全操作规程

32. 交流耐压试验中遇（ ABC ）情况应立即切断电源查明原因。

A. 电压表指示不稳，指针摆动幅度大

B. 毫安表指示电流值急剧增大

C. 绝缘有烧焦味或冒烟

D. 被试设备有一些振动

33. 产生最大需量误差的原因主要有（ ABD ）。

A. 需量指示器误差、需量周期误差

B. 电能表误差、脉冲数误差

C. 系统误差

D. 计算误差

34. 电子式电能表常用的通信方式有（ ABCD ）。

A. 近红外通信　　B. 远红外通信　　C. RS-485 通信　　D. 无线通信

35. 电能表在校验过程中，若出现整批表超差，可能的原因有（ ABDE ）。

A. 标准表的接线松动

B. 光电采样器工作不正常

C. 被试电能表接线不牢固

D. 标准表的高、低频输出口选择不正确

E. 误差计算器内部零件故障

36. 运行中的电流互感器二次开路时，二次感应电动势大小与（ ABC ）有关。

A. 电流互感器励磁电流的大小

B. 开路时的一次电流值

C. 电流互感器的一、二次额定电流比

D. 开路时的一次电压值

37. 选择电流互感器时，应根据（ ABCDE ）参数确定。

A. 准确度等级　　B. 二次额定容量

C. 额定电压　　D. 额定一次电流

E. 变比

38. 运行中的电流互感器误差的变化与（ ABCE ）变化有关。

A. 环境温度　　B. 波形

C. 二次负载　　D. 一次电压

E. 频率、相位角

39. 减小 TV 二次回路压降的措施有（ ABD ）。

A. 选择合适导线截面积　　B. 设置计量专用二次回路

C. 尽量加长导线长度　　D. 尽量减小接触电阻

40. 影响电压互感器误差的因素有（ BCDE ）。

A. 负载电流

B. 一、二次绕组阻抗

C. 一次电压

D. 二次负载及二次负载功率因数

E. 电源频率变化

41. 影响电流互感器误差的因素主要有（ ABDE ）。

A. 电源频率　　B. 励磁电流的 I_0

C. 额定一次电流　　D. 二次负载阻抗 Z_2 大小

E. 二次负载功率因数

42. 更换电能表或电能表接线时应注意（ ABCE ）。

A. 送电后，观察电能表运行是否正常、正确加封印

B. 工作完成应清理、打扫现场，不要将工具或线头遗留在现场，并应再复查一遍所有接线，确保无误后再送电

C. 要先做好安全措施，以免造成电压互感器二次短路或接地，电流互感器二次回路开路

D. 拆线时，先拆负荷侧，后拆电源侧；恢复时，则相反

E. 先将原接线做好标记

43. 现场检验时，还应检查的不合理计量方式有（ ABDE ）。

A. 电流互感器变比过大，致使电流互感器经常在 20%（S 级：5%）额定电流以下运行的

B. 电压与电流互感器分别接在电力变压器不同侧的

C. 电能表接在电流互感器计量二次绕组上

D. 无换向计度器的感应式无功电能表和双向计量的感应式有功电能表无止逆器的

E. 电能表电压回路未接到相应的母线电压互感器二次上

44. 对新装和改装的电能计量装置投运前，均应在停电的情况下，在安装现场对计量装置进行检查和试验的项目包括（ ACD ）。

A. 检查一次与二次接线的正确性；核对倍率

B. 核对电能表的检验证（单），并进行电能表现场校验

C. 在现场实际状态下检查互感器的极性（或接线组别），并测定互感器的实际二次负载以及该负载下互感器的误差

D. 检查计量方式的正确性与合理性

45. 在现场测试运行中电能表时，对现场条件的要求有（ BCD ）。

A. 频率对额定值的偏差不应超过±3%

B. 负荷相对稳定

C. 电压对额定值的偏差不应超过±10%

D. 环境温度应为 0～35℃

46. 电能计量装置配置原则包括（ ABCDE ）。

A. 功能能够适应营抄管理的需要

B. 具有足够的可靠性

C. 便于工作人员现场检查和带电工作

D. 具有足够的准确度

E. 有可靠的封闭性能和防窃电性能

47. 电能计量装置综合误差包括（ ABC ）。

A. 互感器合成误差

B. 电能表误差

C. 电压互感器二次回路压降引起的误差

D. 随机误差

48. 减少电压互感器二次回路压降引起计量误差的措施有（ ABCDE ）。

A. 增大电压互感器二次导线截面

B. 装设专用电压互感器或专用绕组和专用电压互感器二次回路

C. 减小触点接触电阻

D. 采用就地计量方式

E. 尽量缩短电压互感器二次导线长度

49. 减小互感器的合成误差的措施有（ AD ）。

A. 运行中电流互感器与电压互感器合理组合配对

B. 减小触点接触电阻

C. 增大互感器二次导线截面

D. 采用S级电流互感器

50. 减小电能表误差的措施有（ BD ）。

A. 减小触点接触电阻

B. 选择宽量限电能表

C. 增大导线截面

D. 采用高准确度的全电子式电能表

51. 电子型电能表标准装置主要由（ ABC ）组成。

A. 电压回路　B. 电源回路　C. 电流回路　D. 控制回路

52. 我国的法定单位是由（ ABCDE ）构成。

A. 国际单位制的基本单位（7个）

B. 国家选定的非国际单位制单位（15个）

C. 国际单位制中包含辅助单位在内的具有专门名称的导出单位（21个）

D. 由以上单位构成的组合形式的单位

E. 由词头和以上单位构成的十进倍数和分数单位

53. 按其结构的不同，电能表可分为（ ABC ）。

A. 电子式电能表　B. 机电一体式电能表

C. 机电式交流电能表　D. 载波电能表

54. 根据功能的不同，电能表可分为（ ABCDE ）。

A. 有功电能表、无功电能表　B. 有功无功组合电能表

C. 复费率电能表　D. 最大需量电能表

E. 多功能电能表

55. 按准确度级别的不同，电能表可分为（ ABCD ）。

A. 0.2级、0.2S级　B. 0.5级、0.5S级

C. 1 级、2 级　　D. 3 级

56. 电能表误差一般有（ AB ）。

A. 附加误差　B. 基本误差　C. 随机误差　D. 系统误差

57. 带电检查电能表接线的方法有（ ABCD ）。

A. 断 B 相电压法　B. 相位表法

C. 六角相量　D. A、C 相电压置换法

58. 电子式电能表的误差来源主要分布在（ ABD ）。

A. 模拟/数字乘法器　B. 电流采样器

C. 电源部件　D. 电压采样器

59. 时分割乘法器由（ ABCD ）组成。

A. 调制器　B. 滤波器　C. 比较器　D. 三角波发生器

60. 为了保证电能表内部参数的安全性，通常采取（ ABCD ）措施。

A. 线路板上加硬件使能开关

B. 采用嵌入式加密模块

C. 软件编程加密，如状态识别或口令校对

D. 将某些固定不变的参数写入程序中

61. 三相全电子多功能表主要特点有（ ABCE ）。

A. 具有事件记录功能　B. 具有需量功能

C. 测量精度高　D. 远程互动

E. 远程抄表功能

62. 电子式电能表时钟基准一般采用（ AC ）方式。

A. 以晶振为基准　B. 软时钟　C. 以电网频率为基准

63. 多费率电能表的显示器有（ ACD ）类型。

A. LCD 液晶显示　B. 背光显示

C. LED 数码管显示　D. FIP 荧光数码管显示

64. IC 卡式预付费电能表有（ ABCDE ）优点。

A. 相关设备成本不高　B. 存储容量高

C. 耐用性高　D. 抗破坏性强

E. 加密性强

65. 电子式电能表用于检验采样的无源脉冲输出有（ AC ）方式。

A. 继电器触点式输出　B. 电阻分压输出

C. 光电耦合方式输出　D. 电容分压数据

66. 用电信息采集系统在物理架构上由（ ACD ）层次组成。

A. 现场终端　B. 天线　C. 通信信道　D. 主站

67. 通信信道是指系统主站与终端之间的远程通信信道，主要包括（ ACDE ）等。

A. GPRS/CDMA 无线公网　B. 低压电力线

C. 230MHz 无线专网　D. 光纤专网

E. 中压电力线载波专网

68. 现场终端是指安装在信息采集点的采集终端设备，主要包括（ ACD ）等。

A. 采集器　B. 中继器　C. 集中器　D. 专变采集终端

69. 用电信息采集系统的主要通信方式有（ ABCDE ）等。

A. 230MHz 无线专网通信　B. RS485 通信方式

C. GPRS/CDMA 无线公网通信　D. 电力线载波通信

E. 光纤专网通信

70. 电能计量装置主要包括（ ACDE ）。

A. 计量用电压、电流互感器　B. 集中器

C. 二次回路　D. 电能计量柜（箱）

E. 电能表

71. 电能计量装置根据计量对象的电压等级，一般分为（ ABD ）的计量方式。

A. 高供低计　B. 低供低计　C. 低供高计　D. 高供高计

72. 测量误差的来源主要有（ ABCE ）。

A. 环境误差　B. 器具误差

C. 方法误差　D. 随机误差

E. 人员误差

第三节 简 答 题

1. 什么是检定？

答： 检定是指查明和确认测量仪器符合法定要求的活动，它包括检查、加标记和（或）出具检定证书。

2. 什么是检测？

答： 检测是指对给定产品，按照规定程序确定某一种或多种特性、进行处理或提供服务所组成的技术操作。

3. 什么是仲裁检定？

答： 仲裁检定是指用计量基准或社会公用计量标准所进行的以裁决为目的的计量检定、测试活动。

4. 什么是实验室能力验证？

答： 实验室能力验证是指利用实验室间比对确定实验室的检定、校准或检测的能力。

5. 什么是计量器具？

答： 计量器具是指能用以直接或间接测出被测对象量值的装置、仪器仪表、量具和用于统一量值的标准物质，包括计量基准、计量标准、工作计量器具。

6. 计量标准考核对环境条件及设施有何要求？

答：（1）温度、湿度、洁净度、振动、电磁干扰、辐射、照明、供电等环境条件应当满足计量检定规程或技术规范的要求。

（2）应根据计量检定规程或技术规范的要求和实际工作需要，配置必要的设施和监控设备，并对温度、湿度等参数进行监测和记录。

（3）应对检定或校准工作场所内互不相容的区域进行有效隔离，防止相互影响。

7. 什么是社会公用计量标准？

答：社会公用计量标准对社会上实施计量监督具有公认作用。县级以上地方人民政府计量行政部门建立的本行政区域内最高等级的社会公用计量标准，须向上一级人民政府计量行政部门申请考核；其他等级的，由当地人民政府计量行政部门主持考核。

经考核符合《计量法实施细则》规定条件并取得考核合格证的，由当地县级以上人民政府计量行政部门审批颁发社会公用计量标准证书后，方可使用。

8. 什么是法定计量检定机构？

答：法定计量检定机构是指质量技术监督部门依法设置或者授权建立并经质量技术监督部门组织考核合格的计量检定机构。

9. 什么是检定结果通知书？

答：检定结果通知书是指说明计量器具被发现不符合或不再符合相关法定要求的文件。

10. 什么是检定证书？

答：检定证书是证明计量器具已经检定并符合相关法定要求的文件。

11. 什么是校准？

答：校准是指在规定条件下的一组操作，其第一步确定是由测量标准提供的量值与相应示值之间的关系，第二步则是用此信息确定由示值获得测量结果的关系，这里测量标准提供的量值与相应示值都具有测量不确定度。

12. 计量检定人员出具的检定数据，在裁决计量纠纷或实施计量监督中是否具有法律效力？

答：按照国家质量监督检验检疫总局令第 105 号《计量检定人员管理办法》第 18 条，计量检定人员出具的检定数据，在裁决计量纠纷或实施计量监督中具有法律效力。

13. 计量检定人员应履行的义务是什么？

答：（1）依照有关规定和计量检定规程开展计量检定活动，恪守职业道德。

（2）保证计量检定数据和有关技术资料的真实完整。

（3）正确保存、维护、使用计量基准和计量标准，使其保持良好的技术状况。

（4）承担质量技术监督部门委托的与计量检定有关的任务。

（5）保守在计量检定活动中所知悉的商业秘密和技术秘密。

14. 不合格计量器具的含义是什么？破坏计量器具的含义又是什么？

答：不合格计量器具是指经检定不合格的器具，超周期使用的器具，无合格印证的器具。

破坏计量器具是指为牟取非法利益通过作弊使计量器具失准。

15. 测量误差的来源主要有哪些？

答：（1）测量设备误差。

（2）测量环境带来的误差。

（3）测量人员带来的误差。

（4）测量方法带来的误差。

（5）被测对象的误差。

16. 什么是测量结果?

答：测量结果是由与其他有用的相关信息一起赋予被测量的一组量值。

17. 什么是测量准确度?

答：测量准确度简称准确度，指无穷多次重复测量所得来那个值的平均值与一个参考量值相同的一致程度。

18. 什么是实验标准偏差?

答：实验标准偏差是指对同一被测量作 n 次测量，表征测量结果分散性的量 s，一般可按下式算出

$$s(q_{\mathrm{k}}) = \sqrt{\frac{\sum_{k=1}^{n}(q_{\mathrm{k}}-\bar{q})^2}{n-1}}$$

式中 q_{k}——第 k 次测量结果；

q——n 次测量的算术平均值。

19. 什么是测量不确定度的 A 类评定和 B 类评定?

答：测量不确定度的 A 类评定是对在规定测量条件下测得的量值用统计分析的方法进行的测量不确定度分量的评定。

测量不确定度的 B 类评定是用不同于测量不确定度 A 类评定的方法对测量不确定度分量进行的评定。

20. 什么是合成标准测量不确定度?

答：合成标准测量不确定度是由在一个测量模型中各输入量的标准测量不确定度获得的输出量的标准测量不确定度。

21. 什么是自由度?

答：自由度是指在方差的计算中，和的项数减去对和的限制数。

22. 什么是置信概率?

答：置信概率是指在规定的包含区间内包含被测量的一组值的概率。

23. 什么是测量误差?

答：测量误差是指测得的量值减去参考量值。

24. 什么是修正值?

答：修正值是指用代数法与未修正测量结果相加，以补偿其系统误差的值。

25. 对含有粗差的异常值如何处理和判别?

答：对含有粗差的异常值应从测量数据中剔除。在测量过程中，若发现有的测量条件不符合要求，可将该测量数据从记录中划去，但须注明原因。在测量进行后，要判断一个测量值是否为异常值，可用异常值发现准则，如格拉布斯准则、来伊达 3σ 准则等。

26. 按《电能计量装置技术管理规程》的规定，电能表现场检验的周期如何划分?

答：根据 DL/T 448—2000《电能计量装置技术管理规程》的规定：

(1) 新投运或改造后的Ⅰ、Ⅱ、Ⅲ、Ⅳ类高压电能计量装置应在一个月内进行首次现场检验。

(2) Ⅰ类电能表至少每 3 个月现场检验一次；Ⅱ类电能表至少每 6 个月现场检验一次；Ⅲ类电能表至少每年现场检验一次。

27.《电能计量装置技术管理规程》对互感器二次回路的连接导线有什么要求？

答：互感器二次回路的连接导线应采用铜质单芯绝缘线。对电流二次回路，连接导线截面积应按电流互感器的额定二次负荷计算确定，至少应不小于 $4mm^2$。对电压二次回路，连接导线截面积应按允许的电压降计算确定，至少应不小于 $2.5mm^2$。

28. 电能表脉冲常数是如何确定的？

答：电能表的脉冲常数由下式决定并取百位整数

$$C = (2 \sim 3) \times 10^7 / (mU_n I_{max} t) \text{imp/kWh}$$

式中 C——电能表常数；

m——测量单元数；

U_n——参比电压；

I_{max}——最大电流；

t——时间间隔，取 1h。

29. 智能电能表时钟电池是如何规定的？

答：采用绿色环保锂电池，在电能表寿命周期内无需更换，断电后可维持内部时钟正确工作时间累计不少于 5 年。电池电压不足时，电能表应自动提示、报警。

30. 智能电能表校时是如何规定的？

答：通过 RS485、红外等通信接口可对电能表校时，除广播校时外，校时必须在编程状态下才能进行。

广播校时无需编程键和通信密码配合，每天只允许一次，电能表可接受的广播校时范围不得大于 5min，应避免在电能表执行冻结或结算数据转存操作前后 5min 内进行；当校正时间大于 5min 时，电能表只有通过现场进行校时。

31. 智能电能表负载电流升降变差是如何规定的？

答：智能电能表基本误差按照负载电流从小到大，然后从大到小的顺序进行两次测试，记录负载点误差；在功率因数为 1.0、负荷电流为 $0.01I_b$（I_n）$\sim I_{max}$变化范围内，同一只被试样品在相同负载点处的误差变化的绝对值不应超过 0.25％。

32. 智能电能表 ESAM 模块定义是什么？

答：智能电能表 ESAM 模块嵌入在设备内，实现安全存储、数据加/解密、双向身份认证、存取权限控制、线路加密传输等安全控制功能。

33. 本地费控电能表定义是什么？

答：本地费控电能表是在智能电能表本地实现费控功能的电能表。本地费控电能表支持 CPU 卡、射频卡等固态介质进行充值及参数设置，同时也支持通过虚拟介质远程实现充值、参数设置及控制功能的电能表。即本地预付费与远程预付费是本地费控电能表所应具有的两种预付费方式，本地费控电能表的费控功能都是在智能电能表内部实现的。

34. 智能电能表质量监督工作涵盖哪些环节？包括什么内容？

答：智能电能表质量监督工作涵盖招标前、供货前、到货后、运行中直至退出运行的全过程、全寿命周期各个环节，包括供应商评价、招标前质量监督、供货前质量监督、到货后质量监督、运行中质量监督等内容。

35. 什么是机电式交流电能表潜动？实验室检定如何规定？

答：机电式交流电能表在运行中，当负载电流等于零时，它的转盘仍然在不停地转动，这种现象叫潜动，也称空走。

机电式交流电能表各电流线路无负载电流时，各电压线路加（80～110）%的参比电压，转盘转动应小于1r。

36. 电子式电能表潜动是如何规定的？

答：电压回路加参比电压，电流回路中无电流时，安装式电能表在启动电流下产生一个脉冲的10倍时间内，测量输出应不多于1个脉冲。

37. 智能电能表规范对潜动试验是如何规定的？

答：电流回路中无电流，电压回路加115%U_n时，安装式电能表在启动电流下产生一个脉冲的10倍时间内，电能表输出应不多于1个脉冲。

38. 什么是机电式交流电能表启动电流值？机电式交流电能表启动试验实施是如何规定的？

答：在额定电压、额定频率，$\cos\varphi=1.0$的条件下，使电能表转盘开始连续转动的最小电流值叫作启动电流值，其数值不应超过规程规定。

在参比频率、参比电压和$\cos\varphi=1$（对有功电能表）和$\sin\varphi=1$（无功电能表）的条件下，电能表电流线路通以规定的电流值（三相电能表各相加电压和通电流），转盘应连续转动。

39. 智能电能表规范对启动试验是如何规定的？

答：在额定电压、额定频率和$\cos\varphi=1.0$的条件下，负载电流达到规程规定值时，电能表应有脉冲输出或代表电能输出的指示灯闪烁，启动时间不超过下述公式计算结果要求。

启动规定时间

$$t_a = 1.2 \times \frac{60 \times 1000}{CP_Q}\text{min}$$

式中 C——脉冲常数，imp/kWh；

P_Q——启动功率，W。

40. 机电式交流电能表交流耐压试验是如何规定的？

答：机电式交流电能表所有电压电流线路对地之间、工作中不相连接的所有电压与所有电流线路之间，应能承受任频率为50Hz或60Hz的实际正弦波交流电压为2kV（有效值）历时1min的试验。

对Ⅱ类防护绝缘包封的电能表，其电压电流线路对地交流耐压为4kV（有效值）。

41. 电子式电能表交流耐压试验是如何规定的？

答：电子式电能表在室温和空气相对湿度不大于80%的条件下，电压端子、电流端子和参比电压大于40V的辅助线路端子对机壳和机壳外可触及的金属部位之间，应能承受频率为50Hz的实际正弦波交流电压为2kV（有效值）历时1min的试验。

42. 安装式和电子式电能表检定项目有哪些？

答：（1）工频耐压试验。

（2）直观检查和通电检查。

（3）启动、潜动试验。

（4）校核计度器示数。

(5) 确定电能测量基本误差。

(6) 确定电能测量标准偏差估计值。

(7) 确定日计时误差和时段投切误差。

(8) 确定需量误差。

(9) 确定需量周期误差。

43. 多功能安装式电能表日计时误差和时段投切误差是如何规定的?

答: 多功能安装式电能表(含复费率表),日计时误差应不超过0.5s/d,时段投切误差应不大于5min,并应备有供方便地检测日计时误差和时段投切误差的检测部位(其允许值含累计日计时误差和时间预置误差)。

44. 什么是多功能电能表的时段投切误差?应如何测定?

答: 多功能电能表任一预置时段起始或终止时间与实际时间的差值称为时段投切误差。确定时段投切误差至少应检验两个时段。

在预置时段内用标准时钟或电台报时声所得的实际起始(或终止)时间 t_0,与预置时段起始(或终止)时间 t 之差,即得时段投切误差:$\Delta t=t-t_0$。

45. 电子式电能表的标准偏差如何测定?

答: 在参比电压 U_n、参比频率 f_n 和 I_b 电流下,对功率因数为1和0.5(L)两个负载点分别做不少于5次的相对误差测量,然后按下式计算标准偏差估计值 S(%)。

$$S=\sqrt{\frac{1}{n-1}\sum_{i=1}^{n}(r_i-\bar{r})^2}$$

其中

$$\bar{r}=\frac{r_1+r_2+r_3+\cdots+r_n}{n}$$

式中 n——对每个负载点进行重复测量的次数,$n\geqslant 5$;

r_i——第 i 次测量得出的相对误差,%;

$\bar{r}$——各次测量得出的相对误差平均值,%。

46. 电子式电能表如何确定需量周期误差?

答: 在 U_n、f_n、I_b 及 $\cos\varphi=1.0$ 条件下,当需量周期开始时启动标准测时器,当需量周期有结果时停住标准测时器,用下式计算需量周期误差 r_T(%),r_T 应不大于1%。

$$r_T=\frac{t-t_0}{t_0}$$

式中 t——选定的需量周期,s;

t_0——选定的需量周期,即标准测时器测得的需量周期。

47. 按国家检定规程要求,检定0.5级基本误差时,电子式电能表应满足哪些条件?

答: 检定0.5级基本误差时:

(1) 环境温度对标准值的偏差为±2℃。

(2) 电压对额定值的偏差为±0.5%。

(3) 频率对额定值的偏差为±0.5%。

(4) 波形畸变系数不大于2%。

（5）参比频率下的外部磁感强度不大于0.025mT。

（6）相对湿度在60%±15%范围内。

（7）cosφ相对规定值的偏差为±0.01。

48. 按国家检定规程要求，检定0.2级基本误差时，电子式电能表应满足哪些条件？

答：检定0.2级基本误差时：

（1）环境温度对标准值的偏差为±2℃。

（2）电压对额定值的偏差为±0.5%。

（3）频率对额定值的偏差为±0.2%。

（4）波形畸变系数不大于1%。

（5）参比频率下的外部磁感强度不大于0.025mT。

（6）相对湿度在60%±15%范围内。

（7）cosφ相对规定值的偏差为±0.01。

49. 按国家检定规程要求，检定1.0级基本误差时，电子式电能表应满足哪些条件？

答：检定1.0级基本误差时：

（1）环境温度对标准值的偏差为±2℃。

（2）电压对额定值的偏差为±1.0%。

（3）频率对额定值的偏差为±0.5%。

（4）波形畸变系数不大于3%。

（5）参比频率下的外部磁感强度不大于0.025mT。

（6）相对湿度在60%±15%范围内。

（7）cosφ相对规定值的偏差为±0.01。

50. 按国家检定规程要求，检定2.0级基本误差时，电子式电能表应满足哪些条件？

答：检定2.0级基本误差时：

（1）环境温度对标准值的偏差为±2℃。

（2）电压对额定值的偏差为±1.5%。

（3）频率对额定值的偏差为±0.5%。

（4）波形畸变系数不大于5%。

（5）参比频率下的外部磁感强度不大于0.025mT。

（6）相对湿度在60%±15%范围内。

（7）cosφ相对规定值的偏差为±0.01。

51. 电子式电能表直观检查时，发现哪些缺陷不予检定？

答：直观检查时发现下列缺陷不予检定：

（1）标志不完整，字迹不清楚。

（2）开关、旋钮、拨盘等换挡不正确，外部端钮损坏。

（3）标准电能表不备有控制累计电能启动和停止的功能。

（4）没有防止非授权人输入数据或开表操作的措施。

52. 电子式有功电能表的启动电流值是如何规定的?

答: 对于全电子式有功电能表，当负载电流不超过表 5-1 规定时，电能表应启动并连续记录。

表 5-1 电子式有功电能表允许启动电流值

等级	0.1、0.2、0.5	1	2
启动电流值	$0.001I_b$	$0.004I_b$ ($0.002I_b$)	$0.005I_b$ ($0.003I_b$)

注 ( ) 内数据适用于互感器接入式电能表。

53. 互感器校验仪检定规程的适用范围是什么?

答: 本规程适用于采用差值法原理，工作频率为 50Hz，测量电流互感器和电压互感器比例误差的互感器校验仪的首次检定、后续检定和使用中检定。

54. 互感器校验仪的谐波抑制要求是什么?

答: 校验仪的测量回路对高次谐波信号应有足够的抑制能力。对于准确度等级为 1 级、2 级、3 级的校验仪，其三次以上谐波抑制比应分别大于 32dB、26dB、20dB。

55. 互感器校验仪为什么需要具有一定的谐波抑制能力?

答: 互感器的误差定义为基波误差，因此谐波必须排除在测量信号之外。由于电源的谐波在线路不能完全抵消，同时互感器铁芯的非线性磁化作用，也会产生新的谐波。对于电工式校验仪，谐波会影响线路的平衡调节，并干扰平衡终点的正确位置；对于数显式校验仪，谐波会干扰信号过零点，叠加在信号上谐波会使采样信号失真。这两种情况都会影响校验仪使用中的测量准确度，因此必须根据校验仪的准确度等级提出相应的谐波抑制能力要求。

56. 为什么互感器校验仪计算同相分量允许误差时，还要加上正交分量的附加误差项?

答: 直角坐标式的校验仪是通过同相与正交两个回路的信号组合进行测量的，每个回路都会有相位误差，因此当正交回路有非零输出时，会产生同相信号输出，叠加到同相分量上形加附加误差。因此在计算同相分量允许误差时，还要加上正交分量的附加误差项。

57. 为什么要限制互感器校验仪的差压差流回路负荷? 有何具体要求?

答: 因为校验仪的差值回路也是互感器二次负荷的一部分，直接影响到标准器和被检互感器的误差，最后影响到检定结果的误差。根据互感器检定规程的要求，校验仪差值回路负荷产生的附加误差不大于被测互感器误差限值的 1/20，因此需要规定校验仪差压回路的电流不得超过 1mA，差流回路的压降不得超过 50mV。

58. 为什么要求互感器校验仪的工作电压回路和工作电流回路要与差值回路绝缘?

答: 互感器校验仪的工作电压回路和工作电流回路与差值回路绝缘可以消除两个回路的相互干扰，用于互感器误差测量以及进行整体检定时接线简单，干扰可忽略，大大简化了校验仪的使用与检定操作，因此规程提出这一要求。

59. 检定互感器校验仪时对标准器的准确度有什么要求?

答: 检定 1 级准确度的校验仪，应使用 0.2 级准确度的整体检定装置；检定 2 级和 3 级准确度的校验仪，应使用 0.2 级或 0.3 级准确度的整体检定装置。

60. JJG 313—2010《测量用电流互感器》规程对电流互感器检定环境条件是如何规定的？

答：（1）环境温度 10～35℃，相对湿度不大于 80%。

（2）用于检定的设备如升流器、调压器等在工作中产生的电磁干扰引入的测量误差不大于被检电流互感器误差限值的 1/10。

（3）由外界电磁场引起的测量误差不大于被检电流互感器误差限值的 1/20。

61. JJG 313—2010《测量用电流互感器》规程对误差测量装置的要求是什么？

答：由误差测量装置所引起的测量误差，应不大于被检电流互感器误差限值的 1/10。其中，装置灵敏度引起的测量误差不大于 1/20；最小分度值引起的测量误差不大于 1/15；差流测量回路的附加二次负荷引起的测量误差不大于 1/20。

62. JJG 313—2010《测量用电流互感器》规程对电流负荷箱的要求是什么？

答：电流负荷箱在额定频率 50Hz（或 60Hz），额定电流的 20%～120%，环境温度为 20℃±5℃时，电流负荷（与规定的二次引线电阻一并计算）的有功分量和无功分量的相对误差不得超过±3%，当 $\cos\varphi=1$ 时，残余无功分量不得超过额定负荷的±3%。周围温度每变化 10℃时，负荷的误差变化不超过±2%。

电流负荷箱在电流百分数 20%以下的附加误差限值为：电流百分数每变化 5%，误差增加 1%。

63. JJG 313—2010《测量用电流互感器》规程对外直观检查的要求是什么？

答：外直观检查时有下列缺陷之一的电流互感器，必须修复后再检定。

（1）无铭牌或铭牌中缺少必要的标志。

（2）接线端子缺少、损坏或无标志。

（3）有多个电流比的互感器没有标示出相应接线方式。

（4）绝缘表面破损或受潮。

（5）内部结构件松动。

（6）其他严重影响检定工作进行的缺陷。

64. JJG 314—2010《测量用电压互感器》对电压负荷箱的要求是什么？

答：电压负荷箱在额定频率 50Hz（或 60Hz），20%～120%额定电压，环境温度为(20±5)℃时，电压负荷的有功分量和无功分量的误差不得超过±3%，当 $\cos\varphi=1$ 时，残余无功分量不得超过额定负荷的±3%。周围温度每变化 10℃时，负荷的误差变化不得超过±2%。

65. JJG 314—2010《测量用电压互感器》对外观检查的要求是什么？

答：外观检查时有下列缺陷之一的电压互感器，必须修复后再检定。

（1）无铭牌或铭牌中缺少必要的标志。

（2）接线端子缺少、损坏或无标志。

（3）有多个电压比的互感器没有标示出相应接线方式。

（4）绝缘表面破损，油位或气体压力不正确。

（5）内部结构件松动。

（6）其他严重影响检定工作进行的缺陷。

66. JJG 314—2010《测量用电压互感器》对绝缘电阻测量的要求是什么？

答： 1kV及以下的电压互感器用500V绝缘电阻表测量，一次绕组对二次绕组及接地端子之间的绝缘电阻不小于20MΩ；1kV以上的电压互感器用2500V绝缘电阻表测量，不接地互感器一次绕组对二次绕组及接地端子之间的绝缘电阻不小于10MΩ/kV，且不小于40MΩ；二次绕组对接地端子之间以及二次绕组之间的绝缘电阻不小于40MΩ。

67. 互感器负荷箱的绝缘电阻是如何规定的？

答： 在非工作状态下，互感器负荷箱输出端子对机壳的金属部分在500V直流电压下的绝缘电阻值不小于20MΩ。

68. 对交流电能表检定装置同名端钮电位差是如何规定的？

答：（1）无接入电压互感器的装置，标准表和被检表的同相两对电压同名端钮间电位差之和与输出电压的百分比应不超过装置最大允许误差的1/6。

（2）有接入电压互感器的装置，被检表和互感器相连的同相两对电压同名端钮间电位差之和与输出电压的百分比不应超过装置最大允许误差的1/6，标准表和互感器相连的同相两对电压同名端钮电位差之和与标准表参比电压的百分比不应超过装置最大允许误差的1/8。

69. 对交流电能表检定装置稳定性变差是如何规定的？

答：（1）短期稳定性变差：装置基本误差符合规程规定的同时，在15min内的最大变化值应不超过对应最大允许误差的20%。

（2）检定周期内变差：检定周期内，装置基本误差符合规程规定的同时，0.03级及以上装置基本误差的最大变化值还应不超过对应最大允许误差。

70. 交流电能表检定装置外观检查是如何要求的？

答： 装置的标志应符合国家相关技术文件的规定，装置应明示以下信息。

（1）制造计量器具许可证标志及编号。

（2）产品名称及型号。

（3）出厂编号（或设备编号）。

（4）辅助电源的额定电压和额定频率。

（5）准确度等级及对应的测量范围（或量限）。

（6）生产日期。

（7）制造厂商（或商标）。

71. 交流电能表检定装置结构是如何要求的？

答：（1）装置应设有接地端钮，并标明接地符号。

（2）装置的开关、端钮、按键、接口等控制和调节机构应有明确标志。

（3）装置配套仪表的放置位置应固定，用于放置被检表的支（只）架应保证被检电能表处于正常的工作位置，对连接线有特殊要求时应配置专用导线。

（4）装置的结构应整齐合理、线路正确、连接可靠。

72. 交流电能表检定装置是如何确定输出功率稳定度的？

答：（1）后续检定时选择控制量限，分别带最小、最大负载，在功率因数1.0、0.5（L）时进行。选用稳定性与分辨力足够高的功率参考标准，1～1.5s读一次功率，测量时间至少2min。中间不允许对输出进行调节。三相装置应分别在三相平衡负载和不平衡负载下进行。

（2）装置输出负载功率的稳定度按下式计算，计算中应去掉粗大误差

$$r_P(\%)=\frac{4\cos\varphi\sqrt{\frac{1}{n-1}\sum_{i=1}^{n}(P_i-\overline{P})^2}}{\overline{P}}\times 100$$

式中 P_i——第 i 次测量的功率读数（$i=1，2，3，\cdots，n$）；

$\overline{P}$——n 次功率读数的平均值；

n——测量次数。

73. 什么是电力用户用电信息采集系统？

答：电力用户用电信息采集系统是对电力用户的用电信息进行采集、处理和实时监控的系统，实现用电信息的自动采集、计量异常监测、电能质量监测、用电分析和管理、相关信息发布、分布式能源监控、智能用电设备的信息交互等功能。

74. 什么是用电信息采集终端？

答：用电信息采集终端是对各信息采集点用电信息采集的设备，简称采集终端。可以实现电能表数据的采集、数据管理、数据双向传输以及转发或执行控制命令的设备。用电信息采集终端按应用场所分为专变采集终端、集中抄表终端（包括集中器、采集器）、分布式能源监控终端等类型。

75. 什么是专变采集终端？

答：专变采集终端是对专变用户用电信息进行采集的设备，可以实现电能表数据的采集、电能计量设备工况和供电电能质量监测，以及客户用电负荷和电能量的监控，并对采集数据进行管理和双向传输。

76. 什么是集中抄表终端？

答：集中抄表终端是对低压用户用电信息进行采集的设备，包括集中器和采集器。集中器是指收集各采集器或电能表的数据，并进行处理储存，同时能和主站或手持设备进行数据交换的设备。采集器是用于采集多个或单个电能表的电能信息，并可与集中器交换数据的设备。采集器依据功能可分为基本型采集器和简易型采集器。基本型采集器抄收和暂存电能表数据，并根据集中器的命令将储存的数据上传给集中器。简易型采集器直接转发集中器与电能表间的命令和数据。

77. 什么是分布式能源监控终端？

答：分布式能源监控终端是对接入公用电网的用户侧分布式能源系统进行监测与控制的设备，可以实现对双向电能计量设备的信息采集、电能质量监测，并可接收主站命令对分布式能源系统接入公用电网进行控制。

78. 用电信息采集系统功能规范中是如何将电力用户分类的？

答：通过需求分析，按照电力用户性质和营销业务需要，将电力用户划分为以下 6 种类型。

（1）大型专用变压器用户（A 类）：用电容量在 100kVA 及以上的专用变压器用户。

（2）中小型专用变压器用户（B 类）：用电容量在 100kVA 以下的专用变压器用户。

（3）三相一般工商业用户（C 类）：包括低压商业、小动力、办公等用电性质的非

居民三相用电。

（4）单相一般工商业用户（D类）：包括低压商业、小动力、办公等用电性质的非居民单相用电。

（5）居民用户（E类）：用电性质为居民的用户。

（6）公用配变考核计量点（F类）：即公用配电变压器上的用于内部考核的计量点。

79. 主站如何实施费控管理？

答： 根据用户的缴费信息和定时采集的用户电能表数据，计算剩余电费。当剩余电费等于或低于报警门限值时，通过采集系统主站或其他方式发催费告警通知，通知用户及时缴费。当剩余电费等于或低于跳闸门限值时，通过采集系统主站下发跳闸控制命令，切断供电。用户缴费成功后，可通过主站发送允许合闸命令，允许合闸。

80. 终端如何实施费控管理？

答： 根据用户的缴费信息，主站将电能量费率时段和费率以及费控参数包括购电单号、预付电费值、报警和跳闸门限值等参数下发终端并进行存储。当需要对用户进行控制时，向终端下发费控投入命令，终端定时采集用户电能表数据，计算剩余电费，终端根据报警和跳闸门限值分别执行告警和跳闸。用户缴费成功后，可通过主站发送允许合闸命令，允许合闸。

81. 电能表如何实施费控管理？

答： 根据用户的缴费信息，主站将电能量费率时段和费率以及费控参数包括购电单号、预付电费值、报警和跳闸门限值等参数下发电能表并进行存储。当需要对用户进行控制时，向电能表下发费控投入命令，电能表实时计算剩余电费，电能表根据报警和跳闸门限值分别执行告警和跳闸。用户缴费成功后，可通过主站发送允许合闸命令，允许合闸。

82. 集中器采集电能表数据的方式有哪些？

答：（1）实时采集：集中器直接采集指定电能表的相应数据项，或采集采集器存储的各类电能数据、参数和事件数据。

（2）定时自动采集：集中器根据主站设置的抄表方案自动采集采集器或电能表的数据。

（3）自动补抄：集中器对在规定时间内未抄读到数据的电能表应有自动补抄功能。补抄失败时，生成事件记录，并向主站报告。

83. 采集器数据传输功能有哪些？

答： 数据传输功能内容如下。

（1）可以与集中器进行通信，接收并响应集中器的命令，向集中器传送数据。

（2）中继转发，采集器支持集中器与其他采集器之间的通信中继转发。

（3）通信转换，采集器可转换上、下信道的通信方式和通信协议。

84. 集中器的抗接地故障能力是如何规定的？

答： 集中器的电源由非有效接地系统或中性点不接地系统的三相四线配电网供电时，在接地故障及相对地产生10%过电压的情况下，没有接地的两相对地电压将会达到1.9倍的标称电压；在此情况下，终端不应出现损坏。供电恢复正常后，终端应正常工作，保存数据应无改变。

85. 用电信息采集总体建设目标中“全覆盖”含义是什么？

答：“全覆盖”指采集系统覆盖范围为国家电网公司经营区域内包括大型专用变压器用户、中小型专用变压器用户、三相一般工商业用户、单相一般工商业用户、居民用户的全部电力用户计量点和公用配电变压器考核计量点。

86. 用电信息采集总体建设目标中“全采集”含义是什么？

答：“全采集”指采集系统实现公司生产、经营、管理业务所需要的电力用户和公用配电变压器考核计量点的全部电气量信息的采集。

87. 用电信息采集总体建设目标中“全费控”含义是什么？

答：“全费控”指采集系统的功能设计、设备选型满足预付费业务要求，具备预付费条件，为全面实施预付费管理提供技术支持。

88. 采集系统建设中项目执行什么管理制度？

答：采集系统建设中主站系统、通信信道建设工程项目实行项目法人制、招标投标制、工程监理制和合同管理制；采集设备和电能表购置执行物资招标采购程序和要求；采集设备和电能表安装调试执行合同管理制、工程监理制，或者实施内部工作计划管理和内部监督管控。

89. 各单位采集系统运行单位及职责是什么？

答：网省公司、地市供电公司稽查监控中心是本单位采集系统的运行单位，具体负责采集系统的运行监控、数据采集、业务派发、故障分析、运行评价、档案管理等工作。

90. 什么是互感器的比差？

答：互感器的比差即比值误差，指互感器的实际二次电流（电压）乘上额定变比与一次实际电流（电压）的差，对一次实际电流（电压）的百分数。

91. 什么是互感器的角差？

答：互感器的角差即相角误差，指互感器的二次电流（电压）相量逆时针转 180°后与一次电流（电压）相量之间的相位差。

92. 什么是互感器额定二次负载？

答：互感器额定二次负载是指为保持互感器误差不超出准确度等级规定，在互感器二次侧允许接用的负载。

93. 简述电流互感器误差表示方式。

答：电流互感器的误差分为比值差和相位差：

比值差是通过二次回路间接测量到的电流值（K_eI_2）减去一次电流实际值与一次电流实际值的百分比，即

$$\Delta I\% = \frac{K_eI_2 - I_1}{I_1} \times 100$$

相位差是指二次电流相量旋转 180°后，与一次电流相量间的夹角，又称角差，并规定二次电流相量超前一次电流相量时，误差为正，反之为负。

94. 说明机电式交流电能表潜动现象产生的原因？

答：机电式交流电能表在运行中，当负载电流等于零时，它的转盘仍然不停止转

动，这种现象就叫作潜动（或空转）。引起潜动的主要原因是轻载补偿力矩过大或电磁元件不对称等。从理论上讲，可以把补偿力矩调整得恰好，但实际上这往往是做不到的，因为至少电网的电压是在一定范围内波动的。而补偿力矩是和电压的平方成正比的，所以当电压升高时，就会引起轻载补偿力矩增大。此外，电磁元件安装位置倾斜，也会产生一个像轻载补偿力矩那样的附加力矩。有时检定和使用时接线相序不同，对于三相电能表会引起电磁干扰力矩的变化，也可能引起潜动。

95. 在测定机电式交流电能表误差之后，若无论怎样调整，都不能消除潜动，怎么办？

答：应重新进行轻载调整，使其误差比原来的稍向负值变化一点，但不可超过误差限范围直至消除潜动。如果仍然不能消除潜动，则应重新检修装配各元件。

96. 电能表的基本误差指的是什么？它就是电能表在允许的工作条件下的相对误差吗？为什么？

答：电能表的基本误差是指在规定的试验条件下（包括影响量的范围，环境条件，试验接线等）电能表的相对误差值，它反映了电能表测量的基本准确度。它并非电能表在使用时的真实误差。因为电能表规定的使用条件要比测定基本误差时的条件宽。

97. 为什么机电式交流电能表要进行走字试验？

答：因为电能表的误差测定，通常都是以计读电能表转盘转数的方法来确定电能量的，而电能表计度器的传动比与进位是否正常等都未经过校核和检查。此外，电能表基本误差的测定都是在比较短时间内完成的。由于种种原因，可能会造成电能表误差不稳定，甚至在测定基本误差中，也可能会出现差错，而这些情况都不易发现。所以，电能表在其所有其他检定项目测试完之后，还需要做走字试验。

98. 使用电能表检定装置的检定人员需掌握哪些知识和技能才能从事检定工作？

答：使用电能表检定装置的检定人员要熟悉装置的原理和性能，掌握装置的操作方法；学习国家和行业的有关标准和规程；掌握有关安全操作规程，并持有计量检定人员证书才能从事电能表的检定工作。

99. 机电式交流电能表轻载时的误差变化较大，时快时慢，可能存在哪些原因？

答：电能表误差变化大，时快时慢，其原因可能有以下几个方面。

（1）计度器处于两位以上字轮在进位状态。

（2）各部分工作气隙中有铁屑等微粒。

（3）计度器、轴承有缺陷。

100. 防止机电式交流电能表潜动的方式有几种？作用原理是什么？

答：防止机电式交流电能表潜动有以下两种方式。

（1）在圆盘上钻两个对称小孔，当孔经过电压磁极下时，能分散转盘上感应涡流，从而制止了潜动。

（2）在转轴上安装防潜钩，使其与电压铁心上伸出的磁化舌接近时，产生吸引力而制止表盘潜动。

101. 电子式电能表通电检查时，发现哪些缺陷不予检定？

答：（1）对已编入程序的电能表自检功能不正常。

（2）显示数字不清楚、不正确。

（3）显示不能回零，显示时间和内容不正确或不齐全。

（4）标准电能表显示位数和显示其被检表误差的分辨率不符合检定规程规定要求。

（5）标准电能表在额定输入功率下，高频脉冲输出频率不符合检定规程规定要求。

102. 为什么要规定电能表的功率消耗？

答：主要是为了降低电压线路损耗，减少电费流失。

103. 四象限无功的含义是什么？

答：正、反向有功和正、反向无功功率之间关系构成四象限计量关系，如图 5-1 所示。

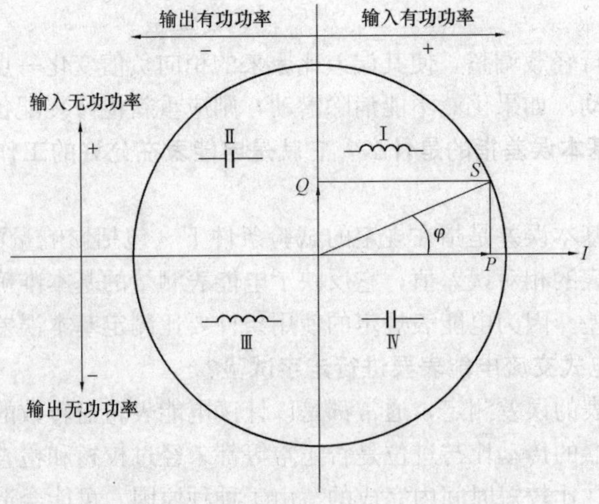

图 5-1　有功和无功功率的几何表示

在这 4 个象限状况时，分别计量无功电量就构成了四象限无功。

104. 判断电能表启动试验是否合格有哪几种方法？

答：判断电能表启动试验是否合格，总的技术要求是在参比电压、参比频率及功率因数为 1 的条件下，通以规定的负载电流，机电式交流电能表圆盘应连续转动且在规定时限内不少于 1r，电子式电能表应有连续脉冲输出。

对于不同的电能表可以通过不同的方法来进行试验。

（1）捕捉黑标。通过启动定标将电能表圆盘控制在同一起始位置，然后按规定要求进行试验，根据圆盘再次转到初始位置所用的时间来判断启动试验是否合格（此方法适用于机电式交流电能表）。

（2）脉冲信号法。即采样电能表脉冲端钮的输出信号。通常有以下两种方法（此方法适用于电子式电能表）。

1）脉冲计数。在启动试验规定的时间内，将采样的脉冲个数设置相比较，来判断启动试验是否合格。

2）误差法。在启动试验规定的时间内，观察是否有误差显示。在无任何干扰的情况下，显示误差的电能表，启动试验合格。

105. 什么是电能表的爬电距离？

答：电能表的爬电距离是指两导体间沿绝缘表面测量的最短距离。

106. 电子式电能表为何校核常数？

答：电子式电能表进行常数校核主要看端钮脉冲输出数量（保持电量最小分辨率的整数倍）与内存电量的改变、计度器电量的变化和铭牌标志是否相符，为了提高可靠性，应尽量多走些字。

考虑到不同的控制主板对掉电时脉冲信号的处理方式不同，如线路掉电时，累积的脉冲数不到计度器最小分辨率，有些电能表主板将这些电量脉冲丢失，有些则是存起来，当再次上电时，再参与累积。因此，在进行电子式电能表的常数校核前，先让计度器（包括电子计度器）末位数字翻转一个字。

107. 为什么工频耐压试验宜在其他试验项目之前做？

答：工频耐压试验在其他试验项目之前做的好处是一旦耐压试验对电能表内部元件有损伤，可以在接下去的其他试验中被发现。尤其是电子式电能表，如主板器件损坏，外表不易看出，只有通过其他试验项目才能发觉。

108. 如何消除实验室检定过程中的红外通信干扰？

答：（1）在通信时尽量输入全表号，以免造成同号。

（2）有条件的话，对于不同的通信内容尽量采用 RS485 通信口进行一对一方式通信。对于相同的通信内容，如时钟校对，则可采用广播通信。

（3）实验室空间尽可能大，操作人员不易过于密集。

（4）实验室采取隔离措施，防止信号互窜。

109. 为什么要对电子式电能表进行浪涌抗扰度试验？

答：电能表在不同环境与安装条件下可能遇到雷击、供电系统开关切换、电网故障等，造成的电压和电流浪涌可能使电能表工作异常甚至损坏。浪涌抗扰度试验可评定电能表在遭受高能量脉冲干扰时的抗干扰能力。

110. 浪涌抗扰度试验对电子式电能表会产生哪些影响？

答：浪涌抗扰度试验可能会损坏电能表的电源输入部分，缩短压敏电阻的使用寿命，损坏电子线路板上的元器件，影响计量准确度，程序出错，功能不正常等。

111. 静电放电抗扰度试验对电子式电能表会产生哪些影响？

答：静电放电抗扰度试验可能损坏电能表的元器件（如芯片、液晶、数码管等），出现多余电量，时钟复位、停走或走时不准，内存数据破坏，需量复位，功能不正常等。

112. 进行静电放电抗扰度试验时为什么优先选择接触放电方式？

答：空气放电由于受到放电枪头接近速度、试验距离、环境温度和试验设备结构等的影响，其可比性和再现性较差，所以应优先采用接触放电方式。空气放电一般在不能采用接触放电的场合下才使用。

113. 为什么要对电子式电能表进行高频电磁场抗扰度试验？

答：电磁辐射对大多数电子设备会产生影响，尤其是随着手提移动电话的普及，当使用人员离电子设备距离很近时，可产生强度达几十特斯拉的电磁场辐射，它对产品的干扰作用是很大的。为了评价电能表抵抗由无线电发送或其他设备发射连续波的辐射电磁能量的能力，有必要进行高频电磁场抗扰度试验。

114. 如何根据现场的有、无功电能表计算出用户当前的功率因数？

答：假定有功电能表电能表常数为 $C_{有}$（r/kWh）；无功电能表电能表常数为 $C_{无}$（r/kWh），则有功功率的计算方法为，通过记录相应的时间 t（s）内两块电能表转数为

r_1、r_2，应用公式计算，即

$$\tan\varphi = \frac{C_{有}\ r_2}{C_{无}\ r_1}$$

求出 φ 角，则 $\cos\varphi$ 就是用户当前的功率因数。

115. 分析电流互感器产生误差的主要原因。

答：在实际中，理想的电流互感器是不存在的。因为要使电磁感应这一能量转换形式持续存在，就必须持续供给铁芯一个励磁磁动势 I_0W_1。所以实际的电流互感器中，其磁动势平衡方程式如下

$$\dot{I}_1W_1 + \dot{I}_2W_2 = \dot{I}_0W_1$$

式中 $\dot{I}_1$——一次绕组中的电流；

$\dot{I}_2$——二次绕组中的电流；

$\dot{I}_0$——励磁电流；

W_1——一次绕组的匝数；

W_2——二次绕组的匝数。

可见，励磁磁动势的存在是电流互感器产生误差的原因。

116. 何谓电压互感器的减极性或加极性?

答：如图 5-2 所示，大写字母 A、X 表示一次绕组出线端子，小写 a、x 表示二次绕组出线端子。电压互感器极性是表明一次绕组和二次绕组在同一瞬间的感应电动势方向相同或相反。相同者叫作减极性，如图 5-2 中标志，相反者叫作加极性。

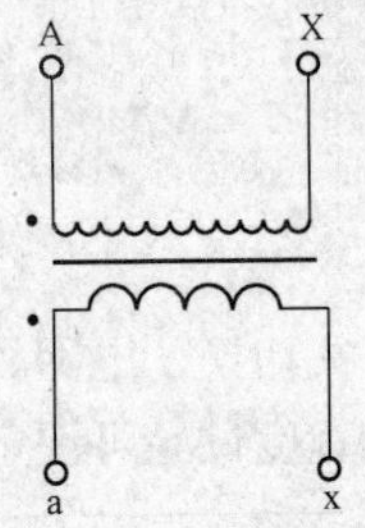

图 5-2 电压互感器

117. 电压互感器二次压降产生的原因是什么?

答：在发电厂和变电站中，测量用电压互感器与装有测量表计的配电盘距离较远，而且由电压互感器二次端子互配电盘的连接导线较细，电压互感器二次回路接有刀闸辅助触头及空气断路器。由于触头氧化，使其电阻增大。如果二次表计和继电保护装置共用一组二次回路，则回路中电流较大，它在导线电阻和接触电阻上会产生电压降落，使得电能表端的电压低于互感器二次出口电压，这就是压降产生的原因。

118. 运行中的电流互感器二次开路时，二次感应电动势大小与哪些因素有关?

答：(1) 与开路时的一次电流值有关。一次电流越大，其二次感应电动势越高，在短路故障电流的情况下，将更严重。

(2) 与电流互感器的一、二次额定电流比有关。其变比越大，二次绕组匝数也就越多，其二次感应电动势越高。

(3) 与电流互感器励磁电流的大小有关。励磁电流与额定电流比值越大，其二次感应电动势越高。

119. 如何正确地选择电流互感器的电流比?

答：选择电流互感器应按其长期最大的二次工作电流 I_2，选择其一次额定电流 I_{1n}，使 $I_{1n} \geqslant I_2$，但不宜使电流互感器经常工作在额定的一次电流的 1/3 以下，并尽可能使其工作在一次额定电流的 2/3 以上。

120. 何谓电流互感器的额定容量？

答：电流互感器的额定容量是二次额定电流 I_{2n}通过二次额定负载 Z_{2n}时所消耗的视在功 S_{2n}，即

$$S_{2n}=I_{2n}^2\cdot Z_{2n}$$

121. 电压互感器二次绕组短路后会产生什么后果？

答：电压互感器二次绕组短路，则二次电流增大，这个电流产生与一次电流相反的磁通，一次磁通减小，感应电动势变小，一次绕组电流增加。二次绕组短路电流越大，一次电流越大，直到烧坏。

122. 为什么要选用 S 级的电流互感器？

答：由于 S 级电流互感器能在额定电流的 1%～120%之间准确计量，故对长期处在负载电流小，但又有大负载电流的用户，或有大冲击负载的用户和线路，为了提高计量准确度，则可选用 S 级电流互感器。

123. 电流互感器的额定电压是什么含义？

答：(1) 该电流互感器只能安装在小于等于额定电压等级的电力线路中。

(2) 说明该电流互感器的一次绕组的绝缘强度。

124. 电流互感器在进行误差测试之前退磁的目的是什么？

答：由于电流互感器铁芯不可避免地存在一定的剩磁，将使互感器增加附加误差，所以在误差试验前，先消除或减少铁芯的剩磁影响而进行退磁。

125. 简述电压互感器的工作原理。

答：当电压互感器一次线圈加上交流电压 U_1时，线圈中流过电流 I_1，铁芯内就产生交变磁通 Φ_0，Φ_0与一次、二次线圈交联，根据电磁感应定律，则在一、二次线圈中分别产生感应电动势 E_1、E_2，由于一、二次匝数不同就有 $E_1=KE_2$。

126. 说明电压互感器产生误差的主要原因。

答：当 U_1在铁芯中产生磁通时，就一定有励磁电流 I_0存在，由于一次绕组存在电阻和漏抗，I_0在此阻抗上产生了电压降，就形成了电压互感器的空载误差。当二次绕组接有负载时，产生的负载电流在二次绕组的内阻抗及在一次绕组中感应的一个负载电流分量，在一次绕组内阻抗上产生的电压降，形成了电压互感器的负载误差。可见，电压互感器的误差，主要由励磁电流在一次绕组内阻抗上产生的电压降和负载电流在一、二次绕组的内阻抗上产生的电压降引起的。

127. 什么是电能计量装置二次回路？

答：互感器二次侧和电能表及其附件相连接的线路叫作电能计量装置二次回路。

128. 将单进单出接线的电能表按双进双出的接线方式接线，会造成何种后果？

答：将单进单出接线的电能表按双进双出的接线方式接线，会造成电源短路，轻者熔丝熔断，严重时会造成烧表或电弧伤人。

129. 单相机电式交流电能表现场运行中常见的故障情况有哪些？试分析电能表明显快的原因。

答：运行中常见的故障情况有：电能表停走；电能表转盘转动，但计度器字轮不走；拉开负荷隔离开关后，电能表仍自转；电能表有响声；电能表转速明显快等。

电能表转速明显快的原因可能是：永久磁钢退磁，磁性减弱；永久磁钢固定螺钉松

动，引起位置变化；电压线圈匝间短路；现场电压太低，自制力矩减小，使电能表误差偏正。

130. 三相四线用电为什么不能装三相三线表？

答：如三相负荷不对称将使计量不准确。极端情况下如仅 v 相有负荷就计量不到电量，如仅 u 相有负荷应该计量到的电量 $W_u = U_u I_u a\cos\varphi$，而与表计实际计量到的电量 $W'_u = U_{uv} I_u a\cos(30° + \varphi)$ 差异很大，同样如仅有 w 相负荷，应计量的电量和实际计量到的电量也不一致。

131. 试述电能表现场校验的内容？

答：为了确定电能表在运行中是否正确计量，必须定期进行现场校验。现场校验的主要内容有以下几个方面。

(1) 在实际运行中测定电能表的误差。

(2) 检查电能表和互感器的二次回路接线是否正确。

(3) 检查计量差错和不合理的计量方式。

132. 对新装和改装的电能计量装置投运前，均应在停电的情况下，在安装现场对计量装置进行哪些项目的检查和试验？

答：(1) 检查计量方式的正确性与合理性。

(2) 检查一次接线与二次接线的正确性。

(3) 核对倍率。

(4) 核对电能表的检验证（单）。

(5) 在现场实际状态下检查互感器的极性（或接线组别），并测定互感器的实际二次负载以及该负载下互感器的误差。

(6) 测量电压互感器二次回路的电压降。

133. 在线路无负荷情况下电能表是否有损耗？

答：当电能表投入运行后，如无负荷电流时，表内电流线圈是没有损耗的，但电压线圈并联在相线与地线之间，则经常是耗电的，但由于它的线径小，匝数多，其耗电功率一般不超过 1.5W。

134. 在现场测试运行中电能表时，对现场条件有哪些要求？

答：现场检验条件应符合下列要求：

(1) 环境温度应在 0～35℃之间。

(2) 电压对额定值的偏差不应超过±10%。

(3) 频率对额定值的偏差不应超过±2%。

(4) 现场检验时，负荷电流不低于被检电能表标定电流的 10%（S 级电能表为 5%），或功率因数低于 0.5 时，不宜进行误差测定。

(5) 负荷相对稳定。

135. 电能表安装接线图包括什么？

答：安装接线图包括盘面布置图，二次安装接线图，还有用于简单二次回路的安装原理接线图。

136. 电能计量装置综合误差包括哪几部分？

答：电能计量装置综合误差包括三大部分，即电能表的误差、互感器的合成误差和

电压互感器二次回路压降引起的误差，用公式表示为

$$\gamma = \gamma_h + \gamma_b + \gamma_d$$

式中　γ_h——互感器的合成误差；

γ_b——电能表的误差；

γ_d——电压互感器二次回路压降所引起的计量误差。

137. 六角图分析法基本原理是什么？

答：六角图分析法基本原理是在三相电路里用一只功率表保持通过电流线圈为同一相电流，电压线圈分别加以两个不同的线电压，功率表的指示值就分别为此电流相量在这两个电压相量上的投影，两个投影的合成即是此电流相量。

138. 为什么电能表联合接线时要选用联合接线盒？

答：电能表联合接线应安装联合接线盒，这样能使现场实负荷检表和带电状态下拆表、装表做到方便安全，以保证操作过程中防止电流二次回路开路和电压二次回路短路。

139. 互感器负荷箱校准的环境条件是什么？

答：环境温度：(20±5)℃；

相对湿度：≤80％。

电磁干扰：环境电磁干扰引起标准器误差的变化应小于被校互感器负荷箱最大允许误差的1/10。

140. 校准互感器负荷箱时的标准器要求有哪些？

答：校准电流互感器负荷箱使用的标准器包括工频阻抗电桥、工频阻抗仪等；校准电压互感器负荷箱所使用的标准器包括工频导纳电桥、工频导纳仪等。互感器负荷箱也可使用互感器校验仪整体检定装置进行校准。

141. 电流互感器的磁饱和裕度要求是什么？

答：电流互感器铁芯磁通密度在相当于额定电流和额定负荷状态下的1.5倍时，误差应不大于额定电流及额定负荷下误差限值的1.5倍。

142. JJG 314—2010《测量用电压互感器》对电压互感器检定环境条件是如何规定的？

答：电压互感器检定的环境条件如下。

(1) 环境温度10～35℃，相对湿度不大于80％。

(2) 用于检定的设备如升压器、调压器等在工作中产生的电磁干扰引入的测量误差不大于备件电压互感器误差限值的1/10。

(3) 由外界电磁场引起的测量误差不大于被检电压互感器误差限值的1/20。

143. 试述电力互感器运行变差的定义。

答：电力互感器运行变差是指互感器误差受运行环境的影响而发生的变化。它可以由运行状态如环境温度、剩磁、邻近效应引起，也可以由运行方式引起，如变换高压电流互感器一次导体对地电压，变换大电流互感器一次导体回路等。

144. 对电力互感器运行变差提出要求有何意义？

答：电力互感器的实际运行工况不同于检定时的工况，在实际运行环境下互感器会产生附加误差。如果不加以限制，检定合格的互感器可能使用时是超差的，这样就使检

定失去意义。因此必须对运行时可能产生的误差加以限制，保证实际使用时也能达到预期的准确限值要求。

145. 为什么电流负荷箱要标明外部接线电阻？

答：电流负荷箱必须使用二次引线与互感器二次端子及校验仪接线端子连接，导线总是有电阻的，如果要求导线的电阻可以忽略就要使用很粗的导线，这样做既不经济也不方便。实际上只要把二次引线计入负荷箱的电阻就可以满足二次负荷准确度要求，负荷箱减小的电阻值也就是二次引线应具有的电阻值，必须在电流负荷箱上标明。

146. 电能表标准装置所带的最大负载和最小负载是指什么？

答：装置的最大负载是指以装置的出厂说明书为依据，输出最大功率时所带的负载；最小负载是指装置输出端仅带检验标准。

147. 什么是接户线？

答：接户线是指由供电公司低压架空线路或沿墙铁板线直接接至用户墙外支持物间的线路部分。

148. 什么是进户线？

答：进户线是指由户外接户线引到用户室内计费电能表的一段线路。

149. 无功实行双向计量的意义是什么？

答：由于当用户向电网大量倒送无功时，同样会存在在电网向用户大量输送无功时出现的情形，会造成电网线损增加，变压器额定功率下降等不利情况，故无功实行双向计量对改善用电效率、合理用电具有积极的意义。

150. 什么是计量单位？什么是量值？

答：在同一类量中，选定某一个特定的量作为一个参考量，则这一类量中任何其他的量都可以用这个量与一个数的乘积表示，这个数称为该量的数值，这个参考量就称为该量的计量单位。数值和单位的乘积称为量值。

151. 什么是电能表的额定最大电流？

答：电能表的额定最大电流是指电能表能满足其制造标准规定的准确度的最大电流值，用 I_{max} 表示。

152. 电能表是如何分类的？

答：根据电能表结构、原理及测量对象的性质，可以做以下分类。

（1）按其结构的不同，电能表可分为机电式交流电能表、机电一体式电能表、电子式电能表。

（2）根据功能的不同，电能表可分为有功电能表、无功电能表、有功无功组合电能表、复费率电能表、最大需量电能表、多功能电能表。

（3）按相线规格的不同，电能表可分为单相电能表、三相三线电能表、三相四线电能表。

（4）按接入方式的不同，电能表可分为直接接入式电能表、经互感器接入式电能表。

（5）按准确度级别的不同，电能表可分为 0.2 级、0.2S 级、0.5 级、0.5S 级、1 级、2 级、3 级。

153. 电能表一般有哪些误差？

答：电能表的误差一般分为以下两类。

（1）基本误差。指电能表在其检定规程规定的正常条件下运行所显示的误差，该误差随负载电流和功率因数变化的关系曲线叫作基本误差特性曲线，或称为负载特性曲线。

（2）附加误差。指电能表在使用时因温度、倾斜等外界因素以及电压、负载、频率等运行条件变化所引起的误差。

154. 什么是电能表的常数？

答：电能表记录的电能和相应的转数或脉冲数之间的关系称为电能表常数。

155. 什么是感应系电能表的驱动元件？

答：电能表的驱动元件又称为电磁元件，是由电压元件、电流元件和调整装置组成的，其作用是接受被测电路的电压和电流，建立移进磁通与其在圆盘上产生的感应电流相互作用，产生驱动力矩，使转盘转动。

156. 什么是感应系电能表的电压元件？

答：电能表的电压元件由电压铁芯、电压线圈、回磁极组成，电压线圈并接于被测电路中，在电压铁芯中产生电压磁通，其中电压工作磁通穿过转盘经回磁板形成回路。

157. 什么是感应系电能表的电流元件？

答：电能表的电流元件由电流铁芯和电流线圈组成，电流线圈串接在被测电路中，在电流铁芯中产生电流磁通，其中电流工作磁通经电压铁芯两次穿过圆盘形成回路。

158. 什么是感应系电能表的制动元件？

答：电能表的制动元件由永久磁钢及其调整装置等组成，其作用是产生与驱动力矩方向相反的制动力矩，以便使圆盘的转速与被测电路的功率成正比。

159. 什么是感应系电能表的转动元件？

答：电能表的转动元件由铝质的圆盘和转轴组成，其作用是在驱动元件建立的交变磁场的作用下，在圆盘上产生驱动力矩使转盘连续转动，并把转动的圈数传递给计度器。

160. 什么是感应系电能表的满载调整装置？

答：电能表的满载调整装置又称为制动力矩调整装置，它是通过改变电能表永久磁钢的制动力矩来改变圆盘的转速，用于调整20%～100%基本电流范围内电能表的误差。

161. 什么是感应系电能表的轻载调整装置？有什么作用？

答：电能表的轻载调整装置又称为补偿力矩调整装置，它主要是用来补偿电能表在5%～20%基本电流范围内运行时的摩擦误差和电流铁芯工作磁通的非线性误差，以及由于装配的不对称而产生的潜动力矩。

162. 什么是感应系电能表的相位角调整装置？有什么作用？

答：电能表的相位角调整装置又称为功率因数调整装置，主要是用于调整电能表电压工作磁通Φ_U与电流工作磁通Φ_I之间的相位角，使它们之间的相角差满足要求，以保证电能表在不同功率因数的负载下都能正确计量。

163. 简述感应系电能表的转动原理。

答：电能表接在交流电路中，当电压线圈两端加以线路电压，电流线圈中流过负载电流时，电压元件和电流元件就产生在空间上不同位置，相角上不同相位的电压和电流工作磁通，它们分别通过圆盘并各在圆盘上产生感应电流，于是电压工作磁通与电流工作磁通产生的感应电流相互作用，电流工作磁通与电压工作磁通产生的感应电流相互作用，作用的结果在圆盘中就形成以圆盘转轴为中心的转动力矩，使电能表的圆盘始终按一个方向转动起来。

164. 感应系电能表由哪几部分组成?

答: 感应系电能表由驱动元件、转动元件、轴承、计度器、永久磁铁、端钮盒、基架、底座、表盖等组成。

165. 电流互感器的作用是什么?

答: 电流互感器的作用是为避免测量仪表和工作人员与高压回路直接接触，保证人员和设备的安全；使测量仪表小型化、标准化，利用电流互感器扩大表计的测量范围，提高仪表测量的准确度。

166. 什么是互感器的减极性?

答: 当互感器一次电流从首端流入、从尾端流出时，二次电流从首端流出，经二次负载从尾端流入，这样的极性标志称为减极性。

167. 什么是电流互感器的同极性端?

答: 电流互感器的同极性端是指在一次绕组通入交流电流，二次绕组接入负载，在同一瞬间一次电流流入的端子和二次电流流出的端子。电流互感器为减极性时，一、二次绕组的首端 L1 和 K1 称为同极性端。

168. 用直流法如何测量电流互感器的极性?

答: 其测量方法如下。

(1) 将电池“+”极接在电流互感器一次侧的 L1，电池“—”极接 L2。

(2) 将万用表的“+”极接在电流互感器二次侧的 K1，“—”极接 K2。

(3) 在开关合上或电池接通的一刻万用表的毫安挡指示应从零向正方向偏转，在开关拉开或电池断开的一刻万用表指针反向偏转，则其极性正确。

169. 在使用穿芯式电流互感器时，怎样确定电流互感器一次绕组的匝数?

答: 按以下方法改变。

(1) 根据电流互感器铭牌上安培和匝数算出该电流互感器设计的安匝数。

(2) 再用所算安匝数除以所需一次电流数，所得即为一次绕组匝数（一定要是整数)，其计算公式如下：

$$\text{匝数}=\frac{\text{设计安匝数}}{\text{所需安培数}}$$

(3) 一次线穿过电流互感器中间孔的次数，即为电流互感器的一次绕组的匝数。

170. 简述电压互感器的结构、作用。

答: 电压互感器由彼此绝缘的两个（或几个）绕组及公共铁芯所构成，主要作用如下。

(1) 将交流高电压变成标准的（100V、$100/\sqrt{3}$V）可直接测量的交流低电压。

(2) 使高电压回路与测量仪表及维护人员隔离。

171. 三相三线制电能计量装置的电压互感器高压侧为什么不接地?

答: 因为三相三线制电能计量装置计量的线路大多为中性点非有效接地系统的高压

线路，为了避免一次侧电网发生单相接地时，产生过电压使电压互感器烧坏，故电压互感器高压侧不接地。

172. 带电检查电能表接线是否正确的方法有哪些？

答：带电检查电能表接线是否正确的方法有：相量图法和力矩法。相量图法包括相位表法和六角相量图法；力矩法包括断B相电压法和A、C相电压置换法。

173. 什么是A/D变换？

答：A/D变换即将电压、电流等模拟量转换为相应的数字量。

174. 单相电能表在相线和零线互换的情况下，是否能正确计量？

答：这种接法在正常情况下仍能正确计量，但当负载侧存在接地漏电时会少计电量，同时也会给用户造成便于窃电的条件。

175. 三相四线电能表在电流回路分别断开或短接一相、二相、三相的情况下能否正确计量，计量电量为多少？

答：(1) 一相开路时，一个元件的测量值为零，电能表仅计量两相电量。

(2) 二相开路时，两个元件的测量值为零，电能表仅计量一相电量。

(3) 三相开路时，三个元件的测量值均为零，电能表停转。

176. 霍尔乘法器实现静止式电能表的主要优缺点是什么？

答：优点是：

(1) 频率响应宽；

(2) 可以不需要电流互感器，不存在引入互感器的误差；

(3) 电压、电流回路彼此独立；

(4) 检测和校准相当容易，且线形也较好。

缺点是：工艺复杂，精度也不容易达到很高。

177. 什么是需量和最大需量？

答：需量指的是每个需量周期内的平均功率。最大需量指的是某段积算时间内各需量中的最大值。

178. 什么是复费率电能表？

答：复费率电能表是指有多个计度器分别在规定的不同费率时段内记录有功或无功电能的电能表。

179. 什么是多功能电能表？

答：多功能电能表是指由测量单元和数据处理单元等组成，除计量有功（无功）电能量外，还具有分时、测量需量等两种以上功能，并能显示、储存和输出数据的电能表。

180. 电子式电能表中电源降压电路的实现方式有哪几种形式？

答：(1) 变压器降压方式。

(2) 电阻或电容降压方式。

(3) 开关电源方式。

181. 多费率电能表通常有哪几部分组成？

答：多费率电能表按常用功能划分，通常有电能采样回路单片机、存储器、时钟回路、显示器、脉冲输出、通信接口、复位电路、电源电路等8部分组成。

182. 单相电子式电能表中脉冲输出正常，显示器电量输出也一定正常吗？

答：单相电子式电能表的端钮脉冲输出正确只能说明该表的电压、电流采样是正确的，基本误差是符合要求的，但不能代表显示器电量输出也一定正确。

目前，绝大多数居民用电子表在设计上是这样处理的：端钮脉冲直接从计量芯片送出，而供电量累计的脉冲则通过 CPU 进行计算后送出，这里有个脉冲常数的换算问题，如果常数正确，则该电子表的端钮脉冲输出数与累计的电量相符，如果常数错误，就会出现误差正常，但电量错误的现象。

183. 复费率电能表的时钟回路有哪几种实现方式？

答：(1) 机械钟，其工作过程类似于机械手表，完全通过齿轮的传动，产生时间信号。

(2) 由时钟芯片、锂电池等器件构成的时钟回路，产生时间信号。

(3) 利用单片机程序通过对单片机内部或外部定时中断的计数，计算出实时时间。

184. 具有正、反向送电的计量点应装设什么样的电能表？

答：具有正、反向送电的计量点应装设计量正向和反向有功电量以及四象限无功电量的电能表。

185. 三相三线制电能计量装置的电压互感器高压侧为什么不接地？

答：因为三相三线电力系统为中性点非有效接地系统，如果电压互感器高压侧中性点接地，当系统发生单相接地时，电压互感器的承受电压由原来的相电压上升为线电压。为避免一次侧电力系统发生单相接地时产生过电压烧坏电压互感器，电压互感器高压侧中性点不宜接地。

186. 如何确定电能表的标定电流？

答：经电流互感器接入的电能表，其标定电流宜不超过电流互感器额定二次电流的 30%，其额定最大电流应为电流互感器额定二次电流的 120%左右。直接接入式电能表的标定电流应按正常运行负载电流的 30%左右进行选择。

187. 执行功率因数调整电费的用户，应安装什么样的电能计量装置？

答：执行功率因数调整电费的用户，应安装能计量有功电量、感性和容性无功电量的电能计量装置。

188. 有功、无功电能表的概念是什么？

答：有功、无功电能表是分别用来计量电能的有功、无功部分即视在功率的有功、无功分量和时间的乘积的累积式仪表，其测量结果是在某一段时间内电路里所通过电能的总和。

189. 电能计量装置哪些部位应加封？

答：电能计量装置下列部位应加封。

(1) 电能表两侧表耳和编程开关盖板。

(2) 电能表尾盖板。

(3) 试验接线盒盖板。

(4) 电能表箱（柜）门锁。

(5) 互感器二次接线端子。

(6) 互感器柜门锁。

(7) 电压互感器一次侧隔离开关操作手柄。

（8）独立就地端子箱或端子盒。

190. 何谓计度器容量？我国对计度器容量有何规定？

答：电能表在额定最大功率下运行，计度器各位字轮的示数都从“0”变到“9”所需要的时间，用计度器容量来说明。我国规定计度器容量应不小于1500h。

191. 多费率电能表的日计时误差为何要严格控制？

答：多费率电能表的时钟是控制费率切换的根本依据，时钟的准确与否会直接影响到分时计量的准确性，其在电能计量中的地位不亚于基本误差。因此，对复费率电能表的检定，必须严格控制其日计时误差。

192. 多费率电能表的显示器有哪几类？各有什么优点和缺点？

答：多费率电能表的显示器有三种：LED数码管显示、LCD液晶显示、FIP荧光数码管显示。

LED数码管显示器的优点是：响应速度快，使用温度的范围较大，视角大，使用寿命长。缺点是：功耗大。

LCD液晶显示器的优点是：功耗小。缺点是：在高、低温条件下使用寿命将明显缩短，而且视角小，不可受强光直射，潮湿的环境也会使液晶显示器表面电阻降低，造成显示不正常。

FIP荧光数码管显示的字形漂亮，但功耗大，使用寿命较短，一般很少使用。

193. 为什么电子式标准电能表的测量方式大多采用热电转换型或时分割乘法器型？

答：热电转换型和时分割乘法器型具有精度高、成本低、启动电流小、电磁兼容性好、外磁场影响小等特点。尤其是热电转换型的电能表，在很低的功率因数和带很大波形畸变的电路中测量精确，而时分割乘法器型则具有较低的温度漂移和时间漂移。因此大多数标准电能表的测量方式采用热电转换型或时分割乘法器型。

194. 简述时钟芯片的作用。

答：时钟芯片主要是为CPU提供准确的时间，以使CPU判断当前所处的时段。

时钟芯片与CPU有两条信号线，分别让CPU读出时间和写入时间，时钟芯片与CPU的数据交换是时时刻刻在进行的，这样保证了CPU与时钟芯片在时间上的一致性。

195. 互感器或电能表误差超出允许范围时，应怎样退补电量？

答：互感器或电能表误差超出允许范围时，以“0”误差为基础，按验证后的误差值退补电量。退补时间从上次校验或换装后投入之日起至误差更正之日止的1/2时间计算。

196. 更正系数的计算公式是什么？

答：电能表无论是在正确接线还是在错误接线的情况下测定的电量都与加入的功率成正比，故可以根据功率表达式算出更正系数。

先根据错误接线时的接线方式求出误接线时的功率表达式，再算出更正系数K，$K=W_0/W=P_0/P=$正确接线功率表达式/误接线时功率表达式。

197. 差错电量ΔW的计算公式及计算结果正负值的含义分别是什么？

答：根据更正系数K可算出实际消耗电量W_0，再算出差错电量ΔW，差错电量$\Delta W=W_0-W=KW-W=(K-1)W$。

计算结果如 ΔW 为正值，说明用户应补交电费；如 ΔW 为负值，说明应退给用户电费。

198. 《智能电能表功能规范》中“断相”指什么?

答: 断相是指在三相供电系统中，某相出现电压低于电能表的临界电压，同时负荷电流小于启动电流的工况。

199. 《智能电能表功能规范》中“掉电”指什么?

答: 掉电是指三相电压（单相表为单相电压）均低于电能表临界电压，且负荷电流不大于5%额定（基本）电流的工况。

200. PON 的技术优势体现在哪几方面?

答:（1）传输距离远。

（2）通信容量大。

（3）组网灵活。

（4）光分路器为无源器件，设备的使用寿命长，施工及维护方便。

（5）可抗多点失效，安全可靠性高。

（6）带宽分配灵活，服务有保证。

201. 智能电能表投入运行后，通过哪些主要指标分析评价其运行质量和监督管理水平?

答: 智能电能表投入运行后（简称运行表），综合确定运行表抽检率、运行表抽检合格率、运行表分批故障率、运行表分类故障率、运行表批次不合格率和运行表可靠率指标，分析评价智能电能表运行质量和监督管理水平。

202. 智能电能表质量监督坚持的工作方针和原则是什么?

答: 智能电能表质量监督应坚持“质量至上、尊重事实、依法办事、公正透明”的工作方针，遵循“标准统一、内容完整、流程规范、方法一致”的工作原则。

第四节 计 算 题

1. 测量某一功率6次测量结果为100.0、100.1、100.2、100.3、100.4、100.5，试求其平均值 $\overline{A}$ 及实验标准差 S。

解: 平均值 $\overline{A}=\dfrac{100.0+100.1+100.2+100.3+100.4+100.5}{6}$

$=100.25$

$\upsilon_1=100.0-100.25=-0.25$

$\upsilon_2=100.1-100.25=-0.15$

$\upsilon_3=100.2-100.25=-0.05$

$\upsilon_4=100.3-100.25=0.05$

$\upsilon_5=100.4-100.25=0.15$

$\upsilon_6=100.5-100.25=0.25$

实验标准差

$$S=\sqrt{\frac{(-0.25)^2+(-0.15)^2+(-0.05)^2+0.05^2+0.15^2+0.25^2}{6-1}}$$

$$=0.01\sqrt{350}=0.187$$

2. 测量某量时，已知不确定度的A类分量S分别是0.1、0.1、0.3个单位，B类分量U分别是0.2、0.1个单位，且互不相关，求合成不确定度σ。

解：合成不确定度为

$$\sigma=\sqrt{S_1^2+S_2^2+S_3^2+U_1^2+U_2^2}=\sqrt{0.1^2+0.1^2+0.3^2+0.2^2+0.1^2}=0.4$$

3. 0.05级三相电能表标准装置，测量一只0.2S级三相电能表，在$U_nI_b\cos\varphi=1.0$状态下重复测得数据如下：0.16%、0.18%、0.14%、0.18%、0.16%、−0.16%、0.14%，请正确给出该测量（校准）结果。

解：该组数据中−0.16%为粗大误差，应剔除，因此

$$\gamma=(0.16+0.18+0.14+0.18+0.16+0.14)/6=0.16\%$$

单次测量的标准偏差估计值$S=0.0178\%$。

6次测量平均标准偏差$\overline{S}=S/\sqrt{6}=0.0072\%$，修约后$\overline{S}=0.008\%$。

$k=3$时，$U=3\overline{S}=0.024\%$。

测量结果：$\gamma=0.16\%\pm0.03\%$，$k=3$。

4. 若用一块准确等级为1.0级、测量上限为10A的电流表去测量4A的电流，试问测量时该表可能出现的最大相对误差是多少？

解：先求出该表的最大绝对误差：

$\Delta_m=\pm K\%A_m=\pm1\%\times10=\pm0.1A$

测4A电流时，可能出现的最大相对误差

$$\Delta_x=\frac{\Delta_m}{A_x}\times100\%=\frac{\pm0.1}{4}\times100\%=\pm2.5\%$$

5. 欲测量60mV电压，要求测量误差不大于0.4%，现有两块电压表，一块量程为0～75mV，0.2级毫伏表，一块量程为0～300mV，0.1级毫伏表，问应选哪一块毫伏表，并说明理由。

解：量程为0～75mV，0.2级毫伏表的允许误差：

$$\Delta_1=75\times0.2\%=0.15\text{mV}$$

量程为0～300mV，0.1级毫伏表的允许误差

$$\Delta_2=300\times0.1\%=0.3\text{mV}$$

而测量60mV电压的误差要求不大于

$$\Delta=60\times0.4\%=0.24\text{mV}$$

所以应选用75mV、0.2级毫伏表。

6. 当利用测量电阻上压降的方法，用公式$I=\frac{U}{R}$计算电流时，已知$R=200\Omega\pm0.01\Omega$，电压U约40V，如果要求测量电流的标准差不大于0.5%，问电压表的标准差应如何选？

解：其方差计算式为 $\left(\frac{\sigma_1}{I}\right)^2=\left(\frac{\sigma_U}{U}\right)^2+\left(\frac{\sigma_R}{R}\right)^2$

因为 $\sigma_I/I\times100\%=0.5\%$，$U=40\text{V}$，$\sigma_R/R\times100\%=\frac{0.01}{200}=0.005\%$

$$\sigma_U=40\times\sqrt{(0.5^2-0.005^2)}/100=0.2\ (\text{V})$$

所以 σ_U 应小于 0.199V 才能满足要求。

7. 当用公式 $I=\frac{U}{R}$ 计算电流时，已知电压表的读数是 100V，误差 ΔU 是 5V，电阻标称值是 400Ω，误差是－0.5Ω，求电流的误差和电流实际值。

解：已知 $I=\frac{U}{R}$，则有误差传播式

$$\begin{aligned}\Delta I&=(R\Delta U-U\Delta R)/R^2\\&=[400\times5-100\times(-0.5)]/(400)^2\\&=0.0128(\text{A})\end{aligned}$$

所以电流实际值 $I=\frac{U}{R}-\Delta I=\frac{100}{400}-0.0128=0.237(\text{A})$

8. 利用测量电压和电阻的方法，用公式 $P=\frac{U^2}{R}$ 计算功率时，已知电压 $U=100\text{V}$，修正值为－0.2V，电阻为 50Ω，修正值为 0.2Ω，若不进行修正时，求功率合成误差及功率实时值。

解：设功率测量误差为 γ_P

$$\gamma_P=2\frac{\Delta U}{U}-\frac{\Delta R}{R}=\left(2\times\frac{0.2}{100}-\frac{-0.2}{50}\right)\times100\%=0.8\%$$

功率的实际值为 P

$$P=\frac{U^2}{R}\ (1-\gamma_P)\ =\frac{100^2}{50}\times\left(1-\frac{0.8}{100}\%\right)=198.4\ (\text{W})$$

9. 一块 2.0 级电能表，累计电量为 250kWh，已知在使用范围内频率附加误差极限值为 0.5%，温度附加误差极限值为 1.2%，试求最大可能误差并估计其合成不确定度和总不确定度。

解：(1) 最大可能相对误差为

$$\gamma_m=\ (|2|+|0.5|+|1.2|)\ /100\%=3.7\%$$

(2) 因为各误差项的分布不清楚，为保险，认定它们都遵从均匀分布，按给定条件，其合成不确定度为

$$\sigma=\sqrt{\left(\frac{2}{\sqrt{3}}\right)^2+\left(\frac{0.5}{\sqrt{3}}\right)^2+\left(\frac{1.2}{\sqrt{3}}\right)^2}\times\frac{250}{100}=3.4\ (\text{kWh})$$

(3) 设置信因子 k 为 2，则总不确定度为

$$U=k\sigma=2\times3.4=6.8\ (\text{kWh})$$

10. 已知一额定电压 U_1 为 220V 的电能表，电压线圈匝数为 6500 匝，线径 d_1 为 0.14mm，励磁电流为 21mA，若改成 $U_2=100\text{V}$，请问应绕多少匝？励磁电流约为多少？导线直径 d_2 为多少？

解：(1) 匝数与外加电压成正比

$$N=\frac{100}{220}\times6500=2955\ (\text{匝})$$

（2）改后功耗与改前功耗应相等

$$I_2=\frac{220}{100}\times21=46.2\ (\text{mA})$$

（3）电流密度应保持一致

$$d_2=\sqrt{\frac{I_2}{I_1}}d_1=\sqrt{\frac{U_1}{U_2}}d_1=\sqrt{\frac{220}{100}}\times0.14=0.21\ (\text{mm})$$

11. 将一块3×100V，3×1.5（6）A的三相电能表改为3×100V，3×0.3（1.2）A的三相电能表，并保持其计量特性不变，已知原电流线圈的匝数 N_{11} 为10匝，导线截面积 S_1 为 $3.14mm^2$，计算改制后电流线圈的匝数和线径。

解：已知 $I_{b1}=1.5A$，$N_{11}=10$ 匝，$S_1=3.14mm^2$

原电流线圈导线直径 $d_1=\sqrt{4S_1/\pi}=\sqrt{4\times3.14/3.14}=2\ (\text{mm})$

故改制后的电流线圈匝数为

$$N_{12}=(I_{b1}/I_{b2})\,N_{11}=(1.5/0.3)\times10=50\ (\text{匝})$$

改制后的电流线圈导线直径为

$$d_2=d_1\sqrt{I_{b2}/I_{b1}}=2\times\sqrt{0.3/1.5}=0.89\ (\text{mm})$$

12. 有一块220V、5A的单相电能表，其计度器无小数位，计度器的齿数比分别为50/1、60/12、55/11，蜗杆是单头的，求总传动比 *K* 和电能表常数 *C* 各是多少？

解：总传动比 $K=50/1\times60/12\times55/11=1250$

因为计度器无小数位，所以 $n=0.1$。

电能表常数 $C=nK=0.1\times1250=125\ (\text{r/kWh})$

13. 有一块220V的单相电能表，其计度器的总位数为5，其中有两位小数，计度器的齿轮比分别是50/1、36/36、55/11，蜗杆是单头的，试求该表的总传动比 *K* 和电能表常数 *C* 各是多少？

解：总传动比 $K=50/1\times36/36\times55/11=250$

因有两位小数，所以，$n=10$。

电能表常数 $C=nK=10\times250=2500\ (\text{r/kWh})$。

14. 有一块单相电能表，其铭牌上标明 *K*＝0.6Wh/r，试求该电能表常数为多少？

解：该电能表常数为

$$C=\frac{1}{K}\times1000=\frac{1}{0.6}\times1000=1667(\text{r/kWh})$$

15. 经互感器接入的三相三线电能表，铭牌上标准的互感器变比为400/5和10 000/100，额定最大电流为6A，计度器字轮共6位，倍率×100。该电能表在额定功率下圆盘转40r，需时间 *T* 为68.28s，试求：（1）额定转速和电能表常数；（2）计度器的实际计量容量。

解：（1）额定转速　$v_n=\dfrac{r}{T}=\dfrac{40}{\dfrac{68.28}{60}}=35.15(\text{r/min})$

$$\text{电能表常数}\ C=\frac{60\times1000v_n}{P_N}=\frac{60\times1000\times35.15}{\frac{400}{5}\times\frac{10\,000}{100}\times\sqrt{3}\times100\times5}=0.3\ (\text{r/kWh})$$

(2) 计度器的实际计时 T_Z 为

$$T_Z=\frac{W}{P_m}=\frac{(10^6-1)\times 100\times 1000}{\frac{400}{5}\times\frac{10\ 000}{100}\times\sqrt{3}\times 100\times 6}=12\ 028.5\ (h)$$

16. 某高压用户，TV 为 10kV/0.1kV，TA 为 50A/5A，有功表常数 C 为2500r/kWh，现实测有功表 6r 需 30s，试计算该用户有功功率。

解：$P=\frac{6\times 3600}{2500\times 30}\times\frac{10}{0.1}\times\frac{50}{5}=288\ (kW)$

该用户此时有功功率为 288kW。

17. 有一块单相电能表，常数 $C=2500$r/kWh，运行中测得每转的时间是 4s，求该表所接的负载功率是多少？

解：$P=\frac{3600\times 1000\times 1}{2500\times 4}=360\ (W)$

该表所接的负载功率为 360W。

18. 某低压用户，TA 变比 KI 为 50A/5A，配装三相四线有功电能表常数 C 为1500r/kWh，现场用秒表测量，观察功率表，读数为 30kW，负荷稳定，如果表计运行正常，电能表转 10r 应用多少时间？

解：
$$P=\frac{n\times 3600K_I}{Ct}$$

$$t=\frac{n\times 3600K_I}{CP}=\frac{10\times 3600\times\frac{50}{5}}{1500\times 30}=8\ (s)$$

所以如运行正常，电能表转 10r 应用 8s。

19. 一块三相四线有功电能表，3×5 (6) A，3×57.7/100V，准确度等级 0.5S，电能表常数 20 000imp/kWh，试求其潜动时间。

解：准确度等级 0.5S 的启动电流为 $0.001I_b$，

即 5×0.001=0.005 (A)，则功率为：$P=3\times 57.7\times 0.005=0.865\ 5\ (W)$

潜动时间为在启动电流下产生 1 个脉冲的 10 倍时间，即

$$t_{潜动}=\frac{3600\times 1000}{PC}\times 10=\frac{3\ 600\ 000}{0.865\ 5\times 20\ 000}\times 10=2079.72\ (s)\ =34.66\ (min)$$

20. 某单相电能表发现有潜动现象，经实测潜动 1r 需 5min，电能表的常数为1000r/kWh，每天用电时间为 8h，问全月 30 天，潜动电量是多少？

解：每月非用电时间为 (24－8) ×60×30=28 800 (min)

潜动电量：28 800/5/1000=5.76 (kWh)

21. 某客户实际用电负荷 P_1 为 100kW，安装三相四线有功表的常数 C 为1000r/kWh，TA 变比 K_{TA} 为 150/5。用秒表法测得圆盘转 10r 的时间为 15s，试求该套计量表计的误差为多少？

解：计算负载瞬间功率 P_2(kW)

$$P_2=N\times 3600K_{TA}/(C\times t)\ =10\times 3600\times 30/(1000\times 15)\ =72(kW)$$

求该套计量表计误差 γ：

$$\gamma_h=[(P_2-P_1)/P_1]\times 100\%=[(72-100)/100]\times 100\%=-28\%$$

故该套计量表计的误差为－28%。

22. 一居民用户电能表常数为3000r/kWh，测试负荷为100W，电能表转1r时应该是多少时间？如果测得转一圈的时间为11s，误差应是多少？

解：
$$t=\frac{3600n}{CP}=\frac{3600\times 1}{3000\times 0.1}=12\ (\mathrm{s})$$
$$\gamma=\frac{12-11}{11}\times 100\%=9.1\%$$

因此电能表转1r时需12s，如测得1r的时间为11s，实际误差为9.1%。

23. 检验2级有功电能表，满负荷 $\cos\varphi=1$ 时，标准表算定转数是5r，实测为第一次转4.899，第二次转4.895，请计算相对误差，并按步骤化整，结论是否合格，为什么？

解：取两次数据的平均值进行误差计算：
$$\frac{4.889+4.895}{2}=4.897,\ \gamma=\frac{5-4.897}{4.897}\times 100\%=2.103\%$$

按0.2化整间距，2.103%化整为2.2%。

结论：该表不合格，因为化整后超过了检定规程规定的基本误差限。

24. 被检电能表为2.0级电子式单相电能表，220V，5（20）A，C_L＝900imp/kWh。用固定低频脉冲数的测量时间的方法检定，在满负载点，$\cos\varphi=1.0$，被检表输出50个低频脉冲时，两次测得所需时间为46.12s和45.84s，求该点误差。

解：两次测量的平均值为
$$t=\frac{46.12+45.84}{2}=45.98\ (\mathrm{s})$$

算定时间为
$$t'=\frac{3.6\times 10^6 N}{C_L P}=\frac{3.6\times 10^6\times 50}{900\times 220\times 20\times 1.0}=45.45\ (\mathrm{s})$$

该点误差为
$$\gamma=\frac{t'-t}{t}\times 100\%=\frac{45.45-45.98}{45.98}\times 100\%=-1.153\%$$

化整为　$\gamma=-1.2\%$

该点基本误差限为±2.0%，所以误差合格。

25. 被检电能表2.0级，额定电压220V，标定电流10A，高频脉冲常数 $C_H=7.2\times 10^7$ imp/kWh，采用定时测量法检定。用标准功率表将电路功率调到500W，在 $\cos\varphi=1.0$，控制时间 $t=12$s 条件下，两次测得被检表的高频脉冲数 $m_1=120\ 885$，$m_2=120\ 907$。求被检表的相对误差。

解：两次测量被检表的高频脉冲平均值
$$\frac{120\ 885+120\ 907}{2}=120\ 896$$

被检表测得的电能为
$$W'=\frac{3.6\times 10^6}{C_H}m=\frac{3.6\times 10^6}{7.2\times 10^7}\times 120\ 896=6044.8\ (\mathrm{J})$$

被检表的相对误差为

$$\gamma=\frac{W'-Pt}{Pt}\times100\%=\frac{6044.8-500\times12}{500\times12}=100\%=0.746\%$$

化整为 $\gamma=0.8\%$

该点基本误差合格。

26. 采用高频脉冲数预置法检定电能表。被检表 1.0 级，量程为 220V，5A，$C_L=$ 18 000imp/kWh；标准表 0.2 级，$C_H=3.6\times10^7$ imp/kWh。在被检表输出 12 个低频脉冲时，标准表输出的高频脉冲数 $m=23\ 893$。求该表的相对误差。

解：预置高频脉冲数为

$$m_0=\frac{C_H N}{C_L}=\frac{3.6\times10^7\times12}{18\ 000}=24\ 000\text{（个）}$$

相对误差为

$$\gamma=\frac{m_0-m}{m}\times100\%=\frac{24\ 000-23\ 893}{23\ 893}\times100\%=0.448\%$$

化整为 $\gamma=0.4\%$

该点基本误差合格。

27. 用电能表装置检验一块三相三线电子式有功电能表，已知被检表为 3×100V，3×1.5（6）A，1 级，常数为 1800imp/kWh，装置配置的为 0.1 级三相宽量程标准电能表，没有配置电压和电流互感器，标准表常数为 6×10^6 imp/kWh，若检验 $I_{max}\cos\varphi=1.0$ 负载点：（1）计算当被检表取几个脉冲时，得到的标准表的高频脉冲数才能满足 JJG 596 规程的规定；（2）若被检电能表取 9 个脉冲，得到标准电能表的脉冲数为 30 061个，试求被检表此负载点的相对误差？

解：（1）计算当被检表取几个脉冲时，得到的标准表的高频脉冲数才能满足 JJG 596 规程的规定：

用公式 $m_0=\dfrac{C_{H0}N}{C_L K_I K_U}$

得到

$$N=\frac{C_L K_I K_U m_0}{C_{H0}}$$

根据已知条件，计算被检表的 N 个脉冲

$$N=\frac{C_L K_I K_U m_0}{C_{H0}}=\frac{1800\times1\times10\ 000}{6\times10^6}=3\text{（个）}$$

（2）若被检电能表取 9 个脉冲，得到标准电能表的脉冲数为 30 061 个，被检表此负载点的相对误差计算如下

先计算得到 m_0：$m_0=\dfrac{C_{H0}N}{C_L K_I K_U}=\dfrac{6\times10^6\times9}{1800\times1\times1}=30\ 000$

然后，用公式 $\gamma=\dfrac{m_0-m}{m}\times100+\gamma_0\%$计算被检表的相对误差

得到 $\gamma=\dfrac{30\ 000-30\ 061}{30\ 061}\times100\%+0=-0.20\%$

28. 一块 0.1 级标准电能表，在参比电压 220V、参比频率 50Hz，I_b＝5A 下，对 $\cos\varphi$＝1.0 的负载点，重复测量 10 次基本误差，其结果见表 5-2。

表 5-2　　10 次基本误差

序号	1	2	3	4	5	6	7	8	9	10
误差（%）	0.08	0.09	0.09	0.10	0.09	0.09	0.10	0.08	0.08	0.08

求该点的标准偏差估计值。

解：误差平均值为

$$\bar{\gamma}=\frac{\gamma_1+\gamma_2+\cdots+\gamma_{10}}{10}$$

$$=\frac{0.08+0.09+0.09+0.10+0.09+0.09+0.10+0.08+0.08+0.08}{10}\times 100\%$$

$$=0.088\%$$

标准偏差估计值为

$$s=\sqrt{\frac{1}{n-1}\sum_{i=1}^{n}(\gamma_i-\bar{\gamma})^2}=0.007\,89\%$$

化整为　$\gamma=0.008\%$

该点标准偏差估计值不超过规程规定的 0.01%，所以合格。

29. 用一台电能表标准装置测定一块短时稳定性较好的电能表某一负载下的相对误差，在较短的时间内，在等同条件下，独立地测量 5 次，所得的误差数据分别为：0.23%，0.20%，0.21%，0.22%，0.23%，试计算该装置的单次测量标准偏差估计值和最大可能的随机误差。

解：平均值 $\bar{\gamma}=\frac{0.23+0.21+0.22+0.23+0.20}{5}=0.218$（%）

残余误差 $\Delta\gamma_1=\gamma_i-\bar{\gamma}$

$$\Delta\gamma_1=0.23\%-0.218\%=0.012\ (\%)$$

$$\Delta\gamma_2=0.20\%-0.218\%=-0.018\ (\%)$$

$$\Delta\gamma_3=0.21\%-0.218\%=-0.008\ (\%)$$

$$\Delta\gamma_4=0.22\%-0.218\%=0.002\ (\%)$$

$$\Delta\gamma_5=0.23\%-0.218\%=0.012\ (\%)$$

标准偏差估计值

$$S=\sqrt{\frac{\sum\Delta\gamma_i^2}{n-1}}=\sqrt{\frac{0.012^2+(-0.018)^2+(-0.008)^2+0.002^2+0.012^2}{5-1}}$$

$$=0.013(\%)$$

随机误差范围为　$S=\pm 0.013$（%）

随机误差限为　$\gamma_{max}=3S=\pm 0.039$（%）

30. 某电子式多功能电能表，参数为 3×100V、3×1.5（6）A，脉冲常数＝5000imp/kWh，用标准功率表法检验 $I_{max}\cdot\cos\varphi=1$ 负荷点的最大需量示值误差。已知测量装置电流互感器变比 $K_{TA}=6/5$，$K_{TV}=1$，标准功率表读数平均值为 866.025W，

被检表最大需量示值为 1.041kW，试求：此负荷点最大需量的示值误差为多少？

解：将标准功率表的读数折算到装置的一次侧得到标准功率表的示值 P_0

$$P_0=\frac{P_{a\gamma}K_{TV}K_{TA}}{1000}=\frac{866.025\times1\times1.2}{1000}=1.039\ 23\ (\text{kW})$$

读取被检表最大需量示值：1.041kW。

计算需量示值误差

$$\gamma_P=\frac{P-P_0}{P_0}\times100\%=\frac{1.041-1.039\ 23}{1.039\ 23}\times100\%=0.17\%$$

31. 某三相电子式多功能电能表，参数为 3×100V、3×1.5（6）A，脉冲常数＝5000imp/kWh，用标准电能表法检验 $I_b\cdot\cos\varphi=1$ 负荷点的最大需量示值误差。已知测量装置电流互感器变比 $K_{TA}=1.5/5$，$K_{TV}=1$，标准电能表的常数为 10×10^6 imp/kWh，最大需量测量周期为 15min，检验结束后，标准电能表的读数为 1 975 000 个脉冲，被检表最大需量示值为 0.238kW，试求：此负荷点最大需量的示值误差为多少？

解：将标准电能表读数折算到装置的一次侧并换算成为标准功率 P_0

$$P_0=\frac{60mK_{TA}K_{TV}}{C_0T_0}=\frac{60\times1\ 975\ 000\times0.3\times1}{10\times10^6\times15}=0.237\ (\text{kW})$$

读取被检表最大需量示值：0.238kW。

计算需量示值误差

$$\gamma_P=\frac{P-P_0}{P_0}\times100\%=\frac{0.238-0.237}{0.237}\times100\%=0.42\%$$

32. 有一现场运行的多功能电能表，其计数器的读数为：总电量 $E_0=217.68$kWh，尖电量 $E_j=50.21$kWh. 峰电量 $E_f=64.82$kWh，平电量 $E_p=60.15$kWh，谷电量 $E_g=42.76$kWh，试计算此电能表计数器的组合误差是否符合要求。

解：$$\gamma=\frac{(E_j+E_f+E_p+E_g)-E_0}{E_0}\times100\%$$

$$=\frac{(50.21+64.82+60.15+42.76)-217.68}{217.68}\times100\%=0.12\%$$

$|\gamma|<0.2\%$，因此电能表计数器的组合误差符合要求。

33. 一台单相电能表检定装置，等级为 0.2 级，已知在 100V·5A 量程装置输出功率值如表 5-3 所示，试计算该装置在 $\cos\varphi=1.0$ 和 $\cos\varphi=0.5$（L）时的输出功率稳定度。

表 5-3 装置输出功率值

$\cos\varphi=1.0$		$\cos\varphi=0.5$ (L)	
1101.80	1101.90	549.60	546.29
1101.80	1101.91	549.59	546.27
1101.82	1101.95	549.62	546.24
1101.82	1101.89	549.64	546.27
1101.81	1101.76	549.58	546.29
1101.83	1101.78	547.22	546.30

续表

cosφ=1.0		cosφ=0.5（L）	
1101.80	1101.74	546.29	546.26
1101.81	1101.73	546.27	546.26
1101.82	1101.72	546.24	546.29
1101.79	1101.71	546.27	546.30

解：装置输出功率稳定度按下式计算

$$\gamma_P\ (\%) = \frac{4\cos\varphi\sqrt{\frac{1}{n-1}\sum_{i=1}^{n}(P_i-\overline{P})^2}}{\overline{P}}\times 100$$

当 cosφ=1.0 时

$$\gamma_P\ (\%) = \frac{4\times 1.0\times 0.064}{1101.809}\times 100 = 0.023$$

装置输出功率稳定度为 0.02%。

当 cosφ=0.5（L）时，$\gamma_P\ (\%) = \frac{4\times 0.5\times 1.467}{547.154}\times 100 = 0.536$

装置输出功率稳定度为 0.54%。

34. 较短的时间内，同等条件下独立地测量一台 0.2 级电能表检定装置基本误差 5 次，所得的误差数据分别为：0.23%，0.20%，0.21%，0.22%，0.23%。试计算该检定装置的试验标准差并判断装置的测量重复性是否合格。

解：$S(\%) = \sqrt{\frac{\sum_{i=1}^{n}(\gamma_i-\overline{\gamma})^2}{n-1}}$

代入数据求得：S=0.013 0。

该装置修约后的试验标准差为 0.012%，故其测量重复性合格。

35. 有一台电流互感器，其铭牌上标注的额定变比 K_{TA} 为 100/5，在试验时，当一次电流 I_1 为 100A 时，测得二次电流为 4.95A，试求该互感器电流误差的百分数是多少？

解：该互感器的比差的百分数为

$$f_I\ (\%) = \frac{K_{nTA}-K_{TA}}{K_{TA}} = \frac{100/5-100/4.95}{100/4.95}\times 100 = -1\ (\%)$$

或 $f_I\ (\%) = \frac{K_{nTA}I_2-I_1}{I_1} = \frac{100/5\times 4.95-100}{100}\times 100 = -1\ (\%)$

36. 有一台电压互感器，其铭牌上标注的额定变压比为 10 000/100，在试验时，当一次电压 U_1 加以 10 000V 时，二次电压已达到 101V，试求该互感器的电压误差的百分数是多少？

解：该互感器比差的百分数为

$$f_U\ (\%) = \frac{K_{nTV}-K_{TV}}{K_{TV}} = \frac{10\,000/100-10\,000/101}{10\,000/101}\times 100 = 1\ (\%)$$

或 f_U（%）$=\frac{K_{nTV}U_2-U_1}{U_1}\times 100=\frac{10\ 000/100\times 101-10\ 000}{10\ 000}\times 100=1$（%）

37. 设线路上电压约为6kV，应怎样测量？如线路电压为5.7kV，则实际电压互感器二次输出的电压为多少？

解：测量6000V线路上的电压，应选用标有6000/100变比值的电压表和6000/100变比值的电压互感器，就可由电压表的指示读出被测线路的电压值。

设线路电压为U_1，若线路电压为5.7kV，则互感器二次输出电压

$$U_2=U_1/K_n=5700/(6000/100)=95(\text{V})$$

38. 电压互感器的额定二次电压为100V，额定二次负荷为150VA，求其额定二次负荷导纳。

解：$Y_n=S_n/U_2^2=150/100^2=150\ (10^{-4}\text{s})$

当额定二次电压为100V，额定二次负荷导纳的单位为10^{-4}s时，额定二次负荷导纳在数值上就等于额定二次负荷容量。

39. 已知一台10 000V/100V电压互感器的一次绕组内阻抗$Z_1=4840+j968$（Ω），在额定电压时的空载电流$I_0=0.000\ 455$A，铁芯损耗角$\varphi=45°$，求互感器空载误差f_0和δ_0。

解：

$$f_0=-\frac{I_0R_1\sin\varphi+I_0x_1\cos\varphi}{U_1}\times 100\%$$

$$=-\frac{0.004\ 55\times 4840\sin 45°+0.004\ 55\times 968\cos 45°}{10\ 000}\times 100\%$$

$$=-0.187\%$$

$$\delta_0=\frac{I_0R_1\cos\varphi-I_0x_1\sin\varphi}{U_1}\times 3438$$

$$=\frac{0.004\ 55\times 4840\cos 45°-0.004\ 55\times 968\sin 45°}{10\ 000}\times 3438$$

$$=4.282'$$

40. 已知一台220V/100V电压互感器的一次绕组内阻抗$Z_1=0.484+j0.096\ 8$（Ω），二次绕组内阻抗$Z_2=0.1+j0.03$（Ω），额定二次负荷为10VA，$\cos\varphi=1$，求互感器的负载误差f_L和δ_L。

解：将Z_2折算到一次，则

$$Z'_2=K_n^2Z_2=(220/100)^2(0.1+j0.03)=0.484+j0.145(\Omega)$$

$$Z_1+Z'_2=0.484+0.484+j(0.096\ 8+0.145)=0.968+j0.242(\Omega)$$

$$I'_2=\frac{1}{K_n}I_2=\frac{100}{220}\times 0.1=0.045\ 5(\text{A})$$

则

$$f_f=-\frac{I'_2(R_1+R'_2)\cos\varphi+I'_2(x_1+x'_2)\sin\varphi}{U_1}\times 100$$

$$=-\frac{0.045\ 5\times 0.968\times 1+0.045\ 5\times 0.242\times 0}{220}\times 100\%$$

$$=-0.02(\%)$$

$$\delta_f=-\frac{I'_2(R_1+R'_2)\sin\varphi-I'_2(x_1+x'_2)\cos\varphi}{U_1}\times 3438$$

$$=\frac{0.0455\times 0.968\times 0-0.0455\times 0.242\times 1}{220}\times 3438$$

$$=-0.172(')$$

负载比值差 $f_f=-0.02\%$，负载相位差 $\delta_f=-0.172'$。

41. 一台10kV/100V电压互感器，二次绕组为160匝，如一次绕组少绕5匝，对电压互感器误差补偿多少？

解：一次绕组匝数

$$N_1=K_nN_2=(10\,000/100)\times 160=16\,000\text{（匝）}$$

当一次绕组少绕5匝时对误差的补偿值

$$\Delta f=(N_X/N_1)\times 100\%=(5/16\,000)\times 100\%=+0.031\%$$

即对电压互感器误差补偿为+0.031%。

42. 一台电压互感器的 $Z'_1+Z_2=1.2+j0.2$（Ω），通过在二次绕组上并联4μF的电容器求对误差的补偿值。

解：补偿的复数误差

$$\Delta\bar{\varepsilon}=-j\omega C(Z'_1+Z_2)$$

$$=-j100\pi\times 4\times 10^{-6}\times(1.2+j0.2)$$

$$=(0.25-j1.5)\times 10^{-3}$$

$$\Delta f=0.25\times 10^{-3}\times 100=+0.025\text{（\%）}$$

$$\Delta\delta=-1.5\times 10^{-3}\times 3438'=-5.16'$$

即对比值差的补偿为+0.025%，对相位差的补偿为−5.16′。

43. 已知电流互感器二次绕组的内阻 $r_2=0.1\Omega$，内感抗 $X_2\approx 0$，外接负荷 $Z=0.4\Omega$，$\cos\varphi=0.8$，求二次总负荷 Z_{02} 及角度。

解：外接负荷Z的电阻和电抗

$$r=Z\cos\varphi=0.4\times 0.8=0.32\text{（Ω）}$$

$$X=Z\sin\varphi=0.4\times 0.6=0.24\text{（Ω）}$$

总二次电阻和电抗

$$r_{02}=r+r_2=0.1+0.32=0.42\text{（Ω）}$$

$$X_{02}=X+X_2=0+0.24=0.24\text{（Ω）}$$

总阻抗　$Z_{02}=\sqrt{r_{02}^2+X_{02}^2}=\sqrt{0.42^2+0.24^2}=0.483$（Ω）

总阻抗角

$$\alpha=\arcsin(X_{02}/Z_{02})$$

$$=\arcsin(0.24/0.483)$$

$$=\arcsin 0.496=29.8^\circ$$

44. 额定二次电流为5A，额定负荷为20VA，功率因数为0.8的电流互感器，当采用 $C=1\mu F$（$=10^{-6}F$）的电容对互感器并联补偿时，求在额定负荷和下限负荷时的补偿值。

解：额定负荷

$$Z_n=\frac{S_n}{I_{2n}^2}=\frac{20}{5^2}=0.8$$

下限负荷 $Z_X=25\%$，$Z_n=0.2$（Ω）

则额定负荷下的补偿值

$$\begin{aligned}\Delta f_n &=100\pi CZ_n\sin\varphi\times100\%\\&=100\pi\times1\times10^{-6}\times0.8\times0.6\times100\%\\&=0.015\%\end{aligned}$$

$$\begin{aligned}\Delta\delta_n &=-100\pi CZ_n\cos\varphi\times3438\\&=-100\pi\times1\times10^{-6}\times0.8\times0.8\times3438\\&=-0.69'\end{aligned}$$

下限负荷时的补偿值

$$\Delta f_x=25\%\Delta f_n=0.25\times0.015\%=0.0038\%$$

$$\Delta\delta_x=25\%\Delta\delta_n=0.25\times(-0.69')=-0.17'$$

45. 已知一只电流负载箱的额定电流为5A，额定功率因数 $\cos\varphi=0.8$，规定外接导线阻值为0.06Ω。求额定负荷为10VA时的额定负荷阻抗值，以及负荷箱内阻抗的有功分量和无功分量。

解：（1）额定负荷的阻抗 Z_n

$$Z_n=\frac{S_n}{I_n^2}=\frac{10}{5^2}=0.4\text{（Ω）}$$

（2）负荷箱内阻抗的有功分量 $R_{内}$

$$R_{内}=R_n-R_{外}=Z_n\cos\varphi-R_{外}=0.8\times0.4-0.06=0.26\text{（Ω）}$$

（3）负荷箱内阻抗的无功分量 $X_{内}$

$$X_{内}=X_n-X_{外}=Z_n\sin\varphi-0=0.4\times0.6=0.24\text{（Ω）}$$

46. 检定一台额定电压为220V电压互感器（检定时环境温度为20℃），其二次负荷为8VA，功率因数为1.0，计算应配多大的电阻作为负荷及该电阻值的允许范围。

解：应配电阻值

$$R_n=\frac{U_n^2}{S_n\cos\varphi}=\frac{220^2}{8\times1.0}=6050\text{（Ω）}$$

电阻值的允许范围

$$R_n\text{（max）}=R_n\text{（}1+3\%\text{）}=R_n\times1.03=6231.5\text{（Ω）}$$

$$R_n\text{（min）}=R_n\text{（}1-3\%\text{）}=R_n\times0.97=5868.5\text{（Ω）}$$

即电阻值的允许范围为5868.5（Ω）$\leqslant R_n\leqslant$6231.5（Ω）

47. 一台额定二次电压为110V的电压互感器（检定时环境温度为20℃），其二次负荷为10VA，功率因数为1，计算应配用多大阻值的电阻作负荷及该电阻值的允许范围。

解：（1）求应配电阻 R_n

已知：$U_{2n}=110\text{V}$，$S_n=10\text{VA}$，$\cos\varphi=1$

$$R_n=\frac{U_{2n}^2}{S_n\cos\varphi}=\frac{110^2}{10\times1}=1210\text{（Ω）}$$

（2）求 R_n 的允许范围

R_n 的上限值 R_{nmax}

$$R_{nmax}=R_n(1+3\%)=1210\times1.03=1246.3\ (\Omega)$$

R_n的下限值 R_{nmin}

$$R_{nmin}=R_n(1-3\%)=1210\times0.97=1173.7\ (\Omega)$$

即 R_n的允许范围为　$1173.7\Omega\leqslant R_n\leqslant1246.3\Omega$

48. 被检电流互感器的二次电流 I_{2n} 为 5A，额定负荷 S_n 为 7.5VA，功率因数为 1。试验室现有的电流负荷箱无此额定负荷值，需临时配置。请计算应配的电阻值 R_x，以及额定负荷电阻 R_n的允许范围（试验室原外接导线电阻 R 外是按 0.05Ω 做的）。

解：(1) 求额定负荷电阻 R_n：

已知　$I_{2n}=5A$，$S_n=7.5VA$，$\cos\varphi=1$

所以　$R_n=\dfrac{S_n\cos\varphi}{I_{2n}^2}=\dfrac{7.5\times1}{5^2}=0.3\ (\Omega)$

(2) 求应配电阻 R_x：

已知　$R_n=0.3\ (\Omega)$，$R_{外}=0.05\ (\Omega)$

所以　$R_x=R_n-R_{外}=0.3-0.05=0.25\ (\Omega)$

(3) R_n的允许范围：

R_n的上限值 R_{nmax}

$$R_{n(max)}=R_n\left[1+\left(3+0.003\times\frac{100}{R_n}\right)\%\right]$$
$$=0.3\left[1+\left(3+0.003\times\frac{100}{0.3}\right)\%\right]$$
$$=0.312\ (\Omega)$$

R_n的下限值 R_{nmin}

$$R_{nmin}=R_n(1-3\%)=0.3\times0.97=0.291\ (\Omega)$$

所以，R_n的允许范围为　$0.291\Omega\leqslant R_n\leqslant0.312\Omega$

49. 在检定电流互感器时，有时需实测其二次回路所接负荷是否符合要求。此时，不仅需要知道其额定负荷的阻抗值，并应知道该阻抗值的允许范围。请计算额定二次电流为 5A，额定负荷为 10VA，cosφ=1 的电流互感器，其二次回路应有的额定负荷的电阻值，以及其允许的范围（检定时环境温度为 20℃）。

解：(1) 额定负荷电阻 R_n：

已知　$I_{2n}=5A$，$S_n=10VA$，$\cos\varphi=1$

所以　$R_n=\dfrac{S_n\cos\varphi}{I_{2n}^2}=\dfrac{10\times1}{5^2}=0.4\ (\Omega)$

(2) R_n的允许范围：

R_n的上限值 R_{nmax}

$$R_{nmax}=R_n\left[1+\left(3+0.003\times\frac{100}{R_n}\right)\%\right]$$
$$=0.4\times\left[1+\left(3+0.003\times\frac{100}{0.4}\right)\%\right]$$
$$=0.415\ (\Omega)$$

R_n的下限值R_{nmin}

$$R_{nmin}=R_n\ (1-3\%)\ =0.4\times0.97=0.388\ (\Omega)$$

所以，R_n的允许范围为　$0.388\Omega\leqslant R_n\leqslant0.415\Omega$

50. 被检电压互感器的二次电压为 $100/\sqrt{3}$V，二次负荷为 10VA，功率因数 cosφ 为 1。检定时使用电压为 100V，功率因数为 1 的负荷箱。请计算此时应放在多少伏安时，才能满足被检互感器二次负荷为 10VA 的要求。

解： 被检电压互感器的$U_n=100/\sqrt{3}$V，$S_n=10$VA，$\cos\varphi=1$，则其额定负荷阻抗Z_n为

$$Z_n=\frac{U_n^2}{S_n} \tag{5-1}$$

当以电压$U=100$V，$\cos\varphi=1$的负荷箱作为被检互感器的负荷时，设放的伏安值为S，则其相应的阻抗值Z为

$$Z=\frac{U^2}{S} \tag{5-2}$$

为了满足被检互感器二次负荷为10VA的要求，则Z应该等于Z_n，即式（5-1）等于式（5-2）。

所以，应放的伏安值S为

$$S=\frac{U^2}{U_n^2}S_n=\frac{100^2}{(100/\sqrt{3})^2}\times10=30\ (\text{VA})$$

51. 检定一台 0.05 级的电流互感器，电流比为 50/5，实测数据列于表 5-4。请找出最大变差进行修约，并做出是否合格的结论。

表 5-4　　实测数据

项目 \ 额定电流（A）		5	20	100	120	最大变差	二次负荷 VA	二次负荷 cosφ
比值差（%）	上升	−0.053 5	−0.033 5	−0.027 3	−0.022 6		5	1
	下降	−0.051 5	−0.031 5	−0.027 1				
	平均							
	修约							
相位差（′）	上升	+2.11	+1.32	+1.13	+0.91			
	下降	+2.09	+1.28	+1.05				
	平均							
	修约							

解：

项目 \ 额定电流（A）		5	20	100	120	最大变差
比值差（%）	平均	−0.052 5	−0.032 5	−0.027 2	−0.022 6	0.002
	修约	−0.050	−0.030	−0.025	−0.025	
相位差（′）	平均	+2.10	+1.30	+1.09	+0.91	0.08
	修约	+2.0	+1.2	+1.0	+1.0	

结论：合格。

52. 被检电压互感器为 0.05 级，标准器的准确度级别为 0.01 级，实测数据列于表 5-5。找出最大变差及进行修约，并做出误差是否合格的结论。

表 5-5　　　　实测数据

项目 \ 额定电压（V）		20	50	80	100	120	最大变差	二次负载 VA	二次负载 cosφ
比值差（%）	上升	−0.091 2	−0.077 3	−0.060 4	−0.052 6	−0.052 0		5	1
	下降	−0.090 2	−0.075 1	−0.061 2	−0.052 8				
	平均								
	修约								
相位差（′）	上升	+3.88	+2.64	+1.96	+1.88	+1.70			
	下降	+3.92	+2.76	+1.98	+1.94				
	平均								
	修约								

解：

项目 \ 额定电压（V）		20	50	80	100	120	最大变差
比值差（%）	平均	−0.907	−0.076 2	−0.060 8	−0.052 7	−0.052 0	0.002 2
	修约	−0.90	−0.075	−0.060	−0.055	−0.050	
相位差（′）	平均	+3.90	+2.70	+1.97	+1.91	+1.70	0.12
	修约	+4.0	+2.8	+2.0	2.0	+1.6	

结论：不合格。

53. 某低压客户报装容量为单相 220V、2kW 电动机 2 台和 200W 的照明负荷，问该户应配用多少安培的电能表和至少多大截面积的接户线？

解：电动机负载电流 $I_1=2\times2000/220=18.2$（A）

照明负载电流 $I_2=200/220=0.9$（A）

总负载电流 $I=18.2+0.9=19.1$（A）

根据最大负载电流可知，应选配 5（20）A 或 5（30）A 的单相 220V 电能表和至少 4mm^2 铜芯或 10mm^2 铝芯接户线。

54. 某电力用户，已知全厂的三相动力装置总容量为 260kW，运行的功率因数为 0.85，并以低压三相四线两部制计量电能，试求该用户电能计量装置应如何选配？

解：负荷电流

$$I=260/(\sqrt{3}\times0.38\times0.85)=465\text{（A）}$$

选用 0.5S 级、变比为 500/5 的低压电流互感器。

选用 2.0 级有功、3.0 级无功、3×380/220V、3×1.5（6）A 的三相四线电能表。

55. 某 35kV 电力用户，变压器装置总容量为 5000kVA，并采用 35kV 侧计量方式，

试求该用户的计量用电流互感器及电能表应如何选配？

解： 负荷电流 $I=5000/(35\times\sqrt{3})=82.48$（A）

选用0.2S级、变比为100/5的35kV电流互感器。

选用0.5级有功、2.0级无功、3×100V、3×1.5（6）A的三相三线电能表。

56. 电流互感器额定容量为15VA，接三相有功、无功电能表各一块，每块电流线圈2VA，电流互感器至电能表距离为40m，四线连接。忽略导线接头电阻，试确定二次电流线截面［电导率$\lambda=57m/(\Omega\cdot mm^2)$］。

解： 已知$S_n=15VA$，二次接仪表负载$\sum S_2=2\times2=4$（VA）。则在不超出电流互感器额定负载情况下，允许接的接线电阻为

$$R=(S_n-\sum S_2)/I^2=(15-4)/5^2=0.44(\Omega)$$

计算导线截面积 $S=L/(\lambda R)=2\times40/(57\times0.44)=3.19(mm^2)$

故可选标称截面为$4mm^2$的铜芯线。

57. 某电力用户进户线电流互感器额定容量为20VA，变比为600/5，采用完全星形接线，其二次侧接电流表与电能表。其中，u相和w相电流互感器各负担7.5VA，v相负担4.9VA，互感器安装处距电能表为80m，若二次导线采用铜导线（$\rho=0.0175\Omega\cdot mm^2/m$），接触电阻为0.1Ω，试选择二次导线截面积。

解： 允许导线最大电阻 $R=\dfrac{20-7.5}{5^2}-0.1=0.4$（Ω）

$$A=\frac{\rho l}{R}=\frac{0.0175\times10^{-6}\times80}{0.4}=3.5\ (mm^2)\text{，故选}4mm^2\text{。}$$

58. 已知二次所接的测量仪表的总容量为10VA，二次导线的总长度为100m，截面积为$2.5mm^2$，二次回路的接触电阻按0.04Ω计算，应选择多大容量的二次额定电流为5A电流互感器？铜线的电阻率$\rho=0.018\Omega mm^2/m$。

解： 二次实际负载

$$S_2=S_{仪表}+I_X^2\ (r_{接触}+r_{导线})$$
$$=10+I_X^2\left(0.04+\frac{100\times0.018}{2.5}\right)=29\ (VA)$$

应选择额定二次容量为30VA的电流互感器。

59. 已知三相三线有功表接线错误，其接线形式为：一元件U_{VW}、$-I_W$，二元件U_{UW}、I_U，请写出两元件的功率表达式和总功率表达式并确定更正系数。

解： $P_1=U_{VW}I_W\cos(30°-\varphi)$

$P_2=U_{UW}I_U\cos(30°-\varphi)$

在对称的三相电路中，$U_{VW}=U_{UW}=U_X$，$I_U=I_W=I_X$

$$P=P_1+P_2=U_XI_X[\cos(30°-\varphi)+\cos(30°-\varphi)]$$
$$=2U_XI_X\cos(30°-\varphi)$$

更正系数

$$K=\frac{P_0}{P}=\frac{\sqrt{3}U_XI_X\cos\varphi}{2U_XI_X\cos(30°-\varphi)}=\frac{\sqrt{3}}{\sqrt{3}+\tan\varphi}$$

60. 已知三相三线有功电能表接线错误，其接线方式为：一元件 U_{VW}、I_W，二元件 U_{UW}、$-I_U$，请写出两元件的功率表达式和总功率表达式并计算出更正系数。

解： $P_1=U_{VW}I_W\cos(150°+\varphi)$

$P_2=U_{UW}I_U\cos(150°+\varphi)$

在对称的三相电路中：$U_{VW}=U_{UW}=U_X$，$I_U=I_W=I_X$

$$P=P_1+P_2=U_XI_X[\cos(150°+\varphi)+\cos(150°+\varphi)]$$
$$=-2U_XI_X\cos(30°-\varphi)$$

更正系数

$$K=\frac{P_0}{P}=\frac{\sqrt{3}U_XI_X\cos\varphi}{-2U_XI_X\cos(30°-\varphi)}=\frac{-\sqrt{3}}{\sqrt{3}+\tan\varphi}$$

61. W 相电流反接，画出相应的电气接线图、相量图，并计算更正系数。

解： 其接线和相量图如图 5-3 所示，其接线方式为：$\dot{U}_{UV}$、$\dot{I}_U$，$\dot{U}_{WV}-\dot{I}_W$。

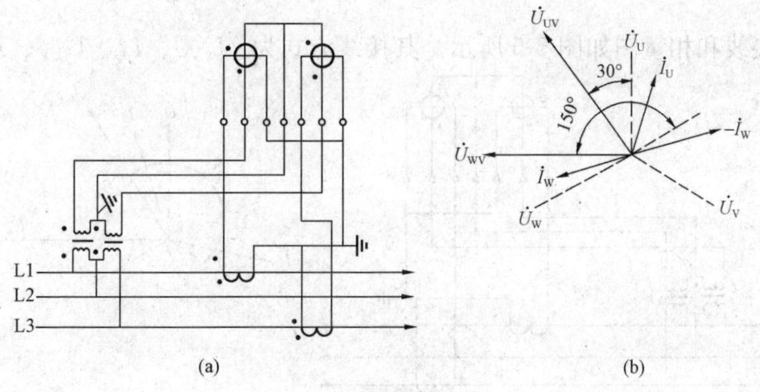

图 5-3　接线和相量图（1）

错误接线时功率为

$$P=P_1+P_2=U_{UV}I_U\cos(30°+\varphi)+U_{WV}I_W\cos(150°+\varphi)$$
$$=UI\cos(30°+\varphi)-UI\cos(30°-\varphi)$$
$$=-UI\sin\varphi$$

更正系数为

$$K=\frac{P_0}{P}=\frac{\sqrt{3}UI\cos\varphi}{-UI\sin\varphi}=-\sqrt{3}\cot\varphi$$

62. U、W 两相电流互换，画出相应的电气接线图、相量图，并计算更正系数。

解： 其接线和相量图如图 5-4 所示。其接线方式为：$\dot{U}_{UV}$、$\dot{I}_W$，$\dot{U}_{WV}-\dot{I}_U$。

错误接线时功率为

$$P=P_1+P_2=U_{UV}I_W\cos(90°-\varphi)+U_{WV}I_W\cos(90°+\varphi)$$
$$=UI\cos(90°-\varphi)-UI\cos(90°-\varphi)$$
$$=0$$

故不能计算更正系数。

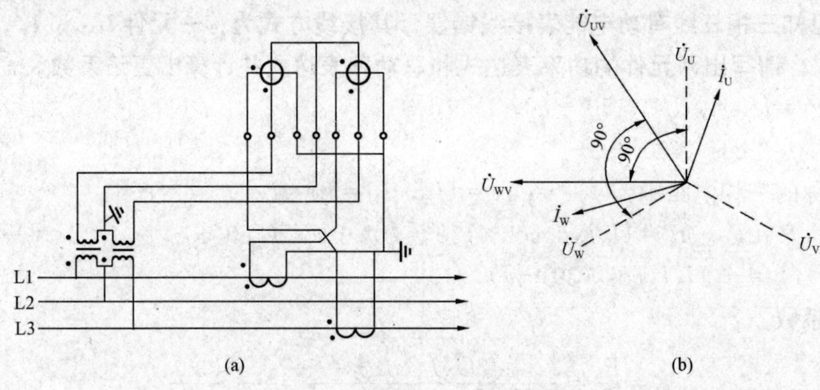

图 5-4　接线和相量图（2）

63. 电能表电压相序为 V、W、U，画出相应的电气接线图、相量图，并计算更正系数。

解：其接线和相量图如图 5-5 所示。其接线方式为：$\dot{U}_{VW}$、$\dot{I}_{U}$、$\dot{U}_{UV}$、$\dot{I}_{W}$。

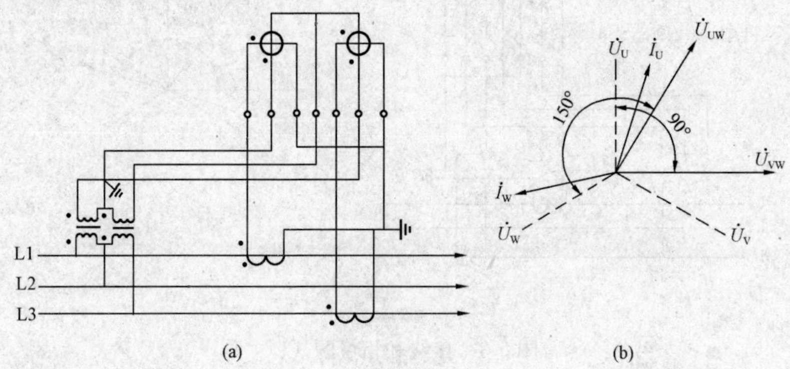

图 5-5　接线和相量图（3）

错误接线时功率为

$$
\begin{aligned}
P &= P_1 + P_2 = U_{VW} I_U \cos(90^\circ - \varphi) + U_{UW} I_W \cos(150^\circ - \varphi) \\
&= -\sqrt{3} UI \cos(60^\circ + \varphi)
\end{aligned}
$$

更正系数为

$$K = \frac{P_0}{P} = \frac{\sqrt{3} UI \cos\varphi}{-\sqrt{3} UI \cos(60^\circ + \varphi)} = \frac{2}{\sqrt{3}\tan\varphi - 1}$$

64. 接入电能表电压端钮相序为 W、U、W，画出相应的电气接线图、相量图，并计算更正系数。

解：其接线和相量图如图 5-6 所示，其接线方式为：$\dot{U}_{WU}$、$\dot{I}_{U}$、$\dot{U}_{VU}$、$\dot{I}_{W}$。

错误接线时功率为

$$
\begin{aligned}
P &= P_1 + P_2 = U_{WU} I_U \cos(150^\circ + \varphi) + U_{VU} I_W \cos(90^\circ + \varphi) \\
&= UI \cos(30^\circ - \varphi) - UI \sin\varphi \\
&= -\sqrt{3} UI \cos(60^\circ - \varphi)
\end{aligned}
$$

更正系数为

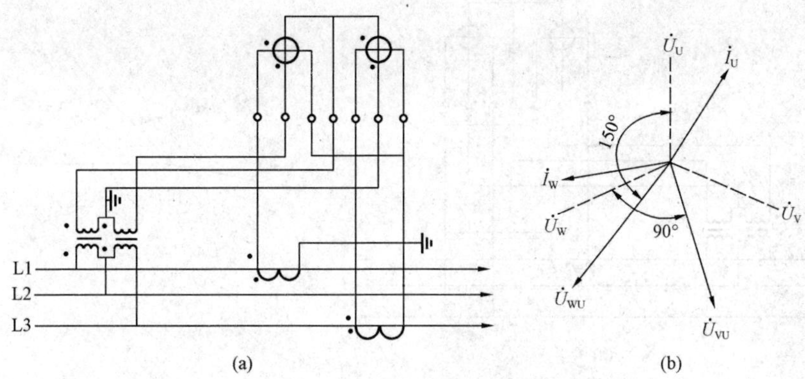

图 5-6　接线和相量图（4）

$$K=\frac{P_0}{P}=\frac{\sqrt{3}UI\cos\varphi}{-\sqrt{3}UI\cos(60^\circ-\varphi)}=-\frac{2}{1+\sqrt{3}\tan\varphi}$$

65. 接入电能表电压端钮相序为 V、U、W 且 W 相电流反接，画出相应的电气接线图、相量图，并计算更正系数。

解： 其接线和相量图如图 5-7 所示。其接线方式为：$\dot{U}_{VU}$、$\dot{I}_U$、$\dot{U}_{WU}$、$-\dot{I}_W$。

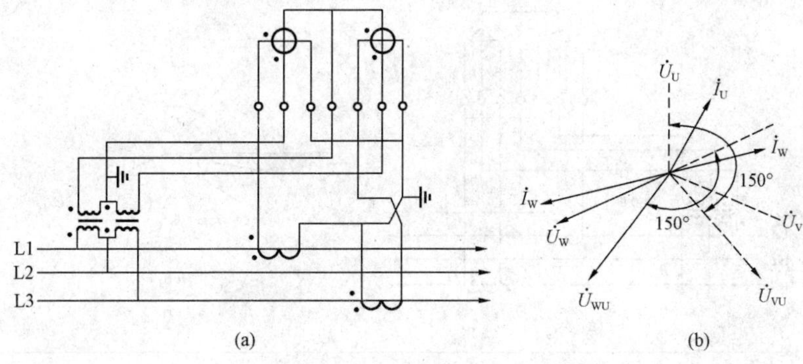

图 5-7　接线和相量图（5）

错误接线时功率为

$$\begin{aligned}P&=P_1+P_2=U_{VU}I_U\cos(150^\circ-\varphi)+U_{WU}I_W\cos(150^\circ-\varphi)\\&=-UI\cos(30^\circ+\varphi)-UI\cos(30^\circ+\varphi)\\&=-2UI\cos(30^\circ+\varphi)\end{aligned}$$

更正系数为

$$K=\frac{P_0}{P}=\frac{\sqrt{3}UI\cos\varphi}{-2UI\cos(30^\circ+\varphi)}=\frac{\sqrt{3}\cos\varphi}{-\sqrt{3}\cos\varphi+\sin\varphi}=\frac{\sqrt{3}}{\tan\varphi-\sqrt{3}}$$

66. 接入电能表电压端钮相序为 U、W、V，画出相应的电气接线图、相量图，并计算更正系数。

解： 其接线和相量图如图 5-8 所示。其接线方式为：$\dot{U}_{UW}$、$\dot{I}_U$、$\dot{U}_{WU}$、$\dot{I}_W$。

错误接线时功率为

$$P=P_1+P_2=U_{UW}I_W\cos(30^\circ-\varphi)+U_{VW}I_W\cos(150^\circ+\varphi)$$

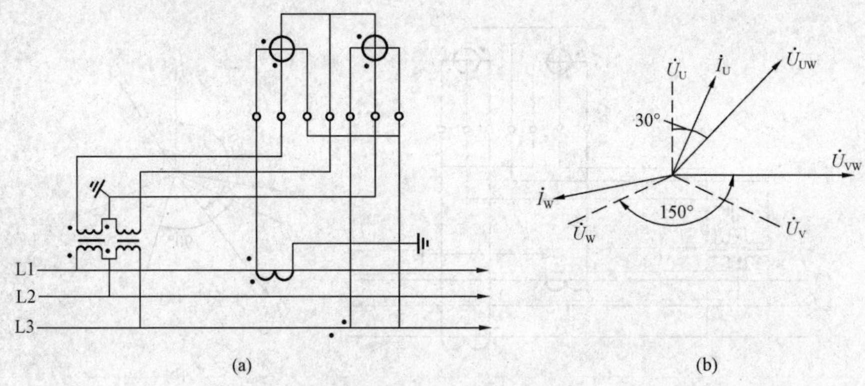

图 5-8 接线和相量图（6）

$=UI\cos（30°-\varphi）-UI\cos（30°-\varphi）=0$

故不能计算更正系数。

67. 接入电能表电压端钮相序为 W、V、U，画出相应的电气接线图、相量图，并计算更正系数。

解：其接线和相量图如图 5-9 所示，其接线方式为：$\dot{U}_{WV}$、$\dot{I}_U$、$\dot{U}_{WU}$、$\dot{I}_W$。

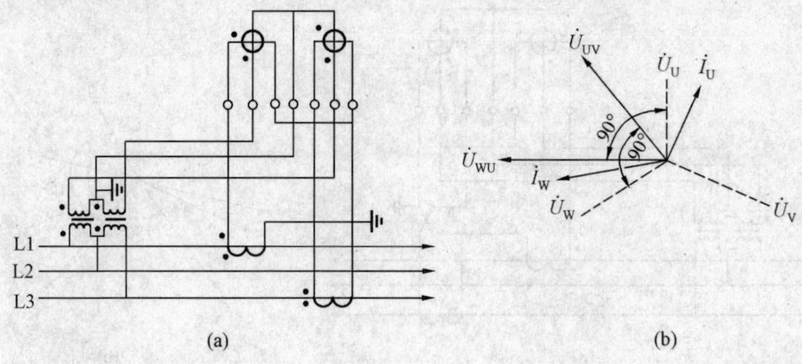

图 5-9 接线和相量图（7）

错误接线时功率为

$$P=P_1+P_2=U_{WV}I_U\cos（90°+\varphi）+U_{UV}I_W\cos（90°-\varphi）$$

$$=-UI\cos（90°-\varphi）+UI\cos（90°-\varphi）=0$$

故不能计算更正系数。

68. W 相电流接入第一元件，V 相电流接入第二元件，画出相应的电气接线图、相量图，并计算更正系数。

解：其接线和相量图如图 5-10 所示。其接线方式为：$\dot{U}_{UV}$、$\dot{I}_W$，$\dot{U}_{WV}$，$\dot{I}_V$。

错误接线时功率为

$$P=P_1+P_2=U_{UV}I_W\cos（90°-\varphi）+U_{WV}I_V\cos（150°-\varphi）$$

$$=UI\cos（90°-\varphi）-UI\cos（30°+\varphi）$$

$$=UI\left(\sin\varphi-\frac{\sqrt{3}}{2}\cos\varphi+\frac{1}{2}\sin\varphi\right)$$

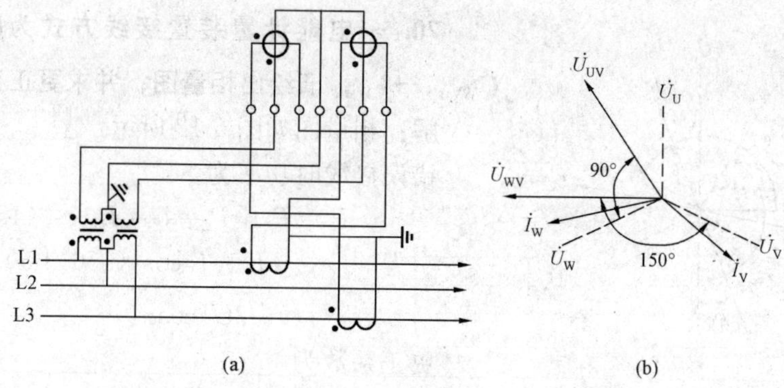

图 5-10　接线和相量图（8）

$$=-\sqrt{3}UI\cos（60°+\varphi）$$

更正系数为

$$K=\frac{P_0}{P}=\frac{\sqrt{3}UI\cos\varphi}{-\sqrt{3}UI\cos（60°+\varphi）}=\frac{\cos\varphi}{-\frac{\sqrt{3}}{2}\sin\varphi-\frac{1}{2}\cos\varphi}=\frac{2}{\sqrt{3}\tan\varphi-1}$$

69. 接入电能表电压端钮相序为 V、W、U，W 相电流反向接入一元件，V 相电流反向接入二元件，画出相应的电气接线图、相量图，并计算更正系数。

解： 其接线和相量图如图 5-11 所示。其接线方式为：$\dot{U}_{VW}$、$-\dot{I}_W$，$\dot{U}_{UW}$，$-\dot{I}_V$。

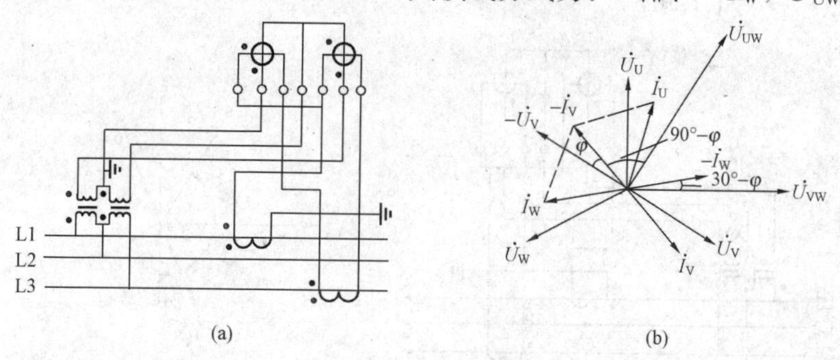

图 5-11　接线和相量图（9）

错误接线时功率为

$$P=P_1+P_2=U_{VW}I_W\cos（30°-\varphi）+U_{UW}I_V\cos（90°-\varphi）$$
$$=UI\left(\frac{\sqrt{3}}{2}\cos\varphi+\frac{1}{2}\sin\varphi+\sin\varphi\right)$$
$$=\sqrt{3}UI\left(\frac{1}{2}\cos\varphi+\frac{\sqrt{3}}{2}\sin\varphi\right)$$
$$=\sqrt{3}UI\cos（60°-\varphi）$$

更正系数为

$$K=\frac{P_0}{P}=\frac{\sqrt{3}UI\cos\varphi}{\sqrt{3}UI\cos（60°-\varphi）}=\frac{\cos\varphi}{\frac{1}{2}\cos\varphi+\frac{\sqrt{3}}{2}\sin\varphi}=\frac{2}{1+\sqrt{3}\tan\varphi}$$

70. 一电能计量装置接线方式为$\dot{U}_{UV}$、$-\dot{I}_{U}$，$\dot{U}_{WV}$，$-\dot{I}_{W}$，请绘出相量图，并求更正系数。

解： 相量图如图 5-12 所示：

错误接线时功率为

$$P=P_1+P_2=U_{UV}I_U\cos(150^\circ-\varphi)+U_{WV}I_V\cos(150^\circ+\varphi)=-\sqrt{3}UI\cos\varphi$$

更正系数为

$$K=\frac{P_0}{P}=\frac{\sqrt{3}UI\cos\varphi}{-\sqrt{3}UI\cos\varphi}=-1$$

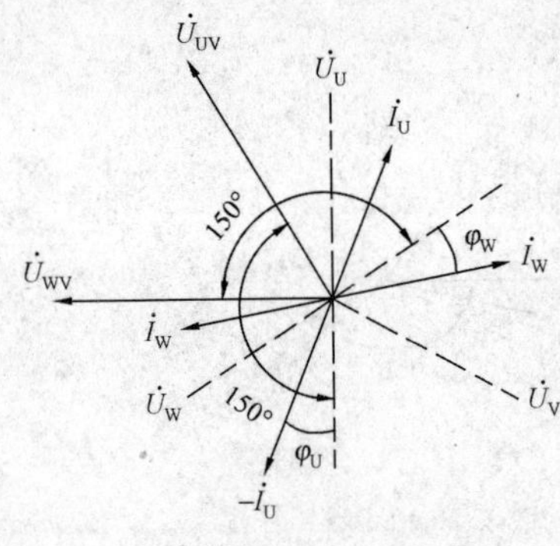

图 5-12 相量图（1）

71. 经现场检查，某电能计量装置错误接线为$\dot{U}_{UV}-\dot{I}_{U}$，$\dot{U}_{WV}\dot{I}_{W}$，请画出错误的接线图和相量图，求更正系数。

解： 接线和相量图如图 5-13 所示。

错误接线时功率为

$$\begin{aligned}P&=P_1+P_2=U_{UV}I_W\cos(150^\circ-\varphi)+U_{WV}I_W\cos(30^\circ-\varphi)\\&=-UI\cos(30^\circ+\varphi)+UI\cos(30^\circ-\varphi)\\&=UI(-\cos30^\circ\cos\varphi+\sin30^\circ\sin\varphi+\cos30^\circ\sin\varphi+\sin30^\circ\sin\varphi)\\&=UI\sin\varphi\end{aligned}$$

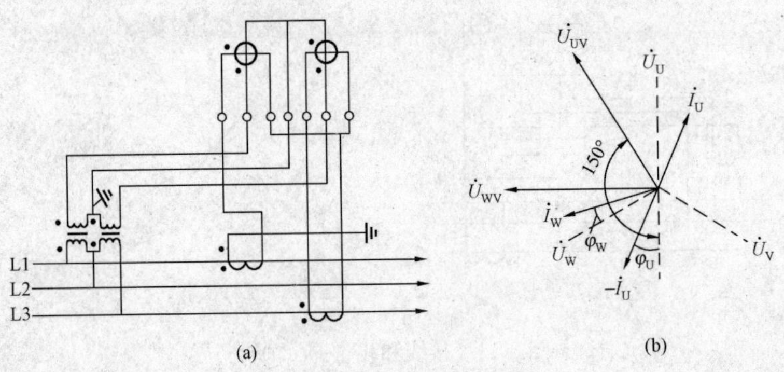

图 5-13 接线和相量图（10）

更正系数为

$$K=\frac{P_0}{P}=\frac{\sqrt{3}UI\cos\varphi}{UI\sin\varphi}=\sqrt{3}\cot\varphi$$

72. 某用户计量装置：TV 变比为 10/0.1，TA 变比为 200/5，电能表常数为 2500r/kWh，月末检查人员现场实测电压为 10kV，电流为 170A，cosφ 为 0.9。有功电能表在以上负荷时 5r 用 20s，上月抄见电量为 1000kWh，问上月实际用电量是多少？

解： 实测时瞬时负荷为

$P=\sqrt{3}UI\cos\varphi=\sqrt{3}\times10\times170\times0.9=2649.96\approx2650$（kW）

该负荷时 5r 算定时间为

$$T=\frac{5\times3600\times\frac{10}{0.1}\times\frac{200}{5}}{2500\times2650}=10.88\ (\mathrm{s})$$

计算误差为

$$\gamma=\frac{T-t}{t}\times100\%=\frac{10.88-20}{20}\times100\%=-45.6\%$$

实际用电量为

$$A=\frac{A'}{1+\gamma}=\frac{1000}{1-45.6\%}=1838.24\ (\mathrm{kWh})$$

73. 某低压电力用户，采用低压 380V/220V 计量，在运行中电流互感器 U 相二次断线，然后经检查发现，抄见电能为 10 万 kWh，试求应向该用户追补多少用电量？

解：先求更正率：

因三相电能表的正确接线计量功率值为

$$P_0=3U_{相}I_{相}\cos\varphi$$

误接表计量功率值为

因 U 相电流互感器二次断线，则 $U_UI_U\cos\varphi=0$

$$P=2U_{相}I_{相}\cos\varphi$$

更正率$=\frac{3U_{相}\ I_{相}\ \cos\varphi-2U_{相}\ I_{相}\ \cos\varphi}{2U_{相}\ I_{相}\ \cos\varphi}\times100\%=50\%$

追补用电量＝更正率×抄见用电量＝50%×100 000＝50 000（kWh）。

74. 某电力用户的电能表经校验走慢 5%，抄见用电量为 19 000kWh，若该用户的用电单价为 0.519 元/kWh，试问应向该用户追补多少用电量？实际用电量是多少？应缴纳的电费是多少？

解：应追补的用电量为

应追补的用电量$=\frac{抄见用电量\times实际误差}{1-实际误差}=\frac{19\ 000\times5\%}{1-5\%}=1000\ (\mathrm{kWh})$

实际用电量为

抄见用电量＋应追补用电量＝19 000＋1000＝20 000（kWh）

应缴纳的电费＝20 000×0.519＝10 380（元）。

75. 某电力用户装有一块三相电能表，其铭牌说明与 300A/5A 的电流互感器配套使用，在装设时由于工作失误而装设了一组 400A/5A 的电流互感器。月底电能表的抄见用电量为 1000kWh，试计算该用户的实际用电量为多少？若电价为 0.532 元/kWh，试问该用户当月应缴纳的电费为多少元？

解：实际用电量为

$$抄见用电量\times\frac{换装互感器变化}{表标注互感器变化}=1000\times\frac{400/5}{300/5}=1333.3\ (\mathrm{kWh})$$

应缴纳电费为　0.532×1333.3＝709.32（元）

76. 有一家机械厂，在高压侧装一块三相电能表计量，表上铭牌注明与 6600V/110V 的电压互感器及 30A/5A 的电流互感器配套使用，但因电网供电电压升压，由 6600V 改升为 10 000V，因此，计量装置相应地改为 10 000V/100V 的电压互感器，电流互感器容量未变。若电能表抄得用电量为 12 000kWh，试求该厂的实际用电量为多

少？若电价为0.519元/kWh，那么该厂应缴纳电费多少？

解： 实际用电量为

$$抄见用电量\times\frac{换装互感器变化}{表标注互感器变化}=12\ 000\times\frac{10\ 000/100\times30/5}{6600/110\times30/5}=20\ 000\ (\mathrm{kWh})$$

应交纳的电费为 0.519×20 000=10 380（元）。

77. 有一块三相四线有功电能表，V相电流互感器反接达一年之久，累计电量 $W=2000\mathrm{kWh}$。求差错电量 ΔW。

解： 由题意可知，V相电流互感器极性接反的功率表达式

$$P=U_U I_U\cos\varphi_U-U_V I_V\cos\varphi_V+U_W I_W\cos\varphi_W$$

三相负载平衡 $U_U=U_V=U_W=U$，$I_U=I_V=I_W=I$，$\varphi_U=\varphi_V=\varphi_W=\varphi$

则

$$P=UI\cos\varphi$$

正确接线时的表达式为

$$P_0=3UI\cos\varphi$$

更正系数

$$K=\frac{P_0}{P}=\frac{3UI\cos\varphi}{UI\cos\varphi}=3$$

差错电量 $=(K-1)W=(3-1)\times2000=4000(\mathrm{kWh})$

因此应补收差错电量 ΔW 为 4000kWh。

78. 某用户为三相四线计量方式，所配置电流互感器变比为100A/5A。其V相电流互感器反接运行达一年之久，一年内电能表累计走字为250kWh，请计算应退补的电量是多少？

解： V相电流互感器反接后，功率为

$$P=U_U I_U\cos\varphi_U-U_V I_V\cos\varphi_V+U_W I_W\cos\varphi_W=UI\cos\varphi$$

正确接线时功率为

$$P_0=3UI\cos\varphi$$

$$K=\frac{P_0}{P}=\frac{3UI\cos\varphi}{UI\cos\varphi}=3$$

实际电量

$$A=KA'=3\times250\times100/5=15\ 000\ (\mathrm{kWh})$$

$$\Delta A=A-A'=15\ 000-250\times100/5=10\ 000\ (\mathrm{kWh})$$

即少计了 10 000kWh 的电量，用户应补缴电费。

79. 某用户电能表发生错误接线，经检查其错误接线的功率 $P=2UI\sin\varphi$，电能表在错误接线情况下累计电量为15万kWh，该用户的功率因数为0.87（感性），求实际电能量并确定退、补电量。

解： 更正系数为

$$K=\frac{P_0}{P}=\frac{\sqrt{3}UI\cos\varphi}{2UI\sin\varphi}=\frac{\sqrt{3}\cos\varphi}{2\sin\varphi}$$

$\cos\varphi=0.87$，$\varphi=29.5°$，$\sin\varphi=0.49$，则得

$$K=\frac{P_0}{P}=\frac{\sqrt{3}\times 0.87}{2\times 0.49}\approx 1.54$$

实际电能量　$A=KA'=1.54\times 15=23.1$（万 kWh）

$$\Delta A=A-A'=23.1-15=8.1\ (\text{万 kWh})$$

即电能表少计了 8.1 万 kWh 电能，用户应按规定电价补缴电费。

80. 现场检验发现一用户的错误接线属 $P=\sqrt{3}UI\cos(60°-\varphi)$ 已运行两个月，共收了 8500kWh，负载的平均功率因数角 $\varphi=35°$，并证明 φ 角始终大于 30°，电能表的相对误差 $\gamma=3.6\%$，试计算两个月应追退的电量。（取 $\tan 35°=0.7$）

解：求更正系数

$$K=\frac{P_0}{P}=\frac{\sqrt{3}UI\cos\varphi}{\sqrt{3}UI\cos(60°-\varphi)}=\frac{2}{1+\sqrt{3}\tan\varphi}=\frac{2}{1+0.7\times\sqrt{3}}\approx 0.905$$

应追退的电量为

$$\Delta W=\left[0.905/\left(1+\frac{3.6}{100}\right)-1\right]\times 8500=1075\ (\text{kWh})$$

81. 某用户用一块三相三线电能表计量，原抄见底码为 3250，一个月后抄见底码为 1250，经检查错误接线的功率表达式为 $-2UI\cos(30°+\varphi)$，该用户月平均率因数为 0.9，电流互感器变比为 150A/5A，电压互感器变比为 6600V/100V，请确定实际用电量。

解：根据错误接线时的功率表达式可求出更正系数为

$$K=\frac{\sqrt{3}UI\cos\varphi}{-2UI\cos(30°+\varphi)}=\frac{\sqrt{3}\cos\varphi}{-\sqrt{3}\cos\varphi+\sin\varphi}=\frac{\sqrt{3}}{\tan\varphi-\sqrt{3}}$$

$\cos\varphi=0.9$，$\varphi=25.8°$，则

$$K=\frac{\sqrt{3}}{\sqrt{3}-\tan 25.8°}=-1.39$$

因此实际应计的有功电量为

$$A=KA'=-1.39\times(1250-3250)\times\frac{150}{5}\times\frac{6600}{100}$$
$$=-1.39\times(-396\times 10^4)=550.44\ \text{万}\ (\text{kWh})$$

82. 某厂一块三相三线有功电能表，原读数为 3000kWh，两个月后读数为 1000kWh，电流互感器变比为 100A/5A，电压互感器变比为 6000V/100V，经检查错误接线功率表达式为 $P=-2UI\cos(30°+\varphi)$，平均功率因数为 0.9（感性），求实际电量。

解：错误接线电能表反映的功率为

$$P=-2UI\cos(30°+\varphi)$$

更正系数

$$K=P_0/P=\sqrt{3}UI\cos\varphi/[-2UI\cos(30°+\varphi)]=\frac{-\sqrt{3}}{\sqrt{3}-\tan\varphi}$$

因为 $\cos\varphi=0.9$，所以 $\tan\varphi=0.48$

$$K=\frac{-\sqrt{3}}{\sqrt{3}-0.48}=-1.39$$

实际有功电量为

$W=KW'_{R}=-1.39\times(1000-3000)\times(100/5)\times(6000/100)=333.6$ 万(kWh)

83. 某110kV供电的用户，在计量装置安装过程中，误将V相电流接到了电能表的负W相，已知故障期间平均功率因数为0.9（感性），抄录电量为15万kWh，有功电能表为DS864-2型，试求应追补的电量。

解：110kV系统TA、TV均采用星形接线，故有V相电流，先求更正系数K：

已知：正确功率表达式

$$P_0=\sqrt{3}UI\cos\varphi$$

错误功率表达式

$$P=U_{uv}I_u\cos(30^\circ+\varphi)+U_{wv}I_v\cos(30^\circ+\varphi)=2UI\cos(30^\circ+\varphi)$$

$$K=\sqrt{3}UI\cos\varphi/[2UI\cos(30^\circ+\varphi)]=1.372$$

故应追补电量 $\Delta W=(K-1)\times W=(1.372-1)\times 15=5.58$（万kWh）

84. 某用户一块DT8型三相四线有功电能表，其W相电流互感器二次反极性，VW相电压元件接错相，错误计量了6个月，电能表6个月里，累计的电能数为100万kWh，平均功率因数为0.85（感性），求实际电度数和确定退补电度数。

解：（1）错误接线的功率公式为

$$P=U_XI_X(\cos\varphi+\sqrt{3}\sin\varphi)$$

（2）更正系数为

$$K=\frac{P_0}{P}=\frac{3U_XI_X\cos\varphi}{U_XI_X(\cos\varphi+\sqrt{3}\sin\varphi)}=\frac{3}{1+\sqrt{3}\tan\varphi}$$

在功率因数 $\cos\varphi=0.85$ 时，将 $\tan\varphi=0.62$ 代入上式

$$K=\frac{3}{1+\sqrt{3}\tan\varphi}=\frac{3}{1+0.62\times\sqrt{3}}=1.447$$

（3）实际有功电度数为

$$W_{实}=1.447\times 100\text{万kWh}=144.7\text{（万kWh）}$$

（4）其应退补电度数

$$\Delta W=144.7-100=44.7\text{（万kWh）}$$

85. 某电能表因接线错误而反转，查明其错误接线属 $P=-\sqrt{3}UI\cos\varphi$，电能表的误差 $\gamma=-4.0\%$，电能表的示值由10 020kWh变为9600kWh，改正接线运行到月底抄表，电能表示值为9800kWh。试计算此表自上次计数到抄表期间实际消耗的电量。

解：按题意求更正系数

$$K=\frac{P_0}{P}=\frac{\sqrt{3}UI\cos\varphi}{-\sqrt{3}UI\cos\varphi}=-1$$

误接线期间表计电量

$$W=9600-10\,020=-420\text{（kWh）}$$

误接线期间实际消耗电量为

$$W'=WK/(1+\gamma)=(-420)\times(-1)/(1-0.04)=438(\text{kWh})$$

改正接线后实际消耗电量为

$$W''=9800-9600=200\ (\text{kWh})$$

自上次计数到抄表期间实际消耗电量为

$$W'''=W'+W''=438+200=638\ (\text{kWh})$$

答：此表自上次计数到抄表期间实际消耗电量为438kWh。

86. 某电力用户装有一块三相四线电能表，其铭牌说明与300A/5A的电流互感器配套使用，用户私自更换了一台400A/5A的电流互感器，运行三个月抄见用电量为3000kWh，试计算该期间电量更正值为多少？若电价为0.42元/kWh，试问该客户应补缴的电费为多少？(三相负载平衡)

解：设正确电量 $A=1$

错误电量为

$$A'=\frac{1}{3}+\frac{1}{3}+\frac{1}{3}\times\frac{300/5}{400/5}=\frac{11}{12}$$

更正率为

$$\varepsilon=\frac{\text{正确电量}-\text{错误电量}}{\text{错误电量}}\times100\%=\frac{1-\frac{11}{12}}{\frac{11}{12}}\times100\%=9.09\%$$

更正电量为

$$\Delta A=\varepsilon A'=9.09\%\times3000=272.7\ (\text{kWh})$$

应补缴电费：272.7×0.42=114.53（元）。

87. 某电力用户装有一块三相四线有功电能表，标定电压为3×380/220V，标定电流为5A，与电能表配套用有三台200A/5A的电流互感器。某日有一台电流互感器因用电过负荷而烧毁，用户在请示供电部门的情况下，自行更换一台电流互感器。半年后在用电普查中发现用户自行更换的电流互感器的变比是300A/5A。与原配套使用的电流互感器的变比不同，在此期间有功表共计量5万kWh，试计算应追补电能多少？

解：先求更正率

$$\text{更正率}=\frac{\text{正确用电量}-\text{错误用电量}}{\text{错误用电量}}\times100\%$$

$$\text{正确用电量}=\frac{1}{3}+\frac{1}{3}+\frac{1}{3}=1$$

$$\text{错误用电量}=\frac{1}{3}+\frac{1}{3}+\frac{1}{3}\times\frac{200/5}{300/5}=\frac{2}{3}+\frac{2}{9}=\frac{8}{9}$$

$$\text{更正率}=\frac{1-\frac{8}{9}}{\frac{8}{9}}\times100\%=0.125\times100\%=12.5\%$$

追补用电量＝更正率×抄见用电量＝0.125×50 000＝6250（kWh）。

88. 某低压动力用户使用一块三相四线有功电能表，该表的额定电压为3× 380/220V，额定电流为5A，配用三台150A/5A的电流互感器，某日因用户过负荷运行而将其中U相电流互感器烧毁，用户当日即自行更换一台200A/5A的电流互感器，而且在换装中将电流互感器极性接反，后经电业局在用电普查中发现，经查实该互感器自更换至发现时共计使用时间为8个月，在此期间该用户共用电能8万kWh，试求应向该用户追补多少用电量?

解：先求更正率

$$更正率=\frac{正确用电量-错误用电量}{错误用电量}\times100\%$$

$$正确用电量=\frac{1}{3}+\frac{1}{3}+\frac{1}{3}=1$$

$$错误用电量=\frac{1}{3}+\frac{1}{3}-\frac{1}{3}\times\frac{150/5}{200/5}=\frac{2}{3}-\frac{1}{4}=\frac{5}{12}$$

$$更正率=\frac{1-5/12}{5/12}\times100\%=\frac{12-5}{5}\times100\%=140\%$$

追补用电量=更正率×秒见用电量=140%×80 000×112 000kWh

89. 某低压三相用户，安装的是三相四线有功电能表，三相TA牌上变比均为300A/5A，由于安装前对表计进行了校试，而互感器未校试，运行一个月后对TA进行检定发现：V相TA比差为−40%，角差合格，W相TA比差为+10%，角差合格，U相TA合格，已知运行中的平均功率因数为0.85，故障期间抄见表码为500kWh，试求应退补的电量。

解：先求更正系数

$$K=\frac{3IU\cos\varphi}{IU\cos\varphi+(1-0.4)IU\varphi\cos\varphi+(1+0.1)IU\cos\varphi}=1.11$$

故应追补的电量 ΔW 为

$$\Delta W=(K-1)\times500\times\frac{300}{5}=3300\ (\text{kWh})$$

90. 某低压三相用户，安装的是三相四线有功电能表，TA变比为250A/5A，装表时误将W相二次电流接到了表的U相，负的U相电流接到了表的W相，已知故障期间平均功率因数为0.88（感性），故障期间抄见表码为300kWh，试求应追补的电量。

解：先求更正率 ε

$$\varepsilon=\frac{3IU\cos\varphi}{IU\cos(120°-\varphi)+IU\cos\varphi+IU\cos(180°-120°-\varphi)}-1$$

$$=\frac{3IU\times0.88}{-0.03IU+0.88IU+0.851IU}-1=0.552$$

故应追补的电量 ΔW 为

$$\Delta W=0.552\times300\times\frac{250}{5}=8280\ (\text{kWh})$$

91. 根据三相三线有功电能表的错误接线（见图5-14），绘出其感性负载时的相量图并写出功率表达式。

解：相量图如图5-15所示。

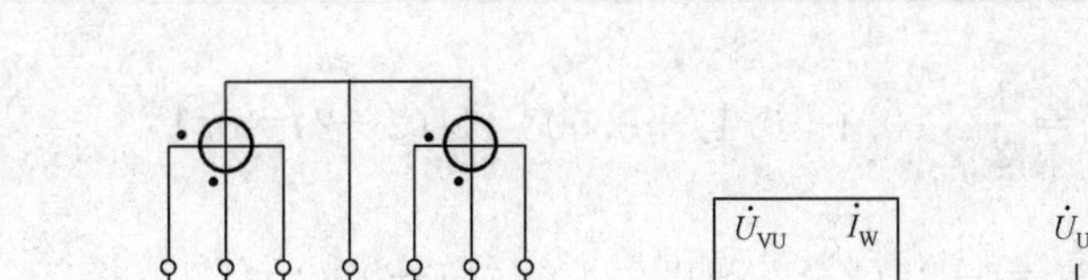
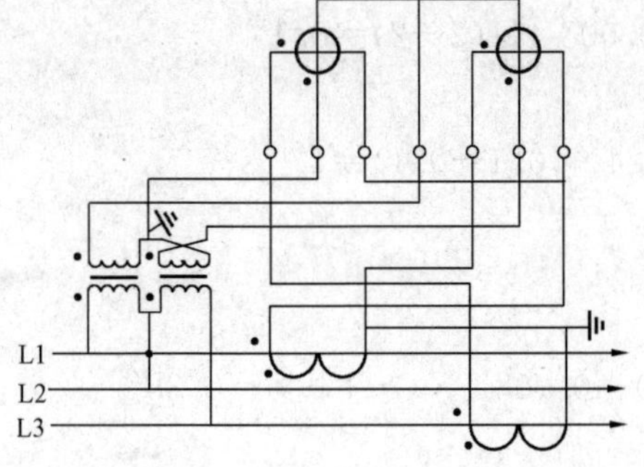

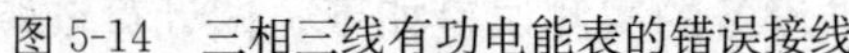

图 5-14　三相三线有功电能表的错误接线

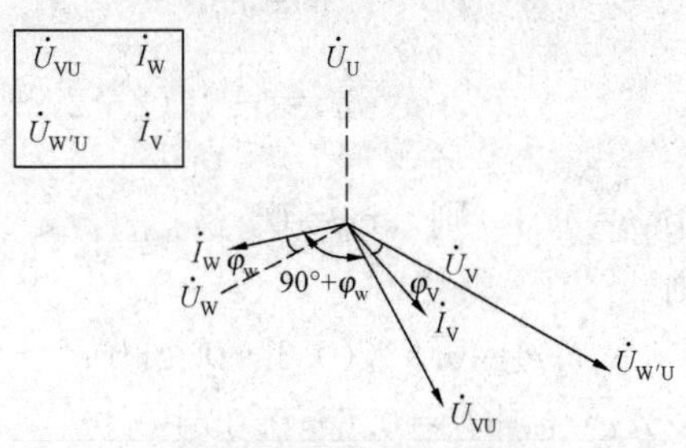

图 5-15　相量图（2）

功率表达式

$$P_1=U_{VU}I_W\cos\,(90°+\varphi)\;=-UI\sin\varphi$$

$$P_2=U_{W'U}I_V\cos\varphi=\sqrt{3}UI\cos\varphi$$

$$P=P_1+P_2=2UI\left(\frac{\sqrt{3}}{2}\cos\varphi-\frac{1}{2}\sin\varphi\right)=2UI\cos\,(30°+\varphi)$$

92. 某三相高压用户安装的是三相三线两元件有功电能表，TV、TA 均采用 V 形接线，当 U 相熔断器熔断时测得表头 UV 电压幅值为 25V，WV 电压幅值为 100V，UV 与 WV 电压同相，U 相熔丝熔断期间抄录电量为 100 000kWh，试求应追补的电量［故障期间平均功率因数为 0.88（感性）］。

解：先求更正率 ε

$$\begin{aligned}\varepsilon &= \{\sqrt{3}UI\cos\varphi/\;[0.25UI\cos\,(90°+\varphi)\;+UI\cos\,(30°-\varphi)]\}\;-1\\ &=[\sqrt{3}UI\times0.88/\;(-0.118\,7UI+0.999UI)]\;-1=0.731\end{aligned}$$

故应追补电量为

$$\Delta W=0.731\times100\,000=73\,100\;(\text{kWh})$$

93. 三相三线电路中，电压互感器星形接线，各试验数据如表 5-6 所示。

表 5-6　　试验数据

试验项目			误差		试验项目			误差	
电压互感器		u	$f_{uu}=+0.1\%$	$\delta_{uu}=2'$	电流互感器	I_b 时	U	$f_{ru}=+0.2\%$	$\delta_{ru}=-2'$
		u	$f_{uv}=+0.1\%$	$\delta_{uv}=2'$			W	$f_{rw}=+0.3\%$	$\delta_{rw}=-2'$
		w	$f_{uw}=+0.1\%$	$\delta_{uw}=2'$	电能表	I_b $\cos\varphi=1.0$ 时		$e_b=+0.6\%$	

在 I_b，$\cos\varphi=1.0$ 时，求：（1）互感器合成误差；（2）计量装置综合误差。

解：（1）星形接线换算成线电压的比差和角差

$$f_{U1}=\frac{1}{2}\times(0.1+0.1)+0.008\,4\times(2-2)=0.1$$

$$\delta_{U1}=\frac{1}{2}\times(2+2)+9.924\times(0.1-0.1)=2$$

$$f_{U1}=\frac{1}{2}\times(0.1+0.1)+0.0084\times(2-2)=0.1$$

$$\delta_{U2}=\frac{1}{2}\times(2+2)+9.924\times(0.1-0.1)=2$$

$\cos\varphi=1.0$，则 $\tan\varphi=0$。

则

$$e_h=0.5\times(0.1+0.1+0.2+0.3)+0.0084\times(-4+4)=0.35$$

（2）$e=e_b+e_h=0.6+0.35=0.95$

94. 某台单相电能表检验装置，已知其标准设备的实测误差如下，试计算该装置在 $\cos\varphi=0.5$（感性）时的系统误差。

（1）标准表 $\cos\varphi=0.5$（感性）时，$\gamma_b=-0.2\%$。

（2）标准互感器

$$f_I=-0.07\%,\ \alpha=5';\ f_U=-0.08\%,\ \beta=10'$$

（3）标准表与被试表端子之间的电压降

$$\varepsilon=-0.03\%,\ \theta=3'$$

解：$\gamma=\gamma_b+\gamma_h+\gamma_d$

当 $\cos\varphi=0.5$（感性）时

$$\gamma_h=f_I+f_U+0.0291(\alpha-\beta)\tan\varphi=-0.40$$

$$\gamma_d=\varepsilon+0.0291\times(-3)\times\tan60°=-0.18$$

所以 $\gamma=(-0.2-0.40-0.18)\times100\%=-0.78\%$

也即 $\cos\varphi=0.5$ 时的系统误差为-0.78%。

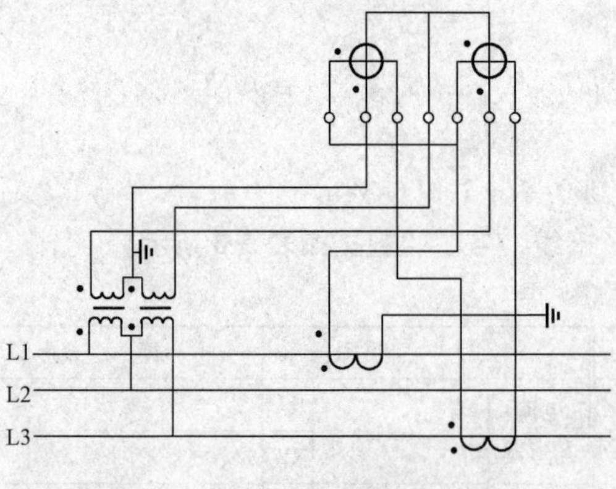

图 5-16 三相三线电能表接线图

95. 某用户安装三相三线电能表，其接线图如图 5-16 所示，当三相负载平衡时，试计算出电量更正系数（按 $\varphi=30°$ 计算），并画出相量图。

解：根据接线图可以判断接线方式为：$\dot{U}_{VW}$，$-\dot{I}_W$，$\dot{U}_{UW}$，$-\dot{I}_V$。

错误接线时功率为

$$P_1=U_{VW}I_W\cos(30°-\varphi)$$

$$P_2=U_{UW}I_V\cos(90°-\varphi)$$

当三相负载平衡时，$U_{VW}=U_{UW}=U$，$I_W=I_V=I$，则

$$P=P_1+P_2=UI\left(\frac{\sqrt{3}}{2}\cos\varphi+\frac{1}{2}\sin\varphi+\sin\varphi\right)$$

$$=\sqrt{3}UI\left(\frac{1}{2}\cos\varphi+\frac{\sqrt{3}}{2}\sin\varphi\right)$$

$$=\sqrt{3}UI\cos(60°-\varphi)$$

当 $\varphi=30°$时

$$K=\frac{P_0}{P}=\frac{\sqrt{3}UI\cos\varphi}{\sqrt{3}UI\cos(60°-\varphi)}=1$$

相量图如图 5-17 所示。

96. 一块三相三线电能表接入 380/220V 三相四线制照明电路，各相负载分别为 $P_A=4kW$，$P_B=2kW$，$P_C=4kW$，该表记录了 6000kWh，试推导出三相三线表接入三相四线电路的附加误差公式，并求出补退电量是多少？

解：附加误差为

$$\gamma=\frac{-U_B I_n\cos(\dot{U}_B\ \dot{I}_n)}{P_A+P_B+P_C}$$

$$I_A=I_C=\frac{4000}{220}=18.2\ (A)，I_B=\frac{2000}{220}=9.1\ (A)$$

从画出的电压电流相量图 5-18 看出

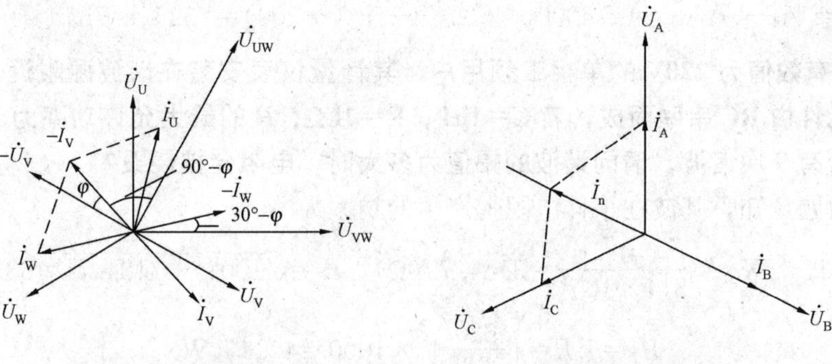

图 5-17　相量图（3）　　　　图 5-18　相量图（4）

$$I_n=18.2-9.1=9.1\ (A)，\dot{U}_B\ \dot{I}_n=180°$$

将以上有关数据代入 γ 公式得

$$\gamma=\frac{-220\times 9.1\times\cos 180°}{10\ 000}\times 100\%=20\%$$

因为多计，故应退电量

$$\Delta W=6000\times\left(1-\frac{1}{1+20\%}\right)=1000\ (kWh)$$

97. 某三相三线电能表上次抄表示数 A_1 为 4500。抄表后若干天进行设备检修，检修后再次送电时，电能表的示数 A_2 为 5000。但因检修造成电能表圆盘反转，到查线时示数 A_3 为 4800。经测试，错误属于 W 相电流互感器极性接反，电能表圆盘反转时误差为−4.0%，负载功率因数 $\cos\varphi=0.866$（滞后）。改为正确接线后运行到月底抄表时示数 A_4 为 6000。试求错误接线期间的实际用电量和本抄表周期内的实际收费电量。

解：(1) 求更正系数：

W 相电流互感器极性反接时，电能表反映的功率表达式

$$P=-UI\sin\varphi$$

$$K=\frac{P}{P'}=\frac{\sqrt{3}UI\cos\varphi}{-UI\sin\varphi}=-\frac{\sqrt{3}}{\tan\varphi}$$

已知 $\cos\varphi=0.866$，即 $\varphi=30°$，所以

$$K=-\frac{\sqrt{3}}{\tan 30°}=-\frac{\sqrt{3}}{\frac{\sqrt{3}}{3}}=-3$$

（2）错误接线期间的抄见电量为

$$A'=A_3-A_2=4800-5000=-200\ (\text{kWh})$$

（3）错误接线期间的实际用电量

$$A=\frac{KA'}{1+\gamma}=\frac{(-3)\times(-200)}{1-0.04}=625\ (\text{kWh})$$

（4）本抄表周期内的实际收费电量为

$$A_\Sigma=(A_2-A_1)+A+(A_4-A_3)=5000-4500+625+6000-4800=2325(\text{kWh})$$

或 $A_\Sigma=A_4-A_1+\Delta A=6000-4500+625-(-200)=2325(\text{kWh})$

98. 某有效值为 220V 的单相工频用户，其计量仪表安装在谐波源附近，该仪表的电压采样元件由 RC 串联而成，若 $C=1\mu F$，$R=1k\Omega$，R 的最大允许功率为 10W，经测量电压中含有 9 次谐波，请问谐波的幅值为多大时，电阻会被烧毁？

解： 由题意知，基波在采样电阻上产生的功率为

$$f_1=50\text{Hz},\ X_{C1}=\frac{1}{314\times10^{-6}}=3184.7\ (\Omega),\ Z_1=\sqrt{1000^2+3184.7^2}=3338\ (\Omega)$$

$$P_1=I^2R=\left(\frac{220}{3338}\right)^2\times1000=4.34\ (\text{W})$$

设谐波的电压幅值为 U_9（或设有效值），则使电阻烧毁时有

$$f_9=450\text{Hz},\ X_{C9}=\frac{1}{2826\times10^{-6}}=345\ (\Omega),\ Z_9=\sqrt{1000^2+354^2}=1061\ (\Omega)$$

$$P_9=I^2R=\left(\frac{u_9/\sqrt{2}}{1061}\right)^2\times1000=10-4.34=5.66\ (\text{W})$$

$u_9=113\text{V}$ （其有效值 $U_9=80\text{V}$）

即当谐波幅值 $u_9\geqslant113\text{V}$ 时，电阻会被烧毁。

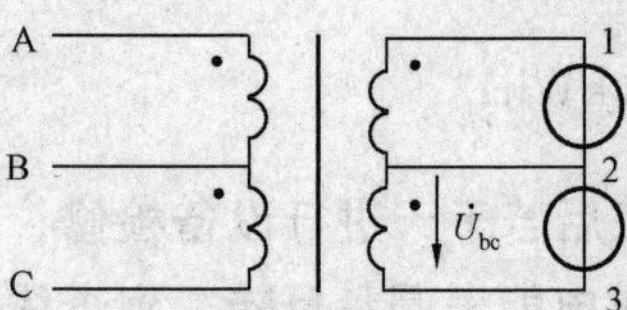

图 5-19 电压互感器 V 形连接

99. 当三相三线有功电能计量装置的 V 形连接电压互感器二次有一相断线，其情况就如图 5-19 所示。电压互感器二次额定电压为 100V，如果用电压表测量二次侧线电压 U_{12}、U_{23}、U_{31}，在二次空载和带负载两种情况下，电压值各为多少？

解： 当电压互感器二次空载时

$$U_{12}=0\text{V},\ U_{31}=0\text{V},\ U_{23}=U_{bc}=100\ (\text{V})$$

当电压互感器接有图示的负载时

$$U_{12}=0\text{V},\ U_{31}=U_{bc}=100\text{V},\ U_{23}=U_{bc}=100\ (\text{V})。$$

100. 某用户电能表检查错误接线，测得电压为 U—V—W 正相序，用标准表法测得的功率值见表 5-7，已知用户功率因数为 0.7～0.9（感性），试分析该错误接线。

表 5-7　　标准法测得的功率值

电压值	I_1（A）	I_2（A）
U_{UV}	150	−307
U_{WV}	461	167

解： 根据题意，画出电流电压相量图如图5-20所示。

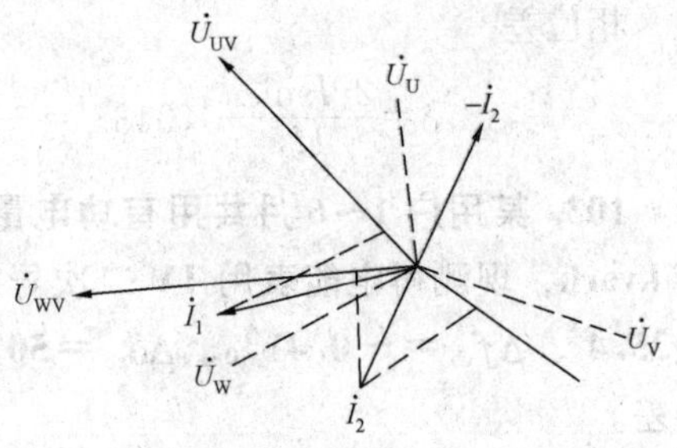

图 5-20　相量图（5）

从相量图 5-20 看，$\dot{I}_1$、$\dot{I}_2$ 相差 60°，将$\dot{I}_2$倒相 180°，$\dot{I}_1$、$-\dot{I}_2$ 为逆相序，所以$\dot{I}_1$ 是$\dot{I}_W$，$-\dot{I}_2$ 是$\dot{I}_U$，即该用户错误接线方式为$\dot{U}_{UV}\dot{I}_W$、$\dot{I}_{WV}$、$-\dot{I}_U$。其接线图如图5-21所示。

错误接线时，功率表达式为

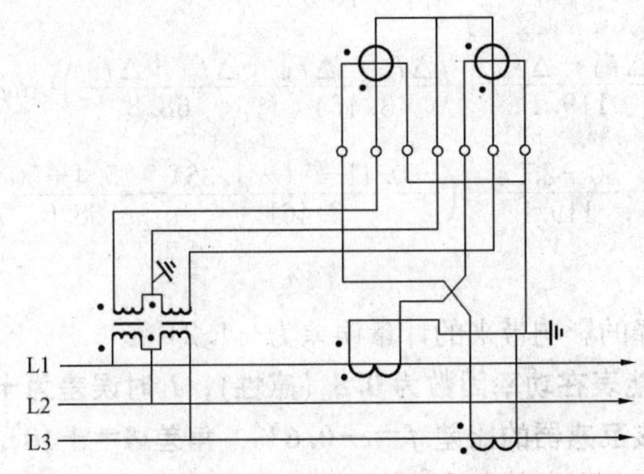

图 5-21　接线图

$$P=U_{UV}I_W\cos(90°-\varphi)+U_{WV}I_U\cos(90°-\varphi)=2UI\sin\varphi$$

$$K=\frac{\sqrt{3}UI\cos\varphi}{2UI\sin\varphi}=\frac{\sqrt{3}}{2}\cot\varphi$$

101. 某 3×100V 三相三线电路，电压二次回路压降测试数据为：$f_{UV}=-0.1\%$，$\delta_{UV}=1'$，$f_{WV}=-0.2\%$，$\delta_{WV}=2'$，TV 侧 $U_{UV}=100.3V$，$U_{WV}=100.2V$，求 $\cos\varphi=1.0$ 时的压降及压降引起的误差。

解： UV 相压降为

$$\frac{U_{UV}}{100}\sqrt{0.1^2+(0.029\times1)^2}\approx0.1\ (V)$$

WV 相压降为

$$\frac{U_{WV}}{100}\sqrt{0.2^2+(0.029\times2)^2}\approx0.2\ (V)$$

$$E_d=0.5\times(-0.1-0.2)+0.0084\times(2-1)\times100\%\approx-0.14\ (\%)$$

102. 一台单相 10kV/100V、0.5 级电压互感器，二次所接的负载 $S=25VA$，$\cos\varphi=0.4$（感性），每根二次连线的导线电阻 r 为 0.8Ω，请计算二次回路的电压降(幅值和相角)。

解： 因为 $r\ll Z_{bz}$，所以可以认为

$$I=\frac{S_b}{U_b}=\frac{25\text{VA}}{100\text{V}}=0.25\ (\text{A})$$

幅值差

$$\varepsilon=\frac{-2rI\cos\varphi_0}{U_2}\times100\%=\frac{-2\times0.8\times0.25\times0.4}{100}\times100\%=-0.16\%$$

相位差

$$\delta=\frac{2rI\sin\varphi_0}{U_2}\times3438'=\frac{2\times0.8\times0.25\times0.92}{100}\times3438'=12.6'$$

103. 某用户 1～6 月共用有功电量 $W_P=10\ 590.3$ 万 kWh，无功电量 $W_Q=7242.9$ 万 kvarh，现测得电能表用 TV 二次导线压降引起的比差和角差 $\Delta f_{ab}=-1.36\%$、$\Delta\delta_{ab}=25.4'$、$\Delta f_{cb}=-0.41\%$、$\Delta\delta_{cb}=50'$，请计算由于二次导线压降的影响带来的计量误差。

解：

$$\tan\varphi=\frac{W_Q}{W_P}=\frac{7242.9}{10\ 590.3}=0.684$$

$$\Sigma P=\left[\frac{\Delta f_{ab}+\Delta f_{cb}}{2}+\frac{\Delta f_{cb}-\Delta f_{ab}}{119.1}+\left(\frac{\Delta f_{cb}-\Delta f_{ab}}{3.464}-\frac{\Delta f_{ab}+\Delta f_{cb}}{68.8}\right)\tan\varphi\right]\times100\%$$

$$=\left[\frac{-1.36-0.41}{2}+\frac{50-25.4}{119.1}+\left(\frac{-0.41-(-1.36)}{3.461}-\frac{25.4+50}{68.6}\right)\times0.684\right]\times100\%$$

$$=-1.24\%$$

由于二次导线压降的影响带来的计量误差为－1.24%。

104. 一块单相电能表在功率因数为 0.8（感性），I_b时误差为＋0.8%，通过一台电压互感器接入回路，该互感器的比差 $f=-0.6\%$，角差 $\delta=+10'$，求：(1) 功率因数为 0.8（感性）时的互感器合成误差；(2) I_b，$\cos\varphi=0.8$（感性）时的综合误差。

解：$\cos\varphi=0.8$，则 $\tan\varphi=0.75$。

(1) $e_h=(-0.6-0.029\ 1\times10\times0.75)\times100\%=-0.8\ (\%)$

(2) $e=(e_b+e_h)\times100\%=(0.8-0.8)\times100\%=0.0\ (\%)$

105. 某台单相电能表校验装置，已知某标准设备的实测误差如下：标准表：$\cos\varphi=1$ 时，$\gamma_b=0.24\%$；标准互感器：$\gamma_{TA}=-0.07\%$　$\gamma_{TV}=-0.08\%$；标准表与被试表端子之间的电压降：$\gamma_d=-0.03\%$。试求 $\cos\varphi=1$ 时的系统误差。

解：由 $\gamma=\gamma_b+\gamma_h+\gamma_d$

当 $\cos\varphi=1$ 时

$$\gamma=\gamma_b+\gamma_h+\gamma_d=0.24\%+(-0.07\%-0.08\%)+(-0.03\%)=+0.06\%$$

第五节　论　述　题

1. 现场校验电能表负载变化比较大时，我们要注意哪些问题，采取哪些对策？

答：应注意以下问题。

(1) 由于现场校验仪在接收了多功能电能表发出的第一个“脉冲”后，才开始执行

“采样”工作，而在接收到多功能电能表发出结束“脉冲”后，才停止“采样”工作，所以“被检表”与现场校验仪在采样时间上存在差异。当现场实际负荷变化比较大时，两块表采样差异时间段的“功率”是不一样的，从而导致现场校验仪与被检表采集电能量的差异。这个差异就产生了测量上的“误差”，由于不同制造厂生产的被检表在发送“脉冲”时有不同的“延时”，不同型号的现场校验仪在接收“脉冲”后，执行采样工作也存在着不同的“延时”，所以在现场校验时，产生差异的“时间”也不同，附加“误差”的大小也就不同。当现场负荷变化比较大，而校验的采样时间又相对短时，这个“附加误差”和“变差”就相当可观，可能达到“10%以上”，甚至更大。

（2）部分现场校验仪是宽量限的，内部具有自动切换量程功能。当现场负荷变化又快又大时，校验仪内部自动量程开关切换不及，“采样”结果得不到测量，从而导致测量的“附加误差”十分可观。

（3）由于不同制造厂生产的表计和不同型号的校验仪的计量工作原理和取样点的差异，在负荷变化比较大时，也会产生不同程度的附加误差。这类附加误差相对来说一般不会超过被检表的准确度等级，但当判定其误差是否合格时要考虑这一因素。

综上所述，遇到现场运行负荷变化比较大的情况，应采取以下对策。

（1）延长测量（校验）的时间，加大每次测量的脉冲数，直到误差落入正常范围。

（2）对于具有自动量程的校验仪，要选择手动量程进行工作。

（3）适当增加测量次数，按测量方法误差理论的要求，剔除粗大误差（大于三倍的δ值），取多次测量的算术平均值作为测量结果。

（4）有条件时，采用同步采样比较法校验。

2. 电压互感器在运行中可能发生哪些异常和故障？原因是什么？

答：电压互感器由于其制造检修质量不良，维护、使用不当，在运行中可能发生以下异常和故障。

（1）异音。正常运行的电压互感器是不会有声音的。当电压互感器的外部瓷绝缘部分放电而发出“吱吱”的响声和放电火花时，一般是由于外部瓷绝缘部分脏污或在雨、雪、雾天气情况下发生。

（2）电压互感器的一次或二次熔丝熔断。原因一则是电压互感器的一次或二次有短路故障；二则是熔丝本身的质量不良或机械性损伤而熔断。

（3）油浸式电压互感器油面低于监视线。其原因或是电压互感器外壳焊缝、油堵等处有漏、渗油现象；或是多次试验时取油样，致使油量减少。

（4）油浸式电压互感器油色不正常，如变深、变黑等。说明绝缘油老化变质。

（5）电压互感器二次侧三相电压不相等。其原因或是电压互感器接线错误、极性接错；或是电压互感器一、二次回路有一相断线或接触不良；或是一次回路或系统中有一相接地。

3. 在某三相三线用户处进行电能表接线检查，测得各线电压均为100V，接入电能表的电压为逆相序，三相电流平衡，采用相位表法则得一元件电压电流夹角为100°，二元件电压电流夹角为340°，已知负荷性质是感性，且$\varphi<60°$，试分析确定其接线方式。

解：首先画出三相电压相量$\dot{U}_u$、$\dot{U}_v$、$\dot{U}_w$，由于测定的电压相序为逆相序，相序假

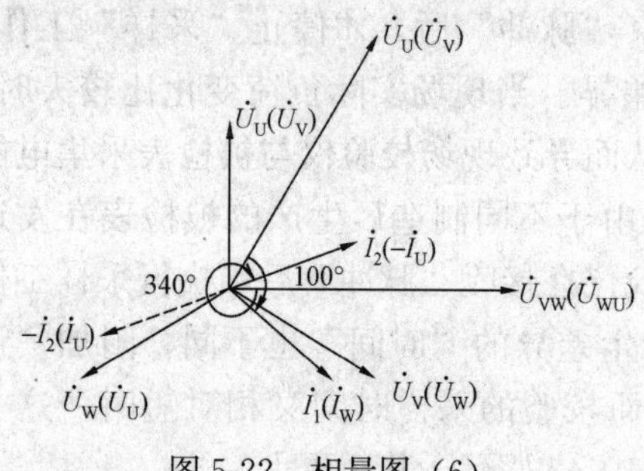

图 5-22 相量图（6）

定为 uwv，则接入电能表一二元件的电压分别为$\dot{U}_{uw}$、$\dot{U}_{vw}$，并根据各元件电压电流夹角画出相量图，如图 5-22 所示。

由于$\dot{I}_2$滞后于就近相电压 70°，与负载性质和功率因数不相符，所以$\dot{I}_2$应反向 180°。$-\dot{I}_2$超前$\dot{I}_1$240°，则$-\dot{I}_2$应为$\dot{I}_U$，$\dot{I}_1$应为$\dot{I}_W$，从而$\dot{I}_2$应为$-\dot{I}_U$。根据负载性质和功率因数值，$-\dot{I}_2$（$\dot{I}_U$）就近的相电压$\dot{U}_W$应为$\dot{I}_U$，$\dot{I}_1$（$\dot{I}_W$）就近的相电压$\dot{U}_V$应为$\dot{U}_W$，$\dot{U}_U$应为$\dot{I}_V$，即实际接入电能表电压端钮的电压相序是 VUW。

（或者：由于$\dot{I}_2$滞后于就近相电压 70°，与负荷性质和功率因数不相符，所以$\dot{I}_2$应反应 180°。$\dot{U}_W$、$\dot{U}_V$都有靠近的电流，而$\dot{U}_U$没有靠近的电流，根据 V 相电流的原则，其应为$\dot{U}_V$。相应地$\dot{U}_V$应为$\dot{U}_W$，$\dot{U}_W$应为$\dot{U}_W$，实际接入电能表电压端钮的电压相序是 VUW。对应可得$-\dot{I}_2$应为$\dot{I}_U$，$\dot{I}_1$应为$\dot{I}_W$，从而$\dot{I}_2$应为$-\dot{I}_U$。）

所以该电能表接线方式为$U_{VU}\dot{I}_W$、$U_{WU}-\dot{I}_U$。

4. 某用户为非有效接地系统高压计量有功电能分相接线方式，安装三相三线电能表，互感器二次回路安装试验接线盒，其接线方式为《电能计量装置安装接线规则》的标准接线。某次进行现场检验，检验人员在将现场校验仪电流低端（$\dot{I}_U$，$\dot{I}_W$）接出的两根电流线接入试验接线盒相对应的端子时，结果把应接入 U 相端子的接入 W 相，把应接入 W 相端子的接入 U 相，且接入现场校验仪 U 相电压端子的电压线断线，其他接线正常。若二次功率实际值为 600W，功率因数为 0.866，当打开电流短接片使现场校验仪串接于被试表电流回路后，发现此时现场校验仪的功率指示 400W，而被试表出现停走现象，请计算分析原因。

解：现场校验仪此时电流正常，而 U 相电压缺失，所以第一元件功率为 0，它所加入的功率只有第二元件的功率

$$P_{校验仪}=UI\cos(30°-\varphi)$$

而 $P_{实际}=\sqrt{3}UI\cos\varphi$

所以$\dfrac{P_{校验仪}}{P_{实际}}=\dfrac{UI\cos(30°-\varphi)}{\sqrt{3}UI\cos\varphi}$

$$P_{校验仪}=\frac{UI\cos(30°-\varphi)}{\sqrt{3}UI\cos\varphi}\times P_{实际}=\frac{1}{\sqrt{3}\times\frac{\sqrt{3}}{2}}\times 600=400\ (\mathrm{W})$$

（由 $\cos\varphi=0.866$ 可知 $\varphi=30°$）

被试表此时电压正常，第一元件电流为 I_W，第二元件电流为 I_U，它所加入功率为

$$P_{被试表}=UI\cos(90°+\varphi)+UI\cos(90°-\varphi)=0\ (\mathrm{W})$$

所以被试表会出现停走现象。

5. 根据 DL 448—2000《电能计量装置管理规程》规定："接入中性点非有效接地的高压线路的计量装置，宜采用两台电压互感器，且按 V/V 方式接线。"采用 Y0/Y0 方式接线三相电压互感器，当系统运行状态发生突变时，有可能发生并联谐振，要求绘出原理示意图加以说明，并叙述防止铁心谐振的方法。

答：对于电力系统中的电压互感器，在高压中性点不接地系统中线路对地电容与中性点接地的电压互感器并联如图 5-23 所示。当系统运行状态发生突变时，有可能发生并联谐振。由于铁芯的饱和现象，谐振电压不会太高；但当发生分频谐振时，由于频率低，铁芯磁密度很高，可能产生很大的励磁电流，而烧坏互感器。

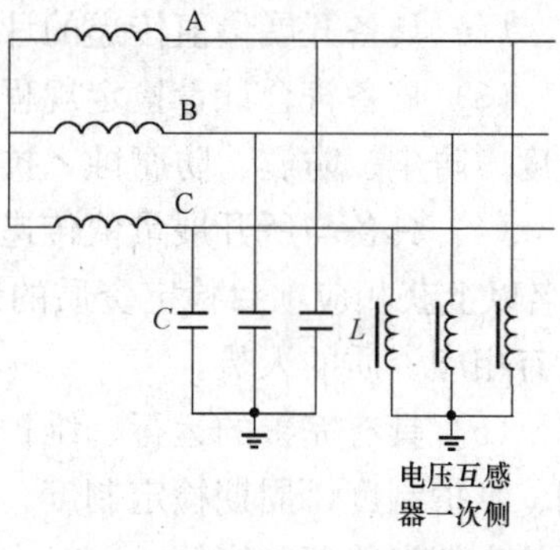

图 5-23　并联谐振时线路示意图

防止铁芯谐振的方法有以下几种。

（1）在设计中降低铁芯的磁密，改善互感器的伏安特性。

（2）调整线路参数中 C 与 L 的配合。

（3）最有效和最常用的是在电压互感器开口三角端子上或在一次线圈中性点接入适当的阻尼电阻。

6. 某工业用户建有室内变电站一座，供电电压 35kV，中性点不接地，供用电合同约定容量 4500kVA，现要为该用户选配计量装置一套，请根据《电能计量装置技术管理规程》的要求及电能计量方式的相关规定，回答下列问题。

（1）该用户应配置哪类电能计量装置，采用哪种计量方式？

（2）请问该用户应该配置何种类型的电能表？

（3）请问该用户应该如何正确选择电压互感器？

（4）请问该用户应该如何正确选择电流互感器？

（5）请问该用户应如何选择互感器二次连接导线的截面积？

答：（1）根据《电能计量装置技术管理规程》规定：该用户应配置Ⅱ类电能计量装置，须采用高供高计计量方式。

（2）电能表采用三相三线多功能电能表 1 块，有功等级 0.5 级或 0.5S 级，无功等级 2.0 级，电压均为 3×100V，额定电流均为 1.5（6）A。

二象限有功、无功组合多功能电能表：计量有功（尖峰、峰、平、谷、总）、需量；无功感性（Ⅰ象限）、容性（Ⅳ象限）、事件记录（U、I、W 输出、失电压、逆相序等）。

（3）电压互感器变比为 35 000V/100V，准确度等级 0.2 级，额定二次功率因数与实际二次负荷功率因数接近，数量 2 台；采用 V/V 接线。

（4）电流互感器变比：实际负荷电流＝4500/（1.732×35）＝74.2（A）。应选用 75A/5A 电流互感器，额定二次功率因数 0.8～1.0；准确度等级 0.2S 级；数量 2 台，接线方式采用两相四线制。

（5）互感器二次回路的连接导线应采用铜质单芯绝缘线。对电流二次回路，连接导线截面积应按电流互感器的额定二次负荷计算确定，至少应不小于 $4mm^2$。对电压二次回路，连接导线截面积应按允许的电压降计算确定，至少应不小于 $2.5mm^2$。

7. 计量标准考核的内容和要求是什么?

答:(1)计量标准器及配套设备齐全，计量标准器必须经法定或者计量授权的计量技术机构检定合格(没有计量检定规程的，应当通过校准、比对等方式，将量值溯源至国家计量基准或者社会公用计量标准)，配套的计量设备经检定合格或者校准。

(2)具备开展量值传递的计量检定规程或者技术规范和完整的技术资料。

(3)具备符合计量检定规程或者技术规范并确保计量标准正常工作所需要的温度、湿度、防尘、防震、防腐蚀、抗干扰等环境条件和工作场地。

(4)具备与所开展量值传递工作相适应的技术人员，开展计量检定工作，应当配备2名以上获相应项目检定资质的计量检定人员，开展其他方式量值传递工作，应当配备具有相应资质的人员。

(5)具有完善的运行、维护制度，包括实验室岗位责任制度，计量标准的保存、使用、维护制度，周期检定制度，检定记录及检定证书核验制度，事故报告制度，计量标准技术档案管理制度等。

(6)计量标准的测量重复性和稳定性符合技术要求。

8. 计量标准考核对计量标准技术报告有何要求?

答:(1)新建计量标准，应当撰写《计量标准技术报告》，报告内容应当完整、正确；已建计量标准，如果计量标准器及主要配套设备、环境条件及设施等发生重大变化，引起计量标准主要计量特性发生变化时，应当重新修订《计量标准技术报告》。

(2)建立计量标准的目的、计量标准的工作原理及其组成表述清晰。

(3)计量标准器及主要配套设备的名称、型号、测量范围、不确定度或准确度等级或最大允许误差、制造厂及出厂编号、检定或校准机构及检定周期或附校间隔等栏目填写完整、准确。

(4)计量标准的测量范围、不确定度或准确度等级或最大允许误差等主要技术指标及环境条件填写准确。

(5)计量标准溯源到上一级和传递到下一级计量器具的量值溯源和传递框图正确。

(6)检定或校准结果的测量不确定度评定合理。

(7)检定或校准结果的验证方法正确，验证结果符合要求。

9. 计量标准考核时文件集应当包含的文件有哪些?

答:文件集应当包含以下文件。

(1)计量标准考核证书(如果适用)。

(2)社会公用计量标准证书(如果适用)。

(3)计量标准考核(复查)申请书。

(4)计量标准技术报告。

(5)计量标准的重复性试验记录。

(6)计量标准的稳定性考核记录。

(7)计量标准更换申报表(如果适用)。

(8)计量标准封存(或撤销)申报表(如果适用)。

(9)计量标准履历书。

(10)国家计量检定系统表(如果适用)。

(11) 计量检定规程或技术规范。

(12) 计量标准操作程序。

(13) 计量标准器及主要配套设备使用说明书（如果适用）。

(14) 计量标准器及主要配套设备的检定或校准证书。

(15) 检定或校准人员的资格证明。

(16) 实验室的相关管理制度。

(17) 开展检定或校准工作的原始记录及相应的检定或校准证书副本。

(18) 可以证明计量标准具有相应测量能力的其他技术资料。

10. 测量中可能导致不确定度的来源一般有哪些？

答：(1) 被测量的定义不完整。

(2) 复现被测量的测量方法不理想。

(3) 取样的代表性不够，即被测样本不能代表所定义的被测量。

(4) 对测量过程受环境影响的认识不恰如其分或对环境的测量与控制不完善。

(5) 对模拟式仪器的读数存在人为偏移。

(6) 测量仪器的计量性能（如灵敏度、鉴别力、分辨力、死区及稳定性等）的局限性。

(7) 测量标准或标准物质的不确定度。

(8) 引用的数据或其他参量的不确定度。

(9) 测量方法和测量程序的近似和假设。

(10) 在相同条件下被测量在重复观测中的变化。

11. 电能计量装置分为哪几类，如何分类？

答：根据DL/T 448—2000《电能计量装置技术管理规程》的规定，电力企业应将运行中的电能计量装置按其所计量电能量的多少和计量对象的重要程度分为5类（Ⅰ级、Ⅱ级、Ⅲ、Ⅳ、Ⅴ）进行管理。

(1) Ⅰ类电能计量装置：月平均用电量500万kWh及以上或受电变压器容量为10 000kWh及以上的高压计费客户，200MW及以上发电机（发电量）、跨省高压电网经营企业之间的电量交换点，省级电网经营与市（县）供电企业的供电关口计量点的电能计量装置。

(2) Ⅱ类电能计量装置：月平均用电量100万kWh及以上或变压器容量为2000kVh及以上的高压计费客户，100MW及以上发电机（发电量）、供电企业之间的电量交换点的电能计量装置。

(3) Ⅲ类电能计量装置：月平均用电量10万kWh及以上或变压器容量为315kVA及以上的计费客户，100MW以下发电机、发电企业厂（站）用电量、供电企业内部用于承包考核的计量点，考核有功电量平衡的110kV及以上的送电线路电能计量装置。

(4) Ⅳ类电能计量装置。负荷容量为315kVA以下的计费客户、发供电企业内部经济技术指标分析考核用的电能计量装置。

(5) Ⅴ类电能计量装置。即单相供电的电力客户计费用电能计量装置。

12. JJG 313—2010《测量用电流互感器》规程对标准器的要求是什么？

答：标准器包括标准电流互感器和电流比例标准器，标准器的准确度级别及技术性能，应满足以下要求。

（1）标准器与被检电流互感器额定电流比相同，准确度至少比被检电流互感器高两个级别，其实际误差不大于被检电流互感器误差限值的1/5。当标准器不具备上述条件时，可以选用比被检电流互感器高一个准确度级别的标准器，并按照规程规定的公式修正标准器引入的误差。

（2）标准器的升降变差不大于标准器误差限值的1/5。

（3）在检定周期内，标准器的误差变化不大于其误差限值的1/3。

（4）标准器必须具有有效的检定或校准证书。标准器比被检电流互感器高出两个准确度等级时，其实际二次负荷应不超出额定和下限负荷范围，标准器比被检电流互感器高出一个准确度级别时，使用时的二次负荷实际值与证书上所标负荷实际值之差应不超过±10％。

差流回路负荷应包括在实际二次负荷之内。双级电流互感器和补偿式电流比较仪差流回路压降对测量结果的影响，应不大于被检电流互感器误差限值的1/10。

13. JJG 313—2010《测量用电流互感器》规程对退磁是如何要求的？

答：若制造厂规定了退磁方法，应按照标牌上的标注或技术文件的规定进行退磁。若制造厂未规定，可根据习惯使用开路退磁法或闭路退磁法。

（1）开路退磁法。在一次（或二次）绕组中选择其匝数较少的一个绕组通以10％～15％的额定一次（或二次）电流，在其他绕组均开路的情况下，平稳、缓慢地将电流降至零。退磁过程中应监视接于匝数最多绕组两端的峰值电压表，当指示值达到2.6kV时，应在此电流值下退磁。

（2）闭路退磁法。在二次绕组上接一个相当于额定负荷10～20倍的电阻（考虑足够容量），对一次绕组通以工频电流，由零增至1.2倍的额定电流，然后均匀缓慢地降至零。

如果电流互感器的铁芯绕有两个或两个以上二次绕组，则退磁时其中一个二次绕组接退磁电阻，其余的二次绕组开路。

14. 电压互感器二次压降误差的含义是什么？如何减小二次压降误差？

答：当电压互感器二次负载电流由端子经过连接导线供给负载时，由于导线的电阻以及连接点的接触电阻等电压降的存在就会给测量结果带来误差，使得电压互感器二次端电压不等于加在负载（测量表计）两端的电压，其幅值和相角都有差别，必然引起测量的误差。误差的大小与负载的大小、功率因数以及负载的连接方式有关。采取以下措施可减小TV二次回路的压降。

（1）设置计量专用二次回路，根据DL 448—2000《电能计量装置技术管理规程》的有关规定，电能计量回路不得接有非计量用的其他表计及继电保护装置等。

（2）选择合适的导线截面积，可按电压互感器不同的接线方式及负载不同的连接方式和允许的电压降来计算二次导线截面积，但至少不应小于2.5mm^2。

（3）定期对空气开关、熔断器、端子的接触部分进行打磨、更新，以减少接触电阻。

15. 电压互感器运行时有哪些误差，影响误差的因素主要有哪些？

答：（1）电压互感器运行时存在的误差。

1）比差。比差是指电压互感器测出的电压 $K_U U_2$ 与一次侧实际电压 U_1 的差，对一次实际电压 U_1 比的百分数，即

$$\Delta U(\%)=\frac{K_2U_2-U_1}{U_1}\times100\%$$

2）角误差 δ_U。角误差 δ_U 是指二次侧电压相量 U_2，旋转 180°与一次侧电压相量 U_1 之间的夹角。

（2）影响电压互感器误差的因素。

1）一、二次绕组阻抗的影响。阻抗变化，误差变化。

2）空载电流 I_0 的影响。空载电流 I_0 越大，误差越大。

3）一次电压的影响。当一次电压变化时，空载电流和铁芯损耗角将随之变化，使误差发生变化。

4）二次负载及二次负载功率因数的影响。二次负载增大，误差随之增大。二次负载功率因数角增大，比差 f 减小，且角误差 δ 明显增大。

5）电源频率变化的影响，频率变化超过 5%时，误差明显增大。

16. 电能计量装置安装后验收的项目有哪些？

答：电能计量装置安装后验收的项目如下。

（1）核对用户的电能计量方式是否合理。

（2）根据电能计量装置的接线图纸，核对装置的一次和二次回路接线。

（3）核查电能计量装置中各设备技术参数是否符合设计原则。

（4）检查二次回路中间触点、熔断器、试验接线盒的接触情况。

（5）检查电能计量装置的接地系统。

（6）测量一次、二次回路的绝缘电阻，应不低于 10MΩ。

（7）高压电气设备的绝缘试验报告应符合规定要求。

（8）检查电能计量装置是否符合安装要求。

（9）电能表、互感器应具有经法定计量检定机构检定并在有效期内的检定证书。

17. 电能表联合接线应遵守哪些基本规则？

答：联合接线应遵守以下基本规则。

（1）电流、电压互感器二次回路应可靠接地，且接地点应在互感器二次端子至试验端子之间，但低压电流互感器二次回路可不接地。

（2）各电能表的电压线圈应并联，电流线圈应串联。

（3）电压互感器应接在电流互感器的电源侧。

（4）电压互感器和电流互感器应装于变压器的同一侧，而不应分别装于变压器的两侧。

（5）非并列运行的线路，不许共用一个电压互感器。

（6）电压、电流互感器二次回路导线应采用单股或多股硬铜线，中间不得有接头，导线在转角处应留有足够的长度。

（7）电压、电流互感器二次回路导线颜色，相应 U、V、W 应分别采用黄、绿、红相色线，中性线 N 应采用黑色线。电流回路接线端子相位排列顺序为从左至右或从上至下为 U、V、W、N 或 U、W、N；电压回路排列顺序为 U、V、W。

(8) 电压二次回路导线的选择，应保证其Ⅰ、Ⅱ类的电能计量装置中电压互感器二次回路电压不大于其额定二次电压的 0.2%；其他电能计量装置中应保证其电压降不大于其额定电压的 0.5%，一般规定导线截面积不应小于 2.5mm²。

(9) 电流互感器二次回路导线，其截面一般规定不应小于 4mm²。

(10) 连接导线的端子处应有清晰的端子编号和符号。

18. 如何根据六角图法进行电能表接线方式的判断?

答: 当已知用户三相电压相序为正相序，电路负载为感性负载。

(1) 建立三相电压$\dot{U}_U$、$\dot{U}_V$、$\dot{U}_W$ 基准坐标。

(2) 用标准电能表法或被检电能表法测得的数据，画出电流$\dot{I}_U$ 和$\dot{I}_W$ 的相位。

(3) 结合电能表正确接线时的电流、电压相量，分析电流相位，判断是否有倒接。

(4) 如电流为逆相序，$\dot{I}_W$ 与$\dot{I}_U$ 对调改为正相序。

(5) 电流正相序属于$\dot{I}_U$、$\dot{I}_W$ 还是$-\dot{I}_U$、$-\dot{I}_W$ 取决于电流是否滞后于就近设定电压，是滞后的则为$\dot{I}_U$、$\dot{I}_W$，是超前的则为$-\dot{I}_U$、$-\dot{I}_W$。

(6) 电流相位确定后$\dot{I}_U$ 的就近电压为$\dot{U}_U$，$\dot{I}_U$ 决定电压$\dot{U}_U$，$\dot{I}_W$ 决定电压$\dot{U}_W$。

(7) 重新确定设定的电压相序、电流相位，并根据对应关系写出错误接线方式。

19. 现场安装低压电能计量箱危险点有哪些? 如何预控?

答: 危险点如下:

(1) 现场监护缺失或不到位。

(2) 计量箱未有效接地、设备漏电，打开计量箱体前未验电。

(3) 电钻操作使用不当造成机械伤害，工具外壳漏电或使用临时电源不当。

(4) 计量装置接线错误。

(5) 工作中相间短路，造成电弧灼伤。

预控措施:

(1) 计量现场作业至少两人同时进行。履行保障安全的技术措施，工作前验电、装设接地线，与带电设备保持足够的安全距离，将检修设备与运行设备前后以明显的标志隔开，附近有带电盘和带电部位，必须设专人监护。触摸金属计量箱前必须进行箱体验电。

(2) 金属计量箱外壳应确保有效接地，并用验电笔确认。

(3) 正确使用电动工具，遵守操作规程，电动工具外壳必须可靠接地，其所接电源必须装有漏电保护器。临时电源线绝缘要良好，线径符合要求，加装漏电保护器。

(4) 工作中认清设备接线标识，严格按照规程进行安装，一人操作一人监护。工作完毕接电后，要进行检查核验，确保接线正确。

(5) 作业前履行验电程序，对裸露线头进行包扎，检查设备接线正确性。在带电的情况下，必须使用绝缘工具。

20. 现场安装高压电能计量箱危险点有哪些? 如何预控?

答: 危险点如下:

(1) 走错间隔、误碰带电设备。

(2) 电钻操作使用不当，容易造成机械伤害，外壳漏电造成人身触电，不正确使用临时电源造成人员触电或设备损坏。

（3）计量箱未有效接地。

（4）计量装置接线错误。

（5）登高作业，发生坠落、落物。

预控措施：

（1）计量现场作业至少两人同时进行。采取防止走错间隔措施，履行保障安全的技术措施，工作前验电、装设接地线，与带电设备保持足够的安全距离，将检修设备与运行设备前后以明显的标志隔开，附近有带电盘和带电部位，必须设专人监护。触摸金属计量箱前必须进行箱体验电。

（2）金属计量箱外壳应确保有效接地。

（3）正确使用电动工具，遵守操作规程，电动工具外壳必须可靠接地，其所接电源必须装有漏电保护器。临时电源线绝缘要良好，线径符合要求，加装漏电保护器。

（4）工作中认清设备接线标识，严格按照规程进行安装，一人操作一人监护，工作完毕接电后要进行检查核验，确保接线正确。

（5）登高作业穿软底绝缘鞋，正确使用工具包和合格的登高工具，并应有专人监护。高处工作应使用工具袋，工具，器材上下传递应用绳索拴牢传递，严禁抛掷物品，严禁工作人员站在工作处的垂直下方。

21. 用电信息采集系统中对运行工况管理是如何规定的？

答：运行状况管理包括主站、终端、专用中继站运行状况监测和操作监测。

（1）主站运行工况监测。实时显示通信前置机、应用服务器以及通信设备等的运行工况；检测报文合法性，统计每个通信端口及终端的通信成功率。

（2）终端运行工况监测。终端运行状态统计（包括各类终端的台数，投运台数）、终端数据采集情况（包括电能表数据采集）、通信情况的分析和统计。

（3）专用中继站运行监测。实时显示中继站的运行状态，工作环境参数。

（4）操作监测。通过权限统一认证机制，确认操作人员情况，所在进程及程序、操作权限等内容。

系统自动记录重要操作（包括参数下发、控制下发、增删终端、增删电能表等）的当前操作员、操作时间、操作内容、操作结果等信息，并在值班日志内自动显示。

22. 在现场对电流互感器进行比角差测试时应注意哪些事项？

答：（1）测试用电源及电源线应有足够长，且电源线不得盘卷。

（2）升流器的一次线应尽量短（大电流侧），以免电流升不到所需值。

（3）二次侧多绕组的电流互感器，应认清计量绕组，并将其他绕组短接，以防继电器动作。

（4）被测电流互感器一次侧两边必须有明显断开点，并挂接地线，在测量时方可取掉，测完后马上恢复。

（5）测量时，应断开电能表的电压线，以防止电能表正转或反转造成计量误差。

23. 电能计量装置配置的原则是什么？

答：（1）具有足够的准确度。对于高压电能计量装置，不但电能表、互感器的准确度等级要满足《电能计量装置技术管理规程》（DL/T 448—2000）的要求，而且二次回路电压降误差也要满足《电能计量装置技术管理规程（DL/T 448—2000）的要求。

(2) 具有足够的可靠性。要求电能计量故障率低，电能表一次使用寿命长，能适应用电负荷在较大范围变化时的准确计量。

(3) 功能能够适应营抄管理的需要。一般情况下，电量计量装置应设置以下基本功能：记录有功、无功（感性及容性）电量，多率计量，最大需量，失电压计时以及为负荷监控而设置的脉冲量或数字量传输。具体到某一用户，可以根据供用电合同中关于计量方式的规定，选用其中一部分（或全部）功能。

(4) 有可靠的封闭性能和防窃电性能，封印不易伪造，在封印完整的情况下，做到用户无法窃电。

(5) 装置要便于工作人员现场检查和带电工作。

24. 减少电能计量装置综合误差的措施有哪些?

答: (1) 减少电压互感器二次回路压降引起的计量误差：①装设专用电压互感器或专用绕组和专用电压互感器二次回路；② 增大电压互感器二次导线截面，减小触点接触电阻和采用就地计量方式。

(2) 减小互感器的合成误差：①运行中电流互感器与电压互感器合理组合配对；② 采用S级电流互感器。

(3) 减小电能表的误差：①采用高准确度的全电子式电能表；② 选择宽量限电能表。

25. 影响电流互感器误差的因素主要有哪些?

答: (1) 一次电流 I_1 的影响。当 I_1 偏离 50%～120%额定电流的范围时，因铁芯磁导率下降，比误差和角误差与铁芯磁导率成反比，故误差增大。因此 I_1 在其额定值附近运行时，误差较小。

(2) 励磁电流 I_0 的影响。I_0 受其铁芯质量、结构的影响，故 I_0 取决于电流互感器的制造质量。

(3) 二次负载阻抗 Z_2 大小的影响。Z_2 增大，误差增大。

(4) 二次负载功率因数的影响。二次负载功率因数角增大，比差增大，角差减小。

(5) 电源频率对误差的影响。电源频率 f 与误差成反比。

26. 简述电能计量装置二次回路的配置原则。

答: 电能计量装置二次回路的配置原则如下。

(1) 35kV 以上贸易结算用电能计量装置中电压互感器二次回路，应不装设隔离开关辅助触点，但可装设熔断器；35kV 及以下贸易结算用电能计量装置中电压互感器二次回路，应不装设隔离开关辅助触点和熔断器。

(2) 互感器二次回路的连接导线应采用铜质单芯绝缘线。对电流二次回路，连接导线截面积应按电流互感器的额定二次负荷计算确定，至少应不小于 4mm^2。对电压二次回路连接导线截面积应按允许的电压降计算确定，至少应不小于 2.5mm^2。

(3) 互感器的二次回路不得接入与电能计量无关的设备。

(4) 未配置计量柜（箱）的，其互感器二次回路的所有接线端子、试验端子应实施铅封。

27. 低压电能计量装置竣工验收的项目有哪些?

答: 竣工验收项目如下。

(1) 检查互感器是否完好清洁，一次回路连接是否良好。

(2) 铭牌及倍率、极性、相位等标志是否正确完整。

(3) 二次回路用材、导线截面、附件及安装质量是否符合要求，接线是否正确。

(4) 计量柜是否符合要求，门应开启灵活能加锁加封。

(5) 安装位置、安装的计量装置是否符合规定和设定的计量方式。

28. 电能表的电流回路、电压回路的电气特性对电能计量装置综合误差的影响有哪些?

答: 电能表电流回路、电压回路的功耗与功率因数等电气特性对互感器的合成误差及电压回路的二次压降引起的误差都有一定的影响。

(1) 对互感器的合成误差的影响。根据规程要求互感器实际二次负荷应在25%～100%互感器额定二次负荷范围内。电压互感器实际二次负荷的功率因数应与电压互感器额定二次功率因数相接近。作为互感器二次回路中的主要部件电能表应尽量使实际二次负荷满足匹配。

(2) 对电压回路的二次压降引起的误差的影响。作为电压互感器二次回路中的主要部件电能表，其功率损耗与功率因数等电气特性对电压互感器二次回路压降存在较大影响，一般情况功耗越大，压降越大。

29. 简述掌上机与电能表的通信过程。

答: 掌上机通过红外通信口对电能表发出指令，电能表的接收管收到指令后，通过光电耦合原理，把红外信号变为CPU可处理的数字信号，CPU执行这些指令，同时在相应的引脚发出高电平，使通信指示灯常亮，维持时间约为30s，并且通过发射管把所需要传回的数据传送回掌上机。

对于全电子电能表还可以通过RS-485通信口进行通信。掌上机通过转接线把其内部RS-232的数据格式的信号转换为RS-485格式的信号，传输给表内RS-485芯片，此芯片再把信号转换为CPU可处理的信号。

在RS-485通信方式中，CPU对通信指示灯的处理和使用红外通信一样。CPU用RS-485通信口传出数据时，按原路返回。CPU把数据传给RS-485芯片，再通过转接线上的芯片转换成RS-232格式数据输入掌上机。

30. 最大需量有哪两种计算方式? 两者之间有何区别?

答: 最大需量有区间式和滑差式这两种计算方式，两者之间区别如下。

(1) 区间式最大需量计算方式：将第1min到第15min的脉冲数累加后乘以脉冲的电能当量（指每个脉冲所代表的电能值），再除以15min，即得到需量值P_1，保存于最大需量的存储单元中，然后进行第16min到第30min需量区间的计算，将第二次计算值P_2与P_1比较，若$P_2>P_1$，则将P_2取代P_1存于最大需量的存储单元中，依此类推，最大需量的存储单元中始终保持15min平均功率的最大值。

(2) 滑差式最大需量计算方式：将第1min到第15min的脉冲数累加后乘以脉冲的电能当量（指每个脉冲所代表的电能值），再除以15min，即得到需量值P_1，保存于最大需量的存储单元中，第二次计算需量值时，是从第（$1+t$）min到第（$15+t$）min内计算平均功率，其中t为滑差区间的时间。第n次计算，依此类推，即从第（$1+nt$）min到第（$15+nt$）min内计算平均功率，每次将计算值进行比较保存最大值于最大需量的存储单元中。

31. A/D转换型电子式多功能电能表如何计量有功和无功电能？

答：A/D转换型电子式多功能电能表是通过对被测电路中的电压、电流模拟量精确采样并将采样得到的模拟量转换成数字量，然后再进行数字乘法，即可获得有功功率在采样周期内的平均值。即如果将某段时间内的每一个采样周期的有功功率平均值累加，就可得到这段时间内电路所消耗的有功电能。即

$$
\begin{aligned}
P &= \frac{1}{T}\int_0^T u(t)i(t)\mathrm{d}t \\
&= \frac{1}{T}\int_0^T U_\mathrm{m}\sin\omega t I_\mathrm{m}\sin(\omega t-\varphi)\mathrm{d}t \\
&= \frac{1}{T}\int_0^T UI[-\cos(2\omega t+\varphi)+\cos\varphi]\mathrm{d}t \\
&= UI\cos\varphi
\end{aligned}
$$

只要将电流取样值与延时 $\pi/2$（50Hz时为5ms）的电压取样值进行数字相乘即可得到无功功率在采样周期 T 内的平均值。即

$$
\begin{aligned}
Q &= 1/T\int_0^T U_\mathrm{m}\cdot\sin(\omega t-\pi/2)I_\mathrm{m}\cdot\sin(\omega t-\varphi)\mathrm{d}t \\
&= 1/T\int_0^T UI\cdot[\sin\varphi-\cos(2\omega t-\varphi-\pi/2)]\mathrm{d}t \\
&= UI\sin\varphi
\end{aligned}
$$

同样，将某时间内的每一个采样周期的无功功率平均值累加，就可得到这段时间内电路所消耗的无功电能。

这样，A/D转换型电子式多功能电能表就实现了有、无功电能的计量功能。

32. 电子式电能表中常用的压敏电阻有什么作用？

答：压敏电阻瞬变干扰吸收元件，属于非线性的半导体电压器件，具有对称而且陡直的击穿特性。主要用于电压比较高的场合，如超过其阈值的电能加在压敏电阻两端会被吸收而转化为热能，只要不超过限定的功率额定值，压敏电阻不会损坏，如超过额定值，压敏电阻会永久性地损坏，而造成短路。压敏电阻自身的导通过程达到纳秒的速度，故电能表如受到雷击等过电压的瞬变干扰时，由于压敏电阻极快的响应速度和较大的脉冲电流吸收能力，能达到较满意的干扰抑制效果。掉换压敏电阻应选择适当的功率额定值，同时实验表明干扰抑制效果与压敏电阻安装时引线的长度有关，引线的长度越短越好。一般压敏电阻应与断路器或熔丝配合使用，可避免压敏电阻因过热击穿造成的短路、瞬间炸裂造成的开路等现象对电能表的破坏。

33. 概述时分割乘法器的工作原理。

答：时分割乘法器的基本原理是：用一个固定频率为20～200kHz的方波或三角波将两个同频率（如50Hz）的待测量，即交流电压量 U_X、U_Y 的每个周期分割成许多微小等份的小段，由于分割的频率比两个待测电压量的频率高得多，所以每个等分区段的电压量都可以看成是直流量，假定在一个等分区内，使其中一个电压 U_X 调制脉冲的宽度，使其正比于 U_X，然后，用这个脉冲宽度去控制另一个输入电压 U_Y 的接通时间，使

得脉冲的幅度正比于U_Y，经过上述的调宽调幅，就会输出一个面积为$U_X \cdot U_Y$的正负方波，经滤波后，乘法器最终输出的电压$F_o = kU_XU_Y$，这样就实现了两个被测输入量的相乘。

34. 安装型电子式电能表中使用最多的两种电流取样方式是什么？使用最多的两种测量原理是什么？

答：目前中国市场上安装型电子式电能表使用最多的两种电流取样方式是分流电阻直接取样方式和经互感器取样方式。前者多用于单相电能表，后者多用于三相电能表。

目前安装型电子式电能表中采用最多的两种测量原理是高精度 A/D 转换型和霍尔乘法型，前者的基本原理是通过直接测量被测电路中的交流电压、电流，对变化的正弦波按一定的时间间隔逐点检测其电压、电流的大小和极性，并转换成数字量送入单片机；后者的基本原理是利用霍尔效应的 DFS 传感元件将被测电路中的电压、电流相乘后，再经各种变换从而获得测量有功电能、无功电能等所需的数据。

35. 三相全电子多功能表有哪些主要特点？

答：(1) 测量精度高。

(2) 工作电压范围宽。

(3) 分时计量和多种测量功能。

(4) 可进行无功四象限计量。

(5) 需量功能。

(6) 自动转存功能。

(7) 事件记录功能。

(8) 供电质量监测功能。

(9) 防窃电功能。

(10) 远程抄表功能。

(11) 其他，如加强型计量保护功能、液晶显示可编程功能等。

36. 在现场用标准电能表测定电能表误差时，应遵守哪些规定？

答：在现场用标准电能表测定电能表误差时应遵守下列规定。

(1) 标准电能表必须具备运输和保管中的防尘、防潮和防震措施，且附有温度计。

(2) 标准电能表必须按固定相序使用，并且有明显的相别标志。

(3) 标准电能表和试验端子之间的连接导线应有良好的绝缘，中间不允许有接头，也应有明显的极性和相别标志，标准表电流连接端子应有自锁功能。

(4) 标准电能表接入电路的通电预热时间，除在标准电能表的使用说明中另有明确规定者外，如无明确要求，通电时间不得少于 15min。

(5) 电压回路的连接导线以及操作开关的接触电阻、引线电阻造成的标准表与被试表对应端子之间的电位差，相对于额定电压比值应不大于被试表等级的 1/10，必要时也可以与标准电能表连接在一起校准。

37. 电流互感器安装要注意些什么？

答：电流互感器安装要注意以下几个方面。

(1) 一次电流较大，接到互感器端子上的线鼻子要用螺栓拧紧，以防接触不良发热。大电流导线线头一定要套铜接线端子连接。

(2) 功率表、电能表、功率因数表的量值正确与否和电流方向有关，所以接线时一定要注意极性。

(3) 二次绕组要接低阻抗负荷，否则要短接，不能开路。

(4) 二次回路要有一点接地（低压计量电能装置及电能表电流线圈带电压接法除外）。

38. 电子型电能表标准装置的基本组成有哪些？主要设备有哪些？

答：电子型电能表标准装置主要由电源回路、电压回路、电流回路三部分组成。

(1) 电源回路主要设备有变压器、整流器、稳压器等。

(2) 电压回路主要设备有信号源、电压功放、阻抗变换器、升压器、标准电压互感器、电压采样变压器、电压反馈电路及一些继电器等。

(3) 电流回路主要设备有信号源、电流功放、阻抗变换器、升流器、标准电流互感器、电流采样变压器、电流反馈电路及一些继电器和交流接触器等。

39. IC 卡式预付费电能表有何优点？

答：IC 卡式预付费电能表是目前预付费电能表中使用最广的一种。因为 IC 卡具有以下优点。

(1) 抗破坏性强、耐用性高。IC 卡通过芯片存储信息，先进的芯片制作工艺完全可以保证卡的抗磁性、抗静电及各种射线能力。而且 IC 卡信息可常久保存，读写又方便，读写次数高达 10 万次以上。

(2) 存储容量高，加密性强。

(3) 相关设备成本不高。IC 卡本身为一个可以携带的数字电路，读写只需一个供插卡的卡座就行，而且很多信息可直接存放在 IC 卡上，对系统网络、软件设计要求都不高。

40. 谐波的危害有哪些？

答：带有谐波源电气设备接入电网以后，向电网注入谐波电流，谐波电流在电网阻抗上产生谐波电压，谐波电压叠加在正弦波形的 50Hz 电网上，并施加在所有接于该电网的电气设备端，对这些设备的正常工作产生影响甚至危害，主要会引起电器设备损耗增加，产生局部过热，导致电热器和电动机的过早损坏；电动机的机械震动增大，噪声增强，造成工作环境噪声污染；对电子元件产生干扰，引起工作失常；对自动装置或测量仪表产生干扰，造成测量误差增加，自动装置误动；产生谐波的用户，计量装置将少计电量，接收谐波的用户计量装置将多计电量；对电视广播和通信产生干扰，图像和通信质量下降。

41.《电能计量装置技术管理规程》对计量印、证的领用发放有何规定？

答：电能计量印、证的领用发放只限于电能计量技术机构内从事计量管理、检定、安装、轮换、检修的人员，领取的计量印、证应与其所从事的工作相适应。其他人员严禁领用。计量印、证的领取必须经电能计量技术机构负责人审批，领取时印模必须和领取人签名一起备案。使用人工作变动时必须交回所领取的计量印、证。

电能计量技术机构应根据本单位的具体情况，制定出与本标准印、证管理相适应的实施细则，明确本单位电能计量印、证的发放范围及使用权限，以及违反管理规定的处罚办法等。

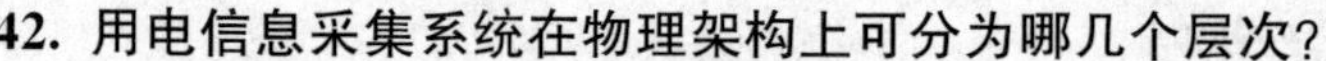

42. 用电信息采集系统在物理架构上可分为哪几个层次？

答： 用电信息采集系统在物理架构上可分为系统主站、通信信道、现场终端 3 个层次。

（1）系统主站主要由营销系统服务器（包括数据库服务器、磁盘阵列、应用服务器）、前置采集服务器（包括前置服务器、工作站、GPS 时钟、安全防护设备）以及相关的网络设备组成。

（2）通信信道是指系统主站与终端之间的远程通信信道，主要包括光纤专网、GPRS/CDMA 无线公网、230MHz 无线专网、中压电力线载波专网等。

（3）现场终端是指安装在信息采集点的采集终端设备，主要包括专用变压器采集终端、集中抄表终端（包括集中器、采集器）等。

43. 用电信息采集系统主要有哪些通信方式？

答： 用电信息采集系统的主要通信方式有光纤专网通信、GPRS/CDMA 无线公网通信、230MHz 无线专网通信、电力线载波通信、RS485 通信方式等。

在用电信息采集系统中，通信信道可分为远程通信信道和本地信道：① 远程通信信道用于完成主站系统和现场终端之间的数据传输通信。光纤专网，GPRS/CDMA、3G 等无线公网，230MHz 无线专网，中压电力线载波等通信方式适用于远程通信信道。② 本地信道用于现场终端到表计的通信连接，高压用户一般采用 RS485 通信方式连接专用变压器采集终端和计量表计；低压用户可采用低压电力线载波、微功率无线网络、RS485 通信方式连接集中抄表终端和计量表计。

44. 智能电能表与传统电能表相比有哪些新功能？

答： 智能电能表由测量单元、数据处理单元、通信单元等组成，具有电能量计量、信息存储及处理、实时监测、自动控制、信息交互等功能。与传统电能表相比，智能电能表除了基本计量功能外，还具备以下功能。

（1）有功电能和无功电能双向计量，支持分布式能源用户的接入。

（2）具备阶梯电价、预付费及远程通断电功能，支持智能需求侧管理。

（3）可以实时监测电网运行状态、电能质量和环境参量，支持智能用电用能服务。

（4）具备异常用电状况在线监测、诊断、报警及智能化处理功能，满足计量装置故障处理和在线监测的需求。

（5）配备专用安全加密模块，保障电能表信息安全储存、运算和传输。

45. 电压互感器高压熔断器熔丝熔断的原因有哪些？

答： 高压熔断器是电压互感器的保护装置，高压熔断器熔丝熔断的原因有以下几个方面。

（1）电压互感器内部发生绕组的匝间、层间或相间短路及一相接地故障。

（2）二次侧出口发生短路，或当二次保护熔丝选用过大时，二次回路发生故障，而二次熔丝未熔断，可能造成电压互感器的过电流，而使高压熔丝熔断。

（3）在中性点系统中，由于高压侧发生单相接地，其他两相对地电压升高，可能使一次电流增大，而使高压熔丝熔断。

（4）系统发生铁磁谐振，电压互感器上将产生过电压或过电流，电流激增，使高压熔丝熔断；或发生一相间歇性电弧接地，也可能导致电压互感器铁芯饱和，感抗下降，电流急剧增，也会使高压熔丝熔断。

46. 电子式电能表中，锂电池的使用一般应考虑哪些因素？

答：（1）锂电池的选择应考虑是否环保，是否适用于长期储备短时放电电流的产品，温度范围、使用寿命、电流容量。储备时的自放电率、电池电压、安全性能等是否满足要求。

（2）电能表中的锂电池大多为不可充电电池，在使用中反向电流必须控制在 $10\mu A$ 以内，如果反向电流（充电电流）过大，会引起电池内电解液沸腾，从而可能使电池漏液、发热甚至爆裂。

47. 智能电能表信息交换安全认证应如何规定？

答：本地费控电能表通过用户卡在用电信息采集系统中进行信息交换，最终的安全认证是通过本地费控电能表与用户卡之间、用户卡与 IC 卡读卡器的 PSAM 之间、IC 卡读卡器的 PSAM 与密码机之间的安全认证来确保信息交换的安全性。

远程费控智能电能表是通过网络等虚拟介质远程实现费控功能的电能表。远程费控电能表是通过远程费控电能表内嵌的 ESAM 模块与密码机之间的安全认证来确保其信息交换的安全性。

48. 智能电能表质量监督工作每个环节的工作内容分别是什么？

答：供应商评价应包括对供应商的经营实力、质量管理水平、研发生产能力、履约服务能力等方面进行评价。

智能电能表招标前质量监督包括招标前全性能试验、合格样品留样、样品资料制作。

智能电能表供货前质量监督包括产品监造、供货前样品比对和全性能试验。

智能电能表到货后质量监督包括到货后样品比对、抽样验收试验和全检验收试验。试验项目及试验方法按公司技术标准执行。

智能电能表运行质量监督包括定期抽检及故障表质量监督处理。

49. 用电信息采集系统采集的主要数据项有哪些？

答：采集的主要数据项有以下几个方面。

（1）电能量数据：总电能示值、各费率电能示值、总电能量、各费率电能量、最大需量等。

（2）交流模拟量：电压、电流、有功功率、无功功率、功率因数等。

（3）工况数据：采集终端及计量设备的工况信息。

（4）电能质量越限统计数据：电压、电流、功率、功率因数、谐波等越限统计数据。

（5）事件记录数据：终端和电能表记录的事件记录数据。

（6）其他数据：费控信息等。

50. 在带电的电压互感器二次回路上工作时，应采取哪些安全措施？

答：在带电的电压互感器二次回路上工作时，应采取下列安全措施。

（1）严格防止短路或接地。应使用绝缘工具戴手套。必要时，工作前申请停用有关保护装置、安全自动装置或自动化控制系统。

（2）接临时负载，应装有专用的刀闸和可熔熔断器或其他降低冲击电流对电压互感器的影响。

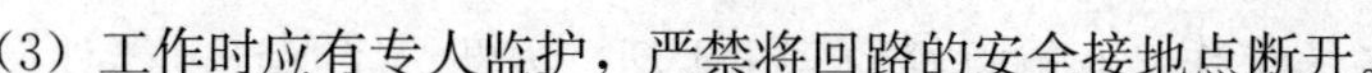

（3）工作时应有专人监护，严禁将回路的安全接地点断开。

51. 在带电的电流互感器二次回路上工作时，应采取哪些安全措施？

答：在带电的电流互感器二次回路上工作时，应采取下列安全措施。

（1）禁止将电流互感器二次侧开路（光电流互感电流器除外）。

（2）短路电流互感器二次绕组，应使用短路片或专用短路线，禁止用导线缠绕。

（3）在电流互感器与短路端子之间导线上进行任何工作，应有严格安全措施，并填用“二次工作安全措施票”。必要时申请停用有关保护装置、安全自动装置或自动化监控系统。

（4）工作中禁止将回路的永久接地点断开。

（5）工作时应有人监护，使用绝缘工具，并站在绝缘垫上。

52. 对电子式电能表进行日计时误差测量的方法有哪几种？

答：（1）将晶控时间开关的时基频率检测孔（或端钮）与计时误差等于（或优于）0.05s/d的日差测试仪的输入端相连，通电预热1h后开始测量时间，重复测量10次，每次测量时间1min，取10次测量结果的平均值，即得瞬时日计时误差。

（2）无日差测试仪时，可将晶控时间开关连续运行72h。根据电台报时声，每隔24h测量1次计时误差，取3次计时误差的平均值作为日计时误差。

（3）用标准时钟或频率准确度不低于2×10^{-7}/s的电子计数器确定日计时误差。

53. 电流互感器运行时二次开路后应如何处理？

答：（1）运行中的高压电流互感器，其二次出口端开路时，因二次开路电压高，限于安全距离，人不能靠近，必须停电处理。

（2）运行中的电流互感器发生二次开路，不能停电的应该设法转移负荷，在低峰负荷时做停电处理。

（3）若因二次接线端子螺钉松动造成二次开路，在降低负荷电流和采取必要的安全措施（有人监护，处理时人与带电部分有足够的安全距离，使用有绝缘柄的工具）的情况下，可不停电将松动的螺钉拧紧。

54. 用电信息采集系统采集的主要方式是什么？

答：主要采集方式有以下几种。

（1）定时自动采集。按采集任务设定的时间间隔自动采集终端数据，自动采集时间、间隔、内容、对象均可以设置。当定时自动数据采集失败时，主站应有自动及人工补采功能，保证数据的完整性。

（2）随机召测。根据实际需要随时人工召测数据。如出现事件告警时，随即召测与事件相关的重要数据，供事件分析使用。

（3）主动上报。在全双工通道和数据交换网络通道的数据传输中，允许终端启动数据传输过程（简称为主动上报），将重要事件立即上报主站，并且按定时发送任务设置将数据定时上报主站。主站应支持主动上报数据的采集和处理。

55. 对电子式电能表为什么要进行电磁兼容性试验？

答：电子式电能表（包括机电式电能表）采用了敏感的电子元器件，由于其小型化、低功耗、高速度的要求，使得电能表在严酷的电磁环境下遭受损害或失效的机会大了，严重的可造成设备事故。另外，电能表在运行时会对周围环境产生电磁骚扰，可能干扰公共安全和通信设备的工作，影响百姓的文化生活。因此为了保证电能计量的准确、可靠，有必要对电子式电能表进行电磁兼容性试验。

56. 为什么要对电子式电能表进行静电放电抗扰度试验？

答：静电问题与环境条件和使用场合有关。静电电荷尤其可能在干燥与使用人造纤维的环境中产生。静电放电则发生在带静电电荷的人体或物体的接触或靠近正常工作的电子设备的过程中，使设备中的敏感元件造成误动作，严重时甚至引起损坏。对电子式电能表进行静止放电抗扰度试验可以用来模拟操作人员或物体在接触电能表时的放电及人或物体对邻近物体的放电，以评价电能表抵抗静电放电干扰的能力。

57. 复费率电能表在线路断电的情况下，数据如何保存？时钟如何保证正常工作？

答：复费率电能表在外电网断电时，有些电能表具有电源检测功能，一旦发现电源电压下降会自动将数据写入 E^2PROM，这种方式多用于单相复费率表。还有些电能表则需靠后备电源系统维持大容量数据记录。而时钟则完全依靠后备电源系统维持其正常运行。

常见的后备电源系统由 1 个储能电容和 1 节后备锂电池构成。储能电容可维持数据保存数小时，当其电压降低到不足以维持数据时，锂电池开始提供电源。当供电恢复后，储备电容可在几十秒内完成充电，又可作为短时后备电源维持数据和时钟运行。

58. 为什么要对电子式电能表进行电快速瞬变脉冲群抗扰度试验？

答：电子式电能表对来自继电器、接触器等电感性负载在切换和触点跳动时所产生的各种瞬时干扰较敏感。这类干扰具有上升时间快、持续时间短、重复率高和能量较低的特点，耦合到电能表的电源线、控制线、信号线和通信线路时，虽然不会造成严重损坏，但会对电能表造成骚扰，影响其正常工作，因此有必要对电子式电能表进行电快速瞬变脉冲群抗扰度试验。

59. 复费率电能表中时钟异常，对分时计量有何影响？

答：复费率电能表中的时钟是保证电能表正确计量的重要因素之一，当时钟出现异常会造成分时计量的差错，主要有以下两种情况。

（1）电能表时钟与标准时钟有偏差，将造成某费率少计量某费率多计量，但总电量还是正确的。

（2）电能表时钟信号错乱，如乱码等，CPU 无法判断该时钟属于何种费率时段。这时 CPU 对电量的处理因不同的设计而不同。大多数电能表会将电量脉冲累加到某个费率中，或累加到总电量中。也有少数电能表可能因时钟的异常造成电量的异常，即总电量的累加不正确，分时电量的累加也不正确。

60. 运行中的电流互感器二次开路时，二次感应电动势大小如何变化？

答：运行中的电流互感器二次所接负载阻抗非常小，基本上处于短路状态，由于二次电流产生的磁通和一次电流产生的磁通互相去磁的结果，使铁芯中的磁通密度在较低的水平，此时电流互感器的二次电压也很低。当运行中二次绕组开路后，一次侧电流仍不变，而二次电流等于零，二次磁通就消失了，这样，一次电流全部变成励磁电流，使铁芯骤然饱和，由于铁芯的严重饱和，二次侧将可能产生高电压，对二次绝缘构成威胁，对设备和运行人员有危险。

61. 国产电能表型号字母的含义是什么？

答：我国电能表型号的表示方法一般按下列规定编排：

类别代号+组别代号+用途代号+设计序号+派生号。

类别代号：D—电能表。

组别代号表示相线：D—单相；S—三相三线有功；T—三相四线有功。

用途代号表示用途：A—安培小时计或数字化；B—标准；D—多功能；F—复费率；H—总耗；J—直流；L—长寿命；M—脉冲；S—全电子式；Y—预付费；X—无功；Z—最大需量或智能电能表。

设计序号：用阿拉伯数字表示。

例如，DD—单相电能表；

DDS—单相电子式电能表；

DS—三相三线有功电能表；

DSSD—三相三线全电子式多功能电能表；

DT—三相四线有功电能表；

DTF—三相四线复费率电能表；

DX—无功电能表；

DB—标准电能表。

62. 按《电能计量装置技术管理规程》的规定，互感器现场检验的周期如何划分？

答：根据 DL/T 448—2000《电能计量装置技术管理规程》的规定：

（1）高压互感器每 10 年现场检验一次，当现场检验互感器误差超差时，应查明原因，制订更换或改造计划，尽快解决，时间不得超过下一次主设备检修完成日期。

（2）运行中的电压互感器二次回路电压降应定期进行检验。对 35kV 及以上电压互感器二次回路电压降，至少每两年检验一次。当二次回路负荷超过互感器额定二次负荷或二次回路电压降超差时应及时查明原因，并在一个月内处理。

（3）运行中的低压电流互感器宜在电能表轮换时进行变比、二次回路及其负载检查。

63. 电流互感器运行时造成二次开路的原因有哪些？

答：（1）电流互感器安装处有振动存在，其二次导线接线端子的螺钉因振动而自行脱钩。

（2）保护盘或控制盘上电流互感器的接线端子压板带电测试误断开或压板未压好。

（3）经切换可读三相电流值的电流表的切换开关接触不良。

（4）电流互感器的二次导线，因受机械损伤而断开。

64. 简述无功电能的测量意义。

答：对于电力系统来说，负荷对无功功率需求的增加，势必降低发电机有功功率的发、送容量，这是很不经济的，并且经远距离的输电线路传输大量的无功功率，必将引起较大的有、无功功率和电压损耗，为此要求用户装设无功补偿装置，使无功得以就地供给，以提高系统的功率因数，减少损耗。无功电能的测量，主要就是用来考核电力系统对无功功率平衡的调节状况，以及考核用户无功补偿的合理性，它对电力生产、输送、消耗过程中的管理是必要的。

65. 现场检验时，还应检查哪些不合理的计量方式？

答：（1）电流互感器变比过大，致使电流互感器经常在 20%（S 级：5%）额定电流以下运行的。

(2) 电能表接在电流互感器非计量二次绕组上。

(3) 电压与电流互感器分别接在电力变压器不同侧的，电能表电压回路未接到相应的母线电压互感器二次上。

(4) 无换向计度器的感应式无功电能表和双向计量的感应式有功电能表无止逆器的。

66. 交流电能表检定装置测量重复性是如何要求的?

答: 选择控制量限、最大负载，在功率因数 1.0、0.5 (L) 分别确定基本误差。0.05 级及以下装置进行不少于 5 次测量，0.03 级及以上装置进行不少于 10 次测量，每次测量必须从开机初始状态重新调整至测量状态。按照下式计算实验标准差 S (%)

$$S(\%)=\sqrt{\frac{\sum_{i=1}^{n}(\gamma_i-\overline{\gamma})^2}{n-1}}$$

式中 γ_i——第 i 次测量时被检装置未修约的基本误差，%；

$\overline{\gamma}$——各次基本误差 γ_i 的平均值，即

$$\overline{\gamma}=\frac{\gamma_1+\gamma_2+\cdots+\gamma_n}{n}\ (\%)$$

n——重复测量次数。

67. 为什么多次独立测量的算术平均值比单次测量值精度高? 是否可以尽可能多地增加测量次数来提高测量精度?

答: 算数平均值的标准差 $\sigma_1=\sigma/\sqrt{n}$，其中 σ 为单次测量的标准差，n 为测量次数。由于 $n>1$，故 $\sigma_1<\sigma$，故算术平均值比单次测量值精度高。由于 σ_1 随 n 的增加而按 $1/\sqrt{n}$ 减小，故 n 越大，减小的速度越慢，故尽可能多地增大 n 来提高测量精度，意义不大，且 n 增加，测量时间加长，会带来新的误差，也不宜过多地增加测量次数。

68. 电流互感器的基本工作原理。

答: 电流互感器主要由一次绕组、二次绕组及铁芯所组成。当一次绕组中通过电流 I_1 时，则在铁芯上就会存在一个磁动势 I_1W_1。根据电磁感应和磁动势平衡的原理，在二次绕组中就会产生感应电流 I_2，并以二次磁动势 I_2W_2，去抵消一次磁动势 I_1W_1，在理想情况下，就存在下面的磁动势平衡方程式。

$$I_1W_2+I_2W_2=0$$

式中 I_1——一次绕组中的电流；

I_2——二次绕组中的电流；

W_1——一次绕组的匝数；

W_2——二次绕组的匝数。

此时的电流互感器不存在误差，所以称为理想的电流互感器。以上所述，就是电流器互感器的基本工作原理。

69. 简述电压互感器绕组匝数对误差的影响。

答: 电压互感器绕组匝数对误差的影响很大，当绕组匝数增大时，一、二次绕组的

内阻近似或正比地增大，漏抗近似与绕组匝数的平方成正比地增大，因而电压互感器的负载误差显著增大。由于绕组匝数增大时，空载电流减小，因此空载误差变化不大。综合负载误差与空载误差的变化，绕组匝数增大时，互感器的误差将增大；绕组匝数减小时，互感器的误差也将减小。

70. 为什么对于中性点直接接地的三相三线电路，用三相四线有功电能表测量有功电能较适宜呢？

答：因为三相三线电能表能准确地测量三相三线电路中有功电能的计量原理，是基于三相三线电路中 $i_A + i_B + i_C = 0$ 的条件下得出的，当三相三线电路的中性点直接接地时，若三相负载不平衡，则线路上将流过较大的接地电流 i_d，因而 $i_A + i_B + i_C = i_d \neq 0$，所以三相三线电能表无法准确测量线路中的有功电能，而三相四线有功电能表能准确测量该情况下的三相电路中的有功电能。因此，对于中性点直接接地的三相三线电路，用三相四线有功电能表测量有功电能比较适宜。

71. 计量标准考核对人员有何要求？

答：（1）有能够履行职责的计量标准负责人：计量标准负责人应当对计量标准的使用、维护、溯源、文件集的维护等负责。

（2）有持证的检定或校准人员：每项计量标准应当配备至少两名与开展检定或校准项目相一致的，并符合下列条件之一的检定或校准人员。

1）持有本项目《计量检定员证》。

2）持有相应等级的《注册计量师资格证书》和质量技术监督部门颁发的相应项目《注册计量师注册证》。

72. 简述钳形电流表的工作原理。

答：钳形电流表由电流互感器和电流表组成。互感器的铁心有一活动部分，并与手柄相连，使用时按动手柄使活动铁芯张开，将被测电流的导线放入钳口中，放开后使铁芯闭合。此时通过电流的导线相当于互感器的一次线圈，二次线圈出现感应电流。其值由导线的工作电流和圈数比确定。电流表是接在二次线圈两端的，因而它所指示的电流是二次线圈中的电流，此电流与导线中的电流成正比，所以只要将规算好的刻度作为电流表的刻度，当导线中有工作电流通过时，和二次线圈相连的电流表指针便按比例发生偏转，从而指示出被测电流的数值。

73. 为什么测量电流波形失真度时要在回路中串接一只无感电阻？

答：电流波形失真度测量时，串接无感电阻是将电流转化成相应的电压，然后测出电压波形失真度即为电流波形失真度。所串接的电阻必须无感，这是因为电感器感抗与频率成正比关系，由于电流谐波和基波频率不同，通过有感电阻转化成电压时不能等比放大或缩小，从而引起转化的电压波形畸变。

74. 电子式电能表的电压跌落和短时中断是怎样造成的？它对电子式电能表有什么影响？

答：电压跌落和短时中断是由于电力系统发生短路或接地故障造成的，尤其是系统进行自动重合闸和切除故障的操作会引起 0.5s 持续时间的电压跌落和短时中断。电压跌落和短时中断的时间虽然很短，但抗干扰性差的电子式电能表，往往会发生电子元件误动作或存储器的数据丢失等故障。

75. 智能电能表质量监督评价结论分为哪几类质量问题？分别是什么？

答：可分为4类质量问题，分别如下。

（1）一类质量问题：是指由于制造工艺、元器件质量、测试试验等环节的原因导致某一供货批次产品的批量质量隐患或故障，不满足供货合同要求。

（2）二类质量问题：是指由于生产能力、制造工艺、元器件质量、测试试验等环节的原因导致供货产品的批量质量隐患，且无法按供货合同规定如期履约，对公司正常经营管理活动和生产秩序造成一定影响。

（3）三类质量问题：是指由于设计原理、生产能力、制造工艺、元器件质量、测试试验等环节的原因导致产品不满足招标技术文件要求，或供货产品多批次出现批量质量隐患或故障，对公司正常经营管理活动和生产秩序，以及优质服务工作造成一定影响。

（4）四类质量问题：是指由于设计原理、生产能力、制造工艺、元器件质量、测试试验等环节的原因导致供货产品多批次出现批量质量隐患或故障，严重妨碍公司生产、经营管理活动正常开展，对公司优质服务工作造成严重影响。

76. 在用电信息采集系统建设过程中，各建设单位应从哪些方面加强现场施工管理？

答：（1）加强现场服务质量管理，确保“表计换装公告、用户旧表底度确认”到户。

（2）加强“杜绝装表串户”的质量管理，建立安装完后必须现场核对户表对应的工作程序。

（3）加强“档案核查”质量管理，营业与计量人员要协同开展台区、终端、户表等档案清理核对工作。

（4）加强外包施工队伍管理，实施安全、质量、服务的同质化管理和评价。

77. 采集终端安装质量验收标准包括哪些主要内容？

答：采集终端安装质量验收标准包括以下内容。

（1）设备安装要求如下：

1）安装位置应不影响生产检修，便于日常维护。

2）采集终端应安装在计量箱（柜、屏）指定位置。

3）采集终端应垂直安装，安装应牢固、稳定、可靠。

4）采集终端的端钮盖应加封完备。

（2）接线要求如下：

1）电源回路：满足《电能计量装置技术管理规程》相关要求，二次回路的连接导线应采用铜质绝缘导线，电压二次回路至少应不小于2.5mm^2，电流二次回路至少应不小于4mm^2。二次回路导线外皮颜色宜采用：A相为黄色；B相为绿色；C相为红色；中性线为黑色；接地线为黄绿双色。

2）遥控与遥信回路：控制回路导线截面应不小于1.5mm^2，信号回路导线截面应不小于0.5mm^2；线缆接入端子处松紧适度，轻轻拉动不脱落。禁止接线处铜芯外露。

3）通信回路：485通信线或光缆应挂接线缆标示牌，以标明线路走向和线路编号。485通信线或光缆应考虑一定的预留。

4）辅助接线：230M无线专网通信终端天线，一般要安装室外天线；对无线公网信号不稳定的终端需增加外置天线；天线安装牢固，馈线与天线接头处要密封防水处理。

78. 智能电能表安装质量验收标准包括哪些主要内容？

答： 智能电能表安装质量验收标准包括以下内容。

（1）设备安装要求如下：

1）安装应不存在安全隐患，便于日常维护。

2）应垂直安装，牢固可靠。

3）电能表端钮盖应加封完备。

4）相邻单相电能表，垂直中心距应不小于250mm，水平中心距应不小于150mm或侧面水平距离应不小于30mm；电能表外侧距箱壁不小于60mm。

（2）接线要求如下：

1）满足《电能计量装置技术管理规程》相关要求，二次回路的连接导线应采用铜质绝缘导线。电压二次回路至少应不小于2.5mm^2，电流二次回路至少应不小于4mm^2。二次回路导线外皮颜色宜采用：A相为黄色；B相为绿色；C相为红色；中性线为黑色；接地线为黄绿双色。接线中间不应有接头，禁止接线处铜芯外露。

2）接线正确，电气连接可靠，接触良好，配线整齐美观。

3）可视部分与观察窗需对应，可操作部分应易于操作。

79. 电能计量箱安装质量验收标准包括哪些主要内容？

答： 电能计量箱安装质量验收标准包括以下内容。

（1）设备安装要求如下：

1）安装位置正确，部件齐全，进出线开孔与导管管径适配。

2）设备安装应装牢固，垂直度允许偏差为1.5‰。

（2）安装工艺如下：

1）设备结构及元件的安装位置应符合设计要求。

2）门的开闭应灵活，开启角度不小于90°。

3）元器件外观完好，绝缘器件无裂纹。

4）元件安装牢固、整齐，操作灵活可靠。

5）接线正确，电气连接可靠，接触良好，配线整齐美观。

6）不同电压等级交流、直流线路及强弱电间导线应分别绑扎，且有标识。

（3）接地要求如下：

1）金属箱体应可靠接地，标识清晰。

2）装有电器的可开启门，门和框架的接地端子间应用裸编织铜线连接。

80. 低压电流互感器安装质量验收标准包括哪些主要内容？

答： 低压电流互感器安装质量验收标准包括以下内容。

（1）设备安装要求如下：

1）安装应不存在安全隐患，便于日常维护。

2）应自上而下或自左向右排列，安装牢固可靠。

（2）接线要求如下：

1）接线正确，各电气连接紧密。配线整齐美观，导线无损伤，绝缘性能良好。

2）导线色相宜采用：A 相为黄色；B 相为绿色；C 相为红色；中性线为黑色。

3）二次回路应安装联合接线盒。

4）满足《电能计量装置技术管理规程》相关要求，电流二次回路至少应不小于 $4mm^2$。

第六章　抄表核算收费

第一节　单选题

1. 每月25日以后的抄表电量不得少于售电量的（ C ）%，其中，月末24时的抄表电量不得少于月售电量的35%。

A. 50　　B. 60　　C. 70　　D. 80

2. 抄表员应定期轮换抄表区域，同一抄表员对同一抄表段的抄表时间不得超过（ B ）年。

A. 1　　B. 2　　C. 3　　D. 4

3. 对连续两个抄表周期出现零电量的客户，应抽取不少于（ D ）%的客户进行现场核实。

A. 5　　B. 15　　C. 10　　D. 20

4. 远程抄表客户应（ C ）个月内至少到现场对远抄数据与客户端用电计量装置记录的有关计费数据进行现场校核一次。

A. 1　　B. 2　　C. 3　　D. 4

5. 功率因数标准0.90，适用于（ C ）kVA以上的高压供电工业用户（包括社队工业用户）、装有带负荷调整电压装置的高压供电电力用户和3200kVA及以上的高压供电电力排灌站。

A. 50　　B. 90　　C. 160　　D. 350

6. 功率因数标准0.85，适用于（ A ）kVA（kW）及以上的其他工业用户（包括社队工业用户），100kVA（kW）及以上的非工业用户和100kVA（kW）及以上的电力排灌站。

A. 100　　B. 90　　C. 65　　D. 50

7. 功率因数标准0.80，适用于（ C ）kVA（kW）及以上的农业用户和趸售用户，但大工业用户未划由电业直接管理的趸售用户，功率因数标准应为0.85。

A. 90　　B. 50　　C. 100　　D. 35

8. 客户的最大需量是指客户在本结算周期内，每（ C ）min内的最大平均负荷。最大需量通过抄录在客户处安装的最大需量表来得到。

A. 10　　B. 20　　C. 15　　D. 25

9. 单一制电价客户容量达到（ C ）kVA及以上的，客户还要实行功率因数调整电费办法。

A. 50　　B. 35　　C. 100　　D. 90

10. 黑光灯捕虫应执行（ C ）电价。

A. 商业　B. 居民照明　C. 农业生产　D. 非工业

11. 地下防空设施通风、照明等用电容量在 3kW 及以上执行（ D ）电价。

A. 商业　B. 非居民　C. 农业生产　D. 非工业

12. 学校附属工厂的 200kVA 变压器生产用电执行（ D ）电价。

A. 商业　B. 居民照明　C. 非居民　D. 普通工业

13. 凡以电为原动力，或以电冶炼、烘焙、熔焊、电解、电化的一切工业生产，其受电变压器总容量在（ C ）kVA 及以上者，适用两部制电价。

A. 100　B. 160　C. 315　D. 350

14. 我国各供电营业部门对用电户交付电费的期限一般规定为（ A ）天。

A. 3～10　B. 1～9　C. 2～5　D. 1～5

15. 逾期是指规定期限到期之日的次日起计算。每日的电费违约金按下列方法计算：居民客户每日按欠费总额的千分之（ D ）；总额不足 1 元者按 1 元收取。

A. 三　B. 二　C. 五　D. 一

16. 实行分次划拨电费的，每月电费划拨次数一般不少于（ B ）次，月末统一抄表后结算。

A. 二　B. 三　C. 五　D. 六

第二节　多 选 题

1. 调整抄表段应依据抄表执行反馈的实际抄表路线、抄表工作量及（ ABCD ）等情况。

A. 抄表区域重新划分　B. 抄表方式变更

C. 线路　D. 配电台区变更

2. 对于（ ABCD ）每一类客户抄表例日应安排在同一天。

A. 同一台区的客户　B. 同一供电线路的专变客户

C. 同一户号有多点计量的客户　D. 存在转供关系的客户

3. 专人负责抄表机管理，发放（返还）抄表机时须记录（ ABCD ）等信息，办理领用手续。

A. 抄表机编码　B. 发放人

C. 领用（返还）人　D. 领用（返还）时间

4. 抄表机发放时应登记（ ABCD ）等信息。

A. 抄表机编码　B. 发放人　C. 领用人　D. 领用时间

5. 目前抄表主要有（ ABCD ）、集中抄表、负控抄表等抄表方式。

A. 手工抄表　B. 抄表机抄表

C. IC 卡抄表　D. 红外抄表

6. 与抄表计费有关的客户档案数据内容主要有（ ABCD ），除正常抄表数据外，还需提取变更、退补、示数撤回等信息。

A. 客户基本档案信息　　B. 客户计量点信息
C. 客户计费信息　　D. 客户账户信息

7. 抄表系数是统计抄表工作量的权重系数。根据（ ABCD ）、抄表方式等抄表难度来确定。

A. 客户类型　B. 客户区域　C. 表类型　D. 表位置

8. 现场抄表时，应认真核对（ ABCD ）等信息，检查电能计量装置运行是否正常，封印是否完好。

A. 客户电能表箱位　B. 表位　C. 表号　D. 倍率

9. 现场抄表时，对新装及用电变更客户，须核对确认（ ABCD ）等信息，并做好核对记录。

A. 用电容量　　B. 最大需量
C. 电能表参数　　D. 互感器参数

10. 现场抄表时发现客户（ ABCD ）、有信息（卡）无表、有表无信息（卡）等异常情况，须做好现场记录，提出异常报告并及时报职责部门处理。

A. 电量异常　B. 违约用电　C. 窃电嫌疑　D. 表计故障

11. 建立抄表质量评价及监督考核制度，对（ ABC ）进行考核。

A. 实抄率　　B. 月末抄表比例
C. 抄表信息完整率　　D. 差错率

12. 抄表周期不能随意调整，这是因为：抄表周期的变化会影响（ ABCD ）的正确计算。

A. 线损　B. 功率因数　C. 基本电费　D. 变压器损耗

13. 抄核收工作规范中对（ ABCD ）的客户，应根据电费收缴风险程度，实行每月多次抄表，并按国家有关规定或合同约定实行预收或分次结算电费。

A. 用电量较大　　B. 临时用电
C. 租赁经营　　D. 交纳电费信用等级较差

14. 供电企业的电费管理部门应根据国家价格权限部门核准的（ ABC ）以及一些规范、规定，开展电费的核算工作。

A. 电价标准　　B.《供电营业规则》
C. 功率因数调整电费办法　　D. 收费标准

15. 核算质量的重要性体现在（ ABCD ）。

A. 电费能否按照规定及时回收　　B. 电费能否按照规定准确回收
C. 账务是否清楚　　D. 统计数据是否准确

16. 对（ ABC ），其业务流程处理完毕后的首次电量电费计算，应逐户进行审核。

A. 新装用电客户　　B. 用电变更客户
C. 电能计量装置参数变化的客户　　D. 特殊用户

17. 在（ ABCD ）等事件发生后，应对电量电费进行试算并对各类客户的计算结果进行重点抽查审核。

A. 电价政策调整　　B. 数据编码变更
C. 营销信息系统软件修改　　D. 营销信息系统故障

18. 逐户审核包括实用电量、倍率、电价、金额、(ABCD)、实际功率因数、调整电费的处理和计算等。

A. 子母表关系　　B. 加减变压器损耗电量

C. 灯力比分算电量　　D. 基本电费

19. 单一制电价适用于 (ABCD) 客户。

A. 城乡居民　　B. 非居民　　C. 农业　　D. 非普工业

20. 在审核过程中可以通过设定 (ABCD)、电量突增突减、电费异常、总表电量小于子表电量、专线专变用电客户、业扩变更用电客户、发生电量电费退补的用电客户等，来进行电量电费审核，减少差错。

A. 功率因数异常　　B. 变线损异常　　C. 基本电费异常　　D. 抄见零电量

21. 客户欠费按期限可划分为 (ABCD)。

A. 本月欠费　　B. 本年往月欠费

C. 陈欠电费　　D. 电费违约金

22. 预购电协议的内容应包括 (ABCD) 等。

A. 购电方式　　B. 跳闸方式　　C. 预警电量　　D. 违约责任

23. 客户支付电费的方式主要有 (ABCD)、商业汇票、汇兑、委托收款、委托承付。

A. 信用卡结算　　B. 支票结算　　C. 银行本票　　D. 银行汇票

24. 电费催缴通知书内容应包括 (ABCD) 等。

A. 催缴电费年月　　B. 欠费金额及违约金

C. 缴费时限　　D. 缴费方式及地点

25. 电费回收完成情况表是反映 (ABCD) 的报表。

A. 应收　　B. 实收　　C. 回收率　　D. 欠费

26. 差别电价主要涉及 8 大行业，即 (ABCD)、水泥、钢铁、黄磷、锌炼铁。

A. 电解铝　　B. 铁合金　　C. 电石　　D. 烧碱

27. 销售电价的制定应遵循 (ABCD)，促进电力建设、促进客户合理用电的原则。

A. 合理补偿成本　　B. 合理确定利润

C. 依法纳税　　D. 坚持公平合理

28. 销售电价由 (ABCD) 构成。

A. 购电成本　　B. 输配电损耗

C. 输配电价　　D. 政府性基金

29. 《国家电网公司会计核算办法》中的期末指的是 (ABCD)。

A. 月末　　B. 季末　　C. 半年末　　D. 年末

第三节 判 断 题

1. 根据实际抄表路线，对客户抄表顺序进行编排和调整的过程即为抄表顺序调整。(√)

2. 连续两次抄表间隔的时间是“抄表周期”。分一月一次、一月多次、多月一次等。(√)

3. 抄表例日是指定抄表段在一个抄表周期内默认的抄表日。(√)

4. 新购入的抄表机应直接分配给对应抄表员。(×)

5. 电能表示数“翻转”指电能表示数超过最大位数后从零继续开始计数。(√)

6. 双向无功电能表倒走，是由于用户电容器使用过多，造成容性无功过补偿。(√)

7. 高供高计客户电能计量装置装设在变压器的高压侧，无需单独计算变压器损耗。(√)

8. 抄表管理不规范风险是指由于未按照国家电网公司关于抄表工作的管理要求开展抄表工作，造成电费差错以及电费流失的风险。(×)

9. 对高压新装客户应在接电后的当月进行抄表。对在新装接电后当月抄表确有困难的其他客户，应在下一个抄表周期内完成抄表。(√)

10. 对实行远程抄表及（预）购电卡表客户，应每个抄表周期到现场对客户用电计量装置记录的数据进行核抄。(×)

11. 抄表周期原则上为每月一次。确需对居民客户实行双月抄表的，应考虑单、双月电量平衡并报网省公司批准后执行。(√)

12. 大工业用户的电费由基本电费、电度电费组成。(×)

13. 计费电能表的赔偿费收取依据《供电营业规则》的规定：如因供电企业责任致使计费电能表出现或发生故障时，用户应负担赔偿费或修理费。(×)

14. 一个 315kVA 的大工业客户，办理永久性减容后，容量为 100kVA，用电性质不变，功率因数标准值不变。(×)

15. 对电量明显异常及各类特殊供电方式（如多电源、转供电等）的客户应重点复核。(√)

16. 对电量电费复核过程中发现的问题应按规定的程序和流程及时处理，做好详细记录，并按月汇总形成复核报告。(√)

17. 客户用电异常信息应在抄表机上标注，然后以业务工作单上的形式报办处理，报办时应标明录入动态时间、工单编号等并签名。(√)

18. 客户抄表日期调整，不会对客户的基本电费及变压器损耗造成影响。(×)

19. 多电源客户在计算客户的基本电费时，应根据客户的实际运行方式，按可能占用系统资源的最大量来计算基本电费。(√)

20. 单一制电价是以在客户处安装的电能计量表计，每月实际记录的用电量多少为计费依据，直接来计算电费的电价制度。(√)

21. 单一制电价在计费时考虑客户的用电设备容量和用电时间，只根据实际耗用电量，按单一价格来结算电费。(×)

22. 结算电量是电力企业电费管理部门与电力客户最终结算电费的电量。(√)

23. 实行峰谷电价的客户，电度电费金额＝ 高峰结算电量×高峰电价＋低谷结算电量×低谷电价。(×)

24. 因用电客户变更用电引起的定量变更，定量的值需分段计算到日。(√)

25. 主表下存在多个同级分表的，扣减顺序为首先扣减被转供户的电量，其次扣减

定比定量，最后扣减实抄分表电量。(×)

26. 变损电量计算指根据变损计算标准和变压器参数计算出变压器的损耗电量以及损耗电量的分摊。(√)

27. 根据变损计算标准规定，变损电量可以有公式法、查表法两种方法来计算。(×)

28. 变压器损耗分为有功损耗和无功损耗两种。(√)

29. 高供低计客户月用电量为零时，变压器只计算空载损耗电量。(√)

30. 当转供户的抄见电量为零时，变压器损耗按各自的容量比执行分摊。(√)

31. 线路损耗的分摊方法与变压器损耗的分摊方法相同。(√)

32. 目录电度电费计算是依据用电客户的结算电量及该部分电量所对应的目录电度电价执行标准计算出来的电费，含代征费。(×)

33. 基本电费是根据用电客户变压器容量或最大需量和国家批准的基本电价计收的电费。(√)

34. 凡未通过专用变压器接用的高压电动机，均应计算基本电费。(√)

35. 用电变更后容量发生改变的，基本电费＝［原容量×变更前变压器实际运行天数］/30×基本电价＋（变更后剩余容量×变更后变压器实际天数）/30×基本电价（其中变更时按每台变压器进行计算）。(√)

36. 当月用电客户有增容或变更用电，引起功率因数执行标准发生变化的，需要根据变化前后的电量数据分段计算电费。(√)

37. 政策性退补是指由于电价调整引起的，对已经发行电费的用电客户所进行的电费退补。(√)

38. 统计期的售电单价是供电营业区域内，一个时期总电力销售收入与全口径售电量之和的商值。(√)

39. 全社会销售均价＝∑（各用电性质售电量销售收入）/∑（总用电量）。(√)

40. 实收员在当日解款前发现错收电费的，可由当日原收费人员进行全额冲正处理，并记录冲正原因，收回并作废原发票。(√)

41. 欠费是用户应交而未交的购货款，是营业管理部门销售电能产品应收而未收的销售收入。(√)

42. 陈欠电费是指截至上年考核期止未收回的所有往年电费。(√)

43. 某卡表在装表时在表中预置了 30kWh 的电量给客户，当客户第一次购电时，购买了 100kWh 的电量，则实际的写卡电量为 100kWh。(×)

44. 供电企业全年电费回收率考核标准为 100%。(√)

45. 供电企业月累计电费上交率考核标准为 100%。(√)

46. 销售电价实行政府定价，统一政策，分级管理的原则。(√)

47. 销售充值卡与充值卡缴费不能重复开具发票。(√)

48. 对作废发票，须各联齐全，每联均应加盖“作废”印章，并销毁。(×)

49. 收取现金时，应当面点清并验明真伪。(√)

50. 收取支票时，应仔细检查票面金额、日期及印鉴等是否清晰正确。(√)

51. 客户实缴电费金额大于客户应缴电费时，做预收电费处理。(√)

52. 当日解款后发现错收电费的，按退费流程处理。(√)

第四节　简　答　题

1. 什么是“抄表段”？

答：“抄表段”是指对用电客户和考核计量点进行抄表的一个管理单元。

2. 营销信息系统内抄表段管理包括哪些功能？

答：建立包括抄表段名称、编号、管理单位等抄表段基本信息；建立和调整抄表方式、抄表周期、抄表例日等抄表段属性；对空抄表段进行注销等管理。

3. 请写出《国家电网公司电费抄核收工作规范》中抄表段划分的原则？

答：划分抄表段应综合考虑客户类型、抄表周期、抄表例日、抄表方式、地理分布、便于线损管理等因素，新装客户应及时编入抄表段，注销客户应及时撤出抄表段。调整抄表段应不影响相关客户正常的电费计算；新建、调整、注销抄表段，须经过审批并妥善保存审批记录。

4. 新建抄表段应注意哪些事项？

答：新建抄表段应从符合实际工作要求的角度出发；需要进行台区线损考核的，同一台区下的多个抄表段的抄表例日必须相同；采用手工抄表、抄表机抄表、自动抄表不同抄表方式的客户不可混编在一个抄表段内；执行两部制电价的客户抄表周期不能大于一个月；执行功率因数调整电费的客户抄表周期不能大于一个月。

5. 建立抄表段时需确定哪些信息？

答：需建立包括抄表段名称、编号、管理单位等抄表段基本信息；建立和调整抄表方式、抄表周期、抄表例日等抄表段属性。

6. 新户分配抄表段的原则？

答：根据新装客户计量装置安装地点所在管理单位、抄表区域、线路、配电台区以及抄表周期、抄表方式、抄表段的分布范围等资料，为新装客户分配抄表段。

7. 请写出《国家电网公司电费抄核收工作规范》中对抄表周期的相关规定？

答：（1）抄表周期为每月一次。确需对居民客户实行双月抄表的，应考虑单、双月电量平衡并报网省公司批准后执行。

（2）对用电量较大的客户、临时用电客户、租赁经营客户以及缴纳电费信用等级较差的客户，应根据电费收缴风险程度，实行每月多次抄表，并按国家有关规定或合同约定实行预收或分次结算电费。

（3）对高压新装客户应在接电后的当月进行抄表。对在新装接电后当月抄表确有困难的其他客户，应在下一个抄表周期内完成抄表。

（4）对实行远程抄表及（预）购电卡表客户，至少每三个抄表周期到现场对客户用电计量装置记录的数据进行核抄。对按照时段、阶梯、季节等方式计算电量电费的（预）购电卡表客户，每个抄表周期应到现场抄表。

8. 抄表例日的调整原则是什么？

答：经批准确定的抄表例日不得随意变更，确需变更须办理审批手续。抄表例日变更前，应事先告知相关客户。

9. 对高压新装客户应在什么时间进行首次抄表?

答: 国网抄核收工作规范中要求：对高压新装客户应在接电后的当月进行首次抄表。

10. 什么是抄表机? 有哪些作用?

答: 抄表机又称抄表微机、抄表器、掌上电脑、手持终端、数据采集器。使用抄表机能加强抄表管理，提高抄表质量和工作效率。它除代替抄表本、抄表清单外，还能存储大量客户信息，在现场可对简单客户进行电费计算，判断用电有无异常。抄表工作结束后，可通过接口与计算机连接将抄表数据传入计算机。

11. 使用抄表机应注意哪些事项?

答: 使用抄表机应注意以下事项：

(1) 必须及时给电池充电，防止抄表时电力不足。

(2) 抄表时如发现电力不足，应及时更新电池以防数据丢失。

(3) 抄表时如光线太暗，应打开背光显示。

(4) 不能自行拆装维修抄表机，处于颠簸运输状态下应采取减震措施。

(5) 长时间不用应将电池取出，防止电池漏液腐蚀抄表机。

(6) 液晶显示器较脆弱，防止暴晒，禁止敲打、划伤、碰摔。

(7) 不要用手、有机溶剂或其他非柔性物品擦拭镜面，以保护显示区的整洁。

(8) 避免接触高温、高湿和腐蚀的环境。

(9) 当外界温度有较大变化时，需调节显示器对比度，使抄表机处于最佳状态。

(10) 雨天中使用抄表机时，要采取防雨措施。若不慎进水，应及时取出电池，用电吹风的冷风或其他去湿设备清除机器内的积水，再送交维修。

12. 抄表机中的异常代码有何作用?

答: 抄表机中的异常代码用于反映客户异常用电情况，当抄表员发现表计烧毁、损坏、停走、倒走、卡字、门闭、窃电、违约用电、封印脱落、表位移动、高价低接、用电性质变化等现象时，需要键入异常代码。异常码有助于后期问题处理。

13. 如何使用抄表机的红外抄表功能?

答: 通过查询客户表号或客户定位后，选择红外抄表功能，近距离对准被抄电能表扫描，即能抄录所有抄表数据。

14. 什么是抄表计划管理?

答: 根据抄表段的抄表例日、抄表周期及抄表人员等信息以抄表段为单位产生抄表计划，或经过审批调整抄表计划的过程。

15. 什么是抄表计划执行率?

答: 抄表计划执行率又称为抄表及时率，抄表及时率＝（按抄表例日完成的抄表户数/实抄户数）×100％。

16. 什么是“抄表计划日”?

答: 抄表计划日是本次抄表实际计划的抄表日期，它一般根据抄表例日和抄表周期来确定。

17. 制订和调整抄表计划有哪些注意事项?

答: 客户抄表日期一经确定不得擅自变更，如需调整抄表日期，必须上报审批；抄表日期变更时，应考虑到客户对阶梯电价的敏感性，抄表责任人员必须事前告知客户；新装客户的第一次抄表，必须在送电后的一个抄表周期内完成，严禁超周期抄表；对每月多次抄表的客户，严格按《供用电合同》条款约定的日期进行抄表；抄表计划的调整只影响本次的抄表计划，下次此抄表段生成抄表计划时，仍然是按照区段的原始数据形成计划。如果想彻底修改，需要到抄表段管理中进行调整。

18. 为什么要对抄表员进行抄表区轮换？

答：一是防止因抄表员对抄表工作区熟悉到一定程度时出现工作上麻痹大意、履职不到位的情况；二是防止因抄表员对固定的客户群熟悉到一定程度时出现“人情电”“关系电”“权利电”等问题；三是在抄表区轮换过程中，可以由接任的抄表员对前任抄表员的抄表工作质量进行全面核查，提高工作质量。

19. 抄表数据下装时应注意什么？

答：抄表数据下装时应严格按照抄表计划进行，抄表员必须按例日进行下装操作；下装时应注意核对抄表户数，检查抄表机内下载数据是否正确完整；下装时要做好抄表机与服务器的对时工作；下装抄表信息后，应核对抄表下装内容与抄表通知单、催费通知单等内容是否相符。

20. 防范电费风险的基本法律方法有哪些？

答：①依法签订供用电合同；②杜绝供用电合同的效力瑕疵；③规范签约程序，严格履行法定义务，防范败诉风险；④适当运用不安抗辩权，化解风险；⑤及时运用撤销权，降低电费风险；⑥积极探索担保手段在供用电合同中的运用。

21. 抄表数据主要包括哪些内容？

答：抄表数据的主要内容有：资产号、客户编号、客户名称、用电地址、电价、陈欠电费总金额、示数类型、本次示数、上次示数、综合倍率、抄表状态、抄表异常情况、上次抄表日期、本次抄表日期、抄见电量、上月电量、前三月平均电量、电费年月、抄表段编号、抄表顺序、表位数、联系人、联系电话。红外抄表还应有以下几项数据：红外标志、实际抄表方式、表计对时前日期、表计对时前时间、是否是新装增容客户、是否是变更户、资产编号等。

22. 抄表数据复核的主要内容有哪些？

答：峰平谷电量之和大于总电量；本月示数小于上月示数；零电量、电能表循环、未抄、有协议电量或修改过示数的；抄表自动带回的异常：翻转、估抄等；与同期或历史数据比较进行查看，电量突增突减的客户；按电量范围进行查看，看客户数据是否正确；连续 3 个月估抄或连续 3 个月零电量的。

23. 现场抄表前的准备工作有哪些？

答：出发前，认真检查抄表工作包内必备的抄表工器具是否完好、齐全。抄表数据（包括抄表客户信息、变更信息、新装客户档案信息）下装准备工作应在抄表前一个工作日或当日出发前完成，并确保数据完整正确。

24. 请写出远程抄表应遵守的工作规范。

答：远程抄表时，应定期与客户端用电计量装置记录的有关用电计费数据进行现场核对。

（1）在采用远程抄表方式后的三个抄表周期内，应每月进行现场核对抄表。发现数据异常，立即报职责部门进行处理。

（2）正常运行后，至少每三个抄表周期与现场计费电能表记录数据进行一次现场核对。对连续两个抄表周期出现抄表数据为零度的客户，应抽取不少于20%的客户进行现场核实。

（3）当抄表例日无法正确抄录数据时，应在抄表当日进行现场补抄，并立即报职责部门进行消缺处理。

25. 载波式远程抄表有哪些特点？

答：电力线载波是电力系统特有的通信方式，特点是集中器与载波电能表之间的下行通道采用低压电力线载波通信。载波电能表由电能表加载波模块组成。每个客户装设的载波电能表就近与交流电源线相连接，电能表发出的信号经交流电源线送出，设置在抄表中心站的主机则定时通过低压用电线路以载波通信方式收集客户电能表测得的用电数据信息。上行信道一般采用公用电话网或无线网络。

26. 抄表过程中发现客户用电量突变应如何处理？

答：抄表过程中发现客户用电量突变，应核对抄录示数是否正确，检查计量装置是否正常，了解客户生产变化情况，同时做好现场记录，提出异常报告并及时报相关部门处理。

27. 抄表时发现计量装置故障应如何处理？

答：抄表员在抄表时发现计量装置故障后，首先在现场分析了解，设法取得故障发生的时间和原因，如客户的值班记录，客户上次抄表后至今的生产情况，客户有无私自增容的情况。其次，将计量装置的故障情况及相关数据记录下来，如电能表当时的示数、负荷情况、客户生产班次及休息情况等。回公司后将客户计量装置故障情况及现场所做的记录上报并配合处理。

28. 抄表中发现门锁客户应如何处理？

答：抄表过程中，遇到表计安装在客户室内，客户门锁无法抄表时，抄表员应设法与客户取得联系入户抄表或在抄表周期内另行安排时间抄表。对确实无法抄见的一般居民客户，只可估抄一次。如是经常门锁客户，应与客户约时上门抄表或向公司建议将客户表计移到室外。

29. 什么是电能表的实抄率？

答：抄表人员每月的实际抄表户数与计划安排的应抄户数之比的百分数，称为抄表员的月实抄率。季、年为累积实抄率，计算公式为：实抄率＝（实抄户数/应抄户数）×100%。

30. 合表用电客户总、分表之间为什么会出现差额？

答：主要有以下几个原因：①总表和分表电量抄错，分表的尾数未计，或总、分表抄表日期不一致；②总表内的内线有漏电现象或在总表范围的客户中可能有窃电现象；③在运行中，从总表到分表的一段导线也会消耗电量，分表本身也要消耗电量，这些都被总表计量，而分表不能计量该部分；④分表负载不合理，造成部分耗电仅在总表上反映出来，而加大了总分表之间的差额；⑤分表使用年久、失准。

31. 降低线损的组织措施有哪些？

答：建立线损管理体系，制定线损管理制度；加强基础管理，建立健全各项基础资料；开展线损理论计算，通过开展理论计算，全面掌握各供电环节的线损状况及存在问题，为进一步加强线损管理提供准确可靠的理论依据；制订线损计划，严格线损考核；开展线损下指标活动；建立各级电网的负荷测录制度；加强计量管理，提高计量的准确性，降低线损；定期开展变电站母线电量平衡工作；合理计量和改进抄表工作；组织用电普查，堵塞营业漏洞；开展电网经济运行工作。

32. 通过电流互感器的计量装置，其电量如何计算？

答：通过电流互感器的计量装置，其电能表测得的电量按下式计算：

$$W=(W_2-W_1)K_I$$

式中 W——电能表测得的电量；

W_1——前一次抄见读数；

W_2——后一次抄见读数；

K_I——电流互感器额定变比。

33. 如何正确计算电能表潜动的电量？

答：根据下列公式计算电能表的潜动电量：

$$A=60T/Cv\times 天数$$

式中 A——电能表潜动的电量值，kWh；

T——电能表每天停用小时数；

C——电能表常数，r/kWh；

v——潜动速度，潜动一周分钟数。

34. 为什么要实行功率因数考核电费？

答：在客户结算电费中，还要实行功率因数调整电费的办法，这是因为客户功率因数的高低，对发、供、用电的经济性和电能使用的社会效益有着重要影响。提高和稳定用电功率因数，能提高电压质量，减少供、配电网络的电能损失，提高设备的利用率，减少电力设施的投资和节约有色金属。由于供电部门的发供电设备是按一定功率因数标准建设的，故客户的功率因数也必须符合一定的标准。因此，要利用功率因数调整电费的办法来考核客户的功率因数，促使客户提高功率因数并保持稳定。

35. 抄表管理不规范风险主要包括哪些内容？

答：抄表管理不规范风险主要包括以下几个方面的内容。

（1）未按规定安排抄表例日。

（2）未按抄表例日抄表。

（3）抄表准备、数据上下装时限超过工作标准规定，与现场换表等其他业务流程冲突。

（4）对电卡表、远程抄表系统、集抄系统等客户未定期开展现场核对及维护工作。

36. 抄表管理不规范对电费管理造成哪些风险影响？

答：抄表管理不规范对电费管理造成的风险影响如下。

（1）发生电费差错，影响正常缴费周期。

（2）易造成与客户在电量电费确认方面的纠纷。

（3）影响电费及时回收。

37. 如何防范抄表管理不规范造成的电费管理风险？

答：（1）制定抄表管理工作标准，明确抄表例日、抄表数据上下装时限、自动化抄表系统现场核对周期的规定。

（2）规范工作流程，避免在抄表期间进行换表等其他业务。

（3）加强抄表质量管理，定期开展抄表业务稽查，建立差错考核制度。

（4）推广自动化抄表方式，减少人员因素导致的抄表差错。

38. 现行的营销业务系统中，对执行峰谷分时电价用户有转供用电时是如何处理的？

答：执行峰谷分时电价的用电户，有转供用电时，应首先核减被转供户的电量，被转供户装有分时电能表，其电量应从转供户各时段电量中核减，如果被转供户未装分时电能表，应按总表峰、谷、平电量占总量比例分摊被转供户电量，分别扣减。

39. 审核的基本信息包括哪些？

答：审核的基本信息包括客户全称、客户编号、详细地址、开户银行、税务登记号、联系电话、申请书号、申请时间、申请容量、设备参数、线路、变压器信息（计算变压器损耗）、线损、基本电费、客户的用电类别、电压等级、确定电价、各用电类别占总用电量的比例或定量、抄表示度数（本次，上次），有功电能表（总、尖、峰、谷、平）及无功电能表示度数、正反向无功示度数、最大需量、拆除计量装置表底电量等、审核电费收据，复核、应收电费，审核无误后加盖收费章与托收电费章，并生成总应收电费日报表。

40. 如何进行抄表数据下载？

答：根据抄表日程，将抄表信息下装到抄表机，然后逐项核对数据是否完整、正确。遇新增客户、计费容量变更、电能计量装置变动等异动情况应详细核对有关信息。

41. 电量电费审核的内容包括哪些？

答：（1）审核动态是否正确，动态涉及的计费参数（电价类别和标准、倍率、功率因数标准等）和电量电费处理方式（新旧表相加、分日记、退电量、补电量等）是否正确。

（2）对电量电费突增突减户分析原因，提请抄表员对抄表读数进行确认。

42. 电量电费核算有哪几种类型？

答：（1）抄表信息上装结束并确认后，电费审核员应及时进行电量电费计算。

（2）审核时发现有漏抄客户需要及时交抄表员补抄，并在补抄数据录入后对补抄户进行计算。

（3）对差错、退补、临时用电、违约窃电等电量电费进行计算。

43. 电费核算时，遇到电费需量值异常应如何处理？

答：在电费复核时，当发现客户参与电费计算的需量值存在明显异常时，电费复核人员应及时与抄表人员、用电检查人员取得联系，请他们到客户现场确定。为避免影响其他客户的正常结算，未正式确定前，可考虑先按客户申请的需量限值计算电费，然后根据实际值单独作退补来进行修正。

44. 如何规避需量示数的异常？

答：多功能电能表在记录当月最大需量的同时，还记忆着本月最大需量发生时间及保存着上月最大需量值和需量发生时间。抄表工作人员在抄录电能表本月最大需量的同时，将最大需量发生时间及上月最大需量值、需量发生时间同步抄录，这样将能有效地

保证客户基本电费结算的正确性。

45. 哪些情况下会引起客户的电量电费异常？如何处理？

答： 正常情况下，客户申请变压器暂停当月，一般都将引发电量电费的波动（突变）；带电调换计费电能表，调换过程中需短接电流互感器，也存在有电量退补的问题；在实际电费复核时，经常会遇到有计费电能表、互感器的调换记录，而没有电量退补的联系单（传票）的现象，此部分电量需要通过退补的形式进行补收。

46. 单一制电价有哪些优缺点？

答： 单一制电价的优点是单纯按照用电量的多少计费，只与客户实用电量相关，可促使客户节约用电，执行这种电价抄表、计费都相当方便。单一制电价的缺点是不能合理体现电力成本，对客户造成不公平的负担。

47. 若分时表的峰平谷之和与总电量不等时，如何计算？

答： 若分时表的峰平谷之和与总电量不等时，以总、峰、谷三个示数为基准，平电量等于总电量与峰谷电量之差。

48. 两部制电价由哪几部分构成？

答： 两部制电价由电度电价和基本电价两部分构成。电度电价是指按用户用电度数计算的电价。基本电价是指按用户用电容量计算的电价。基本电价按变压器容量或按最大需量计费，由用户选择，但在一年之内保持不变。实行两部制电价的用户，按国家有关规定同时实行功率因数调整电费办法。

49. 执行两部制电价有哪些优越性？

答： 执行两部制电价，有效发挥了价格的杠杆作用，促进客户合理使用用电设备，改善用电功率因数，提高设备利用率，压低最大负荷，减少了电费开支，使电网负荷率也相应提高，减少了无功负荷，提高了电力系统的供电能力，使供用电双方从降低成本中都获得了一定的经济效益。

50. 变损电量计算原则是什么？

答： 用电计量装置原则上应安装在供电设施的产权分界处。如产权分界处不适宜装表的，对专线供电的高压用户，可在供电变压器出口装表计量；对公用线路供电的高压用户，可在用户受电装置的低压侧计量。当用电计量装置不安装在产权分界处时，线路与变压器损耗的有功与无功电量均须由产权所有者负担。变压器的损耗按天计算，日用电不足 24 小时的，按一天计算。

51. 高供低计客户变压器报停时，变损电量如何计算？

答： 因变压器的损耗计算方法已经计算到日，而变压器的暂停只是运行天数发生变化，则根据变压器暂停的启停日计算出运行天数后即可使用损耗计算公式计算变压器的暂停情况的损耗。

52. 线损电量的计算方式有几种？

答： 线损计算采用的方式有以下三种：采用线路参数和用电量公式计算、采用与客户协定损耗电量来计算、采用与客户协定线路损耗系数来计算。

53. 什么是功率因数调整电费？

答： 功率因数调整电费是按照用户的实际功率因数及该户所执行的功率因数标准对用户承担的电费按功率因数调整电费表系数进行相应调整的电费。

54. 什么情况下可以不执行功率因数标准?

答：根据电网的具体情况，对不需要增设补偿设备，用电功率因数就能达到规定标准的用户，或离电源点较近、电压质量较好、无需进一步提高用电功率因数的用户，可以降低功率因数标准值或不实行功率因数调整电费办法，但须经省、自治区、直辖市电力局批准，并报电网管理局备案。降低功率因数标准的用户的实际功率因数，高于降低后的功率因数标准时，不减收电费，但低于降低后的功率因数标准时，应增收电费。

55. 装有带防倒装置的反向无功电能表的客户功率因数如何计算?

答：供电部门应在计量点加装带有防倒装置的反向无功电能表，按倒送的无功电量与实用无功电量两者绝对值之和计算月平均功率因数。

56. 设配电网的最大负荷月的平均有功功率为 P，补偿前的功率因数为 $\cos\varphi_1$，补偿后的功率因数为 $\cos\varphi_2$，则所需的补偿容量 Q 的计算公式是什么?

答：$Q=P\ (\tan\varphi_1-\tan\varphi_2)$。

57. 在营销信息系统内异常发起后的用户电费应如何计算?

答：在本期电费计算有效期内返回异常处理且需要电费重新计算的，则对此类异常客户发起单户流程重新计算；对经处理未发现异常的客户，则正常发行原计算电费；在本期计算有效期内未返回的异常处理，则取消本期电费计算，转入下期电费计算。

58. 政策性退补的工作要求有哪些?

答：政策性调价退补电费，不论金额大小，一律按政策规定办理；政策性调价退补时不涉及对用户档案及抄表示数的调整，只涉及调价退补发行的电价版本和退补时间范围。

59. 简述非政策性退补的业务描述。

答：由于计量故障、抄表失误、档案差错、违约窃电等原因，对用电客户进行退补电量电费，退补采用流程管理，包含退补电量电费的申请、审核、审批和发行，其中根据退补电量和电费的额度可设置不同的岗位审批，既可退补电量，也可退补电费。

60. 请说明平均电价的分析步骤。

答：平均电价的分析步骤为：①确定所分析的对象的口径，主要是以电力销售区域的界定；②设计计算模型，计算所需分析对象的平均电价；③依据计算结果，参照历史变化，分析平均电价的变动情况，找出影响平均电价的主要因素；④依据分析结果，确定改进措施。

61. 电费结算协议包括哪些内容?

答：客户的（即付款单位）名称、用电地址、户号、开户行名称、账号；供电企业（即收款单位）名称、开户银行名称、账号；供电方的抄表时间，用电方缴纳电费期限；电费结算方式，电费滞纳违约责任，电费纠纷处理等。

62. 收取客户电费的依据是什么?

答：收取客户电费的依据是国家规定的电价、法定计量机构认可的计量装置和供用电合同的约定。

63. 应收电费余额的定义是什么?

答：应收电费余额是指在考核期内按财务口径在月末和年末 24 点时的应收电费账面余额。

64. 应收电费余额占月均应收电费比重（%）的定义是什么？

答：应收电费余额占月均应收电费比重（%）是指在考核期内的当月应收用户电费余额（财务口径）与当年月均应收用户电费的比值。

65. 预付费电卡表作用是什么？

答：安装预付费电卡表是实现客户先购电、后用电结算方式的一种途径，对信誉度不高、长期欠费及临时用电性质的用电客户，通过安装预付费电卡表可有效地促进电费回收，预防恶意欠费的发生。

66. 什么是电费收费人员的款项交接单？

答：电费收费人员的款项交接单是指根据营销系统电费收费人员，每日收取电费金额的汇总单，经电费实收专责和银行进账单核实并与收费人员签字确认后的一种凭据。

67. 抄核收工作规范中对电费回收有哪些规定？

答：加强电费回收风险控制和管理，及时对电费账龄进行分析排查。在收取电费时，首先确保不发生当期欠费，然后按照发生欠费的先后时间排序，先追缴早期的欠费，最大限度防范电费回收风险。追缴欠费工作中，要采取切实措施避免超过诉讼时效。

68. 收费员在收费或解款过程中，错选银行账号，会对账务处理造成什么样的影响？

答：收费员在进行收费操作或解款时，将收费或解款银行账号错选，会造成后期账务处理中，银行存款信用社明细账信息失真，借方发生额与实际不相符。

69. 销售电价的计价方式有哪些？

答：销售电价的计价方式有单一制电度电价和两部制电价。销售电价实行峰谷、丰枯和季节电价，具体时段划分及差价依照所在电网的市场供需情况和负荷特性确定。具备条件的地区，销售电价可实行高可靠性电价、可中断负荷电价、节假日电价、分档递增或递减电价等电价形式。

70. 根据《中华人民共和国发票管理办法》规定，什么是发票？

答：发票是指在购销商品、提供或者接受服务以及其他经营活动中，开具、收取的收付款凭证。

71. 现金收取后如何处理？

答：每日收取的现金及支票应当日解交银行。由专人负责每日解款工作并落实保安措施，确保解款安全。当日解款后收取的现金及支票按财务制度存入专用保险箱，于次日解交银行。

72. 资产的概念是什么？

答：资产是指企业过去的交易或者事项形成的、由企业拥有或者控制的、预期会给企业带来经济利益的资源。一项资源在同时满足与该资源有关的经济利益很可能流入企业，且该资源的成本或者价值能够可靠地计量时，确认为资产。

73. 售电收入包括哪些明细科目？

答：售电收入的明细科目包括：电费、三峡基金、农网还贷资金（一省多贷）、水库移民后期扶持资金、可再生能源附加、差别电价收入、城市公用事业附加、电力平衡资金、农村集体资产维护费转出、国家重大水利工程建设基金、其他基金及附加。

74. 什么是营业收入？

答：营业收入是指企业在日常活动中形成的、会导致所有者权益增加的、与所有者投入资本无关的经济利益的总流入，包括主营业务收入和其他业务收入。

75. 电力主营业务收入包括哪些？

答：电力主营业务收入包括售电收入、输电收入、高可靠性供电收入、自备电厂系统备用容量费收入、可中断电价收入、农网还贷资金返还收入、受托运行维护收入、农村集体资产维护费收入、租赁收入、售热收入、产品销售收入、商品销售收入、技术收入、勘测设计收入、工程结算收入、其他主营业务收入等。

76. 什么是营业外收入？

答：营业外收入是指企业发生的与其日常活动无直接关系，计入当期损益的各项利得，主要包括非流动资产处置利得、非货币性资产交换利得、债务重组利得、政府补助、盘盈利得、捐赠利得、确实无法支付而按规定程序经批准后转作营业外收入的应付款项、出售债权收益、违约金收入等。

77. 账务处理的原则是什么？

答：电费账务应准确清晰。按财务制度建立电费明细账，编制实收电费日报表、日累计报表、月报表，严格审核，稽查到位。

78. 电费账务日报应如何核对？

答：每日应审查各类日报表，确保实收电费明细与银行进账单数据一致、实收电费与进账金额一致、实收电费与财务账目一致、各类发票及凭证与报表数据一致。不得将未收到或预计收到的电费计入电费实收。

79. 电费违约金、违约使用电费、罚款的概念和区别是什么？

答：（1）电费违约金：电费违约金是用户未能履行供用电双方签订的《供用电合同》，未在规定的期限内交清电费，而承担的电费滞纳的违约责任。电费违约金由电费部门按迟交金额×迟交天数×规定的比例（1‰～3‰）计算。

（2）违约使用电费：违约使用电费是用户违反供用电双方签订的《供用电合同》中约定的正常用电行为，应承担其相应的违约责任。它由供电企业根据违约行为的性质按规定收取。违约使用电费不是电费收入，而是供电企业的营业外收入。

（3）罚款：罚款是电力管理部门对供用电各方违反《电力法》和《电力供应与使用条例》等法律法规的规定而给予的行政处罚。罚款是行政处罚行为，罚款应上交各级地方财政。

第五节　论　述　题

1. 现场抄表应遵守的工作准则是什么？

答：现场抄表时，抄表员应到达现场，出示工作证件，使用抄表卡或抄表机逐户对客户端用电计量装置记录的有关用电计费数据进行抄录。

（1）出发前，认真检查抄表工作包内必备的抄表工器具是否完好、齐全。抄表数据

（包括抄表客户信息、变更信息、新装客户档案信息）下装准备工作应在抄表前一个工作日或当日出发前完成，并确保数据完整正确。

（2）现场抄表时，应认真核对客户电能表箱位、表位、表号、倍率等信息，检查电能计量装置运行是否正常，封印是否完好。对新装及用电变更客户，须核对确认用电容量、最大需量、电能表参数、互感器参数等信息，并做好核对记录。

（3）现场抄表时发现客户电量异常、违约用电、窃电嫌疑、表计故障、有信息（卡）无表、有表无信息（卡）等异常情况，须做好现场记录，提出异常报告并及时报职责部门处理。

（4）不得擅自变更抄表计划。因特殊情况不能按抄表例日对高压客户抄表的，应事先告知客户。高压客户的抄表例日变更应与客户协商后办理审批手续。

（5）因客户原因未能如期抄表时，应通知客户待期补抄并按合同约定或有关规定计收电费。

（6）向新装客户做好抄表例日、缴费方式、缴费期限及欠费停电等相关规定的宣传解释工作。

（7）抄表后应当日完成抄表数据的上装。因特殊情况当日不能完成抄表数据上装的，须经批准并于次日完成。抄表数据上装时，应确保该抄表段所有客户的抄表工作已完成。

2. 线损电量的产生原因是什么？线损率如何计算？

答：电能从发电机发出输送到客户，必须经过输、变、配设备，由于这些设备存在着阻抗，因此电能通过时，就会产生电能损耗，并以热能的形式散失在周围介质中。另外，还有由于管理不善，在供用电过程中偷、漏、丢等原因造成的损失。这些电能损失电量称为线损电量，简称线损。

线路损失率是电力工业企业在供电生产过程中耗用和损失的电量占供电量的比例。它是供电企业的一项综合技术经济指标，反映电力营销管理与技术管理工作质量的高低和供电生产的经济效益。其计算公式为

$$\text{线路损失率（\%）}=\frac{\text{供电量}-\text{售电量}}{\text{供电量}}\times 100\%$$

3. 收取客户银行转账支票时应该注意什么？

答：在收取客户银行转账支票时应该注意以下几点：①金额的大小写一致，书写规范；②支票有无涂改、破损；③支票日期有无超过10天的有效期，日期填写是否规范；④支票印章是否齐全、清晰；⑤支票用途栏应该填写为“电费”；⑥书写时必须使用黑色墨水；⑦背书转让的印章是否齐全清晰（对于原收款人不是供电公司的，必须要求有收款人的一次背书转让）；⑧开户银行名称、账号、磁码或支付密码是否齐全。

4. 对各类客户停限电工作的申报、审批权限是怎样规定的？

答：（1）对居民客户由抄表员提出申请，电费班（组）长批准。

（2）对低压供电非居民客户由电费班（组）长提出申请，地市公司电费管理中心主任、县（市）公司营销部主任批准。

（3）对10kV及以上35kV以下客户由电费班（组）长提出申请，地市公司营销部主任、县（市）公司分管副总批准。

（4）对35kV及以上客户由营销部提出申请，地市公司分管副总、县（市）公司总经理批准。

（5）对有重要负荷，停电后可能引起人身伤亡，发生重大设备事故和政治影响的重要客户，由营销部或县（市）公司提出申请，地市公司总经理批准。

5. 抄核收工作规范中对电费收取有何规定？

答：电费收取应做到日清日结。收费人员每日将现金交款单、银行进账单、当日电费汇总表交电费财务人员。具体要求如下：

（1）每日收取的现金及支票应当日解交银行。由专人负责每日解款工作并落实保安措施，确保解款安全。当日解款后收取的现金及支票按财务制度存入专用保险箱，于次日解交银行。

（2）收取现金时，应当面点清并验明真伪。收取支票时，应仔细检查票面金额、日期及印鉴等是否清晰正确。

（3）客户实缴电费金额大于客户应缴电费时，做预收电费处理。

6. 回收电费要注意哪些措施和技巧？

答：电费回收人员充分利用法律所赋予的职权做好电费催收工作，要注意把握回收电费的措施和技巧，千方百计回收电费。

（1）电费回收人员应不厌其烦地上门催费，耐心细致地向客户宣传电费回收政策。

（2）多方位掌握客户的生产动态、资金流向，但注意为客户保密。

（3）想客户所想，帮助客户解决用电的难题，为客户的降损节电出谋划策，合理降低客户用电成本。

（4）利用一切可利用的社会关系、公共关系催缴电费，特别是政府部门关系及其上级主管部门的关系，要积极向地方政府汇报欠费情况，争取主动，避免说情等。

（5）处理好三角债关系，在力所能及的情况下帮助客户要回欠款，利用好法律认可的代位权，主动出击，特别要注意供电企业及三产与欠费企业的商务关系。

（6）对濒临倒闭的企业要防止资产转移，正确运用质押、依法起诉或申请仲裁等法律手段。

（7）采用技术手段催费：对信誉度不高的企业要采取装设预付费电卡表、负荷管理系统等有效技术措施催费。

（8）对长期欠费、信誉度不高及临时用电的企业要采取预收电费的办法。

（9）合理利用政策，对欠费用户停止办理一切变更用电手续，不予开具增值税发票。

（10）严格执行电费违约金制度及欠费停限电制度。

（11）对欠费客户的催费是申请司法介入，在发送停电通知书时，同时发送律师意见函。

（12）对长期拖欠电费或屡次拖欠电费被供电企业停电超过两次的用户，可终止供用电合同，解除供用电关系，用户需要恢复供用电关系，按新装用电办理。

7. 电费清欠的法律手段主要有哪些？

答：①及时运用预期违约制度，进行违约救济；②正确理解适用违约金制度；③充分运用代位权，确保电费顺利清欠；④充分发挥抵消权的作用；⑤重视支付令的作用；

⑥运用公证送达进行清欠；⑦积极尝试债转股方式；⑧依法起诉或申请仲裁；⑨根据国家的法律法规和政策措施，对不同类型和不同地区的破产及被注销企业的欠费回收采取不同方式；⑩依法停电。

8. 执行居民生活电价的学校有哪些？

答：根据《国家发改委、教育关于学校水电价格有关问题的通知》（发改价格［2007］2463号）规定，学校教学和学生生活用电价格按照居民用电价格执行。根据“通知”规定，用电价格执行居民电价的学校，是指经国家有关部门批准，由政府及其有关部门、社会组织和公民个人举办的公办、民办学校。执行学校用电的范围包括：①普通高等学校（包括大学、独立设置的学院和高等专科学校）；②普通高中、成人高中和中等职业学校（包括普通中专、成人中专、职业高中、技工学校）；③普通初中、职业初中、成人初中；④普通小学、成人小学；⑤幼儿园（托儿所）；⑥特殊教育学校（对残疾儿童、少年实施义务教育的机构）。

9.《国家电网公司电费抄核收工作规范》中对电费票据管理的要求是如何规定的？

答：电费发票应严格管理。经当地税务部门批准后方可印制，并应加印监制章和专用章。电费票据的领取、核对、作废及保管应有完备的登记和签收手续。具体规定如下：

(1) 建立电费发票管理台账。每月编制电费发票使用报表，内容包括电费发票入库数和起讫号码、领取数和起讫号码、已用数和起讫号码、作废数和发票号码、未用数和起讫号码。

(2) 电费发票应使用当地税务部门监制的专用发票，加盖“财务专用章”或“发票专用章”和填制人签章后有效。不得使用白条、收据或其他替代发票向客户开具电费发票。

(3) 电费发票应通过营销信息系统计算机打印，并在营销信息系统中如实登记开票时间、开票人、票据类型和票据编号等信息。严禁手工填开具电费发票。

(4) 客户申请开具电费增值税发票的，经审核其提供的税务登记证副本及复印件、银行开户名称、开户银行和账号等资料无误后，从申请当月起给予开具电费增值税发票，申请以前月份的电费发票不予调换或补开增值税发票。

(5) 对作废发票，须各联齐全，每联均应加盖“作废”印章，并与发票存根一起保存完好，不得丢失或私自销毁。

10. 哪些情况符合电费坏账核销的办理？

答：债务单位被宣告破产的，应当取得法院破产清算的清偿文件及执行完毕证明；债务单位被注销、吊销工商登记或被政府部门责令关闭的，应当取得清算报告及清算完毕证明；债务人失踪、死亡（或被宣告失踪、死亡）的，应当取得有关方面出具的债务人已失踪、死亡的证明及其遗产（或代管财产）已经清偿完毕或无法清偿或没有承债人可以清偿的证明；涉及诉讼的，应当取得司法机关的判决或裁定及执行完毕的证据；无法执行或债务人无偿还能力被法院终止执行的，应当取得法院的终止执行裁定书等法律文件；涉及仲裁的，应当取得相应仲裁机构出具的仲裁裁决书，以及仲裁裁决执行完毕的相关证明；与债务人进行债务重组的，应当取得债务重组协议及执行完毕证明；债权超过诉讼时效的，应当取得债权超过诉讼时效的法律文件；可以公开买卖的期货、证券、外汇等短期投资，应当取得买卖的交割单据或清理凭证；清欠收入不足以弥补清欠成本的，应当取得清欠部门的情况说明及企业董事会或总经理办公会等讨论批准的会议纪要；其他足以证明债权确实无法收回的合法、有效证据。被投资单位被宣告破产的，应当取得法院破产清算的清偿文件及执行完毕证明；被投资单位被注销、吊销工商登记或被政府部门责令关闭的，应当取得清算报告及清算完毕证明；涉及诉讼的，应当取得司法机关的判决或裁定及执行完毕的证据；无法执行或债务人无偿还能力被法院终止执行的，应当取得法院的终止执行裁定书等法律文件；涉及仲裁的，应当取得具有仲裁资格的社会仲裁机构出具的仲裁裁决书及执行完毕证明；其他足以证明股权确实无法收回的合法、有效证据。实物性资产依据下列证据进行销案：需要拆除、报废或变现处理的，应当取得已拆除、报废或变现处理的证据，有残值的应当取得残值入账凭证；应由责任人或保险公司赔偿的，应当取得责任人缴纳赔偿的收据或保险公司的理赔计算单及银行进账单；涉及诉讼的，应当取得司法机关的判决或裁定及执行完毕的证据；无法执行或债务人无偿还能力被法院终止执行的，应当取得法院的终止执行裁定书等法律文件；涉及仲裁的，应当取得具有仲裁资格的社会仲裁机构出具的仲裁裁决书及执行完毕证明；抵押资产损失应当取得抵押资产被拍卖或变卖证明；其他足以证明资产确实无法收回的合法、有效证据。

11. 哪些情况下可以办理应收款项的核销？

答：债务单位已经宣告破产或进入破产清算程序的，应取得法院的破产公告。债务单位已清算的，应取得清算报告及债权凭证，扣除债务人以清算财产清偿的部分，对仍不能收回的应收款项，作为坏账损失予以核销。债务单位未清算的，应取得相关不能收回的证据资料，予以核销；债务单位因经营不善清理整顿、歇业等原因而非持续经营的，应取得政府的行政决定或文件、工商部门的注销工商登记、吊销营业执照的证明，予以核销；债务人死亡或者依法被宣告失踪、死亡，其财产或者遗产不足以清偿且没有继承人的应收款项，在取得相关法律文件后，作为坏账损失，予以核销；涉诉的应收款项，已生效的人民法院判决书、裁定书判定、裁定败诉的，或者虽然胜诉但因无法执行被裁定终止执行的，作为坏账损失，予以核销；债务人遭受重大自然灾害、战争、政治事件或其他意外事故等导致停产，损失巨大，以其财产（包括保险款等）确实无法清偿的应收款项，应取得政府公告、相关不能收回的证据资料等，作为坏账损失，予以核销。

12. 抄表中发现窃电、违约用电应如何处理？

答：现场抄表，发现窃电现象时，抄表员现场不得自行处理，不惊动客户，保护现场，及时与公司用电检查人员或班组联系，等公司有关人员到达现场取证后，方可离开。

现场抄表，发现封印脱落、表位移动、高价低接、用电性质变化等违约用电现象时，应在抄表微机中输入异常代码，抄表员现场不得自行处理，并不惊动客户，应及时与用电检查人员联系或回公司后填写《违约用电工作传票》交相关班组或人员处理。

13. 在对专变客户进行审核时，审核规则中的异常信息提示为“变压器停运但有电量”，对此异常信息应如何进行处理？

答：该客户变压器前期一直是处于停运状态，但由于需要，用户在未申请启用或电力营销人员未及时走暂停恢复流程的情况下用户已经用电并有抄见电量。对此类客户抄表、核算人员要发异常给相关人员进行现场核实变压器的运行情况，若客户擅自启用停运设备应进行违约处理，并通知客户办理恢复手续，若停运时间超过两年，应要求客户按新装办理；若属于内部流程不规范，应予以更正。

14. 什么是保证？对保证人有哪些具体规定？

答：所谓保证，是指保证人和债权人约定，当债务人不履行债务时，保证人按照约定履行债务或者承担责任的行为。具有代为清偿债务能力的法人、其他组织或者公民，可以作为保证人。

国家机关不得为保证人，但经国务院批准为使用外国政府或者国际经济组织贷款进行转贷的除外；学校、幼儿园、医院等以公益为目的的事业单位、社会团体，不得为保证人；企业法人的分支机构、职能部门不得为保证人。企业法人的分支机构有法人书面授权的，可以在授权范围内提供保证。

15. 什么是抵押？抵押合同包括哪些内容？

答：所谓抵押，是指债权人或者第三人不转移财产的占有，将财产作为债权的担保。当债权人不履行债务时，债权人有权依照法律规定以抵押财产折价或者以拍卖、变卖抵押财产的价款优先受偿。

抵押合同应包括下列内容：被担保的主债权种类、数额；债务人履行债务的期限；抵押物的名称、数量、质量、状况、所在地、所有权权属或者使用权权属；抵押担保的范围；当事人认为需要约定的其他事项。

16. 抄表时发现表号不符或电能表遗失应如何处理？

答：现场抄表，发现表号不符时，应核对是否为供电公司的电能表，私自换表的，应立即通知公司派员到现场进行处理；若是供电公司电能表的，应在抄表微机中输入异常代码，录入电能表的示数，并做好表号等记录，回公司后填写工作传票，交相关班组处理。

现场抄表，发现失表时，应在抄表微机中输入异常代码，录入上一个抄表周期的电量并做好相应的记录，回公司后填写工作传票，交相关班组处理。

第六节　计　算　题

1. 某供电所 2011 年 10 月发行电费为 450 000 元，11 月 5 日在电费稽查中，发现 10 月少收基本电费 17 000 元，其中：多收 A 客户 3000 元，少收 B 客户 20 000 元，求该所 10 月电费差错率？（按电费计算差错率，结果保留 1 位小数点）

解：电费差错率＝｜电费差错额｜/应收电费总额×100％

＝(20 000＋3000)/450 000×100％

＝5.1％

答：该所 10 月份电费差错率为 5.1％。

2. 某供电营业所 7 月售电量完成 7500 000kWh，按该所月抄表方案统计，15～19 日抄表结算的客户售电量为 800 000kWh，20～24 日抄表结算的客户售电量为 1 000 000kWh，25～31 日抄表结算的客户售电量为 2 700 000kWh，月末零点抄表结算

的客户售电量为3 000 000kWh，请计算其月末抄见电量比重（%）（保留1位小数）和月末零点抄见电量比重（%）各是多少？

解：月末抄见电量比重＝（25～8月1日0点抄见电量）/全月售电量×100%

月末零点抄见电量比重＝（8月1日0点抄见电量）/全月售电量×100%

月末抄见电量比重＝（2 700 000＋3 000 000）/7 500 000×100%＝76%

月末零点抄见电量比重＝（3 000 000）/7 500 000×100%＝40%

答：该营业所月末抄见电量比重为76%，月末零点抄见电量比重为40%。

3. 已知某计量装置铭牌上标示的电压、电流互感器变比为1000V/100V、50A/5A，而实际所接的电流、电压互感器变比为100A/5A、600V/100V，若两次抄见数之差为100，那么抄读的实际电量为多少？

解：实际倍率为100/5×600/100＝120（倍）

实际抄录的电量为120×100＝12 000（kWh）

答：抄读的实际电量为12 000kWh。

4. 某供电营业所当月总抄表户数为1000户，电费总额为400 000元，经上级检查发现一户少抄电量5000kWh，一户多抄电量3000kWh，假设电价为0.532元/kWh，试求该供电营业所当月的抄表差错率为多少？

解：抄表差错率＝(差错户数/总抄表户数)×100%

抄表差错率＝(2/1000)×100%＝0.2%

答：该营业所当月抄表差错率为0.2%。

5. 2000年7月，某供电所工号为103号的抄表工，工作任务单上派发其本月应抄电费户3000户，其中照明户2500户，动力户500户。月末经电费核算员核算，发现其漏抄动力户2户，照明户18户，估抄照明户3户。求103号抄表工本月照明户、动力户实抄率C_1、C_2及综合实抄率C_3是多少？

解：实抄率C＝(实抄电费户/应抄电费户)×100%

则C_1＝[(2500－18－3)/2500]×100%＝99.16%

C_2＝[(500－2)/500]×100%＝99.60%

C_3＝[(3000－18－3－2)/3000]×100%＝99.23%

答：103号抄表工本月照明户、动力户实抄率及综合实抄率分别是99.16%、99.60%、99.23%。

6. 某工业客户10kV供电，315kVA变压器，本月有功抄见电量100 000kWh，无功抄见电量55 000kvarh；大工业基本电价按20元/kVA·月，电度电价0.485元/kWh(含代征基金及附加0.004元/kWh)，请计算该客户当月电费是多少？

解：(1) 基本电费315×20＝6300（元）

(2) 电度电费100 000×0.485＝48 500（元）

(3) 代征基金及附加＝100 000×0.004＝400（元）

(4) 力调电费功率因数0.88；查表，月电费增收1%

力调电费＝（6300＋48 500－400）×1%＝544（元）

(5) 该厂应缴纳总费用为6300＋48 500＋544＝55 344（元）

答：该客户当月电费55 344元。

7. 某35kV用电客户在高压侧用三相电能表计量收费，已知该户装接容量2000kVA，装配的电流互感器变比为30A/5A，电压互感器变比为35 000V/100V，本月电量为100 000kVA（客户是机械表），需量抄见数为0.5，合同约定需量核定值为1000kW，求该户的总电费为多少？［不考虑功率因数调整电费，电度电价为0.80元/kWh，需量基本电价为39元/（kW·月），容量基本电价为26元/（kVA·月）］

解：计费倍率＝电压比×电流比＝35 000/100×30/5＝2100

需量＝2100×0.5＝1050（kW）＝1000×1.05＝1050（kW）

基本电费＝1050×39＝40 950（元）

电度电费＝100 000×0.80＝80 000（元）

总电费＝40 950＋80 000＝120 950（元）

答：该客户的总电费为120 950元。

8. 某工业客户变压器容量为500kVA，装有有功电能表和双向无功电能表各一块。已知某月该户有功电能表抄见电量为40 000kWh，无功电能表抄见电量为正向25 000kvarh，反向5000kvarh。试求该户当月电费为多少？［忽略价外基金及附加，假设工业客户电价为0.382元/kWh，基本电费电价为26元/（kWh·月）］

解：该户当月无功电量＝25 000＋5000＝30 000（kvarh）

$$\cos\varphi=\frac{\text{有功电量}}{\sqrt{\text{有功电量}^2+\text{无功电量}^2}}=\frac{40\ 000}{\sqrt{40\ 000^2+30\ 000^2}}=0.8$$

功率因数标准为0.9，调增率为5%

基本电费＝500×26＝13 000(元)

电度电费＝40 000×0.382＝15 280(元)

力调电费＝(15 280＋13 000)×5%＝1414

当月电费＝13 000＋15 280＋1414＝29 694(元)

答：该客户当月电费为29 694元。

9. 某企业装有35kW电动机一台，三班制生产，居民生活区总用电容量8kW，办公总用电容量为14kW，未装分表。请根据该企业用电负荷确定该客户用电比例分别是多少？

解：用电负荷不同的用电特征，生产用电应按24h，生活用电应按6h，办公用电应按8h计算其用电量。

理论计算电量为 35×24＋8×6＋14×8＝1000（kWh）

其用电比例为工业用电比例＝840/1000%＝84%

居民生活用电比例＝48/1000%＝4.8%

非居民照明用电比例＝112/1000%＝11.2%

答：该客户的用电比例应为工业84%，居民生活4.8%，非居民照明用电比例11.2%。

10. 某工业客户装有SL7-50/10型变压器1台，采用高供低计方式进行计量，根据供用电合同，该客户用电比例为工业95%，居民生活5%，已知4月抄见有功电量为10 000kWh，试求该客户4月的工业电费和居民生活电费各为多少？总电费为多少？

(假设居民电价为0.3元/kWh，工业电价为 0.5 元/kWh，变压器的变损为 435kWh)

解：(1) 先计算电量：

该户当月变损电量为 435kWh

该户工业用电量=(10 000+435)×95%=9913(kWh)

该户居民生活用电量=(10 000+435)×5%=522(kWh)

(2) 计算电费：

工业用电电费=9913×0.50=4956.50 (元)

居民生活用电电费=522×0.30=156.60 (元)

总电费=4956.50+156.60=5113.10 (元)

答：该客户 4 月的工业用电电费为 4956.50 元，居民生活用电电费为 156.60 元，总电费为 5113.10 元。

11. 某大工业客户 35kV 供电，变压器 4000kVAh，抄见有功峰电量 60 万 kWh，谷电量 40 万 kWh，总表有功电量 150 万 kWh，无功电量 65 万 kvarh，办公照明定量 5000kWh，计算应付电费是多少？[基本电价按 20 元/(kVA·月)，大工业峰电价 0.698 元/kWh，谷电价 0.273 元/kWh，平电价 0.485 元/kWh，非居民照明电价 0.61 元/kWh(各分类电价均含代征基金及附加 0.004 元/kWh)]

解：基本电费：4000×20 =80 000(元)

代征基金及附加：1 500 000×0.004 =6000(元)

办公照明电费：5000×0.61=3050(元)

峰电量：(1 500 000−5000)×(60/150)=598 000(kWh)

谷电量：(1 500 000−5000)×(40/150)=398 667(kWh)

平电量：(1 500 000−5000)−598 000−398 667=498 333(kWh)

电度电费=598 000×0.698+498 333×0.485+398 667×0.273=767 931.60(元)

功率因数=costan^{-1}(650 000/1 500 000)=0.92

力调电费减收 0.3%

力调电费=(80 000+767 931.60+3050−6000)×(−0.3%)= −2534.94(元)

电费合计 80 000+767 931.60+3050−2534.94= 848 446.66(元)

答：应付电费 848 446.66 元。

12. 某大工业电力客户，合同约定按容量计收基本电费，有 3 台受电变压器，T1、T2、T3 容量分别是 S_1=400kVA，S_2=560kVA，S_3=200kVA。其中 T1、T2 在其一次侧装有连锁装置，互为备用。若基本电价为 16 元/kWh，求该客户本月的基本电费。

解：根据《供用电规则》第 85 条规定：在受电装置一次侧装有连锁装置互为备用的变压器，按可能同时使用的变压器容量之和的最大值计收基本电费。

基本电费= (560+200) ×16=12 160 (元)

答：本月基本电费为 12 160 元。

13. 某化工厂供电电压等级为 10kV，高压计量，电流互感器变比为 50A/5A，上月表底数为 3201，本月表底数为 4658，求该厂本月用电量是多少？

解：电压比=10 000/100=100

电流比=50/5=10

总倍率＝100×10＝1000

本月用电量＝(4658－3201)×1000＝1 457 000(kWh)

答：该厂本月用电量 1 457 000kWh。

14. 有甲、乙两企业设备容量均为 560kVA，5 月份甲厂用电量为 20 000kWh，乙厂用电量为 80 000kVA，如基本电价为 10 元/（kVA·月），电度电价为 0.25 元/kWh，甲、乙两厂的月平均电价分别是多少？(忽略功率因数调整电费。)

解：甲厂月平均电价(560×10＋20 000×0.25)/20 000＝0.53(元/kWh)

乙厂月平均电价(560×10＋80 000×0.25)/80 000＝0.32(元/kWh)

答：甲厂月平均电价为 0.53 元/kWh，乙厂月平均电价为 0.32 元/kWh。

15. 某农村综合变压器下有一修理铺，装接容量 60kW，装有多功能电能表一块，电流壶关起变比为 50/5，该户 2011 年 4 月抄见示数如下：有功总 2636，无功总 1929，上月有功总 1711，无功总 1266，试根据以上资料计算该客户当月应缴电费多少元？能开具增值税专用发票电费额为多少？(假定：电价为 0.763 元/kWh，当地低维费标准为 0.21 元/kWh)

解：(1) 其 4 月用电量为

$$(2636-1711)\times(50/5)=9250(\text{kWh})$$

电费为

$$9250\text{kWh}\times0.763\text{ 元/kWh}=7057.75\text{ 元}$$

(2) 能开具增值税专用发票的电费额共为

$$9250\text{kWh}\times(0.763-0.21)\text{ 元/kWh}=5115.25\text{ 元}$$

答：该客户当月应交电费 7057.75 元，能开具增值税专用发票电费额为 5115.25 元。

16. 某氧气厂为工业用电，10kV 供电，变压器容量为 200kVA，2002 年 5 月有功电量为 70 390kWh，其中峰电量为 22 753kWh，谷电量为 23 255kWh，平电量为 24 382kWh，无功电量为 28 668kWh，请计算该客户的功率因数。

解：功率因数＝有功/$\sqrt{(\text{有功}^2+\text{无功}^2)}=\dfrac{70\ 390}{\sqrt{70\ 390^2+28\ 668^2}}=0.93$

答：该客户功率因数为 0.93。

17. 某客户有 2 盏 60W 灯泡，每天使用 3h，一台电视机功率为 60W，平均每天收看 2h，一台冰箱平均每天耗电 1.1kWh。求该客户每月（30 天）需缴多少电费（0.27 元/kWh)。

解：灯泡每天耗电＝2×60×3＝0.36(kWh)

电视每天耗电＝60×2＝0.12(kWh)

冰箱每天耗电＝1.1(kWh)

每月需缴电费＝(0.36＋0.12＋1.1)×30×0.27＝12.8(元)

答：该客户每月需缴 12.8 元电费。

18. 客户 A2001 年 4 月计费电量 100 000kWh，其中峰段电量 20 000kWh，谷段电量 50 000kWh。客户所在供电区域实行峰段电价为平段电价的 160%，谷段电价为平段电价的 40%的分时电价政策。请计算该客户 4 月电量电费因执行分时电价支出多或少

百分之几？（设分时与不分时电费支出分别为 E_1、E_2，平段电价为 1 元/kWh）

解：E_1＝20 000×1×160％＋30 000×1＋50 000×1×40％＝82 000(元)

E_2＝100 000×1 ＝100 000（元）

执行分时电价后少支出

(100 000－82 000)/100 000×100％＝18％

答：少支出电量电费 18％。

19. 某工厂原有一台 315kVA 变压器和一台 250kVA 变压器，按容量计收基本电费。供电企业对该厂的抄表日期是每月月末，基本电价为 10 元/（kVA·月）。试计算该厂应交纳的基本电费是多少？

解：(315＋250)×10＝5650(元)

答：该厂应交纳的基本电费是 5650 元。

20. 某大工业客户容量 1630kVA（1000kVA 变压器和 630kVA 变压器各 1 台），2011 年 6 月向供电企业申请暂停 1000kVA 变压器 1 台，供电企业经核查后同意并于 7 月 10 日对其 1000kVA 变压器加封。试求该用户 7 月基本电费为多少？［假设基本电费为 15 元/（kVA·月），抄表例日为每月 30 日］

解：7 月基本电费为

630×15＋1000×15×9÷30＝13 950（元）。

答：该用户 7 月的基本电费为 13 950 元。

21. 某大工业区客户受电变压器容量为 1000kVA，受供电部门委托对一居民点进行转供电，居民点安装有功电能表 1 块。某月大工业用户抄见有功电量为 418 000kWh，无功电量为 300 000kvarh，最大需量为 800kW，居民点总表有功电量为 18 000kWh，不考虑分时电费，试求该大工业用户当月电费为多少？［大工业电价为 0. 25 元/kWh，居民生活电价为 0. 40 元/kWh，基本电费电价为 20 元/（kVA·月）］（不考虑代征费用）

解：大工业用户有功电量

418 000－18 000＝400 000(kWh)

根据《供电营业规则》规定，得

居民点电量折算最大需量＝18 000÷180＝100(kW)

大工业用户基本电费＝(800－100)×20＝14000(元)

电度电费＝400 000×0. 25＝100 000(元)

大工业用户的功率因数 $418\,000/\sqrt{418\,000^2+300\,000^2}=0.81$，应执行功率因数标准为 0. 9，查表得功率因数调整电费率为 4. 5％，则功率因数调整电费＝(100 000＋14 000)×4. 5％＝5130(元)

总电费＝14 000＋100 000＋5130＝119 130(元)

答：该大工业用户当月电费为 119 130 元。

22. 某工业客户，用电容量为 1000kVA，某月有功电量为 40 000kWh，无功电量为 30 000kvarh，电费（不含基金附加费）总金额为 12 600 元。后经营业普查发现抄表员少抄该用户无功电量 9670kavrh，试问应补该用户电费多少元？

解：该用户执行功率因数标准为 0. 9。该用户抄见功率因数 0. 8，查表得电费调整率为 5％；实际功率因数为 0. 71，查表得电费调整率为 9. 5％。所以

该用户实际电费＝12 600÷(1＋5％)×(1＋9.5％)＝13 140(元)

应追补电费＝13 140－12 600＝540(元)

答：应补该客户电费 540 元。

23. 某抄表员在一次抄表时发现某工业用户有功分时计费电能表（三相四线）一相电流回路接反，已知从上次装表时间到现在为止该用户抄见有功电量为 80 000kWh，高峰电量为 30 000kWh，低谷电量为 20 000kWh。请问该用户应补缴电费多少元？(假设平段电价为 0.40 元/kWh，高峰电价为平段电价的 150％，低谷电价为平段电价的 50％，三相负荷平衡)

解：设相电压为 U，相电流为 I，功率因数角为 1，则

$P_1 = 3UI\cos\varphi$,

$P_2 = 2UI\cos\varphi - UI\cos\varphi = UI\cos\varphi$

故电量更正率 200％

应追补

高峰电费＝30 000×200％×0.40×150％＝36 000(元)

低谷电费＝20 000×200％×0.40×50％＝8000(元)

平段电费＝(80 000－30 000－20 000)×200％×0.4＝24 000(元)

应补交电费＝36 000＋8000＋24 000＝68 000(元)

答：该用户应补缴电费 68 000 元。

24. 某大工业用户装有 2000kVA 变压器 1 台，已知基本电费电价为 10 元/(kVA·月)，电度电费电价为 0.20 元/kWh，高峰电价为 0.30 元/kWh，低谷电价为 0.10 元/kWh，该用户当月抄见总有功电量为 1 000 000kWh，高峰电量为 400 000kWh，低谷电量为 200 000kWh。试求该户当月平均电价？(不考虑力调电费)

解：该户当月平段电量

1 000 000－400 000－200 000＝400 000(kWh)

当月基本电费＝2000×10＝20 000(元)

当月总电费

20 000＋400 000×0.3＋400 000×0.2＋200 000×0.1＝240 000(元)

平均电价＝240 000÷1 000 000＝0.24(元/kWh)

答：该户当月平均电价 0.24 元/kWh。

25. 某农场由于天气干旱少雨，需要临时安装一台 30kW 电动机抽水抗旱，由于条件所限，未安装计费电能表。该农场与电力部门约定每天用电 6h，期限 90 天，并预缴电费 3240 元，60 天后，拆除临时用电设备中止用电，试求电力部门应退该农场电费多少元？(电度电费单价：0.60 元/kWh)

解：根据《供电营业规则》第 87 条规定：临时用电客户未装用电计量装置的，供电企业应根据其用电容量，按双方约定的每日使用时数和使用期限预收全部电费。用电终止时，如实际使用时间不足约定期限 1/2 的，可退还预收电费的 1/2；超过约定期限 1/2 的，预收电费不退；到约定期限时，终止供电。

则　60＞90÷2＝45 (d)，故供电企业不退电费给该农场。

答：供电企业不退电费给该农场。

26. 某工厂原有一台315kVA变压器和一台250kVA变压器，按容量计收基本电费。2008年4月13日暂停变压器，4月26日暂停恢复送电。供电企业对该厂的抄表日期是每月月末30日，基本电价为10元/（kVA·月）。试计算该厂4月应缴纳的基本电费是多少元？（有小数的保留两位小数）

解：暂停不足15天不减收基本电费。

应缴基本电费＝(315＋250)×10＝5650(元)

答：该厂4月份应交纳的基本电费是5650元。

27. 某客户当月工业用电电量为18 000kWh，电费为9342元，其中三峡基金270元，电建基金360元；生活用电3000kWh，电费1371元，其中三峡基金45元，电建基金60元。试求该用户当月平均电价（不含基金附加）是多少？（有小数的保留两位小数）

解：$当月平均电价=\frac{9342-270-360+1371-45-60}{18\ 000+3000}=\frac{9978}{21\ 000}$

$=0.48$（元/kWh）

答：该客户当月平均电价（不含基金附加）为0.48元/kWh。

28. 某一高供高计客户，本月抄见有功电量为1 582 000kWh，无功电量为299 600kvarh，求该客户当月加权平均功率因数？

解：
$$\cos\varphi=\frac{1}{\sqrt{1+\left(\frac{299\ 600}{1\ 582\ 000}\right)^2}}=0.98$$

答：该客户当月加权平均功率因数为0.98。

29. 某供电所2003年11月累计应收电费账款1 250 500元，其中应收上年结转电费500 000元。截至月末日，共实收电费980 000元，其中收回以前年度电费340 000元。求其该时期本年度电费回收率和以前年度电费回收率是多少？

解：电费回收率＝(实收电费/应收电费)×100%

本年电费回收率＝(980 000－340 000)/(1 250 500－500 000)×100%＝85.3%

以前年度电费回收率＝(340 000/500 000)×100%＝68%

答：本年度电费回收率为85.3%，以前年度电费回收率为68%。

30. 某供电公司年农业用电量为1000万kWh，全社会用电量为10 000万kWh，该供电公司的农业用电比例为多少？

解：该供电公司的农业用电比例为1000/10 000×100%＝10%

答：该供电公司的农业用电比例为10%。

31. 某用户某月抄见电量90万kWh，上年同期用电量为100万kWh，该客户的电量同比增长率是多少？

解：(90－100)/100×100%＝－10%

答：该客户电量同比降低10%。

32. 某居民客户，安装有单相计费电能表1块。2004年2月抄表计度器示值为6420，到2004年3月抄表时，总计度器示值为6860，该客户接有部分商业用电，供电企业与客户约定商业定比为10%，请计算该客户3月的应缴电费？（假设商业电价为0.689元/kWh，居民电价为0.479元/kWh）

解：有功总＝6860－6420＝440

商业有功总＝440×10％＝44％

居民有功总＝440－44＝396

商业电费＝44×0.689＝30.32（元）

居民电费＝396×0.479＝189.68（元）

总电费＝30.32＋189.68＝220（元）

答：该客户3月份的应缴电费220元。

33. 某淡水鱼研究所，10kV供电，变压器容量为250kVA，某月电度电费是10 000元，$\cos\varphi=0.75$。该客户的功率因数调整电费是多少？(忽略价外基金及附加)

解：根据国家有关电价政策，该客户属非工业用电性质，执行0.85功率因数调整标准，调整率为＋5％，则

功率因数调整电费＝10 000×0.05＝500（元）

答：该客户功率因数调整电费为500元。

34. 大工业客户，10kV高压供电，变压器容量为800kVA，采用高压侧计量，实行分时电价。该客户4月30日抄见表码为，有功：972.16、峰段：379.01、谷段：217.61、平段：374.01、无功：1817.42，5月31日抄见表码为，有功：999.33、峰段：389.4、谷段：223.47、平段：384.93、无功：1843.57。计算该客户5月应缴电费是多少？（该户倍率为4500，容量基本电价26元/kWh，假设电价：高峰：0.610元/kWh、平段：0.373元/kWh、低谷：0.136元/kWh）(忽略基金及附加)

解：有功抄见电量为（999.33－972.16）×4500＝122 265（kWh）

无功抄见电量为（1843.57－1817.42）×4500＝117 675（kWh）

峰段抄见电量为（389.4－379.01）×4500＝46 755（kWh）

谷段抄见电量为（223.47－217.61）×4500＝26 370（kWh）

平段抄见电量为（384.93－374.01）×4500＝49 140（kWh）

抄见电量合计46 755＋26 370＋49 140＝122 265（kWh）

峰段电度电费为0.610×46 755＝28 520.55（元）

谷段电度电费为0.136×26 370＝3586.32（元）

平段电度电费为0.373×49 140＝18 329.22（元）

电度电费为28 520.55＋3586.32＋18 329.22＝50 436.09（元）

基本电费为800×26＝20 800（元）

功率因数为$\cos\left(\tan^{-1}\dfrac{117\ 675}{122\ 265}\right)=0.72$

功率因数标准应为0.9，查表该户应加收9％电费。

功率因数调整电费为（50 436.09＋20 800）×0.09＝6411.24（元）

电费合计＝电度电费＋基本电费＋功率因数调整电费＝50 436.09＋20 800＋6411.24
＝77 647.33（元）

答：该客户5月电费为77 647.33元。

35. 某大工业客户10kV供电，高供高计，总容量2200kVA，按容量计算基本电费，电流互感器变比为200/5，非居民定量4000kWh，3月暂停1000kVA变压器一台，报停

变压器经供电企业加封。5月25日，供电企业抄表人员抄表时发现该客户私增一台高压电动机，并擅自启用已暂停的1000kVA变压器。抄表人员当即将客户违约现象汇报，供电企业随即派用电检查人员现场核实，经核实客户高压电动机容量500kW，投入时间是4月28日；1000kVA变压器投入时间是5月4日。客户对违约用电行为认错态度好，表示承担违约责任，当即拆除高压电动机，用电检查人员对1000kVA变压器重新加封。5月抄见电量如表6-1所示。求该客户本月应缴电费及违约使用费各为多少？(平段电价为0.559 2元/kWh，峰段电价是平段的1.34倍，谷段电价是平段的0.53倍，非居民电价0.925元/kWh)

表6-1 某大工业客户5月抄见电量

项目	总	峰	平	谷
有功（kWh）	860 000	276 000	328 000	256 000
无功（kvarh）	265 900			

解：

(1) 大工业计费电量

总电量＝860 000－4000＝856 000（kWh）

峰段电量＝856 000×276 000/860 000＝274 716（kWh）

谷段电量＝856 000×256 000/860 000＝254 809（kWh）

平段电量＝856 000－274 716－254 809＝326 475（kWh）

(2) 电费结算

峰段电费＝274 716×（0.559 2×1.34）＝205 852.39（元）

谷段电费＝254 809×（0.559 2×0.53）＝75 519.27（元）

平段电费＝326 475×0.559 2＝182 564.82（元）

大工业电度电费＝205 852.39＋75 519.27＋182 564.82＝463 936.48（元）

(3) 基本电费：高压电动机运行27天；私拆封1000kVA变压器运行21天

计费容量＝1200＋500×27/30＋1000×21/30＝1200＋450＋700＝2350（kW）

基本电费＝2350×20＝47 000（元）

(4) $\tan\varphi$＝265 900/860 000＝0.309 2

功率因数为0.96，奖惩值为－0.75％

功率因数调整电费＝（47 000＋463 936.48）×（－0.75％）＝－3832.02（元）

(5) 非居民结算电量＝4000（kWh）

非居民照明电费＝4000×0.925＝3700.00（元）

非居民力调电费＝3700×（－0.75％）＝－27.75（元）

(6) 应付电费＝47 000＋463 936.48＋3700－3832.02－27.75＝510 776.71（元）

(7) 违约使用费＝500×27/30×20×3＋1000×21/30×20×2

＝450×20×3＋700×20×2

＝27 000＋28 000＝55 000（元）

答：该客户5月应付电费510 776.71元及违约使用费55 000元。

36. 某居民客户12月的电费总额为78元，无历史欠电费，交费日期为每月15～25

日，该居民户 1 月 5 日到供电营业厅缴费，试问该客户应缴纳的电费违约金为多少？

解：电费违约金＝78×（31－25＋5）×1‰＝0.858（元）

根据《供电营业规则》第 98 条规定，电费违约金收取总额按日累加计收，总额不足 1 元者按 1 元收取。

答：该居民客户应交纳的电费违约金为 1 元。

37. 某居民照明客户反映电能表走字快，计量人员现场查看将客户负荷侧总刀闸拉开后，测定电能表自走每 100r/h，电能表常数为 2500r/kWh，供电部门应退还多少电量？（该客户每日不用电时间以 18h 计算，日期按一个月计算）

解：$应退电量 = \dfrac{测量圈数 \times 每天不用电时间 \times 天数}{电能表常数量 \times 测量时间}$

$$= \frac{100 \times 18 \times 30}{2500 \times 1} = 22(\text{kWh})$$

答：应退还 22kWh 电量。

38. 某化工厂 2005 年投产用电，2011 年 5 月根据上级安排的生产计划，将缩减部分生产用电，申报将原厂用 630kVA 的变压器减容到 315kVA，经供电部门现场检查，同意该厂从 5 月 8 日将变压器容量由 630kVA 减至 315kVA，基本电价 26 元/kWh 不变，该厂的抄表时间为 5 月 10 日，计算该化工厂 5 月份应缴纳的基本电费是多少？（基本电费按照抄表例日计算）

解：未减容时的基本电费容量＝630/30×28＝588（kVA）

减容后的基本电费容量＝315/30×2＝21（kVA）

5 月份应缴纳基本电费为（588＋21）×26＝15834（元）

答：该化工厂 5 月份应缴纳基本电费为 15834 元。

39. 某大工业客户 10kV 供电，新装 315kVA 变压器，3 月 2 日投入运行后，6 月 9 日又增一台 630kVA 变压器，问 3 月～6 月各应收取的基本费是多少？［基本电费按 20 元/（kVA・月），该客户抄表例日为每月 26 日，基本电费按照抄表例日计算］

解：3 月 315kWh 变压器运行天数 25 天，6 月 630kWh 变压器运行 18 天。

基本电费＝变压器容量×运行天数/30×基本电价

3 月基本电费＝315×25/30×20＝5250（元）

6 月基本电费＝315×20＋630×18/30×20＝13 860（元）

答：该客户 3 月应缴基本电费 5250 元，6 月应缴基本电费 13 860 元。

40. 某工业客户 2010 年 3 月 10 日新装 1000kVA 变压器，2011 年 6 月 15 日办理暂停，问 2011 年 6 月该客户基本电费应付多少？（基本电费按 20 元/kVA・月，该客户抄表例日为每月 28 日，结果保留 1 位小数，基本电费按照抄表例日计算）

解：根据《供电营业规则》第 23 条新装、增容用户，两年内不得申办减容或暂停。如需继续办理减容或者暂停的，减少或暂停部分容量的基本电费应按照 50%计算收取。

6 月基本电费＝1000×20×17/30＋（1000×14/30×20）×50%＝11 333.33＋4666.67＝16 000（元）

答：该客户 6 月基本电费应付 16 000 元。

41. 某大工业客户，装有受电变压器 315kWh 一台。5 月 12 日变压器故障，因无相同容量变压器，征得供电企业同意，暂换一台 400kWh 变压器。供电企业与该客户约定

的抄表结算电费日期为每月30日，请问该客户5月应缴纳基本电费为多少？［假设基本电费单价为20元/（kVA·月），基本电费按照抄表例日计算］

解：315kWh变压器实际使用天数：11天

基本电费315×20×11/30＝2310（元）

400kWh变压器实际使用天数30－12＋1＝19（d）

基本电费：400×20×19/30＝5066.67（元）

5月份应交基本电费＝2310＋5066.67＝7376.67（元）

答：该客户5月份应缴纳基本电费为7376.67元。

42. 某大工业客户双电源供电，运行4000kVA变压器2台，每月30日抄表计费，5月18日申请将一台4000kVA变压器增容到6000kVA，请计算当月基本电费？［基本电价按26元/（kVA·月），基本电费按照抄表例日计算］

解：当月基本电费＝变压器容量×基本电费×实际用电天数/30天＋增容变压器容量×基本电费×（30天－实际用电天数）/30天

4000×26＋4000×17/30×26＝162 933.33（元）

6000×13/30×26＝67 600（元）

162 933.33＋67 600＝230 533.33（元）

答：当月基本电费为230 533.33元。

43. 某工厂原有容量315kVA，因扩大生产，本月9日增容至630kVA，每月抄表日为21日，该客户本月应缴多少基本电费？［基本电价为15元/（kVA·月），基本电费按照抄表例日计算］

解：基本电费＝315×17/30×15＋630×13/30×15＝6772.5（元）

答：该客户本月应交基本电费6772.5元。

44. 有一个大工业客户（新户），变压器容量为1250kVA，上月抄表日期为2011年11月20日，报停时间为12月10日，怎样计算12月基本电费？［基本电价为15元/（kVA·月），基本电费按照抄表例日计算］

解：1250×19/30×15＝11 875（元）

1250×11/30×15×50％＝3437.5（元）

11 875＋3437.5＝15 312.5（元）

答：12月要收15 312.5元的基本电费。

45. 某工业客户1998年3月装有1000kVA和630kVA变压器两台，抄表例日为每月30日。2002年7月14日到9月23日暂停1000kVA变压器一台，7－9月该户如何计收基本电费？［基本电费单价26元/（kVA·月），基本电费按照抄表例日计算］

解：7月：基本电费＝（1630×13/30＋630×17/30）×26＝27 638（元）

8月：基本电费＝630×26＝16 380（元）

9月：基本电费＝（1630×8/30＋630×22/30）×26＝23 322（元）

答：7月基本电费27 638元，8月基本电费16 380元，9月基本电费23 322元。

46. 某大工业客户3月份新装1000kVA变压器和630kVA变压器各1台，后因资金不到位于6月向供电企业申请暂停1000kVA变压器1台，供电企业经核查后同意并于6月10日对其1000kVA变压器加封。试求该客户6月基本电费为多少？［假设基本电价为15

元/(kVA·月)，供电企业抄表结算日期为每月25日，基本电费按照抄表例日计算]

解：根据《供电营业规则》规定："新装用户两年内申请暂停的，暂停部分容量的基本电费应按50%计算收入。"因此该用户6月的基本电费为

(1630×15/30+630×16/30+1000×16/30×50%)×15=21 265.05（元）

答：6月基本电费为21 265.05元。

47. 某生物制药有限公司，合同约定容量3000kVA（变压器容量分别为1000kVA、500kVA、500kVA），按容量计收基本电费，抄表例日为每月30日。因开发新产品，用电负荷减少，客户申请2011年1月1日—4月30日暂停1000kVA变压器1台，4月1日—6月30日暂停500kVA变压器1台。请按《供电营业规则》规定核算，减收基本电费多少元？[设基本电价20元/（kVA·月），基本电费按照抄表例日计算]

解：应减收该户基本电费为

1000×20×3+（1000+500）×20×1+500×20×2=110 000（元）

答：减收基本电费110 000元。

48. 某化工厂，10kV双电源、双回路供电，主变压器2台，容量分别为6300kVA、5000kVA，一次侧装有连锁装置互为备用，所用变压器2台，容量均为50kVA，一主一备（热备用）。请按《供电营业规则》规定计算，该客户每月应计收基本电费多少元？[设基本电价20元/（kVA·月）]

解：（6300+50+50）×20=128 000（元）

答：该客户每月应计收基本电费128 000元。

49. 已知某10kV高压供电工业客户，电流互感器变比50A/5A，电压互感器变比10 000V/100V，有功表起码为165，止码为235，试求该客户有功计费电量为多少？

解：该客户计费倍率=50/5×10 000/100=1000

该客户有功计费电量=1000×（235-165）=70 000（kWh）

答：该客户有功计费电量为70 000kWh。

50. 某一电力客户10kV供电，本月最大需量值为1500kW，抄见高峰电量162 000kWh，其中分摊非居民照明电量12 000kWh；低谷电量93 000kWh，其中非居民照明电量3000kWh；总有功电量385 000kWh，其中非居民照明电量25 000kWh，无功电量166 833kvarh，求该户应缴付电费多少？[假定基本电价为27元/（kW·月），10kV大工业峰段电价0.592 5元/kWh，谷段电价0.197 5元/kWh，平段电价0.395元/kWh，10kV照明峰段电价0.99元/kWh，谷段电价0.33元/kWh，平段电价0.66元/kWh，价外代征三峡基金0.007元/kWh，农网还贷基金0.02元/kWh，公用事业附加费其中大工业0.005元/kWh、照明用电0.01元/kWh]

解：（1）基本电费=1500×27=40 500（元）

（2）动力电量电费

峰电量=（162 000-12 000）×0.592 5=88 875（元）

谷电量=（93 000-3000）×0.197 5=17 775（元）

平电量=[（385 000-162 000-93 000）-（25 000-12 000-3000）]×0.395=47 400（元）

动力电量电费小计=88 875+17 775+47 400=154 050（元）

(3) 非居民照明电量电费

峰电量＝12 000×0.99＝11 880（元）

谷电量＝3000×0.33＝990（元）

平电量＝（25 000－12 000－3000）×0.66＝6600（元）

非居民照明电量电费小计＝11 880＋990＋6600＝19 470（元）

(4) $\cos\varphi = \cos\arctan\frac{P}{Q} = \cos\arctan\frac{166\ 833}{385\ 000} = 0.92$

(5) 功率因数调整电费＝（154 050＋40 500）×（－0.3%）＝－583.65（元）

(6) 三峡工程建设基金＝385 000×0.007＝2695（元）

(7) 农网还贷基金＝385 000×0.02＝7700（元）

(8) 动力公用事业附加费＝（385 000－25 000）×0.005＝1800（元）

(9) 照明公用事业附加费＝25 000×0.01＝250（元）

电费合计＝40 500＋154 050＋19 470－583.65＋2695＋7700＋1800＋250
＝225 881.35（元）

答：该客户应缴纳 225 881.35 元电费。

51. 某客户，供电容量 200kVA，供电电压为 10kV，计量方式为高供低计，其中商业定量为 5000kWh。已知该客户变压器对应的损耗参数分别为：有功损耗系数 0.015；无功 *K* 值为 2.91；有功空载损耗 0.34kW；无功空载损耗 1.536kvar。电费年月为 2009 年 7 月电费台账中的相关信息见表 6-2。请计算该电费。

表 6-2　　2009 年 7 月电费台账中的相关信息

电量类型	上次示数	本次示数	综合倍率	目录电度电价单价（元/kWh）	Σ基金及附加单价（元/kWh）
正向有功总	17 422.2	17 898.5	60	0.765 7	0.049 3
正向无功总	7474.1	7714.7	60	—	—
商业定量	—	—	—	0.866 7	0.049 3

解：计算步骤：

(1) 主表相关电量

抄见有功总电量＝（17 898.5－17 422.2）×60＝28 578（kWh）

抄见无功总电量＝（7714.7－7474.1）×60＝14 436（kWh）

变压器有功损耗电量＝有功空载损耗功率×24×变压器运行天数＋有功电量×有功损耗系数＝0.34×24×30＋28 578×0.015＝673（kWh）

变压器无功损耗电量＝无功空载损耗功率×24×变压器运行天数＋有功电量×有功损耗系数×无功 *K* 值＝1.536×24×30＋28 578×0.015×2.91
＝2373（kvar）

(2) 商业定量：

有功总电量＝5000kWh

目录电度电费＝5000×0.866 7＝4333.5（元）

∑代征电费＝5000×0.049 3＝246.5（元）

（3）非工业剩余有功相关电量

剩余有功总电量＝28 578－5000＝23 578（kWh）

（4）非工业结算电量

结算有功总电量＝23 578＋673＝24 251（kWh）

结算无功总电量＝14 436＋2373＝16 809（kWh）

（5）非工业相关电费

目录电度电费＝24 251×0.765 7＝18 568.99（元）

∑代征电费＝24 251×0.049 3＝1195.57（元）

（6）功率因数调整电费

$$\text{实际功率因数} = \cos\left(\arctan\frac{14\ 436 + 2373}{28\ 578 + 673}\right) = 0.87$$

该客户的标准功率因数为0.85，查功率因数调整电费表可知功率因数调整率为－0.2%，则

功率因数调整电费＝－0.2%×（4333.5＋18 568.99）＝－45.80（元）

（7）该客户本月交的总电费：4333.5＋246.5＋18 568.99＋1195.57－45.80

＝24 298.76（元）

第七章　营　销　稽　查

第一节　单　选　题

1.（A）业务是指通过电力负荷管理系统对用电现场的负荷、电量、计量运行状况等进行动态监测的业务。

A. 用电监测技术支持　　B. 用电检查稽查

C. 终端安装、运行及维护　　D. 购电控技术支持

2. 稽查工作结束后填写（A）。

A. 营销稽查工作记录　　B. 稽查整改通知书

C. 营销稽查处理建议书

3. 居民及低压用电报装从正式受理之日起在（C）个工作日内完成报装工作。

A. 15　　B. 10　　C. 5　　D. 3

4. 对高压用电客户自受理用电需求申请后（C）内应进行现场勘查工作。

A. 3 天　　B. 5 天　　C. 7 天

5. 审核后的电量电费审核差错率不大于（B）%。

A. 0.1　　B. 0.2　　C. 0.5　　D. 1

6.《供电营业规则》中规定：供电企业对已受理的用电申请，应尽快确定供电方案，居民用户最长不超过（A）正式书面通知用户。

A. 3 天　　B. 5 天　　C. 7 天　　D. 10 天

7. 用户减容，须在（C）前向供电企业提出申请。

A. 10 天　　B. 7 天　　C. 5 天　　D. 3 天

8. 客户暂拆原因消除，要求恢复供电，在办理复装接电手续，交清费用后（B）内，供电企业应为该户复装用电。

A. 3 天　　B. 5 天　　C. 7 天　　D. 10 天

9. 动力客户的实抄率为（B）。

A. 98%　　B. 100%　　C. 99%　　D. 97%

10. 收费稽查中各类报表差错率不大于（A）。

A. 1‰　　B. 2‰　　C. 1%　　D. 2%

11. 电费收费差错率应为（D）。

A. 1‰　　B. 2‰　　C. 3‰　　D. 0

12. 高压专线客户供电方案的答复时间自受理用电需求申请之日起最长不超过（D）天。

A. 10　B. 15　C. 20　D. 30

13.《供电营业规则》中规定：供电企业对低压电力客户已受理的用电申请应尽快确定供电方案，正式书面通知用户最长不超过（ **C** ）。

A. 5 天　B. 7 天　C. 10 天　D. 15 天

14. 窃电者除应按所窃电量补交电费外，并承担补交电费（ **A** ）的违约使用电费。

A. 3 倍　B. 4 倍　C. 5 倍　D. 6 倍

15. 抄表差错率不大于（ **B** ）。

A. 0.1%　B. 0.2%　C. 1%　D. 2%

16. 暂停、更名、过户业务自收到客户申请之日起，在（ **A** ）个工作日内完成。

A. 2　B. 3　C. 5　D. 7

17. 居民及低压用电报装从正式受理之日起在（ **B** ）个工作日内完成报装工作。

A. 3　B. 5　C. 7　D. 10

18. 营销标准中规定已竣工验收合格并签订供用电合同的客户应在（ **C** ）个工作日内完成装表接电。

A. 3　B. 5　C. 10　D. 15

19. 改类业务自收到客户申请之日起，在（ **B** ）个工作日内完成。

A. 2　B. 3　C. 4　D. 5

20. 地市级电力营销稽查部门要对所辖区域内供电容量在（ **D** ）**kVA** 及以上，发生用电变更或用电量突增、突减的用户进行逐户稽核。

A. 100　B. 315　C. 500　D. 1000

21. 对立案稽查的事件，承办人员应在接受调查指令 **15** 日内提交（ **D** ）。

A.《电力营销稽查处理（决议）书》　B.《营销稽查整改通知书》

C.《电力营销稽查调查笔录》　D.《电力营销稽查报告》

22. 用电检查机构编制的安全用电检查计划完成率应大于（ **C** ）。

A. 70%　B. 80%　C. 90%　D. 100%

23. 95598 对客户咨询、查询的问题应在规定时限（ **A** ）个工作日内答复。

A. 2　B. 5　C. 7　D. 10

24. 客户服务受理的申请工作单应转入（ **C** ）系统，由报装人员进行办理。

A. 营销管理部门　B. 营销稽查

C. 电力营销管理信息　D. 上级部门

25. 照明客户的实抄率应≥（ **C** ）。

A. 96%　B. 97%　C. 98%　D. 99%

26. 电能计量装置配置稽查应检查电能表与互感器（ **A** ）配置是否合理。

A. 变比　B. 电压　C. 电流　D. 容量

27. 95598 对客户投诉应在（ **B** ）天内答复处理结果。

A. 3　B. 5　C. 7　D. 10

28. 95598 对客户举报应在（ **D** ）天内答复处理结果。

A. 3　B. 5　C. 7　D. 10

29. 95598 全年平均人工座席接通率不低于（ **B** ）。

A. 80％　　B. 85％　　C. 88％　　D. 90％

第二节　多　选　题

1. 用电报装流程稽查应复核新装、增容客户的容量、（ ABCD ）等客户信息资料的正确性，并对档案资料、电力营销信息系统、供用电合同、现场情况进行复核，是否一致。

A. 用电性质　　B. 计费方式　　C. 计量方式　　D. 电压等级

2. 电费账务稽查业务内容是指对电费资金及账务的审核管理，包括对（ ABCD ）和台账的稽查。

A. 票据　　B. 账务资料　　C. 报表　　D. 凭证

3. 营销稽查质量监督适用于电力公司所属的各级（ AB ）及人员、供电营业区内的营销、营销稽查业务。

A. 营销稽查机构　　B. 营销管理部门　　C. 同级政府部门

4. 电费回收中“三收”账是指（ ABC ）。

A. 应收　　B. 实收　　C. 未收　　D. 预收

5. 对供用电合同解除稽查的内容包括：（ ABCD ）。

A. 客户是否符合解除条件

B. 程序是否依法，手续是否齐全

C. 客户是否结清电费

D. 客户是否销户

6. 客户服务要求工作人员在响铃（ BD ）内接起电话。

A. 3 次　　B. 4 次　　C. 10s　　D. 12s

7. 用电报装流程稽查应复核客户信息资料的正确性，查对（ ABCD ）的一致性。

A. 档案资料　　B. 电力营销信息系统

C. 供用电合同　　D. 现场情况

8. 电能计量业务稽查包括（ ABCDE ）。

A. 电能计量装置配置稽查

B. 电能计量器具检定稽查

C. 电能计量装置安装质量稽查

D. 电能计量装置运行维护稽查

E. 电能计量装置故障处理及差错的电量计算稽查

9. 电能计量装置配置稽查包括（ ABCDE ）。

A. 计量装置的准确等级　　B. 电能表、互感器变比配置

C. 电能计量接线方式　　D. 业务工作单填写和审核

E. 客户是否签字

10. 电费账务应建立（ ABCD ），并按时登录。

A. 收费统计台账　　B. 银行存款备查账

C. 应收账款台账　　D. 预收账款备查账

11. 用电客户电源管理稽查应查看以下（ABC）资料收集是否齐全。

A. 客户自备电源许可证　　B. 客户双、多路电源许可证

C. 客户电源并网协议　　D. 非并网自备电源使用许可证

12. 各级电力营销组织，应对其稽查范围内的部门及相关岗位进行工作质量监督和追踪，并建立电力营销质量跟踪专用记录。记录内容包括：（ABCD）、处理结果等。

A. 跟踪内容　B. 跟踪户数　C. 跟踪时间　D. 处理意见

13. 用电报装过程中是否存在“三指定”现象，即指定（ABC）。

A. 设备供货单位　B. 工程设计单位　C. 工程施工单位　D. 供电点

14. 负责故障抢修的责任单位或人员是否在规定时限内到达现场，到达现场时间规定为：城区、农村、边远山区分别为（ACD）。

A. 45min　B. 60min　C. 90min　D. 120min

第三节 判 断 题

1. 计费电能表不装在产权分界处，变压器损耗和线路损耗以及线路损失由产权所有者负担（×）

2. 计费电能表装置尽量靠近用户资产分界点，电能表和电流互感器尽量靠近装置设备。(√)

3. 两部制电价中基本电价最大需量的计算是以用户在 15min 内月平均最大负荷为依据。(√)

4. 基本电费不实行峰、平、谷时段分时电价。(√)

5. 电能表误差超出允许范围时，退补时间：从上次校验或换表后投入之日起至误差更正日止。(×)

6. 用电计量装置接线错误时，退补电费时间：从上次校验或换装投入之日起至接线错误更正日止的 1/2 时间计算。(×)

7. 客户申请暂换因受电变压器故障而无相同变压器替代，临时更换大容量变压器审批使用时间：10kV 及以下的不超过三个月。(×)

8. 两部制电价的客户，擅自启用暂停或已封存的电力设备的，应补交该设备容量的基本电费，并承担两倍补交基本电费的违约电费。(√)

9. 供电企业对已受理的高压双电源客户申请用电，最长期限不超过三个月书面通知用户。(×)

10. 供电企业对已受理的低压电力客户申请用电，最长期限不超过 10 天书面通知用户。(√)

11. 客户减容期限内要求恢复用电时，应在 5 天前向供电企业办理恢复用电手续，基本电费从启封之日起计收。(√)

12. 对已竣工验收合格具备供电条件的低压客户，装表时间不超过 5 天。(×)

13. 对已竣工验收合格具备供电条件的高压客户，装表时间不超过 10 天。(×)

14. 高压供电方案的有效期为一年，低压供电方案的有效期为6个月，逾期注销。(×)

15. 用电客户拒绝签订或修订供用电合同，应按照有关程序终止供电。(√)

16. 按照供用电合同文本的适用范围签订不同类别的供用电合同。(√)

17. 实收电费金额是否与开具的收费发票相符，收费差错率应不大于0.2%。(×)

18. 审核后的电量电费是否正确，其审核差错率应为零。(×)

19. 电量电费审核要求计费清单与抄表日报数据应相符。(√)

20. 业务变更客户办理手续时应结清电费债务。(√)

21. 照明客户实抄率≥98%，动力客户实抄率为≥99%。(×)

22. 抄表日程一经排定，不得随意变更。(√)

23. 因工作失职，出现整册的收费单据漏盖收费专章或被他人盗盖收费专章者认定为营业差错。(×)

24. 供用电合同必须应用计算机进行管理。(√)

25. 电力营销稽查人员对稽查中发现的管理漏洞，无权下达《营销稽查整改通知书》，按期整改。(×)

26. 对查获的违约用电、窃电行为，按规定处理后所收取的违约使用电费，必须全额并入营业外收入，由财务部门按相关科目进行核算。(√)

27. 因工作失职造成电力营销信息系统大量数据丢失，网络瘫痪，硬件设备损坏，情节特别严重者，视为营业工作责任事故。(×)

28. 稽查部门对群众举报的案件，要为举报人保密。(√)

29. 电费收入未按规定及时上缴者认定为营业差错。(×)

30. 所有电力营销稽查收入必须列入各单位多种经营收入。(×)

31. 各级稽查组织对上级交办、其他部门移送和举报的案件应认真受理，不得推诿。不属于本部门查处的案件，不需移送有关部门处理。对举报的案件，要为举报人保密。(×)

32. 用电报装及业务变更稽查是对用电报装及业务变更全过程进行质量跟踪监督、检查业务的稽查。(√)

33. 受理客户新装和增容申请的次日应出具工作单，对高压客户自受理用电需求申请后3天内应进行现场勘查工作。(×)

34. 受理客户新装和增容申请的高压单电源客户供电方案的答复时间自受理用电需求申请之日起最长不超过20天。(√)

35. 已竣工验收合格并签订供用电合同的客户须在10个工作日内完成装表接电。(√)

36. 暂拆、销户业务是否自收到客户申请之日起，高压业务在两个工作日内完成，低压业务在5个工作日内完成。(×)

37. 分户、并户、改压业务是否自收到客户申请之日起，低压业务在5个工作日内完成，高压业务在10个工作日内完成。(√)

38. 供用电合同管理稽查的业务内容是指有关供用电合同的签约、续签、变更、终止业务以及供用电合同履行情况的稽查。(√)

39. 客户服务稽查适用于湖北省电力公司供电营业区内的95598客户服务业务稽

查。(√)

40. 供电营业区内的用电客户应依法签订供用电合同。(√)

第四节 简 答 题

1. 营销稽查监控的定义是什么？

答：营销稽查监控是依据国家有关政策、法律、法规和电力企业营销相关的规章制度和管理规定，对本企业从事电力营销工作的单位或人员，在电力营销过程中的行为进行监督和检查。

2. 在营销稽查监控系统中，运营展示包括哪些内容？

答：运营展示的内容包括：营销基本情况、电力供需、市场发展、营销指标、客户服务、智能用电、稽查动态。

3. 在营销稽查监控系统中，稽查主题管理的主题类及主题分析边界是如何划分的？

答：由稽查主题管理的主题类及主题分析的边界划分为：当主题同时涉及工作质量和经营成果时，归入经营成果；当主题同时涉及工作质量和服务资源时，归入服务资源；当涉及数据质量的主题同时也涉及经营成果时，归入经营成果；当涉及数据质量的主题同时也涉及工作质量时，归入工作质量。

4. 国家电网公司《营销稽查监控系统业务模型说明书》对稽查任务包如何定义？

答：稽查任务包是指在稽查监控系统内由稽查监控部门根据生成的稽查问题，按照一定的组合方式打包生成的稽查问题集合。

5. 国家电网公司《营销稽查监控系统业务模型说明书》对稽查工作单如何定义？

答：稽查工作单是指在稽查监控系统内对已生成的稽查任务包中的异常问题，按照一定归并组合方式生成的需要现场核查、处理、接受审核的工作单。

6. 国家电网公司《营销稽查监控系统业务模型说明书》对现场稽查问题单如何定义？

答：现场稽查问题单是指稽查工作单的附件，是对稽查工作单中每一个异常问题进行详细展示并可打印的纸质单据。

7. 国家电网公司《营销稽查监控系统业务模型说明书》对白名单如何定义？纳入白名单的原则是什么？

答：白名单是指在营销稽查监控系统内不符合主题校验阀值规则，但现场属于正常现象的情况记录。

在营销稽查监控过程中发现的异常问题，但经现场核查后判定为正常的，并在一定周期内不列入监控范围的数据可纳入白名单。

8. 在营销稽查监控系统中，什么是监控周期？什么是稽查周期？什么是评价周期？

答：监控周期是指在稽查监控系统内自动按照校验规则采集问题记录和数据的执行周期。也指监控人员进行监控工作的周期。

稽查周期是指稽查人员在稽查监控系统中提交问题记录的周期。

评价周期是指在稽查监控系统内对监控及稽查任务完成情况作出评价的周期。

9. 在营销稽查监控系统中，稽查工单管理流程包括哪些环节？

答：稽查工单管理包括稽查工单派工、稽查工单处理、延期审批、稽查整改意见审批、稽查整改通知、稽查整改处理及结果反馈、稽查工单审核7个环节。

10. 国家电网公司《营销稽查监控系统业务模型说明书》对数据质量监控如何定义？

答：数据质量监控是指通过对营销业务应用系统中档案数据完整性、准确性的校核与统计，将缺失、矛盾的档案数据提交问题库，以便发起稽查任务。

11. 国家电网公司《营销稽查监控系统业务模型说明书》中“数据质量监控”包含哪些监控主题？

答：数据质量监控包括用电客户类数据完整性、资产类数据完整性、用电客户类数据准确性、资产类数据准确性四大主题。

12. 国家电网公司《营销稽查监控系统业务模型说明书》对服务资源监控如何定义？

答：服务资源监控是指通过服务资源监控平台功能，发现对外提供服务的支撑系统运行中存在的异常情况，及时采取措施提高系统的可靠性和稳定性，掌握95598客户服务系统对外服务能力，从而达到科学合理配置资源，提高资源利用效率的目的。

13. 国家电网公司《营销稽查监控系统业务模型说明书》中“服务资源监控”包含哪些监控主题？

答：服务资源监控包括95598服务资源、现场视频监控、营销自动化系统等监控主题。

14. 在营销稽查监控系统中，“工作质量监控”→“新装增容与变更用电”→“业务异常管理”中“业务异常情况统计”包含哪些内容？

答：统计分析业务异常流程回退、中止情况，临时用电是否超过约定期限，稽查周期内同一计量点换表3次及以上客户的换表原因，掌握工单时限和质量，临时用电情况和客户异常换表情况。

15. 国家电网公司《营销稽查监控系统业务模型说明书》中，“工作质量监控”中“新装增容与变更用电类”的主题包含哪些监控项？

答：稽查监控系统内“新装增容与变更用电类”监控主题包括：供电方案答复情况监控、设计文件审核情况、中间检查情况、竣工检验情况、装表接电情况、业务异常管理6个监控子项。

16. 《营销稽查监控系统业务模型说明书》规定，功率因数调整电费执行错误的类型有哪些？

答：(1) 160kVA以上高压供电工业用户功率因数不等于0.90或未执行。

(2) 100kVA及以上的其他工业用户、非工业用户、电力排灌站，功率因数不等于0.85或未执行。

(3) 农业用电，功率因数不等于0.80或未执行。

(4) 不应执行力率考核而执行。

17. 《营销稽查监控系统业务模型说明书》规定，变损电量执行错误的类型有哪些？

答：(1) 供电电压小于1kV的客户计取变损。

(2) 高供低计并且运行容量不为0未计变损。

(3) 无抄表电量有铜损。

18.《营销稽查监控系统业务模型说明书》对超容量用电业务子项中“理论最大用电量”和“用户超容率”指标的算法是怎么规定的?

答:(1) 理论最大用电量=客户当月最大运行容量×月日历天数(31)×日运行小时(24)。

(2) 客户超容率=客户月用电量/理论最大用电量×100%-1。

19.《营销稽查监控系统业务模型说明书》对售电均价波动业务子项中“售电均价”和“售电均价偏差率”指标的算法是怎么规定的?

答:(1) 售电均价=销售收入/销售电量。

(2) 售电均价偏差率=|(当期售电均价-预测售电均价)|/预测售电均价×100%。

20.《营销稽查监控系统业务模型说明书》中“计量差错情况”所定义的监控阀值是怎样规定的?

答:(1) 电能计量故障差错率=1%。电能计量故障差错率=实际发生故障差错次数/运行电能表互感器总数×100%。

(2) 因电能计量装置故障引起的电量差错率=0.1%。因电能计量装置故障引起的电量差错率=所有计费客户因电能计量装置故障引起的差错电量/所有计费客户售电量×100%。

21.《营销稽查监控系统业务模型说明书》中“抄表准时率”对应的工作要求是什么?

答:严格执行抄表制度。按规定的抄表周期和抄表例日准确抄录客户用电计量装置记录的数据。严禁违章抄表作业,不得估抄、漏抄、代抄。确因特殊情况不能按期抄表的,应及时采取补抄措施。当月按抄表例日抄表用户定义为(上传抄表数据时间-抄表计划例日时间)的绝对值小于2天即视为按抄表例日抄表的用户。

22. 国家电网公司《营销稽查监控系统业务模型说明书》中,“经营成果监控”→“线损管理”→“居民大电量”监控对象是什么?

答:“居民大电量”监控对象是通过对居民生活用电量较大用户的跟踪,监控居民生活用电量异常用户,及时发现并制止违约用电行为。

23. 国家电网公司《营销稽查监控系统业务模型说明书》中,“工作质量监控”→“供用电合同管理”中“合同签订情况”监控阀值是多少?

答:(1) 高压供用电合同签订完成率阀值:网省100%、地市100%。

(2) 低压供用电合同签订完成率阀值:网省100%、地市100%。

(3) 临时供用电合同签订完成率阀值:网省100%、地市100%。

(4) 趸售电合同签订完成率阀值:网省100%、地市100%。

(5) 委托转供电协议签订完成率阀值:网省100%、地市100%。

24. 国家电网公司《营销稽查监控系统业务模型说明书》中,“工作质量监控”→“抄表管理”中“高压用户首次抄表及时情况”监控内容是什么?

答:“高压用户首次抄表及时情况”是通过监控新装高压用户首次抄表及时性,掌握新装高压用户抄表情况。《国家电网公司抄核收工作规范》第6条（三）规定“高压新装客户应在接电后的当月进行抄表。对在新装接电后当月抄表确有困难的其他客户，应在下一个抄表周期内完成抄表”。

25. 国家电网公司《营销稽查监控系统业务模型说明书》中，“工作质量监控”→“业务受理”中“95598服务畅通性”监控内容及阀值是多少？

答：“95598服务畅通性”是通过对一段时间内95598铃响三声接通率稽查督促95598畅通性情况，提高95598的客户服务水平和质量。

监控阀值：网省公司＝100%，地市公司＝100%。

26. 国家电网公司《营销稽查监控系统业务模型说明书》中，“数据质量监控”→“用电客户类数据完整性稽查”中“用电客户类数据”包括哪些？

答：用电客户类数据包括非销户状态的用电客户相关信息、受电点相关信息、计量点相关信息、采集点相关信息、供用电合同相关信息、高压用户相关信息。

27. 国家电网公司《营销稽查监控系统业务模型说明书》中，“数据质量监控”→“用电客户类数据准确性稽查”中“用电客户类数据”包括哪些？

答：用电客户类数据包括非销户状态的用电客户相关信息、受电点相关信息、计量点相关信息、供用电合同相关信息、台区变压器相关信息。

28. 国家电网公司《营销稽查监控系统业务模型说明书》中，“数据质量监控”→“资产类数据完整性稽查”中“资产类数据”包括哪些？

答：资产类数据包括非报废且非失窃状态的电能表资产信息、电能表运行信息、互感器资产信息、互感器运行信息、负控设备信息、集抄设备信息、计量仪器仪表、计量标准器/设备、计量标准装置、计量箱/柜。

29. 国家电网公司《营销稽查监控系统业务模型说明书》中，“数据质量监控”→“资产类数据准确性稽查”中“资产类数据”包括哪些？

答：资产类数据包括电能表相关信息、互感器相关信息。

30. 国家电网公司《营销稽查监控系统业务模型说明书》中，“工作质量监控”→“业务处理”→“抢修到达现场及时情况”中“抢修到达现场及时”具体指什么？

答：“抢修到达现场及时”要求如下：供电抢修人员到达现场的时间城区范围45min，农村地区90min，特殊边远地区2h。

31. 国家电网公司《省地两级营销稽查监控业务运作管理规范》对稽查例日如何定义？

答：稽查例日是指稽查频度为周、月、年的各稽查主题指定发起稽查任务的具体工作日。

32. 营销稽查监控业务范围包括哪些？

答：营销稽查监控业务范围包括：运营展示、供电质量及应急处置监控、经营成果监控与稽查、工作质量监控与稽查、数据质量监控与稽查、服务资源监控与稽查、主题分析及查询、稽查监控主题管理、稽查任务管理、稽查评价。

33. 在稽查结果审核环节符合稽查工单退单的条件有哪些？

答：对检查不通过的稽查任务工单应退回处理单位（部门）重新处理。符合下列条件之一的，视为稽查结果不通过。

（1）稽查问题清单中有一项抽检不通过。

（2）能够进行整改但实际未采取措施进行整改。

（3）已成事实无法整改但未制定有效防范措施。

（4）无法在回复时限内完成整改，且处理部门未制定整改措施或未明确整改期限。

（5）未针对稽查问题进行回复或回复的内容不全面。

34. 稽查监控工作包括哪些内容？

答：稽查监控工作包括：在线监控、稽查任务生成、稽查任务派发、稽查任务处理、任务处理回复、稽查结果审核、稽查任务归档、稽查评价及日常运营维护等。

35. 监控阈值的定义是什么？

答：监控阈值是指各稽查监控主题筛选判定异常问题的临界值。

36. 稽查频度的定义是什么？

答：稽查频度是指监控人员针对各稽查主题异常问题清单发起稽查任务的执行周期。可分为实时、日、周、月、年。

37. 稽查评价包括哪些内容？

答：稽查评价包括：稽查工作质量评价、稽查任务执行情况评价、主题指标情况评价、主题指标改变情况评价，按日、周、月、周期开展。

38. 信息化企业包含哪些基本要素？

答：信息化企业包含的基本要素有：信息高度集成共享、运营与管理业务高度协同；信息化支撑和 IT 治理能力强大；企业经营决策科学化、智能化。

39. 信息化企业需要具备哪些条件？

答：信息化企业具备的条件包括：全面完成 SG186 工程的建设内容，各项业务深度依赖信息化，公司业务流程持续优化提升，业务和信息高度集成共享，信息化支撑能力强大，信息化管理理念深入人心，信息化已成为公司生产经营管理决策的重要支撑。

40. 什么是营销业务应用系统？

答：营销业务应用系统是对电力营销服务与业务处理全过程进行电子化、网络化管理的综合业务应用系统。该系统通过营销各领域具体业务的分工协作，为客户提供各类服务，完成各类业务处理，为供电企业的管理、经营和决策提供支持。同时，通过营销业务与其他业务的有序协作，提高整个电网企业信息资源的共享度。

41. 营销业务应用系统的系统构成是什么？

答：营销业务应用系统主要由客户服务与客户关系、电费管理、电能计量及信息采集、市场与需求侧等 4 个业务领域及综合管理构成。该系统是智能用电服务的综合业务应用系统，是营销业务处理的核心系统。

42. 营销业务应用系统的作用是什么？

答：（1）涵盖营销业务的各个应用领域，侧重于业务处理，为其他系统提供全面的营销业务综合数据支撑。

（2）实现营销业务处理高度规范，营销服务高效便捷。

（3）实现对营销多个业务类进行统一管理，最终达到与其他业务应用、外部系统集成的目的。

（4）实现公司营销能力和服务水平的快速提升。

43. 营销业务应用系统的主要功能包括哪些?

答：主要功能包括：新装增容及变更用电、抄表管理、核算管理、电费收缴及账务管理、线损管理、资产管理、计量点管理、计量体系管理、电能采集信息、供用电合同管理、用电检查管理、95598业务处理、客户关系管理、客户联络、市场管理、能效管理、有序用电管理、稽查及工作质量和客户档案资料管理等19个业务类。

44. 营销稽查监控系统的作用有哪些?

答：(1) 对营销关键经营指标、工作质量、服务质量、服务资源、实时信息、应急处置等实施全过程、实时化、集中式的稽查与监控。

(2) 有效提高营销业务的管控力、日常业务的执行力、客户服务的监督力，实现营销管理向集中精益方向的进一步转变。

(3) 实现营销风险全面防范、营销工作质量可控在控、营销管理水平持续改进。

(4) 全面展示公司营销运营成果及营销信息化建设成果。

(5) 全面提升公司经营效益和服务形象，为构建"大营销"体系提供有力支撑。

45. 建设营销稽查监控体系的重要意义是什么?

答：营销工作是公司生产经营的关键环节，承担着保障公司经营成果、展示公司良好形象的重大责任。建设营销稽查监控体系，对营销关键指标、工作质量、服务质量实施集中监控与稽查，能够有效提高营销业务的管控力、日常业务的执行力、客户服务的监督力，实现营销管理向集中精细方向的进一步转变。

46. 营销稽查监控体系的建设原则是什么?

答：(1) 整体设计，分步实施。

(2) 平台统一，支撑有力。

(3) 健全制度，协同高效。

47. 什么是营销稽查监控系统?

答：营销稽查监控系统是对营销关键经营指标、工作及服务质量、服务资源、应急处置等实施集中稽查与监控的综合业务应用系统。该系统通过对营销业务在线稽查监控、任务执行等工作进行全过程跟踪、全方位评价，实现营销运作能力、客户服务能力、管理控制能力的全面提高。

48. 什么是辅助分析与决策系统?

答：辅助分析与决策系统是面向公司决策层并为其提供智能化营销管理和辅助分析决策的高级应用系统。该系统以营销业务应用系统为依托，实现营销业务的智能化查询、统计和分析，为管理层提供决策依据。

49. 什么是用电地理信息系统?

答：用电地理信息系统是为其他应用系统提供可视化、智能化、形象化的用电地理信息服务的辅助系统。该系统实现智能用电的可视化地理图形服务，为客户用电信息和营销业务应用提供地理图形的展示手段。

50. 客户用能服务系统的技术要求是什么?

答：(1) 主站建设要做好与智能小区、智能家居等系统的数据交互和无缝衔接。

(2) 通信信道不宜与用电信息采集系统共用，宜采用互联网等公网或其他专用网络通信信道。

（3）通信信道可选择电信网、广播电视网、互联网、电力光纤专网等，在进行电力光纤到户建设时，应考虑采用独立纤芯。

（4）应明确系统的边界，电力企业与客户的分界点应是智能交互终端，电力企业应只提供与智能交互终端的信息交互，为客户提供用能服务的途径和用能策略，智能交互终端下行操作应由客户来操控。

（5）应结合建设与运行经验，归类总结，研究关键技术，同步制定相关的标准。

51. 智能量测管理系统的系统构成是什么？

答：智能量测管理系统由主站、通信信道、智能量测设备、检测装置等部分组成，该系统以用电信息采集系统为支撑，实现智能量测设备和数据的智能化管理与应用，是智能用电服务的专业应用系统。

52. 智能量测管理系统的系统作用是什么？

答：（1）满足整体式授权、自动化检定、智能化仓储、物流化配送的业务要求。

（2）实现智能量测设备（包括智能电能表、采集终端、智能监控终端、智能交互终端、智能用电设备等）的自动化检定与检测、运行状态在线监测、数据管理、质量分析与评价等。

（3）通过分析影响设备可靠运行的主要因素，实现设备的选型、轮换、检修、可靠分析等智能化管理。

（4）实现对智能量测设备的全过程生命周期的监督与管理，降低智能量测设备的故障率和运维成本，为智能用电服务提供可靠的设备运行质量保障，确保设备质量可控、能控、在控，有力支撑智能电网建设。

53. 智能量测管理系统的功能定位是什么？

答：智能量测管理系统的主要功能应包括设备自动化检定与检测、设备运行状态监测、设备检测体系管理、运行数据和检测数据的建模分析、智能量测数据管理、设备质量分析与评价、设备可靠性影响因子分析、系统管理等。

54. 智能量测管理系统的技术要求是什么？

答：（1）应加快研究制订智能量测管理系统的典型方案。

（2）应结合智能电网建设要求，深入开展自动化检定检测、直流计量、数字化计量、在线监测等关键技术与装备研究。

（3）应重点开展智能量测数据的深度建模分析和可靠性影响因素分析的研究。

（4）应建立健全智能化检测体系和量测设备质量分析与评价体系。

（5）应结合智能量测应用和管理的需要，研究关键技术，制定相关的标准。

55. 营销业务应用系统的技术要求是什么？

答：（1）应根据智能电网建设的要求，在原有“SG186”营销业务应用系统的基础上，进行技术升级和改造，重点突出客户互动服务、需求侧管理、能效管理等方面的应用。

（2）应关注新的营销业务，提前做好技术储备，满足未来智能用电业务拓展的需要。

（3）应提升电费管理功能，为新能源的接入及结算提供支持。

56. 营销稽查监控系统的技术要求是什么？

答：（1）应以营销自动化系统为依托，建立总部、网省公司、地市公司三级纵向贯通、横向集成的一体化营销稽查监控系统。

（2）应由公司统一组织系统建设，实现总部、网省公司两级部署，总部、网省公司、地市公司三级应用的模式。

（3）应制订详细的系统建设推进计划，按照试点、推广、完善提升三个阶段分步实施。

57. 辅助分析与决策系统的系统构成是什么？

答：辅助分析与决策系统应包含报表、监管、分析预测和综合查询四大部分。该系统应以智能用电服务技术支持平台各专业系统为依托，为管理层提供决策辅助服务，是智能用电服务的高级应用系统。

58. 辅助分析与决策系统的系统作用是什么？

答：（1）实现对营销基础数据纵横向挖掘、分析、比较、提炼，为公司经营管理者提供分析、决策的依据。

（2）实现营销业务的智能化查询、监督、统计、分析和预测，方便管理层及时全面了解用电服务各项指标完成情况及业务发展情况。

（3）实现营销信息高度共享，营销决策全面分析。

59. 辅助分析与决策系统的功能定位是什么？

答：辅助分析与决策系统的主要功能包括：报表、监管和分析三个部分。报表部分包含营销管理需要的市场、营业、计量、服务等各类报表，并支持报表的自动生成与上报。监管部分包含营销指标与管理过程的定义，对各专业的工作质量、工作业绩和客户用电情况（业扩、电费、计量、用电检查、客户服务、用电信息采集、供电质量、有序用电、客户信用、设备资产与运行等）实现在线监管。分析部分包含售电量、电价、售电收入、电费回收、市场开拓、客户服务、计量装置资产与运行管理、用电信息采集、用电检查、用户侧市场、有序用电、业务差错等主题分析与相关预测。

60. 辅助分析与决策系统的技术要求是什么？

答：（1）应根据智能电网建设的要求，进一步挖掘更深层次的辅助分析与决策功能。

（2）应能为管理层提供真实、有效、准确、客观的统计分析数据。

（3）应采用先进技术保证辅助分析与决策的智能化、科学化。

61. 用电地理信息系统的系统构成是什么？

答：用电地理信息系统由基础平台层、应用系统平台层和业务应用层等部分构成。其中，底层基本架构是基础平台层，承担平台供用电档案的地理位置数据管理，存储供用电基本数据、矢量地图数据等。应用系统平台层用于对各类数据进行分析和管理，并向业务应用层提供数据应用接口和功能应用接口。业务应用层实现业务应用模块构建，提供地理图形信息应用服务。

62. 用电地理信息系统的系统作用是什么？

答：（1）为技术支持平台内相关系统提供地理图形信息的支持与服务，为客户用电信息和营销业务应用提供可视化的地理图形展示手段。

（2）通过用电信息与地理图形的关联，进行用电数据的统计处理和双向检索，直观形象地提供相关信息。

（3）实现对供用电设备及客户位置的定位、电源追踪分析、智能故障判断，结合GPS移动终端等扩展平台，实现故障点的迅速查找，完成高效率应急抢修，实现图形化定位与量化分析管理。

（4）通过与“SG186营销业务应用系统”、用电信息采集等系统的数据共享与互动，实现业扩供电方案辅助制订，实现辅助客户现场管理、辅助检查违章窃电、电能表现场查找定位等实用化功能。

63. 用电地理信息系统的功能定位是什么？

答：用电地理信息系统的主要功能包括：基本图形操作管理、地图资源维护、基于地理图形的综合信息查询、停电区域分布、供用电设备及客户位置定位、辅助现场电能表查找定位、最佳抢修路径分析、业扩供电方案辅助制订、辅助客户现场管理、辅助检查违章窃电、电源追踪分析、智能故障判断及查找、台区范围图形化定位与量化分析管理等。

64. 用电地理信息系统的技术要求是什么？

答：（1）宜采用公司统一的GIS空间服务平台，实现与配电地理信息系统的无缝衔接，完成用电地理信息的应用。

（2）用电地理信息系统的档案信息应来源于营销业务应用系统，保证业务档案的唯一性。

（3）可根据业务开展和建设需要，合理安排建设布局，按轻重缓急，有计划、分步骤实施。

65.《国网公司营销安全风险防范与管理规范（试行）》中营销自动化系统安全风险是指什么？主要分为哪几类？

答：营销自动化系统安全风险指系统运行管理过程中，因硬件设备损坏、网络中断、操作系统崩溃、数据库故障、应用程序失效、安全措施不完善等原因，引起的营销业务数据丢失、数据泄密、系统停运等风险。

（1）系统故障风险：因设备损坏、操作系统崩溃、数据库损坏、中间件服务失效、内外部攻击、电源断电等原因，引起的系统单点运行、业务数据丢失、系统停运等风险。

（2）网络安全风险：因物理通道中断、网络设备损坏、数据传输存在安全漏洞、网络堵塞等原因，引起的银行与电力联网中断、95598电话及网上营业厅接入中断、数据采集不成功、应用系统停运等风险。

（3）应用程序风险：因程序损坏、程序逻辑错误、应用参数配置错误、工作人员操作错误等原因，引起的营销业务差错、电量电费差错、营销业务中断等风险。

（4）业务数据风险：因数据管理失误、数据访问欠安全、历史数据缺失、数据备份不可靠等原因，引起的数据泄密、统计数据不正确、系统可靠性降低等风险。

（5）运行管理风险：因系统管理员岗位职责混乱、操作人员权限失控等原因，引起的系统误操作、重要文件失密等风险。

66. 根据《国网公司营销安全风险防范与管理规范（试行）》中，建立营销自动化系统运维管理制度，制订系统突发停运预案，完善数据库备份和恢复策略，加强应急处

置管理等防范措施应如何实施？

答：（1）建立健全严格的运行维护管理制度，定期开展系统安全检查、运行日志分析和重要数据审计工作，严格系统账号、口令及权限管理，确保系统安全稳定运行。

（2）建立主机、数据存储等重要设备的容灾方案，完善网络设备、通道的容灾措施，确保在紧急情况下，能快速切换到容灾系统，保障营销自动化系统的可靠运行。

（3）加强应急处置管理，编制应急预案，定期开展应急处置演习，有序应对系统突发停运事件，最大限度地减小系统突发停运对营销业务正常运转的影响。

67. 什么是线损率？综合线损率？地区网损？分压线损率？

答：（1）线损电量占供电量的百分比称为线路损失率，简称线损率。

（2）综合线损率是指本单位总损失电量占总供电量的百分率。它是反映供电企业管理水平的一项重要的经济指标。

（3）地区网损是指由地区调度负责线损统计管理范围的送、变、配电设备所产生的电能损耗。地区网损也称为地区线损电量，也就是省对地关口表计以下，地对县关口表计以上所有送、变、配电设备产生的电能损耗。

（4）分压线损是指各电压等级网络在输、变、配电过程中所产生的损耗，主要是由各电压等级输电线路和一次电压为该电压等级变电站的变压器以及相关各元件所形成的电能损耗。分压线损率是指各电压等级的线损电量与该电压等级供电量比值的百分率。

68. 如何计算变电站母线电量不平衡率？对变电站母线电量不平衡率有何要求？

答：（1）母线电量不平衡率的计算公式为

母线电量不平衡率（%）＝（输入电量－输出电量）/输入电量×100%

式中　输入电量——输入母线的电量；

输出电量——输出母线的电量。

（2）对变电站母线电量不平衡率的要求：

1）220kV及以上变电站母线电量不平衡率不大于±1%；

2）110kV及以下变电站母线电量不平衡率不大于±2%。

69. 营销差错的范畴是什么？

答：营销差错是指用电营销人员在营销工作范畴中（业扩报装、装表接电、电能装置校验、抄表、核算、收费、电费账务、用电检查、客户服务等环节）由于工作疏忽、失职或因个人原因有意造成的有可能或已经导致企业利益受到侵害或经济上遭受损失的行为。

70. 电能计量装置重点稽查的内容是什么？

答：重点检查用电计量装置（计量柜、计量互感器、计量表、封印、计量回路、远传装置、失压记录仪等）运行是否正常，有无计量故障情况和窃电现象，核查客户计量用电流互感器变比、表计倍率是否与客户档案、信息系统相符。

71. 投诉的稽查工作内容是什么？

答：（1）工作人员接到投诉后按正常程序准确记录各项内容，并及时传递有关部门。

（2）受理客户投诉调查处理时限必须符合：1个工作日内联系客户，7个工作日内答复处理意见。

（3）投诉处理工作质量及回访客户满意度。

72. 对供用电合同签约稽查的内容有哪些？

答：（1）供电营业区内的用电客户是否依法签订供用电合同，若确是客户拒绝签订或修订供用电合同，是否按照有关程序终止供电。

（2）不同电压等级、容量、供用电类别的供用电合同是否按照《湖北省电力公司供用电合同管理办法》规定的分级受理权限管理。

（3）是否按照供用电合同的适用范围签订不同类别的供用电合同。

（4）供用电合同中签订的条款是否符合相关法律、法规的规定，合同中签订的用电性质、计量方式、容量、电费结算方式、用电结构比例等是否与客户实际用电情况和电力营销信息系统相符。

（5）不同类别供用电合同签订的有效期限是否适当。

（6）供用电合同是否应用微机进行管理。

73. 客户电气事故调查稽查有哪些内容？

答：主要内容包括以下几个方面。

（1）客户发生电气事故后是否及时受理，是否按规定的时限组织有关部门进行事故调查。

（2）客户事故调查的相关记录是否详尽记录事故过程、事故的情况及设备损坏情况等事故信息。

（3）协助客户按照"三不放过"的原则进行事故分析，并按规定的时限写出《事故调查报告》。

（4）客户电气事故造成的损失，评估是否准确。

第五节　计　算　题

1. 某日某地市公司在稽查监控系统中电价执行的超容量用电发现一条异常数据，该客户容量为80kVA，用户当月实际用电量为73 343kWh，请计算该客户超容率为多少？后经稽查人员现场核实，该客户实际容量为120kVA，请计算应追补该客户的违约使用电费？

解：（1）理论最大用电量＝用户当月最大运行容量×月日历天数(31)×日运行小时(24)

＝80×31×24＝59 520(kWh)。

超容率＝（73 343－59 520）/59 520×100％＝23.22％

（2）因为该客户为单一制电价用户，故违约使用电费＝私增容量×50＝40×50＝2000（元）。

答：应追补该客户的违约使用电费为2000元。

2. 某客户的合同容量为50kVA，月日历天数为31天，请计算此用户当月理论最大用电量。[理论最大用电量＝客户当月最大运行容量×月日历天数（31）×日运行小时

(24)]。

解：当月理论最大用电量

$$W=50\times24\times31=37\ 200\ (\mathrm{kWh})$$

答：该客户当月理论最大用电量为 37 200kWh。

3. 某条线路全年累计供电量为 25 877 360kWh，累计售电量为 25 865 250kWh，请计算此线路全年累计线损率。

解：(25 877 360－25 865 250) /25 877 360×100%＝0.05%

答：此线路全年累计线损率为 0.05%。

4. 某供电单位 1 月已实施的计划停电 18 次，其中按计划时间恢复供电 16 次，请计算停电恢复及时率。

解：16/18×100%＝88.89%

答：停电恢复及时率为 88.89%。

5. 一个典型客户在某一统计时期内的实际运行电压在允许电压偏差范围内累计时长为 682h，总运行统计时长为 720h，请计算此典型客户的电压合格率。

解：682/720×100%＝94.72%

答：此典型客户的电压合格率为 94.72%。

6. 某供电单位用电信息采集系统 1 天内应采集的用户为 3582 户，1 天内采集成功的用户共 3541 户，请计算此供电单位周期采集成功率。

解：周期采集成功率＝1 天内采集成功的用户总数/1 天内应采集的用户总数×100%

＝3541/3582×100%＝98.86%

答：此供电单位周期采集成功率为 98.86%。

7. 某次业务回访成功数共 128 次，其中非常满意 34 次，满意 51 次，一般 28 次，不评价 8 次，请计算此次业务回访满意率。

解：业务回访满意率＝（非常满意数＋满意数＋一般数＋不评价数）/业务回访成功数×100%

＝（34＋51＋28＋8）/128×100%＝94.5%

答：此次业务回访满意率为 94.5%。

8. 某供电营业所 7 月售电量完成 750 万 kWh，按该所月抄表方案统计，15～20 日抄表结算的售电量为 80 万 kWh，20～25 日抄表结算的售电量为 100 万 kWh，25～31 日抄表结算的客户售电量为 270 万 kWh，8 月 1 日 0 时结算售电量为 300 万 kWh。请计算其月末抄见电量比率。

解：月末抄见电量比率＝（270＋300）/750×100%＝76%

答：该营业所月末抄见电量比率为 76%。

9. 2015 年 6 月某供电所工号为 103 号的抄表工，工作任务单上派发其本月应抄电费户 3000 户，其中照明户 2500 户，动力户 500 户。月末经电费核算员核算，发现其漏抄动力户 2 户，照明户 18 户，估抄照明户 3 户。求 103 号抄表工本月照明户、动力户实抄率 c_1、c_2 及综合实抄率 c_3。(保留二位小数)

解：实抄率 c＝(实抄电费户/应抄电费户)×100%，则

$c_1=[(2500-18-3)\div 2500]\times 100\%=99.16\%$

$c_2=[(500-2)\div 500]\times 100\%=99.60\%$

$c_3=[(3000-18-3-2)\div 3000]\times 100\%=99.23\%$

答： 103号抄表工本月照明户、动力户实抄率及综合实抄率分别是99.16%、99.60%、99.23%。

第八章　需 求 侧 管 理

第一节　单　选　题

1.《电力需求侧管理办法》规定电网企业应通过电力负荷管理系统开展负荷监测和控制，负荷监测能力达到本地区最大用电负荷的（ **C** ）%以上。

A. 50　　B. 60　　C. 70　　D. 55

2.《电力需求侧管理办法》规定电网企业应通过电力负荷管理系统开展负荷监测和控制，负荷控制能力达到本地区最大用电负荷的（ **C** ）%以上。

A. 15　　B. 20　　C. 10　　D. 30

3. 发改委对电网企业实施电力需求侧管理的年度指标原则上不低于经营区域内上年售电量的（ **C** ）%，最大用电负荷的 **0.3%**。

A. 0.5　　B. 0.6　　C. 0.3　　D. 0.1

4.《合同能源管理财政奖励资金管理暂行办法》中规定申请财政奖励资金的合同能源管理项目须符合：节能服务公司投资（ **D** ）%以上，并在合同中约定节能效益分享方式。

A. 50　　B. 60　　C. 30　　D. 70

5.《合同能源管理财政奖励资金管理暂行办法》中规定申请财政奖励资金的合同能源管理项目须符合：单个项目年节能量（指节能能力）在 **10 000t** 标准煤以下、**100t** 标准煤以上（含），其中工业项目年节能量在（ **A** ）**t** 标准煤以上（含）。

A. 500　　B. 600　　C. 300　　D. 100

6.《合同能源管理财政奖励资金管理暂行办法》中规定申请财政奖励资金的节能服务公司须符合：注册资金（ **C** ）万元以上（含），具有较强的融资能力。

A. 100　　B. 1000　　C. 500　　D. 600

第二节　多　选　题

1. 有序用电是指在可预知电力供需紧张的情况下，通过（ **ABD** ），依法控制部分用电需求，维护供用电秩序平稳的管理工作。

A. 行政措施　　B. 经济手段　　C. 法律手段　　D. 技术方法

2. 各级电力运行主管部门和电网公司应建立电力供需预警机制，及时向社会发布预警信息，原则上预警信号分为（ **ACDE** ）。

A. 橙色　　　　　　B. 绿色
C. 红色　　　　　　D. 黄色
E. 蓝色

3. 电力需求侧管理是指为提高电力资源利用效率，改进用电方式，实现（ ACD ）所开展的相关活动。

A. 科学用电　　B. 计划用电　　C. 节约用电　　D. 有序用电

4. 热泵可分为：（ ABC ）等。

A. 空气源热泵　　B. 水源热泵　　C. 地源热泵　　D. 光源热泵

5. 国家电网公司推动社会节电措施主要包括余热余压发电；电动机系统节电；能量系统优化；（ ABCD ）、办公建筑及设施节电改造。

A. 建筑节能　　B. 绿色照明　　C. 电能质量治理　　D. 节电监测和管理

6. 国家电网公司自身节电措施主要包括（ ABCD ）优化电网运行方式。

A. 推广节能变压器　　　　B. 电网节能降损改造
C. 有功经济运行　　　　　D. 无功就地平衡

7. 需求侧管理的实施手段包括（ ABCD ）。

A. 技术手段　　　　B. 经济手段
C. 引导手段　　　　D. 行政手段

8. 电力需求侧管理示范项目的验收依据有（ ABCD ）以及相关规定。

A. 工程设计文件　　　　B. 工程竣工文件
C. 工程建设合同　　　　D. 国家行业标准

9. 能效管理是通过（ ABCD ），采用各种先进技术、管理手段和高效设备提高终端用电效率，来降低单位产品能耗或单位产值能耗。

A. 计划　　　　B. 控制
C. 组织　　　　D. 激励
E. 引导

10. 电网企业计入节能量包含输配电系统节电、电动机系统节电、（ ABCD ）、热泵、电蓄冷（热）、管理节能项目等。

A. 余热余压利用　　　　B. 锅炉（窑炉）节能改造
C. 建筑节能　　　　　　D. 绿色照明

11. 国家电网公司有序用电工作的工作原则是（ ABCD ）、注重预防、节控并举的原则。

A. 有保有限　　B. 安全稳定　　C. 统筹兼顾　　D. 政府主导

12 编制年度有序用电方案原则上应按照（ AC ）、（ BD ）的顺序安排电力电量平衡。

A. 先错峰　　B. 再限电　　C. 后避峰　　D. 最后拉闸

13. 《国家电网公司能效服务网络管理办法（试行）》中规定的能效服务网络活动小组成员单位提供的基本信息有：单位地址、联系人、联系电话、用电类别、（ ABCD ）等。

A. 用户类别　　B. 所属行业　　C. 能源种类　　D. 单位性质

14. 《关于财政奖励合同能源管理项目有关事项的补充通知》中对财政奖励资金支

持的项目内容主要有：锅炉（窑炉）改造、（ ABCD ）建筑节能改造等节能改造项目，且采用的技术、工艺、产品先进适用。

A. 能量系统优化　　B. 余热余压利用

C. 电动机系统节能　　D. 绿色照明改造

第三节 判 断 题

1. 能效服务网络以活动小组建设为重点，按照“政策引领、服务广泛、注重实效”的总体要求进行建设。(√)

2. 负荷管理是指通过加强管理或采用蓄能技术改善用电方式，降低用电负荷波动，实现削峰、移峰、移峰填谷，减少或延缓对发供电资源的需求。(√)

3. 绿色照明是指通过提高照明电器和系统的效率，以消耗较少的电能获得足够的照明，进而减少电厂污染物排放，达到节能环保的目的。(√)

4.《关于加快推行合同能源管理促进节能服务产业发展的意见》中的基本原则是：坚持发挥市场机制作用；加强政策支持引导。(√)

第四节 简 答 题

1. 能效服务网络的重点是什么？工作目标是什么？总体要求是什么？

答：能效服务网络以活动小组建设为重点，以为用能单位提供优质、规范、高效能效服务为宗旨，以激发用能单位节能积极性为工作目标，按照“政策引领、服务广泛、注重实效”的总体要求进行建设。

2. 对错峰、避峰、限电、拉闸 4 个名词进行解释。

答：错峰，是指将高峰时段的用电负荷转移到其他时段，通常不减少电能使用。避峰，是指在用电高峰时段，组织客户削减或中断用电负荷，减少一天中的用电高峰需求，一般会减少电能使用。限电，是指在特定时段限制某些用户的部分或全部用电需求，根据限电时段及程度不同，可分为临时限电、轮停限电、停产限电，一般会减少电能使用。

拉闸，是指各级调度机构发布调度命令，切除部分线路用电负荷的限电措施，不包含因机组非计划停运或电网紧急状态下，调度机构为保证电网安全而采取的紧急切除线路措施。

3. 编制有序用电方案时应优先保障哪几类用电？

答：(1) 应急指挥和处置部门，主要党政军机关，广播、电视、电信、交通、监狱等关系国家安全和社会秩序的用户。

(2) 危险化学品生产、矿井等停电将导致重大人身伤害或设备严重损坏企业的保安负荷。

(3) 重大社会活动场所、医院、金融机构、学校等关系群众生命财产安全的用户。

（4）供水、供热、供能等基础设施用户。

（5）居民生活，排灌、化肥生产等农业生产用电。

（6）国家重点工程、军工企业。

4. 电网企业电力电量节约量包含哪几部分？哪些项目不予计入电网企业电力电量节约量？

答：电网企业电力电量节约量包括电网企业自身、所属节能服务公司实施社会项目、购买社会服务和推动社会节能所节约的电力电量4部分。

计入统计的项目数据应可检测或可核查，下列项目不予计入。

（1）以商业运营为主要目的的新能源发电项目。

（2）电力电量节约量难以合理认定和审核的项目。

（3）通过实施有序用电减少的电力电量。

5. 能效活动小组由哪几部分组成，分别是什么？

答：能效活动小组由组长单位、成员单位和受邀成员等组成。

组长单位即各地市（或县）公司，主要负责召集、组织小组活动。

成员单位是指具有节能意愿及潜力、自愿加入并履行成员义务的用能单位，是活动小组的重要参与主体。

受邀成员由两部分组成：一部分是指能效管理专家或某行业专家；另一部分是指节能潜力，但暂无节能意愿的用能单位。受邀成员受邀观摩、参加活动小组活动。

6. 什么是合同能源管理（EPC）？分为哪几种类型？

答：合同能源管理（EPC）是一种新型的市场化节能机制。其实质就是以减少的能源费用来支付节能项目全部成本的节能业务方式。

依照具体的业务方式，可以分为分享型合同能源管理业务（节能效益分享型）、承诺型合同能源管理业务（节能量保证型）、能源费用托管型合同能源管理业务（能源费用托管型）。

7. 需求侧管理的目标是什么？

答：需求侧管理的目标主要集中在电力和电量的改变上，一方面采取措施降低电网的峰荷时段的电力需求或增加电网的低谷时段的电力需求，以较少的新增装机容量达到系统的电力供需平衡；另一方面，采取措施节省电力系统的发电量，在满足同样的能源服务的同时节约了社会总资源的耗费。从经济学的角度看，DSM的目标就是将有限的电力资源最有效地加以利用，使社会效益最大化。

8. 需求侧管理的资源包括哪些？

答：需求侧管理的资源主要包括：①提高照明、空调、电动机及系统、电热、冷藏、电化学等设备用电效率所节约的电力和电量；②蓄冷、蓄热、蓄电等改变用电方式所转移的电力；③能源替代、余能回收所减少和节约的电力和电量；④合同约定可中断负荷所转移或节约的电力和电量；⑤建筑物保温等改善用电环境所节约的电力和电量；⑥用户改变消费行为减少或转移用电所节约的电力和电量；⑦自备电厂参与调度后电网减供的电力和电量。

9. 需求侧管理的特点有哪些？

答：需求侧管理的特点包括：①DSM适合市场经济运行机制；②节能节电具有量

大面广和极度分散的特点；③DSM 立足于长效和长远社会可持续发展的目标；④用户是节能节电的主要贡献者。

10. 能效活动小组活动的主要内容有哪些？

答： 小组活动主要内容包括但不限于：成员单位基本信息管理、能效数据与节能项目统计、初步能源审计与咨询、节能政策法规宣传、节能标准宣贯、节能技术讲座、节能案例分析与经验交流、新技术与新产品推广、现场参观学习、年度计划与工作总结等。

11. 需求侧管理（DSM）的对象主要包括哪 6 方面？

答：（1）客户终端的主要用电设备。

（2）可与电能相互替代的用能设备。

（3）与电能利用有关的余热回收。

（4）与用电有关的蓄能设备。

（5）自备发电厂。

（6）与用电有关的环境设施。

12. 什么是电力蓄冷？其意义是什么？

答： 电力蓄冷就是利用低谷电力制冷，以冰或水的形式储存冷量，供需要时使用。电力蓄冷的意义如下。

（1）利用电力清洁能源，减少环境污染，符合环保政策。

（2）减少制冷主机的容量与数量，减少系统的电力容量与变配电设施费。

（3）利用电网峰谷电力差价，降低运行费用。

（4）易于实现低温送风，提高室内空气品质。

（5）具有应急功能，空调系统的可靠性高。

（6）系统冷量调节灵活，过渡季节少开或不开制冷主机。

（7）平衡电网峰谷负荷，优化电力资源配置。

13. 负荷曲线调整的基本原则和效果是什么？

答： 负荷曲线调整的基本原则是在合理高效的原则下实现供电方和需求方共同的最小费用资源利用计划。

负荷曲线调整的直观效果是降低峰期负荷，提高了低谷负荷，使负荷曲线平坦，从而使发电厂与输电设备的投入量可以延缓或减少，现有设备的利用率可以提高，运行效率得以改善。负荷曲线的调整除了改善负荷曲线的有功特性外，还可以在一定程度上减少网损，降低运行成本。这不仅可以减少电力系统的运营开支，还可以有利于环境保护。

14. 电力市场分析有何基本要求？

答： 搞好电力市场分析工作的基本要求如下。

（1）制度化，形成一定的分析制度，做到持之以恒。

（2）规范化，做到综合分析和重点分析结合，以数据为基础，数据和文字并重。

（3）时效性，能够在领导决策之前及时提出有参考价值的信息和建议。

（4）准确性，报告中使用的数据和列举的事例，都应准确、真实。

（5）政策性，能把国家的有关方针政策和本地区的具体情况有机地结合起来，用事实说明方针政策的贯彻落实情况。

（6）科学性，善于运用先进的经济理论和预测分析方法，对预期内供需形势提出准确判断和相应对策。

15. 电力需求侧管理与传统用电负荷管理有哪些差异？

答：电力需求侧管理与传统用电负荷管理的差异如下。

（1）电力需求侧管理不是电力公司单方面管理用电负荷，而是调动客户的积极性，与客户共同组成能源管理系统，将节约的效果看作是可替代供电资源的一种资源，使节约与开发有机地融为一体。

（2）电力需求侧管理是市场经济条件下一种商业性的优质能源服务行为，参与者都可从中受益。

（3）电力需求侧管理需要政府的参与和政策的支持。

（4）电力需求侧管理使资源节约与环境保护有机地联系起来，成为人类社会可持续发展的重要手段之一。

16. 电力需求侧管理的技术与产品应满足哪些要求？

答：（1）符合国家有关技术标准和规范。

（2）削峰填谷，提高用电负荷率。

（3）实现用电设备经济运行，提高电能利用效率。

（4）改善用电结构，降低污染物排放，减少环境污染。

（5）实现用电负荷实时监控和可转移负荷可实时调度。

17.《有序用电管理办法》规定，有序用电管理工作明确的相关主体及相关责任方包括哪些？在有序用电方案编制和实施等过程中的职责包括哪些？

答：国家发展和改革委员会负责全国有序用电管理工作；国务院其他有关部门在各自职责范围内负责相关工作。

县级以上人民政府电力运行主管部门负责本行政区域内的有序用电管理工作，县级以上地方人民政府其他有关部门在各自职责范围内负责相关工作。

电网企业是有序用电工作的重要实施主体。电网企业应充分利用电力负荷管理系统等技术手段给予有序用电方案涉及的电力用户帮助指导。

18. 能效管理工作中公司总部营销部职责是什么？

答：公司总部营销部职责如下。

（1）负责制定能效服务网络管理制度。

（2）负责组织能效服务网络建设、管理及培训。

（3）负责编制公司系统能效服务网络工作计划和发展规划。

（4）负责指导各网省公司开展能效服务网络活动，收集、维护能效数据等信息，并对各网省公司能效服务网络工作进行监督、评价与考核。

19. 能效管理工作中各网省公司营销部职责是什么？

答：各网省公司营销部职责如下。

（1）负责编制本单位能效服务网络各项管理办法的实施细则，建设营业区内的能效服务网络。

（2）负责编制本单位能效服务网络年度工作计划和工作报告。

（3）负责汇总、统计节能项目完成的节能量，定期整理总结并上报能效管理典型案例材料。

（4）负责对各地市（或县）公司能效服务网络活动小组的工作开展情况进行监督、评价与考核。

20. 能效管理工作中各地市（或县）公司营销部职责是什么？

答：各地市（或县）公司营销部职责如下。

（1）负责组建活动小组，并制定活动小组章程。

（2）负责编制活动小组工作计划及活动方案，并组织实施。

（3）负责汇总、统计本地用能单位完成的节能量，编制能效管理典型案例材料并上报网省公司营销部。

（4）负责畅通与用能单位的能效信息交流渠道，收集整理用能单位的节能意愿和信息，向用能单位提供有关节能的技术信息咨询和培训、能效测试、项目实施等服务。

（5）负责履行活动小组相关义务。

21.《国家电网公司能效服务网络管理办法（试行）》中规定的能效服务网络活动小组成员单位享有的权利有哪些？

答：成员单位享有以下权利。

（1）向组长单位提出活动需求和工作建议。

（2）参加活动小组组织的节能政策法规宣传、标准宣贯培训、技术讲座、经验交流会、新技术及新产品推广、典型节能案例现场参观学习等活动。

（3）分享本小组各成员单位的节能典型案例信息及其他服务信息等，要求各成员单位对提供的相关信息保密。

（4）享受本活动小组组织的初步能源审计与咨询服务。

22.《合同能源管理财政奖励资金管理暂行办法》中规定的支持对象和范围是什么？

答：支持对象是：财政奖励资金支持的对象是实施节能效益分享型合同能源管理项目的节能服务公司。

支持范围是：财政奖励资金用于支持采用合同能源管理方式实施的工业、建筑、交通等领域以及公共机构节能改造项目。已享受国家其他相关补助政策的合同能源管理项目，不纳入本办法支持范围。

23.《合同能源管理财政奖励资金管理暂行办法》中规定的符合支持条件的节能服务公司应实行什么管理制度？如何操作？

答：符合支持条件的节能服务公司实行审核备案、动态管理制度。节能服务公司向公司注册所在地省级节能主管部门提出申请，省级节能主管部门会同财政部门进行初审，汇总上报国家发展改革委、财政部。国家发展改革委会同财政部组织专家评审后，对外公布节能服务公司名单及业务范围。

24.《关于加快推行合同能源管理促进节能服务产业发展的意见》中的指导思想是什么？

答：指导思想是：高举中国特色社会主义伟大旗帜，以邓小平理论和“三个代表”重要思想为指导，深入贯彻落实科学发展观，充分发挥市场机制作用，加强政策扶持和引导，积极推行合同能源管理，加快节能新技术、新产品的推广应用，促进节能服务产业发展，不断提高能源利用效率。

25.《关于加快推行合同能源管理促进节能服务产业发展的意见》中的发展目标是什么？

答：发展目标是：到2012年，扶持培育一批专业化节能服务公司，发展壮大一批综合性大型节能服务公司，建立充满活力、特色鲜明、规范有序的节能服务市场。到2015年，建立比较完善的节能服务体系，专业化节能服务公司进一步壮大，服务能力进一步增强，服务领域进一步拓宽，合同能源管理成为用能单位实施节能改造的主要方式之一。

26. 国家电网公司开展社会节能服务具有哪些优势？

答：公司开展社会节能服务具有独特优势，首先公司拥有庞大的营销网络资源，掌握着准确的用户用能信息，与用户建立了良好的互动、互信关系；其次，公司作为能源供应企业，在用能节能方面拥有深厚技术积累和丰富专业经验；第三，多年来公司实施需求侧管理示范项目、开展国际合作，培养了一批专业的节能服务队伍；第四，公司具有较强的资金实力和融资能力，可以实施一般节能服务公司无法完成的特大型节能项目。

第五节　论　述　题

1. 推行合同能源管理、发展节能服务产业的重要意义是什么？

答：合同能源管理是发达国家普遍推行的、运用市场手段促进节能的服务机制。节能服务公司与用户签订能源管理合同，为用户提供节能诊断、融资、改造等服务，并以节能效益分享方式回收投资和获得合理利润，可以大大降低用能单位节能改造的资金和技术风险，充分调动用能单位节能改造的积极性，是行之有效的节能措施。

加快推行合同能源管理，积极发展节能服务产业，是利用市场机制促进节能减排、减缓温室气体排放的有力措施，是培育战略性新兴产业、形成新的经济增长点的迫切要求，是建设资源节约型和环境友好型社会的客观需要。

2. 电力市场分析包括哪些内容？

答：电力市场分析的内容如下。

（1）经济发展状况对电力需求的影响。分析GDP增长、各行业经济增加值等对社会用电增长的影响。

（2）电力需求现状及未来趋势的分析。分析近两年来用电量变化情况、同比增长速度、导致变化的原因、各类电量占总电量比例的变化情况，预测未来年的相应电量和比例。根据侧重点不同，可按产业分类和按电价分类进行分析。

（3）各分类用电的电量、电费、电价分析。按电价分类对各类用电量所对应的电费收入进行分析，分析电度电费、基本电费、农网还贷资金等收入情况，分析各类客户实际承担的综合售电价水平，分析供电企业的平均售电单价。

（4）影响电力需求的原因。分析气候条件、固定资产投资、产业结构调整、其他能源价格、居民收入水平等因素变化对电力需求的影响。

3. 电力需求侧管理明确的责任主体、实施主体、直接参与者以及相关各方包括哪些?

答: 国家发展和改革委员会负责全国电力需求侧管理工作，国务院其他有关部门在各自职责范围内负责相关工作。

县级以上人民政府电力运行主管部门负责本行政区域内的电力需求侧管理工作，县级以上人民政府其他有关部门在各自职责范围内负责相关工作。

电力需求侧管理是实现节能减排目标的一项重要措施，各地区、各有关部门和单位都应积极推进电力需求侧管理工作的开展。

电网企业是电力需求侧管理的重要实施主体，应自行开展并引导用户实施电力需求侧管理，为其他各方开展相关工作提供便利条件。

电力用户是电力需求侧管理的直接参与者，国家鼓励其实施电力需求侧管理技术和措施。

4. 《国家电网公司能效服务网络管理办法（试行）》中规定的能效服务网络活动小组成员单位承担的义务有哪些?

答: 成员单位应承担以下义务。

(1) 按小组章程约定，指定1～2名相对固定人员（一般为企业能源主管或能源专业人员），按时出席并积极参与小组会议和其他活动。

(2) 按要求如实提供本单位用能基本信息和节能项目信息。

(3) 配合组长单位开展小组活动，不损害小组和其他成员单位声誉和利益，并按照成员单位的要求，做好相关信息的保密工作。

(4) 配合活动小组组织的调研、初步能源审计和现场参观学习等活动，并提供便利。

(5) 认真落实节能减排政策，推动政府部门出台节能激励办法，各用能单位的能耗情况由当地供电企业汇总上报，并作为政府部门对用能单位能耗考核依据，促使用能单位主动节能。

5. 《合同能源管理财政奖励资金管理暂行办法》中规定财政奖励资金的支持方式和奖励标准是什么?

答: 支持方式。财政对合同能源管理项目按年节能量和规定标准给予一次性奖励。奖励资金主要用于合同能源管理项目及节能服务产业发展相关支出。

奖励标准及负担办法。奖励资金由中央财政和省级财政共同负担，其中：中央财政奖励标准为240元/t标准煤，省级财政奖励标准不低于60元/t标准煤。有条件的地方，可视情况适当提高奖励标准。

财政部安排一定的工作经费，支持地方有关部门及中央有关单位开展与合同能源管理有关的项目评审、审核备案、监督检查等工作。

6. 《合同能源管理财政奖励资金管理暂行办法》中对资金使用的监督管理和处罚内容有哪些?

答: (1) 财政部会同国家发展改革委组织对地方推行合同能源管理情况及资金使用效益进行综合评价，并将评价结果作为下一年度资金安排的依据之一。

(2) 地方财政部门、节能主管部门要建立健全监管制度，加强对合同能源管理项目和财政奖励资金使用情况的跟踪、核查和监督，确保财政资金安全有效。

(3) 节能服务公司对财政奖励资金申报材料的真实性负责。对弄虚作假、骗取财政奖励资金的节能服务公司，除追缴扣回财政奖励资金外，将取消其财政奖励资金申报资格。

(4) 财政奖励资金必须专款专用，任何单位不得以任何理由、任何形式截留、挪用。对违反规定的，按照《财政违法行为处罚处分条例》（国务院令第 427 号）等有关规定进行处理处分。

7.《关于财政奖励合同能源管理项目有关事项的补充通知》中规定对哪些项目不予支持？

答：(1) 新建、异地迁建项目。

(2) 以扩大产能为主的改造项目，或“上大压小”、等量淘汰类项目。

(3) 改造所依附的主体装置不符合国家政策，已列入国家明令淘汰或按计划近期淘汰的目录。

(4) 改造主体属违规审批或违规建设的项目。

(5) 太阳能、风能利用类项目。

(6) 以全烧或掺烧秸秆、稻壳和其他废弃生物质燃料，或以劣质能源替代优质能源类项目。

(7) 煤矸石发电、煤层气发电、垃圾焚烧发电类项目。

(8) 热电联产类项目。

(9) 添加燃煤助燃剂类项目。

(10) 2007 年 1 月 1 日以后建成投产的水泥生产线余热发电项目，以及 2007 年 1 月 1 日以后建成投产的钢铁企业高炉煤气、焦炉煤气、烧结余热余压发电项目。

(11) 已获得国家其他相关补助的项目。

第六节 计 算 题

1.“十一五”期间某地区第三产业用电量平均增长率为 18%，“十二五”期间按平均增长率 20%计，以 2005 年的 8.83 亿 kWh 为起点，试用平均增长法预测 2015 年该地区第三产业的电力需求量是多少？

解：根据公式 $A_n = A_m(1+K)^{n-m}$ 得

$$A_{2010} = A_{2005}(1+18\%)^5 = 8.83\times(1+18\%)^5 = 20.20(\text{亿 kWh})$$

$$A_{2015} = A_{2010}(1+20\%)^5 = 20.20\times(1+20\%)^5 = 5026(\text{亿 kWh})$$

答：预测结果是 2015 年该地区第三产业的电力需求量为 50.26 亿 kWh。

2. 某企业全年能耗费用约 9000 万元，实施节能改造后，按 15%节电率，节能改造项目合同期 5 年，请问该企业整个项目合同期能节省多少能源费用？

解：每年可节约能源费用 9000×15%=1350（万元）

该企业能节省：1350×5=6750（万元）

答：该企业整个项目合同期能节省 6750 万元能源费用。

3. 某电力公司发展部统计2009年自身节约电量为2000万kWh，所属节能服务公司节电项目节约电量为3000万kWh，能效服务网络活动小组成员单位自行实施节电项目节约电量为500万kWh（均经过第三方测评机构认定），请问节约电量为多少？（根据发改运行〔2010〕2643文件规定，推动企业自行实施的节能量，计算节能量时系数为0.1）

解：节约电量为：2000＋3000＋500×0.1＝5050（万kWh）

答：节约电量为5050万kWh。

4. 某大工业客户进行变压器节能换型改造，由S7-400/10更换为S11-400/10，总投资为4万元，在80%负载率下，变压器总损耗由原4.632kW下降至3.322kW，求该用户变压器改造降损率为多少？项目投资静态回收期约为多少年？（以变压器日均运行12h，全年365d计，大工业电度电价0.625元/kWh）

解：降损率＝[(4.632－3.322)/4.632]×100%＝28.3%

静态回收期＝40 000/[(4.632－3.322)×12×365×0.625]＝11.2(年)

答：该客户变压器改造降损率为28.3%，项目投资静态回收期约为11年。

5. 某大型企业，原使用150W金卤灯灯具140套，250W金卤灯灯具180套，400W金卤灯灯具278套，每天生产用灯时间16h，电费为0.85元/kWh，试计算将原厂房150W金卤灯更改为80W无极灯，250W金卤灯更改为120W无极灯，400W金卤灯更改为200W无极灯后每年产生的节能费用？

解：该企业原使用功率＝150W×140套＋250W×180套＋400W×278套

＝21 000W＋45 000W＋111 200W

＝177 200W＝177.2kW

替换后的功率＝80W×140套＋120W×180套＋200W×278套

＝11 200W＋21 600W＋55 600W

＝88 400W＝88.4kW

替换后节约总功率＝177.2kW－88.4kW＝88.8kW

每天节约电费＝88.8kW×16h×0.85元＝1207.68（元）

每年节约电费＝1207.68×365天＝440 803.2（元）

答：每年节约电费440 803.2元

6. 2011年，某地区全年社会用电量234亿kWh，增速为13.65%，本年GDP增长10.93%。预计2012年GDP可增长10%，用电力弹性系数法测算2012年该地区社会用电量。

解：2009年电力弹性系数：13.65%/10.93%＝1.25，2010年预计售电量增长率：

1.25×10%＝12.5%

2010年预计售电量：234×（1＋0.125）＝263.3（亿kWh）

答：2010年预计售电量为263.3亿kWh。

7. 某工厂380V三相供电，用电日平均负荷为100kW，高峰负荷电流为200A，日平均功率因数为0.9，问该厂的日负荷率为多少？

解：该厂日负荷率＝日平均有功负荷÷日最高有功负荷×100%

日最高有功负荷＝$\sqrt{3}UI\cos\varphi$＝1.732×0.38×200×0.9＝118.47（kW）

日负荷率＝100÷118.47×100%＝84.4%

答：该厂的日负荷率为84.4%。

8. 某年5月，某企业为节能，采取了如下措施：一是加装无功补偿装置。安装前，该企业月均功率因数为0.79，功率因数调整电费为0.25万元，花费0.8万元加装无功补偿装置后，功率因数为0.92，功率因数调整电费为－0.1万元，月均节约损耗电量300kWh；二是进行了照明系统改造，通过对某一车间耗电量进行节电系统达2个月的监测数据得出，改造前，月均用电量500kWh，投入1.2万元加装节能装置后，月均用电量为400kWh，该企业在照明方面的月均用电量为5000kWh，问该企业最迟在什么时候收回投资？（为计算方便，电价按0.8元/kWh计算）

解：（1）月均力调电费节约＝1000－（－2500）＝3500（元）

月均节约损耗电费＝300×0.8＝240（元）

（2）照明系统节电率＝（500－400）/500＝0.2

月均节电量＝5000×0.2＝1000（kWh）

月均节约电费＝1000×0.8＝800（元）

节能改造投入收回时间＝（8000＋12000）/（3500＋240＋800）≈4.4（个月）

答：该企业最迟在当年10月收回投入。

9. 2011年某电网企业进行电网节能改造，节约电量450万kWh，优化电网运行方式，节约电量320万kWh；通过所属节能机构实施的电力用户节能项目节约的电力为130万kWh；通过交易方式购买的节电量指标为800万kWh；推动余热余压发电，节约电量610万kWh，推动建筑节能100万kWh。问该电网企业2011年节能量统计为多少万kWh?

解：电网企业通过实施电网改造、加强运行管理等节能降损措施实现的节电量记为Aa，节能服务机构实施的电力用户节能服务项目节约的电量记为Bb，通过交易方式购买获得的节电量记为Cc，推动电力用户实现的节电量记为Dd。

Aa＝450＋320＝770（万kWh）

Bb＝130（万kWh）

Cc＝800（万kWh）

Dd＝（610＋100）×0.1＝71（万kWh）

$Aa+Bb+Cc+Dd$＝770＋130＋800＋71＝1771（万kWh）

800/1771≈0.45＞0.4，71/1771≈0.04＜0.05

根据通过交易方式购买的节电量指标不得超过总电量的40%，电网企业推动电力用户实现的节能量不得超过总电量5%的规定，该电网企业2011年节能量统计应为

Cc＝（770＋130＋71）/0.6×0.4＝647.33（万kWh）

$Aa+Bb+Cc+Dd$＝770＋130＋647.33＋71＝1618.33（万kWh）

答：电网企业2011年节能量统计应为1618.33万kWh。

10. 目前我国照明用电占全国用电量的12%左右。如采用高效节能灯替代普通白炽灯（如高效节能灯9W的亮度等于白炽灯40W的亮度），可节电60%～80%，节电潜力巨大（见表8-1）。请你比较一下居民照明（居民照明电价0.52元kWh）中的白炽灯和高效节能灯谁更省钱，同样的年使用时间3000h能省多少钱?

表 8-1 白炽灯和高效节能灯的比较

灯类	功率（W）	单价（元）	使用寿命（h）
白炽灯	40	1	1000
高效节能灯	9	30	3000

解：买灯成本比较：

白炽灯使用 3000h：1 元×3＝3 元；

节能灯使用 3000h：30 元。

3000h 白炽灯耗电量：40W×1000h×3 只＝120kWh

3000h 节能灯耗电量：9W×3000h＝27kWh

答：总成本比较：（120×0.52＋3）－（27×0.52＋30）＝21.36（元）

一年算下来，使用节能灯可以比白炽灯节约 21.36 元。

第九章 智 能 用 电

第一节 多 选 题

1. 非车载充电机的基本构成有：（ ABCD ）、供电接口及人机交互界面等。

A. 功率单元　B. 控制单元　C. 计量单元　D. 充电接口

2. 充换电设施检测必须坚持（ AB ）、统一标识、优化分布、（CD）的原则。

A. 统一标准　B. 统一规范　C. 安全可靠　D. 适度超前

3. 为确保充电设施安全、稳定、高效运行，必须按照国家电网公司（ ABCD ）的管理要求。

A. 集团化运作　B. 集约化发展　C. 精益化管理　D. 标准化建设

4. 电动汽车充放电管理系统由（ ABCD ）等部分组成。

A. 主站　B. 通信信道　C. 智能监控终端　D. 充放电设施

5. 充电站内应包括：（ ABCD ）、供电设施等。

A. 行车道　B. 停车位　C. 充电区　D. 监控室

6. 电池更换站内应包括：行车道、停车位、（ ABCD ）等。

A. 充换电区　B. 电池检测维护区

C. 监控室　D. 供电设施

7. 充电设施运行与维护单位（部门）应当建立健全（ ABCD ）、安全管理、应急处置、运行分析和基础资料管理等方面的规程规范、规章制度和运行记录。

A. 充电设施的运行操作　B. 交接班

C. 日常巡视　D. 设备异动

8. 电动汽车充电站应完成对整个充电站监控，包括（ ABCD ）等。

A. 供电系统运行监控　B. 充电机运行监控

C. 充电站安全监控　D. 数据记录

9. 智能插座应配置如下功能：（ ABCD ）、维护。

A. 数据采集　B. 数据管理和存储

C. 电源控制　D. 通信

10. 居民智能交互终端应配置如下功能：（ ABCD ）。

A. 智能用电　B. 智能家居　C. 增值服务　D. 系统设置

11. 智能小区包含用（ ABCD ）电动汽车有序充电、智能家居等多项新技术成果应用。

A. 电信息采集　B. 双向互动服务

C. 小区配电自动化　　D. 客户侧分布式电源及储能

12. 双向互动服务的内容和渠道主要包括（ABCD）、增值服务。

A. 信息提供　　B. 业务受理　　C. 客户缴费　　D. 接入服务

13. 信息共享平台实现（ABCD）分布式电源信息、电动汽车充放电信息等的集中管理和高度共享。

A. 用电信息　　B. 客户档案信息　　C. 设备台账信息　　D. 业务信息

14. 智能用电服务系统技术支持平台主要由：用电信息采集系统、客户用能服务系统、智能量测管理系统、分布式电源与储能管理系统、电动汽车充放电管理系统、（ABCD）系统等构成。

A. 营销业务应用系统　　B. 营销稽查监控系统

C. 辅助分析与决策系统　　D. 用电地理信息

15. 智能用电服务系统的信息共享平台主要实现用电信息、客户档案信息、（ABCD）、电能质量信息、增值服务信息等的集中管理和高度共享。

A. 设备台账信息　　B. 业务信息

C. 分布式电源信息　　D. 电动汽车充放电信息

16. 客户用能服务系统的主要功能应包括：数据采集、数据管理、用能信息管理、（ABCD）、客户关系管理、运行维护管理、系统管理等。

A. 用能策略服务　　B. 能效管理

C. 科学用电和安全用电服务　　D. 监控执行管理

17. 智能量测管理系统实现智能量测设备（ABCD）等功能，满足整体式授权、自动化检定、智能化仓储、物流化配送的要求。

A. 自动化检定检测　　B. 运行质量分析评价

C. 状态与故障监测　　D. 生命周期管理

18. 分布式电源与储能管理系统由（ABCD）等部分组成。

A. 主站　　B. 通信信道

C. 智能监控终端　　D. 并网逆变器

19. 分布式电源与储能管理系统的功能包括：（ABCD）、发电信息综合分析、发电能力预测、计量计费管理、系统管理等。

A. 分布式电源与储能装置接入管理

B. 分布式电源与储能装置并网实时监控

C. 分布式电源潮流分析与负荷预测

D. 设备运行管理

20. 电动汽车充放电管理系统由（ABCD）等部分组成。

A. 主站　　B. 通信信道　　C. 智能监控终端　　D. 充放电设施

21. 电动汽车充放电管理系统主要功能包括：（ABCD）、充放电信息综合分析、系统管理等。

A. 充电需求预测　　B. 智能充放电管理

C. 充放电设施管理　　D. 计量计费管理

22. 坚强智能电网的内涵包括（ABCD）和友好互动 5 个方面。

A. 坚强可靠　　B. 经济高效　　C. 清洁环保　　D. 透明开放

23. 坚强智能电网建设是一项高度复杂的系统工程，包括（ABCD）、用电、调度6个环节以及支撑各个环节的通信信息平台。

A. 发电　　B. 输电　　C. 变电　　D. 配电

第二节 判断题

1. 车载充电机是固定安装在电动汽车上运行的充电机。(√)

2. 非车载充电机是固定安装在地面，将电网交流电能变换为直流电能，采用传导方式为电动汽车动力蓄电池充电的专用装置。(√)

3. 电池更换站是采用电池更换方式为电动汽车提供电能供给的场所。(√)

4. 动力蓄电池是为电动汽车动力系统提供能量的蓄电池。(√)

5. 交流充电桩是采用传导方式为具有车载充电机的电动汽车提供交流电源的专用供电装置。(√)

6. 充电站及电池更换站监控系统包括：充电监控系统，供电监控系统，安防监控系统。(√)

7. 电池更换站消防设计应贯彻“预防为主，防消结合”的方针。(√)

8. 电力光纤到户（PFTTH）系统的基本组成包括：光线路终端（OLT）、光网络单元（ONU）和光分布网络（ODN）三大部分。(√)

9. 楼宇通信网络是指采用先进的通信技术，构建智能楼宇高速、安全、灵活的通信网络，支撑智能楼宇应用需求，同时满足相关行业的通信安全要求。(√)

10. 智能园区评价指标体系中，各项建设内容的技术性评价指标权重为50%。(√)

11. 智能园区评价指标体系中，工程整体实用性评价指标权重为20%。(√)

12. 智能园区评价指标体系中，经济性评价指标权重为20%。(√)

13. 智能园区评价指标体系中，社会性评价指标权重为10%。(√)

第三节 简答题

1. 什么是电池的“标称电压”“额定容量”“容量保持能力”？

答：电池相关名词解释如下。

（1）标称电压：用以标志或识别一种电池或一个电化学体系的适当的电压近似值。

（2）额定容量：在规定条件下测得的并由制造商宣称的电池的容量值。

（3）容量保持能力：电池在规定条件的开路状态下保持容量的能力。

2. 充电设施如何定义？

答：充电设施是指为电动汽车动力蓄电池提供电能的相关设备的总称，包括各种充电站、电池更换站、交流充电桩等。

3. 什么是充电站？

答：充电站是由三台及以上充电设备（至少有一台非车载充电机）组成，为电动汽车进行充电，并能够在充电过程中对充电设备、动力蓄电池进行状态监控的场所。

4. 什么是动力蓄电池箱？

答：动力蓄电池箱是由若干单体蓄电池或动力蓄电池模块、箱体、电池信息采集单元及相关电气、机械附件等构成的装置，简称电池箱。

5. 什么是快换电池箱？

答：快换电池箱是适用于电池更换模式的电动汽车，能够实现快速更换的蓄电池箱。

6. 什么是电池箱连接器？

答：电池箱连接器是实现电池箱与电动汽车、电池箱与充电架之间传导式连接的专用电连接器。

7. 动力蓄电池的成组要求有哪些？

答：动力蓄电池成组要求如下。

（1）动力蓄电池类型宜采用锂离子蓄电池。

（2）成组动力蓄电池应采用相同批次生产的蓄电池，且内阻的一致性应满足企业产品标准的规定。

（3）动力蓄电池布置应利于通风散热且方便安装紧固，以实现对蓄电池的热管理和维护装卸的便捷性。

8. 动力蓄电池的装配要求有哪些？

答：动力蓄电池装配要求如下。

（1）蓄电池模块的正负极柱应清晰标识，并具有相应的防护措施。

（2）蓄电池模块的成组应利于散热，并采用保持热场均匀的布置方式。

（3）蓄电池模块的安装应具有防止振动和擦碰的措施，并使用牢固的定位与夹紧装置。

（4）电子控制单元的安装应与电池模块隔离。

（5）动力线和控制线应独立捆扎，走线平顺，并具有防止振动和摩擦的措施。

（6）各种机械和电连接点应保持足够的预紧力，必要时应采用适宜的防松措施。对于无基本绝缘的电连接点应采用加强绝缘防护。

9. 电动汽车充换电站工作交接班包含哪些内容？

答：电动汽车充换电站工作交接班主要包含如下内容：

（1）当值设备运行状况。

（2）当值充换电运行相关记录。

（3）设备发生的异常、缺陷、事故处理及检修情况。

（4）上级对安全管理方面的部署和要求。

10. 交流充电桩应具备哪些安全防护功能？

答：交流充电桩应具备如下功能。

（1）交流充电桩应具备急停开关，实现在充电过程中紧急切断输出电源，同时解除充电插头的闭锁。

（2）主回路应具备带负载可分合电路。

（3）交流充电桩应具备过负荷保护、短路保护、漏电保护功能。

（4）在充电过程中，充电连接异常时，交流充电桩应立即自动切断输出电源。

11. 非车载充电机使用的环境条件有什么要求？

答：（1）工作环境温度：－20～＋50℃。

（2）相对湿度：5％～95％。

（3）海拔：≤1000m。

（4）在特殊环境下，充电机的使用应在厂家和用户之间进行协商。

（5）使用地点不得有爆炸危险介质，周围不含有腐蚀性和破坏绝缘的有害气体及导电介质。

12. 电动汽车充放电管理系统的作用主要包含哪些？

答：电动汽车充放电管理系统的作用主要包含如下。

（1）实现电动汽车充放电的智能化控制与管理，减少对配网的影响。

（2）通过合理调配客户充电时段、分析客户充电需求、制订有效的充放电方案，实现电动汽车有序充电，平抑电网负荷波动。

（3）满足电动汽车的便捷充电与智能充放电的应用要求。

（4）支持削峰填谷，提高电力资产利用率。

（5）系统可与配网、调度相关系统进行数据交换。

13. 电池更换设备应具备哪些功能？

答：电池更换设备应具备如下功能。

（1）电池箱更换设备应具有方便、快捷、准确更换电池箱的功能。

（2）电池箱更换设备应根据电池箱位置、质量和充电架位置，确定设备载荷、转运范围和升降高度。

14. 交流充电桩的人机交互功能包含哪些？

答：交流充电桩的人机交互功能包含如下。

（1）交流充电桩应能显示各状态下的相关信息，包括运行状态、充电电量、计费信息等；显示字符应清晰、完整，没有缺损现象，应不依靠环境光源即可辨认。

（2）交流充电桩应具有外部手动设置参数和实现手动控制的功能和界面。

15. 电池更换站可分为哪几种类型？并对各类型更换站进行描述。

答：电池更换站可分为综合型电池更换站、商用车电池更换站、乘用车电池更换站、电池配送站4种类型。

（1）综合型电池更换站：指同时具备商用车和乘用车电池更换和电池充电的功能，并具备辐射本地区的电池配送能力的电池更换站。

（2）商用车电池更换站：指具备商用车电池更换和电池充电的功能，并具备一定范围的电池配送能力的电池更换站。

（3）乘用车电池更换站：指具备乘用车电池更换和电池充电的功能，并具备一定范围的电池配送能力的电池更换站。

（4）电池配送站：指通过配送获得电池，并具备电池更换能力的电池更换站。

16. 充电机与电动汽车蓄电池系统的连接的功能要求是什么？

答：充电机与电动汽车蓄电池系统的连接的功能要求如下。

（1）将直流电能由充电机传送给电动汽车蓄电池系统。

（2）实现充电机与电动汽车蓄电池系统之间的通信连接。

（3）为检测充电机与电动汽车蓄电池系统可靠连接提供回路。

17. 电动汽车充电站的负荷等级应如何划分？

答：电动汽车充电站根据充电站的规模和重要性，将其列入不同的负荷等级。

（1）具有重大政治、经济、安全意义的充电站，如为大型国际活动或公共活动服务等，或中断供电将对公共交通造成较大影响或影响重要单位的正常工作的充电站，如大型公共交通充电站，电力抢修车辆专用充电站等，列入二级负荷。

（2）其他充电站列为三级负荷。

18. 充电设施建设的规划布局应考虑哪些因素？

答：充电设施建设的规划布局应考虑如下。

（1）电动汽车充电设施规划布局应与当地城乡发展规划相协调，满足地方经济与交通发展的要求。

（2）电动汽车充电设施规划布局应符合所在电网运行特点和容量要求。

（3）电动汽车充电设施的规划布局应根据用户需求，因地制宜地科学规划充电方式、服务半径和服务能力。

19. 充换电站内操作人员的安全职责是什么？

答：操作人员安全职责如下。

（1）严格执行安全操作规程，完成各项操作任务，做好当值工作记录。

（2）发现有安全隐患及时报告，必要时进行急停操作。互相提醒工作安全并制止违章行为。

（3）遇有异常和事故情况及时汇报，在值长指挥下正确处理，同时做好相关记录。

（4）按时参加交接班，做好与上下值的交接，认真参加班前会与班后会。

（5）保管和维护好工具、仪表、钥匙、备件等。

20. 充换电站内的作业人员基本要求是什么？

答：作业人员基本要求如下。

（1）作业人员必须经安全教育培训，考试合格后方能上岗工作，并具备相关岗位技能。

（2）作业人员进入工作现场应穿着统一规范的工作服，并佩戴相应的岗位标志，正确使用劳动保护用品。

（3）作业人员应熟悉设备操作手册或标准操作流程，严格按照相关岗位操作规定进行生产，不得违规操作、疲劳操作、操作不熟悉的设备，杜绝误操作。

（4）遵守《国家电网公司电力安全工作规程》相关部分及充换电站安全管理规定。工作期间，要按照岗位职责完成巡视、维护、操作、管理等工作任务，做好相关记录，不得从事与工作无关的活动。

21. 电动汽车充电站的安全要求是什么？

答：电动汽车充电站的安全要求如下。

（1）充电站应有便于监控室、办公室及充电区工作人员安全撤离的通道。

（2）充电站应设置火灾自动报警装置，并根据消防规范要求设置相应的消防设施。

(3) 充电站室内可能出现可燃气体或有毒气体时，应设置相应的检测报警器。充电站应为安全和操作提供足够的照明，并配备事故应急照明系统。

22. 电池箱应具备哪些条件？

答：电池箱应具备如下条件。

(1) 电池箱应具备标准的几何尺寸和电气参数。

(2) 电池箱应具备与充电架、电动汽车准确对接的接口，并能保证连接安全可靠和更换便捷。

(3) 电池箱应具备与充电机、电动汽车的通信接口。

(4) 电池箱应具备温度调节功能。

(5) 电池箱应具备必要的机械强度和防护等级。

(6) 电池箱的内部安装结构件应保证单体电池间的可靠串并联。

(7) 电池箱宜具备计量功能。

23. 电池更换站土建的外观与标识设计应满足哪些要求？

答：(1) 电池更换站外观标识应符合国家电网公司的品牌标识规范。

(2) 电池更换站应在醒目位置设置导引标志、安全警告标识等。

(3) 充电设备和电池更换设备应在醒目位置标明必要的参数和操作说明。

24. 交流充电桩的安全防护功能包含哪些？

答：安全防护功能包含如下。

(1) 交流充电桩应具备急停开关，实现在充电过程中紧急切断输出电源，同时解除充电插头的闭锁。

(2) 主回路应具备带负载可分合电路。

(3) 交流充电桩应具备过负荷保护、短路保护、漏电保护功能。

(4) 在充电过程中，充电连接异常时，交流充电桩应立即自动切断输出电源。

25. 什么是智能插座？

答：智能插座是指用于连接电源与用电设备，能够采集接入用电设备的用电信息，并能将数据传输给智能家庭网关，可实现电源远程通断等智能化功能的电源插座。

26. 什么是居民智能交互终端？

答：居民智能交互终端采用通信和信息处理技术，通过智能家庭网关与智能家电、智能插座、安防设备等进行数据交换，实现用电设备监控、用电数据分析、居民用电指导、家居在线控制等功能。通过与相关主站系统通信为居民提供社区服务、远程医疗等增值服务。

27. 什么是居民智能家庭网关？

答：居民智能家庭网关是智能用电双向互动的关键设备，可实现与家庭用电设备的数据交换，具有无线 AP（接入点）功能，并能与居民智能交互终端和相关主站系统进行交互，支撑各种智能用电业务和增值业务。

28. 什么是电力光纤到户（PFTTH）？

答：电力光纤到户（PFTTH）是指在 0.4kV 通信接入网中采用光纤复合低压电缆（OPLC）等线缆，将光纤随低压电力线敷设，实现到表到户，配合无源光网络技术，承载用电信息采集、智能用电双向交互，“三网融合”等业务。

29. 电力光纤到户（PFTTH）可承载的业务类型有哪些？

答：PFTTH 系统可以承载的业务类型分为两类：电力系统类业务和三网融合类业务。

（1）电力系统类业务：①用电信息采集；②小区配电自动化；③分布式电源控制；④电动汽车充电控制；⑤其他业务类型。

（2）三网融合类业务：①IP 数据业务；②语音业务，包括 POTS、语音业务或 VOIP、业务；③视频业务，包括交互式视频业务和广播视频业务，如 IPTV、CATV 等；④其他业务类型。

30. PFTTH 系统组网设计中，客户接入点的选择应遵循什么原则？

答：客户接入点是多个客户的光纤集中汇聚点，可依据楼宇单元内配电电缆交接点进行确定，宜遵循以下原则。

（1）一个客户接入点所带楼层不宜超过 10 层，客户不宜超过 64 户。

（2）客户接入点宜选择在楼宇单元配电电缆连接节点处，客户接入点数量应尽量少；楼宇单元内一个配电电缆连接的节点所带用户或范围超过上述容量时，可在合适楼层增加相应的客户接入点。

（3）客户接入点处应安装光纤分纤箱，完成配线光缆和入户光缆光纤接入，并完成配电线光缆和入户光缆的接续。

31. PFTTH 系统组网设计中，终端位置选择应遵循什么原则？

答：PFTTH 系统的终端为 ONU 设备的部署位置，是 ODN 网络的终点。依据 ONU 用途可分为电力系统业务类和三网融合业务类。终端位置选择宜遵循以下原则。

（1）电力系统业务类 ONU 终端位置应靠近业务终端。其用电信息采集业务 ONU 应选在楼宇单元用户接入点处。

（2）三网融合业务类 ONU 终端位置宜选在楼宇单元用户家庭内部。

32. PFTTH 系统组网设计中，馈线光缆规划应遵循什么原则？

答：馈线光缆规划应遵循以下原则。

（1）类型：馈线光缆宜选用光纤复合低压电缆，在馈线光缆中间出现多次电缆接续等特殊情况可选用普通光缆。

（2）路由：馈线光缆由小区配电室低压侧沿电缆沟、槽敷设至楼宇光缆分配点（楼宇配电间）处。

（3）容量：馈线光缆的芯数应按所带楼宇最大用户容量进行配置，并为新业务开展和光纤备份保护提供预留。

33. PFTTH 系统组网设计中，配线光缆规划应遵循什么原则？

答：配线光缆规划应遵循以下原则。

（1）类型：当连接的客户接入点与楼宇单元内配电电缆连接的节点位置相同时，配线光缆宜选用光纤复合低压电缆，在连接的客户接入点与楼宇单元内配电电缆连接的节点位置不同等特殊情况时，可选用普通光缆。

（2）路由：配线光缆由楼宇配电间沿楼宇强电井槽敷设至用户接入点处。

（3）容量：配线光缆的芯数应按所带客户接入点处最大客户容量进行配置，并为新业务开展和光纤备份保护提供预留。

34. PFTTH 系统组网设计中，入户光缆规划应遵循什么原则？

答：入户光缆规划应遵循以下原则。

(1) 类型：入户光缆宜选用皮线光缆。在楼宇电能表集中安装、且施工条件适合的情况下，可选用光纤复合低压电缆入户。

(2) 路由：入户光缆优先选择强电井，入户端宜采用埋管、线槽方式入户。

(3) 容量：入户光缆芯数宜选择两芯。

35. PFTTH 系统组网设计中，应如何配置光线路终端（OLT）？

答：(1) SNI 接口数量及类型应根据实际需要进行配置。

(2) PON 规划容量为最大用户数/32，向上取整。

(3) PON 口规划数可预留 5%的配置冗余数。

(4) 在工程实施时，PON 口数量可根据用户实际开通率分步进行配置。

36. PFTTH 系统组网设计中，光分路器（OBD）应如何配置及部署？

答：(1) 电力系统相关业务采用一级集中分光（1∶32），OBD 集中部署在小区配电室或开闭所。

(2) 三网融合类业务根据实际需要可选择一级分光（1∶32）或二级分光（1∶2+1∶16 或 1∶4+1∶8）模式。优先选用一级分光。在用户数比较分散，最大分光端口无法有效利用（如用户数少于 16 或 8 时）时，建议采用二级分光（1∶2+1∶16 或 1∶4+1∶8)的模式。OBD 部署在用户接入点、小区配电室或开闭所。

37. 什么是智能小区？

答：智能小区是指通过采用先进通信技术，构造覆盖小区的通信网络，通过用电信息采集、用电服务、小区配电自动化、电动汽车充电、分布式电源、需求响应、智能家居等功能的实现以及与小区公用设施的信息交互，对客户供用电设备、分布式电源等系统进行监测、分析和控制，实现小区供电智能可靠、服务智能互动、能效智能管理，提升服务品质，提高终端用能效率，服务“三网融合”。

38. 什么是智能楼宇？

答：智能楼宇是指在智能建筑的基础上，采用先进的智能电网（通信、测量、控制）技术，对建筑内的供、用能设备进行信息采集和监控，实现电网与用户的双向互动和能效综合管理，降低楼宇能耗，实现楼宇智能化，为用户提供安全可靠、清洁环保、便捷高效的居住、工作场所。

39. 什么是楼宇数据采集？

答：楼宇数据采集是指通过部署采集终端，对楼宇所有供用能设备进行信息采集和设备监测，实现智能楼宇基础数据整合，为楼宇能效综合管理提供数据基础。

40. 什么是楼宇配电自动化？

答：楼宇配电自动化是指在楼宇配电系统中部署配电监控终端等设备，对楼宇配电运行状况进行监测，实现安全预警、故障定位、信息上传和远程控制等功能，提高配电系统的智能管理水平。

41. 什么是楼宇能效综合管理？

答：楼宇能效综合管理是指通过对楼宇中主要供用能设备进行监测，分析负荷特性和运行规律，开展能效评估，合理制定用能策略和运行模式，对楼宇供用能设备进行现场或远程控制，实现楼宇节能减排。

42. 什么是楼宇系统集成化？

答：楼宇系统集成化是指通过信息交互接口，将楼宇中安防、消防、能效综合管理等系统进行集成，对多系统之间的数据进行融合、功能进行整合，实现系统间协同工作，形成完整可靠、实用高效的整体。

43. 智能楼宇验收包括哪几部分内容？

答：智能楼宇验收包括建设规范验收、系统功能验收、系统性能验收三部分内容。

（1）智能楼宇建设规范验收：主要对工程管理、招标采购、施工建设等方面进行核查，审验工程建设过程是否合法合规、工程管理流程是否规范有序。

（2）智能楼宇系统功能验收：主要审验工程的实际建设内容与工程建设方案（含批复方案）是否一致、智能楼宇功能是否得到完整实现。

（3）智能楼宇系统性能验收：主要是通过现场查看和测试，审验智能楼宇各功能模块的性能是否达到工程建设方案（含批复方案）的技术指标要求。

44. 什么是智能园区？

答：智能园区是综合运用通信、测量、自动控制及能效管理等先进技术，通过搭建用能服务平台、采集企业内部用能信息、开展能效测评与分析、引导企业参与需求响应，实现供电优质可靠、服务双向互动、能效优化管理的现代工业园区或工业企业集群。

45. 智能园区通信网络建设包括哪些内容？

答：构建连接园区管理机构、园区企业与电网企业的数据通信网络。数据通信网络可以采用光纤专网、公网（VPN/APN）和互联网等方式。对于需要控制分项负荷的企业应采用光纤等专用通信网络；对于需要实时监测内部用电数据的企业优先考虑光纤等专用通信网络，也可采用公网或互联网；仅有信息互动等一般需求的企业宜采用公网或互联网。合理安排网络结构，按照公司相关标准和规定，做好信息安全防护。

46. 智能园区双向互动渠道建设包括哪些内容？

答：依托通信网络，通过部署智能交互终端、计算机等，搭建园区、电网的双向互动渠道，并实现与 95598 互动网站等服务系统的有机整合，提供电量电费信息查询、信息定制、业务办理、负荷监测、用电咨询等服务，满足园区企业的个性化服务需求。

47. 智能园区的展示平台建设包括哪些内容？

答：构建智能园区展示平台，综合运用统计数据可视化表达、多系统信息集成显示等展示手段，在园区管理机构、园区企业和电网企业对智能园区建设成果和应用效果进行直观展示，内容包括园区配电网络运行监控、负荷平衡、节能减排效果等，以及园区内企业用能信息采集、负荷监测、需求响应、能效分析与优化效果等，实现智能园区经济和社会效益的可视化展示。

48. 智能园区验收组织及各组织职责如何？

答：智能园区工程验收分为网省公司、国网公司两级验收。

网省公司负责智能园区工程的网省级验收工作。工程验收合格后，对试点工程负责向国网公司提请验收，对推广及全面设计阶段工程负责向国网公司提交验收报告备案。

国网公司负责对具备验收条件的智能园区试点工程组织国网级验收工作，验收工作以打捆验收与现场验收相结合为主要形式。

49. 智能园区工程的验收条件是什么?

答: (1) 网省公司验收条件:①工程建成,稳定运行(或试运行)1个月及以上;②各项功能与性能满足设计要求;③各项资料齐全;④工程建设单位自验收合格。

(2) 国网公司验收条件:①网省公司验收合格;②提交验收申请资料。

50. 国网公司对智能园区工程的验收程序有哪些?

答: 国网公司验收程序分为组织验收和验收结论两个步骤。

(1) 网省公司验收合格并报送验收申请后,公司组织相关部门及专家组成验收组,制订验收方案,对工程进行验收。

(2) 验收结论。验收组对工程验收情况出具验收结论。

51. 智能园区验收过程中,系统可用性验收内容包括哪些方面?

答: 审验智能园区各功能模块性能是否达到工程建设方案(含批复方案)的技术指标要求。主要审查的指标包括:园区通信网络应满足数据丢包率、上传准确率要求,双向互动渠道应满足业务操作、服务请求响应时间要求,智能用能服务系统应满足数据采集成功率及响应时间、用电设备控制成功率及响应时间、数据实时性要求等。

52. 如何对智能园区试点工程进行经济性评价?

答: 从经济效益、造价控制等方面开展评价。

(1) 经济效益。主要评价开展代维代控、节能服务等给公司带来的直接经济效益,引导用户需求响应提高园区负荷平衡能力给公司带来的间接经济效益等指标。

(2) 造价控制。主要评价中高级应用企业和初级应用企业的户均投资水平指标。

53. 从哪些方面开展智能园区试点工程的社会性评价?

答: 从节能增效、社会效益等方面开展评价。

(1) 节能增效。主要评价企业平均电价下降比例,企业万元 GDP 电能耗下降比例等指标。

(2) 社会效益。主要评价企业峰时负荷降低比例等指标。

54. 从哪些方面开展智能园区试点工程的实用性评价?

答: 从实用化程度、管理水平等方面开展评价。

(1) 实用化程度。从采集控制、双向互动、需求响应、节能服务的实际应用情况,用户满意度等方面开展评价。

(2) 管理水平。从管理制度完备性、运维工作正常开展并记录完备等方面开展评价。

55. 智能园区试点工程评价过程中,网省公司的自评价程序是什么?

答: 网省公司自评价程序分为自评价、自评价结论、提请公司评价 3 个步骤。

(1) 自评价。试点工程建成投运后,网省公司可开展自评价工作。

(2) 自评价结论。根据自评价情况,形成自评价结论,完成自评价报告。

(3) 提请公司评价。完成自评价后向公司报送自评价报告及公司评价申请。

56. 智能园区试点工程评价过程中,国网公司的总评价程序是什么?

答: 国网公司总评价程序分为组织评价和评价结论两个步骤。总评价工作以打捆评价与现场评价相结合为主要形式。

（1）组织评价。根据网省公司提出的评价申请材料组织相关部门及专家组成评价组，制订评价方案，开展评价。

（2）评价结论。评价组根据试点工程总体评价情况，得出总评价结论，完成总评价报告。

57. 智能用电的发展目标是什么？

答：智能用电的发展目标是建设和完善智能双向互动服务平台和相关技术支持系统，实现与电力用户电力流、信息流、业务流的双向互动，全面提升国家电网公司双向互动用电服务能力。构建智能用电服务体系，实现营销管理的现代化运行和营销业务的智能化应用；全面开展双向互动用电服务，实现电网与用户的双向互动，提升用户服务质量，满足用户多元化需求；推动智能用电领域技术创新，带动相关产业发展；推动终端用户用能模式的转变，提升用电效率，提高电能在终端能源消费中的比重。

58. 智能用电服务系统互动平台互动的方式有哪些。

答：智能用电服务系统互动平台互动的方式分为：客户远程互动和客户现场互动。

（1）客户远程互动：电力企业通过网络互动渠道，远程实现与客户的互动，完成用电服务。

（2）客户现场互动：电力企业通过本地互动渠道，面对面实现与客户的互动，完成现场交流和用电服务。

59. 什么是智能用电服务系统？

答：智能用电服务系统是以坚强智能电网为坚实基础，以通信网络与安全防护为可靠保证，以信息共享平台为信息交换途径，通过技术支持平台和互动服务平台，为电力客户提供智能化、多样化、互动化的用电服务的智能化综合应用集合。该系统实现与电力客户能量流、信息流、业务流的友好互动，达到提升客户服务质量和服务水平的目的。

60. 什么是互动服务平台？

答：互动服务平台是电力企业实现与电力客户友好互动、为电力客户提供智能化和多样化服务的综合平台。该平台采用先进的通信、信息和网络等技术，通过95598供电服务中心、智能营业厅、手机、电脑、数字电视、智能交互终端、自助终端等多种网络互动和本地互动渠道，实现电网与电力客户之间的远程和现场互动，完成信息提供、业务受理、客户缴费、“三网融合”增值业务等多元化服务。

61. 什么是技术支持平台？

答：技术支持平台是完成智能用电双向互动服务和营销业务应用的核心技术支撑平台。该平台采用先进的通信、计算机和自动化等技术，通过构建与智能用电服务相关的辅助系统、基础应用系统、专业应用系统、综合业务应用系统和高级应用系统，实现对智能用电互动服务的全面技术支撑。

62. 什么是客户用能服务系统？

答：客户用能服务系统是对客户的智能用能设备进行信息采集与远程监控并提供辅助用能服务的基础应用系统。该系统通过各种智能传感器、智能交互终端等设备，实现用能信息采集与设备监控，为客户提供用能策略、用能信息管理、能效管理、智能家电辅助控制等多样化服务功能，指导客户科学合理用能。

63. 什么是分布式电源与储能管理系统？

答：分布式电源与储能管理系统是对分布式电源和储能装置进行智能化监控与管理的专业应用系统。该系统以用电信息采集系统为支撑，通过通信和控制等技术，实现对分布式电源与储能装置的灵活接入、并网实时监测、柔性优化控制等管理功能。

64. 什么是电动汽车充放电管理系统？

答：电动汽车充放电管理系统是对电动汽车充放电进行监控与网络化管理的专业应用系统。该系统以用电信息采集系统为支撑，通过通信和控制等技术，实现电动汽车有序充电与灵活充放电的控制、充放电计量计费等管理功能。

65. 电动汽车充放电管理系统的系统作用有哪些？

答：（1）实现电动汽车充放电的智能化控制与管理，减少对配网的影响。

（2）通过合理调配客户充电时段、分析客户充电需求、制订有效的充放电方案，实现电动汽车有序充电，平抑电网负荷波动。

（3）满足电动汽车的便捷充电与智能充放电的应用要求。

（4）支持削峰填谷，提高电力资产利用率。

（5）系统可与配网、调度相关系统进行数据交换。

66. 智能用电服务系统的信息共享平台的技术要求是什么？

答：（1）宜采用公司统一信息共享集成平台实现各系统业务和数据的交互。

（2）应规范智能用电一体化信息模型及信息交换模型，包括统一信息编码、公用服务、公共信息模型、通用信息接口等。

（3）要突出信息共享。以信息共享为核心，在共享平台建设的同时，根据需要和可能实行分级分类开放，打破资源分散、部门分割的状况，支持内外网数据共享。

67. 什么是智能电网？

答：智能化是目前世界上电力发展的新趋势，发展智能电网已在世界范围内形成共识。在现代电网发展过程中，各国结合其电力工业发展的具体情况，通过不同领域的研究和实践，形成了各自的发展方向和技术路线，也反映出各国对未来电网发展模式的不同理解。

但从技术发展和应用的角度看，世界各国、各领域的专家、学者普遍认同以下观点：智能电网是将先进的传感量测技术、信息通信技术、分析决策技术和自动控制技术与能源电力技术以及电网基础设施高度集成而形成的新型现代化电网。

68. 什么是坚强智能电网？

答：坚强智能电网是以特高压电网为骨干网架、各级电网协调发展的坚强网架为基础，以通信信息平台为支撑，具有信息化、自动化、互动化特征，包含电力系统的发电、输电、变电、配电、用电和调度各个环节，覆盖所有电压等级，实现“电力流、信息流、业务流”的高度一体化融合的现代电网。

69. 坚强智能电网的总体发展目标是什么？

答：到2020年，基本建成以特高压电网为骨干网架，各级电网协调发展，以信息化、自动化、互动化为特征的坚强国家电网，全面提高电网的安全性、经济性、适应性和互动性。

70. 电网智能化规划的指导思想和规划原则是什么？

答：电网智能化规划的指导思想：深入贯彻落实科学发展观，以国家能源战略为指导，以坚强网架及电网发展成果为基础，以先进适用技术为支撑，立足国情，统筹规划，实现电网的信息化、自动化和互动化，满足多元化电力服务需求，促进低碳经济发展，服务经济发展方式转变。

电网智能化规划的规划原则：符合国家能源战略和国家电网公司总体发展战略；遵循统筹兼顾、协调发展；坚持电网坚强与智能高度融合；坚持技术领先；坚持经济合理；坚持因地制宜。

71. 电网智能化规划提出的坚强智能电网发展远景是什么？

答：具体包括以下 8 个方面：①具备强大的资源优化配置能力；②具备很高的安全稳定运行水平；③适应并促进清洁能源发展；④实现高度智能化的电网调度；⑤满足电动汽车等新型电力用户的服务要求；⑥实现电网管理信息化和精益化；⑦实现电力用户与电网之间的便捷互动；⑧发挥电网的增值服务潜力。

72. 实施电网智能化规划的保障措施有哪些？

答：为了保障电网智能化规划的顺利实施，主要措施如下：①加强组织领导，推进坚强智能电网建设；②将坚强智能电网发展纳入国家能源战略规划体系；③重视科技创新，做好试点和标准制定工作；④加强与政府沟通，积极争取政策扶持；⑤鼓励多方参与，形成合力建设坚强智能电网；⑥培养吸引并举，打造高水平人才队伍；⑦多渠道筹措资金，促进坚强智能电网良性发展；⑧加强创新体系建设，提升坚强智能电网发展的持久力。

73. 电动汽车主要有哪几种类型？

答：（1）纯电动汽车。完全由蓄电池提供动力的汽车，以车载可充电电池作为储能动力源，用电动机来驱动车辆行驶。

（2）混合动力汽车。装有两种或两种以上动力源的汽车，目前主要以电力驱动，同时搭载汽油或柴油内燃机。

（3）燃料电池电动汽车。采用燃料电池作为动力源的电动汽车。

第四节 论 述 题

1. 非车载充电机的安全要求有哪些？

答：非车载充电机的安全要求主要有以下几个方面。

（1）充电机应具备电源输入侧的过电压保护、欠电压告警。

（2）充电机应具备直流侧的过电流、过电压保护。

（3）充电机应具备绝缘监察及直流系统接地故障报警。

（4）充电机应具备急停开关，能通过手动或远方通信指令紧急停止充电。

（5）充电机在启动充电时应需人工确认启动。

（6）充电机应具有软启动功能，软启动时间为 3～8s。

（7）在充电过程中，充电机应保证蓄电池的充电电压和充电电流不超过允许值。

（8）在充电过程中，在蓄电池的温度超出允许限值时，充电机应停止充电。

（9）当充电机与电动汽车蓄电池系统正确连接后，充电机才能允许启动充电过程；当充电机检测到与电动汽车蓄电池系统的连接不正常时，必须立即切断直流输出。

（10）充电机应具有连锁功能，以保证与电动汽车分开以前车辆不能启动。

（11）在充电过程中，充电机应具有明显的状态指示和文字提示，防止人员误操作。

2. 如何对电池箱进行检测与维护？

答：电池箱检测与维护如下。

（1）站内应设置单独的检测维护区域或房间，提供给单套检测与维护设备的工作面积宜大于 $10m^2$，其宽度不小于1.5倍电池箱长度。环境温度应控制在15～30℃。

（2）应根据本地区电池更换站规划、地理布局、规模、运行安排、站内电池箱数量等因素确定配备电池箱检测与维护设备的数量。

（3）检测设备应能重新标定单体电池实际容量，最大误差不超过±5%；应能检测单体电池内阻，最大误差不超过±5%；应能检测电池箱和单体电池绝缘性能，最大误差不超过±5%。

（4）维护设备应能对电池箱中的单体电池进行单独充放电，充放电电流应根据不同厂家和型号的电池而定，最高不宜超过1C。

3. 电动汽车电池更换站的系统通信必须具备什么条件？

答：电动汽车电池更换站的系统通信必须具备如下条件。

（1）电池更换站必须具备与上级管理监控系统之间进行数据通信的能力。电池更换站系统通信应满足管理监控、数据通信等业务对通道的要求。

（2）电池更换站应根据地区通信网现状结合地区电力系统通信规划确定系统通信方式，优先采用光纤通信，当光纤接入存在困难时，可选用公网通信、无线专网通信、卫星通信等。

（3）系统通信设备数量较少时可与自动化系统共用电源；数量较多时可配置专用的通信直流系统。

（4）安装在电池更换站内的通信设备可采用机架式或导轨式安装方式，可单独组屏或与自动化设备共屏安装。

（5）电池更换站通信系统的业务承载应符合电力二次系统安全防护有关规定。

（6）电池更换站电缆线路，应预留通信专用管孔或子管。

4. 电动汽车充电设施的选址原则是什么？

答：电动汽车充电站选址原则如下。

（1）充电站和电池更换站的站址可选择在公共停车场等公共区域，也可选择在公司所属营业场所，或公交、邮政等集团车队的专用停车区域；交流充电桩建设可选择在公共建筑（商场、办公写字楼等）和住宅小区等公共停车场或充电站内，也可选择在公司营业场所停车场。

（2）充电设施的选址应符合环境保护和防火安全的要求，对进出线走廊、给排水设施、防排洪设施、站内外道路等合理布局、统筹安排，充分利用就近的交通、消防、给排水及防排洪等公用设施。

（3）选址中应考虑电气安全，并远离易燃、易爆、污染等危险源。

（4）充电设施选址应发挥电动汽车应用示范效应，加快社会公众对电动汽车的接受。

5. 充换电站换电操作注意事项有哪些?

答：换电操作注意事项如下。

（1）严禁工作人员外其他人员未经许可进入换电工位。

（2）换电操作应按照标准换电流程进行，严禁跳项和漏项。

（3）换电过程中严禁任何人员上下车。

（4）电池更换设备工作时，禁止任何人员在电池更换设备与车辆和电池更换设备与电池架之间穿越。

（5）电池更换设备在升起时，禁止任何人员在电池更换设备底层停留或穿行。

（6）电池更换设备工作时应保持平稳，若出现倾斜、不稳定或者剧烈震动，应立即停止使用，查明原因后方可继续工作。如发生紧急情况应首先使电池更换设备急停。

（7）为保证换电设备安全正常运行，每日须对机械手臂、旋转框、电池的锁头等进行检查和适当的维护。

（8）使用手动助力换电设备换电时，严禁超过设备的额定载荷使用。电池转移到手动助力换电设备后，应锁上电池的锁止机构，防止电池掉落。

（9）使用手推车进行电池更换时，手推车必须双人操作，运送电池时，需将手推车降至最低位置。

6. 充换电站的消防安全管理包含哪些内容?

答：充换电站的安全管理主要包含如下。

（1）充、换、储、放电场所、监控室、通信机房、消防机房、配电室、档案（资料）室、电池维护场所属于防火重点部位，应设置明显防火标志，确认消防负责人，签订消防安全责任书，严格管理。

（2）建立健全各项消防安全制度和保障消防安全的操作规程，并严格执行。工作人员应经消防培训，熟悉消防器材的正确使用。

（3）充换电站内动火工作应严格按照《国家电网公司电力安全工作规程（变电部分）》中有关动火作业管理的规定执行。

（4）充换电站应配置防火手套、防毒面具（活性炭）和灭火毯，并放置在便于取用的位置。灭火器材宜选用ABC干粉灭火器，灭火器应放置在便于取用的位置并有明显标识。充换电站必须配备消防沙坑，沙坑应设置在距离电池架或充换电站出口比较近的位置，沙坑设计容量应满足能立即覆盖燃烧电池、迅速灭火的要求。

（5）应编制电池燃烧现场处置方案，并定期组织演练。

7. 电池更换站的总平面布置应满足什么条件?

答：电池更换站的总平面布置应满足如下条件。

（1）电池更换站平面布置应满足总体规划要求，站内工艺布置合理，功能分区明确，交通便利，节约用地。

（2）电池更换站包括供电系统、充电系统、电池更换系统、监控系统等，可由配电室、充换电间、监控室、电池检测与维护间、附属用房、站内行车道、临时停车场地等构成。其中，配电室、监控室、电池检测与维护间、附属用房等房间的全部或部分可构成电池更换站内的综合厂房。

（3）应根据电池更换站的设计更换能力，合理设置换电工位，保证电池流转和更换的方便、快捷。临时停车场地的大小根据电池更换站的规模及入站的车流量进行合理考虑，其布置不应妨碍车辆的电池更换和正常通行。

（4）电池更换站应设有在紧急情况下人员安全撤离的通道。

8. 居民智能家庭网关应具备怎样的功能配置？

答：居民智能家庭网关应配置如下功能。

（1）数据采集：应具备采集家电用电数据功能，可选配安防报警信息、其他能源数据、环境参数采集功能。

（2）数据管理和存储：应具备实时数据和历史数据管理和存储功能。

（3）数据传输：应具备与智能交互终端、家庭设备、相关主站系统通信功能。

（4）本地功能：应具备运行状态指示、本地通信接口、本地维护接口功能。

（5）参数配置：应具备时钟校时、参数设置和查询功能。

（6）无线 AP：智能家庭网关应具有无线 AP 功能，主要提供智能交互终端对有线局域网的访问及智能交互终端与智能家庭网关的通信。

9. PFTTH 系统组网设计中，局端位置选择应遵循什么原则？

答：PFTTH 系统的局端为 ODN 网络的起始点，通常设置在小区配电室、开闭所或变电站，宜集中部署。结合城区电力系统供电特点和 10kV 通信接入网建设情况，PFTTH 系统的局端位置选择宜遵循以下原则。

（1）充分利用 10kV 通信接入网资源，在变电站至规划区域 10kV 通信接入网已建成的情况下，宜将规划区域的 PFTTH 的局端设置在变电站；在变电站至规划区域 10kV 通信接入网未建成的情况下，宜将 PFTTH 的局端设置在小区配电室或开闭所。待 10kV 通信接入网建成后，可将局端上移。

（2）在小区用户数较多（1 万户以上）的情况下，可将 PFTTH 的局端设置在小区的配电室。

10. PFTTH 系统组网设计中，光缆分配点的选择应遵循什么原则？

答：光缆分配点是多个用户接入点靠近 OLT 局端的光纤集中汇聚点，位置可依据小区配电电缆交接点进行确定，宜遵循以下原则。

（1）光缆分配点宜选择在楼宇的配电间处，在特殊情况下也可选在小区配电室；楼内没有设置楼宇配电间，直接由小区配电室进线为楼宇供电，应将光缆分配点选择在小区配电室。

（2）光缆分配点也可承担用户接入点的功能，即由光缆分配点直接连接入户光缆实现就近用户的接入。

（3）光缆分配点处应安装光缆交接箱，完成馈线光缆和配线光缆的光纤接续。

11. PFTTH 系统组网设计的总体原则有哪些？

答：PFTTH 系统组网设计的总体原则如下。

（1）配电相关性。PFTTH 系统的组网设计应结合楼宇配电情况，合理规划光缆分配点、用户接入点的位置，以及线缆的选择。

（2）经济性。PFTTH 系统设计时应综合考虑设备成本、工程施工成本、网络运维成本等因素。

（3）可靠性。针对PFTTH的业务系统特性，为保证PFTTH业务的可靠性，宜采用Type-A光纤备份保护方式。

（4）可扩展性。PFTTH系统的ODN网络一次性施工，线缆应预留足够的纤芯和设备端口满足业务扩展和光纤备份的需求。

（5）易实施。PFTTH系统的路由设计和产品选型应满足工程实施便利性。

（6）易管理。PFTTH系统组网设计，应规划清晰的拓扑、路由，尽量减少链路节点数量，方便网络的管理及资源调配。

12. 智能家居的主要特征有哪些？

答：智能家居是应用先进的计算机技术、通信网络技术和传感技术，将与家居生活有关的各种设备和各类应用软件系统有机地结合到一起，既可以在家庭内部实现家居设备的自动控制、信息共享和通信，又可以与家庭外部网络进行信息交换，同时可实现家居设备的远程控制。智能家居的主要目标是为人们提供一个集服务、管理于一体的高效、舒适、安全、便利、环保的居住环境。智能电网技术使智能家居的功能得到进一步拓展和丰富。

基于智能电网的智能家居主要特征有以下几个方面。

（1）实现用户与电网企业互动，获取用电信息和电价信息，进行用电缴费和用电方案设置等，指导科学合理用电，倡导家庭的节能环保意识。

（2）实现水表、电能表、燃气表等多表的自动抄表，支持远程缴费。

（3）通过电话、手机、互联网等方式实现家居的远程控制，及时发现用电异常，并能及时报警与处理。

（4）实现家庭安防功能，支持与社区主站的联网，为优质服务提供更加便捷的条件。

（5）实现与家居生活有关的便捷服务信息的互联互通。

13. 智能家居是如何构成的？

答：智能家居通过构建家庭户内通信网络，实现家庭空调等智能家电的组网与互联；通过智能交互终端、智能插座、智能家电等，可以对家用电器用电信息自动采集、分析和管理，实现家电经济运行和节能控制，完成烟雾探测、燃气泄漏探测、防盗、紧急求助等家庭安全防护功能；通过电话、手机、互联网等通信方式实现家居的远程控制等服务；开展水表、燃气表等自动采集与信息管理工作；支持与物业管理中心的社区主站联网，实现家居安防授权和社区增值服务；实现可定制的家庭用电信息查询、设备远程控制、缴费、报装、用能服务指导等互动服务功能。

14. 智能小区有哪些业务功能？

答：基于智能电网的智能小区的功能主要包括核心服务和增值服务两部分。其中，核心服务主要包括用电信息采集、双向互动服务、分布式电源接入及储能、电动汽车有序充电、小区配电自动化等；增值服务主要包括智能家电控制、信息发布、视频点播、网络接入、“三网融合”、社区服务、家庭安防等。

智能小区业务功能包括核心功能和拓展功能两大类。其中，核心功能是指智能小区中与电能输送、使用和服务相关的功能，主要包括用电信息采集、用电服务、小区配电自动化、需求响应、电动汽车充电和分布式电源；拓展功能是指充分利用智能小区的信息通信资源，实现核心功能以外的延伸性功能，主要包括服务"三网融合"和智能家居。

15. 智能小区如何实现互联互通功能？

答：（1）系统互联。智能小区通过采用先进的通信技术，将小区内供用电设备、家用设备、信息设备与电网企业、第三方的各类系统（GB/T 50314—2006 中规定的智能化集成系统、信息设施系统、信息化应用系统，CJ/T 174—2003 中规定的安全防范子系统、管理与监控子系统等）连接在一起，构造覆盖小区统一的通信网络。

（2）通信网络。智能小区的通信网络包括远程接入网、本地接入网及家庭局域网。远程接入网用于智能小区通信网络的上联（如共享数据平台、用电信息采集系统主站等），通信方式主要包括光纤专网、无线专网或运营商虚拟专网等；本地接入网用于连接配电台区与家庭、分布式电源、智能电能表等，通信方式主要包括光纤通信、无线通信和电力线载波通信；家庭局域网用于连接家庭内部智能交互设备、智能插座等设备，通信方式主要包括电力线载波通信、有线通信以及无线通信等。

16. 智能小区如何实现信息交换安全？

答：根据 Q/GDW/Z 518—2010 的规定，智能用能服务系统、营销业务管理系统通过共享数据平台与用电信息采集系统、小区配电自动化系统、电动汽车充电管理系统、分布式电源管理系统进行信息交互、数据处理。

智能小区的信息安全应严格遵照 GB/T 22240—2008、Q/GDW 582—2011、Q/GDW 594—2011 及电力二次系统安全防护总体方案等国家及电力企业信息安全的相关条例和规定，在进行数据采集、控制、交互等操作时，应采用网络加密系统保证远程数据传输的安全性和完整性；对智能小区内接入的终端或用户身份进行严格认证，保证用户身份的唯一性和真实性。智能小区通信网络不得与各级调度数据网相连，同时不得与 10kV 以上配电网自动化系统直接相连。按照智能小区的数据流向，从终端设备、接入层、通道、边界、主机系统 5 个维度进行安全防护设计，以实现层层递进，纵深防御。

17. 智能园区的建设原则是什么？

答：（1）统一部署，有序推进的原则。紧紧围绕公司建设坚强智能电网的发展战略目标，精心选择具备智能用电技术应用条件的工业园区或集群，按照公司统一部署，周密细致地做好方案编制、工程组织及验收评价等工作，确保工程满足公司建设要求。

（2）按需建设，注重实效的原则。结合当地实际情况，重点选择具有需求响应潜力和能效提升空间的企业，根据政府、企业需求，研究确定工程的重点技术方向和具体建设内容，并确保与营销、生产等相关系统的有机衔接，避免重复投资和功能配置浪费，有效降低建设成本。

（3）技术可靠，适度超前的原则。积极借鉴国内外最新智能用电研究成果，采用成熟可靠、有利于规模推广的技术和产品，在保证技术可靠、满足业务需求的同时，积极探索、大胆创新，兼顾技术的超前性与业务的前瞻性。

（4）电网主导，多方共赢的原则。充分发挥电网企业主导作用，加强与政府、园区企业的沟通协调，争取政府支持，吸引多方力量参与智能园区建设，达到既能满足园区企业和电网发展的需求，又能促进社会效益最大化，实现各相关方的共赢。

18. 网省公司对智能园区工程的验收程序有哪些?

答: 网省公司验收程序分为工程建设单位自验收、网省公司组织验收、验收结论、报验/备案 4 个步骤。

(1) 工程建设单位自验收。工程建成后,建设单位进行自验收。

(2) 网省公司组织验收。建设单位自验收合格,网省公司组织相关部门及专家组成验收组,制订验收方案,对工程进行验收。

(3) 验收结论。验收组对工程验收情况出具验收结论。

(4) 报验/备案。网省公司验收合格,对于试点工程,向公司提请验收;对于推广及全面建设阶段工程,向公司报送验收资料备案。

19. 智能园区试点工程的技术性评价内容有哪些?

答: (1) 园区通信网络。

1) 功能指标:主要评价远程网络接入支持,园区企业内部网络支撑,符合内外网物理隔离安全要求、网络支持自愈、支持根据业务需要划分 VLAN 等指标。

2) 性能指标:评价数据丢包率、数据上传准确率等指标。

(2) 双向互动渠道。

1) 功能指标:主要评价电费信息查询与分析、业务查询与在线办理、信息订阅等传统业务功能的实现,与其他业务系统的应用及数据集成等指标。

2) 性能指标:评价互动业务操作响应时间、调用接口系统服务响应时间等指标。

(3) 智能用能服务系统。

1) 功能指标:主要评价园区企业内部采集控制装置管理、数据召测和周期上报、用电设备控制,园区企业耗能综合分析、用电能效分析等指标。

2) 性能指标:评价数据采集成功率、数据采集响应时间、用电设备控制成功率、用电设备控制响应时间、数据实时性等指标。

(4) 展示平台。主要评价智能园区应用展示功能指标。

(5) 扩展系统。主要评价园区分布式电源与储能装置管理方面的功能指标。

20. 智能用电主要涉及哪些技术领域?

答: (1) 双向互动服务技术领域。包括智能用电体系架构、信息模型、用户需求分析及响应、互动业务流程与运作模式等互动营销运行与支撑技术;包括互动平台、终端设备及系统研发。

(2) 用电信息采集技术领域。包括数据加密、安全认证、信息安全传输、信息交互等数据采集技术,先进传感、谐波计量、安全防护、低功耗等智能电能表技术;包括采集终端、智能电能表等设备及系统研发。

(3) 智能用能服务技术领域。包括现场和远程能效诊断、能效测量(含装置)等智能需求侧管理技术,用户侧分布式电源及储能入网监控系统技术,电能利用效率模拟分析、能效评估、用能评测等用电能效提升技术;包括交互设备及系统研发。

(4) 电动汽车充放电技术领域。包括电动汽车与电网间能量转换控制、电动汽车和充电设施与电网间通信、双向计量计费、柔性充电控制、充电网络运行对配电网运行影响等电动汽车充放电关键技术;包括充放电设备及系统研发。

(5) 智能量测技术领域。包括智能用电设备及系统测试标准体系和功能规范、测试理论与技术条件、标准检定装置及系统研发等计量传溯源测试技术，高级计量、智能控制、远程编程及诊断等智能量测技术；包括量测设备及系统研发。

21. 营销业务系统与哪些业务系统集成，实现哪些工作目标？

答：营销业务系统与用电信息采集系统、电动汽车智能充换电服务网络运营管理系统接口，实现自动化抄表、表计费控、实时线损分析、充换电服务电费结算等功能应用。完成营销业务系统与电网GIS地理空间信息服务平台、安全生产管理系统接口，实现停电信息可视化分析、95598抢修工单联合调度、业扩用电方案辅助制定等功能应用。完成营销业务系统与调度自动化系统接口，实现网供负荷、关口电量信息自动采集、负荷监测分析等功能应用。

22. 智能用电服务系统的建设应遵循的原则有哪些？

答：（1）统一规划、标准先行的原则。应按照公司统一部署，坚持采用统一规划、统一标准、试点先行、逐步推广的建设策略，确保建设工作的计划性、实效性、集约性。

（2）技术先进、注重应用的原则。应充分借鉴国内外先进技术，发挥公司资源优势，大胆创新，率先应用最新智能用电研究成果，注重技术应用的广度和深度，适度超前。

（3）继承发展、突出前瞻的原则。应充分继承现有的资源和投资，充分利用现有设施和互动渠道，拓展服务的内容和方式，避免重复建设，保证系统具备兼容性和继承性，同时充分考虑技术的发展和政策变化，确保系统建设具有前瞻性，能够适应未来发展的需要。

（4）规范实施、稳步推进的原则。应按照统一的技术方案和标准规范开展系统建设，符合公司信息系统建设的标准和架构，制定建设标准流程和规范，统一实施，按照建设计划，稳步推进。

23. 智能用电服务系统应满足哪几个方面的要求？

答：（1）深化营销业务集约化管理。构建业务范围清晰、业务流程通畅、业务处理高效的营销组织模式和标准化业务体系，进一步转变营销发展方式，提高工作效率和效益，实现营销管理的现代化运行和营销业务的智能化应用。

（2）提供互动多样的用电服务。根据客户个性化、差异化服务需求，实现能量流、信息流和业务流的双向交互，满足多样化用电服务需求，提升用电服务水平和客户满意度。

（3）提供灵活的客户用能服务。支持需求侧管理、智能小区和智能楼宇建设，及时响应客户自由用电需求，指导客户科学用电，提高终端能源使用效率；为客户提供及时准确的电价信息、负荷信息和最佳用能方案与策略等。

（4）支持新能源新设备接入。加快关键技术及装备的研究与推广应用，满足分布式电源、储能装置、电动汽车等新能源新设备灵活接入的需要，推动可再生能源利用。

（5）促进电力资产优化利用。合理布局配电网结构，优化控制分布式电源、储能装置、电动汽车的接入，实现削峰填谷，平衡供电容量和用电负荷，提高发电设备和供电设备的利用率。

（6）拓展多方共赢的营销服务市场。依托智能用电互动服务平台，不断延伸服务领域，拓宽营销服务市场，拓展公司经营范围，开展“三网融合”增值业务，提升电力服务的附加值和让渡价值，实现多方共赢。

24. 智能用电服务系统的信息共享平台的主要作用是什么？

答：(1) 能够打破信息孤岛，形成信息整体化的格局，实现系统间的信息高度集成和业务流程的互联互通。

(2) 能够为智能用电提供基础的信息交换和接口服务，供各系统实现统一便捷的存取访问、信息标准化交互和数据共享，提高信息资源的利用效率，支撑智能用电各层次能量流、信息流、业务流的高度融合。

(3) 为智能用电服务系统与智能电网其他环节提供信息交互的主要渠道。

(4) 能够为其他相关系统提供方便、快捷的数据共享服务。

25. 智能用电服务系统技术支持平台内部各系统间的关系是什么？

答：用电信息采集系统、客户用能服务系统是智能用电服务的基础应用系统，实现智能用电服务相关信息的采集与监控和客户多样化用能服务提供；智能量测管理系统、分布式电源与储能管理系统、电动汽车充放电管理系统是智能用电服务的专业应用系统，实现智能用电服务不同专业的管理；营销业务应用系统、营销稽查监控系统是智能用电服务的综合业务应用系统，是技术支持平台的核心系统，实现智能化的营销业务应用管理与集中稽查监控；辅助分析与决策系统是智能用电服务的高级应用系统，为管理层提供辅助决策服务；用电地理信息系统是智能用电服务的辅助系统，为其他系统提供可视化、形象化的智能用电地理图形服务。

26. 客户用能服务系统的构成有哪些？

答：客户用能服务系统由主站、通信信道、智能交互终端、智能传感器、客户表计、智能用电设备等部分组成，系统通过主站实现对智能交互终端的信息采集和操作。智能交互终端涵盖了大客户（工商业用户、智能楼宇等）和居民客户（智能小区、智能家居等）。对于大客户，该系统可将采集的用能数据传递至营销业务应用系统，完成能效评测等服务，达到提高能源利用效率、科学用电、安全用电、提高电能占终端用能比例的目的；对居民客户，该系统可与智能小区、智能家居的各种应用系统有机结合，通过综合管理，实现智能家居服务、“三网融合”服务等，该系统是智能用电服务的基础应用系统。

27. 客户用能服务系统的作用是什么？

答：(1) 实现客户用能信息的采集，为客户提供监控和操作智能用电设备的多样化渠道。

(2) 通过对客户用能信息的分析，为客户提供用能策略查询、用能状况分析、最优用能方案等特色用能服务。

(3) 通过智能用电服务互动平台，根据客户的定制需求，提供查询、监控和操作智能用能设备的辅助功能，并将信息反馈给客户，满足客户自由用电需求。

(4) 为能效测评和需求侧管理提供辅助手段，体现智能电网在节能减排、指导客户科学用电和安全用电等方面的作用。

(5) 能够为“三网融合”等增值业务的开展提供技术支持。

(6) 能够通过执行优化的客户用能策略，提高用电效率和电能占终端用能比例，降低用能成本，减少能源浪费。

28. 分布式电源与储能管理系统的系统作用是什么？

答：（1）实现客户侧分布式电源与储能装置的安全可靠接入，提供保护控制策略。

（2）实现分布式电源的双向结算、负荷控制与调度、潮流分析等功能。

（3）实现对分布式电源的智能调配和优化控制，提高分布式电源的利用效率，促进分布式电源协调发展。

（4）满足分布式电源与储能装置的灵活接入需求，满足电网电能质量、供电可靠性和电力安全的要求。

（5）支持削峰填谷，提高电力资产利用率。

（6）系统可为配网、调度相关系统提供数据。

29. 分布式电源与储能管理系统的技术要求是什么？

答：（1）主站建设应侧重于对380V/220V低压客户的分布式电源与储能装置的接入管理。

（2）通信信道宜与用电信息采集系统共用，实现对智能监控终端的数据采集与监控。

（3）应规范智能监控终端、并网逆变器等设备的技术指标、功能要求、检测标准等。

（4）应充分考虑分布式电源与储能装置接入对配电网规划、调度和监控，对电能质量、供电可靠性和电力安全，对计量和通信，对微电网发展以及对电力市场等方面的影响，要有相对应的技术措施。

（5）应结合分布式电源与储能装置的应用，研究关键技术，制定相关的标准。

30. 电动汽车充放电管理系统的技术要求是什么？

答：（1）主站建设应统一规划、统一设计，注重对电动汽车充放电设施的网络化管理功能。

（2）通信信道宜与用电信息采集系统共用，实现对智能监控终端的数据采集与监控。

（3）应规范智能监控终端、充放电设施等设备的技术指标、功能要求、检测标准等。

（4）应充分考虑电动汽车充放电对配电网设备容量配置、电网负荷产生的影响，要有相对应的技术措施。

（5）应结合电动汽车推广应用的要求，研究关键技术，制定相关的标准。

31. 智能用电服务系统的信息共享平台的共享实现方式有哪些？

答：（1）中间数据库方式。以商用数据库为载体，按照预先定义的库表结构，实现各种数据的双向交换和共享。

（2）WebService方式。通过使用标准的XML协议语言和统一信息格式提供实时信息交换和共享服务。

（3）共享文件方式。按照预先定义的文件格式，以文件为载体，通过FTP等服务进行文件的上传和下载，实现数据的交换和共享。

（4）协议方式。按照预先定义的通信原语（如国际标准的通信协议、国家标准的通信协议、企业标准的通信协议等)，采用统一的通信协议实现数据交换和共享。

(5) 信息总线方式。通过信息交互总线实现信息的全面共享。

32. 智能电网具备哪些主要特征?

答: (1) 坚强。在电网发生大扰动和故障时，仍能保持对用户的供电能力，而不发生大面积停电事故；在自然灾害、极端气候条件下或外力破坏下仍能保证电网的安全运行；具有确保电力信息安全的能力。

(2) 自愈。具有实时、在线和连续的安全评估和分析能力，强大的预警和预防控制能力，以及自动故障诊断、故障隔离和系统自我恢复的能力。

(3) 兼容。支持可再生能源的有序、合理接入，适应分布式电源和微电网的接入，能够实现与用户的交互和高效互动，满足用户多样化的电力需求并提供对用户的增值服务。

(4) 经济。支持电力市场运营和电力交易的有效开展，实现资源的优化配置，降低电网损耗，提高能源利用效率。

(5) 集成。实现电网信息的高度集成和共享，采用统一的平台和模型，实现标准化、规范化和精益化管理。

(6) 优化。优化资产的利用，降低投资成本和运行维护成本。

33. 与现有电网相比，智能电网的先进性主要体现在哪些方面?

答: 现有电网总体上是一个刚性系统，智能化程度较低。电源的接入与退出、电能量的传输等都缺乏必要的灵活性，电网的协调控制能力不足；系统自愈及自恢复能力完全依赖于物理冗余；对用户的服务形式简单、信息单向，缺乏良好的信息共享机制。

与现有电网相比，智能电网体现出电力流、信息流和业务流高度融合的显著特点，其先进性和优势主要表现在以下几个方面。

(1) 具有坚强的电网基础体系和技术支撑体系，能够抵御各类外部干扰和攻击，能够适应大规模清洁能源和可再生能源的接入，电网的坚强性得到巩固和提升。

(2) 信息技术、传感器技术、自动控制技术与电网基础设施有机融合，可及时发现、预见可能发生的故障。故障发生时，电网可以快速隔离故障，实现自我恢复，从而避免大面积停电的发生。

(3) 柔性交/直流输电、网厂协调、电力储能、配电网自动化等技术的广泛应用，使电网运行控制更加灵活、经济；并能适应大量分布式电源、微电网及电动汽车充放电设施的接入。

(4) 通信、信息和现代管理技术的综合运用，将大大提高电力设备使用效率，降低电能损耗，使电网运行更加经济和高效。

(5) 实现实时和非实时信息的高度集成、共享与利用，为单位运行管理展示全面、完整和精细的电网运营状态图，同时能够提供相应的辅助决策支持、控制实施方案和应对预案。

(6) 建立起双向互动的服务模式，用户可以实时了解电价状况和停电计划信息，合理安排电器使用；电力公司可以获取用户的详细用电信息，为其提供更多的增值服务。

34. 为什么说智能电网是电网发展的必然趋势?

答: 电网日益成为工业化、信息化社会的发展基础和重要组成部分。同时，电网也在不断吸纳工业化、信息化成果，使各种先进技术在电网中得到集成应用，极大提高了电网的系统功能。

（1）智能电网是电网技术发展的必然趋势。近年来，通信、计算机、自动化等技术在电网中得到广泛深入的应用，并与传统电力技术有机融合，极大地提升了电网的智能化水平。传感器技术与信息技术在电网中的应用，为系统状态分析和辅助决策提供了技术支持，使电网自愈成为可能。调度技术、自动化技术和柔性输电技术的成熟发展，为可再生能源和分布式电源的开发利用提供了基本保障。通信网络的完善和用户信息采集技术的推广应用，促进了电网与用户的双向互动。随着各种新技术的进一步发展、应用并与物理电网高度集成，智能电网应运而生。

（2）发展智能电网是社会经济发展的必然选择。当前，电网必须提高其灵活适应性和兼容性，实现对清洁能源的开发、输送和消纳。此外，面对日益频繁的自然灾害和外界干扰，电网还应具备良好的安全稳定性，并形成自愈能力。

为降低运营成本，促进节能减排，电网运行必须更为经济高效，同时对用电设备进行合理控制，尽可能减少用电消耗。

分布式发电、储能技术和电动汽车的快速发展，改变了传统的供电模式。电网中的电力流、信息流逐步集成、双向流动，为建立友好的用户界面、满足日益多样化的用户需求创造了前提。

电力技术的发展，使电网逐渐呈现出诸多新特征，如自愈、兼容、集成、优化，而电力市场的变革，又对电网的自动化、信息化水平提出了更高要求，从而使智能电网成为电网发展的必然趋势。

35. 智能电网将对世界经济社会发展产生哪些促进作用？

答：智能电网建设对于应对全球气候变化，促进世界经济社会可持续发展具有重要作用。

（1）促进清洁能源的开发利用，减少温室气体排放，推动低碳经济发展。

（2）优化能源结构，实现多种能源形式的互补，确保能源供应的安全稳定。

（3）有效提高能源输送和使用效率，增强电网运行的安全性、可靠性和灵活性。

（4）推动相关领域的技术创新，促进装备制造和信息通信等行业的技术升级，扩大就业，促进社会经济可持续发展。

（5）实现电网与用户的双向互动，革新电力服务的传统模式，为用户提供更加优质、便捷的服务，提高人民生活质量。

36. 建设智能电网对我国电网发展具有哪些重要意义？

答：智能电网是我国电网的发展方向，它将谱写中国电网新篇章。其重要意义体现在以下方面。

（1）具备强大的资源优化配置能力。我国智能电网建成后，将形成结构坚强的受端电网和送端电网，电力承载能力显著加强，形成“强交、强直”的特高压输电网络，实现大水电、大煤电、大核电、大规模可再生能源的跨区域、远距离、大容量、低损耗、高效率输送，区域间电力交换能力明显提升。

（2）具备更高的安全稳定运行水平。电网的安全稳定性和供电可靠性将大幅提升，电网各级防线之间紧密协调，具备抵御突发性事件和严重故障的能力，能够有效避免大范围连锁故障的发生，显著提高供电可靠性，减少停电损失。

(3) 适应并促进清洁能源发展。电网将具备风电机组功率预测和动态建模、低电压穿越和有功无功控制以及常规机组快速调节等控制机制，结合大容量储能技术的推广应用，对清洁能源并网的运行控制能力将显著提升，使清洁能源成为更加经济、高效、可靠的能源供给方式。

(4) 实现高度智能化的电网调度。全面建成横向集成、纵向贯通的智能电网调度技术支持系统，实现电网在线智能分析、预警和决策，以及各类新型发输电技术设备的高效调控和交直流混合电网的精益化控制。

(5) 满足电动汽车等新型电力用户的服务要求。将形成完善的电动汽车充放电配套基础设施网，满足电动汽车行业的发展需要，适应用户需求，实现电动汽车与电网的高效互动。

(6) 实现电网资产高效利用和全寿命周期管理。可实现电网设施全寿命周期内的统筹管理。通过智能电网调度和需求侧管理，电网资产利用小时数大幅提升，电网资产利用效率显著提高。

(7) 实现电力用户与电网之间的便捷互动。将形成智能用电互动平台，完善需求侧管理，为用户提供优质的电力服务。同时，电网可综合利用分布式电源、智能电能表、分时电价政策以及电动汽车充放电机制，有效平衡电网负荷，降低负荷峰谷差，减少电网及电源建设成本。

(8) 实现电网管理信息化和精益化。将形成覆盖电网各个环节的通信网络体系，实现电网数据管理、信息运行维护综合监管、电网空间信息服务以及生产和调度应用集成等功能，全面实现电网管理的信息化和精益化。

(9) 发挥电网基础设施的增值服务潜力。在提供电力的同时，实现电信网、广播电视网、互联网的同步传输，服务国家“三网融合”战略，为用户提供社区广告、网络电视、语音等集成服务，为供水、热力、燃气等行业的信息化、互动化提供平台支持，拓展及提升电网基础设施增值服务的范围和能力，有力推动智能城市的发展。

(10) 促进电网相关产业的快速发展。电力工业属于资金密集型和技术密集型行业，具有投资大、产业链长等特点。建设智能电网，有利于促进装备制造和通信信息等行业的技术升级，为我国占领世界电力装备制造领域的制高点奠定基础。

37. 我国建设智能电网具有哪些有利条件?

答: 多年来，我国电力行业大力加强电网基础建设，同时密切关注国际电力技术发展方向，重视各种新技术的研究创新和集成应用，自主创新能力快速提升，电网运行管理的信息化、自动化水平大幅提高，科技资源得到优化，建立了位居世界技术前沿的研发队伍和技术装备，为建设智能电网创造了良好条件。

(1) 在电网网架建设方面，网架结构不断加强和完善，特高压交流试验示范工程和特高压直流示范工程成功投运并稳定运行；全面掌握了特高压输变电的核心技术，为电网发展奠定了坚实基础。

(2) 在大电网运行控制方面，具有“统一调度”的体制优势和丰富的运行技术经验，调度技术装备水平国际领先，自主研发的调度自动化系统和继电保护装置获得广泛应用。

（3）在通信信息平台建设方面，建成了“三纵四横”的电力通信主干网络，形成了以光纤通信为主，微波、载波等多种通信方式并存的通信网络格局；SG186工程取得阶段性成果，ERP、营销、生产等业务应用系统已完成试点建设并开始大规模推广应用。

（4）在试验检测手段方面，已根据智能电网技术发展的需要，组建了大型风电并网、太阳能发电和用电技术等研究检测中心。

（5）在智能电网发展实践方面，各环节试点工作已全面开展，智能电网调度技术支持系统、智能变电站、用电信息采集系统、电动汽车充电设施、配电自动化、电力光纤到户等试点工程进展顺利。

（6）在大规模可再生能源并网及分散式储能方面，深入开展了集中并网、电化学储能等关键技术的研究，建立了风电接入电网仿真分析平台，制定了风电场接入电力系统的相关技术标准。

（7）在电动汽车充放电技术领域，我国在关键技术以及电动汽车接入、监控和计费设备等方面开展了大量研究，已在部分大中城市建成电动汽车充电运营站点。

（8）在电网发展机制方面，我国电网企业业务范围涵盖从输电、变电、配电到用电的各个环节，在统一规划、统一标准、快速推进等方面均存在明显的优势。

38. 我国何时正式提出建设智能电网？

答：近年来，我国电力行业紧密跟踪欧美发达国家电网智能化的发展趋势，着力技术创新，研究与实践并举，在智能电网发展模式、理念和基础理论、技术体系以及智能设备等方面开展了大量卓有成效的研究和探索。

2009年5月，在北京召开的“2009特高压输电技术国际会议”上，国家电网公司正式发布了“坚强智能电网”发展战略。2009年8月，国家电网公司启动了智能化规划编制、标准体系研究与制定、研究检测中心建设、重大专项研究和试点工程等一系列工作。

在2010年3月召开的全国“两会”上，温家宝总理在《政府工作报告》中强调：“大力发展低碳经济，推广高效节能技术，积极发展新能源和可再生能源，加强智能电网建设。”这标志着智能电网建设已上升到国家层面。

39. 为什么必须以坚强为基础来发展智能电网？

答：坚强的内涵是指具有坚强的网架结构、强大的电力输送能力和安全可靠的电力供应。坚强的网架结构是保障安全可靠电力供应的基础和前提；强大的电力输送能力，是与电力需求快速增长相适应的发展要求，是坚强的重要内容；安全可靠的电力供应是经济发展和社会稳定的前提和基础，是电网坚强内涵的具体体现。

以坚强为基础来发展智能电网，可以提高电网防御多重故障、防止外力破坏和防灾抗灾的能力，能够增强电网供电的安全可靠性；可以提高电网对新能源的接纳能力，推动分布式和大规模新能源的跨越式发展；可以提高电网更大范围的能源资源优化配置能力，充分发挥电网在能源综合运输体系中的重要作用。否则，不仅电网安全得不到保证，智能电网的功能和作用也难以充分发挥。所以，必须以坚强为基础发展智能电网。

40. 为什么要建设以特高压电网为骨干网架的坚强智能电网？

答：随着国民经济的持续快速发展和人民生活水平的不断提高，我国电力需求较快增长的趋势在较长时间内不会改变。同时，我国能源与生产力布局呈逆向分布，能源运输形势长期紧张。但目前我国电网发展相对滞后，在能源综合运输体系中的作用还不明显。这些在客观上要求加快转变电力发展方式，提升电网大范围优化配置能源的能力，建设以特高压电网为骨干网架的坚强智能电网是满足这一要求的必然选择。

特高压输电具有远距离、大容量、低损耗、高效率的优势，建设以特高压电网为骨干网架的坚强智能电网，能够促进大煤电、大水电、大核电、大型可再生能源基地的集约化开发利用。同时，特高压电网可以提升电网抵御突发性事件和严重故障的能力，进一步提高电力系统运行的可靠性和稳定性，使坚强智能电网建设具备坚实的网架基础。

因此，在坚强智能电网建设中，必须以特高压电网为骨干网架，连接大型能源基地及主要负荷中心，以更好地保障国家能源供应和能源安全，满足经济社会快速发展的需要。

41. 建设坚强智能电网的社会经济效益主要表现在哪些方面？

答：坚强智能电网的发展，使得电网功能逐步扩展到促进能源资源优化配置、保障电力系统安全稳定运行、提供多元开放电力服务、推动战略性新兴产业发展等多个方面。作为我国重要的能源输送和配置平台，坚强智能电网从投资建设到生产运营的全过程都将为国民经济发展、能源生产和利用、环境保护等方面带来巨大效益。

(1) 在电力系统方面。可以节约系统有效装机容量；降低系统总发电燃料费用；提高电网设备利用效率，减少建设投资；提升电网输送效率，降低线损。

(2) 在用电客户方面。可以实现双向互动，提供便捷服务；提高终端能源利用效率，节约电量消费；提高供电可靠性，改善电能质量。

(3) 在节能与环境方面。可以提高能源利用效率，带来节能减排效益；促进清洁能源开发，实现替代减排效益；提升土地资源整体利用率，节约土地占用。

(4) 其他方面。可以带动经济发展，拉动就业；促进区域合理分工，缩小区域差距；提高能源供应安全；改输煤为输电，减少铁路煤炭运输压力，节约供电成本。

42. 建设坚强智能电网对于节能减排有何重要意义？

答：坚强智能电网建设对于促进节能减排、发展低碳经济具有重要意义：①支持清洁能源机组大规模入网，加快清洁能源发展，推动我国能源结构的优化调整；②引导客户降低高峰负荷，稳定火电机组出力，降低发电煤耗；③促进特高压、柔性输电、经济调度等先进技术的推广和应用，降低输电损失率，提高电网运行经济性；④实现电网与客户有效互动，促进用户智能用电，提高用电效率；⑤推动电动汽车的大规模应用，促进低碳经济发展，实现减排效益。

43. 建设坚强智能电网对于清洁能源发展有何重要作用？

答：目前，风能、太阳能等清洁能源的开发利用主要以生产电能的形式为主，建设坚强智能电网可以显著提高电网对清洁能源的接入、消纳和调节能力，有力地推动清洁能源的发展。

(1) 智能电网应用先进的控制技术以及储能技术，完善清洁能源发电并网的技术标准，提高了清洁能源接纳能力。

(2) 智能电网合理规划大规模清洁能源基地网架结构和送端电源结构，应用特高压、柔性输电技术等，满足了大规模清洁能源电力输送的要求。

（3）智能电网对大规模间歇性清洁能源进行合理、经济调度，提高了清洁能源生产运行的经济性。

（4）智能化的配用电设备，能够实现对分布式能源的接纳与协调控制，实现与客户的友好互动，使客户享受新能源电力带来的便利。

44. 建设坚强智能电网对于提升能源资源的优化配置能力有何重要意义？

答：我国能源资源与能源需求呈逆向分布，80%以上的煤炭、水能和风能资源分布在西部、北部地区，而75%以上的能源需求集中在东部、中部地区。能源资源与能源需求分布不平衡的基本国情，要求我国必须在全国范围内实行能源资源优化配置。建设坚强智能电网，为能源资源优化配置提供了一个良好的平台。坚强智能电网建成后，将形成结构坚强的受端电网和送端电网，电力承载能力显著加强，形成“强交、强直”的特高压输电网络，实现大水电、大煤电、大核电、大规模可再生能源的跨区域、远距离、大容量、低损耗、高效率输送，显著提升电网大范围能源资源优化配置能力。

45. 坚强智能电网建设的指导思想是什么？

答：建设坚强智能电网，要坚持解放思想，立足科学发展，依靠科技创新，调动社会各方力量，做到统筹兼顾。在坚强智能电网建设过程中，要更加注重电网与经济、社会、环境的协调发展；更加注重电网与能源行业的协调发展；更加注重发电、输电、变电、配电、用电、调度各环节的协调发展；更加注重规划、设计、建设、运行、营销、服务等各项业务的高度协同；更加注重应用先进的网络信息和自动控制等技术提高电网的智能化水平。

46. 坚强智能电网建设的基本原则是什么？

答：坚强智能电网建设遵循“统一规划、统一标准、统一建设”的基本原则。

（1）坚持统一规划、协调发展。发挥规划统领作用，保障各级电网协调发展，保证发电、输电、变电、配电、用电、调度各环节及通信信息平台智能化同步规划、同步建设。

（2）坚持统一标准、试点先行。建立国家电网公司统一的坚强智能电网技术标准和管理规范，提升电网通用设计水平，在试点先行的基础上，有序推进、加快发展。

（3）坚持统一建设、突出重点。加强坚强智能电网建设的统一组织、策划和实施，着力解决骨干网架和配电网“两头薄弱”问题，重点建设好具有战略性的电网智能化工程。

（4）坚持创新引领、注重质量。全面推动理论创新、技术创新、管理创新和实践创新，提升电网技术含量和装备水平，提高电网发展质量和效率。

47. 坚强智能电网建设的两条主线是什么？

答：两条主线是指技术主线和管理主线。技术上体现为信息化、自动化、互动化；管理上体现为集团化、集约化、精益化、标准化。

信息化、自动化、互动化是智能电网的基本技术特征。信息化是坚强智能电网的实施基础，实现实时和非实时信息的高度集成、共享与利用；自动化是坚强智能电网的重要实现手段，依靠先进的自动控制策略，全面提高电网运行控制自动化水平；互动化是坚强智能电网的内在要求，实现电源、电网和用户资源的友好互动和相互协调。

集团化、集约化、精益化、标准化有机联系、相辅相成，基本内涵是实现从条块分割向协同运作转变、从资源分散向优化配置转变、从管理粗放向精益运营转变，目标是实现整体效益最大化。

48. 坚强智能电网的内涵包括哪5个方面?

答: 坚强智能电网的内涵包括坚强可靠、经济高效、清洁环保、透明开放和友好互动5个方面。坚强可靠是指具有坚强的网架结构、强大的电力输送能力和安全可靠的电力供应；经济高效是指提高电网运行和输送效率，降低运营成本，促进能源资源和电力资产的高效利用；清洁环保是指促进可再生能源发展与利用，降低能源消耗和污染物排放，提高清洁电能在终端能源消费中的比重；透明开放是指电网、电源和用户的信息透明共享以及电网的无歧视开放；友好互动是指实现电网运行方式的灵活调整，友好兼容各类电源和用户接入与退出，促进发电企业和用户主动参与电网运行调节。

49. 电动汽车充电模式有哪几类?

答:（1）交流充电。交流充电指通过交流充电桩为具有车载充电机的电动汽车提供交流电能，由车载充电机实现交/直流变换，为车载电池充电。

（2）直流充电。直流充电指通过非车载充电机将交流电变换为直流电能，为电动汽车车载动力电池充电。非车载充电机功率较大，从几十千瓦到上百千瓦，通常情况下提供常规充电，也可提供快速充电，以较大电流为电动汽车提供短时快速充电服务。目前由于电池技术性能的限制，快速充电对电池寿命损害严重，快速充电仅是常规充电的一种补充，因此又称应急充电。

（3）电池更换。电池更换是直接用充满电的电池组更换车辆上能量已经耗尽的电池组来达到为电动汽车“充电”的目的。该模式可使动力电池在较短的时间内得到更换，具有快捷、方便的优点，可以满足用户使用电动汽车像使用燃油汽车一样的续航里程和便捷性要求。2008年北京奥运会、2010年上海世博会的电动公交车和浙江杭州的电动乘用车均采用这种模式。

50. 现阶段电动汽车充电设施有哪几种类型?

答: 电动汽车充电设施可以为电动汽车提供能量补给。随着技术的不断发展，充电设施的类型会越来越丰富，目前美国已经开发出无线充电技术。现阶段电动汽车充电设施可分为交流充电桩、充电站、换电站三类。

（1）交流充电桩。交流充电桩一般系统简单，占地面积小，安装方便，可安装在电动汽车充电站、公共停车场、住宅小区停车场、大型商场停车场等室内或室外场所，操作使用简便，是重要的电动汽车充电设施。

（2）充电站。通常配备多台直流充电机和交流充电桩。根据使用场地的不同，充电站又可以分为平面充电站和立体充电站。平面充电站一般建于土地资源相对宽裕的地点；立体充电站通常建在人口密集的居民区、商业区或立体停车库，占地面积小，空间利用率高。

（3）换电站。换电站一般建在土地资源比较宽裕的地点，占地面积大，需要专用的库房来存放电池组，同时配备必要的电池更换设施。换电站通常还配备直流充电机或交流充电桩，以便对更换下来的电池组集中充电。

51. 电动汽车充电对电网将产生哪些影响?

答: 随着电动汽车的推广普及，充电设施规模将不断扩大，其对电网将产生以下几个方面的影响。

（1）临时性快速充电对电网负荷的冲击。由于未来电动汽车规模化应用后电池容量较大，单车快速充电功率将达到数百千瓦以上等级，将对当地配电网产生极大的功率冲击。

（2）对电能质量的影响。由于电动汽车充电为变流操作，需要对电动汽车充电设备的谐波等技术指标进行严格控制。

（3）对电网规划的影响。智能充电操作在配电网侧能显著平抑电网负荷、频率波动，降低电网峰谷差，提高电网负荷率，降低电网备用发电容量需求，显著改变电网运行方式，因此，需要在电网规划中考虑相关影响。

（4）对电网交易模式的影响。随着分时电价的实施，电动汽车将采取不同的控制方式在不同时段从电网获取电能补给，因此电网与电动汽车交易模式将由简单变复杂，需要更加先进的电力市场来支撑。

第五节 计 算 题

1. 若要给标准电池 80V/60Ah 进行充电，其充电电流是 20A，那么理论上标准电池充满电需要多少时间（假定电池充电前电量为零）？

解：$充电时间=\frac{额定容量}{充电电流}=\frac{60Ah}{20A}=3(h)$

答：理论上标准电池充满电需要 3h。

2. 满功率 4kW 的充电机，若要给标准电池 80V/60Ah 进行充电（假定电池充电前电量为零），若 3h 充满，理论上输出电流多大合适？

解：$充电电流=\frac{额定容量}{充电时间}=\frac{60Ah}{3h}=20(A)$

答：理论上输出电流为 20A。

3. 若要将标准电池 80V/60Ah 充电至充满状态，若充电电流为 30A，每天充 3 次，那么一天耗电为多少？（假定电池充电前电量为零，不考虑充电过程的损耗）

解：充电电流为 30A 时充电时间为

$$充电时间=\frac{额定容量}{充电电流}=\frac{60Ah}{30A}=2(h)$$

单次耗电量为

充电电压×充电电流×单次充电时间=80V×30A×2h=4.8（kWh）

则一天耗电量为

单次耗电量×3 次/天×1 天=4.8kWh×3 次=14.4（kWh）

答：一天耗电 14.4kWh。

4. 某换电站，配置 200 个充电机和 200 箱电池，假设每箱电池每天充电至充满状态次数可达 6 次，一辆电动汽车配 4 个电池箱，试计算该换电站的服务能力。

解：该换电站服务能力为

$$\frac{200\text{箱}\times 6\text{次/天}}{4\text{箱}}=300\text{（次/天）}$$

答：该换电站的服务能力为300次/天。

5. 某充电站，充电机输出电压为80V，而实际输出电压为80.1V，那么测得的输出电压误差为多少？

解：参考Q/GDW 591—2011《电动汽车非车载充电机检验技术规范》5.4.1，输出电压误差为

$$\text{输出电压误差}=\frac{\text{测量电压}-\text{输出电压}}{\text{输出电压}}=\frac{80.1\text{V}-80\text{V}}{80\text{V}}\times 100\%=0.125\%$$

答：测得的输出电压误差为0.125%。

6. 一辆大巴电动汽车，配置的电池单体规格为3.2V/20Ah，采用15并168串方式进行成组，理论耗电量1.2kWh/km，试计算此大巴电动汽车的理论续航里程？

解：续航里程为

$$\frac{168\times 3.2\text{V}\times 15\times 20\text{Ah}}{1000\times 1.2\text{kWh/km}}=134.4\text{（km）}$$

答：续航里程为134.4km。

7. 纯电动汽车配置80V/60Ah电池组4箱，在不开空调情况下实测电动汽车续航里程为123km，试计算每千米耗电量？

解：每千米耗电量

$$\frac{80\text{V}\times 60\text{Ah}\times 4}{123\text{km}\times 1000}=0.156\text{（kWh/km）}$$

答：耗电量为0.156kWh/km。

8. 某市城区面积约为314km²，假设规划建设的电动汽车充换电站服务半径要求不大于2km。试计算：该市城区至少需要建设多少座电动汽车充换电站才能满足服务需求(圆周率取3.14)？

解：单站服务面积＝总服务面积/充换电站座数＝π×单站服务半径^2

设至少需要x座充换电站，则

$$\frac{314\text{km}^2}{x}=\pi\times\text{单站服务半径}^2=3.14\times(2\text{km})^2$$

得$x=25$

答：至少需要建设25座充换电站才能满足服务需求。

9. 假设目前电动汽车动力电池规格为80V/60Ah，平均循环寿命为1000次，电动汽车需要4箱动力电池，每耗1kWh电能跑6km。试计算：假设充放效率为100%，电动乘用车一直运行到电池寿命终结能跑多少千米？

解：每次充电耗费的电能＝80V×60Ah×4＝19.2kWh；

单次续航里程＝19.2kWh×6km/kWh＝115.2（km）；

则运行至电池寿命终结时累积跑：

$$115.2\text{km}\times 1000\text{次}=115\,200\text{（km）}$$

答：电动乘用车一直运行到电池寿命终结累积能跑115 200km。

10. 某塔楼楼层高度为 18 层，每层用户数为 8 户。该楼电气结构情况如下：

(1) 在楼宇地下室设置 1 个低压楼宇配电间（以下简称楼宇配电间），整个楼宇为一个供电区域。楼宇配电间通过强电竖井，为楼宇供电。

(2) 楼宇配电间由小区 10kV 配电室低压侧引低压电缆进线。

(3) 楼宇采用三段 T 接供电方式。F1～F6 供电段的配电电缆连接节点在楼宇配电间；F7～F12 供电段由楼宇配电间引低压电缆供电，其配电电缆连接节点在 F7；F13～F18 供电段由楼宇配电间引低压电缆供电，其配电电缆连接节点在 F13。

(4) 电能表分层设置，每层区域集中。

现要求对该楼进行 PFTTH 组网设计，按照用户 100%的开通情况考虑，试计算：

(1) 应设置几个用户接入点？配置多少用电信息采集和三网融合光分路器？

(2) 应配置多少用电信息采集和三网融合 ONU？

解：(1) 一个用户接入点所带楼层不宜超过 10 层，用户不宜超过 64 户。本题中，共有用户 144 户，应设置 3 个用户接入点。

1) 用电信息采集光分路器配置：

采用 1 级分光，使用集中部署在小区 10kV 配电室的 1∶32 光分路器（多个楼宇共用）。

2) 三网融合光分路器应依据用户接入点的设置和容量进行配置：

用户接入点 1。用户接入点 1 容量为 48 户，因此设置 1 个 1∶32 光分路器（一级分光）和 1 个 1∶16 光分路器（二级分光）。其中，1∶16 光分路器为第 2 级，与部署在小区 10kV 配电室的 1∶2 光分路器（第 1 级，可为多个 1∶16 光分路器提供分光），构成二级分光结构。

用户接入点 2 和用户接入点 3 配置同样的光分路器。

(2) 1) 用电信息采集 ONU 配置。楼宇供电区域覆盖用户数为 144 户，按 144 块电能表计算（如考虑楼道分表、地下室电能表等其他类型电能表，应增加相应电能表再计算），需要配置 5 个 ONU（配置 RS485 接口）。用户接入点 1 放置 1 个 ONU，使用 485 线串接 F1～F4 的电能表；用户接入点 2 放置 2 个 ONU，使用 485 线分别串接F5～F8 和 F9～F12 的电能表；用户接入点 3 放置 2 个 ONU，使用 485 线分别串接 F13～F16 和 F17～F18 的电能表。

2) 三网融合 ONU 配置。楼宇供电区域覆盖用户数为 144 户，需要配置 144 个 ONU，放置在用户户内。

答：(1) 应设置 3 个用户接入点，配置一个用电信息采集光分路器，3 个 1∶32 和 3 个 1∶16 三网融合光分路器。

(2) 应配置 5 个用电信息采集 ONU，144 个三网融合 ONU。

第十章 供电所管理

第一节 单选题

1. 以为农民生活、农村经济、农业生产服务为宗旨，以（ B ）为中心，开拓电力市场，建立全过程的营销服务机制，规范营销管理工作。

A. 安全生产　B. 经济效益　C. 优质服务　D. 设备管理

2. 县供电企业应严格执行国家电价政策和（ B ）批准的电价标准，做到电价准确、电费账务清楚。

A. 国家电网公司　B. 物价部门

C. 省（自治区、直辖市）电力公司　D. 地（市）供电公司

3. 国家电网公司供电服务“十项承诺”规定供电方案答复期限：居民客户不超过（ A ）个工作日，低压电力客户不超过（ A ）个工作日。

A. 3；7　B. 5；7　C. 5；10　D. 1；3

4. 国家电网公司供电服务“十项承诺”规定供电方案答复期限：高压单电源客户不超过（ B ）个工作日，高压双电源客户不超过（ B ）个工作日。

A. 10；20　B. 15；30　C. 5；10　D. 30；60

5. 城乡居民客户向供电企业申请用电，受电装置检验合格并办理相关手续后，(B)个工作日内送电。

A. 5　B. 3　C. 7　D. 10

6. 非居民客户向供电企业申请用电，受电工程验收合格并办理相关手续后，（ A ）个工作日内送电。

A. 5　B. 3　C. 7　D. 10

7. 供电企业应在客户每一个售电点内按（ A ）分别安装用电计量装置。

A. 不同电价类别　B. 不同供电方式　C. 不同供电性质　D. 不同电压等级

8. 《供电营业规则》规定：对于难以按售电类别分别装设计量装置时，可装设总计量装置，按其不同类别的（ B ）确定用电比例。

A. 用电性质　B. 用电容量　C. 负荷率　D. 用电量

9. 《供电营业规则》规定：计量装置原则上应装在供电设施的（ C ）。

A. 供电企业资产上　B. 客户资产上

C. 产权分界处　D. 计量装置方便安装处

10. 《供电营业规则》规定：计量装置安装不在产权分界处时，线路与变压器损耗的有功与无功电量均需由（ C ）承担。

A. 供电企业　B. 客户　C. 产权所有者　D. 供用双方

11.《供电营业规则》规定：客户用电设备容量在（ A ）kW 或变压器容量在（ A ）kVA 以下者，采用低压三相四线制供电，装三相四线计量装置。

A. 100；50　B. 50；100　C. 30；50　D. 50；30

12.《供电营业规则》规定：客户单相设备容量不足（ D ）kW 时，采用低压 220V 供电。

A. 30　B. 20　C. 15　D. 10

13.《供电营业规则》规定：客户负荷电流在（ B ）及以下者宜采用直接接入式电能表，（ B ）以上时应采用经电流互感器接入式电能表。

A. 100A　B. 50A　C. 30A　D. 20A

14. 电力客户认为供电企业装设的计费电能表不准时，有权向供电企业提出校验申请，在客户缴付验表费后，供电企业应在（ B ）天内校验，并将校验结果通知客户。

A. 10　B. 7　C. 5　D. 3

15. 一客户提出所装电能表走得快，电能表 2.0 级，经校验误差＋2.5%，则应以（ D ）误差为基准退补电费。

A. 2.50%　B. 0.50%　C. 2.00%　D. 0

16.《供电营业规则》规定：居民客户私自迁移、更动和擅自操作供电企业的用电计量装置、电力负荷装置的，应承担每次（ C ）元的违约使用电费。

A. 200　B. 300　C. 500　D. 1000

17.《供电营业规则》规定：居民以外的其他客户私自迁移、更动和擅自操作供电企业的用电计量装置、电力负荷装置的，应承担每次（ C ）元的违约使用电费。

A. 500　B. 1000　C. 5000　D. 10 000

18. 供电企业用电检查人员进行现场检查时，检查人员不得少于（ A ）人。

A. 2　B. 3　C. 4　D. 5

19. 用电检查人员应以国家有关电力供应与使用的政策法规及电力行业的标准为准则，对客户的电力使用定期进行检查。检查时要向被检查客户出示（ C ）。

A. 身份证　B. 工作证　C. 用电检查证　D. 上岗证

20. 用电检查的主要范围是客户的（ B ）。

A. 用电设备　B. 受电装置　C. 计量表计　D. 家用电器

21. 电力设备在运行期间，由于受到温度、湿度、外界作用力等种种因素影响，直接暴露出来各类缺陷，以及危及人身或线路安全运行的隐患，一般通过（ A ）能及时发现。

A. 定期巡视　B. 夜间巡视　C. 特殊性巡视　D. 故障性巡视

22. 在电力线路上，由于某些特殊缺陷需要在夜间才能发现，如接头打火、瓷绝缘串闪络放电。因此需要在负荷高峰期、雨雾等天气进行（ C ）。

A. 特殊性巡视　B. 定期巡视　C. 夜间巡视　D. 故障性巡视

23. 电力线路在天气恶劣（如台风、暴雨、覆冰等）、河水泛滥、火灾和其他特殊情况下，要进行（ B ）。

A. 监察性巡视　B. 特殊性巡视　C. 故障性巡视　D. 定期巡视

24. 电力线路发生故障时，为了查清故障点，及时消除故障恢复线路正常供电，要组织人员进行（ C ）。

A. 监察性巡视　B. 特殊性巡视　C. 故障性巡视　D. 定期巡视

25. 对电力线路巡视的目的是了解线路、设备状况，并检查、指导巡线员的工作，应由供电所长和专责技术人员进行（ A ）。

A. 监察性巡视　B. 特殊性巡视　C. 故障性巡视　D. 定期巡视

26. 电气设备评定级时，按其完好程度，可分为Ⅰ、Ⅱ、Ⅲ类设备单元数，电气设备完好率为（ B ）%。

A. Ⅰ/（Ⅰ＋Ⅱ＋Ⅲ）　B.（Ⅰ＋Ⅱ）/（Ⅰ＋Ⅱ＋Ⅲ）

C. Ⅰ/（Ⅰ＋Ⅱ）　D.（Ⅰ＋Ⅱ）/Ⅲ

27. 在电气设备评定级时，一个单元内重要设备元件同时有一、二类者，应评为（ B ）设备。

A. 一类　B. 二类　C. 三类　D. 完好

28. 在电气设备评定级时，一个单元内重要设备元件同时有二、三类者，应评为（ C ）设备。

A. 一类　B. 二类　C. 三类　D. 完好

29. 在计划停电时，供电所应提前（ D ）天通知客户。

A. 1　B. 3　C. 5　D. 7

30. 对电力设备进行全面检修、维护、消缺和改进等综合性工作，目的是恢复设备的设计性能，称为设备（ B ）。

A. 小修　B. 大修　C. 临时检修　D. 事故检修

31. 对电力设备进行扩大性的检查、维护、保养、消缺的，称为设备（ A ）。

A. 小修　B. 大修　C. 临时检修　D. 事故检修

32. 电力设备在运行中发生严重异常，必须在计划外退出运行进行检修的，一般称为（ C ）。

A. 小修　B. 大修　C. 临时检修　D. 事故检修

33. 电力设备因事故自动退出运行或因严重异常不能等待调度批复需立即停止运行所进行的检修，称为（ D ）。

A. 小修　B. 大修　C. 临时检修　D. 事故检修

34. 10kV 线路电压允许偏差范围为额定电压的（ A ）。

A. ±7%　B. ±10%　C. ＋7%；－10%　D. ＋10%；－7%

35. 380V 电压客户电压允许偏差范围为额定电压的（ D ）。

A. ±10%　B. ＋7%；－10%　C. ＋10%；－7%　D. ±7%

36. 220V 电压客户电压允许偏差范围为额定电压的（ C ）。

A. ±10%　B. ±7%　C. ＋7%；－10%　D. ＋10%；－7%

37. 居民客户端电压合格率指标应（ A ）。

A. ≥96%　B. ≥97%　C. ≥98%　D. ≥99%

38. 供电所应对无功补偿设备进行定期巡视检查，发现问题及时处理，确保设备可投运率达（ D ）。

A. 90% B. 90%及以上 C. 95% D. 96%及以上

39. 供电所应（ A ）召开一次线损分析会。

A. 每月 B. 每周 C. 每季度 D. 每半年

40. 供电所安全管理直接关系到整个电力系统的经济运作，体现着（ A ）的服务宗旨。

A. 人民电业为人民

B. 追求卓越；服务真诚

C. 真诚服务；共谋发展

D. 服务党和国家工作大局；服务电力客户；服务发电企业；服务经济社会发展

41. （ B ）是供电所管理的第一要务，也是供电所管理水平的综合体现。

A. 电费回收 B. 保证安全供用电

C. 电价指标 D. 线损指标

42. 工作票、操作票应按（ B ）统计、妥善保管。

A. 周 B. 月 C. 季 D. 年

43. "两票三制"管理规定，执行后的工作票、事故抢修单和工作任务单要按月整理，按编号顺序装订并妥善保管，保存期（ A ）。

A. 3 个月 B. 6 个月 C. 12 个月 D. 24 个月

44. 供电所（ A ）负责安全工具的管理、使用、监督，领用工器具进行登记。

A. 安全员 B. 技术员 C. 工作负责人 D. 工作许可人

45. 供电企业班组各种安全工器具应有明显的编号，每（ B ）进行一次外观检查。

A. 周 B. 月 C. 季 D. 年

46. 每个消防器具应挂检查记录卡，每（ B ）检查一次。

A. 1 个月 B. 3 个月 C. 6 个月 D. 12 个月

47. 供电所经济活动分析的组织形式，是（ B ）定期召开一次，由供电所所长组织，各相关管理人员和专业组（电工组）组长参加。

A. 每周 B. 每月 C. 每季度 D. 每年

48. 异步电动机的自然功率因数一般仅为（ C ），所以用补偿电容来改善异步电动机的功率因数。

A. 0.7 以下 B. 0.75～0.8 C. 0.8～0.85 D. 0.85～0.9

49. 电压监测点共分为（ D ）类

A. 1 B. 2 C. 3 D. 4

50. 一个用电单位接在同一条或分别接在两条（多条）电力线路上的几台客户配电变压器及中压用电设备，应以（ A ）作为一个中压客户统计单位。

A. 一个电能计量点 B. 一台配电变压器

C. 公用配电 D. 以上均错

51. 停电事件如果在停电（ B ）h 前没有经调度许可，并通知重要客户的，记为内部故障停电。

A. 5 B. 6 C. 7 D. 8

52. 我国电价政策规定，用电设备容量超过（ B ）kW 的客户，都要实行功率因数

调整电费，功率因数低于规定值要加罚电费。

A. 50　　B. 100　　C. 200　　D. 315

53. 在确保低压线路供电半径不超过（ C ）m的条件下，要使配电变压器置于负荷中心或靠近负荷中心，以减少低压线路的线损。

A. 200　　B. 400　　C. 500　　D. 1000

54. 加强用电检查是管理线损工作之一，用电检查的主要范围是客户的（ B ）。

A. 用电设备　　B. 受电装置　　C. 计量表计　　D. 配电设备

55. 参与式培训教学方法中，采取角色扮演法进行培训教学，角色扮演的关键问题是（ D ）。

A. 参加者的技能水平　　B. 参加者的文化素养

C. 参加者的性别区别　　D. 排除参加者的心理障碍

56. 培训方案实施计划的含义：培训方案实施计划是指在全面、客观的培训需求分析的基础上，对某一培训方案列出的培训目标、培训时间、培训地点、培训教师、培训对象、培训方式和培训内容等进行的（ A ）系统设计。

A. 预先　　B. 中间　　C. 过程　　D. 具体

57. 培训方案实施计划是培训方案实施的（ B ）文件，应用非常广泛。

A. 技术性　　B. 指导性　　C. 指令性　　D. 操作性

58. 开发培训方案必须明确目的，以企业发展需要为出发点和落脚点，服从和服务于（ C ）提升的实际需求。

A. 企业对安全效益　　B. 企业对经济效益

C. 企业对人员素质　　D. 企业对服务水平

59. 开发培训方案是一项（ B ），要统筹考虑培训目标、培训内容、培训方法、培训时间安排等，还要充分考虑其他各相关方面因素的影响，如实施条件因素的影响等。

A. 具体工程　　B. 系统工程　　C. 全面工程　　D. 单项工程

60. 培训方案实施计划中，（ B ）主要解决培训要达到何种标准的问题。

A. 培训目的　　B. 培训目标　　C. 培训内容　　D. 培训方式

61. （ B ）的确定有效地指导受训者找到解决复杂问题的答案，进一步了解自己在组织中所起的作用以及今后发展和努力的方向，为今后的工作制订切实可行的计划。

A. 培训目的　　B. 培训目标　　C. 培训内容　　D. 培训方式

62. 培训对象及类型一般在培训需求分析中，通过对（ D ）的系列调查和综合分析便可确定。

A. 工作岗位　　B. 工作技能　　C. 工作人员　　D. 工作任务

63. 培训的组织范围是指培训对象的确定范围和组织渠道，一般包括（ C ）个层次。

A. 3　　B. 4　　C. 5　　D. 6

64. 每个培训方案实施后，均要对受训人员进行考评，这也是对（ D ）的一个检验。

A. 培训目标　　B. 培训内容　　C. 培训师　　D. 培训效果

65. 《农村安全用电规程》规定了农村安全用电的基本要求和（ C ）的职责。

A. 用户　　B. 使用者　　C. 责任方　　D. 管理方

66. 在电力线附近立井架、修理房屋和砍伐树木时，必须经当地（ A ）或产权人同意，采取防范措施。

A. 电力企业　　B. 政府部门

C. 公安部门　　D. 电力企业和政府部门

67. 凡需并网运行的农村电源必须依法与电力企业签订（ A ）后方可并网运行。

A. 并网协议　　B. 代维护协议　　C. 安全协议　　D. 供用电合同

68. 必须跨房的低压电力线与房顶的垂直距离应保持（ C ）及以上，对建筑水平距离应保持（ C ）及以上。

A. 2m；1.5m　　B. 2.5m；1m　　C. 2.5m；1.25m　　D. 2m；1.25m

69. 架设电视天线时，天线杆与高低压电力线路的最小距离应大于（ A ），天线拉线与上述电力线路的净空距离应大于（ A ）。

A. 3.0m；3.0m　　B. 2.5m；2.5m

C. 2.5m；3.0m　　D. 3.0m；2.5m

70. 发现电力线断落时，不要靠近；如距离导线的落地点（ C ）以内时，应及时将双脚并立，按导线落地点反方向跳离，并看守现场或立即找电工处理。

A. 3m　　B. 5m　　C. 8m　　D. 10m

71. 电气工作人员应具备必要的安全生产知识，学会（ B ），特别要学会触电急救。

A. 救护法　　B. 紧急救护法　　C. 触电急救　　D. 安全救护法

72. 高压电气设备，电压等级在（ A ）V 及以上者；低压电器设备，电压等级在（ A ）V 以下者。

A. 1000；1000　　B. 1500；1500　　C. 1200；1200　　D. 2000；2000

73. 电气操作必须根据值班负责人的命令执行，执行时应由两人进行，低压操作票由（ C ）填写，每张操作票只能执行一个操作任务。

A. 工作票签发人　　B. 工作负责人　　C. 操作人　　D. 值班负责

74. 工作地段如有邻近、平行、交叉跨越及同杆塔架设线路，为防止停电检修线路上（ A ）伤人，在需要接触或接近导线工作时，应使用个人保安线。

A. 感应电压　　B. 感应电流　　C. 电弧　　D. 电缆

75. 在超过（ C ）m 深的基坑内作业时，向坑外抛掷土石应防止土石回落坑内，并做好临时防护措施。

A. 0.5　　B. 1　　C. 1.5　　D. 2

76. 立、撤杆塔过程中坑基内禁止有人工作。除指挥人及指定人员外，其他人员应处于杆塔高度的（ B ）倍距离以外。

A. 1　　B. 1.2　　C. 1.5　　D. 2

77. 起重运输时，起重吊钩应挂在物件的（ B ）上。

A. 中心线　　B. 重心线　　C. 前半部　　D. 后半部

78. 邻近带电的 10kV 及以下电力线路进行工作时，人体、导线、施工机具等与带电导线的安全距离为（ C ）m。

A. 0.5　　B. 0.7　　C. 1　　D. 1.5

79. 在低压带电线路上进行作业，工作人员距最下层带电导线的垂直距离不准小于（ **B** ）m。

A. 0.5　B. 0.7　C. 1　D. 1.5

80. 个人保安线的试验周期为（ **D** ）。

A. 不超过1年　B. 不超过2年　C. 不超过3年　D. 不超过5年

81. 操作棒的试验周期为（ **D** ）。

A. 半年　B. 1年　C. 3年　D. 5年

82. 绝缘杆的试验周期为（ **B** ）。

A. 半年　B. 1年　C. 2年　D. 3年

83. 绝缘靴的试验周期为（ **A** ）。

A. 半年　B. 1年　C. 2年　D. 3年

84. 绝缘手套的试验周期为（ **A** ）。

A. 半年　B. 1年　C. 2年　D. 3年

85. 绝缘绳的试验周期为（ **A** ）。

A. 半年　B. 1年　C. 2年　D. 3年

86. 安全带的试验周期为（ **B** ）。

A. 半年　B. 1年　C. 2年　D. 3年

87. 脚扣的试验周期为（ **B** ）。

A. 半年　B. 1年　C. 2年　D. 3年

88. 在没有脚手架或者在没有栏杆的脚手架上工作，高度超过（ **B** ）m时，应使用安全带，或采取其他可靠的安全措施。

A. 1　B. 1.5　C. 1.6　D. 2

89. 事故调查必须实事求是，尊重（ **B** ）。

A. 事实　B. 科学　C. 社会道德　D. 法律

90. 事故统计分析应与设备可靠性分析相结合，全面（ **C** ）安全水平。

A. 分析　B. 提高　C. 评价　D. 估算

91. 县供电公司应配合政府相关部门做好农村人身触电伤亡事故的调查（ **B** ）工作。

A. 指导　B. 认定　C. 监督　D. 确认

92. 职工在劳动过程中因病导致伤亡，经（ **B** ）以上医院诊断和劳动安全主管部门调查，确认是职工本人疾病造成的，不按职工伤亡事故统计。

A. 镇　B. 县　C. 市　D. 省

93. 对事故调查的即时报告，县供电企业应先上报市（地）级电力公司（ **D** ）主管部门。

A. 营销　B. 生产　C. 调度　D. 农电安全

94. 对于（ **B** ）以上事故，市（地）级电力公司农电安全主管部门应立即再向省（自治区、直辖市）农电安全主管部门报告。

A. 轻伤　B. 重伤　C. 死亡　D. 伤亡

95. 一般设备事故由设备事故的县供电企业组织安监、生技（基建）、调度以及其

他有关部门和车间（工区、工地、供电所）人员参加调查，由事故调查组（A）填写《设备事故报告》。

A. 技术人员　B. 安全员　C. 分管领导　D. 负责人

96. 特大设备事故由（A）公司或其授权部门组织调查组进行调查。

A. 国家电网　B. 省公司　C. 市公司　D. 县公司

97. 发生电力生产事故及农村人身触电伤亡事故，调查结束后应由（D）填写事故调查报告书。

A. 供电所　B. 县级供电公司

C. 上一级供电企业　D. 事故调查组

98. 有关单位应每（C）将所有发生事故、一类障碍和有关安全情况分别填写对应的报告、报表。

A. 日　B. 周　C. 月　D. 年

99. 在安全考核中，安全记录达到（A）天为一个安全周期。

A. 100　B. 200　C. 300　D. 365

100. 电能输送到客户，必须经过各个输、变、配电元件，由于存在着阻抗，因此就会产生（A）。

A. 电能损耗　B. 光能损耗　C. 热能损耗　D. 线路损耗

101. 电力网的电能损耗率简称（C）。

A. 损失率　B. 电能率　C. 线损率　D. 损耗率

102. 电能输送就会产生电能损耗，并以（A）的形式散失在周围介质中，这个电能损耗称为线损电量。

A. 热能　B. 电能　C. 光能　D. 原子能

103. 供电量＝发电公司（厂）上网电量＋外购电量＋电网输入电量－（B）。

A. 外购电量　B. 电网输出电量　C. 电网输入电量　D. 售电量

104. （D）是指所有终端客户的抄见电量，以及供电局、变电站等的自用电量及供电局第三产业所用的电量。

A. 外购电量　B. 电网输出电量　C. 电网输入电量　D. 售电量

105. 线损电量不能直接计量，它是用供电量与售电量相减（C）得到的。

A. 计量　B. 测量　C. 计算　D. 试验

106. 电力网的电能损耗是指电网经营企业在电能传输和营销过程中从发电厂出线起至用户（B）止所产生的电能消耗和损失。

A. 接户线　B. 电能表　C. 下户线　D. 低压支线

107. 在实际线损管理中，通常使用频度（B）的是统计线损率。

A. 最低　B. 最高　C. 中等　D. 为零

108. 统计线损电量是由（C）法得到的。

A. 测量　B. 计量　C. 余量　D. 电量

109. （C）配电设备的损耗称为高压配电网线损。该损耗与供入高压配电网的供电量之比，称为高压配电网线损率。

A. 220～380V　B. 10～20kV　C. 35～220kV　D. 220kV以上

110. （ B ）配电设备的损耗称为中压配电网线损，它与中压配电网供电量之比称为中压配电网线损率。

A. 220～380V　　B. 10～20kV　　C. 35～220kV　　D. 220kV 以上

111. 统计线损率来源于从电能计量装置上读取的（ D ）数值和读取数值的时间。

A. 电流　　B. 电压　　C. 电阻　　D. 电量

112. 统计线损率＝(统计线损电量/供电量)×100%，其中统计线损电量＝供电量－(B)。

A. 供电量　　B. 售电量　　C. 线损电量　　D. 线损率

113. 除（ D ）单纯导致统计线损比技术线损增大外，其他因素既有可能使线损增大也有可能使线损减小。

A. 计费电能计量装置的正确性　　B. 抄表的同时性

C. 漏抄和错抄　　D. 窃电

114. 根据输、变、配电设备参数和负荷电流计算得出的线损是（ A ）。

A. 理论线损　　B. 统计线损　　C. 管理线损　　D. 技术线损

115. 由于一个网省公司或一个供电企业管理的输、配电设备数量庞大，运行方式和负荷变化复杂，因而线损理论计算值具有（ C ）。

A. 单一性　　B. 重复性　　C. 复杂性　　D. 高效性

116. 统计线损值是电能计量装置的实测结果，所以它是（ D ）年、季、月度线损指标完成情况的依据。

A. 计算　　B. 完成　　C. 运用　　D. 考核

117. 线损统计值和理论计算值都是（ B ）所必须获得的数值，因为线损统计值是电能计量装置的实测结果，所以它是考核年、季、月度线损指标完成情况的依据。

A. 线损计算　　B. 线损管理　　C. 线损统计　　D. 线损实测

118. 理论计算值则是确定（ A ）的依据之一，并且是衡量线损技术水平和管理水平的重要参考数据。

A. 线损指标　　B. 线损计算值　　C. 线损完成值　　D. 线损统计值

119. 理论线损不但涉及决定线损的直接技术因素，而且与综合技术因素密切相关，因而理论线损（ B ）于技术线损。

A. 相同　　B. 不等同　　C. 等于　　D. 相似

120. 如果能掌握和控制影响统计线损和理论线损的主要因素，其必然结果是统计线损值和理论线损值（ B ）。

A. 一定相等　　B. 很接近　　C. 很相似　　D. 完全相等

121. 当管理水平不高时，理论线损和统计线损值都不会（ A ），并且往往有很大差别。

A. 准确　　B. 很大　　C. 精确　　D. 相等

122. 相对而言，线损理论计算值的影响因素涉及的技术成分高于线损统计值，故一般情况下线损理论计算值的可信度应（ C ）线损统计值。

A. 低于　　B. 等于　　C. 高于　　D. 小于

123. 35kV 及以上系统每年进行（ A ）理论线损计算，10kV 及以下至少每两年进

行一次理论线损计算。当电网结构发生大的改变时，要增加理论线损计算。

A. 一次　B. 两次　C. 三次　D. 五次

124. 通过对（ D ）的分析对比，可以分别对两种线损值的准确度作出评估，判断该两值各自受到哪些因素的影响，从而可以有针对性地对线损管理进行改进和采取有效的降损技术措施。

A. 线损统计值和线损完成值　B. 理论线损值和线损实测值

C. 线损统计值和线损实测值　D. 线损统计值和理论计算值

125. 从长远利益看，应该充分重视（ B ）对线损管理工作的指导作用，认真提高其计算准确度，再进一步努力使线损统计值向理论计算值靠近。

A. 线损统计值　B. 线损理论计算值

C. 小于　D. 靠近

126. 电网中其有功功率损耗主要由两部分组成：一部分为线路和变压器阻抗回路上流过电流时产生的损耗，即 I^2R，称为（ A ）。

A. 可变损耗　B. 固定损耗　C. 有功损耗　D. 无功损耗

127. 电网中有功功率损耗主要由两部分组成：一部分发生在变压器、电抗器、电容器等设备上的不变损耗，如铁损，称为（ B ）。

A. 可变损耗　B. 固定损耗　C. 有功损耗　D. 无功损耗

128. 电流流过线路导线和设备的线圈，在导线电阻上产生的损耗称为电阻损耗，这种损耗用计算式表示为（ C ）。

A. $P=3I^2R$　B. $P=IR$　C. $P=I^2R$　D. $P=3IR$

129. 电晕指集中在曲率较大电极附近的不完全自激放电现象。（ D ）的设备裸露在大气中的导电部分（主要是线路导线），在电压作用下要产生电晕，并随之产生电晕损耗。

A. 安全电压　B. 较低电压　C. 中等电压　D. 较高电压

130. 在线路全部损耗中，载流回路的电阻损耗所占比例最大，约为全部线路损耗的（ C ）。

A. 1%～2%　B. 20%～24%　C. 70%～75%　D. 可忽略不计

131. 在电阻损耗、铁芯损耗、电晕损耗、介质损耗中，载流回路的电阻损耗所占比例最大，约为全部损耗的 70%～75%；其次是铁芯损耗，约占总损耗的（ B ）。

A. 1%～3%　B. 20%～25%　C. 70%～75%　D. 可忽略不计

132. 采用低损耗的输、变、配电设备是降低线损的（ A ）。

A. 基本途径　B. 关键途径　C. 有效途径　D. 重要途径

133. 准确完备的电能计量手段，以及选择在经济方式下运行，都是降低线损的（ D ）。

A. 关键措施　B. 理论措施　C. 基本措施　D. 重要措施

134. 负荷端与变电站合理的无功补偿和实现无功就地平衡的水平是降低线损的（ C ）。

A. 基本途径　B. 关键途径　C. 有效途径　D. 重要途径

135. 通过计算各种线损电量所占的比重，可以为（ B ）提供可靠的依据，查找电

网的薄弱环节，确定降损的主攻方向，从而采取针对性措施降低线损。

A. 线损管理　B. 线损分析　C. 线损计算　D. 线损分布

136. 开展线损理论计算，在电网现有的（ C ）配置下，计算用的数据或资料应易于采集获取，对有条件的场所应尽量采用自动化抄表数据。

A. 设备结构　B. 组合方式　C. 仪器仪表　D. 设备仪器

137. 由于电网是由大量输、变、配电设备组成的十分复杂的系统，所以进行理论线损计算需要确定（ A ）。

A. 计算范围　B. 计算方法　C. 计算公式　D. 计算数据

138.（ C ）线损归口管理部门负责全省的综合线损网损和分电压等级网损的计算，汇总、分析、总结和上报工作。

A. 县公司　B. 市公司　C. 省公司　D. 国网公司

139. 在进行理论线损计算之前要绘制电网的一次（ B ），各条输配电线路的接线图、路径图，并标明各段线路的型号、长度、配电变压器型号及容量以及代表月日的电量等。

A. 示意图　B. 接线图　C. 平面图　D. 原理图

140. 在进行理论线损计算之前要选用精确的线损理论计算软件，输入基础数据和资料应（ C ），确保计算准确合理。

A. 合情合理　B. 精确合理　C. 正确无误　D. 基本正确

141. 选择代表日计算理论线损应遵循的原则是，电网的运行方式、潮流分布（ D ），没有大的停电检修工作。

A. 异常　B. 非正常　C. 均匀　D. 正常

142. 计算代表月电能损耗时，至少要取（ A ）小时的负荷，使其能够代表全月的负荷状况。

A. 72　B. 36　C. 24　D. 96

143. 计算全年的损耗时，应以月代表日为基础，35kV 以上电网代表日至少取（ D ）天，使其能够代表全年各季负荷情况。

A. 3　B. 1.5　C. 1　D. 4

144. 低压电力网是以（ B ）为单元的理论线损综合计算。

A. 低压线路　B. 配电变压器台区

C. 接户线　D. 电力电容器

145. 低压电力网理论线损计算原则是：凡线路结构常数、导线截面、长度、负荷电流均（ A ）的为一个计算线段，否则为另一计算线段。

A. 相同　B. 不变　C. 不同　D. 相等

146. 低压电力网理论线损计算第一步，绘制低压电力网网络接线图，并将线路的主干线和分支线的（ C ）分出来，接着逐段计算出负荷电流。

A. 计算公式　B. 计算方法　C. 计算线段　D. 计算数据

147. 低压电力网理论线损计算第二步，计算线路各分段电阻、线路（ D ）电阻。

A. 等效　B. 等量　C. 不同　D. 等值

148. 低压电力网理论线损计算要统计配电变压器实际（ B ）。

A. 供电结构　B. 供电时间　C. 供电电压　D. 供电方式

149. 台区损耗率法是计算各典型台区的损耗电量和损耗率，以及各容量典型台区的（ A ）。

A. 平均损耗率　B. 固定损耗　C. 平均损耗　D. 可变损耗率

150. 配电网低压台区总损耗电量是将各组台区损耗（ C ）求出的。

A. 相乘　B. 相减　C. 相加　D. 相除

151. 确定低压电网的干线及其末端（若配电变压器有多路出线，则需要确定每路出线的末端，每一路出线作为一个计算单元）。凡从干线上接出的线路称为（ A ），从上级支线上接出的线路称为二级支线。

A. 一级支线　B. 二级干线　C. 一级干线　D. 二级支线

152. 台区总损耗电能为低压网络总损耗及（ B ）损耗之和。

A. 变压器　B. 电能表　C. 线路　D. 导线

153. 进行线损理论计算是根据主网、配电网的实际负荷及正常运行方式，计算主网、配电网中每一元件的实际（ C ）和在一定时间段内的电能损失。

A. 可变损失　B. 固定损失　C. 有功功率损失　D. 无功功率损失

154. 通过（ D ），可以鉴定主网、配电网结构及其运行方式的经济性。

A. 统计线损计算　B. 实际线损计算　C. 低压线损计算　D. 理论线损计算

155. 通过理论线损计算，可以查明电网中损失过大的元件及其原因，考核（ A ）是否真实、准确、合理。

A. 实际线损率　B. 理论线损率　C. 高压线损率　D. 低压线损率

156. 通过实际线损率和理论线损率的比较，可以确定（ B ）的程度，减少不明损失。

A. 理论损失　B. 不明损失　C. 可变损失　D. 不变损失

157. 通过对（理论）技术线损的构成分析，发现主网、配电网的薄弱环节，确定（ C ）的主攻方向。以便采取相应措施，降低线损。

A. 节约降损　B. 管理降损　C. 技术降损　D. 实际降损

158. 计算理论线损，选定的代表日运行方式、潮流分布正常，没有大的停电检修工作，能代表计算期的（ A ）。

A. 正常情况　B. 异常情况　C. 特殊情况　D. 个别情况

159. 代表日的供电量接近计算期（月、日、年）的（ B ）日供电量。

A. 最大　B. 平均　C. 最小　D. 典型

160. 负荷实测要选定一个或两个有（ C ）的代表日连续测录 24 个整点数据，由各有关单位负责对时，记录或采用自动记录设施在整点记录。

A. 正常特性　B. 异常情况　C. 典型特性　D. 参考特性

161. 负荷记录范围包括各发电厂代表日各整点上网有功功率、无功功率、电压、电流的抄表记录以及 24 小时累计有功电量、（ B ）。

A. 有功功率　B. 无功电量　C. 电压　D. 电流

162. 各电网企业间关口表计代表日整点从相邻电网输入和向其他相邻电网输出的有功功率、无功功率、电压、电流以及连续（ A ）小时累计有功电量、无功电量。

A. 24　B. 48　C. 12　D. 36

163. 计算理论线损需要事先收集、整理与核实各台主变压器、调相机、电容器组、电抗器的（ C ）（铭牌或试验数据，如没有上述资料，可参照同类型设备的参数资料）。

A. 接线图　B. 单线图　C. 参数资料　D. 特性数据

164. 35kV 及以上系统变电站站用电按代表日当天实际抄录数据计算，无计量表计的 110（66）kV 站用电按（ B ），35kV 站用电按 0.3 万 kWh/月计算。

A. 0.3 万 kWh/月　B. 1.5 万 kWh/月　C. 1.0 万 kWh/月　D. 2.0 万 kWh/月

165. 10kV 系统的功率因数如无实测数据，发达地区可按 0.88、一般地区的市区按（ B ）、农村地区按 0.8 计算。

A. 0.88　B. 0.85　C. 0.8　D. 0.9

166. 电力网电能损耗是指一定时段内网络各元件上的功率损耗对时间（ A ）的总和。

A. 积分值　B. 平均值　C. 累计值　D. 差值

167. 因为表征用户用电特性的负荷曲线具有很大的（ B ），所准确的线损计算比在电力系统确定的运行方式下稳态潮流计算还复杂。

A. 确定性　B. 随机性　C. 固定性　D. 不变性

168. 网络各元件上的（ C ）对时间的解析函数关系很难表达出来，因此只能用数据统计的方法解决。

A. 电量　B. 功率　C. 损耗　D. 电能

169. （ D ）是线损理论计算的基本方法。

A. 形状系数法　B. 电压损失法　C. 等值电阻法　D. 均方根电流法

170. 设电力网元件电阻为 R，通过该元件的电流为 I，当电流通过该元件时产生的三相有功功率损耗计算式为（ A ）

A. $\Delta P=3I^2R$　B. $\Delta P=I^2R$　C. $\Delta P=I^2RT$　D. $\Delta P=3I^2RT$

171. 当电流通过某元件时产生的三相有功功率损耗 $\Delta P=3I^2R$，则该元件在某些方面 24h 内的电能损耗计算式为（ A ）。

A. $\Delta A=3\int_0^{24} I^2R\mathrm{d}t$　B. $\Delta A=\int_0^{24} I^2R\,dt$

C. $\Delta A=\int_0^{24} I^2\mathrm{d}t$　D. $\Delta A=\int_0^{24} I^2R$

172. 由于通过元件的电流是随机变量，一般不能准确地获得，$\Delta A=3\int i^2R\mathrm{d}t$ 积分式解不出来，如把计算期内时段划分得足够小，则可完全达到（ B ）。

A. 等值　B. 等效　C. 相同　D. 相等

173. 平均电流法也叫（ D ）。

A. 均方根电流法　B. 电压损失法　C. 最大电流法　D. 形状系数法

174. 平均电流法是利用均方根电流与平均电流的等效关系进行（ C ）的方法。

A. 电流计算　B. 功率计算　C. 能耗计算　D. 电压计算

175. 用平均电流计算出来的电能损耗是偏小的，因此还要乘以（ A ）的修正系数。

A. 大于 1　B. 小于 1　C. 等于 1　D. 不等于 1

176. 等值电阻法的理论基础是均方根电流法。在理论上比较完善，在方法上克服

了均方根电流法诸多方面的缺点，它适用于计算（ A ）配电网的电能损耗。

A. 10/6kV　　B. 110kV　　C. 0.4kV　　D. 35kV

177. 在满足实际工程计算精度的前提下，使用（ C ）计算配电网络的电能损耗具有可行性和实用性。

A. 均方根电流法　　B. 电压损失法　　C. 等值电阻法　　D. 平均电流法

178. 电缆线路电能损耗计算，除按架空线路方法计算外，还应考虑它的介质损失，介质损失的计算公式为（ A ）。

A. $A=U^2C_0L\tan t\times10^3$　　B. $A=3U^2C_0L\tan t\times10$

C. $A=3U^2C_0L\tan t\times10^3$　　D. $A=9U^2C_0L\tan t\times10$

179. 变压器的（ D ）可根据变压器短路试验的实测数据或铭牌数据确定。

A. 空载损耗　　B. 有功损耗　　C. 无功损耗　　D. 负载损耗

180. 变压器的有功损耗分为空载损耗和负载损耗，空载损耗可根据变压器的（ B ）或试验数据确定。

A. 铭牌数据　　B. 实测数据　　C. 统计数据　　D. 计算数据

181. 并联电容器的损耗电量计算公式为（ C ）。

A. $A=3Q_c\tan t$　　B. $A=3Q_ct$　　C. $A=Q_c\tan t$　　D. $A=Q_ct$

182. 供用电设备额定电流下输出或消耗额定功率时的电压，称为（ B ）电压。

A. 绝缘　　B. 额定　　C. 工作　　D. 最高工作

183. 线路某一点或某一设备的工作电压等于其电源电压与其电压降之差，即实际（ C ）。

A. 绝缘电压　　B. 额定电压　　C. 工作电压　　D. 最高工作电压

184. 绝缘介质能够正常工作，而不被击穿的最高电压，称（ A ）。如低压电器的绝缘电压一般为500V。

A. 绝缘电压　　B. 额定电压　　C. 工作电压　　D. 最高工作电压

185. 电气设备工作时，在短时间（1～2s）内出现的最大负荷电流为（ C ）。

A. 工作电流　　B. 短路电流　　C. 尖峰电流　　D. 负荷电流

186. 尖峰电流一般出现在设备启动时，单台用电设备的启动电流为其额定电流的（ B ）倍。

A. 1.5　　B. 1.5～7　　C. 7　　D. 3

187. 电源向负荷线路供电时，因电路绝缘破损而造成导线直接短接产生的电流称（ D ）。短路电流其数值要比设备正常工作时的电流大几倍，甚至十几倍。

A. 额定电流　　B. 负荷电流　　C. 尖峰电流　　D. 短路电流

188. 短路时，线路阻抗几乎等于零，产生比正常工作电流大几倍甚至（ A ）倍的故障电流。

A. 十几　　B. 3　　C. 5　　D. 几十

189. 在单位时间内，在电压和电流的共同作用下，电源要向负荷的用电设备提供足够的电能。对线路而言，称其为输送（ B ），也称输送容量。

A. 电流　　B. 功率　　C. 电压　　D. 电阻

190. 因做功而消耗的功率称（ C ），如电阻消耗的功率。

A. 无功功率　B. 视在功率　C. 有功功率　D. 额定功率

191. 只进行电磁能量转换，在电网中循环传输的功率，称为（ A ）。

A. 无功功率　B. 视在功率　C. 有功功率　D. 额定功率

192. 有功功率和无功功率的（ D ）称为视在功率。

A. 差　B. 和　C. 乘积　D. 相量和

193. 对 35kV 及以上电压供电的，电压偏差不超过额定值的（ C ）。

A. ±10％　B. ±7％　C. ±5％　D. 5％

194. 对于一旦停电将造成人员伤亡，造成经济损失的，如煤矿、医院、军工、科研及重要的重型的自动化程度比较高的工矿企业称为（ A ）。

A. 一类负荷　B. 二类负荷　C. 三类负荷　D. 四类负荷

195. 对一旦停电将造成一定的经济损失，但采取措施可以避免的或减轻的称为（ B ）。

A. 一类负荷　B. 二类负荷　C. 三类负荷　D. 四类负荷

196. 一旦停电不会造成经济损失、不影响生产的称（ C ）。

A. 一类负荷　B. 二类负荷　C. 三类负荷　D. 四类负荷

197. 每一企业一般应有两回独立电源线路供电，当任一回线路因发生故障停止供电时，另一回线路应能担负企业的（ A ）部分二类负荷。

A. 全部一类负荷　B. 部分一类负荷　C. 全部二类负荷　D. 部分三类负荷

198. 对大、中型企业应由两个独立电源供电；当由 10kV 电压供电时，一般不少于（ D ）；当由 35kV 以上电压供电时，可只设一回线路。

A. 一回线路　B. 三回线路　C. 多回线路　D. 两回线路

199. 由两回及以上线路供电时，其中一回停止运行，其余线路应保证全部一类负荷的供电，对其他用电负荷应保证其全部负荷的（ B ）。

A. 25％　B. 75％　C. 100％　D. 50％

200. 企业送电线路的导线均应按（ C ）选择，按允许电压损失及允许载流量的条件验算。

A. 负荷电流密度　B. 最大电流密度　C. 经济电流密度　D. 最小电流密度

201. 在有（ A ）可供选择时，应在技术条件允许的情况下，尽可能选择距离较近的电源点，同时要考虑是否有合理的出线走廊，电源点的容量是否满足要求。

A. 几个电源点　B. 几条分支　C. 一个电源点　D. 一条分支

202. 供电系统的接线方式，按其网络接线运行方式可分为（ D ）和闭式网络接线系统。

A. 放射式　B. 干线式　C. 环式　D. 开式

203. 供电系统的接线方式，按其对负荷供电可靠性的要求可分为（ A ）和有备用接线系统。

A. 无备用　B. 闭式　C. 环式　D. 开式

204. 对于 380/220V 低压配电系统，我国广泛采用（ B ）的运行方式，而且引出中性线 N 和保护线 PE。

A. 中性点不接地　B. 中性点直接接地

C. 中性点经电抗器接地　D. 中性点经消弧接地

205. 按国家标准规定，凡含有中性线的三相系统通称为三相四线制系统，即（ A ）

系统。

A. TN　　B. TN-C　　C. TN-C-S　　D. TT

206. 电能质量主要是指电压和（ C ）两个指标。

A. 电流　　B. 功率　　C. 频率　　D. 可靠性

207. 配电自动化是电网自动化的（ B ）。

A. 基础和前提　　B. 发展和延续　　C. 积累和基础　　D. 前提和积累

208. 由于配电系统是电力系统面向广大用户的环节，因此实施配网自动化既要符合供电方（供电部门）的要求，又要满足（ C ）的利益。

A. 发电方　　B. 供电方　　C. 需方（客户）　　D. 中间方

209. 提高供电可靠性，使供电可靠率达到（ A ）。

A. 99.90%　　B. 100%　　C. 80%　　D. 90%

210. 提高电能质量，降低线损，使电力网电压合格率（ D ），电网频率合格率≥99.9%。

A. ≤98%　　B. 98%　　C. ≥90%　　D. ≥98%

211. 习惯将其中变电站自动化系统 SA 和馈线自动化系统 FA 两项功能合称为（ C ）。

A. 运行管理系统 DIS　　B. 配电管理系统 DMS

C. 配电自动化系统 DAS　　D. 营销管理系统 MIS

212. 配电管理系统 DMS，侧重于计算机信息系统和控制系统，是（ B ）中心的一个计算机平台或者作为开放式的支撑环境。

A. 运行控制　　B. 配电控制　　C. 营销控制　　D. 通信控制

213. 了解负荷的性质是为了要根据负荷的重要性，在实施配电网自动化时保证各负荷不同的（ A ）。

A. 供电可靠性　　B. 电压合格率　　C. 经济合理性　　D. 供电安全性

214. 在配电自动化实施前必须对配电系统的一次网络进行（ D ），使其能符合配电自动化实施的技术要求。

A. 电网改造　　B. 节能改造　　C. 稳定改造　　D. 优化改造

215. 供电安全“N－1”准则，即判定电力系统（ B ）的一种准则，又称单一故障安全准则。

A. 经济性　　B. 安全性　　C. 合理性　　D. 高效性

216. 按照“N－1”准则，电力系统的 N 个元件中的任一独立元件（发电机、输电线路、变压器等）发生故障而被切除后，应不造成因其他线路过负荷跳闸而导致客户停电，不破坏系统的（ C ），不出现电压崩溃等事故。

A. 经济性　　B. 合理性　　C. 稳定性　　D. 高效性

217. 配电网络优化要求：网络能灵活适应各种可能和合理的运行方式，变电站布点与网络结构能符合（ D ）的需要。

A. 负荷不断减少　　B. 负荷不变

C. 负荷迅速增长　　D. 负荷不断增长

218. 配电网络优化要求：网络便于（ A ）、维护和检修。

A. 运行操作　　B. 维护检修　　C. 宜模式化　　D. 宜标准化

219. **配电网络设计原则建议：每段线路分段一般以（ B ）段为宜。**

A. 10　　B. 3～5　　C. 8　　D. 8～10

220. **配电网络设计原则：每段线路下接的柱上变压器和高压客户以（ C ）个为宜。**

A. 3　　B. 3～5　　C. 8～10　　D. 5

221. **配电网络设计原则：负荷率宜在（ A ）以下。**

A. 60%　　B. 40%　　C. 90%　　D. 100%

222. **在我国规定 380V（三相）、220V（单相），低于（ B ）的电压称为低压。**

A. 220V　　B. 1kV　　C. 380V　　D. 10kV

223. 35kV 及以下则称为（ C ），具体指电压为 35、10kV 电压级。

A. 超高压　　B. 高压　　C. 中压　　D. 低压

224. 110～330kV 则称为高压，500kV 则称为（ A ），1000kV 则称为特高压。

A. 超高压　　B. 高压　　C. 中压　　D. 特高压

225. **配电管理自动化是指用现代计算机、通信等技术和设备对（ B ）的运行进行管理，从信息的角度看，它是一个信息收集和处理的系统。**

A. 高压网　　B. 配电网　　C. 输电网　　D. 低压网

226. **可以把（ A ）理解为配电管理自动化系统的一个功能模块，也可以把它理解为配电管理自动化系统其他功能模块的支撑平台。**

A. 地理信息系统　　B. 配电生产管理系统

C. 配电网分析　　D. 营销分析系统

227. **电网状态有两种表示方式：（ C ）表示（简化表示）和地理性表示（完全表示）。**

A. 模拟性　　B. 平面性　　C. 示意性　　D. 象征性

228. **电网负载监视功能对中压和低压电网各部分的（ B ）提供最佳可能的估算，也能计算整个电网的电压和设备负载，并检测出过负荷或电压问题。**

A. 容量　　B. 负荷　　C. 倍率　　D. 电网

229. **电网调度自动化系统则是基于对（ A ）运行信息的采集分析，作出综观全局的明智判断和控制决策，因此必须依赖一套可靠的通信系统。**

A. 全系统

B. 快速准确切除故障的继电保护装置

C. 快速准确的自动重合闸装置

D. 高压系统

230. **根据我国目前电力系统的实际情况，调度机构分为（ D ）级。**

A. 一　　B. 二　　C. 三　　D. 五

231. **各级调度机构在电网调度业务活动中是（ C ）关系，下级调度机构必须服从上级调度机构的指挥。**

A. 上级　　B. 下级　　C. 上下级　　D. 平级

232. **建立全局性的线损管理体系，制定线损（ A ），明确各部门的分工和职责，制定工作标准。**

A. 管理制度　　B. 改造电网

C. 利用节能性变压器　　D. 加强无功管理

233. 加强（ C ），建立健全各项基础资料，从而制定切实可行的降损措施。

A. 管理制度　　B. 改造电网

C. 基础管理　　D. 加强无功管理

234. 通过开展（ B ），掌握各供电环节的线损状况，为进一步加强线损管理提供准确可靠的理论依据。

A. 线损计算　　B. 线损理论计算

C. 基础管理　　D. 更换大截面导线

235. 建立各级电网的负荷（ D ），其测录的负荷资料可用于理论计算，计量表计的异常处理和电网分析。

A. 加强计量管理　B. 基础管理　C. 管理制度　D. 测录制度

236. 加强计量管理，对电能表的安装、运行、管理必须认真到位，专人负责，做到安装正确，定时轮换校验，确保（ A ）的准确性。

A. 电能计量装置　　B. 节能型配电变压器

C. 线损理论计算　　D. 测录制度

237. 科学而合理地确定线损率的指标，包括季度年度短期指标和若干年的中长期指标，是（ C ）的中心环节之一。

A. 计量管理　B. 变压器管理　C. 线损管理　D. 无功管理

238. 为做好线损分压、分线、分台区管理，首先应制订并下达分压、分线、分台区线损率计划，确定（ B ）。

A. 线损计算　B. 管理目标　C. 计量管理　D. 管理制度

239. 抄表例日应相对固定，以减少统计线损的（ C ）。

A. 增加　B. 降低　C. 波动　D. 计算误差

240. 所有客户的抄表例日应予固定。月末日 24 时抄见电量比重应达到（ C ）以上。

A. 35%　B. 50%　C. 75%　D. 99%

241. 用电营销部门要加强对客户无功电力的管理，100kVA 及以上 10kV 供电的电力客户，其功率因数宜达到（ A ）以上。

A. 0.95　B. 0.9　C. 0.85　D. 0.8

242. （ B ）是线损管理的基础，统计线损所必需的供电量、售电量都是依靠电能计量装置测量和记录的。

A. 利用节能变压器　B. 电能计量　C. 更换大截面导线　D. 统计线损

243. 农村线路供电半径一般应满足：380V 线路不大于（ B ）km。

A. 0.3　B. 0.5　C. 1　D. 1.5

244. 农村线路供电半径一般应满足：10kV 线路小于（ C ）km。

A. 5　B. 10　C. 15　D. 20

245. 农村线路供电半径一般应满足：35kV 线路小于（ C ）km。

A. 15　B. 20　C. 40　D. 50

246. 农村线路供电半径一般应满足：110kV 线路小于（ B ）km。

A. 100　B. 150　C. 200　D. 300

247. 农网改造后应达到：农网高压综合线损率降到（ **B** ）以下。

A. 5%　B. 10%　C. 12%　D. 15%

248. 农网改造后应达到：低压线损率降到（ **C** ）以下。

A. 5%　B. 10%　C. 12%　D. 15%

249. 35kV 线路导线应选用钢芯铝绞线，但线径不得小于（ **C** ）**mm²**。

A. 35　B. 50　C. 70　D. 95

250. 对 **10kV** 配电网，导线应选用钢芯铝绞线，留有不少于 **5** 年的发展裕度，且线径不得小于（ **A** ）**mm²**。

A. 35　B. 50　C. 70　D. 95

251. 低压主干线按最大工作电流选取导线截面，一般线径不得小于（ **B** ）**mm²**。

A. 50　B. 35　C. 25　D. 16

252. 对于负荷密度小、负荷点少和有条件的地区可采用（ **B** ）或单、三相混合供电的配电方式。

A. 三相变压器　B. 单相变压器

C. 大容量变压器　D. 小容量变压器

253. 100kVA 及以上配电变压器宜采用自动投切补偿，可按配电变压器容量的(**A**)配置。

A. 10%～15%　B. 20%～30%

C. 30%～40%　D. 40%～50%

254. 在输送相同负荷的情况下，(**C** ）或改变线路迂回供电，可减少功率损耗。

A. 更换长导线　B. 更换细导线截面

C. 更换粗导线截面　D. 更换短导线

255. 变压器的效益与负荷率、铜损、铁损和功率因数有关，当铜损与铁损（ **A** ）时效率为最高。

A. 相等　B. 大于　C. 小于　D. 不等于

256. 国外推广的非晶合金铁芯配电变压器，其铁损比我国的 **S9** 系列配电变压器低(**C**)。

A. 60%　B. 70%　C. 80%　D. 90%

257. 在负荷功率不变的条件下，把电网电压提高，则通过电网元件的电流相应减小，(**B** ）也随之降低。

A. 空载损失　B. 负载损失　C. 电压损失　D. 不变损耗

258. 电源在一端向单侧供电的三相线路，线损为（ **B** ）。

A. DI^2R　B. $D3I^2R$　C. $3I^2R/4$　D. $I^2R/3$

259. 电源在负荷中心向两侧供电的三相线路，线损为（ **C** ）。

A. DI^2R　B. $D3I^2R$　C. $3I^2R/4$　D. $I^2R/3$

260. 电源在负荷中心向三个方向供电的三相线路，线损为（ **D** ）。

A. DI^2R　B. $D3I^2R$　C. $3I^2R/4$　D. $I^2R/3$

261. 电源在一端向单侧均匀分布负荷供电的三相线路，线损为（ **A** ）。

A. DI^2R　B. $D3I^2R$　C. $3I^2R/4$　D. $I^2R/3$

262. 电源从两端向负荷中心供电（即手拉手供电方式）的三相线路，线损为(C)。

A. DI^2R　B. $D3I^2R$　C. $3I^2R/4$　D. $I^2R/3$

263. 当负荷不变时，电压每提高1%，与电压平方成反比的负载损耗将减少（ B ）。

A. 1%　B. 2%　C. 4%　D. 8%

264. 在运行电压接近额定电压时，当变压器分接头位置不变时电压每提高1%，变压器的空载损耗将增加（ B ）。

A. 1%　B. 2%　C. 4%　D. 8%

265. 配电变压器三相负荷不平衡电流不应超过变压器额定电流的（ B ）。

A. 30%　B. 25%　C. 15%　D. 10%

266. 380V 三相四线制线路，三相负荷应均匀分配，中性线电流不宜超过首端相线电流的（ C ）。

A. 30%　B. 25%　C. 15%　D. 10%

267. 当线路输送的有功功率传输功率负荷一定，运行电压一定时，功率因数（ B ）,传输电流越小，从而线路的功率损耗和电压损耗越小，电网运行越经济。

A. 稳定　B. 越高　C. 越低　D. 为零

268. 当线路或变压器输送的有功功率和电压不变时，线损与功率因数的（ B ）成反比。

A. 大小　B. 平方　C. 平方根　D. 立方

269. 在感性负载两端并联电容可以使并联点之前的电流（ A ），线路总的功率因数提高。

A. 减小　B. 增大　C. 稳定　D. 改变方向

270. 变压器的很多故障都伴有急剧的温升及油色剧变，若发现在同样的正常条件下（负荷、环温、冷却），温度比平常高出（ A ）以上或负荷不变温度不断上升（表计无异常），则认为变压器内部出现异常现象，

A. 10℃　B. 20℃　C. 30℃　D. 50℃

271. 变压器内部的高温和高热会使变压器突然喷油，喷油后使油面（ A ）。

A. 降低　B. 不变　C. 升高　D. 不定

272. 变压器内部的高温和高热会使变压器突然喷油，喷油后有可能引起（ B ）。

A. 轻瓦斯保护动作　B. 重瓦斯保护动作

C. 瓦斯保护不动作　D. 过负荷报警

273. 低压断路器的热脱扣器经常脱扣时，应该（ A ）。

A. 更换断路器　B. 更换热脱扣器

C. 将热脱扣器同步螺钉旋松　D. 拆除热脱扣器

274. 热继电器安装方向与产品规定的方向误差超过规定时，应（ B ）。

A. 更换　B. 调整　C. 取消　D. 继续使用

275. 发现变压器套管对地放电时，应（ A ）。

A. 停止变压器运行　B. 减少负荷

C. 将保护连接片打开　D. 加强监视

276.《生产安全事故报告和调查处理条例》是（ A ）发布的。

A. 国务院　　B. 安全生产管理总局
C. 电力部　　D. 电监会

277.《生产安全事故报告和调查处理条例》对事故等级的分类是（ C ）。

A. 重大事故；重大责任事故；较大事故；一般事故
B. 系统事故；设备事故；人身事故；客户事故
C. 特别重大事故；重大事故；较大事故；一般事故
D. 火电事故；水电事故；核电事故；其他事故

第二节 多 选 题

1. 以为（ ABD ）服务为宗旨，以经济效益为中心，开拓电力市场，建立全过程的营销服务机制，规范营销管理工作。

A. 农民生活　　B. 农村经济　　C. 社会经济　　D. 农业生产

2. 供电所营销管理内容包括负责（ ABC ）及其他日常用电营业工作。

A. 抄表　　B. 核算　　C. 收费　　D. 维修

3. 供电所受理客户业扩报装，做到用电申请受理、（ ABCD ）的全过程，都有人负责、有人监督。

A. 勘察　　B. 装表　　C. 接电　　D. 用电

4. 供电所负责供电区域内计量装置的（ ABD ）工作，做到计费准确、公正。

A. 安装　　B. 维护　　C. 校验　　D. 管理

5. 加强供电所营销管理，定期或不定期地开展（ AD ）活动。

A. 用电检查　　B. 安全检查　　C. 内部稽查　　D. 营业普查

6. 在办理客户业扩报装时，供电所应根据客户的（ ABD ）配置计量装置。

A. 报装容量　　B. 负荷性质
C. 用电性质　　D. 负荷变化情况

7. 用电设备容量是指客户所有电器设备铭牌上标定的（ A ），如果铭牌上有分挡使用容量，应按其中（ D ）计算。

A. 额定功率　　B. 视在功率　　C. 最小　　D. 最大

8. 临时用电客户应安装用电计量装置，对不具备安装条件的，可按（ ABC ）收电费。

A. 用电容量　　B. 使用时间　　C. 规定电价　　D. 规定电量

9. 按规定要求，电能计量器具应加封的范围有（ ABCD ）。

A. 电能表厂家及计量鉴定部门封印　　B. 电能表箱（柜）门锁
C. 互感器二次接线端子及快速开关　　D. 互感器柜门锁

10. 电能计量装置定期巡视检查的周期：高压客户（ B ）检查至少一次；低压客户（ A ）检查至少一次。

A. 每月　　B. 每季度　　C. 每半年　　D. 每年

11. 农村电力营销坚持“三公开”管理，是指（ ABD ）。

A. 电量公开　B. 电价公开　C. 电表公开　D. 电费公开

12. 供电企业电费回收管理方式，包括（ ABCD ）。

A. 电费代收　B. 电费代扣

C. 预付电费　D. 坐收与走收

13. 在电力营销中，电费“三率”是指（ ABD ）。

A. 电能表实抄率　B. 电费差错率

C. 电费核算正确率　D. 电费回收率

14. 电费票据应反映出（ ABCD ）等内容，要实行计算机开票到户。

A. 电能表起止码　B. 电量　C. 电价　D. 各类电费

15. 在电费票据管理中，要做到“三专”管理，即（ ABC ）

A. 专人保管　B. 专柜存放　C. 专账登记　D. 专项制度

16. 供电所用电检查的工作职责包括（ ABCD ）。

A. 宣传贯彻国家有关电力供应与使用的法律、法规、方针、政策以及国家和电力行业标准、管理制度

B. 宣传和推广节约用电措施，以及用电新技术的推广、应用

C. 开展安全用电知识宣传和普及

D. 根据实际需要，定期或不定期地对客户的安全用电、节约用电情况进行指导

17. 电力客户的设备状况、用电行为、运行管理等方面有不符合安全规定的，或者在电力使用上有明显违反国家有关规定的，用电检查人员应开具（ B ）或（ D ）。

A. 罚款通知书　B. 用电检查结果通知书

C. 停电通知书　D. 违约用电、窃电通知书

18. 电力客户的设备状况、用电行为、运行管理等方面有不符合安全规定的，或者在电力使用上有明显违反国家有关规定的，用电检查人员应开具《用电检查结果通知书》或《违约用电、窃电通知书》，一式两份，分别为（ AD ）。

A. 一份送达客户并由客户代表签收　B. 一份报送政府安全管理部门

C. 一份报送上级供电部门　D. 一份存档备查

19. （ ABCD ）属于用电检查的范围。

A. 对客户电气设备进行日常检查　B. 变更用电业务检查

C. 组织开展营业普查　D. 参与客户用电事故处理

20. （ ABCD ）属于用电检查的范围。

A. 向客户提供技术服务　B.《供用电合同》履行情况

C. 对客户不并网自备发电机的管理　D. 可延伸到相应目标所在处

21. 供电企业用电检查时，被检查的客户有（ ABCD ）情况者，检查的范围可延伸到相应目标所在处。

A. 有多类电价的，可延伸到按不同电价计费的用电设备

B. 有自备电源设备的，可延伸检查到自备电源与电网电源的分界点

C. 有二次变压配电的，可延伸检查到二次变压器的接地装置，绝缘性能和过电流、过电压、短路、瓦斯保护等装置

D. 有影响电能质量的用电设备的，可延伸检查到有大电流频繁启动的设备和谐波源设备

22. 供电企业用电检查时，被检查的客户有（ABCD）情况者，检查的范围可延伸到相应目标所在处。

A. 有违章现象的，可延伸检查到违章的用电设施和责任人

B. 按客户主动要求帮助检查的内容和范围

C. 法律规定的其他用电检查，如文化娱乐场所、仓库和易燃易爆场所等预防电气火灾事故的检查

D. 有多类电价的，可延伸到按不同电价计费的用电设备

23. 供用电合同的条款与（ABCD）内容要明确。

A. 产权界定　　B. 客户的用电需求

C. 供电方式　　D. 供用电双方的权利和义务

24.《供用电合同》履行期限可在合同内进行约定，（CD）时应重新签订。

A. 供电方需要　　B. 用电方需要　　C. 合同到期　　D. 条款变更

25.《供用电合同》的签订必须由（A）与客户进行签订，同时经县供电企业（D）审核后方能盖章生效，其他人不得随意签订合同。

A. 授权委托代理人　　B. 供电所长　　C. 公司经理　　D. 合同专责

26. 供电所生产管理的主要职责有（ABCD）。

A. 加强设备维护管理　　B. 提高设备健康和可靠运行水平

C. 保证电能供应质量达到标准　　D. 全面完成生产任务等

27. 供电所生产管理的主要内容有（ABCD）。

A. 负责电网运行建设规划

B. 负责电气设备和设施的全过程管理

C. 负责电力设施的保护工作

D. 建立健全设备和生产管理的各种技术资料、台账、记录

28. 电力线路设备的巡视分为（ABCD）。

A. 定期巡视　　B. 夜间巡视

C. 特殊性巡视　　D. 故障性巡视和监察性巡视

29. 电力线路的定期巡视周期，一般情况下高压线路（A）一次，低压线路（C）一次。

A. 每月　　B. 每半月　　C. 每周　　D. 每天

30. 供电所应根据公司规定如实建立各类设备的基础资料台账，要做到（ABCD）。

A. 设备有编号　　B. 设备型号正确

C. 设备与实际相符　　D. 设备元件不遗漏

31. 电力设备检修分为（ABCD）。

A. 大修　　B. 小修　　C. 临时性检修　　D. 事故检修

32. 电力设备检修有两种制度，分别是（BC）

A. 周期检修　　B. 计划检修　　C. 状态检修　　D. 故障检修

33. 供电企业应积极开展春秋查工作，其中“外查”时，春查的项目主要有（ABCD）。

A. 杆塔有无裂纹、歪斜

B. 绝缘子有无脏污、裂纹、闪络痕迹

C. 配电变压器三相负荷是否调整平衡

D. 低压线路有无私拉乱接现象

34. 供电企业应积极开展春秋查工作，其中“外查”时，秋查的项目主要有（ ABCD ）。

A. 导线有无松动、破损现象

B. 电杆有无严重裂缝及倾斜

C. 线路下有无堆积柴草现象

D. 有无缺少杆号牌和警示牌现象

35. 配电设备检修工作开始前，由安全员填写检修任务单，将工作任务、具体要求分配给每位工作人员，做到（ ABD ）不漏。

A. 检修项目　　B. 检修范围　　C. 检修任务　　D. 检修人员

36. 根据线路运行情况，按照不同线路的健康水平，设备检修可分别对待，采取（ AB ）。

A. 状态检修　　B. 停电检修　　C. 春季检修　　D. 秋季检修

37. 供电所在（ AC ）情况下，必须进行事故抢修。

A. 接到客户报告或急修电话并核实无误　　B. 接到客户报修电话

C. 事故巡线后发现故障点需停电处理时　　D. 发生计划停电时

38. 电压和无功管理的主要内容包括（ ABCD ）。

A. 贯彻执行上级有关电压和无功专业方面的文件、规程和管理制度

B. 制定本所电压、无功管理工作计划和完善改进电压质量及提高无功补偿的技术措施

C. 对整个供电区域电网的电压质量和设备情况进行定期巡视检查

D. 建立定期分析例会制度，提高设备健康水平和投运率

39. 农村电网无功补偿的基本原则包括：（ ACD ）。

A. 集中补偿与分散补偿相结合，以分散补偿为主

B. 集中补偿与分散补偿相结合，以集中补偿为主

C. 高压补偿与低压补偿相结合，以低压补偿为主

D. 调压与降损相结合，以降损为主

40. 电容器作为补偿装置，有（ AB ）补偿方法。

A. 串联　　B. 并联　　C. 星形　　D. 三角形

41. 采用并联补偿电容器进行无功补偿的主要作用有（ ABCD ）。

A. 补偿无功功率，提高功率因数　　B. 提高设备出力

C. 降低功率损耗和电能损耗　　D. 改善电压质量

42. 供电可靠性工作内容包括（ ABC ）。

A. 贯彻执行上级有关供电可靠性专业方面的文件、规程和管理制度

B. 对电网的供电可靠性进行定期分析

C. 做好基础数据的统计、分析、汇总，并按时上报

D. 定期召开分析例会，使供电可靠率得到保证并不断提高

43. 供电可靠性主要指标有（ ABCD ）。

A. 客户平均停电时间 B. 停电次数

C. 系统停电等效小时数 D. 供电可靠率

44. 线损管理涉及面广、跨度较大，是一项（ BCD ）很强的综合性工作。

A. 管理性 B. 政策性 C. 业务性 D. 技术性

45. 供电所电能损耗（线损）管理工作内容包括（ ACD ）。

A. 供电所线损管理范围为所辖线路、配电变压器的电能损失

B. 建立线损分析例会制度，及时发现和纠正问题

C. 负责线损指标的分解、落实和考核，制定降损措施

D. 及时准确统计、分析、上报有关线损管理报表

46. 10kV 配电线路线损以（ A ）为考核依据；低压线路（ C ）为计算考核依据。

A. 变电站出线总表；配电变压器二次侧计量总表

B. 配电变压器一次侧计量总表；低压客户计费表

C. 配电变压器二次侧计量总表；低压客户计费表

D. 变电站出线总表；配电变压器一次侧计量总表

47. 线路功率因数指标要求：农村生活和农业线路（ B ）；工业、农副业专用线路（ C ）。

A. ≥0.80 B. ≥0.85 C. ≥0.90 D. ≥0.95

48. 科学选择变压器容量和确定变压器的布点，配电台区设置，应选择负荷中心，坚持（ ABD ）原则。

A. 多布点 B. 小容量 C. 大容量 D. 短半径

49. 搞好三相负荷平衡。一般要求配电变压器低压出口电流的不平衡度不超过（ A ）,低压干线及主干支线始端的电流不平衡度不超过（ C ）。

A. 10% B. 15% C. 20% D. 25%

50. 降低线损的技术措施有（ ABCD ）。

A. 合理规划和设计 10kV 和低压线路，改造卡脖子线路和迂回线路

B. 淘汰、更换高能耗变压器，使用节能型变压器

C. 淘汰、更换技术等级低的计量装置

D. 逐步提高线路绝缘化水平，减少泄漏损耗

51. 降低线损的技术措施有（ ABD ）。

A. 科学选择变压器容量和确定变压器的布点

B. 合理选择无功补偿设备和确定补偿容量

C. 实事求是、合理确定低压线损考核指标

D. 搞好三相负荷平衡

52. 降低线损的管理措施有（ ABCD ）。

A. 实事求是、合理确定低压线损考核指标

B. 台变总表和客户表计的准确计费

C. 指标分解落实到人，实行专责管理

D. 强化业扩工作流程管理，提高安装工艺质量

53. 降低线损的管理措施有（ BCD ）。

A. 实行“全奖全赔”指标承包的方法

B. 做到定期测试和合理调整、平衡台变低压出线三相负荷

C. 加强设备维护管理，及时处理设备缺陷

D. 加强电费核算环节，采用微机系统管理

54. 根据国家电网公司颁布的《国家电网公司电力安全工作规程》要求，供电所安全生产的控制目标有（ ABC ）。

A. 控制未遂和异常，不发生轻伤和障碍

B. 不发生中低压的电力设备事故和电力设施失窃事件

C. 不发生本所负同等及以上责任的触电伤亡事故

D. 根据上级安全生产总目标和本所的实际情况，制定出本所安全生产目标

55. 供电所安全管理的 5 个体系包括（ ABC ）、两措保证体系、信息反馈保证体系。

A. 思想保证体系　　B. 组织保证体系

C. 管理保证体系　　D. 制度保证体系

56. 供电所安全管理的主要内容包括（ ABCD ）。

A. 承担供电区域内所辖配电网的安全运行、维护检修和电力设施保护工作。

B. 加强现场作业安全管理，保障作业人员的安全

C. 负责供电区域产权范围内剩余电流动作保护装置的检测和维护管理

D. 组织开展本所人员安全知识、业务技能培训

57. 供电所应做到对供电区域内设备管理分工明确，责任到人，并按照有关规程要求开展设备的（ ABCD ）。

A. 巡视　　B. 检查试验　　C. 维护　　D. 检修

58. 开展反“六不”严重违章现象，反“六不”活动的具体内容包括：（ BCD ）、反电气作业不停电、反不验电、反工作地段两端不装设接地线。

A. 反不进行现场勘查　　B. 反电气作业不办工作票

C. 反作业前不交底　　D. 反施工现场不监护

59. 农电“三防十要”反事故措施中“三防”的具体内容有（ ABC ）。

A. 防止触电伤害　　B. 防止高空坠落

C. 防止倒（断）杆伤害　　D. 防止断线伤害

60. 供电所的安全管理工作，按电压等级分为（ ABD ）三个方面。

A. 10kV 配电设备的安全管理　　B. 低压设备的安全管理

C. 高压设备的安全管理　　D. 客户侧安全管理

61. 供电所安全管理的具体工作内容主要包括（ ABCD ）等内容。

A. 两票三制管理　　B. 危险点预控措施票管理

C. “两措”管理　　D. 安全教育活动和安全统计分析

62. 供电所安全管理的具体工作内容主要包括（ ABCD ）等内容。

A. 车辆交通安全管理　　B. 消防安全管理

C. 剩余电流动作保护器管理　　D. 安全检查

63. 供电所安全管理的具体工作内容主要包括（ABCD）等内容。

A. 电气安全工器具管理　　B. 电力设施保护

C. 安全性评价　　D. 安全宣传

64. 在电力线路上工作，保证安全的组织措施有现场勘查制度，（ABC）、工作间断制度、工作终结和恢复送电制度。

A. 工作票制度　　B. 工作许可制度

C. 工作监护制度　　D. 工作监护制度和现场看守制度

65. 在全部停电和部分停电的电气设备上工作时，必须完成（ABCD）等技术措施。

A. 停电（断开电源）　　B. 验电

C. 挂接地线　　D. 装设遮栏和悬挂指示牌

66. 电力系统人员运用于电气设备工作的“两票”是指（AB）。

A. 工作票　　B. 操作票　　C. 安全措施票　　D. 工作传票

67. 在电力线路上工作，根据工作条件分别填用（ABCD）。

A. 电力线路第一种工作票　　B. 电力线路第二种工作票

C. 低压第一种工作票　　D. 低压第二种工作票

68. 电力系统为了保证设备的安全运行，执行“三制”管理是指（ABC）。

A. 交接班制度　　B. 巡回检查制度

C. 设备定期试验轮换制度　　D. 责任追究制度

69. 供电所所长和安全员负责对“三制”执行情况进行监督、检查，监督检查的主要内容有（ABCD）

A. 是否认真执行设备巡视维护制度、设备缺陷管理制度、设备运行管理制度等有关安全生产管理制度

B. 是否按规定进行设备巡视检查，巡视路段、内容是否存在漏项，巡视记录是否齐全完整

C. 是否按期完成设备预防性试验计划，检验试验的周期、项目是否符合规程规定，记录是否齐全完整

D. 是否按期完成设备检修（大修、小修）计划，检修的项目、质量是否符合规程的规定，记录是否齐全完整

70. 填写危险点预控措施票的基本要求有：（ABCD）和完整性。

A. 真实性　　B. 具体性　　C. 全面性　　D. 专责性

71. “安措”的主要任务是（ABCD），保证职工身心健康。

A. 加强劳动保护工作　　B. 改善生产工作条件

C. 防止伤亡事故　　D. 预防职业病和职业危害

72. 常用的电气安全工器具有（ABCD）。

A. 绝缘棒　　B. 验电器　　C. 绝缘钳　　D. 绝缘手套

73. 供电所安全活动开展的周期为（A）；安全分析例会召开的周期为（B）

A. 每周　　B. 每月　　C. 每半月　　D. 每季度

74. 供电所安全分析会的主要内容：（BCD）。

A. 每个人员分别汇报当月安全情况

B. 各班组汇报本班组当月安全情况

C. 供电所安全员汇报全所安全情况

D. 所长对全月安全情况进行全面总结

75. 对事故调查处理过程中，应遵循（ ABCD ）原则进行处理。

A. 事故原因不清楚不放过

B. 事故责任者和应受教育者没受到教育不放过

C. 没有采取防范措施不放过

D. 事故责任者没有受到处罚不放过

76. 安全性评价可实现安全大检查工作的（ ABCD ），提高安全大检查的实效，为制定“两措”计划提供可靠依据。

A. 系统化　B. 规范化　C. 科学化　D. 标准化

77. 安全基础是指保证安全生产必须具备的基本条件，包括（ ACD ）方面。

A. 生产设备　B. 人员素质

C. 劳动安全和作业环境　D. 安全生产管理

78. 安全性评价的目的是从防止（ ABC ）出发评价企业安全基础状况。

A. 电网事故　B. 人身事故　C. 设备事故　D. 交通事故

79. 安全性评价内容包括（ ABCD ）等。

A. 安全生产责任制是否完善落实

B. 生产、安全规章制度是否健全并认真贯彻执行

C. 生产设备、设施是否符合安全条件

D. 生产工具、器具、机具是否符合安全条件

80. 安全性评价内容包括（ ABCD ）等。

A. 人员技术素质是否达到安全工作要求

B. “两措”计划是否落实

C. 生产劳动环境是否符合安全要求

D. 抵抗重大自然灾害的措施是否落实

81. 供电所的经济活动分析是以电力市场的营销为主要内容的（ A ）和（ D ）的分析工作。

A. 综合性评价　B. 经济效益

C. 经营管理　D. 需求侧管理

82. 供电所经济活动分析的内容，包括（ ABCD ）、线损分析等，根据分析情况，进行经济责任制考核并通报情况。

A. 安全运行分析　B. 营销分析

C. 无功电压分析　D. 可靠性分析

83. 供电所经济活动分析时，安全运行分析的内容包括（ ABCD ）。

A. 设备故障情况及分析

B. 设备缺陷、处理情况及分析

C. 安全运行方面所做的主要工作

D. 存在的问题、解决办法以及下一步重点工作

84. 供电所经济活动分析时，营销分析的内容包括（ ABD ）等。

A. 售电量、分类电量、重点客户电量情况分析

B. 平均电价完成情况分析

C. 设备配置情况分析

D. 抄核收完成情况分析

85. 供电所经济活动分析时，营销分析的内容包括（ ABCD ）等。

A. 各类指标完成情况以及同期比较情况

B. 营销管理方面所做的主要工作

C. 存在的主要问题、解决办法以及下一步重点工作

D. 有关指标的预测

86. 供电所经济活动分析时，无功电压分析的内容包括（ ABCD ）。

A. 无功设备配置情况分析

B. 无功电压指标完成情况分析

C. 无功电压管理方面所做的主要工作

D. 存在的问题、解决办法以及下一步重点工作

87. 在电网补偿中，提倡分区、分层补偿，所谓分区是（ A ）分区，分层是（ C ）分层。

A. 按电网　　B. 按地域　　C. 按电压　　D. 按电流

88. 补偿电容器在运行中会发生（ ABCD ）几种异常现象。

A. 自激现象　　B. 过电压现象　　C. 高次谐波现象　　D. 涌流现象

89. 供电所经济活动分析中，可靠性分析包括（ ABCD ）、存在的问题及差距、下一步提高可靠性的主要措施。

A. 线路运行基本情况　　B. 可靠性指标分析

C. 各类停电性质分类　　D. 停电原因及影响程度分析

90. 在供电可靠性分析时，按停电性质分类，可分为（ AB ）。

A. 故障停电　　B. 预安排停电

C. 计划停电　　D. 限电

91. 供电所经济活动分析中，线损分析包括（ ABCD ）、下一步降损计划。

A. 指标完成情况

B. 10kV 高压线损分析

C. 分台区低压线损分析

D. 降低线损所做的主要工作及存在问题

92. 变压器的空载损耗即为（ AC ）

A. 铁损　　B. 铜损　　C. 固定损耗　　D. 可变损耗

93. 选择变压器容量时应考虑到，在正常情况下负荷不低于其容量的（ B ）%，不高于其容量的（ D ）%，即不轻载，也不超载运行。

A. 20　　B. 40　　C. 60　　D. 80

94. 随着社会用电负荷的增长，对电网无功的需求量也相应增加，针对农电网络功

率因数较低的特点，应遵循（ABCD）的原则。

A. 全面规划　B. 合理布局　C. 分级补偿　D. 就地平衡

95. 配电台区设置，应选在负荷中心，坚持（BCD）原则。

A. 长半径　B. 小容量　C. 多布点　D. 短半径

96. 培训教学方法主要有（ABD）。

A. 直接传授式　B. 参与式　C. 自学式　D. 体验式

97. 直接传授式培训教学的具体形式主要有（AC）。

A. 个别指导　B. 案例研究　C. 开办讲座　D. 角色扮演

98. 参与式培训教学的主要方法有案例研究、（ABCD）。

A. 角色扮演　B. 模拟训练法　C. 参观访问　D. 会议

99. 体验式培训教学具体形式有（ABC）。

A. 小组培训　B. 室内培训游戏　C. 户外体验式训练　D. 角色扮演

100. 体验式培训教学方法中，举办小组培训的要点有（ABCD）。

A. 小组人数为4～6人

B. 由不同性格、不同知识和技能的人员组成

C. 培训人员只起帮助、指导的作用

D. 集中解决某一个问题

101. 培训方案的构成框架包括培训方案名称和（ABCD）。

A. 培训需求预测分析　B. 培训方案系统设计

C. 培训方案实施　D. 培训方案实施效果评估

102. 培训需求预测分析核心内容主要体现在对（ABD）的分析和培训内容的预测上。

A. 培训对象　B. 企业需求　C. 社会需求　D. 个人需求

103. 培训方案系统设计重在体现方案的（ABD）。

A. 合理性　B. 可行性　C. 创新性　D. 实用性

104. 培训方案组织实施过程中，要坚持（BD）。

A. 合理性　B. 灵活性　C. 实用性　D. 创新性

105. 培训方案实施计划一般具有（BCD）等特点。

A. 全面详细　B. 目标单一

C. 各项计划元素细化　D. 易操作

106. 编制、开发培训方案应遵循的原则有：（ABC）、实时性、可行性及系统性原则。

A. 服务性　B. 针对性　C. 实效性　D. 创新性

107. 培训方案实施计划中，培训类型主要有（ABCD）等。

A. 知识更新类型　B. 思维变革类型

C. 潜能开发类型　D. 岗位培训类型

108. 培训的组织范围中，属于个人层次的培训项目有（AC）。

A. 学徒培训　B. 岗位操作培训

C. 自学　D. 新工艺培训

109. 培训的组织范围中，属于部门层次的培训项目有（ AD ）。

A. 新技术培训　　B. 计算机技能培训

C. 规程培训　　D. 新工艺培训

110. 培训的组织范围中，属于组织层次的培训项目有（ BC ）。

A. 计算机技能培训　　B. 岗位操作培训

C. 安全和管理培训　　D. 公共职称类培训

111. 培训的组织范围中，属于系统层次的培训项目有（ ABC ）。

A. 特有技术技能和管理培训　　B. 安全法规培训

C. 安全规程培训　　D. 文化基础知识培训

112. 培训的组织范围中，属于公共层次的培训项目有（ ACD ）。

A. 文化基础知识培训　　B. 安全和管理培训

C. 计算机技能培训　　D. 公共职称类培训

113. 影响培训规模的因素有（ ABD ）和设备工具以及费用等。

A. 人数　　B. 场所

C. 师资力量　　D. 培训的性质

114. 培训方式主要指培训所采取的组织形式，属于培训方式的有（ ABD ）。

A. 集中培训或分散培训　　B. 在职培训或脱产培训

C. 理论培训或现场教学培训　　D. 企业内培训或委托培训

115. 培训方法是指培训教学工作采取的具体技巧与手段，属于培训方法的有(AC)。

A. 用讲授法培训或案例法培训　　B. 在职培训或脱产培训

C. 理论培训或现场教学培训　　D. 企业内培训或委托培训

116. 培训活动常采用集中培训的项目有（ ABCD ）

A. 高层培训　　B. 管理培训

C. 员工文化素质培训　　D. 某些基本技能培训

117. 企业内部培训，一般以（ B ）为骨干、（ D ）为主体，承担培训教学工作。

A. 公司中层　　B. 专职教师　　C. 人事部门　　D. 兼职教师

118. 一个培训方案实施后，均要对受训人员进行考评，考评方式一般分（ BCD ）三种方式。

A. 点评　　B. 笔试　　C. 面试　　D. 操作

119. 培训效益、效果预期是非常重要的，同培训的（ AB ）密不可分。

A. 目标要求　　B. 评价标准　　C. 培训内容　　D. 培训方法

120. 在农村安全用电管理中，（ ABC ）都应该明确并履行各自的职责。

A. 电力管理部门　　B. 电力企业

C. 电力使用者　　D. 电力监督部门

121. 《农村安全用电规程》规定：电力管理部门的安全职责主要有负责农村用电监督管理和（ ABCD ）。

A. 制定、宣传普及有关农村安全用电的法律、法规知识以及安全用电常识

B. 监督有关农村安全用电法律、法规和电力技术标准的执行

C. 协调处理安全用电纠纷，协调司法机关对农村人身触电死亡事故的调查和处理

D. 负责对在用户受送点装置上作业的电工的考核和承装、承修、承试电力设施单位的资格审查，并核发许可证

122.《农村安全用电规程》规定：电力企业的安全职责主要有（ ABCD ）等。

A. 接受电力管理部门对安全用电的监督和管理

B. 依法开展安全用电检查工作

C. 组织对自备电源用户的安全检查及其电气设施的验收

D. 依法保护电力设施

123. 属于违章用电行为的有（ ABCD ）。

A. 一相一地　　B. 挂钩线

C. 地爬线　　D. 绝缘不合格的导线接电

124. 农村低压电气安全工作规程，规定了农村低压电网安全工作的（ A ）和（ B ）的措施。

A. 基本要求　　B. 保证安全　　C. 电气安全　　D. 基本规定

125. 在低压电气设备上工作，保证安全的组织措施有：（ ABCD ）及工作终结、验收和恢复送电制度。

A. 工作票制度　　B. 工作许可制度

C. 工作监护制度和现场看守制度　　D. 工作间断和转移制度

126. 进行电力线路施工作业、工作票签发人或工作负责人认为有必要现场勘查的检修作业，现场勘查由（ CD ）组织。

A. 监护人　　B. 工作许可人

C. 工作班成员　　D. 工作票签发人

127. 进行电力线路施工作业、工作票签发人或工作负责人认为有必要现场勘查的检修作业，（ BCD ）均应根据工作任务组织现场勘查，并填写现场勘查记录。

A. 工作票签发人　　B. 工作负责人

C. 施工单位　　D. 检修单位

128. 现场勘查应查看现场施工（检修）作业需要（ ABCD ）等。

A. 停电的范围　　B. 保留的带电部位

C. 作业现场的条件、环境　　D. 其他危险点

129. （ CD ）应始终在工作现场，对工作班人员的安全进行认真监护，及时纠正不安全的行为。

A. 工作票签发人　　B. 工作许可人

C. 工作负责人　　D. 专职监护人

130. 在全部停电和部分停电的电气设备上工作时，必须完成的技术措施有（ ABCD ）。

A. 停电　　B. 验电

C. 挂接地线　　D. 装设遮栏和悬挂标示牌

131. 装设接地线时，应（ A ），接地线应接触良好，连接应可靠。拆接地线的顺序与此（ C ）。

A. 先接接地端，后接导线端　　B. 先接导线端，后接接地端

C. 相反　　D. 相同

132. 放线、紧线与撤线工作时，人员不准站在或跨在（ABCD），防止意外跑线时抽伤。

A. 已受力的牵引绳　　B. 导线的内角侧
C. 展放的导、地线圈内　　D. 牵引绳或架空线的垂直下方

133. 邻近带电的电力线路进行工作时，有可能接近带电导线至安全距离，可采取的安全措施有（ABC）。

A. 采取有效措施，使人体、导线、施工机具等与带电导线符合安全距离规定
B. 作业的导地线应在工作地点接地
C. 绞车等牵引工具应接地
D. 停止作业

134. 安全工器具宜存放在为（AC）、干燥通风的安全工器具室内。

A. 温度为－15～＋35℃　　B. 温度为－15～＋30℃
C. 相对湿度为80％以下　　D. 相对湿度为50％以下

135. 事故调查“四不放过”是指事故原因不清楚不放过，（ABD）。

A. 事故责任者和应受教育者没有受到教育不放过
B. 没有采取防范措施不放过
C. 事故责任部门不明确不放过
D. 事故责任者没有受到处罚不放过

136.《国家电网公司农电事故调查与统计规定》的制定是为了贯彻“（AD）”的方针。

A. 防御结合　　B. 安全第一　　C. 综合治理　　D. 预防为主

137. 设备事故包括（ABCD）。

A. 特大设备事故　　B. 重大设备事故
C. 一般设备事故　　D. 设备一类障碍

138. 发生电力事故，提出人员处理意见要从严处理的有（ABCD）。

A. 违章指挥、违章作业造成事故的
B. 事故发生后隐瞒不报、谎报或在调查中弄虚作假、隐瞒真相的
C. 阻挠或无正当理由拒绝事故调查，拒绝或阻挠提供有关情况和资料的
D. 违反劳动纪律造成事故的

139. 一般生产人身死亡及重伤事故由（B）电力公司批复，并报（C）电力公司备案。

A. 县级　　B. 市（地）
C. 省（自治区、直辖市）　　D. 国家

140. 在安全考核中，（ABCD）属于县供电企业应考核的内容。

A. 特大事故次数　　B. 职工死亡人数
C. 设备事故次数　　D. 安全周期个数

141. 线损电量由（BCD）、配电变压器损耗、低压网络中的损耗、无功补偿设备及电抗器中的损耗几部分组成。

A. 可变损失　　B. 配电线路中的损耗

C. 降压变压器损耗　　D. 输电线路损耗

142. 不明损失是指整个供电生产过程中一些其他因素引起的损失，主要包括（ABC）和 TV 二次回路压降造成的计量误差，以及熔丝熔断等引起的计量差错，用电营业工作中漏抄、漏计、错算等，用户窃电。

A. 计量装置误差　　B. 表计接线错误

C. 计量装置故障　　D. 估算

143. 供电关口电能计量装置和客户计费电能计量装置（AC）都是影响统计线损准确度的主要因素。

A. 完整性　　B. 及时性

C. 正确性和准确度　　D. 可靠性

144. 线损理论计算值的准确度不但取决于输、变、配电设备数量和性能参数的准确度，还和（AC）运行电压的变化等因素有关。

A. 运行方式　　B. 运行规律　　C. 负荷变化　　D. 电压变化

145. 线损是（BCD）设备中电流和电压的电磁作用产生的损耗，电网电能损耗的主要元件是输电线路和变压器。

A. 用电设备　　B. 输电　　C. 变电　　D. 配电

146. 带有铁芯的线圈在电流作用下，导磁回路和铁磁附件中产生的损耗称为铁芯损耗。（ABC）、调相机等设备均有铁芯损耗。

A. 变压器铁芯　　B. 电抗器　　C. 互感器　　D. 隔离开关

147. 直接影响线损的技术因素有（ABC）等。

A. 线路的长度、导线截面积和导线材料

B. 变压器和其他设备的空载损耗及负载损耗

C. 负荷电流的数值及其变化

D. 电网的运行方式

148. 影响线损的综合技术因素有（ABD）等。

A. 系统布局、电压等级　　B. 无功补偿装置的安装容量和分布

C. 导线截面积和材料　　D. 运行方式、计量技术

149. 技术因素是决定线损的基础因素，这些因素由（BCD）等硬件构成。

A. 无功设备　　B. 变电设备

C. 配电设备和电网结构　　D. 输电设备

150. 根据理论线损率与实际线损率的比较，分析出供电企业（CD）。

A. 电网运行的经济性　　B. 电网布局的合理性

C. 线损管理水平的高低　　D. 统计线损率的准确性

151. 在进行理论线损计算之前必须完善各种电能计量装置和检测仪器仪表，电网线路出口应装设（ABC）等，并要求计量准确、做好各种运行记录。

A. 电压表、电流表　　B. 功率因数表

C. 有、无功电能表　　D. 万用表

152. 线损理论计算的对象有（ABCD）。

A. 变压器、线路和电缆　B. 接户线、电能表
C. 调相机、电力电容器、电抗器　D. 供电量

153. 低压电力网理论线损计算时，接户线、电能表的损耗电量是在查清进户线的（ BC ）电能表块数的基础上确定的。

A. 走径和长度　B. 条数和长度　C. 单相和三相　D. 三相

154. 选择典型台区要具有代表性，并且（ ABC ）等。

A. 用电负荷正常　B. 电能表运行正常
C. 无窃电现象　D. 用电量突变

155. 实测各典型台区的电能损耗及损耗率，即于（ CD ）抄录各典型台区总表的供电量及台区内各低压客户的售电量。

A. 不同时间　B. 个别时段　C. 同一天　D. 同一时段

156. 低压配电网线损理论计算方法有（ BD ）。

A. 均方根电流法　B. 台区损耗率法
C. 等值电阻法　D. 电压损失率法

157. 电压损失率法计算低压配网线损时，选（ ABC ）各有代表性的台区为测量各台区压降的典型台区。

A. 配电变压器容量　B. 低压干线型号　C. 供电半径　D. 售电量

158. 计算理论线损需要事先（ BCD ）本地区电网、发电厂、变电站的运行接线图。

A. 改变　B. 收集　C. 整理　D. 核实

159. 计算理论线损需要事先收集、整理与核实高压输电线路的阻抗图和 6kV 及以上高压配电线路的单线图，包括（ ACD ）（高压输电线路还需线路电抗）的实际有名值。

A. 导线型号　B. 参数资料　C. 线路长度　D. 线路电阻

160. 35kV 及以上系统变电站（ CD ）按代表日当天实际投入情况计算。

A. 功率因数　B. 站用电量　C. 电容器　D. 电抗器

161. 一般电流值是通过代表日 24h 整点负荷实测得到的，设每小时电流值不变，则全日 24h 元件电阻中的电能损失为（ ABC ）。

A. $\Delta A = 3(I_1^2 + I_2^2 + \cdots + I_{24}^2)R$　B. $\Delta A = 3 \times 24 I_{\mathrm{eff}}^2 R$
C. $\Delta A = 3 I_{\mathrm{eff}}^2 R t$　D. $\Delta A = 24(I_1^2 + I_2^2 + \cdots + I_{24}^2)R$

162. 因为 10/6kV 配电网络结点多、分支线多、元件也多，各支线的导线型号不同，配电变压器的（ BCD ）等参数和运行数据也不相同，很难精确计算各元件的电能损耗。

A. 分支　B. 容量　C. 负荷率　D. 功率因数

163. 架空线路电能损耗计算式为（ ABC ）。

A. $\Delta A = 3 I_{\mathrm{eff}}^2 R t \times 10^{-3}$　B. $\Delta A = 3 I_{\mathrm{ar}}^2 K^2 R t \times 10^{-3}$
C. $\Delta A = 3 I_{\max}^2 F R_{\mathrm{L}} t \times 10^{-3}$　D. $\Delta A = I_{\max}^2 F R_{\mathrm{L}} t \times 10^{-4}$

164. （ A ）kV 称为高压配电。（ C ）kV 称为中低压配电。

A. 10～110　B. 110　C. 10～0.4　D. 10

165. 新型配电网优化了（ A ），改善了（ B ），提高了（ C ），由于配电自动化水平不断提高，为实现配电网经济运行奠定了基础。

A. 配电网结构　　B. 供电质量
C. 供电可靠性　　D. 配电网运行

166. 高压配电主要是（ AB ）电能。中低压配电则直接向用户供电。

A. 传输　　B. 分配　　C. 向用户供电　　D. 转供电

167. 配电网及其设备电压分（ ABCD ）几种。

A. 绝缘电压　　B. 额定电压
C. 工作电压　　D. 最高工作电压

168. 配电网及其设备能形成额定电流、（ ABCD ）几种电流。

A. 工作电流　　B. 短路电流　　C. 尖峰电流　　D. 负荷电流

169. 由于线路结构不同，则形成不同形式的短路电流，可分为（ BCD ）和单相接地短路电流。

A. 额定电流　　B. 三相短路电流
C. 两相短路电流　　D. 两相接地短路电流

170. 三相短路称为对称短路。对称短路时，（ AB ）等参数的相量是对称的，其网络也是对称的。其他形式短路电流是非对称的。

A. 三相阻抗　　B. 三相短路电流　　C. 三相负载　　D. 尖峰电流

171. 合格的电压质量就是使电压偏差、（ ABC ）以及供电可靠性都达到规定的标准。

A. 供电频率　　B. 电压闪变　　C. 波形畸变　　D. 额定功率

172. 供电系统的接线方式按其网络接线布置方式可分为（ ABC ）及两端供电式等接线系统。

A. 放射式　　B. 干线式　　C. 环式　　D. 开式

173. 在有备用接线系统中，其中一回路发生故障时，其余回路能保证全部负荷供电的称为（ B ）系统；如果只能保证对重要用户供电的，则称为（ C ）系统。

A. 无备用　　B. 完全备用　　C. 不完全备用　　D. 有备用

174. 低压配电系统的接线方式有（ BCD ）。

A. 开式　　B. 放射式　　C. 树干式　　D. 环式

175. 配电系统自动化是利用现代（ ABD ），将配电网在线数据和离线数据、配电网数据和用户数据、电网结构和地理图形进行信息集成，构成完整的自动化系统。

A. 电子技术　　B. 通信技术
C. 供电技术　　D. 计算机及网络技术

176. 配电系统自动化 DSA 可分为三个部分：（ BD ）和配电需求侧管理 DSM。

A. 运行管理系统 DIS　　B. 配电管理系统 DMS
C. 配电自动化系统 DAS　　D. 营销管理系统 MIS

177. 一级负荷停电会（ BCD ），或会影响重要政治、经济部门的正常工作，所以必须保证供电可持续性。

A. 有损失但可以规避　　B. 影响设备和人身安全

C. 造成政治影响　　D. 造成经济上重大损失

178. 配电网络设计原则：主干线截面电缆以（ B ）mm^2、架空线以（ D ）mm^2为宜。

A. 35～70　　B. 240　　C. 50～95　　D. 185～240

179. 配电管理自动化系统大致包括功能模块：（ ABC ）和高级应用功能模块等。

A. 地理信息系统　　B. 配电生产管理系统
C. 配电网分析　　D. 营销分析系统

180. 配电管理自动化系统的运行管理功能可分成（ ABC ）和控制等 4 个主要功能组。

A. 电网运行　　B. 运行计划及优化
C. 维修管理及客户管理　　D. 高压电网运行

181. 在电力系统自动化的进一步发展中，电网调度自动化系统可以和（ ABCD ）及前述各种自动装置进行协调、融汇和整合，实现更高层次上的电力系统综合自动化。

A. 火电厂自动化　　B. 水电厂自动化
C. 变电站综合自动化　　D. 配电自动化

182. 二级：（ BCD ）电网调度机构（简称网调）。

A. 跨国　　B. 跨省　　C. 跨自治区　　D. 跨直辖市

183. 四级：（ AB ）电网调度机构（简称地调）。

A. 省辖市　　B. 地区级　　C. 跨省　　D. 跨自治区

184. 电网调度肩负电网的管理任务，在各种现代化手段的支持下，日夜（ CD ）着电网的运行。

A. 管理　　B. 调度　　C. 监视　　D. 指挥

185. 调度事务非常详细、复杂、繁多，归纳起来主要有（ BCD ）、参与企业经营管理等 4 个方面的内容。

A. 指挥电网　　B. 确保电网的安全运行
C. 确保电能质量　　D. 确保电网的经济运行

186. 属于降低线损管理措施的有（ BCD ）。

A. 更换导线　　B. 制定线损管理制度
C. 建立健全各项基础资料　　D. 开展线损理论计算工作

187. 降低管理线损具体应抓好的工作有（ ABC ）和加强客户的客电分析。

A. 加强计量管理　　B. 按时到位正确抄表
C. 计量装置采取防盗措施　　D. 建立测录制度

188. 线损率是一个波动的指标，在一个运行着的电力系统中，线损率的变化取决于（ ABC ）及负荷的变动等因素。

A. 电网结构的变动　　B. 电网设备参数的变动
C. 无功补偿装置容量及其分布的变动　　D. 客户用电性质变动

189. 为便于检查和考核线损管理工作，各电网经营企业应建立主要线损小指标内部统计考核制度，具体内容包括（ ABC ），变电站站用电指标，电压合格率，变电站高峰、低谷负荷时功率因数等内容。

A. 关口电能表所在的母线电量不平衡率

B. 10kV 及以下电网综合线损率及有损线损率

C. 月末日 24 时抄见售电量的比重

D. 供电区域划分的合理性

190. 线损管理的“三分”包括（ ABD ）。

A. 分压　　B. 分线　　C. 分用户　　D. 分台区

191. 供电量一般包含（ ABD ）。

A. 公用电网发电厂输入电量　　B. 相邻公用电网输入电量

C. 变电站自用电量　　D. 外购电量

192. 售电量管理涉及 3 个方面的工作，即（ ABC ）。

A. 抄表　　B. 报装　　C. 统计分析　　D. 合同管理

193. 开展电量的远方自动采集，可以提高电量记录的（ A ）和（ C ）。

A. 准确度　　B. 实抄率　　C. 同时性　　D. 有效性

194. 电能计量管理的主要内容有（ ABC ）；在新建和改建工程竣工后对电能计量装置进行检查与验收；发现并消除电能计量装置的故障和发现并纠正电量计量上的差错等内容。

A. 审查和确定电能计量点的位置及计量装置配置的合理性

B. 确定电能计量装置元件的型号规范和装置的典型接线

C. 按规程规定对电能计量装置进行检定和轮换

D. 尽可能采用等级高的电能计量装置

195. 降低线损的技术措施一般分为两大类：①对电力网实施改造，（ B ），增强供电能力，搞好无功补偿等，投入一定的资金来实现降损的目的；②（ C ）。

A. 快淘汰高耗能变压器　　B. 改善电网结构

C. 改进电网运行管理　　D. 改变线路迂回供电

196. 投入一定的资金来改造电网实现降损的目的，其技术方法有：（ ABCD ）。

A. 中低压配电网改造

B. 更换大截面导线减小网络等值电阻

C. 淘汰高耗能配电变压器，积极使用节能配电变压器

D. 对电力网进行升压改造，简化电压等级，减少重复的变电级次

197. 采用卷铁芯的配电变压器，与叠片式铁芯配电变压器相比，铁损减少（ B ），铜损约减少（ C ）。

A. 10%～20%　　B. 30%～40%　　C. 10%　　D. 80%

198. 国外先进国家研制的超导配电变压器，铁损减少至常规变压器的（ A ），铜损减少至（ B ）。

A. 1/7　　B. 1/8　　C. 1/9　　D. 1/10

199. 送电线路升压改造适用于两种情况（ AB ）。

A. 用电负荷增长，造成线路输送容量不够或能耗大幅度上升

B. 简化电压等级，淘汰非标准电压

C. 提高供电可靠性

D. 增大供电范围

200. 无功补偿、提高功率因数的意义和作用有（ ABCD ）。

A. 降低电网中的有功功率损耗和电能损失

B. 改善电压质量

C. 提高设备的供电能力

D. 减少客户电费开支，降低生产成本

201. 变电站集中补偿装置包括（ ABCD ）等。

A. 串联电容器　　B. 并联电容器

C. 同步调相机　　D. 静止补偿器

202. 配电网无功补偿方式主要有以下几种方式：①变电站高压无功集中补偿；②低压集中补偿；③（ BCD ）。

A. 串联电容器补偿　　B. 线路补偿

C. 随机补偿　　D. 随器补偿

203. 电力营销管理信息系统的营销基础资料管理的内容包括（ ABC ）。

A. 客户档案管理　　B. 供用电合同管理

C. 台区和线路资料管理　　D. 人员管理

204. 农电营销管理信息系统的抄核收业务内容包括（ ABC ）。

A. 抄表　　B. 电费计算复核　　C. 收费　　D. 催费

205. 农电营销管理信息系统的电费账务管理内容包括（ AB ）。

A. 生成报表　　B. 收费管理　　C. 催费　　D. 线损管理

206. 农电营销管理信息系统的计量管理内容包括（ AB ）。

A. 计量流程管理　　B. 计量资产管理　　C. 线损管理　　D. 催费

207. 农电营销管理信息系统的业扩与变更内容包括（ AB ）。

A. 业务扩充　　B. 变更用电　　C. 线损管理　　D. 催费

208. 农电营销管理信息系统的线损管理内容包括：（ ABCD ）。

A. 线损计算　　B. 线损指标设置　　C. 线损分析　　D. 线损统计

209. 农电营销管理信息系统的作用有（ ABC ）。

A. 提升农电管理水平　　B. 提供新的营销服务平台

C. 提供强大的管理手段　　D. 无人管理

210. 出现变压器假油位的原因有（ ABC ）。

A. 油标管堵塞　　B. 储油柜呼吸器堵塞

C. 防爆管气孔堵塞　　D. 负荷变化

211. 变压器运行中油面过低的原因有（ ABCD ）。

A. 储油柜容量不足　　B. 气温过低，且油量不足

C. 多次放油后未补充　　D. 变压器严重渗漏油

212. 变压器有（ ABCD ）情况者，应立即停运，若有备用变压器，应尽可能先将备用变压器投入运行。

A. 变压器声响明显增大，内部有爆裂声

B. 套管有严重的破损和放电现象

C. 严重漏油或喷油，使油面下降到低于油位计的指示限度

D. 变压器附近的设备着火、爆炸或其他情况，可能对变压器构成严重威胁

213. 当变压器油温升高超过规定值时，值班人员应（ ABCD ）。

A. 停用变压器

B. 压限负荷

C. 检查变压器冷却装置或变压器室的通风情况

D. 核对温度装置

214. 万能式低压断路器运行中的异常情况有（ ABCD ）。

A. 过载，连接线的接触处有过热现象

B. 灭弧栅有破损和松动现象，或灭弧栅内有因触点接触不良而发生放电响声

C. 信号指示与电路分、合状态不相符

D. 辅助触点有烧蚀现象，失压脱扣线圈有过热现象和异常声音

215. 万能式低压断路器可以带（ ACD ）。

A. 过电流脱扣器　　B. 过电压脱扣器

C. 欠电压脱扣器　　D. 分励脱扣器

216. 塑壳式低压断路器运行中的异常情况有（ ABCD ）。

A. 信号指示与电路分、合状态不符

B. 过载热元件的容量与过负荷额定值不相符，连接线的接触处有过热现象

C. 操作手柄和绝缘外壳有破损现象，电动合闸机构润滑不畅，机件有破损情况

D. 内部有放电响声

217. 刀开关运行中的异常情况是指（ ABCD ）。

A. 负荷电流超过刀开关的额定值

B. 刀开关导电部分、动静触头及导线（体）接头接触不良、发热、烧损

C. 开关操动机构各部件有缺陷，动作不灵活

D. 断开、合闸时三相不同期

218. 低压熔断器运行中的异常情况是指（ ABCD ）。

A. 熔断器和熔体的额定值与被保护设备不相配合

B. 熔断器外观有损伤、变形，瓷绝缘部分有闪烁放电痕迹

C. 熔断器各接触点缺陷，接触不紧密，有过热现象

D. 熔断器的熔断信号指示器不正常。

219. 熔体熔断的原因有（ ABC ）。

A. 短路故障或过载运行

B. 熔体使用时间过久，熔体因受氧化或运行中温度高，使熔体特性变化而误断

C. 熔体安装时有机械损伤，使其截面积变小而在运行中引起误断

D. 其他设备发出的交流电气噪声

220. 热继电器运行中的异常情况是指（ ABCD ）。

A. 热继电器安装方向与产品规定的方向误差超过 5°

B. 热继电器热元件的额定电流值，或电流调整旋钮的刻度值，与电动机的额定电流值不相当

C. 热继电器有尘埃和污垢，双金属片有锈迹

D. 热继电器接线螺钉未拧紧，触头接触不良，盖子未盖好

221. 交流接触器运行中的异常情况有（ ABCD ）。

A. 负荷电流超过接触器额定值

B. 接触器的分合信号指示与电路状态不符

C. 灭弧罩有松动和损伤情况，运行声音不正常，有因接触不良而发出放电声

D. 电磁线圈有过热现象，电磁铁的短路环有异常，辅助触点有烧损情况

222. 启动器运行中的异常情况有（ ABCD ）。

A. 接触面不平整、不清洁，衔铁表面有锈斑、油垢

B. 可动部分不灵活有卡阻

C. 灭弧罩之间应无间隙、灭弧线圈绕向不正确

D. 触头的接触不紧密，固定主触头的触头杆固定不可靠

223. 配电变压器常见故障有（ ABCD ）。

A. 变压器声音不正常　　B. 变压器油温过高

C. 油位显著下降　　D. 套管对地放电

224. 变压器运行中油位显著下降是因为（ ABCD ）。

A. 变压器油箱损坏　　B. 变压器放油阀门没有拧紧

C. 变压器顶盖没有盖严　　D. 变压器油位计损坏

225. 变压器着火时，应首先切断电源，然后用（ AB ）灭火。

A. 四氯化碳、二氧化碳灭火器　　B. 干粉灭火器、干燥的沙子

C. 消防水泵　　D. 棉被

226. 低压断路器电动操作不能合闸的原因可能有（ ABCD ）。

A. 电源容量不够或电压不足　　B. 电磁铁拉杆行程不够

C. 电动机操作定位开关变位　　D. 控制器中整流管或电容器损坏

227. 分励脱扣器不能使低压断路器跳闸的原因有（ ABCD ）。

A. 线圈短路　　B. 电源电压太低

C. 再扣接触面太大　　D. 螺钉松动

228. 欠电压脱扣器不能使低压断路器分断的原因有（ ABC ）。

A. 反力弹簧变小

B. 如为储蓄能释放，则储能弹簧变形或断裂

C. 机构卡死

D. 系统电压太低

229. 启动电动机时断路器立即分断的原因有（ ABCD ）。

A. 过电流脱扣瞬时整定值太小

B. 脱扣器零件损坏，如半导体橡皮膜等零件

C. 脱扣器反力弹簧断裂或落下

D. 线路上有短路

230. 断路器温升过高的原因有（ ABCD ）。

A. 触头压力过低

B. 触头表面过分磨损或接触不良

C. 两个导电零件连接螺钉松动

D. 触头表面油污氧化

231. 漏电断路器经常自行分断的原因有（ ABC ）。

A. 漏电动作电流变化　　B. 线路有漏电

C. 断路器故障　　D. 电压低

232. 刀开关接线板及动静触头接触部位发热的原因有（ ABC ）。

A. 压紧弹簧的弹性减弱，或压紧弹簧的螺钉松动所造成的

B. 接触部分的表面氧化，使电阻增加

C. 负荷电流增加

D. 运行电压增加

233. 刀开关容易产生（ ABCD ）。

A. 接线板及动静触头接触部位发热　　B. 操作失灵

C. 绝缘子损坏　　D. 机构故障

234. 跌落式熔断器常见故障有（ ABC ）。

A. 熔管烧坏　　B. 熔管误跌落故障

C. 熔断器熔丝误断　　D. 熔断器丢失

235. 跌落式熔断器熔丝误断的原因有（ ABCD ）。

A. 熔断器额定断开容量小，其下限值小于被保护系统的三相短路容量，熔丝误熔断

B. 熔丝选择得过小或与下一级熔丝容量配合不当，发生越级误熔断

C. 熔丝质量不良，其焊接处受到温度及机械力的作用后脱开也会发生误断

D. 锡合金焊接的和带丝弦或弹簧的旧式熔丝因受到温度影响后会改变性能，又易氧化生锈，最易发生误熔断

236. 交流接触器常见故障有（ ABCD ）。

A. 吸不上或吸力不足（触头已闭合而铁芯不能完全吸合）

B. 不释放或释放缓慢

C. 线圈过热或烧损

D. 电磁铁（交流）噪声大

237. 交流接触器电磁铁（交流）噪声大的原因可能有（ ABCD ）。

A. 电源电压过低

B. 触头弹簧压力过大，磁系统歪斜或机械上卡住

C. 极面生锈、磨损或因异物（如油垢、尘埃）侵入铁芯极面不平

D. 短路环断裂

238. 交流接触器触头过热或灼伤的原因有（ ABCD ）。

A. 触头的超程过小

B. 触头上有油污或表面高低不平，触头弹簧压力过小

C. 触头上有油污或表面高低不平，有金属颗粒突起

D. 触头长期工作在环境温度过高或密闭的控制箱中

239. 交流接触器触头过度磨损的原因有（ ABC ）。

A. 接触器选用欠妥，高频度操作，容量不足

B. 三相触头动作不同步

C. 负载侧短路

D. 电压过高

240. 热继电器常见故障有（ ABCD ）。

A. 热继电器拒绝动作　　B. 热继电器动作太快

C. 热元件烧断　　D. 主、辅电路不通电

241. 电动机烧坏，热继电器不动作的原因有（ ABCD ）。

A. 热继电器的整定电流设置过大　　B. 热继电器的热元件脱焊或烧断

C. 动作机构卡住　　D. 上导板脱出

242. 热继电器动作太快的原因有（ ABCD ）。

A. 整定电流设置偏小　　B. 电动机启动时间过长

C. 连接导线截面太小　　D. 强烈的冲击振动

243. 电动机软启动器常见故障有（ ABCD ）。

A. 启动时间过长　　B. 过热

C. 输入、输出缺相　　D. 启动过电流

244. 变频器过载的原因有（ ABCD ）。

A. 变频器与负载不匹配　　B. 变频器三相输出不平衡

C. 变频器输出侧安装的电磁开关误动　　D. 变频器参数设定错误

245.《事故调查报告》的内容除包含事故发生单位概况、事故发生经过及事故救援情况外，还应包括（ ABCD ）。

A. 事故造成的人员伤亡和直接经济损失

B. 事故发生的原因和事故性质

C. 事故责任的认定以及对事故责任者的处理建议

D. 事故防范和整改措施

246. 客户事故分类除人身触电死亡和导致电力系统停电外，还包含（ ABCD ）。

A. 专线掉闸或全厂停电　　B. 电气火灾

C. 重要或大型电气设备损坏　　D. 停电期间向电力系统倒送电

第三节　判　断　题

1. 县供电企业应严格执行国家电价政策和国家电网公司批准的电价标准，做到电价准确、电费账务清楚。(×)

2. 农村居民用电全部实现一户一表，健全客户营业档案，全面实行供电“四到户”管理。(√)

3. 供电营销管理“四到户”是指销售到户、抄表到户、收费到户、维修到户。(×)

4. 推行计算机在电力营销工作中的应用，建立县（市）、乡（镇）一体化的营业管

理体系。(√)

5. 供电所受理营业区域内客户的新装、增容、变更用电和临时用电等业务，做到“一口对外”。(√)

6. 供电所应对业扩工程施工进行中间检查，发现问题应立即停止施工。(×)

7. 业扩工程送电前，供电所应严格按照公司规定收取用电业务的各种费用。(×)

8. 供电所营销管理包括：对客户计量装置实行统一管理，建立计量装置台账，落实周期检定计划，确保计量准确性。(√)

9. 电能计量装置的购置、安装、移动、更换、校验、拆除、加封及表计接线等，均由供电企业负责办理，客户应提供工作上的方便。(√)

10. 农村低压客户计量装置配置方案由供电所确定，高压客户的计量装置由县供电企业确定。(×)

11. 供电企业在新装、换装及现场校验后，应对用电计量装置加封。(√)

12. 电力抄表人员抄表时，可以不对计量装置运行情况进行检查。(×)

13. 电力营销人员应定期对计量装置进行检查，发现问题及时处理。(√)

14. 供电企业必须按规定的周期校验、轮换计费电能表。(√)

15. 电力客户要求校验电能表时，供电企业应尽快办理，并按规定收取校表费，如客户对校验结果有异议时，可要求计量监督部门处理。(√)

16. 电力客户要求校验电能表时，电能计量装置计量失常时，应查明原因。如计费电能表误差在允许范围内，验表费不退；如计费电能表误差超出允许范围，必须按规定退补电费，但验表费可以不退。(×)

17. 农村电力营销坚持“五统一”管理，是指：统一电价、统一发票、统一抄表、统一核算、统一考核。(√)

18. 供电企业应建立定期抄表制度，按照规定的日期和人员对电能表进行实抄。(×)

19. 供电企业积极推广先进技术，提高抄、核、收的工作效率，计费电能表实抄率要达到100%。(√)

20. 供电所须使用县供电企业统一配备的抄表卡、抄表器，努力实现应用营销信息系统进行电费核算，确保电价执行正确，电量、电费计算准确无误。(√)

21. 加强电费的票据管理，所有电费票据由县供电企业统一配发，并严格领取和使用。(√)

22. 用电检查人员有参与对客户重大电气事故调查的职责。(√)

23. 电力客户需要安装自备发电机时，只要符合安装条件和技术条件，可随时自行安装。(×)

24. 供电企业用电检查人员不承担因被检查的设备不安全引起的任何直接损坏或损坏的赔偿责任。(√)

25. 供电所负责授权范围内供电所合同的签订、续签工作，但存档一律由县供电企业负责。(×)

26. 供用电合同的变更或解除应依照有关法律、法规，及时与客户协商修改有关内容。当国家有关政策、规定发生变化时，应及时修改相应条款。(√)

27. 签好的供用电合同，供用电双方各执一份，县供电公司应将合同作为一项重要

的客户资料加以保存。(×)

28. 客户申请变更用电业务事项，只要合同未到期，则不必修改或重签合同。(×)

29. 供电所的生产管理是根据县供电企业确定的目标、方针、计划和下达的具体生产任务组织生产活动，对经营决策的实现起着保证作用。(√)

30. 电气设备台账符合有关术语标准，单位应统一，便于统计汇总。(√)

31. 在电气设备评级时，要对设备的每一个元件按照标准进行评价，如一个单元内的重要设备元件同时有一、二类者应评为一类，同时有二、三类者应评为二类。(×)

32. 电气设备预防性试验是为了保证电力系统的安全运行，预防电气设备的损坏，通过试验手段掌握电气设备的状态，从而进行相应的维护、检修，甚至调换，是防患于未然的有效措施。(√)

33. 新安装和大修后的电气设备，不需要进行试验。(×)

34. 电力设备的检修应贯彻“预防为主”的检修方针，做到“应修必修、修必修好”。(√)

35. 电力设备“应修”包括达到预定检修间隔或经过分析论证可以延长检修间隔或在特殊情况下必须缩短检修间隔时，应按计划对设备进行检修。(√)

36. 电力设备“修好”是对检修质量的要求，应注意采用科学的方法和先进的修理技术，加强设备维护，改进检修管理，延长检修周期。(√)

37. 供电企业应积极开展春秋查工作，其中“内查”是指：查领导安全意识，查安全思想，查规章制度的执行情况，查劳动纪律，查安全工器具，并进行《国家电网公司电力安全工作规程（线路部分）、（变电部分）》考试。(√)

38. 设备状态检修主要以巡视为主，为明确责任，必须粘贴“巡视标志卡”，同时将发现的缺陷记录，安全员汇总后执行缺陷处理流程。(√)

39. 设备停电检修主要是在停电后逐杆逐台变进行清扫和消缺，涉及停电工作，执行相应的停电工作流程。(√)

40. 供电所在事故抢修时，可以不填工作票，但要履行许可手续。(√)

41. 农村地区供电可靠率指标由国家电网公司统一制定。(×)

42. 线损率是电网经济运行管理水平和供电企业经济效益的综合反映，是供电企业的一项重要经济技术指标。(√)

43. 线损分析的目的在于鉴定网络结构和运行的合理性，找出计量装置、设备性能、用电管理、运行方式、理论计算、抄收统计等方面存在的问题，以便采取降损措施。(√)

44. 电费回收是供电所管理的第一要务，也是供电所管理水平的综合体现。(×)

45. 供电所安全目标是根据本所的实际情况，制定出本所及个人的分目标。(×)

46. 在安全生产管理中，上级安全总目标指导下级安全分目标，下级分目标保证上级总目标，形成全企业的目标体系。(√)

47. 根据国家电网公司颁布的《国家电网公司电力安全工作规程》要求，供电所安全生产的控制目标有：控制未遂和异常，不发生重伤和障碍等。(×)

48. 供电所安全管理的思想保证体系，主要是处理好安全与生产、安全与效益的关系，统一全所人员思想，贯彻安全生产的方针政策和上级安全工作的指示，做到责任明

确，有计划、有布置、有检查、有总结、有整改措施，在各项工作实施过程中保证安全生产。(√)

49. 供电所安全管理的组织保证体系，主要是明确所长、管理人员及专职电工的安全责任制，明确安全监督人员的管理细则和安全监督网的组织保证，做到在整个供用电（含施工）管理工作过程流程明细、分工明确、措施得力、上下贯通、指挥灵活、监督到位。(√)

50. 供电所安全管理的管理保证体系，主要任务是确保各岗位的工作人员都是经过培训合格的人员，保证用户侧电气操作人员是经过劳动部门、电力部门培训并取得进网证的特种工，才能保证供电过程不违章，使用人员有章可循。(√)

51. 两措保证体系，主要是从新建、投运到维护、检修始终确保设备安全管理在监控之中，使安措、反措得到贯彻落实。(√)

52. 供电所安全管理的信息反馈保证体系，主要是监督各体系的运行状态，通过信息流程，会议汇报、报表等手段反馈各体系运转信息，从而制定新的工作目标，强化人员安全管理意识，保证供电所安全生产工作顺利进行。(√)

53. 供电所工作票签发人、工作负责人、工作许可人、工作班成员由县供电企业组织培训、考试，并发文公布。(×)

54. 发生农电生产和农村触电伤亡事故，应及时报告所长并立即组织事故处理。(×)

55. 电力系统人员将运用于电气设备工作的工作票、操作票合称为“两票”，实施“两票”工作的全过程称为“两票”管理。(√)

56. 当电气设备由一种状态转换到另一种状态或改变电力系统的运行方式时，需要进行一系列的操作，这种操作叫电气设备的倒闸操作。(√)

57. 电力运行人员依据运行负责人的命令，执行设备操作的作业文件叫操作票。(√)

58. 电力系统为了保证设备的安全运行，执行交接班制、巡回检查制度、设备定期试验轮换制，上述三个制度的简称为“三制”(√)

59. 实施危险点预控法的作业文件称为危险点预控措施票。(√)

60. 制定好的危险点预控措施，必须在作业过程中及时向工作班成员宣讲，交代清楚，并指定专人落实负责，必须实行全过程专人监控，及时纠正和查处违章。(×)

61. 工作票签发人负责填写《现场作业危险点及控制措施票》，控制措施应明确、具体，责任落实到人。(×)

62.《现场作业危险点及控制措施票》经主管人审核批准后，工作许可人组织落实控制措施。(×)

63. 工作完成后，工作票签发人按规定妥善保存《现场作业危险点及控制措施票》。(×)

64.“反措”的主要任务是采取组织和技术措施，消除设备隐患，提高设备可靠性，保证电网安全、人身安全和设备安全。(√)

65.“两措”是由计划编制——计划实施——效果检验评价——工作总结4个阶段组成的闭环管理过程。(√)

66.“两措”是一个计划期完成后即进入下一个计划期的直线状不断盘升的过程。(×)

67. 电气安全工器具是指电气作业中，为了保证作业人员的安全，防止触电、坠落、灼伤等工伤事故必须使用的各种电工专用工具或用具。(√)

68. 电气安全工器具管理中电器部分包含绝缘棒、安全带、安全帽、绝缘手套、绝缘靴、绝缘鞋、绝缘测绳、绝缘钳、线路接地线、配电变压器高压接地线、低压接地线等。(×)

69. 供电企业班组安全工器具最低定额的数量确定原则是以满足本班进行工作时，能按规程要求布置安全措施和使用安全护具并有适当余量为准。(×)

70. 供电所每月进行一次的安全活动，是对全体职工进行安全思想教育的有效方法，是提高职工安全意识、消除不安全因素、预防事故发生的有力措施，供电所所长应切实抓好落实。(×)

71. 供电所每周进行安全分析，是供电所及时查找安全管理工作的薄弱环节，不断地提高安全管理水平的重要工作，必须认真执行。(×)

72. 凡触及农村电力设施或用电设施所造成的人身触电伤亡事故、电网事故、设备事故均属农村用电安全事故范畴。(√)

73. 消防龙头、消防带应存放在专用箱内严加保管。其他消防器具应存放在固定地点，每个消防器具应挂检查记录卡，每年检查一次，保证消防器具的完好性，并做好记录。(×)

74. 供电所每季度对消防器具进行检查维护和清扫工作，并填写《消防安全管理工作记录》。(×)

75. 交通事故是指车辆驾驶人员、行人、乘车人员以及其他在道路上进行与交通有关活动的人员，因违反《中华人民共和国道路交通安全法》和其他交通法规、规章的行为、过失造成人身伤亡或者财产损失的事故。(√)

76. 交通安全管理的内容包括机动车辆管理、驾驶员管理、行人管理和职工的交通安全教育。(×)

77. 配电台区变压器及家用剩余电流动作保护器的安装费用由供电企业承担。(×)

78. 低压电网总保护采用电流型剩余电流动作保护器时，变压器中性点应间接接地。(×)

79. 剩余电流动作保护器安装点后的中性线与相线，可以与其他回路共用。(×)

80. 安全性评价是依据规程、制度制定评价标准，依据评定标准进行逐条逐项检查核实并逐项打分，进行量化统计。(√)

81. 加强安全用电目标管理，与村民小组、用电客户签订安全用电合同，做到安全目标人人明白，安全用电人人有责。(√)

82. 供电所开展电力设施保护工作，其目的是贯彻《电力设施保护条例及实施细则》，保证电力线路畅通运行，确保安全供电、防止公司财产受到损害。(×)

83. 开展经济活动分析对提高生产经营管理水平，降低生产成本，增加企业经济效益和社会效益都有着重要的意义。(√)

84. 以 380/220V 电压受电的用户，称为低压用户。一个接受电业部门计量收费的用电单位，作为一个低压用户统计单位。(√)

85. 变压器三相负荷不平衡率的计算公式为（最大电流－最小电流）/中性点电流×100%。(×)

86. 电网的变电站和配电台区尽可能地设在负荷中心，线路供电半径必须符合以下

要求：10kV线路不大于20kV，0.4kV线路不大于0.5km。(×)

87. 减少无功功率损耗，最好的办法是从用户开始增加无功补偿，提高用电负荷的功率因数，减少发电机无功功率和减少输、变、配设备中的无功功率消耗，从而达到降低损耗的目的。(√)

88. 在现代电力生产中，必须采用科学技术对劳动者进行培训，使其由“体力型”“经验型 ”转变为“科技型”，适应现代化电力生产发展的需要。(√)

89. 在现代电力生产中，劳动者依靠体力的比重虽然没有减少，但依靠科学技术的比重却相对增加。(×)

90. 电力职业培训是以提高员工从事某职业所必需的就业能力与在岗工作能力为目的。(√)

91. 电力职业培训贯彻“先培训、后就业，先培训、后上岗”的制度，执行“干什么学什么，缺什么补什么”的原则。(√)

92. 电力职业技能培训，对于运行类职业人员应在电力系统仿真模拟中心进行培训，考核合格发给相应的培训证书。(√)

93. 从事电力生产的职业人员，上岗可以不进行培训，但上岗后必须进行培训。(×)

94. 来自职业学校的毕业生，原有文化程度较高、技术基础程度较好者，只要能胜任所在岗位的工作，上岗前则可以不必进行短期培训。(×)

95. 技能是经过学习形成的，但领会、理解不能代替技能操作的练习，掌握技能必须反复进行动手、动脑的练习。(√)

96. 科学的训练是学习者掌握操作技能的基本途径。(√)

97. 职业岗位技能培训是教师的“教”和学生的“学”的共同活动。(√)

98. 直接传授式培训教学是指教师按照一定的培训目的和计划要求，利用较为固定的教材，向学生传授知识和技能的培训方式。(√)

99. 直接传授式培训教学的主要特征是信息交流的单向性和培训对象的被动性，是较为传统的培训形式。(√)

100. 参与式培训教学方法的主要特征是每个培训对象积极主动参与培训活动，从亲身参与中获得知识、技能。(√)

101. 在进行职业技能培训中，学员的主动性能在很大程度上得到调动，教师不再具主导作用。(×)

102. 参与式培训教学时，案例研究方法是指针对某个特定的问题，向参加者展示真实性背景，提供大量背景材料，由参加者依据背景材料来分析问题，提出解决问题的方法，从而培养参加者分析、解决实际问题的能力。(√)

103. 参与式培训教学时，角色扮演方法是指参加者能较快熟悉自己的工作环境，了解自己的工作业务，掌握必需的工作技能，尽快适应实际工作的要求。(√)

104. 参与式培训教学时，模拟训练法适用于对操作技能性不强、生产设备技术含量低的岗位培训。(×)

105. 参与式培训教学时，模拟训练法就是让参加者置于模拟的现实工作环境中，让参加者反复操作，解决实际工作中可能出现的各种问题。(√)

106. 有计划、有组织地安排员工到有关单位参观访问，也是一种培训方式。(√)

107. 参加会议是一种很好的培训方式。(√)

108. 体验式培训法培训形式完全是由学员自己根据某一项目的要求，进行某一项目的训练，教师只起辅助说明作用。(√)

109. 体验式培训法是目前在国内较为流行的一种方法。(×)

110. 体验式培训教学方法中，小组培训的目的是树立参加者的集体观念和协作意识，教会他们自觉地与他人沟通和协作，齐心协力，保证公司目标的实现。(√)

111. 体验式培训教学方法中，小组培训在短期内可以达到明显效果。(×)

112. 体验式培训教学方法中，室内培训游戏是指在室内组织学员做游戏，主要是使学员放松心情。(×)

113. 体验式培训教学方法中，户外体验式训练是指学员分成若干小组，参加各种户外的训练项目，然后在教师的组织下进行分析讨论，发现训练中的问题，并指出这些问题对今后工作的影响。(√)

114. 培训方案开发实质上就是一个为满足培训需求、开发、制定、选择培训对象、培训内容、培训手段及培训形式与方法的一次性活动过程。(√)

115. 培训方案开发是培训需求分析预测的间接结果。(×)

116. 培训方案名称就是一个培训项目具体外在的、直观的称谓，培训名称应简单、明确，突出该培训项目的主题和中心内容。(√)

117. 培训需求预测是根据企业发展需要，通过分析企业发展现状，从企业的角度出发，找出企业发展中所存在的差距或潜在能力，并以此确定培训目标，设计培训方案的方法。(×)

118. 培训需求预测分析，是开发培训方案的前提和基础，是一切培训计划实施的出发点。(√)

119.《培训需求征集方案》主要项目有需求征集内容提纲、需求征集方式、需求征集对象、培训教师、时间安排等。(×)

120.《培训需求说明书》主要项目有培训对象、调查对象、组织期望、岗位业务内容和要求、人员能力现状及培训需求等。(√)

121. 培训方案系统设计。方案开发计划书，是培训方案开发工作的流程图，是保证方案开发质量的重要技术文件。(√)

122. 培训方案系统设计包括培训目标的确定、课程设置、教材选定、教师确定、培训方式、培训周期、质量要求评估及各教学环节的整体安排。(√)

123. 培训方案实施是培训的具体操作运作过程。(√)

124. 培训方案实施效果评估是一项重要的活动，需要设置多个指标体系，全方位评价培训的效果和效益，是对整个培训方案开发、实施工作的总结、回顾，也是为下一个培训方案开发与实施积累经验、改进方法的过程。(√)

125. 编制、开发培训方案应遵循的原则有：服务性原则、针对性原则、实效性原则、实时性原则、可行性原则、系统性原则。(√)

126. 开发培训方案必须强调可操作性，便于实施。(√)

127. 培训目的主要是回答为什么要进行培训的问题。(√)

128. 无论何种培训计划，都要围绕培训目标进行设计。(×)

129. 培训内容是与培训对象相辅相成，是根据培训对象的需求而确定的。(√)

130. 培训的组织范围一般包括个人、部门、组织、系统、公共5个层次。(√)

131. 一般情况下，技术要求较为专业的培训，其规模都较大。(×)

132. 培训时间安排受培训的内容、费用、生源等其他与培训有关的因素影响。(√)

133. 培训地点的选择也应考虑到交通的便捷和周边环境是否安全、安静等因素。(√)

134. 培训方式主要指培训所采取的组织形式，培训方法是指培训教学工作采取的具体技巧与手段。(√)

135. 如果是个人自我发展训练，由具有工作经验的同事或上级作为指导教师即可。(√)

136. 除个人自我发展训练外，其他培训一般均要聘请专职教师或经验丰富的管理者、技师、公司领导作为教师。(√)

137. 一个完整的培训方案实施计划，应当有培训经费预算，以便有效地反映培训成本，为培训方案效益效果评估提供经费投入方面的依据。(√)

138.《农村安全用电规程》规定了农村安全用电的基本要求和责任方的职责，适用于农村电网的管理、经营、使用活动。(√)

139.《农村安全用电规程》规定：电力使用者必须安装防触电、漏电的剩余电流动作保护器，并做好运行维护工作。(√)

140. 用户用电或临时用电应向上一级电力企业申请。(×)

141. 临时用电期间客户应设专人看管临时用电设施，用完及时拆除。(√)

142. 严禁私自改变低压系统运行方式，禁止采用“一相一地”方式用电。(√)

143. 通信线、广播线可以与电力线路同杆架设。(×)

144. 剩余电流动作保护器动作后，应迅速查明跳闸原因，排除故障后方能投运。(√)

145. 家庭用电可以拉临时线和使用带插座的灯头。(×)

146. 更换灯泡时应断开电源进行，但对攀登物没有要求。(×)

147. 用电器具的外壳有破损等有碍安全情况时，应及时修复，未经修复不得使用。(√)

148. 为防止电气火灾事故，用电客户应严格遵守相关规定。(√)

149.《农村低压电气安全工作规程》规定了农村低压电网安全工作的基本要求和保证安全的措施，适用于供电所从事低压电气工作的人员。(×)

150. 各类作业人员应接受相应的安全生产教育和岗位技能培训，经培训后上岗。(×)

151. 在巡视检查中，发现有威胁人身安全的缺陷时，应采取全部停电、部分停电或其他临时性安全措施，不得越过遮栏或围墙。(√)

152. 在低压电气设备上工作，工作票的使用应按从事工作的性质正确填写相应的工作票。(×)

153. 现场勘查应查看现场施工（检修）作业需要停电的范围、保留的带电部位和作业现场的条件、环境及其他危险点等。(√)

154. 工作票应用黑色或蓝色的钢（水）笔或圆珠笔填写与签发，一式两份，内容应正确，填写应清楚，不得任意涂改。(√)

155. 一张工作票中，工作票签发人和工作许可人可以兼任工作负责人。(×)

156. 填用第一种工作票进行工作时，工作负责人应在得到全部工作许可人的许可后，方可开始工作。(√)

157. 填用电力线路第二种工作票时，需要履行工作许可手续。(×)

158. 若工作负责人必须长时间离开工作现场时，应由原工作票签发人变更工作负责人，履行变更手续，并告知全体工作人员及工作许可人。(√)

159. 在工作中遇雷、雨、大风或其他任何情况威胁到工作人员的安全时，工作负责人或专责监护人可根据情况，临时停止工作。(√)

160. 工作终结、验收和恢复送电制度中，接地线拆除后，应即认为线路带电，不准任何人再登杆进行工作。(√)

161. 验电时，应使用相应电压等级、合格的接触式验电器。(√)

162. 挖坑前，应与有关地下管道、电缆等地下设施的主管单位取得联系，明确地下设施的确切位置，做好防护措施。(√)

163. 立、撤杆工作应设专人监护。(×)

164. 已经起立的电杆，只有在杆基回土夯实安全牢固后，方可撤去叉杆及拉绳。(√)

165. 作业人员攀登杆塔、杆塔上转位及杆塔上作业时，手扶的构件应牢固，不准失去安全保护，并防止安全带从顶部脱出或被锋利物损坏。(√)

166. 杠上人员应防止掉东西，使用的工具材料均应用绳索传递，不得抛掷，杆下严禁行人逗留。(√)

167. 杆塔上有人时，不准调整或拆除拉线。(√)

168. 放线、撤线和紧线工作应有专人指挥、统一信号，应检查紧线工具及设备，确保良好。(√)

169. 在特殊情况下，可以采用突然剪断导线的做法撤线。(×)

170. 起重运输时，吊物上不许站人，但作业人员可以利用吊钩来上升或下降。(×)

171. 在运输电杆和线盘时，必须绑扎牢固，防止滚动、移动伤人。(√)

172. 进行低压间接带电作业时，作业范围内电气回路的剩余电流动作保护器无需投入运行。(×)

173. 带电断开配电盘或接线箱中的电压表和电能表的电压回路时，必须采取防止短路或接地的措施。(√)

174. 在墙上用钢钎打孔工作，应戴防护眼镜，扶钢钎的手应戴手套。(√)

175. 新安装的电动机，在试车前不必安装皮带。(×)

176. 电动机外壳必须可靠接地。(√)

177. 在确认安全的情况下，可以带电移动电动机。(×)

178. 砍剪树枝时，应由工作负责人监护，树下不得有人逗留，防止砸伤。(×)

179. 发现树枝有接触导线现象，应该立即进行处理。(×)

180. 电气测量工作，应在无雷雨和干燥天气下进行。测量时，一般由两人进行，即一人操作，一人监护。(√)

181. 遇有电气设备火灾时，应立即将有关设备的电源切断，然后进行救火。(√)

182. 单位和个人一般不得对《国家电网公司农电事故调查与统计规定》作出降低事故性质标准的解释，特殊情况除外。(×)

183. 任何单位和个人对违反《国家电网公司农电事故调查与统计规定》、隐瞒事故或阻碍事故调查的行为有权越级反映。(√)

184. 电力生产有关工作过程中发生的人身伤亡不包括劳动过程中违反劳动纪律而发生的人身伤亡。(×)

185. 食物中毒和职业病属《国家电网农电事故调查与统计规定》统计范围。(×)

186. 职工“干私活”发生伤亡作为电力生产伤亡事故。(×)

187. 凡职工乘坐企业的交通车上下班、参加企业组织的文体活动、外出开会等发生的交通事故，不作为电力生产事故。(√)

188. 在农村公用供电设施和属客户私有资产的用电设施上，发生的因电力生产工作所导致的人身触电伤亡事故，定义为农村人身触电伤亡事故。(×)

189. 发生农村人身触电伤亡事故，县供电企业应先调查责任归属，再向上级部门报告和企业所在地负有安全生产监督管理责任的政府部门报告。(×)

190. 特大设备事故由国家电网公司或其授权部门组织调查组进行调查，并由调查组专业技术人员填写《设备事故报告》。(√)

191. 重大设备事故由发生事故的县供电企业领导组织安监、生技（基建）、调度以及其他有关部门和车间（工区、工地、供电所）负责人参加调查组进行调查。(√)

192. 对违章指挥、违章作业、违反劳动纪律造成的事故要从严处理。(√)

193. 线损电量很方便直接计量，也便于计算得到，即：线损电量＝线损电量1＋线损电量2＋…。(×)

194. 由于线损率实际上是根据供电量和售电量相减计算得到的，因此，线损电量也可以说是个余量，它是完全真实地反映电网实际损失情况的。(×)

195. 抄表的同时性和用户窃电都不是影响统计线损准确度的主要因素。(×)

196. 根据线损理论计算的结果，合理下达线损率考核指标，按线路或设备分解指标，并进行考核。(√)

197. 各电压等级的无功损耗电量不参加本级计算，220kV 系统的无功损耗电量不参加本地区综合线损率的计算。(×)

198. 各降压变压器的损耗按其高压侧电压水平记入相应电压等级的损耗。(√)

199. 等值电阻法是一种简化的近似计算方法，它适用于 10/6kV 及以下配电网的线损计算。(√)

200. 发电厂发出的电能经升压向远方输送，从 110～10kV/0.4kV，逐级降压、逐级分配，构成了一个庞大的配电网络。(√)

201. 配电网主要的技术参数包括电压、电流、功率。(√)

202. 有备用系统的接线。有备用系统的接线方式有双回路放射式、双回路干线式、环式和两端供电式等。(√)

203. 低压配电系统是指从终端降压变电站的低压侧到用户内部低压设备的电力线路，其电压一般为 380/220V。(√)

204. 电压质量的确定是看加在用电设备端的网络实际电压与该设备的额定电压之间的差值，差值越大，说明电压质量越差，对用电设备的危害也越大。(√)

205. 供电的可靠性是由供电电源、供电方式和供电线路共同决定的。(√)

206. 配网负荷管理 LM 和远方抄表系统 AMR 称为配电需求侧管理 DSM。(√)

207. 配电系统自动化 DSA 和配电管理系统 DMS 是两个既有联系又有区别的概念。(√)

208. 配电网负荷分析：① 要了解负荷的性质；② 要了解负荷的数量和容量。(√)

209. 了解二、三级负荷的数量则是为了当一条馈线发生故障时，将非故障段线路的负荷转移至另一电源供电，考虑供电容量能否承担，馈线截面能否满足等问题。(√)

210. 配电系统主要指10kV电压等级的设备和线路构成的电力网。(√)

211. 配电自动化与网络结构之间存在密切关系，同时，由于目前实际配电网络存在着多样性和无序化，因此在开展配电网自动化工作时，必须进行配电网络的优化改造和配电网自动化的规划设计。(√)

212. 对于一个典型的配电网来说，示意性表示（简化表示）和地理性表示（完全表示）两种表示方式都是需要的。(√)

213. 编制线损计划指标应搜集有关资料，其中包括新设备投入运行的计划。(√)

214. 编制线损计划指标应搜集有关资料，其中包括抄表变动情况及表计计量误差资料。(√)

215. 各级供电企业编制和下达线损计划指标，要以线损理论计算值和前几年线损统计值为基础。(√)

216. 严格供电企业自用电的管理，变电站的站用电纳入考核范围，变电站的其他用电应由当地供电单位装表收费。(√)

217. 低压电网改造的重点是通过加大导线截面提高电压质量，对原有的迂回倒送和交叉供电线路逐步进行整改。(√)

218. 加强变压器的管理，合理配置配电变压器，提高负荷率和减少三相负荷不平衡程度是低压电网的唯一降损措施。(×)

219. 无功补偿以集中补偿与分散补偿相结合为原则，以集中补偿为主。(×)

220. 无功补偿以高压补偿与低压补偿相结合，以低压补偿为主。(√)

221. 无功补偿以调压与降损相结合，以调压为主。(×)

222. 更换导线前、后降低可变损耗的关系，降低的电能损耗为：$\Delta(\Delta A) = A[1-(R_2/R_1)]$。(√)

223. 从降低线损的观点来考虑，在均一网络中，同一电压等级的环网，合环运行可取得很好的降损效果。(√)

224. 在非均一程度较大的网络中，只要负荷调整适当，开环运行对降损将是有利的。(√)

225. 当整个电网的可变损耗与固定损耗之比大于1.02时，提高电压水平有降损效果。(√)

226. 当整个电网的可变损耗与固定损耗之比小于0.903时，降低电压水平有降损效果。(√)

227. 在三相交流系统中，当三相电流相量的大小不等而相量和为零时，称为“电流不对称”。(√)

228. 当三相电流相量的大小不等而相量和不为零时，即有零序分量时，称为“电流不平衡”。(√)

229. 改善电压质量的有效办法之一就是采用无功补偿技术。(√)

230. 无功补偿的主要方式是通过串联电容器以提高供电的功率因数。(×)

231. 对于电网来说，当功率因数较高时，传输一定的有功功率时，设备的容量可以选择得相对大些，这样可节省设备投资。(×)

232. 电力企业采用功率因数调整电费政策，对功率因数达到一定标准及超过标准的会增加一定比例的附加电费。(×)

233. 在感性负载两端并联电容可以提高感性负载电路本身的功率因数。(×)

234. 如果负载是电容性的且功率因数较低时，在负载两端并联电感也可以提高功率因数。(√)

235. 在低压母线上装设自动投切的并联电容器成套装置主要补偿变压器本身及以上输电线路的无功功率损耗，而在配电线路上产生的损耗并未减少。(√)

236. 低压集中补偿，补偿容量不宜过大，否则变压器轻载或空载运行时，将造成过补偿。(√)

237. 线路补偿是通过在线路杆塔上安装电容器实现无功补偿。(√)

238. 线路补偿主要提供线路和公用配电变压器需要的无功。(√)

239. 线路补偿一般采用固定补偿，因此存在适应能力差，重载情况下过补偿等问题。(×)

240. 随机补偿，即随电动机补偿，随机械负荷和用电设备补偿，将电容器直接串联在电动机上，用以补偿电动机的无功消耗。(×)

241. 配电变压器无功分散补偿，即将电容器安装在需要补偿的配电变压器高压侧，主要补偿配电变压器的空载无功功率和漏磁无功功率。(×)

242. 农电营销管理信息系统主要包括营销基础资料管理、抄核收业务、电费账务管理、计量管理、业扩与变更、线损管理等功能模块。(√)

243. 农电营销管理信息系统是建立在计算机网络基础上覆盖农电管理全过程的计算机信息处理系统。(√)

244. 电力营销管理信息系统的营销基础资料管理的内容包括客户档案管理、供用电合同管理、台区和线路资料管理。(√)

245. 农电营销管理信息系统的抄核收业务内容包括抄表、电费计算复核、收费。(√)

246. 农电营销管理信息系统的电费账务管理内容包括生成报表、收费管理。(√)

247. 农电营销管理信息系统的计量管理内容包括计量流程管理、计量资产管理。(√)

248. 农电营销管理信息系统的业扩与变更内容包括业务扩充、变更用电。(√)

249. 农电营销管理信息系统的线损管理内容包括线损计算、线损指标设置、线损分析、线损统计。(√)

250. 农电营销管理信息系统中信息是用语言、文字、数字、符号、图像、声音、情景、表情、状态等方式传递的内容。(√)

251. 农电营销管理信息系统是建立在计算机网络基础上覆盖农电管理全过程的计算机信息处理系统。(√)

252. 农电营销管理信息系统的作用是提升农电管理水平、提供新的营销服务平台、提供强大的管理手段。(√)

253. 进入农电营销管理信息系统后，选择抄表员岗位，点击“抄表派工”后，选中线路和台区后可以打印该台区抄表派工单，供抄表人员抄表，派工单上可以打印上月

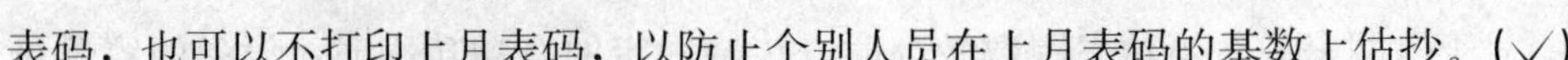

表码，也可以不打印上月表码，以防止个别人员在上月表码的基数上估抄。(√)

254. 在农电营销管理信息系统中电费坐收步骤是点击“电费坐收”后，可以按姓名、户号、抄表顺序号、电话号码、电能表表号等多种查询方式查找客户，查到客户以后，显示出客户的姓名、户号、地址、电量、电价、电费、欠费、缴费记录等信息。收费员与客户核对相关信息后，输入客户缴费金额，收取电费，打印发票，将发票联交客户，存根保留备查。(√)

255. 农电营销管理信息系统中电费账务管理的作用是对收费员的每一笔电费自动归类，实时生成报表，月末关账后固定数据，自动生成本月电费、预存电费、陈欠电费相关数据，同时系统自动辅助复核，使各类数据准确。(√)

256. 农电营销管理信息系统中计量资产管理是对从计量资产校验入库，然后配送到各单位，再装配给用户的过程进行管理，确保计量资产数据完整。包括计量资产入库、县总站分配、供电所领用及计量资产退回等工作流程。(√)

257. 农电营销管理信息系统中业务受理是在业务类别中选择低压新装，然后双击，在下方工单内容中可以看到申请的工单内容。(√)

258. 在农电营销管理信息系统中线损管理报表管理中根据需要可以分别查询到系统自动产生的线损、电量、电费报表，实时查看工作业绩完成情况、低压线损报表。(√)

259. 变压器正常运行时，由于交流电通过变压器绕组，在铁芯里产生周期性的交变磁通，引起硅钢片的磁质伸缩，铁芯的接缝与叠层之间的磁力作用以及绕组的导线之间的电磁力作用引起振动，发出连续的“嗡嗡”响声。(√)

260. 变压器过载运行时，音调增高、音量增大，会发出沉重的“嗡嗡”声。(√)

261. 变压器有大动力负荷启动时，如带有电弧、晶闸管整流器等负荷时，负荷变化大，又因谐波作用，变压器内瞬间发出“哇哇”声或“咯咯”间歇声，监视测量仪表时指针发生摆动。(√)

262. 电网发生过电压时，如中性点不接地电网有单相接地或电磁共振时，变压器声音也不会变化。(×)

263. 变压器声音比正常增大且有明显杂音，但电流、电压无明显异常，则可能是内部夹件或压紧铁芯的螺钉松动，使硅钢片振动增大造成的。(√)

264. 变压器高压套管脏污，表面釉质脱落或有裂纹存在时，可听到“嘶嘶”声，若在夜间或阴雨天气时看到变压器高压套管附近有蓝色的电晕或火花，则说明瓷件污秽严重或设备线卡接触不良。(√)

265. 变压器内部放电或接触不良，会发出“吱吱”或“噼啪”声，且此声音随故障部位远近而变化。(√)

266. 变压器的某些部件因铁芯振动而造成机械接触时，会产生连续的、有规律的撞击或摩擦声。(√)

267. 变压器有水沸腾声的同时，温度急剧变化，油位升高，则应判断为变压器绕组发生短路故障或分接开关因接触不良引起严重过热，这时应立即停用变压器进行检查。(√)

268. 变压器铁芯接地断线时，会产生劈裂声，变压器绕组短路或它们对外壳放电时有噼啪的爆裂声，严重时会有巨大的轰鸣声，随后可能起火。(√)

269. 变压器防爆管防爆膜破裂，会引起水和潮气进入变压器内，导致绝缘油乳化及变压器的绝缘强度降低，可能为内部故障或呼吸器不畅引起。(√)

270. 变压器呼吸器硅胶变色，可能是吸潮过度，垫圈损坏，进入油室的水分太多等原因引起的。(√)

271. 变压器瓷套管接线紧固部分松动，表面接触过热氧化，会引起变色和异常气味（颜色变暗、失去光泽、表面镀层遭破坏）。(√)

272. 变压器瓷套管污损产生电晕、闪络，会发出奇臭味，冷却风扇、油泵烧毁会发生烧焦气味。(√)

273. 变压器漏磁及磁场分布不均，会引起涡流，使油箱局部过热，并引起油漆变化或掉漆。(√)

274. 由于变压器内部涡流或夹紧铁芯的螺栓绝缘损坏会使变压器油温升高。(√)

275. 变压器绕组局部层间或匝间短路，内部接点有故障，二次线路上有大电阻短路等，均会使变压器温度不正常。(√)

276. 变压器过负荷，冷却风扇和输油泵故障，风扇电动机损坏，散热器管道积垢或冷却效果不良，散热器阀门未打开，渗漏油引起油量不足等原因都会造成变压器温度不正常。(√)

277. 变压器油色显著变化时，应对其进行跟踪化验，发现油内含有炭粒和水分，油的酸价增高，闪电降低，随之油绝缘强度降低，易引起绕组与外壳的击穿，此时应及时停用处理。(√)

278. 变压器油箱与零部件连接处的密封不良，焊件或铸件存在缺陷，运行中额外荷重或受到振动等，会出现变压器在运行中渗漏油现象。(√)

279. 变压器内部故障可以使油温升高，引起油的体积膨胀，发生漏油或喷油现象。(√)

280. 当变压器低压侧突然短路，而保护拒动，或变压器内部有短路故障而出气孔和防爆管堵塞等，会引起变压器储油柜或防爆管喷油。(√)

281. 变压器三相负载不平衡，不会引起中性点位移，不会造成三相电压不平衡。(×)

282. 变压器绕组发生相间匝间或层间短路，可以造成三相电压不平衡。(√)

283. 配电变压器低压系统发生铁磁谐振，使三相电压不平衡。(×)

284. 变压器油位因环境温度上升有可能高出油位指示极限，经查明不是假油位所致时，则应放油，使油位降至与当时油温相对应的高度，以免溢油。(√)

285. 变压器在各种超额定电流方式下运行，当顶层油温超过105℃时，应立即降低负载。(×)

286. 配电变压器中的油因低温凝滞时，应不投冷却器空载运行，同时监视顶层油温，逐步增加负载，直至投入相应数量冷却器，转入正常运行。(×)

287. 配电变压器低压系统发生单相接地时，应监视消弧线圈和接有消弧线圈的变压器的运行情况。(×)

288. 万能式低压断路器在使用前应将电磁铁工作极面的锈油抹净，机构的摩擦部分应定期涂以润滑油。(√)

289. 万能式低压断路器在分断短路电流后，应检查触点（必须将电源断开），如果在触点接触面上有小的金属粒时，应用锉刀将其清除并保持触点原有形状不变；如果触点的厚度

小于1mm（银钨合金的厚度），必须更换和进行调整，并保持压力符合要求。(√)

290. 万能式低压断路器在分断短路电流后，应检查触点（必须将电源断开），清理灭弧室两壁烟痕，如灭弧片烧坏严重，应予更换，甚至更换整个灭弧室。(√)

291. 检查万能式低压断路器的自由脱扣装置（传动机构与触点之间的联系装置）。当自由脱扣机构扣上时，传动机构应带动触点系统一起动作，使触点闭合。当脱扣后，使传动机构与触点系统解脱联系。(√)

292. 断开低压塑壳断路器时，必须将手柄拉向"分"字处，闭合时将手柄推向"合"字处。若将自动脱扣的断路器重新闭合，应先将手柄拉向"分"字处，使断路器再脱扣，然后将手柄推向"合"字处，即断路器闭合。(√)

293. 装在低压塑壳断路器中的电磁脱扣器，用于调整牵引杆与双金属片间距离的调节螺钉不得任意调整，以免影响脱扣器动作而发生事故。(√)

294. 当低压塑壳断路器电磁脱扣器的整定电流与使用场所设备负荷电流不相符时，不必重新调整定值再投入使用。(×)

295. 低压塑壳断路器应定期维护，当转动部分不灵活时，可适当加滴润滑油进行润滑。(√)

296. 断路器断开短路电流后，应立即进行以下检查：

1）上下触点是否良好，螺钉、螺母是否拧紧，绝缘部分是否清洁，发现有金属粒子残渣时应予清除干净。

2）灭弧室的栅片间是否短路，若被金属粒子短路，应用锉刀将其清除，以免再次遇到短路时，影响断路器可靠分断。(√)

297. 低压过载脱扣整定电流值可进行调节，热脱扣器出厂整定后不可改动。(√)

298. 低压断路器因过载脱扣后，经1～3分钟的冷却，可重新闭合合闸按钮继续工作。(√)

299. 遇刀开关断开、合闸时三相不同期、不能准确到位时，应申请停电调试。(√)

300. 负荷电流超过刀开关的额定值时，应及时上报，调整线路负荷。(√)

301. 刀开关导电部分有动静触头接触不良、发热、烧损时，应及时停电修复。(√)

302. 刀开关绝缘连杆、底座等绝缘部件有烧伤和放电现象时，应及时上报更换或修复。(√)

303. 刀开关操动机构各部件有缺陷、动作不灵活时，应停电检修，传动试验良好再投入运行。(√)

304. 检查熔断器外观（取下熔断器管），遇有损伤、变形，瓷件有放电闪烁痕迹应更换。(√)

305. 检查熔断器，熔体与被保护电路或设备不匹配，应及时调换。(√)

306. 在TN接地系统中的N线、设备的接地保护线上，不允许使用熔断器。(√)

307. 维护检查熔断器时，要切断电源，不允许带电摘取熔断器管。(√)

308. 安装新熔体前，要找出熔体熔断原因，未确定熔断原因，不要拆换熔体试送。(√)

309. 更换新熔体时，要检查熔体的额定值是否与被保护设备相匹配。(√)

310. 更换新熔体时，要检查熔断管内部烧伤情况，如有严重烧伤，应同时更换熔管。瓷熔管损坏时，不允许用其他材质管代替。填料式熔断器更换熔体时，要注意填充

填料。(√)

311. 热继电器热元件的额定电流值与电动机的额定电流值不相当时，不必更换热元件或调整旋钮的刻度改变定值。(×)

312. 热继电器在使用中，需要定期用布擦净尘埃和污垢，双金属片要保持光泽，如果上面有锈迹，可用布蘸汽油轻轻擦除，但不得用砂纸磨光。(√)

313. 热继电器动作机构动作不正常时，可用手扳动 4～5 次观察，复位按钮应灵活，调整部件，不得松动。如已松动，则应加以紧固并重新进行调整。检查调整部件时，只能用手或螺钉旋具轻轻触动，不得用力拧或推拉。对于可调整的热继电器应检视刻度是否对准需要的刻度值。(√)

314. 在检视热继电器元件是否良好时，只可打开盖子从旁观察，不得将热元件卸下。若必须卸下时，装好后要通电试验调整。(√)

315. 在热继电器使用过程中，每年应进行一次通电校验。此外，在设备发生事故而引起巨大短路电流后，应检查热元件和双金属片有无明显变形。若已产生明显变形，需要通电试验调整，调整时，不能弯折双金属片。(√)

316. 交流接触器运行中应清扫外部灰尘，检查各紧固件是否松动，特别是导体连接部分，防止接触松动而发热。(√)

317. 交流接触器应检查动、静触点位置是否对准，三相是否同时闭合，如有问题，应调节触点弹簧。(√)

318. 交流接触器应检查触点磨损程度，磨损深度不得超过 1cm，触点有烧损，开焊脱落时，须及时更换；轻微烧损时，一般不影响使用。(×)

319. 交流接触器清理触点时，不允许使用砂纸，应使用整形锉。(√)

320. 低压交流接触器测量相间绝缘电阻，阻值应不低于 1MΩ。(×)

321. 交流接触器应经常清扫灰尘，特别是运动部件及铁芯吸合接触面间；检查铁芯的紧固情况，铁芯松散会引起运行噪声加大；铁芯短路环有脱落或断裂要及时修复。(√)

322. 交流接触器应测量线圈绝缘电阻；线圈绝缘物有无变色、老化现象，线圈表面温度不应超过 85℃；检查线圈引线连接，如有开焊、烧损应及时修复。(×)

323. 交流接触器应检查灭弧罩是否破损；灭弧罩位置有无松脱和位置变化；清除灭弧罩缝隙内的金属颗粒及杂物。(√)

324. 启动器衔铁表面应无锈斑、油垢；接触面应平整、清洁；可动部分应灵活无卡阻；灭弧罩之间应有间隙；灭弧线圈绕向应正确。(√)

325. 启动器触头的接触应紧密，固定主触头的触头杆应固定可靠。(√)

326. 启动器当带有动断触头的接触器与磁力启动器闭合时，应先断开动断触头，后接通主触头；当断开时，应先断开主触头，后接通动断触头，且三相主触头的动作应一致，其误差应符合产品技术文件的要求。(√)

327. 启动器电磁启动器热元件的规格应与电动机的保护特性相匹配；热继电器的电流调节指示位置应调整在电动机的额定电流值上，并应按设计要求进行定值校验。(√)

328. 变压器铁芯穿芯螺栓绝缘损坏，铁芯硅钢片绝缘损坏，高压或低压绕组层间短路，引出线混线或引线碰油箱及过负荷等均可引起变压器火灾。(√)

329. 变压器着火时，可先不切断电源，直接灭火。(×)

330. 若变压器顶盖上部着火，应立即打开下部放油阀，将油放至着火点以下或全部放出，同时用不导电的灭火器（如四氯化碳、二氧化碳、干粉灭火器等）或干燥的沙子灭火。(√)

331. 变压器着火时，严禁用水或其他导电的灭火器灭火。(√)

332.《生产安全事故报告和调查处理条例》规定的“特别重大事故”，是指造成 30 人以上死亡，或者 100 人以上重伤（包括急性工业中毒，下同），或者 1 亿元以上直接经济损失的事故。(√)

333.《生产安全事故报告和调查处理条例》规定的“重大事故”，是指造成 10 人以上 50 人以下死亡，或者 50 人以上 100 人以下重伤，或者 5000 万元以上 1 亿元以下直接经济损失的事故。(×)

334.《生产安全事故报告和调查处理条例》规定的“较大事故”，是指造成 3 人以上 10 人以下死亡，或者 10 人以上 50 人以下重伤，或者 1000 万元以上 5000 万元以下直接经济损失的事故。(√)

335.《生产安全事故报告和调查处理条例》规定的“一般事故”，是指造成 3 人以下死亡，或者 10 人以下重伤，或者 1000 万元以下直接经济损失的事故。(√)

336. 事故报告应当及时、准确、完整，任何单位和个人对事故不得迟报、漏报、谎报或者瞒报。(√)

337. 事故调查处理应当坚持实事求是、尊重科学的原则，及时、准确地查清事故经过、事故原因和事故损失，查明事故性质，认定事故责任，总结事故教训，提出整改措施，并对事故责任者依法追究责任。(√)

338. 任何单位和个人不得阻挠和干涉对事故的报告和依法调查处理。(√)

339. 对事故报告和调查处理中的违法行为，任何单位和个人有权向安全生产监督管理部门、监察机关或者其他有关部门举报，接到举报的部门应当依法及时处理。(√)

第十一章　农配网技能

第一节　单选题

1. 电力系统中以“kWh”作为（ B ）的计量单位。

A. 电压　B. 电能　C. 电功率　D. 电位

2. 当参考点改变时，电路中的电位差是（ C ）。

A. 变大的　B. 变小的　C. 不变化的　D. 无法确定

3. 一个实际电源的端电压随着负载电流的减小将（ B ）。

A. 降低　B. 升高　C. 不变　D. 稍微降低

4. 我国交流电的标准频率为 50Hz，其周期为（ B ）s。

A. 0.01　B. 0.02　C. 0.1　D. 0.2

5. 电路由（ A ）和开关 4 部分组成。

A. 电源、负载、连接导线　B. 发电机、电动机、母线

C. 发电机、负载、架空线路　D. 电动机、灯泡、连接导线

6. 参考点也叫零电位点，它是由（ A ）的。

A. 人为规定　B. 参考方向决定的

C. 电压的实际方向决定的　D. 大地性质决定的

7. 线圈磁场方向的判断方法用（ B ）。

A. 直导线右手定则　B. 右手螺旋定则

C. 左手电动机定则　D. 右手发电机定则

8. 正弦交流电的幅值就是（ B ）。

A. 正弦交流电最大值的 2 倍　B. 正弦交流电最大值

C. 正弦交流电波形正负振幅之和　D. 正弦交流电最大值的 2 倍

9. 运动导体切割磁力线而产生最大电动势时，导体与磁力线间的夹角应为（ D ）。

A. 0°　B. 30°　C. 45°　D. 90°

10. 安全带试验周期为（ B ）试验一次。

A. 一年　B. 半年　C. 两年　D. 三年

11. 高压验电器绝缘部分长度，对 10kV 及以下不小于（ B ）m。

A. 0.8　B. 0.4　C. 1　D. 0.9

12. 绝缘夹钳只允许使用在额定电压为（ C ）kV 及以下的设备上。

A. 10　B. 20　C. 35　D. 55

13. 用于 1kV 及以下的绝缘垫的厚度应不小于（ B ）mm。

A. 7～8　　B. 3～5　　C. 1～2　　D. 2～3

14. 三相短路接地线，应采用多股软铜绞线制成，其截面应符合短路电流的要求，但不得小于（ C ）mm²。

A. 10　　B. 20　　C. 25　　D. 35

15. A级绝缘材料最高允许工作温度为（ C ）℃。

A. 100　　B. 90　　C. 105　　D. 120

16. 铝芯聚氯乙烯绝缘导线的型号是（ B ）。

A. BV　　B. BLV　　C. BVV　　D. BLVV

17. DG型导电膏涂敷于导电排搭接处和电气设备连接处，可以降低接触电阻（ C ）。

A. 10%～20%　　B. 20%～25%

C. 25%～95%　　D. 30%～50%

18. 散热涂料能增强导电排的散热能力，一般可使温升下降（ D ）。

A. 10%～20%　　B. 20%～25%

C. 25%～95%　　D. 36%～45%

19. 气干型散热涂料需在涂敷晾干（ A ）h后使用。

A. 24　　B. 14　　C. 4　　D. 34

20. 磁电系仪表只能用于（ A ）。

A. 直流电路　　B. 交流电路

C. 交直流两用　　D. 主要用于交流电路

21. 电磁系仪表可（ C ）。

A. 用于直流电路　　B. 用于交流电路

C. 交直流两用　　D. 主要用于交流电路

22. 磁电系电流表扩大量程的办法是：与测量机构（ B ）电阻。

A. 串联分流　　B. 并联分流　　C. 串联分压　　D. 并联分压

23. 磁电系电压表扩大量程的办法是：与测量机构（ C ）电阻。

A. 串联分流　　B. 并联分流　　C. 串联分压　　D. 并联分压

24. 绝缘电阻表应根据被测电气设备的（ B ）来选择。

A. 额定功率　　B. 额定电压　　C. 额定电阻　　D. 额定电流

25. 锥形杆的杆梢直径一般分为（ B ）两种。

A. 130mm和170mm　　B. 150mm和190mm

C. 170mm和210mm　　D. 130mm和170mm

26. 锥形电杆的锥度为（ C ）。

A. 1/25　　B. 1/50　　C. 1/75　　D. 1/100

27. 分支杆也是分支线路的（ A ）。

A. 终端杆　　B. 转角杆　　C. 直线杆　　D. 跨越杆

28. 占全线路电杆基数最多的杆型是（ C ）。

A. 终端杆　　B. 转角杆　　C. 直线杆　　D. 分支杆

29. 直线转角杆在线路转角角度小于（ B ）时才能采用。

A. 10°　　B. 15°　　C. 20°　　D. 30°

30. 目前常用的裸导线型号分为（ C ）两大类。

A. LJ 和 GJ　B. GJ 和 TJ　C. LJ 和 LGJ　D. LGJ 和 TJ

31. 铜的导电率比铝的导电率（ A ）。

A. 大得多　B. 小得多　C. 差不多　D. 一样

32. 铜的密度比铝（ A ）。

A. 大得多　B. 小得多　C. 差不多　D. 一样

33. 低压架空线路导线最小允许截面积为（ B ）mm^2。

A. 10　B. 16　C. 25　D. 35

34. 低压针式绝缘子的型号为（ D ）。

A. CD10-1　B. XP-7C　C. ED-3　D. PD-1T

35. 悬式绝缘子的型号为（ B ）。

A. CD10-1　B. XP-7C　C. ED-3　D. PD-1T

36. 蝶式绝缘子的型号为（ C ）。

A. CD10-1　B. XP-7C　C. ED-3　D. P-1T

37. 当拉线发生断线时，其拉线绝缘子距地面不得小于（ C ）m。

A. 1.5　B. 2　C. 2.5　D. 3

38. 拉线棒通常采用直径不小于（ C ）mm 的圆钢制作。

A. 20　B. 18　C. 16　D. 10

39. 一般情况下拉线与电杆的夹角不应小于（ D ）。

A. 15°　B. 45°　C. 60°　D. 30°

40. 配电线路要做到有序管理和维护，必须对线路和设备进行（ A ）。

A. 命名和编号　B. 巡视和检查

C. 检查和试验　D. 维护和检修

41. 配电线路的相序排列，按 A、B、C 顺序，用（ B ）颜色表示。

A. 红、绿、黄　B. 黄、绿、红

C. 绿、黄、红　D. 红、黄、绿

42. 线路名称及编号若采用悬挂标志牌，悬挂高度为距地面（ C ）m 左右。

A. 1.5　B. 2　C. 2.5　D. 3

43. 电杆偏离线路中心线不应大于（ A ）m。

A. 0.1　B. 0.2　C. 0.25　D. 0.3

44. 电杆的倾斜度不应大于杆长的（ A ）。

A. 1.5%　B. 2%　C. 2.5%　D. 3%

45. 钢筋混凝土电杆横向裂纹不宜超过 1/3 周长，裂纹宽度大于（ C ）mm 者应及时处理。

A. 1.5　B. 1　C. 0.5　D. 0.2

46. 铁横担锈蚀面积不宜超过截面的（ A ），否则应进行更换。

A. 1/2　B. 1/3　C. 1/4　D. 1/5

47. 横担上下倾斜、左右偏歪不应大于其长度的（ D ）。

A. 5%　B. 4%　C. 3%　D. 2%

48. 低压接户线两悬挂点的间距不宜大于（ B ）m，若超过就应加装接户杆。

A. 15　　B. 25　　C. 30　　D. 40

49. 低压接户线从电杆上引下时的线间距离最小不得小于（ A ）mm。

A. 150　　B. 200　　C. 250　　D. 300

50. 低压接户线应采用绝缘铝线，档距为 10～25m，其最小截面不得小于（ B ）mm^2。

A. 4　　B. 6　　C. 10　　D. 16

51. 低压接户线至通车道路中心的垂直距离不得小于（ D ）m。

A. 2　　B. 3　　C. 5　　D. 6

52. 低压接户线不允许跨越建筑物。如果必须跨越，则接户线在最大弧垂时距建筑物的垂直距离不应小于（ C ）m。

A. 1.5　　B. 2　　C. 2.5　　D. 3

53. 自电杆上引下的低压接户线，其导线截面大于或等于（ C ）mm^2者，应装在低压蝶式绝缘子上，线间距离不应小于 150mm。

A. 6　　B. 10　　C. 16　　D. 25

54. 低压接户线最大风偏时与烟筒、拉线、电杆距离不得小于（ A ）mm。

A. 200　　B. 300　　C. 350　　D. 400

55. 开启式负荷刀开关俗称（ A ）。

A. 胶盖刀闸　　B. 空气断路器

C. 铁壳开关　　D. 石板刀闸

56. 开启式负荷开关的安装方向应为合闸时手柄（ D ），不准倒装或平装，以防误操作。

A. 向左推　　B. 向右推　　C. 向下推　　D. 向上推

57. 开启式负荷开关的电源进线应接在（ C ）。

A. 左侧接线柱　　B. 右侧接线柱　　C. 静触座上　　D. 熔丝接头

58. 封闭式负荷开关俗称（ B ）。

A. 胶盖刀闸　　B. 空气断路器　　C. 铁壳开关　　D. 石板刀闸

59. 封闭式负荷开关操动机构为（ D ），以确保操作安全，避免发生触电的危险。

A. 延时装置　　B. 综合闭锁装置

C. 电气连锁装置　　D. 机械连锁装置

60. 刀开关起（ D ）的作用，有明显绝缘断开点，以保证检修人员安全。

A. 切断过负荷电流　　B. 切断短路电流

C. 隔离故障　　D. 隔离电压

61. 熔断器式开关适用于交流 50Hz、380V 或 440V，负荷电流 100～600A 的配电网中，作为电器设备的（ C ）保护。

A. 过负荷　　B. 短路

C. 过负荷和短路　　D. 低电压

62. 电流小于（ A ）的交流接触器，一般采用的灭弧方法是双断口触头和电动力灭弧。

A. 10A　　B. 15A　　C. 20A　　D. 30A

63. 刀开关的定期检修期限为每年（A）次。

A. 1～2　　B. 3～4　　C. 3　　D. 4

64. 刀开关三相联动的刀闸应同时闭合，不同时闭合的偏差不应超过（D）。

A. 4mm　　B. 2mm　　C. 2.5mm　　D. 3mm

65. 接触器的辅助触头，通常由（A）对及以上的常开常闭辅助触头构成。

A. 2　　B. 3　　C. 4　　D. 5

66. 接触器的触头一般采用（B）。

A. 插入式或桥式　　B. 桥式或指形

C. 指形或对接　　D. 对接或插入式

67. 接触器的辅助触头，接于控制电路中，其额定电流为（C）A。

A. 2　　B. 3　　C. 5　　D. 10

68. 测量接触器相间绝缘电阻，绝缘电阻值不应低于（B）Ω。

A. 5　　B. 10　　C. 20　　D. 50

69. 自耦变压器的三相绕组采用Y接线，各相绕组在总匝数的（D）处有抽头。

A. 25%和50%　　B. 35%和60%

C. 50%和70%　　D. 65%和80%

70. 异步电动机的型号为Y355M2-4，数字4代表（C）。

A. 中机座　　B. 4号铁芯长度　　C. 4极　　D. 设计序号

71. 三相异步电动机转子的转速（A）同步转速。

A. 低于　　B. 高于

C. 等于　　D. 可以低于，也可以高于

72. 可按（C）倍电动机的额定电流来选择单台电动机熔丝或熔体的额定电流。

A. 0.5～0.6　　B. 0.6～1.0　　C. 1.5～2.5　　D. 2.5～3.5

73. 感应式电能表可用于（B）。

A. 直流电路　　B. 交流电路

C. 交直流两用　　D. 主要用于交流电路

74. 在电能表型号中，表示电能表的类别代号是（D）。

A. N　　B. L　　C. M　　D. D

75. 在电能表组别代号中，D表示单相，S表示三相三线，（C）表示三相四线，X表示无功，B表示标准。

A. M　　B. J　　C. T　　D. K

76. 在电能表的用途代号中，Z表示最大需量，（B）表示分时计费，S表示电子式，Y表示预付费，D表示多功能，M表示脉冲式。

A. M　　B. F　　C. T　　D. K

77. DD862型电能表，含义为单相电能表，设计序号为（D）。

A. 8　　B. 6　　C. 2　　D. 862

78. DT862型电能表，含义为（A）有功电能表，设计序号为862。

A. 三相四线　　B. 三相三线　　C. 三相五线　　D. 两相三线

79. DS862 型电能表，含义为（ B ）有功电能表，设计序号为 862。

A. 三相四线　B. 三相三线　C. 三相五线　D. 两相三线

80. DX 型是（ C ）电能表。

A. 三相四线　B. 三相有功　C. 三相无功　D. 单相

81. DT 型是（ A ）电能表。

A. 三相四线　B. 三相有功　C. 三相无功　D. 单相

82. DS 型是（ B ）电能表。

A. 三相四线　B. 三相三线有功　C. 三相无功　D. 单相

83. DD 型是（ D ）电能表。

A. 三相四线　B. 三相有功　C. 三相无功　D. 单相

84. 1kWh 电能可供“220V、40W”的灯泡正常发光时间是（ D ）h。

A. 100　B. 200　C. 95　D. 25

85. 电能表常数的正确单位是（ B ）。

A. 度/小时　B. r/kWh　C. R/kWh　D. 度/kWh

86. 三块单相电能表测三相四线电路有功电能时，电能消耗等于三块电能表读数的（ B ）。

A. 几何和　B. 代数和

C. 分数值　D. 绝对值之和

87. 220V 单相供电的，供电电压允许偏差上限值为额定电压的（ B ）。

A. +5%　B. +7%　C. +10%　D. −5%

88. 胸外按压要以均匀速度施行，一般每分钟（ C ）次左右。

A. 30　B. 50　C. 80　D. 100

89. 对成年人施行触电急救时，口对口（鼻）吹气速度每分钟（ B ）次。

A. 5　B. 12　C. 18　D. 20

90. 触电急救胸外按压与口对口（鼻）人工呼吸同时进行。操作频率为：单人抢救时，每按压（ D ）次后吹气 2 次（15∶2），反复进行。

A. 5　B. 12　C. 18　D. 15

91. 双人抢救触电者时，每按压（ A ）次后再吹气 1 次（5∶1），反复进行。

A. 5　B. 12　C. 18　D. 15

92. 英制长度单位与法定长度单位的换算关系是 1in＝（ A ）mm。

A. 25.4　B. 25　C. 24.5　D. 24.4

93. 某配电室一条分路出线断路器检修，同时该分路线路上也进行检修，此时在隔离开关的操作把手上应悬挂（ C ）标示牌。

A. “禁止合闸，有人操作”

B. “禁止合闸，线路有人工作”

C. “禁止合闸，有人工作”和“禁止合闸，线路有人工作”

D. “在此工作”

94. 在二次回路接线中，把线头弯成圆圈，应该用（ B ）。

A. 钢丝钳　B. 尖嘴钳　C. 斜口钳　D. 剥线钳

95. 斜削法需先用电工刀以（ A ）角倾斜切入绝缘层，当切近芯线时，即停止用力。

A. 45° B. 35° C. 25° D. 15°

96. 工作人员在直梯子上作业时，必须登在距梯顶不少于（ C ）m 的梯蹬上工作。

A. 0.4 B. 0.5 C. 1 D. 0.6

97. 对升降板进行检验，试验时将其系于混凝土杆上，离地（ B ）m 左右。

A. 0.8 B. 0.5 C. 1 D. 0.9

98. 对脚扣做人体冲击试验，试验时将脚扣系于混凝土杆离地（ B ）m 左右处。

A. 0.8 B. 0.5 C. 1 D. 0.9

99. 测量时，绝缘电阻表必须放平，以（ D ）r/min 的恒定速度转动绝缘电阻表手柄，使指针逐渐上升，直到达到稳定值后，再读取绝缘电阻值。

A. 50 B. 500 C. 60 D. 120

100. 测量绝缘电阻使用的仪表是（ B ）。

A. 接地电阻测试仪 B. 绝缘电阻表
C. 万用表 D. 功率表

101. 一般测量 100V 以下低压电气设备或回路的绝缘电阻时，应使用（ D ）V 电压等级的绝缘电阻表。

A. 380 B. 500 C. 1000 D. 250

102. 一般测量额定电压为 100～500V 电气设备或回路的绝缘电阻时，应选用（ B ）V 电压等级的绝缘电阻表。

A. 380 B. 500 C. 1000 D. 2500

103. 测量 500～1000V 电气设备或回路的绝缘电阻时，应采用（ C ）V 绝缘电阻表。

A. 380 B. 500 C. 1000 D. 2500

104. 测量 1000～3000V 电气设备或回路的绝缘电阻时，应采用（ D ）V 绝缘电阻表。

A. 380 B. 500 C. 1000 D. 2500

105. 测量 10000V 及以上电气设备或回路的绝缘电阻时，应采用（ D ）V 及以上的绝缘电阻表。

A. 380 B. 500 C. 1000 D. 2500

106. 测量 500V 以下线圈的绝缘电阻，选择绝缘电阻表的额定电压应为（ A ）V。

A. 500 B. 1000 C. 1500 D. 2500

107. 测量绝缘子的绝缘电阻，选择绝缘电阻表的额定电压应为（ D ）V。

A. 500 B. 1000
C. 1500 D. 2500 或 5000

108. 单股铜芯导线的直线连接，将每个线头在另一芯线上紧贴并绕（ B ）圈。

A. 3 B. 5 C. 8 D. 10

109. 多股铝芯导线的连接主要采用（ C ）。

A. 缠绕连接 B. 浇锡焊接

C. 压接管压接和并沟线夹螺栓压接　　D. 铜铝接头压接

110. 铜（导线）、铝（导线）之间的连接主要采用（ **C** ）。

A. 直接缠绕连接　　B. 铝过渡连接管压接

C. 铜铝过渡连接管压接　　D. 铜过渡连接管压接

111. 包缠绝缘时，绝缘带与导线应保持约55°的倾斜角，每圈包缠压叠带宽的（ **A** ）。

A. 1/2　　B. 1/3　　C. 1/4　　D. 1/5

112. 使用外线用压接钳每压完一个坑后持续压力（ **C** ）min后再松开。

A. 4　　B. 5　　C. 1　　D. 6

113. 插接钢丝绳套的破头长度 *m* 为（ **D** ）*d*（*d* 为钢丝绳直径）。

A. 13～24　　B. 20～24　　C. 24～45　　D. 45～48

114. 插接钢丝绳套的插接长度 *h* 为（ **B** ）*d*（*d* 为钢丝绳直径）。

A. 13～20　　B. 20～24　　C. 24～45　　D. 45～48

115. 插接钢丝绳套的绳套长度 *L* 为（ **A** ）*d*（*d* 为钢丝绳直径）。

A. 13～24　　B. 24～34　　C. 34～45　　D. 45～48

116. 在编插钢丝绳套时，除了要按规定的尺寸要求外，各股插接的穿插次数不得少于（ **C** ）次。

A. 2　　B. 3　　C. 4　　D. 5

117. 在编插钢丝绳套时，为了防止每股钢丝绳松散，应用（ **B** ）将各股钢丝绳头缠绕。

A. 黄蜡带　　B. 黑胶布　　C. 铝绑线　　D. 铁绑线

118. 架空低压配电线路的导线在绝缘子上的固定，普遍采用（ **C** ）法。

A. 金具连接　　B. 螺栓压紧　　C. 绑线缠绕　　D. 线夹连接

119. 绑扎导线用铝绑线的直径应在（ **A** ）mm范围内。

A. 2.6～3　　B. 3～3.3　　C. 3.3～3.6　　D. 2.2～2.6

120. 绑扎导线用铜绑线的直径应在（ **D** ）mm范围内，使用前应做退火处理。

A. 2.6～3　　B. 3～3.3　　C. 3.3～3.6　　D. 2.2～2.6

121. 在绑扎铝导线时，应在导线与绝缘子接触处缠绕（ **A** ）。

A. 铝包带　　B. 黑胶布　　C. 绝缘胶布　　D. 黄蜡带

122. 在绑扎铝导线中，铝包带应超出绑扎部分或金具外（ **B** ）mm。

A. 10　　B. 30　　C. 40　　D. 50

123. 绝缘带包缠时，将黄蜡带从导线左边完整的绝缘层上开始，包缠（ **D** ）带宽后就可进入连接处的芯线部分。

A. 一个　　B. 半个　　C. 一个半　　D. 两个

124. 对于45°拉线长度可按地面杆高的（ **C** ）倍来计算，并加上回头缠绕长度。

A. 2　　B. 1.828　　C. 1.414　　D. 1.114

125. 导线穿越楼板时，应将导线穿入钢管或塑料管内保护，保护管上端口距地面不应小于（ **B** ）m，下端到楼板下出口为止。

A. 1　　B. 2　　C. 2.5　　D. 3

126. 瓷夹板（瓷卡）敷设适合于导线截面在（ D ）mm² 以下的室内照明线路。

A. 2.5　　B. 4　　C. 6　　D. 10

127. 瓷鼓配线适合于导线截面在（ A ）mm² 以下的室内照明线路。

A. 25　　B. 16　　C. 10　　D. 6

128. 瓷鼓配线的敷设要求，导线距地面高度一般不低于（ B ）m。

A. 3　　B. 2.3　　C. 2　　D. 1

129. 绝缘子配线线路一般均为水平敷设，导线距地高度不应低于（ C ）m。

A. 1.7～2　　B. 2～2.5　　C. 2.7～3　　D. 4

130. 绝缘子配线线路导线必须用绑线牢固地绑在绝缘子上，中间绝缘子均用（ A ）。

A. 顶绑法　　B. 侧绑法　　C. 回绑法　　D. 花绑法

131. 绝缘子配线线路导线必须用绑线牢固地绑在绝缘子上，转角绝缘子均用（ B ）。

A. 顶绑法　　B. 侧绑法　　C. 回绑法　　D. 花绑法

132. 绝缘子配线线路导线必须用绑线牢固地绑在绝缘子上，终端绝缘子用（ C ）。

A. 顶绑法　　B. 侧绑法　　C. 回绑法　　D. 花绑法

133. 槽板配线适合于导线截面在（ B ）mm² 以下的室内照明线路。

A. 2.5　　B. 4　　C. 6　　D. 10

134. 钢管配线时钢管弯曲处的弯曲半径，不得小于该管直径的（ C ）倍。

A. 3　　B. 5　　C. 6　　D. 10

135. 护套线在同一墙面上转弯时，弯曲半径不应小于护套线宽度的（ C ）倍。

A. 1～2　　B. 2～3　　C. 3～4　　D. 4～5

136. 照明线截面选择，应满足（ A ）和机械强度的要求。

A. 允许载流量　　B. 电压降低　　C. 平均电流　　D. 经济电流

137. 一般车间，办公室、商店和住房等处所使用的电灯，离地距离不应低于（ C ）m。

A. 1.5　　B. 1.8　　C. 2　　D. 2.5

138. 住宅采用安全插座时安装高度可为（ A ）m。

A. 0.3　　B. 1.5　　C. 1.8　　D. 2

139. 单相三孔插座安装时，必须把接地孔眼（大孔）装在（ A ）。

A. 上方　　B. 下方　　C. 左方　　D. 右方

140. 常用的管柄弯管器，适用于弯直径（ D ）mm 以下小批量的管子。

A. 30　　B. 20　　C. 10　　D. 50

141. 用管螺纹板套丝，与接线盒、配电箱连接处的套丝长度，不宜小于管外径的（ B ）倍。

A. 0.5　　B. 1.5　　C. 2.5　　D. 3.5

142. 管与管相连接部位的套丝长度，不得小于管接头长的 1/2 加（ A ）扣。

A. 2～4　　B. 4～5　　C. 5～6　　D. 6～7

143. 涡流是一种（ A ）现象。

A. 电磁感应　　B. 电流热效应

C. 化学效应　　D. 电流化学效应

144. 交流电阻和电感串联电路中，用（ C ）表示电阻、电感及阻抗之间的关系。

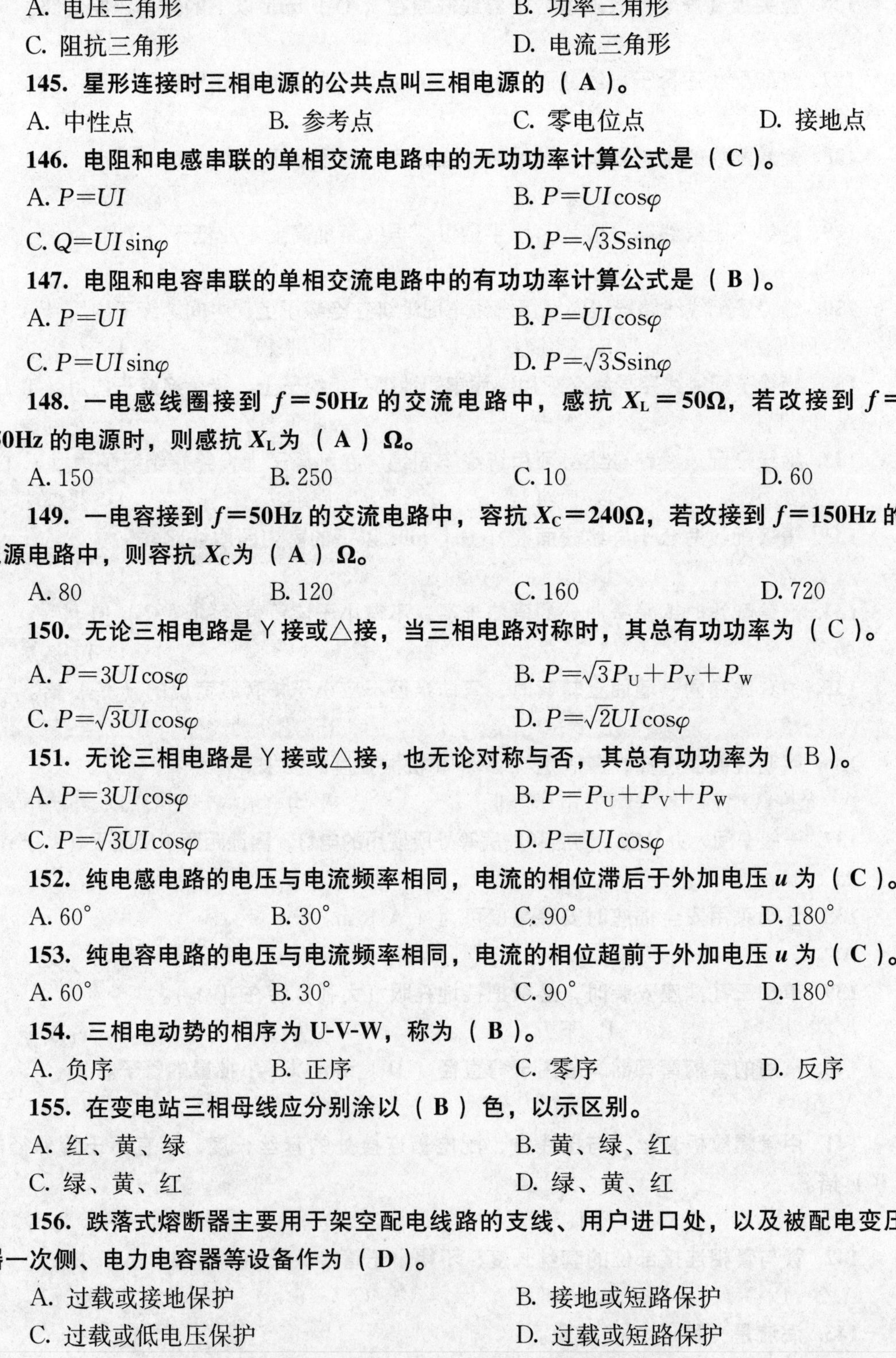

A. 电压三角形　　B. 功率三角形

C. 阻抗三角形　　D. 电流三角形

145. 星形连接时三相电源的公共点叫三相电源的（ A ）。

A. 中性点　　B. 参考点　　C. 零电位点　　D. 接地点

146. 电阻和电感串联的单相交流电路中的无功功率计算公式是（ C ）。

A. $P=UI$　　B. $P=UI\cos\varphi$

C. $Q=UI\sin\varphi$　　D. $P=\sqrt{3}S\sin\varphi$

147. 电阻和电容串联的单相交流电路中的有功功率计算公式是（ B ）。

A. $P=UI$　　B. $P=UI\cos\varphi$

C. $P=UI\sin\varphi$　　D. $P=\sqrt{3}S\sin\varphi$

148. 一电感线圈接到 $f=50$Hz 的交流电路中，感抗 $X_L=50\Omega$，若改接到 $f=150$Hz 的电源时，则感抗 X_L 为（ A ）Ω。

A. 150　　B. 250　　C. 10　　D. 60

149. 一电容接到 $f=50$Hz 的交流电路中，容抗 $X_C=240\Omega$，若改接到 $f=150$Hz 的电源电路中，则容抗 X_C 为（ A ）Ω。

A. 80　　B. 120　　C. 160　　D. 720

150. 无论三相电路是Y接或△接，当三相电路对称时，其总有功功率为（ C ）。

A. $P=3UI\cos\varphi$　　B. $P=\sqrt{3}P_U+P_V+P_W$

C. $P=\sqrt{3}UI\cos\varphi$　　D. $P=\sqrt{2}UI\cos\varphi$

151. 无论三相电路是Y接或△接，也无论对称与否，其总有功功率为（ B ）。

A. $P=3UI\cos\varphi$　　B. $P=P_U+P_V+P_W$

C. $P=\sqrt{3}UI\cos\varphi$　　D. $P=UI\cos\varphi$

152. 纯电感电路的电压与电流频率相同，电流的相位滞后于外加电压 u 为（ C ）。

A. 60°　　B. 30°　　C. 90°　　D. 180°

153. 纯电容电路的电压与电流频率相同，电流的相位超前于外加电压 u 为（ C ）。

A. 60°　　B. 30°　　C. 90°　　D. 180°

154. 三相电动势的相序为 U-V-W，称为（ B ）。

A. 负序　　B. 正序　　C. 零序　　D. 反序

155. 在变电站三相母线应分别涂以（ B ）色，以示区别。

A. 红、黄、绿　　B. 黄、绿、红

C. 绿、黄、红　　D. 绿、黄、红

156. 跌落式熔断器主要用于架空配电线路的支线、用户进口处，以及被配电变压器一次侧、电力电容器等设备作为（ D ）。

A. 过载或接地保护　　B. 接地或短路保护

C. 过载或低电压保护　　D. 过载或短路保护

157. 架空配电线路装设重合式熔断器的目的是提高被保护设备的（ B ），防止被保护线路设备因瞬时故障而停电。

A. 过载能力　　B. 供电可靠性　　C. 供电电压　　D. 负荷电流

158. 跌落式熔断器的额定电流必须（A）熔丝元件的额定电流。

A. 大于或等于　B. 小于或等于　C. 小于　D. 大于

159. 当柱上电力电容器容量在30kvar及以下时，熔丝元件按电力电容器额定电流的（B）倍选择。

A. 1～1.3　B. 1.5～2　C. 2～3　D. 3～4

160. 当配电变压器容量在100kVA及以下时，配电变压器一次侧熔丝元件按变压器额定电流的（C）倍选择。

A. 1～1.3　B. 1.5～2　C. 2～3　D. 3～4

161. 当配电变压器容量在100kVA以上时，配电变压器一次侧熔丝元件按变压器额定电流的（B）倍选择。

A. 1～1.3　B. 1.5～2　C. 2～3　D. 3～4

162. 10kV用户进口处，熔丝元件按用户最大负荷电流的（D）倍选择。

A. 1～1.3　B. 1.5～2　C. 2～3　D. 1.5

163. 柱上断路器是一种担负（C）任务的开关设备。

A. 控制　B. 保护　C. 控制和保护　D. 过负荷

164. DW5-10G代表的是（A）开关。

A. 柱上多油式　B. 柱上真空式

C. 柱上六氟化硫式　D. 柱上负荷隔离开关

165. ZW-10代表的是（B）开关。

A. 柱上多油式　B. 柱上真空式

C. 柱上六氟化硫式　D. 柱上负荷隔离开关

166. LW11-10代表的是（C）开关。

A. 柱上多油式　B. 柱上真空式

C. 柱上六氟化硫式　D. 柱上负荷隔离开关

167. FW7-10/400代表的是（D）开关。

A. 柱上多油式　B. 柱上真空式

C. 柱上六氟化硫式　D. 柱上负荷隔离开关

168. 柱上SF_6断路器的开断能力约是多油式断路器的（D）倍。

A. 1～1.3　B. 1.5～2　C. 2～3　D. 2～4

169. 变压器油主要起（A）作用。

A. 冷却和绝缘　B. 消弧　C. 润滑　D. 支撑

170. 变压器温度升高，绝缘电阻值（B）。

A. 升高　B. 降低

C. 不变　D. 成比例增大

171. 电源频率增加一倍，变压器绕组感应电动势（A）。

A. 增加一倍　B. 不变　C. 减小一半　D. 略有增加

172. 互感器的二次绕组必须一端接地，其目的是（B）。

A. 防雷　B. 保护人身和设备安全

C. 连接牢固　D. 防盗

173. 绝缘套管表面的空气发生放电，叫（ D ）。

A. 气体放电　B. 气体击穿　C. 瓷质击穿　D. 沿面放电

174. 电压互感器一次绕组的匝数（ A ）二次绕组的匝数。

A. 远大于　B. 略大于　C. 等于　D. 小于

175. 变压器的电压比是指变压器在（ B ）运行时，一次电压与二次电压的比值。

A. 负载　B. 空载　C. 满载　D. 欠载

176. 变压器运行时，油温最高的部位是（ A ）。

A. 铁芯　B. 绕组

C. 上层绝缘油　D. 下层绝缘油

177. 变压器正常运行的声音是（ B ）。

A. 断断续续的嗡嗡声　B. 连续均匀的嗡嗡声

C. 时大时小的嗡嗡声　D. 无规律的嗡嗡声

178. 配电系统电压互感器二次侧额定电压一般都是（ D ）V。

A. 36　B. 220　C. 380　D. 100

179. 配电系统电流互感器二次侧额定电流一般都是（ B ）A。

A. 220　B. 5　C. 380　D. 100

180. 变压器一次电流随二次电流的增加而（ B ）。

A. 减少　B. 增加　C. 不变　D. 不能确定

181. 电流互感器二次回路所接仪表或继电器线圈，其阻抗必须（ B ）。

A. 高　B. 低

C. 高或者低　D. 既有高也有低

182. 一台配电变压器的型号为 S9-630/10，该变压器的额定容量为（ B ）。

A. 630MVA　B. 630kVA　C. 630VA　D. 630kW

183. 无励磁调压的配电变压器高压绕组上一般都带有（ B ）个抽头。

A. 6　B. 3　C. 4　D. 5

184. 造成配电变压器低压侧熔丝熔断的原因可能是（ B ）。

A. 变压器内部绝缘击穿　B. 变压器负载侧短路

C. 高压引线短路　D. 低压侧断路

185. 变压器一次绕组的 1 匝导线与二次绕组的 1 匝导线所感应的电势（ A ）。

A. 相等　B. 不相等　C. 大　D. 小

186. 变压器正常运行时，油枕油位应在油位计的（ D ）位置。

A. 1/5　B. 1/4～1/2　C. 1/2　D. 1/4～3/4

187. 测量变压器铁芯对地的绝缘电阻，应先拆开（ B ）。

A. 绕组间的引线　B. 铁芯接地片

C. 外壳接地线　D. 穿芯螺栓

188. 配电变压器的大修又称为（ A ）。

A. 吊芯检修　B. 不吊芯检修　C. 故障性检修　D. 临时检修

189. 变压器的变比等于一、二次绕组的（ C ）之比。

A. 功率　B. 电流　C. 匝数　D. 频率

190. 无励磁调压的配电变压器的调压范围是（ D ）。

A. +5%　　B. −5%　　C. ±10%　　D. ±5%

191. 变压器油枕的容积大约是油箱容积的（ B ）。

A. 1/12　　B. 1/10　　C. 1/6　　D. 1/5

192. 起重用的钢丝绳的静力试验荷重为工作荷重的（ A ）倍。

A. 2　　B. 3　　C. 1.5　　D. 1.8

193. 电阻、电感、电容串联电路中，电路中的总电流与电路两端电压的关系是（ B ）。

A. 电流超前于电压

B. 总电压可能超前于总电流，也可能滞后于总电流

C. 电流与电压同相位

D. 电压超前于电流

194. 电阻、电感、电容串联电路中，当电路中的总电流滞后于电路两端电压的时候（ A ）。

A. $X=X_L-X_C>0$　　B. $X=X_L-X_C<0$

C. $X=X_L-X_C=0$　　D. $X=X_L=X_C$

195. 电阻、电感、电容并联电路中，当电路中的总电流滞后于电路两端电压的时候（ B ）。

A. $X=X_L-X_C>0$　　B. $X=X_L-X_C<0$

C. $X=X_L-X_C=0$　　D. $X=X_L=X_C$

196. 用一个恒定电动势 E 和一个内阻 R_0 串联组合来表示一个电源。用这种方式表示的电源称为（ A ）。

A. 电压源　　B. 电流源　　C. 电阻源　　D. 电位源

197. 用一个恒定电动势 E 和一个内阻 R_0 串联组合来表示一个电源。用这种方式表示的电源称为电压源，$R_0=0$ 时称为（ C ）。

A. 电位源　　B. 理想电流源　　C. 理想电压源　　D. 电阻源

198. 用一个恒定电流 I_S 和一个电导 G_0 并联表示一个电源，这种方式表示的电源称（ B ）。

A. 电压源　　B. 电流源　　C. 电阻源　　D. 电位源

199. 用一个恒定电流 I_S 和一个电导 G_0 并联表示一个电源，这种方式表示的电源称电流源，$G_0=0$ 时则称为（ D ）。

A. 电位源　　B. 理想电压源

C. 电阻源　　D. 理想电流源

200. 在半导体中掺入微量的有用杂质，制成掺杂半导体。掺杂半导体有（ B ）。

A. W 型　　B. N 型有 P 型　　C. U 型　　D. V 型

201. N 型半导体自由电子数远多于空穴数，这些自由电子是多数载流子，而空穴是少数载流子，导电能力主要靠自由电子，称为电子型半导体，简称（ D ）。

A. W 型半导体　　B. U 型半导体

C. P 型半导体　　D. N 型半导体

202. P 型半导体空穴数远多于自由电子数，这些空穴是多数载流子，而自由电子是

少数载流子，导电能力主要靠空穴，称为空穴型半导体，简称（C）。

A. W型半导体　　B. U型半导体

C. P型半导体　　D. N型半导体

203. 将P型半导体和N型半导体经过特殊工艺加工后，会有机地结合在一起，就在交界处形成了有电荷的薄层，这个带电荷的薄层称为（A）。

A. PN节　　B. N型节　　C. P型节　　D. V型节

204. 在PN节之间加（C），多数载流子的扩散增强，有电流通过PN节，就形成了PN节导电。

A. 前向电压　　B. 后向电压　　C. 正向电压　　D. 反向电压

205. 在PN节之间加（D），多数载流子扩散被抑制，反向电流几乎为零，就形成了PN节截止。

A. 前向电压　　B. 后向电压　　C. 正向电压　　D. 反向电压

206. 三极管内部由三层半导体材料组成，分别称为发射区、基区和集电区，结合处形成两个PN结，分别称为发射结和（C）。

A. 集中结　　B. 集成结　　C. 集电结　　D. 集合结

207. 三极管集电极电流的变化量ΔI_c与基极电流变化量ΔI_b的比值称为三极管共发射极接法（B）。

A. 电流系数　　B. 电流放大系数　　C. 电流常数　　D. 电压系数

208. 当三极管集电极与发射极之间的电压U_{ce}为一定值时，基极与发射极间的电压U_{be}与基极电流I_b之间的关系，称为三极管的（A）。

A. 输入特性　　B. 输出特性　　C. 放大特性　　D. 机械特性

209. 当三极管基极电流为某一定值时，集电极电压U_{ce}与集电极电流I_c之间的关系曲线称为三极管的（B）。

A. 输入特性　　B. 输出特性　　C. 放大特性　　D. 机械特性

210. 埋入土壤中的接地线，一般采用（B）材质。

A. 铜　　B. 铁　　C. 铝　　D. 镁

211. 水平接地体相互间的距离不应小于（B）m。

A. 3　　B. 5　　C. 7　　D. 8

212. TN-C系统中的中性线和保护线是（A）。

A. 合用的　　B. 部分合用，部分分开

C. 分开的　　D. 少部分分开

213. 接地电阻测量仪是用于测量（D）的。

A. 小电阻　　B. 中值电阻　　C. 绝缘电阻　　D. 接地电阻

214. 用四极法测量土壤电阻率一般取极间距离为（B）m左右。

A. 30　　B. 20　　C. 50　　D. 40

215. 用四极法测量土壤电阻率电极埋深要小于极间距离的（B）。

A. 1/30　　B. 1/20　　C. 1/50　　D. 1/40

216. 用四极法测量土壤电阻率应取（A）次以上的测量数据的平均值作为测量值。

A. 3～4　　B. 1～2　　C. 5～6　　D. 6～8

217. 配电变压器低压侧中性点的工作接地电阻，一般不应大于（ B ）Ω。

A. 3　　B. 4　　C. 7　　D. 8

218. 配电变压器容量不大于 100kVA 时，接地电阻可不大于（ D ）Ω。

A. 4　　B. 5　　C. 8　　D. 10

219. 非电能计量的电流互感器的工作接地电阻，一般可不大于（ D ）Ω。

A. 4　　B. 5　　C. 8　　D. 10

220. 用电设备保护接地装置，接地电阻值一般不应大于（ B ）Ω。

A. 3　　B. 4　　C. 7　　D. 8

221. 中性点直接接地的低压电力网中，采用保护接零时应将零线重复接地，重复接地电阻值不应大于（ D ）Ω。

A. 4　　B. 5　　C. 8　　D. 10

222. 当变压器容量不大于 100kVA 且重复接地点不少于 3 处时，允许接地电阻不大于（ C ）Ω。

A. 40　　B. 50　　C. 30　　D. 100

223. 高压与低压设备共用接地装置，接地电阻值不应大于（ A ）Ω。

A. 4　　B. 5　　C. 8　　D. 10

224. 高压与低压设备共用接地装置，当变压器容量不大于 100kVA 时，接地电阻不应大于（ D ）Ω。

A. 4　　B. 5　　C. 8　　D. 10

225. 高压设备独立的接地装置，接地电阻值不应大于（ D ）Ω。

A. 4　　B. 5　　C. 8　　D. 10

226. 对已运行的电缆中间接头电阻与同长度同截面导线的电阻相比，其比值不应大于（ B ）倍。

A. 1　　B. 1. 2　　C. 1. 4　　D. 1. 5

227. 制作好的电缆头应能经受电气设备交接验收试验标准规定的（ A ）耐压实验。

A. 直流　　B. 交流　　C. 过电压　　D. 工频

228. 电缆头制作安装应避免在雨天、雾天、大风天及湿度在（ A ）以上的环境下进行工作。

A. 80％　　B. 85％　　C. 90％　　D. 95％

229. 异步电动机的（ B ）保护，一般用于定子绕组的相间短路保护。

A. 过时负荷　　B. 短路　　C. 缺相　　D. 失压

230. 100kVA 以下变压器其一次侧熔丝可按额定电流的 2～3 倍选用，考虑到熔丝的机械强度，一般不小于（ C ）A。

A. 40　　B. 30　　C. 10　　D. 20

231. 100kVA 以上的变压器高压侧熔丝额定电流按变压器额定电流的（ D ）倍选用。

A. 1～1. 5　　B. 2～2. 5　　C. 1～0. 5　　D. 1. 5～2

232. 对变压器绝缘影响最大的是（ B ）。

A. 温度　B. 水分　C. 杂质　D. 纯度

233. 为变压器安装气体继电器时，外壳上箭头方向，应（ A ）。

A. 从油箱指向油枕方向　B. 从油枕指向油箱方向

C. 从储油柜指向油箱方向　D. 为油枕和油箱连线的垂直方向

234. 造成配电变压器低压侧熔丝熔断的原因可能是（ B ）。

A. 变压器内部绝缘击穿了　B. 变压器过负荷

C. 高压引线短路　D. 低压侧开路

235. 街道两侧的变压器的安装形式大多选择（ C ）。

A. 单杆台架式　B. 地台式　C. 双杆台架式　D. 落地式

236. 为用电设备选择配电变压器时，应根据用电设备的（ A ）来决定变压器容量的大小。

A. 视在功率　B. 有功功率　C. 最大负荷电流　D. 最高电压

237. 测量变压器穿心螺栓的绝缘电阻，应用（ C ）测定。

A. 万用表　B. 500V 兆欧表　C. 2500V 兆欧表　D. 双臂电桥

238. 双杆台架式变压器适合于安装（ B ）kVA 的配电变压器。

A. ≤30　B. 50～315　C. ≤315　D. ≥315

239. 在工程开工前，及时向施工小组下达任务书，进行（ A ）交底。

A. 安全和质量　B. 施工进度　C. 人员分工　D. 领导意图

240. 电气工程在工程开工前，要根据施工图纸制订（ D ）计划。

A. 检查　B. 验收　C. 停电　D. 材料

241. 施工临时供电一般采用（ A ）供电。

A. 架空线路　B. 地埋线　C. 变电站　D. 室内线路

242. 电缆施工前应用 1kV 绝缘电阻表测量电缆的（ B ）。

A. 绝缘电压　B. 绝缘电阻　C. 负荷电流　D. 工作频率

243. 电气施工图的构成有（ C ）部分。

A. 四　B. 六　C. 八　D. 九

244. 电气施工图中的（ A ）最为重要，是电气线路安装工程主要图纸。

A. 平面图和系统图　B. 图纸目录

C. 施工总平面图　D. 二次接线图

245. 电动机在接线前必须核对接线方式，并测试绝缘电阻。（ D ）及以上电动机应安装电流表。

A. 10kW　B. 20kW　C. 30kW　D. 40kW

246. 在高压设备上工作必须填写（ A ）。要严格按配电线路修理工作票格式认真填写并执行。

A. 工作票　B. 操作票

C. 停电作业票　D. 带电作业票

247. 安装电动机时，在送电前必须用手试转，送电后必须核对（ C ）。

A. 电压　B. 频率　C. 转向　D. 转述

248. 工程竣工后，要及时组织（ B ）。

A. 检查　B. 验收　C. 实验　D. 投运

249. 质量管理工作中的 PDCA 循环中“P”是指（ A ）。

A. 计划　B. 执行　C. 检查　D. 总结

250. 质量管理工作中的 PDCA 循环中“C”是指（ C ）。

A. 计划　B. 执行　C. 检查　D. 总结

251. 表示金属材料的坚硬程度叫金属的（ A ）。

A. 硬度　B. 强度　C. 力度　D. 温度

252. 公制普通螺纹的牙型角为（ B ）。

A. 55°　B. 60°　C. 65°　D. 70°

253. 变压器台的倾斜度不应大于变压器台高的（ C ）%。

A. 4　B. 5　C. 1　D. 2

254. 直线杆偏离线路中心线大于（ A ）m，应进行位移正杆。

A. 0. 1　B. 0. 15　C. 0. 2　D. 0. 3

255. 直线杆倾斜度大于杆身长度的（ B ），应进行正杆。

A. 5/1000　B. 15/1000　C. 20/1000　D. 25/1000

256. 在终端杆上对导线弧垂进行调整时，应在（ D ）导线反方向做好临时拉线。

A. 横担上方　B. 横担下方　C. 横担中间　D. 横担两端

257. 钢芯铝绞线断股损伤截面积不超过铝股总面积的（ A ），应缠绕处理。

A. 7%　B. 10%　C. 17%　D. 20%

258. 钢芯铝绞线铝股损伤截面超过铝股总面积的（ C ），应切断重接。

A. 7%　B. 10%　C. 17%　D. 25%

259. 架空绝缘导线的绝缘层损伤深度在（ C ）及以上时应进行绝缘修补。

A. 0. 1mm　B. 0. 3mm　C. 0. 5mm　D. 0. 8mm

260. 如果是直埋电缆中间头，制作完后，外面还要（ D ）。

A. 缠黑胶布　B. 缠塑料带　C. 缠高压胶带　D. 浇沥青

261. 电缆埋地敷设是埋入一条深度（ C ）左右，宽度 0. 6m 左右的沟内。

A. 0. 4m　B. 0. 6m　C. 0. 8m　D. 1. 0m

262. 电缆终端头在施工时要预留出（ B ）的长度，将来维修用。

A. 1m　B. 2m　C. 3m　D. 4m

263. 电缆穿过铁路、公路、城市街道、厂区道路时，应穿钢管保护，保护管两端宜伸出路基两边各（ B ）。

A. 1m　B. 2m　C. 3m　D. 4m

264. 电缆沟（隧道）内的支架间隔（ A ）。

A. 1m　B. 2m　C. 3m　D. 4m

265. 电缆进入建筑物和穿过建筑物墙板时，都要加（ C ）保护。

A. 硬塑料管　B. PVC 管　C. 钢管　D. 铝管

266. 电缆沟（隧道）内应每隔（ D ）设一个 0. 4m×0. 4m×0. 4m 的积水坑。

A. 20m　B. 30m　C. 40m　D. 50m

267. 额定电压为 380V 的电动机，在干燥过程中，当绕组绝缘达到（ D ）M 以上

时，干燥便可结束。

A. 10　B. 8　C. 6　D. 5

268. 清洗拆卸下的电动机轴承时，应使用（ D ）。

A. 甲苯　B. 绝缘漆　C. 清水　D. 煤油

269. 容量为（ C ）kW 以下的电动机一般采用热继电器作为过载保护。

A. 10　B. 20　C. 30　D. 40

270. 双层绕组主要用于（ A ）kW 以上电动机。

A. 10　B. 20　C. 30　D. 40

271. 容量在（ C ）kW 及以上的电动机需装设失电压（零压）和欠电压（低电压）保护。

A. 10　B. 20　C. 30　D. 40

272. 电动机失电压和欠电压保护，当电源电压降低到额定电压的（ D ）%时动作切除电路。

A. 10～20　B. 20～30　C. 30～40　D. 35～70

273. 变压器台的倾斜度不应大于变压器台高的（ C ）%。

A. 4　B. 5　C. 1　D. 2

274. 安装变压器，油枕一侧可稍高一些，坡度一般为（ A ）%。

A. 1～1.5　B. 2～2.5　C. 1～0.5　D. 1.5～2

275. 变压器高、低压侧均应装设熔断器，（ C ）kVA 以上变压器低压侧应装设隔离开关。

A. 220　B. 380　C. 100　D. 360

276. 户外落地变压器台周围应安装固定围栏，围栏高度不低于（ D ）m。

A. 1.4　B. 1.5　C. 1.6　D. 1.7

277. 户外落地变压器外廓距围栏和建筑物的外墙净距离不应小于（ C ）m。

A. 0.4　B. 0.5　C. 0.8　D. 1.0

278. 户外落地变压器与相邻变压器外廓之间的距离不应小于（ B ）m。

A. 2.4　B. 1.5　C. 2.6　D. 1.9

279. 户外落地变压器底座的底面与地面距离不应小于（ C ）m。

A. 0.4　B. 0.5　C. 0.3　D. 0.2

280. 户外落地变压器外廓与建筑物外墙距离小于（ B ）m 时，应考虑对建筑物的防火要求。

A. 4　B. 5　C. 1　D. 2

281. 户外落地变压器油量在（ C ）kg 及以上时，应设置能容纳全部油量的设施。

A. 400　B. 500　C. 1000　D. 2000

282. 亚弧焊时，要保持电弧（ C ）。

A. 越大越好　B. 越小越好

C. 稳定　D. 不稳定抖动

第二节　判　断　题

1. 根据欧姆定律可得：导体的电阻与通过它的电流成反比。(×)

2. 纯电阻单相正弦交流电路中的电压与电流，其瞬时值遵循欧姆定律。(√)

3. 右手螺旋定则是：四指表示电流方向，大拇指表示磁力线方向。(√)

4. 短路电流很大，产生的电动力就一定很大。(×)

5. 电位高低的含义，是指该点对参考点间的电流大小。(×)

6. 直导线在磁场中运动一定会产生感应电动势。(×)

7. 最大值是指正弦交流电压或电流在变化过程中出现的最大瞬时值。(√)

8. 电动势的实际方向规定为从正极指向负极。(×)

9. 两个同频率正弦量相等的条件是最大值相等。(×)

10. 在均匀磁场中，磁感应强度 B 与垂直于它的截面积 S 的乘积，叫作该截面的磁同密度。(×)

11. 自感电动势的方向总是与产生它的电流方向相反。(×)

12. 一段电路的电压 $U_{ab}=-10V$，该电压实际上是 a 点电位高于 b 点电位。(×)

13. 正弦量可以用相量表示，所以正弦量也等于相量。(×)

14. 没有电压就没有电流，没有电流也就没有电压。(×)

15. 如果把一个 24V 的电源正极接地，则负极的电位是－24V。(√)

16. 同一电路中两点的电位分别是 $V_1=10V$、$V_2=-5V$，则 1 点对 2 点的电压是 15V。(√)

17. 将一根条形磁铁截去一段仍为条形磁铁，它仍然具有两个磁极。(√)

18. 电和磁之间有一定的内在联系，凡有电荷存在，周围都存在有磁场。(×)

19. 磁场是用磁力线来描述的，磁铁中的磁力线方向始终是从 N 极到 S 极。(×)

20. 在电磁感应中，感应电流和感应电动势是同时存在的；没有感应电流，也就没有感应电动势。(×)

21. 正弦交流电的周期与角频率的关系是互为倒数。(×)

22. 电阻两端的交流电压与流过电阻的电流相位相同，在电阻一定时，电流与电压成正比。(√)

23. 视在功率就是有功功率加上无功功率。(×)

24. 正弦交流电中的角频率就是交流电的频率。(×)

25. 负载电功率为正值表示负载吸收电能，此时电流与电压降的实际方向一致。(√)

26. 人们常用“负载大小”来指负载电功率大小，在电压一定的情况下，负载大小是指通过负载的电流的大小。(√)

27. 通过电阻上的电流增大到原来的 2 倍时，它所消耗的电功率也增大到原来的 2 倍。(×)

28. 加在电阻上的电压增大到原来的 2 倍时，它所消耗的电功率也增大到原来 2 倍。(×)

29. 若干电阻串联时，其中阻值越小的电阻，通过的电流也越小。(×)

30. 电阻并联时的等效电阻值比其中最小的电阻值还要小。(√)

31. 用交流电流表、电压表测量的数值都是指最大值。(×)

32. 电压表应串联在被测电路中。(×)

33. 电流表应并联在被测电路中。(×)

34. 电力电缆由线芯和绝缘层组成。(×)

35. 用试电笔在低压导线上测试，氖管不亮后就可用电工刀剥绝缘。(×)

36. 剥线钳能剥任一种导线绝缘。(×)

37. 电工钳主要用来刻断导线和连接导线时拧紧编辫。(√)

38. 使用剥线钳宜选大于线芯直径一级的刃口剥线，防止损伤芯线。(√)

39. 使用克丝钳时要注意握钳的手用力要适当，若用力过猛，将会勒断芯线。(√)

40. 螺钉旋具的刃口应与螺钉槽配合得当，不要凑合使用，以免损坏刃口或螺钉头部的槽口。(√)

41. 一般螺钉旋具能用于带电作业。(×)

42. 使用电烙铁时，不应随意放置在可燃物体上，使用完毕应待冷却后再放入工具箱内，以防止发生火灾。(√)

43. 使用电烙铁时，应防止电源线搭在发热部位上，以免损伤导线绝缘层发生漏电。(√)

44. 为了解救触电人员，可以不经允许，立即断开电源，事后立即向上级汇报。(√)

45. 装、拆接地线的工作必须由两人进行。(√)

46. 触电急救一开始就要马上给吃镇痛药物。(×)

47. 发现触电呼吸停止时，要采用仰头抬颏的方法保持触电者气道通畅。(√)

48. 在医务人员来接替救治前，不能放弃现场抢救触电者。(√)

49. 如果发现触电者触电后当时已经没有呼吸或心跳，就可以放弃抢救了。(×)

50. 为使触电者迅速脱离电源；不用考虑安全事项，赶紧拖出触电者。(×)

51. 电气火灾和爆炸，是指由于电气方面的原因而引起的火灾和爆炸。(√)

52. 对于一般中小型铝绞线或钢芯铝绞线，不可用紧线器紧线。(×)

53. 安全带是高处作业时预防高处坠落的安全用具。(√)

54. 杆上作业时，要准确地上、下抛掷传送工具和物品。(×)

55. 使用验电笔时验电前要先到有电的带电体上检验一下验电笔是否正常。(√)

56. 绝缘手套进行外观检查时如发现穿孔或漏气、损坏应停止使用。(√)

57. LJ 表示铝绞线。(√)

58. LGJ 表示钢芯铝绞线。(√)

59. 绝缘导线连接前，应先剥去导线端部的绝缘层，并将裸露的导体表面清擦干净。(√)

60. 塑料软线绝缘层只能用电工刀剖削，不可用剥线钳或钢丝钳来剖。(×)

61. 花线绝缘层只有一层。(×)

62. 19 股铜芯导线的直线连接，由于 19 股铜芯导线的股数较多，可剪去中间的几股。(√)

63. 软线与单股硬导线的连接时，连接软线和硬导线上相互缠绕7～8圈。(×)

64. 导线绝缘层破损和导线接头连接后均应恢复绝缘层，恢复后绝缘层的绝缘强度不应低于原有绝缘层的绝缘强度50%。(×)

65. 绳扣的系法应保证受重力时，不致自动滑脱，但在起重完毕后，应易于解开。(√)

66. 登杆时要身体上身前倾，臀部后座，双手搂抱电杆。(×)

67. 拉线主线应在UT线夹的凸肚侧。(×)

68. 同组拉线线夹的尾线应在同一侧。(√)

69. 穿在管内的导线只能有一个接头。(×)

70. 瓷卡配线不得隐蔽在吊顶上敷设。(√)

71. 瓷卡配线，当采用4～10mm^2截面的导线时，瓷卡间距为100cm。(×)

72. 绝缘子配线适用于容量较大、机械强度较高，环境又比较潮湿的场合。(√)

73. 蝶式绝缘子只用于线路档距较大的转角处。(×)

74. 槽板配线，每个线槽内只许敷设两条导线。(×)

75. 钢管配线时，管身及接线盒需连接成为一个不断的导体，并接地。(√)

76. 护套线线路特点是电路容量大。(×)

77. 移动式照明灯，无安全措施的车间或工地的照明灯，各种机床的局部照明灯，以及移动式工作手灯（也叫行灯），都必须采用60V以下的低电压安全灯。(×)

78. 单相两孔插座两孔平列安装，左侧孔接相线，右侧孔接零线，即“左火右零原则”。(×)

79. 三相四孔插座上孔接地，左孔接L1，下孔接L2，右孔接L3。(√)

80. 白炽灯照明线路接线原则是将中性线接入开关，相线接入灯头。(×)

81. 电源电压的变化太大，将影响灯的光效和寿命，所以电压波动不宜超过±5%。(√)

82. 抄表员抄表时不必按例日抄表。(×)

83. 应该用感应式电能表计量380V单相电焊机消耗的电量。(√)

84. 电能表总线应为铜线，中间不得有接头。(√)

85. 抄表卡片的内容，应由抄表员按实际情况任意改动。(×)

86. 抄表器不仅有抄表功能，而且有防止估抄功能及纠错功能。(√)

87. 感应式电能表铝盘的转速与负载的有功功率成正比。(√)

88. 使用电钻应注意电源线和外壳接地线应用铜芯橡皮软电缆，外壳应可靠接地。(√)

89. 使用电钻禁止操作人员戴纱线手套。(√)

90. 在使用电锤钻孔时，要选择无暗配电线处，并应避开钢筋。(√)

91. 使用冲击电钻要选用符合要求的钻头，其钻头应锋利，冲击时用力一定要猛，不得使冲击电钻超负荷工作。(×)

92. 使用喷灯时不能戴手套，在有火的地方加油。要防止喷射的火焰燃烧到易燃易爆物。(×)

93. 电容C是由电容器的电压大小决定的。(×)

94. 电容器C_1与C_2两端电压均相等，若$C_1>C_2$，则$Q_1>Q_2$。(√)

95. 在电容器串联电路中，电容量较小的电容器所承受的电压较高。(√)

96. 对称三相Y接法电路，线电压最大值是相电压有效值的3倍。(×)

97. 电阻两端的交流电压与流过电阻的电流相位相同，在电阻一定时，电流与电压成正比。(√)

98. 电压三角形、阻抗三角形、功率三角形都是相量三角形。(×)

99. 在 R-L 串联电路中，总电压超前总电流的相位角就是阻抗角，也就是功率因数角。(√)

100. 三相电路中，相线间的电压叫线电压。(√)

101. 三相电路中，相线与中性线间的电压叫相电压。(√)

102. 三相负载作星形联结时，线电流等于相电流。(√)

103. 在对称三相电路中，负载作星形联结时，线电压是相电压的 3 倍，线电压的相位超前相应的相电压 30°。(√)

104. 在对称三相电路中，负载作三角形联结时，线电流是相电流的 3 倍，线电流的相位滞后相应的相电流 30°。(√)

105. 交流电的超前和滞后，只能对同频率的交流电而言，不同频率的交流电，不能说超前和滞后，也不能进行相量运算。(√)

106. 纯电感线圈对直流电来说，相当于短路。(√)

107. 在低压配电系统中，三相对称电源接成三相四线制，可向负载提供线电压为 380V，相电压为 220V 两种电压。(√)

108. 在三相四线制低压供电网中，三相负载越接近对称，其中性线电流就越小。(√)

109. 在负载对称的三相电路中，无论是星形联结还是三角形联结，当线电压 U 和线电流 I 及功率因数已知时，电路的有功功率 $P=\sqrt{3}UI\cos\varphi$。(√)

110. 三相电流不对称时，无法由一相电流推知其他两相电流。(√)

111. 三相电路中，每相负载的端电压叫负载的相电压。(√)

112. 电器设备功率大，功率因数当然就大。(×)

113. 降低功率因数，对保证电力系统的经济运行和供电质量十分重要。(×)

114. 三相电动势达到最大值的先后次序叫相序。(√)

115. 从中性点引出的导线叫中性线，当中性线直接接地时称为零线，又叫地线。(√)

116. 从各相首端引出的导线叫相线，俗称火线。(√)

117. 有中性线的三相供电方式称为三相四线制，它常用于低压配电系统。(√)

118. 不引出中性线的三相供电方式叫三相三线制，一般用于高压输电系统。(√)

119. 由线圈本身的电流变化而在线圈内部产生电磁感应的现象，叫作互感现象，简称互感。(×)

120. 当一个线圈电流变化而在另一线圈产生电磁感应的现象，叫作自感现象，简称自感。(×)

121. 在铁芯内部产生的环流称为涡流，涡流所消耗的电功率，称为涡流损耗。(√)

122. 测量接地电阻时，应先将接地装置与电源断开。(√)

123. 绝不允许用兆欧表测量带电设备的绝缘电阻。(√)

124. 测量电气设备的绝缘电阻之前，必须切断被测量设备的电源。(√)

125. 任何被测设备，当电源被切断后就可以立即进行绝缘测量了。(×)

126. 有可能感应产生高电压的设备，未放电之前不得进行绝缘测量。(√)

127. 测量电容器绝缘电阻后，先停止摇动，然后取下测量引线。(×)

128. 测量接地电阻之前应将接地电阻测量仪指针调整至中心线零位上。(√)

129. 架空配电线路用跌落式熔断器主要由熔丝、支持绝缘子和消弧管构成。(×)

130. 单相用电设备的额定电流一般按“一千瓦二安培”原则进行估算。(×)

131. 熔丝熔断时间与电流的大小有关，电流大，熔丝熔断时间短，反之熔断时间就长，这一特性称为熔丝反时限特性。(√)

132. 双尾式熔断器较纽扣式熔断器有更好的开断能力。(×)

133. 跌落式熔断器的遮断容量应大于安装地点的短路容量的上限，并小于其下限。(×)

134. 跌落式熔断器的作用是保护下一级线路、设备不会因为上一级线路设备的短路故障或过负荷而引起断路器跳闸停电、损坏。(×)

135. 重合式跌落式熔断器，每相装有两个熔丝管，一个常用，一个备用。(√)

136. 容量在 30kvar 以下的柱上电力电容器一般采用跌落式熔断器保护。熔丝元件一般按电力电容器额定电流的 2～3 倍选择。(×)

137. 分支线路安装跌落式熔断器，熔丝元件一般不应小于所带负荷电流的 1.2 倍。(×)

138. 用户入口的熔丝元件，其额定电流一般不应小于用户最大负荷电流的 1.5 倍。(√)

139. 对柱上断路器的性能要求主要是：工作可靠、动作时间快、有足够的开断能力。(√)

140. 柱上断路器的最高工作电压是指配电线路可能出现的最高过电压。(×)

141. 真空断路器的主要特点是能进行频繁操作，可连续多次重合闸。(√)

142. 柱上自动分段断路器一般是由柱上断路器、电源降压变压器和自动控制设备三部分组成。(√)

143. 高压柱上负荷开关由隔离开关和灭弧室组成，它可以切断较大的短路电流。(×)

144. 高压隔离开关是一种没有专门灭弧装置的开关设备，所以不允许切断负荷电流或短路电流。(√)

145. 管形避雷器主要用来保护架空线路中的绝缘薄弱环节和变、配电室进线段的首端以及雷雨季节经常断开而电源侧又带电压的隔离开关或油断路器等。(√)

146. 如果避雷器安装处的短路电流低于下限，管形避雷器就有可能发生爆炸。(×)

147. 目前架空配电线路设备多使用有间隙氧化锌避雷器。(×)

148. 箱式变电站采用的变压器必须是干式变压器。(×)

149. 经高低压配电线路、高低压控制设备到用电器的整个网络称为动力系统。(×)

150. 在选择电动机时，应根据负载机械特性选择电动机的容量。(√)

151. 额定功率相同的三相异步电动机，转速低的转矩大，转速高的转矩小。(√)

152. 小容量的电动机一般用熔断器作过载保护装置。(×)

153. 电源的电压降低时，若负载不变将造成电动机的转速降低。(√)

154. 安装电动机的轴承时应将有型号的一面朝内，以方便维修和更换。(×)

155. 为了防止配电变压器绝缘老化，一般上层油温不要经常超过 85℃。(√)

156. 当变压器储油柜或防爆管发生喷油时，应立即停止运行。(√)

157. 当变压器储油柜或防爆管发生喷油时，应先派专人前去检查，请示批准后停

止运行。(×)

158. 变压器一、二次绕组的功率基本相等。(√)

159. 加在变压器的电源电压应不超过其额定电压的±10%。(×)

160. 减少降压变压器二次绕组的匝数，可提高二次侧的输出电压。(×)

161. 环境温度为44℃，变压器上层油温为99℃，则上层油的温升55℃。(√)

162. 变压器只能传递能量，而不能产生能量。(√)

163. 单相变压器的额定容量是指变压器二次侧输出额定电压与额定电流的乘积。(√)

164. 普通三相配电变压器内部是由三个单相变压器组成的。(×)

165. 变压器空载损耗仅是在变压器空载运行时产生的。(×)

166. 变压器油箱密封处渗漏，可能是由于螺钉松紧不均匀或螺钉太松。(√)

167. 变压器既可以变交流也可以变直流。(×)

168. 三相配电变压器的额定电流一般是指绕组的线电流。(√)

169. 变压器利用电磁感应原理，能把交流变为不同频率的交流电压输出。(×)

170. 变压器套管不仅作为引线对地的绝缘，而且还起着固定引线的作用。(√)

171. 变压器油枕的油位是随气温和负荷变化而变化的。(√)

172. 变压器高电压侧电流，比低电压侧电流小。(√)

173. 对于长期空载运行的变压器，应切断变压器的电源。(√)

174. 变压器顶部的水银温度计指示的是绕组温度。(×)

175. 变压器二次侧带有负荷时，其空载损耗为零。(×)

176. 电压互感器二次侧不允许短路。(√)

177. 电流互感器二次侧不允许开路。(√)

178. 电压互感器二次侧不允许开路。(×)

179. 电流互感器二次侧不允许短路。(×)

180. 二次绕组的额定电压U_{2N}指的是分接开关放在额定电压位置，一次侧加额定电压时，二次侧开路的电压值。(√)

181. 三相变压器总容量的表达式为：$S_n=\sqrt{3}U_n I_n\cos\varphi$。(×)

182. 阻抗电压（百分数）也叫短路电压（百分数）。(√)

183. 分接范围又称调压范围，是调节电压的最大、最小值的范围。(√)

184. 负载损耗又称铜损耗，是变压器负载电流流过一、二次绕组时，在绕组电阻上消耗的功率。(√)

185. 变压器在额定电压下，二次侧空载时，一次侧测得的功率称为空载损耗。(√)

186. 空载损耗实为铁损，包括铁芯产生的磁滞损耗和涡流损耗。(√)

187. 当变压器二次空载时，在一次侧加额定电压所测的电流I_0为空载电流。因它仅起励磁作用，故又称励磁电流，基本为无功性质。(√)

188. 电流互感器通常一次绕组的端子用字母L1、L2（或S1、S2）表示，二次绕组端子用字母K1、K2表示，则L1与K1、L2与K2分别为同极性端。(√)

189. 绕越供电企业用电计量装置用电的行为是窃电行为。(√)

190. 三相电路中，B-C-A是正相序。(√)

191. 容量为100kVA的用户要执行两部制电价。(×)

192. 居民用户的电能表既能计量有功电能也能计量无功电能。(×)

193. 收费形式只有走收和储蓄两种。(×)

194. 最大需量的计算，以用户在 15min 内的月平均最大负荷为依据。(√)

195. 仪用互感器的变比是一次电压（电流）与二次电压（电流）之比。(√)

196. 电能表的驱动元件主要作用是产生转动力矩。(√)

197. 大工业用户的生产照明用电应执行大工业电价。(√)

198. 改变计量装置的接线，致使电能计量装置不准的行为是窃电行为。(√)

199. 执行商业电价的用户执行灯力分算。(×)

200. 居民用户一般使用的是 2.0 级电能表。(√)

201. 抄表卡片的内容可以随时更改。(×)

202. 抄表日期不必固定。(×)

203. 测量接地电阻时，应先将接地装置与电源断开。(√)

204. 绝不允许用兆欧表测量带电设备的绝缘电阻。(√)

205. 测量电气设备的绝缘电阻之前，必须切断被测量设备的电源。(√)

206. 任何被测设备，当电源被切断后就可以立即进行绝缘测量了。(×)

207. 有可能感应产生高电压的设备，未放电之前不得进行绝缘测量。(√)

208. 测量电容器绝缘电阻后，先停止摇动，然后取下测量引线。(×)

209. 测量接地电阻之前应将接地电阻测量仪指针调整至中心线零位上。(√)

210. 剩余电流中级保护可根据网络分布情况装设在分支配电箱的电源线上。(√)

211. 装设接地线，应先接导线端后接接地端。(×)

212. 为了解救触电人员，可以不经允许断开电源，事后立即向上级汇报。(√)

213. 装、拆接地线的工作必须由两人进行。(√)

214. 用试电笔在低压导线上测试，氖管不亮后就可用电工刀剥绝缘。(×)

215. 电气连接点接触不良时，会产生电火花。(√)

216. 停电作业就开第一种工作票，不停电作业就开第二种工作票。(×)

217. 每年至少对剩余电流动作保护器用试跳器试验一次。(×)

218. 停用的剩余电流动作保护器使用前应试验一次。(√)

219. 剩余电流动作保护器动作后，若经检查未发现事故点，允许试送电两次。(×)

220. 位移正杆可在线路带电情况下进行。(×)

221. “小面歪”的正杆工作，必须停电作业，将导线和绝缘子之间的绑线拆掉后进行。(√)

222. 电杆在线路的垂直方向发生的倾斜，若使用牵引工具正杆时，采取可靠安全措施，也可在线路不停电的情况下进行。(√)

223. 转角杆向外角倾斜、终端杆向拉线侧倾斜 15/1000 时，均应进行正杆。(×)

224. 由于杆塔倾斜而需要调整拉线，必须先调整或更换拉线，然后再正杆。(×)

225. 在终端杆上对导线弧垂进行调整时，应在横担两端导线侧做好临时拉线，防止横担因受力不均而偏转。(×)

226. 铝绞线和铜绞线的断股损伤截面积超过总面积的 17%应切断重接。(√)

227. 辐射交联收缩管护套安装的加热工具可使用丙烷喷枪，火焰呈蓝色火焰。(×)

228. 预扩张冷缩绝缘套管的安装，其端口不用热熔胶护封。(√)

229. 电缆头制作安装工作中，安装人员在安装时不准抽烟。(√)

230. 气温低于－10℃时，要将电缆预先加热后方可进行制作电缆头。(×)

231. 制作冷缩式电缆终端头时，将三叉分支手套套到电缆根部，抽掉衬圈。先收缩分支，再收缩颈部。(×)

232. 如果是直埋电缆中间头，制作完后，外面还要浇一层沥青。(√)

233. 电缆埋地敷设，在电缆下面应铺混凝土板或黏土砖。(×)

234. 直埋电缆要用铠装电缆。(√)

235. 电缆排管敷设方法，可以用多根硬塑料管排成一定形式。(√)

236. 电缆排管敷设，排管对电缆人孔井方向有不小于1%的坡度。(√)

237. 直埋电缆进入建筑物时，由于室内外湿差较大，电缆应采取防水、防燃的封闭措施。(√)

238. 电动机外壳漏电，一般可用验电笔检查。(√)

239. 安装电动机的轴承时应将有型号的一面朝内，以方便维修和更换。(×)

240. 对于一台电动机，其熔体的额定电流可等于2倍电动机额定电流。(√)

241. 对于一台重负载电动机，其熔体的额定电流可等于1.5倍电动机额定电流。(×)

242. 对于一台轻负载电动机，其熔体的额定电流可等于2.5倍电动机额定电流。(×)

243. 过负荷保护是将热继电器的三相主触头串入电动机接线主回路中，将热继电器的动合触点（常开触点）串入到电动机启动控制回路中。(×)

244. 变压器的铁芯必须只能有一点接地。(√)

245. 测量变压器绕组绝缘电阻时若电阻值接近于0，说明存在接地或短路。(√)

246. 变台上的配电变压器，其低压引出线可采用绝缘引线，也可采用裸引线。(×)

247. 变压器套管不仅作为引线对地的绝缘，而且还起着固定引线的作用。(√)

248. 变压器检修时，对绕组进行重绕或局部更换绝缘后，需要对器身进行干燥处理。(√)

249. 测量变压器各相绕组的直流电阻时，若某相阻值与其他两相相差过大，则说明该绕组存在故障。(√)

250. 变压器安装后，其外壳必须可靠接地。(√)

251. 动力设备必须一机一闸，不得一闸多用。(√)

252. 如果施工临时电源是低压三相四线供电，可以采用三芯电缆另加一根导线当零线供电。(×)

253. 电气安装工程与土建的配合在不同施工阶段的要求是相同的。(×)

254. 安装电动机时，在送电前必须用手试转，送电后必须核对转向。(√)

255. 在电气施工前，就要把工程中可能出现的习惯性违章行为明确提醒出来。(√)

256. 动力设备外壳要有接地或接零保护措施。(√)

257. 找拉线盘的中心，一般可将基础坑两侧副桩的圆钉上用线绳连成一线找出中心点，再用垂球的尖端来确定中心点是否偏移。(×)

258. 一般上、下卡盘的方向分别在电杆横线路方向。(×)

259. 找正底盘的中心，一般将拉线盘拉棒与基坑中心花杆底段及拉线副桩对准成

一条直线。(×)

260. 立杆时侧拉绳的长度可取电杆高度的1.2～1.5倍。(√)

261. 18m电杆单点起吊时，由于预应力杆有时吊点处承受弯矩较大，因此必须采取加绑措施来加强吊点处的抗弯强度。(√)

262. 叉杆立杆所使用的滑板取长度为2.5～3m左右，宽度为250～300mm的坚固木板为滑板。(√)

263. 立杆时，专人指挥，在立杆范围以内应禁止行人走动，非工作人员须撤离到距杆根距离8m范围之外。(×)

264. 交叉跨越档中不得有接头。(√)

265. 放线时的旗号，一面红旗高举，表示危险，已发现问题，应立即停止工作。(√)

266. 考虑导线的初伸长，一般应在紧线时使导线增大一些计算弧垂以补偿施工时的初伸长。(×)

267. 配电箱安装的垂直偏差不应大于3mm，操作手柄距侧墙的距离不应小于200mm。(√)

268. 配电箱一般有上、下两个固定螺栓。(×)

269. 配电箱在支架上的安装固定与在墙上的安装固定方法相同。(√)

270. 配电箱盘面上的电气元器件、出线口、瓷管头等距盘面边缘均不得小于80mm。(×)

271. 配电箱盘后配线要横平竖直，排列整齐，绑扎成束，用卡钉固定牢固。(√)

272. 零线端子板上各支路的排列位置，应与各支路的熔断器位置相对应。(√)

273. 住宅电能表箱内开关的规格应与单相电能表的额定电流相匹配。(√)

274. 常用单相电能表接线盒内有4个接线端，自左向右按“1”、“2”、“3”、“4”编号。接线方法为“1”接相线进线、“2”接零线进线，“3”接相线出线、“4”接零线出线。(×)

275. 住宅电能表箱内如果需并列安装多只电能表，则两表之间的中心距不得小于20mm。(×)

276. 因果图是分析产生质量问题的一种分析图。(√)

277. 半导体自由电子数远多于空穴数称为电子型半导体，简称N型半导体。(√)

278. P型半导体空穴数远多于自由电子数。(√)

279. 在PN节之间加正向电压，多数载流子的扩散增强，有电流通过PN节，就形成了PN节导电。(√)

280. 在PN节之间加反向电压，多数载流子扩散被抑制，反向电流几乎为零，就形成了PN节截止。(√)

281. 无功功率就是不做功的功率，所以不起任何作用。(×)

282. 在由多种元件组成的正弦交流电路中，电阻元件上的电压与电流同相，说明总电路电压与电流的相位也同相。(×)

283. 在LC振荡电路中，电容器极板上的电荷达到最大值时，电路中的磁场能全部转变成电场能。(√)

284. 带中性线的三相交流电路构成的供电系统，称为三相三线制。(×)

285. 低压配电网 TN-S 系统是指电源中性点直接接地，系统内中性线与保护线是合用的。(×)

286. 接地有正常接地和故障接地之分。正常接地是设备正常运行时的接地。(×)

287. 电气的“地”就是指地球，没有别的意思。(×)

288. 距接地体越近，接地电流通过此处产生的电压降就越大，电位就越高。(√)

289. 距接地体越远，接地电流通过此处产生的电压降就越小，电位就越低。(√)

290. 在离接地点 20m 以外的地方，电位趋近于零，称为电气的“地”。(√)

291. 接地装置是接地体与接地线的统称。(√)

292. 接地体是指埋入地下直接与土壤接触有一定流散电阻的金属导体。(√)

293. 连接接地体与电气设备的接地部分的金属导线称为接地线（PE 线）。(√)

294. 因接地装置本身电阻较大，一般不可忽略不计。(×)

295. 接地电阻主要是指流散电阻，它等于接地装置对地电压与接地电流之比。(√)

296. 接地电阻主要是指流散电阻，它等于接地装置接地电流与对地电压之比。(×)

297. 保护接零就是没接地。(×)

298. 规范规定接地电阻每年测量两次。发现数值过大，就要采取降阻措施。(×)

299. 精电 200-N 为普通型防腐降阻剂，适用于大多数接地工程。(√)

300. 精电 200-G 为保证型防腐降阻剂，适用于特别重要的接地工程。(√)

301. 精电 200-SB 型防腐降阻剂特别抗盐型，适用于严重的盐碱地条件下的接地工程。(√)

302. 精电 200-D 为特别抗干旱型防腐降阻剂，适用于严重干旱地区。(√)

303. 精电 200-M 为特别防水型防腐降阻剂，适用于特别潮湿的场合。(√)

304. 精电 200-K 为物理型防腐降阻剂，适用于对金属腐蚀严重的地区。(√)

305. 与电缆本体比较，电缆头的绝缘是薄弱环节。(√)

306. 新装的电缆头的电阻与同长度同截面导线的电阻相比，其比值应大于 1。(×)

307. 热缩电缆头是用 PVC 塑料材料制成的。(×)

308. 热缩电缆头的适应性广，可以用于室内、外，可用于各种电缆，可用于各种环境条件及狭小的空间。(√)

309. 冷缩式电缆头套管用辐射交联热收缩材料制成。(×)

310. 安装变压器与建筑物要保持足够距离，建筑物屋檐雨水不得落到变压器上。(√)

311. 变压器室应设置能容纳全部油量的储油池或排油设施。(√)

312. 变压器室空间较大时，可以不设置通风窗。(×)

313. 变压器低压侧熔丝的额定电流按变压器额定电流选择。(√)

314. 杆上变压器台应满足在高压线路不停电的情况下检修、更换变压器时，有足够的安全距离。(√)

315. 变压器联结组标号（联结组别）不同时，才可以并联运行。(×)

316. 10kV 电力变压器气体继电器重瓦斯动作时，会立即作用于跳闸。(√)

317. 由于铁芯需要接地，因此铁芯垫脚绝缘损坏对变压器运行无影响。(×)

318. 高压跌落式熔断器是变压器的一种过电压保护装置。(×)

319. 一般电动机产生轻微的振动是正常的，是可避免的。(×)

320. 电动机转动时转子与定子内圆相碰摩擦，称为电动机扫膛。(√)

321. 定子绕组是交流电动机的核心部分，也是最容易产生故障的部分。(√)

322. 异步电动机短路保护，一般用于定子绕组的相间短路保护。(√)

323. 电压一定，异步电动机正常运行，电流的大小直接反映负载情况。(√)

324. 额定功率相同的三相异步电动机，转速低的转矩大，转速高的转矩小。(√)

325. 小容量的电动机一般用熔断器作过载保护装置。(×)

326. 熔断器的额定电流应小于熔断体的额定电流。(×)

327. 异步电动机的电压降低，若负载不变将造成电动机的转速降低。(√)

328. 额定功率相同的三相异步电动机，转速低的转矩大，转速高的转矩小。(√)

329. 小容量的电动机一般用熔断器作过载保护装置。(×)

330. 熔断器的额定电流应小于熔断体的额定电流。(×)

331. 异步电动机的电压降低，若负载不变将造成电动机的转速降低。(√)

332. 绝缘材料又称电介质。它与导电材料相反，在施加直流电压下，除有极微小泄漏的电流通过外，实际上不导电。(√)

333. 10kV 电力变压器过负荷保护动作后，发出警报信号，不作用于跳闸。(√)

334. 10kV 电力变压器气体继电器保护动作时，重瓦斯动作会作用于跳闸。(√)

335. 位移正杆可在线路带电情况下进行。(×)

336. “PDCA”循环，是组织质量改进工作的基本方法。(√)

337. 利用散布图和排列图法可以找出影响质量问题的原因。(√)

第三节　简　答　题

1. 什么叫电流？什么叫电流强度？电流强度的简称又叫什么？

答：（1）电荷在电路中有规则地定向运动叫电流。

（2）单位时间内流过导体横截面的电荷量叫作电流强度。

（3）电流强度的简称又叫电流。

2. 在电路计算时，电流的方向是怎样规定的？与计算结果的正负又是什么关系？

答：（1）电流的方向规定为正电荷移动的方向。

（2）计算时先假定参考方向，计算结果为正说明实际方向与参考方向相同；反之，计算结果为负说明实际方向与参考方向相反。

3. 什么叫电位？什么叫电位差？什么叫电压？电位与电压是什么关系？电压的方向是怎样规定的？

答：（1）电场中某点电场力对单位正电荷具有的做功能力称为该点的电位能，简称电位。

（2）电场力将单位正电荷从 a 点移动到 b 点所做功的能力称为这两点的电位差能，简称电位差。

（3）电场力将单位正电荷从 a 点移动到 b 点所做的功称为这两点间的电压，或者说电场中两点的电位差称为这两点的电压。

(4) 电位与电压关系是：电场中两点的电压等于电场中这两点的电位之差。

(5) 电压的方向规定为从高电位到低电位的方向，也就是电位降方向。

4. 什么叫电源？什么叫电动势？电动势的方向是怎样规定的？

答：(1) 电源是将其他形式的能转换成电能的一种转换装置。

(2) 电源力将单位正电荷从电源负极移动到正极所做的功称为电源的电动势。电动势也叫电势。

(3) 电动势的方向规定为低电位到高电位的方向，也就是电位升方向。

5. 什么叫静电感应？

答：把一个带电体移近一个原来不带电的用绝缘架支撑的另一导体时，在原不带电体的两端将出现等量异性电荷。接近带电体的一端出现的电荷与移近的带电体上的电荷相异，远离带电体的一端出现的电荷与移近的带电体上的电荷相同，这种现象叫作静电感应。

6. 什么叫导体？什么叫导体的电阻？

答：(1) 容易通过电流的物体叫导体。

(2) 导体对电流的阻碍作用称为导体的电阻。

7. 什么叫绝缘体？什么叫半导体？

答：(1) 不导电的物体叫绝缘体。

(2) 导电能力介于导体和绝缘体之间的物质叫作半导体。

8. 什么叫电路？什么叫电路图？

答：(1) 电流的通路称为电路。

(2) 用理想元件代替实际电器设备而构成的电路模型，叫电路图。

9. 叙述欧姆定律的内容，并列出一种表达公式。

答：(1) 流过电阻的电流，与加在电阻两端的电压成正比，与电阻值成反比，这就是欧姆定律。

(2) $I=\frac{U}{R}$。

10. 叙述全电路欧姆定律的内容，并列出一种表达公式。

答：(1) 在闭合的电路中，电路中的电流与电源的电动势成正比，与负载电阻及电源内阻之和成反比，这就是全电路欧姆定律。

(2) $I=\frac{E}{R+R_0}$。

11. 叙述基尔霍夫第一定律（节点电流定律 KCL）的内容，并列出一种表达公式。

答：(1) 对于电路中的任一节点，流入节点的电流之和等于流出该节点的电流之和。

(2) $\sum I_{入}=\sum I_{出}$。

12. 叙述基尔霍夫第二定律（回路电压定律 KVL）的内容，并列出一种表达公式。

答：(1) 对于电路中的任一回路，沿任一方向绕行一周，各电源电动势的代数和等于各电阻电压降的代数和。

(2) $\sum E=\sum IR$。

13. 什么叫电阻的串联？串联电路总电阻的阻值与各电阻的阻值是什么关系？请列出表达式。

答：（1）几个电阻头尾依次相接，没有分支地连成一串，叫作电阻的串联。

（2）串联电路的总电阻等于各电阻之和。

(3) $R_{\Sigma}=R_1+R_2+\cdots=\Sigma R_i$。

14. 串联电路有什么特点？

答：（1）电路各电阻上流过的电流相等。

（2）总电压等于各电阻上电压降之和。

（3）电路的总电阻等于各电阻之和。

15. 什么叫电阻的并联？并联电路总电阻的阻值与各电阻的阻值是什么关系？请列出表达式。

答：（1）将几个电阻的头与头接在一起，尾与尾接在一起的连接方式叫作电阻的并联。

（2）并联电路等效电阻的倒数等于各支路电阻的倒数之和。

(3) $\frac{1}{R_{\Sigma}}=\frac{1}{R_1}+\frac{1}{R_2}+\cdots$。

16. 并联电路具有什么特点？

答：（1）各电阻两端间的电压相等。

（2）总电流等于各支路电流之和。

（3）电路的总电阻的倒数等于各支路电阻倒数之和。

17. 什么叫电功？请列出求解表达式。

答：（1）电源力或电场力在电路中移动正电荷所做的功叫作电功。

(2) $W=IUt=I^2Rt=\frac{U^2}{R}t$。

18. 什么叫电功率？请列出求解表达式。

答：（1）电功率简称功率，即单位时间内电源力（或电场力）所做的功。

(2) $P=\frac{W}{t}=IU=I^2R=\frac{U^2}{R}$。

19. 什么叫电流的热效应？请列出求解表达式。

答：（1）电流通过电阻会产生热的现象，称为电流的热效应。

(2) $Q=Pt=I^2Rt=IUt=\frac{U^2}{R}t$。

20. 什么叫趋肤效应？

答：当交流电流通过导线时，其横截面中心处的电流密度较小，表面附近的电流密度较大，这种电流分布不均匀的现象叫作趋肤效应。

21. 什么叫电器设备的额定电压、额定电流、额定功率？

答：允许电器设备在一定时间内安全工作的最大电压、电流或功率，分别叫作额定电压、额定电流或额定功率，用 U_n、I_n 或 P_n 表示。

22. 电器设备的额定工作状态（满负荷）、轻负荷（欠负荷）和过负荷（超负荷）状态的概念。

答：(1) 用电设备在额定功率下的工作状态叫额定工作状态（满负荷）。

(2) 低于额定功率的工作状态叫作轻负荷（欠负荷）。

(3) 高于额定功率的工作状态叫作过负荷（超负荷）。

23. 磁体具有哪些性质？

答：(1) 吸铁性。

(2) 具有南北两个磁极，即N极（北极）和S极（南极）。

(3) 不可分割性。

(4) 磁极间有相互作用。

(5) 磁化性。

24. 什么叫磁通？什么叫磁感应强度（磁通密度）？

答：(1) 磁通是表示穿过某一截面 S 的磁力线数量的物理量。

(2) 磁感应强度也称为磁通密度，简称磁密，是指穿过垂直于磁力线方向单位面积上磁力线的数量。

25. 叙述右手螺旋定则（也叫安培定则）的内容。

答：(1) 对于单根通电导线，右手螺旋定则可以叙述为：用右手握导线，大拇指伸直，指向电流的方向，其余四指的方向就是磁力线的方向。

(2) 对于通电的螺旋管线圈，右手螺旋定则可叙述为：右手握螺旋管线圈，让四指和线圈中电流方向一致，伸直的大拇指所指的方向就是螺旋管内部磁力线的方向。

26. 叙述左手定则（也叫左手电动机定则）的内容。

答：平伸左手，让大拇指和其余四指垂直，磁力线垂直穿入掌心，四指指向电流方向，则大拇指的指向就是电磁力的方向。

27. 叙述右手定则（也叫右手发电机定则）的内容。

答：右手平伸，大拇指和其他四指垂直，让磁力线垂直穿过掌心，且大拇指的指向和导线运动方向一致，则其余四指所指的方向就是感应电动势的方向。

28. 叙述楞次定律的内容。

答：线圈中感应电动势的方向可用楞次定律来判断。该定律可叙述为：感应电动势的方向总是企图产生感应电流来阻碍原磁通的变化。

29. 什么叫交流电？

答：所谓交流电，是指电动势、电压或电流的大小和方向都随时间而变化的。

30. 在纯电阻电路中，电流与电压的关系是怎样的？

答：在纯电阻电路中，外加正弦交流电压时，电路中有正弦交流电流，电流与电压的频率相同，相位也相同。

31. 欧姆定律在交流电路中也适用吗？

答：在交流电路中，电压与电流的大小关系用瞬时值、有效值及最大值表示时均符合欧姆定律。

32. 常用电杆分哪几类？

答：常用电杆分为直线杆、耐张杆、终端杆、转角杆、跨越杆、分支杆。电杆按其结构型式还可分为单杆结构和型杆结构。

33. 农村电网中的配电线路，主要由哪些元件组成？

答：农村电网中的配电线路，主要采用架空线路方式。它由电杆、导线、绝缘子、金具、拉线、基础等组成。

34. 线路绝缘子主要分为哪几种类型？

答：线路绝缘子主要分为针式绝缘子、蝶式绝缘子、悬式绝缘子、瓷横担、瓷拉棒、拉线绝缘子等多种类型。

35. 金具按使用性能可分哪几种类型？

答：金具按使用性能可分为支持金具、固定金具、连接金具、接续金具、防护金具、拉线金具等几个类型。

36. 瓷横担有哪些优点？

答：瓷横担具有绝缘性强、节约原材料、造价低廉等优点。

37. 设备的缺陷是怎样分类的？

答：设备的缺陷按其严重程度可分为一般缺陷、重大缺陷、紧急缺陷几类。

38. 隔离刀开关起什么作用？

答：隔离刀开关起隔离电压的作用，有明显绝缘断开点，以保证检修人员安全。

39. 自动空气断路器的种类有哪些？

答：自动空气断路器的种类有框架式低压断路器，塑料外壳式低压断路器，电动斥力自动开关，漏电保护自动开关。

40. 交流接触器的构造主要包括哪几部分？

答：交流接触器的构造主要包括触头系统，电磁系统，灭弧装置，其他部分。

41. 自动空气断路器有哪些作用？

答：自动空气断路器是一种既可以接通、分断电路，又能对电路进行自动保护的低压电器。当所控制的电路中发生短路、过载、电压过低等情况时，能自动切断电路。

42. 电动机铭牌接法标△，额定电压标 380V，表明什么含义？

答：指电动机在额定电压下定子三相绕组的连接方法。若铭牌标△，额定电压标 380V，表明电动机电源电压为 380V 时应接△。

43. 若电压标 380/220V，接法标 9/△，表明什么含义？

答：若电压标 380/220V，接法标 9/△，表明电源线电压为 380V 时应接成 9 形；电源线电压为 220V 时应接成△。

44. 说明抄表卡片中的基本内容有哪些？

答：抄表卡片中的基本内容有登记种别、用电分类、电能表的制造厂家、电压等级、容量、电能表编号、电流表及电压表变比、实用倍率、电价、户名、用户地址等。

45. 触电都有哪些种类？

答：触电种类有直接接触触电、间接接触触电、感应电压电击、雷击电击、残余电荷电击、静电电击等。

46. 什么叫电伤？电伤有哪几种？

答：电伤是指电对人体的外部造成的局部伤害，如电灼伤、电烙印，皮肤金属化等。

47. 配电线路导线的截面应怎样选择？

答：选择线路导线截面积时，一般是按经济电流密度来选择，按机械强度、电压损失、导线发热进行校验，经过综合分析，选用能满足上述条件的导线截面。

48. 配电线路拉线的主要作用是什么?

答: 配电线路拉线的主要作用是平衡导（地）线的不平衡张力；稳定杆塔、减少杆塔的受力。

49. 拉线按实际作用分哪几类? 各有什么作用?

答: 拉线按实际作用可分为普通拉线、高桩拉线、自身拉线和撑杆。

(1) 普通拉线：通过连接金具连接承受电杆的各种应力。

(2) 高桩拉线：用拉线将电杆与高桩连接紧固。

(3) 自身拉线：在因街道狭窄或因电杆距房屋太近而无条件埋普通拉线时应使用自身拉线。

50. 拉线主要由哪些元件组成? 各元件有什么作用?

答: 拉线主要由钢绞线、拉线棒、拉线盘、拉线金具、绝缘子等组成。

(1) 钢绞线起承受拉线的全部拉力的作用。

(2) 拉线棒起拉线与拉线盘的连接作用。

(3) 拉线金具起拉线与电杆、拉线棒、绝缘子的连接作用。

(4) 拉线盘分为混凝土拉线盘和石材拉线盘，它装设于拉线的最下部，深埋在土壤内，起固定拉线的作用。

(5) 绝缘子在拉线的中间部位，起把拉线上把与下把绝缘作用。

51. 线路设备巡视能达到什么目的?

答: (1) 掌握线路及设备运行情况，包括观察沿线的环境状况，做到心中有数。

(2) 发现并消除缺陷，预防事故发生。

(3) 提供翔实的线路设备检修的内容。

52. 线路设备巡视的种类有哪些? 规程对定期巡视的周期是如何规定的?

答: 巡视的形式一般有正常巡视、夜间巡视、特殊巡视、故障巡视、登杆检查几种。

定期巡视：重要线路每月一次，一般线路每季一次。

53. 缺陷管理首先要做好哪些工作?

答: 缺陷管理首先要做好缺陷记录工作。巡线人员发现缺陷后，要及时做好缺陷记录，缺陷记录是巡线人员的工作记录本，通过记录情况可以考核各巡线人员的工作优劣。

54. 线路缺陷应如何进行分级管理?

答: (1) 一般缺陷，由巡线人员填写缺陷记录，交由检修班在检修时处理。

(2) 重大缺陷，在巡线人员报告后，线路主管部门及有关人员对现场进行复核鉴定，提出具体技术方案，经批准后实施。

(3) 紧急缺陷，应立即报生产主管部门，采取安全技术措施后迅速组织力量进行抢修。缺陷消除后，应该在缺陷记录上详细记录下缺陷的消除情况，如消除人、消除时间等，消除人本人要签字，以考核缺陷处理工作。

55. 低压接户线的最小线间距离是如何规定的?

答: 低压接户线的最小线间距离如表 11-1 所示。

表 11-1　　低压接户线的最小线间距离

电压	架设方式	档距	线间距离（mm）
1kV 及以下	从电杆上引下	25m 及以下	150
	沿墙敷设	6m 及以下	100
		6m 以上	150

56. 低压接户线的最小截面是如何规定的？

答：低压接户线的最小截面规定如表 11-2 所示。

表 11-2　　低压接户线的最小截面

低压接户线架设方式	档距（m）	最小截面（mm^2）	
		绝缘铜线	绝缘铝线
自电杆引下	10m 以下	2.5	4
	10～25	4	6
沿墙敷设	6m 以下	2.5	4

57. 低压接户线与建筑物的最小距离是如何规定的？

答：低压接户线与建筑物的最小距离规定如表 11-3 所示。

表 11-3　　低压接户线与建筑物的最小距离

接户线接近建筑物的部位	最小距离（m）
至通车道路中心的垂直距离	6
至难通车道路、人行道中心的垂直距离	3
至屋顶的垂直距离	2
在窗户以上	0.3
至窗户或阳台的水平距离	0.75
在窗户或阳台以下	0.8
至墙壁、构架之间的距离	0.05
至树木之间的距离	0.6

58. 有填料熔断器有哪些型式和用途？

答：（1）RT0 系列。该系列熔断器用于交流 50Hz，额定电压 380V 或直流电压 440V 及以下短路电流较大的电路中。

（2）RT10 系列。该系列熔断器用于交流 50Hz（或 60Hz）额定电压在 500V 或直流电压 500V 及以下，额定电流 100A 以下的电路中。

（3）RT11 系列。用于交流 50Hz（或 60Hz）额定电压 500V 以下，额定电流 400A 及以下的电路中。

（4）RL1 系列，用于交流 50Hz（或 60Hz）额定电压 380V 或直流电压 440V，额定电流 200A 及以下的电路中。

（5）RS0 系列。用于交流 50Hz，额定电压 750V 以下，额定电流 480A 及以下电路中，作为半导体整流元件及其成套装置的短路保护和过负荷保护。

（6）RS3 系列。用于交流 50Hz，额定电压 1000V 及以下额定电流 700A 及以下的电路中，作为晶闸管整流元件及其成套装置的过负荷保护。

(7) RLS1 螺旋式快速熔断器。用于交流 50Hz、额定电压 500V 以下或直流额定电压 380V 及以下，额定电流 100A 及以下的电路中，作为硅整流元件及其成套装置的短路或过负荷保护。

(8) RZ1 系列。用于交流 50Hz，电压 380V，电流 800A 的电路中，与塑壳自动开关组成高分断能力，高限流型自动开关。

59. 简述交流接触器的工作原理。

答：接触器是利用电磁机构及弹簧等构成一种低压电器。当接触器励磁线圈中通入电流，铁芯被磁化而动铁芯被吸动与静铁芯吸合。带动主触头闭合，接通主电路。辅助动合触头闭合，辅助动断触头打开。当励磁线圈失电时，动铁芯在弹簧的作用下打开。

60. 农村井用异步电动机常用的是哪几个类型？其新代号和旧代号各是什么？

答：异步电动机，新 Y，旧 J，JO，JX，JK；绕线转子异步电动机，新 YR，旧 JR，JRO，YR；大型高速异步电动机（快），新 YK，旧 JK；高起动转矩异步电动机，新 YQ，旧 JQ，JQO；多速异步电动机，新 YD，旧 JD，JDO；笼型转子立式异步电动机（大中型），新 YL，YLL，JSL；绕线转子立式异步电动机（大中型），新 YRL，旧 JRL；立式深井泵用异步电动机，新 YLB，旧 JLB；井用（充水式）潜水异步电动机，新 YQS，旧 JQS；井用（充油式）潜水异步电动机，新 YQSY，旧 JQSY。

61. 请简要回答三相异步电动机的工作原理。

答：三相交流电动机的定子绕组通入三相交流电，就会产生一个旋转磁场，旋转磁场的磁力线通过定子铁芯、气隙和转子铁芯构成回路。异步电动机转子绕组导体由于相对于旋转磁场运动，就会因切割磁力线而感应电动势，因而转子绕组就会流过电流。载流的转子绕组导体在旋转磁场中会受到电磁力的作用。在电磁力形成的电磁转矩作用下，电动机转子就沿着旋转磁场的方向转动起来。

62. 允许电动机直接起动的原则是什么？

答：电动机是由变压器供电的动力回路，不经常起动的电动机，其容量不宜超过变压器容量的 30%；经常起动的电动机，其容量不宜超过变压器容量的 20%。若照明与动力混合回路，允许直接起动的电动机容量将会更小。

63. 用熔断器作为对三相异步电动机进行短路保护时，熔丝或熔体的额定电流应怎样选择？

答：对于单台电动机，可按 1.5～2.5 倍电动机的额定电流来选用，重载起动的取值较大，轻载或降压起动的取值较小；绕线型异步电动机一般取 1.25 倍额定电流即可。对于多台电动机，熔体的额定电流应大于或等于最大一台电动机的额定电流的 1.5～2.5 倍，再加上同时使用的其他电动机额定电流之和。

64. 什么叫电击？对人体有什么危害？

答：电击是指人的内部器官受到电的伤害。当电流流过人的内部重要器官时，如呼吸系统、中枢神经系统、血液循环系统等，将造成损坏，内部系统工作机能紊乱，严重时会休克甚至死亡。遭电击者，一般在电流的入口和出口处留有击穿的痕迹，若接触电压较高，则击穿的伤口较大，较深，不易愈合。电击除造成人体生理性质的伤害外，神经也可能受伤。

65. 电灼伤对人体有什么危害?

答：电灼伤一般有接触灼伤和电弧灼伤两种。接触灼伤发生在高压触电事故时，电流流通的人体皮肤进出口处，一般进口处比出口处的灼伤严重，接触灼伤的面积较小，但深度深，大多为三度灼伤。灼伤处呈现为黄色或褐黑色，并可累及皮下组织，肌腱、肌肉、神经及器官，甚至使骨骼呈现炭化状态。当发生带负荷误拉、合隔离开关、带地线合隔离开关时，所产生强烈的电弧都可能引起电弧的灼伤，其情况与火焰烧伤相似，会使皮肤发红，起疱、烧焦组织，并使其坏死。

66. 电烙印对人体有什么危害?

答：电烙印发生在人体与带电体之间有良好的接触部位处。在皮肤表面留下与带电接触体形状相似的肿块痕迹。电烙印边缘明显，颜色多呈灰黄色。电烙印一般不发臭或化脓，但往往造成局部的麻木或失去知觉。

67. 触电急救坚持的“八字原则”是什么?

答：迅速、就地、准确、坚持。

68. 脱离电源的一般方法有哪些?

答：脱离电源的一般方法有：首先要使触电者迅速脱离电源，要把触电者接触的那一部分带电设备的开关打开，或设法将触电者与带电设备脱离，同时救护者也要注意保护自己不要触电。

69. 发生火灾必须同时具备的条件是什么?

答：发生火灾必须同时具备三个条件，一是可燃性物质；二是助燃性物质（氧化剂、氧气）；三是火源或高温。

70. 电气火灾和爆炸的原因是什么?

答：（1）有易燃易爆的环境，也就是存在易燃易爆物及助燃物质。

（2）电气设备产生火花、危险的高温。

71. 引起电气设备过度发热的原因有哪些?

答：引起电气设备过度发热的原因有以下几方面：①短路；②过负荷；③接触不良；④铁芯发热；⑤发光发热设备的正常运行温度，如电炉、白炽灯等的外壳表面温度；⑥通风散热不良。

72. 线路短路引起火灾的原因是什么?

答：线路短路时由于短路电流的热效应使得温度急剧升高，从而引起绝缘材料燃烧，使线路附近的易燃物燃烧着火。

发生短路引起火灾的主要原因有：①线路安装不正确；②对运行线路未能及时发现缺陷；③使用不正确。

73. 线路过负荷引起火灾的原因是什么?

答：造成线路过负荷的原因主要有：①导线截面选择偏小；②线路所接的用电设备增加时未能及时更换大截面导线；③过负荷保护整定值偏大，使线路长期过负荷运行。

74. 引起变压器火灾的主要原因是什么?

答：（1）绕组匝间、层间或相间绝缘损坏发生短路，造成绕组发热、燃烧。

（2）铁芯间绝缘或铁芯与夹紧螺栓间绝缘损坏，引起涡流损耗增加，温度上升，可使绝缘油分解燃烧。

(3) 绕组及分接头引线连接点接触电阻过大，引起高温起火。

(4) 绝缘油老化、变质、杂质过多，都可引起耐压等级下降，发生闪弧。

(5) 变压器渗漏油引起油面下降，散热作用减少引起绝缘材料过热和燃烧。

(6) 变压器外部线路短路，严重过负荷而保护又拒动，也会引起内部起火、爆炸。

75. 引起电动机火灾的原因有哪些?

答: (1) 电动机绕组发生单相匝间短路、单相接地和相间短路，引起绕组发热，绝缘损坏而燃烧。

(2) 电动机过负荷、缺相或电源电压降低，引起转速降低，绕组过电流发热，绝缘损坏，引起火灾。

(3) 电动机润滑不足，或受异物卡住，堵转引起电流过大而发生火灾。

(4) 接线端松动，接触电阻过大产生局部高温或火花，引起绝缘或易燃物燃烧。

(5) 通风槽被粉尘或异物堵塞，散热不良引起绕组过热而起火。

76. 引起油断路器起火爆炸的主要原因有哪些?

答: (1) 断路器遮断容量不足，当断路器遮断容量小于系统的短路容量时，断路器不能及时熄弧，由于电弧的高温使油加热分解成易燃物及气体，从而引起燃烧、爆炸。

(2) 油面偏低或偏高，当油面偏低，在切断电弧时油质分解的气体不能及时冷却，从而与上层空气混合，造成燃烧、爆炸；油面偏高时气体冲不出油面，内部压力过大引起爆炸。

(3) 套管积垢受潮，造成相间击穿闪络引起燃烧、爆炸。

77. 引起电缆终端盒火灾的原因有哪些?

答: (1) 终端盒绝缘受潮、腐蚀、绝缘被击穿。

(2) 充油电缆由于安装高度差不合要求，内中压力过大使终端盒密封破坏，引起漏油起火。

(3) 电缆通过短路电流，使终端盒绝缘炸裂。

78. 低压配电屏 (盘) 发生火灾的主要原因有哪些?

答: (1) 安装不符合要求、绝缘损坏、对地短路。

(2) 绝缘受潮，发生短路。

(3) 接触电阻过大或长期不清扫，积灰受潮短路。

79. 简述电费账务的分类。

答: 分类如下：①应收电费账；②实收电费账；③电费收入明细账；④银行存款明细账；⑤其他账务。

80. 常见的收费方式有哪些?

答: 常见收费方式有：①走收；②银行代收电费；③电脑储蓄；④购电制；⑤委托银行收费。

81. 脚扣登杆的注意事项有哪些?

答: (1) 使用前必须仔细检查脚扣各部分：有无断裂、腐朽现象，脚扣皮带是否结实、牢固，如有损坏，应及时更换，不得用绳子或电线代替。

(2) 一定要按电杆的规格，选择大小合适的脚扣，使之牢靠地扣住电杆。

（3）雨天或冰雪天不宜登杆，容易出现滑落伤人事故。

（4）在登杆前，应对脚扣做人体载荷冲击试验，检查脚扣是否牢固。

（5）穿脚扣时，脚扣带的松紧要适当，应防止脚扣在脚上转动或脱落。

（6）上、下杆的每一步都必须使脚扣与电杆之间完全扣牢，以防下滑及其他事故。

82. 登高板登杆的注意事项有哪些？

答：（1）登高板使用前，一定要检查登高板有无开裂和腐朽、绳索有无断股等现象，如果有此现象应及时更换或处理。

（2）登高板挂钩时必须正钩，切勿反钩，以免造成脱钩事故。

（3）登杆前，应先将登高板钩挂好，用人体做冲击荷载试验，检查登高板是否安全可靠；同时对安全带也用人体做冲击荷载试验。

83. 怎样判定触电伤员意识是否丧失？

答：对于意识丧失的触电伤员，应在10s内，用看、听、试的方法，判定伤员呼吸和心跳情况：看——看伤员的胸部、腹部有无起伏动作；听——用耳贴近伤员的鼻处，听有无呼气声音；试——用手背前部试测口鼻有无呼气的气流。再用两手指轻试喉结旁凹陷处的颈动脉有无搏动。若看、听、试结果，既无呼吸又无颈动脉跳动，可判定呼吸和心跳停止。

84. 怎样预防线路短路引起火灾？

答：（1）按规程要求，对线路的连接和安装进行严格检查，确保符合规定要求。

（2）正确选择导线截面，并与保护配合。

（3）正确运行维护，经常检查绝缘状况，对绝缘薄弱点及时采取措施。

85. 怎样预防线路过负荷引起火灾？

答：（1）根据线路所带负荷的大小，正确选择导线截面，在负荷增加时应当更换大截面导线。

（2）正确整定过负荷保护的动作值。

（3）加强线路负荷电流的监测，发现过负荷立即切除部分用电设备。

86. 怎样预防变压器火灾？

答：防止变压器火灾的措施有：①按期进行检修及预防性试验，发现缺陷及时处理；②装设防爆管和温度保护装置，注意检查油位；③合理配置继电保护装置；④合理设计和安装；⑤配备灭火器材。

87. 怎样预防电缆终端盒火灾？

答：电缆终端盒火灾的预防措施有：①正确施工，保证密封良好，防止受潮，充油电缆的高度差要符合要求；②加强检查，发现漏油及时采取修复措施。

88. 预防电加热设备火灾的措施有哪些？

答：（1）正确使用。运行中的电加热设备需有专人监视，周围不得有易燃物，电加热设备必须安装在不燃烧、不导热的基座上。

（2）合理选择电源线及开关、熔断器，防止过负荷和短路引起的火灾。

89. 扑救旋转电动机的火灾时，应注意什么？

答：先断开电源。扑救旋转电动机的火灾时，为防止轴承变形，可使用喷雾水流均匀冷却，不得用大水流直接冲射，另外可用二氧化碳、1211、干粉灭火器扑救。严禁用黄沙扑救，以防进入设备内部损坏机芯。

90. 防止照明器具引发火灾的主要措施有哪些？

答：防止照明器具引发火灾的措施主要是要让灯泡远离易燃物，在易燃易爆场所必须使用防爆灯。另外，要经常检查绝缘和清洁状况，防止短路起火。

91. 装饰装潢火灾的预防措施有哪些？

答：防止措施是电动工具尽量不要过载；装修中产生的易燃物品及时清理，与电动工具、导线、灯具及时分离；导线连接牢固并做好绝缘。

92. 常用电气安全工作标示牌都有哪些？对应放在什么地点？

答：(1) 禁止合闸，有人工作！悬挂在一经合闸即可送电到施工设备的断路器和隔离开关操作把手上。

(2) 禁止合闸，线路有人工作！悬挂在一经合闸即可送电到施工线路的断路器和隔离开关操作把手上。

(3) 在此工作！悬挂在室外和室内工作地点或施工设备上。

(4) 止步，高压危险！悬挂在施工地点邻近带电设备的遮栏上；室外工作地点邻近带电设备的构架横梁上；禁止通行的过道上；高压试验地点。

(5) 从此上下！悬挂在工作人员上下的铁架、梯子上。

(6) 禁止攀登，高压危险！悬挂在工作人员可能误上下的铁架及运行中变压器的梯子上。

93. 登高工具试验标准都有哪些内容？怎样规定的？

答：登高工具试验标准如表 11-4 所示。

表 11-4 常用登高工具试验标准

名称	试验静拉力（N）	试验周期	外表检查周期	试荷时间（min）	备注
安全带	大带 2205； 小带 1470	半年一次	每月一次	5	
安全腰带	2205	半年一次	每月一次	5	
升降板	2205	半年一次	每月一次	5	
脚扣	980	半年一次	每月一次	5	
梯子荷重	1765	半年一次	每月一次	5	

94. 使用高压验电器应注意哪些事项？

答：(1) 使用高压验电器验电时，应选用与被测设备额定电压相应电压等级的专用验电器，并戴绝缘手套操作。

(2) 使用高压验电器前，先要在确实带电的设备上检查验电器是否完好。

(3) 雨天不可在户外进行验电。

(4) 验电时，要做到一人操作、一人监护。

(5) 验电时要防止发生相间或对地短路事故。

(6) 人体与带电体应保持足够的安全距离。

(7) 验电人员站在木杆、木梯或木架构上验电时，若因无接地线而不能指示者，可在验电器上接地线，但必须经值班负责人的许可。

(8) 高压验电器应定期进行试验，不得使用没有试验过或超过试验周期的验电器验电。

95. 使用外线用压接钳应注意哪些事项？

答：（1）压接管和压模的型号应根据导线型号选用。

（2）在压接中，当上下压模相碰时，压坑深度恰好满足要求。压坑不能过浅，否则压接管握着力不够，导线会抽出来。

（3）应按规定完成各种导线的压坑数目和压接顺序。每压完一个坑后持续压力1min后再松开，以保证压坑深度准确。钢芯铝绞线压接管中应有铝垫片填在两导线间，以便增加接头握着力，并使接触良好。

（4）压接前应用布蘸汽油将导线清擦干净，涂上中性凡士林油后，再用钢丝刷清擦一遍。压接完毕，应在压管两端涂红丹粉油。压接后要进行检查，若压管弯曲过大或有裂纹的，要重新压接。

截面16mm²及以上的铝绞线，可采用手提式油压钳。

96. 使用绝缘棒应注意哪些事项？

答：（1）操作前，棒表面应用清洁的干布擦拭干净，使棒表面干燥、清洁。

（2）操作时，应戴绝缘手套，穿绝缘靴或站在绝缘垫（台）上作业。

（3）操作者的手握部位不得越过护环。

（4）使用绝缘棒的规格必须符合相应线路电压等级的要求，切不可任意取用。

（5）应使用定期试验过的绝缘棒，超试验周期的不得使用。

97. 使用绝缘夹钳应注意哪些事项？

答：（1）夹钳只允许使用在额定电压为35kV及以下的设备上，且应按电压等级使用在户内外不同场所选用相应的规格型式。

（2）操作时必须将绝缘夹钳擦拭干净，戴上绝缘手套，穿上绝缘靴及戴上防护眼镜，必须在切断负载的情况下进行操作。

（3）应使用定期试验过的绝缘夹钳，超试验周期的不得使用。

98. 使用接地线应注意哪些事项？

答：（1）装设接地线必须先装接地端，后接导体端，且应接触良好。应使用专用线夹固定在导体上，严禁用缠绕方法进行接地或短路。拆接地线顺序与此相反。

（2）装拆接地线应使用绝缘棒和绝缘手套。

（3）三相短路接地线，应采用多股软铜绞线制成，其截面应符合短路电流热稳定的要求，但不得小于25mm²。

（4）接地线装设点不应有油漆。

（5）接地线应编号，固定存放。

（6）每次检修使用多少接地线应记录，完工后应清点接地线数目，少一组都不能送电。

99. 触电者触及低压带电设备，如何使其脱离电源？

答：拉开电源开关或刀闸，拔除电源插头等；或使用绝缘工具、干燥的木棒、木板、绳索等不导电的东西解脱触电者；也可抓住触电者干燥而不贴身的衣服，将其拖开；也可戴绝缘手套或将手用干燥衣物等包裹起来绝缘后去解脱触电者；救护的人员也可站在绝缘垫上或干木板上，绝缘自己进行救护；触电者紧握电线，可设法用干木板塞到身下，使其与地隔离；用干木把斧子或有绝缘柄的钳子等将电线剪断。

100. 触电发生在架空线杆塔上，如何使其脱离电源？

答：触电发生在架空线杆塔上，如系低压带电线路，应迅速切断电源，或者由救护人员迅速登杆，系好自己的安全皮带后，用带绝缘胶柄的钢丝钳、干燥的不导电物体或绝缘体将触电者拉离电源；如系高压带电线路，又不可能迅速切断电源开关的，可以采用抛挂足够截面和适当长度的金属短路线方法，造成线路短路使电源开关跳闸。

101. 触电者触及断落在地上的带电高压导线，如何使其脱离电源？

答：如果触电者触及断落在地上的带电高压导线，如尚未确认线路无电，救护人员在未做好安全措施（如穿绝缘靴或临时双脚并紧跳跃地接近触电者）前，不能接近断线点至8～10m范围内，以防止跨步电压伤人。触电者脱离带电导线后也应迅速带至8～10m以外处立即急救。只有在确认线路已经无电，才可在触电者离开触电导线后，立即就地进行急救。

102. 怎样预防电动机火灾？

答：（1）正确安装和使用。对潮湿及灰尘较多的场所应采用封闭型；易燃易爆场所采用防爆型。电动机的机座采用不可燃材料，四周不准堆放易燃易爆物。

（2）经常检查维修，清除内部异物，做好润滑，定期测试绝缘电阻，发现缺陷及时进行处理。

（3）合理设置保护装置。一般设短路、过负荷及缺相保护，大型电动机增设绕组温度保护装置等。

103. 怎样预防油断路器起火爆炸？

答：（1）正确选用断路器，其遮断容量应大于系统的短路容量。

（2）在箱盖上安装排气孔。

（3）加强巡视检修，发现油面位置偏低，及时加油，定期进行预防性试验，油质老化时及时更换。

（4）正确选择和安装，油断路器应设在耐火建筑物内。

104. 怎样预防低压配电屏（盘）发生火灾？

答：（1）正确安装接线，防止绝缘破损，避免接触电阻过大。

（2）装在清洁干燥场所，定期检查。

（3）连接导体在灭弧装置上方时，应保持一定飞弧距离，防止短路。

105. 带电灭火的注意事项有哪些？

答：发生电气火灾，有时情况危急，等断电扑救就会扩大危险性，这时为了争取时间控制火势，就需带电灭火。带电灭火的注意事项如下。

（1）带电灭火必须使用不导电灭火剂，如二氧化碳、1211、干粉灭火器、四氯化碳等。

（2）扑救时应戴绝缘手套，与带电部分保持足够的安全距离。

（3）当高压电气设备或线路发生接地时，室内扑救人员距离接地点不得靠近4m以内，室外不得靠近8m以内，进入上述范围应穿绝缘靴、戴绝缘手套。

（4）扑救架空线路火灾时人体与带电导线仰角不大于45°。

106. 请说出5个及以上低压线路针式绝缘子型号。

答：PD-1T；PD-2T；PD-3T；PD-1-1T；PD-1-2T；PD-1M；PD-2M；PD-3M；

PD-M；PD-2W。

107. 请说出 5 个及以上低压线路蝶式绝缘子的型号。

答：ED-1；ED-2；ED-3；ED-4；163001；163002；163003；163004；163005。

108. 请说出 4 个及以上低压线路线轴式绝缘子型号。

答：EX-1；EX-2；EX-3；EX-4；166001；166002；166003；166004；166005。

109. 一般在什么地方采用钢索配线？

答：在比较大型的厂房内，由于屋顶构架较高，跨度较大，而灯具安装又要求敷设较低的照明线路时，常常采用钢索配线。

110. 塑料管配线在有可能受到碰撞的地方和在地面下敷设时应如何处理？

答：在有可能受到碰撞的地方，应该把塑料管埋在墙内并用水混砂浆保护，在地面下敷设时，更需用混凝土把塑料管保护起来。

111. 请说出 5 个及以上常用的绝缘漆型号。

答：常用的绝缘漆有：油性漆布（黄漆布）2010 和 2012 型；油性漆绸（黄漆绸）2210 和 2212 型；油性玻璃漆布 2412 型；还氧玻璃漆布 2433；沥青漆 1010、1011、1210 和 1211 型；耐油清漆 1012 型；甲酚清漆 1014 型；还氧脂漆 1033 型；灰瓷漆 1320 型；红瓷漆 1322 型等。

112. 请说出 4 个及以上常用裸导线类型。

答：常用裸导线类型及型号：软铜圆线 TR；硬铜圆线 TY；特硬铜圆线 TYT；软铝圆线 LR；H4～H9 状态硬铝圆线 LY4～LY9 型。

113. 请说出 4 个及以上常用裸绞线类型。

答：常用裸绞线类型及型号：

铝绞线 LJ；钢芯铝绞线 LGJ；防腐型钢芯铝绞线 LGJF；铜绞线 TJ；镀锌钢绞线 GJ。

114. 说出 5 种及以上聚氯乙烯绝缘导线及型号。

答：常用聚氯乙烯绝缘导线及型号：

铜芯聚氯乙烯绝缘导线 BV；

铝芯聚氯乙烯绝缘导线 BLV；

铜芯聚氯乙烯绝缘聚氯乙烯护套圆形导线 BVV；

铝芯聚氯乙烯绝缘氯乙烯护套圆形导线 BLVV；

铜芯聚氯乙烯绝缘聚氯乙烯护套平形导线 BVVB；

铝芯聚氯乙烯绝缘聚氯乙烯护套平形导线 BLVVB；

铜芯聚氯乙烯绝缘软导线 BVR。

115. 说出 4 种以上橡皮绝缘导线及型号。

答：常用橡皮绝缘导线及型号：

铜芯橡皮绝缘棉纱或其他纤维编织导线 BX；

铝芯橡皮绝缘棉纱或其他纤维编织导线 BLX；

铜芯橡皮绝缘棉纱或其他纤维编织软导线 BXR；

铜芯橡皮绝缘编织双绞软导线 RXS；

铜芯橡皮绝缘编织圆形软导线 RX。

116. 电力电缆的常用类型有哪些？

答： 电力电缆的常用类型有：

铜芯黏性油浸纸绝缘铅包聚氯乙烯护套电力电缆 ZQ02、ZQ03、ZQ20 型；

铝芯黏性油浸纸绝缘铅包聚氯乙烯护套电力电缆 ZLQ02、ZLQ03、ZLQ20 型；

铜芯（铝芯）不滴流油浸纸绝缘铅包聚氯乙烯护套电力电缆 ZQD02、ZQD03、ZQD20；

铝芯不滴流油浸纸绝缘铅包聚氯乙烯护套电力电缆 ZLQD02、ZLQD03、ZLQD20；

铜芯聚氯乙烯绝缘聚氯乙烯护套电力电缆 VV；

铝芯聚氯乙烯绝缘聚氯乙烯护套电力电缆 VLV。

117. 请回答精电 200 系列防腐降阻剂 6 种型号及其适用场所。

答： 精电 200-N 为普通型，适用于大多数接地工程；

精电 200-G 为保证型，适用于特别重要的接地工程；

精电 200-SB 型特别抗盐型，适用于严重的盐碱地条件下的接地工程；

精电 200-D 为特别抗干旱型，适用于严重干旱地区；

精电 200-M 为特别防水型，适用于特别潮湿的场合；

精电 200-K 为物理型，适用于对金属腐蚀严重的地区。

118. 简述钳型电流表使用注意事项。

答： 钳型电流表使用注意事项如下。

（1）测量前应先估计被测电流的大小，以选择合适的量限。或先用大量限，然后再逐渐切换到适当的量限。注意不能在测量进行中切换。

（2）钳口相接处应保持清洁、使之平整、接触紧密，以保证测量准确。

（3）一般钳型电流表适用于低压电路的测量，被测电路的电压不能超过钳型电流表所规定的使用电压。

（4）测量时，每次只能钳入一相导线，不能同时钳入两相或三相导线，被测导线应放在钳口中央。

（5）使用钳型电流表时，应戴绝缘手套，穿绝缘鞋。读数时要特别注意人体、头部与带电部分保持足够的安全距离。

（6）测量低压熔断器和水平排列低压母线的电流时，测量前应将各相熔断器和母线用绝缘材料加以隔离，以免引起相间短路。

（7）测量完毕后，应把选择开关拨到空挡或最大电压量程一挡。

119. 简述万用表的使用方法。

答：（1）首先将红色表笔插入有“＋”号的插孔，黑色表笔插入有“－”号的插孔。

（2）使用前，应检查指针是否指在零位上，如不在零位，可调整表盖上的机械零位调整器，使指针恢复至零位，如无法使指针调到零位时，则说明万用表内的电池电压太低，应更换新电池。

（3）根据被测量的种类和大小，将功能和量程转换开关旋转到相应的挡位。

（4）测电压时，应把万用表并联接入电路。测电流时，应把万用表串联接入电路。

（5）测交直流 2500V 高电压时，应将红表笔插入专用的 2500V 插孔中。

120. 简述万用表使用的注意事项。

答：（1）正确选择功能和量程转换开关的挡位，若不知道被测量的大致范围，可先将量程放到最高挡，然后再转换到合适的挡位，严禁带电转换功能和量程开关。

（2）测量电阻时，必须将被测电阻与电源断开，并且当电路中有电容时，必须先将电容短路放电。

（3）用欧姆挡判别晶体二极管的极性和晶体三极管的管脚时，应记住“+”插孔是接自内附电池的负极，且量程应选 $R\times100$ 挡或 $R\times10$ 挡。

（4）不准用欧姆挡去直接测量微安表头、检流计、标准电池等的电阻。

（5）在测量时，不要接触测试棒的金属部分，以保证安全和测量的准确性。

（6）万用表使用后，应将转换开关旋至交流电压最高挡或空挡。

121. 简述兆欧表的使用方法。

答：（1）按被测设备的电压等级选择兆欧表。

（2）兆欧表有“线”（L）、“地”（E）和“屏”（G）三个接线柱，测量时，把被测绝缘电阻接在“L”和“E”。在被测绝缘电阻表面不干净或潮湿的情况下，必须使用屏蔽“G”接线柱。

（3）测量前，应先将被测设备脱离电源，进行充分对地放电，并清洁表面。

（4）测量前，先对兆欧表做开路和短路检验，短路时看指针是否指到“0”位；开路时看指针是否指到“∞”位。

（5）测量时，兆欧表必须放平，摇动手柄使转速逐渐增加到 120r/min。

（6）对于电容量大的设备，在测量完毕后，必须将被测设备对地进行放电。

122. 简述兆欧表使用的注意事项。

答：（1）按被测电气设备的电压等级正确选择兆欧表。

（2）禁止遥测带电设备。

（3）严禁在有人工作的线路上进行测量工作。

（4）雷电时，禁止用兆欧表在停电的高压线路上测量绝缘电阻。

（5）在兆欧表没有停止转动或被测设备没有放电之前，切勿用手去触及被测设备或兆欧表的接线柱。

（6）使用兆欧表遥测设备绝缘时，应由两人操作。

（7）遥测用的导线应使用绝缘线，两根引线不能绞在一起，其端部应有绝缘套。

（8）在带电设备附近测量绝缘电阻时，测量人员和兆欧表的位置必须选择适当，保持与带电体的安全距离。

（9）遥测电容器、电力电缆、大容量变压器及电动机等电容较大的设备时，兆欧表必须在额定转速状态下方可将测电笔接触或离开被测设备，以避免因电容放电而损坏兆欧表。

123. 导线连接的基本要求有哪些？

答：（1）接触紧密，接头电阻不应大于同长度、同截面导线的电阻。

（2）接头的机械强度不应小于该导线机械强度的 80%。

（3）接头处应耐腐蚀，防止受外界气体的侵蚀。

（4）接头处的绝缘强度与该导线的绝缘强度应相同。

124. 塑料护套线的绝缘层应如何剖削?

答:(1) 芯线截面为 $4mm^2$ 及以下的塑料硬线，其绝缘层一般用钢丝钳来剖削。剖削方法如下。

1) 用左手捏住导线，根据所需线头长度用钢丝钳的钳口切割绝缘层，但不可切入芯线。

2) 用右手握住钢丝钳头部用力向外移，勒去塑料绝缘层。

3) 剖削出的芯线应保持完整无损。如果芯线损伤较大，则应剪去该线头，重新剖削。

(2) 芯线截面为 $4mm^2$ 及以上的塑料硬线，可用电工刀来剖削其绝缘层。方法如下。

1) 根据所需线头长度，用电工刀以 45°角倾斜切入塑料绝缘层，应使刀口刚好削透绝缘层而不伤及芯线。

2) 使刀面与芯线间的角度保持 45°左右，用力向线端推削（不可切入芯线），削去上面一层塑料绝缘。

3) 将剩余的绝缘层向后扳翻然后用电工刀齐根削去。

125. 橡皮线的绝缘层应如何剖削?

答:(1) 先按剖削护套层的方法，用电工刀尖将纺织保护层划开，并将其向后扳翻，再齐根切去。

(2) 按剖削塑料线绝缘层的方法削去橡胶层。

(3) 将棉纱层散开到根部，用电工刀切去。

126. 花线的绝缘层应如何剖削?

答:(1) 在所需线头长度处用电工刀在棉纱织物保护层四周割切一圈，将棉纱织物拉去。

(2) 在距棉纱织物保护层 10mm 处，用钢丝钳的刀口切割橡胶绝缘层。

(3) 将露出的棉纱层松开，用电工刀割断。

127. 7 股铜芯导线的直线连接应如何连接?

答: 先将剖去绝缘层的芯线头散开并拉直，再把靠近绝缘层 1/3 线段的芯线绞紧，然后把余下的 2/3 芯线头分散成伞状，并将每根芯线拉直。把两个伞状芯线线头隔根对叉，并拉平两端芯线。把一端的 7 股芯线按 2、2、3 根分成三组，把第一组 2 根芯线扳起，垂直于芯线，并按顺时针方向缠绕 2 圈，将余下的芯线向右扳直。再把第二组的 2 根芯线扳直，也按顺时针方向紧紧压着前 2 根扳直的芯线缠绕 3 圈，并将余下的芯线向右扳直。再把第三组的 3 根芯线扳直，按顺时针方向紧紧压着前 4 根扳直的芯线向右缠绕 3 圈。切去每组多余的芯线，钳平线端。用同样方法再缠绕另一边芯线。

128. 7 股铜芯导线的 T 字分支连接应如何连接?

答: 将分支芯线散开并拉直，再把紧靠绝缘层 1/8 线段的芯线绞紧，把剩余 7/8 的芯线分成两组，一组 4 根，另一组 3 根，排齐。用旋凿把干线的芯线撬开分为两组，再把支线中 4 根芯线的一组插入干线中间，而把 3 根芯线的一组放在干线的前面。把 3 根芯线的一组在干线右边按顺时针方向紧紧缠绕 3～4 圈，并钳平线端；把 4 根芯线的一组在干线芯线的左边按逆时针方向缠绕 4～5 圈，钳平线端。

129. 不等径单股铜导线应如何连接？

答：如果要连接的两根铜导线的直径不同，可把细导线线头在粗导线线头上紧密缠绕5～6圈，弯折粗线头端部，使它压在缠绕层上，再把细线头缠绕3～4圈，剪去余端，钳平切口即可。

130. 铜（导线）、铝（导线）之间应如何连接？

答：铜导线与铝导线连接时，应采取防电化腐蚀的措施。常见的措施有以下两种。

（1）采用铜铝过渡接线端子或铜铝过渡连接管。在铝导线上固定铜铝过渡接线端子，常采用焊接法或压接法。如果是铜导线与铝导线连接，则采用铜铝过渡连接接管，把铜导线插入连接管的铜端，把铝导线插入连接管的铝端，然后用压接钳压接。

（2）采用镀锌紧固件或夹垫锌片或锡片连接。

131. 线头与针孔接线桩应如何连接？

答：端子板、某些熔断器、电工仪表等的接线，大多利用接线部位的针孔并用压接螺钉来压住线头以完成连接。如果线路容量小，可只用一只螺钉压接；如果线路容量较大或对接头质量要求较高，则使用两只螺钉压接。

单股芯线与接线桩连接时，最好按要求的长度将线头折成双股并排插入针孔，使压接螺钉顶紧在双股芯线的中间。如果线头较粗，双股芯线插不进针孔，也可将单股芯线直接插入，但芯线在插入针孔前，应朝着针孔上方稍微弯曲，避免压紧螺钉稍有松动线头就脱出。

132. 绝缘带包缠时的注意事项有哪些？

答：（1）恢复380V线路上的导线绝缘时，必须先包缠1～2层黄蜡带（或涤纶薄膜带），然后再包缠一层黑胶布。

（2）恢复220V线路上的导线绝缘时，先包缠一层黄蜡带（或涤纶薄膜带），然后再包缠一层黑胶布，也可只包缠两层黑胶布。

（3）包缠绝缘带时，不可出现缺陷，特别是不能过疏，更不允许露出芯线，以免发生短路或触电事故。

（4）绝缘带不可保存在温度或湿度很高的地点，也不可被油脂浸染。

133. 一把拉线由杆上至地下由哪些金具和材料组成？

答：将拉线抱箍、延长环、LX楔型线夹、钢绞线、UT式可调线夹、拉线棒、拉线盘等组合，便是一套完整的拉线。

134. 线路设备巡视的主要内容有哪几个方面？

答：内容包括杆塔、拉线、导线、绝缘子、金具、沿线附近其他工程、开关、断路器、防雷及接地装置等。

135. 正常巡视线路时对沿线情况应检查哪些内容？

答：应查看线路上有无断落悬挂的树枝、风筝、金属物，防护地带内有无堆放的杂草、木材、易燃易爆物等。应查明各种异常现象和正在进行的工程，在线路附近爆破、打靶及可能污染腐蚀线路设备的工厂；在防护区内土建施工、开渠挖沟、平整土地、植树造林、堆放建筑材料等；与公路、河流、房屋、弱电线以及其他电力线路的交叉跨越距离是否符合要求。

136. 正常巡视线路时对线路附近其他工程应检查哪些内容？

答：有无其他工程妨碍或危及线路的安全运行。材物堆积、各种天线、烟囱是否危及安全运行。线路附近的树木、树枝与导线的间隔距离有无不合格之处。相邻附近的电力、通信、索道、管道的架设及电缆的敷设是否影响安全运行。河流、沟渠边缘杆塔有无被水冲刷、倾倒的危险。沿线附近是否有污染源。

137. 正常巡视线路时对电杆、横担及拉线应检查哪些内容？

答：（1）电杆。有无歪斜、基础下沉、裂纹及露筋情况，并检查标示的线路名称及杆号是否清楚。

（2）横担。是否锈蚀、变形、松动或严重歪斜。

（3）拉线。有无松弛、锈蚀、断股等现象，拉线地锚有无松动、缺土及土壤下陷等情况。

138. 正常巡视线路时对绝缘子及导线应检查哪些内容？

答：（1）绝缘子。是否脏污、闪络，是否有硬伤或裂纹。槽型悬式绝缘子的开口销是否脱出或遗失，销子是否弯曲或脱出；球型悬式绝缘子的弹簧销是否脱出；针式绝缘子的螺母、弹簧垫是否松动或短缺，其固定铁脚是否弯曲或严重偏斜；瓷棒有否破损、裂纹及松动歪斜等情况。

（2）导线。有无断股、松股，弛度是否平衡，其接续管、跳引线触点、并沟线夹处是否有变色、发热、松动，各类扎线及固定处缠绕的铝包带有无松开、断掉。

139. 正常巡视线路时对接户线应检查哪些内容？

答：应查看接户线与线路接续情况。

接户线的绝缘层应完整，无剥落、开裂现象，导线不应松弛、破旧，与主导线连接处应使用同一种金属导线。

接户线的支持物件应牢固，无严重锈蚀、腐朽现象，绝缘子无损坏。其线间距离、对地距离及交叉跨越距离符合技术规程的规定。

对三相四线低压接户线，在巡视相线触点的同时，应特别注意零线是否完好。

140. 正常巡视线路时对开关和断路器应检查哪些内容？

答：（1）线路各种开关。安装是否牢固，有无变形。指示标志是否明显正确。

（2）隔离开关。动、静触头接触是否良好，是否过热。各部引线之间，对地的间隔距离是否合乎规定。

（3）引线与设备连接处有无松动、发热现象。瓷件有无裂纹、掉碴及放电痕迹。

141. 开启式负荷刀开关维护时的注意事项有哪些？

答：（1）电源进线应接在静触座上，用电负荷应接在刀闸的下出线端上。

（2）开关的安装方向应为垂直方向，在合闸时手柄向上推，不准倒装或平装。

（3）由于过负荷或短路故障而使熔丝熔断，会使绝缘底座和胶盖内表面附着一层金属粉粒，待故障排除后，需要重新更换熔丝时，要用干燥的棉布将金属粉粒除净再更换熔丝。

（4）HK型开启式负荷开关，常用作照明电源开关，也可用于5.5kW以下三相异步电动机非频繁起动的控制开关。在分闸与合闸时动作要迅速，以利于灭弧，减少刀片和触头的烧损。

（5）负荷较大时，为防止出现闸刀本体相间短路，可与熔断器配合使用，将熔断器装在刀闸负荷侧，刀闸本体不再装熔丝，原熔丝接点间接入与线路导线截面相同的铜线。此时，开启式负荷开关只做开关使用，短路保护及过负荷保护由熔断器完成。

142. 封闭式负荷开关维护注意事项有哪些？

答：（1）开关的金属外壳应可靠接地或接零，防止因意外漏电时使操作者发生触电事故。

（2）接线时，应将电源线接在静触座上，负荷接在熔断器一端。

（3）检查封闭式负荷开关的机械连锁是否正常，速断弹簧有无锈蚀变形。

（4）检查压线螺钉是否完好，是否拧紧。

（5）对于电热和照明电路，铁壳开关额定电流可以根据负载额定电流选择；对于电动机电路，铁壳开关额定电流可按电动机电流的 1.5 倍选择。

143. 刀开关的定期检查修理的内容有哪些？

答：（1）检查闸刀和固定触头是否发生歪斜，三相连动的刀闸是否同时闭合，不同时闭合的偏差不应超过 3mm。

（2）刀开关在合闸位置时，闸刀应与固定触头啮合紧密。

（3）检查灭弧罩是否损坏，内部是否清洁。

（4）清除氧化斑点和电弧烧伤痕迹，接触面应光滑。

（5）各传动部分应涂润滑油。

（6）检查绝缘部分有无放电痕迹。

144. 组合开关常见故障及检修有哪些内容？

答：（1）由于组合开关固定螺钉松动，操作频繁引起导线触点松动，造成外部连接点放电打火，烧损或断路。

（2）开关内部转轴上扭簧松弱或断裂，使开关动触片无法转动。

（3）开关内部的动、静触片接触不良，或开关额定电流小于负荷电流，造成内部触点起弧烧坏开关。

（4）必须断电检修，以保证安全。

145. 自动空气断路器对触头有哪些要求？

答：（1）能可靠地接通和分断被控电路的最大短路电流及最大工作电流。

（2）在规定分、合次数中，接通或分断电路后，不应产生严重磨损。

（3）有长期工作制的载流能力。

146. 自动开关的维护与检修有哪些内容？

答：（1）清除自动开关上的灰尘、油污等，以保证开关有良好的绝缘。

（2）取下灭弧罩，检查灭弧栅片和外罩，清洁表面的烟迹和金属粉末。

（3）检查触头表面，清洁烧痕，用细锉或砂布打平接触面，并保持触头原有形状。

（4）检查触头弹簧有无过热而失效，并调节三相触头的位置和弹簧压力。

（5）用手动缓慢分、合闸，以检查辅助触头动断、动合触点的工作状态是否合乎要求，并清洁辅助触头表面，如有损坏，则需要更换。

（6）检查脱扣器的衔铁和拉簧活动是否正常，动作是否灵活；电磁铁工作面应清洁、平整、光滑，无锈蚀、毛刺和污垢；热元件的各部位无损坏，其间隙是否正常。

(7) 检查各脱扣器的电流整定值和动作延时，特别是半导体脱扣器，应用试验按钮检查其动作情况。漏电自动开关也要用按钮检查是否能可靠动作。

(8) 在操动机构传动机械部位添加润滑油，以保持机构的灵活性。

(9) 全部检修工作完毕后，应做传动试验，检查动作是否正常，特别是联锁系统，要确保动作准确无误。

147. 熔断器的检查与维修有哪些内容？

答：(1) 检查负荷情况是否与熔体的额定值相匹配。

(2) 检查熔体管外观有无破损、变形现象，瓷绝缘部分有无破损或闪络放电痕迹。

(3) 熔体发生氧化、腐蚀或损伤时，应及时更换。

(4) 检查熔体管接触处有无过热现象。

(5) 有熔断指示器的熔断器，其指示是否正常。

(6) 熔断器要求的环境温度应与被保护对象的环境温度一致，若相差过大可能使其产生不正确动作。

(7) 一般变截面熔体的小截面熔断，其主要原因是过负荷而引起的。

148. 交流接触器的检修主要有哪些内容？

答：(1) 触头系统的检修内容如下：

1) 检查三相触头分断是否一致，应保证三相触头的不同时接触的偏差，不大于0.5mm。

2) 测量相间绝缘电阻，绝缘电阻值不应低于10MΩ。

3) 触头磨损超过厚度1/3、严重灼伤及开焊脱落时，应更换新件。

(2) 电磁线圈的检修内容如下：

1) 对线圈的动作与释放电压要进行试验，要求动作电压为额定电压的80%～105%，释放电压应低于额定电压的40%。

2) 检查线圈有无过热、变色，要求运行温度不能超过60℃。线圈过热是由于存在匝间短路造成的，测量线圈直流电阻与原始记录进行比较，即可判定。

3) 检查引线与插件是否有开焊或断开。

4) 检查线圈骨架有无断裂。

(3) 取下灭弧罩，用毛刷清除罩内脱落物及金属粒。如发现灭弧罩有裂损，应更换新品。对于栅片灭弧罩，应注意栅片是否完整或烧伤变形，严重脱位变化等应及时更换。

149. 运行中热继电器应做哪些检查？

答：(1) 检查负荷电流是否与热元件额定值相匹配。

(2) 检查热继电器与外部触头有无过热现象。

(3) 检查连接热继电器的导线截面是否满足载流要求，连接导线有无影响热元件正常工作。

(4) 检查热继电器环境温度与被保护设备环境温度。

(5) 热继电器动作是否正常。

150. 热继电器误动的原因是什么？

答：热继电器误动的原因是：①整定值偏小；②电动机起动时间过长；③设备启停

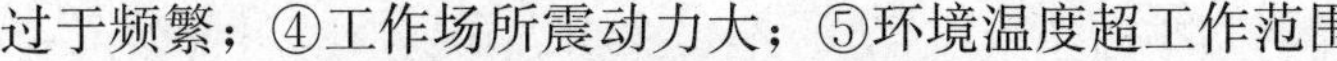

过于频繁；④工作场所震动力大；⑤环境温度超工作范围。

151. 热继电器误动应采取哪些措施？

答：（1）检查负荷电流是否与热元件额定值相匹配。

（2）检查启停是否频繁，热继电器与外部触头有无过热现象。

（3）检查震动是否过大，连接热继电器的导线截面是否满足载流要求，连接导线有无影响热元件正常工作。

（4）检查热继电器环境温度与被保护设备环境温度。热元件工作环境温度在＋40～－30℃。

152. 室内外配线方法有哪几种？

答：按线路敷设的场所不同，可分为室内配线和室外配线两大类。室内外配线方法有两种：明配线；暗配线。

按配线方式可分为：塑料、金属槽板配线；瓷、塑料夹板配线；瓷鼓或绝缘子配线；护套线直敷配线；硬质塑料管、钢管、电线管内配线、电缆配线等。

153. 在室内外配线方式应怎样选择？

答：选择配线方式时，应综合考虑线路的用途、配线场所的环境条件、安装和维修条件以及安全要求等因素。通常直敷配线与塑料槽板配线，适用于正常环境下的普通建筑物内；夹板配线适用于正常环境的普通建筑物室内室外屋檐下；绝缘子配线适用于车间、作坊的室内外场所；管配线适用于多尘的车间、作坊的室内及使用年限较长的楼层建筑等。

154. 室内外配线的基本要求有哪些？

答：导线额定电压应大于线路的工作电压，绝缘应符合线路的安装方式和敷设环境，截面应满足供电负荷和电压降以及机械强度的要求。

155. 室内外配线施工应符合哪些工艺要求？

答：（1）为确保安全，布线时室内外电气管线与各种管道间以及与建筑物、地面间最小允许距离应符合有关规程的规定。

（2）穿在管内的导线在任何情况下都不能有接头，分支接头应放在接线盒内连接。

（3）导线穿越楼板时，应将导线穿入钢管或塑料管内保护，保护管上端口距地面不应小于 2m，下端到楼板下出口为止。

（4）导线穿墙时，也应加装保护管（瓷管、塑料管或钢管），保护管伸出墙面的长度不应小于 10mm。

（5）当导线通过建筑物伸缩缝时，导线敷设应稍有松弛，敷设线管时应装设补偿装置。

（6）导线相互交叉时，应在每根导线上加套绝缘管，并将套管在导线上固定牢靠。

156. 室内外照明和动力配线主要包括哪几道工序？

答：（1）按施工图纸确定灯具、插座、开关、配电箱等设备位置。

（2）确定导线敷设的路径和穿过墙壁或楼板的位置，并标注上记号。

（3）按上述标注位置，结合土建打好配线固定点的孔眼，预埋线管、接线盒及木砖等预埋件。

（4）装设绝缘支持物、线夹或管子。

（5）敷设导线。

（6）完成导线间的连接、分支和封端，处理线头绝缘。

（7）检查线路安装质量。

（8）完成线端与设备的连接。

（9）绝缘测量及通电试验，最后全面验收。

157. 瓷夹板（瓷卡）配线的敷设要求有哪些？

答：（1）导线要横平竖直，不得与建筑物接触，水平敷设时，导线距地高度一般不低于2.3m。垂直敷设的线路，距地面1.8m以下线段，要加防护装置（如木槽板或硬塑料管等）。

（2）瓷卡配线不得隐蔽在吊顶上敷设。

（3）瓷卡不能固定在不坚固的底子上，如抹灰墙壁和箔墙等。

（4）直线段瓷卡的间距与瓷卡的规格有关，如：40mm长两线式和64mm长三线式的瓷卡间距不得大于60cm；51mm长两线式和76mm长三线式的瓷卡间距不得大于80cm。

158. 瓷卡配线敷设有哪些操作工序？

答：瓷卡配线敷设的操作工序有：①准备工作；②定位；③划线；④固定瓷卡及架线；⑤连接接头。

159. 瓷鼓配线的敷设应符合哪些要求？

答：（1）导线要横平竖直，不得与建筑物接触。导线距地面高度一般不低于2.3m。垂直敷设时，在距地面低于1.8m的线段，应加防护装置（木槽或硬塑料管等）。

（2）导线须用纱包铁芯绑线牢固地绑在瓷鼓上（也可用铜线或铝线），终端瓷鼓的导线回头绑扎。

（3）线路在分支、转角和终端处，瓷鼓的位置按标准方法布置。

（4）导线在穿墙及不同平面转角和终端处的敷设按标准方法敷设。

160. 瓷鼓配线主要包括哪几道操作工序？

答：瓷鼓配线的操作工序主要包括：①准备工作；②定位；③固定瓷鼓；④架线；⑤做好导线接头。

161. 绝缘子配线的敷设应符合哪些工艺要求？

答：（1）导线要敷设得整齐，不得与建筑物接触（内侧导线距墙10～15cm）。

（2）从导线至接地物体之间的距离，不得小于3cm。

（3）导线必须用绑线牢固地绑在绝缘子上。

（4）绝缘子应牢固地安装在支架和建筑物上。

（5）导线由绝缘子线路引下对用电设备供电时，一般均采用塑料管或钢管明配。

（6）线路长度（指一个直线段）若超过25m或导线截面在50mm^{2}以上时，其终端应使用茶台装置。

162. 槽板配线的敷设应符合哪些工艺要求？

答：（1）每个线槽内，只许敷设一条导线。

（2）槽内所装导线不准有接头。如导线需接头时要使用接头盒扣在槽板上。

（3）槽板要装设得横平竖直、整齐美观，并按建筑物的形态弯曲和贴近。

（4）槽板的直线、丁字及转角处的连接。

（5）槽板线路穿墙和在不同平面转角处的敷设。

（6）槽板与开关、插座或灯具所有的木台连接时，用空心木台，先把木台边挖一豁口，然后扣在木槽板上。

163. 槽板配线的操作过程及要点有哪些？

答：（1）准备工作。配线前，应检查各种工具、器材是否适用，槽板、铁钉、木螺钉等辅助材料是否齐备。

（2）测位工作。选好线路走径后，按每节槽板的长度，测定槽板底槽固定点的位置。

（3）安装槽板的底槽。安装在砖墙或混凝土板处时，用铁钉钉在木砖上。

（4）敷线及盖槽板的盖板。导线放开后，一边把导线嵌入槽内，一边用木螺钉依次把盖、板固定在底槽上。

（5）连接接头。把需要连接和分支的接头接好，并缠包绝缘带，再盖上接头盒盖，固定盒盖时注意木螺钉不要触及导线及接头。

164. 钢管配线的敷设应符合哪些工艺要求？

答：（1）钢管及其附件应能防腐，明敷设时刷防腐漆，暗敷设时用混凝土保护。

（2）管身及接线盒需连接成为一个不断的导体，并接地。

（3）钢管的内径要圆滑，无堵塞，无漏洞，其接头须紧密。

（4）钢管弯曲处的弯曲半径，不得小于该管直径的6倍。

（5）扫管穿线。先准备好滑石粉、铁丝和布条等。拖布壮布条绑在铁丝上，穿入钢管往返拉两次，直至扫净。

（6）穿线。先将铁丝穿入钢管，将导线拔出线芯，与铁丝一端缠绕接好，在导线上洒滑石粉，将导线顺势送入钢管，拉铁丝另一端，拉线不要过猛。

165. 钢管配线的敷设应如何扫管穿线？

答：穿铁丝（带线）的方法是：穿入的一头弯成圆头，然后逐渐地送入管中直到在另一端露头时为止。

穿线前，先把导线放开，取线头剥出线芯，错位排好，与预先穿入管中铁丝的一端按顺序缠绕接好，并在导线上撒滑石粉。穿线时在一端拉铁丝，并于另一端顺势送入导线。拉线不要过猛，防止导线拉伤。

166. 硬塑料管应怎样进行连接和弯曲？

答：（1）硬塑料管的连接。也可以用承插法或焊接法。承插法是先将一只塑料管的端头用炉火烘烤加热软化（注意不要离炉火太近，以免烧焦管子），然后把另一只塑料管插入约3cm即可。

（2）硬塑料管的弯曲。可在炉火上烘烤加热，软化后慢慢地弯曲。若管径较大时可在管内先填充加热过的砂子，然后加热塑料管进行弯曲，弯曲半径不得小于管径的6倍，弯曲处管子不要被弯扁，以免影响穿过导线。

167. PVC管应怎样进行连接、弯曲和割断？

答：（1）PVC管的弯曲。不需加热，可以直接冷弯，为了防止弯瘪，弯管时在管内插入弯管弹簧，弯管后将弹簧拉出，弯管半径不宜过小。在管中部弯曲时，将弹簧两端拴上铁丝，便于拉动。不同内径的管子配不同规格的弹簧。

（2）PVC管的连接。使用专用配套套管，连接时，将管头涂上专用接口胶，对插入套管，如套管稍大，可在管头上缠塑料胶布然后涂胶插入。PVC管与接线盒连接使用盒接头。

（3）PVC管的切割。可以使用手锯，也可以使用专用剪管钳。

168. 护套线线路有哪些优缺点？

答：护套线线路优点是适用于户内外，具有耐潮性能好、抗腐蚀力强、线路整齐美观，以及造价较低等优点，因此在照明电路上已获得广泛应用。

护套线线路缺点是导线截面小，大容量电路不能采用。

169. 护套线配线的安装方法有哪些？

答：（1）一般护套线配线在土建抹灰完成后进行，但埋设穿墙或穿楼板的保护管，应在土建施工中预埋好，然后根据施工图确定电器安装位置，以及确定起点、终点和转角的路径、位置。

（2）护套线线芯最小截面积。户内使用时，铜芯不小于0.5mm²，铝芯不小于1.5mm²；户外使用时，铜芯不得小于1.0mm²，铝芯线不得小于2.5mm²。

（3）固定卡钉的档距要均匀一致，间距不得大于300mm，敷设应牢固、整齐、美观。

（4）不许直接在护套线中间剥切分支，而应用接线盒的方法，将分支接头放在接线盒内，一般导线接头都放在开关盒和灯头盒内。

（5）护套线支持点的定位，直线部分，固定点间距离不大于300mm；转角部分，转角前后各应安装一个固定点；两根护套线十字交叉时，交叉口处的四方各应安装一个固定点；进入木台前，应安装一个固定点，在穿入管子前或穿出管子后均需安装一个固定点。

（6）护套线在同一墙面上转弯时，必须保持相互垂直，弯曲导线要均匀，弯曲半径不应小于护套线宽度的3～4倍，太小会损伤线芯（尤其是铝芯线），太大影响线路美观。

170. 照明装置的技术要求有哪些？

答：（1）灯具和附件的质量要求，各种灯具、开关、插座、吊线盒以及所有附件的品种规格、性能参数，必须适应额定电流、耐压水平等条件的要求。

（2）灯具和附件应适合使用环境的需要。

（3）移动式照明灯，无安全措施的车间或工地的照明灯，各种机床的局部照明灯，以及移动式工作手灯（也叫行灯），都必须采用36V及以下的低电压安全灯。

（4）照明线截面选择，应满足允许载流量和机械强度的要求。

171. 灯具的安装要求是什么？

答：壁灯及平顶灯要牢固地敷设在建筑物的平面上。吊灯必须装有吊线盒，每只吊线盒，一般只允许接装一盏电灯（双管荧光灯及特殊吊灯例外）。吊灯的电源引线的绝缘必须良好。较重或较大的吊灯，必须采用金属链条或其他方法支持，不可仅用吊灯电源引线直接支持。灯具附件的连接必须正确、牢靠。

172. 灯头、开关和插座的离地要求有哪些？

答：（1）灯头的离地要求如下：

1）相对湿度经常在85%以上，环境温度经常在40℃以上的、有导电尘埃的、潮湿及危险场所，其离地距离不得低于2.5m。

2）一般车间，办公室、商店和住房等处所使用的电灯，离地距离不应低于2m。

如果因生活、工作或生产需要而必须把电灯放低时，则离地最低不能低于1m，并在引线上穿套绝缘管加以保护，且必须采用安全灯座。

灯座离地不足1m所使用的电灯，必须采用36V及以下的低压安全灯。

（2）开关和插座的离地要求：普通电灯开关和普通插座的离地距离不应低于1.3m。住宅采用安全插座时安装高度可为0.3m。

173. 插座安装的具体要求是什么？

答：明装插座应安装在木台上。对于单相两孔插座两孔平列安装：左侧孔接零线，右侧孔接火线，即“左零右火原则”。当单相三孔插座安装时：必须把接地孔眼（大孔）装在上方，同时规定接地线桩必须与接地线连接，即“左零右火上接地”。而对于三相四孔插座安装：必须上孔接地，左孔接L1，下孔接L2，右孔接L3。

174. 白炽灯照明线路接线原则是什么？

答：（1）单处控制单灯线路。由一个单极单控开关控制一盏灯（或一组灯）。接线时应将相线接入开关，再由开关引入灯头，中性线也接入灯头，使开关断开后灯头上无电压，确保修理安全。这是电气照明中最基本、最普遍的一种线路。

（2）双处或三处开关控制单灯。可采用两只双控开关，分装在不同位置，常应用在楼梯或走廊照明，在楼上楼下或走廊两端均可独立控制一盏灯。若需三处控制同一盏灯时，可装两只双控开关和一只多控开关以达到目的。

175. 高压汞灯安装时应注意什么问题？

答：（1）根据实际需要，选用功率恰当的高压汞灯，并配套相宜的镇流器与灯座。

（2）高压汞灯功率在175W及以下的，应配用E27型瓷质灯座。功率在250W以上的，应配用E40型瓷质灯座。

（3）镇流器的规格必须与高压汞灯的灯泡功率一致。镇流器宜安装在灯具附近，以及人体触及不到的位置，并在镇流器接线桩上覆盖保护物。镇流器若装在室外，则应有防雨措施。

176. 正常运行的电动机，起动前应做哪些检查？

答：（1）检查电动机的转轴，是否能自由旋转；配用滑动轴承的电动机，其轴向窜动应不大于2～3mm。

（2）检查三相电源的电压是否正常，其电压是否偏低或偏高。

（3）检查熔断器及熔体是否损坏或缺件。

（4）联轴器的螺钉和销子是否紧固，联轴器中心是否对正；皮带连接是否良好，松紧是否合适。

（5）对正常运行中的绕线式电动机，应经常观察电动机滑环有无偏心摆动现象，滑环的火花是否发生异常现象，滑环上电刷是否需要更换。

（6）检查电动机周围是否有妨碍运行的杂物或易燃易爆物品等。

177. 运行中的电动机出现什么情况时，应立即切断电源，停机检查和处理？

答：运行中的电动机如出现下列情况之一时，应立即切断电源，停机检查和处理。

(1) 运行中发生人身事故。

(2) 电源、控制、起动等设备和电动机冒烟起火。

(3) 传动装置故障，电动机拖动的机械故障。

(4) 电动机发生强烈振动。

(5) 电动机声音异常，发热严重，同时转速急剧下降。

(6) 电动机轴承超温严重。

(7) 电动机电流超过额定值过多或运行中负荷突然猛增。

(8) 其他需要立即停机的故障。

178. 异步电动机大修项目有哪些？

答：(1) 拆卸电动机，用压缩空气吹扫灰尘，清除绕组污垢。

(2) 检查绕组绝缘是否老化，发现老化应喷刷绝缘漆并烘干；绕组损坏，应全部或部分更换修复。

(3) 修理或更换滑环（或换向器）、更换电刷。

(4) 用兆欧表检测绕组相间和各相对地绝缘电阻，如低压电动机小于 0.5MΩ 时，应进行烘干处理。

(5) 修整或更换轴承。

179. 异步电动机中修项目有哪些？

答：(1) 拆卸电动机，排除个别绕组线圈缺陷。

(2) 更换损坏的槽键和绝缘套管。

(3) 修理风扇。

(4) 更换轴承衬垫，修整转子轴颈。

(5) 检查修正定、转子间气隙。

(6) 清洗轴承，加好润滑脂。

(7) 修理滑环及电刷装置。

(8) 装好电动机，检查定、转子和试带负载运行。

180. 异步电动机小修项目有哪些？

答：(1) 清除电动机外壳灰尘污物。

(2) 检查电动机紧固情况和接地情况。

(3) 检查轴承、电刷和外壳发热情况。

(4) 紧固接线盒接线。

(5) 检查电动机运转是否正常。

181. 电能表安装时有哪些要求？

答：(1) 电能表必须牢固地安装在可靠及干燥的墙板上，其周围环境应干净、明亮，便于装拆、维修。

(2) 电能表安装的场所必须是干燥、无震动、无腐蚀性气体。

(3) 电能表的进线、出线，应使用铜芯绝缘线，芯线截面要根据负荷而定，但不得小于 $2.5mm^2$，中间不应有接头。接线要牢，裸露的线头部分不可露出接线盒。

（4）自总熔断器盒至电能表之间敷设的导线长度不宜超过10m。

（5）在进入电能表时，一般以“左进右出”原则接线。

（6）电能表接线必须正确。如果电能表是经过电流互感器接入电路中，电能表和互感器要尽量靠近些，还要特别注意极性和相序。

182. 安装电能表时应注意的事项是什么？

答：（1）电能表的电流线圈必须与相线串联，电压线圈并联接入电源侧。此时电能表所测得电能为负载和电流线圈的消耗电能之和。如果电压线圈并联接在负载端，电能表测得的电能将包括电压线圈消耗的电能，当负载停用时，容易引起电能表潜动。

（2）必须弄清楚电能表内部接线和极性，防止电能表电流线圈并联接在电源上，造成短路而烧毁电能表。还应注意，当电能表经互感器接入电路时，电流互感器应按“减极性”接线。

183. 抄表前应做哪些准备工作？

答：（1）明确自己负责抄表的区域和用户情况，如用户的地址、街道、门牌号码、表位、行走路线等。

（2）明确抄表例日排列的顺序，严格按抄表例日执行。

（3）准备好抄表用具，如抄表卡片、抄表器、钢笔、手电筒等。

184. 现场抄表的要求有哪些？

答：（1）对大用户抄表必须在时间上、抄表质量上严格把关。

（2）对按最大需量收取基本电费的用户，应与用户共同抄录最大需量表，以免事后争执，抄表后启封拨回指针然后再封好。

（3）对实行峰谷分时电价的用户，注意峰、平、谷三个时段是否正确，峰、平、谷三段电量之和是否与总电量相符。

（4）根据有功电能表的指示数估算用户的使用电量，如发现有功电量不正常，应了解用户生产和产品产量是否正常，也可根据用户配电室值班日志进行核对。

（5）对有备用电源的用户，不管是否启用，每月都要抄表，以免遗漏。

（6）对高供低计收费的用户，抄表收费员应加计变损和线损。

185. 抄表工作流程中抄表整理员应完成哪些工作环节？

答：事先排好抄表例日→对抄表卡片保管→按例日做好发放的准备工作→将抄表卡片或抄表器发给抄表员。

对抄表员交回的卡片：逐户检查抄表卡片内容→审核户数→加盖发行月份→灯、力各项电量汇总→填写总抄表日志→送核算。

186. 抄表工作流程中抄表员应完成哪些工作环节？

答：抄表员：按例日领取抄表卡片或抄表器→复核户数→按例日去用户处抄表，同时也要做好以下工作：

抄表结束后，要复核抄表卡片，检查各项内容有无漏抄或算错现象。汇总户数、电量，按灯力分别填写个人抄表日志，连同抄表卡片交抄表整理审核。

187. 核算工作有哪些内容？

答：（1）电费账的制成与保管，对转来的登记书进行登账处理、审核与传递。

（2）掌握各类电价的有关规定并正确执行。

（3）按事先排定的核算例日顺序，结合已收到的抄表卡片进行电费核算与电费收据的发行，填写应收电费发行表。

（4）审核电费收据，复核应收电费发行表。审核无误后加盖收费章、托收电费章，并填记总应收电费发行表。

（5）处理有关核算工作的日常业务。

188. 电费核算工作有哪些环节？

答：电费核算工作环节有：①转账计算；②开写电费发票；③复核汇总；④稽核；⑤单据发行。

189. 电费账务管理包括哪些内容？

答：（1）认真审核新装装表接电的工作传票及有关凭证，审核无误后，新建用户抄表卡片。对新建用户逐户进行登记，交抄表组签收后正常抄表。工作传票使用后加盖个人私章，退还业务经办部门。

（2）根据新建抄表卡片和相关工作传票新建电费台账。

（3）认真填写大工业用户电费结算清单。

（4）凡用户发生增减容量、电能表更换、校验、拆表、过户、暂停和变更用电性质等，除及时更改抄表卡片外，还要同时更改台账的相关记录，使抄表卡片与电费台账完全一致。

（5）凡因电能计量装置发生错误，误差超出允许范围、记录不准、接线错误、倍率不符等造成电费计算错误，需向用户补收或退还电费时，经用电检查和相关部门核实，报各级分管领导审批后再进行账务处理。

（6）电费呆账的处理。

（7）欠费管理。

190. 收费工作都包括哪些内容？

答：（1）各种电费收据的保管、填写，按例日发放与领取电费收据，向用户收取电费，并办理托收结算。

（2）转出转入电费收据的处理。

（3）电费收据存根的汇总，收入现金的整理，填记收入报告整理票、现金整理和收费日志。

（4）按银行的收账通知，及时销账或提取托收凭证的存根，填记收入报告整理票。

（5）复核电费收据存根，对照收入报告整理票和现金整理票与收费日志，填记总收费日志。

（6）处理有关收费工作的日常业务。

191. 在纯电感电路中，电压与电流的关系是怎样的？

答：（1）纯电感电路的电压与电流频率相同。

（2）电流的相位滞后于外加电压 u 为 $\pi/2$（即 90°）。

（3）电压与电流有效值的关系也具有欧姆定律的形式。

192. 什么叫电感电抗？它的简称是什么？它具有什么性质？写出它的求解公式。

答：电感线圈产生的自感电动势对电流所产生的阻碍作用称为线圈的电感电抗，简称感抗。

性质是：交流电的频率越高，感抗就越大。直流容易通过电抗，交流不易通过电抗。

求解公式为

$$X_L=\omega L=2fL$$

式中　X_L——感抗；

ω——角频率，rad/s；

L——线圈电感，H；

f——频率，Hz。

193. 在纯电容电路中，电压与电流的关系是怎样的？

答：（1）纯电容电路的电压与电流频率相同。

（2）电流的相位超前于外加电压 u 为 $\pi/2$（即 90°）。

（3）电压与电流有效值的关系也具有欧姆定律的形式，即 $I=\dfrac{U}{X_C}$。

194. 什么叫电容电抗？它的简称是什么？它具有什么性质？写出它的求解公式。

答：在交流电路中，由于电容器周期性的充电和放电，电容器两极上建立的电压极性与电源电压极性总是相同的，因此电容器极板上的电压相当于反电动势，对电路中的电流具有阻碍作用，这种阻碍电流的作用称为电容电抗，简称容抗。

性质是：交流电的频率越低，容抗越大。直流不容易通过电容，交流容易通过电容。

求解公式为

$$X_C=\frac{1}{\omega C}=\frac{1}{2\pi fC}$$

式中　X_C——容抗；

ω——角频率，rad/s；

C——电容，F；

f——频率，Hz。

195. 什么叫有功功率？写出求解公式。

答：（1）瞬时功率在一个周期内的平均值叫作有功功率。

(2) $P=UI\cos\varphi$。

196. 什么叫无功？什么叫无功功率？写出求解公式。

答：（1）能够在磁场中储存，在电源与负载之间进行往复交换而不消耗的能量称为无功。

（2）单位时间内的无功交换量叫无功功率。即在电路中进行能量交换的功率。

(3) $Q=UI\sin\varphi$。

197. 什么是视在功率？写出求解公式。

答：（1）视在功率就是电路中电压有效值 U 和电流有效值 I 的乘积。

（2）$S=UI$。

198. 什么是功率因数？写出求解公式。

答：（1）有功功率 P 占视在功率 S 的比值定义为功率因数。

（2）$\cos\varphi=\frac{P}{S}$。

199. 在配电系统中三相负荷和单相负荷连接的原则是什么？

答：三相负荷的连接方式，分为星形和三角形两种。当负荷的额定电压等于电源的相电压（即电源线电压的 $1/\sqrt{3}$倍）时，负荷应接成星形；当额定电压等于电源的线电压时，应接成三角形。对于单相负荷也是根据它的额定电压应等于电源电压的原则确定应接入相电压还是线电压。单相负荷应尽量均匀地分配在三相上，使三相电源上分配的负荷尽量平衡。

200. 简要叙述一次系统图的识读方法。

答：（1）阅读标题栏。

（2）阅读进出线的方式，所内母线的布置方式。包括进线电压等级，是单回还是双回；出线电压等级，是几条线；母线是几段，怎样联系。

（3）阅读主设备的连接关系。包括避雷器、线路、变压器、开关、互感器等。

（4）阅读主设备型号，弄清容量、电压等级、构造特点。

201. 简要叙述二次系统图的识读方法。

答：（1）阅读标题栏。

（2）阅读二次系统电路图和原理图。弄清二次系统都由哪些设备或元件组成，明确相互间的对应连接关系。

（3）阅读二次系统展开图。对照二次系统电路图和原理图，按二次回路的连接顺序，分别对电压回路、电流回路和信号回路进行阅读。

（4）阅读材料明细表，弄清二次设备型号。

202. 简要叙述动力和照明设备在平面图上的标注方法。

答：在动力和照明设备平面图上标注图形符号，用来表示设备的相互连接关系；在图形符号旁标注文字符号，用来说明其性能和特点。如：型号、规格、数量、安装方式、安装高度等。

203. 分别解释下列线路标注的含义：

（1）WL5-BLVV-3×2.5-AL；

（2）WL2-BV-2×2.5-G15-RE；

（3）WL4-BVV-2×2.5-G15-CE。

答：（1）第 5 条照明线路，铝芯塑料绝缘塑料护套导线，3 根各为 2.5mm^2的导线，铝皮线卡明敷设。

（2）第 2 条照明线路，铜芯塑料绝缘导线，2 根各为 2.5mm^2的导线，穿入直径为 15mm 的钢管，沿构架明敷设。

（3）第 4 条照明线路，铜芯塑料绝缘塑料护套导线，2 根各为 2.5mm^2的导线，穿入直径为 15mm 的钢管，沿顶棚明敷设。

204. 简述用支路电流法解题的思路。

答：用支路电流法解题的思路是以各支路电流为未知量，根据基尔霍夫定律列出所需的回路电压方程和节点电流方程，然后求得各支路电流。

205. 简述用回路电流法解题的思路。

答：用回路电流法解题的思路是以网孔回路的回路电流为未知数，按基尔霍夫电压定律列出回路电压方程，并联立求解出回路电流，然后，根据回路电流与各支路电流关系求出支路电流。

206. 简述用节点电位法解题的思路。

答：用节点电位法解题的思路是以电路的一组独立节点的节点电位为未知数，按基尔霍夫电流定律列方程，并联立求解出节点电位，然后，根据欧姆定律求出各支路电流。

207. 解释不对称三相电路概念。

答：三相交流电的物理量（电势、电压、电流）大小不等，或相位互差不是120°电角度，称三相电路不对称。不对称的原因可能是因为三相电源的电势不对称，三相负载不对称（复数阻抗不同）或端线复数阻抗不同。

208. 解释正序、负序和零序概念。

答：(1) 三相正弦量中A相比B相超前120°、B相比C相超前120°、C相比A相超前120°，即相序为A—B—C，这样的相序叫正序。

(2) 三相正弦量中A相比B相滞后120°（即超前240°）、B相比C相滞后120°、C相比A相滞后120°，即相序为A—C—B，这样的相序叫负序。

(3) 三相正弦量中A相比B相超前0°、B相比C相超前0°、C相比A相超前0°，即三者同相，这样的相序叫作零序。

209. 什么叫二端网络？什么叫含源网络？什么叫无源网络？

答：较复杂的电路称为网络，只有两个输出端的网络叫二端网络。含有电源的网络，叫含源网络。不含电源叫无源网络。

210. 叙述用戴维定理求某一支路电流的一般步骤。

答：(1) 将原电路划分为待求支路与有源二端网络两部分。

(2) 断开待求支路，求出有源二端网络开路电压。

(3) 将网络内电动势全部短接，内阻保留，求出无源二端网络的等效电阻。

(4) 画出等效电路，接入待求支路，由欧姆定律求出该支路电流。

211. 什么叫电压源？什么叫理想电压源？

答：用一个恒定电动势E和一个内阻R_0串联组合来表示一个电源。用这种方式表示的电源称为电压源。$R_0=0$时我们称之为理想电压源。

212. 什么叫电流源？什么叫理想电流源？

答：用一个恒定电流I_S和一个电导G_0并联表示一个电源，这种方式表示的电源称电流源。若$G_0=0$则称为理想电流源。

213. 电压源与电流源之间怎样进行变换？

答：(1) 已知电压源的电动势E和内阻R_0，若要变换成等效电流源，则电流源的电流$I_S=E/R_0$，并联电导$G_0=1/R_0$。

(2) 已知电流源恒定电流I_S和电导G_0，若要变换成等效电压源，则电压源的电动势$E=I_S/G_0$，内阻$R_0=1/G_0$。注意，I_S与E的方向是一致的。

214. 什么叫半导体？什么叫空穴？什么叫本征半导体？

答： 导电能力介于导体和绝缘体之间的物质叫作半导体。这一类材料有硅、锗、硒等。

半导体受热或光照时，有少量的电子可能摆脱共价键结构的束缚而成为自由电子，在它原来位置上带电荷的空位，叫空穴。不含杂质的半导体称为本征半导体。

215. 什么叫掺杂半导体？什么叫 N 型半导体？什么叫 P 型半导体？

答： 在常温下受热激励所产生的自由电子和空穴的数量很少，为提高半导体的导电能力，通常在半导体中掺入微量的有用杂质，制成掺杂半导体。掺杂半导体有 N 型有 P 型。

N 型半导体自由电子数远多于空穴数，这些自由电子是多数载流子，而空穴是少数载流子，导电能力主要靠自由电子，称为电子型半导体，简称 N 型半导体。

P 型半导体空穴数远多于自由电子数，这些空穴是多数载流子，而自由电子是少数载流子，导电能力主要靠空穴，称为空穴型半导体，简称 P 型半导体。

216. 什么叫 PN 节？PN 节的特性是什么？

答： 将 P 型半导体和 N 型半导体经过特殊工艺加工后，会有机地结合在一起，结合交界面两边的半导体内电子与空穴浓度不同，将向对方扩散，就在交界处形成了有电荷的薄层，这个带电荷的薄层称为 PN 节。

PN 节的特性是：在 PN 节之间加正向电压，多数载流子的扩散增强，有电流通过 PN 节，就形成了 PN 节导电。加反向电压，多数载流子扩散被抑制，反向电流几乎为零，就形成了 PN 节截止。

217. 点接触型二极管的 PN 节与面接触型二极管的 PN 节有什么区别？

答： 点接触型二极管的 PN 结面积很小，不能承受高的反向电压，也不能通过大的电流，极间电容小，适用于高频信号的检波、脉冲数字电路里的开关元件和小电流整流。面接触型二极管的 PN 结面积较大，可以通过较大的电流，极间电容较大，这类管子适用于整流，而不适用于高频电路中。

218. 解释二极管伏安特性。

答： 加在二极管两端的电压和流过二极管的电流之间的关系曲线，称为二极管的伏安特性曲线。它表明二极管具有如下特性。

(1) 正向特性。当二极管两端所加正向电压较小时，正向电流几乎为零，OA 这段电压（硅管约为 0.5V，锗管约为 0.1V）称为死区电压。当外加电压超过死区电压后，电流增加很快，二极管处于导通状态，管子呈现的正向电阻很小。

(2) 反向特性。在二极管加反向电压的 OC 段内，仅有少数载流子导电，数值很小，称为反向漏电流，或称为反向饱和电流。

(3) 反向击穿特性。当反向电压增加到一定大小时，反向电流剧增，称为二极管的“反向击穿”，相对应的电压称为反向击穿电压。

219. 叙述二极管型号表示的意义。

答： 二极管的型号由数字和字母共四部分组成，其中第一部分是阿拉伯数字 2，表示电极数目，是二极管；第二部分用汉语拼音字母表示器件的材料和特性，如 A 表示 N 型锗材料，B 表示 P 型锗材料等；第三部分用汉语拼音字母表示器件类型，如 P 表示普通管，Z 表示整流管等；第四部分用数字表示器件设计序号。如 2CP1 表示是 N 型硅材料普通二极管，它主要用于整流。

220. 二极管的主要参数有哪些？

答： 二极管的过负荷能力差，在使用时必须按二极管的参数和线路的要求，正确选择。二极管的主要参数有：①最大整流电流；②最高反向工作电压；③最大反向电流；④最高工作频率；⑤最大瞬时电流；⑥最高使用温度；⑦最低工作温度。

221. 什么是二极管的最大整流电流？大功率的二极管怎样提高最大整流电流？

答： 二极管的最大整流电流是指在正常工作情况下，二极管所能通过的最大正向平均电流值。若超过这一数值，管子会因发热过高而损坏。对于大功率的二极管，为了降低它的温度，以便提高最大整流电流，须在电极上装散热片。

222. 什么是二极管的最高反向工作电压？它通常为反向击穿电压的多少？

答： 最高反向工作电压是指二极管工作时所允许施加的最高反向电压（又称反偏压）值，通常为反向击穿电压的 1/2。

223. 什么是二极管的最大反向电流？

答： 最大反向电流是指二极管未击穿时的反向电流。其值越小，则二极管的单向导电性越好，由于温度增加，反向电流会急剧增加，所以在使用二极管时要注意温度影响。

224. 如何判别和简易测试二极管的极性？

答： 通常二极管的正极标有一色点。如果是透明壳二极管，可直接看出其极性：内部连触丝的一头是正极，连半导体片的一头是负极。

如果既无颜色，管壳又不透明，则可利用万用表来判别二极管的极性，还可判断其质量。

将万用表拨到欧姆挡的 $R\times100$ 或 $R\times1\text{k}$ 位置上，然后用红黑两表棒先后正接和反接二极管的两个极。两次测量中，数值大的是反向电阻（常为几十千欧到几兆欧），数值小的是正向电阻（常为几百欧到几千欧）。两者相差倍数越大越好。如果电阻为零，说明管子已被击穿；如果正、反向电阻均为无穷大，说明二极管内部已断路，均不能使用。

万用表的黑表棒与表内电池的正极相连，因此测得正向电阻（阻值小）时，与黑表棒相接的一端为二极管的正极（也叫阳极），与红表棒相接的一端为二极管的负极（也叫阴极）。同理，在测得反向电阻时，即可判断与黑、红表棒相接的二极管的两个极分别是负极、正极。

225. 简述三极管的分类和构成。

答： 晶体三极管简称为三极管。它的种类很多。按照频率分，有高频管、低频管；按照功率分，有小、中、大功率管；按照半导体材料分，有硅管、锗管等。但从它的外形看，都有三个电极，分别称为发射极、基极和集电极，用 e、b、c 表示。

三极管内部由三层半导体材料组成，分别称为发射区、基区和集电区，结合处形成两个 PN 结，分别称为发射结和集电结。根据内部结构不同，三极管又分为 PNP 和 NPN 两种类型。目前国产的三极管，锗管大多为 PNP 型，硅管大多为 NPN 型。

226. 简述三极管电流放大作用的规律。

答：（1）发射极电流等于基极电流和集电极电流之和，即

$$I_e = I_b + I_c$$

（2）基极电流很小，集电极和发射极电流接近相等。

（3）基极电流的微小变化，可以引起集电极电流的较大变化。这种现象称为三极管的电流放大作用。

227. 什么叫三极管共发射极接法电流放大系数？

答：集电极电流的变化量 ΔI_c 与基极电流变化量 ΔI_b 的比值称为三极管共发射极接法电流放大系数，用 h_{FE} 表示，即

$$h_{FE} = \frac{\Delta I_c}{\Delta I_b} \approx \frac{I_c}{I_b}$$

228. 什么是三极管的输入特性？

答：当加于集电与发射之间的电压 U_{ce} 为一定值时，基极与发射极间的电压 U_{be} 与基极电流 I_b 之间的关系，称为三极管的输入特性。

229. 什么是三极管的输出特性？

答：当基极电流为某一定值时，集电极电压 U_{ce} 与集电极电流 I_e 之间的关系曲线称为三极管的输出特性。

230. 怎样简易测试三极管的基极和管型？

答：用万用表的 $R\times100$ 或 $R\times1k$ 可对三极管进行简易测试。用红表棒接好一个假设的基极，黑表笔分别接另外两个极，如测得的两次电阻都很大，再将两表棒调换，测得两次电阻都很小，则第一次红表棒连接的是 NPN 管的基极。如测得的两次电阻都很小，再将两表棒调换，测得两次电阻都很大，则第一次红表棒连接的是 PNP 管的基极。如不符，则换选其他极为基极。

231. 怎样通过简易测试判别三极管的集电极和发射极？

答：用万用表的 $R\times100$ 或 $R\times1k$ 可对三极管进行简易测试。当基极和管型确定后，可将万用表的两根表棒分别接到集电极和发射极上，进行正接测量和反接测量各一次。如果是 PNP 型管，则在测得电阻小的一次中，与黑表棒接触的那个是发射极，另一极是集电极。如果是 NPN 管，则相反。

232. 跌落式熔断器的主要技术参数有哪些内容？

答：（1）额定电压，是指熔断器分断后能长期承受的电压。

（2）额定电流，是指熔断器能长期通过的电流。

（3）开断能力，是指熔断器在被保护设备过载或故障情况下，可以可靠开断过载或短路电流的能力。极限开断能力是指熔断器能开断的最大短路电流的能力。

233. 跌落式熔断器及熔丝的额定电流应如何选择？

答：跌落式熔断器的额定电流必须大于或等于熔丝元件的额定电流。跌落式熔断器熔丝元件的选择，一般按以下原则进行。

（1）配电变压器一次侧熔丝元件选择。当配电变压器容量在 100kVA 及以下时，按变压器额定电流的 2～3 倍选择元件；当变压器容量在 100kVA 以上时，按变压器额定电流的 1.5～2 倍选择元件。

(2) 柱上电力电容器。容量在 30kvar 以下的柱上电力电容器一般采用跌落式熔断器保护。熔丝元件一般按电力电容器额定电流的 1.5～2.5 倍选择。

(3) 10kV 用户进口。用户进口的熔丝元件一般不应小于用户最大负荷电流的 1.5 倍，用户配电变压器（或其他高压设备）一次侧熔断器的熔丝元件应比进口跌落式熔断器熔丝元件小一级考虑。

(4) 分支线路。分支线路安装跌落式熔断器，熔丝元件一般不应小于所带负荷电流的 1.5 倍，并且至少应比分支线路所带最大配电变压器一次侧熔丝元件大一级。

架空线路跌落式熔断器选择熔丝元件时，对于配电变压器而言，一般按计算额定电流即可；对于用户设备，一般可按最大负荷电流选择；对于电容器则计算其无功电流。

234. 柱上断路器的主要技术参数有哪些？

答：主要技术参数包括：①额定电压；②最高工作电压；③额定电流；④额定开断电流和极限开断电流；⑤断流容量；⑥极限通过电流；⑦热稳定电流；⑧合闸时间；⑨开断时间和固有分闸时间。

235. 什么是柱上断路器的额定开断电流和极限开断电流？

答：(1) 额定开断电流。是指断路器在额定电压下能安全无损地开断的最大电流，它一般是指短路电流。

(2) 极限开断电流。是指当断路器的运行电压低于额定电压时，断路器的允许开断电流可以超过额定开断电流。但它不是按电压降低成比例的无限增加，它有一个由断路器的灭弧能力和承受内部气体压力的机械强度所决定的极限值，这一极限值称为极限开断电流。

236. 柱上断路器一般是根据哪些条件来选择？

答：根据额定电压、最高工作电压、额定电流、额定功率、绝缘水平、开断电流、短路关合电流、动稳定电流、热稳定电流和持续时间、操作循环、机械负荷、操作次数、分合闸时间、过电压、操动机构形式、操作气压或电压和相数等级技术参数进行选择的，并且对于柱上断路器的使用环境条件等还需要进行校验确定。

237. FW10-10/630G 高压柱上负荷隔离开关的特点是什么？

答：(1) 具有没有外部电弧的切合功能。

(2) 使用面广，可用于线路切换、变压器切换、电缆切换等场合。

(3) 有明显的断开点。

(4) 免维护。

(5) 安装方式可以多种多样，能满足大多数通用的配电线路设计等。

238. 高压柱上隔离开关的作用是什么？

答：它主要安装在高压配电线路的联络点、分段、分支线处及不同单位维护的线路的分界点或 10kV 高压用户变电站的入口处，用于无负荷断、合线路。这样能方便检修、缩小停电范围；利用隔离开关断口的可靠绝缘能力，使需要检修的高压设备或线路与带电设备或线路隔开，能给工作人员一个可见开断点，保证停电检修工作人身安全。

239. 合成绝缘氧化锌避雷器的主要优点有哪些？

答：(1) 绝缘性能良好。

(2) 耐污性能强。

（3）合成材料成型性好，容易实现可靠的密封。

（4）合成绝缘材料具有较好的弹性，可降低避雷器爆炸成碎片的可能性。

（5）体积小、质量轻、运输安装方便。

（6）运行可靠，不易破损，平时无需维护。

（7）制造工艺简单。

（8）可制成支柱型结构，可以简化配电线路结构和减少配电线路装置尺寸。

240. 在恒定负载下怎样选择连续工作制电动机的容量？

答：在恒定负载下长期运行的电动机容量按下式选择：

$$P_{NJ}=\frac{P}{\eta_1\eta_2}$$

式中 P_{NJ}——根据机械负载计算出的电动机的功率，kW；

P——负载的机械功率，kW；

η_1——机械负载效率；

η_2——传动机构的效率。

根据计算结果，选择电动机的容量 P_N 不小于但接近 P_{NJ} 值的容量为宜。

241. 在变动负载下怎样选择连续工作制电动机的容量？

答：在变动负载下连续工作制的电动机，选择其容量时，常采用等效负载法，也就是以一个假设的恒定负载来代替实际变动的负载。代替的原则是在一时间段内恒定负载的发热量要与变动负载的发热量相同，然后按照上述恒定负载选择电动机容量的方法，来选择变动负载下连续工作制电动机的容量。一般情况下，对于采用直接传动的电动机，选择电动机的容量 P_N 为 $1\sim1.1P_{NJ}$ 倍；采用皮带传动的电动机，选择电动机的容量 P_N 为 $1.05\sim1.15P_{NJ}$ 倍。

242. 怎样选择短时工作制电动机的容量？

答：短时工作制的电动机是按短时工作的条件设计的，由于电动机停止运转时，处于散热冷却过程中，所以温升会得到限制。若选用连续工作制电动机，在温升不超过允许值的条件下可适当降低电动机的容量，但必须有足够的起动转矩和最大转矩。条件许可时，应尽可能选择短时定额的电动机。

243. 怎样选择断续周期工作制（重复短时）电动机的容量？

答：负载持续率小于60%时，应选用断续定额的电动机。若选用连续定额的电动机，可适当降低容量。负载持续率大于60%时，应选用连续定额的电动机。

244. 简述互感器的作用。

答：互感器是一种特种变压器，是一次系统和二次系统间的联络元件，用以分别向测量仪表、继电器的电压和电流线圈供电，正确反映电气设备的正常运行和故障情况。其作用如下。

（1）互感器与电气仪表和继电保护及自动装置配合，测量电力系统高电压回路的电压，电流及电能等参数。

（2）互感器使二次设备和工作人员均能与高电压隔离，且互感器二次接地，从而保障了工作人员与设备安全。

（3）互感器使二次所取量统一，有利于二次设备标准化。

(4) 互感器二次回路不受一次系统的限制，可以使接线简单化。

(5) 互感器使二次设备用低电压、小电流连接控制，便于集中控制。

245. 运行中的电压互感器二次侧为什么不能短路?

答: 电压互感器二次绕组不能短路。由于电压互感器的正常负载是阻抗很大的仪表、继电器电压线圈或自动装置的电压线圈，发生短路后，二次回路阻抗仅仅是互感器二次绕组的阻抗，因此在二次回路中会产生很大的短路电流，影响测量表计的指示，造成继电保护误动，甚至烧毁互感器。

246. 电压互感器二次侧为什么必须一端接地?

答: 电压互感器二次绕组及零序电压绕组的一端必须接地。否则在线路发生故障时，在二次绕组和零序电压绕组上感应出高电压，危及仪表、继电器和人身的安全。一般是中性点接地。

247. 运行中的电流互感器为什么不允许开路?

答: 电流互感器在工作中，二次侧不允许开路。若二次侧开路，使铁芯中的磁通剧增，引起铁芯严重饱和，在二次绕组上产生高电压甚至上万伏，对工作人员和二次回路中的设备都有很大的危险。同时，由于铁芯磁感应强度和铁损耗剧增，将使铁芯过热而损坏绝缘。

248. 《供电营业规则》规定哪些客户的功率因数在电网高峰负荷时应达到 0.80 以上? 在 DL/T 499—2001 的新规定又是怎样的?

答: 功率因数考核值为 0.80 的，适用于 100kVA 以上的农业客户和大工业客户划由电力企业经营部门直接管理的趸售客户。以上是原来的规定，但在 DL/T 499—2001 有以下新规定。

(1) 县供电企业平均功率因数应在 0.9 及以上。

(2) 每条 10kV 出线的功率因数应在 0.9 及以上。

(3) 农业用户配电变压器低压侧功率因数应在 0.85 及以上。

249. 电网销售电价分哪几类?

答: 售电价按用电类别分为：居民生活电价、非居民照明电价、商业电价、大工业电价、普通工业电价、非工业电价、农业生产电价、趸售电价等八大类。

250. 什么是两部制电价?

答: 两部制电价是将电价分为两部分：一部分是以客户接入系统的用电容量或需量计算的基本电价；另一部分是以客户计费电能表计量的电量来计算电费的电量电价。

251. 接地方式文字代号 TN 意义是什么? 它有几种细分方式?

答: TN 系统。电力系统有一点直接接地（通常是中性点直接接地），电气装置的正常运行时不带电的金属外壳通过保护导线与该点直接连接，这种接地方式称为保护接零。按保护线 PE 和中性线 N 的组合情况，TN 系统可以分为以下三种形式。

(1) TN—S 供电系统：PE 和 N 在整个系统中是分开的。

(2) TN—C 供电系统：PE 和 N 在整个系统中是合一的。

(3) TN—C—S 供电系统：PE 和 N 在整个系统中部分合，部分分开。

252. 接地方式文字代号 TT 意义是什么?

答: TT 系统。电力系统有一个直接接地点（中性点接地），电气装置正常运行时不带电的金属外壳接到电气上与电力系统接地点无关的独立接地装置上。

253. 接地方式文字代号 IT 意义是什么?

答：IT 系统。电力系统可接地点不接地或通过阻抗（电阻器或电抗器）接地，电气装置正常运行不带电的金属外壳单独直接接地。

254. 什么叫保护接地?

答：电气设备正常运行不带电的金属外壳与大地作可靠电气连接，称为保护接地。

255. 什么叫保护接零?

答：将电气设备正常运行不带电的金属外壳与中性点接地引出的中性线（零线）进行连接，称为保护接零。

256. 什么叫工作接地?

答：为了稳定系统电压和运行需求而将系统的中性点接地称为工作接地。

257. 造成电动机绝缘电阻偏低的主要原因有哪些?

答：(1) 制造或检修时造成绝缘不良。

(2) 电动机老旧或长时间过载运行使绝缘老化。

(3) 长时间放置在潮湿环境中，受潮气入侵或水滴渗入绕组中。

(4) 电动机定子内外和接线盒的灰尘、油污太多造成绝缘电阻降低。

(5) 工作环境通风不良，环境温度过高，使绝缘老化。

(6) 绕组、引出线或接线盒胶木板烧伤、破损。

258. 造成电动机缺相运行的原因有哪些?

答：(1) 电源电压缺相。

(2) 电动机主电路熔断器熔断一相。

(3) 电动机定子绕组一相断线。

(4) 开关和起动控制设备等接线不良，有一相电路未接通；触点、接线端接触不良或因氧化锈蚀而接触电阻过大。

259. 怎样排除电动机缺相运行故障?

答：如果缺一相电压，表明主电路一相断路。检查主电路，可以通电检查，也可以停电检查。可以用万用表交流电压挡测量主电路各设备和元件的进、出线端三相电压。如果某一设备或元件的进线端三相电压正常，而出线端缺少一相电压，说明故障就出在该设备或元件上，进一步找出故障点进行修复。

260. 温升过高来自电动机本身的原因有哪些?

答：(1) 安装和维修电动机时，误将△接法的电动机绕组接成了 Y 接法，或者误将 Y 接法的接成了△。

(2) 绕组相间、匝间短路或接地，导致绕组电流增大，三相电流不平衡，使电动机过热。

(3) 极相组线圈连接不正确或每相线圈数分配不均，造成三相空载电流不平衡，并且电流过大；电动机运行时三相电流严重不平衡，产生噪声和振动，电动机过热。

(4) 定、转子发生摩擦发热。

(5) 异步电动机的笼型转子导条断裂，或绕线转子绕组断线。电动机出力不足而过热。

（6）电动机轴承过热。

261. 电动机本身故障原因造成的温升过高，应怎样处理？

答：电动机本身故障原因造成的温升过高，如果是三相绕组的接法错误，应对照电动机铭牌，重新纠正接法就可以了；如果是电动机绕组接线错误或者绕组断路、短路或接地故障，则应解体电动机进行检查，找出故障予以修复；如果是定、转子相擦或轴承过热等机械故障，则应查明原因，进行修理或更换。

262. 温升过高来自负载方面的原因有哪些？

答：（1）电动机长时间过负载运行，定子电流大大超过额定电流，电动机过热。

（2）电动机起动过于频繁，起动时间过长或者起动间隔时间太短，都会引起电动机温升过高。

（3）被拖动机械故障，使电动机出力增大，或被卡住不转或转速急剧下降，使电动机电流猛增而过热。

（4）电动机的工作制式和负载工作制不匹配，如短时周期工作制的电动机用于带动连续长期工作的负载。

263. 负载原因造成的温升过高，应怎样处理？

答：如果负载过重应设法减轻负载或更换大容量电动机；电动机的起动操作应根据其技术要求进行；电动机和负载制式不匹配应调换合适的电动机；如果是拖动机械的故障原因，应停机检修排除。

264. 温升过高来自环境和通风散热方面的原因有哪些？

答：（1）电动机工作环境温度过高，电动机得不到良好的通风散热而过热。

（2）电动机内的灰尘、油垢过多，不利于电动机的散热。

（3）风罩或电动机内挡风板未装，导致风路不畅，电动机散热不良。

（4）风扇破损、变形、松脱，或者未装或装反，使电动机通风散热不良。

（5）封闭式电动机外壳散热筋片缺损过多，散热面积减小；或者防护式电动机风道堵塞，都会造成电动机通风散热不良而温升过高。

265. 环境和通风散热方面的原因造成的温升过高，应怎样处理？

答：电动机的工作环境应尽量做到通风降温良好，对于通风降温不良，温度高的工作场所，应采用绝缘等级高的电动机或其他冷却方式（如水冷式）的电动机。电动机要经常保持清洁，对于灰尘、粉尘多的工作场所应选用适用防护方式的电动机；电动机上的灰尘可用压缩空气来吹扫，结壳的油垢只有用毛刷蘸中性洗涤剂清刷，并用竹签细心刮削。风扇、风罩、挡风板未装或松脱应重新装好，风扇破损应予修理或更换。风道堵塞应予彻底清扫，使风道畅通。

266. 电动机发生扫膛的主要原因有哪些？

答：（1）电动机的定子铁芯、转子铁芯发生变形。

（2）电动机轴承损坏或过旷。

（3）转轴弯曲形变。

（4）电动机内部不清洁，存在油垢、杂物、铁屑等。

（5）修理时，槽楔或绝缘物突出。

267. 造成电动机外壳漏电的原因有哪些？

答：（1）绕组受潮或绝缘老化，绝缘电阻明显下降。

（2）接线盒灰尘过多或接线板炭化，使对地绝缘电阻明显下降。

（3）绕组引接线绝缘套管破损并碰壳或相绕组发生接地等。

268. 在什么情况下电动机需装设过载（过负荷）保护？

答：（1）容易过载的。

（2）由于起动或自起动条件差可能起动失败或需要限制起动时间的。

（3）功率在30kW及以上的。

（4）长时间运行且无人监视的。

269. 户外杆上变压器台安装的一般要求有哪几项？

答：（1）杆上变压器台应满足在高压线路不停电的情况下检修。在更换变压器时，要有足够的安全距离。

（2）变压器台的倾斜度不应大于变压器台高的1%，变压器油枕一侧可稍高一些，坡度一般为1%～1.5%。变压器在台上应平稳、牢固。

（3）变压器台各部分之间距离标准：变压器底部至地面≥2500mm；跌落式熔断器至地面4000～5000mm；高压引线对横担、电杆≥200mm；高压相间固定处≥300mm；高压引线相之间≥500mm；跌落式熔断器之间≥600mm；低压相间及对地（外壳、横担）≥150mm。

（4）变压器高、低压侧均应装设熔断器，100kVA以上变压器低压侧应装设隔离开关。

（5）变压器承重横担应有足够的强度，一般采用10～12号槽钢。

270. 户外杆上变压器台各部分之间距离标准各为多少？

答：户外杆上变压器台各部分之间距离标准：①变压器底部至地面≥2500mm；②跌落式熔断器至地面4000～5000mm；③高压引线对横担、电杆≥200mm；④高压相间固定处≥300mm；⑤高压引线相之间≥500mm；⑥跌落式熔断器之间≥600mm；⑦低压相间及对地（外壳、横担）≥150mm。

271. 户外落地变压器台安装的一般要求有哪几项？

答：（1）户外落地变压器台周围应安装固定围栏，围栏高度不低于1.7m，变压器外廓距围栏和建筑物的外墙净距离不应小于0.8m，与相邻变压器外廓之间的距离不应小于1.5m，变压器底座的底面与地面距离不应小于0.3m。

（2）变压器外廓与建筑物外墙距离小于5m时，应考虑对建筑物的防火要求。

（3）建筑物屋檐雨水不得落到变压器上。

（4）变压器油量在1000kg及以上时，应设置能容纳全部油量的设施。

272. 室内变压器室安装的一般要求有哪些？

答：（1）变压器外廓与墙及门的最小净距离标准：容量≤1000kVA时，至门的净距离为0.8m，至后壁及侧壁的净距离为0.6m；容量≥1250kVA时，至门的净距离为1m，至后壁及侧壁的净距离为0.8m。

（2）变压器室应有发展的余地，一般应按能安装大一级容量变压器考虑。

（3）变压器室应设置能容纳全部油量的储油池或排油设施。

（4）设置适当的通风窗。

(5) 有满足吊芯的室内高度。

273. 简述变压器高低压熔丝的选择原则。

答： 变压器高低压熔丝的选择原则，100kVA 以下变压器其一次侧熔丝可按额定电流的 2～3 倍选用，考虑到熔丝的机械强度，一般不小于 10A，100kVA 以上的变压器高压侧熔丝按其额定电流的 1.5～2 倍选用。低压侧按额定电流选择。

274. 变压器的验收项目有哪些？

答：(1) 检查产品说明书，交接试验报告及试验合格证。

(2) 变压器整体及附件无缺陷，油箱及套管无渗油现象。

(3) 变压器顶盖上无遗留物，外壳表面油漆完整，颜色标志正确。

(4) 接地可靠，器身固定牢靠。

(5) 储油柜的油位正常。

(6) 分接开关操作灵活，并指在运行要求位置。

(7) 温度计指示正确。

275. 变压器台（室）的验收项目有哪些？

答：(1) 变压器（室）所装的母线、隔离开关、熔断器等设备，分别根据该设备的验收内容及标准验收。

(2) 变压器台安装尺寸必须符合图纸要求，横担等铁件应平整，螺钉应紧固，穿入方向正确，丝扣露出螺母 3～5 扣，不得过长或过短。

(3) 高低压引线、母线安装应平整，各部之间距离符合要求。

(4) 变压器台接地引下线符合接地规程要求。

276. 变压器并联运行的条件是什么？

答： 两台变压器联结组标号（联结组别）一致；一、二次侧的额定电压一致；阻抗电压大小基本相同。这就是变压器并联运行的条件，必须得到满足。

277. 解释电能表潜动的概念。

答： 当电能表电压线圈加（80%～110%）U_e，电流线圈无负荷电流时，电能表圆盘仍连续不断转动的现象，称为潜动。

278. 现场中怎样确定电能表潜动？怎样处理？

答： 可将负荷侧开关断开进行判断。如电能表圆盘仍继续转动，可确定电能表确实潜动。应填写用电异常报告单，将电能表换回检修。

279. 运行的感应式电能表发生潜动现象的原因大致有哪些？

答：(1) 实际电路中有轻微负荷。如配电盘上的指示灯、带灯开关、负荷定量器、电压互感器、变压器空载运行等。这时电能表圆盘转动是正常的。

(2) 潜动试验不合格。

(3) 没有按正相序电源进行接线。

(4) 三相电压严重不平衡。

(5) 因故障造成电能表潜动。

280. 运行中的电能表如有潜动现象，应采取什么措施？

答：(1) 因有轻微负荷造成电能表圆盘转动属正常指示，应向用户耐心说明情况。

(2) 因潜动试验不合格的，应将电能表换回检修。

(3) 安装电能表前一定要测量相序，按正相序接入电能表。

(4) 指导用户调整三相负荷分布，使其达到电压基本平衡。

(5) 对因故障现象导致电能表潜动的，应及时查找故障原因，除了检查电能表和互感器外，还要检查或改装二次回路接线。

281. 简述同步发电机的工作原理。

答：转子是旋转的，其中装设的转子励磁绕组线圈两端与两个彼此绝缘的滑环连接，外界是通过压在滑环上的电刷将直流电送给励磁绕组的，当转子励磁绕组得电后，就会产生磁场，有N极和S极。当转子在原动机的带动下旋转时，三相定子电枢绕组就处在旋转磁场中切割磁力线而感应电动势，输出端接入负荷，发电机就会向负载供电。

供电时三相定子电枢绕组会流过三相交流电流，也会产生一个旋转磁场，叫电枢旋转磁场，也会有N极和S极。这时，转子励磁磁极的N极、S极就会在异性相吸磁力的作用下，牵着定子电枢磁极的S极、N极一同旋转。原动机输入的机械能就这样转化成电能输送出去。

282. 并联运行的两台发电机，应满足哪些条件？

答：并联运行的两台发电机，应满足下列条件：端电压相等；频率相等；相序和相位相同。

283. 简述双电源和自发电用户的安全措施。

答：(1) 双电源进户应设置在同一配电室内，两路电源之间装设四极双投隔离开关或其他确实安全可靠的连锁装置，以防止互相倒送电。

(2) 自发电机组的中性点（TT、TN系统）要单独接地，接地电阻不大于4Ω，禁止利用供电部门线路上的接地装置接地。

(3) 自发电用户的线路严禁借用供电部门的线路杆塔，不准与供电部门的电杆同杆架设，不准与供电部门的线路交叉跨越，不准与公用电网合用接地装置和中性线。

(4) 双电源和自发电用户，严禁擅自向其他用户转供电。

(5) 为防止双电源在操作中发生事故，用户应严格执行安全规程有关倒闸操作的安全规定，如应设置操作模拟图板；制定现场操作规程；备齐有关安全运行和管理的规程制度及包括运行日志在内的各项记录；培训有关电工，考核合格后上岗；高压用户的双电源切换操作必须按与供电部门签订的调度协议规程执行等。

(6) 与公用电网连接的地方小水电、小火电、小热电，除采取上述安全措施外，还必须执行其他有关的规定。

284. 电气安装工程或检修工程，在工程开工前都要做好哪几项施工技术准备工作？

答：①审电气施工图；②制定和下达工作任务书；③制订材料计划；④工器具准备；⑤安排电源、运输设备、作业场地和供水。

285. 电气工程在工程开工前审核电气施工图的目的是什么？

答：了解设计意图、工程材料及设备的安装方法、发现施工图中的问题、有哪些新技术、新的做法等，以便在进行设计交底时提出来解决。了解各专业之间与电气设备安装有没有矛盾，在会审图纸时及时解决，为施工单位内部进行施工技术交底做好准备。

286. 电气工程施工时要按哪几个方面做好技术管理工作？

答：①明确线路施工技术要求；②明确安全技术要点；③工程验收和技术档案归档。

287. 电气工程施工时应重点注意哪些安全技术要点？

答：①安全用具和绝缘工具；②电气作业安全的组织措施；③电气作业安全技术措施；④反习惯性违章。

288. 在电气设备上工作，保证安全的组织措施主要包括哪些内容？

答：①工作票制度；②工作许可制度；③工作监护制度；④工作间断、转移和终结制度。

289. 工程竣工后，验收的主要内容是什么？

答：（1）验收有关工程技术资料，技术资料应齐全无误。

（2）验收各种材料或设备的合格证及验收单等，应整理装订成册。

（3）验收在施工过程中的变更洽商等资料，应完整无漏。

（4）检查隐检记录，施工记录，班组自检记录及预检记录。

（5）检查接地电阻测试记录。

（6）验收电气设备，应动作灵活可靠，达到能正常使用的程度。

（7）填写竣工验收单，绘制竣工图。

工程验收后，上述资料和有关的技术合同要按时归档，交到有关部门，并办理交接手续。

290. 简要回答间接接触触电的防护措施。

答：（1）用自动切断电源的保护，并辅以总等电位连接。

（2）采用双重绝缘或加强绝缘的双重电气设备。

（3）将有触电危险的场所绝缘，构成不导电环境。

（4）采用不接地的局部等电位连接的保护。

（5）采用电气隔离。

291. 简要回答直接接触触电的防护措施。

答：（1）绝缘防护。将带电体进行绝缘，以防止人员与带电部分接触。

（2）屏护防护。采用遮栏和外护物防护，防止人员触及带电部分。

（3）障碍防护。采用障碍物阻止人员接触带电部分。

（4）安全距离防护。对带电体与地面，带电体与其他电器设备，带电体与带电体之间必须保持一定的安全距离。

（5）采用漏电保护装置。这是一种后备保护措施，可与其他措施同时使用。

292. 保证安全的组织措施主要包括哪些内容？

答：在电气设备上工作，保证安全的组织措施主要包括：①工作票制度；②工作许可制度；③工作监护制度；④工作间断、转移和终结制度。

293. 保证安全的主要技术措施是什么？

答：在电气设备上工作，一般情况下，均应停电后进行。在停电的电气设备上工作以前，必须完成下列措施：停电、验电、装设接地线、悬挂标志牌、设置遮栏。

294. 简述剩余电流动作保护器按极数的分类。

答：按极数可分为单极二线 RCD、两极 RCD、两极三线 RCD、三极 RCD、三极四线 RCD、四极 RCD，其中单极二线 RCD、两极三线 RCD、三极四线 RCD 均有一根直接穿过检测元件且不能断开的中性线 N。

295. 对采用分级漏电保护系统和分支线漏电保护的线路有哪些要求？

答：采用分级漏电保护系统和分支线漏电保护的线路每分支线必须有自己的工作零线；上下级漏电保护器的额定漏电动作与漏电时间均应做到相互配合，额定漏电动作电流级差通常为 1.2～2.5 倍，时间级差 0.1～0.2s。

296. 剩余电流动作保护器安装后应进行哪些试验？

答：（1）试验按钮试验 3 次，均应正确动作。

（2）带负荷分合交流接触器或开关 3 次，不应误动作。

（3）每相分别用 3kΩ 试验电阻接地试跳，应可靠动作。

297. 简要回答测量绝缘电阻前的准备工作。

答：（1）测量电气设备的绝缘电阻之前，必须切断被测量设备的电源，并接地（外壳）进行短路放电。

（2）对可能感应产生高电压的设备，未采取措施（放电）之前不得进行测量。

（3）被测设备的表面应擦拭干净。

（4）测量前，先对兆欧表做开路和短路检验，短路时看指针是否指到“0”位；开路时看指针是否指到“∞”位。

298. 简要回答绝缘电阻的测量方法和注意事项。

答：（1）按被测电气设备的电压等级正确选择兆欧表。

（2）兆欧表的引线必须使用绝缘良好的单根多股软线，两根引线不能缠在一起使用，引线也不能与电气设备或地面接触。

（3）测量前检查兆欧表，开路时指针是否指在“∞”位，短路时指针是否指在“0”位。

（4）测量前应将被测量设备电源断开并充分放电。测量完毕后，也应将设备充分放电。

（5）接线时，“接地”E 端钮应接在电气设备外壳或地线上，“线路”L 端钮与被测导体连接。测量电缆的绝缘电阻时，应将电缆的绝缘层接到“屏蔽端子”G 上。

（6）测量时，将兆欧表放置平稳，摇动手柄使转速逐渐增加到 120r/min。

（7）严禁在有人工作的线路上进行测量工作。雷电时，禁止用兆欧表在停电的高压线路上测量绝缘电阻。

（8）在兆欧表没有停止转动或被测设备没有放电之前，切勿用手去触及被测设备或兆欧表的接线柱。

（9）使用兆欧表遥测设备绝缘时，应由两人操作。在带电设备附近测量绝缘电阻时，测量人员和兆欧表的位置必须选择适当，保持与带电体的安全距离。

（10）遥测电容器、电力电缆、大容量变压器及电动机等电容较大的设备时，兆欧表必须在额定转速状态下方可将测电笔接触或离开被测设备，以避免因电容放电而损坏绝缘电阻表。

299. 简要回答测量接地电阻的步骤。

答：（1）先将接地体与其相连的电器设备断开。

（2）确定被测接地极 E′，并使电位探针 P′和电流探针 C′与接地极 E′彼此直线距离为 20m，且使电位探针 P′插于接地极 E′和电流探测针 C′之间。

（3）用导线将 E′、P′和 C′与仪表相应的端子连接。即 E′—E、P′—P 和 C′—C。

（4）将仪表水平放置检查指针是否指在中心线零位上，否则应将指针调整至中心线零位上。

（5）将“倍率标度盘”置于最大倍数，慢摇发电机手柄，同时旋动“额定标度盘”使检流计的指针指在中心线零位上。

（6）当检流计接近平衡时，应加快发电机的转速，使之达到 120r/min 以上（额定转速）调整“测量标度盘”使指针指示中心线零位。

（7）如果“测量标度盘”的读数小于 1，应将倍率标度盘置于较小的倍数，再重新调整“测量标度盘”以得到正确的读数。该读数乘以“倍率标度盘”的倍率，即为所测接地电阻。

300. 基础坑开挖时应采取哪些安全措施?

答：（1）挖坑前必须与有关地下管道、电缆的主管单位取得联系，明确地下设施的确实位置，做好防护措施。

（2）在超过 1.5m 深的坑内工作时，抛土要特别注意防止土石回落坑内。

（3）在松软土地挖坑，应有防止塌方措施，如加挡板、撑木等，禁止由下部掏挖土层。

（4）在居民区及交通道路附近挖坑，应设坑盖或可靠围栏，夜间挂红灯。

（5）石坑、冻土坑打眼时，应检查锤把、锤头及钢钎子，打锤人应站在扶钎人侧面，严禁站在对面，并不得戴手套，扶钎人应戴安全帽。钎头有开花现象时，应更换。

301. 基础坑开挖遇到地下水位高，土质不良（如流沙及松散易塌方的土质）时，应采取哪些措施和方法?

答：（1）增大坑口尺寸，并在挖至要求深度以后，立即进行立杆。

（2）当杆坑较深时采用增大坑口尺寸，不易保证安全或土方量过大时，可用围栏或板桩撑住坑壁，防止坑壁倒塌。

（3）杆坑应在放置电杆侧挖一个阶梯形马道，阶梯可根据电杆的长度挖成二阶或三阶两种。拉线坑也要在拉线侧挖出马道，马道的坡度与拉线角度一致，以使拉线底把埋入坑内之后与拉线方向一致。

（4）坑深检查。无论阶梯坑，圆坑或拉线坑，坑底均应基本保持平整，带坡度拉线坑检查以坑中心为准。

302. 挖坑的注意事项有哪些?

答：（1）所用的工具必须坚实牢固，并注意经常检查，以免发生事故。

（2）坑深超过 1.5m 时，坑内工作人员必须戴安全帽。当坑底超过 $1.5m^2$ 时，允许两人同时工作，但不得面对面或挨得太近。

（3）严禁用掏洞方法挖掘土方，不得在坑内坐下休息。

（4）挖坑时，坑边不应堆放重物，以防坑壁塌方。工器具禁止放在坑边，以免掉落坑内伤人。

(5) 行人通过地区，当坑挖完不能马上立杆时，应设置围栏，在夜间要装设红色信号灯，以防行人跌入坑内。

(6) 杆坑中心线必须与辅助标桩中心对正，顺线路方向的拉线坑中心必须与线路中心线对正。转角杆拉线坑中心必须与线路中心的垂直线对正，并对正杆坑中心。

(7) 杆坑与拉线的深度不得大于或小于规定尺寸的5%。

(8) 在打板桩时，应用木头垫在木桩头部，以免打裂板桩。

303. 如何用花杆测量确定各电杆的位置?

答: 其方法是先经目测，如果线路是一条直线，则先在线路一端竖立一支垂直的花杆或利用电杆、烟囱作自然标志，同时另一端竖一支花杆使其垂直地面，观察者站在距花杆约3m远的地方利用三点一线的原理，用手势或旗语指挥。通常测量时用数支花杆，直接量出每基电杆距离位置后，目测指挥使数支花杆在左右移动下，连成一直线之后钉桩。延长时，将始端已钉桩后的花杆逐步轮流前移。

如果线路转角定位，则先测定转角杆的位置，然后再按照上述方法测定转角段内的直线杆位。

304. 线路施工图中的线路平面图及明细表包括哪些内容?

答: ①线路平面图；②杆（塔）位明细表；③绝缘子串及金具组装图；④接地装置型式和安装施工图。

305. 线路施工图中的施工图总说明书及附图包括哪些内容?

答: ①施工图总说明书；②线路路径平面位置图（线路地理走向图）；③线路杆、塔、基础形式一览图；④电气接线图。

306. 底盘、拉线盘应如何吊装?

答: 底盘、拉线盘的吊装如有条件时可用吊车安装。在没有条件时，一般根据底盘、拉线盘的质量来取不同的吊装方法。这种方法首先将底盘、拉线盘移至坑口，两侧用吊绳固定，坑口下方至坑底放置有一定斜度的钢钎或木杠，在指挥人员的统一指挥下，用人缓缓将底盘、拉线盘下放，至坑底后将钢钎或木杠抽出，解出吊绳再用钢钎调整底盘、拉线盘至中心即可。

质量大于300kg及以上的底盘、拉线盘一般采用人字扒杆吊装。300kg以下质量的底盘、拉线盘一般采用人力的简易方法吊装。

307. 应如何找正底盘的中心?

答: 一般可将基础坑两侧副桩的圆钉上用线绳连成一线或根据分坑记录数据找出中心点，再用垂球的尖端来确定中心点是否偏移。如有偏差，则可用钢钎拨动底盘，调整至中心点。最后用泥土将盘四周覆盖并操平夯实。

308. 应如何找正拉线盘的中心?

答: 一般将拉线盘拉棒与基坑中心花杆底段及拉线副桩对准成一条直线，如拉线盘偏差需用钢钎撬正。移正后即在拉线棒处按照设计规定的拉线角度挖好马道，将拉线棒放置在马道后即覆土。

309. 叙述采用固定式人字抱杆起吊电杆的过程。

答: (1) 选择抱杆高度。一般可取电杆重心高度加2～3m，或者根据吊点距离和上下长度、滑车组两滑轮碰头的距离适当增加裕度来考虑。

（2）绑系侧拉绳。据杆坑中心距离，可取电杆高度的1.2～1.5倍。

（3）选择滑车组。应根据水泥杆质量来确定。一般水泥杆质量为500～1000kg时，采用一、一滑车组牵引；水泥杆质量为1000～1500kg时，采用一、二滑车组牵引；水泥杆质量为1500～2000kg时可选用二、二滑车组牵引。

（4）18m电杆单点起吊时，必须采取加绑措施来加强吊点处的抗弯强度。

（5）如果土质较差时，抱杆脚需铺垫道木或垫木，以防止抱杆起吊受力后下沉。

（6）抱杆的根开一般根据电杆质量与抱杆高度来确定，一般在2～3m左右范围内。

（7）起吊过程中要求缓慢均匀牵引。电杆离地0.5m左右时，应停止起吊，全面检查侧拉绳子受力情况以及地锚是否牢固。水泥杆竖立进坑时，特别要注意上下的侧拉绳受力情况，并要求缓慢松下牵引绳，切忌突然松放而冲击抱杆。

310. 叙述采用叉杆立杆所使用的工具及要求。

答：（1）叉杆。叉杆是由相同细长圆杆所组成，圆杆梢径应不小于80mm，根径应不小于120mm，长度在4～6m之间，在距顶端300～350mm处用铁线做成长度为300～350mm的链环，将两根圆杆连接起来。在圆杆底部600mm处安装把手（穿入300mm长的螺栓）。

（2）顶板。取长为1～1.3m，宽度为0.2～0.25m的木板做顶板，临时支持电杆之用。

（3）滑板。取长度为2.5～3m左右，宽度为250～300mm的坚固木板为滑板，其作用是使电杆能顺利达杆坑底。

311. 叙述采用叉杆立杆的具体立杆方法。

答：（1）电杆梢部两侧各拴直径25mm左右、长度超过电杆长1.5倍的棕绳或具有足够强度的麻绳一根，作为侧拉绳，防止电杆在起升过程中左右倾斜。

（2）电杆根部应尽可能靠近马道坑底部，使起升过程中有一定的坡度而保持稳定。

（3）电杆根部移入基坑马道内，顶住滑板。

（4）电杆梢部开始用杠棒缓缓抬起，随即用顶板顶住，可逐渐向前交替移动使杆梢逐步升高。

（5）当电杆梢部升至一定高度时，加入一副小叉杆使叉杆、顶板、杠棒合一，交替移动逐步使杆梢升高。到一定高度时再加入另一副较长的叉杆与拉绳合一，用力使电杆再度升起。一般竖立10m水泥杆需3～4副叉杆。

（6）当电杆梢部升到一定高度但还未垂直前，左右两侧拉绳移到两侧当作控制拉绳使电杆不向左右倾斜。在电杆垂直时，将一副叉杆移到起立方向对面防止电杆过牵引倾倒。

（7）电杆竖正后，有两副叉杆相对支撑住电杆，然后检查杆位是否在线路中心，再回填土分层夯实。

312. 叙述采用汽车吊立杆的要求。

答：汽车吊立杆首先应将吊车停在适当的位置，放好支腿，若遇有土质松软的地方，支腿下应填以面积较大的厚木板。

起吊电杆的钢丝绳，一般可拴在电杆重心以上0.2～0.5m处，对于拔梢杆的重心在距杆根2/5电杆全长处加0.5m处，如果组装横担后整体起吊，电杆头部较重时，钢丝绳可适当上移。立杆时，专人指挥，在立杆范围以内应禁止行人走动，非工作人员须撤离到倒杆距离1.2倍范围之外，电杆吊入杆坑后，进行校正，填土夯实，其后方可松下钢丝绳。

313. 叙述杆上安装横担的方法步骤。

答：(1) 携带杆上作业全套工器具，对登杆工具做冲击实验，检查杆根，做好上杆前的准备工作。

(2) 上杆，到适当位置后，安全带系在主杆或牢固的构件上（一般在横担安装位置以下）。若使用脚扣登杆作业，系好安全带，双脚应站成上下位置，受力脚应伸直，另一只脚掌握平衡。

(3) 在杆上距离杆头200mm（高压300mm）处划印，确定横担的安装基准线。放下传递绳，地面人员将横担绑好，杆上作业人员将横担吊上杆顶。

(4) 杆上作业人员调整好站立位置，将横担举起，把横担上的U型抱箍从杆顶部套入电杆，并将螺母分别用手拧靠，调整横担位置、方向及水平，再用活扳手固定。

(5) 检查横担安装位置应在横担准线处，距杆头200mm（高压300mm）。

(6) 地面工作人员配合杆上人员观察，调整横担是否水平和顺线路方向垂直，确认无误后再次紧固。

(7) 杆上作业人员解开系在横担上的传递绳并送下，把头铁、抱箍及螺栓一起吊到杆上进行安装。

(8) 杆上作业人员将绝缘子吊上并安装在横担上。

(9) 拆除传递绳，解开安全带，下杆；工作结束。

314. 杆上安装横担的注意事项有哪些？

答：(1) 安全带不宜拴得过长，也不宜过短。

(2) 横担吊上后，应将传递绳整理利落；一般将另一端放在吊横担时身体的另一侧，随横担在一侧上升，传递绳在另一侧下降。

(3) 不用的工具切记不要随意搁在横担上或杆顶上，以防不慎掉下伤人，应随时放在工具袋内。

(4) 地面人员应随时注意杆上人员操作，除必需外，其他人员应远离作业区下方，以免杆上作业人员掉东西砸伤地面人员。

315. 放线时线轴布置的原则和应注意事项有哪些？

答：线轴布置应根据最节省劳力和减少接头的原则，按耐张段布置，应注意的有以下几个方面。

(1) 交叉跨越档中不得有接头。

(2) 线轴放在一端耐张杆处，可由一端展放，或在两端放线轴，以便用人力或机械来回带线。

(3) 安装线轴时，出线端应从线轴上面引出，对准拖线方向。

(4) 非工作人员不要靠近导线，以免跑线伤人。工作人员也要在外侧。

316. 放线时通信联系用的旗号习惯上是如何规定的?

答:（1）一面红旗高举，表示危险，已发现问题，应立即停止工作。

（2）一面白旗高举，表示正常，工作可继续进行。

（3）两手红白并举，相对举过头部连续挥动，表示线已拉到指定位置，接头工作已结束。

（4）若同时拖两线，需要停止拖动一根线，则需要旗伸开平举，需停的一边执红旗，另一手执白旗。

（5）当三根线同时拖动，以左右及头上方代表三根线的部位，当某线需停止拖动，则举红旗停止不动，需拖动的两线则以白旗连续挥动。

（6）当挥旗人身体转向侧面，两手同时向一边举平，以白旗红旗上下交叉挥动，表示线要放松，放线机械要倒退，慢动作挥旗表示线要慢慢放松。

（7）每次变换旗号均应以哨子示意，直至对方变换旗号为止，否则应继续吹哨挥旗。

（8）一手同时取红白两旗，在空中划圈，表示工作已结束，全部停止工作、收工。

317. 在紧线之前应做好哪些准备工作?

答:（1）必须重新检查、调整一次在紧线区间两端杆塔上的临时拉线，以防止杆塔受力后发生倒杆事故。

（2）全面检查导线的连接情况，确认符合规定时方可进行紧线。

（3）应全部清除在紧线区间内的障碍物。

（4）通信联系应保持良好的状态，全部通信人员和护线人员均应到位，以便随时观察导线的情况，防止导线卡在滑车中被拉断或拉倒杆塔。

（5）观测弧垂人员均应到位并做好准备。

（6）在拖地放线时越过路口处，有时要将导线临时埋入地中或支架悬空，在紧线前应将导线挖出或脱离支架。

（7）冬季施工时，应检查导线通过水面时是否被冻结。

（8）逐基检查导线是否悬挂在轮槽内。

（9）牵引设备和所用的工具是否已准备就绪。

（10）所有交叉跨越线路的措施是否都稳固可靠，主要交叉处是否都有专人看管。

318. 使用紧线器应注意哪些事项?

答:（1）紧线前，应检查导线是否都放在滑轮中。小段紧线也可将导线放在针式绝缘子和顶部沟槽内，但不允许将导线放在铁横担上以免磨伤。

（2）紧线时要有统一的指挥，要根据观测档对弧垂观测的结果，指挥松紧导线。各种导线不同温度下的弧垂值，应根据本地区电力部门规定的弧垂进行紧线。

（3）紧线时，一般应做到每基杆有人，以便及时松动导线，使导线接头能顺利越过滑车或绝缘子。

（4）根据紧线的导线直径，选用相应规格的紧线器。

（5）在使用时如发现滑线（逃线）现象，应立即停止操作，并采取措施（如在线材上绕上一层铁丝）再行夹住，使线材确实夹牢后，才能继续紧线。

319. 紧线时观测档应如何选择?

答: 在耐张段的连续档中，应选择一个适当档距作为弧垂观测档，选择的条件宜为整个耐张段的中间或接近中间的较大档距，并且以悬挂点高差较小者作为观测档。

若一个耐张段的档数为 7～15 档时，应在两端分别选择两个观测档，15 档以上的耐张段，应分别选择三个观测档。

320. 紧线时导线的初伸长一般应如何处理?

答: 新架空线的施工，若不考虑初伸长的影响，则运行一个时期后将会产生对地距离降低，影响线路的安全运行，故新导线在紧线时，应考虑导线的初伸长，一般应在紧线时使导线按照减小一定比例计算弧垂以补偿施工时的初伸长。

321. 动力配电箱安装时一般应满足哪些要求?

答: (1) 确定配电箱安装高度。暗装时底口距地面为 1.4m，明装时为 1.2m，但明装电能表箱应加高到 1.8m。配电箱安装的垂直偏差不应大于 3mm，操作手柄距侧墙的距离不应小于 200mm。

(2) 安装配电箱（盘）墙面木砖、金具等均需随土建施工预先埋入墙内。

(3) 在 240mm 厚的墙壁内暗装配电箱时，在墙后壁需加装 10mm 厚的石棉板和直径为 2mm、孔洞为 10mm 的铁丝网，再用 1∶2 水泥砂浆抹平，以防开裂。

(4) 配电箱与墙壁接触部分均应涂刷防腐漆，箱内壁和盘面应涂刷两道灰色油漆。

(5) 配电箱内连接计量仪表、互感器等的二次侧导线，应采用截面积不小于 2.5mm^2 的铜芯绝缘导线。

(6) 配电箱后面的配线应排列整齐，绑扎成束，并用卡钉紧固在盘板上。从配电箱中引出和引入的导线应留出适当长度，以利于检修。

(7) 相线穿过盘面时，木制盘面需套瓷管头，铁制盘面需装橡皮护圈。零线穿过木制盘面时，可不加瓷管头，只需套上塑料套管即可。

(8) 为了提高动力配电箱中配线的绝缘强度和便于维护，导线均需按相位颜色套上软塑料套管，分别以黄、绿、红、黑色表示 A、B、C 相和零线。

322. 叙述自制非标准配电箱盘面的组装和配线的步骤和要求。

答: (1) 盘面的制作。应按设计要求制作盘面，盘面板四周与箱边应有适当缝隙，以便在配电箱内将其固定安装。

(2) 电器排列。电器安装前，将盘面放平，把全部电器摆放在盘面板上，按照相关的要求试排列。

(3) 钻孔刷漆。按照电器排列的实际位置，标出每个电器安装孔和进出线孔位置，然后在盘面钻孔和刷漆。

(4) 固定电器。等油漆干固，先在进出线孔套上瓷管头或橡皮护套以保护导线，然后将全部电器按预设位置就位，并用木螺钉或螺栓将其固定。

(5) 盘后配线。配线要横平竖直，排列整齐，绑扎成束，用卡钉固定牢固。

(6) 接零母线做法。接零系统的零母线，一般应由零线端子板引止各支路或设备。

(7) 加包铁皮。木制盘面遇下列情况应加包铁皮：三相四线制供电，电流超过 30A；单相 220V 供电，电流超过 100A。

323. 住宅电能表箱主要由哪些元件组成？各元件的作用和要求是什么？

答：住宅电能表箱主要由配电盘面、单相电能表、开关、熔体盒（或剩余电流动作保护器）等组成。

（1）盘面。起承托电器、仪表和导线的作用。

（2）单相电能表。单相电能表的额定电流应大于室内所有用电器具的总电流。

（3）熔体盒。熔体盒内装有熔体，它对电路起短路保护作用。

（4）剩余电流动作保护开关（器）。采用保护接地或保护接零，在用电设备漏电时断开电源防止发生触电事故。

（5）开关。配电盘上的开关用来控制用户电路与电源之间的通断，住宅配电盘上的开关一般采用空气断路器或闸刀开关。

324. 住宅电能表箱单相电能表的安装要求有哪些？

答：一个进户点供一个用户使用时，只装一组电能表、开关和熔断器即可；一个进户点供多个用户使用时，应每户装一组电能表、开关和熔断器，这种安装方式适用于居民住宅楼、公寓和大厦等。

单相电能表一般装在配电盘的左边或上方，而开关则应装在右边或下方。盘面上器件之间的距离应满足要求。

常用单相电能表接线盒内有 4 个接线端，自左向右按“1”“2”“3”“4”编号。接线方法为“1”接相线进线、“3”接零线进线，“2”接相线出线、“4”接零线出线。

325. 电动机安装前应检查哪些项目？

答：（1）详细核对电动机铭牌上标注的各项数据与图纸规定或现场实际是否相符。

（2）外壳上的油漆是否剥落、锈蚀，壳、风罩、风叶是否损坏，安装是否牢固。

（3）检查电动机装配是否良好，端盖螺钉是否紧固，轴及轴承转动是否灵活，轴向窜动是否在允许范围，润滑情况是否正常。

（4）拆开接线盒，用万用表检查三相绕组是否断路，连接是否牢固。

（5）使用兆欧表测量绝缘。电动机每一千伏工作电压其绝缘电阻不得小于 1MΩ；500V 以下电动机的绝缘电阻不应小于 0.5MΩ。

（6）用干燥空气吹扫电动机表面粉尘和脏物。

326. 电动机在接线前必须做好哪些工作？

答：（1）电动机在接线前必须核对接线方式并测试绝缘电阻。

（2）40kW 及以上电动机应安装电流表。

（3）如果控制设备比较远，在电动机近处应设紧急停车装置。

（4）动力设备必须一机一闸，不得一闸多用。

（5）动力设备要有接地或接零保护。

（6）控制设备要有短路保护、过载保护、断相保护及漏电保护。

（7）机械旋转部分应有防护罩。

（8）安装电动机时，在送电前必须用手试转，送电后必须核对转向。

327. 简要回答电动机安装后的调整和测量项目有哪些？

答：①机座水平度的调整；②齿轮传动装置的调整；③三角皮带传动装置的调整；

④平皮带传动装置的调整；⑤皮带轮轮宽中心线的测量；⑥联轴节同轴线的测量。

328. 变压器在满负荷或超负荷运行时的监视重点有哪些？

答：变压器的电流、电压、温升、声响、油位和油色等是否正常；导电排螺栓连接处是否良好；示温蜡片有无熔化现象。要保证变压器较好的冷却状态，使其温度不超过额定值。

329. 简要回答变压器运行中的日常维护和检查项目。

答：①检查变压器的温度；②检查油位；③检查声响；④检查变压器顶盖上的绝缘件；⑤检查引出导电排的螺栓接头有无过热现象；⑥检查阀门；⑦检查防爆管；⑧检查散热器或冷却器；⑨检查吸湿器；⑩检查周围场地和设施。

330. 运行中变压器补充油应注意的事项有哪些？

答：(1) 防止混油，新补入的油应经试验合格。

(2) 补油前应将重瓦斯保护改接信号位置，防止误动作。

(3) 补油后要注意检查气体继电器，及时放出气体，若24h后无问题，再将气体继电器接入跳闸位置。

(4) 补油量要适宜，油位与变压器当时的油温相适应。

(5) 禁止从变压器下部阀门补油，以防止变压器底部沉淀物冲起进入线圈内，影响变压器的绝缘和散热。

331. 常用电缆头的主要种类有哪些？

答：尼龙头电缆头；干包电缆头；热缩式电缆头；插接装配式电缆头；冷缩式电缆头。

332. 制作好的电缆头应满足哪些要求？

答：导体连接良好；绝缘可靠；密封良好；有足够的机械强度；能经受电气设备交接验收试验标准规定的直流耐压实验。

制作好的电缆头要尽可能做到结构简单、体积小、省材料、安装维修方便，并兼顾形状的美观。

333. 电缆在电缆沟或电缆隧道内敷设有何要求？

答：在电缆隧道中敷设，电缆都是放在支架上，支架可以在单侧或双侧，每层支架上可以放若干根电缆。

电缆沟（隧道）内的支架间隔1m，上下层间隔150mm，最下层距地100mm。电缆沟（隧道）内要有排水沟，并保持1%的坡度。每隔50m应设一个0.4m×0.4m×0.4m的积水坑。电缆沟和电缆隧道上也要设人孔井。

334. 电缆明敷设应如何安装？

答：电缆有时直接敷设在建筑构架上，可以像电缆沟中一样，使用支架，也可以使用钢索悬挂或用挂钩悬挂。现在有专门的电缆桥架，用于电缆明敷。电缆桥架分为梯级式、盘式和槽式。

335. 直埋电缆进入建筑物应采取哪些做法？

答：电缆进入建筑物和穿过建筑物墙板时，都要加钢管保护。直埋电缆进入建筑物时，由于室内外湿差较大，电缆应采取防水、防燃的封闭措施。

336. 电动机几种常用的简便烘干方法有哪些？

答：①循环热风干燥法；②电流干燥法；③灯泡烘干法；④红外线灯干燥法。

337. 更换拉线时，拆除拉线前必须先做好哪项工作?

答：拉线因锈蚀、断股等需要进行更换时，必须先制作好临时拉线并锚固牢靠，然后拆除旧拉线，更换新拉线。

338. 请简要介绍电动机循环热风干燥法。

答：将电动机放入干燥箱，将电加热器放入加热箱，吹风机出口插入加热箱入口，加热箱出口插入干燥箱入口。用吹风机将加热箱的热风吹入干燥箱，对电动机进行加热烘干。干燥室温度控制在100℃左右。

339. 请简要介绍电动机电流干燥法。

答：将电动机三相绕组串联，用自耦调压器给电动机供电，使绕组发热进行干燥。电压约为电动机额定电压的7%～15%，电流约为额定电流的50%～70%。干燥时要注意绕组温度，及时调整加热器的电压和电流。

340. 请简要介绍电动机灯泡烘干法。

答：把一只或数只大功率灯泡放入电动机定子腔内进行烘干。注意灯泡不要太靠近绕组。在电动机外壳要盖上帆布进行保温。

341. 请简要介绍电动机红外线灯干燥法。

答：先在箱内安装红外线灯泡和温度计，然后将电动机放入箱内，给红外线灯泡供电，用红外线进行加热，最后通过改变灯泡数量控制好箱内加热温度。

342. 土建工程在结构施工阶段电工要注意确定哪几条控制线?

答：(1) 水平线。包括吊顶线、门中线、墙面线、隔断墙的边线。注意常用标高水平线。如0.3m、1.0m、1.2m、1.4m、1.8m。

(2) 轴线。作防雷引下线、下管穿越楼层都要与轴线对应。

343. 简述三相电子式多功能电能表的测量内容有哪些。

答：能精确地测量正、反向有功和四象限无功电能、需量、失压计时等各种数据。

344. 简述运行中的电能表可能出现哪些异常状态。

答：电能表快慢不准、电能表潜动、电能表跳字、电能表卡盘、电压或电流线圈烧毁等情况。

345. 简述使用吊车位移正杆的步骤。

答：(1) 用吊车将杆子固定。吊点绳位置一般在距杆梢3～4m处。

(2) 摘除杆上固定的导线，使其脱离杆塔，然后登杆人员下杆。

(3) 在需要位移一侧靠杆根处垂直挖下，直到杆子埋深的深度。

(4) 使用吊车将杆子移到正确位置，校正垂直，然后将杆根土方回填夯实。

(5) 恢复并固定导线，位移工作即告结束。

346. 简述悬绑绳索利用人工进行位移正杆的步骤。

答：(1) 登杆悬绑绳索。其位置在距杆梢2～3m处，一般为4根直径不小于16mm的棕绳。拉紧绳索，从4个相对方向将杆塔予以固定。

(2) 摘除固定在杆上的导线，使其脱离杆塔，然后登杆人员下杆。

(3) 在需要位移一侧靠杆根处垂直挖下，直到杆子埋深的深度。

(4) 拉动绳索，使杆梢倾向需位移的相反方向，杆根则移向需要位移的方向，直至移到正确位置后，可将电杆竖直。整个过程中，与受力绳索相对方向的绳索应予以辅助，防止杆塔因受力失控而倾倒。

(5) 注意杆梢倾斜角度不要过大，不超过10°为宜，若一次不能移动到位，可反复几次进行。必要时（如位移距离较大或土质较松软），可在坑口垫用枕木，以便电杆更好地倾斜移动。

(6) 杆子移到与线路中心线相一致的正确位置后，校正垂直，即可将杆根土方回填夯实，恢复固定导线。

347. 调整导线弧垂应如何进行?

答: 调整导线弧垂时，其操作及弧垂的观察法与导线架设时的方法相同，即操作人员在耐张杆或终端杆上，利用三角紧线器（也可与双钩紧线器配合使用）调整导线的松紧。若为多档耐张段，卡好紧线器后，即可解开架线杆上导线的绑线，并选择耐张段中部有代表性的档距观测弧垂。若三相导线的弧垂均需调整，则应先同时调整好两个边相，然后调整中相。调整后的三相导线弧垂应一致。

在终端杆上对导线弧垂进行调整时，应在横担两端导线反方向做好临时拉线，防止横担因受力不均而偏转。

348. 叙述钢芯铝绞线损伤的处理标准。

答: (1) 断股损伤截面积不超过铝股总面积的7%，应缠绕处理。

(2) 断股损伤截面积占铝股总面积的7%～25%，应用补修管或补修条处理。

(3) 钢芯铝绞线出现下列情况之一时，应切断重接。

1) 钢芯断股。

2) 铝股损伤截面超过铝股总面积的25%。

3) 损伤长度超过一组补修金具能补修的长度。

4) 破损使得钢芯或内层导线形成无法修复的永久性变形。

349. 叙述铝绞线和铜绞线损伤的处理标准。

答: (1) 断股损伤截面积不超过总面积的7%，应缠绕处理。

(2) 断股损伤截面积占总面积的7%～17%，应用补修管或补修条处理。

(3) 断股损伤截面积超过总面积的17%应切断重接。

350. 架空绝缘导线连接时绝缘层如何处理?

答: 承力接头的连接采用钳压和液压法，在接头处安装辐射交联热收缩管护套或预扩张冷缩绝缘套管（统称绝缘护套）。绝缘护套直径一般应为被处理部位接续管的1.5～2倍。中压绝缘线使用内外两层绝缘护套，低压绝缘线使用一层绝缘护套。有半导体层的绝缘线应在接续管外面先缠绕一层半导体黏带，与绝缘线的半导体层连接后再进行绝缘处理。每圈半导体黏带间搭压为带宽的1/2。截面为240mm^{2}及以上铝线芯绝缘线承力接头宜采用液压法接续。

351. 电缆头的制作安装要求有哪些?

答: (1) 在电缆头制作安装工作中，安装人员必须保持手和工具、材料的清洁与干燥，安装时不准抽烟。

(2) 做电缆头前，电缆应经过试验并合格。

(3) 做电缆头用的全套零部件、配套材料和专用工具、模具必须备齐。检查各种材料规格与电缆规格是否相符，检查全部零部件是否完好无缺陷。

（4）应避免在雨天、雾天、大风天及湿度在80%以上的环境下进行工作。如需紧急处理应做好防护措施。

（5）在尘土较多及重污染区，应在帐篷内进行操作。

（6）气温低于0℃时，要将电缆预先加热后方可进行制作。

（7）应尽量缩短电缆头的操作时间，以减少电缆绝缘裸露在空气中的时间。

352. 简述热缩式电缆终端头的制作步骤。

答：（1）按要求尺寸剥切好电缆各层绝缘及护套，并焊好接地线，压好接线鼻子。

（2）在各相线根部套上黑色热缩应力管，用喷灯自下向上慢慢环绕加热，使热缩管均匀受热收缩。

（3）套入分支手套，从中部向上、下进行加热收缩。

（4）在各相线上套上红色外绝缘热缩管，自下而上加热收缩。热缩管套至接线鼻子下端。

（5）在户外终端头上需安装防雨裙。

353. 简述冷缩式电缆终端头制作步骤。

答：①剥切电缆；②装接地线；③装分支手套；④装冷缩直管；⑤剥切相线；⑥装冷缩终端头；⑦压接线鼻子。

354. 电缆埋地敷设在沟内应如何施工？

答：电缆埋地敷设是在地上挖一条深度0.8m左右的沟，沟宽0.6m，如果电缆根数较多，沟宽要加大，电缆间距不小于100mm。沟底平整后，铺上100mm厚筛过的松土或细砂土，作为电缆的垫层。电缆应松弛地敷在沟底，以便伸缩。在电缆上再铺上100mm厚的软土或细砂土，上面盖混凝土盖板或黏土砖，覆盖宽度应超过电缆直径两侧50mm，最后在电缆沟内填土，覆土要高出地面150～200mm，并在电缆线路的两端转弯处和中间接头处竖立一根露出地面的混凝土标示桩，以便检修。

由于电缆的整体性好，不易做接头，每次维修需要截取很长一段电缆。所以在施工时要预留有一段备检修时截取。

埋设电缆时，电缆间、电缆与其他管道、道路、建筑物等之间平行和交叉时的最小距离，应符合规程的规定。电缆穿过铁路、公路、城市街道、厂区道路和排水沟时，应穿钢管保护，保护管两端宜伸出路基两边各2m，伸出排水沟0.5m。

直埋电缆要用铠装电缆，但工地施工用电，使用周期短，一年左右就需挖出，这时可以用普通电缆。

355. 电缆在排管内的敷设有何要求？

答：排管顶部距地面，在人行道下为0.5m，一般地区为0.7m。施工时，先按设计要求挖沟，并将沟底夯实，再铺1∶3水泥砂浆垫层，将清理干净的管下到沟底，排列整齐，管孔对正，接口缠上胶条，再用1∶3水泥砂浆封实。整个排管对电缆人孔井方向有不小于1%的坡度，以防管内积水。

为了便于检修和接线，在排管分支、转弯处和直线段每50～100m处要挖一供检修用的电缆人孔井。为便于电缆在井内架和支架上施工与检修。人孔井要有积水坑。

为了保证管内清洁无毛刺，拉入电缆前，先用排管扫除器通入管孔内来回拉。

在排管中敷设电缆时，把电缆盘放在井口，然后用预先穿入排管眼中的钢丝绳把电缆拉入孔内，每孔内放一根电力电缆。排管口套上光滑的喇叭口，坑口装设滑轮。

356. 简述轴承发热原因及处理方法。

答：轴承发热原因及处理方法见表 11-5。

表 11-5　　轴承发热原因及处理方法

序号	轴承发热的原因	处理方法
1	轴承安装不正，发生扭斜、卡阻	重新安装纠正
2	轴承损坏	更换轴承
3	轴承与轴配合过松或过紧	过松时可在轴颈喷涂金属，过紧时可适度车削轴颈
4	轴承与端盖配合过松	可在端盖镶套
5	传动皮带过紧或联轴器装配不正	调换皮带，校正联轴器
6	滚动轴承润滑脂过多、过少或有杂物	润滑脂用量约为轴承盖内空间体积的 1/3～1/2，不应过多或过少；清洗轴承、轴承盖，换用洁净润滑脂
7	滑动轴承润滑油不够，有杂质，油杯堵住	添加油至标准油面，油黏度大，有杂质应更换新油，疏通油杯油路
8	电动机端盖、轴承盖、机座不同心，轴转动卡阻	重新校正安装

357. 怎样利用转子剩磁和万用表判别定子绕组首末端?

答：(1) 用万用表电阻挡，测出各相绕组的两个线端，电阻值最小的两线端为一相绕组的首末端。

(2) 将三相绕组并联在一起，用万用表的毫安或低电压挡测量两端，转动转子一下，如果表针不动，则表明绕组的三个首端（U1、V1、W1）并在一起，三个绕组的末端（U2、V2、W2）并在一起。如果表针摆动，说明三相首端不在一起，要调换一相的端子再观察，直至表针不摆动为止，便可做好绕组首末端标记。

358. 简述变压器台的组装过程。

答：①杆坑定位；②挖 1m×1m，深 1.9m 杆坑两个，坑底夯实；③杆坑整平；④下底盘；⑤立杆；⑥附件及设备的安装。

359. 变压器运到现场后，应怎样进行外观检查?

答：(1) 检查高低压瓷套管有无破裂、掉瓷等缺陷，套管有无渗油现象。

(2) 外表不得有锈蚀，油漆应完整。

(3) 外壳不应有机械损伤，箱盖螺钉应完整无缺，密封衬垫要求严密良好，无渗油现象。

(4) 规格型号与要求相符。

360. 安装三相三线电能表时应注意的事项有哪些?

答：(1) 电能表在接线时要按正相序接线。

(2) 电压、电流互感器应有足够的容量，以保证电能计量的准确度。

(3) 各电能表的电压线圈应并联，电流线圈应串联接入电路中。

(4) 电压互感器应接在电流互感器的电源侧。

(5) 运行中的电压互感器二次侧不能短路；电流互感器二次侧不能开路。

(6) 电压、电流互感器二次侧要有一点接地。电压互感器 V_v 接线在 b 相接地，Yy_n

接线在中性线上接地，电流互感器则将K2端子接地。

（7）互感器二次回路应采用铜质绝缘线连接。电流互感器连接导线的截面积应不小于4.0mm²，电压互感器二次回路连接导线的截面积应按照允许的电压降计算确定，但至少应不小于2.5mm²。

361. 简述三相三线电能表经电流互感器接入的接线方法。

答：电能表每组元件的电流线圈分别接在不同相的电流互感器二次侧，如“U”相所接电流互感器二次绕组的端子“K1”“K2”，分别接电能表第一组元件电流线圈的“1”“3”端子；而“W”相所接电流互感器二次绕组的端子“K1”“K2”，分别接电能表第二组元件电流线圈的“5”“7”端子上。这时的电能表连片必须打开。每组元件电压线圈的首端对应接在电源的相线上，即“2”端子接“U”相；“4”端子接“V”相；“6”端子接“W”相。

362. 土建工程基础阶段有哪些施工项目？

答：（1）挖基槽时配合作接地极和母线焊接。

（2）在基础砌墙时应及时配合作密封保护管（即电缆密封保护管）、挡水板、进出管套丝、配套法兰盘板防水等。

（3）当利用基础主筋作接地装置时，要将选定的柱子内的主筋在基础根部散开并与板筋焊接，引上作接地的母线。

（4）在土建基础施工阶段如果发现接地电阻不合格，应该及时改善，降低接地电阻的方法有补打接地极、增加埋深、采用紫铜板作接地极、加化学降阻剂、换好土、引入人工接地体等。

（5）在地下室预留好孔洞以及电缆支架吊点埋件。预埋落地式配电箱基础螺栓或作配电柜基础型钢。及时作好防雷接地。

363. 在装修阶段主要有哪些电气施工项目？

答：（1）吊顶配管、轻隔墙配管。

（2）管内穿线、遥测绝缘等。

（3）作好明配管的木砖、勾吊架。

（4）各种箱、盒安装齐全。

（5）喷浆后和贴完墙纸再安装灯具、明配线施工、灯具、开关、插座及配电箱安装，要注意保持墙面清洁，配合贴墙纸。

364. 土建工程抹灰前电气工程要做好哪些工作？

答：抹灰前要安装好配电箱，复查预埋砖等是否符合图纸。应检查预留箱盒灰口、穿管孔洞、卡架、套管等是否齐全，检查管路是否齐全，是否已经穿完管线，焊接好了包头，把没有盖的箱、盒堵好。防雷引上线敷设在柱子混凝土或利用柱子筋焊接。作好均压环焊接及金属门窗接地线的敷设。为灯具安装、吊风扇安装及箱柜安装作预埋吊钩和基础槽钢。

365. DL/T 499—2001农村电网对功率因数的要求是什么？

答：（1）县供电企业平均功率因数应在0.9及以上。

（2）每条10kV出线的功率因数应在0.9及以上。

（3）农业用户配电变压器低压侧功率因数应在0.85及以上。

366. 采用无功补偿的意义是什么？

答：在供电系统中许多运用电磁感应原理工作的电器设备，如变压器、电动机等，这些设备需要无功功率。如果这些无功功率由发电厂供给，必将造成线路电能损耗和电压损失，而且占用了输供电设备容量，使输供电系统功率因数下降。为了减少输供系统传送的无功功率，应尽量在用户端就地补偿无功功率，如安装电容器等。这样就可以提高输供电系统的功率因数。

367. 农村电网无功补偿的原则是什么？

答：①全面规划；②合理布局；③分散补偿；④就地平衡。

368. 农村电网无功补偿方式的“三结合，三为主”？

答：（1）集中补偿与分散补偿相结合，以分散补偿为主。

（2）高压补偿与低压补偿相结合，以低压补偿为主。

（3）调压与降损相结合，以降损为主。

369. 农村低压电网无功补偿主要的三种方法是什么？

答：①随机补偿；②随器补偿；③低压用户集中补偿。

370. 简述随机补偿方法。

答：随机补偿就是把补偿电容器直接与电动机连接，与电动机采用一套控制和保护装置，并一起投切。如果电动机容量较小，电容器可以与电动机直接并联；如果电动机容量较大，如 10kW 以上，可用电动机无功就地补偿器来补偿。

371. 简述随器补偿方法。

答：随器补偿就是把补偿电容器直接接在配电变压器上，随器补偿的电容器可以接在高压侧，也可以接在低压侧，效果是相同的。但目前广泛使用的是干式金属化低压电容器，通过低压熔断器与变压器二次侧出线端连接。

372. 简述低压用户集中补偿方法。

答：低压用户集中补偿就是将补偿电容器组连接在用户变电站 0.4kV 母线上，其连接组有固定连接组和可投切连接组。固定连接组补偿基础负荷部分，可投切连接组起调峰作用。

373. 农村低压电网无功补偿装置设置原则是什么？

答：（1）固定安装年运行时间在 1500h 以上，且功率大于 4.0kW 的异步电动机，应就地补偿无功，与电动机同步投切。

（2）车间、工厂安装的异步电动机，可在配电室集中补偿。

（3）异步电动机群的集中补偿应采取防止功率因数角超前和产生自励过电压的措施。

（4）应采取防止无功向电网倒送的措施。

（5）10kV 配电变压器容量在 100kVA 及以上的用户，必须进行无功补偿，并应采用自动投切补偿装置。

（6）10kV 配电线路可以根据无功负荷情况采取分散补偿的方式进行补偿。

374. 简述单台电动机无功补偿容量的确定计算方法。

答：单台电动机补偿容量计算公式为：

（1）机械负荷惯性小的：

$$Q=0.9U_{N}I_{0}$$

（2）机械负荷惯性大的：

$$Q=(1.3\sim1.5)U_{N}I_{0}$$

（3）5.5kW单台电动机随机补偿的：

$$Q=(20\%\sim30\%)U_{N}I_{N}$$

单台电动机按同步转速不同无功补偿容量可查表得到。如10kW电动机，3000r/min，无功补偿3.5kvar；1000r/min，无功补偿4.5kvar；500r/min，无功补偿9.5kvar。

375. 简述车间、工厂无功补偿容量的确定计算方法。

答：车间、工厂无功补偿容量计算公式为

$$Q=(\tan\varphi_{1}\sim\tan\varphi_{2})P_{av}$$

式中　P_{av}——用户最高负荷月平均有功功率，kW；

$\tan\varphi_{1}$——补偿前功率因数角的正切值；

$\tan\varphi_{2}$——补偿后功率因数角的正切值。

376. 乡镇供电所线损管理的技术指标是什么？

答：（1）电能损失率指标：

1）配电线路（含变压器）综合损失率≤10%。

2）低压线路损失率≤12%。

（2）线路末端电压合格率≥90%。

1）配电线路电压允许波动范围为标准电压的±7%。

2）低压线路到户电压允许波动范围为标准电压的±10%。

（3）功率因数指标：

1）农村生活和农业线路：$\cos\varphi\geq0.85$。

2）工业、农副业专用线路：$\cos\varphi\geq0.9$。

377. 允许在低压带电电杆上进行的工作内容有哪些？

答：在带电电杆上工作时，只允许在带电线路的下方，处理混凝土杆裂纹、加固拉线、拆除鸟窝、紧固螺钉、查看导线金具和绝缘子等工作。

378. 在低压带电电杆上进行工作要注意哪些事项？

答：（1）允许调整拉线下把的绑扎或补强工作，不得将连接处松开。

（2）由于拉线上把距带电导线距离小于0.7m，因此不允许在拉线上把进行工作。

（3）单人巡线时不准处理缺陷。

（4）作业人员活动范围及其所携带的工具、材料等与低压导线的最小距离不得小于0.7m。

第四节　论　述　题

1. 线路缺陷应如何进行分级管理？

答：（1）一般缺陷。由巡线人员填写缺陷记录，交由检修班在检修时处理。

（2）重大缺陷。在巡线人员报告后，线路主管部门及有关人员对现场进行复核鉴

定，提出具体技术方案，经批准后实施。

（3）紧急缺陷。应立即报生产主管部门，采取安全技术措施后迅速组织力量进行抢修。缺陷消除后，应该在缺陷记录上详细记录下缺陷的消除情况，如消除人、消除时间等，消除人需要本人签字，以考核缺陷处理工作能力。

2. 有填料熔断器有哪些型式和用途？

答：（1）RT0 系列。该系列熔断器用于交流 50Hz，额定电压 380V 或直流电压 440V 及以下短路电流较大的电路中。

（2）RT10 系列。该系列熔断器用于交流 50Hz（或 60Hz），额定电压在 500V 或直流电压 500V 及以下，额定电流 100A 以下的电路中。

（3）RT11 系列。用于交流 50Hz（或 60Hz），额定电压 500V 以下，额定电流 400A 及以下的电路中。

（4）RL1 系列。用于交流 50Hz（或 60Hz）额定电压 380V 或直流电压 440V，额定电流 200A 及以下的电路中。

（5）RS0 系列。用于交流 50Hz，额定电压 750V 以下，额定电流 480A 及以下电路中，作为半导体整流元件及其成套装置的短路保护和过负荷保护。

（6）RS3 系列。用于交流 50Hz，额定电压 1000V 及以下额定电流 700A 及以下的电路中，作晶闸管整流元件及其成套装置的过负荷保护。

（7）RLS1 螺旋式快速熔断器。用于交流 50Hz、额定电压 500V 以下或直流额定电压 380V 及以下，额定电流 100A 及以下的电路中，作为硅整流元件及其成套装置的短路或过负荷保护。

（8）RZ1 系列。用于交流 50Hz，电压 380V，电流 800A 的电路中，与塑壳自动开关组成高分断能力、高限流型自动开关。

3. 室内外配线施工应符合哪些工艺要求？

答：（1）为确保安全，布线时室内外电气管线与各种管道间以及与建筑物、地面间最小允许距离应符合有关规程的规定。

（2）穿在管内的导线在任何情况下都不能有接头，分支接头应放在接线盒内连接。

（3）导线穿越楼板时，应将导线穿入钢管或塑料管内保护，保护管上端口距地面不应小于 2m，下端到楼板下出口为止。

（4）导线穿墙时，也应加装保护管（瓷管、塑料管或钢管），保护管伸出墙面的长度不应小于 10mm。

（5）当导线通过建筑物伸缩缝时，导线敷设应稍有松弛，敷设管线时应装设补偿装置。

（6）导线相互交叉时，应在每根导线上加套绝缘管，并将套管在导线上固定牢靠。

4. 绝缘子配线的敷设应符合哪些工艺要求？

答：（1）导线要敷设得整齐，不得与建筑物接触（内侧导线距墙 10～15cm）。

（2）从导线至接地物体之间的距离，不得小于 3cm。

（3）导线必须用绑线牢固地绑在绝缘子上。

（4）绝缘子应牢固地安装在支架和建筑物上。

（5）导线由绝缘子线路引下对用电设备供电时，一般均采用塑料管或钢管明配。

（6）线路长度（指一个直线段）若超过 25m 或导线截面在 $50mm^2$ 以上时，其终端应使用茶台装置。

5. 槽板配线的敷设应符合哪些工艺要求？

答：（1）每个线槽内，只许敷设一条导线。

（2）槽内所装导线不准有接头。如导线需接头时要使用接头盒扣在槽板上。

（3）槽板要装设得横平竖直、整齐美观，并按建筑物的形态弯曲和贴近。

（4）槽板应接直线、丁字及转角处的连接。

（5）槽板线路穿墙应在不同平面转角处的敷设。

（6）槽板与开关、插座或灯具所有的木台连接时用空心木台，先把木台边挖一豁口，然后扣在木槽板上。

6. 钢管配线的敷设应符合哪些工艺要求？

答：（1）钢管及其附件应能防腐，明敷设时刷防腐漆，暗敷设时用混凝土保护。

（2）管身及接线盒需连接成为一个不断的导体，并接地。

（3）钢管的内径要圆滑、无堵塞、无漏洞，其接头须紧密。

（4）钢管弯曲处的弯曲半径，不得小于该管直径的 6 倍。

（5）扫管穿线。先准备好滑石粉、铁丝和布条等。拖布的布条绑在铁丝上，穿入钢管往返拉两次，直至扫净。

（6）穿线。先将铁丝穿入钢管，将导线拔出线芯，与铁丝一端缠绕接好，在导线上撒滑石粉，将导线顺势送入钢管，拉铁丝另一端，拉线不要过猛。

7. 电能表安装时有哪些要求？

答：（1）电能表必须牢固地安装在可靠及干燥的墙板上，其周围环境应干净、明亮，便于装拆、维修。

（2）电能表安装的场所必须是干燥、无振动、无腐蚀性气体。

（3）电能表的进线、出线，应使用铜芯绝缘线，芯线截面要根据负荷而定，但不得小于 $2.5mm^2$，中间不应有接头。接线要牢，裸露的线头部分不可露出接线盒。

（4）自总熔断器盒至电能表之间敷设的导线长度不宜超过 10m。

（5）在进入电能表时，一般以“左进右出”原则接线。

（6）电能表接线必须正确。如果电能表是经过电流互感器接入电路中，电能表和互感器要尽量靠近些，还要特别注意极性和相序。

8. 现场抄表的要求有哪些？

答：（1）对大用户抄表必须在时间上、抄表质量上严格把关。

（2）对按最大需量收取基本电费的用户，应与用户共同抄录最大需量表，以免事后争执，抄表后启封拨回指针然后再封好。

（3）对实行峰谷分时电价的用户，注意峰、平、谷三个时段是否正确，峰、平、谷三段电量之和是否与总电量相符。

（4）根据有功电能表的指示数估算用户的使用电量，如发现有功电量不正常，应了解用户生产和产品产量是否正常，也可根据用户配电室值班日志进行核对。

（5）对有备用电源的用户，不管是否启用，每月都要抄表，以免遗漏。

（6）对高供低计收费的用户，抄表收费员应加计变损和线损。

9. 电费账务管理包括哪些内容?

答:(1) 认真审核新装装表接电的工作传票及有关凭证，审核无误后，新建用户抄表卡片。对新建用户逐户进行登记，交抄表组签收后正常抄表。工作传票使用后加盖个人私章，退还业务经办部门。

(2) 根据新建抄表卡片和相关工作传票新建电费台账。

(3) 认真填写大工业用户电费结算清单。

(4) 凡用户发生增减容量、电能表更换、校验、拆表、过户、暂停和变更用电性质等，除及时更改抄表卡片外，还要同时更改台账的相关记录，使抄表卡片与电费台账完全一致。

(5) 凡因电能计量装置发生错误，误差超出允许范围、记录不准、接线错误、倍率不符等造成电费计算错误，需向用户补收或退还电费时，经用电检查和相关部门核实，报各级分管领导审批后再进行账务处理。

(6) 电费呆账的处理。

(7) 欠费管理。

10. 使用喷灯应注意哪些事项?

答:(1) 煤油喷灯和汽油喷灯两者的燃料不能混用。燃料自加油孔注入，但只能装至油筒的3/4为宜，以便向罐内充气和燃料油受热膨胀时留有适当的空隙。

(2) 使用时，应先将燃料油注入储油罐内将盖盖紧，并达到密封的程度，否则在燃烧时会因漏气而发生走火。

(3) 使用前，先在点火碗中注2/3汽油并点燃，加热燃烧腔，打几下气，稍开调节阀，继续加热。多次打气加压，但不要打太足，慢慢开大调节阀，待火焰由黄红变蓝，即可使用。

(4) 严禁在有火的地方加油，使用喷灯时不能戴手套。要防止喷射的火焰燃烧到易燃易爆物。

(5) 停用时，先关闭调节阀，至火焰熄灭，然后慢慢旋松加油孔盖放气，待空气放完后旋松调节阀。

(6) 喷灯的火焰与带电导体应有足够的距离：电压在10kV及以下者不得小于1.5m；电压在10kV以上者不得小于3m。不得在带电导线、带电设备、变压器、油断器附近将喷灯点火。

11. 使用高压验电器应注意哪些事项?

答:(1) 使用高压验电器验电时，应选用与被测设备额定电压相应电压等级的专用验电器，并戴绝缘手套操作。

(2) 使用高压验电器前，先要在确实带电的设备上检查验电器是否完好。

(3) 雨天不可在户外进行验电。

(4) 验电时，要做到一人操作、一人监护。

(5) 验电时要防止发生相间或对地短路事故。

(6) 人体与带电体应保持足够的安全距离。

(7) 验电人员站在木杆、木梯或木架构上验电时，若因无接地线而不能指示者，可在验电器上接地线，但必须经值班负责人的许可。

（8）高压验电器应定期进行试验，不得使用没有试验过或超过试验周期的验电器验电。

12. 使用外线用压接钳应注意哪些事项?

答:（1）压接管和压模的型号应根据导线型号选用。

（2）在压接中，当上下压模相碰时，压坑深度恰好满足要求。压坑不能过浅，否则压接管握着力不够，导线会抽出来。

（3）应按规定完成各种导线的压坑数目和压接顺序。每压完一个坑后持续压力1min后再松开，以保证压坑深度准确。钢芯铝绞线压接管中应有铝垫片填在两导线间，以便增加接头握着力，并使接触良好。

（4）压接前应用布蘸汽油将导线清擦干净，涂上中性凡士林油后，再用钢丝刷清擦一遍。压接完毕，应在压管两端涂红丹粉油。压接后要进行检查，若压管弯曲过大或有裂纹的，要重新压接。截面16mm^2及以上的铝绞线，可采用手提式油压钳。

13. 使用接地线应注意哪些事项?

答:（1）装设接地线必须先装接地端，后接导体端，且应接触良好。应使用专用线夹固定在导体上，严禁用缠绕方法进行接地或短路。拆接地线顺序与此相反。

（2）装拆接地线应使用绝缘棒和绝缘手套。

（3）三相短路接地线，应采用多股软铜绞线制成，其截面应符合短路电流热稳定的要求，但不得小于25mm^2。

（4）接地线装设点不应有油漆。

（5）接地线应编号固定存放。

（6）每次检修使用多少接地线应记录，完工后应清点接地线数目，少一组都不能送电。

14. 简述钳形电流表使用注意事项。

答:（1）测量前应先估计被测电流的大小，以选择合适的量限，或先用大量限，然后再逐渐切换到适当的量限。注意不能在测量进行中切换。

（2）钳口相接处应保持清洁、使之平整、接触紧密，以保证测量准确。

（3）一般钳形电流表适用于低压电路的测量，被测电路的电压不能超过钳形电流表所规定的使用电压。

（4）测量时，每次只能钳入一相导线，不能同时钳入两相或三相导线，被测导线应放在钳口中央。

（5）使用钳形电流表时，应戴绝缘手套，穿绝缘鞋。读数时要特别注意人体、头部与带电部分保持足够的安全距离。

（6）测量低压熔断器和水平排列低压母线的电流时，测量前应将各相熔断器和母线用绝缘材料加以隔离，以免引起相间短路。

（7）测量完毕后，应把选择开关拨到空挡或最大电压量程一挡。

15. 简述万用表使用的注意事项。

答:（1）正确选择功能和量程转换开关的挡位，若不知道被测量的大致范围，可先将量程放到最高挡，然后再转换到合适的挡位，严禁带电转换功能和量程开关。

（2）测量电阻时，必须将被测电阻与电源断开，并且当电路中有电容时，必须先将电容短路放电。

（3）用欧姆挡判别晶体二极管的极性和晶体三极管的管脚时，应记住“＋”插孔是接自内附电池的负极，且量程应选 $R \times 100$ 挡或 $R \times 10$ 挡。

（4）不准用欧姆挡去直接测量微安表头、检流计、标准电池等的电阻。

（5）在测量时，不要接触测试棒的金属部分，以保证安全和测量的准确性。

（6）万用表使用后，应将转换开关旋至交流电压最高挡或空挡。

16. 简述兆欧表使用的注意事项。

答：（1）按被测电气设备的电压等级正确选择兆欧表。

（2）禁止遥测带电设备。

（3）严禁在有人工作的线路上进行测量工作。

（4）雷电时，禁止用兆欧表在停电的高压线路上测量绝缘电阻。

（5）在兆欧表没有停止转动或被测设备没有放电之前，切勿用手去触及被测设备或兆欧表的接线柱。

（6）使用兆欧表遥测设备绝缘电阻时，应由两人操作。

（7）遥测用的导线应使用绝缘线，两根引线不能绞在一起，其端部应有绝缘套。

（8）在带电设备附近测量绝缘电阻时，测量人员和兆欧表的位置必须选择适当，保持与带电体的安全距离。

（9）遥测电容器、电力电缆、大容量变压器及电动机等电容较大的设备时，兆欧表必须在额定转速状态下方可将测电笔接触或离开被测设备，以避免因电容放电而损坏兆欧表。

17. 巡视工作的注意事项有哪些？

答：（1）巡视中发现的各种缺陷要按其性质进行分类并记录在册，巡视手册中应记明缺陷所在的线路名称、杆号、相别及缺陷内容。

（2）巡视中发现危及安全运行的缺陷，应立即报告有关部门及领导，组织处理。发现危及线路安全运行的不安全因素，巡视人员应根据其危及程度通知有关部门或有关人员，组织排除不安全因素，防止事故的发生。

（3）巡线工作应由有电力线路工作经验的人担任。新人员不得一人单独巡线。偏僻山区和夜间巡视由两人进行。暑天、大雪天必要时由两人进行。

（4）单人巡视时，禁止攀登电杆和铁塔。

（5）夜间巡线应沿线路外侧进行，大风巡线应沿线路上风侧进行，以免万一触及断落的导线。

（6）事故巡线应始终认为线路带电，即使明知线路已停电，也应认为线路随时有恢复送电的可能。

（7）巡线人员发现导线断落地面或悬吊空中，应设法防止行人进入断线地点周围8m以内区域，并迅速报告领导，等候处理。

（8）巡视完毕后，应将发现的缺陷，按缺陷类别内容，所在杆号及发现的时间，详细记录在缺陷记录簿内，为检修人员提供依据。

18. 自动开关的维护与检修有哪些内容？

答：（1）清除自动开关上的灰尘、油污等，以保证开关有良好的绝缘。

（2）取下灭弧罩，检查灭弧栅片和外罩，清洁表面的烟迹和金属粉末。

（3）检查触头表面，清洁烧痕，用细锉或砂布打平接触面，并保持触头原有形状。

（4）检查触头弹簧有无过热而失效，并调节三相触头的位置和弹簧压力。

（5）用手动缓慢分、合闸，以检查辅助触头动断、动合触点的工作状态是否合乎要求，并清洁辅助触头表面，如有损坏，则需要更换。

（6）检查脱扣器的衔铁和拉簧活动是否正常，动作是否灵活；电磁铁工作面应清洁、平整、光滑，无锈蚀、毛刺和污垢；热元件的各部位无损坏，其间隙是否正常。

（7）检查各脱扣器的电流整定值和动作延时，特别是半导体脱扣器，应用试验按钮检查其动作情况。漏电自动开关也要用按钮检查是否能可靠动作。

（8）在操动机构传动机械部位添加润滑油，以保持机构的灵活性。

（9）全部检修工作完毕后，应做传动试验，检查动作是否正常，特别是连锁系统，要确保动作准确无误。

19. 热继电器的故障及维修有哪些内容？

答：热继电器的故障主要有：热元件烧断、误动作、不动作以及接触点接触不良等现象。

（1）热元件烧断。应选用合适的热继电器，并检查电路，排除电路故障。对新更换的热继电器，应重新调整动作电流值。

（2）热继电器误动。原因：①整定值偏小；②电动机起动时间过长；③设备起停过于频繁；④工作场所震动力大；⑤环境温度超工作范围。

根据具体情况采取相应措施：

1）检查负荷电流是否与热元件额定值相匹配。

2）检查启停是否频繁，热继电器与外部触头有无过热现象。

3）检查振动是否过大，连接热继电器的导线截面是否满足载流要求，连接导线有无影响热元件正常工作。

4）检查热继电器环境温度与被保护设备环境温度。热元件工作环境温度在＋40～－30℃。

（3）热继电器不动作。由于整定值不当，动作机构卡死，推杆脱出等原因均会导致出现过载而热继电器不动作，这时应重新调整动作电流值。

（4）热继电器动断触点接触不良。应清除触头表面灰尘或氧化物，使触头接触良好。

（5）继电器动作不正常。查找出具体原因，进行维修。

20. 室内外照明和动力配线主要包括哪几道工序？

答：（1）按施工图纸确定灯具、插座、开关、配电箱等设备位置。

（2）确定导线敷设的路径和穿过墙壁或楼板的位置，并标注上记号。

（3）按上述标注位置，结合土建打好配线固定点的孔眼，预埋线管、接线盒及木砖等预埋件。

（4）装设绝缘支持物、线夹或管子。

（5）敷设导线。

（6）完成导线间的连接、分支和封端，处理线头绝缘。

（7）检查线路安装质量。

（8）完成线端与设备的连接。

（9）绝缘测量及通电试验，最后全面验收。

21. 绝缘子配线的操作过程及要点有哪些?

答:（1）准备工作。

（2）定位工作。按选好的路径和档距的要求，测定绝缘子支架的位置，注意在用电设备的引下线处，应设一个支架。

（3）制作支架。根据导线间距要求和埋入墙内的长度，截取方木或角钢，并钻好安装孔。

（4）安装支架。支架在砖墙上有两种安装方法：一种是砌墙时把支架埋好；另一种是砌墙时预留洞孔或在已砌筑的墙壁上凿洞，然后把支架放入洞内，用半湿状态的水泥将洞孔填满，要求填一层砸实一层，使其严密结实。

（5）固定绝缘子。待土建施工完毕和支架处水泥具有强度后，即可进行安装绝缘子的工序。

（6）架线。导线放开时，先在起点用绑线把导线绑在绝缘子上，再把导线拉直绷起绑在终端绝缘子上，然后用绑线把导线分别绑在中间的绝缘子上。

（7）连接接头。把需要连接和分支的接头接好，并缠包绝缘带。

（8）支架刷油。木横担一般刷两遍灰色油漆。

22. 护套线配线的安装方法有哪些?

答:（1）一般护套线配线在土建抹灰完成后进行，但埋设穿墙或穿楼板的保护管，应在土建施工中预埋好，然后根据施工图确定电器安装位置，以及确定起点、终点和转角的路径、位置。

（2）护套线线芯的最小截面积。户内使用时，铜芯不小于 0.5mm^2，铝芯不小于 1.5mm^2；户外使用时，铜芯不得小于 1.0mm^2，铝芯线不得小于 2.5mm^2。

（3）固定卡钉的档距要均匀一致，间距不得大于 300mm，敷设应牢固、整齐、美观。

（4）不许直接在护套线中间剥切分支，而应用接线盒的方法，将分支接头放在接线盒内，一般导线接头都放在开关盒和灯头盒内。

（5）护套线支持点的定位，直线部分，固定点间距离不大于 300mm；转角部分，转角前后各应安装一个固定点；两根护套线十字交叉时，交叉口处的四方各应安装一个固定点；进入木台前，应安装一个固定点，在穿入管子前或穿出管子后均需安装一个固定点。

（6）护套线在同一墙面上转弯时，必须保持相互垂直，弯曲导线要均匀，弯曲半径不应小于护套线宽度的 3～4 倍，太小会损伤线芯（尤其是铝芯线），太大影响线路美观。

23. 新安装或长期停用的电动机起动前的准备和检查有哪些内容?

答:（1）清扫安装地点，清除控制、起动设备及电动机上的垃圾、灰尘和脏物。

（2）检查电源线路，电动机引线截面是否符合要求，控制、起动设备是否良好，接线是否正确；控制、起动设备和电动机是否配套，起动设备选择是否正确，起动装置是否灵活，有无卡阻现象，触点的接触是否良好等。

（3）检查电源保险（熔断器）搭配是否正确。

（4）对照电动机铭牌，检查电动机的功率、电源电压、频率、相数是否相符，以及电动机的接法是否正确。

（5）检查电动机外部螺栓是否齐全，接地螺栓、底脚螺母和轴承螺母是否都已拧紧，机械连接是否牢固，轴承是否缺润滑油。检查电动机的转轴是否能自由转动。对于滑动轴承，转子的轴向活动量每端2～3mm。

（6）检查电动机外壳以及控制、起动设备金属外壳是否接地良好，接地电阻一般不大于4Ω。

（7）对不可逆转的电动机，应先做空载运转实验，检查其运转方向与该电动机指示的箭头方向是否相同。

（8）绕线式电动机，还应检查滑环上的电刷表面是否全部贴紧滑环，导线有否相碰的情况，电刷提升机构是否灵活，电刷压力是否正常。

（9）检查电动机绕组相间和绕组对地的绝缘电阻。对绕线式电动机，除检查定子绝缘外，还应检查转子绕组及滑环对地和滑环相间的绝缘。

（10）检查机械负载是否妥善地做好了起动准备。

24. 正常运行的电动机，起动前应作哪些检查？

答：（1）检查电动机的转轴，是否能自由旋转；配用滑动轴承的电动机，其轴向窜动应不大于2～3mm。

（2）检查三相电源的电压是否正常，其电压是否偏低或偏高。

（3）检查熔断器及熔体是否损坏或缺件。

（4）联轴器的螺钉和销子是否紧固，联轴器中心是否对正；皮带连接是否良好，松紧是否合适。

（5）对正常运行中的绕线式电动机，应经常观察电动机滑环有无偏心摆动现象，滑环的火花是否发生异常现象。滑环上电刷是否需要更换。

（6）检查电动机周围是否有妨碍运行的杂物或易燃易爆物品等。

25. 槽板配线的操作过程及要点有哪些？

答：（1）准备工作。配线前，应检查各种工具、器材是否适用，槽板、铁钉、木螺钉等辅助材料是否齐备。

（2）测位工作。选好线路走径后，按每节槽板的长度，测定槽板底槽固定点的位置。

（3）安装槽板的底槽。安装在砖墙或混凝土板处时，用铁钉钉在木砖上。

（4）敷线及盖槽板的盖板。导线放开后，一边把导线嵌入槽内，一边用木螺钉依次把盖、板固定在底槽上。

（5）连接接头。把需要连接和分支的接头接好，并缠包绝缘带，再盖上接头盒盖，固定盒盖时注意木螺钉不要触及导线及接头。

26. 电动机起动时的注意事项有哪些？

答：（1）应检查是否上好皮带罩；操作人员衣服有无被卷入的危险。

（2）应检查电源电压是否正常，三相电源有否缺相，熔断器有否熔断。

（3）分合隔离开关时，操作人员应站在侧面，防止被电弧烧伤，分合动作要迅速果断。

（4）起动时应注意观察电动机、传动装置、负载机械的工作情况，若合闸后电动机不能旋转、转得很慢或声音不正常时，应迅速拉闸进行检查。

（5）注意观察电流表和电压表的指示，若有异常现象，应立即断电检查，故障排除后再进行起动。

（6）利用手动补偿器或手动起动器起动电动机时，要注意操作顺序。一定要先将手柄推到起动位置。待电动机转速稳定后再扳到运转位置。

（7）同一线路上的电动机不应同时起动，一般应由大到小逐台起动，以免多台电动机同时起动，线路电流太大，电压降低过多，造成电动机起动困难引起线路故障或使开关跳闸。

（8）起动时，若电动机的旋转方向反了，应立即切断电源，将三相电源线中的任意两相互换一下位置，即可改变电动机转向。

（9）一台电动机多次连续起动时，应按制造厂规定保持适当的时间间隔，以防电动机过热，连续起动一般不宜超过3～5次。

27. 电动机日常运行时应注意哪些事项？

答：（1）应注意保持电动机及周围工作环境的清洁和通风，不允许有水滴、油污、灰尘或其他杂物进入电动机内部。

（2）注意监视电动机各部分发热情况，不允许超过电动机绝缘等级所规定的最高允许温度或温升，防止过热烧坏。

（3）注意电源电压的变化，电源电压变化范围应在电动机额定电压的－5%～＋10%之内。

（4）电动机的负载电流不应超过其额定电流。

（5）注意对熔断器的监视，避免断相，造成电动机缺相运行。

（6）注意监视电动机的声音、振动和气味变化。

（7）经常检查轴承发热、漏油等情况。

（8）检查机壳保护接地或保护接零是否良好，接地电阻一般不大于4Ω。

（9）对绕线式异步电动机还要注意观察检查电刷下的火花状况，如发现火花过大，应清理滑环表面，用零号砂布研磨滑环，校正电刷弹簧压力，并应检查电刷与滑环间接触与磨损情况。

（10）应做好电动机日常运行各种参数（如电压、电流、温升等）的记录及故障现象和故障检修排除等记录，以便日后运行、故障排除和维修时参考。

28. 运行中的电动机如出现什么情况时，应立即切断电源，停机检查和处理？

答：运行中的电动机如出现下列情况之一时，应立即切断电源，停机检查和处理。

（1）运行中发生人身事故。

（2）电源、控制、起动等设备和电动机冒烟起火。

（3）传动装置故障，电动机拖动的机械故障。

（4）电动机发生强烈振动。

（5）电动机声音异常，发热严重，同时转速急剧下降。

(6) 电动机轴承超温严重。

(7) 电动机电流超过额定值过多或运行中负荷突然猛增。

(8) 其他需要立即停机的故障。

29. 简述造成电动机起动困难或不能起动的原因和相应的处理方法。

答：(1) 电动机所拖动的起动负载过重，应适当减轻起动负载。传动装置及拖动的机械故障而卡住，应检查传动装置及机械故障原因，进行修复。

(2) 电动机选择不当。需要大起动转矩的机械宜选用绕线型或双笼型电动机。

(3) 电源电压过低或电源缺相，应查明原因，予以调整和修复。

(4) 自耦降压起动器的抽头电压选得过低，使电动机起动转矩过小。应切换至电压高的抽头上。

(5) 误将△接法的电动机接成 Y，电动机的出力大大减小。应对照铭牌重新接线。

(6) 定子绕组一相头尾接反，应予以更正。

(7) 定子绕组一相断路，造成电动机缺相运行。查明原因进行更正。

(8) 定子绕组短路。应检修处理。

(9) 笼型电动机转子导条断裂；绕线型电动机转子绕组断路或集电装置电刷与滑环接触不良。应检修处理。

(10) 电动机定、转子相擦。应检修处理。

30. 运行的感应式电能表发生潜动现象的原因大致有哪些？

答：(1) 实际电路中有轻微负荷。如配电盘上的指示灯、带灯开关、负荷定量器、电压互感器、变压器空载运行等，这时电能表圆盘转动是正常的。

(2) 潜动试验不合格。

(3) 没有按正相序电源进行接线。

(4) 三相电压严重不平衡。

(5) 因故障造成电能表潜动。

31. 简述双电源和自发电用户的安全措施。

答：(1) 双电源进户应设置在同一配电室内，两路电源之间装设四极双投隔离开关或其他确实安全可靠的连锁装置，以防止互相倒送电。

(2) 自发电机组的中性点（TT、TN 系统）要单独接地，接地电阻不大于 4Ω，禁止利用供电部门线路上的接地装置接地。

(3) 自发电用户的线路严禁借用供电部门的线路杆塔，不准与供电部门的电杆同杆架设，不准与供电部门的线路交叉跨越，不准与公用电网合用接地装置和中性线。

(4) 双电源和自发电用户，严禁擅自向其他用户转供电。

(5) 为防止双电源在操作中发生事故，用户应严格执行安全规程有关倒闸操作的安全规定，如应设置操作模拟图板；制定现场操作规程；各种有关安全运行和管理的规程制度及包括运行日志在内的各项记录；培训有关电工，考核合格后上岗；高压用户的双电源切换操作必须按与供电部门签订的调度协议规程执行等。

(6) 与公用电网连接的地方小水电、小火电、小热电，除采取上述安全措施外，还必须执行其他有关的规定。

32. 简述悬绑绳索利用人工进行位移正杆的步骤。

答：（1）登杆悬绑绳索。其位置在距杆梢2～3m处，一般为4根直径不小于16mm的棕绳。拉紧绳索，从4个相对方向将杆塔予以固定。

（2）摘除固定在杆上的导线，使其脱离杆塔，然后登杆人员下杆。

（3）在需要位移一侧靠杆根处垂直挖下，直到杆子埋深的深度。

（4）拉动绳索，使杆梢倾向需位移的相反方向，杆根则移向需要位移的方向，直至移到正确位置后，可将电杆竖直。整个过程中，与受力绳索相对方向的绳索应予以辅助，防止杆塔因受力失控而倾倒。

（5）注意杆梢倾斜角度不要过大，以不超过10°为宜，若一次不能移动到位，可反复几次进行。必要时（如位移距离较大或土质较松软），可在坑口垫用枕木，以便电杆更好地倾斜移动。

（6）杆子移到与线路中心线相一致的正确位置后，校正垂直，即可将杆根土方回填夯实，恢复固定导线。

33. 电缆头的制作安装要求有哪些？

答：（1）在电缆头制作安装工作中，安装人员必须保持手和工具、材料的清洁与干燥，安装时不准抽烟。

（2）做电缆头前，电缆应经过试验并合格。

（3）做电缆头用的全套零部件、配套材料和专用工具、模具必须备齐。检查各种材料规格与电缆规格是否相符，检查全部零部件是否完好无缺陷。

（4）应避免在雨天、雾天、大风天及湿度在80%以上的环境下进行工作。如需紧急处理应做好防护措施。

（5）在尘土较多及重污染区，应在帐篷内进行操作。

（6）气温低于0℃时，要将电缆预先加热后方可进行制作。

（7）应尽量缩短电缆头的操作时间，以减少电缆绝缘裸露在空气中的时间。

34. 电缆埋地敷设在沟内应如何施工？

答：电缆埋地敷设是在地上挖一条深度0.8m左右的沟，沟宽0.6m，如果电缆根数较多，沟宽要加大，电缆间距不小于100mm。沟底平整后，铺上100mm厚筛过的松土或细砂土，作为电缆的垫层。电缆应松弛地敷在沟底，以便伸缩。在电缆上再铺上100mm厚的软土或细砂土，上面盖混凝土盖板或黏土砖，覆盖宽度应超过电缆直径两侧50mm，最后在电缆沟内填土，覆土要高出地面150～200mm，并在电缆线路的两端转弯处和中间接头处竖立一根露出地面的混凝土标示桩，以便检修。

由于电缆的整体性好，不易做接头，每次维修需要截取很长一段电缆。所以在施工时要预留有一段备检修时截取。

埋设电缆时，电缆间、电缆与其他管道、道路、建筑物等之间平行和交叉时的最小距离，应符合规程的规定。电缆穿过铁路、公路、城市街道、厂区道路和排水沟时，应穿钢管保护，保护管两端宜伸出路基两边各2m，伸出排水沟0.5m。

直埋电缆要用铠装电缆，但工地施工用电，使用周期短，一年左右就需挖出，这时可以用普通电缆。

35. 电缆在排管内的敷设有何要求？

答：排管顶部距地面，在人行道下为0.5m，一般地区为0.7m。施工时，先按设计要求挖沟，并将沟底夯实，再铺1∶3水泥砂浆垫层，将清理干净的管下到沟底，排列整齐，管孔对正，接口缠上胶条，再用1∶3水泥砂浆封实。整个排管对电缆人孔井方向有不小于1%的坡度，以防管内积水。

为了便于检修和接线，在排管分支、转弯处和直线段每50～100m处要挖一供检修用的电缆人孔井。为便于电缆在井内架在支架上施工与检修。人孔井要有积水坑。

为了保证管内清洁无毛刺，拉入电缆前，先用排管扫除器通入管孔内来回拉。

在排管中敷设电缆时，把电缆盘放在井口，然后用预先穿入排管眼中的钢丝绳把电缆拉入孔内，每孔内放一根电力电缆。排管口套上光滑的喇叭口，坑口装设滑轮。

36. 温升过高来自电动机本身的原因有哪些？

答：（1）安装和维修电动机时，误将△接法的电动机绕组接成了Y接法，或者误将Y接法的接成了△。

（2）绕组相间、匝间短路或接地，导致绕组电流增大，三相电流不平衡，使电动机过热。

（3）极相组线圈连接不正确或每相线圈数分配不均，造成三相空载电流不平衡，并且电流过大；电动机运行时三相电流严重不平衡，产生噪声和振动，电动机过热。

（4）定、转子发生摩擦发热。

（5）异步电动机的笼型转子导条断裂，或绕线转子绕组断线。电动机出力不足而过热。

（6）电动机轴承过热。

37. 变压器的验收项目有哪些？

答：（1）检查产品说明书，交接试验报告及试验合格证。

（2）变压器整体及附件无缺陷，油箱及套管无渗油现象。

（3）变压器顶盖上无遗留物，外壳表面油漆完整，颜色标志正确。

（4）接地可靠，器身固定牢靠。

（5）储油柜的油位正常。

（6）分接开关操作灵活，并指在运行要求位置。

（7）温度计指示正确。

38. 安装三相三线电能表时应注意的事项有哪些？

答：（1）电能表在接线时要按正相序接线。

（2）电压、电流互感器应有足够的容量，以保证电能计量的准确度。

（3）各电能表的电压线圈应并联，电流线圈应串联接入电路中。

（4）电压互感器应接在电流互感器的电源侧。

（5）运行中的电压互感器二次侧不能短路；电流互感器二次侧不能开路。

（6）电压、电流互感器二次侧要有一点接地。电压互感器Vv接线在b相接地，Yyn接线在中性线上接地，电流互感器则将K2端子接地。

（7）互感器二次回路应采用铜质绝缘线连接。电流互感器连接导线的截面积应不小于$4.0mm^2$，电压互感器二次回路连接导线的截面积应按照允许的电压降计算确定，但至少应不小于 2.5mm²。

39. 土建工程基础阶段有哪些施工项目?

答:(1) 挖基槽时配合作接地极和母线焊接。

(2) 在基础砌墙时应及时配合作密封保护管（即电缆密封保护管）、挡水板、进出管套丝、配套法兰盘板防水等。

(3) 当利用基础主筋作接地装置时，要将选定的柱子内的主筋在基础根部散开并与板筋焊接，引上作接地的母线。

(4) 在土建基础施工阶段如果发现接地电阻不合格，应该及时改善，降低接地电阻的方法有补打接地极、增加埋深、采用紫铜板作接地极、加化学降阻剂、换好土、引入人工接地体等。

(5) 在地下室预留好孔洞以及电缆支架吊点埋件。预埋落地式配电箱基础螺栓或作配电柜基础型钢。及时作好防雷接地。

40. 叙述照明和动力施工图的阅读方法。

答:(1) 阅读标题栏及目录，了解工程名称、项目内容等。

(2) 阅读图纸说明，了解工程总体概况、设计依据及图纸中未表达清楚的有关事项。

(3) 阅读电气系统图，包括照明系统和动力系统图，了解各分项工程中所有系统图。

(4) 熟悉电路图和接线图，按设备的功能关系从上到下，从左到右逐个回路依次阅读。特别是接线端子图上线路与接线柱的对应关系不得弄错。

(5) 熟悉设备性能特点及安装要求，安装前要阅读有关技术规范。要阅读相关的结构图和构造图。

(6) 阅读平面图，要弄清楚设备的安装位置，线路敷设部位，敷设方法，所用导线型号、规格、数量及管径大小等。

(7) 结合平面图阅读安装大样图，弄清具体部位设备安装的相互关系。

(8) 阅读设备材料表。

(9) 了解性阅读土建平面图，弄清电气设备安装部位，线路走向与土建工程的衔接关系。

(10) 了解建筑物的基本概况。

41. 叙述照明施工图（动力施工图）的阅读顺序及阅读方法。

答:(1) 阅读顺序：进户线→配电箱→支路→支路上的用电设备（灯泡、插座或电动机）→设备控制开关。

(2) 相同部分详细阅读其中之一部分，如楼房层间相同，要详细阅读一层；几户民居相同，要详细阅读一户。如某车间几条动力回路相同，要详细阅读一条，几台电动机相同，要详细阅读一台。

(3) 阅读图纸。

1) 阅读标题栏及目录，了解工程名称、项目内容等。

2) 阅读图纸说明，了解工程总体概况、设计依据及图纸中未表达清楚的有关事项。

3) 阅读电气系统图，了解各分项工程中所有系统图。

4）熟悉电路图和接线图，按设备的功能关系从上到下，从左到右逐个回路依次阅读。特别是接线端子图上线路与接线柱的对应关系不得弄错。

5）熟悉设备性能特点及安装要求，安装前要阅读有关技术规范。要阅读相关的结构图和构造图。

6）阅读平面图，要弄清楚设备的安装位置，线路敷设部位，敷设方法，所用导线型号、规格、数量及管径大小等。

7）结合平面图阅读安装大样图，弄清具体部位设备安装的相互关系。

8）阅读设备材料表。

9）了解性阅读土建平面图，弄清电气设备安装部位，线路走向与土建工程的衔接关系。

10）了解建筑物的基本概况。

42. 跌落式熔断器及熔丝的额定电流应如何选择？

答： 跌落式熔断器的额定电流必须大于或等于熔丝元件的额定电流。跌落式熔断器熔丝元件的选择，一般按以下原则进行。

（1）配电变压器一次侧熔丝元件选择。当配电变压器容量在100kVA及以下时，按变压器额定电流的2～3倍选择元件；当变压器容量在100kVA以上时，按变压器额定电流的1.5～2倍选择元件。

（2）柱上电力电容器。容量在30kvar以下的柱上电力电容器一般采用跌落式熔断器保护。熔丝元件一般按电力电容器额定电流的1.5～2.5倍选择。

（3）10kV用户进口。用户进口的熔丝元件一般不应小于用户最大负荷电流的1.5倍，用户配电变压器（或其他高压设备）一次侧熔断器的熔丝元件应比进口跌落式熔断器熔丝元件小一级考虑。

（4）分支线路。分支线路安装跌落式熔断器，熔丝元件一般不应小于所带负荷电流的1.5倍，并且至少应比分支线路所带最大配电变压器一次侧熔丝元件大一级。

架空线路跌落式熔断器选择熔丝元件时，对于配电变压器而言，一般按计算额定电流即可；对于用户设备，一般可按最大负荷电流选择；对于电容器则计算其无功电流。

43. 动力配电箱安装时一般应满足哪些要求？

答：（1）确定配电箱安装高度。暗装时底口距地面为1.4m，明装时为1.2m，但明装电能表箱应加高到1.8m。配电箱安装的垂直偏差不应大于3mm，操作手柄距侧墙的距离不应小于200mm。

（2）安装配电箱（盘）墙面木砖、金具等均需随土建施工预先埋入墙内。

（3）在240mm厚的墙壁内暗装配电箱时，在墙后壁需加装10mm厚的石棉板和直径为2mm、孔洞为10mm的铁丝网，再用1∶2水泥砂浆抹平，以防开裂。

（4）配电箱与墙壁接触部分均应涂刷防腐漆，箱内壁和盘面应涂刷两道灰色油漆。

（5）配电箱内连接计量仪表、互感器等的二次侧导线，应采用截面积不小于2.5mm^{2}的铜芯绝缘导线。

（6）配电箱后面的配线应排列整齐、绑扎成束，并用卡钉紧固在盘板上。从配电箱中引出和引入的导线应留出适当长度，以利于检修。

（7）相线穿过盘面时，木制盘面需套瓷管头，铁制盘面需装橡皮护圈。零线穿过木制盘面时，可不加瓷管头，只需套上塑料套管即可。

(8) 为了提高动力配电箱中配线的绝缘强度和便于维护，导线均需按相位颜色套上软塑料套管，分别以黄、绿、红、黑色表示A、B、C相和中性线。

44. 简要回答绝缘电阻的测量方法和注意事项。

答：(1) 按被测电气设备的电压等级正确选择兆欧表。

(2) 兆欧表的引线必须使用绝缘良好的单根多股软线，两根引线不能缠在一起使用，引线也不能与电气设备或地面接触。

(3) 测量前检查兆欧表，开路时指针是否指在"∞"位，短路时指针是否指在"0"位。

(4) 测量前应将被测量设备电源断开并充分放电。测量完毕后，也应将设备充分放电。

(5) 接线时，"接地"E端钮应接在电气设备外壳或地线上，"线路"L端钮与被测导体连接。测量电缆的绝缘电阻时，应将电缆的绝缘层接到"屏蔽端子"G上。

(6) 测量时，将兆欧表放置平稳，摇动手柄使转速逐渐增加到120r/min。

(7) 严禁在有人工作的线路上进行测量工作。雷电时，禁止用兆欧表在停电的高压线路上测量绝缘电阻。

(8) 在兆欧表没有停止转动或被测设备没有放电之前，切勿用手去触及被测设备或兆欧表的接线柱。

(9) 使用兆欧表遥测设备绝缘时，应由两人操作。在带电设备附近测量绝缘电阻时，测量人员和兆欧表的位置必须选择适当，保持与带电体的安全距离。

(10) 遥测电容器、电力电缆、大容量变压器及电动机等电容较大的设备时，兆欧表必须在额定转速状态下方可将测电笔接触或离开被测设备，以避免因电容放电而损坏绝缘电阻表。

45. 简要回答测量接地电阻的步骤。

答：(1) 先将接地体与其相连的电器设备断开。

(2) 确定被测接地极E′，并使电位探针P′和电流探针C′与接地极E′彼此直线距离为20m，且使电位探针P′插于接地极E′和电流探测针C′之间。

(3) 用导线将E′、P′和C′与仪表相应的端子连接：E′—E、P′—P和C′—C。

(4) 将仪表水平放置检查指针是否指在中心线零位上，否则应将指针调整至中心线零位上。

(5) 将"倍率标度盘"置于最大倍数，慢摇发电机手柄，同时旋动"额定标度盘"使检流计的指针指于中心线零位上。

(6) 当检流计接近平衡时，应加快发电机的转速，使之达到120r/min以上（额定转速），调整"测量标度盘"使指针指示中心线零位。

(7) 如果"测量标度盘"的读数小于1，应将倍率标度盘置于较小的倍数，再重新调整"测量标度盘"以得到正确的读数。该读数乘以"倍率标度盘"的倍率，即为所测接地电阻。

46. 挖坑的注意事项有哪些？

答：(1) 所用的工具，必须坚实牢固，并注意经常检查，以免发生事故。

（2）坑深超过 1.5m 时，坑内工作人员必须戴安全帽。当坑底超过 1.5m^{2}时，允许两人同时工作，但不得面对面或挨得太近。

（3）严禁用掏洞方法挖掘土方，不得在坑内坐下休息。

（4）挖坑时，坑边不应堆放重物，以防坑壁塌方。工器具禁止放在坑边，以免掉落坑内伤人。

（5）行人通过地区，当坑挖完不能马上立杆时，应设置围栏，在夜间要装设红色信号灯，以防行人跌入坑内。

（6）杆坑中心线必须与辅助标桩中心对正，顺线路方向的拉线坑中心必须与线路中心线对正。转角杆拉线坑中心必须与线路中心的垂直线对正，并对正杆坑中心。

（7）杆坑与拉线的深度不得大于或小于规定尺寸的 5%。

（8）在打板桩时，应用木头垫在木桩头部，以免打裂板桩。

47. 叙述采用固定式人字抱杆起吊电杆的过程。

答：（1）选择抱杆高度。一般可取电杆重心高度加 2～3m，或者根据吊点距离和上下长度、滑车组两滑轮碰头的距离适当增加裕度来考虑。

（2）绑系侧拉绳。据杆坑中心距离，可取电杆高度的 1.2～1.5 倍。

（3）选择滑车组。应根据水泥杆质量来确定。一般水泥杆质量为 500～1000kg 时，采用一、一滑车组牵引；水泥杆质量为 1000～1500kg 时，采用一、二滑车组牵引；水泥杆质量为 1500～2000kg 时，可选用二、二滑车组牵引。

（4）18m 电杆单点起吊时，必须采取加绑措施来加强吊点处的抗弯强度。

（5）如果土质较差时，抱杆脚需铺垫道木或垫木，以防止抱杆起吊受力后下沉。

（6）抱杆的根开一般根据电杆质量与抱杆高度来确定，一般在 2～3m 左右范围内。

（7）起吊过程中要求缓慢均匀牵引。电杆离地 0.5m 左右时，应停止起吊，全面检查侧拉绳子受力情况以及地锚是否牢固。水泥杆竖立进坑时，特别要注意上下的侧拉绳受力情况，并要求缓慢松下牵引绳，切忌突然松放而冲击抱杆。

48. 叙述采用叉杆立杆的具体立杆方法。

答：（1）电杆梢部两侧各拴直径 25mm 左右、长度超过电杆长 1.5 倍的棕绳或具有足够强度的麻绳一根，作为侧拉绳，防止电杆在起升过程中左右倾斜。

（2）电杆根部应尽可能靠近马道坑底部使起升过程中有一定的坡度而保持稳定。

（3）电杆根部移入基坑马道内，顶住滑板。

（4）电杆梢部开始用杠棒缓缓抬起，随即用顶板顶住，可逐渐向前交替移动使杆梢逐步升高。

（5）当电杆梢部升至一定高度时，加入一副小叉杆使叉杆、顶板、杠棒合一，交替移动逐步使杆梢升高。到一定高度时再加入另一副较长的叉杆与拉绳合一，用力使电杆再度升起。一般竖立 10m 水泥杆需 3～4 副叉杆。

（6）当电杆梢部升到一定高度但还未垂直前，左右两侧拉绳移到两侧当作控制拉绳使电杆不向左右倾斜。在电杆垂直时，将一副叉杆移到起立方向对面防止电杆过牵引倾倒。

（7）电杆竖正后，有两副叉杆相对支撑住电杆，然后检查杆位是否在线路中心，再回填土分层夯实。

49. 叙述杆上安装横担的方法和步骤。

答：（1）携带杆上作业全套工器具，对登杆工具做冲击实验，检查杆根，做好上杆前的准备工作。

（2）上杆，到适当位置后，安全带系在主杆或牢固的构件上（一般在横担安装位置以下）。若使用脚扣登杆作业，在到达作业区以后，系好安全带，双脚应站成上下位置，受力脚应伸直，另一只脚掌握平衡。

（3）在杆上距离杆头200mm处划印，确定横担的安装基准线。放下传递绳，地面人员将横担绑好，杆上作业人员将横担吊上杆顶。

（4）杆上作业人员调整好站立位置，将横担举起，把横担上的U型抱箍从杆顶部套入电杆，并将螺母分别用手拧靠，调整横担位置、方向及水平，再用活板手固定。

（5）检查横担安装位置应在横担准线处，距杆头200mm。

（6）地面工作人员配合杆上人员观察，调整横担是否水平和顺线路方向垂直，确认无误后再次紧固。

（7）杆上作业人员解开系在横担上的传递绳并送下，把头铁、抱箍及螺栓一起吊到杆上进行安装。

（8）杆上作业人员将绝缘子吊上并安装在横担上。

（9）拆除传递绳，解开安全带，下杆；工作结束。

50. 在紧线之前应做好哪些准备工作？

答：（1）必须重新检查、调整一次在紧线区间两端杆塔上的临时拉线，以防止杆塔受力后发生倒杆事故。

（2）全面检查导线的连接情况，确认符合规定时方可进行紧线。

（3）应全部清除在紧线区间内的障碍物。

（4）通信联系应保持良好的状态，全部通信人员和护线人员均应到位，以便随时观察导线的情况，防止导线卡在滑车中被拉断或拉倒杆塔。

（5）观测弧垂人员均应到位并做好准备。

（6）在拖地放线时越过路口处，有时要将导线临时埋入地中或支架悬空，在紧线前应将导线挖出或脱离支架。

（7）冬季施工时，应检查导线通过水面时是否被冻结。

（8）逐基检查导线是否悬挂在轮槽内。

（9）牵引设备和所用的工具是否已准备就绪。

（10）所有交叉跨越线路的措施是否都稳固可靠，主要交叉处是否都有专人看管。

51. 电动机在接线前必须做好哪些工作？

答：（1）电动机在接线前必须核对接线方式并测试绝缘电阻。

（2）40kW及以上电动机应安装电流表。

（3）如果控制设备比较远，在电动机近处应设紧急停车装置。

（4）动力设备必须一机一闸，不得一闸多用。

（5）动力设备要有接地或接零保护。

（6）控制设备要有短路保护、过载保护、断相保护及漏电保护。

（7）机械旋转部分要有防护罩。

（8）安装电动机时，在送电前必须用手试转，送电后必须核对转向。

52. 电动机安装后的调整和测量项目有哪些？

答：（1）机座水平度的调整。

（2）齿轮传动装置的调整。

（3）三角皮带传动装置的调整。

（4）平皮带传动装置的调整。

（5）皮带轮轮宽中心线的测量。

（6）联轴节同轴线的测量。

53. 低压间接带电作业有哪些安全措施？

答：低压间接带电作业，是指人体与带电设备非直接接触，即工作人员手握绝缘工具对带电设备进行的工作。间接带电工作要遵守以下规定。

（1）低压带电作业人员应经过训练并考试合格，工作中由有经验的电气工作人员监护。使用有绝缘柄的工具，工作时站在干燥的绝缘物上，并戴手套和安全帽。必须穿长袖衣服工作，禁止使用锉刀，金属尺和带金属物的毛刷毛掸等工具。

（2）间接带电作业应在天气良好的条件下进行，且作业范围内电气回路的剩余电流动作保护器必须投运。

（3）在低压配电装置上进行工作时，应采取防止相间短路和单相接地短路的隔离措施。

（4）在紧急情况下允许用有绝缘柄的钢丝钳断开带电的绝缘照明线。断线时要一根一根地进行，断开点应在导线固定点的负荷侧。

（5）带电断开配电盘或接线箱中的电压表和电能表的电压回路时，必须采取防止短路或接地的措施；严禁在电流互感器的二次回路进行带电工作。

54. 低压线路带电作业有哪些安全措施？

答：（1）低压带电作业人员应经过训练并考试合格，工作中由有经验的电气工作人员监护。使用有绝缘柄的工具，工作时站在干燥的绝缘物上，并戴手套和安全帽。必须穿长袖衣服工作，禁止使用锉刀，金属尺和带金属物的毛刷毛掸等工具。

（2）间接带电作业应在天气良好的条件下进行，且作业范围内电气回路的剩余电流动作保护器必须投运。

（3）在低压配电装置上进行工作时，应采取防止相间短路和单相接地短路的隔离措施。

（4）在紧急情况下允许用有绝缘柄的钢丝钳断开带电的绝缘照明线。断线时要一根一根地进行，断开点应在导线固定点的负荷侧。

（5）带电断开配电盘或接线箱中的电压表和电能表的电压回路时，必须采取防止短路或接地的措施；严禁在电流互感器的二次回路进行带电工作。

（6）上杆前，应先分清相、零线，断开导线时，先断相线，后断零线，搭接时顺序相反。

（7）工作前，应检查与同杆架设的高压线的安全距离，采取防止误碰带电高压设备的措施。

（8）在低压带电导线未采取绝缘措施时，工作人员不得穿越。还要注意，切不可使人体同时接触两导线。

55. 简要回答剩余电流动作保护装置安装使用方法。

答：（1）安装前必须检查剩余电流动作保护器的额定电压、额定电流、短路通断能力，漏电动作电流、漏电不动作电流以及漏电动作时间等是否符合要求。

（2）剩余电流动作保护器安装接线时，要根据配电系统保护接地型式进行接线。接线时需分清相线和零线。

（3）对带短路保护的剩余电流动作保护器，在分断短路电流时，位于电源侧的气孔往往有电弧喷出，故应在安装时保证电弧喷出方向有足够的飞距距离。

（4）剩余电流动作保护器的安装应尽量远离其他铁磁体和电流很大的载流导体。

（5）对施工现场开关箱里使用的剩余电流动作保护器须采用防溅型。

（6）剩余电流动作保护器后面的工作零线不能重复接地。

（7）采用分级剩余电流动作保护系统和分支线漏电保护的线路，每分支线必须有自己的工作零线；上下级剩余电流动作保护器的额定漏电动作与漏电时间均应做到相互配合，额定漏电动作电流级差通常为1.2～2.5倍，时间级差为0.1～0.2s。

（8）工作零线不能就近接线，单相负荷不能在剩余电流动作保护器两端跨接。

（9）照明以及其他单相用电负荷均匀分布到三相电源线上，偏差大时要及时调整，力求使各相漏电电流大致相等。

（10）剩余电流动作保护器安装后应进行试验，试验有：①用试验按钮试验3次，均应正确动作；②带负荷分合交流接触器或开关3次，不应误动作；③每相分别用3kΩ试验电阻接地试跳，应可靠动作。

56. 工程竣工后，验收的主要内容是什么？

答：（1）验收有关工程技术资料，技术资料应齐全无误。

（2）验收各种材料或设备的合格证及验收单等，应整理装订成册。

（3）验收在施工过程中的变更洽商等资料，应完整无漏。

（4）检查隐检记录，施工记录，班组自检记录及预检记录。

（5）检查接地电阻测试记录。

（6）验收电气设备，应动作灵活可靠，达到能正常使用的程度。

（7）填写竣工验收单。绘制竣工图。

工程验收后，上述资料和有关的技术合同要按时归档，交到有关部门，并办理交接手续。

57. 阐述线路施工工程预算书的编制程序。

答：（1）准备工作阶段。

1）接受任务书。

2）借出和熟悉施工的图纸。

3）整理并分析初设修改的内容。

4）制订技术组织措施计划（包括计划进度）。

（2）文件编制阶段。

1）各种调整系统计算。

2）整理施工图纸，计算工程量，编制补充材料、设备预算价格。

3）编制各单位工程预算表。

4）编写总预算及说明书。

5）编制其他费用预算表。

6）组织审核及修改。

（3）结尾工作阶段。

1）交设总、专工、总工审阅并签署。

2）成品送出给印制室印制分发。

3）工程总结。

4）资料归档。

第五节　计　算　题

1. 如图 11-1 所示，若 $R=20\Omega$，$U=100V$，求电路流过的电流 I。

解：$I=\dfrac{U}{R}=\dfrac{100}{20}=5$（A）

答：电路流过的电流为 5A。

2. 如图 11-2 所示，若 $R=20\Omega$，$I=10A$，求电路的端电压 U。

解：$U=IR=10\times20=200$（V）

答：电路的端电压为 200V。

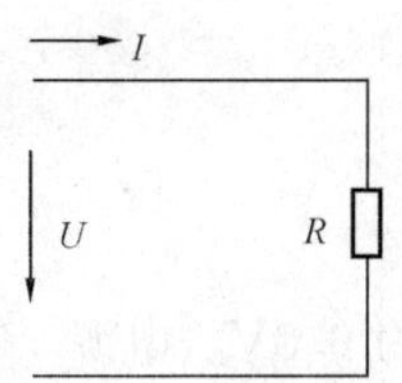

图 11-1　电路图（1）

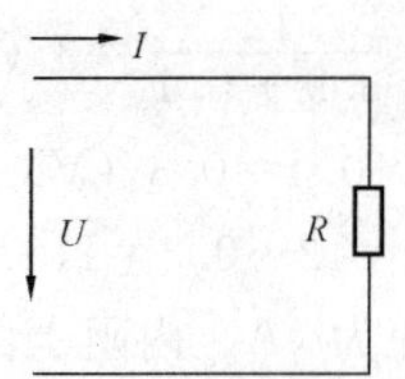

图 11-2　电路图（2）

3. 如图 11-3 所示，若 $U=140V$，$R_1=10\Omega$，$R_2=25\Omega$，求电路的总电阻 R 和电阻 R_2 的端电压 U_2。

解：$R=R_1+R_2=10+25=35$（Ω）

$I=\dfrac{U}{R}=\dfrac{140}{35}=4$（A）

$U_2=IR=4\times25=100$（V）

答：电路的总电阻 $R=35\Omega$，电阻 R_2 的端电压 $U_2=100V$。

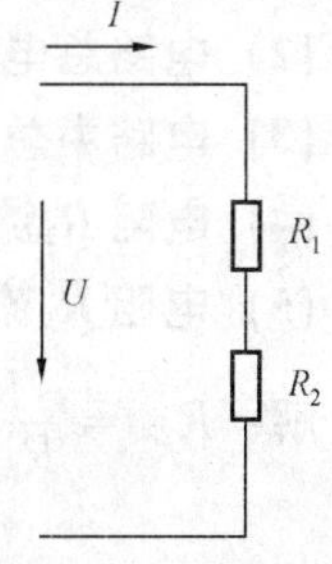

图 11-3　电路图（3）

4. 某交流电的周期 T 为 0.01s，求这个交流电的频率 f。

解：$f=\dfrac{1}{T}=\dfrac{1}{0.01}=100$（Hz）

答：这个交流电的频率是 100Hz。

5. 某照明用户，有彩电一台 80W，40W 的白炽灯 2 盏，一台 120W 的洗衣机，电炊具 800W。由单相电源供电，电压有效值为 220V，在 5（20）A 和 10（40）A 的单相电能表中应选择容量多大的电能表？

解：$I=(80+40\times2+120+800)/220=4.91$（A）

答：可选择单相220V，5(20)A的电能表。

6. 如图11-4所示，$R_1=20\Omega$，$R_2=40\Omega$，若$U=100V$，求电阻R_1流过的电流I_1、电阻R_2流过的电流I_2和电路总电流I及总电阻R。

解：$I_1=\dfrac{U}{R_1}=\dfrac{100}{20}=5$（A）

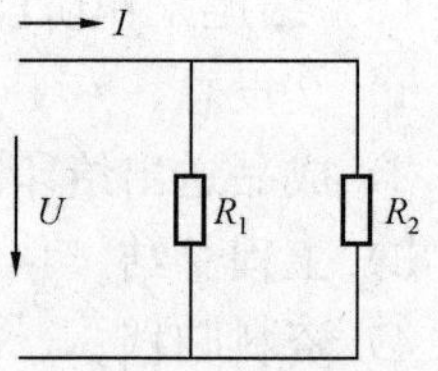

$$I_2=\frac{U}{R_2}=\frac{100}{40}=2.5\ (\text{A})$$

$$I=I_1+I_2=5+2.5=7.5\ (\text{A})$$

$$R=\frac{R_1R_2}{R_1+R_2}=\frac{20\times40}{20+40}=13.33\ (\Omega)$$

图11-4 电路图（4）

答：电阻R_1流过的电流I_1为5A。电阻R_2流过的电流I_2为2.5A，电路总电流I为7.5A。电路总电阻R为13.33Ω。

7. 某电阻两端加交流电压$u=220\sqrt{2}\sin314t$，求电压的最大值和有效值。

解：$U_m=\sqrt{2}\times220=311$（V）

$$U=\frac{U_m}{\sqrt{2}}=\frac{\sqrt{2}\times220}{\sqrt{2}}=220\ (\text{V})$$

答：电压的最大值为311V，有效值为220V。

8. 如图11-5所示，若$E=12V$，$r=0.1$，$R=3.9$，求电路中的电流I、电源内阻r上的电压降U_0及电源端电压U。

解：$I=\dfrac{E}{R+r}=\dfrac{12}{3.9+0.1}=3$（A）

$$U_0=Ir=3\times0.1=0.3\ (\text{V})$$

$$U=E-U_0=12-0.3=11.7\ (\text{V})$$

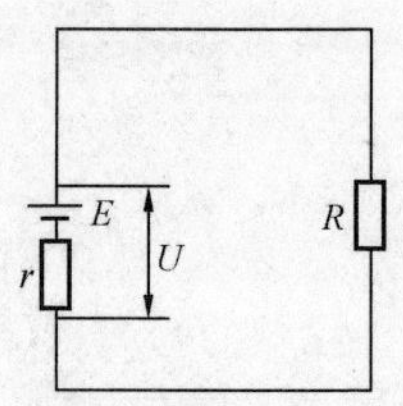

图11-5 电路图（5）

答：电路中的电流为3A，内阻上的电压降为0.3V，电源端电压为11.7V。

9. 如图11-6所示，$R_1=2\Omega$，$R_2=4\Omega$，$R_3=4\Omega$，电源电压$U=40V$，求：

（1）R_2和R_3并联电阻R_{23}；

（2）电路总电阻R；

（3）电路中总电流I；

（4）电阻R_2流过的电流I_2；

（5）电阻R_3流过的电流I_3。

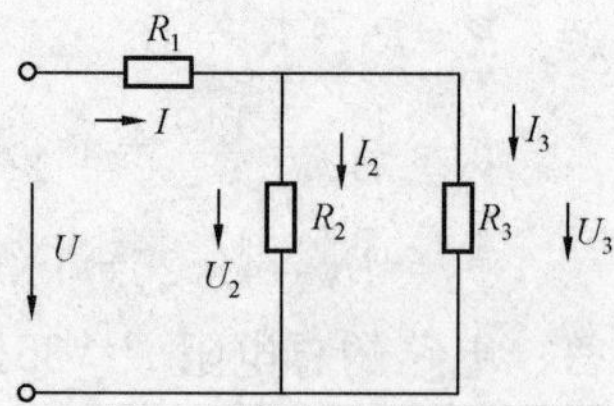

图11-6 电路图（6）

解：$R_{23}=\dfrac{R_2R_3}{R_2+R_3}=\dfrac{4\times4}{4+4}=2$（Ω）

$$R=R_1+R_{23}=2+2=4\ (\Omega)$$

$$I=\frac{U}{R}=\frac{40}{4}=10\ (\text{A})$$

$$U_2=U_3=IR_{23}=10\times2=20\ (\text{V})$$

$$I_2=\frac{U_2}{R_2}=\frac{20}{4}=5\ (\text{A})$$

$$I_3=\frac{U_3}{R_3}=\frac{20}{4}=5\ (\text{A})$$

答：$R_{23}=2\Omega$，$R=4\Omega$，$I=10A$，$I_2=5A$，$I_3=5A$。

10. 如图 11-7 所示，电源电动势 $E=10V$，电源内阻 $r=2$，负载电阻 $R=18$，求：

(1) 电路电流 I；

(2) 电源输出端电压 U；

(3) 电源输出功率 P；

(4) 电源内阻消耗功率 P_0。

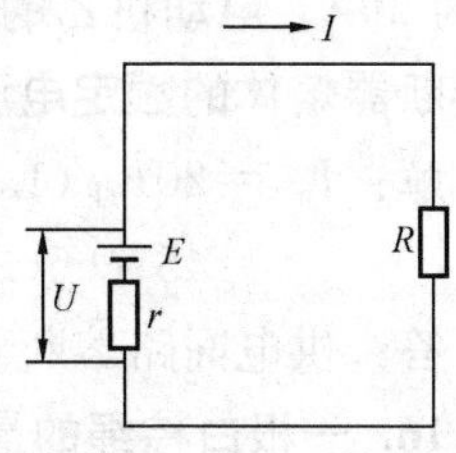

图 11-7　电路图（7）

解：

$$I=\frac{E}{r+R}=\frac{10}{2+18}=0.5\ (\text{A})$$

$$U=IR=0.5\times18=9\ (\text{V})$$

$$P=IU=0.5\times9=4.5\ (\text{W})$$

$$P_0=I^2r=0.5^2\times2=0.5\ (\text{W})$$

答：电路电流 $I=0.5A$；电源输出端电压 $U=9V$；电源输出功率 $P=4.5W$；电源内阻消耗功率 $P_0=0.5W$。

11. 某电阻 $R=100$，在电阻两端加交流电压 $u=220\sqrt{2}\sin314t$。求电阻流过电流的有效值，电阻消耗的功率，并写出电流的瞬时值表达式。

解：

$$I=\frac{U}{R}=\frac{220}{100}=2.2\ (\text{A})$$

$$P=UI=220\times2.2=484\ (\text{W})$$

$$i=2.2\sqrt{2}\sin314t$$

答：电流有效值为 2.2A，电阻消耗功率为 484W，$i=2.2\sqrt{2}\sin314t$。

12. 有一台三相异步电动机，接法为△，额定电压 U 为 380V，功率 P 为 8kW，功率因数 $\cos\varphi$ 为 0.85，效率为 0.9，求线电流的额定值 I。

解：

$$I=\frac{P}{\eta\sqrt{3}U\cos\varphi}=\frac{8\times1000}{0.9\times\sqrt{3}\times380\times0.85}=15.89\ (\text{A})$$

答：线电流的额定值为 15.89A。

13. 有一台三相异步电动机，铭牌上表明频率 f 为 50Hz，极数为 2，转差率 s 为 0.03。问该电动机在额定运行时转速是多少？

解：极数为 2，则极对数 p 为 1。

$$n_1=\frac{60f}{p}=\frac{60\times50}{1}=3000(\text{r/min})$$

$$n=(1-s)n_1=(1-0.03)\times3000=2910(\text{r/min})$$

答：该电动机在额定运行时转速是 2910r/min。

14. 有一台三相异步电动机，铭牌上表明频率 f 为 50Hz，极数为 4，额定转数 n 为 1465r/min。问该电动机同步转速 n_1 是多少？求转差率 s 为多少？

解：极数为 4，则极对数 p 为 2。

$$n_1=\frac{60f}{p}=\frac{60\times50}{2}=1500(\text{r/min})$$

$$s=\frac{n_1-n}{n_1}=\frac{1500-1465}{1500}=0.02$$

答：该电动机同步转速 n_1 是1500r/min，转差率 s 为0.02。

15. 有三台三相笼型异步电动机由同一个配电回路供电，已知电动机甲的额定电流 $I_{n甲}$ 为20A，电动机乙的额定电流 $I_{n乙}$ 为10A，电动机丙的额定电流 $I_{n丙}$ 为5A，求供电回路熔断器熔体的额定电流 $I_{n供}$ 是多少（给出范围值）？

解：$I_{n供}=20I_{n甲}(1.5\sim2.5倍)+I_{n乙}+I_{n丙}=20\times(1.5\sim2.5倍)+10+5$
$=45\sim65(A)$

答：供电回路熔断器熔体的额定电流是45～65A。

16. 一根白棕绳的最小破断拉力 T_0 是62 400N，其安全系数 K 是3.12，求这根白棕绳的允许使用拉力 T 是多少？

解：$T=\frac{T_0}{K}=\frac{62\,400}{3.12}=20\,000$（N）

答：这根白棕绳的允许使用拉力是20 000N。

17. 有一纯电感电路，已知电感 $L=100$mH，接在 $u=220\sqrt{2}\sin\omega t$ V，$f=50$Hz的电源上。求：

（1）电感线圈的电抗 X_L；

（2）电路中的电流 I；

（3）写出电流的瞬时值表达式；

（4）电路中的有功功率和无功功率；

（5）如果电源电压大小不变，而频率变为500Hz，求电路中的电流及瞬时值表达式；

（6）如果电源改为直流20V，其电流又是多少？

解：$f=50$Hz时，则

$$X_L=2\pi fL=2\times3.14\times50\times100\times10^{-3}=31.4\ (\Omega)$$

$$I=\frac{U}{X_L}=\frac{220}{31.4}=7\ (A)$$

$$i=7\times\sqrt{2}\sin\left(314t-\frac{\pi}{2}\right)=9.9\sin\left(314t-\frac{\pi}{2}\right)(A)$$

$$P=0$$

$$Q_L=IU=7\times220=1540\ (var)$$

当 $f=500$Hz时，则

$$X_L=2\pi fL=2\times3.14\times500\times100\times10^{-3}=314\ (\Omega)$$

$$I=\frac{U}{X_L}=\frac{220}{314}=0.7\ (A)$$

$$i=0.7\times\sqrt{2}\sin\left(3140t-\frac{\pi}{2}\right)=0.99\sin\left(3140t-\frac{\pi}{2}\right)$$

当该线圈接到20V直流电源上时，因为 $f=0$，所以 $X_L=0$，由于线圈电阻为零，电路中的电阻只有很小的线圈导线电阻及电源内阻，电流将非常大。

答：电感线圈的电抗为31.4Ω；电路中的电流为7A；

电流瞬时值表达式为 $i=9.9\sin\left(314t-\frac{\pi}{2}\right)$；

电路中的有功功率和无功功率分别为 0 及 1540var。

若电源电压大小不变，而频率变为 500Hz，电路中电流及瞬时值表达式分别为 0.7A、$i=0.99\sin\left(314t-\frac{\pi}{2}\right)$。

若电源改为直流 20V，则由于电阻很小，其电流将极大。

18. 有一台三角形接法的三相异步电动机，额定功率 P_n 为 10kW，接在电压 U 为 380V 的电源上。已知电动机在额定功率运转时的功率因数 $\cos\varphi$ 为 0.8，效率 η 为 89.5%。试计算电动机在额定功率运行时电源输入的电流 I、有功功率 P、无功功率 Q、视在功率 S。若有 10 台这样的电动机接入一台变压器，请在容量为 100kVA 和 200kVA 的变压器中选择一台。

解：输入有功功率

$$P=\frac{P_n}{\eta}=\frac{10}{0.895}=11.17\ (\text{kW})$$

输入电流

$$I=\frac{P}{\sqrt{3}U\cos\varphi}=\frac{11.17\times10^3}{\sqrt{3}\times380\times0.8}=21.2\ (\text{A})$$

输入无功功率

$$\begin{aligned}Q&=\sqrt{3}UI\sin\varphi=\sqrt{3}UI\sqrt{1-\cos^2\varphi}\\&=\sqrt{3}\times380\times21.2\times\sqrt{1-0.8^2}\\&=8371.7(\text{var})\end{aligned}$$

输入视在功率

$$S=\sqrt{3}IU=\sqrt{3}\times21.2\times380=13\ 953(\text{VA})=13.95(\text{kVA})$$

$$10\times13.95=139.5(\text{kVA})$$

答：电动机在额定功率运行时电源输入的电流为 21.2A；有功功率为 11.17kW；无功功率为 8371.7var；视在功率为 13.95kW。若有 10 台这样的电动机接入一台变压器，应选择容量为 200kVA 的变压器。

19. 有一台三角形接法的三相异步电动机，额定功率 P_n 为 2kW，接在电压 U 为 380V 的电源上。已知电动机在额定功率运转时的功率因数 $\cos\varphi$ 为 0.8，效率 η 为 90%。试计算电动机在额定功率运转时的电流 I、有功功率 P、无功功率 Q、视在功率 S。若有 20 台这样的电动机接入一台变压器，请在容量为 100kVA 和 200kVA 的变压器中选择一台。

解：输入有功功率

$$P=\frac{P_n}{\eta}=\frac{2}{0.9}=2.22\ (\text{kW})$$

输入电流

$$I=\frac{P}{\sqrt{3}U\cos\varphi}=\frac{2.22\times10^3}{\sqrt{3}\times380\times0.8}=4.22\ (\text{A})$$

输入无功功率

$$Q=\sqrt{3}UI\sin\varphi$$
$$=\sqrt{3}UI\sqrt{1-\cos^2\varphi}=\sqrt{3}\times 380$$
$$\times 4.22\times\sqrt{1-0.8^2}=1666(\text{var})=1.67(\text{kvar})$$

输入视在功率

$$S=\sqrt{3}IU=\sqrt{3}\times 4.22\times 380=2777\ (\text{VA})=2.78\ (\text{kVA})$$
$$2.78\times 20=55.6\ (\text{kVA})$$

答：电动机在额定功率运转时的电流为4.22A，有功功率为2.22kW，无功功率为1.67kvar，视在功率为2.78kVA。若有20台这样的电动机接入一台变压器，应选择容量为100kVA的变压器。

20. 有一台三相异步电动机，功率因数 $\cos\varphi$ 为0.9，电动机的效率 η 为0.85，接法为Y/△，380/220V，电源的额定电压 U 为380V。所带机械设备的功率 P 为16kW，效率 η 为0.8。问该电动机应接成Y形还是△形；求线电流的额定值和供电回路熔断器熔体的额定电流的范围值。

解：

$$I=\frac{P}{\eta_1\eta_2\sqrt{3}U\cos\varphi}=\frac{16\times 1000}{0.8\times 0.85\times\sqrt{3}\times 380\times 0.9}$$
$$=39.72\ (\text{A})$$
$$(1.5\sim 2.5)\times 39.72=59.58\sim 99.3\ (\text{A})$$

答：该电动机应接成Y；线电流的额定值为39.72A；供电回路熔体的额定电流的范围为（59.58～99.3）A。

21. 有一低压动力用户，装有一台三相异步电动机，功率 P_n 为48kW，功率因数 $\cos\varphi$ 为0.85，效率 η 以100%计，供电电压 U 为380V，电能计量装置采用经电流互感器接入式，变比为 $K_I=100/5$，请通过计算，在标定电流分别为1A、5A的两块电能表中选择一块？

解：

$$I_1=\frac{P_n}{\eta\sqrt{3}U\cos\varphi}=\frac{48\ 000}{1\times\sqrt{3}\times 380\times 0.85}=85.8\ (\text{A})$$
$$K_1=\frac{100}{5}=20$$
$$I_2=\frac{I_1}{K_I}=\frac{85.8}{20}=4.29\ (\text{A})$$

答：选择标定电流为5A的电能表。

22. 有一台三相异步电动机，星形接法，效率 η 为0.9，功率因数 $\cos\varphi$ 为0.85，功率 P 为10kW，电源线电压 U=380V。当电动机在额定负荷下运行时，求电动机的线电流 I_1 和这台电动机熔断器熔体的额定电流 I_2 是多少（范围值）？

解：

$$I_1=\frac{P}{\eta\sqrt{3}U\cos\varphi}=\frac{10\times 1000}{0.9\times\sqrt{3}\times 380\times 0.85}=19.86\ (\text{A})$$
$$I_2=19.86\times[(1.5\sim 2.5)\text{倍}]=29.79\sim 49.65\ (\text{A})$$

答：电动机的线电流为19.86A，熔断器熔体的额定电流为29.79～49.65A。

23. 某用户安装三相四线电能表，电能表铭牌标注 3×380/220V、3×1.5（6）A，配用三只变比 B 为 150/5 的电流互感器。本月抄表示数 $W_2$3000，上月抄表示数 $W_1$2500。求本月实际用电量是多少？

解：由题意知表头变比 $b=1$

互感器变比 $B=150/5=30$

$$W=(W_2-W_1)B=(3000-2500)\times 30=500\times 30=15\ 000\ (\text{kWh})$$

答：本月实际用电量为 15 000kWh。

24. 某企业用电容量为 1000kVA，5 月份的用电量为 100 000kWh，如基本电价为 15.00 元/kVA，电量电价为 0.46 元/kWh。求本月应交电费和平均电价各为多少？

解：基本电费＝1000×15.00＝15 000.00（元）

电量电费＝100 000×0.46＝46 000.00（元）

应交电费＝15 000＋46 000＝61 000.00（元）

平均电价＝61 000/100 000＝0.61（元/kWh）

答：用户应交电费为 61 000.00 元，平均电价为 0.61 元/kWh。

25. 某厂以 10kV 供电，变压器容量为 3200kVA，本月有功电量 W_P 为 278 000kWh，无功电量 W_Q 为 180 000kvarh。基本电价为 15.00 元/kVA，电量电价为 0.46 元/kWh。求该厂本月应付电费及平均电价？（按该用户变压器容量，应执行功率因数考核值为 0.9，若在 0.8～0.9 范围，应加收电费 3%）。

解：基本电费 W_Q(元)＝3200×15.00＝48 000.00(元)

电量电费 W_P(元)＝278 000×0.46＝127 880.00(元)

月平均功率因数 $\cos\varphi$

$$\cos\varphi=\frac{1}{\sqrt{1+\left(\frac{W_Q}{W_P}\right)^2}}=\frac{1}{\sqrt{1+\left(\frac{180\ 000}{278\ 000}\right)^2}}=0.84$$

该用户应执行功率因数的标准为 0.9，因此，本月该用户应增收电费 3% 。

本月应付电费＝(48 000＋127 880)×(1＋3%)＝175 880×(1＋3%)＝181 156.40(元)

平均电价＝181 156.40/278 000＝0.65(元/kWh)

答：本月应付电费 181 156.40 元，平均电价 0.65 元/kWh。

26. 某用户使用感应式电能表，该电能表在其误差为 10%的情况下运行一个月，抄见电量 100kWh，问该月应退多少电量？

解：$W=\frac{100\times 10\%}{1+10\%}=9.09(\text{kWh})$

答：该月应退电量为 9.09kWh。

27. 某动力用户 6 月 4 日抄表时发现电量突然减少，经将电能表换回校验，发现表烧坏。6 月 17 日换表至 7 月 4 日。抄表电量为 3760 kWh，原表正常时月用电量为 6080 kWh。问应补电量是多少？

解：$$应补电量=\frac{(6080\div 30+3760\div 17)\times 30}{2}=6357\ (\text{kWh})$$

答：应补电量是 6357kWh。

28. 某电感线圈的电感量 L 为 0.5H，接在频率 f 为 50Hz 的电源上，求线圈的感抗 X_L。

解：
$$X_L=\omega L=2\pi fL=2\times3.14\times50\times0.5=157(\Omega)$$

答：线圈的感抗 X_L 为 157Ω 。

29. 某电容器的电容 C 为 31.84μF，接在频率 f 为 50Hz 的电源上，求电容器的容抗 X_C。

解：
$$X_C=\frac{1}{\omega C}=\frac{1}{2\pi fC}=\frac{1}{2\times3.14\times50\times31.84\times10^{-6}}=100(\Omega)$$

答：电容器的容抗 X_C 为 100Ω 。

30. 某电感线圈的电感量 L 为 0.5H，接在频率 f 为 50Hz，电压为 314V 的电源上，求：

（1）线圈的感抗 X_L；

（2）线圈流过的电流 I_L。

解：
$$X_L=2\pi fL=2\times3.14\times50\times0.5=157\ (\Omega)$$

$$I_L=\frac{U}{X_L}=\frac{314}{157}=2\ (\text{A})$$

答：线圈的感抗 X_L 为 157Ω；线圈流过的电流 I_L 为 2A。

31. 某电容器的电容 C 为 31.84F，接在频率 f 为 50Hz，电压 U 为 300V 的电源上，求：

（1）电容器的容抗 X_C；

（2）电容器流过的电流 I_C。

解：
$$X_C=\frac{1}{2\pi fC}=\frac{1}{2\times3.14\times50\times31.84\times10^{-6}}=100\ (\Omega)$$

$$I_C=\frac{U}{X_C}=\frac{300}{100}=3\ (\text{A})$$

答：线圈的容抗 X_C 为 100Ω；电容器流过的电流 I_C 为 3A。

32. 三相负载接成星形，已知线电压有效值 U_L 为 380V，每相负载的阻抗 Z 为 22Ω。求：

（1）相电压的有效值 U_{pn}；

（2）相电流的有效值 I_{pn}；

（3）线电流的有效值 I_L。

解：
$$U_{pn}=\frac{U_L}{\sqrt{3}}=\frac{380}{\sqrt{3}}=220\ (\text{V})$$

$$I_{pn}=\frac{U_{pn}}{Z}=\frac{220}{22}=10\ (\text{A})$$

$$I_L=I_{pn}=10\ (\text{A})$$

答：相电压的有效值为 220V；相电流的有效值为 10A；线电流的有效值为 10A。

33. 三相负载接成三角形，已知线电压有效值 U_L 为 380V，每相负载的阻抗 Z 为 38Ω 。求：

（1）相电压的有效值 U_{pn}；

(2) 相电流的有效值 I_{pn}；

(3) 线电流的有效值 I_L。

解：

$$U_{pn}=U_L=380\ (V)$$

$$I_{pn}=\frac{U_{pn}}{Z}=\frac{380}{38}=10\ (A)$$

$$I_L=\sqrt{3}I_{pn}=\sqrt{3}\times10=17.32\ (A)$$

答：相电压的有效值为 380V；相电流的有效值为 10A；线电流的有效值为 17.32A。

34. 某单相特种变压器一次侧绕组的匝数 N_1 为 400 匝，二次侧绕组的匝数 N_2 为 50 匝，当一次侧加 U_1 为 200V 交流电压时，问二次侧的电压 U_2 为多少？当负载为纯电阻 R ＝5 时，一次侧电流的有效值 I_1 为多少？

解：

$$K=\frac{N_1}{N_2}=\frac{400}{50}=8$$

$$U_2=\frac{U_1}{K}=\frac{200}{8}=25\ (V)$$

$$I_2=\frac{U_2}{R}=\frac{25}{5}=5\ (A)$$

$$I_1=\frac{I_2}{K}=\frac{5}{8}=0.625\ (A)$$

答：二次侧的电压为 25V，一次侧的电流为 0.625A。

35. 一台型号为 S-160/10 的配电变压器，二次侧额定电压 U_{2n} 为 380V，求一、二次侧线电流的额定值 I_{1n}、I_{2n}。

解：

$$I_{1n}=\frac{S_n}{\sqrt{3}U_{1n}}=\frac{160\times1000}{\sqrt{3}\times10\times1000}=9.24\ (A)$$

$$I_{2n}=\frac{S_n}{\sqrt{3}U_{2n}}=\frac{160\times1000}{\sqrt{3}\times380}=243.1\ (A)$$

答：一、二次侧线电流的额定值分别为 9.24A 和 243.1A。

36. 某商店以三相四线供电，相电压有效值为 220V，A 相接 3.6kW 荧光灯，B 相接 2.5 kW 荧光灯和 1.8kW 白炽灯，C 相接 3.5kW 荧光灯，应选择多大的电能表（荧光灯功率因数设为 0.55)。请在 30A、380/220V 和 75A、380/220V 的两块三相四线电能表中选择一块表。

解：A 相电流 $I_A=3600/(220\times0.55)=29.75$ (A)

B 相电流 $I_B=2500/(220\times0.55)+1800/220=28.84$ (A)

C 相电流 $I_C=3500/(220\times0.55)=28.92$ (A)

答：可选择 30A、380/220V 三相四线电能表。

37. 有一台三相异步电动机，星形接法，功率因数 cosφ 为 0.85，效率 η 以 1 计，功率 P 为 20kW，电源线电压 U＝380V。当电动机在额定负荷下运行时，求电动机的线电流和这台电动机熔断器熔体的额定电流是多少（范围值)？

解：

$$I_1=\frac{P}{\eta\sqrt{3}U\cos\varphi}=\frac{20\ 000}{1\times\sqrt{3}\times380\times0.85}=35.75\ (A)$$

$$35.75\times[(1.5\sim2.5)倍]=53.63\sim89.38\ (A)$$

答：电动机的线电流为 35.75A。熔断器熔体的额定电流为 53.63～89.38A。

38. 一台容量 S_N 为 100kVA 的配电变压器，电压 U_1、U_2 为 10/0.4kV，请在额定电流分别为 15A、50A、100A、150A 的 4 种熔丝中选择确定变压器高、低压侧的熔丝。

解：
$$I_1=S_N/1.732U_1=100\times1000/(1.732\times10\times1000)=5.77\ (A)$$
$$I_2=S_N/1.732U_2=100\times1000/(1.732\times0.4\times1000)=144\ (A)$$

100kVA 变压器高压侧按 2～3 倍变压器额定电流选择熔体的额定电流范围值

$$(2\sim3)\times5.77=11.54\sim17.31\ (A)$$：应选 15A。

低压侧按 1 倍变压器额定电流选择：应选 150A。

答：高压侧选 15A 的熔丝；低压侧选 150A 的熔丝。

39. 某线路采用 LGJ-70 型导线，其导线综合拉断力 T 为 19417N，导线的安全系数 $K=2.5$，导线计算截面 S 为 79.3mm²，求：

(1) 这根导线的破坏应力 σ_P；

(2) 最大允许使用应力 σ_{max}；

(3) 最大允许使用拉力 F_{max}。

解：导线的破坏应力

$$\sigma_P=\frac{T}{S}=\frac{19\ 417}{79.3}=244.85\ (N/mm^2)$$

导线最大允许使用应力

$$\sigma_{max}=\frac{\sigma_P}{K}=\frac{244.85}{2.5}=97.94\ (N/mm^2)$$

最大允许使用拉力

$$F_{max}=97.94\times79.3=7766.64\ (N)$$

答：这根导线的破坏应力为 244.85N/mm²；最大允许使用应力为 97.94N/mm²；最大允许使用拉力为 7766.64N。

40. 某变电站利用四极法测量所内的土壤电阻率。已知测量时用的是 4 根直径为 1.0～2.0cm，长为 0.5～1.0m 的圆钢作电极，极间距离 a 为 20m，第一次测得电流电极回路电流 I 为 1A，两电压电极间电压 U 为 20V；第二次测得电流电极回路电流 I 为 1.1A，两电压电极间电压 U 为 22V；第三次测得电流电极回路电流 I 为 0.9A，两电压电极间电压 U 为 20V。求该变电站的土壤电阻率 ρ。

解：
$$\rho_1=2\pi a\frac{U}{I}=2\pi\times2000\times\frac{20}{1}=251\ 200\ (\Omega\cdot cm)$$

$$\rho_2=2\pi a\frac{U}{I}=2\pi\times2000\times\frac{22}{1.1}=251\ 200\ (\Omega\cdot cm)$$

$$\rho_3=2\pi a\frac{U}{I}=2\pi\times2000\times\frac{20}{0.9}=279\ 111\ (\Omega\cdot cm)$$

$$\rho=\frac{\rho_1+\rho_2+\rho_3}{3}=260\ 504\ (\Omega\cdot cm)$$

答：该变电站土壤电阻率为 260 504Ω·cm。

41. 某企业 10kV 供电，变压器容量为 5000kVA，电压互感器变比为 10 000/100，电流互感器变比为 150/5。上月有功电能表的表示数为 5953.8，本月为 6124.4。上月峰段表示数为 4639.2，本月为 4675.1。上月谷段表示数为 4565.9，本月为 4592.7。上月无功电能表的表示数为 3459.8，本月为 3496.5。照明执行固定电量 2000（kWh）（由总电量扣减）。求该用户本月应交电费和平均电价？

[峰时段电价＝平时段电价×1.5；谷时段电价＝平时段电价×0.5；平时段电价＝电价表中的销售电价；基本电费：15.00(元/kVA)；平时段动力用电：0.45(元/kWh)；照明电费：0.70(元/kWh)；三峡基金：0.007(元/kWh)；还贷资金：0.02(元/kWh)；地方附加费：0.007(元/kWh)。功率因数高于 0.9，减收电费 0.75%]

解：(1) 倍率：

倍率＝10 000/100×150/5＝3000

(2) 总有功电量、总无功电量、功率因数：

有功电量＝(6124.4－5953.8)×3000＝511 800 (kWh)

无功电量＝(3496.5－3459.8)×3000＝110 100 (kvarh)

$$\text{月平均功率因数}\cos\varphi=\frac{1}{\sqrt{1+\left(\frac{W_Q}{W_P}\right)^2}}=\frac{1}{\sqrt{1+\left(\frac{110\ 100}{511\ 800}\right)^2}}=0.98$$

(3) 照明电费：

照明电量 2000kWh，

照明用电电费＝2000×0.70＝1400.00 (元)

(4) 动力电费：

基本电费＝5000×15＝75 000.00 (元)

峰段电量＝(4675.1－4639.2)×3000＝107 700 (kWh)

谷段电量＝ (4592.7－4565.9)×3000＝80 400 (kWh)

平段电量(动力)＝ (511 800－107 700－80 400－2000) ＝321 700 (kWh)

峰时段电费＝107 700×0.45×1.5＝72 697.50 (元)

谷时段电费＝80 400×0.45×0.5＝18 090.00 (元)

平时段电费（动力）＝321 700×0.45＝144 765.00 (元)

动力电费之和（未扣减）＝75 000.00＋72 697.50＋18 090.00＋144 765.00＝310 552.50 (元)

高于 0.9 的力率执行标准，减收电费 0.75%。

减收电费＝310 552.50×0.75% ＝2329.14 (元)

动力电费＝310 552.50－2329.14＝308 223.36 (元)

(5) 其他费用：

还贷资金＝511 800×0.02＝10 236.00 (元)

三峡基金＝511 800×0.007＝3582.60 (元)

地方附加费＝511 800×0.007＝3582.60 (元)

(6) 应收电费、平均电价：

应收电费＝(1400.00＋308 223.36＋10 236.00＋3582.60＋3582.60)＝327 024.56(元)

平均电价＝327 024.56/511 800＝0.64（元）

答：该用户本月应收电费为 327 024.56 元，平均电价为 0.64 元。

42. 某线路采用 LGJ-70 型导线，其导线综合拉断力 T 为 19 417，导线的安全系数 $K=2.5$，导线计算截面 S 为 $79.3mm^2$，求：

(1) 这根导线的破坏应力 σ_P；

(2) 最大允许使用应力 σ_{max}；

(3) 当磨损后使得计算截面减少 $9.3mm^2$ 时的最大允许使用拉力 F_{max}。

解：导线的破坏应力

$$\sigma_P=\frac{T}{S}=\frac{19\ 417}{79.3}=244.85\ (N/mm^2)$$

导线最大允许使用应力

$$\sigma_{max}=\frac{\sigma_P}{K}=\frac{244.85}{2.5}=97.94\ (N/mm^2)$$

最大允许使用拉力

$$F_{max}=97.94\times(79.3-9.3)=6855.8\ (N)$$

答：这根导线的破坏应力为 $244.85N/mm^2$；最大允许使用应力为 $97.94N/mm^2$；磨损后最大允许使用拉力为 6855.8N。

第六节　绘　图　题

1. 如图 11-8 所示，图右边为轴侧视图，请把左边与其对应的投影图编号填入括号中。

答：投影图编号自上而下为（3）、（2）、（1）。

2. 图 11-9 所示，中心表示导体电流是从外向纸面内流进去的，外圆线是磁力线，请在磁力线上标明磁场的方向。

答：磁力线上标明的磁场方向为顺时针方向。

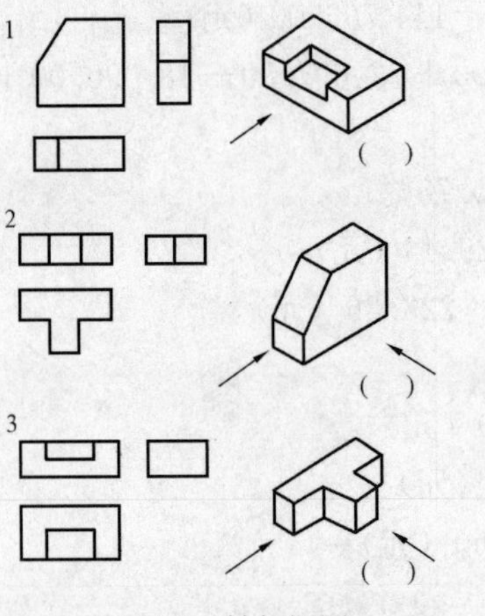

图 11-8　轴侧视图

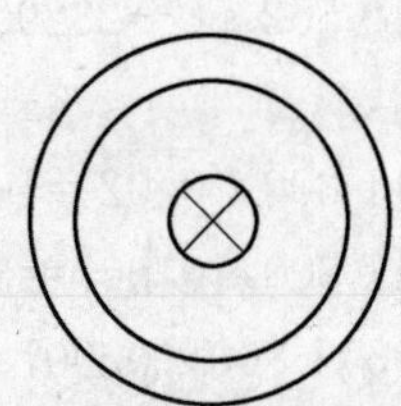

图 11-9　磁力线上磁场的方向

3. 图 11-10 所示，导体的电流是从纸面里流出，请判断载流导体的受力方向。

答：载流导体的受力方向为向右。

4. 图 11-11 所示，导体向右以速度 v 运动，请判断导体中电流的流向。

答：导体中电流的流向为由外流向纸面里。

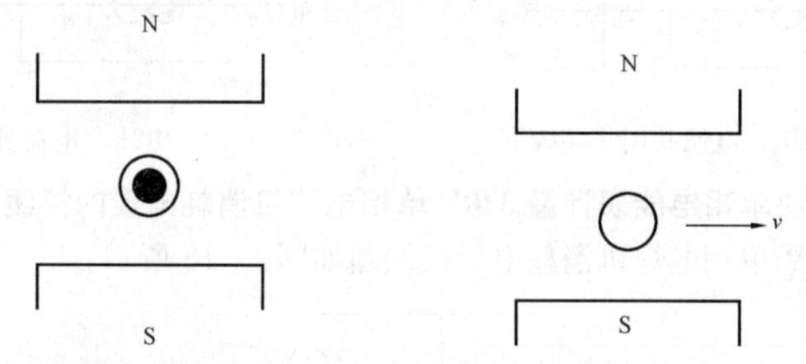

图 11-10　载流导体的受力方向　　图 11-11　导体中电流的流向

5. 画出两只双控开关控制一盏灯的电路原理图。

答：电路原理图如图 11-12 所示。

6. 画出两只双控开关和一只多控开关控制一盏灯的电路原理图。

答：电路原理图如图 11-13 所示。

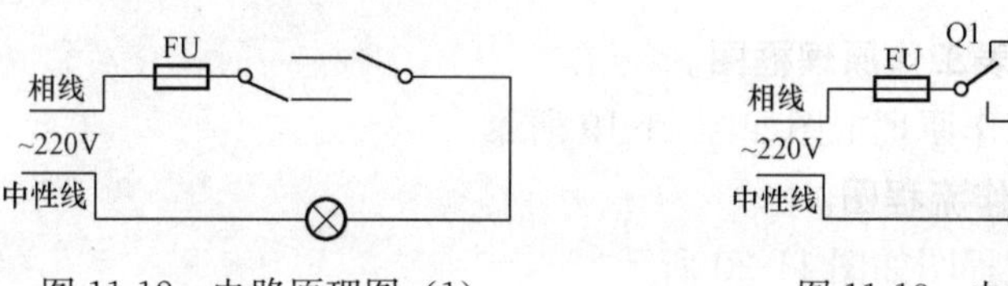

图 11-12　电路原理图（1）　　图 11-13　电路原理图（2）

7. 画出荧光灯控制接线电路图。

答：荧光灯控制接线电路图如图 11-14 所示。

8. 画出单相电能表直接接入式的接线图。

答：直接接入式接线图如图 11-15 所示。

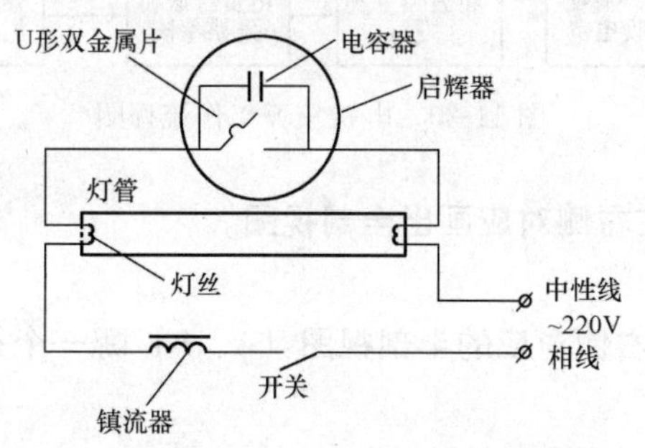

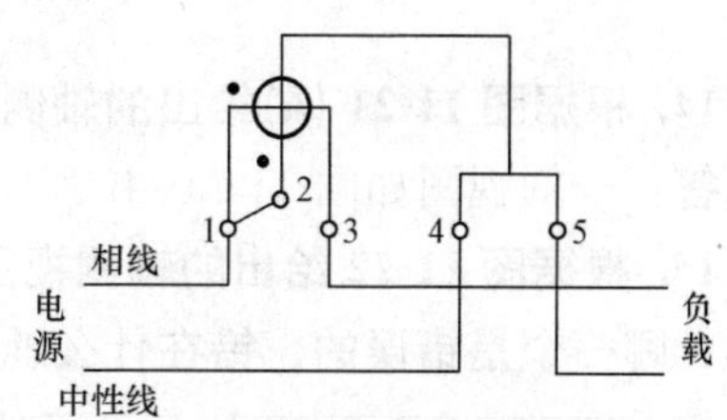

图 11-14　荧光灯控制接线电路图　　图 11-15　直接接入式接线图

9. 画出单相电能表经电流互感器接入的接线图（电压、电流共用式）。

答：电压、电流共用式接线图如图 11-16 所示。

10. 画出单相电能表经电流互感器接入的接线图（电压、电流分开式）。

答：电压、电流分开式接线图如图 11-17 所示。

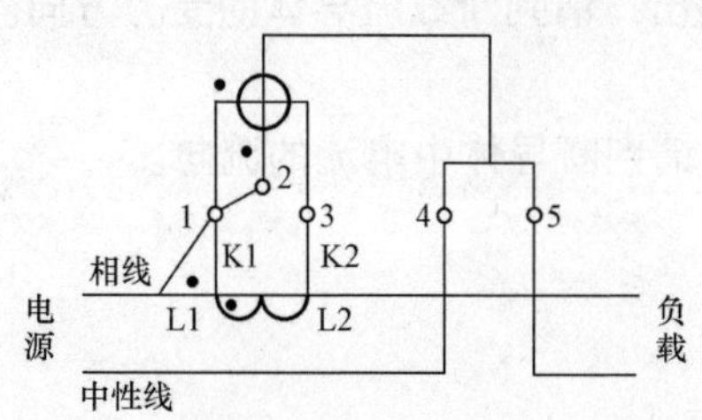

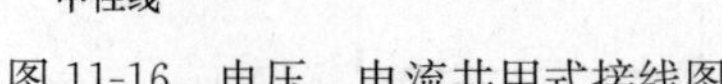
图 11-16 电压、电流共用式接线图

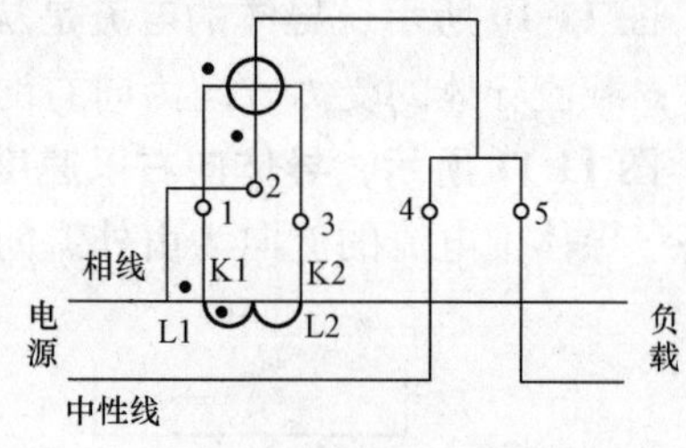

图 11-17 电压、电流分开式接线图

11. 画出用两块单相电能表计量 380V 单相电焊机消耗电量的接线图。

答： 计量 380V 单相电焊机消耗电量接线图如图 11-18 所示。

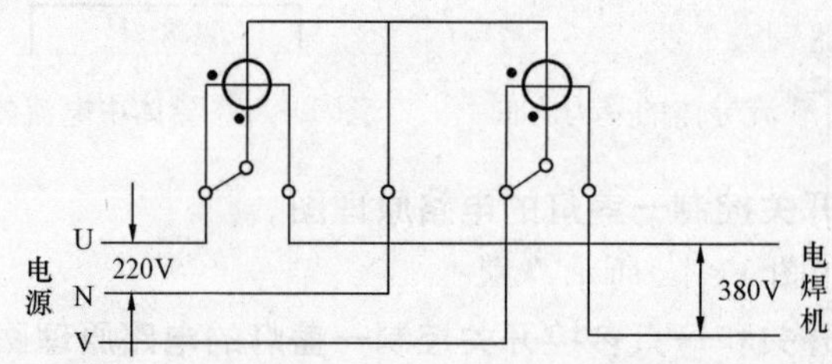

图 11-18 380V 单相电焊机消耗电量接线图

12. 画出电子式电能表工作原理框图。

答： 电子式电能表工作原理框图如图 11-19 所示。

13. 画出电费核算工作流程图。

答： 电费核算工作流程图如图 11-20 所示。

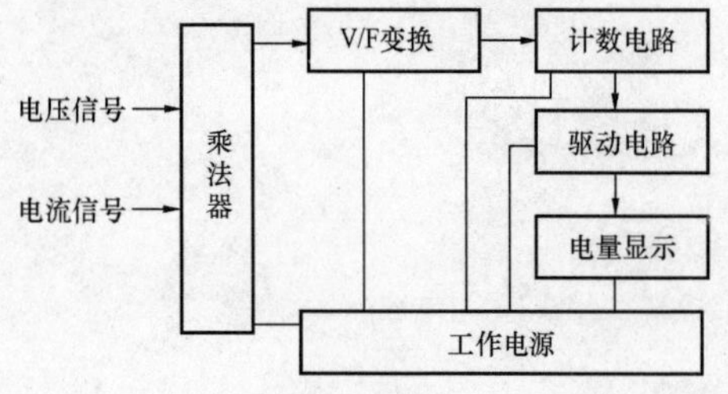

图 11-19 电子式电能表工作原理框图

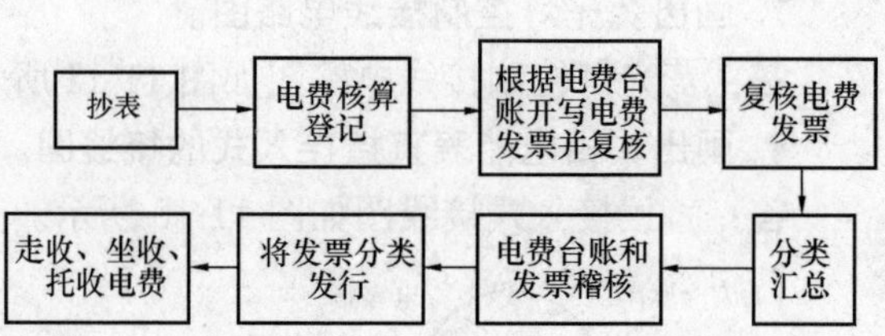

图 11-20 电费核算工作流程图

14. 根据图 11-21 (a)给出的轴侧视图，在右侧对应画出全剖视图。

答： 全剖视图如图 11-21 (b)所示。

15. 根据图 11-22 给出的轴侧视图，判断右侧对应的半剖视图（A、B）哪一个是正确的，哪一个是错误的，错在什么地方？

答： 图 11-22（a）中 B 是正确的，A 是错的，错在应以中心线为界，不应画为实线。图 11-22（b）中 A 是正确的，图 B 是错的，漏线。

16. 三端钮接地电阻测量仪测量接地电阻的接线图。

答： 测量接地电阻的接线图如图 11-23 所示。

17. 画出四端钮接地电阻测量仪测量接地电阻的接线图。

答： 测量接地电阻的接线图如图 11-24 所示。

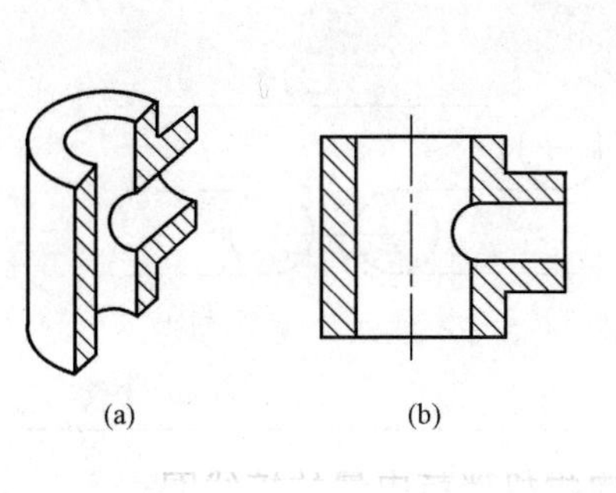

图 11-21　轴侧视图和全剖视图

（a）轴侧视图；（b）全部视图

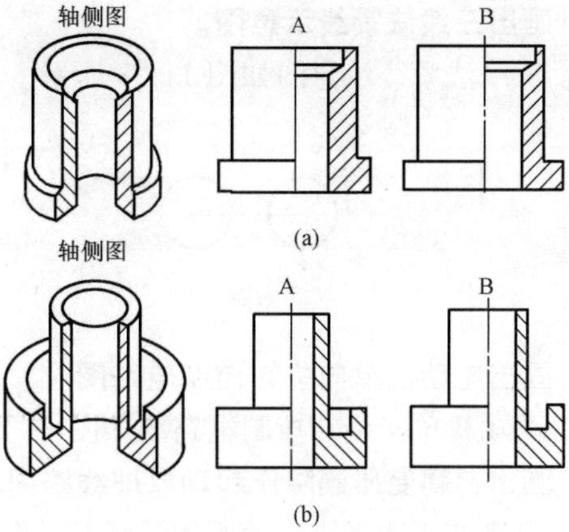

图 11-22　轴侧视图和半剖视图

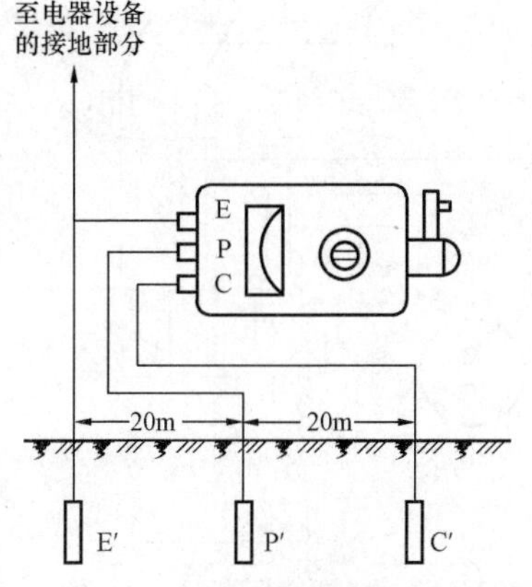

图 11-23　测量接地电阻的接线图（1）

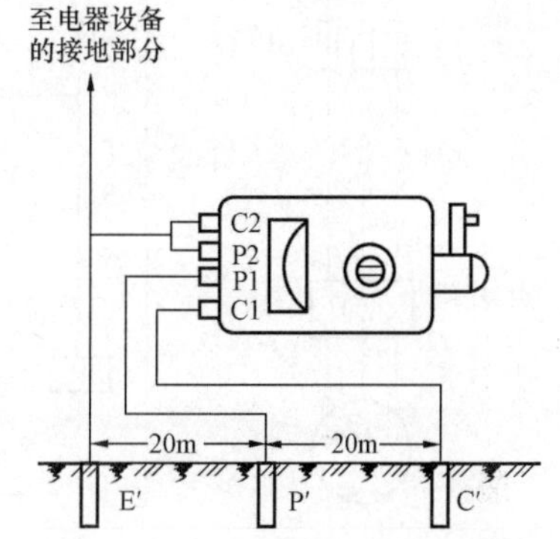

图 11-24　测量接地电阻的接线图（2）

18. 画出用四端钮接地电阻测量仪测量小接地电阻的接线图。

答：测量小接地电阻的接线图如图 11-25 所示。

19. 画出单线法紧线示意图。

答：单线法紧线示意图如图 11-26 所示。

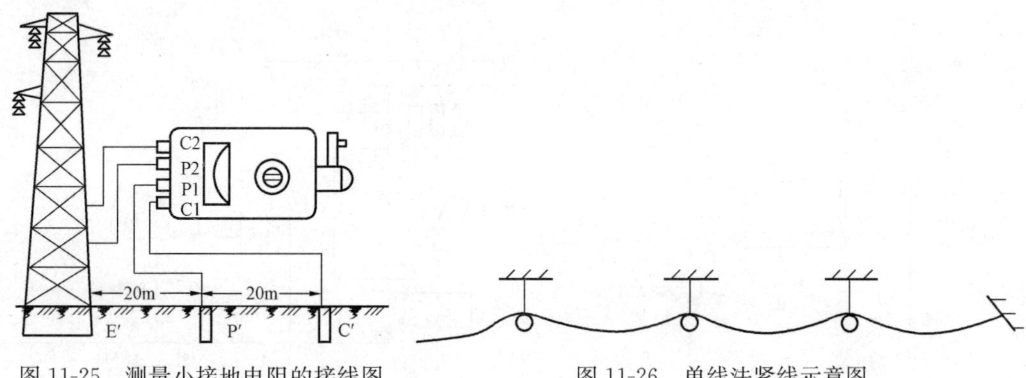

图 11-25　测量小接地电阻的接线图

图 11-26　单线法紧线示意图

20. 画出双线法紧线示意图。

答：双线法紧线示意图如图 11-27 所示。

21. 画出三线法紧线示意图。

答：三线法紧线示意图如图 11-28 所示。

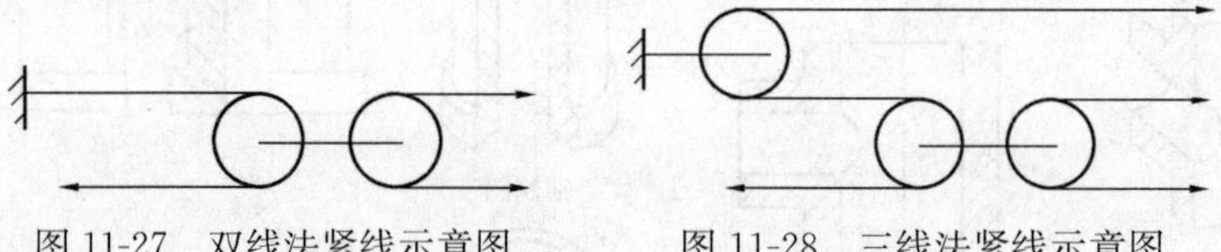

图 11-27　双线法紧线示意图　　图 11-28　三线法紧线示意图

22. 画出电动机单向旋转控制电路图。

答：电动机单向旋转控制电路图如图 11-29 所示。

23. 画出自耦变压器降压起动原理线路图。

答：自耦变压器降压起动原理线路图如图 11-30 所示。

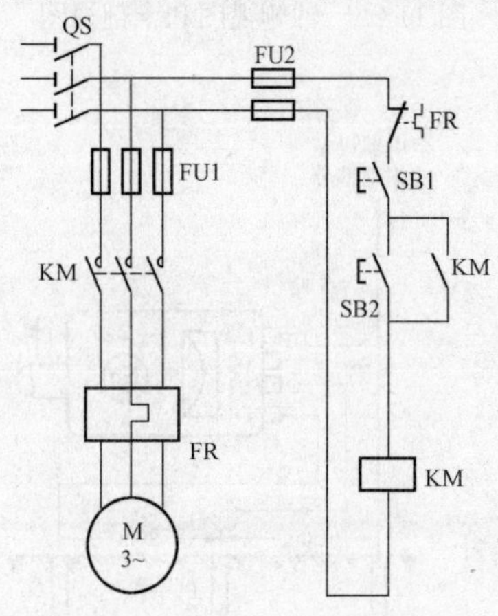

图 11-29　电动机单向旋转控制电路图

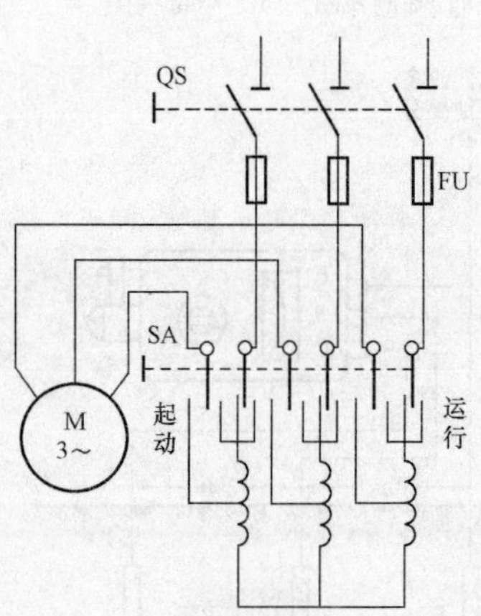

图 11-30　自耦变压器降压起动原理线路图

24. 画出星—三角降压起动原理线路图。

答：星—三角降压起动原理线路图如图 11-31 所示。

25. 画出接触器连锁的可逆起动控制电路图。

答：接触器连锁的可逆起动控制电路图如图 11-32 所示。

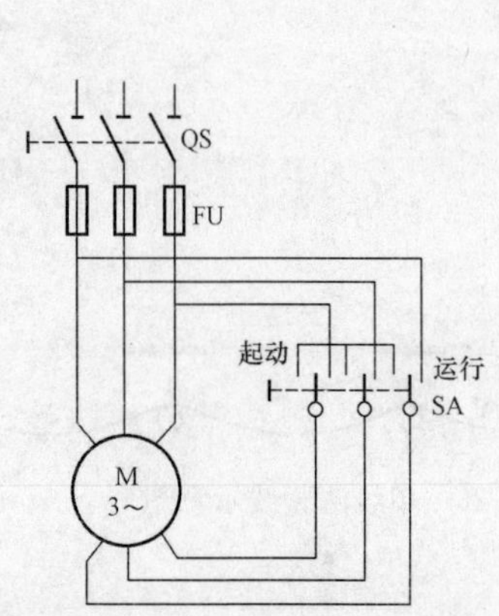

图 11-31　星—三角降压起动原理线路图

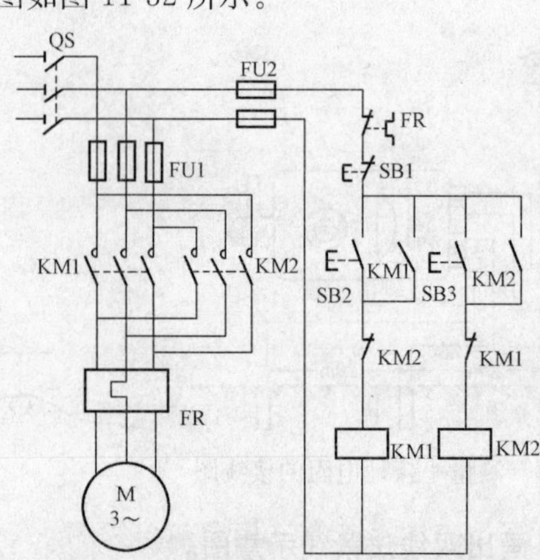

图 11-32　接触器连锁的可逆起动控制电路图

26. 画出按钮连锁的可逆起动控制电路图。

答：按钮连锁的可逆起动控制电路图如图 11-33 所示。

27. 画出复合连锁的可逆起动控制电路图。

答：复合连锁的可逆起动控制电路图如图 11-34 所示。

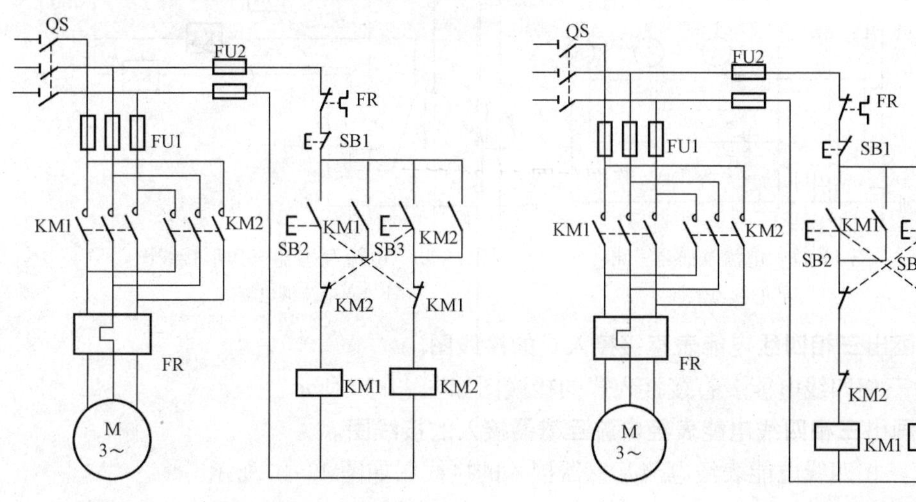

图 11-33 按钮连锁的可逆起动控制电路图

图 11-34 复合连锁的可逆起动控制电路图

28. 画出时间继电器控制星—三角降压起动控制电路图。

答：时间继电器控制星—三角降压起动控制电路图如图 11-35 所示。

29. 画出电流互感器两相不完全星形接线图。

答：电流互感器两相不完全星形接线图如图 11-36 所示。

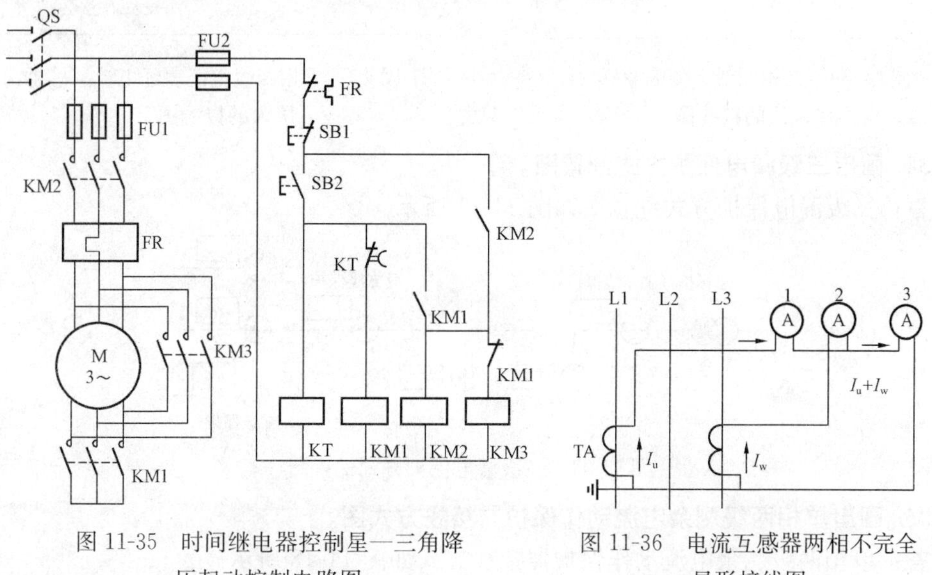

图 11-35 时间继电器控制星—三角降压起动控制电路图

图 11-36 电流互感器两相不完全星形接线图

30. 画出电流互感器三相星形接线图。

答：电流互感器三相星形接线图如图 11-37 所示。

31. 画出电流互感器三角形接线图。

答：电流互感器三角形接线图如图 11-38 所示。

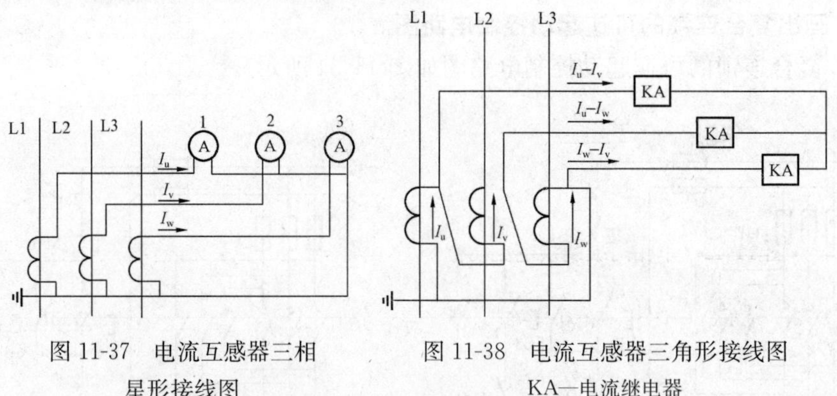

图 11-37 电流互感器三相星形接线图

图 11-38 电流互感器三角形接线图
KA—电流继电器

32. 画出三相四线电能表直接接入式的接线图。

答：三相四线电能表直接接入式的接线图如图 11-39 所示。

33. 画出三相四线电能表经电流互感器接入的接线图。

答：三相四线电能表经电流互感器接入的接线图如图 11-40 所示。

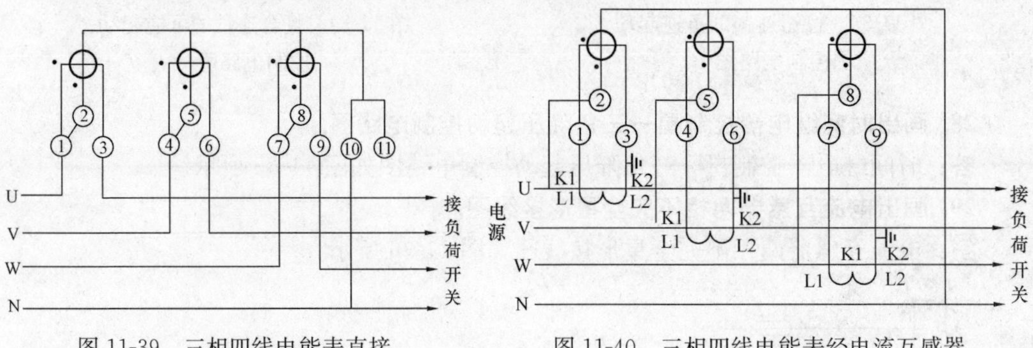

图 11-39 三相四线电能表直接接入式的接线图

图 11-40 三相四线电能表经电流互感器接入的接线图

34. 画出三级漏电保护方式配置图。

答：三级漏电保护方式配置图如图 11-41 所示。

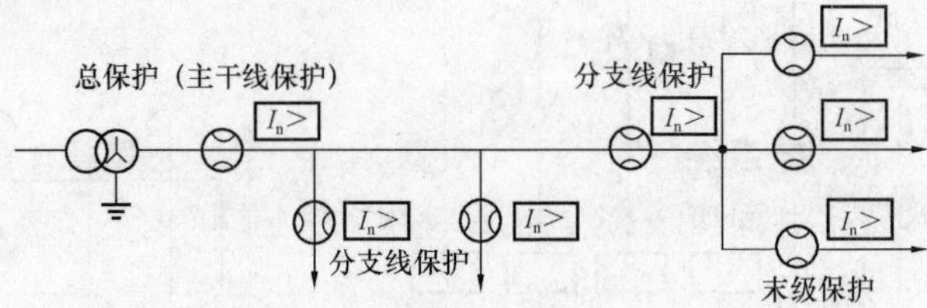

图 11-41 三级漏电保护方式配置图

35. 画出单相两级剩余电流动作保护器接线方式图。

答：单相两级剩余电流动作保护器接线方式如图 11-42 所示。

36. 在三相四线制供电系统（TN-C）中，采用接地保护方式（系统中性点和设备外壳分别接地），画出三级剩余电流动作保护器的接线方式图。

答：三级剩余电流动作保护器的接线方式图如图 11-43 所示。

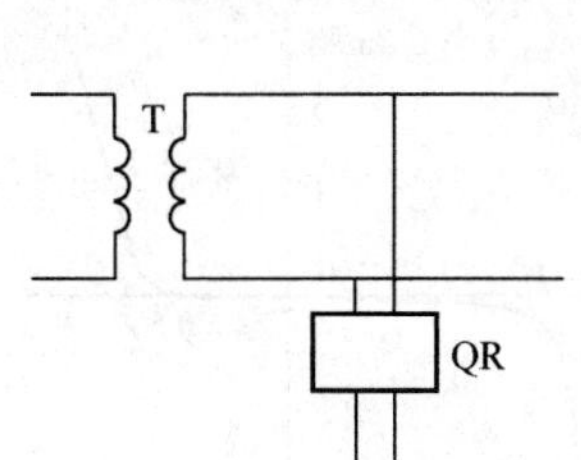

图 11-42　单相两级剩余电流动作保护器接线方式
QR—剩余电流动作保护器

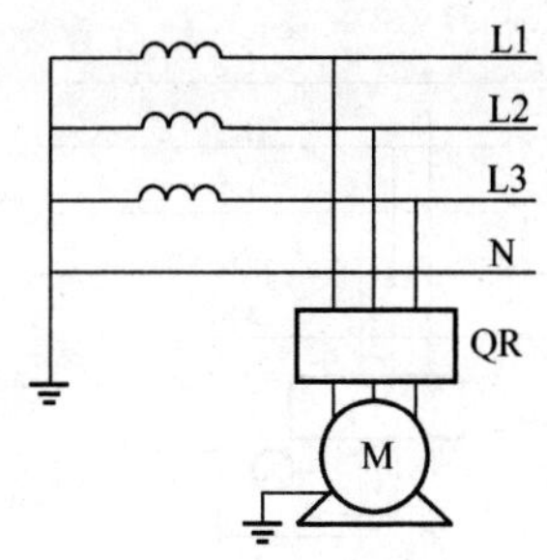

图 11-43　三级剩余电流动作保护器的接线方式图

37. 在三相四线制供电系统（TN-C）中，采用接地保护方式（系统中性点和设备外壳分别接地），画出四级剩余电流动作保护器的接线方式图。

答：四级剩余电流动作保护器的接线方式图如图 11-44 所示。

38. 在三相五线制供电系统（TN-S）中，采用 PE 线接地保护方式（系统中性点和设备外壳通过 PE 线连接共同接地），画出三级剩余电流动作保护器的接线方式图。

答：三级剩余电流动作保护器的接线方式图如图 11-45 所示。

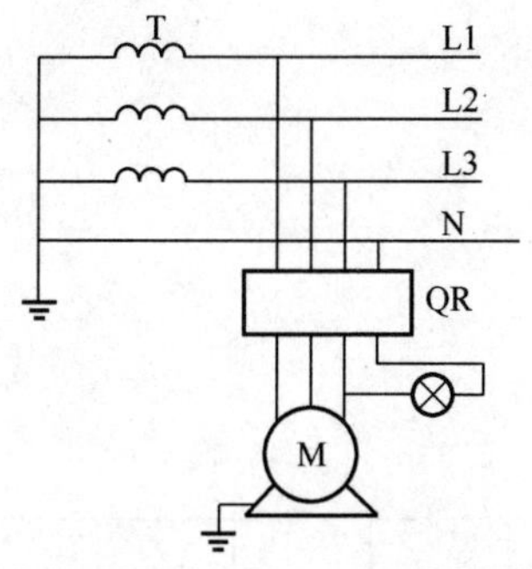

图 11-44　四级剩余电流动作保护器的接线方式图

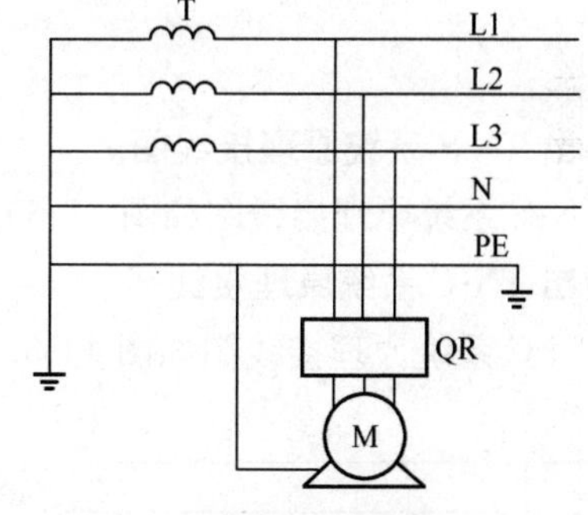

图 11-45　三级剩余电流动作保护器的接线方式图

39. 在三相五线制供电系统（TN-S）中，采用 PE 线接地保护方式（系统中性点和设备外壳通过 PE 线连接共同接地），画出四级漏电保护器的接线方式图。

答：四级漏电保护器的接线图如图 11-46 所示。

40. 画出二极管的伏安特性曲线。

答：二极管的伏安特性曲线如图 11-47 所示。

41. 画出单相桥式整流电路。

答：单相桥式整流电路如图 11-48 所示。

42. 画出三相桥式整流电路。

答：三相桥式整流电路如图 11-49 所示。

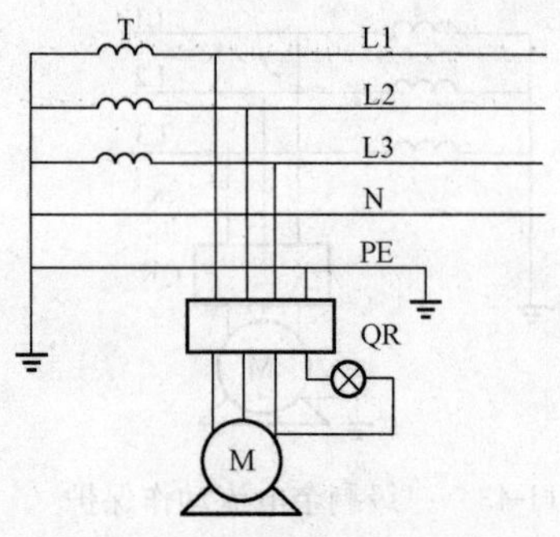

图 11-46 四级漏电保护器的接线图

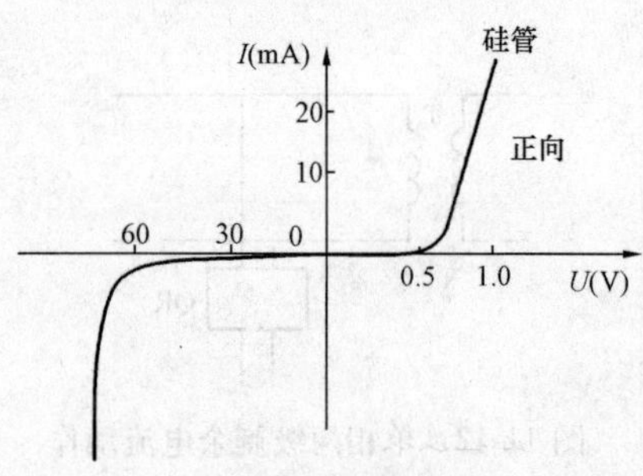

图 11-47 二极管的伏安特性曲线

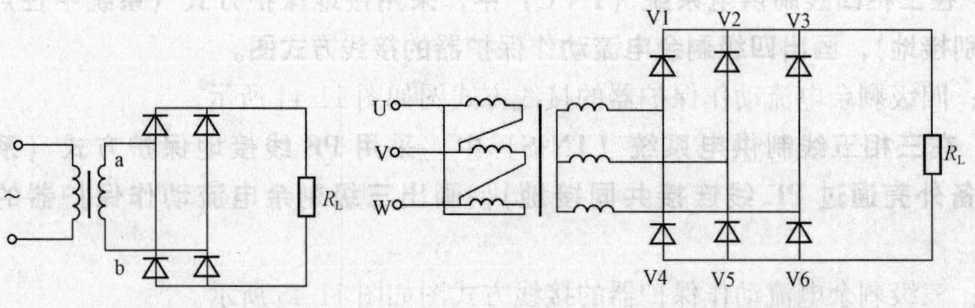

图 11-48 单相桥式整流电路

图 11-49 三相桥式整流电路

43. 画出 TN-S 系统原理接线图。

答：TN-S 系统原理接线图如图 11-50 所示。

44. 画出 TN-C 系统原理接线图。

答：TN-C 系统原理接线图如图 11-51 所示。

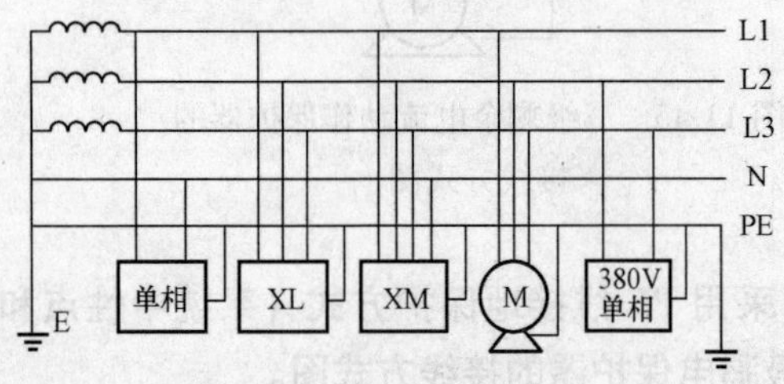

图 11-50 TN-S 系统原理接线图

XL—动力配电箱；XM—照明配电箱

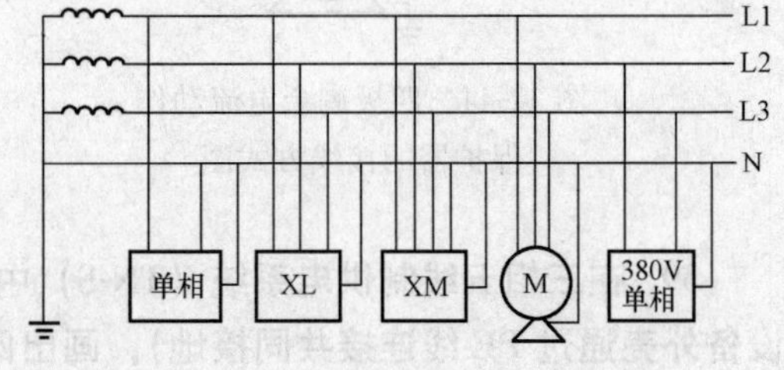

图 11-51 TN-C 系统原理接线图

45. 画出三极法测量土壤电阻率原理接线图。

答：三极法测量土壤电阻率原理接线图如图 11-52 所示。

46. 画出四极法测量土壤电阻率原理接线图。

答：四极法测量土壤电阻率原理接线图如图 11-53 所示。

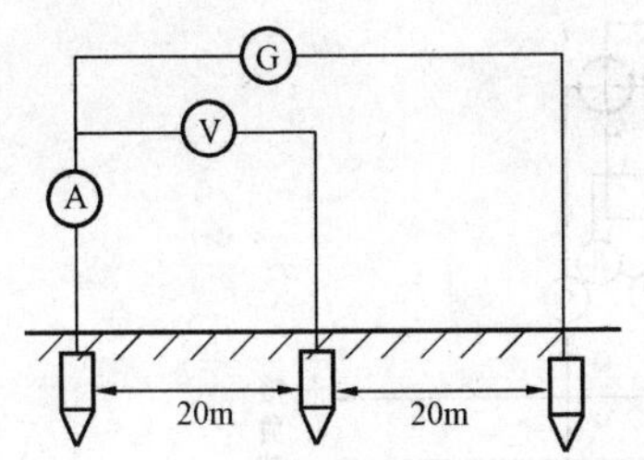

图 11-52 三极法测量土壤电阻率原理接线图

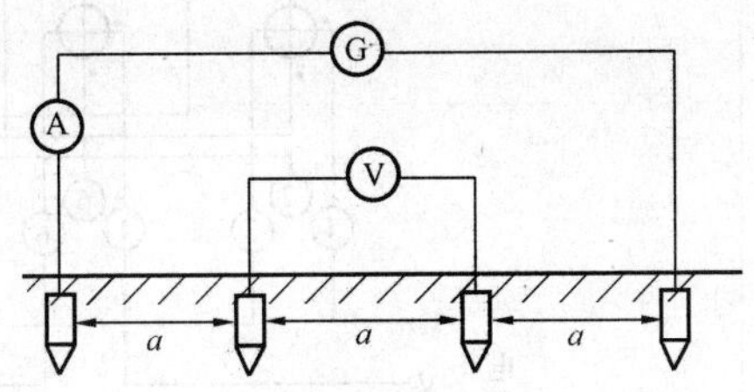

图 11-53 四级法测量土壤电阻率原理接线图

47. 画出四端子接地电阻测量仪测量土壤电阻率原理接线图。

答： 四端子接地电阻测量仪测量土壤电阻率原理接线图如图 11-54 所示。

48. 画出三相三线电能表直接接入式接线图。

答： 三相三线电能表直接接入式接线图如图 11-55 所示。

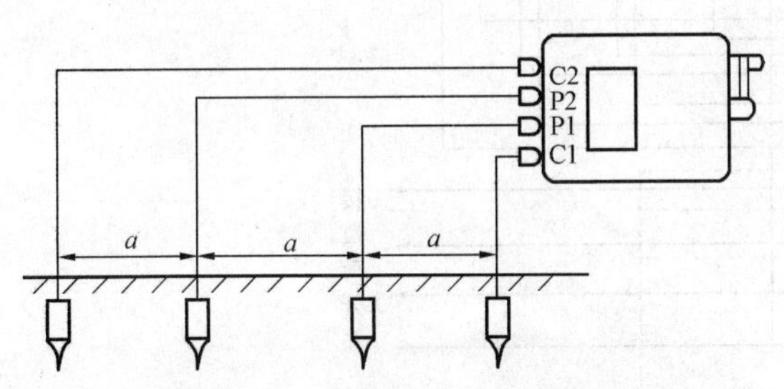

图 11-54 四端子接地电阻测量仪测量土壤电阻率原理接线图

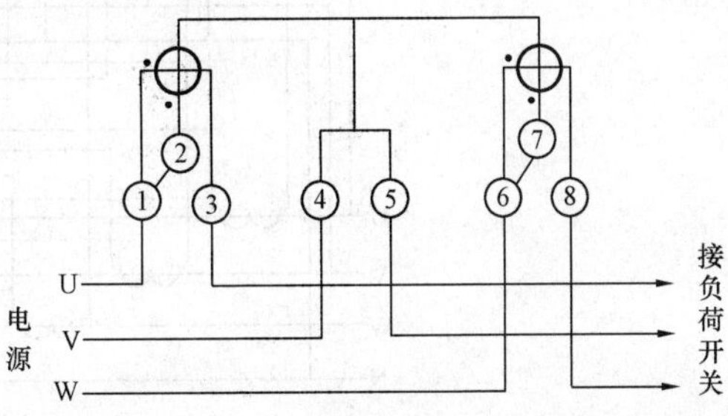

图 11-55 三相三线电能表直接接入式接线图

49. 画出三相三线电能表经电压、电流互感器接入的接线图。

答： 三相三线电能表经电压、电流互感器接入的接线图如图 11-56 所示。

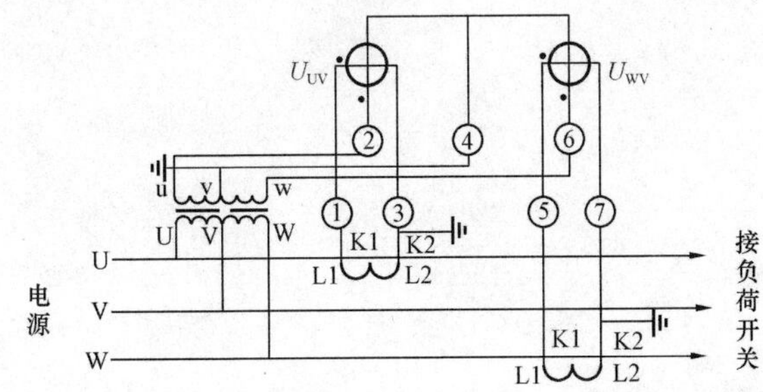

图 11-56 三相三线电能表经电压、电流互感器接入的接线图

50. 画出 90°型无功电能表直接接入式接线图。

答： 90°型无功电能表直接接入式接线图如图 11-57 所示。

51. 画出经电流互感器接入的有功和无功电能表联合接线图。

答： 经电流互感器接入的有功和无功电能表联合接线图如图 11-58 所示。

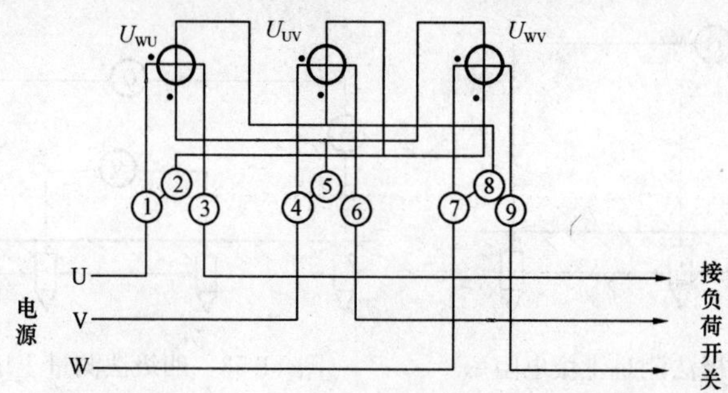

图 11-57 90°型无功电能表直接接入式接线图

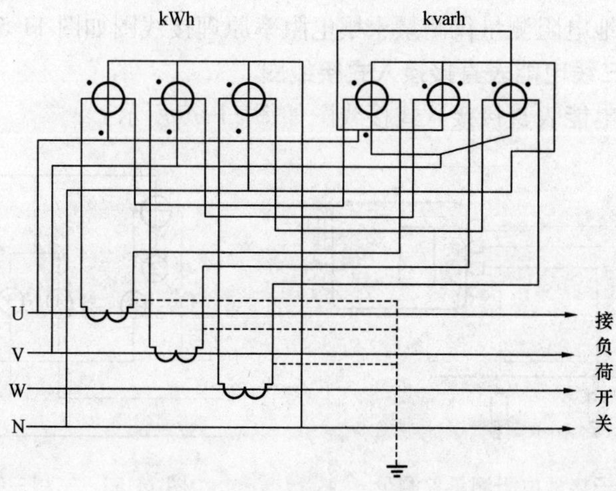

图 11-58 经电流互感器接入的有功和无功电能表联合接线图

第十二章　综 合 业 务

第一节 填 空 题

1.《中华人民共和国电力法》规定，电力事业投资，实行（**谁投资**）、（**谁收益**）的原则。

2.《中华人民共和国电力法》规定，电力建设企业、电力生产企业、电网经营企业依法实行自主经营、自负盈亏，并接受（**电力管理**）部门的监督。

3.《中华人民共和国电力法》规定，电力生产与电网运行应当遵循（**安全**）、优质、经济的原则。

4.《中华人民共和国电力法》规定，电力企业应当加强安全生产管理，坚持（**安全第一**）、预防为主的方针，建立、健全安全生产责任制。

5.《中华人民共和国电力法》规定，电力企业应当对电力设施定期进行（**检修**）和维护，保证其正常（**运行**）。

6.《中华人民共和国电力法》规定，电网运行实行（**统一调度**），分级管理。任何单位和个人不得非法干预电网调度。

7.《中华人民共和国电力法》规定，国家对电力供应和使用，实行（**安全用电**）、节约用电、计划用电的管理原则。

8.《中华人民共和国电力法》规定，供电营业区的划分，应当考虑电网的结构和供电（**合理性**）等因素。

9.《中华人民共和国电力法》规定，电力供应与使用双方应当根据（**平等自愿**）、协商一致的原则，按照国务院制定的电力供应与使用办法签订供用电合同，确定双方的权利和义务。

10.《中华人民共和国电力法》规定，供电企业因供电设施检修、依法限电或者客户违法用电等原因，需要中断供电的，如客户对供电企业中断供电有异议的，可以向（**电力管理部门**）投诉。

11.《中华人民共和国电力法》规定，供电企业在正常情况下，应当连续向客户供电，不得中断。因供电设施检修等原因，需要中断供电时，供电企业应当按照国家的有关规定（**事先通知**）客户。

12.《中华人民共和国电力法》规定，在依法划定电力设施保护区前已经种植的植物妨碍电力设施安全的，应当（**修剪或者砍伐**）。

13.《中华人民共和国电力法》规定，（**电力管理部门**）依法对电力企业和客户执行电力法律、行政法规的情况进行监督检查。

14.《中华人民共和国电力法》规定，电力监督检查人员应当公正廉洁，秉公执法，熟悉电力法律、法规，掌握有关（**电力专业技术**）。

15.《中华人民共和国电力法》规定，因电力运行事故给客户或者第三人造成损害的，电力企业应当依法承担赔偿责任。但由（**不可抗力**）及客户自身的过错造成的不承担赔偿责任。

16.《电力供应与使用条例》自（**1996 年 9 月 1 日**）**起实施。**

17.《电力供应与使用条例》规定，（**电网经营企业**）依法负责本供区内的电力供应与使用的业务工作，并接受电力管理部门的监督。

18.《电力供应与使用条例》规定，供电企业和客户应当根据（**平等自愿**）、**协商一致的原则签订供用电合同。**

19.《电力供应与使用条例》规定，一个供电营业区内只设立（**一**）个供电营业机构。

20.《电力供应与使用条例》规定，并网运行的电力生产企业按照并网协议运行后，送入电网的电力、电量由（**供电营业机构**）统一经销。

21.《电力供应与使用条例》规定，客户用电容量超过其所在的供电营业区内供电企业供电能力的，由（**省级以上电力管理部门**）指定的其他供电企业供电。

22.《电力供应与使用条例》规定，供电设施、受电设施的设计、施工、试验和运行，应当符合国家标准或者（**电力行业**）标准。

23.《电力供应与使用条例》规定，公用供电设施建成投产后，由（**供电单位**）统一维护管理。

24.《电力供应与使用条例》规定，因建设需要，必须对已建成的供电设施进行迁移、改造或者采取防护措施时，建设单位应当事先与该供电设施管理单位协商，所需工程费用由（**建设单位**）负担。

25.《电力供应与使用条例》规定，用电计量装置，应当安装在供电设施与受电设施的（**产权分界处**）。

26.《电力供应与使用条例》规定，安装在客户外的用电计量装置，由（**客户**）负责保护。

27.《电力供应与使用条例》规定，因供电设施计划检修需要停电时，供电企业应当提前（**7**）天通知客户或者进行公告。

28.《电力供应与使用条例》规定，因供电设施临时检修需要停止供电时，供电企业应当提前（**24**）h 通知重要客户。

29.《电力监管条例》自（**2005 年 5 月 1 日**）起实施。

30.《电力监管条例》规定，电力监管应当依法进行，并遵循（**公开**）、公正和效率的原则。

31.《电力监管条例》规定，任何单位和（**个人**）对违反电力监管条例和国家有关电力监管规定的行为有权向电力监管机构和（政府）有关部门举报。

32.《电力监管条例》规定，电力监管机构应当接受（**国务院**）财政、监察、审计等部门依法实施的监督。

33.《电力监管条例》规定，依法从事电力监管工作的人员在进行现场检查时，应当出示有效（**执法证件**）。

34.《电力监管条例》规定，电力监管机构从事监管工作的人员利用职务便利谋取不正当利益的，依法给予行政处分；构成犯罪的，依法追究（**刑事责任**）。

35.《电力监管条例》规定，罚款和没收的违法所得，按照国家有关规定上缴（**国库**）。

36.《供电营业规则》规定，供电企业和客户应当遵守国家有关规定，服从电网（**统一调度**），严格按指标供电和使用。

37.《供电营业规则》规定，供电企业供电的额定频率为（**交流 50**）Hz。

38.《供电营业规则》规定，供电企业低压供电的额定电压为：单相为（**220**）V，三相为 380V。

39.《供电营业规则》规定，客户单相用电设备总容量不足（**10kW**）的可采用低压 220V 供电。

40.《供电营业规则》规定，客户用电设备容量在 100kW 以下或需用变压器容量在 50kVA 及以下者，可采用（**低压三相四线制**）供电，特殊情况也可采用高压供电。

41.《供电营业规则》规定，客户重要负荷的保安电源，可由供电企业提供，也可由（**客户自备**）。

42.《供电营业规则》规定，对基建工地、（**农田水利**）、市政建设等非永久性用电，可供给临时电源。

43.《供电营业规则》规定，临时用电期限除经供电企业准许外，一般不得超过（**6 个月**），逾期不办理延期或永久性正式用电手续的，供电企业应终止供电。

44.《供电营业规则》规定，临时用电如需改为正式用电，应按（**新装用电**）办理。

45.《供电营业规则》规定，因抢险救灾需要紧急用电时，架设临时电源所需的工程费用和应付的电费，由地方人民政府有关部门负责从（**救灾**）经费中拨付。

46.《供电营业规则》规定，供电企业对已受理的居民客户用电申请，应尽速确定供电方案，并在（**5**）天内正式书面通知客户。

47.《供电营业规则》规定，供电企业对已受理的低压电力客户用电申请，应尽速确定供电方案，并在（**10**）天内正式书面通知客户。

48.《供电营业规则》规定，供电企业对已受理的高压单电源客户用电申请，应尽速确定供电方案，并在（**1**）个月内正式书面通知客户。

49.《供电营业规则》规定，供电企业对已受理的高压双电源客户用电申请，应尽速确定供电方案，并在（**2**）个月内正式书面通知客户。

50.《供电营业规则》规定，高压供电方案的有效期为（**1 年**），逾期注销。

51.《供电营业规则》规定，低压供电方案的有效期为（**3 个月**），逾期注销。

52.《供电营业规则》规定，客户遇有特殊情况，需延长供电方案有效期的，应在有效期到期前（**10**）天向供电企业提出申请，供电企业应视情况予以办理延长手续。

53.《供电营业规则》规定，客户减容，须在（**5**）天前向供电企业提出申请。

54.《供电营业规则》规定，减少用电容量的期限，应根据客户所提出的申请确定，但最短期限不得少于 6 个月，最长期限不得超过（**2 年**）。

55.《供电营业规则》规定，超过减容期限要求恢复用电时，应按（**新装或增容**）

手续办理。

56.《供电营业规则》规定，在减容期限内要求恢复用电时，应在5天前向供电企业办理恢复用电手续，基本电费从（**启封之日**）起计收。

57.《供电营业规则》规定，减容期满后的客户以及新装、增容客户，（**2**）年内不得申办减容或暂停。

58.《供电营业规则》规定，减容期满后的客户以及新装、增容客户，如确需继续办理减容或暂停的，减少或暂停部分容量的基本电费应按（**50%**）计算收取。

59.《供电营业规则》规定，客户在每一日历年内，可申请全部或部分用电容量的暂时停止用电两次，每次不得少于（**15**）天。

60.《供电营业规则》规定，客户在每一日历年内累计暂时停止全部或部分用电容量用电时间不得超过（**6**）个月。

61.《供电营业规则》规定，暂停期满或每一日历年内累计暂停用电时间超过6个月者，不论客户是否申请恢复用电，供电企业须从期满之日起，按合同约定的容量计收其（**基本电费**）。

62.《供电营业规则》规定，客户迁址，原址按终止用电办理，供电企业予以（**销户**），新址用电优先受理。

63.《供电营业规则》规定，客户迁址，迁移后的新址不在原供电点供电的，新址用电按（**新装用电**）办理。

64.《供电营业规则》规定，客户迁址，新址用电引起的工程费用由（**客户**）负担。

65.《供电营业规则》规定，客户迁址，迁移后的新址仍在原供电点，但新址用电容量超过原址用电容量的，超过部分按（**增容**）办理。

66.《供电营业规则》规定，客户办理暂拆手续后，供电企业应在（**5**）天内执行暂拆。

67.《供电营业规则》规定，不申请办理过户手续而私自过户者，（**新客户**）应承担原客户所负债务。

68.《供电营业规则》规定，经供电企业检查发现客户私自过户时，供电企业应通知该户补办手续，必要时可（**终止供电**）。

69.《供电营业规则》规定，客户连续（**6**）个月不用电，也不申请办理暂停用电手续者，供电企业须以销户终止其用电。

70.《供电营业规则》规定，供电企业对高压供电的客户送审的受电工程设计文件和有关资料审核的时间最长不超过（**1个月**）。

71.《供电营业规则》规定，供电企业对低压供电的客户送审的受电工程设计文件和有关资料审核的时间最长不超过（**10**）天。

72.《供电营业规则》规定，因建设引起建筑物、构筑物与供电设施相互妨碍，需要迁移供电设施或采取防护措施时，应按（**建设先后**）的原则，确定其担负的责任。

73.《供电营业规则》规定，在电力系统正常状况下，电网装机容量在300万kW以上的，供电频率的允许偏差为（**±0.2**）Hz。

74.《供电营业规则》规定，在电力系统正常状况下，电网装机容量在300万kW以下的，供电频率的允许偏差为（**±0.5**）Hz。

75.《供电营业规则》规定，在电力系统非正常状况下，供电频率允许偏差不应超过（**±1.0**）Hz。

76.《供电营业规则》规定，在电力系统正常状况下，35kV及以上电压供电的，供电企业供到客户受电端的供电电压正、负偏差的绝对值之和不超过额定值的（**10%**）。

77.《供电营业规则》规定，在电力系统正常状况下，10kV及以下三相供电的供电企业供到客户受电端的供电电压允许偏差为额定值的（**±7%**）。

78.《供电营业规则》规定，在电力系统正常状况下，220V单相供电的，供电企业供到客户受电端的供电电压允许偏差为额定值的（**+7%，-10%**）。

79.《供电营业规则》规定，在电力系统非正常状况下，客户受电端的电压最大允许偏差不应超过额定值的（**±10%**）。

80.《供电营业规则》规定，除因故中止供电外，供电企业需对客户停止供电时，应在停电前（**3～7**）天内，将停电通知书送达客户。

81.《供电营业规则》规定，除因故中止供电外，供电企业需对客户停止供电时，应在停电前（**30**）min，将停电时间再通知客户一次，方可在通知规定时间实施停电。

82.《供电营业规则》规定，因供电设施计划检修需要停电时，应提前（**7**）天通知客户或进行公告。

83.《供电营业规则》规定，因供电设施临时检修需要停止供电时，应当提前（**24**）h通知重要客户或进行公告。

84.《供电营业规则》规定，引起停电或限电的原因消除后，供电企业应在（**3**）日内恢复供电。

85.《供电营业规则》规定，除因供电企业责任或不可抗力外的其他原因致使计费电能表出现或发生故障的，（**客户**）应负担赔偿费或修理费。

86.《供电营业规则》规定，客户认为供电企业装设的计费电能表不准时，有权向供电企业提出校验申请，在客户交付验表费后，供电企业应在（**7**）天内检验，并将检验结果通知客户。

87.《供电营业规则》规定，客户对供电企业计费电能表校验检验结果有异议时，可向（**供电企业上级**）计量检定机构申请检定。

88.《供电营业规则》规定，电费违约金从逾期之日起计算至（**交纳日**）止。

89.《供电营业规则》规定，电费违约金收取总额按日累加计收，总额不足1元者按（**1元**）收取。

90.《供电营业规则》规定，危害供用电安全、扰乱正常供用电秩序行为，属于（**违约用电**）行为。

91.《供电营业规则》规定，电价低的供电线路上，擅自接用电价高的用电设备或私自改变用电类别的，应按实际使用日期补交其差额电费，并承担（**2**）倍差额电费的违约使用电费。

92.《供电营业规则》规定，属于两部制电价的客户，私自超过合同约定的容量用电的，应承担（**3**）倍私增容量基本电费的违约使用电费。

93.《供电营业规则》规定，窃电时间无法查明时，窃电日数至少以（**180**）天计算，每日窃电时间：电力客户按12h计算；照明客户按6h计算。

94.《供电监管办法》规定，为了加强供电监管，规范供电行为，维护供电市场秩序，保护（**电力使用者**）的合法权益和社会公共利益，根据《电力监管条例》和国家有关规定，制定本办法。

95.《供电监管办法》规定，本办法所称供电企业是指依法取得（**电力业务许可证**）、从事供电业务的企业。

96.《供电监管办法》规定，任何单位和个人对供电企业违反本办法和国家有关供电监管规定的行为，有权向电力监管机构（**投诉和举报**），电力监管机构应当依法处理。

97.《供电监管办法》规定，供电企业应当加强供电设施建设，具有能够满足其供电区域内用电需求的（**供电能力**），保障供电设施的正常运行。

98.《供电监管办法》规定，供电企业应当按照国家有关规定选择、安装、校验（**电压监测装置**），监测和统计客户电压情况。监测数据和统计数据应当及时、真实、完整。

99.《供电监管办法》规定，供电企业应当按照国家有关规定加强重要电力客户安全供电管理，指导重要电力客户配置和使用（**自备应急电源**），建立自备应急电源基础档案数据库。

100.《供电监管办法》规定，客户受电工程设计，客户应当按照供电企业确定的（**供电方案**）进行。

101.《供电监管办法》规定，供电企业对客户受电工程进行中间检查和竣工检验，应当执行国家有关标准；发现客户受电设施存在故障隐患时，应当及时（**一次性书面告知**）客户并指导其予以消除。

102.《供电监管办法》规定，在电力系统正常的情况下，供电企业应当连续向客户供电。需要（**停电或者限电**）的，应当符合本办法规定。

103.《供电监管办法》规定，供电企业不得（**自立项目**）或者自定标准收费；对国家已经明令取缔的收费项目，不得向客户收取费用。

104.《供电监管办法》规定，供电企业应客户要求对产权属于客户的电气设备提供（**有偿服务**）时，应当执行政府定价或者政府指导价。没有政府定价和政府指导价的，参照市场价格协商确定。

105.《供电监管办法》规定，电力监管机构对供电企业信息公开的情况实施监管。供电企业应当依照有关规定，采取便于客户获取的方式，公开（**供电服务**）信息。

106.《供电监管办法》规定，供电企业应当严格执行政府有关部门依法作出的对淘汰企业、关停企业或者环境违法企业采取（**停限电**）措施的决定。

107.《居民用户家用电器损坏处理办法》规定，供电企业如能提供证明，居民客户家用电器的损坏是不可抗力原因引起，并经县级以上（**电力管理部门**）核实无误，供电企业不承担赔偿责任。

108.《居民用户家用电器损坏处理办法》适用于由供电企业以（**220/380V**）电压供电的居民客户，因发生电力运行事故导致电能质量劣化，引起居民客户家用电器损坏时的索赔处理。

109.《居民用户家用电器损坏处理办法》规定，对损坏家用电器的修复，供电企业承担被损坏元件的（**修复**）责任。

110.《居民用户家用电器损坏处理办法》规定，对损坏家用电器，修复时应尽可能以（**原型号、规格**）的新元件修复。

111.《居民用户家用电器损坏处理办法》规定，修复所发生的元件购置费、检测费、修理费均由（**供电企业**）负担。

112.《居民用户家用电器损坏处理办法》规定，对不可修复的家用电器，其购买时间在（**6 个月及以内**）的，按原购货发票价，供电企业全额予以赔偿。

113.《居民用户家用电器损坏处理办法》规定，供电企业对居民客户家用电器损坏所支付的修理费用或赔偿费，由（**供电生产成本**）中列支。

114.《居民用户家用电器损坏处理办法》规定，电子类家用电器（**如电视机、音响、录像机、充电器等**）的平均使用年限为（**10**）年。

115.《居民用户家用电器损坏处理办法》规定，电机类（**如电冰箱、空调器、洗衣机、电风扇、吸尘器等**）的平均使用年限为（**12**）年。

116.《居民用户家用电器损坏处理办法》规定，电阻电热类家用电器（**如电饭煲、电热水器、电茶壶、电炒锅等**）的平均使用年限为（**5**）年。

117.《居民用户家用电器损坏处理办法》规定，电光源类家用电器（白炽灯、气体放电灯、调光灯等）的平均使用年限为（**2**）年。

118.《居民用户家用电器损坏处理办法》规定，从家用电器损坏之日起（**7**）日内，受害居民客户未向供电企业投诉并提出索赔要求的，即视为受害者已自动放弃索赔权。

119.《中华人民共和国电力法》规定，供电企业应当保证供给客户的（**供电质量**）符合国家标准。

120.《中华人民共和国电力法》规定，供电企业应当按照国家核准的（**电价**）和用电计量装置的记录，向客户计收电费。

121.《中华人民共和国电力法》规定，本法所称电价，是指电力生产企业的（**上网电价**）、电网间的互供电价、电网销售电价。

122.《中华人民共和国电力法》规定，电价实行（**统一政策**），统一定价原则，分级管理。

123.《中华人民共和国电力法》规定，国家实行分类电价和（**分时电价**）。

124.《中华人民共和国电力法》规定，电力设施受国家保护。禁止任何单位和个人危害电力设施安全或者（**非法侵占**）、使用电能。

125.《中华人民共和国电力法》规定，电力企业应当对电力设施定期进行检修和（**维护**），保证其正常运行。

126.《中华人民共和国电力法》规定，电力企业或者客户违反（**供用电合同**），给对方造成损失的，应当依法承担赔偿责任。

127.《电力供应与使用条例》规定，客户应当按照国家批准的电价，并按照规定的期限、方式或者（**合同**）约定的办法，交付电费。

128.《电力供应与使用条例》规定，在客户受送电装置上作业的电工，必须经电力管理部门考核合格，取得电力管理部门颁发的（**《电工进网作业许可证》**），方可上岗作业。

129.《电力供应与使用条例》规定，逾期未交付电费的，供电企业可以从逾期之日起，每日按照电费总额的（**1‰～3‰**）加收违约金，具体比例由供用电双方在供用电合同中约定。

130.《电力供应与使用条例》规定，逾期未交付电费的，自逾期之日起计算超过（**30**）日，经催交仍未交付电费的，供电企业可以按照国家规定的程序停止供电。

131.《供电营业规则》规定，客户需要备用、保安电源时，供电企业应按其（**负荷重要性**）、用电容量和供电的可能性，与客户协商确定。

132.《供电营业规则》规定，在公用供电设施尚未到达的地区，供电企业征得该地区有供电能力的直供客户同意，可采用委托方式向其附近的客户转供电力，但不得委托（**重要的国防军工**）客户转供电。

133.《供电营业规则》规定，按变压器容量计收基本电费的客户，暂停用电必须是（**整台或整组**）变压器停止运行。

134.《供电营业规则》规定，按最大需量计收基本电费的客户，申请暂停用电必须是（**全部容量**）（含不通过受电变压器的高压电动机）的暂停。

135.《供电营业规则》规定，客户移表（因修缮房屋或其他原因需要移动用电计量装置安装位置），须向供电企业提出申请。移表所需的费用由（**客户**）负担。

136.《供电营业规则》规定，暂换的变压器经（**检验合格**）后才能投入运行。

137.《供电营业规则》规定，客户销户，须向供电企业提出申请。供电企业应查验用电计量装置完好性后，拆除接户线和（**用电计量装置**）。

138.《供电营业规则》规定，客户依法破产时，在破产客户原址上用电的，按（**新装用电**）办理。

139.《供电营业规则》规定，在同一受电装置内，电力用途发生变化而引起用电类别改变时，允许办理（**改类**）手续。

140.《供电营业规则》规定，供电设施的运行维护管理范围，按（**产权归属**）确定。

第二节 单 选 题

1.《中华人民共和国电力法》规定，国家实行分类电价和分时电价。分类标准和分时办法由（ B ）确定。

A. 国家电网公司　　B. 国务院

C. 省级电力公司　　D. 物价行政主管部门

2.《中华人民共和国电力法》规定，独立电网内的上网电价，由电力生产企业和电网经营企业协商提出方案，报有管理权的（ D ）核准。

A. 能源局　　B. 国务院

C. 人民政府　　D. 物价行政主管部门

3.《中华人民共和国电力法》规定，客户受电装置的设计、施工安装和运行管理，应当符合国家标准或者（ A ）标准。

A. 电力行业　B. 地方　C. 省级电力公司　D. 电力企业

4.《中华人民共和国电力法》规定，县级以上地方人民政府及其经济综合主管部门在安排用电指标时，应当保证农业和农村用电的适当比例，（ B ）不在优先保证用电范围。

A. 农村排涝用电　　B. 农民生活用电

C. 抗旱用电　　D. 农业季节性生产用电

5.《电力供应与使用条例》规定，因供电设施计划检修需要停电时，供电企业应当提前（ C ）天通知客户或者进行公告。

A. 3　　B. 5　　C. 7　　D. 10

6.《中华人民共和国电力法》规定，客户对供电企业中断供电有异议的，可以向（ B ）投诉。

A. 供电企业　　B. 电力管理部门　　C. 能源局　　D. 国务院

7.《中华人民共和国电力法》规定，非法占用变电设施用地、输电线路走廊或者电缆通道的，由（ A ）责令限期改正；逾期不改正的，强制清除障碍。

A. 县级以上地方人民政府　　B. 电力管理部门

C. 当地人民政府　　D. 供电企业

8.《中华人民共和国电力法》规定，拒绝供电或者中断供电的，由（ B ）责令改正，给予警告；情节严重的，对有关主管人员和直接责任人员给予行政处分。

A. 县级以上地方人民政府　　B. 电力管理部门

C. 当地人民政府　　D. 供电企业

9.《中华人民共和国电力法》规定，危害供电、用电安全或者扰乱供电、用电秩序的，由（ B ）责令改正，给予警告。

A. 县级以上地方人民政府　　B. 电力管理部门

C. 当地人民政府　　D. 供电企业

10.《中华人民共和国电力法》规定，未按照国家核准的电价和用电计量装置的记录向客户计收电费、超越权限制定电价或者在电费中加收其他费用的，由（ D ）给予警告，责令返还违法收取的费用，可以并处违法收取费用5倍以下的罚款。

A. 县级以上地方人民政府　　B. 电力管理部门

C. 当地人民政府　　D. 物价行政主管部门

11.《中华人民共和国电力法》规定，在依法划定的电力设施保护区内修建建筑物、构筑物或者种植植物、堆放物品，危及电力设施安全的，由（ C ）责令强制拆除、砍伐或者清除。

A. 县级以上地方人民政府　　B. 电力管理部门

C. 当地人民政府　　D. 供电企业

12.《中华人民共和国电力法》规定，电力监督检查人员进行监督检查时，应当出示（C）。

A. 身份证　　B. 委托书　　C. 证件　　D. 工作证

13.《中华人民共和国电力法》规定，电力生产与电网运行应当遵循安全、（B）、经济的原则。

A. 便利　　B. 优质　　C. 有利　　D. 可靠

14.《中华人民共和国电力法》规定，电网运行应当（D）、稳定，保证供电可靠性。

A. 平衡 B. 高效 C. 绿色 D. 连续

15.《中华人民共和国电力法》规定，电力企业应当加强安全生产管理，坚持（A）第一、预防为主的方针。

A. 安全 B. 效益 C. 质量 D. 稳定

16.《中华人民共和国电力法》规定，电力企业应当加强安全生产管理，建立、健全安全生产（B）制度。

A. 承包 B. 责任 C. 奖励 D. 惩罚

17.《中华人民共和国电力法》规定，电力企业应当对电力设施（B）进行检修和维护，保证其正常运行。

A. 酌情 B. 定期 C. 不断 D. 不定期

18.《中华人民共和国电力法》规定，电网运行实行（A）调度、分级管理。

A. 统一 B. 分级 C. 分区 D. 分层

19.《中华人民共和国电力法》规定，任何单位和个人不得（C）干预电网调度。

A. 私自 B. 变相 C. 非法 D. 擅自

20.《中华人民共和国电力法》规定，电力企业和客户对执行监督检查任务的电力监督检查人员应当提供（B）。

A. 交通工具 B. 方便 C. 报酬 D. 奖励

21.《中华人民共和国电力法》规定，客户用电不得（B）供电、用电安全和扰乱供电、用电秩序。

A. 干预 B. 危害 C. 保证 D. 提供

22.《中华人民共和国电力法》规定，对危害供电、用电安全和扰乱供电用电秩序的，供电企业有权（A）。

A. 制止 B. 索赔 C. 停电 D. 举报

23.《中华人民共和国电力法》规定，在电力设施周围进行爆破及其他可能危及电力设施安全的作业，应当按照国务院有关电力设施保护的规定，经（B）并采取确保电力设施安全的措施后，方可进行作业。

A. 可行性研究 B. 批准 C. 协商同意 D. 缴纳保证金

24.《中华人民共和国电力法》规定，电力管理部门应当按照国务院有关电力设施保护的规定，对电力设施保护区设立（A）。

A. 标志 B. 围栏 C. 专门机构 D. 检查站

25.《中华人民共和国电力法》规定，任何单位和个人不得在依法划定的电力设施保护区内修建可能危及（B）设施安全的建筑物、构筑物。

A. 水利 B. 电力 C. 交通 D. 公共

26.《中华人民共和国电力法》规定，任何单位和个人不得在依法划定的电力设施保护区内种植可能（A）电力设施安全的植物。

A. 危及 B. 影响 C. 促进 D. 妨碍

27.《中华人民共和国电力法》规定，任何单位和个人不得在依法划定的电力设施

保护区内（ **D** ）可能危及电力设施安全的物品。

A. 悬挂　B. 晾晒　C. 展示　D. 堆放

28.《中华人民共和国电力法》规定，任何单位和个人需要在依法划定的电力设施保护区内进行可能危及电力设施安全的作业时，应当经（ C ）批准并采取安全措施后，方可进行作业。

A. 公安部门　B. 当地政府　C. 电力管理部门　D. 电监会

29.《中华人民共和国电力法》规定，电力设施与公用工程、绿化工程和其他工程在新建、扩建或者改建中相互妨碍时，有关单位应当按照（ A ）协商，达成协议后方可施工。

A. 国家有关规定　B. 互相礼让精神　C. 当地习惯　D. 互利共赢原则

30.《中华人民共和国电力法》规定，电力管理部门根据工作需要，（ C ）配备电力监督检查人员。

A. 必须　B. 应当　C. 可以　D. 不得

31.《电力供应与使用条例》规定，因供电设施临时检修需要停止供电时，供电企业应当提前（ B ）通知重要客户。

A. 12h　B. 24h　C. 36h　D. 48h

32.《电力供应与使用条例》规定，盗窃电能的，由电力管理部门责令停止违法行为，追缴电费并处应缴电费（ C ）以下罚款。构成犯罪的，依法追究刑事责任。

A. 3 倍　B. 4 倍　C. 5 倍　D. 6 倍

33.《供电营业规则》规定，在客户受电装置上作业的电工，应经过电工专业技能的培训，必须取得电力管理部门颁发的（ C ），方准上岗作业。

A.《电工证》　B.《特种作业证》

C.《电工进网作业许可证》　D.《营业许可证》

34.《电力供应与使用条例》规定，供用电合同的（ C ）或者解除，应当依照有关法律、行政法规和《电力供应与使用条例》的规定办理。

A. 终止　B. 改变　C. 变更　D. 暂停

35.《电力供应与使用条例》规定，安装在客户处的用电计量装置，由（ C ）负责保护。

A. 供电企业　B. 电力管理部门

C. 客户　D. 供电企业与客户协商确定

36.《电力供应与使用条例》规定，客户用电容量超过其所在的供电营业区内供电企业供电能力的，由（ C ）指定的其他供电企业供电。

A. 省级供电企业　B. 县级以上电力管理部门

C. 省级以上电力管理部门　D. 国务院电力管理部门

37.《电力供应与使用条例》规定，盗窃电能的，由电力管理部门责令停止违法行为，追缴电费并处应交电费（ C ）以下的罚款。

A. 1 倍　B. 3 倍　C. 5 倍　D. 7 倍

38.《供电营业规则》规定，对基建工地、农田水利、市政建设等非永久性用电，可供给（ C ）电源。

A. 备用　B. 常用　C. 临时　D. 保安

39.《电力供应与使用条例》规定，擅自伸入或者跨越供电营业区供电的，由电力管理部门责令改正，没收违法所得，可以并处违法所得（C）以下的罚款。

A. 1 倍　　B. 3 倍　　C. 5 倍　　D. 8 倍

40.《电力供应与使用条例》规定，逾期未交付电费的，自逾期之日起计算超过（B），经催交仍未交付电费的，供电企业可以按照国家规定的程序停止供电。

A. 15 日　　B. 30 日　　C. 45 日　　D. 60 日

41.《电力供应与使用条例》规定，在公用供电设施未到达的地区，（A）可以委托有供电能力的单位就近供电。

A. 供电企业　　B. 县级以上电力管理部门

C. 电力客户　　D. 省级物价管理部门

42.《电力供应与使用条例》规定，国务院（A）负责全国电力供应与使用的监督管理工作。

A. 电力管理部门　　B. 电监会　　C. 监审部　　D. 督察部

43.《电力供应与使用条例》规定，电力管理部门应当加强对（C）的监督管理，禁止危害供用电安全和非法侵占电能的行为。

A. 电力供应　　B. 电力使用　　C. 供用电　　D. 电力建设

44.《电力供应与使用条例》规定，并网运行的电力生产企业按照并网协议运行后，送入电网的电力、电量由（B）统一经销。

A. 电力生产企业　　B. 供电营业机构　　C. 电力经营企业　　D. 国家

45.《电力供应与使用条例》规定，客户用电容量超过其所在的供电营业区内供电企业供电能力的，由（C）以上电力管理部门指定的其他供电企业供电。

A. 县级　　B. 市级　　C. 省级　　D. 国家

46.《电力供应与使用条例》规定，公用供电设施建成投产后，由（A）统一维护管理。

A. 供电单位　　B. 社区　　C. 政府　　D. 国家

47.《电力供应与使用条例》规定，因建设需要，必须对已建成的供电设施进行迁移、改造或者采取防护措施时，所需工程费用由（C）单位负担。

A. 供电企业　　B. 国家　　C. 建设　　D. 管理

48.《电力供应与使用条例》规定，抗旱用电应付的电费应当由（B）交付电费。

A. 地方人民政府　　B. 客户　　C. 供电企业　　D. 国家

49.《中华人民共和国电力法》规定，破坏电力设备，危害公共安全，尚未造成严重后果的，处（B）以上 10 年以下有期徒刑。

A. 1 年　　B. 3 年　　C. 5 年　　D. 7 年

50.《电力监管条例》规定，电力监管机构对电力企业、电力调度交易机构执行电力市场（A）的情况，以及电力调度交易机构执行电力调度规则的情况实施监管。

A. 运行规则　　B. 生产经营　　C. 公开公平　　D. 三不指定

51.《电力监管条例》规定，电力企业、电力调度交易机构应当按照国务院电力监管机构的规定将与监管相关的信息系统接入（B）。

A. 电力查询信息系统　　B. 电力监管信息系统

C. 电力稽查信息系统　　D. 电力咨询信息系统

52.《电力监管条例》规定，违反规定未取得电力业务许可证擅自经营电力业务的，由电力监管机构责令改正，没收违法所得，可以并处违法所得（ D ）的罚款；构成犯罪的，依法追究刑事责任。

A. 3 倍以下　　B. 2 倍以上 5 倍以下

C. 6 倍以下　　D. 5 倍以下

53.《电力监管条例》规定，电力企业、电力调度交易机构有提供虚假或者隐瞒重要事实的文件、资料的，由电力监管机构责令改正；拒不改正的，处（ A ）的罚款。

A. 5 万元以上 50 万元以下　　B. 5 万元以上 60 万元以下

C. 5 万元以上 80 万元以下　　D. 10 万元以上 100 万元以下

54.《电力监管条例》规定，电力企业不遵守电力市场运行规则的，由电力监管机构责令改正；拒不改正的，处（ C ）的罚款。

A. 5 万元以上 50 万元以下　　B. 10 万元以上 80 万元以下

C. 10 万元以上 100 万元以下　　D. 50 万元以上 100 万元以下

55.《电力监管条例》规定，电力监管机构依照有关法律和国务院有关规定，颁发和管理（ A ）许可证。

A. 电力业务　　B. 生产　　C. 经营　　D. 电工进网

56.《电力监管条例》规定，（ B ）对供电企业按照国家规定的电能质量和供电服务质量标准向客户提供供电服务的情况实施监管。

A. 电监会　　B. 电力监管机构　　C. 电力管理部门　　D. 国务院监察部门

57.《电力监管条例》规定，依法从事电力监管工作的人员在进行现场检查时，应当出示有效（ A ）证件。

A. 执法　　B. 工作　　C. 身份　　D. 驾驶

58.《电力监管条例》规定，罚款和没收的违法所得，按照国家有关规定上缴（ C ）。

A. 电力管理部门　　B. 供电企业　　C. 国库　　D. 政府部门

59.《供电监管办法》规定，供电企业工作人员到达现场抢修的时限，自接到报修之时起，城区范围不超过（ A ）min。

A. 45　　B. 60　　C. 90　　D. 120

60.《供电监管办法》规定，供电企业工作人员到达现场抢修的时限，自接到报修之时起，农村地区不超过（ B ）min。

A. 60　　B. 90　　C. 120　　D. 240

61.《供电监管办法》规定，供电企业工作人员到达现场抢修的时限，自接到报修之时起，边远、交通不便地区不超过（ C ）min。

A. 60　　B. 90　　C. 120　　D. 240

62.《供电监管办法》规定，供电企业应当建立用电投诉处理制度，公开投诉电话。对客户的投诉，供电企业应当自接到投诉之日起（ C ）内提出处理意见并答复客户。

A. 5 个工作日　　B. 5 天　　C. 10 个工作日　　D. 10 天

63.《供电监管办法》规定，对于违反《供电监管办法》并造成严重后果的供电企

业主管人员或者直接责任人员，电力监管机构可以建议将其调离现任岗位，（ C ）年内不得担任供电企业同类职务。

A. 1　　B. 2　　C. 3　　D. 5

64.《供电营业规则》规定，（ C ）应放置在供电企业的用电营业场所，供客户查阅。

A.《中华人民共和国电力法》　　B.《电力供应与使用条例》

C.《供电营业规则》　　D.《居民家用电器损坏赔偿办法》

65.《供电营业规则》规定，低压单相供电的额定电压为（ A ）。

A. 220V　　B. 380V　　C. 400V　　D. 1000V

66.《供电营业规则》规定，客户单相用电设备总容量不足（ B ）kW 的可采用低压 220V 供电。

A. 5　　B. 10　　C. 15　　D. 20

67.《供电营业规则》规定，客户用电设备容量在（ C ）kW 及以下或需用变压器容量在 50kVA 及以下者，可采用低压三相四线制供电，特殊情况也可采用高压供电。

A. 50　　B. 80　　C. 100　　D. 120

68.《供电营业规则》规定，临时用电如需改为正式用电，应按（ D ）办理。

A. 过户　　B. 变更用电　　C. 改类　　D. 新装用电

69.《供电营业规则》规定，因抢险救灾需要紧急用电而架设临时电源所需的工程费用和应付的电费，由（ B ）负责从救灾经费中拨付。

A. 所在地供电企业　　B. 地方人民政府有关部门

C. 省级电网企业　　D. 电力主管部门

70.《供电营业规则》规定，为保障用电安全，便于管理，客户应将（ A ）与非重要负荷、生产用电与生活区用电分开配电。

A. 重要负荷　　B. 照明负荷　　C. 办公用电负荷　　D. 自备电源

71.《供电营业规则》规定，低压供电方案的有效期为（ A ），逾期注销。

A. 3 个月　　B. 6 个月　　C. 1 年　　D. 2 年

72.《供电营业规则》规定，高压供电方案的有效期为（ C ），逾期注销。

A. 3 个月　　B. 6 个月　　C. 1 年　　D. 2 年

73.《供电营业规则》规定，电力客户在减容期限内，供电企业（ A ）客户减少容量的使用权。

A. 保留　　B. 不保留　　C. 保留 6 个月　　D. 保留 2 年

74.《供电营业规则》规定，减容期满后的客户以及新装、增容客户，（ D ）内不得申办减容或暂停。如确需继续办理减容或暂停的，减少或暂停部分容量的基本电费应按 50%计算收取。

A. 3 个月　　B. 6 个月　　C. 1 年　　D. 2 年

75.《供电营业规则》规定，在每一日历年内，客户可申请全部（含不通过受电变压器的高压电动机）或部分容量的暂时停止用电（ B ），每次暂停时间不得少于 15 天。

A. 1 次　　B. 2 次　　C. 3 次　　D. 4 次

76. 某新装大工业电力客户，400kVA 变压器 2 台，受电总容量为 800kVA，按容量

计收基本电费。用电一年后，该客户申请将其中一台 400kV 变压器暂停 3 个月，对该变压器进行现场加封后，该用客户应按（ B ）kVA 容量交纳基本电费。

A. 400　　B. 600　　C. 800　　D. 0

77.《供电营业规则》规定，移表指客户因修缮房屋或其他原因需要移动用电计量装置安装位置。下列选项中有关移表表述错误的是（ B ）。

A. 在用电地址、用电容量、用电类别、供电点等不变的情况下，可办理移表手续

B. 移表所需的费用由供电企业负担

C. 客户不论何种原因，不得自行移动表位

D. 居民客户私自移表，应承担每次 500 元的违约使用电费

78.《供电营业规则》规定，暂拆是指暂时停止用电，并（ C ）的简称。

A. 拆除房屋　　B. 拆除配电柜　　C. 拆除计费电能表　　D. 拆除受电装置

79.《供电营业规则》规定，在用电地址、供用点、（ B ）不变，且其受电装置具备分装的条件时，允许办理分户。

A. 用电类别　　B. 用电容量　　C. 用电性质　　D. 用电方式

80.《供电营业规则》规定，由于供电企业的原因引起客户供电电压等级变化的，改压引起的客户外部工程费用由（ C ）负担。

A. 客户　　B. 电力管理部门

C. 供电企业　　D. 客户和供电企业共同

81.《供电营业规则》规定，改压是改变（ B ）等级的简称。

A. 输出电压　　B. 供电电压　　C. 用电电压　　D. 变电电压

82.《供电营业规则》规定，对规划中安排的线路走廊和变电站建设用地，应当优先满足（ B ）建设的需要，确保土地和空间资源得到有效利用。

A. 专用供电设施　　B. 公用供电设施　　C. 共用供电设施　　D. 临时供电设施

83.《供电营业规则》规定，无功电力应（ A ）。

A. 就地平衡　　B. 分组补偿　　C. 集中补偿　　D. 分区补偿

84.《供电营业规则》规定，供电企业接到客户的受电装置竣工报告及检验申请后，应及时组织检验。对检验不合格的，但自第（ B ）次检验起，每次检验前客户须按规定交纳重复检验费。

A. 1　　B. 2　　C. 3　　D. 4

85.《供电营业规则》规定，采用电缆供电的，本着便于维护管理的原则，供电设施的责任分界点由（ D ）确定。

A. 供电企业　　B. 客户

C. 产权所有者　　D. 供电企业与客户协商

86.《供电营业规则》规定，产权属于客户且由客户运行维护的线路，以公用线路分支杆或专用线路接引的公用变电站外（ C ）为分界点。

A. 第一电缆分支箱　　B. 分支杆

C. 第一基电杆　　D. 第一分支杆

87.《供电营业规则》规定，因建设引起建筑物、构筑物与供电设施相互妨碍，需要迁移供电设施或采取防护措施时，应按（ B ）的原则，确定其担负的责任。

A. 安全第一　　B. 建设先后　　C. 便于维护管理　　D. 相互协商

88.《供电营业规则》规定，在电力系统正常状况下，电网装机容量在 300 万 kW 及以上的，供电频率的允许偏差为（B）。

A. ±0.1Hz　　B. ±0.2Hz　　C. ±0.5Hz　　D. ±1Hz

89.《供电营业规则》规定，在电力系统正常状况下，电网装机容量在 300 万 kW 以下的，供电频率的允许偏差为（C）。

A. ±0.1Hz　　B. ±0.2Hz　　C. ±0.5Hz　　D. ±1Hz

90.《供电营业规则》规定，在电力系统非正常状况下，供电频率允许偏差不应超过（D）。

A. ±0.1Hz　　B. ±0.2Hz　　C. ±0.5Hz　　D. ±1Hz

91.《供电营业规则》规定，在电力系统正常情况下，供电企业供到客户受电端的供电电压允许偏差：35kV 及以上电压供电的，电压的正、负偏差的绝对值之和不超过额定值的（A）。

A. 10%　　B. 8%　　C. 7%　　D. 5%

92.《供电营业规则》规定，在电力系统正常情况下，供电企业供到客户受电端的供电电压允许偏差：10kV 及以下三相供电的，为额定值的（D）。

A. ±10%　　B. ±5%　　C. ±3%　　D. ±7%

93.《供电营业规则》规定，在电力系统正常情况下，220V 单相供电的，电压偏移不得大于额定值的（C）。

A. ±7%　　B. +5%　　C. −10%+7%　　D. −10%+5%

94.《供电营业规则》规定，供用电设备计划检修时，对 35kV 及以上电压供电的客户的停电次数，每年不应超过（A）次。

A. 1　　B. 2　　C. 3　　D. 4

95.《供电营业规则》规定，供用电设备计划检修时，对 10kV 供电的客户的停电次数，每年不应超过（C）次。

A. 1　　B. 2　　C. 3　　D. 4

96.《供电营业规则》规定，因电能质量某项指标不合格而引起责任纠纷时，不合格的质量责任由（A）认定的电能质量技术检测机构负责技术仲裁。

A. 电力管理部门　　B. 电力监管部门

C. 电网经营企业　　D. 县级以上地方人民政府

97.《供电营业规则》规定，遇有紧急检修需停电时，供电企业应按规定提前通知（D），客户应予以配合；事故断电，应尽速修复。

A. 居民客户　　B. 工业客户　　C. 工商业客户　　D. 重要客户

98.《供电营业规则》规定，供电企业应根据（A）和电力负荷的重要性，编制事故限电序位方案，并报电力管理部门审批或备案后执行。

A. 电力系统情况　　B. 供电能力　　C. 负荷用电特性　　D. 用电性质

99.《供电营业规则》规定，供电企业接到客户用电事故报告后，应派员赴现场调查，在（C）内协助客户提出事故调查报告。

A. 3 天　　B. 5 天　　C. 7 天　　D. 10 天

100.《供电营业规则》规定，有下列情形之一者，不经批准即可中止供电，但事后应报告本单位负责人。（ D ）

A. 拒不在限期内交付违约用电引起的费用者

B. 违反安全用电、计划用电有关规定，拒不改正者

C. 私自向外转供电力者

D. 不可抗力和紧急避险

101.《供电营业规则》规定，有下列情形之一者，不经批准即可中止供电，但事后应报告本单位负责人。（ C ）

A. 对危害供用电安全，扰乱供用电秩序，拒绝检查者

B. 拖欠电费经通知催交仍不交者

C. 确有窃电行为

D. 受电装置经检验不合格，在指定期间未改善者

102.《供电营业规则》规定，除因故中止供电外，供电企业需对客户停止供电时，在停电前（ B ），将停电时间再通知客户 1 次，方可在通知规定时间实施停电。

A. 15min　　B. 30min　　C. 45min　　D. 60min

103.《供电营业规则》规定，因供电设施计划检修需要停电时，应提前（ D ）通知客户或进行公告。

A. 24h　　B. 48h　　C. 5 天　　D. 7 天

104.《供电营业规则》规定，因供电设施临时检修需要停止供电时，应当提前（ A ）通知重要客户或进行公告。

A. 24h　　B. 48h　　C. 5 天　　D. 7 天

105.《供电营业规则》规定，对于定比或定量客户，供电企业每（ C ）至少对定比或定量核定一次，客户不得拒绝。

A. 季度　　B. 半年　　C. 年　　D. 两年

106.《供电营业规则》规定，对（ B ）kV 及以下电压供电的客户，应配置专用的电能表计量柜（箱）。

A. 0.4　　B. 10　　C. 35　　D. 110

107.《供电营业规则》规定，对（ C ）kV 及以上电压供电的客户，应有专用的电流互感器二次线圈和专用的电压互感器二次连接线，并不得与保护、测量回路共用。

A. 0.4　　B. 10　　C. 35　　D. 110

108. 某客户原用电性质为一般工商业用电，现申请改为居民生活用电，该户应办理（ A ）手续。

A. 改类　　B. 改压　　C. 更名过户　　D. 销户

109.《供电营业规则》规定，供电企业允许客户暂拆时间最长不得超过（ A ）。

A. 6 个月　　B. 5 个月　　C. 3 个月　　D. 2 个月

110.《供电营业规则》规定，销户是合同到期（ A ）用电的简称。

A. 终止　　B. 暂停　　C. 中止　　D. 停止

111.《供电营业规则》规定，改类是改变用电（ D ）的简称。

A. 方式　　B. 电压等级　　C. 容量　　D. 类别

112.《供电营业规则》规定，除电网有特殊要求的客户外，客户在当地供电企业规定的电网高峰负荷时的功率因数，100kVA 及以上高压供电的客户功率因数应为（ C ）以上。

A. 0.80　　B. 0.85　　C. 0.90　　D. 0.95

113.《供电营业规则》规定，客户认为供电企业装设的计费电能表不准时，有权向供电企业提出校验申请，在客户交付验表费后，供电企业应在（ C ）内检验，并将检验结果通知客户。

A. 5 天　　B. 5 个工作日　　C. 7 天　　D. 7 个工作日

114.《供电营业规则》规定，对不具备安装条件的临时用电的客户，可按其（ C ）计收电费。

A. 用电容量、使用时间和用电性质

B. 用电容量、使用时间和功率因数

C. 用电容量、使用时间和规定的电价

D. 用电容量、使用时间、规定的电价及功率因数

115. 某客户认为计量电能表不准申请校验，该电能表允许误差为±2%。经校验，该客户计量电能表实际误差为+5%，在确定退给客户电量时应按（ C ）计算。

A. +2%　　B. +3%　　C. +5%　　D. +7%

116.《供电营业规则》规定，用电计量装置接线错误、熔断器熔断、倍率不符等原因，使电能计量或计算出现差错时，供电企业应按规定退补相应电量的电费，退补电量未正式确定前，客户应（ B ）。

A. 先按抄见电量如期交纳电费　　B. 先按正常月用电量交付电费

C. 先按上月用电量交付电费　　D. 先暂时不交电费

117.《供电营业规则》规定，客户应按（ D ）规定的期限和交费方式交清电费，不得拖延或拒交电费。

A. 物价管理部门　　B. 地方政府

C. 电力管理部门　　D. 供电企业

118.《供电营业规则》规定，由于客户的原因未能如期抄录计费电能表读数时，可通知客户待期补抄或暂按（ B ）计收电费，待下次抄表时一并结清。

A. 往年同月份用电量　　B. 前次用电量

C. 前 6 个月平均用电量　　D. 前 3 个月平均用电量

119.《供电营业规则》规定，在受电装置一次侧装有连锁装置互为备用的变压器，按（ D ）计算其基本电费。

A. 所有变压器容量的平均值

B. 所有变压器容量之和

C. 其中较大的变压器容量

D. 可能同时使用的变压器容量之和的最大值

120.《供电营业规则》规定，以变压器容量计算基本电费的客户，下列选项中不收取基本电费的是（ D ）。

A. 热备用状态的变压器

B. 运行状态的变压器

C. 冷备用状态未加封的变压器

D. 冷备用状态并经加封的变压器

121.《供电营业规则》规定，以变压器容量计算基本电费的客户，下列选项中收取基本电费的是（ C ）。

A. 客户专门为调整用电功率因数的电容器

B. 客户专门为调整用电功率因数的调相机

C. 冷备用状态未加封的变压器

D. 冷备用状态并经加封的变压器

122.《供电营业规则》规定，在受电装置一次侧装有连锁装置互为备用的变压器(含高压电动机)，按可能同时使用的变压器（含高压电动机）容量之和的（ C ）计算其基本电费。

A. 绝对值　　B. 加权值　　C. 最大值　　D. 最小值

123.《供电营业规则》规定，电网经营企业与并网发电厂应根据国家法律、行政法规和有关规定，签订并网协议，并在并网发电前签订（ C ）合同。

A. 供用电　　B. 购售电　　C. 并网电量购销　　D. 并网调度

124.《供电营业规则》规定，（ D ）如需伸入或跨越供电企业所属的供电营业区供电的，应经省电网经营企业同意。

A. 公用电厂　　B. 地方电厂　　C. 趸售客户　　D. 自备电厂

125.《供电营业规则》规定，供用电合同应采取（ A ），经双方协商同意的有关修改合同的文书、电报、电传和图表也是合同的组成部分。

A. 书面形式　　B. 电子形式　　C. 固定格式　　D 非固定格式

126.《供电营业规则》规定，以下哪种情况不允许变更或解除合同？（ C ）

A. 当事人双方经过协商同意，并且不因此损害国家利益和扰乱供用电秩序

B. 当事人一方依照法律程序确定确实无法履行合同

C. 当事人一方认为另一方无法履行合同

D. 由于不可抗力或一方当事人虽无过失，但无法防止的外因，致使合同无法履行

127.《供电营业规则》规定，由于供电企业电力运行事故造成客户停电的，供电企业应按客户在停电时间内可能用电量的电度电费的（ A ）倍［单一制电价为（ A ）倍］给予赔偿。

A. 五、四　　B. 四、三　　C. 三、二　　D. 二、一

128.《供电营业规则》规定，客户用电功率因数达到规定标准，而供电电压超出变动幅度，给客户造成损失的，供电企业应按客户每月在电压不合格的累计时间内所用的电量，乘以客户当月用电的平均电价的百分之（ B ）给予赔偿。

A. 十　　B. 二十　　C. 三十　　D. 四十

129.《供电营业规则》规定，供电频率超出允许偏差，给客户造成损失的，供电企业应按客户每月在频率不合格的累计时间内所用的电量，乘以当月用电的平均电价的百

分之（**B**）给予赔偿。

A. 十　　B. 二十　　C. 三十　　D. 四十

130.《供电营业规则》规定，客户在供电企业规定的期限内未交清电费时，应承担电费滞纳的违约责任。电费违约金从逾期之日计算至交纳日止，居民客户每日按欠费总额的（**A**）计算。

A. 1‰　　B. 2‰　　C. 3‰　　D. 1‰～2‰

131.《供电营业规则》规定，客户在供电企业规定的期限内未交清电费时，应承担电费滞纳的违约责任。电费违约金从逾期之日计算至交纳日止，对于一般工商业客户跨年度欠费部分，每日按欠费总额的（**C**）计算。

A. 1‰　　B. 2‰　　C. 3‰　　D. 1‰～2‰

132.《供电营业规则》规定，擅自使用已在供电企业办理暂停手续的电力设备的，除两部制电价客户外，其他客户应承担擅自使用或启用封存设备容量每次每千瓦（千伏安）（**B**）元的违约使用电费。

A. 20　　B. 30　　C. 40　　D. 50

133.《供电营业规则》规定，下列属于违约行为的是（**B**）。

A. 客户撕毁留存的供用电合同

B. 执行居民电价的客户供电范围内开小卖部

C. 供电企业改变电网运行方式

D. 客户停运无功补偿设备

134.《供电营业规则》规定，在电价低的供电线路上，擅自接用电价高的用电设备或私自改变用电类别的，应按实际使用日期补交其差额电费，并承担（**C**）倍差额电费的违约使用电费。

A. 5　　B. 3　　C. 2　　D. 1

135.《供电营业规则》规定，在电价低的供电线路上，擅自接用电价高的用电设备或私自改变用电类别的，应按实际使用日期补交其差额电费，使用起止日期难以确定的，实际使用时间按（**B**）计算。

A. 1 个月　　B. 3 个月　　C. 6 个月　　D. 12 个月

136.《供电营业规则》规定，私自迁移、更动和擅自操作供电企业的用电计量装置、电力负荷管理装置、供电设施以及约定由供电企业调度的客户受电设备者，属于大工业客户的，应承担每次（**D**）元的违约使用电费。

A. 500　　B. 1000　　C. 2000　　D. 5000

137.《供电营业规则》规定，未经供电企业同意，擅自引入（供出）电源或将备用电源和其他电源私自并网的，除当即拆除接线外，应承担其引入（供出）或并网电源容量每千瓦（千伏安）（**C**）元的违约使用电费。

A. 50　　B. 100　　C. 500　　D. 1000

138. 某临时用电单位因负荷有多余，在没有与供电部门联系的情况下将电力转供给一特困企业进行生产自救，该行为是（**C**）。

A. 违法行为　　B. 窃电行为　　C. 违约用电行为　　D. 正常用电行为

139.《供电营业规则》规定，供电企业对查获的窃电者，应予制止，并可当场中止供电。窃电者应按所窃电量补交电费，并承担补交电费（ **C** ）的违约使用电费。

A. 1 倍　　B. 2 倍　　C. 3 倍　　D. 5 倍

140. 《供电营业规则》规定，窃电时间无法查明时，窃电日数至少以 **180** 天计算，每日窃电时间：电力客户按（ **B** ）**h** 计算；照明客户按（ **B** ）**h** 计算。

A. 8、6　　B. 12、6　　C. 12、8　　D. 24、8

141. 《供电营业规则》规定，供电企业和客户应当遵守国家有关规定，服从电网（ **B** ），严格按指标供电和使用。

A. 统一管理　　B. 统一调度　　C. 分级管理　　D. 分级调度

142. 《供电营业规则》规定，供电营业规则应放置在供电企业的（ **A** ），供客户查阅。

A. 用电营业场所　　B. 营销部　　C. 代办机构　　D. 网络平台

143. 《供电营业规则》规定，供电企业供电的额定频率为（ **D** ）。

A. 直流 100Hz　　B. 交流 100Hz　　C. 直流 50Hz　　D. 交流 50Hz

144. 《供电营业规则》规定，供电企业低压供电的额定电压为（**A**）。

A. 单相 220V，三相 380V　　B. 单相 380V，三相 220V

C. 交流 220V，直流 380V　　D. 交流 380V，直流 220V

145. 《供电营业规则》规定，客户需要的电压等级在 **110kV** 及以上时，其受电装置应作为终端变电站设计，方案需经（ **B** ）审批。

A. 市电网经营企业　　B. 省电网经营企业

C. 电力管理部门　　D. 供电企业

146. 《供电营业规则》规定，客户单相用电设备总容量不足 **10kW** 的可采用低压（ **A** ）供电。

A. 220V　　B. 380V　　C. 10kV　　D. 35kV

147. 《供电营业规则》规定，供电企业可以对距离发电厂较近的客户，采用发电厂（ **B** ）供电方式供电。

A. 转供电　　B. 直配　　C. 高压　　D. 低压

148. 《供电营业规则》规定，在电力系统瓦解或不可抗力造成供电中断时，仍需保证供电的，客户的保安电源应由（ **C** ）提供。

A. 电力管理部门　　B. 供电企业　　C. 用户　　D. 发电企业

149. 《供电营业规则》规定，对基建工地、农田水利、市政建设等非永久性用电，可供给临时电源。临时用电期限除经供电企业准许外，一般不得超过（ **C** ）个月。

A. 1　　B. 3　　C. 6　　D. 12

150. 《供电营业规则》规定，**10kV** 及以下公用高压线路的责任分界点是（ **B** ）。

A. 客户厂界内或配电室前的第一断路器或第一支持物

B. 客户厂界外或配电室前的第一断路器或第一支持物

C. 公用变电站外第一基电杆

D. 公用变电站进线断路器处

151. 《供电营业规则》规定，计费电能表及附件的安装、移动、更换、校验、拆

除、加封均由（D）负责办理。

A. 用户　　B. 电力监管部门

C. 技术监督管理部门　　D. 供电企业

152.《供电营业规则》规定，向被转供户供电的公用线路与变压器的损耗电量应由（B）负担。

A. 转供户　　B. 供电企业

C. 客户和供电企业共同　　D. 被转供户

153.《供电营业规则》规定，客户遇有特殊情况，需延长供电方案有效期的，应在有效期到期前（B）向供电企业提出申请，供电企业应视情况予以办理延长手续。

A. 7 天　　B. 10 天　　C. 15 天　　D. 30 天

154.《供电营业规则》规定，减少用电容量的期限，应根据客户所提出的申请确定，但最短期限不得少于（D）个月，最长期限不得超过（D）年。

A. 3，1　　B. 3，2　　C. 6，1　　D. 6，2

155. 下列选项中描述不正确的是（D）。

A. 属于公用性质或占用公用线路规划走廊的，由供电企业统一管理

B. 属于客户专用性质，但不在公用变电站内的供电设施，由客户运行维护管理

C. 属于客户共用性质的供电设施，由拥有产权的客户共同运行维护管理

D. 在公用变电站内由客户投资建设的供电设备，如变压器、通信设备、开关、刀闸等，由客户负责运行维护

156.《供电营业规则》规定，客户在每一日历年内累计暂时停止全部或部分用电容量用电时间不得超过（B）。

A. 3 个月　　B. 6 个月　　C. 1 年　　D. 2 年

157.《供电营业规则》规定，暂换变压器的使用时间，10kV 及以下的不得超过（B）月。

A. 1 个　　B. 2 个　　C. 3 个　　D. 4 个

158.《供电营业规则》规定，暂换变压器的使用时间，35kV 及以上的不得超过（C）月。

A. 1 个　　B. 2 个　　C. 3 个　　D. 4 个

159.《供电营业规则》规定，客户迁址，迁移后的新址不在原供电点供电的，新址用电按（A）用电办理。

A. 新装　　B. 改类　　C. 过户　　D. 增容

160.《供电营业规则》规定，客户迁址，迁移后的新址仍在原供电点，但新址用电容量超过原址用电容量的，超过部分按（D）办理。

A. 新装　　B. 改类　　C. 过户　　D. 增容

161.《供电营业规则》规定，客户连续（B）不用电，也不申请办理暂停用电手续者，供电企业须以销户终止其用电。

A. 3 个月　　B. 6 个月　　C. 1 年　　D. 2 年

162.《供电营业规则》规定，客户需要的电压等级在 110kV 及以上时，其受电装置应

作为终端变电站设计，方案需经（C）审批。

A. 国务院电力管理部门　　B. 地市级电网经营企业
C. 省电网经营企业　　D. 县级以上电力管理部门

163.《供电营业规则》规定，在电力系统非正常状况下，客户受电端的电压最大允许偏差不应超过额定值的（D）。

A. ＋7%　　B. ＋10%　　C. －10%　　D. ±10%

164.《供电营业规则》规定，除因故中止供电外，供电企业需对客户停止供电时，应报本单位负责人批准，批准权限和程序由（A）制定。

A. 省电网经营企业　　B. 市电网经营企业
C. 供电企业　　D. 同级电力管理部门

165.《供电营业规则》规定，对重要客户的停电，应将停电通知书报送（D）。

A. 省电网经营企业　　B. 市电网经营企业
C. 供电企业　　D. 同级电力管理部门

166.《供电营业规则》规定，引起停电或限电的原因消除后，供电企业应在（C）内恢复供电。

A. 24h　　B. 2 日　　C. 3 日　　D. 5 日

167.《供电营业规则》规定，属于两部制电价的客户，私自超过合同约定的容量用电的，应承担（B）倍私增容量基本电费的违约使用电费。

A. 2　　B. 3　　C. 4　　D. 5

168.《供电营业规则》规定，擅自超过计划分配的用电指标的，应承担高峰超用电力每次每千瓦 1 元和超用电量与现行电价电费（D）倍的违约使用电费。

A. 2　　B. 3　　C. 4　　D. 5

169.《供电营业规则》规定，属于两部制电价的客户，擅自使用已在供电企业办理暂停手续的电力设备或启用供电企业封存的电力设备的，应承担（A）倍补交基本电费的违约使用电费。

A. 2　　B. 3　　C. 4　　D. 5

170.《供电营业规则》规定，属于两部制电价外的其他客户，擅自使用已在供电企业办理暂停手续的电力设备或启用供电企业封存的电力设备的，应承担擅自使用或启用封存设备容量每次每千瓦（千伏安）（A）元的违约使用电费。

A. 30　　B. 50　　C. 500　　D. 5000

171.《供电营业规则》规定，拒绝承担窃电责任的，供电企业应报请（A）依法处理。

A. 电力管理部门　　B. 司法机关　　C. 电监会　　D. 公安局

172.《供电营业规则》规定，窃电数额较大或情节严重的，供电企业应提请（B）依法追究刑事责任。

A. 电力管理部门　　B. 司法机关　　C. 电监会　　D. 公安局

173.《供电营业规则》规定，除电网有特殊要求的客户外，客户在当地供电企业规定的电网高峰负荷时的功率因数，农业用电功率因数应为（A）以上。

A. 0.80　　B. 0.85　　C. 0.90　　D. 0.95

174. 某220V供电的居民客户，家中电热水器在一次因供电企业责任发生的运行事故中损坏，经供电企业指定的检修单位检定，认为不可修复。此电器已购买7年，原价1000元人民币，按照《居民用户家用电器损坏处理办法》应赔偿（A）元人民币。

A. 100　　B. 600　　C. 800　　D. 1000

175.《居民用户家用电器损坏处理办法》规定，供电企业在接到居民用户家用电器损坏投诉后，应在（C）h内派员赴现场进行调查、核实。

A. 8　　B. 12　　C. 24　　D. 48

176.《居民用户家用电器损坏处理办法》规定，居民家用电器从损坏之日起超过（C）日，受害居民客户未向供电企业投诉并提出索赔要求的，供电企业不再负责其赔偿。

A. 3　　B. 5　　C. 7　　D. 15

177.《居民用户家用电器损坏处理办法》规定，电视机、音响等电子类家用电器的平均使用年限为（C）年。

A. 5　　B. 15　　C. 10　　D. 8

178.《居民用户家用电器损坏处理办法》规定，对不可修复的家用电器，使用时间以（C）为准开始计算。

A. 检测日期　　B. 出厂日期　　C. 发货票开具日期　　D. 实际到货日期

179. 下列法律法规中，法律效力最高的是（B）。

A. 供电营业规则　　B. 电力法

C. 用电检查管理办法　　D. 电力供应与使用条例

180.《居民用户家用电器损坏处理办法》规定，电光源类家用电器的平均使用年限为（A）年。

A. 2　　B. 5　　C. 10　　D. 12

181.《居民用户家用电器损坏处理办法》规定，电子类家用电器的平均使用年限为（C）年。

A. 2　　B. 5　　C. 10　　D. 12

182.《居民用户家用电器损坏处理办法》规定，电机类家用电器的平均使用年限为（D）年。

A. 2　　B. 5　　C. 10　　D. 12

183.《居民用户家用电器损坏处理办法》规定，对不可修复的家用电器，其购买时间在（B）个月及以内的，按原购货发票价，供电企业全额予以赔偿。

A. 3　　B. 6　　C. 7　　D. 15

184.《供电监管办法》规定，城市地区年供电可靠率不低于（B）。

A. 98%　　B. 99%　　C. 99.99%　　D. 96%

185.《供电监管办法》规定，城市居民客户受电端电压合格率不低于（A）。

A. 95%　　B. 96%　　C. 97%　　D. 98%

186.《供电监管办法》规定，10kV以上供电客户受电端电压合格率不低于（D）。

A. 95%　　B. 96%　　C. 97%　　D. 98%

187.《供电监管办法》规定，供电企业应当按照规定选择电压监测点，（D）专线

供电客户和 110kV 以上供电客户应当设置电压监测点。

A. 10kV　　B. 110kV　　C. 220kV　　D. 35kV

188. 《供电监管办法》规定，低压供电客户，每百台配电变压器选择具有代表性的客户设置（ A ）电压监测点。

A. 1 个以上　　B. 1 个及以上　　C. 2 个以上　　D. 2 个及以上

189. 《供电监管办法》规定，供电企业应当按照国家规定履行电力社会普遍服务义务，依法保障任何人能够按照国家规定的（ C ）获得最基本的供电服务。

A. 程序　　B. 质量　　C. 价格　　D. 项目

190. 《供电监管办法》规定，供电企业发现用电设施存在安全隐患，应当及时告知客户采取有效措施进行治理。用电设施存在严重威胁电力系统安全运行和（ C ）的隐患，客户拒不治理的，供电企业可以按照国家有关规定对该客户中止供电。

A. 设备安全　　B. 供电安全　　C. 人身安全　　D. 公共安全

191. 下列哪些情况供电企业不承担赔偿责任？（ C ）

A. 供电企业负责运行维护的 220/380V 供电线路上，由于供电企业的责任发生相线与零线接错造成居民家用电器损坏的

B. 供电企业认定居民客户家用电器的损坏是不可抗力原因引起的

C. 从家用电器损坏之日起，超过 7 日，受害居民客户未向供电企业投诉并提出索赔要求的

D. 供电企业负责运行维护的 220/380V 供电线路上，由于供电企业的责任发生零线断线的

192. 下列属于窃电行为的是（ C ）。

A. 在供电企业的供电设施上，擅自接线用电

B. 故意损坏供电企业用电计量装置

C. 擅自迁移、更动或者擅自操作供电企业的用电计量装置

D. 故意使供电企业的用电计量装置计量不准或者失效

193. 《供电监管办法》规定，供电企业向客户提供供电方案的期限，自受理客户用电申请之日起，高压单电源供电客户不超过（ B ）个工作日。

A. 15　　B. 20　　C. 30　　D. 45

194. 《供电监管办法》规定，向客户提供供电方案的期限，自受理客户用电申请之日起，高压双电源供电客户不超过（ C ）个工作日。

A. 20　　B. 30　　C. 45　　D. 60

195. 下列选项中，供电企业行为符合《供电监管办法》要求的是（ D ）。

A. 无正当理由拒绝客户用电申请

B. 对趸购转售电企业符合国家规定条件的输配电设施，拒绝或者拖延接入系统

C. 违反市场竞争规则，以不正当手段损害竞争对手的商业信誉或者排挤竞争对手

D. 供电企业公平参与客户受电工程建设，对客户受电工程不指定设计单位、施工单位和设备材料供应单位

196. 《供电监管办法》规定，对客户受电工程启动竣工检验的期限，自接到客户受

电装置竣工报告和检验申请之日起，高压供电客户不超过（ C ）个工作日。

A. 3　　B. 5　　C. 7　　D. 10

197.《供电监管办法》规定，给客户装表接电的期限，自受电装置检验合格并办结相关手续之日起，高压供电客户不超过（ C ）个工作日。

A. 3　　B. 5　　C. 7　　D. 10

198.《供电监管办法》规定，因供电设施临时检修需要停电的，供电企业应当提前（B）h进行公告。

A. 18　　B. 24　　C. 48　　D. 72

199.《供电监管办法》规定，因供电设施计划检修需要停电的，供电企业应当提前（ C ）日公告停电区域、停电线路、停电时间。

A. 3　　B. 5　　C. 7　　D. 10

第三节　多　选　题

1.《中华人民共和国电力法》规定，县级以上地方人民政府及其经济综合主管部门在安排用电指标时，应当保证农业和农村用电的适当比例，优先保证用电的为下列哪项？（ ACD ）

A. 农村排涝用电　　B. 农民生活用电

C. 抗旱用电　　D. 农业季节性生产用电

2.《中华人民共和国电力法》规定，《中华人民共和国电力法》适用于中华人民共和国境内的电力（ ABD ）活动。

A. 建设　　B. 生产　　C. 使用和维护　　D. 供应和使用

3.《中华人民共和国电力法》规定，电力发展规划，应当体现的原则包括：（ ABCD ）

A. 合理利用能源　　B. 电源与电网配套发展

C. 提高经济效益　　D. 有利于环境保护

4.《中华人民共和国电力法》所称电价，是指（ ABC ）。

A. 电力生产企业的上网电价　　B. 电网间的互供电价

C. 电网销售电价　　D. 电网趸售电价

5.《中华人民共和国电力法》规定，以下哪种原因造成客户损失的，电力企业可不承担赔偿责任？（ ABC ）

A. 不可抗力　　B. 第三人的过错

C. 客户自身过错　　D. 供电企业维护不到位

6.《中华人民共和国电力法》规定，国家帮助和扶持（ ACD ）发展电力事业。

A. 少数民族地区　　B. 特殊地区　　C. 边远地区　　D. 贫困地区

7.《中华人民共和国电力法》规定，任何单位和个人不得危害（ ABCD ）。

A. 发电设施　　B. 变电设施　　C. 电力线路设施　　D. 有关辅助设施

8.《中华人民共和国电力法》规定，对同一电网内的（ AB ）的客户，执行相同的电价标准。

A. 同一电压等级　B. 同一用电类别　C. 同一生产特性　D. 同一用电需求

9.《中华人民共和国电力法》规定，国家鼓励和支持农村哪些能源进行农村电源建设，增加农村电力供应？（ABCD）

A. 太阳能　B. 风能　C. 地热能　D. 生物质能

10.《中华人民共和国电力法》规定，由国务院物价行政主管部门核准的互供电价范围为（AB）。

A. 跨省、自治区、直辖市电网和独立电网之间

B. 省级电网和独立电网之间的互供电价

C. 独立电网与独立电网之间的互供电价

D. 省级电网和省级电网之间

11.《中华人民共和国电力法》规定，电力生产与电网运行应当遵循（ACD）的原则。

A. 安全　B. 稳定　C. 优质　D. 经济

12.《中华人民共和国电力法》规定，电力建设项目依法征用土地的，应当依法支付（AC），做好迁移居民的安置工作。

A. 土地补偿费　B. 青苗赔偿费用　C. 安置补偿费　D. 生活补助费用

13.《中华人民共和国电力法》规定，电力建设应当贯彻（AC）的原则。

A. 切实保护耕地　B. 有利于环境保护　C. 节约利用土地　D. 提高经济效益

14.《中华人民共和国电力法》规定，电力企业应当加强安全生产管理，坚持（AC）的方针，建立、健全安全生产责任制度。

A. 安全第一　B. 综合治理　C. 预防为主　D. 以人为本

15.《中华人民共和国电力法》规定，电力企业应当对电力设施定期进行（AB），保证其正常运行。

A. 检修　B. 维护　C. 试验　D. 检查

16.《中华人民共和国电力法》规定，电网运行实行（AB）。

A. 统一调度　B. 分级管理　C. 安全　D. 稳定

17.《中华人民共和国电力法》规定，并网运行必须符合（AB）。

A. 国家标准　B. 电力行业标准　C. 管理标准　D. 技术标准

18.《中华人民共和国电力法》规定，国家对电力供应和使用，实行（ABC）的管理原则。

A. 安全用电　B. 节约用电　C. 计划用电　D. 科学用电

19.《中华人民共和国电力法》规定，制定电价，应当（ABCD）、促进电力建设。

A. 合理补偿成本　B. 合理确定收益　C. 依法计入税金　D. 坚持公平负担

20.《中华人民共和国电力法》规定，禁止任何单位和个人在电费中加收其他费用；但是（AD）另有规定的，按照规定执行。

A. 行政法规　B. 地方政府规定　C. 规章制度　D. 法律

21.《中华人民共和国电力法》规定，在依法划定电力设施保护区前已经种植的植物妨碍电力设施安全的，应当（CD）。

A. 拆除　B. 责令清理　C. 修剪　D. 砍伐

22.《中华人民共和国电力法》规定，电力设施与（AB）和其他工程在新建、改

建或者扩建中相互妨碍时，有关单位应当按照国家有关规定协商，达成协议后方可施工。

A. 公用工程　　B. 绿化工程　　C. 市政工程　　D. 公共建设

23.《中华人民共和国电力法》规定，电力监督检查人员应当（ AB ），熟悉电力法律、法规，掌握有关电力专业技术。

A. 公正廉洁　　B. 秉公执法　　C. 忠于职守　　D. 遵章守纪

24.《电力供应与使用条例》制定的目的是加强电力供应与使用的管理，保障供电、用电双方的合法权益，维护供电、用电秩序，（ AC ）合理地供电和用电。

A. 安全　　B. 方便　　C. 经济　　D. 优质

25.《电力供应与使用条例》规定，以下哪些行为属于窃电行为？（ ABCD ）

A. 在供电企业的供电设施上，擅自接线用电

B. 绕越供电企业的用电计量装置用电

C. 伪造或者开启法定的或者授权的计量检定机构加封的用电计量装置封印用电

D. 故意使供电企业的用电计量装置计量不准或者失效

26.《电力供应与使用条例》规定，以下哪些行为属于危害供电、用电安全，扰乱正常供电、用电秩序的行为？（ ABCD ）

A. 未经供电企业许可，擅自引入、供出电源或者将自备电源擅自并网

B. 擅自改变用电类别

C. 擅自超过合同约定的容量用电

D. 擅自超过计划分配的用电指标的

27.《电力供应与使用条例》规定，供电方式应当按照（ ABCD ）和便于管理的原则，由电力供应与使用双方协商确定。

A. 安全　　B. 可靠　　C. 经济　　D. 合理

28.《电力供应与使用条例》规定，（ ABCD ）均应当到当地供电企业办理手续，并按照国家有关规定交付费用。

A. 申请新装用电　　B. 临时用电

C. 增加用电容量　　D. 变更用电和终止用电

29.《电力供应与使用条例》规定，公用路灯由乡、民族乡、镇人民政府或者县级以上地方人民政府有关部门负责建设，并负责运行维护和交付电费，也可以委托供电企业代为（ ABC ）。

A. 有偿设计　　B. 有偿施工　　C. 有偿维护管理　　D. 无偿服务

30.《电力供应与使用条例》规定，供电企业职工发生下列哪些情况，需要依法给予行政处分；构成犯罪的，依法追究刑事责任？（ABC）

A. 违反规章制度造成供电事故的　　B. 滥用职权

C. 利用职务之便谋取私利　　D. 违反劳动纪律

31.《电力供应与使用条例》规定，供用电合同应当具备以下哪些条款？（ ABCD ）

A. 供电方式、供电质量和供电时间　　B. 用电容量和用电地址、用电性质

C. 计量方式和电价、电费结算方式　　D. 供用电设施维护责任的划分

32.《中华人民共和国电力法》规定，客户对供电质量有特殊要求的，供电企业应

当根据（ AC ），提供相应的电力。

A. 其必要性　　B. 其重要性　　C. 电网的可能　　D. 供电的可能性

33.《电力供应与使用条例》规定，在发电、供电系统正常运行情况下，供电企业应当连续向客户供电；因故需要停止供电时，应当按照下列要求事先通知客户或者进行公告。下列选项中正确的有（ BCD ）。

A. 因供电设施计划检修需要停电时，供电企业应当提前 7 个工作日通知客户或者进行公告

B. 因供电设施临时检修需要停止供电时，供电企业应当提前 24 小时通知重要客户

C. 因发电、供电系统发生故障需要停电、限电时，供电企业应当按照事先确定的有序用电方案进行停电或者限电

D. 引起停电或者限电的原因消除后，供电企业应当尽快恢复供电

34.《电力供应与使用条例》规定，客户受电端的供电质量应当符合（ AB ）。

A. 国家标准　　B. 电力行业标准　　C. 客户要求　　D. 通用标准

35.《电力供应与使用条例》规定，供电企业应当在其营业场所公告以下哪些内容？（ ABC ）

A. 用电的程序　　B. 制度　　C. 收费标准　　D. 停电信息

36.《电力供应与使用条例》规定，以下哪些行为由电力管理部门责令改正，没收违法所得，可以并处违法所得 5 倍以下的罚款？（ ABD ）

A. 擅自向外转供电的

B. 擅自伸入或者跨越供电营业区供电的

C. 擅自引入电源

D. 未按照规定取得《供电营业许可证》，从事电力供应业务的

37.《电力供应与使用条例》规定，供电方式由电力供应与使用双方根据以下哪些因素协商确定？（ ABCD ）

A. 国家有关规定　　B. 电网规划　　C. 用电需求　　D. 当地供电条件

38.《电力供应与使用条例》规定，供电企业和客户签订供用电合同的原则是（ AB ）。

A. 平等自愿　　B. 协商一致　　C. 平等互利　　D. 诚实信用

39.《供电监管办法》规定，供电企业应当按照国家有关规定，遵循（ ABC ）的原则，与客户、趸购转售电单位签订供用电合同，并按照合同约定供电。

A. 平等自愿　　B. 协商一致　　C. 诚实信用　　D. 互惠互利

40.《电力供应与使用条例》规定，电力管理部门应当加强对供用电的监督管理，协调供用电各方关系，禁止危害（ AC ）的行为。

A. 供用电安全　　B. 破坏计量装置　　C. 非法侵占电能　　D. 危害公共安全

41.《电力供应与使用条例》规定，公用供电设施建成投产后，由供电单位统一维护管理。经电力管理部门批准，供电企业可以（ABC）该供电设施。

A. 使用　　B. 改造　　C. 扩建　　D. 变卖

42.《电力供应与使用条例》规定，供电企业和客户应当制订节约用电计划，推广和采用节约用电的（ ABCD ），降低电能消耗。

A. 新技术　　B. 新材料　　C. 新工艺　　D. 新设备

43.《电力供应与使用条例》规定，供电企业应当按照合同约定的（ ABCD ），合理调度和安全供电。

A. 数量　B. 质量　C. 时间　D. 方式

44.《电力供应与使用条例》规定，客户应当按照合同约定的（ AB ）用电，交付电费和国家规定的其他费用。

A. 数量　B. 条件　C. 时间　D. 方式

45.《电力供应与使用条例》规定，并网运行的电力生产企业按照并网协议运行后，送入电网的（ AB ）由供电营业机构统一经销。

A. 电力　B. 电量　C. 电能　D. 负荷

46.《电力供应与使用条例》规定，地方各级人民政府应当按照城市建设和乡村建设的总体规划统筹安排（ ABCD ）。

A. 城乡供电线路走廊　B. 电缆通道

C. 区域变电站　D. 区域配电所

47.《电力供应与使用条例》规定，供电企业可以按照国家有关规定在规划的线路走廊、电缆通道、区域变电站、区域配电所和营业网点的用地上，（ ABC ）。

A. 架线　B. 敷设电缆

C. 建设公用供电设施　D. 建设受电设施

48.《电力供应与使用条例》规定，供电企业应当按照城乡电网建设和改造的规划做好（ AC ）管理工作。

A. 供电设施建设　B. 受电设施建设　C. 供电设施运行　D. 受电设施运行

49.《电力供应与使用条例》规定，供电企业应当按照（ AC ），向客户计收电费。

A. 国家核准的电价　B. 上网电价

C. 用电计量装置的记录　D. 发电量

50.《电力供应与使用条例》规定，供用电合同的变更或者解除，应当依照有关（ ABC ）的规定办理。

A. 法律　B. 电力供应与使用条例

C. 行政法规　D. 合同法

51.《电力监管条例》规定，电力监管的任务是维护电力市场秩序，依法保护电力（ACD）的合法权益和社会公共利益，保障电力系统安全稳定运行，促进电力事业健康发展。

A. 投资者　B. 建设者　C. 经营者　D. 使用者

52.《电力监管条例》规定，电力监管应当依法进行，并遵循（ACD）的原则。

A. 公开　B. 公平　C. 公正　D. 效率

53.《电力监管条例》规定，国务院电力监管机构依照本条例和国务院有关规定，履行（AC）职能。

A. 电力监管　B. 电力管理　C. 行政执法　D. 行政处罚

54.《电力监管条例》规定，任何（ BD ）对违反本条例和国家有关电力监管规定的行为有权向电力监管机构和政府有关部门举报，电力监管机构和政府有关部门应当及时处理，并依照有关规定对举报有功人员给予奖励。

A. 组织 B. 单位 C. 团体 D. 个人

55.《电力监管条例》规定，电力监管机构从事监管工作的人员，应当具备与电力监管工作相适应的（ CD ）。

A. 沟通能力 B. 学历 C. 专业知识 D. 业务工作经验

56.《电力监管条例》规定，电力监管机构及其从事监管工作的人员依法履行电力监管职责，有关单位和人员应当予以（ AC ）。

A. 配合 B. 执行 C. 协助 D. 服从

57.《电力监管条例》规定，电力监管机构应当接受国务院（ AD ）、审计等部门依法实施的监督。

A. 财政 B. 物价 C. 纪委 D. 监察

58.《电力监管条例》规定，电力监管机构依法履行职责，可以采取下列哪些措施，进行现场检查？（ ABC ）

A. 进入电力企业、电力调度交易机构进行检查

B. 询问电力企业、电力调度交易机构的工作人员，要求其对有关检查事项作出说明

C. 查阅、复制与检查事项有关的文件、资料，对可能被转移、隐匿、损毁的文件、资料予以封存

D. 要求电力企业、电力调度交易机构对检查结果进行总结、汇报

59.《电力监管条例》规定，电力监管机构从事监管工作的人员有下列哪些情形的，依法给予行政处分；构成犯罪的，依法追究刑事责任？（ ABCD ）

A. 违反有关法律和国务院有关规定颁发电力业务许可证的

B. 发现未经许可擅自经营电力业务的行为，不依法进行处理的

C. 发现违法行为或者接到对违法行为的举报后，不及时进行处理的

D. 利用职务便利谋取不正当利益的

60.《电力监管条例》规定，电力监管机构从事监管工作的人员在电力企业、电力调度交易机构兼任职务的，由电力监管机构责令改正，没收兼职所得；拒不改正的，予以（ AD ）。

A. 辞退 B. 警告 C. 处分 D. 开除

61.《电力监管条例》规定，电力企业、电力调度交易机构有下列哪些情形的，由电力监管机构责令改正；拒不改正的，处5万元以上50万元以下的罚款？（ AB ）。

A. 提供虚假或者隐瞒重要事实的文件、资料的

B. 拒绝或者阻碍电力监管机构及其从事监管工作的人员依法履行监管职责的

C. 电力调度交易机构违反本条例规定，不按照电力市场运行规则组织交易的

D. 发电厂并网、电网互联不遵守有关规章、规则的

62.《供电营业规则》规定，供电企业高压供电的额定电压序列有（ ABCD ）kV。

A. 10 B. 35（63） C. 110 D. 220

63.《供电营业规则》规定，供电企业对申请用电的客户提供的供电方式，应从供用电（ ABCD ）出发，依据国家的有关政策和规定、电网的规划、用电需求以及当地供电条件等因素，进行技术经济比较，与客户协商确定。

A. 安全　B. 经济　C. 合理　D. 便于管理

64.《供电营业规则》规定，客户需要备用、保安电源时，供电企业应按其(ABD)，与客户协商确定。

A. 负荷重要性　B. 用电容量　C. 电网的承载力　D. 供电的可能性

65.《供电营业规则》规定，遇有下列哪些情况之一者，保安电源应由客户自备？（ ABD ）

A. 在电力系统瓦解造成供电中断时，仍需保证供电的

B. 不可抗力造成供电中断时，仍需保证供电的

C. 客户自备电源比从电力系统供给更为灵活运行的

D. 客户自备电源比从电力系统供给更为经济合理的

66.《供电营业规则》规定，供电企业不得委托下列客户进行转供电（ CD ）。

A. 专线客户　B. 该地区有供电能力的直供客户

C. 使用临时电源的客户　D. 重要的国防军工客户

67.《供电营业规则》规定，在计算转供户用电量、最大需量及功率因数调整电费时，应扣除（ ABCD ）。

A. 被转供户变压器消耗的有功、无功电量

B. 被转供户线路消耗的有功、无功电量

C. 公用线路消耗的有功、无功电量

D. 公用变压器消耗的有功、无功电量

68.《供电营业规则》规定，任何单位或个人需（ ABC ）都必须按本规则规定，事先到供电企业用电营业场所提出申请，办理手续。

A. 新装用电　B. 增加用电容量　C. 变更用电　D. 终止用电

69.《供电营业规则》规定，供电企业应在用电营业场所公告办理各项用电业务的（ ABC ）。

A. 程序　B. 制度　C. 收费标准　D. 供货单位

70.《供电营业规则》规定，供电企业的用电营业机构统一归口办理客户的用电申请和报装接电工作，包括用电申请书的发放及审核、（ ABCD ）、施工中间检查、竣工检验、供用电合同（协议）签约、装表接电等项业务。

A. 供电条件勘查　B. 供电方案确定及批复

C. 有关费用收取　D. 受电工程设计的审核

71.《供电营业规则》规定，客户申请新装或增加用电时，应向供电企业提供用电工程项目批准的文件及有关的用电资料，包括（ ABCD ）、用电负荷、保安电力、用电规划等，并依照供电企业规定的格式如实填写用电申请书及办理所需手续。

A. 用电地点　B. 电力用途　C. 用电性质　D. 用电设备清单

72.《供电营业规则》规定，客户申请新装或增加用电时，应向供电企业提供用电工程项目批准的文件及有关的用电资料，包括用电地点、电力用途、用电性质、用电设备清单、（ ABC ）等，并依照供电企业规定的格式如实填写用电申请书及办理所需手续。

A. 用电负荷　B. 保安电力　C. 用电规划　D. 值班电工

73.《供电营业规则》规定，下列选项中属于变更用电的有（ ABCD ）。

A. 减容　　B. 暂停　　C. 暂换　　D. 迁址

74.《供电营业规则》规定，下列选项中属于变更用电的有（ ABCD ）。

A. 移表　　B. 暂拆　　C. 更名或过户　　D. 分户

75.《供电营业规则》规定，下列选项中属于变更用电的有（ ABCD ）。

A. 并户　　B. 销户　　C. 改压　　D. 改类

76. 根据《供电营业规则》，以下关于减容的办理规定正确的有（ BC ）。

A. 须在 10 天前向供电企业提出申请

B. 减容必须是整台或整组变压器的停止或更换小容量变压器用电

C. 供电企业在受理之日后，根据客户申请减容的日期对设备进行加封

D. 从申请之日起，按原计费方式减收其相应容量的基本电费

77. 根据《供电营业规则》，以下关于减容的办理规定正确的有（ ABC ）。

A. 减少用电容量的期限，应根据客户所提出的申请确定，但最短期限不得少于 6 个月，最长期限不得超过 2 年

B. 在减容期限内，供电企业应保留客户减少容量的使用权

C. 在减容期限内要求恢复用电时，应在 5 天前向供电企业办理恢复用电手续，基本电费从启封之日起计收

D. 减容期满后的客户以及新装、增容客户，一年内不得申办减容或暂停

78. 根据《供电营业规则》，以下关于暂停的办理规定正确的有（ BCD ）。

A. 客户在每一日历年内，可申请全部（含不通过受电变压器的高压电动机）或部分用电容量的暂时停止用电三次，每次不得少于 15 天，一年累计暂停时间不得超过 6 个月

B. 季节性用电或国家另有规定的客户，累计暂停时间可以另议

C. 按最大需量计收基本电费的客户，暂停用电必须是全部容量（含不通过受电变压器的高压电动机）的暂停

D. 供电企业在受理暂停申请后，根据客户申请暂停的日期对暂停设备加封

79. 根据《供电营业规则》，以下关于暂停的办理规定正确的有（ AB ）。

A. 暂停期满或每一日历年内累计暂停用电时间超过 6 个月者，不论客户是否申请恢复用电，供电企业须从期满之日起，按合同约定的容量计收其基本电费

B. 在暂停期限内，客户申请恢复暂停用电容量用电时，须在预定恢复日前 5 天向供电企业提出申请

C. 暂停时间少于 15 天者，暂停期间基本电费不收

D. 按最大需量计收基本电费的客户，申请暂停用电必须是整台或整组变压器的暂停

80.《供电营业规则》规定，在（ BCD ）等不变情况下，可办理移表手续。

A. 用电点　　B. 用电容量　　C. 用电类别　　D. 供电点

81.《电力监管条例》制定的目的有（ ABCD ）。

A. 加强电力监管　　B. 规范电力监管行为

C. 维护电力市场秩序　　D. 依法保护电力使用者的合法权益

82.《供电营业规则》规定，用电计量装置原则上应装在供电设施的产权分界处。

下列说法正确的有（ AC ）。

A. 如产权分界处不适宜装表的，对专线供电的高压客户，可在供电变压器出口装表计量

B. 如产权分界处不适宜装表的，对专线供电的高压客户，可在客户受电装置入口装表计量

C. 对公用线路供电的高压客户，可在客户受电装置的低压侧计量

D. 对公用线路供电的高压客户，可在供电变压器的高压侧计量

83.《居民用户家用电器损坏处理办法》规定，对不可修复的家用电器，下列说法正确的有（ ACD ）。

A. 其购买时间在 6 个月及以内的，按原购货发票价，供电企业全额予以赔偿

B. 其购买时间在 12 个月及以内的，按原购货发票价，供电企业全额予以赔偿

C. 购置时间在 6 个月以上的，按原购货发票价，并按本办法中家用电器的平均使用年限规定的使用寿命折旧后的余额，予以赔偿。

D. 使用年限已超过本办法规定仍在使用的，或者折旧后的差额低于原价 10%的，按原价的 10%予以赔偿。

84.《供电营业规则》规定，计费电能表装设后，客户应妥善保护，不应在表前堆放影响抄表或计量准确及安全的物品。下列说法正确的有（ ABD ）。

A. 如发生计费电能表丢失、损坏或过负荷烧坏等情况，客户应及时告知供电企业，以便供电企业采取措施。

B. 如因供电企业责任或不可抗力致使计费电能表出现或发生故障的，供电企业应负责换表，不收费用

C. 如因不可抗力致使计费电能表出现或发生故障的，客户应赔偿

D. 其他原因引起的，客户应负担赔偿费或修理费。

85. 根据《供电营业规则》，下列选项中对计费电能表抄录规定描述正确的有（ ABC ）。

A. 供电企业应在规定的日期抄录计费电能表读数

B. 由于客户的原因未能如期抄录计费电能表读数时，可通知客户待期补抄或暂按前次用电量计收电费，待下次抄表时一并结清

C. 因客户原因连续 6 个月不能如期抄到计费电能表读数时，供电企业应通知该客户终止供电

D. 因客户原因连续 12 个月不能如期抄到计费电能表读数时，供电企业应通知该客户终止供电

86.《供电监管办法》规定，关于用电设施产生谐波、冲击负荷的情况的规定，以下说法正确的有（ AB ）。

A. 供电企业应当审核用电设施产生谐波、冲击负荷的情况

B. 客户用电设施产生谐波、冲击负荷的，供电企业可按照国家有关规定拒绝不符合规定的用电设施接入电网

C. 客户用电设施产生谐波、冲击负荷的，供电企业可按照国家有关规定中止供电

D. 客户用电设施产生谐波、冲击负荷影响供电质量或者干扰电力系统安全运行的，供电企业应向电力监管部门报备

87.《供电营业规则》规定，在计算转供户用电量、最大需量及功率因数调整电费时，应扣除被转供户、公用线路与变压器消耗的有功、无功电量。下列选项中有关最大需量折算正确的有（ ABCD ）。

A. 被转供户为照明及一班制：每月用电量 180kWh，折合为 1kW

B. 被转供户为二班制：每月用电量 360kWh，折合为 1kW

C. 被转供户为三班制：每月用电量 540kWh，折合为 1kW

D. 被转供户为农业用电：每月用电量 270kWh，折合为 1kW

88.《供电营业规则》规定，为保障用电安全，便于管理，客户应将（ AB ）分开配电。

A. 重要负荷与非重要负荷　　B. 生产用电与生活区用电

C. 重要负荷与生产用电　　D. 生活区用电与非重要负荷

89. 根据《供电营业规则》，以下关于暂拆的办理规定正确的有（ ABCD ）。

A. 客户办理暂拆手续后，供电企业应在 5 天内执行暂拆

B. 暂拆时间最长不得超过 6 个月。暂拆期间，供电企业保留该客户原容量的使用权

C. 暂拆原因消除，客户要求复装接电时，须向供电企业办理复装接电手续并按规定交付费用。上述手续完成后，供电企业应在 5 天内为该客户复装接电

D. 超过暂拆规定时间要求复装接电者，按新装手续办理

90. 根据《供电营业规则》，以下关于办理分户的规定正确的有（ ABD ）。

A. 在原客户与供电企业结清债务的情况下，再办理分户手续

B. 原客户的用电容量由分户者自行协商分割，需要增容者，分户后另行向供电企业办理增容手续

C. 分户引起的工程费用由供电企业负担

D. 分户后受电装置应经供电企业检验合格，由供电企业分别装表计费

91.《供电营业规则》规定，用电人在（ ABC ）情况下，供电人可以对其销户。

A. 依法破产

B. 连续 6 个月不用电，也不申请办理暂停用电手续者

C. 向供电企业申请销户，并缴清电费及其他欠缴费用

D. 有窃电行为

92.《供电营业规则》规定，客户新装、增装或改装受电工程的（ ABCD ）应符合国家有关标准。

A. 设计　　B. 安装　　C. 试验　　D. 运行

93.《供电营业规则》规定，除电网有特殊要求的客户外，客户在当地供电企业规定的电网高峰负荷时的功率因数，下面说法正确的有（ ABC ）。

A. 100kVA 及以上高压供电的客户功率因数为 0.90 以上

B. 其他电力客户和大、中型电力排灌站、趸购转售电企业，功率因数为 0.85 以上

C. 农业用电，功率因数为 0.80 以上

D. 城镇居民客户功率因素为 0.99 以上

94.《供电营业规则》规定，客户受电工程竣工后，应向供电部门提交的竣工报告包括哪些内容？（ ABCD ）

A. 工程竣工图及说明　　　　　　　　B. 安全用具的试验报告

C. 运行管理的有关规定和制度　　　　D. 供电企业认为必要的其他资料或记录

95.《供电营业规则》规定，供电企业可接受地方有关部门的委托，代为（ ABD ）公用路灯，并照章收取费用，具体事项由双方协商确定。

A. 设计　　　　B. 施工　　　　C. 安装　　　　D. 维护管理

96.《供电营业规则》规定，客户独资、合资或集资建设的输电、变电、配电等供电设施建成后，其运行维护管理按以下原则确定（ ABCD ）。

A. 属于公用性质或占用公用线路规划走廊的，由供电企业统一管理

B. 属于客户专用性质，但不在公用变电站内的供电设施，由客户运行维护管理

C. 在公用变电站内由客户投资建设的供电设备，如变压器、通信设备、开关、隔离开关等，由供电企业统一经营管理

D. 属于临时用电等其他性质的供电设施，原则上由产权所有者运行维护管理，或由双方协商确定，并签订协议

97.《供电营业规则》规定，供电设施的运行维护管理范围，按产权归属确定。责任分界点按下列方式确定（ ABCD ）。

A. 公用低压线路供电的，以供电接户线客户端最后支持物为分界点，支持物属供电企业

B. 10kV 及以下公用高压线路供电的，以客户厂界外或配电室前的第一断路器或第一支持物为分界点，第一断路器或第一支持物属供电企业

C. 35kV 及以上公用高压线路供电的，以客户厂界外或客户变电站外第一基电杆为分界点，第一基电杆属供电企业

D. 采用电缆供电的，本着便于维护管理的原则，分界点由供电企业与客户协商确定

98. 根据《供电营业规则》，下列选项中正确的有（ ABCD ）。

A. 因建设引起建筑物、构筑物与供电设施相互妨碍，需要迁移供电设施或采取防护措施时，应按建设先后的原则，确定其担负的责任

B. 如供电设施建设在先，建筑物、构筑物建设在后，由后续建设单位负担供电设施迁移、防护所需的费用

C. 如建筑物、构筑物的建设在先，供电设施建设在后，由供电设施建设单位负担建筑物、构筑物的迁移所需的费用

D. 不能确定建设的先后者，由双方协商解决

99.《供电营业规则》规定，哪些情况下，产权所有者不需承担在供电设施上发生事故引起的法律责任？（ CD ）

A. 受害者因遵守安全或其他规章制度，进入供电设施安全区域内而发生事故引起的法律责任

B. 在委托维护的供电设施上，因供电方维护不当所发生事故引起的法律责任

C. 受害者因违反安全或其他规章制度，擅自进入供电设施非安全区域内而发生事故引起的法律责任

D. 在委托维护的供电设施上，因代理方维护不当所发生事故引起的法律责任

100.《供电营业规则》规定，客户的（ ABC ）对供电质量产生影响或对安全运行构成干扰和妨碍时，客户必须采取措施予以消除。

A. 冲击负荷　　B. 波动负荷　　C. 非对称负荷　　D. 高密度负荷

101.《供电营业规则》规定，客户应定期进行电气设备和保护装置的（ ABD ），消除设备隐患，预防电气设备事故和误动作发生。

A. 检查　　B. 检修　　C. 更换　　D. 试验

102.《供电营业规则》规定，客户发生下列用电事故，应及时向供电企业报告（ ABCD ）。

A. 人身触电死亡　　B. 导致电力系统停电

C. 专线掉闸或全厂停电　　D. 电气火灾

103.《供电营业规则》规定，（ ACD ）受电工程的单位，必须经电力管理部门审核合格，并取得电力管理部门颁发的《承装（修）电力设施许可证》。

A. 承装　　B. 承接　　C. 承修　　D. 承试

104.《供电营业规则》规定，有下列情形之一的，不经批准即可对客户中止供电，但事后应报告本单位负责人（ AD ）。

A. 不可抗力和紧急避险

B. 对危害供用电安全，扰乱供用电秩序，拒绝检查者

C. 受电装置经检验不合格，在指定期间未改善者

D. 确有窃电行为

105.《供电营业规则》规定，除因故中止供电外，供电企业需对客户停止供电时，应按下列程序办理停电手续（ AC ）。

A. 将停电的客户、原因、时间报本单位负责人批准

B. 在停电前 3～7 天内，将停电通知书送达客户或进行公告

C. 在停电前 3～7 天内，将停电通知书送达客户，对重要客户的停电，应将停电通知书报送同级电力管理部门

D. 在停电前 60 分钟，将停电时间再通知客户一次，方可在通知规定时间实施停电

106.《供电监管办法》规定，供电企业应当方便客户查询（ ABCD ）。

A. 用电报装信息　　B. 用电报装办理进度

C. 用电投诉处理情况　　D. 其他用电信息

107.《供电营业规则》规定，用电计量装置包括（ ABCD ）。

A. 计费电能表　　B. 电压互感器　　C. 电流互感器　　D. 二次连接线导线

108.《供电营业规则》规定，供电企业在（ ABD ）后应对用电计量装置加封，并请客户在工作凭证上签章。

A. 新装　　B. 换装　　C. 拆表　　D. 现场校验

109.《供电营业规则》规定，当用电计量装置不安装在产权分界处时，线路与变压器损耗的有功与无功电量均须由产权所有者负担。在计算客户（ ACD ）时，应将上述损耗电量计算在内。

A. 基本电费（按最大需量计收时）　　B. 基本电费（按变压器容量计收时）

C. 电度电费　　　　　　　　　　　　D. 功率因数调整电费

110.《供电营业规则》规定，对不具备安装用电计量装置的临时用电客户，可按其（ ABC ）计收电费。

A. 用电容量　　　B. 使用时间　　　C. 规定的电价　　　D. 约定的电量

111. 根据《供电营业规则》，下列选项中正确的有（ ABD ）。

A. 客户认为供电企业装设的计费电能表不准时，有权向供电企业提出校验申请，在客户交付验表费后，供电企业应在 7 天内检验，并将检验结果通知客户

B. 如计费电能表的误差在允许范围内，验表费不退；如计费电能表的误差超出允许范围时，除退还验表费外，还应按本规则第 80 条规定退补电费

C. 客户对检验结果有异议时，可向供电企业计量检定机构申请检定

D. 客户在申请验表期间，其电费仍应按期交纳，验表结果确认后，再行退补电费

112.《供电营业规则》规定，电压互感器的熔丝熔断，应（ AB ）退补电费。

A. 按规定计算方法计算值补收相应电量的电费

B. 无法计算的以客户正常月份用电量为基准，按正常月与故障月的差额补收相应电量的电费，补收时间按抄表记录或按失压自动记录仪记录确定

C. 与客户协商解决

D. 按违章处理

113.《供电营业规则》规定，客户应按供电企业规定的（ BD ）交清电费，不得拖延或拒交电费。

A. 电价　　　B. 期限　　　C. 交费渠道　　　D. 交费方式

114.《供电营业规则》规定，基本电费以月计算，但（ ABCD ）当月的基本电费，可按实用天数（日用电不足 24h 的，按一天计算）每日按全月基本电费 1/30 计算。

A. 新装　　　B. 增容　　　C. 变更　　　D. 终止用电

115.《供电营业规则》规定，（ ABC ）不扣减基本电费。

A. 事故停电　　　B. 检修停电　　　C. 计划限电　　　D. 有序用电

116. 根据《供电营业规则》，以下关于临时用电说法正确的有（ ABD ）。

A. 用电终止时，如实际使用时间不足约定期限 1/2 的，可退还预收电费的 1/2

B. 超过约定期限 1/2 的，预收电费不退

C. 超过约定期限 1/2 的，可退还预收电费的 1/2

D. 到约定期限时，得终止供电

117.《供电营业规则》规定，并网运行的发电厂，应在发电厂建设项目立项前，与并网的电网经营企业联系，就（ ABCD ）等达成电量购销意向性协议。

A. 并网容量　　　B. 发电时间　　　C. 上网电价　　　D. 上网电量

118.《供电营业规则》规定，并网电量购销合同应当具备下列条款（ ABCD ）。

A. 并网方式、电能质量和发电时间

B. 并网发电容量、年发电利用小时和年上网电量

C. 计量方式和上网电价、电费结算方式

D. 电网提供的备用容量及计费标准

119.《供电营业规则》规定，省电网经营企业可根据（ ABD ）的不同，分类制定出适应不同类型客户需要的标准格式的供用电合同。

A. 用电类别　　B. 用电容量　　C. 电网结构　　D. 电压等级

120.《供电营业规则》规定，发生下列哪些情况时允许变更或解除供用电合同？（ ABCD ）

A. 当事人双方经过协商同意并且不因此损害国家利益和扰乱供用电秩序

B. 当事人一方依照法律程序确定确实无法履行合同

C. 由于不可抗力或一方当事人虽无过失但无法防止的外因致使合同无法履行

D. 由于供电能力变化或国家对电力供应与使用管理的政策调整，使订立供用电合同时的依据被修改或取消

121.《供电营业规则》规定，除居民客户外，其他客户每日电费违约金的计算方法正确的有（ BC ）。

A. 当年欠费部分，每日按欠费总额的1‰计算

B. 当年欠费部分，每日按欠费总额的2‰计算

C. 跨年度欠费部分，每日按欠费总额的3‰计算

D. 跨年度欠费部分，每日按欠费总额的4‰计算

122.《供电营业规则》规定，未经供电企业许可，擅自引入（或供出）电源或者将自备电源擅自并网，应如何处理？（ AC ）

A. 当即拆除接线

B. 客户承担其引入（供出）或并网电源容量每千瓦（千伏安）50元的违约使用电费

C. 客户承担其引入（供出）或并网电源容量每千瓦（千伏安）500元的违约使用电费

D. 客户承担其引入（供出）或并网电源容量每千瓦（千伏安）5000元的违约使用电费

123.《供电营业规则》规定，下列选项中哪些属于窃电行为？（ ABCD ）

A. 绕越供电企业用电计量装置用电

B. 伪造或者开启供电企业加封的用电计量装置封印用电

C. 故意损坏供电企业用电计量装置

D. 故意使供电企业用电计量装置不准或者失效

124. 为保护供用电双方的合法权益，规范因电力运行事故引起的居民用户家用电器损坏的理赔处理，公正、合理地调解纠纷，根据（ AB ）和国家有关规定，制定《居民用户家用电器损坏处理办法》。

A.《中华人民共和国电力法》　　B.《电力供应与使用条例》

C.《供电营业规则》　　D.《供电监管办法》

125.《居民用户家用电器损坏处理办法》规定，不属于责任损坏或未损坏的元件，受害居民客户也要求更换时，所发生的元件（ AC ）应由提出要求者负担。

A. 购置费　　B. 检测费　　C. 修理费　　D. 其他费用

126.《居民用户家用电器损坏处理办法》规定，供电企业如能提供证明，居民客户

家用电器的损坏是（ABCD）等原因引起，并经县级以上电力管理部门核实无误，供电企业不承担赔偿责任。

A. 不可抗力　B. 第三人责任　C. 受害者自身过错　D. 产品质量事故

127.《居民用户家用电器损坏处理办法》规定，电力运行事故，是指在供电企业负责运行维护的220/380V供电线路或设备上因供电企业的责任发生的（ABCD）事件。

A. 相线与零线接错　B. 三相相序接反　C. 零线断线　D. 相线与零线互碰

128.《居民用户家用电器损坏处理办法》规定，损坏的家用电器经（BD）的检修单位检定，认为可以修复的，由供电企业承担被损坏元件的修复责任。

A. 电力管理部门指定　B. 供电企业指定

C. 电器厂家指定　D. 供用电双方认可

129.《居民用户家用电器损坏处理办法》规定，因供电企业责任引起居民客户家用电器损坏的，供电企业应会同居委会（村委会）或其他有关部门，共同对受害居民客户损坏的家用电器（ABCD）及损坏现象等进行登记和取证。

A. 型号　B. 名称　C. 数量　D. 使用年月

130.《居民用户家用电器损坏处理办法》规定，对损坏家用电器的修复，供电企业承担被损坏元件的修复责任。下列选项中关于修复的描述正确的有（BD）。

A. 尽可能以新型号、规格的新元件修复

B. 尽可能以原型号、规格的新元件修复

C. 无新型号、规格的新元件可供修复时，可采用原型号、规格的新元件修复

D. 无原型号、规格的新元件可供修复时，可采用相同功能的新元件替代

131.《居民用户家用电器损坏处理办法》规定，修复所发生的元件（ABC）均由供电企业负担。

A. 购置费　B. 检测费　C. 修理费　D. 其他费用

132. 根据《居民用户家用电器损坏处理办法》，以下说法错误的有（ABD）。

A. 从家用电器损坏之日起，超过7个工作日未投诉索赔的，供电企业不再负责其赔偿

B. 对无法提供购货发票的，不予修复或赔偿

C. 白炽灯的使用年限为2年

D. 由于电力运行事故的原因出现3户及以上家用电器同时损坏时，供电企业才能受理索赔

133.《居民用户家用电器损坏处理办法》规定，下列家用电器中平均使用年限为12年的有（BD）。

A. 电视机　B. 电冰箱　C. 电热水器　D. 吸尘器

134.《供电监管办法》规定，电力监管机构对供电企业的供电质量实施监管，以下说法正确的有（ABC）。

A. 向客户提供的电能质量符合国家标准

B. 向客户提供的电能质量符合电力行业标准

C. 城市地区年供电可靠率不低于99%

D. 农村地区年供电可靠率不低于97%

135.《中华人民共和国电力法》制定的目的是保障和促进电力事业的发展，维护电力（ACD）的合法权益，保障电力安全运行。

A. 投资者　　B. 建设者　　C. 使用者　　D. 经营者

136.《中华人民共和国电力法》规定，禁止任何单位和个人危害电力设施安全或者（AD）电能。

A. 非法侵占　　B. 大量消费　　C. 充分利用　　D. 非法使用

137.《中华人民共和国电力法》规定，电力建设、生产、电网经营企业依法实行（BC），并接受电力管理部门的监督。

A. 承包管理　　B. 自负盈亏　　C. 自主经营　　D. 行业管理

138.《中华人民共和国电力法》规定，扰乱电力生产企业及（BCD）的秩序，致使电力生产、工作和营业不能正常进行，构成犯罪的，依法追究刑事责任。

A. 公共场所　　B. 变电站　　C. 电力调度机构　　D. 供电企业

139.《中华人民共和国电力法》规定，电力管理部门的工作人员（ABD），构成犯罪的，依法追究刑事责任。

A. 滥用职权　　B. 玩忽职守　　C. 无所作为　　D. 徇私舞弊

140.《中华人民共和国电力法》规定，各级电力管理部门应当会同有关行政主管部门和电网经营企业做好城乡电网（CD）的规划。

A. 发展　　B. 运行　　C. 建设　　D. 改造

141.《电力供应与使用条例》规定，有下列行为之一的，由电力管理部门责令改正，没收违法所得，可以并处违法所得5倍以下的罚款（BCD）。

A. 擅自超过合同容量用电

B. 未按照规定取得《供电营业许可证》，从事电力供应业务的

C. 擅自伸入或者跨越供电营业区供电的

D. 擅自向外转供电的

142.《电力监管条例》规定，电力监管机构应当建立（CD）制度。

A. 权利　　B. 法律法规　　C. 监管责任　　D. 监管信息公开

143.《电力监管条例》规定，电力监管机构对供电企业按照国家规定的（BC）标准向客户提供供电服务的情况实施监管。

A. 供电可靠率　　B. 电能质量　　C. 供电服务质量　　D. 供电服务提供

144.《供电营业规则》规定，供电企业低压供电的额定电压为（BC）。

A. 直流220V　　B. 单相220V　　C. 三相380V　　D. 交流380V

145.《供电营业规则》规定，客户申请新装或增加用电时，应向供电企业提供（ABCD）等。

A. 用电地点　　B. 电力用途　　C. 用电性质　　D. 用电设备清单

146.《供电营业规则》规定，超过减容期限要求恢复用电时，应按（BD）手续办理。

A. 并户　　B. 新装　　C. 改压　　D. 增容

147.《供电营业规则》规定，减容期满后的客户以及新装、增容客户，两年内不得申办（AB）。

A. 减容　　B. 暂停　　C. 销户　　D. 暂换

148.《供电营业规则》规定，哪些变更用电须在5天前向供电企业提出申请？（ABD）

A. 减容　　B. 暂停　　C. 暂换　　D. 迁址

149.《供电营业规则》规定，在（ABC）不变的情况下，允许办理更名或过户。

A. 用电地址　　B. 用电容量　　C. 用电类别　　D. 供电点

150.《供电营业规则》规定，除因故中止供电外，供电企业需对客户停止供电时，应将停电的（BCD）报本单位负责人批准。

A. 区域　　B. 客户　　C. 原因　　D. 时间

151.《居民用户家用电器损坏处理办法》规定，下列属于电子类电器的有（AD）。

A. 电视机　　B. 电冰箱　　C. 电饭煲　　D. 充电器

152.《居民用户家用电器损坏处理办法》规定，下列属于电机类电器的有（BD）。

A. 电视机　　B. 电冰箱　　C. 电饭煲　　D. 空调器

153.《居民用户家用电器损坏处理办法》规定，下列属于电阻电热类电器的有（BC）。

A. 电视机　　B. 电茶壶　　C. 电饭煲　　D. 白炽灯

154.《居民用户家用电器损坏处理办法》规定，下列属于电光源类电器的有（AD）。

A. 调光灯　　B. 电茶壶　　C. 电饭煲　　D. 白炽灯

155.《供电营业规则》规定，下列属于变更用电的有（AC）。

A. 改压　　B. 新装　　C. 并户　　D. 增容

156.《供电营业规则》规定，对（BCD）等非永久性用电，可供给临时电源。

A. 居民住宅　　B. 基建工地　　C. 农田水利　　D. 市政建设

157.《供电监管办法》规定，供电企业应当坚持（ABD）的方针，遵守有关供电安全的法律、法规和规章，加强供电安全管理。

A. 安全第一　　B. 预防为主　　C. 统一领导　　D. 综合治理

158.《供电监管办法》规定，供电企业公开信息应（ABC）。

A. 及时　　B. 真实　　C. 完整　　D. 准确

159.《供电监管办法》规定，对供电企业办理用电业务的期限进行了规定，对低压客户的时限要求以下说法正确的有（BC）。

A. 向客户提供供电方案的期限，自受理客户用电申请之日起，低压客户不超过3个工作日

B. 对客户受电工程设计文件和有关资料审核的期限，自受理之日起，低压供电客户不超过8个工作日

C. 对客户受电工程启动中间检查的期限，自接到客户申请之日起，低压供电客户不超过3个工作日

D. 给客户装表接电的期限，自受理客户用电申请之日起，居民客户不超过5个工作日

160.《供电监管办法》规定，对供电企业办理用电业务的期限进行了规定，对高压客户的时限要求以下说法错误的有（ACD）。

A. 向客户提供供电方案的期限，自受理客户用电申请之日起，高压客户不超过20个工作日

B. 对客户受电工程启动中间检查的期限，自接到客户申请之日起，高压供电客户不超过5个工作日

C. 对客户受电工程启动竣工检验的期限，自接到客户受电装置竣工报告和检验申请之日起，高压供电客户不超过5个工作日

D. 给客户装表接电的期限，自受电装置检验合格并办结相关手续之日起，高压供电客户不超过5个工作日

161.《供电监管办法》规定，在电力系统正常的情况下，供电企业应当连续向客户供电。电力监管机构对供电企业实施（ABC）的情况进行监管。

A. 停电　　B. 限电　　C. 中止供电　　D. 终止供电

162.《供电监管办法》规定，在电力系统正常的情况下，供电企业应当连续向客户供电，引起停电或者限电的原因消除后，供电企业应当在3日内恢复正常供电，以下说法正确的有（BC）。

A. 因供电设施计划检修需要停电的，供电企业应当提前8日进行公告

B. 因供电设施临时检修需要停电的，供电企业应当提前24h进行公告

C. 供电企业对客户中止供电应当按照国家有关规定执行

D. 引起停电或者限电的原因消除后，供电企业应当在24h内恢复正常供电

163.《供电监管办法》规定，电力监管机构对供电企业履行紧急供电义务的情况实施监管。因（AD）需要紧急供电时，供电企业应当及时提供电力供应。

A. 抢险救灾　　B. 市政建设　　C. 集会演出　　D. 突发事件

164.《供电监管办法》规定，因供电设施计划检修需要停电的，供电企业应当提前7日公告停电区域和（BD）。

A. 停电计划　　B. 停电时间　　C. 复电时间　　D. 停电线路

165.《供电监管办法》规定，因电网发生故障或者电力供需紧张等原因需要停电、限电的，供电企业应当按照所在地人民政府批准的（AC）执行。

A. 有序用电方案　　B. 限电序位表

C. 事故应急处置方案　　D. 停电事故预案

166.《供电监管办法》规定，供电企业对重要电力客户实施（ABCD），应当按照国家有关规定执行。

A. 停电　　B. 限电　　C. 中止供电　　D. 恢复供电

167.《供电监管办法》规定，电力监管机构对供电企业执行国家有关电力行政许可规定的情况实施监管。电力行政许可包括（ABCD）。

A. 供电营业区许可　　B. 电工进网作业许可

C. 承装（修、试）电力设施许可　　D. 供电业务许可

168.《供电监管办法》规定，电力监管机构对供电企业公平、无歧视开放供电市场的情况实施监管。供电企业不得从事下列行为（AD）。

A. 无正当理由拒绝客户用电申请

B. 违约停电、无故拖延送电

C. 违反政府部门批准的收费项目和标准向客户收费

D. 对客户受电工程指定设计单位、施工单位和设备材料供应单位

169.《供电监管办法》规定，电力监管机构对供电企业执行国家规定的电价政策和收费标准的情况实施监管，供电企业不得（ ABD ）。

A. 自定电价

B. 擅自变更电价

C. 擅自在电费中加收或者代收国家政策规定的费用

D. 自立收费项目

170.《供电监管办法》规定，电力监管机构对供电企业执行国家规定的（ AC ）情况实施监管。

A. 电价政策　B. 收费项目　C. 收费标准　D. 收费方式

171.《供电监管办法》规定，供电企业应当严格执行国家电价政策，按照（ AD ），依据计量检定机构依法认可的用电计量装置的记录，向客户计收电费。

A. 国家核准电价　B. 政府指导价　C. 地方核准电价　D. 市场交易价

172.《供电监管办法》规定，供电企业应当减少电能（ BD ）环节的损失和浪费。

A. 发电　B. 输送　C. 配电　D. 供应

173.《供电监管办法》规定，电力监管机构对供电企业执行国家有关节能减排和环境保护政策的情况实施监管。供电企业应当严格执行政府有关部门依法作出的对（ ABC ）采取停限电措施的决定。

A. 淘汰企业　B. 关停企业　C. 环境违法企业　D. 破产企业

174.《供电监管办法》规定，供电企业应当按照国家有关电力需求侧管理规定，采取有效措施，指导客户（ BCD ）用电，提高电能使用效率。

A. 安全　B. 科学　C. 合理　D. 节约

175.《供电监管办法》规定，供电企业违反本办法哪些规定，由电力监管机构责令改正，拒不改正的，处 10 万元以上 100 万元以下罚款？（ AB ）

A. 对趸购转售电企业符合国家规定条件的输配电设施，拒绝或者拖延接入系统

B. 对客户受电工程指定设计单位、施工单位和设备材料供应单位

C. 供电企业自定电价，擅自变更电价

D. 提供虚假或者隐瞒重要事实的文件、资料的

176.《电力监管条例》规定，国务院价格主管部门、国务院电力监管机构依照（ ABC ），对电价实施监管。

A. 法律　B. 行政法规　C. 国务院的规定　D. 市场需求

177.《供电营业规则》规定，客户更名或过户（依法变更客户名称或居民客户变更房主），持有关证明向供电企业提出申请。供电企业应按照下列规定办理（ ABCD ）。

A. 在用电地址、用电容量、用电类别不变的情况下，允许办理更名或过户

B. 原客户应于供电企业结清债务，才能解除原供用关系

C. 不申请办理过户手续而私自过户者，新客户应承担原客户所负债务

D. 经供电企业检查发现客户私自过户时，供电企业应通知该户补办手续，必要时可中止供电

178.《中华人民共和国电力法》规定，下列哪些行为，应当给予治安管理处罚，由公安机关依照治安管理处罚条例的有关规定给予处罚；构成犯罪的，依法追究刑事

责任？(CD)

A. 窃电

B. 违约用电

C. 殴打、公然侮辱履行职务的查电人员或者抄表收费人员的

D. 拒绝、阻碍电力监督检查人员依法执行职务的

179.《供电营业规则》规定，在电力系统正常状况下，供电频率的允许偏差为（ AD ）。

A. 电网装机容量在 300 万 kW 及以上的，为±0.2Hz

B. 电网装机容量在 300 万 kW 以上的，为±0.5Hz

C. 电网装机容量在 300 万 kW 以下的，为±0.2Hz

D. 电网装机容量在 300 万 kW 以下的，为±0.5Hz

180.《供电营业规则》规定，在电力系统正常状况下，供电企业供到客户受电端的供电电压允许偏差为（ ABD ）。

A. 35kV 及以上电压供电的，电压正、负偏差的绝对值之和不超过额定值的 10%

B. 10kV 及以下三相供电的，为额定值的±7%

C. 220V 单相供电的，为额定值的－7%，＋10%

D. 220V 单相供电的，为额定值的＋7%，－10%

181.《供电营业规则》规定，在发供电系统正常情况下，供电企业应连续向客户供应电力。但是，有下列情形之一的，须经批准方可中止供电（ ABCD ）。

A. 拖欠电费经通知催交仍不交者

B. 拒不在限期内拆除私增用电容量者

C. 私自向外转供电力者

D. 对危害供用电安全，扰乱供用电秩序，拒绝检查者

182.《供电营业规则》规定，客户移表（因修缮房屋或其他原因需要移动用电计量装置安装位置），须向供电企业提出申请。供电企业应按下列规定办理（ ACD ）。

A. 在用电地址、用电容量、用电类别、供电点等不变情况下，可办理移表手续

B. 移表所需的费用由供电企业负担

C. 客户不论何种原因，不得自行移动表位

D. 移表所需的费用由客户负担

183.《供电营业规则》规定，除因故中止供电外，供电企业需对客户停止供电时，应按下列程序办理停电手续（ ABC ）。

A. 应将停电的客户、原因、时间报本单位负责人批准

B. 在停电前 3～7 天内，将停电通知书送达客户，对重要客户的停电，应将停电通知书报送同级电力管理部门

C. 在停电前 30 分钟，将停电时间再通知客户一次，方可在通知规定时间实施停电

D. 在停电前 45 分钟，将停电时间再通知客户一次，方可在通知规定时间实施停电

184.《中华人民共和国电力法》规定，输变电工程、调度通信自动化工程等电网配套工程和环境保护工程，应当与发电工程项目（ ABCD ）。

A. 同时设计　B. 同时建设　C. 同时验收　D. 同时投入使用

185.《中华人民共和国电力法》规定，客户用电不得（ ABCD ）。

A. 危害供电安全　B. 危害用电安全　C. 扰乱供电秩序　D. 扰乱用电秩序

186.《中华人民共和国电力法》规定，有下列行为之一，应当给予治安管理处罚的，由公安机关依照治安管理处罚条例的有关规定予以处罚；构成犯罪的，依法追究刑事责任（ABCD）。

A. 阻碍电力建设或者电力设施抢修，致使电力建设或者电力设施抢修不能正常进行的

B. 扰乱电力生产企业、变电站、电力调度机构和供电企业的秩序，致使生产、工作和营业不能正常进行的

C. 殴打、公然侮辱履行职务的查电人员或者抄表收费人员的

D. 拒绝、阻碍电力监督检查人员依法执行职务的

187.《供电营业规则》规定，（AB）情况下可采用低压三相四线制供电，特殊情况也可采用高压供电。

A. 客户用电设备容量在100kW及以下

B. 需用变压器容量在50kVA及以下

C. 客户用电设备容量在100kW以上

D. 需用变压器容量在50kVA以上

188.《供电营业规则》规定，供电方案的有效期为（AC），逾期注销。

A. 高压供电方案的有效期为1年

B. 高压供电方案的有效期为6个月

C. 低压供电方案的有效期为3个月

D. 低压供电方案的有效期为1个月

189.《供电营业规则》规定，暂换变压器的使用时间为（AD）。

A. 10kV及以下的不得超过2个月

B. 10kV及以下的不得超过3个月

C. 35kV及以上的不得超过2个月

D. 35kV及以上的不得超过3个月

190.《供电营业规则》规定，客户迁址，须在5天前向供电企业提出申请。供电企业应按下列规定办理（ABCD）。

A. 原址按终止用电办理，供电企业予以销户，新址用电优先受理

B. 迁移后的新址不在原供电点供电的，新址用电按新装用电办理

C. 迁移后的新址在原供电点供电的，且新址用电容量不超过原址容量，新址用电引起的工程费用由客户负担

D. 迁移后的新址仍在原供电点，但新址用电容量超过原址用电容量的，超过部分按增容办理

191.《供电营业规则》规定，供用电设备计划检修应做到统一安排，供电设备计划检修时，以下规定正确的有（AD）。

A. 对35kV及以上电压供电的客户的停电次数，每年不应超过1次

B. 对35kV及以上电压供电的客户的停电次数，每年不应超过2次

C. 对10kV供电的客户，每年不应超过2次

D. 对10kV供电的客户，每年不应超过3次

192.《供电营业规则》规定，引起停电或限电的原因消除后，以下说法正确的有（AC）。

A. 供电企业应在3日内恢复供电

B. 供电企业应在1日内恢复供电

C. 不能在3日内恢复供电的，供电企业应向客户说明原因

D. 不能在1日内恢复供电的，供电企业应向客户说明原因

193. 根据《供电营业规则》，下列关于变更用电说法正确的有（ABC）。

A. 减少合同约定的用电容量，简称减容

B. 暂时停止全部或部分受电设备的用电，简称暂停

C. 临时更换大容量变压器，简称暂换

D. 迁移供电装置用电地址，简称迁址

194. 根据《供电营业规则》，下列关于客户受电工程设计文件和有关资料审核的时间正确的有（AD）。

A. 对高压供电的客户最长不超过1个月

B. 对高压供电的客户最长不超过3个月

C. 对低压供电的客户最长不超过7天

D. 对低压供电的客户最长不超过10天

195. 根据《居民用户家用电器损坏处理办法》，下列关于各类家用电器的平均使用年限的规定正确的有（ABCD）。

A. 电子类使用寿命为10年　　B. 电机类使用寿命为12年

C. 电阻电热类使用寿命为5年　　D. 电光源类使用寿命为2年

196.《供电营业规则》规定，擅自使用已在供电企业办理暂停手续的电力设备或启用供电企业封存的电力设备的，应停用违约使用的设备。下列说法正确的有（AC）。

A. 属于两部制电价的客户，应补交擅自使用或启用封存设备容量和使用月数的基本电费，并承担2倍补交基本电费的违约使用电费

B. 属于两部制电价的客户，应补交擅自使用或启用封存设备容量和使用月数的基本电费，并承担3倍补交基本电费的违约使用电费

C. 其他客户应承担擅自使用或启用封存设备容量每次每千瓦（千伏安）30元的违约使用电费

D. 其他客户应承担擅自使用或启用封存设备容量每次每千瓦（千伏安）50元的违约使用电费

197.《供电营业规则》规定，在电价低的供电线路上，擅自接用电价高的用电设备或私自改变用电类别的，下列说法错误的有（BD）。

A. 应按实际使用日期补交其差额电费，并承担2倍差额电费的违约使用电费

B. 应按实际使用日期补交其差额电费，并承担3倍差额电费的违约使用电费

C. 使用起讫日期难以确定的，实际使用时间按3个月计算

D. 使用起讫日期难以确定的，实际使用时间按6个月计算

198.《供电监管办法》规定，电力监管机构依法履行职责，可以采取哪些措施，进

行现场检查？（ **ABCD** ）。

A. 进入供电企业进行检查

B. 询问供电企业的工作人员，要求其对有关检查事项作出说明

C. 查阅、复制与检查事项有关的文件、资料，对可能被转移、隐匿、损毁的文件、资料予以封存

D. 对检查中发现的违法行为，可以当场予以纠正或者要求限期改正

199. 《供电监管办法》规定，电力监管机构对供电企业信息公开的情况实施监管，供电企业公开信息应当真实、及时、完整。供电企业应当方便客户查询（ ABCD ）。

A. 用电报装信息　　B. 用电报装办理进度

C. 用电投诉处理情况　　D. 其他用电信息

200. 《供电监管办法》规定，供电企业工作人员到达现场抢修的时限，自接到报修之时起，（ ABC ）。

A. 城区范围不超过 60min　　B. 农村地区不超过 120min

C. 边远地区不超过 240min　　D. 交通不便地区不超过 90min

第四节　判　断　题

1.《供电营业规则》规定：因电能质量某项指标不合格而引起责任纠纷时，不合格的质量责任由电力管理部门认定的电能质量技术检测机构负责技术仲裁。（√）

2.《供电营业规则》规定：有下列情形之一的，不经批准即可中止供电，但事后应报告本单位负责人：不可抗力和紧急避险；确有窃电行为。（√）

3.《供电营业规则》规定：供电企业应在客户每一个受电点内按不同电价类别，分别安装用电计量装置。每个受电点作为客户的一个计费单位。（√）

4.《供电营业规则》规定：用电计量装置原则上应装在供电设施的产权分界处。（√）

5.《供电营业规则》规定：当用电计量装置不安装在产权分界处时，线路与变压器损耗的有功与无功电量均须由产权所有者负担。（√）

6.《供电营业规则》规定：因客户原因连续 3 个月不能如期抄到计费电能表读数时，供电企业应通知该客户得终止供电。（×）

7.《供电营业规则》规定：客户自备电厂应自发自供厂区内的用电，不得将自备电厂的电力向厂区外供电。（√）

8.《供电营业规则》规定：供用电合同的变更或者解除，必须依法进行。（√）

9.《用电检查管理办法》规定：执行用电检查任务前，用电检查人员应按规定填写《用电检查工作单》，方能赴客户执行查电任务。（×）

10.《用电检查管理办法》规定：现场检查确认有危害供用电安全或扰乱供用电秩序行为的，用电检查人员应按规定，在现场予以制止。（√）

11.《居民用户家用电器损坏处理办法》适用于由供电企业以 220V 电压供电的居民客户，因发生电力运行事故导致电能质量劣化，引起居民客户家用电器损坏时的索赔处理。（×）

12.《供电监管办法》规定：供电企业应当建立完善的报修服务制度，公开报修电话，保持电话畅通，24h受理供电故障报修。(√)

13.《供电监管办法》规定：供电企业应客户要求对产权属于客户的电气设备提供有偿服务时，应当执行政府定价或者政府指导价。没有政府定价和政府指导价的，参照市场价格协商确定。(√)

14.《承装（修、试）电力设施许可证管理办法》中所称承装、承修、承试电力设施，是指对供电、受电电力设施的安装、维修和试验。(×)

15.《供电监管办法》规定：供电监管应当依法进行，并遵循公开、公正和效率的原则。(√)

16.《中华人民共和国电力法》规定：客户对供电质量有特殊要求的，供电企业应当根据其必要性和电网的可能，提供相应的电力。(√)

17.《中华人民共和国电力法》规定：客户使用的电力电量，以计量检定机构依法认可的用电计量装置的记录为准。(√)

18.《中华人民共和国电力法》所称电价是指电力生产企业的上网电价、电网销售电价。(×)

19.《中华人民共和国电力法》规定：对同一电网内的同一电压等级、同一用电类别的客户，执行相同的电价标准。(√)

20.《中华人民共和国电力法》规定：农业用电价格按照保本、微利的原则确定。(√)

21. 违反《中华人民共和国电力法》规定，非法占用变电设施用地、输电线路走廊或者电缆通道的，由县级以上地方人民政府责令限期改正；逾期不改正的，强制清除障碍。(√)

22.《中华人民共和国电力法》规定：未经许可，从事供电或者变更供电营业区的，由电力管理部门责令改正，没收违法所得，可以并处违法所得3倍以下的罚款。(×)

23.《中华人民共和国电力法》规定：危害供电、用电安全或者扰乱供电、用电秩序的，由电力管理部门责令改正，给予警告；情节严重或者拒绝改正的，可以中止供电，可以并处3万以下的罚款。(×)

24.《中华人民共和国电力法》规定：在依法划定的电力设施保护区内修建建筑物、构筑物或者种植植物、堆放物品，危及电力设施安全的，由当地人民政府责令强制拆除、砍伐或清除。(√)

25.《电力供应与使用条例》规定：供电营业区的划分，应当考虑电网的结构和供电合理性等因素。一个供电营业区内只设立一个供电营业机构。(√)

26.《电力供应与使用条例》规定：客户用电容量超过其所在的供电营业区内供电企业供电能力的，由省级以上电力管理部门指定的其他供电企业供电。(√)

27.《电力供应与使用条例》规定：在客户受送电装置上作业的电工，必须经电力管理部门考核合格，方可上岗作业。(×)

28.《电力供应与使用条例》规定：因电力运行事故给客户或者第三人造成损害的，供电企业应当依法承担赔偿责任。(√)

29.《电力设施保护条例实施细则》对超过4m高度的车辆或机械通过架空电力线路时，必须采取安全措施，并经县级以上的电力管理部门批准。(√)

30. 供电营业区是指向客户供应并销售电能的地域。经国家核准的供电营业区是电网经营企业或者供电企业依法专营电力的地域。(√)

31.《供电营业区划分及管理办法》规定：国家对供电营业区的设立、变更实行许可证管理制度。(√)

32.《供电营业区划分及管理办法》规定：由于政治、军事、安全等原因，对供电质量有特殊要求或用电对供电质量产生严重影响的客户，可由省级以上电力管理部门指定的供电企业供电。(√)

33.《供电营业区划分及管理办法》规定：供电营业区的变更，由原受理审批该供电营业区的电力管理部门办理。(√)

34. 国家电网公司使命是奉献清洁能源、建设和谐社会。(√)

35."四个服务"的公司宗旨体现了公司政治责任、经济责任和社会责任的统一，是公司一切工作的出发点和落脚点。(√)

36. 国家电网公司愿景是建设世界一流电网、建设国际一流企业。(√)

37."两个一流"的公司愿景是公司的奋斗方向，是国家电网人的远大理想，是公司一切工作的目标追求。(√)

38. 国家电网公司的企业精神是：努力超越、追求卓越。(√)

39."努力超越、追求卓越"精神是公司和员工勇于超越过去、超越自我、超越他人，永不停步，追求企业价值实现的精神境界。(√)

40."诚信、责任、创新、奉献"的核心价值观是公司的价值追求，是公司和员工实现愿景和使命的信念支撑和根本方法。(√)

41. 国家电网公司科学发展的战略途径是：转变电网发展方式、转变公司发展方式。(√)

42. 国家电网公司科学发展的战略保障是：公司党的建设、企业文化建设、队伍建设。(√)

43. 公司企业标准包括：技术标准、工作标准、管理标准。(√)

44. 管理标准是对企业标准化领域中需要协调统一的管理事项所制定的标准。(√)

45. 技术标准是对企业标准化领域中需要协调统一的技术事项所制定的标准。(√)

46. 工作标准是对企业标准化领域中需要协调统一的工作事项所制定的标准。(√)

47.《国家电网公司员工守则》是公司全体员工应共同遵守的基本行为准则。(√)

48.《员工服务"十个不准"》是公司对员工服务行为规定的底线、不能逾越的"红线"。(√)

49. 电荷有规则的定向流动，就形成电流，习惯上规定正电荷移动的方向为电流的实际方向。(√)

50. 为了防止接线错误，规定用颜色区分各相，黄色表示U相，绿色表示W相，红色表示V相。(×)

51. 在具有电感和电容的电路中，存在感抗和容抗，感抗和容抗的差值叫电抗。(√)

52. 在直流电路中，电流的频率为零；电感的感抗为零；电容的容抗为无穷大。(√)

53. 瞬时功率因数是客户用电负荷的瞬时特性，是某一时刻的客户有功功率与视在功率的比值。(√)

54. 用电设备在某一时刻向电力系统所取用的电功率称为负荷。(√)

55. 特高压分为交流特高压和直流特高压。(√)

56. 对于星形连接的三相电路，线电压等于$\sqrt{3}$倍相电压。对于三角形连接的三相电路，线电压等于相电压。(√)

57. 《电力监管条例》规定，电力监管机构按照国家有关规定，对电力企业在各电力市场中所占份额的比例实施监管。(×)

58. 《电力监管条例》规定，供电企业对电力市场向从事电力交易的主体公平、无歧视开放的情况以及输电企业公平开放电网的情况依法实施监管。(×)

59. 《电力监管条例》规定，安全监管机构对电力企业、电力调度交易机构执行电力市场运行规则、电力调度规则的情况实施监管。(×)

60. 《电力监管条例》规定，安全监管机构具体负责电力安全监督管理工作。(×)

61. 《电力监管条例》经 2005 年 2 月 2 日国务院第 80 次常务会议通过，自 2005 年 5 月 1 日起施行。(√)

62. 《电力监管条例》规定，依法从事电力监管工作的人员在进行现场检查时，应当出示有效执法证件；未出示有效执法证件的，电力企业、电力调度交易机构有权拒绝检查。(√)

63. 《电力监管条例》规定，电力监管机构依法履行职责，对检查中发现的违法行为，有权当场予以纠正或者要求限期改正。(√)

64. 《电力监管条例》规定，发电厂与电网并网、电网与电网互联，并网双方或者互联双方达不成协议，影响电力交易正常进行的，电力监管机构应当进行协调；经协调仍不能达成协议的，由法院作出裁决。(×)

65. 《电力监管条例》规定，电力企业、电力调度交易机构未按照国家有关电力监管规章、规则的规定披露有关信息的，由电力监管机构责令改正；拒不改正的，处 10 万元以上 100 万元以下的罚款。(×)

66. 《电力监管条例》规定，电力调度交易机构违反本条例规定，不按照电力市场运行规则组织交易的，由电力监管机构责令改正；拒不改正的，处 5 万元以上 50 万元以下的罚款；对直接负责的主管人员和其他直接责任人员，依法给予处分。(×)

67. 《电力监管条例》规定，电力企业不向从事电力交易的主体公平、无歧视开放电力市场或者不按照规定公平开放电网的，由电力监管机构责令改正；拒不改正的，处 10 万元以上 100 万元以下的罚款。(√)

68. 《电力监管条例》规定，电力调度交易机构工作人员泄露电力交易内幕信息的，由电力监管机构责令改正，并依法给予处分。(√)

69. 《电力监管条例》规定，国务院电力监管机构依照有关法律、行政法规和本条例的规定，在其职责范围内制定并发布电力监管规章、规则。(√)

70. 《电力监管条例》规定，电力监管机构依法履行职责，可以进入电力企业、电力调度交易机构进行检查，也对检查中发现的违法行为，有权当场予以纠正或者要求限期改正。(√)

71. 《供电营业规则》规定，《供电营业规则》应放置在供电企业的用电营业场所，供客户查阅。(√)

72.《供电营业规则》规定，供电企业供电的频率为交流 50Hz。(×)

73.《供电营业规则》规定，目前我国规定的 1kV 以上电压等级的电压有：10kV、35kV、110kV、220kV、330kV、500kV。(×)

74.《供电营业规则》规定，新建受电工程项目在立项阶段，客户应与供电企业联系，就工程供电的可能性、用电容量和供电条件等达成意向性协议，方可定址，确定项目。(√)

75.《供电营业规则》规定，客户用电设备容量在 100kW 及以下或需用变压器容量在 50kVA 及以下者，可采用低压三相四线制供电，特殊情况也可采用高压供电。(√)

76.《供电营业规则》规定，用电负荷密度较高的地区，经过技术经济比较，采用低压供电的技术经济性明显优于高压供电时，低压供电的容量界限可适当提高。具体容量界限由国家电网经营企业作出规定。(×)

77.《供电营业规则》规定，发电厂的厂用电源或变电站（所）的站用电源可对用户供电。(×)

78.《供电营业规则》规定，供电企业可以对距离发电厂较近的客户，不得采用发电厂直配供电方式。(×)

79.《供电营业规则》规定，客户需要备用、保安电源时，供电企业应按其负荷重要性、用电容量和供电的可能性，自行确定。(×)

80.《供电营业规则》规定，因抢险救灾架设临时电源所需的工程费用和应付电费，由供电企业承担。(×)

81.《供电营业规则》规定，使用临时电源的客户可向外转供电。(×)

82.《供电营业规则》规定，客户遇有特殊情况，需延长供电方案有效期的，应在有效期到期前 10 天向供电企业提出申请，供电企业应视情况予以办理延长手续。(√)

83.《供电营业规则》规定，供电企业一般不采用趸售方式供电，以减少中间环节。特殊情况需开放趸售供电时，应由省级电网经营企业的电力管理部门批准。(×)

84.《供电营业规则》规定，供电企业不得委托双路电客户向其他客户转供电。(×)

85.《供电营业规则》规定，被转供户视同供电企业的直供户，与直供户享有同样的用电权利，其一切用电事宜按直供户的规定办理。(√)

86.《供电营业规则》规定，公用供电设施未达到的地区，为解决客户的用电困难，有供电能力的单位可向其附近的客户转供电力。(×)

87.《供电营业规则》规定，暂停期满或每一日历年内累计暂停用电时间超过 6 个月者，不论客户是否申请恢复用电，供电企业须从期满之日起，按合同约定的容量计收其基本电费。(√)

88.《供电营业规则》规定，为保障用电安全，便于管理，客户应将重要负荷与非重要负荷、生产用电与生活区用电分开配电。(√)

89.《供电营业规则》规定，供电企业应在用电营业场所公告办理新装用电业务的程序、制度和收费标准。(×)

90.《供电营业规则》规定，新建受电工程项目在立项阶段，客户未与供电企业联系的，供电企业有权拒绝受理其用电申请。(√)

91.《供电营业规则》规定，客户对供电企业答复的供电方案有不同意见时，高压

双电源客户应在两个月内提出意见，双方可再行协商确定。(×)

92.《供电营业规则》规定，临时用电期限除供电企业准许外，一般不得超过6个月。(√)

93.《供电营业规则》规定，临时用电期限除经供电企业准许外，一般不得超过6个月，逾期不办理延期或永久性正式用电手续的，供电企业应终止供电。(√)

94.《供电营业规则》规定，高压供电方案的有效期为一年。(√)

95.《供电营业规则》规定，低压供电方案的有效期为半年。(×)

96.《供电营业规则》规定，客户减容期满后两年内不得申请办理减容或暂停。(√)

97.《供电营业规则》规定，减少用电容量的期限，应根据客户提出的申请确定，但最短期不得少于6个月，最长期限不得超过2年。(√)

98.《供电营业规则》规定，客户暂停每一日历年内可申请3次。(×)

99.《供电营业规则》规定，客户暂停，每次不得少于15天，一年累计暂停时间不得超过6个月。(√)

100.《供电营业规则》规定，按最大需量计收基本电费的客户，申请暂停用电必须是整台或整组变压器暂停使用。(×)

101.《供电营业规则》规定，客户迁址，原址按终止用电办理，供电企业予以销户。(√)

102.《供电营业规则》规定，移表所需的费用由客户负担，并不得自行移动表位。(√)

103.《供电营业规则》规定，客户暂拆原因消除，要求恢复供电，在交清费用5天内，供电企业应为该户复装用电。(×)

104.《供电营业规则》规定，对客户超过暂拆规定时间要求复装接电者应按新装手续办理。(√)

105.《供电营业规则》规定，暂拆时间最长不超过3个月。(×)

106.《供电营业规则》规定，客户暂拆，应持有关证明向供电企业提出申请暂拆时间，最长不得超过6个月，暂拆期间供电企业保留该客户原容量的使用权。(√)

107.《供电营业规则》规定，客户应与供电企业结清债务，才能解除原供用电关系。(√)

108.《供电营业规则》规定，只要用电地址和用电容量不变，就允许客户更名或过户。(×)

109.《供电营业规则》规定，客户更名或过户，原客户应与供电企业结清债务，才能解除原供用电关系。(√)

110.《供电营业规则》规定，在用电地址、供电点、用电类别不变，且其受电装置具备分装的条件时，允许办理分户。(×)

111.《供电营业规则》规定，供电点不同，用电地址相同的相邻两个及以上客户允许办理并户。(×)

112.《供电营业规则》规定，并户引起的工程费用由原客户负担。(×)

113.《供电营业规则》规定，客户连续半年不用电，也不申请办理暂停用电手续者，供电企业须以销户终止其用电。(√)

114.《供电营业规则》规定，客户改压引起的工程费用应由供电企业和客户协商承

担。(×)

115.《供电营业规则》规定，供电企业对低压供电的客户受电工程进行设计审查时，客户应提供负荷组成和用电设备清单。(√)

116.《供电营业规则》规定，客户受电工程的设计文件，未经供电企业审核同意，客户不得据以施工，否则，供电企业将不予检验和接电。(√)

117.《供电营业规则》规定，从破产客户分离出去的新客户，必须在偿清原破产客户电费和其他债务后，方可办理变更用电手续，否则，供电企业可按违约用电处理。(√)

118.《供电营业规则》规定，客户若更改经审核后的受电工程设计文件，应将变更后的设计再送设计部门复核。(×)

119.《供电营业规则》规定，100kVA 及以上高压供电的客户功率因数应达到 0.90 以上。(√)

120.《供电营业规则》规定，客户用电工程的验收，应在接到工程竣工报告后 5 个工作日内进行。(×)

121.《供电营业规则》规定，客户变、配电工程竣工时，向供电企业报送的竣工报告可以不包括运行值班人员名单。(×)

122.《供电营业规则》规定，客户建设临时性受电设施，需要供电企业施工的，其施工费用应由供电企业负担。(×)

123.《供电营业规则》规定，属于公用性质或占用公用线路规划走廊的供电设施，由产权所有者统一管理。(×)

124.《供电营业规则》规定，共用供电设施的维护管理，由产权单位协商确定，产权单位可自行维护管理，也可以委托供电企业维护管理。(√)

125.《供电营业规则》规定，供电设施上发生事故引起的法律责任，按供电设施产权归属确定。(√)

126.《供电营业规则》规定，供电设施的运行维护管理范围，按协商确定。(×)

127.《供电营业规则》规定，建筑物与供电设施相互妨碍，需要迁移供电设施或采取防护措施时，应按安全第一的原则，确定其担负责任。(×)

128.《供电营业规则》规定，在电力系统正常情况下，电力系统装机容量在 300 万 kW 及以上的，供电频率的允许偏差为±0.5Hz。(×)

129.《供电营业规则》规定，在电力系统正常状况下，供电企业供到客户受电端的供电电压允许偏差为：10kV 及以下三相供电的，为额定值的±7%。(√)

130.《供电营业规则》规定，在电力系统非正常状况下，客户受电端的电压最大允许偏差不应超过额定值的±10%。(√)

131.《供电营业规则》规定，供电企业在新装、换装及现场校验后应对用电计量装置加封，并请居委会核查。(×)

132.《供电营业规则》规定，当用电计量装置不安装在产权分界处时，线路与变压器损耗的有功与无功电量均由产权所有者负担。(√)

133.《供电营业规则》规定，临时用电的客户应安装用电计量装置。对不具备安装条件的，可按其用电容量、使用时间、规定的电价计收电费。(√)

134.《供电营业规则》规定，如果计费电能计量装置计量不准，应按规定退补电

费，在退补期间，客户先按抄表电量如期交纳电费，误差确定后，再行退补。(√)

135.《供电营业规则》规定，由于客户的原因未能如期抄录计费电能表读数时，可通知客户待期补抄，或暂按前次用电量计收电费，待下次抄表时一并结清。(√)

136.《供电营业规则》规定，对月用电量较大的客户，供电企业可按客户月电费确定每月份若干次收费，并于抄表后结清当月电费。(√)

137.《供电营业规则》规定，电费违约金收取总额按日累加计数，总额不足 1 元的按 1 元收取。(√)

138.《居民用户家用电器损坏处理办法》规定，《居民用户家用电器损坏处理办法》适用于由供电企业以 220/380V 电压供电的客户，因发生电力运行事故导致电能质量劣化，引起居民家用电器损坏时的索赔处理。(√)

139.《居民用户家用电器损坏处理办法》规定，供电企业如能提供证明，居民用户家用电器的损坏是不可抗力、第三人责任、受害者自身过错或产品质量事故等原因引起，并经县级以上电力管理部门核实无误，供电企业不负赔偿责任。(√)

140.《居民用户家用电器损坏处理办法》规定，对于无法提供购货发票的应由居委会负责举证。(×)

141.《居民用户家用电器损坏处理办法》规定，从家用电器损坏之日起 8 日内，受害居民客户未向供电企业投诉并提出索赔要求的，即视为受害者已自动放弃索赔权。(×)

142.《居民用户家用电器损坏处理办法》规定，第三人责任致使居民用户家用电器损坏的，供电企业应直接向第三人索赔。(×)

143.《居民用户家用电器损坏处理办法》规定，供电企业对被损坏的家用电器进行修复时，必须以原型号、规格的新元件修复。(×)

144.《居民用户家用电器损坏处理办法》规定，不属于供电企业责任造成居民家用电器损坏，所发生的元件购置费与修理费应由提出要求者负担。(√)

145. 制定《居民用户家用电器损坏处理办法》的目的是保护供用电双方的合法权益，规范因雷击等事故引起的居民客户家用电器损坏的理赔处理，公正、合理地调解纠纷。(×)

146.《居民用户家用电器损坏处理办法》规定，由于电力运行事故原因出现若干户家用电器同时损坏时，居民客户应及时向当地供电企业投诉，并保持家用电器损坏原状。(√)

147.《居民用户家用电器损坏处理办法》规定，清偿后，损坏的家用电器归属台区经理所有。(×)

148.《供电监管办法》规定，城市居民客户受电端电压合格率不低于 96%。(×)

149.《供电监管办法》规定，农村地区年供电可靠率和农村居民客户受电端电压合格率符合派出机构的规定，并报国家电网公司备案。(×)

150.《供电监管办法》规定，供电企业应当按照国家规定履行电力社会普遍服务义务，依法保障任何人能够获得最基本的供电服务。(×)

151.《供电监管办法》规定，向客户提供供电方案的期限，自受理客户用电申请之日起，高压双电源供电客户不超过 45 个工作日。(√)

152.《供电监管办法》规定，未收到政府有关部门决定恢复送电的通知，供电企业不得擅自对政府有关部门责令限期整改的客户恢复送电。(√)

153.《供电监管办法》规定，电力监管机构对供电企业公平、无歧视开放供电市场的情况实施监管。供电企业不得对趸购转售电企业符合国家规定条件的输配电设施，拒绝或者拖延接入系统。(√)

154.《供电监管办法》规定，电力监管机构对供电企业公平、无歧视开放供电市场的情况实施监管。供电企业不得违反市场竞争规则，以不正当手段损害竞争对手的商业信誉或者排挤竞争对手。(√)

155.《供电监管办法》规定，供电企业应当按照国家有关规定，遵循平等自愿、协商一致的原则，与客户、趸购转售电单位签订供用电合同，并按照合同约定供电。(×)

156.《供电监管办法》规定，电力监管机构对供电企业信息公开的情况实施监管。供电企业应当依照《中华人民共和国政府信息公开条例》《国家电网公司信息披露规定》，采取便于客户获取的方式，公开供电服务信息。(×)

157.《供电监管办法》规定，供电企业违反国家有关供电监管规定的，电力监管机构应当依法查处并予以记录；造成重大损失或者重大影响的，电力监管机构可以对供电企业的主管人员和其他直接责任人员依法进行处理。(×)

158.《供电监管办法》规定，供电企业应当依法从事供电业务，并接受电监会及其派出机构的监管。供电企业依法经营，其合法权益受法律保护。(√)

159.《供电监管办法》规定，客户用电设施存在严重威胁电力系统安全运行和人身安全的隐患，供电企业可以按照国家有关规定对该客户中止供电。(×)

160.《供电监管办法》规定，在电力系统正常的情况下，供电企业应当连续向客户供电，引起停电或者限电的原因消除后，供电企业应当在3日内恢复正常供电。(×)

161. 客户迁址，须在5天前向供电企业提出申请。(√)

162.《供电监管办法》规定，除因电网发生故障外，供电企业不得执行有序用电方案或者事故应急处置方案，但所执行的有序用电方案或者事故应急处置方案需经所在地人民政府批准。(×)

163.《供电监管办法》规定，供电企业应客户要求对产权属于客户的电气设备提供有偿服务时，应当执行政府定价或者政府指导价。没有政府定价和政府指导价的，可由供电企业制定价格，由物价管理部门审核确定。(×)

164.《供电监管办法》规定，电力监管机构依法履行职责，对检查中发现的违法行为，应当场予以纠正并要求限期改正。(×)

165.《供电监管办法》规定，电力监管机构对供电企业违反国家有关供电监管规定，损害客户合法权益和社会公共利益的行为及其处理情况，可以向社会公布。(√)

166.《供电监管办法》规定，电力监管机构依法履行职责，可以采取查阅、复制与检查事项有关的文件、资料，对可能被转移、隐匿、损毁的文件、资料予以封存。(√)

167.《供电监管办法》规定，电力监管机构从事监管工作的人员违反电力监管有关规定，损害供电企业、客户的合法权益以及社会公共利益的，依照国家有关规定追究其责任；应当承担纪律责任的，依法给予处分；构成犯罪的，依法追究刑事责任。(√)

168.《供电监管办法》本办法自2010年6月21日起施行。(×)

169.《供电监管办法》规定，供电企业拒绝或者阻碍电力监管机构及其从事监管工作的人员依法履行监管职责的，由电力监管机构责令改正；拒不改正的，处5万元以上50万元以下罚款，对直接负责的主管人员和其他直接责任人员，依法给予处分；构成犯罪的，依法追究刑事责任。(√)

170.《中华人民共和国电力法》规定，禁止任何单位和个人危害电力设施安全或者非法侵占、使用电能。(√)

171.《中华人民共和国电力法》规定，任何单位和个人不得非法占用变电设施用地、输电线路走廊和电缆通道。(√)

172.《中华人民共和国电力法》规定，电力企业应当加强安全生产管理，坚持安全第一、预防为主的方针，建立、健全安全生产责任制度。(√)

173.《中华人民共和国电力法》规定，任何单位和个人不得非法干预电网调度。(√)

174.《中华人民共和国电力法》规定，国家对电力供应和使用，实行安全用电、节约用电、计划用电的管理原则。(√)

175.《中华人民共和国电力法》规定，供电企业应当在其营业场所公告用电的程序、制度和收费标准，并提供客户须知资料。(√)

176.《中华人民共和国电力法》规定，客户对供电质量有特殊要求的，供电企业应当根据其必要性和电网的可能，提供相应的电力。(√)

177.《中华人民共和国电力法》规定，客户用电不得危害供电、用电安全和扰乱供电、用电秩序。(√)

178.《中华人民共和国电力法》规定，电力管理部门应当按照国务院有关电力设施保护的规定，对电力设施保护区设立标志。(√)

179.《中华人民共和国电力法》规定，电力管理部门依法对电力企业和客户执行电力法律、行政法规的情况进行监督检查。(√)

180.《中华人民共和国电力法》规定，电力监督检查人员应当公正廉洁、秉公执法，熟悉电力法律、法规，掌握有关电力专业技术。(√)

181.《中华人民共和国电力法》规定，电力监督检查人员进行监督检查时，应当出示证件。(√)

182.《中华人民共和国电力法》规定，电力企业或者客户违反供用电合同，给对方造成损失的，应当依法承担赔偿责任。(√)

183.《电力供应与使用条例》规定，国务院电力管理部门负责全国电力供应与使用的监督管理工作。(√)

184.《电力供应与使用条例》规定，电网经营企业依法负责本供区内的电力供应与使用的业务工作，并接受电力管理部门的监督。(√)

185.《电力供应与使用条例》规定，供电企业在批准的供电营业区内向客户供电。(√)

186.《电力供应与使用条例》规定，地方各级人民政府应当按照城市建设和乡村建设的总体规划统筹安排城乡供电线路走廊、电缆通道、区域变电站、区域配电所和营业网点的用地。(√)

187.《电力供应与使用条例》规定，公用路灯由供电企业负责设计、施工，并负责运行维护和交付电费。(×)

188.《电力供应与使用条例》规定，公用供电设施的维护管理，由产权单位协商确定，产权单位可自行维护管理，也可以委托供电企业维护管理。(×)

189.《电力供应与使用条例》规定，在公用供电设施未到达的地区，供电企业可以委托有供电能力的单位就近供电。非经供电企业委托，任何单位不得擅自向外供电。(√)

190.《电力供应与使用条例》规定，因抗旱需要紧急供电时，所需工程费用和应付电费由有关地方人民政府有关部门从抢险救灾经费中支出。(×)

191.《电力供应与使用条例》规定，安装在客户处的用电计量装置，由客户负责保护。(√)

192.《电力供应与使用条例》规定，因发电、供电系统发生故障需要停电、限电时，供电企业应当按照事先确定的限电序位进行停电或者限电。(√)

193.《电力供应与使用条例》规定，在客户受送电装置上作业的电工，必须经供电企业考核合格，取得供电企业颁发的《电工进网作业许可证》，方可上岗作业。(×)

194.《电力供应与使用条例》规定，逾期未交付电费的，自逾期之日起计算超过30日，经催交仍未交付电费的，供电企业可以立即停止供电。(×)

195.《电力监管条例》规定，电力监管应当依法进行，并遵循公开、公正和效率的原则。(√)

196.《电力监管条例》规定，电力监管机构和政府有关部门应当对违反电力监管条例和国家有关电力监管规定行为的举报及时处理，并依照有关规定对举报有功人员给予奖励。(√)

197.《电力监管条例》规定，电力监管机构从事监管工作的人员，允许在电力企业、电力调度交易机构兼任职务。(×)

198.《电力监管条例》规定，电力监管机构对供电企业按照国家规定的电能质量和供电服务质量标准向客户提供供电服务的情况实施监管。(√)

199.《电力监管条例》规定，电力企业、电力调度交易机构应当按照国务院电力监管机构的规定将与监管相关的信息系统接入电力监管信息系统。(√)

200.《供电营业规则》规定，客户需要的电压等级在110kV及以上时，其受电装置应作为终端变电站设计，方案需经省电网经营企业审批。(√)

201.《供电营业规则》规定，有单台设备容量超过1kW的单相电焊机、换流设备的客户不可采用低压220V供电，必须改为其他方式供电。(×)

202.《供电营业规则》规定，供电企业对申请用电的客户提供的供电方式，应依据国家的有关政策和规定、电网的规划、用电需求以及当地供电条件等因素，进行技术经济比较，与客户协商确定。(√)

203.《供电营业规则》规定，客户需要备用、保安电源时，供电企业应按其负荷重要性、用电容量和供电的可能性，与客户协商确定。(√)

204.《供电营业规则》规定，使用临时电源的客户不得向外转供电，也不得转让给其他客户，供电企业可以受理其变更用电事宜。(×)

205.《供电营业规则》规定，转供区域内的客户（简称被转供户），其一切用电事宜均有转供户自行处理，供电企业不予参与。(×)

206.《供电营业规则》规定，向被转供户供电的公用线路与变压器的损耗电量，应

由供电企业负担，不得摊入被转供户用电量中。(√)

207.《供电营业规则》规定，减容必须是整台或整组变压器的停止或更换小容量变压器用电。(√)

208.《供电营业规则》规定，减容期满后的客户以及新装、增容客户，一年内不得申办减容或暂停。(×)

209.《供电营业规则》规定，客户在每一日历年内，可申请全部（含不通过受电变压器的高压电动机）或部分用电容量的暂时停止用电 2 次，每次不得少于 10 天。(×)

210.《供电营业规则》规定，在暂停期限内，客户申请恢复暂停用电容量用电的，暂停时间少于 15 天者，基本电费从启封之日起计收。(×)

211.《供电营业规则》规定，按最大需量计收基本电费的客户，申请暂停用电必须是整台或整组变压器停止运行。(×)

212.《供电营业规则》规定，暂换的变压器经检验合格后才能投入运行。(√)

213.《供电营业规则》规定，两部制电价客户须在暂换之日起，按替换后的变压器容量计收基本电费。(√)

214.《供电营业规则》规定，引起停电或限电的原因消除后，供电企业应在 3 日内恢复供电。不能在 3 日内恢复供电的，供电企业应向客户说明原因。(√)

215.《供电营业规则》规定，除因故中止供电外，供电企业需对客户停止供电时，在停电前 10min，将停电时间再通知客户一次，方可在通知规定时间实施停电。(×)

216.《供电营业规则》规定，对不具备安装条件的临时用电的客户，可按其用电容量、使用时间、规定的电价计收电费。(√)

217.《供电营业规则》规定，计费电能表装设后，客户应妥为保护，不应在表前堆放影响抄表或计量准确及安全的物品。(√)

218.《供电营业规则》规定，客户申请电能表检验无论计费电能表的误差是否超出允许范围，验表费均不退。(×)

219.《供电营业规则》规定，客户在申请验表期间，其电费可以不交，验表结果确认后，再行电费补交。(×)

220.《供电营业规则》规定，由于客户的原因供电企业未能如期抄录计费电能表读数时，可通知客户待期补抄或暂按前次用电量计收电费，待下次抄表时一并结清。(√)

221.《供电营业规则》规定，终止用电的客户当月的基本电费，可按实用天数（日用电不足 24h 的，按一天计算）每日按全月基本电费 1/30 计算。(√)

222.《供电营业规则》规定，事故停电、检修停电、计划限电不扣减基本电费。(√)

223.《供电监管办法》规定，供电企业应当审核用电设施产生谐波、冲击负荷的情况，按照国家有关规定拒绝不符合规定的用电设施接入电网。(√)

224.《供电监管办法》规定，在电力系统正常的情况下，供电企业向客户提供的电能质量应符合国家标准或者电力行业标准。(√)

225.《供电营业规则》规定，在减容期限内，供电企业应保留客户减少容量的使用权。(√)

226.《供电营业规则》规定，在减容期限内要求恢复用电时，应在 5 天前向供电企业办理恢复用电手续，基本电费从启封之日起计收。(√)

227.《供电营业规则》规定，客户新装、增装或改装受电工程的设计安装、试验与运行应符合国家有关标准；国家尚未制定标准的，应符合电力行业标准。(√)

228.《供电营业规则》规定，供电企业对客户的受电工程设计文件和有关资料的审核意见应以书面形式连同审核过的一份受电工程设计文件和有关资料一并退还客户，以便客户据以施工。(√)

229.《供电营业规则》规定，客户应在提高用电自然功率因数的基础上，按有关标准设计和安装无功补偿设备，并做到随其负荷和电压变动及时投入或切除，防止无功电力倒送。(√)

230.《供电营业规则》规定，客户连续6个月不用电，也不申请办理暂停用电手续者，供电企业须以销户终止其用电。客户需再用电时，按新装用电办理。(√)

231.《供电营业规则》规定，在同一受电装置内，电力用途发生变化而引起用电电价类别改变时，允许办理改类手续。(√)

232.《供电营业规则》规定，属于客户共用性质的供电设施，由拥有产权的客户共同运行维护管理。如客户共同运行维护管理确有困难，可与供电企业协商，就委托供电企业代为运行维护管理有关事项签订协议。(√)

233.《供电营业规则》规定，供电设施的运行维护管理范围，按产权归属确定。公用低压线路供电的，以供电接户线客户端最后支持物为分界点，支持物属供电企业。(√)

234.《供电营业规则》规定，供电设施的运行维护管理范围，按产权归属确定。10kV及以下公用高压线路供电的，以客户厂界外或配电室前的第一断路器或第一支持物为分界点，第一断路器或第一支持物属供电企业。(√)

235.《供电营业规则》规定，客户应定期进行电气设备和保护装置的检查、检修和试验，消除设备隐患，预防电气设备事故和误动作发生。(√)

236.《供电营业规则》规定，承装、承修、承试受电工程的单位，必须经电力管理部门审核合格，并取得电力管理部门颁发的《承装（修）电力设施许可证》。(√)

237.《供电营业规则》规定，高压客户的成套设备中装有自备电能表及附件时，经供电企业检验合格、加封并移交供电企业维护管理的，可作为计费电能表。客户销户时，供电企业应将该设备交还客户。(√)

238.《供电营业规则》规定，当用电计量装置不安装在产权分界处时，线路与变压器损耗的有功与无功电量均须由产权所有者负担。(√)

239.《供电营业规则》规定，安装在客户处的计费电能表，如因供电企业责任或不可抗力致使计费电能表出现或发生故障的，供电企业应负责换表，不收费用；其他原因引起的，客户应负担赔偿费或修理费。(√)

第五节 简 答 题

1.《供电营业规则》对供电企业供电的额定电压是如何规定的？

答：低压供电：单相为220V，三相为380V；高压供电：为10kV、35（63）kV、110kV、220kV。

2.《供电营业规则》规定：什么情况下，保安电源应由客户自备？

答：遇有下列情况之一者，保安电源应由客户自备。

（1）在电力系统瓦解或不可抗力造成供电中断时，仍需保证供电的。

（2）客户自备电源比从电力系统供给更为经济合理的。

供电企业向有重要负荷的客户提供的保安电源，应符合独立电源的条件。有重要负荷的客户在取得供电企业供给的保安电源的同时，还应有非电性质的应急措施，以满足安全的需要。

3.《供电营业规则》规定：供电企业应在用电营业场所公告哪些内容？

答：供电企业应在用电营业场所公告办理各项用电业务的程序、制度和收费标准。

4.《供电营业规则》规定：供电企业的用电营业机构统一归口办理客户的用电申请和报装接电工作，此项工作包括哪些环节？

答：供电企业的用电营业机构统一归口办理客户的用电申请和报装接电工作，包括用电申请书的发放及审核、供电条件勘查、供电方案确定及批复、有关费用收取、受电工程设计的审核、施工中间检查、竣工检验、供用电合同（协议）签约、装表接电等项业务。

5.《供电营业规则》规定的变更用电有哪些类型？

答：（1）减少合同约定的用电容量（简称减容）。

（2）暂时停止全部或部分受电设备的用电（简称暂停）。

（3）临时更换大容量变压器（简称暂换）。

（4）迁移受电装置用电地址（简称迁址）。

（5）移动用电计量装置安装位置（简称移表）。

（6）暂时停止用电并拆表（简称暂拆）。

（7）改变客户的名称（简称更名或过户）。

（8）一户分列为两户及以上的客户（简称分户）。

（9）两户及以上客户合并为一户（简称并户）。

（10）合同到期终止用电（简称销户）。

（11）改变供电电压等级（简称改压）。

（12）改变用电类别（简称改类）。

6.《供电营业规则》对客户办理暂换是如何规定的？

答：客户暂换（因受电变压器故障而无相同容量变压器替代，需要临时更换大容量变压器），须在更换前向供电企业提出申请。供电企业应按下列规定办理。

（1）必须在原受电地点内整台的暂换受电变压器。

（2）暂换变压器的使用时间，10kV 及以下的不得超过 2 个月，35kV 及以上的不得超过 3 个月。逾期不办理手续的，供电企业可中止供电。

（3）暂换的变压器经检验合格后才能投入运行。

（4）对两部制电价客户须在暂换之日起，按替换后的变压器容量计收基本电费。

7.《供电营业规则》对客户办理迁址是如何规定的？

答：客户迁址，须在 5 天前向供电企业提出申请。供电企业应按下列规定办理。

（1）原址按终止用电办理，供电企业予以销户。新址用电优先受理。

（2）迁移后的新址不在原供电点供电的，新址用电按新装用电办理。

（3）新址用电引起的工程费用由客户负担。

（4）迁移后的新址仍在原供电点，但新址用电容量超过原址用电容量的，超过部分按增容办理。

（5）私自迁移用电地址而用电者，除按违约用电处理外，自新迁址不论是否引起供电点变动，一律按新装用电办理。

8.《供电营业规则》对客户办理移表是如何规定的？

答：客户移表（因修缮房屋或其他原因需要移动用电计量装置安装位置），须向供电企业提出申请。供电企业应按下列规定办理。

（1）在用电地址、用电容量、用电类别、供电点等不变情况下，可办理移表手续。

（2）移表所需的费用由客户负担。

（3）客户不论何种原因，不得自行移动表位，否则，可按违约用电处理。

9.《供电营业规则》对客户办理暂拆是如何规定的？

答：客户暂拆（因修缮房屋等原因需要暂时停止用电并拆表），应持有关证明向供电企业提出申请。供电企业应按下列规定办理。

（1）客户办理暂拆手续后，供电企业应在5天内执行暂拆。

（2）暂拆时间最长不得超过6个月。暂拆期间，供电企业保留该客户原容量的使用权。

（3）暂拆原因消除，客户要求复装接电时，须向供电企业办理复装接电手续并按规定交付费用。上述手续完成后，供电企业应在5天内为该客户复装接电。

（4）超过暂拆规定时间要求复装接电者，按新装手续办理。

10.《供电营业规则》对客户办理更名或过户是如何规定的？

答：客户更名或过户（依法变更客户名称或居民客户房屋变更户主），应持有关证明向供电企业提出申请。供电企业应按下列规定办理。

（1）在用电地址、用电容量、用电类别不变条件下，允许办理更名或过户。

（2）原客户应与供电企业结清债务，才能解除原供用电关系。

（3）不申请办理过户手续而私自过户者，新客户应承担原客户所负债务。经供电企业检查发现客户私自过户时，供电企业应通知该户补办手续，必要时可中止供电。

11.《供电营业规则》对客户办理分户是如何规定的？

答：客户分户，应持有关证明向供电企业提出申请。供电企业应按下列规定办理。

（1）在用电地址、供电点、用电容量不变，且其受电装置具备分装的条件时，允许办理分户。

（2）在原客户与供电企业结清债务的情况下，再办理分户手续。

（3）分立后的新客户应与供电企业重新建立供用电关系。

（4）原客户的用电容量由分户者自行协商分割，需要增容者，分户后另行向供电企业办理增容手续。

（5）分户引起的工程费用由分户者负担。

（6）分户后受电装置应经供电企业检验合格，由供电企业分别装表计费。

12.《供电营业规则》对客户办理并户是如何规定的？

答：客户并户，应持有关证明向供电企业提出申请，供电企业应按下列规定办理。

（1）在同一供电点，同一用电地址的相邻两个及以上客户允许办理并户。

（2）原客户应在并户前向供电企业结清债务。

（3）新客户用电容量不得超过并户前各户容量之总和。

（4）并户引起的工程费用由并户者负担。

（5）并户的受电装置应经检验合格，由供电企业重新装表计费。

13.《供电营业规则》对客户办理销户是如何规定的？

答：客户销户，须向供电企业提出申请。供电企业应按下列规定办理。

（1）销户必须停止全部用电容量的使用。

（2）客户已向供电企业结清电费。

（3）查验用电计量装置完好性后，拆除接户线和用电计量装置。

（4）办完上述事宜，即解除供用电关系。

14.《供电营业规则》对客户办理改压是如何规定的？

答：客户改压（因客户原因需要在原址改变供电电压等级），应向供电企业提出申请。供电企业应按下列规定办理。

（1）客户改压超过原容量者，超过部分按增容手续办理。

（2）改压引起的工程费用由客户负担。

由于供电企业的原因引起客户供电电压等级变化的，改压引起的客户外部工程费用，由供电企业负担。

15.《供电营业规则》对客户办理改类是如何规定的？

答：客户改类，须向供电企业提出申请，供电企业应按下列规定办理。

（1）在同一受电装置内，电力用途发生变化而引起用电电价类别改变时，允许办理改类手续。

（2）擅自改变用电类别，应按违约用电处理。

16.《供电营业规则》规定：客户依法破产时，供电企业应如何办理？

答：客户依法破产时，供电企业应按下列规定办理。

（1）供电企业应予销户，终止供电。

（2）在破产客户原址上用电的，按新装用电办理。

（3）从破产客户分离出去的新客户，必须在偿清原破产客户电费和其他债务后，方可办理变更用电手续，否则，供电企业可按违约用电处理。

17.《供电营业规则》规定：无功电力平衡的原则是什么？

答：无功电力应就地平衡。客户应在提高用电自然功率因数的基础上，按有关标准设计和安装无功补偿设备，并做到随其负荷和电压变动及时投入或切除，防止无功电力倒送。

18.《供电营业规则》规定：除电网有特殊要求的客户外，客户在当地供电企业规定的电网高峰负荷时的功率因数，应达到什么要求？

答：除电网有特殊要求的客户外，客户在当地供电企业规定的电网高峰负荷时的功率因数，应达到下列规定。

（1）100kVA及以上高压供电的客户功率因数为0.90以上。

（2）其他电力客户和大、中型电力排灌站、趸购转售电企业，功率因数为0.85以上。

（3）农业用电，功率因数为0.80。

凡功率因数不能达到《供电营业规则》规定的新客户，供电企业可拒绝接电。对已送电的客户，供电企业应督促和帮助客户采取措施，提高功率因数。对在规定期限内仍未采取措施达到上述要求的客户，供电企业可中止或限制供电。

19.《供电营业规则》规定：客户向供电企业提出工程竣工报告应包括哪些内容？

答：客户受电工程施工、试验完工后，应向供电企业提出工程竣工报告，报告应包括以下内容。

（1）工程竣工图及说明。

（2）电气试验及保护整定调试记录。

（3）安全用具的试验报告。

（4）隐蔽工程的施工及试验记录。

（5）运行管理的有关规定和制度。

（6）值班人员名单及资格。

（7）供电企业认为必要的其他资料或记录。

20.《供电营业规则》对于公用路灯、交通信号灯公用设施投资建设、维护管理及交纳电费等事项应如何规定？

答：公用路灯、交通信号灯是公用设施，应由当地人民政府及有关管理部门投资建设，并负责维护管理和交纳电费等事项。供电企业可接受地方有关部门的委托，代为设计、施工与维护管理公用路灯，并照章收取费用，具体事项由双方协商确定。

21.《供电营业规则》规定：供电企业和客户分工维护管理的供电和受电设备，如何进行管理？

答：供电企业和客户分工维护管理的供电和受电设备，除另有约定者外，未经管辖单位同意，对方不得操作或更动；如因紧急事故必须操作或更动者，事后应迅速通知管辖单位。

22.《供电营业规则》规定：在供电设施上发生事故，按什么原则确定承担的法律责任？

答：在供电设施上发生事故引起的法律责任，按供电设施产权归属确定。产权归属于谁，谁就承担其拥有的供电设施上发生事故引起的法律责任。但产权所有者不承担受害者因违反安全或其他规章制度，擅自进入供电设施非安全区域内而发生事故引起的法律责任，以及在委托维护的供电设施上，因代理方维护不当所发生事故引起的法律责任。

23.《供电营业规则》规定：在什么情形下，须经批准方可中止供电？

答：有下列情形之一的，须经批准方可中止供电。

（1）对危害供用电安全，扰乱供用电秩序，拒绝检查者。

（2）拖欠电费经通知催交仍不交者。

（3）受电装置经检验不合格，在指定期间未改善者。

（4）客户注入电网的谐波电流超过标准，以及冲击负荷、非对称负荷等对电能质量产生干扰与妨碍，在规定限期内不采取措施者。

（5）拒不在限期内拆除私增用电容量者。

（6）拒不在限期内交付违约用电引起的费用者。

（7）违反安全用电、计划用电有关规定，拒不改正者。

（8）私自向外转供电力者。

24.《供电营业规则》规定：除因故中止供电外，供电企业需对客户停止供电时，应按什么程序办理停电手续？

答：除因故中止供电外，供电企业需对客户停止供电时，应按下列程序办理停电手续。

（1）应将停电的客户、原因、时间报本单位负责人批准。批准权限和程序由省电网经营企业制定。

（2）在停电前3～7天内，将停电通知书送达客户，对重要客户的停电，应将停电通知书报送同级电力管理部门。

（3）在停电前30min，将停电时间再通知客户一次，方可在通知规定时间实施停电。

25.《供电营业规则》规定：在客户受电点内难以按电价类别分别装设用电计量装置时，应如何确定其电量？

答：在客户受电点内难以按电价类别分别装设用电计量装置时，可装设总的用电计量装置，然后按其不同电价类别的用电设备容量的比例或实际可能的用电量，确定不同电价类别用电量的比例或定量进行分算，分别计价。供电企业每年至少对上述比例或定量核定一次，客户不得拒绝。

26.《供电营业规则》规定：计费电能表装设后，客户应承担什么责任？

答：计费电能表装设后，客户应妥善保护，不应在表前堆放影响抄表或计量准确及安全的物品。如发生计费电能表丢失、损坏或过负荷烧坏等情况，客户应及时告知供电企业，以便供电企业采取措施。如因供电企业责任或不可抗力致使计费电能表出现或发生故障的，供电企业应负责换表，不收费用；其他原因引起的，客户应负担赔偿费或修理费。

27.《供电营业规则》规定：客户认为供电企业装设的计费电能表不准时，应如何处理？

答：客户认为供电企业装设的计费电能表不准时，有权向供电企业提出校验申请，在客户交付验表费后，供电企业应在7天内检验，并将检验结果通知客户。如计费电能表的误差在允许范围内，验表费不退；如计费电能表的误差超出允许范围时，除退还验表费外，并应按本规则规定退补电费。客户对检验结果有异议时，可向供电企业上级计量检定机构申请检定。客户在申请验表期间，其电费仍应按期交纳，验表结果确认后，再行退补电费。

28.《供电营业规则》规定：基本电费应如何计算？备用变压器应如何计算基本电费？

答：基本电费以月计算，但新装、增容、变更与终止用电当月的基本电费，可按实用天数（日用电不足24h的，按一天计算）每日按全月基本电费1/30计算。事故停电、检修停电、计划限电不扣减基本电费。

以变压器容量计算基本电费的客户，其备用的变压器（含高压电动机），属冷备用状态并经供电企业加封的，不收基本电费；属热备用状态的或未经加封的，不论使用与否都计收基本电费。客户专门为调整用电功率因数的设备，如电容器、调相机等，不计收基本电费。

在受电装置一次侧装有连锁装置互为备用的变压器（含高压电动机），按可能同时使用的变压器（含高压电动机）容量之和的最大值计算其基本电费。

29.《供电营业规则》对月用电量较大的客户分次收费有何规定？

答：对月用电量较大的客户，供电企业可按客户月电费确定每月分若干次收费，并于抄表后结清当月电费。收费次数由供电企业与客户协商确定，一般每月不少于三次。对于银行划拨电费的，供电企业、客户、银行三方应签订电费划拨和结清的协议书。供用双方改变开户银行或账号时，应及时通知对方。

30.《供电营业规则》规定：并网电量购销合同应当具备哪些条款？

答：并网电量购销合同应当具备下列条款。

（1）并网方式、电能质量和发电时间。

（2）并网发电容量、年发电利用小时和年上网电量。

（3）计量方式和上网电价、电费结算方式。

（4）电网提供的备用容量及计费标准。

（5）合同的有效期限。

（6）违约责任。

（7）双方认为必须规定的其他事宜。

31.《供电营业规则》规定：在正式供电前，供电企业和客户签订供用电合同所依据的文件有哪些？对用电量大的客户或供电有特殊要求的客户，还有什么要求？

答：供电企业和客户应当在正式供电前，根据客户用电需求和供电企业的供电能力以及办理用电申请时双方已认可或协商一致的下列文件，签订供用电合同。

（1）客户的用电申请报告或用电申请书。

（2）新建项目立项前双方签订的供电意向性协议。

（3）供电企业批复的供电方案。

（4）客户受电装置施工竣工检验报告。

（5）用电计量装置安装完工报告。

（6）供电设施运行维护管理协议。

（7）其他双方事先约定的有关文件。

对用电量大的客户或供电有特殊要求的客户，在签订供用电合同时，可单独签订电费结算协议和电力调度协议等。

32.《供电营业规则》规定：供用电合同应采用什么形式？有什么要求？

答：供用电合同应采用书面形式。经双方协商同意的有关修改合同的文书、电报、电传和图表也是合同的组成部分。

供用电合同书面形式可分为标准格式和非标准格式两类。标准格式合同适用于供电方式简单、一般性用电需求的客户；非标准格式合同适用于供用电方式特殊的客户。省电网经营企业可根据用电类别、用电容量、电压等级的不同，分类制定出适应不同类型客户需要的标准格式的供用电合同。

33.《供电营业规则》规定：供用电双方在合同中订有电压质量责任条款的，按哪些规定确定电压变动超出允许变动幅度造成的损失？

答：供用电双方在合同中订有电压质量责任条款的，按下列规定办理。

（1）客户用电功率因数达到规定标准，而供电电压超出本规则规定的变动幅度，给客户造成损失的，供电企业应按客户每月在电压不合格的累计时间内所用的电量，乘以客户当月用电的平均电价的20%给予赔偿。

（2）客户用电的功率因数未达到规定标准或其他客户原因引起的电压质量不合格的，供电企业不负赔偿责任。

（3）电压变动超出允许变动幅度的时间，以客户自备并经供电企业认可的电压自动记录仪表的记录为准，如客户未装此项仪表，则以供电企业的电压记录为准。

34.《供电营业规则》规定：供用电双方在合同中订有频率质量责任条款的，按哪些规定确定供电频率超出允许偏差，给客户造成损失？

答：供用电双方在合同中订有频率质量责任条款的，按下列规定办理。

（1）供电频率超出允许偏差，给客户造成损失的，供电企业应按客户每月在频率不合格的累计时间内所用的电量，乘以当月用电的平均电价的20%给予赔偿。

（2）频率变动超出允许偏差的时间，以客户自备并经供电企业认可的频率自动记录仪表的记录为准，如客户未装此项仪表，则以供电企业的频率记录为准。

35.《供电营业规则》规定：如何确定窃电量？窃电时间无法确定时，应如何确定？

答：窃电量按下列方法确定。

（1）在供电企业的供电设施上，擅自接线用电的，所窃电量按私接设备额定容量（千伏安视同千瓦）乘以实际使用时间计算确定。

（2）以其他行为窃电的，所窃电量按计费电能表标定电流值（对装有限流器的，按限流器整定电流值）所指的容量（千伏安视同千瓦）乘以实际窃用的时间计算确定。

窃电时间无法查明时，窃电日数至少以180天计算，每日窃电时间：电力客户按12h计算；照明客户按6h计算。

36.《供电营业规则》规定：客户新装、增装或改装受电工程的设计安装、试验与运行应当符合什么标准？

答：客户新装、增装或改装受电工程的设计安装、试验与运行应符合国家有关标准；国家尚未制定标准的，应符合电力行业标准；国家和电力行业尚未制定标准的，应符合省（自治区、直辖市）电力管理部门的规定和规程。

37.《用电检查管理办法》规定：用电检查的主要范围是什么？但被检查的客户有哪些情况时，检查的范围可相应延伸？

答：用电检查的主要范围是客户受电装置，但被检查的客户有下列情况之一者，检查的范围可延伸到相应目标所在处。

（1）有多类电价的。

（2）有自备电源设备（包括自备发电厂）的。

(3) 有二次变压配电的。

(4) 有违章现象需延伸检查的。

(5) 有影响电能质量的用电设备的。

(6) 发生影响电力系统事故需作调查的。

(7) 客户要求帮助检查的。

(8) 法律规定的其他用电检查。

38.《用电检查管理办法》规定：经现场检查确认客户的设备状况、电工作业行为、运行管理等方面有不符合安全规定的，或者在电力使用上有明显违反国家有关规定的，用电检查人员应如何处理?

答：经现场检查确认客户的设备状况、电工作业行为、运行管理等方面有不符合安全规定的，或者在电力使用上有明显违反国家有关规定的，用电检查人员应开具《用电检查结果通知书》或《违章用电、窃电通知书》一式两份，一份送达客户并由客户代表签收，一份存档备查。

39.《用电检查管理办法》规定：用电检查时，检查纪律有哪些?

答：检查纪律如下。

(1) 用电检查人员应认真履行用电检查职责，赴客户执行用电检查任务时，应随身携带《用电检查证》，并按《用电检查工作单》规定项目和内容进行检查。

(2) 用电检查人员在执行用电检查任务时，应遵守客户的保卫保密规定，不得在检查现场替代客户进行电工作业。

(3) 用电检查人员必须遵纪守法，依法检查，廉洁奉公，不徇私舞弊，不以电谋私。违反本条规定者，依据有关规定给予经济的、行政的处分；构成犯罪的，依法追究其刑事责任。

40.《居民用户家用电器损坏处理办法》规定：发生哪些电力运行事故引起居民客户家用电器损坏，应由供电企业负责赔偿?

答：电力运行事故，是指在供电企业负责运行维护的220/380V供电线路或设备上因供电企业的责任发生的下列事件。

(1) 在220/380V供电线路上，发生相线与零线接错或三相相序接反。

(2) 在220/380V供电线路上，发生零线断线。

(3) 在220/380V供电线路上，发生相线与零线互碰。

(4) 同杆架设或交叉跨越时，供电企业的高电压线路导线掉落到220/380V线路上或供电企业高电压线路对220/380V线路放电。

41.《居民用户家用电器损坏处理办法》规定：因供电企业责任引起居民用户家用电器损坏时，应对哪些内容进行登记和取证?

答：供电企业应会同居委会（村委会）或其他有关部门，共同对受害居民客户损坏的家用电器名称、型号、数量、使用年月、损坏现象等进行登记和取证。

登记笔录材料应由受害居民客户签字确认，作为理赔处理的依据。

42.《居民用户家用电器损坏处理办法》规定：损坏的居民家用电器可以修复的，供电企业应如何进行赔偿?

答：损坏的家用电器，经供电企业指定的或双方认可的检修单位检定，认为可以修复的，供电企业承担被损坏元件的修复责任。修复时应尽可能以原型号、规格的新元件修复；无原型号规格的新元件可供修复时，可采用相同功能的新元件替代。

修复所发生的元件购置费、检测费、修理费均由供电企业负担。

不属于责任损坏或未损坏的元件，受害居民客户也要求更换时，所发生的元件购置费与修理费应由提出要求者负担。

43.《居民用户家用电器损坏处理办法》规定：损坏的居民家用电器不可修复的，如何进行赔偿？

答：对不可修复的家用电器，其购买时间在 6 个月及以内的，按原购货发票价，供电企业全额予以赔偿；购置时间在 6 个月以上的，按原购货发票价，并按本规定第 12 条规定的使用寿命折旧后的余额予以赔偿。使用年限已超过本规定第 12 条规定仍在使用的，或者折旧后的差额低于原价 10%的，按原价的 10%予以赔偿。使用时间以发货票开具的日期为准开始计算。

对无法提供购货发票的，应由受害居民客户负责举证，经供电企业核查无误后，以证明出具的购置日期时的国家定价为准，按前款规定清偿。

以外币购置的家用电器，按购置时国家外汇牌价折人民币计算其购置价，以人民币进行清偿。清偿后，损坏的家用电器归属供电企业所有。

44.《电力监管条例》规定：电力企业有哪些情形时，由电力监管机构责令改正；拒不改正的，处 10 万元以上 100 万元以下的罚款？

答：（1）不遵守电力市场运行规则的。

（2）发电厂并网、电网互联不遵守有关规章、规则的。

（3）不向从事电力交易的主体公平、无歧视开放电力市场或者不按照规定公平开放电网的。

45.《电力监管条例》规定：电力企业、电力调度交易机构有哪些情形时，由电力监管机构责令改正；拒不改正的，处 5 万元以上 50 万元以下的罚款？

答：（1）拒绝或者阻碍电力监管机构及其从事监管工作的人员依法履行监管职责的。

（2）提供虚假或者隐瞒重要事实的文件、资料的。

（3）未按照国家有关电力监管规章、规则的规定披露有关信息的。

46.《供电监管办法》规定：在电力系统正常的情况下，供电企业应当连续向客户供电，需要停电或限电的，应符合哪些要求？

答：（1）因供电设施计划检修需要停电的，供电企业应当提前 7 日公告停电区域、停电线路、停电时间。

（2）因供电设施临时检修需要停电的，供电企业应当提前 24h 公告停电区域、停电线路、停电时间。

（3）因电网发生故障或者电力供需紧张等原因需要停电、限电的，供电企业应当按照所在地人民政府批准的有序用电方案或者事故应急处置方案执行。

引起停电或者限电的原因消除后，供电企业应当尽快恢复正常供电。

47.《供电监管办法》规定：供电企业应按照什么原则与客户、趸购转售电单位签订供用电合同？

答：供电企业应当按照国家有关规定，遵循平等自愿、协商一致、诚实信用的原则，与客户、趸购转售电单位签订供用电合同，并按照合同约定供电。

48.《供电监管办法》规定：供电企业对客户用电设施产生谐波、冲击负荷的情况如何处理？

答：供电企业应当审核用电设施产生谐波、冲击负荷的情况，按照国家有关规定拒绝不符合规定的用电设施接入电网。用电设施产生谐波、冲击负荷影响供电质量或者干扰电力系统安全运行的，供电企业应当及时告知客户采取有效措施予以消除；客户不采取措施或者采取措施不力，产生的谐波、冲击负荷仍超过国家标准的，供电企业可以按照国家有关规定拒绝其接入电网或者中止供电。

49.《供电监管办法》规定：电力监管机构如何对供电企业执行国家有关节能减排和环境保护政策的情况实施监管？

答：供电企业应当减少电能输送和供应环节的损失和浪费。供电企业应当严格执行政府有关部门依法作出的对淘汰企业、关停企业或者环境违法企业采取停限电措施的决定。未收到政府有关部门决定恢复送电的通知，供电企业不得擅自对政府有关部门责令限期整改的客户恢复送电。

50.《供电监管办法》规定：电力监管机构对供电企业处理用电投诉的情况如何监管？

答：电力监管机构对供电企业处理用电投诉的情况实施监管。

供电企业应当建立用电投诉处理制度，公开投诉电话。对客户的投诉，供电企业应当自接到投诉之日起 10 个工作日内提出处理意见并答复客户。

供电企业应当在供电营业场所设置公布电力服务热线电话和电力监管投诉举报电话的标识，该标识应当固定在供电营业场所的显著位置。

51.《供电监管办法》规定：电力监管机构对供电企业向客户受电工程提供服务的情况如何监管？

答：电力监管机构对供电企业向客户受电工程提供服务的情况实施监管。

供电企业应当对客户受电工程建设提供必要的业务咨询和技术标准咨询；对客户受电工程进行中间检查和竣工检验，应当执行国家有关标准；发现客户受电设施存在故障隐患时，应当及时一次性书面告知客户并指导其予以消除；发现客户受电设施存在严重威胁电力系统安全运行和人身安全的隐患时，应当指导其立即消除，在隐患消除前不得送电。

52.《供电监管办法》规定：供电企业发现用电设施存在安全隐患时，应如何处理？

答：供电企业发现用电设施存在安全隐患，应当及时告知客户采取有效措施进行治理。客户应当按照国家有关规定消除用电设施安全隐患。用电设施存在严重威胁电力系统安全运行和人身安全的隐患，客户拒不治理的，供电企业可以按照国家有关规定对该客户中止供电。

53.《供电监管办法》规定：电力监管机构依法履行职责，可以采取哪些措施，进行现场检查？

答：（1）进入供电企业进行检查。

（2）询问供电企业的工作人员，要求其对有关检查事项作出说明。

（3）查阅、复制与检查事项有关的文件、资料，对可能被转移、隐匿、损毁的文件、资料予以封存。

（4）对检查中发现的违法行为，可以当场予以纠正或者要求限期改正。

54.《电力监管机构举报处理规定》规定：对举报有哪些情形，电力监管机构不予受理？

答：（1）举报事项不属于电力监管机构职责范围的。

（2）没有明确的被举报人或者被举报人无法查找。

（3）没有具体的违法事实或者查案线索不清晰的。

55.《电力监管机构举报处理规定》规定：电力监管机构按照哪些规定作出举报处理决定？

答：（1）经调查核实，被举报人违法事实清楚、证据确凿的，依法给予行政处罚、行政处分或者其他处理；涉嫌构成犯罪，依法需要追究刑事责任的，移送司法机关依法处理。

（2）经调查核实，被举报人的行为未违法的，终止办理，予以结案。

（3）举报事项证据不足，无法查明的，终止办理，予以结案。

56.《承装（修、试）电力设施许可证管理办法》规定：违反规定未取得许可证或者超越许可范围，非法从事承装、承修、承试电力设施活动的，应如何处理？

答：由派出机构责令其停止相关的经营活动，没收违法所得，处1万元以上3万元以下罚款；违法经营行为规模较大、社会危害严重的，可以并处3万元以上20万元以下罚款；违法经营行为存在重大安全隐患、威胁公共安全的，处5万元以上50万元以下罚款，并可以没收从事无证经营的工具设备。

57.《承装（修、试）电力设施许可证管理办法》规定：电力企业违反国家有关规定，将承装（修、试）电力设施业务发包给未取得许可证或者超越许可范围承揽工程的单位或者个人的应如何处理？

答：由派出机构责令其限期改正，给予警告，处1万元以上3万元以下罚款。

电网企业发现未取得许可证或者超越许可范围承揽客户受电工程的单位或者个人，未按照本办法规定及时报告的，由派出机构给予警告，处1万元以上3万元以下罚款。

58.《中华人民共和国电力法》规定：电力发展规划应当体现什么原则？

答：电力发展规划应当根据国民经济和社会发展的需要制定，并纳入国民经济和社会发展计划。

电力发展规划，应当体现合理利用能源、电源与电网配套发展、提高经济效益和有利于环境保护的原则。

59.《中华人民共和国电力法》对城市电网的建设与改造规划有什么要求？

答：城市电网的建设与改造规划，应当纳入城市总体规划。城市人民政府应当按照规划，安排变电设施用地、输电线路走廊和电缆通道。任何单位和个人不得非法占用变电设施用地、输电线路走廊和电缆通道。

60.《中华人民共和国电力法》规定：电力生产与电网运行应当遵循什么原则？

答：电力生产与电网运行应当遵循安全、优质、经济的原则。电网运行应当连续、稳定，保证供电可靠性。

电网运行实行统一调度、分级管理。任何单位和个人不得非法干预电网调度。

61.《中华人民共和国电力法》规定：电力供应与使用双方应当根据什么原则签订供用电合同？

答：电力供应与使用双方应当根据平等自愿、协商一致的原则，按照国务院制定的电力供应与使用办法签订供用电合同，确定双方的权利和义务。

62.《中华人民共和国电力法》规定：什么情况下，需要中断供电时，供电企业应当按照国家有关规定事先通知客户？客户对供电企业中断供电有异议的可以向何部门投诉？

答：因供电设施检修、依法限电或客户违法用电等原因，需要中断供电时，供电企业应当按照国家有关规定事先通知客户。客户对供电企业中断供电有异议的，可以向电力管理部门投诉；受理投诉的电力管理部门应当依法处理。

63.《中华人民共和国电力法》对销售电价的制定有什么规定？

答：跨省、自治区、直辖市电网和省级电网的销售电价，由电网经营企业提出方案，报国务院物价行政主管部门或者其授权的部门核准。独立电网的销售电价，由电网经营企业提出方案，报有管理权的物价行政主管部门核准。

64.《中华人民共和国电力法》规定：电力运行事故由哪些原因造成的，电力企业不承担赔偿责任？

答：电力运行事故由下列原因之一造成的，电力企业不承担赔偿责任。不可抗力；客户自身的过错。因客户或者第三人的过错给电力企业或者其他客户造成损害的，该客户或者第三人应当依法承担赔偿责任。

65.《中华人民共和国电力法》规定：下列哪些行为，由公安机关依照治安管理处罚条例的有关规定予以处罚；构成犯罪的，依法追究刑事责任？

答：（1）阻碍电力建设或者电力设施抢修，致使电力建设或者电力设施抢修不能正常进行的。

（2）扰乱电力生产企业、变电站、电力调度机构和供电企业的秩序，致使生产、工作和营业不能正常进行的。

（3）殴打、公然侮辱改造职务的查电人员或者抄表收费人员的。

（4）拒绝、阻碍电力监督检查人员依法执行职务的。

66.《电力供应与使用条例》规定：供电设施建成投产后，如何进行维护管理？

答：公用供电设施建成投产后，由供电单位统一维护管理。经电力管理部门批准，供电企业可以使用、改造、扩建该供电设施。共用供电设施的维护管理，由产权单位协商确定，产权单位可自行维护管理，也可以委托供电企业维护管理。客户专用的供电设施建成投产后，由客户维护管理或者委托供电企业维护管理。

67.《电力供应与使用条例》规定：因抢险救灾需要紧急供电时，供电企业如何安排供电？所需费用应由谁承担？

答：因抢险救灾需要紧急供电时，供电企业必须尽速安排供电。所需工程费用和应付电费由有关地方人民政府有关部门从抢险救灾经费中支出，但是抗旱用电应当由客户交付电费。

68.《电力供应与使用条例》规定：供电企业和客户在供电前，应当根据什么签订

供用电合同？供用电合同应当具备哪些条款？

答：供电企业和客户应当在供电前根据客户需要和供电企业的供电能力签订供用电合同。

供用电合同应当具备以下条款。

（1）供电方式、供电质量和供电时间。

（2）用电容量和用电地址、用电性质。

（3）计量方式和电价、电费结算方式。

（4）供用电设施维护责任的划分。

（5）合同的有效期限。

（6）违约责任。

（7）双方共同认为应当约定的其他条款。

69.《电力供应与使用条例》规定：承装、承修、承试单位，必须具备什么条件方可向工商行政管理部门申请领取营业执照？

答：承装、承修、承试供电设施和受电设施的单位，必须经电力管理部门审核合格，取得电力管理部门颁发的《承装（修）电力设施许可证》后，方可向工商行政管理部门申请领取营业执照。

70.《电力供应与使用条例》规定：违章用电的，供电企业如何处理？

答：违章用电的，供电企业可以根据违章事实和造成的后果追缴电费，并按照国务院电力管理部门的规定加收电费和国家规定的其他费用；情节严重的，可以按照国家规定的程序停止供电。

71.《电力设施保护条例》对架空电力线路保护区是怎样规定的？

答：架空电力线路保护区：导线边线向外侧延伸所形成的两平行线内的区域，在一般地区各级电压导线的边线延伸距离如下：

1～10kV	5m
35～110kV	10m
154～330kV	10m
500kV	20m

在厂矿、城镇等人口密集地区，架空电力线路保护区的区域可略小于上述规定。但各级电压导线边线延伸的距离，不应小于导线边线在最大计算弧垂及最大计算风偏后的水平距离和风偏后距建筑物的安全距离之和。

72.《电力设施保护条例》对电力电缆线路保护区是怎样规定的？

答：电力电缆线路保护区：地下电缆为电缆线路地面标桩两侧各 0.75m 所形成的两平行线内的区域；海底电缆一般为线路两侧各 2 海里（港内为两侧各 100m），江河电缆一般不小于线路两侧各 100m（中、小河流一般不小于各 50m）所形成的两平行线内的水域。

73.《电力设施保护条例》规定：任何单位或个人在架空电力线路保护区内必须遵守哪些要求？

答：任何单位或个人在架空电力线路保护区内，必须遵守下列规定。

（1）不得堆放谷物、草料、垃圾、矿渣、易燃物、易爆物及其他影响安全供电的物品。

（2）不得烧窑、烧荒。

（3）不得兴建建筑物、构筑物。

（4）不得种植可能危及电力设施安全的植物。

74.《电力设施保护条例》规定：任何单位或个人在电力电缆线路保护区内必须遵守哪些要求？

答：任何单位或个人在电力电缆线路保护区内，必须遵守下列规定。

（1）不得在地下电缆保护区内堆放垃圾、矿渣、易燃物、易爆物，倾倒酸、碱、盐及其他有害化学物品，兴建建筑物或种植树木、竹子。

（2）不得在海底电缆保护区内抛锚、拖锚。

（3）不得在江河电缆保护区内抛锚、拖锚、炸鱼、挖沙。

75.《电力设施保护条例实施细则》规定：架空电力线路导线在最大弧垂或最大风偏后与树木之间的安全距离是多少？

答：架空电力线路导线在最大弧垂或最大风偏后与树木之间的安全距离如下：

电压等级（kV）	最大风偏距离（m）	最大垂直距离（m）
35～110	3.5	4.0
154～220	4.0	4.5
330	5.0	5.5
500	7.0	7.0

对不符合上述要求的树木应当依法进行修剪或砍伐，所需费用由树木所有者负担。

76.《电力设施保护条例实施细则》规定：各级电压导线边线在计算导线最大风偏情况下，距建筑物的水平安全距离分别是多少？

答：1kV 以下　1.0m

1～10kV　1.5m

35kV　3.0m

66～110kV　4.0m

154～220kV　5.0m

330kV　6.0m

500kV　8.5m

77.《供电营业区划分及管理办法》规定：供电营业区分为哪几类？

答：供电营业区分为下列4类。

（1）跨省（自治区、直辖市）行政区划的供电营业区（简称跨省营业区）。

（2）省（自治区、直辖市）内跨地（市）行政区划的供电营业区（简称省级营业区）。

（3）地（自治州、省辖市）内跨县行政区划的供电营业区（简称地级营业区）。

（4）县（市）内跨乡镇行政区划的供电营业区（简称县级营业区）。

78.《供电营业区划分及管理办法》规定：各类营业区一般可分划为哪几级？

答：一般可将跨省营业区分划为省、地、县三级营业区；省级营业区分划为地、县两级营业区；地级营业区分划为若干个县级营业区；并在每级营业区内设立相应的供电营业分支机构。

79.《供电营业区划分及管理办法》规定：供电企业不得越出核准的供电营业区供电，哪些情况不在此限？

答：供电企业不得越出核准的供电营业区供电，下列情况不在此限。

（1）经省级以上电力管理部门同意在其他供电营业区设置的电力设施。

（2）经省级以上电力管理部门同意向其他供电企业供电营业区内客户实施的供电。

（3）应其他供电企业请求并经核准，而对其营业区内的客户实施的供电。

（4）根据国务院电力管理部门的规定实施的供电。

80.《供电营业区划分及管理办法》规定：客户自备电厂自供有余的电量应上网销售。需要伸入或穿越供电营业区供电时，必须办理什么手续才能实施？

答：客户自备电厂自供有余的电量应上网销售，需要伸入或穿越供电营业区供电时，必须经过该供电营业区的电网经营企业同意并签订有关合同后才能实施。

81. 什么是电阻？

答：自由电子在物体中移动受到其他电子的阻碍，对于这种导电所表现的能力就叫电阻。单位是“欧姆”，用字母“R”表示。

82. 什么是部分电路的欧姆定律？

答：流过电路的电流与电路两端的电压成正比，而与该电路的电阻成反比，这个关系叫作欧姆定律。

83. 什么是全电路的欧姆定律？

答：全电路欧姆定律的定义是：在闭合回路中，电流的大小与电流的电动势成正比，而与整个电路的内外电阻之和成反比。

84. 什么是三相交流电路？

答：由三相交流电源供电的电路称为三相交流电路。三相交流电源，是由三个频率相同、振幅相等、相位依次互差120°的交流电动势组成的电源。三相交流电的用途很广，工业中大部分的交流用电设备，如电动机，都采用三相交流电。

85. 什么叫频率？

答：交流电每秒钟内变化的次数叫频率，用符号“f”来表示。

86. 什么是线电压？

答：三相正弦交流电路中，端线与端线之间的电压称线电压。

87. 什么是相电压？

答：三相正弦交流电路中，每相绕组两端的电压称相电压。

88. 什么是零线、火线？

答：一般家庭使用的电源线是由两根导线组成的，其中一根叫相线（俗称火线），一根叫零线（即中性线）。正常情况下，零线电位为零，相线与零线之间的电压为220V。零线一般都与大地直接连接，零线与大地的电位是相等的。

89. 什么是有功功率、无功功率、视在功率？

答：在交流电路中，电阻所消耗的功率为有功功率，用字母P表示，单位用瓦（W）来表示。有功功率与电压U、电流I的关系式为$P=UI$。在交流电路中，电感（电容）是不消耗能量的，它只是与电源之间进行能量的互换，而并没有消耗真正的能量，我们把与电源交换的能量的功率称为无功功率。无功功率用符号 Q 表示，单位是乏（var）或千乏（kvar）。但是，无功功率不能理解为无用的功率，变压器、交流电动机都需要从系统吸收无功功率提供交变磁场才能正常工作。另外，因为电感器和电容器都或多或少有一些电阻，会消耗一点能量，实际上的无功功率与电压、电流的关系为 $Q=UI\sin\varphi$。

S、P、Q 之间的关系可以用一个直角三角形来表示，即功率三角形

$$S=\sqrt{P^2+Q^2}$$

式中　S——三角形的斜边；

P、Q——三角形的两个直角边。

90. 什么是电量？

答：电量是指用电设备所需用电能的数量，电量的单位是千瓦时（kWh）。电量也分为有功电量和无功电量。无功电量的单位是千乏时（kvarh）。

91. 什么是左手定则？

答：左手定则又称电动机左手定则或电动机定则，用于判断载流导体的运动方向，其判断方法如下。

（1）伸平左手手掌，张开拇指并使其与四指垂直。

（2）使磁力线垂直穿过手掌心。

（3）使四指指向导体中电流的方向，则拇指指向为载流导体的运动方向。

92. 怎样用右手螺旋定则判断通电线圈内磁场的方向？

答：其判断方法如下。

（1）用右手握住通电线圈，四指指向线圈中电流的方向。

（2）使拇指与四指垂直，则拇指所指方向即为线圈内磁场的方向。

93. 电动势与电压有什么区别？它们的方向是怎么规定的？

答：电动势是将外力克服电场力所做的功，而电压则是电场力所做的功；电动势的正方向为电位升的方向，电压的方向为电位降的方向。

94. 什么是导体与绝缘体？

答：我们把容易导电的物体叫作导体。导体又分为良导体和不良导体。电流通过时受到阻力很小的一类材料称为良导体；电流通过时受到阻力比较大的一类材料称为不良导体。我们把不容易导电的物体叫作绝缘体。绝缘体能否绝缘，与其承受的电压高低有直接关系，在不同电压作用下，物体的绝缘程度是不同的，在较低电压作用下是绝缘的物体，在较高电压下就可能没有绝缘作用了。

95. 简述正弦交流电的含义。

答：大小和方向都随时间作周期性变化的电动势、电压、电流等物理量均称为交流电，周期性变化规律符合正弦函数特性的交流电称为正弦交流电。

96. 正弦量的三要素是什么？分别简述其基本概念。

答：幅值、角频率和初相位是确定正弦量的三要素，它们反映了正弦量的特点，其中幅值是指正弦交流量在变化过程中达到的最大值；角频率是指正弦交流电每秒钟所经历的电角度；初相位决定正弦初始状态，初相位即为正弦量起始时的相位，即 $t=0$ 时的相位角。

97. 何谓正序电压、负序电压和零序电压?

答: 正序电压是一组对称的电压相量，其频率相同，大小相等，相位互差 120°，一般用 U1、V1、W1 表示。其相序是顺时针方向旋转的 U1—V1—W1。

负序电压是一组对称的电压相量，其频率相同，大小相等，相位互差 120°，一般用 U2、V2、W2 表示。其相序是逆时针方向旋转的 U2—V2—W2。

零序电压是一组电压相量，其频率相同，大小相等，相位一致，一般用 U0、V0、W0 表示。

98. 什么是断路与短路?

答: 电气设备在正常工作的时候，电路中的电流由电源的一端经过电气设备回到电源的另一端形成闭合回路。如果将电流的回路切断或者因某种原因发生断线，电路中电流不能流通，电路不能形成闭合回路，这就叫作断路（或叫开路）。

电源的两端不经过任何电器设备，直接被导线连通叫作短路。

99. 什么是星形连接的三相三线制供电和三相四线制供电?

答: 将发电机三相绕组末端 x、y、z 连接成一公共点，以 0 表示，从三个始端 U、V、W 分别引出三根与负载相连的导线称为相线，这种连接方式称为星形连接。从电源中性点 0 引出一根与负载中性点相接的导线叫中性线。有中性线星形连接的三相制供电叫三相四线制供电，无中性线星形连接的三相制供电叫三相三线制供电。

100. 功率因数低有什么危害?

答: 功率因数低的危害如下。

（1）增加了供电线路的损失，为了减少这种损失则必须增大供电线路的截面，这又增加了投资。

（2）增加了线路的电压降，降低了电压质量。

（3）降低了发、供电设备的利用率。

（4）增加了企业的电费支出，加大了成本。

101. 功率因数低的原因是什么?

答: 功率因数低的原因如下。

（1）大量采用感应电动机或其他感应用电设备。

（2）电感性用电设备不配套或使用不合理，造成设备长期轻载或空载运行。

（3）采用日光灯、路灯照明时，没有配电容器。

（4）变电设备负载率和年利用小时数过低。

102. 如何帮助客户提高功率因数?

答: 提高功率因数有两种方法：一是自然改善，二是加补偿装置。自然功率因数的高低，取决于负荷性质，一般采取以下技术措施。

（1）减少大马拉小车现象，提高使用设备效率。

（2）调整负荷，提高设备利用率。

（3）利用新技术，加强设备维护。

虽然采取了以上技术措施，但往往是达不到理想的标准，所以还须加装补偿装置，即安装电力电容器，根据功率因数的高低，加装适量的电力电容器，这是比较经济和卓有实效的一种方法。

103. 提高功率因数的意义有哪些?

答: 通过改善功率因数，可减少发供电企业的设备投资，并且降低了设备本身电能的损耗；可减少供电系统中的电压损失，可以使负载电压更稳定，改善电能的质量；可增加发供电设备的能力；可以降低客户用电设备自身的损耗，也可以改善客户的电能质量，依据“依功率因数调整电费的办法”客户可得到电费的优惠政策，从而降低客户的电费支出。

104. 平均功率因数的概念是什么?

答: 平均功率因数是依据一定时期内客户用电情况求得的一个加权平均值，可依据客户装接的有功电能表和无功电能表的读数通过计算求得。

105. 电力系统中性点接地方式有几种? 其适用范围和作用如何?

答: 中性点接地方式有以下三种。

(1) 中性点不接地系统：6～10kV 系统中性点是不接地的。当发生单相金属性接地时，三相系统的对称性被破坏，系统还可运行，但非接地相电压达到线电压，这要求系统绝缘必须按线电压设计。

(2) 中性点经消弧线圈接地系统：在 30～60kV 系统中采用。这个系统容量较大，线路较长。当单相接地电流大于某一值时，接地电弧不能自行熄灭，可能发生危险的间歇性过电压，采用消弧线圈接地可以补偿接地时的电容电流，使故障点接地电流减少，电弧可以自行熄灭，避免了电弧过电压的产生。

(3) 中性点直接接地系统：110kV 及以上系统采用，主要考虑绝缘投资较少。

106. 同一根导线的交流电阻和直流电阻为什么不一样?

答: 当交流电通过导线时，导线截面内的电流分布密度是不相同的，越接近导体中心，电流密度越小，在导体表面附近电流密度则越大，这种现象叫作集肤效应。频率越高，这种现象表现得越突出。由于这种集肤效应的结果，使导线有效截面减小，电阻增大。当直流电流流过导线时，却没有这种现象。所以，同一根导线的交流电阻大于直流电阻。

107. 串联电路有何特点? 主要应用在哪些方面?

答: 串联电路有如下特点。

(1) 串联电路中，流过各电阻的电流相同。

(2) 串联电路的总电压等于各电阻上电压降之和。

(3) 串联电路的总电阻为各电阻之和。

(4) 串联分压：串联的各电阻的电压与其阻值成正比。电阻越大，分得的电压越大。

(5) 功率：串联电路消耗的总功率等于各电阻消耗的功率之和。

由串联电路的特点可以看出：如果在电路中串联一个电阻，那么电路的等效电阻就要增大，在电源电压不变的情况下，电路中的电流将要减少。所以，串联电阻可起到限制电流的作用，如大电动机启动时，在回路串入一个启动电阻，可减小启动电流。串联电阻的另一个用途就是可起到分压的作用，如电阻分压器和多量程电压表，就是利用这个原理做成的。

108. 什么叫相量? 为什么正弦交流电用相量表示?

答: 相量也称矢量或向量，它是既有数值的大小，又有方向的量。相量的长短表示相量的大小，相量与横轴的夹角表示相量的方向。

正弦交流电用数学函数式表示，也可以用正弦曲线来描述。但在实际计算中，常常会遇到几个正弦量的加减运算，这时再用函数式或波形图进行计算，不但复杂而且误差较大；若用相量进行加减，则会既简单又准确。

109. 三相四线制供电系统中，中性线的作用是什么？为什么中性线上不允许装刀闸和熔断器？

答：中性点接地系统中中性线的作用，是传输单相负荷的电流或当不对称的三相负载接成星形连接时，使其每相电压保持对称。

在有中性点接地的电路中，偶然发生一相断线，也只影响本相的负载，而其他两相的电压保持不变。但如中性线因某种原因断开，则当各相负载不对称时，势必引起中性点位移，造成各相电压的不对称，破坏各相负载的正常运行甚至烧坏电气设备。而在实际中，负载大多是不对称的，所以中性线不允许装隔离开关和熔断器，以防止出现断路现象。

110. 为什么低压配电网普遍采用三相四线制供电？

答：由于三相四线制供电可以同时获得线电压和相电压两种电压，这对于用电者来说是比较方便的。在低压网络中，常采用动力负荷与照明负荷混合供电，即将 380V 线电压供三相电动机用，220V 相电压供照明和单相负荷用。另外，在三相负荷不对称时，因中性线的阻抗很小，所以也能够消除因三相负荷不对称时中性点的电压位移，从而能保证负荷的正常工作。综上所述，三相四线制供电获得广泛的应用。

111. 什么是电力网？

答：电力网是由输电、变电、配电设备及相应的辅助系统组成的联系发电与用电的统一整体。也可描述为电力系统是由电源、电力网以及客户组成的整体。电力网是电力系统的一部分。它包括所有的变、配电所的电气设备以及各种不同电压等级的线路组成的统一整体。它的作用是将电能转送和分配给各用电单位。

112. 什么是输电网？

答：输电网是以高电压、特（超）高电压将发电厂、变电站或变电站之间连接起来的送电网络。通常是由 220kV、500kV 等以上电压等级组成的电网，也是电力网中的主网架。

113. 什么是配电网？

答：配电网是电力网中二次降压变电站低压侧直接或者降压后将电能送到客户的电网。由 35kV、66kV、110kV 组成的电网称为高压配电网，由 10kV、20kV 组成的电网称为中压配电网，380V 电网称为低压配电网。

114. 什么是保护接地与保护接零？

答：将电气设备的外壳和在正常情况下不带电的金属部分与接地极之间用导线连接起来，叫保护接地。

将电气设备的金属外壳与三相四线制供电系统的零线相连接，叫保护接零。

115. 什么是供电量、售电量及用电量？

答：供电量指发电厂或电网向供电企业提出的电量，包括输送电过程中的损失电量。售电量指电力部门卖给各工厂、企业各行各业及广大居民用的电量。用电量指售电量与客户自备电厂自发自用电量之和，也就是客户用电设备实际耗用电量（不包括客户输变配损失电量）。

116. 什么是接户线和进户线？

答：客户计量装置在室内时，从低压电力线路到客户室外第一支持物的一段线路为接户线；从客户室外第一支持物至客户室内计量装置的一段线路为进户线。

客户计量装置在室外时，从低压电力线路到客户室外计量装置的一段线路为接户线；从客户室外计量箱出线端至客户室内第一支持物或配电装置的一段线路为进户线。

117. 什么是接地装置？

答：接地装置是指与电气设备连接的接地体和接地线的总称。接地体是埋入地下并直接与大地接触的金属导体；接地线是电气设备金属外壳与接地体相连接的导体。

118. 剩余电流保护器（又称漏电保护器）的主要用途有哪些？

答：剩余电流保护器（又称漏电保护器），是一种新型的电气安全装置，其主要用途如下。

（1）防止由于电气设备和电气线路而引起的触电事故。

（2）防止用电过程中的单相触电事故。

（3）及时切断电气设备运行中的单相接地故障，防止因漏电而引起的火灾事故。

119. 高压触电可采用哪些方法使触电者脱离电源？

答：（1）立即通知有关供电企业或客户停电。

（2）戴上绝缘手套，穿上绝缘靴，用相应电压等级的绝缘工具按顺序拉开电源开关或熔断器。

（3）抛掷裸金属线使线路短路接地，迫使保护装置动作，断开电源。注意抛掷金属线之前，应先将金属线的一端固定可靠接地，然后另一端系上重物抛掷，注意抛掷的一端不可触及触电者和其他人。另外，抛掷者抛出线后，要迅速离开接地的金属线 8m 以外或双腿并拢站立，防止跨步电压伤人。在抛掷短路线时，应注意防止电弧伤人或断线危及人员安全。

120. 什么是计划检修停电、临时检修停电和突发故障停电？

答：依据国家电网公司生产技能人员职业能力培训专用教材《95598 客户服务》，计划检修停电是为了确保电网及设备完好率，提高供电能力和供电可靠性，供电企业对供电设施有计划地安排检修停电。当供电设施计划检修需要停电时，应提前 7 天通知客户并进行公告。

临时检修停电是供电设备在运行过程中出现故障或遇到影响安全运行的其他事件，若不及时停电抢修，可能会造成设备损坏或更长时间、更大范围的停电，供电企业对供电设施临时安排的检修停电。因供电设施临时检修需要停止供电时，应当提前 24 小时通知重要客户或进行公告。

突发故障停电是因为突发的，不可预知的事件，如自然灾害、恶劣天气、负荷突增、线路短路、人为因素等，造成供电设施受损，影响电网正常用电的现象。

121. 引发家庭用电短路的原因主要有哪些？

答：（1）导线连接不符合要求，接头部位绝缘薄弱，零线和相线导电体相碰，形成短路。

(2) 灯座、开关、插座进水或受潮，其内部绝缘减弱形成短路。

(3) 灯口内部松动或灯座顶芯歪斜相碰，形成短路。

(4) 导线使用时间太久，绝缘老化或导线绝缘损坏，使相、零线相碰，形成短路。

(5) 带电修理电路时不注意安全，器具同时接触相、零线，形成短路。

122. 在线路上产生电压损失的主要原因是什么？

答： 其主要原因如下。

(1) 供电线路太长，超出合理的供电半径。

(2) 客户用电的功率因数低。

(3) 线路导线截面太小。

(4) 冲击性负荷，三相不平衡负荷的影响。

123. 什么是变压器的空载损耗？

答： 变压器的空载损耗指变压器二次绕组开路，一次绕组加上额定频率的额定电压时产生的有功功率损耗，也称为铁损。

124. 什么是变压器的短路损耗？

答： 变压器的短路损耗，也称为铜损，是指变压器二次绕组短路，在一次绕组施加电压使其电流达到额定值时，变压器从电源吸收的功率。

125. 什么是变压器的接线组别？

答： 变压器的接线组别指三相变压器一、二次绕组对应电压之间的相位关系，以 0～11 数字来表示。

126. 什么线电流？什么是相电流？

答： 流过任一相线上的电流。称为线电流。流过电源内部任一相绕组上的电流。称为相电流。

127. 在对称三相交流电路中，线电流和相电流的关系是什么？

答： 对于星形联结的三相电路，线电流等于相电流。对于三角形联结的三相电路，线电流等于$\sqrt{3}$倍相电流。

第六节　论　述　题

1. 《供电营业规则》对客户办理减容是如何规定的？

答： 客户减容，须在 5 天前向供电企业提出申请。供电企业应按下列规定办理。

(1) 减容必须是整台或整组变压器的停止更换小容量变压器用电。供电企业在受理之日后根据客户申请减容的日期对设备进行加封。从加封之日起，按原计费方式减收其相应容量的基本电费。但客户申明为永久性减容的或从加封之日起期满 2 年又不办理恢复用电手续的，其减容后的容量已达不到实施两部制电价规定容量标准时，应改为单一制电价计费。

(2) 减少用电容量的期限，应根据客户所提出的申请确定，但最短期限不得少于 6 个月，最长期限不得超过 2 年。

(3) 在减容期限内，供电企业应保留客户减少容量的使用权。超过减容期限要求恢复用电时，应按新装或增容手续办理。

（4）在减容期限内要求恢复用电时，应在5天前向供电企业办理恢复用电手续，基本电费从启封之日起计收。

（5）减容期满后的客户以及新装、增容客户，2年内不得申请减容或暂停。如确需继续办理减容或暂停的，减少或暂停部分容量的基本电费应按50%计算收取。

2.《供电营业规则》对客户办理暂停是如何规定的？

答：客户暂停，须在5天前向供电企业提出申请。供电企业应按下列规定办理。

（1）客户在每一日历年内，可申请全部（含不通过受电变压器的高压电动机）或部分用电容量的暂时停止用电两次，每次不得少于15天，一年累计暂停时间不得超过6个月。季节性用电或国家另有规定的客户，累计暂停时间可以另议。

（2）按变压器容量计收基本电费的客户，暂停用电必须是整台或整组变压器停止运行。供电企业在受理暂停申请后，根据客户申请暂停的日期对暂停设备加封。从加封之日起，按原计费方式减收其相应容量的基本电费。

（3）暂停期满或每一日历年内累计暂停用电时间超过6个月者，不论客户是否申请恢复用电，供电企业须从期满之日起，按合同约定的容量计收其基本电费。

（4）在暂停期限内，客户申请恢复暂停用电容量用电时，须在预定恢复日前5天向供电企业提出申请。暂停时间少于15天者，暂停期间基本电费照收。

（5）按最大需量计收基本电费的客户，申请暂停用电必须是全部容量（含不通过受电变压器的高压电动机）的暂停，并遵守本条1至4项的有关规定。

3.《供电营业规则》规定：客户受电工程设计文件和有关资料应一式两份送交供电企业审核。高、低压供电客户应分别提交哪些资料？

答：高压供电的客户应提供以下资料。

（1）受电工程设计及说明书。

（2）用电负荷分布图。

（3）负荷组成、性质及保安负荷。

（4）影响电能质量的用电设备清单。

（5）主要电气设备一览表。

（6）节能篇及主要生产设备、生产工艺耗电以及允许中断供电时间。

（7）高压受电装置一、二次接线图与平面布置图。

（8）用电功率因数计算及无功补偿方式。

（9）继电保护、过电压保护及电能计量装置的方式。

（10）隐蔽工程设计资料。

（11）配电网络布置图。

（12）自备电源及接线方式。

（13）供电企业认为必须提供的其他资料。

低压供电的客户应提供：负荷组成和用电设备清单。

4.《供电营业规则》对客户独资、合资或集资建设的输电、变电、配电等供电设施建成后，其运行维护管理如何规定？

答：客户独资、合资或集资建设的输电、变电、配电等供电设施建成后，其运行维护管理按以下规定确定。

（1）属于公用性质或占用公用线路规划走廊的，由供电企业统一管理。供电企业应在交接前，与客户协商，就供电设施运行维护管理达成协议。对统一运行维护管理的公用供电设施，供电企业应保留原所有者在上述协议中确认的容量。

（2）属于客户专用性质，但不在公用变电站内的供电设施，由客户运行维护管理。如客户运行维护管理确有困难，可与供电企业协商，就委托供电企业代为运行维护管理有关事项签订协议。

（3）属于客户共用性质的供电设施，由拥有产权的客户共同运行维护管理。如客户共同运行维护管理确有困难，可与供电企业协商，就委托供电企业代为运行维护管理有关事项签订协议。

（4）在公用变电站内由客户投资建设的供电设备，如变压器、通信设备、开关、隔离开关等，由供电企业统一经营管理。建成投运前，双方应就运行维护、检修、备品备件等项事宜签订交接协议。

（5）属于临时用电等其他性质的供电设施，原则上由产权所有者运行维护管理，或由双方协商确定，并签订协议。

5.《供电营业规则》对供电设施的运行维护管理责任分界点应如何规定？

答：供电设施的运行维护管理范围，按产权归属确定。责任分界点按下列各项确定。

（1）公用低压线路供电的，以供电接户线客户端最后支持物为分界点，支持物属供电企业。

（2）10kV及以下公用高压线路供电的，以客户厂界外或配电室前的第一断路器或第一支持物为分界点，第一断路器或第一支持物属供电企业。

（3）35kV及以上公用高压线路供电的，以客户厂界外或客户变电站外第一基电杆为分界点。第一基电杆属供电企业。

（4）采用电缆供电的，本着便于维护管理的原则，分界点由供电企业与客户协商确定。

（5）产权属于客户且由客户运行维护的线路，以公用线路分支杆或专用线路接引的公用变电站外第一基电杆为分界点，专用线路第一基电杆属客户。

在电气上的具体分界点，由供用双方协商确定。

6.《供电营业规则》规定：因建设引起建筑物、构筑物与供电设施相互妨碍，需要迁移供电设施或采取防护措施时，责任按什么原则确定？

答：因建设引起建筑物、构筑物与供电设施相互妨碍，需要迁移供电设施或采取防护措施时，应按建设先后的原则，确定其担负的责任。如供电设施建设在先，建筑物、构筑物建设在后，由后续建设单位负担供电设施迁移、防护所需的费用；如建筑物、构筑物的建设在先，供电设施建设在后，由供电设施建设单位负担建筑物、构筑物的迁移所需的费用；不能确定建设的先后者，由双方协商解决。

供电企业需要迁移客户或其他供电企业的设施时，也按上述原则办理。城乡建设与改造需迁移供电设施时，供电企业和客户都应积极配合，迁移所需的材料和费用，应在城乡建设与改造投资中解决。

7.《供电营业规则》规定：由于计费计量的互感器、电能表的误差及其连接线电压降超出允许范围或其他非人为原因致使计量记录不准时，供电企业应按哪些规定退补相应电量的电费？

答：由于计费计量的互感器、电能表的误差及其连接线电压降超出允许范围或其他非人为原因致使计量记录不准时，供电企业应按下列规定退补相应电量的电费。

（1）互感器或电能表误差超出允许范围时，以“0”误差为基准，按验证后的误差值退补电量。退补时间从上次校验或换装后投入之日起至误差更正之日止的1/2时间计算。

（2）连接线的电压降超出允许范围时，以允许电压降为基准，按验证后实际值与允许值之差补收电量。补收时间从连接线投入或负荷增加之日起至电压降更正之日止。

（3）其他非人为原因致使计量记录不准时，以客户正常月份的用电量为基准，退补电量，退补时间按抄表记录确定。

退补期间，客户先按抄见电量如期交纳电费，误差确定后，再行退补。

8.《供电营业规则》规定：用电计量装置接线错误、熔断器熔断、倍率不符等原因，使电能计量或计算出现差错时，供电企业应按什么规定退补相应电量的电费？

答：用电计量装置接线错误、熔断器熔断、倍率不符等原因，使电能计量或计算出现差错时，供电企业应按下列规定退补相应电量的电费。

（1）计费计量装置接线错误的，以其实际记录的电量为基数，按正确与错误接线的差额率退补电量，退补时间从上次校验或换装投入之日起至接线错误更正之日止。

（2）电压互感器熔断器熔断的，按规定计算方法计算值补收相应电量的电费；无法计算的，以客户正常月份用电量为基准，按正常月与故障月的差额补收相应电量的电费，补收时间按抄表记录或按失压自动记录仪记录确定。

（3）计算电量的倍率或铭牌倍率与实际不符的，以实际倍率为基准，按正确与错误倍率的差值退补电量，退补时间以抄表记录为准确定。

退补电量未正式确定前，客户应先按正常月用电量交付电费。

9.《供电营业规则》规定：供用双方在合同中订有电力运行事故责任条款的，按哪些规定确定电力运行事故造成的损失？

答：供用双方在合同中订有电力运行事故责任条款的，按下列规定办理。

（1）由于供电企业电力运行事故造成客户停电时，供电企业应按客户在停电时间内可能用电量的电度电费的5倍（单一制电价为4倍）给予赔偿。客户在停电时间内可能用电量，按照停电前客户正常用电月份或正常用电一定天数内的每小时平均用电量乘以停电小时求得。

（2）由于客户的责任造成供电企业对外停电，客户应按供电企业对外停电时间少供电量，乘以上月份供电企业平均售电单价给予赔偿。因客户过错造成其他客户损害的，受害客户要求赔偿时，该客户应当依法承担赔偿责任。虽因客户过错，但由于供电企业责任而使事故扩大造成其他客户损害的，该客户不承担事故扩大部分的赔偿责任。

（3）对停电责任的分析和停电时间及少供电量的计算，均按供电企业的事故记录及《电业生产事故调查规程》办理。停电时间不足1h按1h计算，超过1h按实际时间计算。

（4）本条所指的电度电费按国家规定的目录电价计算。

10.《供电营业规则》规定：违约用电行为有哪些？分别应承担哪些违约责任？

答：危害供用电安全、扰乱正常供用电秩序的行为，属于违约用电行为。供电企业对查获的违约用电行为应及时予以制止。有下列违约用电行为者，应承担其相应的违约责任。

（1）在电价低的供电线路上，擅自接用电价高的用电设备或私自改变用电类别的，应按实际使用日期补交其差额电费，并承担 2 倍差额电费的违约使用电费。使用起讫日期难以确定的，实际使用时间按 3 个月计算。

（2）私自超过合同约定的容量用电的，除应拆除私增容设备外，属于两部制电价的客户，应补交私增设备容量使用月数的基本电费，并承担 3 倍私增容量基本电费的违约使用电费；其他客户应承担私增容量每千瓦（千伏安）50 元的违约使用电费。如客户要求继续使用者，按新装增容办理手续。

（3）擅自超过计划分配的用电指标的，应承担高峰超用电力每次每千瓦 1 元和超用电量与现行电价电费 5 倍的违约使用电费。

（4）擅自使用已在供电企业办理暂停手续的电力设备或启用供电企业封存的电力设备的，应停用违约使用的设备。属于两部制电价的客户，应补交擅自使用或启用封存设备容量和使用月数的基本电费，并承担 2 倍补交基本电费的违约使用电费；其他客户应承担擅自使用或启用封存设备容量每次每千瓦（千伏安）30 元的违约使用电费。启用属于私增容被封存的设备的，违约使用者还应承担本条第 2 项规定的违约责任。

（5）私自迁移、更动和擅自操作供电企业的用电计量装置、电力负荷管理装置、供电设施以及约定由供电企业调度的客户受电设备者，属于居民客户的，应承担每次 500 元的违约使用电费；属于其他客户的，应承担每次 5000 元的违约使用电费。

（6）未经供电企业同意，擅自引入（供出）电源或将备用电源和其他电源私自并网的，除当即拆除接线外，应承担其引入（供出）或并网电源容量每千瓦（千伏安）500 元的违约使用电费。

11.《用电检查管理办法》规定：用电检查的内容有哪些？

答：用电检查的内容有以下几个方面。

（1）客户执行国家有关电力供应与使用的法规、方针、政策、标准、规章制度情况。

（2）客户受（送）电装置工程施工质量检验。

（3）客户受（送）电装置中电气设备运行安全状况。

（4）客户保安电源和非电性质的保安措施。

（5）客户反事故措施。

（6）客户进网作业电工的资格、进网作业安全状况及作业安全保障措施。

（7）客户执行计划用电、节约用电情况。

（8）用电计量装置、电力负荷控制装置、继电保护和自动装置、调度通信等安全运行状况。

（9）供用电合同及有关协议履行的情况。

（10）受电端电能质量状况。

（11）违章用电和窃电行为。

（12）并网电源、自备电源并网安全状况。

12.《用电检查管理办法》规定：供电企业用电检查人员的工作职责是什么？

答：供电企业用电检查人员的工作职责有以下几个方面。

（1）宣传贯彻国家有关电力供应与使用的法律、法规、方针、政策以及国家和电力行业标准、管理制度。

（2）负责并组织实施下列工作。

1）负责客户受（送）电装置工程电气图纸和有关资料的审查。

2）负责客户进网作业电工培训、考核并统一报送电力管理部门审核、发证等事宜。

3）负责对承装、承修、承试电力工程单位的资质考核，并统一报送电力管理部门审核、发证。

4）负责节约用电措施的推广应用。

5）负责安全用电知识宣传和普及教育工作。

6）参与对客户重大电气事故的调查。

7）组织并网电源的并网安全检查和并网许可工作。

（3）根据实际需要，按本办法规定的内容定期或不定期地对客户的安全用电、节约用电、计划用电状况进行监督检查。

13.《供电监管办法》规定：电力监管机构对供电企业实施监管的具体内容有哪些？

答：（1）电力监管机构对供电企业的供电能力实施监管。

（2）电力监管机构对供电企业的供电质量实施监管。

（3）电力监管机构对供电企业设置电压监测点的情况实施监管。

（4）电力监管机构对供电企业保障供电安全的情况实施监管。

（5）电力监管机构对供电企业履行电力社会普遍服务义务的情况实施监管。

（6）电力监管机构对供电企业办理用电业务的情况实施监管。

（7）电力监管机构对供电企业向客户受电工程提供服务的情况实施监管。

（8）电力监管机构对供电企业实施停电、限电或者中止供电的情况进行监管。

（9）电力监管机构对供电企业处理供电故障的情况实施监管。

（10）电力监管机构对供电企业履行紧急供电义务的情况实施监管。

（11）电力监管机构对供电企业处理用电投诉的情况实施监管。

（12）电力监管机构对供电企业执行国家有关电力行政许可规定的情况实施监管。

（13）电力监管机构对供电企业公平、无歧视开放供电市场的情况实施监管。

（14）电力监管机构对供电企业执行国家规定的电价政策和收费标准的情况实施监管。

（15）电力监管机构对供电企业签订供用电合同的情况实施监管。

（16）电力监管机构对供电企业执行国家规定的成本规则的情况实施监管。

（17）电力监管机构对供电企业信息公开的情况实施监管。

（18）电力监管机构对供电企业报送信息的情况实施监管。

(19) 电力监管机构对供电企业执行国家有关节能减排和环境保护政策的情况实施监管。

(20) 电力监管机构对供电企业实施电力需求侧管理的情况实施监管。

14.《供电监管办法》规定：供电企业应当按照哪些要求选择电压监测点？

答：(1) 35kV 专线供电客户和 110kV 以上供电客户应当设置电压监测点。

(2) 35kV 非专线供电客户或者 66kV 供电客户、10（6、20）kV 供电客户，每 10 000kV负荷选择具有代表性的客户设置 1 个以上电压监测点，所选客户应当包括对供电质量有较高要求的重要电力客户和变电站 10（6、20）kV 母线所带具有代表性线路的末端客户。

(3) 低压供电客户，每百台配电变压器选择具有代表性的客户设置 1 个以上电压监测点，所选客户应当是重要电力客户和低压配电网的首末两端客户。

15.《电力设施保护条例》规定，任何单位或个人，不得从事哪些危害电力线路设施的行为？

答：任何单位或个人，不得从事下列危害电力线路设施的行为。

(1) 向电力线路设施射击。

(2) 向导线抛掷物体。

(3) 在架空电力线路导线两侧各 300m 的区域内放风筝。

(4) 擅自在导线上接用电器设备。

(5) 擅自攀登杆塔或在杆塔上架设电力线、通信线、广播线，安装广播喇叭。

(6) 利用杆塔、拉线作起重牵引地锚。

(7) 在杆塔、拉线上拴牲畜、悬挂物体、攀附农作物。

(8) 在杆塔、拉线基础的规定范围内取土、打桩、钻探、开挖或倾倒酸、碱、盐及其他有害化学物品。

(9) 在杆塔内（不含杆塔与杆塔之间）或杆塔与拉线之间修筑道路。

(10) 拆卸杆塔或拉线上的器材，移动、损坏永久性标志或标志牌。

(11) 其他危害电力线路设施的行为。

16. 什么是功率因数？

答：在交流电路中，电压与电流之间的相位差（φ）的余弦叫作功率因数，用符号 $\cos\varphi$ 表示，在数值上，功率因数是有功功率和视在功率的比值，即 $\cos\varphi=P/S$。

功率因数的大小与电路的负荷性质有关，如白炽灯泡、电阻炉等电阻负荷的功率因数为 1，一般具有电感性或电容性负载的电路功率因数都小于 1。

功率因数是电力系统的一个重要的技术数据。功率因数是衡量电气设备效率高低的一个系数。功率因数低，说明电路用于交变磁场转换的无功功率大，从而降低了设备的利用率，增加了线路供电损失。所以，供电部门对用电单位的功率因数有一定的标准要求。

17. 何谓中性点位移？

答：在三相电路星形连接的供电系统中，电源的中性点与负载的中性点之间产生的电位差，称为中性点位移。

18. 低压触电可采用哪些方法使触电者脱离电源？

答：(1) 如果触电地点附近有电源开关或电源插座，可立即拉开开关或拔出插头，断开电源。但应注意到拉线开关或墙壁开关等只控制一根线的开关，有可能因安装问题只能切断零线而没有断开电源的相线。

(2) 如果触电地点附近没有电源开关或电源插座（头），可用有绝缘柄的电工钳或有干燥木柄的斧头切断电线，断开电源。

(3) 当电线搭落在触电者身上或压在身下时，可用干燥的衣服、手套、绳索、皮带、木板、木棒等绝缘物作为工具，拉开触电者或挑开电线，使触电者脱离电源。

(4) 如果触电者的衣服是干燥的，又没有紧缠在身上，可以用一只手抓住他的衣服，拉离电源。但因触电者的身体是带电的，其鞋的绝缘也可能遭到破坏，救护人不得接触触电者的皮肤，也不能抓他的鞋。

(5) 若触电发生在低压带电的架空线路上或配电台架、进户线上，对可立即切断电源的，则应迅速断开电源，救护者迅速登杆或登至可靠地方，并做好自身防触电、防坠落安全措施，用带有绝缘胶柄的钢丝钳、绝缘物体或干燥不导电物体等工具将触电者脱离电源。

第七节 计 算 题

1. 在一直流电路中，已知两个电阻串联，电阻 $R_1=60\Omega$，电阻 $R_2=80\Omega$，试问该电路中的总电阻 R 等于多少？

解：
$$R=R_1+R_2=60+80=140(\Omega)$$

答：该电路中的总电阻 R 等于 140 (Ω)。

2. 在一直流电路中，已知两个电阻串联，电阻 $R_1=8\Omega$，电阻 $R_2=12\Omega$，电路的总电压 $U=100V$，试求电阻 R_1 和 R_2 上的电压分别为多少？

解：电路中电流 $I=U/(R_1+R_2)=100/(8+12)=5(A)$

电阻上的电压 $U_1=IR_1=5\times 8=40(V)$

$U_2=IR_2=5\times 12=60(V)$

答：电阻 R_1 和 R_2 上的电压分别为 40V、60V。

3. 在一直流电路中，已知两个电阻并联，电阻 $R_1=20\Omega$，电阻 $R_2=30\Omega$，试求并联后的等效电阻 R 等于多少？

解：
$$R=R_1R_2/(R_1+R_2)=20\times 30/(20+30)=12(\Omega)$$

答：并联后的等效电阻 R 等于 12Ω。

4. 在图 12-1 中，$U=120V$，$R_1=30\Omega$，$R_2=10\Omega$，$R_3=20\Omega$，$R_4=15\Omega$。求总电流 I，各电流 I_1、I_2、I_3、I_4 及等值电阻 R。

解：等值电阻

$$R=R_1+\frac{(R_2+R_3)R_4}{R_2+R_3+R_4}$$

$$=30+\frac{(10+20)\times 15}{10+20+15}=40(\Omega)$$

总电流　$I=U/R=120/40=3(\mathrm{A})$

$I_1=I=3(\mathrm{A})$

$$I_2=I_3=\frac{R_4}{(R_2+R_3)+R_4}I$$

$$=\frac{15}{(10+20)+15}\times 3=1(\mathrm{A})$$

$$I_4=I-I_2=2(\mathrm{A})$$

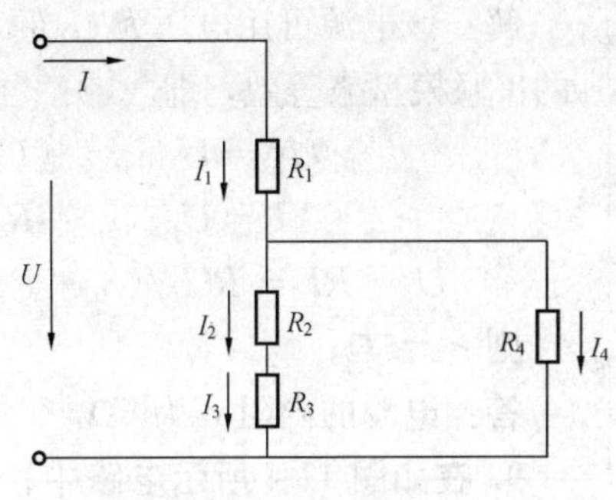

图 12-1　电路图（1）

答：总电流 I 为 3A，各电流 I_1 为 3A，I_2 为 1A，I_3 为 1A，I_4 为 2A，等值电阻 R 为 40Ω。

5. 图 12-2 中，已知 $R_1=20\Omega$，$R_2=80\Omega$，$R_3=28\Omega$，$U=220\mathrm{V}$。求 R_1、R_2、R_3 上消耗的有功功率为多少？

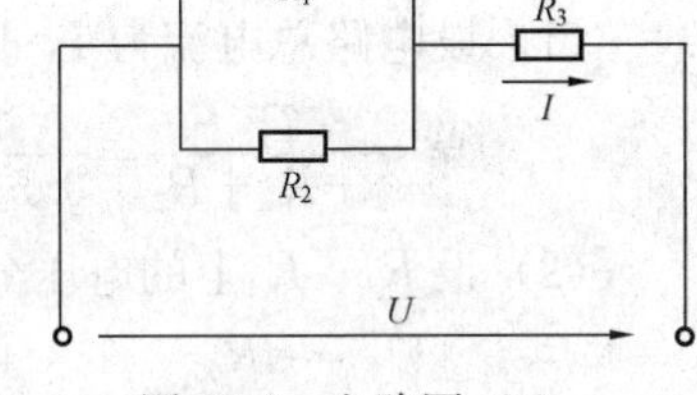

图 12-2　电路图（2）

解：R_1 与 R_2 并联后的总电阻为

$$R_1 /\!/ R_2=R_1R_2/(R_1+R_2)$$

$$=1/(1/20+1/80)=16(\Omega)$$

与 R_3 串联后的总电阻为

$$R=R_3+R_1/\!/R_2=28+16=44(\Omega)$$

所以，通过 R_3 的总电流为

$$I=U/R=220/44=5(\mathrm{A})$$

根据欧姆定律，R_3 消耗的有功功率为

$$P_3=I^2R_3=5\times5\times28=700(\mathrm{W})$$

R_1、R_2 并联电路上的电压为

$$U_{12}=I\times R_1/\!/R_2=5\times16=80(\mathrm{V})$$

R_1 上消耗的有功功率为

$$P_1=U_2R_1/\!/R_2/R_1=80\times80/20=320(\mathrm{W})$$

R_2 上消耗的有功功率为

$$P_2=U_2R_1/\!/R_2/R_2=80\times80/80=80(\mathrm{W})$$

答：R_1 上消耗的有功功率为 320W，R_2 上消耗的有功功率为 80W，R_3 上消耗的有功功率为 700W。

6. 已知铝导线在温度 20℃ 时的电阻率 ρ 为 0.028 3Ωmm²/m，那么截面积 $S=50\mathrm{mm}^2$、长度 $L=15\mathrm{km}$ 的铝导线在温度 20℃ 时的电阻值是多少？

解：$R=\rho L/S=0.028\ 3\times15\ 000\div50=8.5(\Omega)$

答：该导线电阻值为 8.5Ω。

7. 如图 12-3 所示，$E=6\mathrm{V}$，$R_1=4\Omega$，$R_2=2\Omega$，$R_3=3\Omega$，$C=1\mathrm{F}$。求 R_3 两端的电压。

解：电容器 C 阻隔直流，R_3 上无电流流过，$I_{R3}=0$，则

$$U_{R3}=I_{R3}R_3=0\times3=0(\mathrm{V})$$

答：R_3 两端的电压为 0，即 $U_{R3}=0\mathrm{V}$。

8. 某电源的开路电压 $U_{OC}=10\mathrm{V}$。当外电阻 $R=5\Omega$ 时，电源的端电压 $U=5\mathrm{V}$。求电源的内阻 r_0 的值。

解：该电源可用电压为U_S的理想电压源与内阻r_0的串联模型来等效，即

$$U_S = U_{OC} = 10(V)$$

$$I = U_S/(r_0 + R)$$

$$U = RI = RU_S/(r_0 + R) = 5(V)$$

则 $r_0 = 5\Omega$。

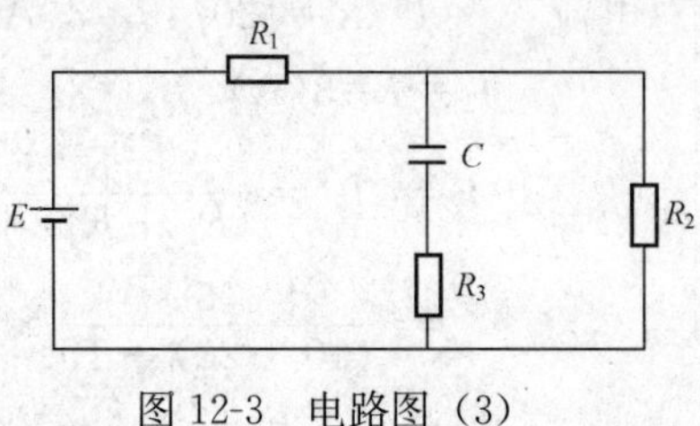

图 12-3 电路图（3）

答：电源的内阻 r_0 为 5Ω。

9. 在如图 12-4 所示电路中，电动势 $E=100V$，内阻 $r_0=0.5\Omega$，电阻 $R_1=4.5\Omega$，$R_2=95\Omega$，求：（1）电路总电流；（2）电阻 R_1 和 R_2 上的电压；（3）电源总功率；（4）负载消耗的功率。

解：

（1）设电路总电流为 I，则

$$I=\frac{E}{r_0+R_1+R_2}=\frac{100}{0.5+4.5+95}=1(A)$$

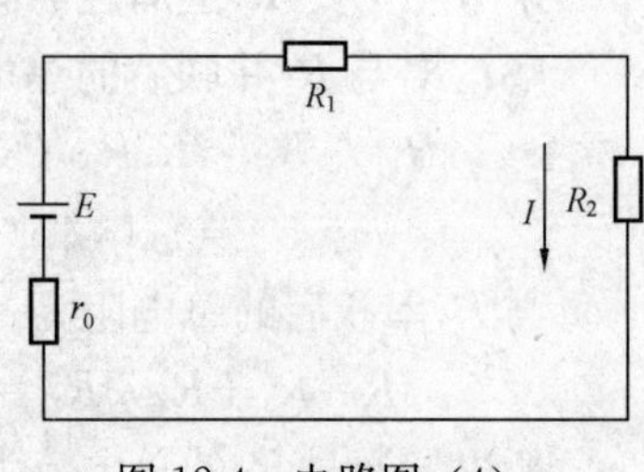

图 12-4 电路图（4）

（2）设 R_1、R_2 上的电压分别为 U_1、U_2，则

$$U_1 = IR_1 = 1 \times 4.5 = 4.5(V),$$

$$U_2 = IR_2 = 1 \times 95 = 95(V)$$

（3）设电源总功率为 P_1，则 $P_1=EI=100\times1=100(W)$

（4）设负载消耗的功率为 P_2，$P_2=I(R_1+R_2)=1\times(4.5+95)=99.5(W)$

答：电路总电流为 1A，电阻上 R_1 和 R_2 上的电压分别为 4.5V 和 95V，电源总功率为 100W，负载消耗的功率为 99.5W。

10. 有一家用生活小型电炉，接在电压 U 为 220V 的电源上，已知通过该电炉的电流 I 为 4.55A，每日使用 3h，试求该电炉每日消耗的电能量 W 是多少？

解：由题意得：$P=UI=220\times4.55=1001(W)$

$W=Pt=1.001\times3=3.003(kWh)$

答：该电炉每日消耗的电能量是 3.003kWh。

11. 某照明电路中熔断器的额定电流为 5A，照明电路接有 220V、100W 电灯 10 盏，220V、60W 的电灯 8 盏，求所有电灯都接入电路时，熔断器的熔丝是否会熔断？

解：照明电路的总功率为

$$P=100\times10+60\times8=1480\ (W)$$

电路的总电流

$$I = \frac{P}{U} = \frac{1480}{220} = 6.7(A)$$

答：因为 6.7A 大于 5A，所以熔丝将熔断。

12. 如图 12-5 所示，$R_1=10\Omega$，$R_2=20\Omega$，电源的内阻可忽略不计，若使开关 S 闭合后，电流为原电流的 1.5 倍，则电阻 R_3 应选多大？

解：设开关闭合前的电流为 I，则闭合后的电流为 $1.5I$，根据欧姆定律可列如下方程：

$$I = \frac{U}{R_1 + R_2} = \frac{U}{10 + 20} = \frac{U}{30}$$

$$1.5I = \frac{U}{R_1 + R_2 \mathbin{/\!/} R_3} = \frac{U}{10 + \frac{20R_3}{20 + R_3}}$$

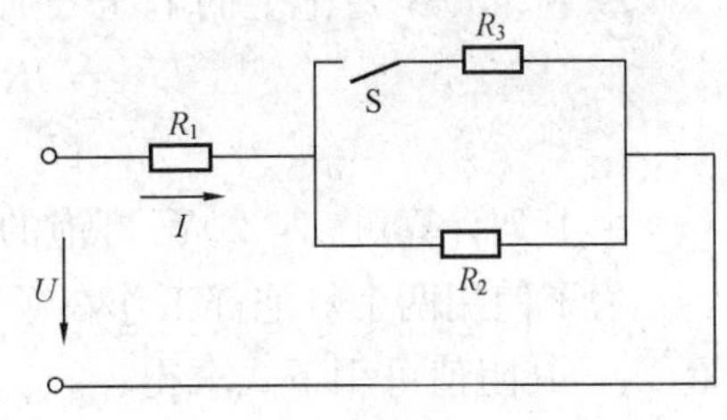

图 12-5　电路图（5）

由上列两式可得：

$1.5\left(10+\frac{20R_3}{20+R_3}\right)=30$，即 $R_3=20\Omega$。

答：电阻 R_3 应选 20Ω。

13. 有一只 220V、10A 的电能表，试求该表可以计量多大功率的负载；如果只接照明负荷，可接 100W 的电灯盏数为多少？

解：按题意，负载功率为

$$P = 220 \times 10 = 2200(\mathrm{W}) = 2.2(\mathrm{kW})$$

可接 100W 的电灯盏数为：$n=2200\div100=22$（盏）

答：可计量 2.2kW 负载功率，可按 100W 的电灯 22 盏。

14. 某客户有 2 盏 60W 灯泡，每天使用 3h；1 台电视机功率为 60W，平均每天收看 2h；冰箱 1 台平均每天耗电 1.1kWh。求该户每月（30 天）需交多少电费（0.54 元/kWh）。

解：设灯泡每天耗电为 W_1，电视机每天耗电为 W_2，冰箱每天耗电 W_3，即

（1）$W_1=2\times60\times3=360$（Wh）$=0.36$（kWh）。

（2）$W_2=60\times2=120$（Wh）$=0.12$（kWh）。

（3）$W_3=1.1$（kWh）。

（4）需交电费为

$$0.54\times(W_1+W_2+W_3)\times30=(0.36+0.12+1.1)\times30\times0.54=25.6(\text{元})$$

答：该客户每月需交电费约 25.6 元。

15. 如图 12-6 所示，已知 $R=5\Omega$，开关 S 打开时，电源端电压 $U_{ab}=1.6\mathrm{V}$；开关 S 闭合后，电源端电压 $U_{ab}=1.50\mathrm{V}$。求该电源的内阻 r_0。

解：由题可知，开关打开时的电压 U_{ab} 即为该电源电动势。开关接通后，电路电流为

$$I = 1.6/(5 + r_0)$$

由题意可知 $I=1.5/5=0.3\mathrm{A}$，代入上式可知 $1.6/(5+r_0)=0.3$，得

$$r_0 = (1.6 - 1.5)/0.3 = 0.1/0.3 \approx 0.33(\Omega)$$

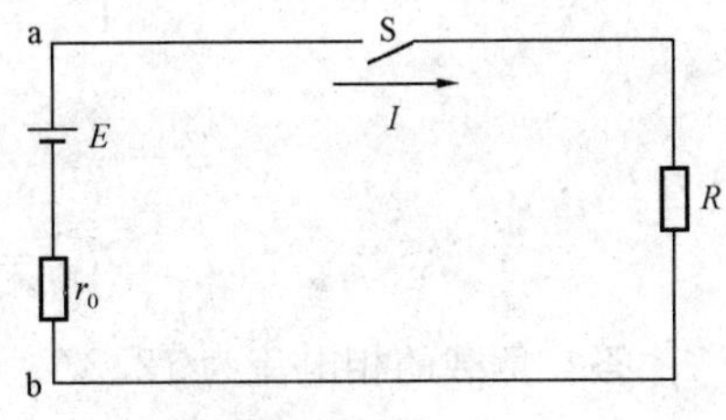

图 12-6　电路图（6）

答：该电源的内阻 r_0 为 0.33Ω。

16. 在一直流电路中，有一个 100V、20W 的灯泡和一个 100V、30W 的灯泡串联使用，若电路的供电电压为 200V，请问哪一个灯泡分压会超过额定电压？如果想使两个灯泡都工作在额定电压下，那么，需要在哪一个灯泡上并联电阻，其阻值是多少欧姆？

解：根据 $P=U^2/R$，分别求出 20W、30W 灯泡的电阻 R_1 和 R_2

$$R_1 = U_1^2/P_1 = 100^2/20 = 500(\Omega)$$

$$R_2 = U_2^2/P_2 = 100^2/30 = 333.3(\Omega)$$

电路电路：$I=U/R=200/(500+333.3)=0.24(\mathrm{A})$

20W、30W 灯泡上的电压分别为

$$U_1 = IR_1 = 0.24 \times 500 = 120(\text{V})$$

$$U_2 = 200 - 120 = 80(\text{V})$$

由上列计算可知：20W 灯泡的电压超过了额定值。

为了使用两个灯泡都工作在额定电压下，因此，就需在 20W 的灯泡上并联一个电阻 R_3，其阻值可用下式求得：

$$R_3 = R_1R_2/(R_1 - R_2) = 500 \times 333/(500 - 333) = 997(\Omega)$$

答：需在 20W 的灯泡上并联一个 997Ω 的电阻。

17. 一个 2.4H 电感器，在多大频率时具有 1500Ω 的感抗？一个 2μF 的电容器，在多大频率时具有 2000Ω 的容抗？

解：感抗 $X_L = \omega L = 2\pi fL$，所以感抗为 1500Ω 时的频率 f_1 为

$$f_1 = X_L/2\pi L = 1500/(2 \times 3.14 \times 2.4) = 99.5(\text{Hz})$$

容抗为 2000Ω 时的频率 f_2 为

$$f_2 = 1/2\pi C = 1/(2 \times 3.14 \times 2000 \times 2 \times 10^{-6}) = 39.8(\text{Hz})$$

答：电感器频率为 99.5Hz，电容器频率为 39.8Hz。

18. 有 *R*、*L*、*C* 串联电路，其中 *R*=20Ω，*L*=0.5H，*C*=100μF，该电路谐振频率为多少赫兹？

解：发生谐振条件

$$X_L = X_C$$

即

$$2\pi fL = \frac{1}{2\pi fC}$$

$$f = 22.52\text{Hz}$$

答：该电路谐振频率为 22.52Hz。

19. 某对称三相电路的负载作星形联结时，线电压为 380V，每相负载阻抗为：*R*=10Ω，X_L=15Ω，求负载的相电流。

解：

$$U_{ph} = \frac{U_{p-p}}{\sqrt{3}} = \frac{380}{\sqrt{3}} = 220(\text{V})$$

$$Z = \sqrt{R^2 + X_L^2} = \sqrt{10^2 + 15^2} = 18(\Omega)$$

$$I_{相} = \frac{U_{相}}{Z} = \frac{220}{180} = 12.2(\text{A})$$

答：负载的相电流为 12.2A。

20. 一个容抗为 6Ω 的电容，与一个 8Ω 的电阻串联，通过电流为 5A。试求电源电压 *U*。

解：已知电容的容抗 X_C=6Ω，电阻 R=8Ω，回路电流 I=5A。

因为回路阻抗

$$|Z| = \sqrt{R^2 + X_C^2} = \sqrt{8^2 + 6^2}10(\Omega)$$

则

$$U = I|Z| = 5 \times 10 = 50(\text{V})$$

答：电源电压为 50V。

21. 如图 12-7 所示，*R*、*L*、*C* 串联电路接在 220V、50Hz 交流电源上，已知 *R*=15Ω，*L*=300mH，*C*=100μF。求该电路中各元件的电压是多少？

解：$X_L=2\pi fL=94.2(\Omega)$

$X_C=1/(2\pi fC)=31.8(\Omega)$

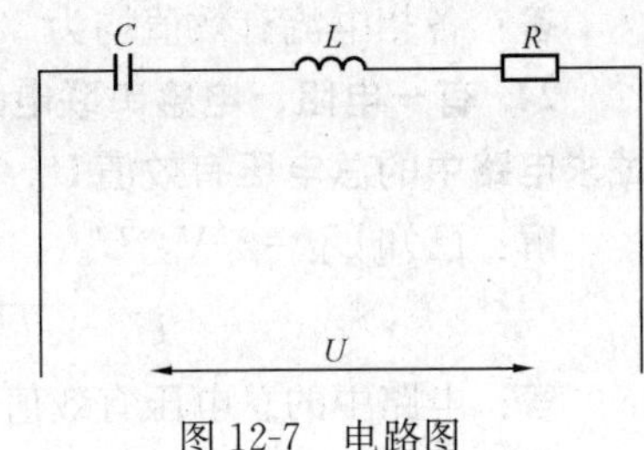

图 12-7 电路图

总阻抗为

$$|Z|=\sqrt{R^2+(X_L-X_C)^2}$$
$$=\sqrt{15^2+(94.2-31.8)^2}$$
$$\approx 64.18(\Omega)$$

通过该电路的电流为

$$I=220\div 64.18=3.43(\text{A})$$

则

$$U_R=3.43\times 15=51.45\ (\text{V})$$
$$U_L=3.43\times 94.2=323.1\ (\text{V})$$
$$U_C=3.43\times 31.8=109\ (\text{V})$$

答：各元件上的电压分别为 51.45V、323.1V、109V。

22. 有一个 R_1L_1C 串联电路，电阻 $R=288\Omega$，电容 $C=6.37\mu\text{F}$，电感 $L=3.18\text{H}$，当将它们作为负载接到电压为 100V、频率为 50Hz 的交流电路时，求：（1）电流 I；（2）负载功率因数 $\cos\varphi$；（3）负载消耗的有功功率 P 和无功功率 Q。

解：（1） $X_L=2\pi fL=2\times 3.14\times 50\times 3.18\approx 1000(\Omega)$

$$X_C=\frac{1}{2\pi fC}=\frac{1}{2\times 3.14\times 50\times 6.37\times 10^{-6}}\approx 500(\Omega)$$

$$|Z|=\sqrt{R^2+(X_L-X_C)^2}=\sqrt{288^2+(1000-500)^2}\approx 577(\Omega)$$

所以，$I=\dfrac{U}{|Z|}=\dfrac{100}{577}\approx 0.17(\text{A})$

（2）$\cos\varphi=\dfrac{R}{|Z|}=\dfrac{288}{577}\approx 0.5$

（3）$P=I^2R=0.17^2\times 288=8.32(\text{W})$

$$Q=I^2\ (X_L-X_C)\ =0.17^2\times\ (1000-500)\ =15\ (\text{var})$$

答：该电路中电流为 0.17A，负载功率因数为 0.50，负载消耗的有功功率为 8.32W，无功功率为 15var。

23. 某三相四线电路，电源电压 $U=380\text{V}$，U 相负载阻抗 $R=10\Omega$，V 相负载阻抗 $X_C=10\Omega$，W 相负载阻抗 $X_L=10\Omega$，能不能说负荷是对称的？试求各相电流有效值及三相有功功率。

解：（1）因各相负荷分别是感性、容性和电阻性的，所以不对称。

（2）各相电流有效值为

$$I_U=\frac{U_U}{R}=\frac{220}{10}=22(\text{A})$$

$$I_V=\frac{U_V}{X_C}=\frac{220}{10}=22(\text{A})$$

$$I_W=\frac{U_W}{X_L}=\frac{220}{10}=22(\text{A})$$

（3）三相有功功率为

$$P=\frac{U^2}{R}=\frac{220^2}{10}=4840(\text{W})$$

答：各相电流有效值均为22A，三相有功功率为4840W。

24. 有一电阻、电感串联电路，电阻上的压降U_R为30V，电感上的压降U_L为40V。试求电路中的总电压有效值U。

解：已知$U_R=30V$，$U_L=40V$，则总电压为

$$U=\sqrt{U_R^2+U_L^2}=\sqrt{40^2+30^2}=50(V)$$

答：电路中的总电压有效值U是50V。

25. 一个5Ω电阻与31.8mH的电感线圈串联，接到频率为50Hz、电压为100V的正弦交流电源上。试求串联电路中的电流I。

解：已知$R=5\Omega$，$L=31.8mH$，$f=50Hz$，$U=100V$，

则

$$X_L=2\pi fL=2\times3.14\times50\times31.8\times10^{-3}=9.99\ (\Omega)$$

$$|Z|=\sqrt{R^2+X_L^2}=\sqrt{5^2+9.99^2}=11.17\ (\Omega)$$

$$I=U/|Z|=100/11.17=8.95A$$

答：串联电路中的电流I为8.95A。

26. 某三相变压器二次侧电压U为400V，电流I为250A，已知功率因数$\cos\varphi=0.866$，求这台变压器的有功功率P、无功功率Q和视在功率S各是多少？

解：

$$P=\sqrt{3}UI\cos\varphi=\sqrt{3}\times0.4\times250\times0.866=150\ (kW)$$

$$S=\sqrt{3}UI=\sqrt{3}\times0.4\times250=173\ (kVA)$$

$$Q=\sqrt{S^2-P^2}=\sqrt{173^2-150^2}=86.2\ (kvar)$$

答：这台变压器的有功功率为150kW、无功功率为86.2kvar、视在功率为173kVA。

27. 某工厂用电三相负荷平衡，装有单相功率表，指示功率50kW，电压表指示380V，电流表指示为300A。试求该厂的功率因数和无功功率。

解：已知$P=50kW$，$U_{p-p}=380V$，$I=300A$。

因为三相负荷平衡，则三相有功功率为

$$P=50\times3=150(kW)$$

三相视在功率为

$$S=\sqrt{3}UI=\sqrt{3}\times0.38\times300\approx197.45(kVA)$$

$$\cos\varphi=P/S=150/197.45\approx0.76$$

无功功率为

$$Q=\sqrt{S^2-P^2}=\sqrt{197.45^2-150^2}=128.4(kvar)$$

答：该厂的功率因数为0.76，无功功率为128.4kvar。

28. 某低压三相四线供电平衡负荷客户，有功功率为2kW，工作电流为5A。试求该客户的功率因数是多少？

解：

$$\cos\varphi=\frac{P}{S}=\frac{2000}{3\times220\times5}\approx0.61$$

答：该客户功率因数$\cos\varphi$约为0.61。

29. 某低压三相四线动力客户有功功率为80kW，实测相电流为150A，线电压为380V。试求该客户功率因数为多少？

解：根据公式 $P=\sqrt{3}UI\cos\varphi$，得

$$\cos\varphi=\frac{P}{\sqrt{3}UI}=\frac{80\times10^3}{\sqrt{3}\times380\times150}=0.81$$

答：该客户的功率因数为 0.81。

30. 将某电感线圈接入 200V 直流电压时，线圈消耗的功率是 500W；当将它接于电压为 220V，频率为 50Hz 的交流电路时，线圈消耗的功率是 400W，求该线圈的电阻 R 和电感 L。

解：设在直流电路中功率为 P_1，电压为 U_1，则 $P_1=U_1^2/R$，所以，线圈的直流电阻 R 为

$$R=U_1^2/P_1=200^2/500=80(\Omega)$$

设在交流电路中，功率为 P_2，电流为 I_2，则 $P_2=I_2^2R$

$$I_2=\sqrt{P_2/R}=\sqrt{400/800}=2.24(\mathrm{A})$$

$$|Z|=U_2/I_2=220/2.24=98.4(\Omega)$$

$$X_L=\sqrt{|Z|^2-R^2}=\sqrt{98.4^2-80^2}=57.3(\Omega)$$

所以
$$L=X_L/2\pi f=\frac{57.3}{2\times3.14\times50}=0.182\ (\mathrm{H})$$

答：线圈的电阻为 80Ω，电感为 0.182H。

31. 已知一电感线圈的电感 L 为 0.551H，电阻 R 为 100Ω，当将它作为负载接到频率为 50Hz 的 220V 电源时，求：（1）通过线圈的电流；（2）负载的功率因数；（3）负载消耗的有功功率。

解：（1）设负载电流为 I，则

$$I=\frac{U}{|Z|}=\frac{U}{\sqrt{R^2+(2\pi fL)^2}}=\frac{220}{\sqrt{100^2+173^2}}=1.1(\mathrm{A})$$

（2）负载功率因数为

$$\cos\varphi=\frac{R}{|Z|}=\frac{100}{200}=0.5$$

（3）负载消耗的有功功率为

$$P=I^2R=1.1^2\times100=121(\mathrm{W})$$

答：通过线圈的电流为 1.1A；负载的功率因数为 0.5；负载消耗的有功功率为 121W。

32. 交流接触器的电感线圈 $R=2\Omega$，$L=7.3\mathrm{H}$，接到电压 $U=220\mathrm{V}$，$f=50\mathrm{Hz}$ 的电源上，求线圈中的电流。如果接到 220V 的直流电源上，求此时线圈中电流及会出现的后果（线圈的允许电流为 0.1A）。

解：
$$X_L=\omega L=2\pi fL=2\times3.14\times50\times7.3=2292\ (\Omega)$$

因为 X_L 远大于 R，可取 $|Z|\approx X_L$

当接到交流电源上时

$$I=U/|Z|=220/2292\approx0.1(\mathrm{A})$$

当接到直流电源上时

$$I=U/R=220/2=110(\mathrm{A})$$

因为 110A>0.1A，所以线圈会烧毁。

答：接到交流电源上时线圈中电流为 0.1A，当接到直流电源上时线圈中电流为 110A，线圈会烧毁。

33. 有一个三相负载，每相的等效电阻 $R=30\Omega$，等效感抗 $X_L=25\Omega$。接线为星形，当把它接到线电压 $U=380V$ 的三相电源时，试求三相有功功率和功率因数。

解：因为是对称三相电路，故各相电流均相等，设为 I，

则 $$I=\frac{U/\sqrt{3}}{\sqrt{R^2+X_L^2}}=\frac{380/\sqrt{3}}{\sqrt{30^2+25^2}}\approx 5.6(\text{A})$$

功率因数为： $$\cos\varphi=\frac{R}{|Z|}=\frac{30}{\sqrt{30^2+25^2}}\approx 0.77$$

三相有功功率为：$P=\sqrt{3}UI\cos\varphi=\sqrt{3}\times 380\times 5.6\times 0.77=2838(\text{W})$

答：三相有功功率为 2838W，功率因数为 0.77。

34. 某三相对称负荷，接在电压为 380V 的三相对称电源上，每相负荷的电阻 $R=16\Omega$，感抗 $X_L=12\Omega$。试计算当负荷接成星形和三角形时的相电流、线电流各是多少？

解：负荷接成星形时，每相负荷两端的电压，即相电压

$$U_{Yph}=\frac{U_{Yp-p}}{\sqrt{3}}=\frac{380}{\sqrt{3}}=220(\text{V})$$

负荷阻抗为

$$|Z|=\sqrt{R^2+X_L^2}=\sqrt{16^2+12^2}=20(\Omega)$$

每相电流（或线电流）为

$$I_{Yph}=I_{Yp-p}=\frac{U_{Yph}}{|Z|}=\frac{220}{20}=11(\text{A})$$

负荷接成三角形时，每相负荷两端的电压为电源线电压，即：$U_{\Delta ph}=U_{\Delta p-p}=380\text{V}$

流过每相负荷的相电流为：$I_{\Delta ph}=\frac{U_{\Delta ph}}{|Z|}=\frac{380}{20}=19(\text{A})$

流过每相的线电流为：$I_{\Delta p-p}=\sqrt{3}I_{\Delta ph}=32.9(\text{A})$

答：接成星形时线电流等于相电流，为 11A；接成三角形时相电流为 19A，线电流为 32.9A。

35. 某三相变压器的一次侧电压为 6kV，负荷电流为 20A，功率因数为 0.866。试求其有功功率、无功功率和视在功率。

解：三相变压器的有功功率为

$$P=\sqrt{3}UI\cos\varphi=\sqrt{3}\times 6000\times 20\times 0.866=180(\text{kW})$$

三相变压器的无功功率为

$$Q=\sqrt{3}UI\sqrt{1-\cos\varphi}=\sqrt{3}\times 600\times 20\times\sqrt{1-0.866^2}=103.9(\text{kvar})$$

三相变压器的视在功率为

$$S=\sqrt{3}UI=\sqrt{3}\times 6000\times 20=207.8(\text{kVA})$$

答：有功功率为 180kW，无功功率为 103.9kvar，视在功率为 207.8kVA。

36. 有一台三角形连接的三相电动机，接于线电压为 380V 的电源上，电动机的额定功率为 2.74kW、效率 η 为 0.8，功率因数为 0.83。试求电动机的相电流 I_{ph}和线电流 I_{p-p}。

解：已知线电压 $U_{p-p}=380V$，电动机输出功率 $P_{ou}=2.74kW$，功率因数 $\cos\varphi=0.83$，电动机效率 $\eta=0.8$。则电动机输出功率为

$$P_{ou}=\sqrt{3}U_{p-p}I_{p-p}\cos\varphi\eta$$

线电流 $$I_{p-p}=\frac{P_{ou}}{\sqrt{3}U_{p-p}\cos\varphi\eta}=\frac{2.74\times10^3}{\sqrt{3}\times380\times0.8\times0.83}\approx6.27(A)$$

由于在三角形接线的负载中，线电流 $I_{p-p}=\sqrt{3}I_{ph}$，则相电流

$$I_{ph}=\frac{I_{p-p}}{\sqrt{3}}=\frac{6.27}{1.732}\approx3.62(A)$$

答：电动机的相电流为 3.62A，线电流为 6.27A。

附录 供电服务的相关规定及标准要求

[1] 《合同能源管理财政奖励资金管理暂行办法》(财建〔2010〕249号)
[2] 《电力监管机构举报处理规定》(电监委令17号)
[3] 《承装(修、试)电力设施许可证管理办法》(电监会令28号)
[4] 《有序用电管理办法》(发改运行〔2011〕832号)
[5] 《功率因数调整电费办法》(水电财字第215号)
[6] 《供电服务规范》(中华人民共和国国家标准公告2012年第13号)
[7] 《国家电网公司电费抄核收工作规范》(国家电网营销〔2009〕475号)
[8] 《国家电网公司供电服务规范》(国家电网生〔2003〕477号第16条)
[9] 《国家电网公司农村用电安全工作管理办法》(国网(农/4)207—2014)
[10] 《国家电网公司安全工作规定》(国家电网企管〔2014〕1117号)
[11] 《国家电网公司电费抄核收管理规则》(国网(营销/3)273—2014)
[12] 《国家电网公司业扩报装管理规则》(国网(营销/3)378—2014)
[13] 《分布式电源项目并网服务管理规则》(国家电网营销〔2014〕174号)
[14] 《国家电网公司电能计量封印管理办法》(国网(营销/4)275—2014)
[15] 《国家电网公司供电服务奖惩规定》(国网(营销/3)377—2014)
[16] 《国家电网公司2015年全面深入推进电能替代行动计划》(国网营销〔2015〕301号)
[17] 《国家电网公司电力安全工作规程(配电部分)(试行)》(国家电网安质〔2014〕265号)
[18] 《国家电网公司有序用电管理办法》(国网营销〔2012〕38号)
[19] 《国家电网公司能效服务网络管理办法(试行)》(国网营销〔2011〕545号)
[20] 《关于加快国家电网公司节能服务体系建设工作的通知》(国网营销〔2011〕240号)
[21] 《智能电能表质量监督管理办法》(国网营销〔2010〕1766号)
[22] 《国网电网公司95598业务管理暂行办法》(国网(营销/4)272-2014)
[23] 《国家电网公司关于印发进一步精简业扩手续、提高办电效率的工作意见的通知》(国家电网营销〔2015〕70号)
[24] 《关于分布式电源并网服务管理规则的通知》(国家电网营销〔2014〕174号)
[25] 《城市供电营业规范化服务示范窗口标准》(国网一生产营销〔2004〕130号
[26] 《电动汽车充电设施建设技术》(Q/GDW 478—2010)
[27] 《纯电动乘用车快换电池箱通用技术要求》(Q/GDW 685—2011)
[28] 《电动汽车电池更换站技术导则》(Q/GDW 486—2010)
[29] 《电动汽车充电站通电技术要求》(Q/GDW 236—2009)
[30] 《电动汽车非车载充电机通用要求》(Q/GDW 233—2009)
[31] 《电动汽车充电站供电系统规范》(Q/GDW 238—2008)
[32] 《电动汽车充电站及电池更换站监控系统技术规范》(Q/GDW 488—2010)
[33] 《电动汽车充电站布置设计导则》(Q/GDW 237—2009)
[34] 《智能电能表功能规范》(Q/GDW 1354—2013)
[35] 《电力用户用电信息采集系统功能规范》(Q/GDW 1373—2013)
[36] 《电力用户用电信息采集系统技术规范:集中抄表终端技术规范》(Q/GDW 1374.2—2013)
[37] 《智能电能表信息交换安全认证技术规范》(Q/GDW 1365—2013)
[38] 《三相智能电能表技术规范》(Q/GDW 1827—2013)
[39] 《国家电网公司电能计量装置现场检验作业指导书》(Q/CSG 11304—2008)
[40] 《国家电网公司供电服务质量标准》(Q/GDW 1403—2014)
[41] 《国家电网公司供电客户服务提供标准》(Q/GDW 1581—2014)